"技术要点"系列丛书

站 位 城 市 · 谋 划 产 业

华高莱斯国际地产顾问（北京）有限公司 ◎ 著

产 业 新 赛 道
之
农 业 振 兴

北京理工大学出版社
BEIJING INSTITUTE OF TECHNOLOGY PRESS

内 容 提 要

本书是一本从多个角度介绍农业现代化背景下产业新赛道的研究性书籍。在全球趋势研判的基础上，本书力图针对我国农业所面临的挑战，在农业现代化的奋进新征程中，给相关的地方城乡领导者一些启发。同时，本书也为各地的农业现代化建设提供了基本的路径指引——让未来的农业不断满足人民日益增长的美好生活需要。伴随着经济的发展，人们对农业产生了更多的需求；在新一轮科技革命影响下，农业在各个环节也都将出现新的产业蓝海。这会让每个地区都有机会形成新的农业力量，改变现有的农业版图。本书据此进行了一系列研究和探索，值得每个具有超卓远见的城乡地区管理者阅读。

版权专有　侵权必究

图书在版编目（CIP）数据

农业振兴 / 华高莱斯国际地产顾问（北京）有限公司著 .— 北京：北京理工大学出版社，2022.11
（产业新赛道）
ISBN 978-7-5763-1893-7

Ⅰ.①农…　Ⅱ.①华…　Ⅲ.①农业发展－研究－中国 Ⅳ.① F323

中国版本图书馆 CIP 数据核字（2022）第 230517 号

出版发行 / 北京理工大学出版社有限责任公司
社　　址 / 北京市海淀区中关村南大街 5 号
邮　　编 / 100081
电　　话 /（010）68914775（总编室）
　　　　　（010）82562903（教材售后服务热线）
　　　　　（010）68944723（其他图书服务热线）
网　　址 / http://www.bitpress.com.cn
经　　销 / 全国各地新华书店
印　　刷 / 河北鑫彩博图印刷有限公司
开　　本 / 710 毫米 ×1000 毫米　1/16
印　　张 / 12　　　　　　　　　　　　　　　　　责任编辑 / 封　雪
字　　数 / 176 千字　　　　　　　　　　　　　　文案编辑 / 毛慧佳
版　　次 / 2022 年 11 月第 1 版　2022 年 11 月第 1 次印刷　责任校对 / 周瑞红
定　　价 / 63.00 元（共 4 册）　　　　　　　　　　责任印制 / 王美丽

图书出现印装质量问题，请拨打售后服务热线，本社负责调换

版权声明

本书及其中全部作品的著作权及其他相关合法权益归华高莱斯国际地产顾问（北京）有限公司（以下简称华高莱斯）所有，未经华高莱斯书面许可，任何单位和个人不得以摘抄、改编、翻译、注释、复制、发行、广播、汇编、通过信息网络向公众传播等方式使用其中全部或部分内容，否则，将可能承担相应的行政、民事甚至刑事责任。华高莱斯将通过一切法律途径维护自身的合法权益。

总　序

通俗讲技术，明确指要点

我们这套丛书，从诞生的那一天开始，就有了一个不变的名字——"技术要点"。之所以叫作"技术要点"，是基于我们撰写这套丛书的两个基本信念——"通俗讲技术"和"明确指要点"。

所谓"通俗讲技术"，就是我们相信，无论是多么高深、多么艰涩的技术难题，只要是作为研究者的我们真正理解了，也就是说，如果我们是真正的内行，并且真正把这些技术难题给吃透了、弄通了，那么，我们就有能力向任何一个外行人，把那些高深、艰涩的技术难题用最通俗的语言讲述清楚，就像爱因斯坦可以给普通大众讲解清楚相对论的原理那样——能把复杂的问题讲通俗，这叫智慧；相反，如果非要把一个原本通俗的东西弄复杂，那不叫水平，顶多叫心机。您在我们这套丛书的各个分册中，能看到我们所讲述的一项项新兴的技术，以及与之相关的科学原理。看完我们的讲述，您不一定会去"搞科研"，但至少能保证让您"听明白"，这就是我们所坚持的"通俗讲""讲技术"。

第二个基本信念是"明确指要点"。这样的信念，是因为我们想撰写一套"有用"的书。所谓"有用"，又有两层含义，其一是想让写作者麻烦，而让阅读者简单——所谓写作者麻烦，就是要让写作者在撰写过程中，不厌其烦，遍查资料，并且能纲举目张，秉要执本，这样，才能让阅读者不用再去做那些去粗取精、去伪存真的事情，而是在简单愉快的"悦读"中，就能掌握相关技术要点；其二是有用，而且好用，在掌握关键点的基础之上，如果阅读者不只是为"知"，而且还想要"行"，那么我们所列出的这些"技术要点"，就马上可以成为您行动的计划书与路线图，不但能用、有用，而且可以做到很好用、直接用。所以，我们不但要指出要点，还要"清晰地""指要点"。

以上两个基本信念，就是我们编写这套丛书的出发点，同时，也是我们向读者们所做的郑重承诺——在科学日益昌明、技术日新月异的时代，作为一个地球人，作为人类大家庭中的一员，无论我们是要做企业，还是居家过日子，也无论我们要当市长，还是只想做普通市民，我们都不得不去面临许多过去不曾听说的新科技，并要面对由此所带来的诸多困惑——越是处于这样容易迷惘的时代，理性认知也就变得愈加重要，而我们这套"技术要点"丛书，就是想要成为您的同行者和同路人，做您理性认知世界、客观认知时代的好帮手！

华高莱斯国际地产顾问（北京）有限公司　　李忠
董事长兼总经理

丛书卷首语

当产业成为一种选择

我上中学的时候，正好赶上了两件事：一件事是黑白电视开始普及，当时我家里也有一部日本生产的黑白电视机；另一件事是反思文学和伤痕文学的兴起，并由此诞生了一大批非常好的文学作品。这些文学作品借助电视机的普及，其中又有很多被顺势改编为电影或电视剧。其中，那些反映"经济战线"主题的作品，当年就格外地吸引我。于是，在那个时期，我就很幸运地看到了一批真正的作品，比如一部叫《乔厂长上任记》的电视剧。

在这一时期，所有文艺作品都带有很强的反思精神，和中华人民共和国成立后推出的那一批在"经济战线"上以歌颂为主题的电影有很大的不同——那一批老电影中经常讲的是一批挡车工如何去创造"万米无次布"和"十万米无次布"的生产纪录。20世纪80年代的某个电视剧中有这样一个桥段，非常具有典型意义——在一台车床前面，一个带着采访任务的宣传科的小姑娘兴冲冲地对着一位正在干活的劳模小伙子说道："报纸上说，你人在80年代，就已经开始干90年代的活儿了，你对此有何感想？""感想？"那个小伙子冷冷地说道："你看看我手里的这个零件，要是到了90年代，咱们厂还生产这个破玩意儿，那早就该倒闭了！"

当时，看到这里我是非常震撼的！因为在过去那个"大干快上"的时代，人们听得最多的就是那句"一心一意把生产搞上去，群策群力把人口降下来"。本来这句话就算是对的，也只不过是两种手段而已。但是，反反复复听得多了，手段也就成了目标，进而又成了我们脑子里的标准答案。在这个世界上，最难被说服的人，不是脑子里没有答案的人，而是满脑子都是错误的标准答案的人。现在想想，这句话的后半句肯定是错的，而其前半句也未必就是对的。

小米公司的雷军有这样一句话说得非常有道理，"不要用战术上的勤奋，掩盖战略上的懒惰！"的确是这样，想清楚要干什么，远比怎么干更重要，这个道理体现在"经济战线"更是如此。随着科技的进步，各种产业技术迭代的速度越来越快，再加上传播手段、传播渠道的日趋多元化，消费人群中时尚浪潮的迭代速度也在不断加快。在这种需求侧和供给侧不断互动的情况下，在当今时代中，唯一不变的东西就只剩下"变化"了！这种变化所导致的最直接结果就是"我们现在什么都能生产，就是不知道我们应该生产什么"。如果说在《乔厂长上任记》上映的那个年代，我们只是感受到了这种变化的端倪，那么在 21 世纪的第三个十年中，我们每个人都能更深切地感受到这种变化所形成的压迫，甚至是胁迫。对于这种感觉，如果你问一问新一代"经济战线"上的工作者，特别是那些实体经济中从事制造业的人，他们那种被压迫的感觉，或者说是那种被时代胁迫的苦楚肯定是最多的！

在刚刚开始做顾问的前十年里，有四个字在我的耳边响了整整十年不止——"退二进三"。那个时候，只要有地方官员给你介绍当地经济发展的状况，几乎都会听到一段一个字都不会错的标准说法——"由于历史的原因，我们这个地区，二产占的比重过高，三产占的比重过低，因此，我们现在努力的核心目标就是研究如何退出第二产业，进入第三产业。"每每说到这里，官员们那种诚恳的语气，往往就像一个犯了错误的孩子。说实话，就算在当时，我对此都是颇不以为然的。特别是对于那种把老旧厂房纷纷改造成文创空间的行为，更不觉得是一种主流的发展方向。不说别的，"退二"之后，那个城区中损失的税收由谁来补足？"二"是退了，那个"三"能补得上吗？正所谓"皮之不存，毛将焉附"，所谓"三产"，不就是生产性服务业和生活性服务业吗？没有了生产，我们又能为谁做服务呢？

如果结合产业的地域性分工，那么这个问题的答案也就更加明确了。"退二进三"的产业发展思路当年是作为对中国产业结构历史遗留问题的纠偏手段。在一定历史时期、一定地域范围内是可取的。但如果将这个手段升高到一种标准、一种价值观，甚至成了一种思维定式，那么，它所带来的结果一定不会是乐观的！因此，现在有很多省份，特别是经济发达的省份，都纷纷提出了一个非常可行的产业发展思路——"退

二优二",即退出落后的第二产业,进入或优化先进的第二产业,这说明在长期的实践过程中,人们终于还是明白了产业发展的基本规律和产业布局的基本事实——彻底退出第二产业,对于某些城区是可以的,但对于整个城市而言,要想完全不靠第二产业,那在极少数的有特殊资源禀赋的城市才可行。对于大型城市,特别是特大型城市,就不用再讨论要不要第二产业了,而是应集中精力讨论要发展什么类型的第二产业、如何发展这种类型的第二产业。如果把眼光再放大到一个城市群的尺度上,那么,我们就要进一步地讨论在这个城市群中如何能形成一个完整的第二产业的产业体系!从这个角度上说,我国政府目前对于实体经济,特别是对于制造业在政策上的重视是非常明智的!

从"退二进三"到"脱虚向实"再到"退二优二",回顾过去走过的路,特别是走过的弯路,我们就不难得出"方向比方法更重要"这样一个结论。也就是说,做什么比怎么做更重要。特别是在现在,发展产业无论对于商家还是政府,都更多地变成一个方向选择的问题,而不是努力与坚持的问题。

在这样一个有越来越多方向可供选择的时代,我们反而听到一种看似很有道理的说法:"想那么多干什么,干就是了!"虽然我们是想大干一场,更想大干快上,但在此之前总得弄清楚到底要干什么、到底怎么干吧!如果方向都不明确,万一干错了呢?我是可以边干边"摸着石头过河",可是,这的确得是一条河啊!换而言之,如果脚下是淡水,远方是河岸,那只要摸着石头,我能过河;反之,如果尝过了,知道脚下是海水,抬起头看又是茫茫无垠,那这样摸着石头前进就不是过河,而是下海了,这和寻死没有太大的区别。因此,从行为动作本身来看,"过河"和"下海"的前期动作都很像,而最后的结果却有天壤之别。如果非要说"干就是了"这句话中有什么可取之处的话,那唯一可取的就是其中所表现出来的"态度的坚定性"。的确,这种"坚定性"确实是把一种产业或一项事业干成的必要条件。因为"坚定地去干"未必能够成功,但是如果不去干,或者说不坚定地去干,抑或是干得不足够坚定,那就一定不会成功!但是,话又说回来,"坚定地去干"毕竟只是把事业干成的必要条件,而不是充分条件。要想真正干成一项事业,发展成功一类产业,其"充分必要条件"都是必

须加上一个前提——选择正确的赛道。

正如前面所论述的，在科技进步日新月异的现在，产业发展的问题已经变成了一个赛道选择的问题。大家都必须为此做出内行而清醒的选择。做到清醒或许不难，但要做到内行就要困难得多。让我用一件发生在自己身边的事情描述一下其中的道理。在这么多年坐飞机的过程中，我格外留心身边的企业家们都在看什么样的书，尤其是那些坚持做实体经济的沿海地区的企业家们。观察的结果是我发现了一个非常有趣的现象。那就是近一个时期以来，在这些企业家的手里，心灵鸡汤的书少了，硬核写历史的书多了；金融与投资的书少了，纯讲技术的书多了。比如，我见过富二代小伙子，他拿着笔在看《草原帝国》。我问他为什么看这种书，他很谦和地对我说，觉得自己还太年轻，想弄清楚一些规律性的东西。听到这句话后，我对我们的接班人很放心。

又如，有一本纯技术书叫作《量子纠缠》。看这本书的是一个我都可以管他叫大叔的人！他不但看，还隔着飞机的走道很激动地向我请教其中的"技术要点"。于是，我就问他为什么要看这么偏门的书。"谁说偏门了？"他一脸严肃地看着我，"就在上个月，有四拨人拿着不同的量子技术商业计划书让我投资，我听不懂，可大家都说这玩意儿很有发展前景，没办法，只好自己先弄明白！"然后，他合上书，盯着机舱上的聚光灯说了一句我现在时常听到的话："早知道这样，当年多念点儿书该多好啊！"

现今的确不再是那个"清华北大，不如胆大"的时代了，现代产业发展的技术门槛越来越高，一着不慎，就会满盘皆输。其中最怕犯的错就是选错了产业赛道，点错了"技术树"。要么是投错了技术方向，要么是选错了技术路线。这样一来，再努力地奋斗也换不来成功的结果，而要做出正确的技术选择，靠看两本心灵鸡汤是远远不够的，必须"听得懂"硬核技术。请注意，在这里并不是要求决策者都懂技术（如果能那样当然更好了，但实际上这有点儿强人所难，就算你是专业人士，也往往只是懂得本专业的技术，而不可能懂任何专业），但一定要"听得懂"技术。所谓"听得懂"，就如同当我问那位看《量子纠缠》的大叔时，他讲的一句话："我没有想成为专家，我只是想入门。"诚如斯言！如果掌握了一项技术的入门级知识，你至少也能"听得懂"；就算不能亲自搞科研，但至少也能防止别人拿着"科研"来欺骗你。要知道，这虽然

是一个技术进步日新月异的时代,但也是一个"技术骗子"层出不穷的时代,能够做到不被"技术骗子"骗到不也是一种巨大的胜利吗?要知道,一次失败的投资赔出去的钱,常常是十次成功的投资也赚不回来的!

因此,无论是政府还是商家,想要做出正确的产业方向选择,究竟需要什么样的人才呢?或者说,我们最需要的人又需要具备什么样的知识结构呢?答案是"技术通才",而不是"技术专才"。通俗地说,就是那种对十种新技术,都至少各懂30%的人,而不是只对一种新技术懂100%的人。在产业赛道的选择阶段,无论是企业还是政府,这时真正要做的就是在众多选择中选出现实中的最佳选择。然后决定在哪一条赛道上表现出自己的坚定性——在有了坚定性的选择之后,就能使那些对某一种技术懂得100%的专才派上用场。但是在这之前,就要对不同的产业赛道进行各种横向比较,从中选出最终的方向。在这样一个"方向选择期",那些能够横向看问题的"技术通才"往往比单一领域的"技术专才"更容易成功。

这也能解释两个现象:第一,地方政府中干过招商局长的干部在企业那里为什么都很吃香?在我所接触过的许多大型企业中,那些民企老板如果要在体制内挖人,最喜欢挖的往往是地方政府中干过多年"招商"或"投促"的人。道理很简单,因为这些人长期工作在产业发展的前沿地带,每接触一个企业,特别是高科技企业,就一定要和老板深谈,听技术人员细讲,而且要到生产线现场看。这样三步走下来,就等于参加了一个短期速成的"技术培训班"!久而久之,只要他是一个工作认真的人,经过了这样长周期、高强度的技术培训,想不成为"技术通才"都难。因此,民企老板会针对他们来挖人。说实话,他们并不是冲着权力寻租去的,而多半是冲着人才价值去的。第二,为什么在"方向选择期","技术专才"老是觉得自己很受伤?我就认识一位做石墨烯的博士,他是真懂石墨烯,但可惜,他懂且只懂石墨烯。除非你是想多了解一些石墨烯的知识,否则可千万不要轻易和他说话。如果和他接上话,你就会发现,你的生产、生活、生意中所遇到的所有问题的根源原来都出在石墨烯上,而且,你的所有这些问题只要加强对石墨烯的技术应用,都可以得到圆满解决,从此你就过上了幸福的生活!同样,无论我和他去见什么样的政府官员,他也一定会去劝对方要

大力发展石墨烯产业。无论对方所任职的是地级市还是县辖的镇，也无论是西部的山区还是东部的沿海……总之，在他看来，大力发展石墨烯产业，就能解决中国乃至全人类的一切问题。通过认识这样一个典型的"技术专才"，我真正相信了这样一句话："当一个人把自己看成一把锤子时，在他的眼里，看什么都像钉子！"

那或许你会问，我为什么还要和他交朋友呢？道理很简单，如果你想成为一个"技术通才"，就一定要和不同的"技术专才"交朋友，而且要成为好朋友，最好还是能经常见面的好朋友！因为只有这样，你才能真正了解到在他研究的领域中最近又有了什么样的新技术进展。更重要的是，有了这样的"朋友储备"，我才能去告诉那些找我们做顾问的业主们（无论是政府官员还是企业老板），现在既然我们已经坚定地选择了A赛道，那么接下来，我们唯一要做的，就是要找到A类专家，让他来做这个赛道的首席专家，听他的，全听他的，一直听他的……从这个意义上说，"技术通才"和"技术专才"都是有用的，只是要用在不同的阶段。而且所谓的"技术通才"与"技术专才"，也是相对而言的，因为每个人大多有自己的研究领域，也会再做一些跨界研究。以我为例，在产业研究领域，我是一个"技术通才"，大家现在看到的这套"产业新赛道"丛书，就是在我这个"技术通才"的领导下，我们公司不同的研究中心，在各个不同的产业赛道研究领域做出的新研究成果——从大健康到现代农业，从生产性服务业到生活性服务业。我们的文章都能让读者在看过之后针对这些特定的技术领域基本上达到"入门级"的水平。从而，就可以在不同的新兴产业赛道中做出横向比较。最终，在理性的选择过程中确定自己应该坚定发力的新产业赛道。

如果将《产业新赛道之生产性服务业》《产业新赛道之生活性服务业》《产业新赛道之农业振兴》《产业新赛道之大健康产业》这四本书综合起来看，你就会发现其中有一个共同涉及的研究领域，那就是"城市"！这套"技术要点"丛书的定位为什么是"立足城市·谋划产业"？因为在城市研究领域，我是一个"技术专才"，可以将通才知识与专才知识相结合。我最擅长回答的是这样的问题："什么样的城市最适合发展什么样的新兴产业；也就是说，什么样的新兴产业最适合在什么样的城市中寻求发展"，而问前一个问题的多数是找我们做区域发展顾问的政府客户；问后一个问题

的多数是找我们做产业发展顾问的企业客户。前者是替区域发展选择合适的产业,后者是为产业选择合适的发展区域。无论如何,你都会发现,在现在这个技术发展日新月异、区域发展日益重构的时代,产业发展方向已经真正变成了一个"选择"的问题。

那么,当产业成为一种选择时,最愿意找顾问的是哪些地方的人呢?这是一个非常耐人寻味的问题,而其答案可能会出乎很多人的预料——肯为区域产业发展找顾问的,往往是中国经济最为发达地区的城市政府,或者是发展崛起速度最快地区的地方政府。前者有势能,后者有动能;肯为产业发展找咨询的公司常常都是那些在各自产业领域中最领先的龙头企业。奇怪吗?其实一点儿也不奇怪!如果你用心观察,就会发现在我们当年上中学的自习教室中,每当各科的老师到各个教室里巡堂时,最常站起来问问题的,通常都是那几个"学霸";那问问题最少的人又都是谁呢?当然是那些"学渣",他们通常都是在自习课堂中睡得最香的人。

走得越远和走得越领先的人,他们前方可学习的榜样也就越少,这正如华为公司总裁任正非所说的,他们已经走入一个无人地带。在这个时候,特别是当他们面对着一个四处都看不到行人的十字路口时,他们当然就会不得不面对一个产业选择的问题。在这种需求之下,他们要去寻求战略顾问合作,找到像我们这样的战略军师,当然是非常正常的。这是因为他们"明白自己不明白""知道自己不知道"。这是一种清醒,而不是一种麻木!知道自己不知道,是一种清醒,不知道自己不知道才是一种麻木。比这种麻木更可怕的,是觉得自己什么都知道。这样的人无论是在企业还是在政府里都是最可怕的,他们最典型的状态就是能对一种完全胡说八道的产业赛道表现出近乎狂热的痴迷和坚定,而最终只能得到失败的结果。

其实,做任何选择,选择后的态度都必须坚定。因为有了坚定的选择,新兴产业未必能发展起来,而如果选择不够坚定,那无论什么产业都发展不起来。无论是企业还是政府,对于经济发展或者说对于经济重振的渴望是毋庸置疑的,因此,它们也大多表现出了对谋求经济发展的坚定性。唯一不同的是,在确定这种"坚定"之前是否真正地经过理性的论证、反复的比较与深刻的反思。如果有,那么这种坚定就是一种深刻之后的"通透"和理性之上的"自信",这也是我们今后事业取得成功的保障;

如果没有经过这样一个认真选择的过程，盲目坚定和狂热，那这样的坚定就只是一种天真之下的"想象"和迷失之后的"自负"。在今天，有许多经济发达的省份都已提出了"亩产税收"的概念，而且越来越重视基础研究对产业发展的长远作用。这个世界上确实有奇迹，但事实上，多数奇迹不但来自加倍的付出，还来自正确的方向。

华高莱斯国际地产顾问（北京）有限公司

李忠

董事长兼总经理

本书卷首语

农业，其实很不简单

　　看过我写的书的人都知道，我很少会用情绪化的语言来写作，更极少会用情绪化的文字作为文章的题目，但我这一次用的文章题目，明显是带有情绪的，这是因为，我这次就是要表达一点儿小情绪，一种长期在我心中压抑着的小情绪！

　　由于本人从事顾问咨询行业，因此这一二十年来，也参加过许多研讨会。既然美其名曰为研讨会，那参加研讨会的当然也都是一些知识分子，会上会下也就格外习惯知识分子的说话方式。于是没多久，我就发现了一个小秘诀：如何才能成为与会知识分子里的意见领袖。当然，我是没做到这个境界，但这并不妨碍我在其中有所观察。观察之后我就发现了这个能在一群人的谈话中成为意见领袖的若干门道。其中的门道之一，而且是颇为有效的之一，那就是"谈农业""谈农村""谈农民"。越是在那些高大上的会议中，如果有人，面对一众正踌躇满志、大讲高科技的知识分子，一上来就猛谈一通被他们所"忽略"的中国"三农"问题——农民有多艰苦，农村有多衰落，农业有多危险，再加上粮食有多么不安全，那就一定会使整个会场里的人肃然起敬，顿时觉得这样有见地的高人，才应当是他们的意见领袖！那些刚刚还在侃侃而谈高科技的人，通常就会一脸惭愧地低下头……如果这只是在会场上，也还好，最多让他们少说几句话，而如果这件事是在酒桌上，效果就更加明显。因为那几个原本就把头低下去的专家，不但从此收声，而且常常还是连酒杯也不敢端了，只能大口大口地扒着原本不怎么吃的米饭，为什么呢？因为生怕人家据此又说他浪费粮食，从而更进一步加剧我国的粮食危机问题……

　　每每到这个时候，我都是一群人中最为淡定的那一个。这倒不是因为我的学问好，而是因为我不但不喝酒，而且饭量特别大，因此浪费粮食的事儿，我从来没干过。加之我又是一个军人家庭出身的孩子，因此，吃饭速度极快，意见领袖的话没说完，我的饭已经吃完了。于是，我就会很认真地问一句："您说的都是实情，那您觉得我们的农业，应该怎么办才好呢？"

于是，以下省去了一万多字……

这省去的一万多字，倒不是我不想记录，而是不值得记录，也不应该记录——故意暴露人家的胡言乱语，并且未经本人同意，我觉得这是一个非常不道德的行为，更何况，人家本来就是站在道德的高度上，来讲出那一万多字的……

可是，他说的话虽然有道德高度，但没有科学依据。每到这个时候，我都想和这样的"高人"说上一句："不要以为有点儿爱心，就可以出来谈农业，在谈农业之前，你最好先问问自己，真的懂农业吗？"

一言以蔽之，农业其实很不简单！

在这个世界上，有两个职业，其实是很难的，但绝大多数没有什么准入门槛，也不需要考什么资格证书：一个是为人父母——到现在为止，全世界都不需要考证，估计将来也不会需要；一个就是做农民——在这个星球上，大部分农民也不需要考证，但少部分一定需要！

从事农业，或者说是做农民，是需要考证书的！在日本、荷兰等许多发达国家都是这样。我没说错，你也没听错。"作物种植"和"以农为业"其实是两个完全不同的行为概念，如果你在自家的小院里种瓜果蔬菜，成熟以后拿给自己吃，只要吃菜的都是你们自家人，这的确不需要考证，在中国不需要，在其他国家也不需要。因为你这种行为，只能算是"以农为乐"，而并非"以农为业"。但是，如果你要把自家种的东西放在超市里卖，那可就是两回事儿了！在绝大多数发达国家都需要有"从业资格"，才能做农民。千万不要以为，你什么都不会干了，还可以当农民、干农业。这个道理在印度、中国，暂时还讲得通，但是在世界上许多国家，早就讲不通了。你生产的产品，要通过让别人吃下去，从而获利，那作为一个国家，作为一个政府，难道不应该对这种"入口为大"的行为，负起监管责任吗？难道不需要对从业人员进行专业培训，并且去设立专业的证书资格吗？当然是应该的！当然也是需要的！

如果回想一下，从小到大，我们所处的教育环境，关于农业，其实给了我们"两明一暗"的三个提示："两明"是"农业无门槛"和"农民很悲惨"，"一暗"是"农业很简单"。

先说"两明"。

从小学到中学，我都是在城乡接合部读书。这既是一种地缘的感觉，又是一种人脉的感觉。我们的县城本来就不大，因此，我们县城的一中可以说两面临田，一面靠村，只有一面是面对着县城，这本就是地缘上的城乡接合；在同学人脉上，也是城乡接合，而且是"乡多于城"，特别在高中时代，更是这样，班里坐在最后一排的男生中，除了我，一看就都是干农活出身的，而我一到暑假，也就成了农民，不是回老家干农活，就是每天到城边农田里割草；平时我也至少算是"半个农民"，这一天两麻袋的草，也是少不了要去割的。在我们家的院子里，不仅种着蔬菜，还养着一两百只长毛兔。

整个中学时期，我在业余时间主要干了三件事，除了练武和做化学实验，最多的时间用来养长毛兔。如果没有这一两百只兔子，我们家三兄弟是不可能有钱去上大学的。因此，中学时代的我家应当至少算是养殖专业户。当时，我养得很认真，就连兔子易得的"球虫病"，也专门研究过。

于是，在这样"城乡接合"的生活与教育氛围中，常常会听到老师对我们说的两句话，而且是反复对我们说的两句话：

——你们不好好读书，想干吗，难道想一辈子当农民？

——高考之后，你们这群人中的少部分就要坐上火车去大城市了，还有大部分就要开始"修理地球"了，你们就愿意留在咱们这山沟里，修理一辈子地球吗？

那时候，由于我一直都是坐在最后一排但一直考第一的学生，因此，我倒没觉得自己会去"修理地球"。只不过，老是听到老师不停地说这两句吓人的话，我倒是由此想到另一个问题——如果真的要去"修理地球"，那到底该怎么修理呢？我们上了10来年的学，老师好像也没有教过我们任何关于"修理地球"的技术啊！

由此看来，这两个结论，在我的老师那里是非常明确，以至于明确到不需要再讨论的程度。第一，当农民是非常悲惨的，能不干，你就尽量不要干；第二，"修理地球"也是没有任何技术门槛的，你要是什么都不会干，那就去当农民吧！

那么，从这两条明的线索一推导，仿佛还可以得到一条暗线——干农业这项工作，是一个很低级，也很简单的事情。果然，随着高考填报志愿的临近，最后这条暗线很快又变成了"明规则"。在填报志愿时，如果你觉得自己将来的高考分数没那么硬朗，那么老师大概率地就会鼓励你去关注六个字："农、林、水、地、矿、油"。凡是报了上述六个方向专业的考生，即使分数低上10分或20分，也可以被同样的大学录取。在这六个字中，"农"字可是居首的，这不就是等于明确地暗示着学农这件事其实很简单，分数低一点的人也行！

后来，随着自己对农业的了解越来越多才发现，无论是前面提到的"两明"结论，还是后面提到的"一暗"规则，其实都不对！农业其实并不简单，一点儿也不简单！

第一，农业其实很"难"。

不仅做农业很难，学农业也很难！不说别的，就说学农所涉及的专业知识面就远非一般的专业可比——从遗传学到气象学，从土壤学到机械学，方方面面都要涉及！因此，在国外有许多地方官员和议员都是在名牌大学学农的。在美国的各种社交场合上，如果你告诉别人你是康奈尔大学学农的，或者你像宋柯一样，是在得克萨斯农工大学读过书的，看看别人对你的眼光，是怎样的一种钦佩！

除专业知识面广外，做农业的人还需要有非常系统的思维方式——如果有人告诉你，缺少某个因素，农业就一定搞不好，那他有可能是一个内行；如果有人告诉你，只要抓好了某个关键因素，就一定能搞好农业，那他100%是一个外行！因为任何作物的生长，本质上都是一个生命系统，对此，绝不能用简单的机械思维方式，而必须用非常系统的思维方式才能应对。这也就是农业领域容易出好的政府官员的原因。因为他们的思维方式不但被训练得很务实，而且很系统。

第二，农业其实很"深"。

随着时代的发展和科技的进步，农业作为一个对技术依赖度越来越高的行业，其所涉及的一系列技术难度越来越高；而且作为一个集成度很高的行业，其中的"水"也越来越深。如果你是一个和农业相关的商人，那你一定会听过，在农业的大宗期货交易领域，有多少波谲云诡的商战奇谋；如果你是一个分管农业的政府官员，那你就应该知道，在这个世界上，有哪几个跨国的大农企正在与多少个不同国家和地区的政府机构开展着多少深谋远虑的合作项目；如果你是一个在农业领域从事科研工作的技术人员，那你一定会记住一所大学，它的名字叫瓦格宁根大学——这是一所地球人大多不知道，但内行农业人一定都知道的大学。

现在如果你告诉我，以上三种人与你通通无关。你只是一个普通老百姓，那农业里的这些"深道道"又和你有什么关系呢？那你可能就真的错了！"民以食为天"，这个"食"字里的道道就更深了。尤其是我们这些"60后"和"70后"，在这件事上面临的困惑就更多。我自己就是一个很荣幸的"60后"，荣幸就荣幸在，我没有经历过饥荒。因此，我也就要在短暂的几十年的生活经历中，去面对"吃饱""吃得安全""吃出健康"这三个标准不同的阶段。刚刚解决了"三聚氰胺"的安全问题，又要去面对"功能农业"的健康选择问题，如果你缺少对农业知识的基本了解，在面对新一代"功能性食品"时，看着那些产品说明书中，眼花缭乱的名词与成分，会让你自己连该吃什么、不该吃什么，可能都不知道了……总之，现在农业这一行，"水"可太深了！

第三，农业其实很"洋"。

干农业的，是要面朝黄土背朝天，但是，这丝毫也不意味着，农业是一类"很土"的低技术行业。恰恰相反，农业其实是一种很"洋"的高科技行业。中国是一个农业大国，但真的还算不上一个农业强国。许多发达国家的农业技术要比我们国高得多；它们的运营模式也比我国"洋"得多。美国是世界上农产品出口第一大国，这个地球人都知道。但第二名是谁，相信很多人就不知道了！答案是荷兰！和美国一样，荷兰也是用占不到人口总量3%的农民干出了巨大的农业出口值。和美国不一样的是，荷兰的人均耕地指标比中国还要少。因此，保护耕地数量是重要，农业高科技的进步也很重要。其中关于"育种"的农业高科技，更是农业发展中最为重要的部分之一。这也是荷兰农业的"洋模式"带给我们的最大启示之一。另外，还有两个农业的"洋和尚"，它们念的经也很值得我们听一听。

一个是丹麦，另一个是以色列。和荷兰一样，它们也都是领土小国，但都是农业大国（如果把格陵兰岛也算上，丹麦在领土上不算小国，但那样的永久冻土，对农业其实没什么用）。以色列不但是"欧洲冬天的菜篮子"，而且其节水农业的滴灌技术更是独步天下；丹麦告诉我们"牧草"和"牧业"的重要性。如果你真想懂农业，那就认真地研究我们自己的食谱。你就会发现，粮食对我们其实早已不是一个大问题——吃的量没那么大；花的钱也没那么多；真正吃的多、花钱也多的是肉、蛋、奶。要生产出优质的肉、蛋、奶，没有先进的牧业是不行的，而要发展出先进的牧业，就要先有优质的牧草；要有优质的牧草，就要先有优质的牧草种子，而正是这个看似小小的丹麦，每年都在向世界出口一半的优质牧草种子！

第四，农业其实很"高"。

这里所说的这个"高"，是指决策层次要高，决策者的思考维度也要高。现在，我们讲到那些农业战线的先进工作者，常常会提到四个字，就是"埋头苦干"。是的，无论在哪个时代，这样的精神确实都是我们需要的。但是，农业生产虽然是一个很基层的工作，但是只有基层思维，没有高层决策，那是绝对不行的！其中最著名的案例是一封历史上非常著名的回信。这是一封回给非洲著名修女玛丽·尤肯达（Mary Jucunda）的长信，作者是时任美国NASA马歇尔太空飞行中心科学副主任的恩斯特·施图林格（Ernst Stuhlinger）。这是一封值得每个人都好好阅读的信，真正读懂了这封信，你就能明白一个道理，为什么我们还要发射气象卫星，还要建立空间站，那是因为如果没有"风云"系列气象卫星和一系列地球资源遥感卫星，我们就不可能真正在农业领域实现有效的气象预报和灾情防控。那就很可能会出现这样的局面——尽管农民又埋头苦干了一年，蝗灾一来，很有可能颗粒无收。而且这种情况在"碳达峰"和"碳中和"领域，也同样存在。如果我国没有自己真正过硬的遥感卫星系统，那么即使我们认真地进行了节能减排，但最后的环境状况评判和碳排放的裁量权也还是会掌握在那些拥有先进遥感卫星系统的国家手里。没有高阶思维，没有顶层设计，任何基层工作都是不可能真正做好的。在德国和荷兰，它们的农业官员告诉我，它们正在按照全球气候变暖之后的气候分布带进行农业种植区划的重新调整。在日本，它们的农业技术专家告诉我，这些年来，他们一直在鼓励多从其他国家进口玉米。因为玉米的种植是极为耗水的，因此，多进口玉米就等于节约本国的水资源……这样的谋算和这样的视野，不可能由亲手"修理地球"的农民来做出，也不可能由那些从未到过田间地头的官员制定，能真正做这样农业顶层设计的人，必须是一群既能"顶天"又能"立地"的人……

第五，农业其实还很"苦"。

这个"苦"字，是说给两种人听的：一是年轻人，二是决策者。这里所说的年轻人，是指那些不太了解农业，而对农村又有着很多幻想的"Z世代"。说实话，他们中的大多数人，特别是他们中那些真正的城里人，大多是通过看短视频了解农村的。其实他们并不知道，那个镜头里面的农村是加过滤镜的。真正要干起农活来，脚下湿气蒸，头上太阳晒，中间蚊子叮，是绝对没有那么浪漫的。这就是我从来不去体验农家乐的原因！说到底，还是因为我干过农活，所以这一辈子，我再也不想体会与插秧相关的那种感觉，一点儿也不想！王小波先生的《黄金时代》是我特别爱读的书，我还仔细读了好几遍。其中最让我感同身受，又最让我害怕的，就是他对于这样几个关键词的描写，"身材高大……又要插秧……腰伤不断……打封闭治疗……落得满腰针眼"——每每读到这里，我都有一种不寒而栗的感觉，因为我也有过类似的体验。

因此，千万不要和我谈什么回归自然，我辛辛苦苦读了那么多年的书，又好不容易才考上同济大学，不就是为了脱离自然吗？真正自然的农村生活，没有那么美好，更没有那么轻松，看到这里，任何一个没有在农村真正生活过的年轻人，都可能不相信，还可能觉得李忠大叔对农村缺少情怀。如果你真正当过农民，哪怕只有几天，你就会发现，我没骗你！

同样的道理，我也想说给想投资农业的企业家听。既然干农活这样辛苦，就千万不要以为农村还能成为那些"专家"嘴里的"劳动力的蓄水池"——忙时在农村干活，闲时进城务工，这是不可能的！昨天或许是这样的，但现在早已不再是事实！只要在城里打过两天工，谁还愿意回农村干农活？因此事实上，农业才是目前中国劳动力最缺乏的行业，比工业更缺乏！这也同样告诉了我们一个市场机遇——那些能在农业领域进行"机器换人"的产业赛道，是非常值得进行投资的。也正是这个原因，一向自视甚高的法国人才会把2020年的"路透奖"颁给一家中国的无人机制造公司——极飞科技，因为它们是专门做农业无人机的。连法国人都认为，他们所选择的这个赛道不但极有前途，而且极其适合中国这个农业大国。在极飞科技那群年轻人的身上，我们可以看到中国农业未来真正的希望。现在，一群真正懂农业的年轻人又回到了中国农村，但他们可不只是带着梦想来的，他们是带着技术与设想来的，更重要的是，他们还通过亲身的经历抛开了那些不切实际的幻想！难，没关系，怕的是不"知难"，只要"知难而进"，中国的农业，在未来就会更有希望！

关于农业的这五个字，我都说了一遍。听完我讲的关于农业的"难""深""洋""高""苦"，相信你也会基本认同我的那个结论——农业其实不简单！这样，我的那点小情绪，也就算是基本宣泄完了！关于中国的农业未来该怎么发展，我在这里还只是提出了一些问题。至于这些问题的具体解决方法，在这本书后面的文章中将会一一呈现详细的答案。因为对于现代农业发展的研究，是我们华高莱斯一直在关注，一直在努力，并且还将持续下功夫的一个重要领域。

华高莱斯国际地产顾问（北京）有限公司
董事长兼总经理 李忠

目 录
CONTENTS

001　本书总序　新农业，新未来

003　总论　农业振兴的未来之路
004　大国农业的未来之路，去往何方？⋯⋯⋯⋯⋯⋯⋯⋯⋯⋯⋯⋯⋯⋯⋯⋯龚慧娴

021　第一章　前沿科技驱动
022　Agtech 来了！——城市如何迎接农业的"后绿色革命"大潮⋯⋯⋯⋯⋯姜　鹏
045　物种重塑——智能育种下的城市新赛道⋯⋯⋯⋯⋯⋯⋯⋯⋯⋯⋯⋯⋯鲁世超
057　智慧农场时代——机器共生的农业未来⋯⋯⋯⋯⋯⋯⋯⋯⋯李志鹏　王立业
074　超级服务改变农业——从"农业支持"到"农业增值"⋯⋯⋯⋯⋯⋯⋯姚雨蒙

089　第二章　深度情感共振
090　风景农业，天地异境——农业风景区新趋势⋯⋯⋯⋯⋯⋯⋯⋯⋯⋯⋯张云星
104　都市粮田共同体，打造城乡融合的新桥梁⋯⋯⋯⋯⋯⋯⋯⋯⋯张云星　梁美惠

117　第三章　文明进化赋能
118　在蓝海中开辟蓝海——碳中和驱动下的海洋渔业未来⋯⋯⋯⋯⋯⋯⋯李志鹏
135　有机世界，回归农业初心⋯⋯⋯⋯⋯⋯⋯⋯⋯⋯⋯⋯⋯⋯⋯⋯⋯⋯李　瑞
153　蛋白工厂——从以色列看中国的替代蛋白产业⋯⋯⋯⋯⋯⋯⋯⋯⋯⋯傅琦仪

本书总序
新农业，新未来

2021年的中央一号文件比以往更受人关注。在脱贫攻坚目标任务已经完成的形势下，我国"三农"工作的重心已经从脱贫攻坚历史性转向全面推进乡村振兴。乡村要振兴，农业必须实现振兴。

农业振兴的根本出路是现代化，要推进农业由增产导向转向提质导向，提升农业价值、增加农民收入。根据世界银行数据，2019年中国大陆地区农、林、渔业人均年度增加值不到4 200美元，而美国接近85 000美元、荷兰超过87 000美元、以色列人均（2018年）甚至高达94 000美元[①]。较低的农业价值使我们投入高达1/4劳动力，仅能产出7%的GDP[②]。城乡居民收入差距因此难以缩小。据统计，2020年城乡居民收入比是2.56∶1，竟与改革开放前的1978年相同，而绝对值在进一步拉大[③]！显著的经济差距持续吸引着劳动力从乡村流向城市，农业人口也面临危机。农业振兴不仅是乡村振兴和农业农村现代化的关键，还成为整个中国城乡融合的关键。

本书是在趋势研判的基础上，针对我国农业现代化发展的突破路径探索，力图在农业农村现代化奋进的历史阶段，为相关的地方城乡领导者带来一定的启示。我们希望，本书不仅可以成为工作中的参考书，更能促进读者理解新时期提升农业价值的农业振兴核心——要让未来农业，不断满足人民

---

① 世界银行官方网站：《农业、林业和渔业人均增加值（相比2015年美元不变价）》，https://data.worldbank.org.cn/indicator/NV.AGR.EMPL.KD.
② 国家统计局网站：《中华人民共和国2019年国民经济和社会发展统计公报》，http://www.stats.gov.cn/tjsj/zxfb/202002/t20200228_1728913.html，2020年2月28日．
③ 国家统计局网站：《中华人民共和国年度数据查询》，https://data.stats.gov.cn/easyquery.htm?cn=C01．

日益增长的美好生活需要！这里面的底层逻辑是：时代变了，当吃饱的问题已经基本解决后，人们就会对农业从生产组织到特定产品、从环境生态到精神内涵赋予更多的需求。在新一轮科技革命的影响下，农业各个环节都会出现新的蓝海，各个地区也都有机会形成新的农业力量。旧的农业版图正被打破。只有牢牢抓住新时期人民真实需要的农业，才可以真正地具备高价值、最终实现全面振兴——这就是提质导向时代的未来新农业！

新时代在塑造新农业，也只有新农业才会有新未来！毫无疑问，在我国社会主义现代化建设和中华民族伟大复兴的重要历史时期，作为基石的农业振兴，更需要每个城乡地区的超卓远见和持续努力！

《产业新赛道之农业振兴》执行主编　李志鹏

总论　农业振兴的未来之路

农业振兴，它的根本推动力自然是人民日益增长的美好生活需要。那么，这种需要又将推动中国农业去往何方，从而形成高价值，实现现代化呢？

大国农业的未来之路，去往何方？

文｜龚慧娴

一、揭开农业的温情面纱，露出的是悲伤的一面

1. 农用地，一项昂贵又"轻贱"的国土资源

打开地图，18 亿亩（1 亩 ≈ 667 平方米）耕地，默默占据着人烟稠密地区的宝贵空间。我国虽然幅员辽阔，但从大兴安岭经太行山、巫山至湘桂西部山地画一条线，这条线以西的大部分土地是海拔 1 000 米以上的山地、高原和盆地，其面积约占全国的 2/3。这条线以东仅占 1/3 的国土面积，才是绝大多数人口和耕地的集中地区[1]。由于人多地少，人均耕地面积不足世界平均水平的一半[2]。在稀缺的平原和低海拔丘陵上，处处密布着基本农田。即使是在中国城市扩张最迅速的时期，18 亿亩耕地红线也从未动摇。

我国很多城市诞生在适宜农业生产的地区，当需要扩张时，会发现紧邻城边就是大规模农田。扩张可能伤害农田，不扩张又可能伤害城市，致使生产生活空间受限、城市地价高企。在东南沿海的多山地区地狭人稠，人地之争尤为尖锐，今天的浙南和闽粤等地，城市和产业扩张与基本农田保护间的矛盾始终存在。北京、上海这样的超级大都市里，也有规模巨大的基本农田。2015 年上海市永久基本农田保护任务为 328 万亩，占其陆域面积的 32%[3]。

---

[1] 央视网：《自然资源部公布我国土地资源的"家底"：划定15.50亿亩为永久基本农田》，http://m.news.cctv.com/2018/06/25/ARTIb9q4JLX3hoZI2x0mop49180625.shtml，2018 年 6 月 25 日．

[2] 中华人民共和国自然资源部网：《国常会通过这一草案 李克强强调严守耕地保护红线》，http://www.mnr.gov.cn/dt/ywbb/202104/t20210423_2625568.html，2021 年 4 月 23 日．

[3] 上海市规划和自然资源局网：《国务院关于上海市城市总体规划的批复》，http://ghzyj.sh.gov.cn/ghjh/20200110/0032-811864.html，2017 年 12 月 15 日．

也因此被一些人指责为捂地不供致使房价上涨。

然而，这珍贵的 18 亿亩耕地真的用好了吗？没有。第三次全国农业普查显示，我国耕地整体质量不高，近七成为中低产田①。2019 年，上海市耕地面积占上海陆域面积的 1/5，但第一产业在国民生产总值中的占比不足 1%，仅 0.73%②。很多地区已经出现农地撂荒、地无人种的局面。基于县样本统计的 2014—2015 年全国山区县耕地撂荒率达 14.32%，在长江流域一带尤其严重③。

在国家乡村振兴战略的影响下，许多社会资本下乡寻找机会，但目的不是振兴农业，而是获取集体建设用地，尤其是集体经营性建设用地，开民宿、办工厂、建商业，发展第二和第三产业。部分投资者甚至以农业项目之名，搞变相房地产开发。2020 年 5 月，笔者参加了北京某经济强区的农业会议。区领导一口气毙掉了多个有变相房地产开发嫌疑的农业园项目，随后他提出了一个让会场陷入沉默的问题："农业本身，能赚钱吗？"这个问题直击灵魂。

2．农民，一个数量巨大却"不赚钱"的群体

中国农民数量庞大，但收入总是"垫底"。2019 年全国城镇非私营单位就业人员年平均工资为 90 501 元，"农、林、牧、渔业"行业收入最低，仅 39 340 元④。中国 2019 年有近 1.4 亿农村人口离开家乡来到城市寻找工作，进城的农民工比留在本地的农民工收入高 26.5%，增速高 3 个百分点⑤。

---

① 中华人民共和国农业农村部网：《2019 年全国耕地质量等级情况公报发布》，http://www.moa.gov.cn/xw/zwdt/202005/t20200512_6343750.htm，2020 年 5 月 12 日．

② 上海统计局网：《2019 年上海市国民经济和社会发展统计公报》，http://tjj.sh.gov.cn/tjgb/20200329/05f0f4abb2d448a69e4517f6a6448819.html，2020 年 3 月 9 日．

③ 李升发，李秀彬，辛良杰，等．中国山区耕地撂荒程度及空间分布——基于全国山区抽样调查结果[J]．资源科学，2017，39（10）：1801—1811．

④ 国家统计局网：《2019 年城镇非私营单位就业人员年平均工资 90 501 元》，http://www.stats.gov.cn/tjsj/zxfb/202005/t20200515_1745764.html，2020 年 5 月 15 日．

⑤ 国家统计局网：《2019 年农民工监测调查报告》，http://www.stats.gov.cn/tjsj/zxfb/202004/t20200430_1742724.html，2020 年 4 月 30 日．

仍留在农村的农民在持续减少而且逐渐老去。2016年，全国农业生产经营人员中，年龄55岁及以上的老年人占比为33.6%[1]。这一比例还将继续上升。

我们需要让更多人回到乡村农业吗？当然不！**对中国农业来说，农业就业人口比例仍然过高，而不是过低。**在世界农业强国中，农业就业人口占总就业人口的比例，普遍仅为2%左右，甚至更低。2019年，美国农业就业人口占总就业人口的比例仅为1.34%，丹麦为2.19%，荷兰为2.04%，以色列为0.92%[2]。而同期的中国，农业就业人口占总就业人口的比例为25.1%[3]！

2021年"内卷"一词在网络上走红，而该词的兴起正与亚洲农业生产相关。早在20世纪60年代，美国文化人类学家克利福德·格尔茨就用"内卷"来描述亚洲的农业生产演化，他观察到爪哇岛水稻生产因地少人多而发生的向内演化，写成了《农业的内卷化：印度尼西亚生态变迁的过程》一书[4]。20世纪80年代，华裔学者黄宗智在《华北的小农经济与社会变迁》一书中又借用"内卷"一词描述近代中国农业人多地少的"过密"现象[5]。两者含义并不相同，但都注意到当土地有限、人口增长时，农业生产方式向低水平方向复杂演化。

二、"三驾马车"，带动传统农业驶向高价值农业

回到前面的问题：农业本身，能赚钱吗？1979年，诺贝尔经济学奖获得者西奥多·舒尔茨在其名著《改造传统农业》中做出过回答：传统农业是无法

---

[1] 国家统计局网：《第三次全国农业普查主要数据公报（第五号）》，http://www.stats.gov.cn/tjsj/tjgb/nypcgb/qgnypcgb/201712/t20171215_1563599.html，2017年12月16日.
[2] 世界银行网：《世界银行公开数据》，https://data.worldbank.org.
[3] 中华人民共和国人力资源和社会保障部：《2019年度人力资源和社会保障事业发展统计公报》，http://www.mohrss.gov.cn/SYrlzyhshbzb/zwgk/szrs/tjgb/202006/t20200608_375774.html，2020年6月8日.
[4] [美] 克利福德·格尔茨（Clifford Geertz）. 农业的内卷化：印度尼西亚生态变迁的过程（Agricultural Involution）[M]. 奥克兰：加州大学出版社（University of California Press），2000.
[5] [美] 黄宗智. 华北的小农经济与社会变迁 [M]. 北京：中华书局，2000.

对经济增长做出重大贡献的，但现代化农业可以①。在传统农业中，由于生产要素和技术状况不变，持久收入流来源的供给也是不变的，而资本由于收益率低下，不可能增加储蓄和投资，也无法打破长期停滞的均衡状态。改造传统农业的关键是引入新的现代农业生产要素。

对今天中国的农业转型来说，三种力最为重要，即科技牵引力、情感提升力、文明推动力。这三种力量也代表了农业走向高价值的三种机遇。

1．科技牵引力：前沿科技驱动，是引领传统农业走向高价值的第一力量

舒尔茨把改造传统农业的现代生产要素统称为"技术变化"，他认为"技术变化"是打破传统农业低水平均衡状态的关键，"国家必须投资于能为推进农业生产的知识及其应用做出贡献的活动"②。

科技驱动的现代化农业可以赚钱，实践已经证明了这一点。以荷兰为例，荷兰农业完全是在先天不足条件下，依靠农业科技实现"逆袭"。荷兰人均耕地只有 0.06 公顷（1 公顷 =10 000 平方米），不仅低于世界平均值 0.19 公顷，也低于中国的 0.09 公顷③。荷兰农业的光热条件不利：纬度高（相当于中国黑河—漠河一带）、气温低、光照不足，年平均日照时数为 1 600 小时④（我国北京为 2 778.7 小时，武汉为 2 085.3 小时，广州为 1 945.3 小时⑤）。但荷兰是除美国外的世界最大农产品出口国，每年出口价值约 650 亿欧元的农产品，占荷兰总出口额的 17.5%⑥。若按人均和地均计算，荷兰人均和地均农业产值均位居世界第一。

荷兰农业逆袭成功的关键是前沿科技驱动，著名的荷兰"食品谷"构筑了荷兰农业的创新之心。至于世界其他"国土小国"上的"农业大国"，探

---

① [美] 西奥多·W. 舒尔茨. 改造传统农业 [M]. 梁小民，译. 北京：商务印书馆，2006.
② [美] 西奥多·W. 舒尔茨. 改造传统农业 [M]. 梁小民，译. 北京：商务印书馆，2006.
③ 世界银行网：《世界银行公开数据》，https://data.worldbank.org.
④ 日光网，https://www.gaisma.com/en/location/amsterdam.html.
⑤ 中国气象局网，http://www.cma.gov.cn/kppd/kppdqxsj/kppdtqqh/201212/t20121214_196646.html.
⑥ 荷兰政府网，https://www.government.nl/topics/agriculture.

究其成功秘诀，也都是如此。

中国传统农业应该如何通过科技驱动实现振兴？

一是用科技改变环境，让土地更适合耕种。

对中国很多农业地区来说，土壤改良是第一步工作。我国耕地面积约18亿亩，但其中碱化面积达6.62%。另外，在我国近15亿亩的盐碱地中，还有2亿亩有农业利用潜力，是重要的后备耕地资源[①]。以黄河三角洲为例，这是全球最年轻的新生陆地之一，东营市2005—2015年每年新增60万亩耕地。但由于土地盐渍化等原因，大量土地未得到利用。

中科院欧阳竹团队在黄河三角洲研究发现：区域土壤有机质含量与土壤盐分含量密切相关，当表层土壤有机质含量达到每千克19.1克及以上时，能够较好地抑制下层土壤盐分向表层土壤集聚。由此建立了土壤改良的综合配套技术，以生物有机肥改良土壤结构，快速促进土壤团聚体形成，阻控土壤返盐。耕层原始含盐量大于0.5%的样地，第一年改造后，种植冬小麦的亩产可达300千克，第三年小麦亩产可达400～450千克[②]。

以色列国土的95%为亚湿润干旱区、半干旱区、干旱区和极度干旱区，60%的国土被沙漠覆盖[③]；人均可耕地仅为0.03公顷，处于世界人均可耕地面积较少的国家之列[④]。以色列在沙漠中创造良田，在其建国后半个世纪内耕地面积扩大了2倍，农产品产量增加了16倍[⑤]，成为重要的水果蔬菜（尤其是柑橘类水果）出口国。

[①] 孙凝晖，张玉成，石晶林. 构建中国第三代农机的创新体系[J]. 中国科学院院刊，2020, 35（02）：154—165.

[②] 欧阳竹，王竑晟，来剑斌，等. 黄河三角洲农业高质量发展新模式[J]. 中国科学院院刊，2020, 35（2）：145—153.

[③] 锐眼商业：《以色列十大"叹为观止"的农业科技》，https://www.163.com/dy/article/FVIQMHG50539D443.html，2021年1月6日.

[④] 中国热带农业科学院：《荷兰日本以色列设施农业发展经验与政策启示》，https://www.catas.cn/contents/18/21130.html，2016年8月9日.

[⑤] 宋喜斌：《以色列节水农业对中国发展生态农业的启示》，《世界农业》2014年第5期，http://www.jsgg.com.cn/Index/Display.asp?NewsID=20632.

二是用科技改变物种，从源头上进行物种重塑。

农民即使不改变原有耕作方式，仅靠采用改良后的新种子，就能实现增收减害。我国农民在水稻方面早就深有感受。1958 年，我国水稻的高产田平均亩产只有 400 千克左右，而袁隆平领衔研究出的第三代杂交稻平均亩产达 1 046.3 千克[①]。袁隆平院士去世在国内民众间引发的巨大震动，正反映了其良种创制对中国人生活的巨大影响。

美国是世界第一粮食出口大国，改良育种发挥了重要的作用。以玉米为例，2019 年美国弗吉尼亚州玉米亩产最高达 2 576.48 千克，在我国玉米界引起轰动。中国玉米亩产最高纪录 2020 年是新疆示范田的 1 663 千克。目前，我国玉米平均亩产超过 400 千克，相当于美国 1970 年的水平[②]。一年一度的玉米高产竞赛（NCYC）已经成为美国各大种业公司良种竞赛和宣传的平台。

中国是全球种子进口大国，种子进口高度集中在美国、荷兰和日本三个国家，其中对美国的进口依赖度是最高的。美国仍是全球最大的种子出口国和技术最强国。

2021 年，中央"一号文件"把种业提到前所未有的重要地位，要求"打好种业翻身仗"。2021 年 5 月习近平总书记在中国科学院第二十次院士大会上强调，要从国家急迫需要和长远需求出发，在农作物种子等方面关键核心技术上全力攻坚。这是中国农业不能输掉的战场。

三是用科技改变生产方式，实现农业生产的机器共生。

2018 年年初，农业农村部在《关于大力实施乡村振兴战略 加快推进农业转型升级的意见》中已明确提出"推进'机器换人'"的要求。

黑龙江垦区是中国农业"机器换人"的典型代表。中国粮食生产格局已由南粮北运变为北粮南运，黑龙江垦区成为保障中国粮食安全的最重要的商品粮基

[①] 中国日报网-百家号：《第三代杂交水稻首次测产 亩产超 1000 公斤》，https://baijiahao.baidu.com/s?id=1648244061253837953&wfr=spider&for=pc，2019 年 10 月 24 日.

[②] 廖宁，李广群，刘伟，等.2019 年美国玉米高产竞赛的启示［J］.农业科技通讯，2020（4）：226—228.

地。农业机械化水平是黑龙江垦区粮食生产中最显著的影响因子。早在1978年，黑龙江友谊农场的五分场二队就引进了美国约翰·迪尔公司的先进农业机械，一举创造了中国几千年农业史上的奇迹。仅有20名农业工人耕种11 000亩土地！当年就创造了人均生产粮食20万斤的全国纪录①。

如今，第三代农机和农业遥感技术、地理信息系统、全球卫星定位系统、移动通信和物联网技术等结合，实现了天空地一体化，一人能种百人田，向无人化和精准化要效益。2020年5月9日，在华南农业大学增城教学科研基地，中国工程院院士罗锡文团队现场展示了水稻无人农场直播技术，在1.3小时内将14亩水稻田全部播种完毕，对行精度可达到2厘米，实现了水稻生产耕整、种植、田间管理和收获全程无人机械化作业②。

机器协同的现代农业，需要农业从业人口大幅减少；而农业人口减少的背后，是农民的现代化。根据丹麦统计局的数据，丹麦24%的农民能使用RTK-GPS系统操作智能农机进行精准作业③。

2. 情感提升力：深度情感共振，能激活隐藏在农业内部的巨大消费能量

第一，农业文化是华夏民族记忆的重要部分，风景农业是中国人重要的文化审美场景。

数千年的农业文明在历史中占据了十分重要的地位，已经成为无法抹去的重要部分。2 000多年前，司马迁在《史记·孝文本纪第十》中记下汉初帝王的名言："农，天下之本，务莫大焉。"2 000多年后，当"嫦娥五号"探测器怀揣月壤从太空归来，网友纷纷询问月壤能不能种菜。这是中国人的一个"梗"，一种根植于民族记忆深处的"文化基因"。

农业之于中国人，只是物的关注吗？不。"种豆南山下，草盛豆苗稀。

---

① 中华人民共和国农业农村部网：《黑龙江：友谊农场中国农业现代化从这里出发》，http://www.moa.gov.cn/xw/qg/201807/t20180709_6153765.htm，2018年7月9日．

② 叶青：《未来，谁来种地？可能是这些机器》，"科技日报"微信公众号，2020年5月10日．

③ 丹麦统计局网：《先进农业技术取得显著进展》，(Mærkbar fremgang i avanceret landbrugsteknologi)，https://www.dst.dk/da/Statistik/nyt/NytHtml?cid=31408，2019年10月8日．

晨兴理荒秽,带月荷锄归",这样的诗句描述的从来就不是物质的农业生产,而是中国人独特的文化审美场景。

魏晋时陶渊明的《归园田居》如此,今天乡村网红主播的短视频作品也是如此。拥有数千万粉丝的乡村网红主播在视频中展现的不仅是生产劳作,更是新时代"归园田居"的诗意浪漫。她们会在繁复的荷花酒酿成后,一袭汉服独坐凉棚下对着满塘碧荷饮酒;会在大雪后身披一件猩红色大袍,策马山野古道……一帧帧电影级别的画面、一个个精心设计的场景构图,迎合的是中国人精神深处的田园梦。

千年传承的中国农业文化,写在古书中,也留在大地上。江苏里下河平原的兴化垛田、浙江中南部山区的青田稻鱼共生、云南哀牢山中的红河哈尼梯田、福建闽江入海口盆地的茉莉花茶、新疆吐鲁番的坎儿井……祖先留下了众多的农业文化遗产,今天依然是国人激发情感共鸣的诗意风景。

"好摄之徒"们终年南下北上,东奔西走,捕捉中国广袤大地上那些如诗如画的农业风景:福建霞浦滩涂林立的紫菜架、青海达坂山下绵延的油菜花田、河北坝上草甸间游走的牛羊群、云南山间茶田中的采茶姑娘、黑龙江大雪覆盖的木屋村落……由此还诞生了许多著名的群众模特,如著名的杨家溪大榕树下牵牛的农夫、小东江雾中着红衣撒网的渔民等,他们为慕名而来的摄影爱好者提供专业的摆拍服务,收他们的钱,圆他们的梦。

第二,在都市化后的中国,面向未来的农业更需要"高科技与高情感"相平衡。

美国未来学家约翰·奈斯比特认为,20 世纪,高科技的发展速度异常迅猛,但关注人们身体和心灵的发展远远不够;21 世纪,人类将会出现新的发展杰势,即高科技与高情感相平衡[1]。

---

[1] [美] 约翰·奈斯比特,道格拉斯·菲利普斯. 高科技与高情感 [M].Portland: Broadway Books, 1999.

都市化和富裕后的"Z世代"①消费群体，他们眼中的"农"与上一代眼中的"农"已截然不同。这些年轻人通过哔哩哔哩、抖音、西瓜视频等平台，如痴如醉地欣赏着各地乡村网红的生产、生活，在屏幕的那端，有云南保山乡村的"滇西小哥"、江西全南县乡村的"华农兄弟"、福建莆田乡村的"渔人阿烽"……他们喜悦地围观着田野上万物萌芽、滩涂间鱼虾跳跃，发出欢笑，发出弹幕，获得心灵的"治愈"，最后还有点击视频链接购买商品。当然是溢价的，额外的费用就是一种特别的情感消费支出。

在快速城市化的今天，农业背后蕴藏的情感消费需求非但没有消失，反而更加热烈地迸发出来。在2013年12月的中央城镇化工作会议上，严肃的公文中忽然跳脱出一个富有诗意的词"乡愁"。

越是在大都市区，人们为"乡愁"而支付的意愿就越强烈。"Have a break"是人们小时候英语课上最希望听到一句话，这里的break指中间休息，引申出有短假的意思。大都市的近郊农业，为都市人提供了享受City Break（城市微度假）的广阔空间，让他们在紧张的都市生活中得到短暂的心灵休憩。一位清华校友就在北京海淀郊区的管家岭村租赁了一个农家小院，种了自己的小菜园；隔壁也是一家人租了小院来住，我们去时，小女孩正在阳光下荡秋千，墙头上露出灿烂盛开的向日葵。

因此，在科技高速发展的今天，我们也不要忘了农业中隐藏的情感力量。而且越是在节奏紧张的都市化未来，农业越会迎来"高技术与高情感相平衡"的新需求。

3．文明推动力：文明进化赋能，以来自外部的伦理压力迫使农业转型

农业伦理、食物伦理是近些年兴起的一种思潮，这一思潮在客观上将农业生产与"道德"关联了起来。随着由政治家、评论家、食品集团、环保组织等组成的"非常规政治联盟"出现，已经出现了"食物政治化"的倾向。

---

① Z世代，是指20世纪90年代中后期到20世纪10年代初出生的人群，参考维基百科（Wikipedia）中Generation Z词条的解释。

这种思潮不可避免地影响了消费者的选择及国家的政策取向。

第一，中国的农业早已被放到世界舞台的聚光灯下被各方审视，中国农业未来道路的选择无法回避生态"文明"与农业"伦理"的影响。

2020年，知名自媒体"回形针"（PaperClip）在一期名为"如何快速消灭全世界的森林"的视频中，指责中国的大豆需求导致了巴西热带雨林的消失，从而在中文网络上引起了巨大的争议。"回形针"的观点自然是错误的，因为巴西大豆的主产区并不在热带雨林地区。同年，《纽约时报》中一篇题为《中国人会购买人造肉吗？》的文章中，一位美国植物基人造肉公司的首席执行官语出惊人："中国人每吃一块肉，亚马孙雨林里就冒出一股烟"[1]。这种说法无疑也是荒谬的。但这些指责反映出了中国农业面临的困难。

2021年5月袁隆平院士离世后，有一条获得高赞的网络评论："每个人都知道袁隆平院士是中国粮食问题的大功臣。很少有人意识到，他也是中国乃至世界的环保英雄。"因为他开发出的水稻杂交系统，经过千千万万育种工作者的努力，大大提高了农作物的亩产量，也就减少了我们对农田面积扩张的需求。

以袁隆平为代表的科技前辈解决了中国人上一阶段在有限土地上的"主粮"吃饱问题。下一个阶段，中国人还要面临一个新问题：如何从吃饱到吃好，获取更多的优质蛋白？

我国居民年人均口粮从1985年的233.8千克降至2017年的130.1千克，口粮消费总量在粮食结构中的比例从71.9%降至27.3%[2]。同时，肉类消费总量从20世纪80年代的1062万吨，增长到2018年的8796万吨，人均肉类消费占有量增长了5.7倍[3]。

---

① 百度网：《锅从天上来！"中国人每吃一块肉，亚马逊雨林就冒出一股烟……"》，https://baijiahao.baidu.com/s?id=1655248829007305067&wfr=spider&for=pc，2020年1月9日.

② 中国网·中国发展门户网：《我国中低产田土地资源和草牧业发展潜力》，http://cn.chinagate.cn/news/2020-03/06/content_75781215.htm，2020年3月6日.

③ 第一财经网：《中国肉类进口将破500万吨，全球肉类贸易可持续发展问题待解》，https://www.yicai.com/news/100395148.html，2019年11月8日.

为什么中国人的大豆需求会遭到荒谬指责？因为中国的水稻、小麦、玉米等主粮自给率很高，但大豆高度依赖进口。进口大豆主要为转基因大豆，不直接食用，主要用于加工豆粕来制作动物饲料。在"逆全球化"的暗涌之下，一旦大豆进口出了问题，对中国食物造成的第一波冲击将是肉类价格上涨。

如何破解困境？从根本上来说，我们需要寻找新的蛋白来源。

海洋是最重要的方向！这是陆地之外能提供优质蛋白的"蓝色粮仓"。中国海洋水产品的年产量，相当于肉类和禽蛋类年总产量的30%，为我国城乡居民膳食营养提供了近1/3的优质动物蛋白，是我国维护粮食安全的新途径[①]。《农业部关于印发〈国家级海洋牧场示范区建设规划（2017—2025年）〉的通知》中提出，到2025年，在全国建设178个国家级海洋牧场示范区。

人造肉是另一条新兴的试探性路径，西方人造肉企业正在努力敲开中国市场。2020年5月，雀巢宣布亚洲首条植物基产品生产线落户天津，12月正式发布了旗下首个登陆中国市场的植物基品牌"嘉植肴"。2021年4月，有美国"人造肉第一股"之称的"别样肉客"（Beyond Meat）公司在嘉兴的植物肉生产工厂正式揭幕，将主要负责生产一系列植物猪肉、牛肉和禽肉产品。同年5月，关晓彤等明星代言植物肉事件登上微博热搜，引发争议。从微博评论看，许多网友对植物肉并不买账，他们大声呼吁：不要阻止中国人吃肉，我们有吃肉的权利。

第二，生态文明时代农业领域的另一浪潮，是富裕起来的人们越来越关注食物的"有机"特征。

为了在有限土地上获得更多产出，在过去的几十年，世界各国在土地上使用了大量的化肥和农药，这让很多人感到不安。2017年《农业部关于印发

---

① 中华人民共和国农业农村部官网：《农业部关于印发〈国家级海洋牧场示范区建设规划（2017—2025年）〉的通知》，http://www.moa.gov.cn/nybgb/2017/201711/201802/t20180201_6136235.htm，2017年11月20日．

《到 2020 年化肥使用量零增长行动方案》和《到 2020 年农药使用量零增长行动方案》的通知》中披露："我国农作物亩均化肥用量 21.9 千克，远高于世界平均水平（每亩 8 千克）"，"我国农药平均利用率仅为 35%，大部分农药通过径流、渗漏、飘移等流失，污染土壤、水环境，影响农田生态环境安全"[①]。人们对"有机"的推崇，并非只是为了保护环境，更多的是对自身食物安全的担忧。富裕起来的消费者，愿意支付更高的价格来购买有机食品，这成为高价值农业的发展方向之一。

但值得一提的是，有机农业并非要摒弃现代科技、回到传统人工劳作，恰恰相反，有机农业更依赖先进科技支撑。丹麦是世界著名的有机农业强国，2018 年有机农产品占农产品总量的 12%，为全球最高[②]。丹麦的有机农业由于限制化学植保和合成肥料的使用，更需要采用先进技术来进行智能除草、除虫等工作。例如，摄像头控制的除草机器人，机器人在穿过田地时，会检测每株作物和杂草，经过图像分析后杀死杂草。此外，在流通环节，丹麦是首个引入有机标签、有机规则和公共检查的国家，其在"从农场到餐桌"体系的基础上，建立起了完备的有机审查、溯源制度。

国内很多小农场创业者也早就在关注有机农业方向，但受技术力量所限，往往选择的是回归传统农业生产方式。小农场创业者在减少化肥和农药的使用之后，会发现人工投入被迫增加，而农产品产出大大降低，产品成本远高于市场价格。最终有的死于情怀，有的选择被迫降低"有机"标准，勉强支撑者也往往受限于过于小众的市场而无法发展。有机农业是一条诱人的道路，但在人工越来越贵的时代，有机农业的未来仍须依赖向前看的农业科技，而非向后看的传统生产方式。

[①] 中华人民共和国农业农村部网：《农业部关于印发〈到 2020 年化肥使用量零增长行动方案〉和〈到 2020 年农药使用量零增长行动方案〉的通知》，http://www.moa.gov.cn/nybgb/2015/san/201711/t20171129_5923401.htm，2017 年 11 月 29 日.

[②] 丹麦农业食品理事会（Danish Agriculture $ Food Council）网：《丹麦模式》（*The Danish Model*），https://agricultureandfood.dk/danish-agriculture-and-food/organic-farming.

总体而言，文明进化是来自农业之外的鞭策力量，为农业关闭了一些道路，也开启了新的商机。

三、向高价值农业的转型升级并不容易，需要多方的共同努力

1. 政策要放宽：扩大设施农业占比，通过 AI 环境控制，摆脱"看天吃饭"

2016 年中国耕地 99% 是露地作业[1]，"看天吃饭"的特点明显。2019 年 12 月，自然资源部及农业农村部《关于设施农业用地管理有关问题的通知》，放宽了对耕地利用方式的约束，鼓励发展设施农业："设施农业属于农业内部结构调整，可以使用一般耕地，不需要落实占补平衡。种植设施不破坏耕地耕作层的，可以使用永久基本农田"[2]。

新政策为中国 18 亿亩耕地提升利用方式、引入新的现代农业生产要素创造了空间。现代农业设施通过农业物联网、智能环境控制技术等，可定制植物生长环境，让原来露地作业不可生产的时间、空间、品种变得可生产，大幅提高农业产出，一亩地相当于过去多亩地。

早在 1992 年前，荷兰智能温室的番茄每平方米每年就可收获 40 千克，2017 年单产已超过 50 千克；2000—2017 年，温室蔬菜的平均产量提高了约 36%[3]。北京市农业技术推广站引入荷兰技术进行番茄工厂化试验后效果明显，小汤山特菜基地 2017 年首次收获时每平方米产量达到 31.5 千克，比普通种植翻了一番[4]。

植物工厂通过人工光照明技术、立体多层无土栽培技术、智能环境控制技术、生产空间自动化管控技术等，能实现高效的工厂化种植。北京房山琉

---

[1] 国家统计局网：《第三次全国农业普查主要数据公报（第一号、第二号）》，http://www.stats.gov.cn/tjsj/tjgb/nypcgb/qgnypcgb/201712/t20171214_1562740.html，2017 年 12 月 14 日；http://www.stats.gov.cn/tjsj/tjgb/nypcgb/qgnypcgb/201712/t20171215_1563539.html，2017 年 12 月 15 日.

[2] 中华人民共和国自然资源部网：《自然资源农业农村部关于设施农业用地管理有关问题的通知》，http://gi.mnr.gov.cn/201912/t20191219_2490574.html，2019 年 12 月 17 日.

[3] 荷兰统计局网：《温室蔬菜产量增长》（Upscaling of greenhouse vegetable production），https://www.cbs.nl/，2018 年 4 月 18 日.

[4] 千龙网：《20 个番茄新品进入采摘期 已开始供应北京市场》，http://beijing.qianlong.com/2017/0224/1433257.shtml，2017 年 2 月 24 日.

璃河镇的中粮智慧农场 2015 年开园,在高达 9 米的厂房内,采用多层立体垂直栽培和旋转追光系统,蔬菜是无土栽培,甚至不需要自然光,产量可达常规种植的 3～5 倍;可节约土地 80%。工作人员介绍道:"露地种的一年只有两到三茬,我们可以做到一年八茬。"①

2. 机制要创新:社会化服务降低科技设备的使用门槛,让广大小农户也能拥抱科技

很多高科技农业设备看上去很美,却为何没有得到普及?科技设备成本高而中国小农户多是最大问题。"大国小农"是我国的基本农情,小农户占我国农业经营户的 98.1%②。我国劳均耕地 9 亩,美国劳均 957 亩③。小农户当然知道科技设备好,但几十万元甚至上百万元的科技设备资金投入,是他们难以承受的。如何让小农户也能用上科技设备?

一方面,通过农业社会化服务组织,进行生产托管,把单打独斗变成规模化生产。

为加快引领小农户参与到现代农业进程中,中央在所有权、承包权、经营权"三权分置"土地制度改革基础上创新生产方式,支持生产托管为主的农业社会化服务。2017 年,中央设立了以支持生产托管为主的农业生产社会化服务财政专项。截至 2020 年年底,全国农业社会化服务组织数量超 90 万个,服务带动小农户 7 000 多万户。据统计,试点地区粮食全程托管亩均增产 10%～20%,农户亩均节本增效 350～390 元。山西石楼县下田庄村村民表示,托管比自己种划算,一亩地净赚 500 多元,自己还能去县城打工。"主要是通过集中采购、机械化作业,节约了生产成本,提高了效益。"石楼县国辉农牧专业合作社理事长介绍:一是省了农资成本,合作社向厂家批

---

① 搜狐网:《都市农场 智慧满园》,https://www.sohu.com/a/73482309_362122,2016 年 5 月 5 日.
② 央视网:《[在习近平新时代中国特色社会主义思想指引下] 夯实粮食生产基础 加快推进农业现代化》,https://news.cctv.com/2021/06/14/ARTI5tM1HCnUoGXJzu5yOZhv210614.shtml,2021 年 6 月 14 日.
③ 赵春江:《发展智慧农业 建设数字乡村》,http://www.ghs.moa.gov.cn/zlyj/202004/t20200430_6342836.htm,2020 年 4 月 30 日.

量化优惠采购农资，一亩地可节省种子、肥料费用 15 元；二是省了人工成本，过去单家独户没有农机装备，一天最多手播 10 亩土地，而合作社采用机播，日均可完成 40 多亩土地的播种[①]。

另一方面，"羊毛出在猪身上"，借助农户之外的第三方力量，实现多方协作、利益共赢。

智能养猪中"猪脸识别"技术的诞生和应用，就是一个典型例子。如今的智能猪场通过内部气候控制系统、"猪脸识别"等个体体征智能监测技术、巡检和精准饲喂机器人等，能够实现更多出栏和更少病害。但"猪脸识别"技术的研发与应用，并不是来自养殖户的采购，而是来自保险公司的需求，是为了防止骗保而诞生的。

据京东数字科技（以下简称京东）副总裁曹鹏介绍，当时保险公司前来求救，养殖户养了上百头猪，但只给其中 10 头猪上保险，无论其中哪头猪死了，都说上过保险前来理赔。保险公司希望他们能认出每一头猪，从而减少骗保的情况。于是，京东的技术人员去猪场探明实际情况，之后研发出一套可以精准认出每一头猪的识别系统[②]。在此基础上，又逐步开拓出该技术的更多价值，如通过猪脸识别技术了解猪的生长状况、在不同生长阶段给每头猪精准配料等。

3. 因地要制宜：各地方需要根据据市场需求和自身条件，优化农产品结构

党的二十大报告进一步明确，我国社会主要矛盾已经转化为人民日益增长的美好生活需要和不平衡不充分的发展之间的矛盾。我国传统农业也亟须开展"供给侧改革"，调整产业结构，更好地满足人民的新需求，从而赚取更高价值。

---

① 郁静娴：《有了"田保姆"种地更划算（经济聚焦）》，人民网—人民日报，http://sh.people.com.cn/n2/2021/0208/c176738-34571053.html，2021 年 2 月 8 日．

② 赵宇：《揭秘京东的"数字科技"复刻术》，深响原创，新浪财经，http://finance.sina.com.cn/stock/relnews/us/2019-10-19/doc-iicezzrr3369690.shtml，2019 年 10 月 19 日．

荷兰农业盈利的一个重要因素就是调整了种植的品类结构，以高附加值作物创造农业盈利空间。如果仅种植粮食，是不可能创造出那么高的盈利空间的。荷兰削减了土地密集型作物（谷物、豆类、油料）的种植，而种植更多更能赚钱的品类如蔬菜、园艺产品等，实现大量出口创汇。

丹麦则针对周边德国等的需求突出了畜牧业，其畜牧业出口值约占农业总出口值的60%。2019年，丹麦全国总人口为582万，却向市场供应了生猪3 180万头，相当于人均出栏生猪5.5头，约是我国的14倍。丹麦出产的猪约一半用于出口，最大市场是德国，我国已经崛起为其第二大市场[1]。丹麦还是世界最大的牧草种子出口国，供应了欧盟草种子总产量的40%左右[2]。

我国对饲料粮的需求不断增长，达到了粮食总产量的50%[3]。粮食安全实际上已经变成了饲料粮安全。考虑到中国耕地近七成为中低产田，部分地区完全可以考虑转向草牧业。四川洪雅、山西朔州、云南寻甸、湖南常德等地通过种草养畜，取得了显著效果。

广西环江毛南族自治县曾是石漠化严重的不毛之地。中国科学院环江喀斯特区域科技扶贫团队调研后发现，问题出在传统玉米种植的耕作方式扰动土壤，导致水土流失严重，形成石漠化，若土壤持续退化，当地农民将无地可种。科技扶贫团队通过典型示范，引导当地农民种草养牛。在如今的环江，"只要有一点有土的地方，农民都会种草"。2020年年初夏，环江毛南族自治县实现整族脱贫，并获得习近平总书记重要批示[4]。

---

[1] 丹麦农业和食品委员会网：《2019年猪肉统计》（*Statistics 2019 Pigmeat*），https://agricultureandfood.dk/prices-and-statistics/annual-statistics.

[2] 丹麦农业和食品委员会网：《丹麦种子部门》（*Danish Seed Sector*），https://agricultureandfood.dk/danish-agriculture-and-food/danish-seed-sector.

[3] 周道玮，张平宇，孙海霞，等. 中国粮食生产与消费的区域平衡研究——基于饲料粮生产及动物性食物生产的分析[J]. 土壤与作物，2017，6（03）：161—173.

[4] 王克林，岳跃民，陈洪松，等. 科技扶贫与生态系统服务提升融合的机制与实现途径[J]. 中国科学院院刊，2020，35（10）：1264—1272.

4. 标准要国际：把中国"土产"通过深加工，变成国际市场认可的高价值产品

"植物提取物"产业是一个典型的蓝海市场。中国是草药种植大国，但传统草药受成分复杂不明晰、药理不明确、植物品质不稳定等问题困扰，产业化困难。是世界不认可天然植物药吗？不！草药类消费在欧美日都是大市场。美国、德国、日本、法国四强占据了全球植物提取物市场的主体。以美国为例，草药类膳食补充剂消费连续多年加速增长，2018年的市场消费额达88.42亿美元，比2017年增长9.4%。欧夏至草（苦薄荷）提取物、紫锥花提取物的消费额均超过1亿美元。中国人喜爱"保温杯泡枸杞"，而枸杞补充剂2018年在美国也获得了惊人的消费增长，较2017年增长了637%[①]。因此中国的草药种植也应该积极把"植物"变成"植物提取物"，让产品更好地走向世界，从而开拓国际市场。

四、结语

让我们回到前面提到的问题：农业本身，能赚钱吗？传统农业不行，但现代化的农业可以。前沿科技驱动、深度情感共振、文明进化赋能这三种力量是推动传统农业驶向高价值的"三驾马车"。面向未来的农业新赛道，如物种重塑、机器共生、风景农业、海洋农业等就孕育在这三种力量之中。

传统农业已无法维系，新经济时代在倒逼我们转变农业生产方式，我们需要构建符合新时代要求的高价值农业体系。如果国家、社会、地方等多方能够协作，相信未来中国的广袤土地将成为创造财富、寄托情怀、保护生态环境的沃壤。

---

① 搜狐网：《2018年美国植物补充剂市场报告：销售额达88亿美元，CBD和枸杞增长最快》，https://www.sohu.com/a/350246268_286549，2019年10月29日.

第一章　前沿科技驱动

现在已经是一个科幻创作也怕被时代超过的时代，而科技也革命性地驱动着农业走向未来。这不仅会推动一些聚焦创新全链条的农业科技中心城市崛起，也会让农业的每个环节成为城市跃迁的新机遇。

1. Agtech 来了！——城市如何迎接农业的"后绿色革命"大潮
2. 物种重塑——智能育种下的城市新赛道
3. 智慧农场时代——机器共生的农业未来
4. 超级服务改变农业——从"农业支持"到"农业增值"

Agtech[①] 来了!
——城市如何迎接农业的"后绿色革命"大潮

文 | 姜 鹏

农业意味着什么?据粮农组织的统计,农业雇用了全球近40%的劳动力,占用了全球12%的土地,消耗了全球70%的淡水,却仅仅创造了4%的GDP[②]。从消耗和产出来看,农业有点像不受待见的"灰姑娘"。但另一方面,当下全球治理的热点议题包括消除极端贫困、应对气候变化甚至贸易战与国家安全等又与农业有着密不可分的关系。**无论是算"小账"还是算"大账"**,对农业这个"灰姑娘"进行大改造已经成为各国政府及业界的共识。

作为"国之大者"的农业,在全球共识的驱动下,正在危机中孕育新机,在变局中重开新局。众多迹象表明,农业这个最古老、庞大和沉重的产业,正在迎来被科技加持的"魔法时刻",从而孕育出巨大的产业空间。那么,谁能抓住这个由"全球共识"所塑造的变革机遇呢?接下来,**本文将从行业大势、市场格局及城市实践三个层面进行简要梳理,以期让读者抓住这一变革的基本图景。**

一、新局:资源的限制与科技的空间

科技对于农业过去很重要,现在很重要,未来会变得更加重要。**自20世纪60年代以来,全球农业的增长模式已经从资源驱动型的增长,逐步转向生产力提升型的增长。**研究机构一般使用"全要素生产率"这个概念,对生产力进步的贡献进行衡量。它指的是除所有"有形生产要素"外,由技术

---

① Agtech: 农业科技。
② 联合国粮农组织: *FAO Statistical Pocketbook 2015*。

及管理进步所带来的增长。据世界银行的报告，2001—2015 年，"全要素生产率"的提升对于全球农业增长的贡献接近 67%，相较 20 世纪 60 年代 20% 的水平，有了决定性的提升①。这个数据可以理解为，靠增加土地、劳动力和其他有形资源的投入来换取农业增长的传统模式，正日益面临发展的"天花板"。

为了对这种"天花板"现象进行分析，世界银行的模型将农业增长拆分为四大因素，即贸易量扩大和价格上涨、扩大农业用地规模（含灌溉改善）、现有土地增加资本投入（劳动力、化肥、农机等）及提升全要素生产率。由于贸易和价格的短期波动比较大，模型重点从长期的视角，衡量后三个因素对于农业增长的影响。图 1-1 显示了 1961—2015 年农业用地扩张、资本投入增加及生产力进步三大因素，对于全球农业产出增长（黑色折线）的贡献，其中纯色与斜纹部分代表了开垦新的土地及提升灌溉，点状部分代表对现有农业用地增加投入，竖向条纹部分则代表全要素生产率的提升。

结论是显而易见的：无论对于发达国家还是发展中国家，未来的农业增长将主要依赖于全要素生产率，也就是技术进步和管理改进所带来的提升。对于发展中国家而言，增加耕地规模、提升灌溉水平及现有耕地增加投入，已经越来越难以换来农业产出增长。对于发达国家，这一趋势则更加明显。近 30 年来，发达国家的农业用地面积及投入强度甚至是下降的，农业增长已经完全依赖于竖向条纹部分，也就是全要素生产率的提升！

在生态文明导向下，人类已经不能通过消耗更多的不可再生资源，来满足人口增长与城市化对于农产品日益增长的需求。与此同时，随着 20 世纪 60 年代农业"绿色革命"带来的增长动能逐渐衰减，人类对现有土地潜能的挖掘也逐渐走到现有技术水平的尽头。如何破局？世界银行的实证研究证明，在诸多约束之下，提升全要素生产率是这个问题唯一的答案。这也就是

---

① 世界银行：*Harvesting Prosperity: Technology and Productivity Growth in Agriculture*，第 xxii 页。

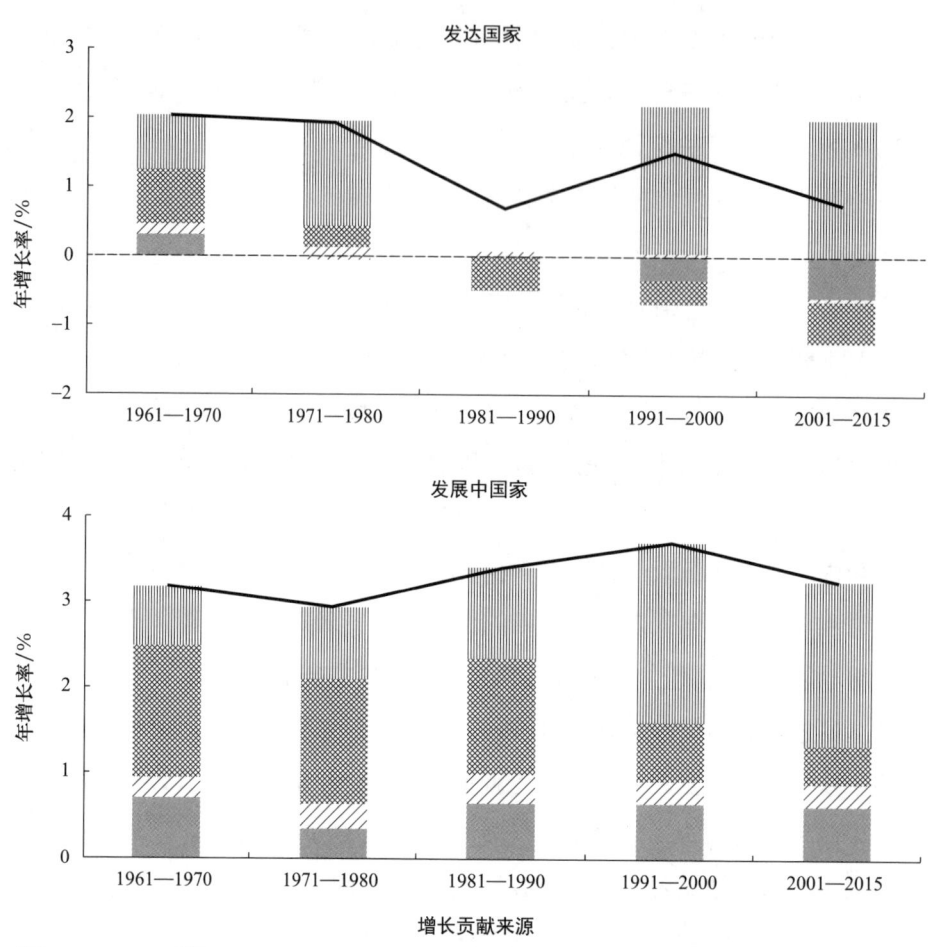

图1-1 1961—2015年全球农业增长的贡献率变化[①]

数据来源：美国农业部经济研究局

图例：全要素增长；现存土地增加投入；现存土地改善灌溉；新开垦土地；产量增长

为什么发展农业科技，启动下一次农业的"绿色革命"，将成为人类社会的"巨大共识"的原因。

因此，农业科技的发展大势是什么？过去，人们总是习惯于农业科技意味着"增产增收"，但到了未来，这一理解不一定完全正确。农业科技的导

---

① 世界银行：*Harvesting Prosperity: Technology and Productivity Growth in Agriculture*，第15页.

向可以不是"增产",而是减少资源消耗和降低生态足迹,就像精准农业所做的那样。农业"增收"也未必通过"增产",而是通过融入全球价值链,匹配全新的消费观来提升价值。甚至,农业科技可能会变得非常"不农业",而是通过跨界构建新的商业模式,就像新能源微网格那样。**农业"向上"的增长诉求和"向善"的道德诉求相互交织融合,是由当下人类共识所塑造的"路线正确",也是全球农业变局中孕育的"全新开局"。**

二、新机:颠覆强大市场格局的"后绿色革命"

当今全球农业产业格局的形成,其源头可能要追溯至 20 世纪 60 年代。当时,由于第二次世界大战后全球人口快速增长,人们开始大规模地讨论"马尔萨斯陷阱",发达国家开始大规模地将自己的农业科技向发展中国家输出。其中,有通过一些非政府组织进行的技术转移,包括培育高产粮食品种、传授灌溉和管理技术;也有通过大型农业企业进行的资本和商业输出,包括推广使用化肥、农药和农业机械等。这一过程就是前文所说的农业"绿色革命"。

农业"绿色革命"的第一个结果,是破除了 20 世纪 60 年代人类社会对于"马尔萨斯陷阱"的巨大焦虑。 从图 1-2 中可以看到,从 20 世纪 60 年代开始,在全球耕地面积的增长总体保持稳定的前提下,粮食产量的增长大幅超过了人口的增长。更重要的是,粮食价格的波动性总体上大为降低,从而有助于保持各国的社会稳定。东亚和东南亚地区作为积极参与农业"绿色革命"的样板,不但大规模消除了绝对贫困,而且借此契机加速了国家经济结构转型。

伴随着良种、化肥和农药的大规模使用,**农业"绿色革命"的第二个结果是催生了众多全球大农企,并形成了份额高度集中的市场格局。** 在种子领域,拜耳、杜邦、先正达、利马格兰等前八大企业占据了 60%~70% 的市场份额;在农药领域,拜耳、先正达、杜邦和巴斯夫等前六大企业占据了约

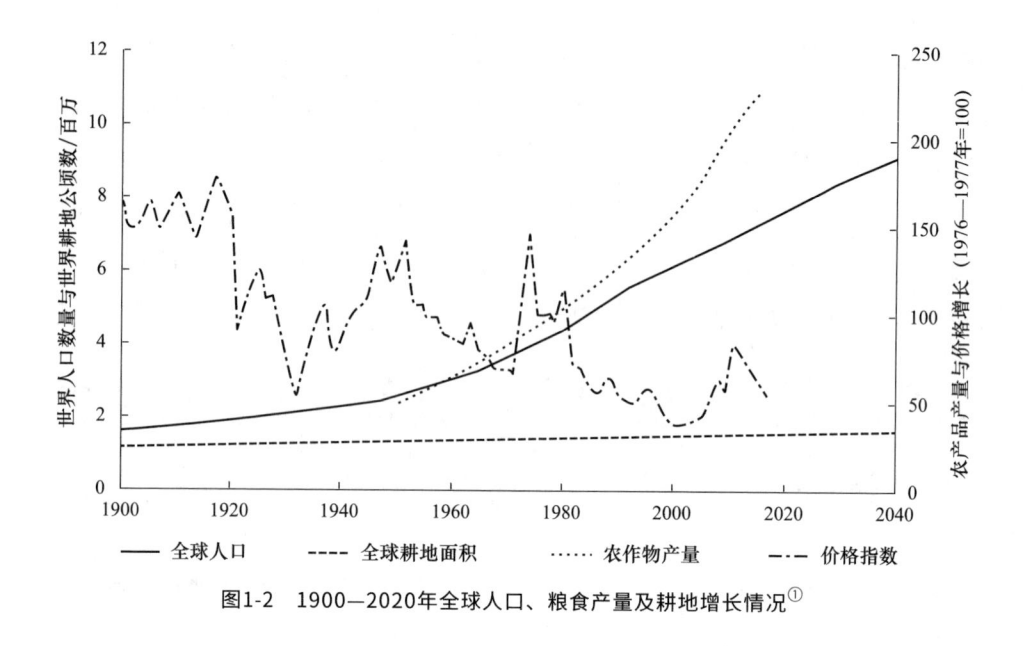

图1-2 1900—2020年全球人口、粮食产量及耕地增长情况①

75%的市场份额；在化肥领域，加拿大钾肥、美国美盛、乌拉尔钾肥等前八大企业占据了约65%的市场份额；在贸易和加工领域，ADM、邦吉、嘉吉和路易达孚四大粮商占据了约80%的贸易量……此外，与种植业关联密切的畜牧、酿酒和食品等行业，同样催生了如雀巢、联合利华、百威英博、巴西JBS等市场份额极高的行业寡头。

应该说，在农业的贸易、流通及加工领域，寡头垄断格局的形成是相对合理的。因为农业的特点是"大而分散"，市场上卖方众多而且经营单位较小，信息、产品和资源的流动性受到了极大限制。而大农企通过在加工、物流、渠道上长期艰苦的基础设施建设，极大提升了市场的有效性和运营效率。作为犒赏，大农企通过中游的集中度得到提升，获得了较强的市场话语权。因此，**由大农企所主导的现有市场格局，其强大绝非仅仅体现在农化产品、大宗贸易等层面，而是体现在整个产业生态系统中**，如图1-3所示。

---

① 世界银行：*Harvesting Prosperity: Technology and Productivity Growth in Agriculture*，第4页.

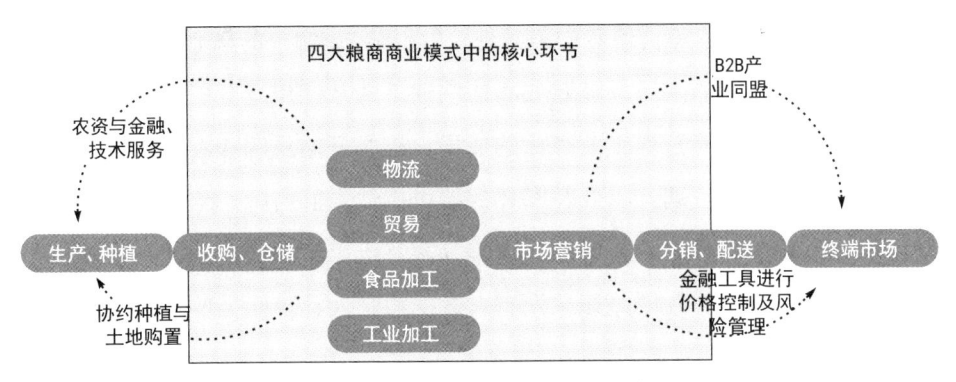

图1-3 全球四大粮商商业模式示意

在产业链方面，大农企可以做到在产前环节介入品种规划和信息指导，在产中环节提供农用物资及田间管理，在产后环节接管品级分类和储存加工，在流通环节强化渠道规划、冷链物流及网点布局，最后在消费环节进行品质控制及消费引导。在衍生服务方面，大农企还可以通过金融市场、政策介入、行业同盟等更加"隐形"的方式，增强自身在生产、消费、定价等各个环节的影响力。同时，还要降低自身的"存在感"和运营风险。总的来说，近50年来由"绿色革命"所塑造的农业市场格局是强大而稳固的。

然而，站在当前世界农业面临"变局"的节点，传统市场格局很可能变得不再坚固。**随着上一轮"绿色革命"的动能逐渐衰减，现有农业生产模式逐渐面临生态资源、劳动力、资本投入及消费观念的"天花板"**。与之相对应的，以大农企为主导的强大市场格局，也开始出现了一丝微小的裂缝。**2010年前后，以粮农组织及世界银行为代表的国际机构，在全世界范围内提出了"后绿色革命"（Post-Green Revolution）的概念**。其主张包括提升不可再生资源的利用效率，以客户为导向进行品质升级，改善农业金融和风险管理，以及开展更好的市场营销工作并与公众进行沟通[①]。

[①] Gollin D, Morris M, Byerlee D. *Technology Adoption in Intensive Post-Green Revolution Systems* [J]. American Journal of Agricultural Economics, 2005, 87（5）: 1310-1316.

除健康、可持续等价值取向差异外,"后绿色革命"的核心内涵是全新的技术路径。新路径的关键:随着成本的快速下降及应用场景的不断成熟,以信息技术为代表的第三次工业革命的成果,最终开始反哺农业。例如,为了实现精准农业优质、高产、低耗和环保的可持续发展目标,信息技术提供了环境传感、智能机具、卫星遥感、决策专家系统等核心功能。而在合成生物学、营养基因组学等领域,如果没有大数据和强大计算能力的支持,研究成果将难以很快地走向实际应用。

"后绿色革命"对于全球农业市场格局的影响可能才刚刚开始。以全球大农企为例,一方面,现存农企的资本投入强度已达瓶颈,在气候变化、农作物价格下跌等因素影响下,农化巨头的收入和利润近年来均出现滑坡;另一方面,由于转基因、环境污染等争议,拜耳等农化巨头面临百亿美元级的天价诉讼。"春江水暖鸭先知",近年来全球农化领域频频发生重量级并购重组,杜邦和陶氏、拜耳和孟山都、中化和先正达等巨头,不约而同地选择"抱团"来迎接未来的挑战。

巨头们"权力的游戏"看看就好,技术细节也非本文讨论的重点,"后绿色革命"对于农业产业格局的影响也许更加深远。**通过信息技术、基因编辑等全新技术路径,再一次提升全要素生产率之后,农业将迎来对规模选择、基建投向、人员培训及创新监管等重大领域的变革。**由于篇幅所限,试举4个对行业格局影响重大的方面,进行简要阐述。

第一,对农业规模经济性的重新思考。是否破除制度障碍,允许土地的收购兼并,借此提升农场的规模经济性,一直是农业政策争论的焦点。但世界银行综合近年来的研究认为,很可能不存在一个真正"经济"的规模。在农业科技的帮助下,小农场有可能实现和大农场一样的生产效率[1]。一方面,小型农场可以通过租赁微型农机、太阳能水泵等"价廉物美"的技术创新,

---

[1] 世界银行: Harvesting Prosperity: Technology and Productivity Growth in Agriculture, 第48页.

以及选择高附加值、劳动密集型的种植方式，实现类似大农场的生产效率；另一方面，智慧农业的技术和应用门槛逐渐降低，这使中小农场有可能达到和大农场差不多的生产效率，如图 1-4 所示。

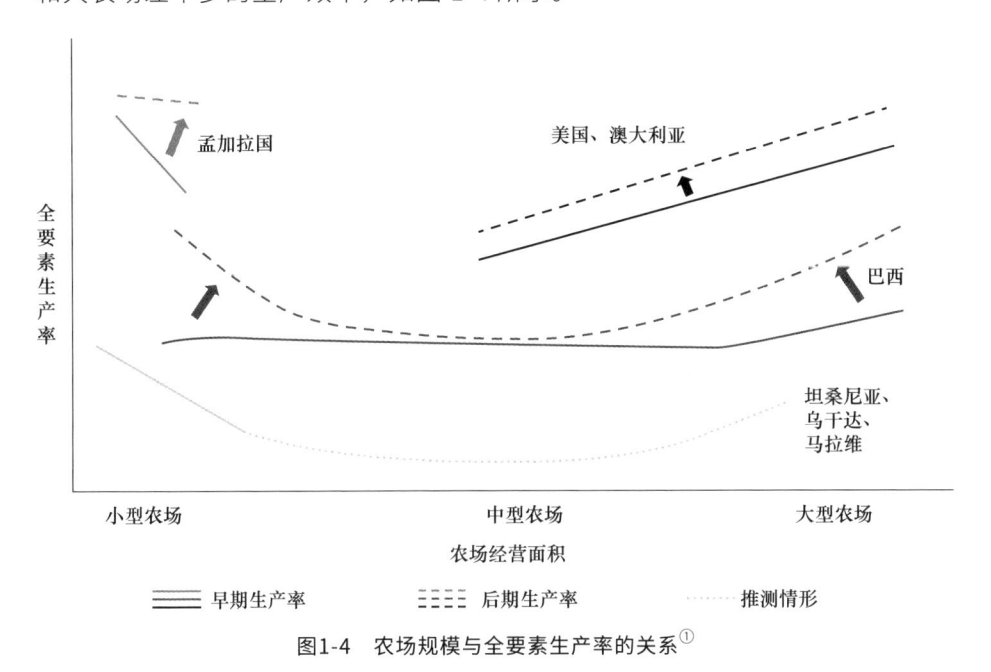

图1-4　农场规模与全要素生产率的关系[①]

第二，对农业新型基建投向的思考。 大农企从 20 世纪 70 年代开始构建的全球供应链主要围绕 20 多种大宗农产品，尤其是工业化、原料型的玉米、大豆和小麦等品种。但随着新消费思潮的兴起，基于环保、有机、营养等诉求，全球围绕类似牛油果这样的高价值农产品，形成了新的供应体系。新的供应链技术重构了"从农场到餐桌"的全球价值链，更有助于发挥小国、中小型农场的自然天赋优势。未来，各地区可能更需要发掘自己的比较优势，重点针对高价值、市场机制不完善的农产品，如水果、蔬菜、水产品等，进行农业价值链的创新，见表 1-1。

---

① 世界银行: *Harvesting Prosperity: Technology and Productivity Growth in Agriculture*, 第53页.

表1-1　农业价值链创新的方向[①]

农产品价值	市场机制完善度		
		低	高
	高	价值链创新重点	No
	低	No	No

第三，对农业人员培训新导向的思考。"后绿色革命"中大量新兴农业科技手段，对于发展中国家的一线农业人员提出了前所未有的挑战。过去，农民使用种子、化肥或农药并不需要太高的知识水平。但未来，新农民需要变得更加数字化、全球化，包括适应可持续农业发展新模式，了解信息化驱动的精准农业科技，懂得如何管理市场和金融风险，提升市场营销和商务沟通的能力等。所有这一切，都需要各国政府启动新一轮的"知识下乡""培训下乡"，由农民入手来提升农业的竞争力。

第四，对政府部门完善新型监管的思考。由于农业属于"国之大者"，各国针对种子、农药等生产资料构建了复杂的风险防范和技术监管体系。例如，美国的转基因品种在上市之前，需要经过漫长的健康和环境影响评估，花费可能高达数百万美元。但是，新型农业科技的应用尚处于监管的灰色地带。例如，由于没有引入外源基因，采用"CRISPR-Cas9"进行基因修饰的新型作物就成功绕过了美国农业部的监管[②]。这类新型技术的监管对于各国政府都是一个需要权衡的问题。

因此，农业科技的未来格局是什么？自20世纪70年代以来，在第一次"绿色革命"的推动下，全球大农企和政府共同维持着一个非常坚固的"旧秩序"。但未来，借着消费观念和创新科技的力量，"后绿色革命"将在这个

[①] 世界银行：*Harvesting Prosperity: Technology and Productivity Growth in Agriculture*，第202页.
[②] 搜狐网：《Nature：CRISPR编辑的蘑菇也不用监管了》，https://www.sohu.com/a/69560007_152537，2016年4月16日.

"旧秩序"中撬开一道裂缝。这不但将为行业新玩家打开空间,也将给小国、小农场以发挥比较优势的机会。有了这个前提,就不难理解为什么整个行业都在鼓吹以"精准农业"为核心的资本投入方向;不难理解像阿里巴巴这样的企业,对国际化和农业"新基建"投入如此之高热情的原因。围绕全新市场格局的赛跑,可能才刚刚打响发令枪。

三、新贵:城市要精准选择赛道,点燃资本之火

在农业科技领域,哪些城市能抓住"后绿色革命"的机遇?在识别产业大势和市场格局之后,城市还需要做些什么?为了回答这些问题,各个城市也许可以从美国的农业科技之都——圣路易斯的"困境反转"案例中得到一些启示。概括地说,**圣路易斯很好地利用了农业领域的比较优势,借助外部智库精准选择了产业赛道,并且抓住了"后绿色革命"农业科技发展的关键点。**

圣路易斯之所以能"绝处逢生",更为重要的是对"后危机战略"长达20年的坚持。正如一句广为人知的格言所说的那样:"永远不要浪费一次危机。危机是个契机,它让你去尝试之前自认为难以做到的事情。"[这句话的出处并不是英国首相丘吉尔,而是美国前白宫幕僚长拉姆·伊曼纽尔(Rahm Emanuel)]。

接下来,本书将从20年的时间跨度,从问题、方向、战略、实施和结果5个部分,对圣路易斯打造"科技农业之都"的历程进行介绍。

1. 困境:内陆城市的产业流失之痛

圣路易斯其实不能算是"产业新贵",她是历史悠久的"蓝血贵族"。位于美国密苏里州东部的圣路易斯,处于美国东部大平原的中心,也是密西西比河中游主要的航运枢纽,在地理上具有重要的战略意义。圣路易斯早在1764年就因贸易建城,因法国国王路易九世而得名。1900年,圣路易斯是全美第四大城市,1904年的第三届夏季奥运会就是在这里举办的;1950年,圣路易斯是全美第8大都市区;1980年,圣路易斯拥有23家财富500强企业,是麦道、

孟山都、安海斯-布希、普瑞纳等知名企业的总部所在地。然而，到了2018年，圣路易斯都市区的人口排名已经下降到了全美第21名，在那里开办的财富500强企业从高峰期的23家下降到了9家①。

不幸的（内陆）城市都是类似的，而幸福的（滨海）城市各有各的幸福。圣路易斯的不幸主要源自冷战结束后美国的国家战略调整，以及东西海岸"科技大都市"崛起后对内陆城市的虹吸。20世纪90年代，因冷战后国防预算的大削减，作为圣路易斯制造业支柱的麦道公司（McDonnell-Douglas Corporation）受到了重创，于1996年被波音公司收购。之后，环球航空公司（Trans World Airlines）被美国航空公司收购，圣路易斯也因此而丢掉了自己的枢纽机场地位。再后来，由于经济危机，更多的圣路易斯企业走上了并购重组的道路，如安海斯-布希公司被比利时英博收购、普瑞纳公司被雀巢收购、孟山都被拜耳收购……

伴随着企业的兼并重组，圣路易斯逐渐流失了包括高端研发、高端制造在内的大量高收入就业岗位，工资增长在全美排名倒数。1995—2001年，圣路易斯内城的就业岗位减少了3%，整个都市区的就业岗位仅增加了1.1%。作为对照，同在密苏里州的堪萨斯城，同期就业增长率为2.7%；同在密西西比河沿线的明尼阿波利斯及孟菲斯，同期就业增长率分别为2.9%和3.9%②。圣路易斯出大问题了。

2．谋划：如何选择行业和细分赛道

对待危机，圣路易斯是认真的。**从20世纪90年代后期开始，历届政府、社会贤达和外部智库一起，对城市战略和主导产业方向进行了重新梳理。**其中做出极大贡献的是由普瑞纳创始人丹弗斯家族所组建的基金会（Danforth Foundation）。出于回馈家乡的考虑，该基金会联合其他社会资本，先后

---

① 布鲁金斯学会: *Rethinking cluster initiatives*, https://www.brookings.edu/research/rethinking-cluster-initiatives/.

② Brady Baybeck, Endsley Terrence Jones. *St. Louis Metromorphosis: Past Trends and Future Directions*[M]. ST. Louis, Missouri: Missouri Historical Society Press, 2004.

资助了多轮城市战略咨询。1995—2001 年，知名战略学家迈克尔·波特主持了针对振兴内城产业的咨询，聚焦了运输物流、金属加工等产业方向。2000 年，世界最大的独立研究机构巴特尔纪念研究所（Battelle Memorial Institute），主持了针对都市区产业发展的咨询。巴特尔纪念研究所第一次提出聚焦植物科学和生命科学，在整个都市区打造"生物科技带"（Biobelt）。

《巴特尔咨询报告》聚焦植物科学与生命科学的理由，综合考虑了产业大势、城市"天赋"和人才基础。圣路易斯位于美国农业主产区的中心，半径 500 英里（1 英里 ≈ 1.6 千米）之内出产了全美一半的粮食。同时，也是密西西比河沿线非常重要的粮食物流枢纽。位于圣路易斯的密苏里植物园占地 874 多公顷，拥有 19 座温室，是全球最知名的植物学研究中心之一。更重要的是，尽管像辉瑞、普瑞纳、孟山都这样的企业削减了数以千计的高收入岗位，但失业人员也算是给本地留下了大量人才储备……其中很大一部分属于植物科学、生命科学相关的研究人才，以及不少拥有企业运营经验的高级管理人才。

不得不说，农业、植物科学和生命科学一直就在圣路易斯。但在危机来临之前，它们的存在感被更为光鲜亮丽的军工、航空、汽车和金融等行业所遮蔽了。只有在国家战略调整、科技泡沫破裂几次三番的打击之下，圣路易斯才开始真正从自身竞争优势出发，思考产业发展的战略优先级。**初步明确发展方向之后，圣路易斯协同密苏里州及一河之隔的伊利诺伊州，开展了一系列"赛道聚焦行动"。**

（1）聚焦农业科技（Agtech）细分赛道。圣路易斯认为，细分赛道应该是城市产业基础和创新能力的结合。"农业产业"（Agribusiness）在圣路易斯有着长期积淀的深厚基础，涵盖了种植、运输、贸易及食品加工的全流程。而"植物科学"（Plant Science）是本地生命科学研究能力中，与农业最相关的部分。两者在结合之后，就创造出了圣路易斯的"农业科技"（Agtech）细分赛道，如图 1-5 所示。

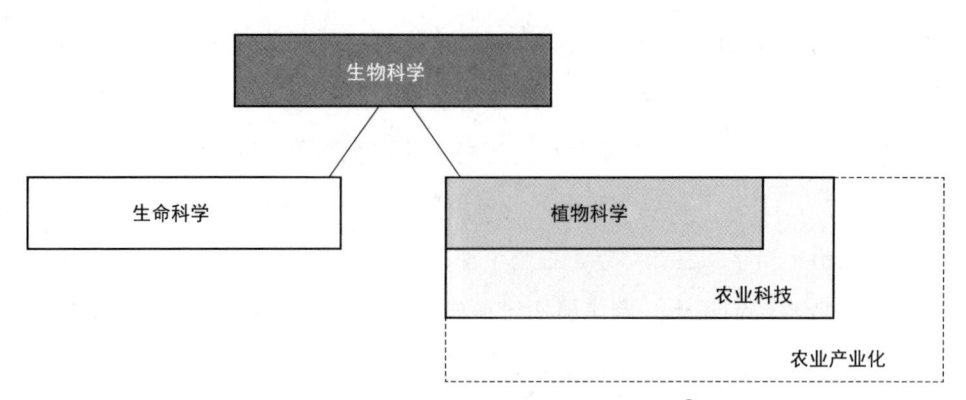

图1-5　Agtech与植物科学以及农业的关系[①]

（2）**倾斜安排州立科研预算**。2003年，密苏里州在巴特尔纪念研究所的协助下，同样明确生命科学作为重点发展方向之一。由此，州立大学的科研预算向生命科学高度倾斜。2014年州立科研机构在生命科学领域的总预算为8.45亿美元，占全部科研预算的83%，其中植物科学领域的科研预算接近9 000万美元。

（3）**集中布局创新基础设施**。2000年前后，圣路易斯从无到有地逐步建立起了针对农业科技的创新基础设施，包括唐纳德·丹弗斯植物科学研究中心（Donald Danforth Plant Science Center），BioSTL产业发展委员会，以及若干孵化器和加速器，大部分创新基础设施按照步行可达的尺度，集中布局在"北纬39°创新区"（39 North）周边。

（4）**协同强化农业物流枢纽地位**。位于密西西比河的两岸的密苏里州与伊利诺伊州，通过跨区域协调机制，以圣路易斯为中心打造国家"农业岸线"（AG Coast）。以提高运营效率为核心，夯实该航段在粮食物流方面的核心地位。该岸线虽然长度仅占密西西比河上中游航段的8%，但2016年粮食吞吐量的占比高达39%。

[①] 布鲁金斯学会: *Rethinking cluster initiatives*, https://www.brookings.edu/research/rethinking-cluster-initiatives/.

3．问症：如何面对东西海岸的强势竞争

"后绿色革命"的确定性前景，让圣路易斯信心满满地走上了农业科技之路。前孟山都高管、圣路易斯 BioSTL 产业发展委员会的维杰·楚罕（Vijay Chauhan）认为，**全球人口增长和农业发展模式转型，将为农业科技带来极大增长空间**。他表示："接下来 30 年，农业领域将面临前所未有的挑战，那就是用更少的土地、更少的水、更可持续的方式，实现农产品产量翻番的目标"[①]。布鲁金斯学会则认为，**除农业本身需要增长外，产业发展模式也面临创新**。因为农业已经在数字化的大潮中落后了太久，这将给精准农业、植物基因组学等领域带来较大的增长机会。结合对"后绿色革命"产业格局的预判，圣路易斯开始对本地农业科技的产业基础进行诊断和反思。

第一个主要的问题：尽管在农业领域基础很强，但过去圣路易斯农业科研的格局是"头重脚轻"的（Top-heavy）——以大公司、大机构为主，按照既定研发流程按部就班地推进；研究模式封闭且老旧，整体极为缺乏创新氛围和企业家精神。这一格局造成的后果就是缺乏相关领域的中小型企业和初创企业，整体研究规模偏小。在 2000 年时，从事本地实验室研究的人员仅有 2 300 名，难以满足向农业科技转型的目标。

"后绿色革命"中涌现出来的新兴科技手段，为小型企业、初创企业带来了通向市场的新路径，从而创造出"去大公司化"的新兴商业模式。在 2010 年前后，本地植物科学的初创企业大多在做转基因，主要商业模式是将相对成熟的技术转卖给孟山都等农企巨头。这一商业模式背后的原因，是各国政府针对转基因安全性旷日持久的审查。在美国，一个转基因品种从申请到获批，前后需要花费高达 100 万美元，这一成本是任何初创企业所无法承受的。如今，新兴的技术手段（如基因编辑等）面临的监管障碍

---

① 布鲁金斯学会: *Rethinking cluster initiatives*, https://www.brookings.edu/research/rethinking-cluster-initiatives/.

要低得多，这让初创企业有机会留下技术、独立做大做强。**在传统的生命科学领域之外，"后绿色革命"中的数字化技术（如精准农业等）也在全球大农企的传统势力范围之外，为中小企业、初创企业打开了商业模式的新空间**，如图1-6所示。

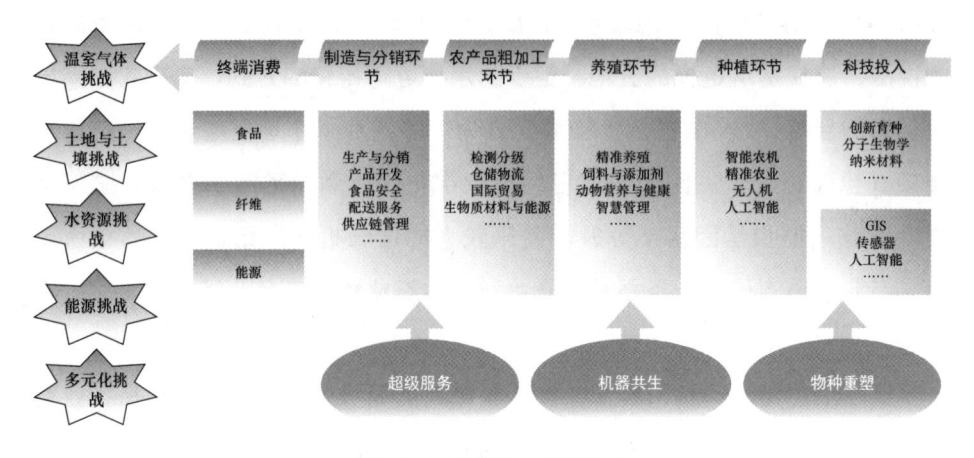

图1-6 农业科技价值链示意

第二个主要的问题：尽管"聚焦新技术手段，扶持中小企业，尽快做大基础"的路线图已经清晰，但圣路易斯在"技术商业化"上面临美国东西海岸，尤其是加利福尼亚湾区的竞争。在2000年前后，圣路易斯的商业化氛围还非常薄弱，空有研究成果但难以变现。尤其针对初创公司的早期资本、基础设施、人才和关系网都比较匮乏，这让不少拥有成熟技术的研究人员选择去湾区开设企业，借助湾区强大的资本市场进行变现。

面对风险投资行业日益集聚于东西海岸的现实，圣路易斯选择通过"细分和专注"来构建自己的竞争优势，在植物科学和农业科技上发力。城市将"技术商业化"作为核心策略，助力有成果的科研人员在本地开设公司，而不是将技术一卖了之。一方面，本地政府部门和私营机构携起手来，加快完善研究中心、创新载体、投资基金等创新基础设施；另一方面，发挥本地行业实践经验丰富的优势，很多从孟山都、普瑞纳等本地企业出来的资深产业人士充当了创业公司的投资人、高管及顾问等多重角色，做到了"扶上马再送一程"。

靠近美国农业区中心及粮食物流枢纽的地理优势，也让圣路易斯相较湾区更加"接地气"。**考夫曼基金会（Ewing Marion Kauffman Foundation）的一份报告指出："（湾区的投资者）不太懂农业，经常抱怨农业的利润微薄，也不理解农业在国内外政治中的重要作用。"**[①]因此，湾区总是从资本的角度看待农业科技成果。但在圣路易斯，农民和农业协会也是创新集群的重要一环，有不少商业化机构致力于加强农业科技企业和农民的联系，从最终用户的角度对创新方向提供指引。

4．施策：如何用有限的资源谋划大事

通过战略聚焦和问题诊断，圣路易斯确定了一系列非常明确的施政目标：第一，让企业家能够利用好本地科研机构和公司的创新成果，留在圣路易斯开设公司，为此城市要提供一切力所能及的支持；第二，在农业科技细分领域，要做到拉平与湾区知名度的差距，让全球各地的企业都了解到圣路易斯的强大实力；第三，尽快补足早期资本投资、专业基础设施、专业人才及产业关系网等方面的短板。基于以上目标，圣路易斯重点强化了以下几个方面的创新服务工作。

（1）组织机制：有限资源，要公私合作、分工协同。

内陆城市发展科技创新，资源利用和组织协同是关键。为此，圣路易斯通过"公私合营"的方式建立了 BioSTL 产业委员会，将其作为圣路易斯发展农业科技的大脑。BioSTL 是一个非正式的、没有层级的产业联盟机制，其参与单位包括政府部门，但主体是企业、投资人及科研机构，因此具备深厚的产业实践经验。委员会每季度召开一次会议，除制定产业近期发展目标外，最重要的就是强化产业协作和互信。基于高度的信任，产业联盟平时的沟通机制非常高效，经常

[①] Dutia, Suren: *AgTech: Challenges and Opportunities for Sustainable Growth*, https://www.kauffman.org/wp-content/uploads/2019/12/AgTechWhitePaper_42314_FINAL2.pdf.

只需要一个电话就能解决问题。

基于内陆城市相对有限的资源，BioSTL 做到了强化分工协同，发挥资源最大的价值。以本地孵化机构为例，通过 BioSTL 的协调，基本能做到彼此错位发展、无缝衔接。唐纳德·丹弗斯植物科学研究中心致力于源头创新，但它的 200 名研究人员可以有 20% 的时间用于个人的技术商业化。政府从港口收入中拿出资金，创设的海力克斯孵化器（Helix Center Biotech Incubator）致力于最早期的技术孵化。私营的 BRDG Park 提供了可供租赁的专业设备，致力于让从孵化器出来的企业尽快拿到 A 轮融资。而 BioGenerator 作为 BioSTL 下属的加速器，也提供了企业进一步成长的平台。

（2）创新孵化：对比湾区，要精细投资、以质取胜。

当前农业科技领域的研发主体依然是大型跨国公司，所以，市面上的早期风险投资是相对缺乏的，圣路易斯很好地抓住了这个市场空间，通过精细化服务创造了口碑。以本地加速器 BioGenerator 为例，在帮助企业对接到外部机构投资者之前，他们的早期投资可谓"精耕细作"。在投资跨度上，从 25 000 美元起，直到 100 万美元，最多可以有六轮。在投资服务方面，"不仅有投资，还帮你融入创新生态系统"[①]，为初创企业提供专利授权、商业辅导等一系列专业服务。

为什么要这么做？因为圣路易斯不是湾区，需要有截然不同的投资哲学。BioGenerator 的总裁认为，**作为内陆城市，圣路易斯在对接外部投资方面不可能走"以量取胜"的路线**，为每家初创企业都去对接好多家投资机构。反过来应该"以质取胜"，培育出足够让人感兴趣的优秀企业，从而吸引外部投资机构主动前来。如果一个内陆城市的创新投资基金主要来自本地，那么可以说他们的工作是失败的。迄今为止，在圣路易斯 5.1 亿美元的早期融资金额中，有 3/4 来自区域之外。

---

① 布鲁金斯学会: *Rethinking cluster initiatives*, https://www.brookings.edu/research/rethinking-cluster-initiatives/.

为了向外部投资人更好地展示企业，本地孵化机构聚焦植物科学，提供了非常专业的共享式科研设施，包括科研级温室、大型显微设备及强大的生物计算设备。初创企业可以采用分次、分时等方式，以较低的费用灵活租用这些设施，从而快速验证自己的想法。在孵化机构看来，这些设备的目的就是"让还没拿到百万级美元融资的初创公司，从专业性的角度看上去像融资到 A 轮甚至 B 轮的企业"。①

（3）人才体系：做厚人才，要专业体系、应对变化。

相较于创投资金和专业设施，人才培养可能是内陆城市性价比最高的选择。 圣路易斯具备雄厚的农业人才基础，包括 1 000 多名农业相关领域的在读博士。然而，这个让人印象深刻的数字仅仅构成了本地"人才池"的一小部分。首先，围绕农业科技商业化的要求，圣路易斯搭建了完整的人才体系——从操作娴熟的实验技术员到创业经验丰富的 CEO，从熟知监管条例的法律专家到通晓市场形势的分析师。其次，提前应对"后绿色革命"在大数据分析等领域的新需求，全新培养大量的数据分析人才。

作为"劳动密集型"的科研领域，植物科学研究需要大量的中等技术人员，包括实验室操作、温室操作等。 圣路易斯在美国国内率先尝试与本地社区大学（相当于国内的大专）合作，直接将教育机构引入本地的孵化器和加速器，并且通过驻场"实践加学习"的方式提供相应的学位，其中既有针对高中毕业生的两年制生物实验技术员认证，也有让大学毕业生补足实验室经验的一年制认证。这一培训计划的就业率高达 95%，不仅为初创企业提供了技能过硬的实验室操作人员，还将本地的年轻人带上高收入就业岗位。

除会利用移液器外，还得懂得大数据。圣路易斯将优先发展数据科学的相关职业培训。例如，强化和本地大学的合作，与圣路易斯大学一起开设五

---

① 布鲁金斯学会：*Rethinking cluster initiatives*, https://www.brookings.edu/research/rethinking-cluster-initiatives/.

年制的生物信息学培养计划。除此之外，圣路易斯还通过大学生"短期实习"的方式，引导大学生提前接触不同类型的公司、不同类型的实验室，从而激发他们对于植物科学研究的兴趣。据统计，40%的"短期实习"参与者最终选择了在植物科学领域进行发展。

（4）产业营销：突破内陆，要强化交往，利益连接。

作为内陆城市，打响产业知名度，提升业内影响力，无疑是各方利益高度一致的发展目标。本地大企业需要借此吸引高端人才，初创企业需要借此吸引投资人，而政府部门需要借此招商引资。除此之外，还有一个经常被忽略的点，就是提升本地居民的自豪感，从而换取他们对公共政策和产业政策的支持。

首先，圣路易斯通过细分和错位，界定城市在产业领域的"第一和唯一"，或者说产业IP。圣路易斯突出了自己在植物科学方面的优势，称自己为"世界植物科学的中心，生命科学的主要节点"。当"后绿色革命"资本风潮逐渐兴起，城市的创投基础设施初步完善之后，圣路易斯开始主打农业科技概念，树立自己作为全球农业科技之都的名望。此外，通过巴特尔纪念研究所、考夫曼基金会、布鲁金斯学会进行战略咨询的过程，其实也是提升产业名望和公信力的过程。

其次，圣路易斯通过举办专业会议会展，在业内构建了广泛的人脉和利益连接，进一步强化了自身作为"产业中心"的地位。即便是奉行"少干预"的美国人，也认为这种连接过程很难"自然地"产生，一定需要政府产业促进机构及产业联盟的深度介入。一年一度的"农业创新路演大会"，是一个小范围、专业性、前沿性非常强的展会，核心目标是帮助本地优秀技术和初创企业对接外部产业资源。"数字农业论坛"是一个专注于精准农业的大型会议，每年的参会者超过1 300人。"ITEN"是一个反向竞标机制，本地大农企提出研发需求，外部研究机构和初创企业分别报价，报价低的可获得此研究委托。

5．成果："灰姑娘"的魔法时刻

从结果上看，方向聚焦、精准施策及 20 年的坚持，给了圣路易斯可观的回报。在人才培养方面，如今在圣路易斯攻读植物科学博士学位的人数有近 1 000 人，据称是世界上密度最高的区域。在就业规模方面，相关领域的总就业人数达到 15 000 人，其中实验室研究岗位从 2 300 人增长到 4 500 人。在创新创业方面，农业科技相关领域培育了约 700 家企业，其中 300 家属于初创公司。在境外投资方面，成功吸引了全球第四大种子公司（德国 KWS 公司）驻北美的研发分支，以及以色列的多家农业科技公司。

2019 年 8 月，全球四大粮商之一的邦吉宣布将全球总部从纽约迁往圣路易斯。邦吉的 CEO 格雷格·赫克曼（Gregory Heckman）表示："圣路易斯聚集了不少食品、农业、动物健康以及植物科学企业，我们将在圣路易斯重构我们的业务运作体系，让它更加高效和全球化……我们期待圣路易斯给邦吉带来新的发展机会。"[①] 在持续多年的产业流失之后，圣路易斯终于凭努力迎来了新的全球 500 强。

城市如何抓住"后绿色革命"的变革机遇？圣路易斯精准选择科技农业赛道、并最终实现"困境反转"的案例给出了一系列重要启示。相较"资本驱动"的湾区，圣路易斯更加重视农业自身的产业规律，而且在技术商业化上做得比湾区更好。最后，**农业终究是个接地气、长投入的苦行当**，"一分耕耘，一分收获"就是这个行业的第一性原理。圣路易斯的成功与其说是天赋优越，不如说是善于坚持。正如谚语所言，种一棵树最好的时间是 10 年前，其次就是现在！

四、"后绿色革命"中的中国机遇和挑战

中国是人口大国。习近平总书记指出："对我们这样一个有着 14 亿人口

[①] 邦吉官方网站，*Bunge Global Headquarters to Move to St. Louis*, https://www.bunge.com/news/bunge-global-headquarters-move-st-louis.

的大国来说,农业基础地位任何时候都不能忽视和削弱,手中有粮、心中不慌在任何时候都是真理。"中国也是人均资源的小国。我国农业一直未能彻底摆脱传统的经营模式,带来了资源高消耗、生态破坏和环境污染等一系列问题。**中国需要在全球倡导和引领农业"后绿色革命"**,借助新兴科技手段进一步提升农业的生产力,实现"数量和质量""生产和生态"的均衡可持续发展,让"国之大者"重焕新生。

面对着巨大的产业变局与市场机遇,中国农业科技的创新体制却没有做好相关的准备。专家从20世纪80年代开始就呼吁要"改变过去单纯依靠国家事业费搞推广的做法",不断提倡建立"政府有为,市场有效"的农业创新体制。中央一号文件多次提出要对农业科技发展体制机制进行改革,原农业部于2015年也发布了关于深化农业科技体制机制改革的意见。然而,从成果转化效果与产业发展水平上看,这些顶层设计离预定目标还有着不小的差距。

首先,**农业科技创新的原动力——科研和推广人才面临后继乏人的危机**。各省农业科学院体系包袱沉重,科研单位不得不花费较大的精力解决经费压力,从而对创新活动产生不利影响。而基层农技岗位越来越难以吸引年轻人,人才断档的危机更为明显。其次,**农业科技创新的转化不畅,传统的农技推广仍以行政手段为主,缺乏利益驱动机制**。项目立项与农业生产部门脱节,研究项目不能反映农业生产的需求,进而难以形成有效的定价、评估和交易体系。最后,**整个农业科技创新产业"大而不强"**。中国作为许多细分板块的全球前三大市场,行业集中度极低,大部分农业企业并不真正具有**产品研发能力**。这必然导致企业创新主体地位难以形成,围绕关键领域的创新协作难以构建。

借鉴世界农业科技高地的发展经验,中国迫切需要围绕"科学企业家",建立起"科技成果转化"与"产品市场推广"的双循环模式!在科技成果转化方面,改变目前一线科研人员"既要搞科研、又要做推广、还要跑市场"的现状。仿照美国圣路易斯建设"北纬39°创新区"的经验，布局建设中国版"农业科技创新区"。以资本驱动为前提，在创新区内构建专业分工的创新基础设施、体系完备的创新转化生态，让科研人员能够专注于创意研发。在产品市场推广方面，扭转产业资源集成、共享程度不高的现状，改变产学研临时、松散的合作模式。围绕不断升级的消费需求，让各个环节建立起更加深度、紧密的长期合作，让创新更快、更好地兑现其商业价值。

形成科技与市场双循环的核心是"科学企业家"，是具备企业家精神的科学家，是那些能够打通科技创新与市场转化通道的人。**中国农业不仅需要更多的袁隆平、李登海，还需要更多的"隆平高科"和"登海种业"**。只有通过构建创新生态，点燃资本之火，才能给这些"科学企业家"以真正的犒赏，才能带动更多的人才投身于农业这个看似古老的未来产业，才能让农业真正成为充满机遇的淘金之地。到那时，农业科研、农技推广乃至一线农民"后继乏人"的问题才能真正得到解决！

我们坚信，**发力农业科技创新，将有助于发挥农业基础性、全局性作用，促进其他重大国家战略的实施**。在国土空间治理方面，降低农业对生态资源的消耗可以提升国土空间尤其是都市圈的潜在人口承载能力。在脱贫攻坚方面，通过新型基建助力欠发达地区农业对接全球价值链，将有效发挥我国在地形气候、特色物产方面的优势，巩固全面小康的成果。在乡村振兴方面，农业科技将有力提升中小农业经营单位的效益，助力我国更好地探索适宜农业经营的经济规模。

我们坚信，**发力农业科技创新，将有助于发挥内陆地区的天然禀赋，优化中国经济"双循环"新发展格局**。对于陕西杨凌这样的农业科研高地、黑龙江北大荒这样的主粮种植沃土，还有湖北武汉这样的农业物流中枢来说，利用好"后绿色革命"所带来的转型契机，可以将传统优势转化为农业科技"双创"的动力。另外，让农业深度融合生物技术、信息技术，将有效巩固我国在基因工程、电子信息等领域的既有优势,还能创造出农业物联网、基因编辑作物等新的产业增长点。

  危中有机,唯创新者胜。我们坚信,农业这一"国之大者",必将焕然一新!

物种重塑——智能育种下的城市新赛道

文 | 鲁世超

一、种业——经国之大业，不朽之盛事

中国作为农耕文明历史悠久的大国，早在数千年前就关注到育种对于农业生产的重要作用。在西周时期，我国已有"嘉种"（良种）的概念，并且提出了产量高、品质好和熟期适宜的选种目标；到秦汉时期，已开始采用田间穗选和干燥防虫的种子贮藏技术；到魏晋南北朝时期，我国已培育出一大批各种作物的优良品种。[①]《康熙几暇格物编》中也记载了康熙皇帝关于育种的见闻：当时在今吉林市境内一个树孔中发现了一株白粟，当地人用其种子进行繁殖，结果"生生不已，遂盈亩顷，味既甘美，性复柔和。"于是，康熙皇帝在获得这株白粟种子后，命人在山庄里进行试验，结果证实了这种白粟的茎、叶、穗都比其他种子大一倍，而且成熟快，确实是良种。单株选择法育种的成功，对康熙皇帝大有启发，他表示"想上古之各种嘉谷或先无而后有者，概如此"[②]。这也足以见得，育种历来受到国家政府的高度关注。

种业发展到今天，更是肩负着国家重大的战略意义。**发展种业，是实现我国粮食安全、经济发展、供给多样三者协调发展的命脉所在！**

自 2010 年国务院发布《关于加快推进现代农作物种业发展的意见（2011—2020 年）》首次明确"农作物种业作为国家战略性、基础性核心产业的地位"以来，种业发展始终备受关注，是我国实现粮食安全的根本保

[①] 郭文韬. 中国古代的选种育种和良种繁育 [J]. 南京农业大学学报（社会科学版），2005（1）：83—88.

[②] [清] 爱新觉罗·玄烨. 康熙几暇格物编译注 [M]. 李迪，译注. 上海：上海古籍出版社，2007.

障。习近平总书记2018年考察海南省时就曾指示："要下决心把我国种业搞上去，抓紧培育具有自主知识产权的优良品种，从源头上保障国家粮食安全。"①2020年中央经济工作会议和中央农村工作会议强调：种子是农业的"芯片"，要"打一场种业翻身仗"，开展种源"卡脖子"技术攻关。2021年中央一号文件再次提出"打好种业翻身仗"，明确了种业的基础性、战略性地位；同时，也是全面实现乡村振兴、农业现代化的重要内容。

要保障国家粮食安全，必须从市场角度破解当前农业发展的"鸡肋"局面，提高农业效益和农民积极性。2019年，全国农业增加值占GDP的比重仅为7.1%，而在北京、上海等超大城市，农业增加值占地区生产总值甚至不足1%，农业对于城市发展的贡献十分有限！只有改变"靠天吃饭"的局面，通过选育高价值作物，提高单位面积的农业产业附加值，才能改变当前局面。

尽管目前我国农作物自主选育品种面积占比超过95%，水稻、小麦两大口粮作物品种100%做到了完全自给②，蔬菜种子自给率已达到87%，但是种业发展还存在着不容忽视的短板弱项。这是因为随着改革开放40多年来，我国居民生活水平的提高和农产品供给的多样化，居民膳食结构发生了重大变化，口粮消费比重从71.9%大幅下降至27.4%，肉、蛋、奶等动物性蛋白食品的消费量增长了6.7倍③，居民对于农产品消费有了更高的需求。党的十九届五中全会也强调，要保证粮、棉、油、糖、肉等重要农产品的供给安全。这为种业的国产自给提出了更高的要求，然而当前还存在短板：农业农村部副部长张桃林指出，我国的大豆、玉米单产水平不到美国的60%；耐储

---

① 中国经济网：《端稳中国碗 习近平这些"粮"言金句重千钧！》，http://bgimg.ce.cn/xwzx/gnsz/szyw/202007/27/t20200727_35403581.shtml，2020年7月27日.
② 百度网：《国新办发布｜农业农村部：确保中国碗主要装中国粮，中国粮主要用中国种》，https://baijiahao.baidu.com/s?id=1688746059733792397&wfr=spider&for=pc，2021年1月13日.
③ 中国科学院：《种康：加强牧草育种及相关基础科学研究》，https://www.cas.cn/zjs/202103/t20210305_4779582.shtml，2021年3月4日.

的番茄、甜椒等少数专用品种进口比例还比较大,超过了50%[1]。种子质量的差距导致了"国产蔬菜种子按斤卖,洋种子按粒卖"的残酷现实处境。正如从日本进口的一种耐寒性好的西蓝花品种,10万粒包装的种子在2015年卖3 500元,而到2017年就涨到2万元,但在这两年间国产种子的价格没有太大变化。而随着动物性蛋白食品比例持续增加,我国对于牧草的刚性需求也在不断增加,但对于牧草品种的选育工作迟迟无法取得重大突破,我国的高质量牧草品种培育十分紧迫。"牧草种业成为我国食物供应安全和乡村振兴战略的堵点产业之一。"[2]

二、育种进入4.0时代:"智能"育种为物种重塑带来革命性突破

种业作为"国之命脉",步入4.0时代,先进科技的应用将不断加速新的作物品种的选育,为我国打赢种业翻身仗创造了更大可能。在此之前,世界种业发展已经历了3个阶段。在1.0阶段,主要依靠对作物表型变异的肉眼观察,凭借耕作者的经验和主观判断,筛选符合期望的育种材料;在2.0阶段,随着人类对生物遗传规律的认知及其在育种中的应用,职业从事育种的人可以通过预先设计杂交试验选育新品种;在3.0阶段,随着现代分子生物学与基因工程的快速发展,高通量测序与芯片平台的出现使全基因组选择辅助育种技术在作物育种中逐步应用起来,人类的育种研究实现了从对作物表型观察的感性认知到对影响性状的微观DNA结构理性分析的巨大飞跃。

进入21世纪第二个10年,**随着全球人工智能技术、基因工程技术、生命科学突飞猛进,育种进入"按需定制"时代**。2018年年初,美国康奈尔大学玉米遗传育种学家、美国科学院院士Edwards Buckler教授正式提出"育种4.0"的理念。在育种4.0阶段,强调的是生命科学、信息科学与育种科学

---

[1] 新华网:《打好种业"翻身仗",仍需"硬核"攻坚》,https://baijiahao.baidu.com/s?id=16926 24450356158170&wfr=spider&for=pc,2021年2月25日.

[2] 中国科学院:《种康:加强牧草育种及相关基础科学研究》,https://www.cas.cn/zjs/202103/t20210305_4779582.shtml,2021年3月4日.

的深度融合。科学家通过针对动植物的特定性状或功能所对应的基因进行编辑，人为"改良"出新的作物品种，并且培育周期可以缩短至一年或数月，甚至实现在短时期内快速驯化出新品种为人类社会所用。袁隆平院士曾说，分子技术与常规育种结合如虎添翼。**4.0 时代的作物基因组智能设计育种，将推动育种技术实现从"艺术"到"科学"再到"智能"的革命性转变。**[①]

不仅如此，4.0 时代智能育种所采用的基因编辑技术，与 3.0 时代的转基因技术有着本质的不同。转基因技术是将人工分离和修饰过的外部基因导入目的生物体的基因组，从而改造物种的性状，以达到抗虫、抗病、抗除草剂等目的，本质上是"创造"新物种的过程。而基因编辑技术可以做到不转入外源基因，只是通过使用 CRISPR — Cas9 或锌指核酸酶（ZFN）等技术对生物体内部存在的"不良基因"进行修饰，达到去劣存优的目的，本质上是"改良"或"重塑"原有物种的过程。**正是由于不涉及转基因，基因编辑的作物品种在审批上有更大自由度，国际上对此监管也普遍更宽松。**例如，美国农业部（USDA）在 2018 年做出决定，对采用 CRISPR 基因编辑技术繁育的农作物不进行审查管制；截至 2020 年年底，美国已经批准了超过 70 种基因编辑作物。2021 年，日本也批准了一种基因编辑番茄的商业化生产和食用，该品种可增加 γ- 氨基丁酸含量，食用后有稳定情绪的作用。[②] 在国内，已有袁隆平院士团队采用 CRISPR 技术筛选出新一代抗镉超级稻；中国科学院高彩霞研究员将抵抗白粉病的基因引入小麦等成功案例。

因此，在 4.0 时代，借助合成生物学、基因编辑技术及人工智能、大数据等跨界技术的融合应用，种业发展出现由随机向定向、可设计的革命性转变，品种"按需定制"成为现实。并且新技术下育种周期大大缩短，将为我国的农产品新品种选育创造绝佳机遇，有助于尽快摆脱"卡脖子"的束缚。

---

① 王向峰，才卓：《"育种 4.0"将实现育种从"艺术"到"科学"到"智能"的革命性转变！》，种业商务网，https://www.chinaseed114.com/news/21/news_100512.html，2019 年 3 月 4 日。

② "国科农研院"微信公众号：《【国科报告厅】原创首发：基因编辑技术在作物育种中的应用进展（下）——国际监管启示》，https://page.om.qq.com/page/O_BZhZUTtg7M9rtsANtvG9XQ0，2021 年 4 月 22 日。

（需要特殊说明的是，中央一号文件就种业发展的部署包括对于畜禽的良种攻关，但目前基因编辑技术在动物上的应用仍处在研究阶段，实现产业化尚有较大难度。因此，本书讨论的产业发展不涉及畜禽育种，仅限于植物育种领域。）

三、智能育种时代：科技造就城市种业发展的三大"新机遇"

智能育种时代为农业的物种重塑奠定了坚实的科技基础，种业发展迎来了前所未有的重大机遇期。当前除海南省、甘肃省、四川省这三大国家级育制种基地外，已有武汉、新乡等城市提出建设"中国种谷"；长沙、广州等城市提出建设"种业硅谷"；另有一些城市针对特定领域提出建设目标，如三明打造"稻种硅谷"，寿光打造"蔬菜种业硅谷"等。

那么，对于我国众多希望入局种业发展的城市而言，应当如何根据自身发展条件，选择合适的切入点实现产业布局呢？**从产业链条来看，智能育种对于种业发展的提升，不仅限于技术层面，而是对于农产品生产—监测反馈—消费的全过程提升。**具体来说，智能育种将在生产端促进农业研发与生产的传统优势地区加速发展，加快其新品种的研发和应用推广进程；同时，基因编辑技术能够保障消费端对于农产品（如口味、功效等）诉求得以实现，从需求侧反向牵引新品种的推出；最后，智能育种对于物联网、云计算、人工智能等数据科学的需求，为数据类企业在监测环节跨界进入农业领域拓展了全新的渠道。

1．机遇 1：新品种迭代加速——**智能育种加速传统农业地区品种研发，实现"强者恒强"**

智能育种精准定向、周期短的特点，将进一步放大农业传统优势地区的领先地位，加速其改良新品种进入市场的速度。具体来说，将为三类地区的种业发展带来利好。

第一，促进种质资源丰富地区兑现自身的产业价值。农业种质资源是保障国家粮食安全与重要农产品供给的战略性资源，是农业科技原始创新与现代种业发展的物质基础。**以核心种质为重点的基因产品知识产权已经成为跨国种业公司保持市场竞争优势的有力武器。**[1] 猕猴桃和奇异果，正是种质资源知识产权竞争的典型案例。猕猴桃本是我国本土水果品种，但此前国内并未有对于其种质资源保护的意识。1904 年，猕猴桃的种子由湖北宜昌引至新西兰，此后四川的野生猕猴桃种质资源也被国外引进，最终，猕猴桃经新西兰育种改良后，以"奇异果"的身份实现商业化开发，在国际大放异彩。如今，新西兰佳沛奇异果销售市场遍及全球 70 多个国家和地区，占全球奇异果市场总销量的 33%，高居世界第一。然而，国内直到 20 世纪 90 年代才意识到猕猴桃作为本土水果品种的价值，选育出蒲江"金艳"等品种，方才与新西兰奇异果开展竞争。

在国际上，秘鲁 CIP 国际马铃薯研究中心正是依靠马铃薯种质资源，在新品种选育方面引领世界种业发展的杰出案例。该中心依托安第斯山地区丰富的马铃薯种质资源，建设起世界上最大的马铃薯种子和基因资源库，存有马铃薯、红薯等根茎植物样本 2 万多份。依托基因库的种质资源，中心进行新品种培育，以研制抵抗病菌能力更强的马铃薯品种，并且无偿向世界各国输出。我国如云南农科院经作所马铃薯研究中心所保存的国内外马铃薯品种资源 1 170 份中，来自国际马铃薯中心的资源是云南省育成品种的主要亲本来源；在近 10 年云南省审定的 44 个品种中，有国际马铃薯中心亲本血缘的品种就有 27 个，占 61.4%。[2]

如今，种质资源保护已经受到我国国家层面的高度重视。2021 年 7 月 5 日，最高人民法院发布《最高人民法院关于审理侵害植物新品种权纠纷案件具体应用法律问题的若干规定（二）》（2021 年 7 月 7 日起施行），明

---

[1] 任静，邹婉侬，宋敏. 跨国种业公司并购形成的国际种业竞争新格局变化趋势研究——以知识产权为例 [J]. 中国生物工程杂志，2019，39（7）：108—117.

[2] 云南省农业科学院经济作物研究所：《马铃薯种质资源收集、保存和评价》，http://www.ynicri.cn/?mod=product&col_key=product&cate_id=25&pro_id=62.

确了裁判规则，加强了种业知识产权保护，并针对当前种业领域侵权、套牌等突出问题，形成高压严打态势[1]。各地城市政府也开始积极抢占种质资源的战略高地，如在西部科学城（重庆），种质创制大科学中心已启动建设，将着力打造规模化创制设施和生物育种科学中心。借助智能育种的先进技术，种质资源丰富或拥有特殊种质资源的地区，必将迎来种业发展的春天。

第二，农业锚机构对地区的牵引作用更为明显。 在育种更加依靠科技创新带动的时代，农业院校集中的大城市无疑更具优势，而在中小城市中，无论是美国加利福尼亚州的"农业硅谷"戴维斯，还是我国的"种业硅谷"杨凌等，这些拥有顶尖农业科研院所（锚机构）的区域将迎来科研成果的井喷期。只有创新才能吸引创新。农业锚机构的存在，会持续促进形成有利创业的创新生态系统，以及建立公司所需的公共研发设施。而由于区域知识基础设施和人力资本固定投资的"黏性"，相对于信息，知识更不容易在不同地点之间转移。锚机构的强大聚集力将在未来更为有力地决定新兴农业生物技术创新区域的位置。[2]

以美国加利福尼亚州的戴维斯为例，它虽然仅是一个人口6.5万的小城，但依托坐落于本地的世界知名农业学府——加利福尼亚大学戴维斯分校，不少农业科研机构和农业高新技术公司聚集在戴维斯，使这里被称作"农业硅谷"。戴维斯分校植物科学系教授肯特·布拉德福德于1999年牵头创立了"种子生物技术中心"。如今该中心已是植物繁殖和育种领域的领先研究机构，为美国和其他一些国家的种子行业贡献了许多成果，包括基因改良育种等先进技术。世界上第一种获准商业化种植的转基因农作物，一种延熟保鲜的转基因番茄，就是一家名为"卡尔基因"的企业在戴维斯分校研究人员的帮助

---

[1] 最高人民法院. 加强种业知识产权保护全链条全方位保护植物新品种权最高法发布新的植物新品种权司法解释［N］. 人民法院报，2021年7月6日.

[2] 世界知识产权组织：《2019年世界知识产权报告》，第86页.

下研发出来的。"在戴维斯分校周边地区，有 50 多家种业公司，如果算上再远一些的地区，大约有 150 家，其中包括美国最大的 9 家种业公司。"①

第三，能够成就有基础并且有意向的地区抢占种业高地。四川攀枝花虽然地处亚热带地区，但依靠自身干热河谷小气候的特殊优势，非常适宜热带水果种植，是我国热带水果的重要产地。目前，攀枝花热带水果的种植面积达到了 70 万亩，其中以芒果为主，达到 51 万亩，其他种植面积大的有樱桃 4 万亩，枇杷 3.2 万亩，石榴 1.2 万亩。以芒果为例，目前主要通过引种筛选、杂交育种、诱变育种来进行新品种选育，而在攀枝花农林科学研究院里还有多达 25 科、100 多种热带水果没有进入规模化种植阶段。未来智能育种将加快适宜本地气候生长的热带水果品种培育。②

湖南常德西湖牧业小镇则是没有本地基础，由牧业发展起牧草育种及种植产业的成功案例。在 2013 年，湖南德人牧业集团落户常德的西湖管理区，从事奶牛养殖。随着企业养殖规模不断扩大，进口牧草的成本制约了公司的发展，企业决定将好的牧草品种在本地引种。西湖管理区政府意识到牧草育种不仅可以解决企业上游供应链的问题，而且可以拓宽和延长区域的产业链条，因此，制定了一系列奖励科研、鼓励人才引进、补贴土地流转等政策支持企业攻关。2014 年，由湖南农业大学草业科学研究所在此引进 8 个紫花苜蓿品种，经过 3 年的育种探索，终于培育出能够适应湖南高温高湿环境的紫花苜蓿新品种；德人牧业还与中国农业科学院麻类研究所合作，成功开发出蛋白含量高、抗病性强的饲用苎麻新品种。为扶持牧草产业发展，西湖管理区决定利用自身地势平整、土地肥沃的优势在全区推广牧草种植，为农户提供每亩 200 元的补贴作为鼓励。经过产业扶持，2020 年，当地 3 100 多户农户与企业签订了订购合同，种植包括紫花苜蓿、饲用苎麻在内的各类牧草近

---

① 环球网：《美国加州有个"农业硅谷"》，https://world.huanqiu.com/article/9CaKrnJJbf2，2015 年 3 月 25 日．

② 方琦，王哲呈．攀枝花——干热河谷中的热带水果王国［J］．地理教学，2019（11）：49—50.

5 000亩，参与种植的农户每户每年增收超过了1万元①。2020年，常德西湖牧业小镇和牧草相关的产值已经达到了4个亿，被评为省级特色农业小镇，并在2021年4月11日荣登央视"焦点访谈"栏目从而获得推介。北京林业大学草业与草原学院尹康权副教授指出：通过基因编辑技术育种，可以在一定程度上解决牧草育种周期长的问题。基因编辑技术有很好的发展前景，未来将为牧草育种带来一片新天地。

2．机遇2：新蓝海商机涌现——"按需定制"让功能农业育种实现"消费牵引"

以育种实现作物营养强化，并非近年来新生的概念。早在2004年，中国农业科学院就已启动中国作物营养强化项目，目前已培育出20多个富含铁、锌等微量营养素的水稻、玉米、小麦和马铃薯新品种。但是传统育种方式，仅能从农作物的生产端进行营养强化，不能实现对于消费者需求的定制满足。智能育种技术能够针对特定性状对应的基因进行编辑，以达到定向强化或改良的效果，这将使农产品的供给更加贴近市场端消费者的喜好。

随着人们对于农产品的消费从"吃饱"到"吃得安全"再到"吃得健康"迈进，现代都市人迫切需要改善"隐性饥饿"的困扰。所谓隐性饥饿，是指食物摄入的某些营养过剩而某些人体必需的维生素、矿物质依然缺乏。根据联合国粮食及农业组织资料显示，全球约有20亿人正在遭受隐性饥饿的困扰，其中，中国隐性饥饿人口达3亿。**在智能育种时代，面对都市消费者的隐性饥饿困扰，将迎来功能农业的新蓝海。**所谓功能农业，就是通过育种种出具有保健功能的农产品，让农产品中的营养物质从"富含"变为"定向含有"。

2017年，日本筑波大学通过基因编辑技术成功培育出一种能够预防高血压的西红柿。这项研究着眼于合成西红柿富含健康功能成分γ-氨基丁酸（GABA）的研究，利用基因编辑技术在这种合成酶基因的一部分上导入变异

---

① 腾讯网：《央视〈焦点访谈〉｜特色小镇"特"起来（常德西湖牧业小镇）》，https://xw.qq.com/cmsid/20210412A0B8JP00.

基因，培育成功了富含 GABA 的西红柿。韩国早在 2008 年就已开展对于降糖青椒的研发，并且成功打入中国、日本等市场。该青椒品种自 2013 年引入我国以来，已在河北鸡泽县、陕西杨凌、四川成都等地成功种植，每斤售价是普通青椒的 10 倍，而且亩产量更高，大幅增加了农民的种植收益。

我国城市瞄准功能农业，已有湖南桃源、湖北仙桃、河北承德等地围绕富硒农业研发作物新品种；在 2020 年，国家功能农业科技创新联盟以南京国家农创园（南京恒宝田功能农业产业研究院）为依托正式成立；在目前九大国家级农高区中，山西晋中农高区也提出建设全国健康食品和功能农业综合示范区的发展目标。从当前提出发展功能农业的市县布局来看，**以功能农业为导向的种业发展，将为大都市及周边地区的城乡融合发展带来新机——市场在都市，生产在周边；科创在都市，应用在周边**。

3．机遇 3：新渠道跨界入局——**数据科学为城市开辟种业入局新方式，实现"降维打击"**

智能育种对于数据科学的需求，为数据类企业的跨界进入拓展了渠道。数据科学对于育种产业的加持，可沿产业链条概括分为 3 类：采集端——田间数据、处理端——基因数据、市场端——市场需求数据。数据科学已经成为未来生命科学迭代的核心，数据的样本采集量、收集速度、分析处理能力将直接反馈到研发端，对作物品种培育起到重大影响。

一方面，智能育种时代对于数据科学的高需求表现在大型种业公司向"**数据分析公司**"的转型。例如，世界知名农企拜耳作物科学公司（拜耳集团三大子集团之一），以旗下气候公司为核心，通过数字技术为美洲和欧洲的种植者提供播种、施肥、打药、灌溉、收获等种植全过程的智能决策支持。拜耳气候公司的 Field View 数字农业平台自 2015 年商业化上市起，在全球的付费使用面积已超 5.4 亿亩[1]。而拜耳收购的另一大农企孟山都，则在数十年

---

[1] 经济日报：《拜耳发力中国农业数字化》，https://3g.163.com/dy/article/FGKL7IPS0519AKBM.html，2020 年 7 月 3 日．

间通过并购、合作等方式获取了全世界范围内海量的优良种质资源，覆盖范围包括了欧洲、北美及亚非拉的部分地区。作为种业公司，事实上是通过数据工程师将数十年来各大洲的田间数据、基因数据与市场需求数据整合，形成强大的中央数据库，支撑育种平台翻倍地高速运转，大幅度地提升种质资源的开发和利用。

另一方面，数据科学的跨界催生了一批农业初创公司。正如总部位于美国圣路易斯的 Benson Hill 公司，成立于 2012 年，致力于利用作物性状设计平台开发更健康、更可持续的农产品。Benson Hill 公司首先将其研究积累的植物基因型与表现型之间的关联信息数据建成计算平台，推出了可商用的 Crop OS 数据平台，其只需要几周就可以识别出最具开发潜力的植物基因，并且能通过大数据的运算，预测出基因组杂交后的表型，从而省去进行实物育种所花费的观察时间。而在每次使用时，Crop OS 都能够受到训练并获得提升，通过深度学习变得更加智能。基于 Crop OS 平台，Benson Hill 又上市了基于 CRISPR 3.0 技术的第一款全基因编辑系统 Edit。一言以蔽之，Benson Hill 公司证明了"云计算 + 人工智能 + 基因编辑 = 育种行业的革命"[①]。农业初创公司远不止这一家，从事如物联网现场监控平台、气候天气、数据分析平台、ERP 农场、农作物管理软件、现场监测传感器方案等方向的初创企业，正在蓬勃发展。

相比美国等国家，我国的农业数据开放程度较低、时序性短，而数据的短缺尤为致命。在国内，阿里、京东、拼多多、字节跳动、华为等拥有云计算、大数据技术的龙头企业都已经入局，但整体仍处于跑马圈地的阶段，其中农业数据的产生和沉淀能力是未来竞争的关键。农业大数据应用场景将进一步细分明晰，部分稀缺应用场景发展前景广阔。相比国外相对比较精准、分工明细的农业大数据及智慧农业应用，国内的大数据应用显得广而不精，

---

① 35 斗：《累计融资超 1.3 亿美元，Benson Hill 综合基因等技术改良作物基因》，https://baijiahao.baidu.com/s?id=1663368864161281489&wfr=spider&for=pc，2020 年 4 月 8 日.

在气象、土壤、GIS 影像系统及分析、虚拟现实技术分析及应用等专业化的应用场景方面，我国的大数据企业仍有很大差距，在这部分稀缺的应用场景方面，将会有大量的新兴企业杀入，而这正是拥有数据科学龙头企业的城市跨界进入农业育种领域的机遇。另外，如同圣路易斯那样拥有农业锚机构的北京、武汉、杨凌等"农谷"，也将培育出众多种业相关的初创企业，成为种业初创企业的聚集区。

综上所述，在种业上升为国家战略并且国内众多城市纷纷有意布局的时点下，智能育种时代的到来，为城市种业发展、实现物种重塑创造出前所未有的机遇。无论是传统农业优势地区，还是服务大都市消费市场发展功能农业的地区，抑或借助数据科学基础跨界入局的地区，只要找准自身优势并努力放大，都能在 4.0 时代找到属于自己的独特赛道！

智慧农场时代——机器共生的农业未来

文 | 李志鹏　王立业

农业"机器换人"已是大势所趋，我们要做的是在这个时代洪流里找到自身发展的新机会。

一、田野机器文明的曙光

1957 年 1 月，美国著名的科幻小说家艾萨克·阿西莫夫（Isaac Asimov）出版了《机器人》系列的第二部作品《裸阳》（*The Naked Sun*），在书中他构想了一个名为索拉利的遥远星球，在那里每个人类都拥有 1 万个机器人，所有机器人作为劳动力，在广袤的田野间互相协作，为他们的主人生产粮食、矿产和能源。无论这种田野机器文明是不是我们的真正未来，但大量机器人支撑的无人农场技术已经成为农业发展的必然趋势[1]，而"机器换人"的奇点很可能就是现在。

2020 年 12 月 10 日，国家统计局公布的数据显示，我国粮食生产喜获"十七连丰"。这个数字足够耀眼，但有一个现象值得注意：全国粮食总产量自 2013 年以来已经在"6 亿吨"的水平上保持了 8 年[2]。**这种增速放缓、增长乏力的情势，使我国粮食整体对外依存度不断增加。**2020 年，我国粮食进口量已超过 1.4 亿吨，与国内产量的比值达到了历史最高点 21.3%[3]。中国社会科学院发布的

---

[1] 张蕃：《中国工程院院士赵春江：无人农场技术是农业发展必然趋势》，光明网，https://kepu.gmw.cn/2021-06/09/content_34911561.htm，2021 年 6 月 9 日．

[2] 国家统计局：《年度数据查询》，国家统计局官方网站，https://data.stats.gov.cn/easyquery.htm?cn=C01．

[3] "中国土地科学"微信公众号：《孔祥斌等 | 当前中国耕地保护的形势、困境与对策》，https://mp.weixin.qq.com/s/1scLotkr2FU65cRy1_HErA，2021 年 5 月 26 日．

《中国农村发展报告（2020）》预计，到"十四五"期末（2025年）我国仍有可能出现1.3亿吨左右的粮食缺口，其中谷物（三大主粮）缺口约为2 500万吨[①]。国务院发展研究中心农村经济研究部部长叶兴庆也预测，"未来中国粮食供应对外依存度仍将上涨"[②]。

但是，在大国博弈和新冠肺炎疫情的持续冲击下，全球粮食供应链已经出现波动和不确定性，各种风险不断加剧。手中有粮，才会心中不慌。确保粮食安全、进一步提高自身粮食生产能力，成为我国更为紧迫而现实的重要战略。但在这种情况下，**我们的农村劳动力反而变得更少了**。根据世界银行数据，我国农业的劳动力人口占比已经由1991年的60%（当时世界平均占比为45%）下降到了2018年的26%（当时世界平均占比为28%）[③]。根据最新发布的全国第七次人口普查数据显示，居住在乡村的人口比2010年已经减少了1.6亿人以上[④]。农业劳动力的短缺使人工成本迅速增加，现在绝大多数农产品生产的人工成本占比超过50%。

这种情况可能还会加剧。《中国农村发展报告（2020）》预计，2025年乡村人口还会减少8 000万以上，而剩余人口中60岁以上的占比将达25.3%，即到那时4个农民（包括儿童）中就有1个超过60岁。中国工程院院士、国家农业信息化工程技术研究中心主任赵春江给出的数据则更为惊心，他预计，到2025年我国农业劳动力中60岁以上的占比将接近80%[⑤]，也就是说，到时我国将很难见到青壮年农民了！

---

① 温源：《〈中国农村发展报告2020〉发布》，光明网，https://news.gmw.cn/2020-08/18/content_34098668.htm?from=search，2020年8月18日.
② 陈溯：《经济观察：专家分析中国粮食安全》，中国新闻网，http://www.chinanews.com/gn/2020/08-19/9268853.shtml，2020年8月19日.
③ 赵春江：《发展智慧农业 建设数字乡村》，中华人民共和国农业农村部发展规划司，http://www.ghs.moa.gov.cn/zlyj/202004/t20200430_6342836.htm，2020年4月30日.
④ 宁吉喆：《第七次全国人口普查主要数据情况》，国家统计局官方网站，http://www.stats.gov.cn/tjsj/zxfb/202105/t20210510_1817176.html，2021年5月11日.
⑤ 赵春江：《发展智慧农业 建设数字乡村》，中华人民共和国农业农村部发展规划司，http://www.ghs.moa.gov.cn/zlyj/202004/t20200430_6342836.htm，2020年4月30日.

要么增加人手，要么提高效率。而在现有城乡经济差距下，仅靠情怀已经很难持续实现大规模的人口回流，寄望于移民显然更不现实。那么，**与其如此艰难地去寻找足量的农民，不如用科技力量为生产赋能，推动农业向高质、高效和高价值跃迁。**

在此背景下，以信息和知识为核心要素、依靠人工智能驱动"机器换人"所形成的智慧农场，就必然成为我国未来农业生产的"关键先生"。广州极飞科技股份有限公司创始人兼CEO彭斌曾说过，"无人化技术是将机器、智能机器设置在劳动密集型或需要人的地方，通过机器和机器人来完成以前复杂的劳动。"农业无疑就是最好的场景。赵春江院士明确指出，人工智能在农业领域的应用潜力巨大，引入人工智能技术，可以有效解决生产效率低、劳动力减少等难题；在多个领域增加农业机器人的推广应用，还可以帮助解决人工操作减少、人员间无法接触等实际困难[①]。

智慧农场，其实是围绕着农业智能化，构建了一种全新的农业生产方式。 用全球最大智能农机制造商约翰·迪尔（John Deere）首席技术官贾米·辛德曼（Jahmy Hindman）的描述就是，"体型大小悬殊的机器相互连接，通过地面蜂窝网络连接；它们将数据双向传输到云端，并在我们提供相应的数据服务后从云端返回"。简单来说，作为核心产品是拖拉机的企业的代表，他认为智慧农场其实就是让农田成为iOS（操作系统），而拖拉机就是计算机[②]。

机器共生的智慧农场，实际上在我国也不应仅仅视为人口压力下的必需，其更是时代发展的必然。

第一，新一轮科技革命正为智慧农场提供巨大的推动力。 智慧农场的发展关键是与农艺深度融合的智能农机及与农机相适应的数据采集、专家决

---

① 张蕃：《中国工程院院士赵春江：无人农场技术是农业发展必然趋势》，光明网，https://kepu.gmw.cn/2021-06/09/content_34911561.htm，2021年6月9日．

② 尼莱·帕特尔：《约翰·迪尔CTO把拖拉机变成计算机：什么是下一个？》，《边缘》官方网站，https://www.theverge.com/22533735/john-deere-cto-hindman-decoder-interview-right-to-repair-tractors.

策平台等技术核心。其所必需的大数据、5G通信、人工智能等基础性新技术，实际应用早已迅速铺开；更前沿的底层共用技术仍在不断突破，如获得2020年度吴文俊人工智能技术发明奖的"非结构环境下农业机器人机器视觉关键技术与应用"项目，就成功实现了对作物信息的动态稳定获取，为我国更多类型农业机器人的产业化带来了极具想象的现实可能[①]。

农业数字化与工业、服务业相比潜力巨大。据中国信息通信研究院于2020年发布的数据显示，2019年我国产业数字化仅占农业增加值的8.2%，远低于工业19.5%、服务业37.8%的水平[②]。智慧农场的这片蓝海，正在吸引多个领域的巨头企业入场：如无人机厂商大疆、极飞等，工程机械企业中联重科、山河智能等，传统农业集团北大荒、中粮等，数字科技公司华为、阿里等都在全力开辟智慧农业业务。中国农业科学院农业资源与农业区划研究所副所长吴文斌表示，"企业对市场是最敏锐的，企业能够构建一些很好的市场模式，如阿里养猪、腾讯养鹅、京东养鸡、百度和小米做农机"[③]。其实最为关键的是，**嗅觉敏锐的商业公司迅速涌入，就会带来充足的资金和人才**。

第二，国家政策为智慧农场的推行做出了指引，铺平了道路。从2016年以来，历次的中央一号文件中均涉及"智慧农业"，模式指引不断的明晰和聚焦：2016年仅提出要大力发展智慧气象和农业遥感技术；2017年重点变为推进农业物联网和农业装备智能化；2018年和2019年要求推进并扩大农业物联网试验示范和遥感技术应用；2020年和2021年明确建立农业农村大数据体系，并推动物联网、大数据、人工智能等新一代信息技术与农业生产经营深度融合。从这种政策导向上看，从传感到耕种，各类智能农机大规模

[①] 马爱平：《突破机器视觉关键技术，助农业机器人"占领"果园、农田》，中国科技网，http://www.stdaily.com/index/kejixinwen/2021-05/14/content_1132603.shtml，2021年5月14日．

[②] 中国信息通信研究院：《中国数字经济发展白皮书（2020年）》，2020年7月，第4页．

[③] 张若婷，贺梨萍：《专访中国农科院吴文斌：当前国内智慧农业模式还处于探索阶段》，澎湃新闻，https://www.thepaper.cn/newsDetail_forward_9958278，2020年11月12日．

协同使用的智慧农场,已经成为国家对于未来农业的具体想象。而近年来,我国新基建战略的深入实施和高标准农田体系的初步建成,也为智慧农场的发展提供了以往难以想象的基础条件。

更为重要的是,农业本身的变化也为智慧农场的发展打开了"机会窗口"。改革开放 40 多年以来,为追求更高的土地产出,粮食种植重心已经北移,南方耕地非粮化趋势不断强化。据统计,北方干旱半干旱区、黄淮海平原区、东北平原区的粮食作物产量在全国的占比已经从 1980 年的 35.31%一路上升到 2018 年的 54.49%[1]。这种"被集中",反而使耕地客观上变得更容易形成规模,从而实现智慧农场。而我国农业小农户(2.2 亿~2.3 亿户,50 亩以下农户耕地占全国耕地总面积的 80%[2])的基本特征,本来无法支撑智慧农场的大规模推行。但如今,这种情况也随着建立合作社、经营权流转、土地托管等不同的土地规模化经营方式的全国推广,有望得到根本的扭转。

农业"机器换人"已成为时代洪流,在这田野机器文明的曙光中,各地该如何抓住机会、占得先机?

二、创立知识源点:拥抱资源伙伴,搭档创新

智慧农场的核心在智能机器,而智能的突破和发展需要数字技术的创新迭代和实际场景的不断驯化。因此,**我们看到智能农机一直都是创新热点和农业资源伙伴的合作结晶。**

20 世纪 80 年代,约翰·迪尔公司就意识到,其产品必须与稳定的高精度 GPS 相结合,才能引领下一代农机变革。但由于本身无法完成,这家总部在芝加哥附近的农机巨头于 1999 年到美国西海岸蓬勃兴起的航空航天业创新中

---

[1] 孔祥斌:中国耕地保护生态治理内涵及实现路径 [J]. 中国土地科学, 2020, 34(12):1—10.
[2] 赵春江:《发展智慧农业 建设数字乡村》,中华人民共和国农业农村部发展规划司,http://www.ghs.moa.gov.cn/zlyj/202004/t20200430_6342836.htm, 2020 年 4 月 30 日.

心洛杉矶收购了一家年轻的高精 GPS 企业 NavCom。而在继续研发过程中，GPS 的稳定性又成为大问题，因为在现实世界中，一旦拖拉机驶进山区 GPS 信号就会消失。于是，其在 2004 年又与位于洛杉矶的美国宇航局喷气推进实验室建立合作，通过利用宇航局全球定位系统地面站网络来提高可靠性，才使得产品真正成熟，并开辟了农机的新时代。2005—2019 年，提供 GPS 自动导航的农机零售商占比已经从 5% 增加到 90%。"硅滩"洛杉矶的农业科技也因此被撬动，发展出"环洛杉矶数字农业创新集群"。①

如果约翰·迪尔和洛杉矶的例子，更多的还只是企业引入外部技术，实现了组合式的创新突破；那么硅谷和萨利纳斯（Salinas）的搭档式农业创新，就会给我们带来更多有益的启示。

萨利纳斯位于美国加利福尼亚州中部，面积为 49.2 平方千米。由于农业发达（全美最大的新鲜食品产地、全美 60% 的绿叶蔬菜和 28% 的草莓产地、全美第一的黑皮诺葡萄产地），萨利纳斯长期被称作世界沙拉碗。然而近年来，萨利纳斯在同样面临劳动力短缺的压力下，一跃成为美国的"农业科技之都"。如今，萨利纳斯被福布斯评为农业科技最强地区（Agtech Summit），《连线》杂志直接称其为"机器人统治的农场城镇"，美国国家公共电台（NPR）则认为萨利纳斯是"一个将生菜种植地变成科技初创企业地的城市"，其农业科技初创企业目前已经超过 50 个。②

萨利纳斯是如何实现了这种成功？首先就在于，其以测试为抓手，建立了良好的农业科技环境。

正如中国工程院院士孙凝晖谈到的，以信息技术为核心的智慧农业机械体系的构建、完善和成熟需要一个发展过程，大量的测试和验证是必不可少

---

① 李薇羽：《环洛杉矶数字农业创新盘点：自动导航、设施农业、机器人、虫害管理》，35 斗网站，http://vcearth.com/p/YjZhNGRmN2ZlMDgyYjNlOWI2OThiY2RiZjQ3NzA2YTc=，2019 年 12 月 9 日。
② 萨利纳斯经济发展部：《为什么是萨利纳斯？》，"萨利纳斯农业科技"网站，http://agtechsalinasca.com/why-salinas/.

的环节①。**萨利纳斯做的最关键的一步，就是努力以最接近真实的多样化场景，吸引硅谷科创企业前来测试。** 2013 年，萨利纳斯农场与相距 60 英里的创新热点硅谷结成伙伴关系，联合打造"斯坦贝克创新集群（Steinbeck Innovation Cluste）"：聚集主要在硅谷的美国顶尖科技公司、农业企业、高等院校和风险投资公司的力量，专注于农业智能技术研究和应用；萨利纳斯则提供大田、绿地、蔬菜农场、养殖场、温室等多样化的农业测试场景，通过智能化基础设施和监测平台建设，让在这里研制出的技术和产品第一时间在真实场景中实验，提升科技成果应用化的进程。加利福尼亚大学戴维斯分校农业和资源经济学教授、《美国农业经济学杂志》联合主编 J. 爱德华·泰勒（J. Edward Taylor）对此非常认可，他认为因为有硅谷和加利福尼亚大学戴维斯分校作为附近的主要研究中心，萨利纳斯是可以成为当地希望的测试和部署服务地方的，同时，这种发展战略也能为萨利纳斯本地的农业节省更多劳动力。这种真实世界开放友好的测试环境，使得萨利纳斯甚至吸引到来自波士顿的机器人企业。②

其次，萨利纳斯注重组织专门的教育网络，培养农业科技创新人才，形成科技企业的黏力。 萨利纳斯投资了许多合作伙伴关系和辅导计划，通过与行业领导者的合作，提升当地年轻人的才能，致力于建立农业技术领域的员工队伍。如 CSin3 是本地的哈特内尔学院和加利福尼亚大学蒙特雷湾分校（CSUMB）之间的合作伙伴计划，允许学生通过 3 年加速课程获得一个计算机科学学位。第一批学生于 2016 年毕业，其中许多人能够到硅谷及萨利纳斯农业科技公司工作。萨利纳斯还与初创企业和雇主密切合作，无差别地培养伙伴关系，打造服务于本地及附近学生的农业实践基地，以期在毕业时留住

---

① 孙凝晖，张玉成，石晶林，等. 构建我国第三代农机的创新体系 [J]. 中国科学院院刊, 2020, 35（2）: 154—165.
② 杰西卡·莱伯:《为什么世界沙拉碗想要高科技？》，"快速公司"网站，https://www.fastcompany.com/3040909/why-the-worlds-salad-bowl-wants-to-go-high-tech.

年轻人才。①

最后也是最重要的，利用斯坦贝克创新集群的资源完善创新生态，推动地方形成持久动力。 当知识、技术、资金、人才等要素都具备了，萨利纳斯即成立西部种植者创新与技术中心（WGCIT），2015—2019年，已经孵化了超过60个农业科技初创公司。同时，萨利纳斯通过斯坦贝克创新集群与福布斯合作，自2015年开始举办"福布斯农业科技峰会"。2019年，该峰会聚集了600多位全球农业领袖和企业家。超越其体量的影响力，自此为萨利纳斯农业科技产业发展提供源源不绝的长久动力。

国内的创新锚机构和企业，同样也非常需要且非常重视测试验证。 2019年11月，中科院组建了智能农业机械装备工程实验室，已经成功研发国内首款智能农机专用控制芯片、无人驾驶技术等，并率先提出并成功研制出全球第一台基于第三代技术体系的智能农业装备。但针对我国具体的盐碱地问题（占耕地总面积近1/15），仍需联合国家农机装备创新中心、电子科技大学等，在黄河三角洲农业高新技术产业示范区建设基地，开展技术、整机和示范验证，以期建立可复制可推广的农机商业模式。②

甚至在某些意义上，测试验证场景还能成为企业重要的"科技壁垒"。如植保领域市场占有率超过50%的极飞科技，显然就有着更大的场景创新优势，其创始人兼CEO彭斌谈及竞争对手时曾表示，"我们比别人有更多的研发资源、更多的地、更了解农场，我们做一次农场实验就是上百万亩面积"③。2019年12月，极飞科技依托大量的数据积累推出XSAS智慧农业系统；而经过更多场景的不断测试训练，变得"更聪明"的智慧农业系统又会

---

① 萨利纳斯经济发展部：《农业与科技项目》，"萨利纳斯农业科技"网站，http://agtechsalinasca.com/workforce/agriculture-technology-programs/.
② 孙凝晖，张玉成，石晶林. 构建我国第三代农机的创新体系［J］. 中国科学院院刊，2020，35（2）：154—165.
③ 农世界网：《极飞科技发布智慧农业系统，做智慧农业领域的"大象"》，http://www.nongshijie.com/a/201912/21819.html，2019年12月20日.

反过来帮助农场提高作物产量，形成相互促进的"正循环"。

这种以测试作为连接的"创新热点—农业资源伙伴"搭档模式，不仅提示了北京、深圳、上海、南京、广州、武汉、杭州等人工智能、电子通信、大数据等领域的科技领袖城市应如何步入智慧农场、智慧农机的新赛道，更重要的是，也为国内场景突出或是领袖城市都市圈内的农业地区，以及传统农机企业集中的城市带来产业发展的新希望。中国地形复杂、农品众多，要真正推动机器共生的智慧农场全面铺开，形成全国农业高质高效高价值的新局面，就必须针对特殊地形地貌和特殊的农品种类，形成更多的SS（硅谷Silicon Valley- 萨利纳斯Salinas）农业科技创新联盟！

三、转型露地农业：建立共享网络，立体推进

智慧农场推行的最大阻碍在于成本和知识，我国尤甚。

一是成本，相对于畜牧业、渔业等养殖业而言，种植业的这个问题极为突出。我国农产品，尤其是大宗粮油作物的价格极低，仍属于利润低、回报周期长的产业，因此，智能农机终端用户对生产成本极其敏感。农机价格上不去，企业利润不高，就会直接影响农机新品开发和更新迭代。在这种情况下开发新品就要慎重。我国在蔬菜、果树、茶叶等小品种经济型作物上，农业机械化率非常低，仅有20%～30%，有些甚至全人工作业；机器换人，需求巨大。那么，我们还需要更新迭代什么？2021年4月3日，央视《开讲啦》栏目请中国工程院院士赵春江讲解智慧农业，以正在新疆应用的无人驾驶农机作为重要连线案例展示，其先进程度确已达世界领先水平，即行驶1 000米仅偏差2.5厘米。但是，节目中没讲到的是，美国农机是直接接收卫星信号并进行修正，而我国还需要在地面大量设立基站帮助农机纠偏，基站也是成本。中国工程院院士罗锡文指出，"这里面有一个关键核心技术，卫星差分信号，这就是我们的差距"[①]。

---

① 张晔. 高端装备严重匮乏 农业大国遭遇"农机之困"[N]. 科技日报, 2020年8月31日.

二是知识，由于我国农民受教育程度普遍偏低，智慧农机推广显有难度。根据第三次全国农业普查数据，乡村3.1亿农业生产经营人员中，小学及以下占比达接近一半，初中及以下占比超过90%[1]！经过近年来的不断努力，目前全国农村实用人才总量已经突破了2 000万，其中约八成是有文化、懂技术、善经营、会管理的高素质农民；而全国返乡创新创业人员累计也已经超过850万，其中大中专以上学历占40%以上[2]。但这些人才全算上也不到3 000万，在第七次全国人口普查超过5亿的乡村常住人口总量里只占6%！所以，赵春江院士在《开讲啦》中，特别谈到了如何在机器上用"菜单选择"界面来替代输入操作，以实现对农民更友好。

在这种基本国情下，地方政府又该如何推行智慧农场呢？借助露地型的智慧农场、实现拥有世界级大农业的丹麦路径值得借鉴。

丹麦仅有2.7万平方千米耕地面积（大约江苏省落实耕地保有量的一半[3]），却以占比国家总量4%的农业人口，成为世界最大的猪肉出口国和欧洲最大的粮食生产国之一，人均猪肉和谷物占有都是世界第一[4]。其中，广泛使用的智慧农业技术起了很大作用，2019年，运用精准农业技术的智慧型农场已经覆盖丹麦全国农业总面积的2/3[5]。丹麦是怎么干的？简单来说，**丹麦是通过建立共享网络的办法，打穿了智慧农场建设中成本和知识壁垒，从而实现了智慧农场的大面积铺开。**

首先是打破成本壁垒。丹麦稳步缩减了小农场的数量，提高农场经营规模。2000年丹麦共有5.5万个农场，每个农场的平均面积为48.5公顷；而到

---

[1] 国务院第三次全国农业普查领导小组办公室等：《第三次全国农业普查主要数据公报》，国家统计局网站，http://www.stats.gov.cn/tjsj/pcsj/nypc/nypc3/d3cqgnypchzsj.pdf.
[2] 乔金亮. 打造一支高素质农民队伍[N]. 经济日报，2020年6月12日.
[3] 朱晓颖等：《"十三五"江苏落实耕地保有量7 745万亩》，中新网江苏，http://xdny.jschina.com.cn/zdzx/202106/t20210628_7138896.shtml，2021年6月28日.
[4] 丹麦农食会：《丹麦农业与食品》，丹麦农食会官网，https://agricultureandfood.dk/danish-agriculture-and-food.
[5] 丹麦统计局：《丹麦精准农业2019》，丹麦统计局官网，https://www.dst.dk/da/Statistik/nyt/NytHtml?cid=31408.

了 2020 年，农场数量只剩下 3.3 万个，平均面积上升到 79 公顷[①]。同时，**建立起覆盖全国的"机器站"，提供智慧农机的租赁服务，使高成本技术也能够被小型农场广泛采用**。根据丹麦国家统计局 2018 年的数据显示，精准农机使用中 45% 来自机器站的租赁。

对于打破知识壁垒，**国家知识中心（SEGES）和丹麦农业咨询委员会（DLBR）的地方咨询中心起到关键的农业知识成果转化分享作用**。国家知识中心（SEGES）为顾问提供支持，该中心拥有 650 多名专家，他们在大学、研究和实用农业之间架起了桥梁。不仅以庞大的专业数据库、论文库面向用户共享，提供最顶尖的学术信息，而且直接开发适用各类农业的程序工具，助力农业统一的数据化。而 SEGES 学院每年举办 300 多种不同的课程和计划，开展面向农民、咨询机构顾问、农业供应商职员的能力提升培训。同时，还会定期组织农民、科学家、决策者和企业等农业主体共同参与的、专题性质的国际大会，如猪养殖大会、牛养殖大会、种植大会等，促进细分行业的扩大化交流。而丹麦农业咨询委员会（DLBR）作为全国性的地方咨询机构，直接让其下设的 31 家咨询公司、近 2 500 名员工向全国农民提供建议、传播知识。

此外，**通过职业体系细分、职业五级制度、双元教育、经济支持等方式形成的农业职业教育，也为丹麦培养了大量高素质的"农业工人"**。在丹麦，成为一个训练有素的农民需要 2～6 年的时间，受过良好的教育是专业管理大型农场的必要条件。因此，经过真正职业教育丹麦农民，往往具有很强的创新精神，理解并能够很容易地实施新的系统和解决方案，这也是丹麦农业科研体系最坚实的支撑。

智慧农场在我国也已经有了较为成功的本土化模式，在大田精准种植领域先行一步的中联重科经验就十分值得更多企业或地方政府借鉴。

---

① 丹麦统计局：《丹麦农场统计》，丹麦统计数据库网站，https://www.statbank.dk/BDF11.

近年来，中联重科与全球顶尖的人工智能科学家吴恩达团队合作开发新产品[①]，形成了约翰·迪尔式的"SS联盟"创新源点。据中联重科副总裁、中央研究院院长付玲女士介绍，中联现在通过智慧农业核心能力自研（智能农机100%自研，核心农业模型算法系统、农业AI、物联网与大数据平台自研），已经率先在大田作物中最复杂的水稻数字化种植领域。

中联重科在打破成本和知识壁垒方面，摸索出了智慧农场建设的"二阶段法"：第一阶段为"经验+数据的数字化种植"，智慧农场建设的增量投入较小，主要通过更科学的投入方式减少农资整体投入，并通过高产和高品质提高农产品收入；第二阶段为"无人化全数字化的智慧农场"，智慧农场建设的增量投入较大，但可以随着大规模种植降低边际成本。通过循序渐进的方式，将成本摊薄在时间里。同时，中联重科会在各个省市设置示范点，带动区域的数字化种植与数字化农事服务；其共享的农业服务，覆盖了包括农资、农产品保险等整个产业链的上下游。此外，示范点还会设置中联的研发机构，为当地带来农业科技的知识中枢，如在芜湖峨桥基地中联就设有智慧农业数字研究院。

现在，中联重科正通过"科研—区域示范点—区域辐射—产业共享服务"四步模式进行规模推广，已经从200亩核心试验田推广到了4万多亩，并在全国拥有了5个试点示范点，预计在2023年大面积推广。

推行智慧农场，实现露地农业的高质高效高价值，核心就在于打破成本与知识的壁垒，无论是政府或是企业，建立覆盖广泛、深达田间的共享网络，无疑是最可行的途径。 当然，通过托管等不同方式尽可能地实现农地经营规模化，会更为有效地推动这一进程。

[①] 中联重科官网：《中联重科与吴恩达签署战略合作协议 用AI赋能智慧农业》，http://www.zoomlion.com/content/details18_1172.html。

四、极致设施农业：聚焦价值优化，定制生态

设施农业的目的是利用完全可控的人工环境，摆脱自然条件制约，创造出最有利于作物的生长条件，从而实现农业的高质、高效、高价值。其极致化的最高阶形式就是无人化、智能化的植物工厂。

植物工厂（Plant Factory）概念虽然最早出现在丹麦，但这个概念却由建设植物工厂最多的日本提出，意指通过控制设施内的生长环境（光照、温度、湿度、二氧化碳浓度、养分、水分等）来栽培植物的设施农园[1]。中国科学院植物研究所研究员、中科三安光生物产业研究院院长李绍华给出更形象的说明，植物工厂必须具有三个特征：一是在房子里种庄稼，温室不算；二是人工光源，自然光不算；三是垂直农业，多层栽培，生产环境和条件都是人工控制的[2]。植物工厂，可以说是一种知识与技术高度密集的集约型农业生产方式。也可以说，它其实根本不是农业，而是一种运用智能手段持续生产农产品的工业！

当植物工厂完全采用工业化、智能化的生产模式，栽培环境也达到最优化时，其生产所具有的短周期、高产量、高品质的优势是传统农作模式无法比拟的。国家智慧植物工厂联盟主席、中国农业科学院智能植物工厂首席科学家杨其长，在2020年7月央视节目《开讲啦》上曾说，植物工厂种植生菜仅需21～25天、是天然的1/3；栽培架可以搭建10层以上，工厂相同土地面积的产能可达露地农业的40～100倍甚至以上[3]。国内的植物工厂技术也在不断突破，杨其长团队研制的植物工厂，已经实现智能化、少人工；而中国农业科学院都市农业研究所智能园艺机器人团队首席科学家马伟博士所带

---

[1] 日本农林水产省：《什么是植物工厂？》，农林水产省网站，https://www.maff.go.jp/j/heya/sodan/1308/01.html.

[2] 王珍：《颠覆农业刻板印象，中国植物工厂"点亮"资本前路》，《第一财经》网站，https://www.yicai.com/news/100921737.html，2021年1月20日.

[3] 央视：《〈开讲啦〉20200711本期演讲者：杨其长》，央视网，https://tv.cctv.com/2020/07/12/VIDEUXyMppiFb75w2OwA132y200712.shtml，2020年7月12日.

团队成功研发了最新型的植物工厂生菜采收机器人,提高了智能作业效果。同时,由于植物工厂均使用专门的培养基,所以不会有病虫害,也不会有农药或重金属残留;更重要的是,完全不受自然灾害影响。甚至,植物工厂可以通过本地生产创建更可持续、更具韧性的食品系统,并提供比常规种植的食品更好的口感体验。因此,我国植物工厂的发展速度较快,截至2020年年底,各类植物工厂已超过220座[1]。

但是,我国的植物工厂均处于科研、试验、示范阶段,还未能真正实现大规模铺开。究其原因,目前植物工厂的发展面临最大的症结就是高成本下如何实现盈利。除前期投资、作物产量外,植物工厂还要有能力做好后端运营,整个链条下来难度颇高。即使世界范围内发展最好的日本(截至2020年2月,已有植物工厂386座,数量居世界首位),虽然中央政府直接对建设植物工厂的企业和个人进行50%以上的补贴扶持[2],但其中仍只有30%～40%规模大、做得好的能够赚钱。因此,**地方上要想真正铺开这种极致化的设施农业,就必须先通过价值优化、定制生态来解决经济问题。**

首先,植物工厂只有紧邻大都市才有市场,而旧城更新使其有更多的用地选择。

植物工厂的高成本使之必须维持一定零售价格,这就只能在北京、上海、深圳等大都市才能满足。如果距离过远,显然成本会更高。因此,**植物工厂更具生命力的选址,只可能是位于大都市圈内,或能够建立起有效消费者触达渠道的特殊地点。** 在日本植物工厂中,完全不依赖日光的全人工光型工厂共有187座,其中一半以上都在东海岸三大都市圈内;而在大东京都市圈内的,则有75%位于核心一都三县(东京都、神奈川县、埼玉县和千叶县)

---

[1] 王珍:《颠覆农业刻板印象,中国植物工厂"点亮"资本前路》,《第一财经》网站,https://www.yicai.com/news/100921737.html,2021年1月20日。

[2] 廖芬:《植物工厂发展势头迅猛:能耗降低是难点,应用拓展很关键》,35斗网站,http://vcearth.com/p/MzVjM2QzOTQ5OGI0OTBjMWEyZmMyMDFkOGNlYjQ1OTE=,2021年4月26日。

范围内①。北京近郊的通州、大兴等地也成为植物工厂落脚点。可见，任何地方若要成功发展植物工厂，必须认真对待选址问题，否则就要花更大精力在后端运营上。

由于植物工厂需要的是生产车间，旧城更新给了它一个很好的发展机遇。**地方政府完全可以充分地利用起都市圈中一些暂时闲置的房屋、商铺、厂房、停车场、高架桥下甚至地下室等空间，发展植物工厂**。中科院植物所与三安光电合作的中国首个商业化大型植物工厂，其1万平方米的车间就是由旧厂房改造而来的。而日本的植物实验室（PLANTS LABORATORY 公司）（东京港区）则在西友的部分店铺设置了小型工厂、与 JR 东日本集团合作在高架桥下方进行栽培等方式来降低成本，拓展业务范围。**通过灵活的招引策略，城市不仅能有效利用这些灰色地带，还可以建立起更具韧性的食物供给体系**。2020年，日本植物工厂"因干净卫生而受到消费者青睐"②，收益得以增加。

发展植物工厂还应当组建包含科研院所、相关企业、政府部门及消费者代表的公共服务平台。这种公共服务平台，一方面，可以通过通用技术的联合攻关，进一步降低成本；另一方面，可以为植物工厂企业提供更为有效的定制化产品订单。

在植物工厂产品成本中，降低生产过程电能消耗（电费成本）是重要发展方向之一。虽然近些年来，随着人工光源的科技创新，植物工厂的照明能耗有所下降。但是在整个能耗结构中，照明依旧占着80%的比重，而能耗在植物工厂总成本占比中达到1/4③。此外，不同作物生长需要不同的光照强

---

① 日本农林水产省：《植物工厂实况调查》，农林水产省网站，https://www.maff.go.jp/j/seisan/ryutu/engei/sisetsu/.
② 大林广树：《疫情下日本植物工厂受关注》，"日经中文网"微信公众号，https://mp.weixin.qq.com/s/hNzj0UeobEmjCuT2MC-jmQ，2020年8月17日.
③ 廖芬：《植物工厂发展势头迅猛：能耗降低是难点，应用拓展很关键》，35斗网站，http://vcearth.com/p/MzVjM2QzOTQ5OGI0OTBjMWEyZmMyMDFkOGNlYjQ1OTE=，2021年4月26日.

度、温度、湿度和营养条件等，而同一作物在生长期内所需的环境条件也会不断发生变化。这意味着植物工厂面对不同作物不能一刀切，而具体怎么做需要大量的研究和数据支撑。当前，**对大量不同作物标准化、程序化、专家化的生长指标，尤其是光配方（作物生长的特定光环境）是缺失的**。如何在智能化管控中，系统化降低机器人、物联网等新技术集成和应用的成本，也是智能工厂需要不断探索之处。因此，利用公共服务平台抱团解决共性技术问题，是整个植物工厂业界降低成本、减少试错的关键。

公共服务平台的另一个作用则在于提升植物工厂产品的价值兑现。植物工厂既可以根据用户需求进行订单式的作物生产（如特别口感的有机产品、特殊要求的集约育苗等），又可以针对市场需求拣选高价值作物（如珍贵中草药、珍稀花卉、高端水果等）作为产品推出。同时，也可以与平台内的企业签订合约，疏通产品渠道，将其送至大都市的高档餐厅、高档超市、飞机餐、星级酒店、国际社区等对健康高质农品有更高要求的场所，实现高值兑现。

此外，还应当充分挖掘植物工厂附加价值，建立或加入相应组织，实现植物工厂整体的高值兑现。

由于植物工厂的智能化程度不断提高，其在如岛礁、舰船、高原、哨所及深海、深空、深地、月球、火星等许多无法进行农作物生产的地方也将有用武之地。同时，随着成本的下降，更看重健康、安全及个性化、体验化的城市家庭需求也将得到释放。最终，各种类型、高质高效的植物工厂本身，或是配套光源、种子、营养液等，乃至技术、装备甚至管理等，都可以作为产品拥有更大的市场。**植物工厂的创新和产业基础较为领先的城市，应当抢先成立联盟协会、制定行业标准，打造"植物工厂之都"，高位占领未来这个蓝海市场。**

同时，地方政府可以进一步引导植物工厂企业加入一些科普旅游、健康休闲等行业组织，使植物工厂空间也能形成盈利点。植物工厂不仅可以开展面向学生的农业观光研学教育，以酷炫的科幻般场景激发下一代对农业的热情；还能够与餐饮结合，利用立体绿色的环境及机器人持续工作的网红式场景，在工厂内部打造都市中优质食材产销一体的健康美食地标。

随着田野机器文明的来临，未来的农场会越来越智慧，未来农业的想象空间也会越来越广阔。广阔天地，大有作为。只要把握住历史的进程和变革的规律，每个城市、每个乡村都能通过努力，在时代的洪流中找到属于自己的农业新机会！

超级服务改变农业
——从"农业支持"到"农业增值"

文 | 姚雨蒙

回溯早年中国北方，农户们在麦子收割季节，常常面临着时间紧、任务重与人手不足的问题。于是，广大农村地区便涌现出一批以帮人收割麦子为职业的人，被称为麦客。随着农业机械化发展，机械渐渐取代了人力，收割机开始走南闯北，变成了"机械麦客"。而这种无论由"麦客"还是"机械麦客"提供的代收割服务，就是一种农业服务的雏形。**可以这样理解，农业服务就是为农业的生产经营提供支持和服务，让农民省钱、省心、省力气。**

时至今日，农业服务早已不局限于简单的收麦子，其内容和范畴已经扩展延伸到农业生产的产前、产中和产后。其内涵日渐丰富，形式也更为多样：涉及为农户、农业企业和其他经济组织提供农资供应、农机作业、生产托管、技术推广、物流销售、农产品初加工、信息咨询、金融保险等多个环节。而农业服务的角色也在现代农业的新语境下发生转变。农业生产的阶段如图1-7所示。

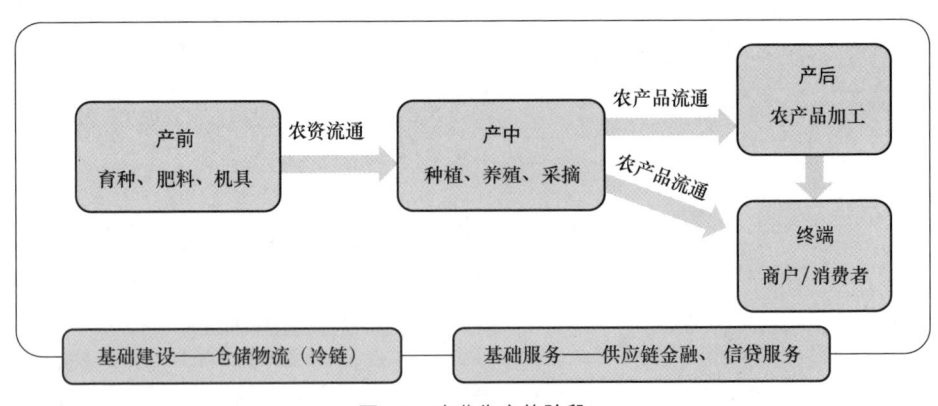

图1-7 农业生产的阶段

一、农业服务，现代农业的增值动力

我国正处于传统农业向现代农业的转型时期，与现代农业发展现状相比，国内农业服务体系形成得较早。在过去的人民公社内部，就已设置有兽医站、农田建设专业队、农机站、供销社、代购代销店、信用合作社等承担了各类农业服务职能的组织。随后，在农村市场化改革的推动下，市场化服务主体和服务业务大量生成，但受农业产业本身的发展状况及农村改革方向等多种因素影响，其服务内容和主体都相对有限，主要瞄准了产前的农资、产中的技术推广和产后的销售。**因此，早期农业服务的重点在于流程化的农业服务支持，服务于"生产稳定、有效供给"的农业生产要求。**

近年来，我国通过乡村振兴战略等一系列举措，大力推动农业向现代化发展。无论城市周边的小巧田园，还是各类农作物主产区的大片土地，农业结构和农业生产方式正在发生着千百年来最为显著的变化。**在农业方面，通过探求服务的规模化、专业化，提升产业竞争力的路径也越来越明确。**

从国情来看，小农户家庭经营仍将是中国农业的主要经营方式。第三次农业普查数据显示，中国现有农户 2.3 亿，占农业经营主体 98% 以上，经营耕地 10 亩以下的农户多达 2.1 亿[①]。与欧美农业发达国家以生产规模化、集约化飞速发展起来的现代农业不同，在人口和土地资源的双重约束下，小农户在未来很长一段时间内仍然会是我国农业生产的重要单位。但是，小农从事农业生产不具有正规性和标准化，难以产生现代市场经济需要的规模效应；小农户也不具有市场、技术、资金、规模经营等优势，难以对接大市场；此外，土地流转成本较高和流转期限不稳定的问题，对土地流转式规模经营的发展形成了限制。因此，为"促进小农户和现代农业发展有机衔接"[②]，**必须**

---

① 澎湃新闻：《农业农村部：小农户家庭经营仍是中国农业经营的主要形式》，https://baijiahao.baidu.com/s?id=1626769577308591901&wfr=spider&for=pc，2019 年 3 月 1 日.
② 新华社：《中共中央办公厅 国务院办公厅 印发〈关于促进小农户和现代农业发展有机衔接的意见〉》，https://baijiahao.baidu.com/s?id=1626074065500082646&wfr=spider&for=pc，2019 年 2 月 21 日.

面向小农户，大力发展农业社会化服务，通过服务规模经营模式，取得农业规模经营的收益。

在大国小农的国情与现代农业发展的矛盾逐渐显现的同时，随着工业化、城镇化的迅速推进，老一代农民普遍进入老龄化，农业农村青壮劳动力大量流出，村庄空心化、农业兼业化问题不断加重，农业劳动力正面临着流失困境。而随着人类社会进入知识经济时代，农业领域也要求农业经营者**"有文化、懂技术、善经营、会管理"**，不仅要熟悉农业生产规律，掌握先进技术，还要掌握现代市场理念，创新农业经营方式，努力开拓农产品销售市场。但对青壮劳动力流失后，坚守农业生产一线的留守老人、留守妇女，甚至部分基层农技人员来说，已远超出他们所能驾驭的范围。**因此，"谁来种地""如何种好"也成为当下中国农业发展必须解决的问题。**

国际经验也表明，服务规模化和专业化是农业现代化的重要标志。大多数欧美发达国家在实现农业规模经营和繁荣发展的同时，围绕农业产前和产后形成了发达的农业服务业。数据显示，在美国，直接从事农业生产的劳动力人数只占劳动力总人数 2% 左右，但为农业提供服务，如农机作业、产品加工、运输，以及供销、仓储、市场信息等服务的人数却占整个劳动人口的 10% 以上，大大超过了直接从事农业的人口[①]。

总而言之，我国农业服务业正在成为一个具有巨大市场潜力的成长性产业，将对"大国小农户"国情之下的农业现代化转型起到极为关键的支撑作用。

二、未来农业增值，"增"在哪里？

农产品价值链（图 1-8）是一个由前期投入、生产、运输、销售等多个环节组成的价值体系，农产品价值的变动并不仅仅发生在生产环节，产前的生产资料投入，生产后的仓储、运输、销售等环节也能带来价值的增加或减少。

---

① 郁李. 农业生产性服务业方兴未艾［J］. 农经，2020（Z1）：52—53.

图1-8　农产品价值链的结构

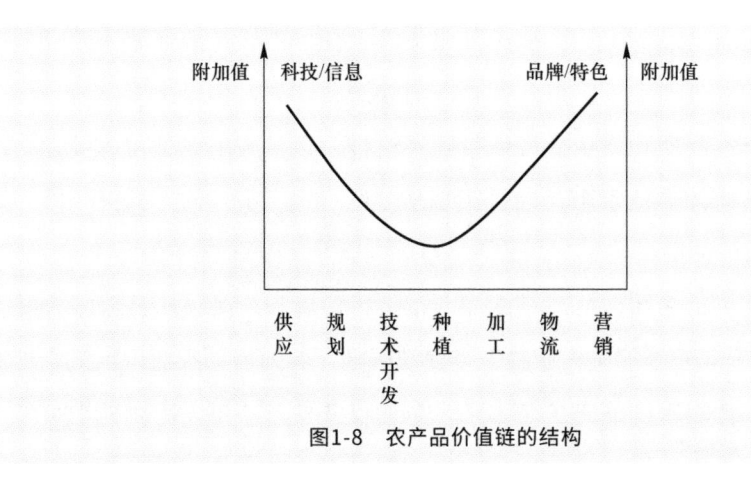

在生产前端，**生产什么、生产多少、与市场需求能否匹配是决定农产品价值高低的关键因素**，也是提升农产品议价能力的重要砝码；在这一时期，新品种研究、新产品应用和新技术开发可以确保农产品质量，提升农产品品质，进而提高农产品价格和价值。**产中环节从我国农业发展实际来看，价值最低**。这一点主要由我国目前农情现状所决定，一方面，大国小农制约了土地规模化、集约化；另一方面，农业应用技术水平相对落后，使农民在农业生产利润分配中处于不利地位。**产后加工销售则是农业价值链中附加值最高的环节**，无论是储存或运输，还是销售阶段的农产品品牌化，都是提升农产品价值的重要手段[①]。

前面的几篇文章已分别为读者描述了新品种、新技术服务是如何深刻影响农业发展，促进农业增值。而在未来，农业服务的其他领域又将如何为现代农业带来增值的可能性和机遇呢？

1. 反向牵引：数字化助力农产品从"产供销"到"销供产"

农产品流通渠道是决定农产品实现市场价值、完成价值转换的"最后一公里"。在传统农产品供应链中，农产品从田间到餐桌经历着"产、供、销"，对农民来说，"生产多少就销售多少"是理想中的农产品价值实现过程。

---

① 杨婷. 农业产业链整合中的农产品价值链分析［J］. 商业经济研究，2018（12）：150—152.

但在实际中，农产品的上行，离不开聚集、仓储、中转、流通等多个环节的支持，各环节参与者众多、链条冗长、对物流要求高，容易衔接不畅。层层叠加下，农产品品质和质量损失、供销不对称、极易滞销或囤积等问题也接踵而至。**在传统流通链条下，能否实现从"产"到"销"的"关键一跃"是促进农民增收的关键。**

随着农业供给侧结构性改革的深入推进，传统农产品供应链模式也亟待更新。自2015年召开的中央农村工作会议强调"着力加强农业供给侧结构性改革"以来，比起农产品先生产出来，再通过各种方式进入市场兑现价值，在改革的背景之下，农业经营更应围绕人的需求进行生产，使农产品供给在数量上充足的同时，在品种和质量上也更契合消费者需要，真正形成结构合理、保障有力的农产品有效供给。因此，**"以销定产、产销对接"是农业供给侧结构性改革对现代化农业生产和供应的新要求。**

"以销定产、产销对接"简单来说就是"需要什么就生产什么"，在这种新模式下，传统农产品流通链条将被彻底扭转。

一方面，在大数据和互联网技术的加持下，直接面向终端消费群体、紧密联系市场需求信息的流通环节可以通过数据信息，实现市场需求、库存和物流信息的实时共享，从而快速缩短供应链的链路，减少农产品价值在流通环节的价值流失，降低销售成本，最终达到反向重构高效化农产品流通体系的目的。

另一方面，从销售端到生产端的反向链接，还可以通过把握农产品流通改变上游生产。当农产品流通、交易的全过程被数字有效记录，农产品是否受欢迎，消费者的包装偏好、营养成分关注等信息将被及时反馈给农业经营者，从而推动他们对农业生产结果进行有效评估，反向影响农产品种植、采摘和拣选等环节，甚至影响和控制农业经营者选择购买上游的农资产品，从而引导生产端优化资源配置，实现"销、供、产"的逆转。这在一定程度上也促进了农业标准化、食品安全溯源等现代农业的发展。

正如前文所述,"以销定产、产销对接"新模式的成功与发展,离不开互联网及数字化技术的支持。因此,在这个"手机成为新农具,直播变成了新农活,而数据成了新农资"的农业数字化时代,**互联网企业及电商正在成为以数字力量助力农产品从"产供销"到"销供产"转变的主力军。**

例如,阿里巴巴提出的数智化菜场升级、蚂蚁农产品溯源、盒马新零售及盒马村等,正在实现农产品"产—供—销"数字化转型;快手则通过发展直播技术打造全供应链反馈体系,助力农产品质量和供应链提升;而拼多多通过大数据、云计算和分布式人工智能等技术创新性地提出"农地云拼"模式,将分散的农业产能和农产品需求在"云端"拼在一起,建立起一条覆盖全国的农产品上行超短链路;互联网科技企业大气候集团更进一步,通过物联网技术、农业大数据平台对农业基地进行数字化改造,以"可视化溯源"作为市场的切入点和链接点,直接对接终端消费者。这些新业态和新技术为农产品供应链创新提供了基于"数字化生产力"的新引擎。

更为重要的是,农产品供应链作为长期制约我国农产品上行的短板,互联网企业及电商进入后,在改变传统流通链条模式的同时,也以数字化为依托,在全国范围内持续重投入建设冷库、生鲜冷链物流体系等基础设施,以便于建立起适合生鲜农产品的供应链体系,大大推动了农产品流通的数字化。而且类似阿里、拼多多等巨头企业凭借数字化技术和业态介入,能更有效地组织和带动农户参与,形成更成熟的供销体系,将农业农村分散的生产单元升级为现代农业数字产业链的一部分,让农民成为数字农民,用创新的方式把农产品卖出去。这也符合中央一号文件对加强现代农业设施建设,加快物联网、大数据、区块链等现代信息技术在农业领域的应用的要求。

下面将重点以浙江衢州衢江盒马村为例,分析"以销定产、产销对接"农产品流通新模式如何重构农产品流通网络,以数字化影响区域农业带动农业增值。

盒马作为一个"线上 + 线下"与现代物流体系深度融合的新零售平台,

搭建有从产地到消费者之间的直供平台，自建冷库及冷链物流，主营鲜活海产和新鲜蔬果。而盒马村就是指根据盒马订单，与盒马形成稳定供应关系的典型村庄代表。截至 2020 年 12 月，盒马已在全国 18 个省份建立了 120 个盒马村①，其中，衢江盒马村·阿里数字农业示范区是目前国内最大的一个，由盒马与衢江区联合建立。

衢江盒马村示范区涵盖四大板块、八大基地，囊括蔬菜、水果等核心品类，果蔬的生产与"盒马"形成长期稳定的协作关系：盒马负责流通和营销，并通过积累的大量消费记录和评估数据获取消费市场偏好和需求，确定农产品的生产和供应标准，及时反馈到生产部门；合作社重点关注农业技术升级和品控；农户负责按订单进行标准化生产，由此确保了生产端与需求端的高质量衔接。

新投用的盒马村农产品加工配送中心拥有仓储冷库 1 700 平方米、6 条生产线，对农产品的加工、物流（冷链运输）、仓储及分拣、包装和检测都制定并执行了严格标准，加强了农产品品控和安全管理。同时，依托大数据进行订单式农业生产，意味着对衢江区农业种植到农产品加工、运输各个环节，都提出了严苛要求。这与传统粗放种植、销售的理念有很大的不同，要求更加精细，推动了衢江农业的数字化、集约化，改变衢江土地粗放利用的态势。

目前，盒马已从衢州全市范围内遴选 92 个优质农产品进入销售平台，还有 40 多个产品正在洽谈，全市每月供应盒马的农产品销售额达 400 余万元。衢州正与盒马携手共建盒马村二期项目——四省边际多式联运中心加工物流基地（产地仓）。产地仓建成后，将设置对农产品进行分选、品控、装箱、打单等全流程操作的标准化数字生产线，可以把生鲜农产品在这个过程中的损耗率从 30% 降至 10%，使更多衢州农产品通过这个枢纽中心快速辐射全国，让衢州拥有辐射华东乃至全国的数字化供应链能力，成为中国华东地区

---

① 人民资讯：《数字化农业助推小农户与现代农业有机衔接》，https://baijiahao.baidu.com/s?id=1688668871305095723&wfr=spider&for=pc，2021 年 1 月 12 日.

的"数字化菜篮子"。

2. 精致品牌：面向市场需求，以精致产品创造品牌溢价

对于农户和其他经营主体来说，农产品只有拥有盈利前景，才愿意投入更多改善生产行为，提高农业生产效率，扩大生产规模。而农产品最终价值在终端市场实现，由消费者的购买行为所决定。为将市场上的消费者需求及时对接为农产品的有效供给，首先应将需求转化为对农产品的类型、标准等要求，继而打造农产品的特殊卖点。**特殊卖点通常是通过品牌化所体现的，是产品特性、品质和供给相结合。**

在早期，无论是一家一户的普通农户，还是农业产业化龙头企业、农业合作社、家庭农场等新型农业经营主体，普遍缺乏必要的品牌意识与规划设计。从20世纪90年代中期开始，中国农产品供给从短缺进入相对过剩阶段，品牌渐渐成为消费者评判农产品品质的重要标志。农产品品牌主要是指农业生产者或经营者通过向消费者传达有关农产品质量、产地等信息，以便更好地取信于广大消费者。例如风靡一时的五常大米，其品牌就是"世界三大黑土地之一""适宜的种植气候""丰富的优质水源""味道好、独一无二"等多种质量或产地标签的凝练，受到消费者的喜爱和信赖。

借助2005年国家地理标志产品体系，近年来各地在政府、企业等方面的共同努力下，打造了一批地域农产品公共品牌，如烟台苹果、西湖龙井、阳澄湖大闸蟹等。区域公共品牌让各地名优特农产品知名度大增，提升了农产品价值。2019年，农业农村部一号文件也强调，"大力推进农产品区域公用品牌、企业品牌、农产品品牌建设，打造高品质、有口碑的农业金字招牌"。

但大部分地域农产品公共品牌，从品牌建设角度看，还处于起步阶段，并没有发挥出应有的品牌效应。**大多只是所谓品牌，都只是打出了"产地+品类"，这种"有名无牌"，品牌附加值不高。简而言之，地理标志产品不等于品牌产品。**同时，由于区域品牌的"共有性"特征，这些区域品牌正在被"滥用"，鱼龙混杂、真假难辨。例如，市面上打着"五常大米"名号出售的大米，每20斤里可能只有1斤真正是出自五常市的"五常大米"，而这个真正的品牌就深受其害，只要一家的产品出现问题，整个区域品牌都会受到牵连。而且，随着"互联网+"及电商的普及，农产品同质性、同地域产品不同经营主体之间的激烈竞争，获取顾客的困难及顾客获取成本增加等问题也逐渐变得突出。对于这类农产品，消费者的价格认知远超过品牌认知，市场表现极不稳定，一旦遭遇市场价格冲击，马上就会遭遇重挫。

从市场角度来看，随着城乡居民生活水平的不断提高，同质性的地域公共品牌农产品也越来越难以满足消费者对农产品的需求变化。在多层次、优质多样和感性化的消费新需求影响下，消费者更加看重农产品品质、功能、外观、包装等方面的差异化。而随着收入的提高，他们对同质性强的农产品的需求不会同步增长，而对具有不同质的品牌农产品的需求会高速增长。**因此，以地标农产品为依托，根据消费者差异化需求而创新的小而精的产品品牌，将为农产品消费市场带来更多的细分领域。**

（1）台中雾峰区"峰田小町"：紧抓有机健康消费市场，以自然生态基调，做强地域精致品牌。

21世纪初，随着印度、菲律宾等亚洲国家的迅速发展，面积小、成本高的台湾地区在农产品外销上不再占据优势。为解决外销问题，我国台湾地区农业事务主管部门与专业的第三方设计产业平台——台湾设计研究院协作，提出了助推农业品牌化升级的"TGA计划"。

"TGA计划"以农产品高端化和精致化为方向，以设计为核心，从改善外销农产品品牌形象及包装设计，到农产外销业者品牌战略辅导，致力于农业品牌塑造，提升农业附加值。在整个"TGA计划"中，台湾设计研究院作为岛内规模最大、最权威的设计相关产业平台，是"TGA计划"中对接农业需求与品牌设计资源的枢纽，也直接推动了"极致设计助力农业品牌"模式的成功。其中，台中雾峰区"峰田小町"系列就是品牌塑造的成功案例。

台中雾峰区是台湾地区农业主产区之一，香米、龙眼、菇类是雾峰区三大主产农作物，另有凤梨、香蕉、甜桃、草药等农产品。雾峰区农会作为当地最为权威的农业社会化组织，2012年开始以"峰田小町"为名，推广雾峰特产蜂蜜及其他水果制品。为强化品牌，农会与"TGA计划"对接，在台湾设计研究院的协助下，进一步明确了"峰田小町"系列的品牌以自然生态为定位，以纯净新鲜为调性这两大基本原则。同时，设计院还在产品包装和设计上给出品牌化建设建议：以昆虫为商标，利用昆虫的生态指示作用，突出产品"自然生态"定位，以可爱画风、纸质包装和麻绳系带突出纯净感，强化"纯净新鲜"的品牌印象。如今，"峰田小町"已成为深受市场欢迎的"**雾峰品牌**"，成功打开国际市场，年销售增长率保持在20%左右。

要么聚焦大众市场、塑造品牌形象兑现高价值，要么则需要尽量铺开、主打分众市场，通过极致化地细分产品，最终实现农产品的高值溢价。

（2）台湾掌生谷粒：精准满足市场个性需求，以极致产品细分，建立品牌超级影响。

"掌生谷粒"是我国台湾地区的大米品牌，于2006年创办，如今已成为台湾第一农产品文创品牌。很多地方说到"掌生谷粒"，都会提它的文创风，但当我们更深入一小步，就会探查到文创只是其商业行为的精致外壳，它真正成功的商业逻辑，则在于细分、再细分，即针对市面上的不同需求，极致化细分产品，通过"有故事"的差异化，形成品牌力。**这很像星巴克、喜茶等流行饮品的商业模式，通过组合式创新将同一大类农品，包装为面向某类消费人群的众多不同商品。**

在品牌建设过程中，经营者走遍台湾各地，选取区域性特色农作物，其中稻米是"掌生谷粒"的主打农作物。针对来自台湾各地的区域性稻米，"掌生谷粒"通过产品打造和细分，推出了不同的"米"产品。例如，"长期饭票"就是由经营者严选出台湾各个产地的稻米混搭，并强调收到订单才开始碾制，然后每个月固定配送到消费者手中，满足消费者对最好吃的米的需求。这些米虽然与市面上大部分的米一样，都是来自台东、宜兰、花莲等各个优质米产区，但由于掌生谷粒的品牌加持和产品重塑，米的区域性被弱化，转化为消费者对"掌生谷粒"这个品牌的信赖和支持，大大提升了品牌的忠诚度。

针对传统节日或喜事的特色需求，掌生谷粒还提供米的节庆礼包，走精致礼品路线。例如，"婚礼的祝福"定制大米，就采用代表台湾20世纪50年代最华丽记忆的客家花布包装，以鲜亮、传统、喜庆的颜色，传达出购买者对四季婚礼的祝福；而专门配制的"一齐米"则深受企业客户的喜爱，常常被集中采购去送给的员工，寓意与员工共担风雨。

而且**掌生谷粒将产品细分做到了极致，既有的产品线均支持定制服务**，对于小量特殊需求的客户，经营者会依顾客需求进行标准商品的定制化服务；对于大量商务需求的企业客户，也会针对企业端的预算与目标，从产地产源出发量身定做产品。例如，掌生谷粒与台湾最大百货超市新光三越合作，为其20周年庆典推出的"穗月无藏"限量米，名列新光三越百货精选名单；而京站百货开业时，也邀请掌生谷粒为其设计定制商品，纯手工包装的两款"京感谢""Q美人"商品，一口气销售7 000包。经后续访谈了解到，近年来，掌生谷粒针对企业客户的客制化服务非常受欢迎，每年会与多个企业合作，其中不乏如台湾证交所、花旗银行、富邦银行等知名企业。

3．流程托管：以服务规模化解决生产规模化，变"小农"为"大农"

传统的农业生产环节受制于非规模经济，而随着人工成本和机械成本的双增，只能获得产业链中最微利部分的收益。但是这一环节正集中体现了当前中国农业面临的核心问题，也是农业服务需要解决的核心问题。创新性农业服务在这一环节实现突破，将会获得农民的信任，从而带动其他环节获得收益。因此，面对这一问题，农业托管服务应运而生。

农业托管是拥有土地经营权的农户或经营组织，把农业投入品（种子、肥料等）、农业生产作业，甚至农产品加工营销等生产链条，全部或部分委托给受托方，并向其支付一定费用的一种生产外包行为。2017年颁发的《农业部办公厅关于大力推进农业生产托管的指导意见》就明确了发展农业生产托管的重点；2020年，中央财政共支出45亿元，在29个省、区、市开展农业生产托管项目，支持各类社会化服务主体为农户提供从种到管、从技术服务到农资供应等全程"保姆式"服务[①]。农业托管服务在中国正当时。

与土地经营权流转不同，在农业托管中，农户依然享有家庭经营的主体地位；服务组织则从托管服务中收取费用，帮助农户解决"不会干、干不动、不愿干"等问题。更为重要的是，服务组织不需要支付土地流转费就可以将分散经营的耕地集中起来，利用自身所拥有的资本、技术和管理等现代要素对传统农业进行改造，**以服务的方式实现规模生产**，从而达到降低生产成本、提高生产效率的增值目标。总的来说，**农业托管可以在土地不流转的前提下实现现代资源要素的高效配置，越过土地细碎化陷阱，通过服务的规模化实现生产的规模化、规范化，甚至标准化。**

目前，农业托管在全国遍地开花，拥有多种模式，如土地托管、代耕代种、劳务托管、订单托管等。但正如上文所述，农产品价值链是一个包含产前、产中、产后多个环节组成的市场驱动体系，在通常情况下，现代技术、生产资料、仓储物流、金融服务等提供方是按照分散、割裂的方式参与经济活动的。在以小农为主体的我国农业生产中，单个农民调动各方资源和整合产业链的力量有限，任何一个环节的问题不解决就会影响整个价值链的实现。因此，为保证农产品价值的最终实现和价值链的顺利运行，从环节托管向集成化托管服务转变，正成为农业服务重塑农产品价值链的重要趋势。

集成化的方式统筹协调各环节的利益相关方，为农产品价值链的打造提供整体解决方案，并为所有参与的利益相关方带来价值最大化。在集成化的趋势下，**目前国内农业托管领域，涌现了多种服务主体，包括合作社、集体经济组织、企业等**，各环节服务贯穿产前、产中、产后。

农业托管服务合作社和集体经济组织作为农业现代化发展进程下的新型

[①] 新华社：《今年中央财政支出45亿元支持农业生产托管项目》，https://baijiahao.baidu.com/s?id=1680332611475528564&wfr=spider&for=pc，2020年10月12日.

社会化服务组织，正在本地小农经济的基础上，提供"耕、种、管、收、售"等"保姆式"集成化服务。而且，随着本地合作社服务能力的不断提升，逐渐构筑起农业服务领域的专业优势，甚至走出当地，向外输出服务。**这种趋势为区域农业产业发展提供了培育和孵化本地农业服务企业的可能性。**

例如，黑龙江省龙江县超越合作社成立于2013年，针对小农户种植规模小且生产效率低、农产品生产标准化和专业化程度低等现实，除围绕玉米种植全产业链，创新提供全程托管服务外，该合作社还构建"金融+期货+保险"农产品产值保障机制，用规模化服务突破传统小农户家庭经营对地块和劳动力的限制。通过服务小农户，超越合作社不断发展壮大，将服务区域拓展到与龙江县相邻的讷河市、甘南县及内蒙古扎赉特旗、阿荣旗，全程托管面积已达到42万亩[①]。

在企业领域，近年来，包括中化农业、金正大、先正达、云图控股、诺普信、丰信农业等农业行业巨头都在农业托管服务领域交出了一份份令人满意的答卷。对于这些农资企业来说，农资行业竞争不断加剧，市场趋向饱和，而在农业增值的大背景下，单一的产品或技术不再能满足经营主体需求，定制化的解决方案将更加受到市场的青睐。而且根据中信证券研究测算，农业托管的总市场容量有望超过2万亿元。其中，粮食作物托管市场规模将超过6 000亿元，经济作物托管市场规模将超过1.5万亿元，农服企业每增加1%的渗透率可为企业贡献200亿元收入规模[②]。因此，在巨大市场红利的吸引下，**越来越多的大型农业企业切入农业托管的赛道**，力图以企业原有农资农机资源、信息技术等优势作为切入点，整合上下游产业资源，提供全产业链服务，向**服务商**方向转型。

---

① 中国农民合作社：《扎实服务小农户 实现生产"全托管"——记黑龙江龙江县超越现代玉米种植农民专业合作社》，https://baijiahao.baidu.com/s?id=1702887059541096575&wfr=spider&for=pc，2021年6月18日.

② 证券时报网：《中信证券：农业托管万亿蓝海市场 关注农资龙头》，http://kuaixun.stcn.com/2019/0222/14877966.shtml，2019年2月22日.

这些农业企业大部分已根据自身资源优势，探索出了一整套农业托管整体解决方案，可以根据区域实际情况进行嫁接、复制。经项目访谈了解到，中化集团已整合旗下中化化肥、中种公司、现代农业等业务公司开设了中化农业新版块，从单纯依靠渠道分销产品的模式向技术服务商和"产品包＋解决方案"模式转型。其提出的农业托管 MAP 模式，服务包括品种规划、测土配肥、定制植保、技术培训、农机服务和农产收储订单等全流程环节，已成功在天津、河北保定等多个地区完成农业试点。

在企业主导下，农业服务从产前到产后实现全流程集成化的区域实践，就不得不提山东省临沭县的金丰公社模式。临沭县隶属于山东省临沂市，有中国肥料之城、复合肥第一县之称[①]。临沭县本地上市农化企业——金正大集团发起了金丰公社模式：零散农户或合作社将农地托管给公社，根据土地种植收益获取分红，本地农商银行与金丰公社创立"农地收益贷"，以托管农地未来收益权为质押向社员发放贷款，用于支付托管费，让农户"零成本"入社。公社还牵头组织了第一个县级现代农业技术推广服务联盟，提供产前、产中、产后一体化技术服务，并与临沂市农业局合作共建金丰新型职业农民学院，面向社会招生，培养农业技术人员。在销售环节，公社推动订单农业，与国内外大型企业如正大集团、鲁花集团、中粮集团等签订农产品订单服务采购协议，实现种、产、销闭环。如今，企业和政府共同推动的金丰公社模式已推广到全国 22 个省份；截至 2020 年 6 月，其服务耕地面积已达 3 034 万亩，综合收益超过 20%[②]。

除大型农业企业外，在企业资源领域，大型互联网公司也成为特殊的行业进入者。它们利用自身资源和业务重塑农业价值链；同时，整合农业各环节的农事服务、农技服务和农业品牌服务，正在成为农业服务体系中的**平台**

[①] 齐鲁壹点：《财经观城｜临沭：中国肥料之城的谋局与突破》，https://baijiahao.baidu.com/s?id=1660920678784771876&wfr=spider&for=pc，2020 年 3 月 12 日.
[②] 环球网：《让"土地托管"创新服务成为脱贫金品牌——临沭金丰公社农业服务有限公司助力脱贫攻坚纪实》，https://www.sohu.com/a/426009549_162522，2020 年 10 月 20 日.

商和综合整合商。由于这些企业强烈的"互联网+"属性，集成后的农业服务呈现高度数字化服务趋势。例如，作为数字化平台型企业，为发挥数字化农业平台聚合效应，阿里巴巴于 2017 年提出了"亩产一千美金"计划，旨在通过整合旗下技术、销售、物流、金融、人才、全球化等资源（淘宝、天猫、盒马、菜鸟、蚂蚁、阿里云等），与小农生产者合作，将电商平台发挥的作用从销售端向生产、运输等环节延伸，**将原本分散的农产品价值链条各环节协调整合，聚集多利益相关方，打造完整农产品价值链，发展高附加值农业**。

三、农业服务促进农业增值，亟待更多参与者

随着农业产业发展，农业服务业正在逐步贯通农业的产前、产中、产后各个环节，向服务农业全产业链、支撑现代农业产业体系发展转型。这是一个具有巨大市场潜力的成长性产业，也将对"大国小农"国情之下的农业现代化转型起到极为关键的支撑作用。

中国首个现代农业服务发展指数（金丰指数）显示，全国现代农业服务整体发展水平指数为 3 292.35，在设定对标 10 000 为优秀农业服务发展水平的基准分来看，仍处于相对较低的水平[①]。因此，在未来相当长的时间内，农业服务业将是中国推进农业现代化的战略重点。

在市场已经逐渐打开、新型主体不断涌现的时间节点，反向牵引、精致品牌和流程托管形成的超级服务，势必带给农业优势地区新的高价值未来！是利用手里的资源、积极成为巨头的盟友，还是培植自己的势力、投身刚刚开始的战争，是时候做出决定了！

---

① 福布斯中国：《中国首个现代农业服务发展指数 看农业发展机遇｜专栏》，https://baijiahao.baidu.com/s?id=1639398040852166142&wfr=spider&for=pc，2019 年 7 月 18 日.

第二章　深度情感共振

　　当科技盛宴填满了生活后，人类对农业情感诉求将更加强烈。伴随人类近1万年的农业，本就已经深深烙印在每个人的基因里。无论远方还是眼前，只要成为打开人心的钥匙，农业就具备了超越自身的高价值。

1. 风景农业，天地异境——农业风景区新趋势
2. 都市粮田共同体，打造城乡融合的新桥梁

风景农业，天地异境——农业风景区新趋势

文 | 张云星

一、农业是最美的风景

农业景观有着超越其生产力的非凡价值。2020年，华高莱斯曾经出版过一本名为《未来十年的旅游》的书，其中一篇文章的核心观点是"对于农业旅游而言，种得好看比种得产量高更重要，把人请进来比把东西卖出去更重要，旅游业能更加快速地提升农地的附加价值！"[①]

确实如此，农业生产消耗资源，但当农业被加上"旅游属性"后，便可以产生资源。

农业风景区就是一种不在意农业生产本身，而是以农业生产景观为核心强磁极的一种农业旅游形态。如荷兰库肯霍夫农业主题公园的郁金香花海、日本静冈传统茶园景观和采茶活动、云南红河哈尼稻作梯田等，对于来自世界各地的游客都是具有极强吸引力的农业风景区。

相较于主要以放松、娱乐为主的农业都市休闲，农业风景区更强调"农业景观"的重要性，它从审美价值、历史人文等多重角度，全方位展现农业的魅力。从审美角度来讲，农业风景区自然风光绝佳。农业规模化种植与山脉、湖泊等相融合，在自然的雕琢下形成大地艺术，充分体现了线条、形状、体量之美，具有强烈的画面震撼感。另外，农业风景区穿越时间和空间，异境感更为突出。其实，在日常生活中，农业大田景观并不少见，在大城市周边，通常驱车1小时左右可达。但是农业风景区与此不同，它们是从

---

① 华高莱斯国际地产顾问（北京）有限公司. 未来十年的旅游[M]. 北京：北京理工大学出版社，2020.

高楼大厦，到奇山异水的景观场景的切换；是从现代生活，到近乎消失的农业遗产的生产场景的切换。因此，可以说农业风景区具有得天独厚的旅游属性，本身就是强磁极，在中国大众旅游市场中占有重要地位。

二、农业风景区走入一片红海

对于农业风景区中壮丽的生态人文景观，如梯田景区，由于过多依赖门票经济，发展不可避免地进入瓶颈期。排除突如其来的疫情因素，其实早在疫情之前，这些风景区的问题就已经非常明显了。从 2019 年开始，响应国家号召，一些景区门票开始下调，与此同时上市公司景区业绩明显下降。2019 年上半年，桂林旅游净利润同比下降 66.16%；丽江旅游净利润同比下降 17.53%，在游客量增长 11.44% 的情况下，与门票直接相关的索道运输业务项目营收下滑 22.43%；张家界的游客量增长 4.49%，净利润同比下滑 59.01%。[①] 在大环境的影响下，农业风景区也不可幸免。

对于农业风景区中的人造景观，如花海景区，由于近年来同类型产品层出不穷，除极为有名的婺源油菜花田、门源油菜花田外，很多都属于后期复制者。面对扎堆的油菜花节，不少游客已经发出审美疲劳的感慨，而举办油菜花节的各个景区，也并没有得到预期的经济收益。

盈利问题只是表象，如果要问农业风景区为什么会走入红海？其核心原因是旅游的时代变了。

国内旅游市场高速发展，休闲度假成为人们旅游的主要目的。腾讯文旅团队联合 TalkingData 共同发布了《2018 年旅游行业发展报告》，其中根据国内旅游抽样调查结果显示，国内旅游人数 60.06 亿人次，比 2017 年同期增长 8.4%，国内旅游热度高涨。另外，该报告还显示，随着大众旅游需求的不断升级，走马观花的踩点式旅游已经无法满足游客需求。目的地观光游览比

---

① 同花顺财经：《正略钧策调研：我国景区旅游发展现状及存在问题》，凤凰网，https://ishare.ifeng.com/c/s/7qiKehVHOJF，2019 年 10 月 12 日.

重正在逐年减低，而以休闲度假为目的的旅游比重正在提升，"到此一游"正式成为过去。①

在休闲度假游崛起的趋势下，农业风景区旅游出现疲态。

1．大众旅游下的人群分流——都市近郊乡村旅游如雨后春笋，对农业风景区冲击极大

在休闲度假游崛起的趋势下，作为同样激发旅游者的情感共振、寄托乡愁的大都市周边乡村休闲游成为农业风景区的强大竞争对手。而事实证明，在这场竞争中，农业风景区的劣势逐渐凸显。

一方面，近年来自驾游崛起，依托于便捷的交通路网，城市近郊游取代原来资源优势明显的大型景点，成为人们的主要休闲地。中国旅游车船协会自驾游与露营房车分会监测数据显示，2017年中国自驾游人数平稳增长，总人数达31亿人次，比2016年增长17.4%，占国内出游总人数的62%。从近5年的自驾车出游人数统计情况来看，自驾出游人数持续增长，出游人数占国内旅游人数比例稳定在半数以上。②自驾游带来的自由感，让旅游、休闲活动变得更为简单，大大提升了人们的旅游频率。在高频次的旅游活动中，轻型化的新型旅游目的地正在兴起，位于城郊的城镇已经不再是难以到达的地方，反而成为开车1~2小时即可以通达的休闲目的地。相关调查显示，区域中心城市周边基础设施相对健全，还建立了休闲度假村或举办了美食节、民俗节等活动，具有出行时间短（1~2日游）、消费低、新奇度高等特点，已经成为短途自驾游的首选。③

另一方面，疫情过后人们经历了"久在樊笼里"的状态，产生了"复得

---

① 人民网：《文旅部：2019年国内旅游收入超6万亿元》，https://baijiahao.baidu.com/s?id=1660815844578549234&wfr=spider&for=pc，2020年3月10日．

② 中文互联网数据资讯网：《途牛：2018年中国西部自驾旅游发展报告》，http://www.199it.com/archives/752586.html，2018年7月23日．

③ 搜狐网：《2017年上半年自驾游大数据报告》，https://www.sohu.com/a/168998729_654573，2017年9月1日．

返自然"的渴望。路程近、时间短的大都市近郊乡村游将成为最先回暖的地方。经调查发现，目前51.4%的居民倾向选择近郊旅游，近郊游和城市周边游会得到较快恢复，而跨省市的远程游恢复较慢。围绕在城市周边，以乡村休闲、农业观光、农业采摘、森林康养等为目的的乡村旅游、农业旅游、森林旅游等均会面临一个大的发展机遇。[①] 就像著名旅游专家魏小安所说"生活还要继续，休闲已成刚需"[②]，近郊乡村游将成为常态。

2. 消费升级下的场景缺失——"靠天吃饭"，农业风景区周边休闲拓展深度不够

农业风景区的核心承载是生产性农业景观，本身就具有季节性，淡旺季悬殊。以婺源油菜花田为例，油菜花季节通常持续一个多月，而在这一个多月中的周末高峰期，游客能达到2～3万人，在其他时节则影响力较弱；[③] 同样，兴化垛田的观赏季节也是在4月初到5月初，只能持续一个月时间；龙脊梯田因种植水稻，从灌水到成熟时间相对较长，但也只有5—10月这近半年的观赏期。因此，农业景观从年度游览时长上，就存在先天劣势。

与此同时，很多传统农业风景区还挣扎在完善基本配套的层面，休闲拓展不能满足现代人的消费需求。以目前旅游发展的比较好的农业风景区龙脊梯田、婺源油菜花等为例，虽然近几年交通方面有所改善，民宿等配套也逐步加强，但也仅能满足一般的配套标准。风景区周边开设的民宿、农家乐、渔家乐、牧家乐等，大部分为单体投资，比较初级，同质化严重，品质偏低。更别说能让游客在观赏农业景观的同时，真正地去切身体验其中的风俗、文化等活动了。因此可以说，目前农业风景区的这些改善仅仅只是

[①] 陈博、李龙龙：《清研智库：疫情之下的旅游业（三）：潜藏的发展机遇》，搜狐网，https://www.sohu.com/a/381062143_661114，2020年3月18日.

[②] 央广网：《魏小安：中国旅游强国正当时》，https://baijiahao.baidu.com/s?id=1673996424028398266&wfr=spider&for=pc，2020年8月3日.

[③] 品橙旅游：《2021年C盘点"最美梯田"：抓住梯田的开发重点》，PINCHAIN，http://www.pinchain.com/article/242974，2021年3月26日.

提高了游客的满意度，对于进一步扩展旅游人群和提升游客向往度的推动力有限。可见，目前农业风景区的休闲场景与消费升级之下人民日益增长的休闲需求之间存在很大的差距。

通过以上分析可见，在大众休闲时代，仅凭农业生产景观资源"躺着"赚钱的日子已经一去不复返了。一面是强大的都市乡村休闲竞争更加激烈；一面是自身的休闲场景与人们休闲需求之间的巨大差距，农业风景区除固有的观光游览人群外，在旅游人群和旅行方式的进一步拓展上，实在是后劲不足。但是，要"站起来"把钱赚了，也不是一件容易的事情。

三、从红海中寻找蓝海，农业风景区如何再出发

作为农业风景区，而不是城市周边的乡村休闲，需要更"极致化"思维模式。极致是移动互联网思维的核心特征，就是要打造完美的体验，让产品毫无瑕疵，无可挑剔。极致化思维就是要把产品、服务和传播都做到极致，让客户尖叫。**因为在移动互联网时代，只有第一，没有第二。**①

农业风景区本身就是劳动人民智慧的极致化体现。如位于江苏省的兴化垛田，它是由当地先民在湖荡沼泽地带开挖河泥堆积而成，状如小岛，不仅景色旖旎，而且具有神奇的自我循环系统：肥在水底，以水育田，在垛田移动的过程中，肥又回到水中。目前，其已被认定为全球重要农业文化遗产。而哈尼梯田更是农业文化与自然巧妙结合的产物，哈尼族人民用自己勤劳的双手开垦了几十万亩奇特的灌水水稻田，利用山地资源，建设形成的"林—寨—田—河"四度同构生态农业系统，成为中国农耕作业的一大奇迹，可以说是真正的"活态遗产"。所以，如果仅谈生产属性，这些历史形成的农业结构已经将农业生产推向了极致化。

未来旅游的深度化和个性化趋势，已经成为不争的事实，农业风景区未

---

① 个人图书馆：《极致化思维》，http://www.360doc.com/content/17/0227/13/22712168_632396987.shtml，2017年2月27日．

来旅游发展的关键在于"视角的重塑",就是要从以农业生产景观为核心,调整视角变为以农业生产景观为载体,以旅游人群的需求为核心,从农业生产的极致化走向农业旅游的极致化。

因此,笔者认为农业风景区的"旅游极致化思维",要真正从客户需求或创造客户需求出发,从塑造震撼景观、延伸深度休闲、加速营销传播3个方面进行思考。

1. 运用"农业大手笔",重塑农业景观视角——不是情感共鸣,而是情感震撼

农业风景区具有生态与人文的双重优势,本身就是农业文化的大手笔之作。但是,如果从旅游逻辑出发,农业风景区是否能让一位完全不熟悉其中历史人文的游客,来到这里也会产生"震撼感",则显得十分重要。因为大多数旅游风景区都较为偏僻,不易抵达,更增强了游客对于风景区的期待。从昆明到元阳哈尼梯田风景区需要驾车或乘坐火车4～5个小时,从南京或上海到兴化垛田风景区需要3～4个小时,即使近年来交通情况有所改善,通过驾车或乘坐公共交也需要长时间才可以抵达。相对于大多数2小时以内即可到达的都市郊区乡村休闲,寻找"乡愁"慰藉,显然不是游客的核心诉求。同时,据2018年统计,65.1%的中国旅游用户选择风景区时主要考虑的因素是"风景特色"。[①] 只有震撼感,才能成就碾压力。因此,只有将农业景观打造出第一眼的"震撼感",才能使农业风景区更加吸引游客。

那么,如何通过大手笔来塑造农业景观的震撼感呢?

第一,大手笔需要"大景观"。 也许有人会认为,农业风景区是大自然雕刻出来的,也是农民千百年来从事农业劳动的结果。确实如此,但是农民的创造力具有局限性,农民虽然具有实地知识,但是他们缺少设计感,无法与都市旅游人群的审美相匹配,这使农业景观的发展极为缓慢。

---

① 梦旅程:《用数据告诉你,游客选择景区的最看重什么》,http://www.stourweb.cn/zx/ynzx/62.html,2018年9月6日.

"大景观"需要什么样的人来主导呢?这里的主导者不应该是规划师,也不应该是建筑师,而应该是景观设计师。以景观设计师为主导的设计理念和方法是指在强调在大尺度的空间下,总体的景观规划设计先行;在景观规划师确立总体布局、确定场地竖向标高的条件下,建筑师和其他专业技术人员进行配合的设计模式。这与国内传统的由建筑师先行布局,景观设计师而后填空的设计方式有很大的不同。在农业风景区中,景观设计师应担任领导者的角色,才符合与自然和人文景观融为一体,促进"规划—建筑—景观"一体化的初衷,也才能做到从农业景观整体到其中的建筑和小品,都与周围的自然地理、人文环境相协调。[①]

以荷兰为例,借助风景园林设计师的参与,其乡村已成为世界级旅游磁极。欧盟统计局数据显示,2019 年,在欧盟 28 国乡村旅游住宿天数全年排名中,荷兰名列第五,仅次于领土面积远远超过它的法国、德国、意大利和西班牙这 4 个欧洲大国[②]。这种乡村旅游的成功与荷兰高度重视风景园林设计和农业地区建设的结合密切相关。自 1940 年开始,荷兰风景园林师就逐渐参与到乡村工程、土地改善和水管理项目中;1950 年之后,国家林业部门,尤其是园林部门更是鼓励风景园林师和园林咨询人员参与乡村区域的改造。在鼎盛时期,有 30～40 个风景园林设计师活跃在乡村景观规划领域。**直到今天,乡村景观规划依然是荷兰风景园林设计师的重要工作领域。**

荷兰的风景园林设计师们,让农业形成了风格不同、延续全年的风景旅游地。2005 年,在荷兰政府确立的 20 个国家风景区(National Landscape)中,3/4 的景区延续了其最初的农业生产功能,2/3 的土地依然被用于农业生产目的。农业塑造出了不同主题、超大尺度的震撼性区域景观底板。

---

① 连晓静、樊维佳:《ARCHINA 专访 ECOLAND 易兰总裁陈跃中 | 景观规划师是理想城市的最佳设计者》,ARCHINA,http://www.archina.com/index.php?g=portal&m=index&a=show&id=229,2018 年 2 月 25 日.

② 欧盟统计局:《欧洲乡村地区旅游住宿天数统计(2012—2019)》,https://appsso.eurostat.ec.europa.eu/nui/submitViewTableAction.do.

不仅如此，景观设计师们也会将长板再度拉长，利用优势农业资源，通过世界级的震撼风景，持续推动相应产业发展，位于荷兰利瑟的库肯霍夫公园就是其主导的典型案例。自1949年以来，参展的100多个育种公司或机构每年9月都会挑选各自最新、最好的球根花卉品种，由库肯霍夫公园的景观园艺设计师根据当下的潮流并融入育种者的意愿进行公园主题设计。每年的库肯霍夫公园花卉展如同荷兰花卉业发展的一面镜子，它是新品种亮相、球根鲜花培育技术交流及寻求市场合作的平台。人们在这里不仅可以窥见荷兰花卉业的技术动向，而且可以了解到每年鲜花种植与出口贸易的风向。[①]因此，大量的景观设计师和园丁都会费尽心思大手笔打造花卉展示舞台。

在景观花海的设计上，景观设计师们会围绕不同主题提前一年进行整体规划设计，之后40名左右的园丁会花费3个多月的时间，根据设计方案手工种植数百万颗球根。为了保证最好的观赏效果，园丁们往往将不同品种结合在一起，分层种植，拼成壮观的大地图案，最大限度地保持鲜花造型完美的8周观赏期。[②]2015年的主题是"凡·高"，以纪念凡·高逝世125周年，其景观亮点在于由上千朵郁金香、葡萄风信子组成的250平方米的凡·高像，可谓绝对的景观大手笔了。另外，景观设计师虽然注重大手笔，也不会忽略小细节。在艺术品的植入上，选取荷兰著名艺术家创作的作品，在公园自然优雅环境的映衬下，数百座雕塑及艺术品显得美妙绝伦。在景观小品的搭配上，荷兰有"四宝"——郁金香、风车、木鞋、奶酪，这些标志性元素可以遍布公园的各个角落。

荷兰库肯霍夫公园每年虽然仅开园2个月，却吸引了来自世界各地的约80万游客。来到这里的游客无不被"花海"震撼，在众多的参观者中包括许多贵宾级人物，如荷兰的皇室人员、美国前总统艾森豪威尔、英国前女王伊丽莎白二世以及美国前第一夫人、国务卿希拉里等。所有来过这里参观的人

[①][②] 李婷婷：《为了花荷兰人花了哪些大心思》，腾讯网，https://new.qq.com/omn/20210608/20210608A008DW00.html，2021年6月8日.

都认为，库肯霍夫公园是世界上最值得拍照留念的地方之一。①

所以，景观设计师的大手笔规划，可以说是未来农业风景区塑造震撼感、提升品位的最佳选择。

第二，大手笔需要"大视角"。 根据梯田景观业态主题消费人群洞察研究报告显示，排名第一的消费群体为摄影群体，占比达85.71%。② 来梯田花海旅游的游客大多是奔着观赏和拍摄梯田美景，因此，选择最好的观景视角，为游客打造最适合观赏拍摄的观景方式，是农业风景区旅游开发的重中之重。

目前，观景平台是国内大多数农业风景旅游区的主要观景方式。在观景台上欣赏到静态的景观虽然壮丽，但相比于动态景观，也会略显单调。与此同时，为了给拍照人群提供方便，一些风景区的观景平台上甚至立好支架、调好角度、标好相机参数供摄影人群参考。然而，这种方式虽然对于摄影小白极为友好，但是拍摄出来的"大片"趋同化严重。人们需要更丰富、更有挑战、更刺激的观赏角度，才能为旅游留下震撼的观景体验和精彩的摄影作品。

近年来，热气球和直升机的游览方式在国内逐渐流行起来，也成为人们追捧的方式。在世界上很多农业风景区，热气球和直升机已经成为观赏农业景观的标配；同时，它们也是最受欢迎的体验项目。美国加利福尼亚州的纳帕山谷，热气球旅游项目就备受追捧。热气球被认为是在天空中自由的漫步，节奏很慢很悠闲，酒乡+热气球的组合更给人一种浪漫的想象。人们乘坐热气球旅行不仅能够观赏到葡萄山谷震撼人心的全貌，更能感受特殊时间段酒乡的神秘，如在清晨乘坐热气球观看纳帕山谷的日出，慢慢解开山谷的神秘面纱，就十分具有吸引力。经历了纳帕热气球之旅的游客，都会发出由

---

① 搜狐网：《世界上最大的郁金香公园——库肯霍夫公园》，https://www.sohu.com/a/139997166_743834，2017年5月12日．

② 品橙旅游：《2021年C盘点"最美梯田"：抓住梯田的开发重点》，PINCHIAN，http://www.pinchain.com/article/242974，2021年3月26日．

衷的赞叹，正如纳帕热气球的宣传语一样：热气球体验，将您的葡萄酒乡之旅的品质从平凡提升到非凡！

2．打造"穿越感场景"，重塑休闲体验视角——身份转换，全息化体验向往的生活

对于加强农业风景区的农业体验，农家乐、采摘这种小规模活动，显然不够具有吸引力。农业风景区的体验感更要做到极致化。那么，农业风景区的休闲体验应该抓什么？

欣赏过震撼感的农业景观之后，更深层次的需求一定是"文化体验"，而这也是农业风景区本身具有的先天优势。相较于普通的农耕区，这里集中体现了最传统的农耕技艺，或者是最具地域性的农业特色，如果农业风景区能结合当地这些农耕文化，全息化地打造出极具"穿越感的场景"，让游客转换身份，沉浸式体验传统农业劳动、生活和交往，将会对游客产生极大的吸引力。

我国台湾澎南区就是成功塑造"穿越感场景"的典范。台湾澎南区指的是澎湖岛的南路环线，以渔业生产为主，但是随着近海渔业资源过度利用，渔获量逐年减少。为了重振经济，澎南区结合渔业生产，对自身休闲渔业资源进行梳理，从中挖掘生产环节的体验乐趣，以穿越感的场景体验、全息化的渔业活动，吸引游客深度参与。其中，最重量级的项目就是马公市推出"澎南一日渔夫"体验计划，在这里，游客不仅能体验海钓、潮间抓螃蟹等常规项目，还能体验到澎湖地区特有的传统捕鱼方式——"牵罟（gu）捕鱼"。这种捕鱼方式是由渔民将小船开出海然后将重达数百斤的渔网（罟网）撒入大海来包围鱼群，等待一段时间后鱼群入网了接着岸上会分成两端，在渔民的指挥下，大家共同拉索，不分男女老少吆喝着，同心协力将渔网渐渐地拖上岸边，过程就叫"牵"，因此才被称为"牵罟"。另外，打捞之后人们来到锁港渔港的鱼市，这里是澎南著名的鱼贩市场，看着满载新鲜鱼货的渔船进港，上岸的鱼货就地拍卖，吸引饕客抢标。最后，甚至可以自己动手现抓

现做，制作鱼鲜美食。一天下来，游客们都会有满满的参与感和收获感。

台湾澎南区"一日渔夫"体验计划，从销售海产品到销售体验，为几近落败的小岛带来了新的活力和大量的游客。由此可见，全息化的农业体验将为农业风景区带来更深入的体验和消费。未来，农业风景区可以效仿推出"一日茶农""小小农民"等与景区农业共振的体验计划，从而创造需求，加深体验。

3. 发展"大众旅游＋圈层旅游"，重塑人群传播视角——圈层化营销，共筑农业旅游朋友圈

互联网时代，"混圈子"已经成为一种重要的生活方式。旅游人群也在逐渐圈层化，基于兴趣爱好的圈层化聚集，已经是当代旅游最突出的特征。在这种趋势下，一些传统上看似只是大众旅游天下的农业风景区，随着其旅游磁极被不同兴趣人群的多角度深层次解读，也正迎来自己的圈层时代。

风景区中带着各类"长枪短炮"、守在日出日落时分、旁若无人拍摄美景的"准专业"队伍；在咖啡原产地不时出没的一些拿着小本本边走、边听、边记的爱好者……这些游客就是来自不同圈层的"兴趣狂热粉"。他们是各种各样兴趣圈中的"硬核玩家"，也是疯狂的"知识拓荒侠"，即发现一个个陌生旅游地，或者在熟悉的旅游地拓展他们心中的"新知识点"。[1] 作为以共同爱好聚合成的紧密群体，他们不仅是一个圈层的代表，而且成为引起普罗大众对农业风景区产生更大兴趣的"种草人"。

因此，未来农业风景区应瞄准圈层旅游的趋势，在原有基础上主动挖掘自身特色，通过"大众旅游＋圈层旅游"模式，提升农业旅游附加值，抓住新的经济增长点。

那么，在极致化思维下，农业风景区如何进一步挖掘圈层旅游人群，打造和营销旅游产品呢？

---

[1] 华高莱斯国际地产顾问（北京）有限公司. 未来十年的旅游［M］. 北京：北京理工大学出版社，2020.

第一步，打造"嗜好农业"，定制专属体验。从狭义上说，嗜好农业是小型的以兴趣爱好为导向的休闲农场。从广义上说，**所谓嗜好农业，就是以农业景观为底版，针对特定圈层人群打造高端定制化的兴趣体验**。嗜好农业的关键是发挥农业风景区自身优势，找准具有高消费能力和带动能力的人群。除目前大热的摄影圈、美食圈、葡萄酒圈等带动的旅游外，其实很多小众活动同样适合植入农业风景区，并且极具经济带动价值，很有潜力成为主景观的分热点。

在这里，结合一般农业风景区的特质，首推的是观鸟和观星活动。对于观鸟来讲，农业风景区（包括农林牧渔区域）都是生态环境较好的大尺度农业景观，生态多样性强，物种丰富，是鸟栖息的好地方。而对于观星来讲，农业风景区一般远离城市，受到空气污染和光污染的可能性较小，更适合观星。从旅游利好分析，观鸟和观星活动一个可以作为农业风景区淡旺季内容的补充，一个可以作为夜间活动的补充，都是延长旅游时长的好方法。例如在安第斯山脉中的埃尔基山谷（Elqui Valley）葡萄种植区，白天为游客提供葡萄酒品尝和山地骑行活动，夜间组织观星旅游，大大延长了停留时间。从经济价值上来看，观鸟和观星人群都极具消费力，专业化的观鸟、观星都是精英化的活动，据美国鱼类和野生动物管理中心统计显示，旅游观鸟平均每天消费达到200～400美元。[1] 加上专业设备和特殊住宿方式等，这两类人群的消费潜力可见一斑。当然，当下年轻人兴趣爱好的广泛，将有更多的圈层旅游值得挖掘。

为了吸引特殊圈层的人群，农业风景区应该为他们提供什么样的服务呢？人们都说"有梦想的时候意志最为坚定"，所以，带着特定目的去旅游的人群具有吃苦耐劳的精神，只要能"得我所爱"，环境、基本配套再恶劣，他们都可以接受。因此，**对于发展嗜好农业，服务于"嗜好"的定制化配**

---

[1] *BIRDS, BIRD WATCHING AND THE U.S. ECONOMY*, U.S. Fish & Wildlife Service, https://www.fws.gov/birds/bird-enthusiasts/bird-watching/valuing-birds.php.

套，将是人群吸引的重中之重。例如，对于观鸟来说，最需要的是一位能指引游客看到更多或特定品种野生鸟类的"鸟导"。与国内的本地人自发形成的鸟导不同，在观鸟产业成熟的国家，鸟导是专业性非常强的职业，须持证上岗，并且细分为本地鸟导、区域鸟导、国家级鸟导及专家级鸟导[①]；而对于观星来讲，最具吸引力的则是寻找到绝佳的观星视野和配置专业级的天文望远镜。

可见，农业风景区"圈层旅游"吸引力的提升，核心就是要找到真正"懂行"的人，从而针对不同圈层旅游人群的核心需求，提供定制化的服务。

第二步，组建"嗜好农业"朋友圈。 对于农业风景区中初创的没有基础的"嗜好农业"旅游活动，要如何传播呢？在传播上，新兴"圈层旅游"的精髓也是混圈子。爱好可以小众，但圈子一定要大。国内的许多小众爱好团体，没有局限于圈地自嗨，而是积极融入国际市场。

以咖啡圈为例。2019年，一个聚集了生豆商、器具商、咖啡店主、烘豆师、咖啡师，甚至咖啡公众号主理等各类咖啡爱好者的国内小众团体"剁手咖啡群"成立了。这个看似是聚集在一起买咖啡剁手的圈子，事实上却是一个消费力强劲的尖端精品咖啡文化爱好者社交圈。2020年，他们顶着"Cut Hand Group"（简称CHG）的大名，作为一股神秘的东方力量，代表中国咖啡爱好者首次成功冲击国际顶级也门生豆竞标，得以与日本丸山咖啡、星巴克等咖啡巨头同场较量！最后，他们拿下了也门顶级生豆竞标第14名，拥有了一支属于自己的咖啡豆。从这个事件中，我们不仅可以看出这些狂热的咖啡爱好者对于咖啡品质的执着和追求，更能感受到他们想进入国际咖啡圈的理想和抱负。同时，他们也在不断"溯源咖啡原产地"：在南北纬25°之间的"咖啡带"（最适合咖啡栽培的区域）上，在埃塞俄比亚、哥伦比亚、哥斯达黎加、巴拿马等咖啡种植区，都能看到这些咖啡爱好者的身影。

[①] 南非田野导游协会：《南非田野导游协会观鸟导游资格分级》，https://www.fgasa.co.za/wp-content/uploads/2019/06/Birding-Qualifications.pdf。

目前，中国产咖啡也在逐年递增并销往世界各地，全球越来越多的咖啡爱好者认可了中国咖啡豆的品质。以海南、云南等为代表的咖啡种植区，在提升咖啡种植技术的同时，也越来越注重咖啡原产地旅游。尤其是云南的千年茶乡普洱，如今已变成"中国咖啡之都"。因此，像云南普洱这种中国最好的咖啡种植区，就应该紧紧抓住国内咖啡爱好者人群，与其一同打入国际顶级咖啡种植区的"朋友圈"，加入世界咖啡爱好者"溯源"线路。

总之，对于农业风景区来讲，"大众旅游+圈层旅游"是最佳组合方式：大众旅游休闲是基本保障，圈层旅游是进一步拓展的高价值方向，未来也将成为营销的引爆点。

综上所述，农业风景，天地异境，其核心在于"异"。农业风景区不能再走以前门票经济的老路，尽管其生产、生态价值毋庸置疑，但要想可持续发展、获得高效益、走出红海，就必须换一个视角做旅游，差异化发展休闲农业，将震撼感、体验感、参与感推向极致。

都市粮田共同体，打造城乡融合的新桥梁

文 | 张云星 梁美惠

有着几千年历史的"乡村中国"，正在大步走向"城市中国"，城镇化、现代化加速度不可阻挡。一个是延续了千年农业文明，被我们不断革命，但尚未完全参透的"乡村中国"；另一个是推进工业文明，被我们不断追求、但尚未完全认知的"城市中国"。然而，**历史进程承前启后，不可能非此即彼。**

——节选自《离不开的乡土 抹不去的乡愁——城镇化进程中的乡村中国》[①]

一、都市粮田共同体——以人为本，城市与乡村的平衡态

1. 城乡之间：不是非此即彼，而是城乡融合

党的二十大提出了"坚持城乡融合发展，畅通城乡要素流动"，为乡村振兴的"质变"和城市的平衡稳步发展再次吹响了有力的号角。城乡之间的关系已经全面进入城乡融合的时代！

城乡融合，"是城乡一体化，而不是城乡一样化"。有很多观点认为，城乡融合就是"城中有乡，乡中有城，城市像乡村一样美，乡村像城市一样便利"。但真的是这样吗？城市的魅力在于高楼林立、繁华梦幻，乡村的美好在于旷野千里，一望无际，城市和乡村各有各的美丽，不能一样！城市人口密度大大高于乡村，基础设施的投入不可能一视同仁，经济上的投入回报更不可相提并论，乡村要想和城市拥有完全相同的硬件配套设施，如同城市一

[①] 汪绚, 张胜邦, 佟思平, 等: 离不开的乡土抹不去的乡愁——城镇化进程中的乡村中国[J]. 生态闻名世界, 2017（2）: 16—37+7.

般密集而便利,也是无稽之谈!

所以,城乡融合不是让乡村和城市变成一个样,而是要更深入地促进城市和乡村之间要素的双向流动,形成"城乡互补、协调发展、共同繁荣的新型城乡关系"。[1]

2.城乡融合:不仅要提升农业生产力,更要搭建城乡之间的情感桥梁

在探索城乡一体化新机制的过程中,诚然通过城市技术、公共服务、金融服务等要素的城乡互通共享,带动农业向"高产量、高质量、高效益"发展是非常重要的一个方面。但是,这些技术和模式具有"与时代同行、与全球共享"的特性。例如,阿联酋和新加坡因国土面积有限,农业种植面积匮乏,这导致它们在城市内部也有强烈的农业生产需求。因此,大力发展适用于都市内部的高端农业生产技术,并推广了高科技集约型现代农业科技园、农业生物科技园、创意垂直农场等形式,致力于在城市的各个角落完成农业种植。这些技术和模式在潜移默化中慢慢改变的是全球农业的发展方向。那么,除这些与提升产量相关的城乡互动外,什么才是具有中国特色的城乡一体化发展模式呢?作为城市和乡村的管理者,又要如何做到"以人为本",从中国人的特点出发,促进城乡的深度融合呢?我们先来看两个现象。

现象一:中国人爱"种菜",在国际上也是出了名的。这毫不逊于我们把俄罗斯定义为"战斗民族",犹太人会做生意,印度人能歌善舞,只要有土的地方,就会有中国人种菜的身影。这一传统甚至蔓延到了维和部队的宿营区里,中国是唯一一个在营地里种菜的军队,甚至还帮助外国友人学习种菜,真可谓有条件时要种菜,没条件,创造条件也要种菜。

现象二:连做了五季的湖南卫视王牌综艺节目《向往的生活》,只是通过记录明星艺人们在乡下日出而作、日落而息的农作生活,烹饪品尝简单质

---

[1] 吕捷:《加快城乡融合发展步伐》,光明网,https://m.gmw.cn/baijia/2021-01/23/34565148.html,2021年1月23日.

朴的农家美食，就能创造每季超30亿的播放量，每期霸占全网收视率榜首。

从以上现象中可以看出，**在快速城镇化进程中成长起来的中国人，极为缺失农业的人文体验和情感联结，人们对"乡愁"的渴望已然成为刚需。**

那么，为什么"乡愁"这种需求在中国尤为强烈呢？

第一，农业不仅是中华民族的根本，也是深植每个家庭的基因。 从人口规模上讲，中国是世界上最大的、单个国家的人口转移的城镇化国家，在40多年的进程中，城镇化率提高了近50%。在每个城市家庭中，若向上追溯1代或2代，绝大多数都有来自农村的亲人。"以农为本、以土为生"的情感基因，深埋在大多数都市家庭。

第二，中国家庭对孩子健康教育和食育的需求越发强烈。 从年轻群体和青少年群体来看，"四体不勤、五谷不分"已经是常态，让孩子们贴近自然、走进农田、了解农业，已经成为当下健康、食育的重要内容。其中"食育"一词源自日本，指良好饮食习惯的培养教育。从幼儿期起，给予食物、营养相关知识的教育，并将这种饮食教育，延伸到艺术想象力和人格培养上，对儿童成长大有裨益。2017年由北京大学公共卫生学院、首都儿科研究所、农业部食物与营养发展研究所、中国营养学会等多个单位联合编写的《中国儿童肥胖报告》显示，我国7岁以上的学龄儿童肥胖人数近3 500万，对很多爱子心切的父母来说，孩子缺的已不是丰富的菜肴，而是均衡的营养。因此，到乡村去实地学些农作物相关营养知识，进行健康和饮食教育已经备受关注，开始在中国兴起。

第三，乡村体验是当代都市人精神需求与现实生活的调节剂。 如今城市的繁华和喧嚣、高强度的工作和快节奏的生活，都是当代人精神心理与现实生活相背反的图景，城市人群希望短暂逃离原本生活环境，追求最原始幸福感的需求从未停止过。乡村的风景、风物虽然值得人们向往、留恋，但更有吸引力的是附着其上的仪式、生活和人，是城市中缺少的烟火味。这也是如乌镇、竹泉村，在开发前期请走了村民，在运营后期又把他们请了回来，让他们或表演或经营的存在于以前的"家里"的原因,[①] 目的就是营造能与城市人精神需求相联结的乡村烟火味。

因此,以人为本,架起一座城乡情感互通的新桥梁,将是中国城乡融合的一个极为重要的方面。

笔者认为,这种新桥梁的构建,就如同人们耳熟能详的"人类命运共同体""山水林田湖生命共同体"一样,形成了城市和乡村融合发展的大局观,构建了"都市粮田共同体"!

二、产量变流量——都市粮田共同体的生存之道

都市粮田共同体在兑现农业"高价值"的过程中,人的流量要重于农作物的产量。提升农作物产量,是通过农业技术实现农业高价值的路径,而都市粮田共同体,是通过抓住城镇人群的情感诉求,吸引城镇人群的注意力转化为购买力,从而实现农业高价值的过程。因此,对于都市粮田共同体,应将针对城镇人群的新需求提供新体验,把产量变为流量放在首位。

看如今发展趋势,都市粮田共同体的前景可谓是一片光明,甚至吸引到国内互联网巨头们纷纷投资建设。仅仅几年,城市中出现了一些农业粮田的新形式,城市周边也多出了许多农家乐、旅游小镇、度假村。但是在热火朝天的建设之中不禁让人思考,这些让投资者趋之若鹜,投入了大量人力、物力、财力建立起来的项目,究竟能否持续?能"火"几年?一个理念被人接受相对容易,但运营和管理各有各的苦,以起源于日本的社区支持型农业(CSA)为例,在短短的 50 年间就历经了兴起、形式变动又走向衰落的过程,如今已然困难重重、难以为继。可见,产量变流量也不是一条畅通无阻的道路。

天下熙熙皆为利来,天下攘攘皆为利往。中国以"情感桥梁"为依托的

[①] 木尧:《乡村的烟火味,最抚城市人的心》,搜狐网,https://www.sohu.com/a/367396114_116150,2021 年 1 月 17 日.

休闲体验农业，当然也会面临同样的问题，都市粮田共同体虽然从城镇人的需求出发意义重大，但是无论是城市还是乡村的管理者，都更想知道究竟要如何将"产量变流量"，怎么做、谁来做，才能让项目"活下去"、保持热度？这个问题值得我们深入思考。

下面，笔者将从如何在"城市"和"乡村"两个区域打造"都市粮田共同体"进行深入探讨。

1. 改造都市，提升新空间——打造"农业公园"，专业的商业化运营才是可持续、可复制的前提

在拥挤的都市空间中开辟一片可以自由呼吸的田园，可以让市民们种菜、采摘，体验农耕乐趣，这是日常生活的慰藉，无疑会受到大家的欢迎。但是，在城市之中从事农业休闲活动，要想持续运营，就要更加注重如何在寸土寸金的地方实现农业的高价值。

(1)"社区农园"在城市中打开了流量空间，走对了都市粮田共同体的第一步。

目前中国大都市中的农田，已经做得有声有色了。我们先来看一个目前走在实践前端，被各地争先效仿的上海"社区农园"案例，它在满足城市人日常生活需求上做得极好，很受周边居民欢迎。

它是夹在两个社区之间的 2 000 平方米的农园，借着 2015 年上海"城市有机更新"的东风，由几位有理想的设计师，在当地开发商瑞安集团的支持下，以社区组织营造的手法，改造出一个居民自治运营的创智农园。创智农园的建立，不仅打通了两个小区之间原有的"围墙壁垒"，还让原本很少产生交集的两小区居民，通过种菜、定时浇水、采摘等活动产生密切交流，据工作人员统计，"周一到周五，若是不下雨至少有 20 户的附近住户会来闲逛，而周末访者不断，人数没有上限"。与此同时，在创智农园中，还建立了上海四叶草堂青年自然体验服务中心，中心中设置咖啡茶吧、休闲桌椅，置物架上陈列着种子，形成一个小型的种子图书馆，周围有适合小孩子用的桌椅，小桌上有各色彩笔。这样自然体验活动也很受市民欢迎，在开园初期，就有妈妈从徐汇区坐 40 分钟地铁赶来，带孩子体验农业活动和自然教育。

上海的社区花园做得风生水起，2017 年在上海高密度城市社区花园微更新的评选中，创智农园作为全球 7 个案例中唯一的中国案例入选联合国人类住区规划署主编的《上海手册》。

（2）能够通过"自我造血"，实现可持续运营，才是最终发展成功的关键。

可是，在这些显著成绩之后，如果我们换个角度再来研究这个看似成功的案例，可能会产生不一样的感受。按照中国台湾及日本的社区营造来讲，一个项目是否成功的标志是看它能否挺过 7 年，走过一个完整的波峰、波谷。据创智农园的设计者和运营者表示，其实他们一直面临资金紧张的问题：为了省钱，团队淘二手市场、购置家具，从农场拉种苗，自己动手修建花园、种植树木；因为资金有限，他们各处"化缘"，请企业或公益组织认领场地做花园。同时，人员短缺问题也十分突出：按照工程设计行业的现行标准，设计费最多占总成本的 4.5%，一个成本约 10 万元的小花园，设计费最多只能占 4 000 元。而四叶草堂的团队如今只有 20 余人，不仅要设计新花园，还要帮助维护现有的花园，精力上捉襟见肘。**脉脉温情在现实的经济因素面前，总会显得难以为继。**起初，设计团队还曾设想过一个"花开上海"计划，希望到 2040 年建造 2 040 座社区农园，覆盖上海 70% 的社区。现在看来，真是道阻且长。

从以上问题中可以发现，在设计者和居民满腔热血建设社区农园的背后，是运营上的难以为继。创智农园的设计者秉承"居民自治"的原则，从始至终都想避免直接参与社区花园的后期运营，希望把主动权交给居民，认为自己要尽快退到后台。但附近的居民在热情退却之后，可能很难真正持续负责地支撑起这个小小农园的发展。**公地悲剧并不是只存在于经济学理**

论中。例如四叶草堂 2016 年在鞍山四村第三小区建立的类似种植园"百草堂",便已在社区维护人员减少、蔬菜鲜花不断被偷的压力下,大门紧锁、逐渐荒凉。以此来看,社区农园的后续发展实在让人担忧。①

我们不难得出一个结论:上海社区农园在"居民自治"的模式下,即使能暂时满足都市人的情感需求,但很可能因为无法真正兑现都市粮田共同体的商业价值,难以实现可持续发展。

(3)变"社区农园"为"农业公园",让专业的人干专业的事情。

日本是都市农业体验休闲发展最为成熟的国家之一,相对于"社区农园"这种几乎完全公益性的活动,"农业公园"是其更为推崇、更具经济价值的一种都市观光型农业经营模式。20 世纪 80 年代,日本等地出现以农业公园命名的农业园区,面积从迷你型 0.3 公顷到 50 公顷。在保留农田生产性功能基础上,为市民提供农业深度体验,增加特色农业与非农休闲活动,组织多样互动来满足人们的需求②。在 2021 年 2 月最新开设的府中市西府农业公园建设基本方针中,农业公园被明确定位为"以市民与农业交流为目的的公园"③。其中,"农业公园"的专业化经营模式,是其大范围成功的关键,也为城市中的粮田如何兑现价值、实现可持续发展,提供了重要参考。

东京是日本"农业公园"发展最好的区域之一。

首先,东京在用地政策上进行了新的尝试,这为都市中农业公园的发展奠定了基础。在《东京 2040》规划中,在城市更新或拓展过程中,涉及的农业用地可以承担"城市公园绿地"的功能,提升城市绿化总量,实现"出门见绿"的目标。通过鼓励在社区附近建设经营性体验农庄、屋顶菜园及农业

---

① 刘畅. 社区花园:居民自治黏合剂 [J]. 三联生活周刊,2021(20):74—81.
② 中农富通长三角规划所:《日本休闲农业好在哪?五个考察案例让你 get 到休闲农业的精髓!》,https://baijiahao.baidu.com/s?id=1660044065339495848&wfr=spider&for=pc,2020 年 3 月 2 日.
③ 伊藤:《农业公园的现状和今后的课题》,http://machi-pot.org/modules/project/uploads/20200309.pdf.

风景培育区等方式，居民在闲暇之余，可以亲身感受农业技术指导，亲手栽种农作物，让"田园之风"吹入城市生活。①因此，东京"农业公园"发展势头强劲。

其次，在经营方式上，东京发展成熟的"农业公园"虽然同样也以志愿者的形式，鼓励周边居民共同参与劳作、促进园区维护，甚至为周边学校的学生留出职业体验的岗位，但**主要的运营管理均由专业机构负责进行**。这可不是简单的分区认养。

以东京足立区都市农业公园为例，其原本就是农业用地，后被城市包围，遂转为市民可以免费进入的农业公园。在政府指定的管理机构专业运营下，公园已成功维持了34年，且至今已形成每年游客到访约40万人次、实现收益约3 600万日元的良好发展态势。由于有自身的利益诉求，无论是农田管理、活动策划、研学讲解，还是设施维护，管理机构都会更有动力为游客提供更为专业的服务，以激发原有农地在经济、社会领域的高价值，从而推动公园可持续发展，并满足政府、企业、游客和周边居民的多方诉求。2017年开始，"JV体验型有机农业"管理机构成为指定管理机构，其不仅在公园内种植了超过60种有机农作物，满足了政府诉求；更与株式会社自然教育研究中心及东武绿地株式会社合作，开展了大量经营性活动实现收益②。这充分体现了"让专业的人来做专业的事"的优势。

在最为重要的研学体验和节庆活动组织方面，"JV体验型有机农业"通过活动的更为体系化和多样化，有意识地增加公园"粉丝"③。公园仅每年组织的研学体验活动就接近1 100个，参与体验人数近2万人次。这些活动的组织分类明确、内容丰富、细致深入，主要包括有机农业见学、食育体验、安全教育、园艺实践、环境教育、地域文化传承等。其中，由于"让我们在

---

① 段瑜卓、田晓濛、杨春：《国际观察075 | 东京规划2040来了！七大战略、三十项空间政策，打造一个安全、多彩、智慧的新东京！》，https://www.sohu.com/a/324630115_651721，2019年7月3日.
②③ 大和小泉：《第14次农业园区社区贡献（足立市农业园区）》，公园文化网，https://www.midori-hanabunka.jp/challenge?term=park14.

稻田里做米"等体验活动非常受欢迎,管理机构在每年的4—11月,大多时候能在每个月组织一次,甚至还形成了诸如秋季举办的"红薯收获体验"这类从早上就要排队等候的明星活动。这些体验带来的收入也十分可观,如"红薯收获体验"活动,每人最低需花费500日元;而"鲜花标本制作"活动,每人则最低需花费1 200日元等,不一而足。这对于不收门票的都市农业公园来说,是一笔不小的回报。同时,管理机构每年还会在公园内组织多次大型节庆活动,2019年举办的秋日收获节、冬日城市农业节等5次节庆,就吸引了超过7万人次的游客。

此外,管理机构对公园内有机种植的农产品"地产地消"也是极为重视。一方面,通过农业公园内的餐厅提供生态餐饮服务,人均900日元的消费成为公园收益的另一重要来源;另一方面,公园还通过超市、自动售货机等向体验者和游客进行销售,并同时在东京的十几处其他的场所、集市也组织售卖活动,虽然这些农产品的直接销售收入略显不足(2019年仅约43万日元),但大幅度促进了农业公园的品牌传播。[①]

专业化带来高价值,高价值促进可持续。东京足立区都市农业公园,在如何更好地激活城市中农耕用地的经济与社会价值,并实现其长期存续的问题上,已经为我们探索出一条相对更为可行的道路。

通过分析以上两个案例的运营模式,我们不难发现,虽然城市中的粮田是与居民日常生活联系最紧密的农耕体验环境,但是只靠情怀和周边市民的一腔热血很可能难以长久维持。只有通过专业团队的商业化管理和运营方式,才能更好地服务市民,可持续性地发展下去。

2. 改造乡村,挖掘新价值——打造"农业迪士尼",全面承接都市人群的消费力

对于城市周边以乡村休闲为主的都市粮田共同体,其核心价值"不是把

[①]《令和元年度都市农业公园指定管理业务年度业务报告书》,https://www.ces-net.jp/toshino_src/57256946/R2-jyugyouhoukoku.pdf?v=1621579178421.

产品卖出去"，而是"把城市的人引进来"，即把城市人群对于乡村的关注力转化为购买力，为"乡愁"埋单。

目前，乡村近郊游已经成为城市人群休闲生活的常态。距离城市车程为 1～1.5 小时的近郊区域，可以更好地满足都市人群近郊短期休闲 CBC 的需求。所谓 CBC，是一种大都市周边短期度假休闲，英文为"City Break Center"。这种休闲体验具有近距离、高频次的特点，城市和乡村的切换感也很强，适合来一场说走就走的旅行，因此，深受都市人群的欢迎。与此同时，相较于城市内部用地紧张，可供粮田开发的面积有限，近郊地区位于城市与乡镇的结合处有更好的生态基础，对乡村场景的还原度更高，能让游客拥有更好的乡村体验，是发展商业农旅项目的绝佳地段。因此，乡村近郊游项目可谓百花齐放，特色民宿、乡土美食街、农家乐等比比皆是。

然而，虽然乡村近郊游已成刚需，但是仍然呈现出一种"经营火爆的一床难求""经营困难的门可罗雀"的态势。在互联网发达的今天，"网红经济""流量经济"更是让这种两极分化现象越演越烈。那么，近郊乡村要如何赚到城市的钱呢？

在当下，塑造强磁极、产生强刺激，才能吸引眼球，引发消费冲动！ 迪士尼的成功就得益于它极致化的表达快乐、塑造知识（财产）所有权（IP），对身处其中的游客产生了强刺激，这也是其经久不衰的原因之一。因此，在近郊农业休闲上，我们也应借鉴这种思路，将"农业乐园"升级为"农业迪士尼"。

堪称田园综合体中的"迪士尼"的德国卡尔斯草莓农场，就是以"玩儿"为核心吸引力，获得了周边城市亲子家庭的青睐，而且在草莓乐园的带动下，实现了一二三产深度融合发展。如今已经成为德国乃至欧洲经营的最成功的大都市周边休闲农庄之一，德国休闲农业的鼻祖。那么，德国卡尔斯草莓农场的发展模式是什么呢？

第一步，以"玩儿"为核心，进行快乐升级。为了将草莓版迪士尼乐园打造成为吸引力强、刺激性强的超级磁极，卡尔斯农庄组建了专门的旅游公司（Karls Tourismus GmbH）来负责对第三产业的深度挖掘，逐步提供现有的草莓相关的餐饮、酒店、主题乐园等旅游类服务。通过专业的设计师团队，以草莓为 IP，设计出又傻又萌的吉祥物草莓熊 Karlchen（Karlchen 的"熊设"调皮又爱出风头，它经常逃离公园，并出现在大型赛事上狂刷存在感），并研发出一系列与草莓相关的玩耍设施和游乐项目，大胆开脑洞，从空中到水里，无所不玩：如卡尔斯热气球、高架吊秋千、19 米高的塔楼滑梯、旋转海盗船、水上游乐球等 59 种娱乐活动系列。各类游戏的设置以趣味性为前提，让小朋友们和大朋友们玩的根本停不下来。同时，在玩中学、学中玩，草莓乐园也为亲子家庭提供草莓相关食品制作的体验活动，让小朋友亲手实践，探索草莓变身的奥秘。另外，德国草莓采摘的时间一般为每年 5—7 月，卡尔斯农庄在草莓游乐之外，专门打造冰雕世界，当然冰雕景观中也会嵌入草莓元素，并植入草莓酒吧、草莓餐饮等功能，共同呈现出冬日的浪漫世界。可以说，卡尔斯庄园真是将"好玩儿"的元素发挥到极致，真正地成为农业界的迪士尼乐园。

第二步，发展"第六产业"，与城市深度融合。所谓的第六产业，是日本首先提出的概念，就是通过鼓励农户搞多种经营，即不仅种植农作物（第一产业），而且从事农产品加工（第二产业）与销售农产品及其加工产品（第三产业），以获得更多的增值价值，为农业和农村的可持续发展开辟光明前景。"1+2+3"等于6，"1×2×3"也等于6，这就是"第六产业"的内涵。[①]

卡尔斯农庄就是"第六产业"联动的典范。虽然"玩儿"是卡尔斯庄园的灵魂，但大家可能不知道，在卡尔斯庄园所有的儿童娱乐设施都是免费开

[①] 娄向鹏：《带你重新认识农业！从第一产业到第六产业》，腾讯网，https://new.qq.com/omn/20200513/20200513A079S500.html，2020 年 5 月 13 日。

放的，农庄的经济效益源于"玩儿"以外的衍生消费。在草莓一产种植方面，卡尔斯庄园专注于生产最好的草莓，不断推动草莓种植技术的进步，目前已经成为德国最大的草莓生产商。在草莓二产深加工方面，卡尔斯庄园成立了专门负责草莓衍生品市场的公司（Karls Markt OHG），负责草莓产品的深加工，无限延长产业链，以丰富的产品入侵城市：除草莓果酱外，还有草莓火腿、草莓糖果、草莓蛋糕、草莓雪糕、草莓香肠、草莓面条甚至草莓芥末。另外，波罗的海的石头，装饰物件，储物件，床上用品，毛绒玩具，水壶、水杯、香水、香精、肥皂、蜡烛、书籍等日用品也被加入草莓味道、草莓形象等草莓元素纳入产品线。在草莓三产旅游方面，虽然一切游乐设施都不收费，但是草莓采摘和品尝、制作草莓产品体验、特色餐饮、主题住宿等，都会带来极大的经济效益。

卡尔斯庄园以"草莓"主题为特色，形成了一条完整的产业经济链，目前已经在德国开设了5家大型连锁农庄、两家主题咖啡店/小农庄和300多家草莓屋销售点。其商业模式也正在向全球外输出，2016年德国卡尔斯总部与余杭旅游集团、浙江卡尔斯旅游开发有限公司三方共同签署了合作协议，将在杭州建立中国第一个全球旗舰庄园，如今该项目作为余杭区重点产业项目正在加紧建设中。

对比来看，这不正是迪士尼帝国的商业模式吗？主题乐园与度假村虽然最受欢迎、是最强的磁极，但并不是主营业务，仅占业务构成的30%，而媒体网络、影视娱乐、衍生品等占有极大比例，成为主要的盈利来源。[①] 卡尔斯庄园正是学到了迪士尼的精髓，以休闲娱乐为主要吸引力，抓住都市人的眼球，从而拓展草莓一二三产联动的产业链体系，打入城市人日常生活，真正实现了农业和城市的深度融合与互动，可以说是"都市粮田共同体"的最佳榜样了！

---

① 简书:《迪士尼帝国的商业模式》, https://www.jianshu.com/p/497635669aa1, 2017年6月7日.

构建"都市粮田共同体",无论是改造都市还是改造乡村,都是为了满足中国城镇化过程中人的精神需求,搭建城乡之间的情感桥梁。但是,任何区域、任何形式的"都市粮田共同体"在实践过程中,都不能用情怀来兑现情感,而要依靠更为现实的商业模式。可见,通过商业运营来追求"高价值"才是真正能够使"都市粮田共同体"产量变流量,走向成功的最佳法则。

第三章　文明进化赋能

文明进步的力量，让我们能够重新审视海洋、回归传统、探索未来，运用知识和智慧，让世界有一个更为美好且可持续发展的未来。这将对传统农业产生深远影响，也将有可能彻底改变未来的农业地理版图。

1. 在蓝海中开辟蓝海——碳中和驱动下的海洋渔业未来
2. 有机世界，回归农业初心
3. 蛋白工厂——从以色列看中国的替代蛋白产业

在蓝海中开辟蓝海
——碳中和驱动下的海洋渔业未来

文 | 李志鹏

全球气候变暖推动了人类碳中和意识的觉醒，在这个新的时代，蓝碳渔业将慢慢走向舞台中央。

一、碳中和时代，海洋渔业迎来新未来

面对温室气体导致的气候变暖，碳中和已经成为全球共同的价值观。截至 2020 年 10 月，127 个国家和地区提出了碳中和愿景[①]。习近平总书记在 2020 年也代表中国做出了"努力争取 2060 年前实现碳中和"[②]的庄严承诺。碳中和（二氧化碳人为排放量被人为作用和自然过程所吸收，实现净零排放[③]）的战略目标，很难在原有经济发展框架下真正实现。据比尔·盖茨（Bill Gates）在《气候经济与人类未来》中推算，在世界整体受到新冠肺炎（COVID-19）疫情严重冲击下，2020 年全球温室气体排放仅比 2019 年下降 5% 左右[④]。因此，**坚持碳中和战略目标就必须创新！这将在 40 年内对中国及世界经济社会发展的方方面面产生极为深远的影响，而沿海地区渔业的未来发展也必须符合这种新的历史进程。**

那么，碳中和将会怎样重塑我们的海洋渔业？两大必然趋势已清晰可见。

---

① 北极星大气网：《王凯：碳中和愿景下的城市绿色发展》，https://huanbao.bjx.com.cn/news/20210608/1157089.shtml，2021-06-08.

② 求是网：《习近平：在第七十五届联合国大会一般性辩论上的讲话》，http://www.qstheory.cn/yaowen/2020-09/22/c_1126527766.htm，2020 年 9 月 22 日.

③ 董瑞丰.中科院加强中国碳中和框架路线图研究 [N].人民日报海外版, 2021 年 6 月 7 日, 第 9 版.

④［美］比尔·盖茨.气候经济与人类未来 [M].陈召强, 译.北京：中信出版集团, 2021.

趋势 1：海洋成为关键的食物来源，海产品将形成高碳肉类的结构性替代。

农业，其实一直是全球温室气体排放的主要源头之一。根据比尔·盖茨的估算，种植和养殖的排放量占全球温室气体排放总量的 19%，仅次于生产制造、电力生产与存储两项[①]；而根据约瑟夫·波勒（Joseph Poore）和托马斯·内梅切克（Thomas Nemecek）所做的，迄今为止全球食品体系最大的数据系统分析，食物生产（包括畜牧业和渔业、谷物生产、土地利用、供应链）排放量则实际可达全球排放总量的 26%[②]。在大农业中，牛、羊等畜牧业排放占了主要部分，其每年仅通过气体和粪便排放的二氧化碳当量，就达到全球排放总量的 5.8%，超过所有公路货运交通；如果全世界所有牛、羊组成一个国家，仅这一项就能使该国排名全球排放第五位，仅次于中国、美国、欧盟和印度[③]。

随着全球人口数量不断增长及平均生活水平的不断提高，肉类消费将持续增长。因此，畜牧业需要更多的牧草空间，如果单位面积产量没有显著提升，要在 2050 年养活 100 亿全球人口[④]，在肉类消费的推动下，与食物相关的温室气体排放还将增加 2/3[⑤]。而中国人均肉类消费（牛、羊、猪、禽肉类）现在仍远低于发达国家，发展空间仍较大（如美国人均肉类消费每年 101 kg、经合组织国家 72 kg，而中国仅为 53 kg[⑥]），如果补足缺口，中国的温室气体排放无疑还将大大增长。

这种情况势必很难继续，找到高碳肉类的低碳替代迫在眉睫。而海洋恰

---

① [美] 比尔·盖茨. 气候经济与人类未来 [M]. 陈召强，译. 北京：中信出版集团，2021.
② 约瑟夫·波勒，托马斯·内梅切克. 通过生产者和消费者减少食品对环境的影响 [J]. 科学，2018，360（6392）：987—992.
③ 葛孟平，约翰内斯·弗里德里希：《4 图标解释国家与部门的温室气体排放》，世界资源研究所，https://www.wri.org/insights/4-charts-explain-greenhouse-gas-emissions countries-and-sectors，2020 年 2 月.
④ 联合国粮农组织：《粮农组织为实现可持续发展目标 14 而努力》（中文版），联合国粮农组织，2017，第 10 页.
⑤ [美] 比尔·盖茨. 气候经济与人类未来 [M]. 陈召强，译. 北京：中信出版集团，2021.
⑥ 经合组织：《经合组织 - 联合国粮农组织农业年报（2020 版）》，经合组织官方网站，https://data.oecd.org/agroutput/meat-consumption.htm.

恰能给未来另一种可能。

鱼类作为大自然中的超级食物，其实在人类营养摄取中本就已经举足轻重。如今，全球人均每日动物蛋白质摄入总量中有 17% 正是来自鱼类，超过 31 亿人口甚至超过 20%；鱼类不仅是蛋白质和健康脂肪的来源，甚至还是一些基本营养元素（如长链欧米伽 3 脂肪酸、碘、维生素 D 和钙）的唯一来源[①]。更为关键的是，鱼类有着远低于肉类的碳排放！研究表明，每提供 100 克蛋白质，养殖鱼类的温室气体排放仅为 5.98 千克，不到羊肉的 1/3、牛肉的 1/8。同时，鱼类的农业强度也远高于牛羊肉，每提供 100 克蛋白质，养殖鱼类仅占用 2.5 平方米，而牛肉需要 104 平方米、羊肉 64 平方米，即使密集养殖提供的鸡肉，也需要 6.4 平方米[②]。此外，海洋里也有着大量可供食用的甲壳类、贝类、藻类、头足类等生物，同样具备丰富碳水化合物、蛋白质、维生素、微量元素等营养，而相对牛、羊等反刍动物肉类却均具有低碳属性。这些海产品在中国的市场需求也已经不低，2019 年，中国海水养殖超过 2 000 万吨的产出总量中的九成以上不是鱼类[③]。

事实上，中国人在饮食上对鱼类和海鲜是更为接受的。在经合组织统计中，2017 年，中国鱼类和海鲜人均消费达 38.17 千克，不仅高于世界平均水平，也高于北美和欧洲[④]。2019 年，我国更是进口了 626.5 万吨的水海产品，超过各类肉类进口总量近 1/3。当然，在大国博弈日趋常态化的今天，缩短供应链以保障相应产品的自主可控，也对我国渔业发展打开了新的"国产替代"空间。

以海代陆的餐桌革命，已经在应对气候方面得到全球范围的认同。 2019

[①] 联合国粮农组织：《粮农组织为实现可持续发展目标 14 而努力》（中文版），联合国粮农组织，2017 年，第 10 页．

[②] 约瑟夫·波勒，托马斯·内梅切克．通过生产者和消费者减少食品对环境的影响 [J]．科学，2018，360（6392）：987—992．

[③] 农业农村部渔业渔政管理局，全国水产技术推广总站，中国水产学会．中国渔业统计年鉴 2020 [M]．北京：中国农业出版社，2020．

[④] 联合国粮农组织：《2017 年人均鱼类和海鲜消费量》，数据中我们的世界网站，https://ourworldindata.org/grapher/fish-and-seafood-consumption-per-capita．

年由 12 个国家的政府首脑和联合国秘书长海洋特使组成的"可持续海洋经济高级别小组"（High Level Panel for a Sustainable Ocean Economy）发表了名为《海洋为气候变化提供解决方案》的报告，认为"（对气候变化）最大的潜在缓解收益就是将饮食从陆生动物（特别是牛、羊这种反刍动物），转向植物或海产品这种低碳食物"①。

高产出、低排放、营养丰富、更易接受，在可见的未来，我们餐桌上的海产品必然会越来越多，海洋渔业必然大有可为。

趋势 2：海洋养殖渔业成为世界大势，并将向蓝碳渔业进化。

全球海洋渔获方式正在发生前所未有的剧变。

从海洋中获取食物，人类的这一行为已经持续了万年以上。甚至在世界知名考古学家、英国学者布莱恩·费根（Brian Fagan）眼中，"海洋哺育了人类文明"②。作为曾与采集、狩猎并存的古老方式，捕捞，直至今日仍在海洋渔获中发挥主要作用。据联合国粮农组织《2020 年世界渔业和水产养殖报告》，2018 年全球海洋渔获 1.15 亿吨，其中超过七成仍用这一古老的方式完成③。

但如今，技术突破下的商业捕捞，使得绝大多数海洋物种都在面临灾难性打击，新发明的大型围网（跟在船后捕获大量鱼类的大型渔网）使捕捞量增加 80%。海洋保护力度的不足更加重了这一点。如欧洲海洋保护区虽然众多，但根据在 2018 年《科学》杂志发表的曼努埃尔·杜鲁伊尔（Manuel Dureuil）的研究，欧洲 59% 的海洋保护区是商业拖网捕鱼区，与非保护区相比，保护区的平均拖网捕捞强度至少高出 1.4 倍；在大量拖网捕鱼的地区，敏感物种（鲨鱼、鳐鱼）的丰度减少了 69%④。在地中海已经发现的 900 种物种中，有 100 种因

---

① 欧恩·霍格 - 古德伯格，等：《海洋为气候变化提供解决方案》，可持续海洋经济高级别小组，2018 年 9 月，第 60 页．

② [英] 布莱恩·费根．海洋文明史：渔业打造的世界 [M]．李文远，译．北京：新世界出版社，2019．

③ 联合国粮农组织：《2020 年世界渔业和水产养殖报告》，https://www.fao.org/3/ca9229en/ca9229en.pdf，2020 年，第 1-5 页．

④ 曼努埃尔·杜鲁伊尔．保护区内的拖网捕捞会破坏全球捕鱼热点的保护成果 [J]．科学，2018，362（6421）：1403—1407．

为商业目的被人类所捕捞，而尽管地中海仅占地球海洋的不到1%，但鱼类捕捞量占了10%[①]。过度的捕捞，使2017年全球超过1/3的鱼类资源已经不在生物可持续水平内；而在1974年，这个数据还仅仅是10%[②]。

因此，全球海洋捕捞长年停滞在8 000万吨左右；而相应的海水养殖30年间增长了5倍，产量已经接近捕捞量的40%[③]。**全球范围内海水养殖全面超越海洋捕捞成为海产品的主要提供方式，其实只剩下了时间问题。**

随着捕捞技术的提高、庞大捕捞船队及"海洋农牧化"思想下蓝色粮仓等计划的推进，我国早已成为事实上最大的"海洋渔业国"，2018年海洋捕捞全球最高、占全球总量15%[④]（即使如此，也远未到人口所占世界总量的比例），同年海水养殖产量则高达2 031万吨，不仅为捕捞量的2倍，更占了全球总量的2/3[⑤]。从种菜到种海产，我们发挥民族底色，着实领先了世界一大步。

我们再从碳中和的视角看看，什么样的海水养殖更符合未来发展的需求呢？

要做到碳中和，除减排二氧化碳外，还要着力增加碳汇。以往，生态系统增加碳汇的路径主要为陆地碳汇，即通过植树造林增加碳汇，也称为绿碳。联合国环境署在2009年首次提出了"蓝碳"（Blue Carbon）概念，指出海洋在全球碳循环中扮演着重要的角色，大约93%的二氧化碳循环和固定都是通过海洋完成，尤其海岸带上的红树林、滨海盐沼、海草床等海洋生态系统拥有极高的碳汇效率，虽然其面积加起来还不到全球海床总面积的

[①] [英] 保尔·罗斯，安妮·莱金. 海洋——深水探秘 [M]. 李力，程涛，译. 重庆：重庆出版集团，2017.

[②] 联合国粮农组织：《2020年世界渔业和水产养殖报告》，https://www.fao.org/3/ca9229en/ca9229en.pdf，2020年，第47页.

[③] 联合国粮农组织：《2020年世界渔业和水产养殖报告》，https://www.fao.org/3/ca9229en/ca9229en.pdf，2020年，第3页.

[④] 联合国粮农组织：《2020年世界渔业和水产养殖报告》，https://www.fao.org/3/ca9229en/ca9229en.pdf，2020年，第1—5页.

[⑤] 农业农村部渔业渔政管理局，全国水产技术推广站，中国水产学会. 中国渔业统计年鉴2019 [M]. 北京：中国农业出版社，2019.

0.5%、植物生物量也只占陆地植物生物量的 0.05%，但其碳储量能达海洋碳储量的 50% 以上，甚至可能高达 71%[①]。也就是说，**要增加蓝碳，就必须重视海岸带生态系统的保护。**

我国对蓝碳非常重视，在《中共中央 国务院关于加快推进生态文明建设的意见》《全国海洋主体功能区规划》等文件中都对发展蓝碳做出部署，并相继发起"21 世纪海上丝绸之路蓝碳计划"和"全球蓝碳十年倡议"，提倡充分发挥蓝碳的作用。

但我国现有的海水养殖基本集中于海岸带上，对蓝碳造成重大影响。据自然资源部海洋三所海洋保护生态学研究团队的学术带头人陈彬研究员介绍，在海水养殖业中，建设密集的养殖池占用大量土地，被认为是导致全球红树林面积减少的最主要原因。20 世纪 80 年代至 21 世纪初，我国南方地区所减少的红树林，绝大多数就是因养殖池塘而被破坏。现在海岸带上通过人工建造和海水抽取实现的高位海水养殖，也由于其清塘水对海岸带土壤的破坏，在对近海及海产品造成污染的同时，加剧了温室气体排放[②]。

可见，在碳中和目标驱动下，**未来的海水养殖一定会更严格地保护海岸带生态体系，为相应海水养殖空间压减，从而推动整个海洋渔业向更为可持续发展的蓝碳渔业方向进化。**

在这个视角下，海洋渔业的未来清晰可辨：海产品的光明前景使得海洋渔业发展可期，但海岸带，甚至近海的严格保护又将使得海水养殖必须转型。那么在未来，蓝碳渔业中的高价值点在哪里？

二、进据深蓝，海工科技的协同共生

要保护好海岸带，还要提供出更优品质、更高价值的海产品，最简单的

---

① 联合国环境规划署、联合国粮农组织、联合国教科文组织政府间海洋学委员会联合发布：《蓝碳：健康海洋固碳作用的评估报告》，克里斯蒂安·内勒曼，等，2009 年，第 6 页．
② 鄂歆奕．当心！高位海水养殖可加剧温室气体排放［N］．中国自然资源报，2020 年 10 月 22 日．

做法就是将滩涂乃至近海的海水养殖区域退渔还海，转向开发深远海养殖。而渔权即海权，深远海养殖也必须成为我国影响力不断扩大后的核心能力之一。但是，深远海养殖的逻辑和近海滩涂完全不同。**如果近海滩涂的海水养殖还只是传统渔业设施即可，那么深远海养殖就必须视作如同海上钻井平台、超大型船舶般的真正海洋工程，需要极强的科技力量支撑。**

国际上对深远海养殖还没有一致且明确的定义。结合海洋本身及相应管理的特点，我国深远海养殖可认为是设置在离岸 3 海里（1 海里≈1.852 千米）以外、水深为 25～100 米、无遮蔽的开放海域，以远程管控设施装备为保障、陆海补给系统为支持、对生态环境无负面影响的工业化海上养殖生产方式①。据初步调研，我国适合新型渔场养殖的海域达 16 万平方千米，仅南海海域水深为 45～100 米且适合开展深远海渔业养殖的海域面积就到了 6 万平方千米，深远海养殖发展空间巨大②。

我国近海海底地形是广阔的大陆架，坡度较为平缓，一定深度下离岸距离更远：其中南海沿岸对应 25 米水深的离岸距离为 26 千米，东海沿岸 25 米水深的离岸距离为 85 千米，南黄海沿岸 25 米水深的离岸距离为 96 千米，北黄海沿岸 25 米水深的离岸距离达 122 千米③。选址黄海冷水团的"深蓝 1 号"深海养殖平台，作业水深 60 米，离岸距离已达 250 千米。这使得我国发展深远海渔场面临重大挑战。

这种挑战在我国初步克服了最为核心的抗风浪问题后，大致分为两个方面，均需要海工科技在发展中协同共生、联合突破。

一是选址问题。每种鱼都有自身适宜生长的水温、水动力等海况环境要求，所谓"欺山莫欺水"，一旦不能满足条件即会造成经济损失，如洋流速度大一点，养殖鱼群就始终需要更多的运动对抗洋流，身上就不怎么长肉，渔场的产量和经济性就无法保障；而中国科学院院士吴立新坦承"事实上我

---

①③ 徐琰斐，徐晧，刘晃，等. 中国深远海养殖发展方式研究［J］. 渔业现代化，2021，48（5）：9—15.
② 徐晓丽，等. 深海渔业养殖装备能否火起来？［N］. 中国水运报，2017 年 10 月 9 日.

国海洋观测体系还处在发展阶段，与欧美发达国家的差距比较明显"①，直至 2020 年，我国自主获取的全球海洋环境信息数据总量仍不到美国、日本等国的 2%，即使是东海和南海数据，也只有美国、日本等国的 5%②。显然，从"原种场"到新空间，未来深远海渔场的大量布局仍需更高水准的透明海洋系统支撑。

二是智能化问题。 由于渔场装备远离陆地，各项物资和人员的运输多有不便，因此，必须保证其能在人员较少的情况有效运营，这就需要渔场装备整体智能化程度不断提高。我国在水下检测设备、导航定位装置、应急预警系统等关键部分仍处于被"卡脖子"的状态。即使中船重工武船集团成功为挪威巨头萨尔玛集团制造的"海洋渔场 1 号"（Ocean Farm 1）养殖平台，甚至成为业内开启深远海渔场时代的里程碑事件，但细究起来，在这个世界上最先进的深海渔场装备上，中船仅仅是提供了整体结构的建造和组装，各类智能化感知处理系统仍然由挪威、德国、瑞典等欧洲公司提供③。

近年来，由于油价低行成为新常态，全球海洋工程装备市场正处于深度调整期。深远海渔业装备，为正面临恶劣市场环境的我国庞大海工产能，提供了全新的输出方向。结合海洋工程平台的技术基础，我国深远海养殖平台发展迅速。据统计，现在我国已交付、在建及计划建造深远海养殖平台装备达 33 座，其中交付运营 19 座④。而相对养殖工船来说，固定锚泊的深远海养殖平台，在低碳方面显然更胜一筹，因此在碳中和驱动下，其发展前景也势必更为广阔。

深远海养殖是典型的重资本、高风险、高技术的高门槛行业，所需要的

---

① 吴立新：《海洋物联网与透明海洋》，第二十二届中国科协年会系列活动之一——世界海洋科技论坛暨 2020 海洋学术（国际）会议，2020 年 8 月.
② 吴立新，陈朝晖，林霄沛，等．"透明海洋"立体观测网构建［J］．科学通报，2020，65（25）：2654—2661.
③ 萨尔玛集团：《离岸渔场》，https://www.salmar.no/en/offshore-fish-farming-a-new-era/.
④ 徐晓丽，等：《后疫情时代深远海渔业养殖装备发展动向》，"中国船检"微信公众号，2021 年 4 月 21 日.

专业知识、行业人才、产业服务等必须高度聚集才能支撑。因此，在中国漫长的海岸线上，必然会形成为数不多的深远海渔业中心城市。

这样的城市无疑首先应是深远海渔业的母港，形成鱼类登陆存储、加工流通的中心；同时，还必须要至少满足以下的4个基本条件：

一是拥有强大的海工产业腹地。当地可以借此对深远海养殖平台，以及相应海洋监测/观测装备的研发创新、生产制造、维修养护提供全方位的产业支撑，形成低成本且高效率的服务母港。显然，这对并不是像油气公司那么财大气粗的水产养殖公司来说，会具有更高的吸引力。在这个行业中，距离就是成本。美国船级社（ABS）大中国区总经理安德鲁·里普曼（Andrew Lipman）甚至直言："尽管中国承接了大型（深远海渔场）项目的建造，但要把整个渔场运至挪威和智利这样遥远的国家却相当费事。萨尔玛的'海洋渔场1号'从中国运到挪威就花了700万～1 000万美元，如果成本不能降下来，未来的项目将很难让投资者们接纳。"[①]

二是拥有较为灵活且相对友好的金融服务。深远海养殖平台是重资本的海工装备，出口挪威的"海洋渔场1号"投资达4亿元，其余国内用的平台平均投资也为4 000～5 000万元[②]。这种量级的巨额投资，使世界级养殖巨头萨尔玛也认为，"（公司）重要的是通过良好的资金渠道来确保财务灵活性"[③]，并在确定大力推进深远海养殖事业后，2021年4月再次发行35亿挪威克朗的高级无担保绿色债券。可见，若没有适度的特定金融服务提供足够的资金，无论是大企业购买还是中小企业联合租赁，水产养殖企业进入市场都必然面临相当大的负担。目前，我国深远海养殖平台能够快速发展，同样是因为有相应的资金要素驱动。作为高新技术，现在深远海养殖平台可以享受

---

① 路易斯·哈克尔：《这款未来海洋装备的制造和出口，非中国莫属》，"UCN国际海产资讯"微信公众号，2018年10月8日.
② 徐晓丽，等：《后疫情时代深远海渔业养殖装备发展动向》，"中国船检"微信公众号，2021年4月21日.
③ 萨尔玛公司：《绿色融资》，萨尔玛公司官方网站，https://www.salmar.no/en/green-financing/.

到一定的国家补贴,中央转移支付补助资金规模最高可达1 000万元/座[①];而力图发展深远海渔业的政府,如福州连江县等也会从本地财政补助、税收、海域使用或出让金等多方面予以支持。未来,如果能建立起更为稳固和灵活的专项金融平台,配合政策性资金,无疑将形成强大的产业吸引力。

三是更为开放的测试环境。全球前沿海洋国家的海水养殖都处于从近海到深远海的转型时期,兼之科技突破不断涌现、养殖模式不断创新,所以,都在进行各类养殖平台的测试。挪威对通过评定的创新技术深远海养殖平台,以颁发许可证的方式,给予额外的养殖配额(每张可生产总量为780吨)。这大大刺激了新兴技术的产生。"海洋渔场1号"就在孔斯伯格公司的协助下,成为世界上第一个通过融合所有可用水下传感器"大数据",并以此形成创新的操作员决策支持系统,控制和监测鲑鱼喂养与海洋整体物理环境;而采用海底锚定及封闭生产罐等新理念、人工智能鱼脸识别等新技术的创新平台,也得到相应许可证,开始建造并测试。据统计,2016—2020年,挪威已向20家公司发放了102个许可证,新增约8万吨产量空间[②]。因此,有条件的城市应结合选址、智能化装置等海工新技术发展,共同推动不同形式的深远海养殖平台前沿测试,实现养殖与海工技术的联合突破。

四是针对性的创新服务。在挪威,科技研发创新大多以小微企业,甚至是初创企业为主,它们在各个环节推动着不同的颠覆式创新,深远海养殖产业中同样如此。大型公司对新技术总有极高的期待,但创新者常常会热衷于向投资者介绍他们的产品,没有考虑如何与大型公司达成共鸣。因此,2015年成立的挪威NCE海产创新集群(NCE Seafood Innovation Cluster),其主要工作就是为其国内的养殖公司和供应商服务,在全球,包括本地寻求优秀

---

① 中华人民共和国农业农村部:《农业农村部办公厅关于修订深水抗风浪网箱补贴标准有关内容的通知》,农业农村部官方网站,http://www.moa.gov.cn/nybgb/2019/201911/202001/t20200110_6334729.htm,2020年1月10日.

② 渔业内幕Intrafish:《挪威大力推进水产养殖业创新发展》,国家海洋水产种质资源库网站,http://marine.fishinfo.cn/html/1//100/148/346.html.

科技研发者，并同生产商和投资者对接，共同推动产业的发展。这种科技技术中介及相应可能产生的知识产权服务，未来也必然会成为深远海养殖平台提升价值的重要靶向创新服务。

综合起来，海工力量雄厚的山东、浙江，更具开放活力的海南、福建，都有可能打造出未来蓝碳农业时代的深远海渔业中心城市。2020年8月，青岛获批首个国家深远海绿色养殖试验区，毫无疑问先走了一步。但中国漫长的海岸线显然不会只有一个深远海渔业中心城市。青岛能不能凭借足够的远见取得更多成就？而谁，又会是下一个？

三、重塑价值，海洋牧场的产业定制

蓝碳渔业的核心在于对海岸带的保护。所以，除绕开近海去寻找空间蓝海外，也要对近海渔业进行大力的生态改善，恢复其碳的负排放能力。海洋牧场的大力建设，从根本上提供了这种可能。

海洋牧场（Marine Ranching）指的是基于海洋生态系统原理，在特定海域，通过人工鱼礁、增殖放流等措施，构建或修复海洋生物繁殖、生长、索饵或避敌所需的场所，增殖养护渔业资源，改善海域生态环境，实现渔业资源可持续利用的渔业模式[1]。一般认为，海洋牧场集中建设区域为水深6～20米，其建设应做到"先场后牧"，即首先要通过科学地恢复海草床和海藻场，通过人工鱼礁形成上升流来改善生物栖息地。海草床和海藻场正是蓝碳的重要所在。因此，在碳中和的驱动下，**建设海洋牧场在未来仍将是近海渔业的发展大趋势**。

就目前而言，海洋牧场至今其实还没有形成特别好的可持续模式。据来自大连市现代海洋牧场研究院的业内人士透露，一个几万亩的牧场相对已经大面积海底荒漠化的近海来说仍是非常脆弱，风暴潮等自然灾害影响严重；牧场的区域经济带动作用也很有限，通常仅会拉动一些海产品加工和海洋旅

---

[1] 中华人民共和国农业部. 海洋牧场分类（SC/T 9111—2017）[S]. 北京：中国农业出版社，2017.

游,而我国几百个海洋牧场模式均较为雷同,以至于竞争激烈,这使得政府自身的推动意愿也不强;更重要的是,海洋牧场自身的经济收益模式仍不明确,现在梯次养殖和海珍品养殖是主要的收益来源,但产品品质在市场价格上并未兑现。因此,中国科学院海洋研究所常务副所长杨红生直言,一个海洋牧场从投入建设到收回投资,要经过5～7年,甚至更长的时间[①]。

如何让海洋牧场产生高价值?这其实是其吸纳更多主体、实现良性发展的关键。海藻,很有可能是打开海洋牧场高价值大门的钥匙,成为新的产业蓝海。

一方面,中国已经是世界海藻超级大国,2018年海藻产量超过1 800万吨,约占世界总量的六成,是第二名印尼的2倍[②],已有发展基础。而海藻固碳潜力较大,蓝碳效应显著。预测显示,仅全球陆架区大型海藻固碳潜力就达到了全球海洋年均净固碳总量的35%[③]。海藻生产也不涉及化肥、农药,水资源可以循环利用,很少废物排放。加之海洋牧场大发展下,海藻作为牧场基底,随着养殖技术演进实施和海底森林的全面构建,整体产量必然还会快速增长。这是蓝碳渔业在海岸带上最为确定的趋势。

另一方面,海藻也有着极为丰富的用途,市场也可从无到有、从小到大。多种多样的海藻如裙带菜、紫菜等,已经成为很多地方的餐桌必备;而作为饲料,海藻还能去碳,根据最新研究,仅添加80克海藻就能让牛减少82%的甲烷排放[④]。除此之外,其活性物质还能制成低碳的农业肥料、包装材料、保健品、医疗用品、化妆品等。

---

① 方琼玟,罗茵.中国科学院海洋研究所常务副所长杨红生 海洋牧场需与自然和谐共生[J].海洋与渔业,2019,298(2):67—70.
② 联合国粮农组织:《2020年世界渔业和水产养殖报告》,https://www.fao.org/3/ca9229en/ca9229en.pdf,2020年,第27页.
③ 杨宇峰,罗洪添,王庆,等.大型海藻规模栽培是增加海洋碳汇、解决近海环境问题的有效途径[J].中国科学院院刊,2021,36(3):259—269.
④ 布瑞纳·罗克等:《红海藻补充剂可将牛肉中的肠道甲烷减少80%以上》,《美国公共科学图书馆1》(*PLOS ONE*),https://doi.org/10.1371/journal.pone.0247820,2021年3月17日.

但我国海藻产值仍不到世界 1/3，与产量比例对比，可以看出资源利用效率很低。这清晰地反映在当前市场上：80% 的海藻食品仍只是低附加值的半成品，且种类少、加工档次低①。高值化海藻产品，一方面可以迎合现代需求，向 3R 食品（Ready to Cook，Ready to Heat，Ready to Eat，即烹、即热、即食）创新发展；另一方面则应充分利用生物科技，以提取活性物质为核心，研发出市场接受度较高的高价值功能商品，如高值保健品、药品、化妆品等。这样，**我们的海洋牧场就从传统的"种食物"，到了面向未来市场需求、定制化的"种保健品""种药品""种化妆品"**……

以高值化妆品为例，如具有保湿、修护功能的海藻提取物化妆品在美国、日本企业中取得了成功：美国雅诗兰黛集团旗下高端化妆品品牌海蓝之谜（Lamer）即主打太平洋深海海藻成分；而在海带原生地的日本函馆，主打"昆布"（一种海带）成分的化妆品品牌 SHIRO（意译"四郎"）也一步步从北海道走入伦敦国王大道。

法国布列塔尼大区则以海藻提取物为核心，发展出独具特色的世界级海洋化妆品产业集群。围绕着当地约 700 种的海藻，布列塔尼大区吸引了 167 家海洋化妆品公司，覆盖了从为大品牌提供原料、到生产自有品牌的各种类型企业，其中也包含了扎根于此的化妆品巨头伊夫·黎雪（Yves Rocher）。2018 年，布列塔尼海洋化妆品集群的总销售额已超过 18 亿欧元，并提供了约 6 000 个工作岗位。海藻化妆品的根基在于海藻提取物，因此，布列塔尼海洋化妆品产业集群的发展，均是围绕着生物科技研发平台。通过 40 个技术实验室、创新中心及国家级组织，政产学研共同推动布列塔尼大区成为法国顶级的海洋化妆品中心和全国排名第三的生物科技产业集群②。

使用生物科技提取海藻中的活性物质，以功能性商品重塑海洋牧场价

---

① 贾敬敦，朱蓓薇，张辉. 现代海洋食品产业科技创新战略研究［M］. 北京：科学出版社，2020.
② 汉娜·伊金：《布列塔尼—法国海洋化妆品行业的掌舵地区》，优质美妆新闻网站，https://www.premiumbeautynews.com/en/brittany-a-region-at-the-helm-of, 13599#，2018 年 6 月 26 日.

值,这成为海洋牧场能够可持续发展的可能道路。**"牧场—海藻—实验室—产业区"**,海藻活性物质有多少种细分功能,沿海地区就能有多少类高价值产品的创新产业集群。在这种以生物科技为枢纽的产业模式中,有着国家级海洋生物研究机构的青岛和厦门,以及科创活力充盈的深圳等地,无疑将会更具优势;而在其他地方,只要通过创新知识的定向对接和引进,搭建起通向各类"锚机构"的桥梁,也有极大概率获得新时代海洋牧场带来的高额溢价。

四、直抵核心,大洋之上的能源农场

保护海岸带的蓝碳渔业,在大力发展深远海养殖和海洋牧场、基本实现餐桌革命的乐观情况下,全球范围内能抵消多少的温室气体呢?很可能最高是 8% 左右[①],即根据比尔·盖茨的估算,大概为 40 亿吨二氧化碳当量。这是一般意义上蓝碳渔业的极限。但海洋,往往能够带来意想不到的惊喜。

在 2021 年 5 月 30 日举行的中科院学部第七届学术年会上,中国科学院院士丁仲礼在公布中科院"碳中和"框架路线图研究进展时提出,碳中和概括起来就是能源供应端、能源消费端、人为固碳端"三端发力"体系。可见,无论如何,碳中和最终还是需要向能源结构调整方面努力。

同样是位于食物链底端的海藻,给了未来能源一个超级想象空间。

作为非化石能源消费端的生物燃料已经经历了粮食、纤维素两代,玉米、甘蔗、植物油、木材等都可作为燃料来源。由于其可再生性和对化石能源的替代,且相应的"绿色溢价"(比同类燃料高出的价格)有限,生物燃料取得了快速发展。传统的农业价值,在生物燃料的发展中得到提升,以至于严重威胁到了粮食生产。目前,美国每年产出的 35% 玉米用于生产乙醇,而非食用;巴西肥沃的土地上产出的甘蔗仅 37% 左右用于生产白糖;而全

---

① 约瑟夫·波勒,托马斯·内梅切克. 通过生产者和消费者减少食品对环境的影响[J]. 科学, 2018, 360(6392): 987—992.

球 23% 的植物油用于生物柴油生产①。因此，2020 年 11 月 21 日，中华人民共和国国务院新闻办公室（以下简称国务院新闻办）在发布《新时代的中国能源发展》白皮书中"建设多元清洁的能源供应体系"一章中特别提出"坚持不与人争粮、不与粮争地的原则，严格控制燃料乙醇加工产能扩张"。但是，发展生物燃料是现阶段快速实现碳中和的重要途径。美国高级研究计划局能源部（ARPA-E）项目主管马克·冯·凯茨（Marc von Keitz）表示，生物能源非常重要，如果要实现美国经济的脱碳，生物能源需要占该国能源的 20%～25%②。在碳中和的驱动下，生物燃料能源的重要性必须得到足够重视。海藻正是不占用大量土地、肥料和水的新一代生物燃料来源。

海藻其实一直在生物燃料来源的考虑范围内。其中含有大量生物油脂，部分品种含油量甚至可达 70%，而且光合作用效率高，生长迅速，最多两周就可以完成一个生长周期，非常适合作为生物燃料，研究人员也一直在进行探索。如美国能源部（DOE）2016 年拨款 1 500 万美元资助"藻类生物燃料和生物制品"，夏威夷海洋科技园中的全球领先藻类公司 Cellana 也在不断进行生物燃料的实验。但大规模生产藻类燃料的成本问题在之前总是难以克服，因此，海藻燃料未能及早进入商业化。

现在，更多的技术突破带来了更大的可能性。中国科学院青岛生物能源与过程研究所单细胞中心与德国鲁尔大学植物生物化学系合作，**从生物模拟角度突破**，建立了缺氮胁迫下微拟球藻大量合成油脂的动态模型，为微藻产油提高工业化产量奠定了研究基础。埃克森美孚公司，则与美国生物技术公司 Synthetic Genomics 合作，运用 **CRISPR/Cas9 基因编辑技术**对藻类原始基因进行修饰，使其将二氧化碳转化为生物燃料的效率大大提高。可见的预期是，到了 2025 年，美孚公司每天将能够生产出 1 万桶藻类生物燃料。

---

① 田亚雄：《保食物还是保能源——清洁能源革命对投研范式的颠覆》，"CFC 农产品研究"微信公众号，2021 年 6 月 1 日．

② 安妮·斯尼特．我们的能量可以来自海洋中的巨型海藻养殖场吗？[J]．科学美国人，2020 年 3 月 16 日．

最具想象力和可能性的，则是美国高级研究计划局能源部资助的"海洋者"（MARINER）计划，集中了包括伍兹·霍尔海洋研究所、西北太平洋国家实验室、加利福尼亚大学圣塔芭芭拉分校等近20家美国海洋研究机构，针对海藻能源产业各个环节进行分项目的全方位科技创新，具体项目涉及养殖、收获、运输、育种等方面的技术和系统，种类细致繁多。例如，在伍兹·霍尔海洋研究所的一个项目就是专门针对水下监控的开发，重点在于小型无人潜航器上的传感器如何能够实施监测海藻的生长情况和相关损害。

这些环节上的创新，最终形成系统性的技术突破，以至于美国将可以在太平洋中间建造巨大的海藻能源农场。面对大洋中央表层海水生物量过低、导致海藻难以生长的问题，集成创新的太阳能水下机器人已经基本解决：具体是将海藻固定在水下机器人身上，在晚上、暴风雨或其他船只经过时，机器人会把海藻拉到海底吸收养分；其他时间再带其回到海水表层吸收阳光。到了收割季节，机器人还会把海藻拉到指定场所。这种模式已经在2019年测试成功。**人工智能和水下机器人技术**的系统突破，使得原来的大问题消失了，整个太平洋都可以成为巨大的能源农场。执行项目的初创公司Marine BioEnergy的创始人和总经理辛迪·维尔考克斯（Cindy Wilcox）认为，"替代美国现在使用的10%的石油，需要种植一个犹他州那么大的海藻农场，而太平洋有705个犹他州那么大。"[①]

新一轮的科技革命并不会孤立海藻能源化，海洋很可能在不远的未来成为新的能源农场。谁能够抓住新技术，率先测试和应用，谁就有可能在这个核心赛道上赢得未来，成为新一代能源中心城市！

能源正是蓝碳渔业中的超级蓝海！

**每次谈及中华民族，总有人说是大陆农耕民族，和海洋关联不大。但崛起前的罗马，也是一个完完全全的大陆农耕民族；然而也正是罗马，凭借化

[①] 安妮·斯尼特. 我们的能量可以来自海洋中的巨型海藻养殖场吗？[J]. 科学美国人，2020年3月16日.

海为陆的乌鸦吊桥，一步步将整个地中海变成了内湖。

没有什么能够永远不变，碳中和驱动下的我国海洋渔业就会进入一个完全不同的新时代。只要能够敢于创新、坚持创新，沿海地区就也能化海为陆、收获所想，从蓝碳渔业里找到属于自身的高价值空间，在海洋中开辟新的蓝海，为城市发展找到新的跃升之道！

有机世界，回归农业初心

文 | 李 瑞

一、健康未来，需要大力发展有机农业

农业初心是凭借自然之力，为人类生产健康食品。

但是，以石油化工技术为支撑的现代石化农业，在养活更多人的同时，成为人类健康和可持续发展的巨大隐患。**一方面，石化农业使我们的食物更缺乏营养。**"化学肥料只能提高作物的产量，却无法补充土壤中枯竭的'全部元素'，因此影响到食物的营养价值。"[①] 将日本文部科学省学术审议会资源调查分会公布的《日本食品标准成分表》1950年版和2000年第五次修订版成分表对比可以发现，蔬菜和水果中含有的维生素与过去相比，有明显下降。以菠菜为例，1950年每100克菠菜中含有150毫克维生素C；2000年下降至35毫克，只有过去1/5多的含量。[②] **另一方面，石化农业也成为人类生存的潜在威胁。**在已报道125种内分泌干扰物（EDs）中，农药就有86种，而具有EDs特性的农药不仅具有致癌作用，更有可能导致男性基本丧失生育能力，使人类在一代人的时间里灭绝。[③]

于是，随着收入与消费水平的不断上升，"吃得健康"越来越受到重视，追求纯天然、无污染、安全的健康食品再次成为世界食品消费新需求。在此

[①] 余永跃，王治河. 当代西方的永续农业与建设性后现代主义 [J]. 马克思主义与现实，2008（5）：114—123.

[②] 个人图书馆：《数据：50年间蔬菜水果营养的惊人变化》，http://www.360doc.com/content/19/1211/19/443902_879121797.shtml，2019年12月11日.

[③] 搜狐网：《中国农田土壤农药污染现状和防控对策》，https://www.sohu.com/a/152226861_756848，2017年6月26日.

背景下，意在提供更多健康农产品、力图克服现代常规农业弱点和问题的替代农业，如有机农业、朴门永续农业、本来农业、绿色农业、生态农业等，在全球范围内日益兴起。**经过多年相互借鉴、融合和竞争，不使用化肥、农药、生长激素、转基因技术的有机农业是目前国际影响最大、发展最快的农业类型。**根据国际权威有机农业研究机构瑞士有机农业研究所（FiBL）和IFOAM 国际有机联盟（IFOAM-OI）统计，从 1999 年到 2018 年，世界有机农业土地面积已经增长了 6.5 倍；到 2018 年，中国已有 310 万公顷有机农业用地面积，位列全球第三，比 2015 年翻了一番。2018 年，中国有机产品销售额达到 81 亿欧元，占世界总量的 8.3%，[①] 其中有机食品消费市场规模达 631.5 亿元[②]。

但值得说明的是，目前没有任何证据表明**有机农产品与绿色农产品、无公害农产品甚至普通农产品相比，在营养物质含量或口感上存在显著差别。**也就是说，有机农产品对人体而言，不一定更健康。

然而，在有机农业的生产方式下，能够使得土地、生态环境、作物作为一个有机整体存在，从而环境更加生态；其在适应气候变化、增进土壤健康、保护生物多样性等方面有着积极表现。这使有机农业在这个气候、生态剧烈变化的时代中，为文明进化下的社会主流价值观所推崇。如华盛顿州立大学作物和土壤科学教授约翰·里加诺德（John Reganold）曾在《自然》期刊中撰文表示，在面对 21 世纪人口激增、气候变化和环境恶化等全球议题下，有机农业更具可持续性、且可能在未来发挥核心作用。[③] 也就是说，**有机农业可能不一定使人更健康，但它一定会使人类的生存环境或地球生态系统更健康！**

[①] 农业行业观察网：《数据：2020 年全球有机农业发展报告》，http://www.nyguancha.com/bencandy.php?fid=81&id=11490，2020 年 2 月 27 日．

[②] 李明俊：《2020 年中国有机食品行业市场现状与发展前景分析有机食品深加工成趋势》，前瞻经济学人网站，https://www.qianzhan.com/analyst/detail/220/201127-b786921e.html，2020 年 11 月 28 日．

[③] 约翰·里加诺德，等．21 世纪的有机农业［J］．自然·植物，2016，2：1—8．

事实上，严格的界定标准，也使有机农业成为健康风险最低的农业形式之一。因此，以"健康"作为有机农产品的卖点无可厚非。另外，2021年的中央一号文件也明确提出要"加强农产品质量和食品安全监管，发展……有机农产品"，这从侧面反映出有机农产品的高质量，已经成为从上到下的共识。

这意味着有机农业时代的到来！

二、未来有机农业，必须实现高产量与真安全

由于传统有机农业的生产过程中，面临一些很难克服的阻碍，其发展受到一定程度上的影响。只有克服了这些阻碍，有机农业才能真正普惠大众，成为时代主流。这种阻碍主要体现在两个方面：一方面是产量较低；另一方面则是市场混乱。

首先，低产量使传统有机农业无法满足"吃饱"的基本需求。

有机农产品从种植到收获，无论是对土壤，还是对整个种植、加工、运输等环节都有着严苛的要求，产量注定无法达到石化农业的水平。而众多有机农业参与者对古老农法的天然迷信，使其盲目追求自然、本真和传统，更加剧了这种产量危机。加拿大蒙特利尔市的麦吉尔大学和美国明尼苏达大学的环境科学家，对34种农作物进行了传统种植和有机种植共66组对比分析研究，发现"总体上有机种植的产量明显比传统种植要低"[1]。综合研究表明，传统有机农业系统的产量大致低于常规农业10%～20%[2]。

这意味着，如果完全依靠传统有机农业生产，要达到同样的产量，就必须另外开发大量土地。瑞士有机研究所的研究员阿德里安·穆勒（Adrian Muller）对比了2005—2009年的平均数据，发现在维持常规农业生产的前提下，耕地面积需要在2050年增加6%；而如果全部进行有机生产，这个数值

---

[1] 网易探索：《〈科学美国人〉：有机农业或能养活90亿地球人》，http://discovery.163.com/12/0521/12/821DIVLA000125LI.html，2012年5月21日。

[2] 农业行业观察：《报告：中国有机农业潜力巨大；以色列：注重精准农业和设施农业》，https://www.163.com/dy/article/HBM95E5N05118U1Q.html，2022年7月7日。

立刻会变成 16% ～ 33%[①]。这显然是一项困难的工作，而且新开垦土地也会严重破坏生态环境。

其次，不够规范的管理也无法保证有机农产品真"安全"。

消费者对于有机农产品的鉴别都来自有机认证标识。而有机农产品在生产流通的各个环节，都有可能因为安全性控制工作做不到位，导致消费者购买的有机农产品出现问题，从而影响其社会公信力。

有机农业在生产过程中是可以添加一些植物源、动物源和矿物来源的"天然"杀菌剂、杀虫剂的，如取自除虫菊的除虫菊素、取自烟草的烟碱等，就可以利用它们对其他植物病虫害的有效抑制成分制成相关农药。据统计，美国有机农场使用的、符合标准的这种"另类"杀虫剂超过 20 种。有意思的是有机农场不但用农药，而且用量往往比一般农场还要多。其原因在于来自"天然"的另类农药，其药效往往比石化农药低，所以，必须加大剂量才管用，以至于美国农业部的有机认证机构从不统计有机行业农药的使用量。但用量太大导致的成本高，使得美国有机农场偷用化学杀虫剂的情况相当普遍，美国消费者联盟在其发布的《消费者报告》中公布的一次抽检结果中发现，居然有 25% 的有机农产品偷偷使用了人工合成的农药。

另类农药比人工合成的农药更安全的说法也是完全没有科学根据的。很多自然界现成的杀虫剂毒性很强，如非常知名的鱼藤酮（Rotenone），它提取自某些亚热带植物的根部，并被当作有机杀虫剂使用了很多年，但后来被发现能抑制线粒体的呼吸链，不仅有很强的生理毒性，还能诱发帕金森氏综合征。虽然鱼藤酮于 2005 年被美国农业部禁止了，但部分崇尚有机的欧洲国家及部分鱼类养殖业至今还在使用。

此外，外部原因也有可能导致有机农业生产中出现不安全的情况。2014 年 1 月，加拿大食品检验局发布一项近两年的检测结果，45.8% 的有机果蔬

[①] 腾讯网：《全球粮食不足人口近 10 亿，有机农业养活世界是痴心妄想？》，https://new.qq.com/omn/20200802/20200802A030EC00.html，2020 年 8 月 2 日.

含有农药残留，1.8% 的残留超标。这些农药残留可能是从临近的非有机农场漂移，或者通过土壤或者地下水转移过来的，也可能是在储运过程中与非有机产品的接触中获得。①

在流通环节中，有机农产品从农田到餐桌的监管，涉及多个部门。第一次认证通过并发证之后，认证机构大约会每年再去检查一两次，所以，在监管力度这方面是比较薄弱的。在有机农产品较高价格的驱使下，假冒有机食品或把绿色食品、无公害食品甚至是普通产品与有机食品混在一起销售屡见不鲜，甚至个别机构把"认证"变成了"卖证"。这就导致有机农产品市场鱼龙混杂，劣币驱逐良币的情况不断出现；从而使本就处于发展初期的有机农产品的社会信任度降低，推广得更为困难。

如何克服这些困难，实现有机农业的高产量和真安全？新一轮的科技革命给我们带来很大的想象空间。如果海洋里都能有高密度的养殖渔场，那么有机农业的产量就应该也可以提高；如果社区菜场都能通过数智化完成"销供产"，有机农业的品质也一定可以保障。

因此，未来的有机农业只能是农业传统理念的回归，绝不是盲目迷信和全盘复古。只有以最新的科技手段及相关体系，实现高产量和真有机，才能实现有机农业的真正发展，带给人们真正"健康"的未来。

三、科学生产，微生物形成产量新动力

微生物，代表着农业发展的前沿，也正在对农业产生深远影响。

近 30 年来，随着各种科技手段的出现、特别是高通量测序技术的飞速发展，人们对土壤微生物的认识逐步深入。这些海量的微生物与复杂的土壤环境总称为土壤微生物组（Soil Microbiome）②，成为农业、环保等领域的核

---

① 搜狐网：《有机食品也会有农残？》，https://www.sohu.com/a/21959070_114748，2015 年 7 月 9 日．
② 朱永官，沈仁芳，贺纪正，等．中国土壤微生物组：进展与展望 [J]．中国科学院院刊，2017, 32（6）：554—565+542．

心资源之一，也已经成为世界新一轮科技革命的战略高地。

美国在2016年5月13日宣布启动"国家微生物组计划（National Microbiome Initiative，NMI）"，这是个能与脑科学、精确医疗、抗癌"登月"、人工智能、量子信息等并列的美国重大国家科研计划，而农业正是其中的重要部分。[①]2019年年初，美国国家科学院再次发布《2030年前美国食品农业领域科技突破》，更是明确将"农业微生物群落研究"作为未来10年美国食品与农业科学研究的五个发展重点之一。[②]

1. 微生物技术已成为有机农业重要的推动技术

农业中主要是利用微生物的特性与技术，减少、消除石化农业带来日益严重的污染，促进现有农业成为循环农业，绿色抵御各种病虫害，达到高产、优质、生态、健康、可持续的要求，还要不断提升生态系统的承载能力。以对作物生长起着非常重要的氮为例，作物生长需要从土壤中大量获取，如不及时补充，土壤中的氮会大量流失。常规做法是使用氮肥，但是大量氮肥的施用，不但会降低作物的抗逆能力，降低磷、钾及微量元素的吸收，还会使土壤酸化、盐碱化加剧，造成果实中的钙、镁等营养成分明显降低等一系列反应。而如果采用微生物技术，借助其可以在特定条件下将氮气还原为氨，则整个生产过程无须提供任何能源和设备，不仅减少了能源的消耗，而且由于全部固氮过程都是生物活动，无污染物排放，还有利于保护生态环境。

目前，农业中微生物的主要应用方式是通过微生物制剂进行土壤改良、农药植保、添加剂、资源处理等活动。这种非石化技术，被广泛视为一种高效的有机农业技术，并被我国认可。《有机产品 生产、加工、标识与管理体系要求》（GB/T 19630—2019）中特别修改明确"增加了微生物制剂，用于

---

① 世界农化网中文网：《农业大变革时代到来 微生物农业将成新宠》，https://cn.agropages.com/News/NewsDetail---11967-e.htm，2016年6月13日。

② 许竹青. 美国面向2030的农业研发重点及对我国的启示［J］. 科技中国，2020（7）：49—51。

防治畜禽疾病"，以及"增加对部分土壤培肥和改良物质的类别进行了调整划分，将'天然存在的微生物制剂'修改为'微生物及微生物制剂'"①。也就是说，作为农业前沿的微生物技术，已经成为有机农业重要的推动技术。

据美国知名机构"研究与市场"（Research and Markets）的报告显示，2018 年微生物农业的市场价值已达 34.5 亿美元，而预计 2019—2024 年，这一市场的复合年均增长率将达到 18.6%②。而在我国，微生物农业发展也已经起步。以微生物肥料为例，截至 2018 年，我国已有微生物肥料企业 2 050 个以上、产能达 3 000 万吨、登记产品 6 500 余个，产业规模达 400 亿元，累积应用面积超 3 亿亩以上（包括蔬菜、果树、甘蔗、中草药、烟草、大田作物等）③。

但迄今为止，微生物技术的研究、发现与应用其实刚刚迈出了"万里长征第一步"：在每克土壤中数以亿万计的微生物里，仍有高达 99% 的物种及其功能尚属未知，这些"微生物暗物质"极有可能在未来某日，变成有机农业持续发展的长期引擎！

2. 微生物技术将通过改良土壤，破解传统有机农业的产量危机

土壤微生物与土地肥力密不可分，通过微生物改良土壤，可以非常显著地破解传统有机农业的产量危机。早在 2013 年 12 月，美国政府即出版了《微生物养活世界》一书，强调通过对土壤中的微生物进行调控，能够实现作物增产 20%，并减少 20% 的化肥与杀虫剂的农业投入④。因此，通过微生物改良土壤，对于促进有机农业的发展有着非常重要的积极意义。

---

① 中华人民共和国国家市场监督管理总局，中国国家标准化管理委员会. 有机产品 生产、加工、标识与管理体系要求（GB/T 19630—2019）[S]. 北京：中国标准出版社，2019.
② 李秦：《微生物农业风头劲，13 家企业融资超 20 亿美元，主要方向为农药、肥料》，"35 斗"微信公众号，https://mp.weixin.qq.com/s/8GWjPrgrwp-dI0vlet-Cig，2019 年 7 月 3 日.
③ 搜狐网：《微生物肥料市场前景分析》，https://www.sohu.com/a/383373805_99899070，2020 年 3 月 26 日.
④ 朱永官，沈仁芳，贺纪正，等. 中国土壤微生物组：进展与展望[J]. 中国科学院院刊，2017, 32 (6)：554—565+542.

一方面，通过微生物改良土壤，可以有效提升现有耕地的单位产量。

微生物肥料技术，将大量有益微生物及其代谢产物添加于肥料中，通过改良土壤菌群结构、培肥地力，促进作物生长，提高抗逆性，从而显著提高产量。如 2018 年，中国科学院微生物研究所开发的生姜高效功能性微生物菌肥在生姜大田种植试验过程中，能增加土壤团粒结构，提高土壤的通气、透水、保水、保肥能力，且有效防控生姜土传病害，最终每亩增产可达 25%～30%[①]。而对于大田作物领域，据 2020 年华东师范大学生态与环境科学学院邓泓副教授领衔团队在崇明岛的实验数据显示，选择合适的植物协同微生物调控的方式，可以在原本贫瘠的水稻田上实现单位面积产量比对照田增产 128%[②]！

这种增产随着微生物解决方案的不同，不仅可以应用在经济作物和大田作物，甚至还可以应用在养殖领域。曾有报道，华中农业大学毕业硕士生在自己的家乡试养小龙虾，采用"给小龙虾喂食名种肠道益生菌，为幼虾提供生长的蛋白菌、酵母菌，为大虾提供助生长的蛋白菌小球藻、肥水光合细菌，阴雨天则提供稳定水相硅藻、净水菌硝化细菌和反硝化细菌、芽孢杆菌分解有机物"的生物菌剂做法，不仅能预防疾病，还明显提高了小龙虾的亩产量由 75 千克提高到 125 千克[③]，从而带动其家乡本县及周边县近 300 多户人从事小龙虾养殖。

另一方面，通过微生物改良土壤，还可以将难用地转化为可用地，扩大有效种植面积。

众所周知，在农业领域盐碱地、发展工业后的毒地仅能有限种植甚至无

---

① 李秦：《微生物农业风头劲，13 家企业融资超 20 亿美元，主要方向为农药、肥料》，"35 斗"微信公众号，https://mp.weixin.qq.com/s/8GWjPrgrwp-dI0vlet-Cig，2019 年 7 月 3 日．
② 储舒婷：《"生态米"首年大丰收！华东师大团队在崇明横沙岛的改良试验田水稻产量翻倍》，腾讯网，https://new.qq.com/rain/a/20201215A02S2Q00.html，2020 年 12 月 15 日．
③ 搜狐网：《华农硕士利用"微生物学"养虾，价格提高 2～5 元，一亩纯利润至少有 6 000 元！》，https://www.sohu.com/a/270945720_711271，2018 年 10 月 24 日．

法种植作物。如果按照传统物理、化学方法改造土地，要么时间耗费长、要么改造成本高……还不一定能够达到预期目的。随着科技的进步，微生物制剂的使用日益得到重视。**微生物菌肥能够通过微生物的生命活动，改良土壤成分和营养环境，将工业毒地、盐碱地等在传统中认为不可用，或难以安全使用的土地转化为耕地。**

如位于山西省太原煤气化公司所在小店区农地，由于早期采用污水灌溉，部分土壤出现重金属镉、汞及多环芳烃污染物超标。耕地修复团队在修复过程中使用了3种方法进行比较，最终实践证明，"钝化改良+微生物降解+低积累作物种植"技术具有更好的应用价值和推广前景。① 而据研究表明，20多年我国粮食主产区耕地土壤重金属污染，点位超标率已从7.16%提高到了21.49%②。可见，在未来艰巨的修复任务中，微生物必将扮演重要的角色。

再如我国作为盐碱地大国，其总规模达15亿亩，与永久基本农田相当，经济发达、人口众多的江苏、山东、河北、天津等沿海省市盐碱地更为集中。如果能够通过土壤改良，使其部分形成新的耕地，无疑会为有机农业增加更大的生产面积，提供更多的总产量。青岛农业大学在黄河三角洲盐碱地上、就各种改良剂所做的比对试验，证实了有机肥微生物菌肥混施，确实能够使土壤速效养分和肥力状况得到显著改变。③ 这也为中国农业打开了一扇新的大门。

3．农业微生物技术的本地化特征使其必须与科技要素紧密捆绑

正如一方水土养一方人，农业微生物的一个重要特性，就是"本地化"要求非常高。通俗地说，就产品而言，很多在发达国家研制出来的微生物制

---

① 中国人大网：《污水污染农田被修复 揭秘"毒地"如何解毒》，http://www.npc.gov.cn/npc/c30834/202009/98134ae04eb749ffaf8230427eb7a11f.shtml，2020年9月25日.
② 尚二萍，许尔琪，张红旗，等.中国粮食主产区耕地土壤重金属时空变化与污染源分析[J].环境科学，2018，39（10）：4670—4683.
③ 李旭霖，刘庆花，柳新伟，等.不同改良剂对滨海盐碱地的改良效果[J].水土保持通报，2015，35（2）：219—224.

剂，拿到中国不一定适用；即使是在中国，同一种制剂在不同地区也不一定适用，其重要原因就是存在水土适应性问题。目前，作为重要载体的微生物制剂的研发应用就需要经历"**发现并识别微生物菌种质及其特性—驯化并研制生产微生物菌剂—应用**"三个过程。

微生物制剂在使用中，还有以下 3 个特点。

（1）**产品的适用目标单一**。微生物在土壤中的存在，与土壤具体的环境有很大的关系，如土壤的 pH 值、疏松透气度、含水量、性状的改良等因素有极大的关系。不同的土壤环境产生不同微生物群落环境。所以，即使是同一种作物面对同一种菌剂，在不同地域，会有不同的菌落要求，也就是说，菌剂的使用是靶向性的。例如，西部地区某生物公司就曾对来自烟威地区和新疆阿克苏地区同样患根腐病的苹果，以不同的菌种解决各自的问题，都有效解决了减产的问题。

（2）**产品保质期有限制**。微生物制剂里面起作用的就是里面所含的活性菌数量，而不同的活性菌生存的环境又有差异。如哈茨木霉菌需要保存在 2 ℃～ 8 ℃的恒温箱内，有效期为 1 年；而一些芽孢杆菌芽孢化水平不同，保存时间有很大的差异，芽孢化高的能保存一年半甚至更久，芽孢化不好的达不到半年就失效。总体而言，一般微生物制剂的保质期仅为 6 ～ 24 个月，而普通农药为 2 ～ 4 年[1]。所以，微生物制剂的产品保质期相对而言比较有限。

（3）**施种技术要专业**。微生物肥料肥效的发挥既受其自身因素的影响，如肥料中所含有效菌数、活性大小等质量因素；也受外界其他因子的制约，如土壤水分、有机质、pH 值等影响。因此，微生物肥料从选择到应用都应注意合理性。而且要严格按照微生物菌肥的说明一致操作，才能达到预期的效果。

---

[1] 前瞻经济学人网站：《微生物制剂在农业的应用状况和行业前景？》，https://www.qianzhan.com/wenda/detail/200323-7d5a2284.html，2020 年 3 月 23 日．

由于微生物技术应用于农业有着极强的地理属性及技术属性，需要识别菌种，了解其生物特性，并最终研究出相应的菌剂产品。所以，其应用必须与科技要素，如科研机构、科技企业、技术人员等紧密捆绑，在长期合作的基础上持续实施。

同时，对于微生物农业而言，经济作物和大田作物均可有各自不同的发展优势与发展路径。

其中附加值高的经济作物中，如四川、甘肃、湖南、广东、湖北、云南、吉林等地的茶叶、中药等，以及一线、新一线城市周边的水果、蔬菜等，均较为适合优先发展，但目的各不相同。前者自然是为了持续帮扶、避免返贫；后者则是为了更好地满足日常消费市场，显然由于周边区域同时临近科研机构，技术依托也会更为便利。而大田作物，如东北平原、黄淮海平原、长江流域等地的水稻、小麦、玉米等，尽管单位价值不高，但如能成片推广，可有效降低研发成本，也将具备微生物农业发展的机会。

4．微生物技术下的有机农业需要"技术源头＋试点网络＋人才基础"

针对微生物技术下的有机农业特点，地方上应与研发端紧密合作、增强研发成果的在地性；同时通过广泛试点，打破农民认知壁垒，强化在本地的推广和应用；此外，还要建立培训体系，教授农民相应的实用知识，以足够的科学素养，打造有机农业的新型农民基础。笔者将借助湖北省恩施土家族苗族自治州鹤峰县（后文简称鹤峰）借力微生物推广茶业全域有机种植的案例，对该发展模式进行阐述。

鹤峰县地处中国优质茶产区"黄金纬度带"——北纬30°（我国60多种茶叶均产生于此，包括十大传统名茶中的九种），是湖北省著名的茶叶之乡，茶叶生产历史悠久，可追溯到晋代。但是，连年的化学法种植农业，让老茶园土壤板结、酸化严重，生产出的茶叶农药残留超标等问题严重影响了茶叶产量和品质，只能长期以经营低档茶为主要业务。截至2014年，鹤峰县的贫困发生率仍为 36%①，属于深度贫困县。

2017 年，鹤峰县制定了"全域有机"战略，并快速推进。如今，鹤峰全县茶园面积已近 40 万亩，其中国内有机认证（含转换）面积达 10.66 万亩，规模全国第一，欧盟有机认证转换面积也达 3 073 亩；全县 90% 的村和 70% 的农户种茶，50% 以上的收入来自茶叶，茶产业成为脱贫攻坚和乡村振兴第一产业。回顾其成功经验，微生物技术的成功运用，是其中最为关键的环节。那么，其是怎么做到的呢？

（1）**联合外脑，形成长期微生物技术源头**。鹤峰率先与国内唯一一家生物农药工程技术研究中心——湖北省生物农药工程研究中心开展长期技术合作，来解决老茶园农药残留超标、土壤板结、肥效低的问题。通过连续施用中心针对当地研发的每克 50 亿微生物土壤修复剂，土壤酸碱度由 3.8 上升到 4.2，还满足零农药残留标准，也延缓了茶树的衰老。同时，中心从鹤峰茶园根际土壤中分离和筛选的一种叫作贝莱斯芽孢杆菌 CY30（目前被保存在武汉大学中国典型培养物保藏中心②）的菌株，并用该菌种发酵液在秋冬季施底肥的时候处理茶园土壤，使得次年春季明前茶发芽密度、百芽重均有明显的增加，增产 21.3%。在病虫害防治上，一方面借助贝莱斯芽孢杆菌 CY30 菌株发酵液降低春茶赤星病的发生率（降幅可达 56%）；另一方面借助苏云金芽孢杆菌油悬浮剂（一种微生物制剂）解决夏秋茶尺蠖发病率，防治效果达到 85% 以上③。通过这些针对性的研究，鹤峰县已经实现了土壤肥力提升与病虫害防治效率下降的双成功。现在，该中心已经正在筹备设立鹤峰县有机茶产业技术研究院。

---

① 搜狐网：《湖北鹤峰：脱贫路上奏凯歌》，https://www.sohu.com/a/272132678_114731，2018 年 10 月 30 日.
② 黄大野，杨丹，姚经武，等. 贝莱斯芽孢杆菌 CY30 防治茶轮斑病研究[J]. 中国植保导刊，2020，40（11）：6.
③ 中国鹤峰网·湖北鹤峰县新闻网：《农民日报：微生物制剂让"全域有机"成为可能》，http://www.hefeng.gov.cn/xwdt/bdyw/202105/t20210510_1126952.shtml，2021 年 5 月 8 日.

(2) 田间试点，以看得见的收益促进全域有机转化。从普通茶叶种植到发展有机茶，不但要经历 3 年的种植转换期，还要在转换期内承受茶叶产量降低，茶园的管理工作量上升的双重压力，推进肯定有负担。在具体推进上，鹤峰采取了"政府引导、企业主力、村民主导"方式。当地在政府的推动下，对接本地龙头茶叶公司，由其牵头、团结鹤峰县邬阳乡茶农试点发展有机茶：在百鸟村、湾潭河村、邬阳村为茶农无偿供应有机肥，并为所有茶园安装杀虫灯，遍插粘虫板，移植绿化苗木；同时，还修建沼液转运池，以此创办有机茶试点基地①。另外，结合茶农意愿，该公司选取当地知名贫困户的 6 亩茶园作为基地，进行先行的定点示范。签订发展有机茶协议后，微生物制剂的应用让该茶农得到了好处，他的有机茶园价值翻倍上涨。在基地+农户的示范带动下，高桥、凤凰、栗子等村的有机茶园建设全面铺开。截至 2017 年，仅鹤峰县邬阳乡就发展有机生态茶园 1.1 万亩，其中有 7 100 亩由该龙头公司发展而来。②

　　(3) 地歇人不歇，形成新型有机茶农人才基础。鹤峰县茶产业发展促进中心主任的田智仁明确指出："有机茶并不只是茶园管理那么简单，从采摘到加工到审评，其包含的每个步骤，都需要严格把关和指导。"该县树立了全域有机生产就意味着全体培训到位的目标，面对文化水平普遍不高的茶农，每年发放《有机茶生产技术手册》等资料 1 万余份③，积极推广农业、物理、生物措施防治病虫草害的知识与技术，使得科技与茶农的无缝对接。当地有机茶叶加工企业也积极参与茶叶的科学种植培训工作，截至 2017 年，已经成立了 3 所农民田间学校，由这几所学校作为主体积极组织实施新型职业农民

---

① 搜狐网：《巾帼不让须眉！鹤峰这位女书记让偏远山村变身"全域示范"》，https://www.sohu.com/a/246337910_187560，2018 年 8 月 10 日.

② 中国鹤峰网·湖北鹤峰县新闻网：《【脱贫攻坚夏季决战】有机茶让农民在家门口挣大钱》，https://www.hfweb.cn/jrhf/1758243.htm，2017 年 4 月 24 日.

③ 恩施新闻网：《鹤峰茶世界品——鹤峰建设"全国茶叶全域有机示范县"纪实》，http://www.enshi.cn/2020/1026/1037572.shtml，2020 年 10 月 26 日.

培育，举办有机茶栽培技术培训班。① 除在采茶季指派专业的技术人员现场巡回指导，及时审评、研讨和解决问题外，更重要的是，**鹤峰在农闲的冬季，还邀请中国农业科学院茶叶研究所的专家，给全体农民进行规模化教学，通过召开千人大会和结合现场的培训来提升茶农的技术水平。**

通过"技术源头＋试点网络＋人才基础"体系的搭建，鹤峰实现了可持续的有机溢价和县域经济的起飞。2020年1—7月，鹤峰实现外贸出口总额1 310.8万美元，同比增长382.6%，茶叶出口功不可没②；同年10月，鹤峰更获得首个"全国茶叶全域有机示范县"称号③，正式成为中国茶叶行业该领域的领头羊。

四、品质保障，以安全性重铸产品新标准

有机农产品，代表了目前农产品品质的最高水准，但其市场仍处于初级培育阶段。在对消费者购买有机农产品的调查中发现，近76%的消费者认为质量安全是购买有机农产品的原因④。换句话说，如果想继续推广有机农产品，就必须重视并严格保证其食用的安全性，建立消费者的信任度。

这种通过严格的安全保障来换取市场的做法，意大利为我们做出了很好的借鉴。意大利是欧盟知名的有机食品生产国家，在2018年欧盟有机农业种植面积排名中，意大利位列第三⑤。意大利的食品安全也是世界闻名，根据欧洲食品安全局（European Food Safety Authority，EFSA）2018年的欧洲

---

① 鹤峰网：《我县又一茶企成功申报成为农民田间学校》，https://www.hfweb.cn/bmdt/1735888.htm，2017年11月10日.

② 恩施新闻网：《鹤峰茶 世界品——鹤峰建设"全国茶叶全域有机示范县"纪实》，http://www.enshi.cn/2020/1026/1037572.shtml，2020年10月26日.

③ 茶友网：《湖北鹤峰获全国茶叶全域有机示范县称号》，https://m.puercn.com/news/77279/，2020年10月17日.

④ 参考网：《消费者对有机农产品的认知程度及消费情况》，https://www.fx361.com/page/2018/0611/6273979.shtml，2018年6月11日.

⑤ 搜狐网：《国内外有机产品标准发展现状（上）》，https://www.sohu.com/a/415002995_729666，2020年8月26日.

农药残余报告数据显示，意大利是对食品农药残余管控最严格的国家之一，其超标样品占比（1.8%）远低于欧盟平均值（4.5%）[①]。这有赖于其严格的食品安全监控体系，其中两点非常值得借鉴。

1. 技术溯源，借助食品身份溯源体系构筑安全基础

意大利的食品安全有一个很重要的环节，就是过程监督，其依托的就是食品溯源系统。具体做法如下。

一方面，强制要求企业建立食品档案，这就构筑起了食品最基本的身份及流通信息。按照意大利的相关要求，凡是在市面流通的食品，无论生产企业是来自本国，还是外国，都需要对食品质量和来源建立档案，这个档案由食品经营者自行建立和保管。例如，意大利知名食品帕尔玛火腿，凭借强制盖在火腿上的各种章，就能知道猪的生长信息、饲养者、屠宰场、肉质检信息、火腿的熟化年份、加工企业及品质认证信息等。如果食品生产者或经营者不能提供完整的生产、流通等信息，或是对这些信息不甚了解，一旦被抽检查出问题，他们将被处以高额行政罚款，甚至可能面对刑事处罚。

另一方面，确保档案信息与全国信息系统实现交换，这实现了监管机构对于食品的全方位监控。意大利食品生产商被要求对食品进行编码，而且要及时与国家层面对接沟通，每两天更新一次进度。一旦出现食品安全问题，就会通过食品安全监管体系，采取科学抽检、发现问题、追溯、封存控制、主动召回等一系列措施控制食品安全。例如，当年席卷全欧洲的"毒鸡蛋"事件，在该事件中，意大利能够做到独善其身，其主要就是依托每个鸡蛋的编码身份证。所谓鸡蛋的"身份证"，是由数字和英文字母构成的字符串。除能够常规记录保质期外，还可以记录该鸡蛋的生产环境、原产地、养殖场所在地、养殖场中的鸡舍编号、具体的母鸡所在地、集蛋方式甚至是新鲜度等信息。有了它，可以随时定位到该鸡蛋的来源地。因此，当发现鸡蛋有问

[①] 2020 意大利农业数据：《CREA-2021 年政策与生物经济研究中心》，https://www.crea.gov.it/web/politiche-e-bioeconomia/-/agricoltura-italiana-conta.

题，意大利的监管部门马上就能根据编码查出是哪个饲养场甚至是哪一个鸡舍出的问题，从而进行精准处理。

对我国而言，食品溯源系统技术上已不存在难以逾越的鸿沟，以区块链、AI（人工智能）技术、大数据、云计算为核心技术的食用农产品溯源平台完全可以实现。而在疫情不断反复的背景下，食品溯源系统的建设也得到足够的重视，并开始加速。一些沿海发达地区，正在推出相应的平台。如 2021 年 3 月，浙江就推出了基于食品从农田（车间）到餐桌全过程生产流通交易数据归集的"浙食链"系统。消费者通过支付宝或微信扫描食品包装上的"浙食链"二维码，就能够查看该食品的生产加工状况、工厂自检结果、监督抽检结果、食用农产品产地和合格证明、进口食品检疫和消毒证明等。借助这个溯源平台，通过大数据实时预警，就可以进一步压实市场主体责任，为监管部门进行靶向性监督和追溯提供参考依据，这将大大提高食品的安全系数①。各地政府也可以通过针对不同区域或不同产品，建立起自身的溯源渠道，以此来形成有机食品的安全性保障。

2. 检测下沉，加强对农产品生产者的安全责任监督

规范的市场及行业标准，需要有力的监督机构进行监督才能被真正落实，而链条上每个环节都应该有相应的监督方可实现。意大利为了保证监管的覆盖力与权威性，将卫生部下属的国家卫生研究所（ISS），也就是负责对全意大利食品和饲料检测与检验的最高科学技术机构进行下沉。在地方上，分成 10 个大区，分别设立了实验动物疾病研究所（IZS）、环境保护机构（ARPA）和公共卫生实验室（LSP）来分别负责对动物源性食品、杀虫剂和植物源性食品的检测，并使食品安全实现了标准统一和避免了重复检测。

以每个大区的实验动物疾病研究所 IZS 为例，既会有标准化功能配置（3 个必备实验室分别为普通诊断、血清和食品控制实验室）；同时，也注重

---

① 陈明珠：《打造全国食品安全追溯"标杆工程"，浙江正式上线"浙食链"》，中国食品报浙江，https://www.thepaper.cn/newsDetail_forward_11859726，2021 年 3 月 24 日．

与本地特色农业的结合，增设专业化的实验室，以成为该生产领域的权威（如格罗谢托奶制品企业较多，所以单独成立相关实验室）。依托这些特色实验室，可能会进一步设立参考中心（CR），成为专业问题的技术仲裁机构。这样的实验室，在帮助地方特色产业继续壮大的同时，也会突出自身在该领域的权威性。有的实验室，甚至因此成为联合国粮食及农业组织（FAO）等国际组织的参考实验室。如意大利北部区域对禽类养殖有着丰富的经验，所在威尼托大区的禽流感实验室，就成为世界动物卫生组织（OIE）和联合国粮食及农业组织（FAO）该问题的参考实验室。

在我国，2021年的中央一号文件明确指出，要"试行食用农产品达标合格证制度，推进国家农产品质量安全县创建"，**这意味着农产品种植养殖生产者自我管理、自控自检的自主性权利增强，各地农产品质量安全体系将成为区域农产品形象的重要保障**。毕竟，在溯源体系建成后，本区域任何不合格的农产品进入市场，都会带来严重冲击。那么，除针对农产品生产者开展严格且持久的教育培训外，如何维护自身农产品的优势地位将成为众多农业先进地区，尤其是现在有机农业的先进地区不得不考虑的问题。**在借鉴意大利的经验的同时，加大自身的监督检查力度显然更为现实。**

智能生物识别、先进算法、机器学习等技术的突破性发展，已经使检测机构下沉成为可能。2015—2021年，国内相关检测技术也日趋成熟，国内企业逐步实现了对大部分进口产品的国产替代，这更是为检测力量的下沉提供了必不可少的基础。可以想见，在未来的几年间，全国范围必然会建立起庞大的农产品质量安全检测网络。在这个过程中，**通过技术力量率先组建或增强地方检测力量，打造一张专业权威且渗透到田间地头的检测网络，也将成为城市或区域保障地方农业、巩固相关优势，甚至成为形成品类有机农业知识中枢及相应绿色壁垒的新机遇。**

检验检测也是有机农业的生产力！

在我国当前人民健康的要求和生态发展的战略背景下，有机农业已经成

为任何一个具备条件地区的重大发展机遇。但是有机农业的发展，绝不可能一蹴而就。因此，我们应该心怀传统农业的理念，一方面，要依托微生物等技术对尊天时、重地利的传统农业进行技术升级，保证过程有机；另一方面，要利用科技力量做好农产品安全生产的全过程监控与分析，确保结果健康，谨防劣币驱逐良币的情况发生。这两者互相背书，缺一不可。

蛋白工厂——从以色列看中国的替代蛋白产业

文 | 傅琦仪

一、替代蛋白——肉类的进化

随着社会进步、生活水平的提高，越来越多人开始享受大鱼大肉的生活。如今，人们每年要吃掉 700 亿只鸡、15 亿头猪、6 亿只绵羊、5 亿只山羊及 3 亿头牛[①]。在过去的 50 年中，地球上的人口数量翻了一倍，消耗的肉类增加了两倍；而到了 2050 年，联合国粮食及农业组织指出，全球肉类需求量还将再度上涨 73%[②]。

然而，在这样大快朵颐的背后，又隐藏着哪些风险？

现代医学已经证实，传统畜牧业所生产的肉类，可能带来许多健康问题，例如，源于肉类的食源性病原体，如大肠杆菌、沙门氏菌和弯曲杆菌，每年会导致数百万的疾病[③]；目前，已知有超过 200 种的人畜共患疾病[④]，占人类所有急性感染疾病中的 75%，包括我们熟知的 SARS、MERS、埃博拉等[⑤]，平均每年约 200 万人因此而死[⑥]。同时，畜牧业抗生素的滥用也是一大

[①] *Yearly number of animals slaughtered for meat, World*, 1961 *to* 2020, https://ourworldindata.org/grapher/animals-slaughtered-for-meat.

[②] 联合国粮食及农业组织，https://www.fao.org/news/story/pt/item/116951/icode/.

[③] 上海市生物工程学会：《植物和细胞培养肉的生产与商业化挑战》，https://www.ssbt.org.cn/upload/20210115143321_473.pdf.

[④] 世界卫生组织：《人畜共患疾病》，https://www.who.int/zh/news-room/fact-sheets/detail/zoonoses，2020 年 7 月 29 日.

[⑤] 普罗维植国际植物性饮食协会：《食物和流行病报告》，https://proveg.com/wp-content/uploads/2020/07/PV_Food_and_Pandemics_Report_Digital.pdf，2020 年，第 5 页.

[⑥] 联合国：《联合国：每年约 200 万人死于人畜共患病新冠疫情不会是最后一次大流行》，https://news.un.org/zh/story/2020/07/1061381，2020 年 7 月 6 日.

隐患——每年约有 70 万人死于抗生素滥用[①]，在一些国家，为促进动物的健康成长，用于畜牧业的抗生素甚至达到 80%[②]！这些抗生素随着动物肉进入人体，最终将导致人类对许多治疗药物产生耐药性，甚至引发"超级细菌"的问题！

以上事实无不证明，为了人类的安全与健康，也为了满足人类对肉类蛋白的需求，发展新的、更加"干净"的替代蛋白产业，刻不容缓。替代蛋白，不含病原体与抗生素，低卡、低脂、低胆固醇是代表着健康与未来的选择。

替代蛋白，顾名思义，就是不直接从动物肉中摄取蛋白，转而寻求其他替代来源。根据不同来源，目前主要包括植物蛋白、细胞蛋白、微生物蛋白与昆虫蛋白 4 类，技术上则是在实验室中通过生物技术加工，以工业化的方式生产蛋白。**替代蛋白生产不需要养殖场与屠宰场，取而代之的是实验室与加工厂，是一种颠覆性的、工业化的"农业"。**

在这 4 类替代蛋白中，微生物与昆虫蛋白技术还不够成熟且心理上难以为人接受，目前应用较少。细胞蛋白源于动物细胞，生产肌肉组织并与真肉拥有相同的蛋白质特征，无疑是最接近真实动物肉、前景也最为看好的一类。但是受技术水平的影响，细胞蛋白来源的人造肉成本高、难以大规模量产，尚未能真正推向市场。而植物蛋白源于豌豆、大豆或鹰嘴豆等植物，技术相对成熟、成本较低，是目前最佳替代蛋白，已逐步进入市场。植物与细胞蛋白来源产品正是现下火热的"人造肉"。

1. 替代蛋白，是未来农业发展的必然选择，是文明进化的必然结果

相比传统畜牧业，替代蛋白能够避免药物滥用，是安全的农业。替代蛋

---

① OBSERVER: *This Startup Grows Real Steak From Beef Cells in a Lab*, https://observer.com/2020/12/aleph-farms-cultivated-meat-food-tech/.

② 世界卫生组织：《停止对健康动物使用抗生素以预防抗生素耐药性蔓延》，https://www.who.int/zh/news/item/07-11-2017-stop-using-antibiotics-in-healthy-animals-to-prevent-the-spread-of-antibiotic-resistance.

白在实验室与工厂中生产，由植物或动物干细胞培养转变而来，生产过程相对"清洁"，无须使用农药或抗生素，其产品也不会携带病原体。

替代蛋白还能实现定制营养，是健康的农业。 对比传统肉类，替代蛋白的脂肪、热量及胆固醇含量都大幅下降；在替代蛋白生产过程中，通过培养基成分调整、配料添加及基因工程等方式，还可以调整、定制营养成分，让人吃得更加健康。

除此之外，替代蛋白还是更加高效的农业。 替代蛋白意味着更快的生产速度及更少的资源消耗。相比传统畜牧业所需的1～2年的饲养时间，生产替代蛋白的周期仅需3～4周[1]，生产效率大大提高。传统畜牧业使用了全球25%的土地，并排放了全球18%的温室气体[2]；而生产等量替代蛋白可少占用80%的土地、94%的水和45%的能源，并减少排放76%的温室气体[3]。同时，生产替代蛋白不再需要大规模集中饲养和宰杀动物，对动物的影响也就大幅降低。

2．替代蛋白产业是一片巨大的蓝海，有相当大的发展空间

近年来，世界范围内，有越来越多的替代蛋白产业初创公司开始崭露头角，投资密集，显示出资本市场的趋向。根据致力于替代蛋白发展与推广的美国非营利组织好食品研究所（Good Food Institute，GFI）的统计分析，全球替代蛋白投资总额在2020年飙升至31亿美元，是2019年的3倍，表现出投资界对于替代蛋白的强烈兴趣[4]。植物肉的市场规模也在逐步扩大，2019年全球植物肉的市场规模约121亿美元，预计2025年将达到

---

[1] Aleph Farms 官网：https://aleph-farms.com/nature-design/.

[2] Medium: *Cellular Agriculture: The Future of Food*, https://medium.com/cellagri/cellular-agriculture-the-future-of-food-ab4710eced9b.

[3] HARVARD LIBRARY: 90 *Reasons to Consider Cellular Agriculture*, https://dash.harvard.edu/handle/1/38573490.

[4] GFI: *Israel State of Alternative Protein Innovation Report 2021*, https://gfi.org.il/resources/israel-state-of-alternative-protein-innovation-report-2021/?_ga=2.233489374.1523042987.1622786563-1725335341.1622015482.

279亿美元，年化增长率达到15%；而如果植物肉能够复制植物奶的奇迹、达到植物奶与传统乳制奶的比例，那么未来全球的植物肉市场规模将达到约1 820亿美元①。

虽然全球的植物肉产业蓬勃发展，但当前主要市场还是在欧美，我国的植物肉产业还处于初现雏形的阶段。根据欧睿信息咨询公司（Euromonitor）的数据，2020年，我国植物肉市场规模约1.164亿美元，仅占全球的不到1%②。两方面背景奠定了我国发展替代蛋白的基础。

一方面，我国有发展"人造肉"的传统与基础。我国食用"素肉"的传统上可追溯至宋代，而如今，也有超5 000家企业在所谓"植物肉"这一赛道鏖战③；但是，其中大多数企业工艺老旧、产品初级，仍然停留在豆制品基础加工阶段，无法与目前采用新技术全面模拟肉类的植物肉媲美。但是，新一代人造肉在我国也已有冒头之势。目前，我国长三角、珠三角等地，已出现周子未来、星期零等人造肉初创企业；而少部分传统豆类食品加工企业也出现转型之势，如双塔食品等。

另一方面，未来我国将可能面临肉类短缺。随着人们生活水平的提高，我国已成为肉类消耗第一大国，以全球18.3%的人口，消耗了28.4%的肉类④。经合组织（OECD）的数据显示，2018年中国肉类消费量达到8 829.6万吨；尽管如此，与美国肉类人均消费量100千克相比，中国人均仅为美国的一半左右⑤。因此，未来我国的肉类消费量还有很大的上涨空间，预

---

① 乐晴智库：《人造肉产业深度研究》，https://mp.weixin.qq.com/s/Uvl3KrKY_87TjNX9YuQ_iQ，2019年8月24日．

② 谷孚GFIC：《新蛋白产业现状报告发布，多项数据创新高》，https://mp.weixin.qq.com/s/mpweO0SzqAUOgg5XqhymbA，2021年5月20日．

③ 新浪财经：《超5000家企业下场鏖战，植物肉市场"真香"吗？》，https://finance.sina.com.cn/tech/2021-06-16/doc-ikqciyzi9889170.shtml，2021年6月16日．

④ 产业信息网：《2019年中国肉类产量、进出口量及消费量分析：国内肉类产量下降，主要受猪肉影响》，https://www.chyxx.com/industry/202005/864952.html，2020年5月20日．

⑤ 前瞻经济学人网站：《必胜客加入！人造肉是否会走向主流消费市场？》，https://www.qianzhan.com/analyst/detail/220/191106-2524f835.html，2019年11月7日．

计 2030 年中国肉类产品的供给缺口将达到 3 800 万吨以上①。

因此，在吃肉问题方面，我国面临巨大的隐形危机，但也蕴含着巨大的蓝海——发展替代蛋白，既是未来的挑战，也是巨大的机遇。**如果现在替代蛋白在我国巨大的食品供应中还只能算锦上添花，那么未来必将举足轻重！**巨大的红利已经浮现在眼前，那么，究竟谁能抢到这个红利？怎样才能快速抢到这个红利？哪个城市又能借此找到新的增长点？我们就必须从成功的先行者那里，寻找其真正有效的突围之道。

二、从以色列看中国，替代蛋白产业的突围之道

在传统畜牧业尚未走到"危急存亡之秋"，而替代蛋白仍不成熟的当下，传统肉企仍然稳坐高台，尚未大举进入替代蛋白产业、尝试开辟新方向。国内知名农牧企业新希望集团如此评价替代蛋白："人造肉相比真实的肉类在口感、味道上还有很大的差距，在成本上也没有优势，反而更贵。因此我们认为，在较长的时期里，人造肉只是满足特殊群体特殊需求的一种小众产品，不会对大众肉食消费带来很大的影响"②。目前，替代蛋白的入局者大多是规模小、资源少的初创型企业。对于这些稚嫩的企业，如何才能与家大业大的传统肉企竞争，在市场中分一杯羹？

替代蛋白作为颠覆性产业，需要颠覆性创新。颠覆性创新理论由哈佛大学教授克莱顿·克里斯坦森提出，是指传统在位企业出于运营成本与风险等方面的考虑，往往聚焦于已经成型的最有利可图的市场，而会忽略部分需要投入、需要颠覆性技术的细分市场，而这正是颠覆性创新企业的可乘之机——聚焦被忽略的细分需求，提供更合适、更实惠、更低价的服务，逐步打开市

---

① 乐晴智库：《人造肉产业深度研究》，https://mp.weixin.qq.com/s/Uvl3KrKY_87TjNX9YuQ_iQ，2019 年 8 月 24 日。

② 每日经济新闻：《带货植物肉水饺翻车，关晓彤被"骂"上热搜，还被这家上市公司"神补刀"》，https://mp.weixin.qq.com/s/4CoqPCLqJKsszRbIAgpSFA，2021 年 5 月 26 日．

场，最终赢得主流客户①。因此，颠覆性创新，并非要正面争夺现有主流市场，而是**利用颠覆性技术，放大或创造一类新的细分市场并逐步做大，最终实现市场颠覆**！

可以说，颠覆性技术、低价格、细分市场，正是实现颠覆性创新的3个关键词。对于替代蛋白企业，只有紧紧抓住这3个关键词并利用得当——**发展颠覆性技术、努力降低价格、敲开细分市场的大门，才有机会发挥自身优势，谋得一席容身之地**。

纵观全球的替代蛋白产业，以色列作为一个弹丸小国，却发展得颇有声色，它的经验能够给我们些许启示。

以色列一直以创新技术与创业闻名于世，而在替代蛋白这一新兴领域，其同样崭露头角。2018—2020年，以色列对替代蛋白企业的投资增长了8倍，从2018年的1 400万美元增长到2020年的1.14亿美元，并有4家企业成功上市，这种增长接近全球平均增速的2倍②；细分至植物蛋白市场规模的增速，以色列更是在2020年领跑全球，各类产品市场均达到两位数，植物肉市场规模增速更是高达58%③，远超世界15%的复合增长率④。

那么，以色列企业通过哪些措施实践颠覆性创新，孵化替代蛋白产业呢？

1. 发展颠覆性技术，定调颠覆性产业

颠覆性创新的前提是颠覆性技术。替代蛋白生产所用技术是否成熟、足

---

① Robert Yaman: *Startups vs. Incumbents: Disruptive Innovation in Alternative Protein*, https://www.robertyaman.com/blog/startups-vs-incumbents-disruptive-innovation-in-alternative-protein.

② GFI：《2020年产业现状报告 - 细胞培养肉》，https://uploads.striklinglycdn.com/files/68aa03a2-d5a3-4f95-b05a-da61ec3690db/（CN）%202020%20Cultivated%20SOTI%20Report%200702.pdf?id=3445789.

③ GFI: *Israel State of Alternative Protein Innovation Report 2021*, https://gfi.org.il/resources/israel-state-of-alternative-protein-innovation-report-2021/?_ga=2.233489374.1523042987.1622786563-1725335341.1622015482.

④ 前瞻经济学人网站：《2020年中国植物肉行业市场规模及发展前景分析市场前景广阔》，https://www.qianzhan.com/analyst/detail/220/200820-da1e50dd.html，2020年8月20日.

够支撑规模化生产，以及未来是否能够实现快速迭代、持续改良优化产品，仍然是使颠覆性创新能否成功的关键因素，如图3-1所示。

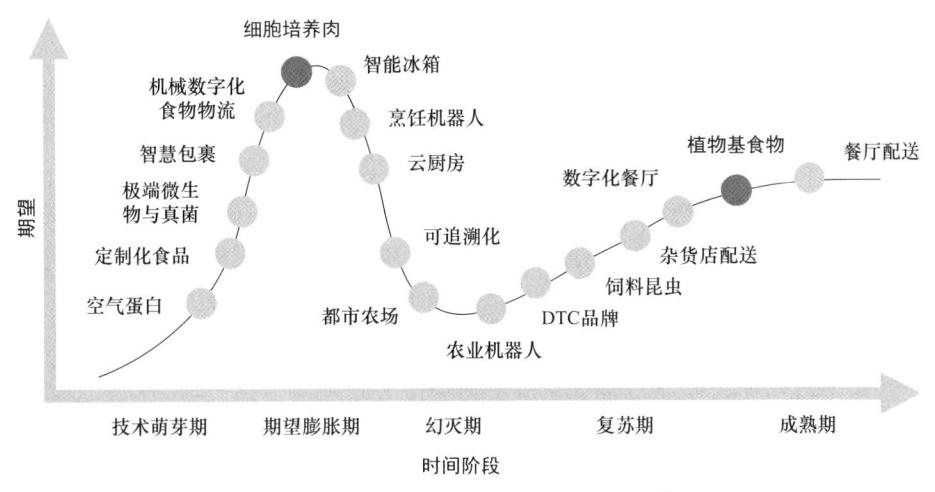

图3-1 2020年食品相关技术成熟度曲线[①]

根据法国食品科技咨询企业数字食物实验室（DigitalFoodLab）的分析，目前植物蛋白生产技术在技术成熟度曲线上已迈过谷底，开始由复苏期向成熟期发展，但是企业仍然需要通过更加高频的技术迭代，满足更多消费者的需求；而细胞蛋白技术则仍然处于技术萌芽期向期望膨胀期发展的阶段，尚属于实验室技术，未能走向大规模生产[②]。目前，已能够大规模生产的植物蛋白来源肉类售价仍略高于传统动物肉，而细胞蛋白来源肉类价格远高于动物肉；同时，这两者在风味上与传统动物肉都仍存在一定差距。因此，替代蛋白产业想要实现颠覆性创新，仍然需要**不断的技术创新与突破，以降低成本、持续优化产品**，这是让替代蛋白产品彻底走出实验室、走向市场，最终走上千家万户的餐桌的前提条件。

为保障颠覆性技术，以色列主要抓住了以下两点。

---

①② DigitalFoodLab: *What Are the Key Trends in FoodTech?*, https://www.digitalfoodlab.com/foodtech-trends-in-2020/.

（1）不是围绕大牧场，而是围绕大科研。

雷霍沃特，是一座位于以色列中央区、仅有10余万人口的城市。它交通便利，距离特拉维夫仅有20千米[①]；而它的另一身份是以色列替代蛋白产业的高地，拥有多家以色列替代蛋白企业的总部或研发部门，包括Supermeat、Chick.P、Future Meat Technology、Redefine Meat等企业，以及以色列总理曾参观并品尝过其产品的Aleph Farms公司等。究其原因，核心就是强劲的科研实力。

替代蛋白的生产不再是传统的牧场养殖场生产模式，对技术的强烈需求使得其研发端需要围绕科研布局，而雷霍沃特恰好能够满足这些需求。雷霍沃特虽小，却拥有两所以色列顶级的研究院校——希伯来大学农学部及魏茨曼科学研究所。其中，希伯来大学是以色列第一所公立大学，而**它的农学部则是以色列唯一一家农业科学方面的高等学府**；而魏茨曼科学研究院专注于理科科学研究，拥有生命科学院（包括生物学院与生物化学学院）、数学与计算机学院等多个院系，曾被《科学家》（*The Scientist*）杂志评为非美国院校中学术界最佳工作地[②]。而除教授、科研团队的项目攻关外，**高校还通过举办网络研讨会与讲座、开设本科与研究生阶段替代蛋白课程等方式，为替代蛋白行业培养人才**。

来自两所院校的人才与技术孵化出大量替代蛋白企业，如Future Meat Technology公司，其创始人正是希伯来大学的雅科夫·纳米亚斯（Yaakov Nahmias）教授，同时，他也是公司核心技术的提供者；还有Biomilk、Chick.P等企业，其核心技术均源于希伯来大学的研究成果。可以说，这些企业的出现与发展离不开人才与技术上与科研院所的紧密绑定。而在地理选择上，自然也是"近水楼台先得月"，因此人才充足、交通便利、地价低的雷霍沃特成为以色列替代蛋白产业的孵化温床。

---

① 维基百科：https://zh.wikipedia.org/wiki/%E9%9B%B7%E9%9C%8D%E6%B2%83%E7%89%B9.
② 维基百科：https://zh.wikipedia.org/wiki/魏茨曼科学研究学院.

回顾我国替代蛋白企业的萌芽史，同样与科研机构关系密切。

在我国，生物学与农学科研强劲的高校（清华大学、北京大学、复旦大学、上海交通大学、中国农业大学、南京农业大学、浙江大学等）基本在北京和长三角地区。而这些地区已经孕育出数家相关企业，展现出爆发的趋势：如国内第一家细胞培养肉公司周子未来，坐落于南京农高区，孵化自南京农业大学周光宏教授团队，并由其担任首席科学家；与浙江大学有合作关系的细胞培养肉企业CellX，坐落于上海张江科学城；而北京同样诞生了珍肉、未食达（Vesta）等多家企业。

发展替代蛋白产业，突破创新技术，必须紧紧绑定科技研发，知识外溢的本地化规律，让地理上的靠近成为技术与人才上紧密对接的重要条件。随着2021年6月，科技部发布"绿色生物制造"重点专项2021年度拟立项支持的项目中，华东理工大学将开展生物反应器与智能生物制造、江南大学将开展人造肉高效生物制造技术等相关专项研究，相关科研水平仍将进一步增强的长三角地区，无疑在未来的替代蛋白发展中更值得期待。

（2）不是保护蛋白产地，而是保护知识产权。

实现颠覆性创新，开始需要用颠覆性技术撞开市场大门，而后续更需要技术不断的升级迭代来实现产品的不断更新，以满足更多消费者的多样化需求，逐步"扩张地盘"。以以色列植物肉企业Chick.P的扩张历程为例，其通过鹰嘴豆蛋白分离专利技术进入市场，紧接着便是"与Socius（Chick.P的美国战略合作伙伴，一家蛋白质食品配料公司）制定战略，探索生产基于鹰嘴豆蛋白质的原型的许多创造性可能性"[1]。技术从实验室走向生产的转化，以及技术在不断更新迭代中的保护，在替代蛋白的发展中同样起到十分重要的作用。

---

[1] Green queen: *Israel Startup ChickP Starts Commercial Production Of Its Plant-Based Protein Isolate Ahead Of U.S. Expansion*, https://www.greenqueen.com.hk/israel-startup-chickp-starts-commercial-production-of-its-plant-based-protein-isolate-ahead-of-u-s-expansion/.

以色列通过专门针对食品技术的孵化器与加速器，推动尖端技术从实验室走向初创企业，扶持企业成长。以色列拥有的 10 家食品方向的孵化器与加速器①，其中一些选择与大型食品公司合作，而新生的替代蛋白生产企业正是这些公司投资的热门选择。如食品孵化器 The Kitchen，一直与以色列大型食品公司施特劳斯集团合作，而在该孵化器投资扶持的所有企业里，替代蛋白企业就占了 1/3②。显然，市场会通过这些行为，来牵引这些替代蛋白企业的技术创新和迭代。技术为王的颠覆性行业，知识产权的重要性无须多言。

作为创新强国的以色列，非常重视知识产权保护，"只要是新的、有用的、能够在工业上实施，并且具有创造性，就可以获得发明专利"③，这在替代蛋白产业成为关键要素。在替代蛋白行业内，以色列企业大多各有所长，借助各自拥有的专利技术，如细胞支架构建技术、生物 3D 打印技术、纳米生物技术等，在各自领域内深耕，从而呈现百花齐放之势。**核心专利技术正在构成各替代蛋白企业的核心竞争力。**以色列代表性企业 Future Meat 曾表示，面对细胞培养肉干细胞培养方向的竞争，公司的优势在于手握广泛的专利组合，可以保护其干细胞培养生长方式以及引导其分化成为纤维细胞的方式方面的核心技术④。

虽然我国替代蛋白产业刚起步，但很多企业已展现出各自的技术研究偏好，如 CellX 侧重于组织工程技术与生物 3D 打印技术，星期零则以分子感官学技术为看家本领等。地方上，如果能以专业的科学服务业，引导其获得相应专利与专利组合的保护，就能更好地维持企业间的良性竞争、促进企业不

---

① GFI: *Israel State of Alternative Protein Innovation Report 2021*, https://gfi.org.il/resources/israel-state-of-alternative-protein-innovation-report-2021/?_ga=2.233489374.1523042987.1622786563.1725335341.1622015482.

② The Kitchen 官网，https://www.thekitchenhub.com/portfolio/.

③ 人民网：《在以色列如何保护知识产权？》，http://ip.people.com.cn/n1/2019/0410/c179663-31022178.html，2019 年 4 月 10 日.

④ The Spoon: *Future Meat Is Cutting Costs on Mass Production With an Unlikely Cellular Approach*, https://thespoon.tech/future-meat-is-cutting-costs-on-mass-production-with-an-unlikely-cellular-approach/.

断进行技术与产品迭代,高质量地快速扩张版图。

2. 以颠覆性生产方式,提供更加低廉的价格

替代蛋白要想通过颠覆性创新顺利打开市场,只有从极少数有钱人求新奇的玩物转变为有规模、有前景的品类,才能挖掘到第一桶金。除新鲜的技术外,还需要以更低的价格来进一步提升自身的优势,吸引广大的中低端消费者群体。分布式制造与丰富的"产品"输出是以色列所尝试的两大途径。

(1)不是中央大工厂,而是分布式制造。

以色列企业 Future Meat 的 CEO 曾这样描述替代蛋白生产,"比起谷仓和 5 万只鸡,我们为何不直接给予农民小型工厂和 1 万台机器呢?"[1] 得益于生物 3D 打印技术与发酵技术,替代蛋白生产规模可大可小,在生物反应器或小型工厂中同样可以完成生产。如此一来,模块化、方便复制的"工厂"模式便成了主流,Future Meat 就提供小型的技术设备,推行分布式制造,既可在城市中设立领头的中央工厂,也可建设小型生产基地,散布在如餐厅或农民家中,这样既能保障供应,又能快速生产、保证产品新鲜。而且这种颠覆性的技术模式,也为替代蛋白的应用场景提供了更多的可能。Aleph Farms 公司就成功地将自己的技术与设备送入太空,实现了在空间站中生产人造肉,未来或许就能改善宇航员的生活质量,甚至直接将美味提供给太空酒店!可以说,上可上天,下可入海,不需要多大的空间,也不用多么严苛的条件,只要有需求,替代蛋白的工厂就能够落地建设并投入生产。**如果再与我们之前提到过的植物工厂相结合,人类的食物供给将有着难以想象的美好未来!**

中国的企业在生产加工部门布局的过程中,技术达标前提下,同样应把握好替代蛋白产业的这一特点,根据市场预测,**以散布全城的小工厂取代集中园区的大工厂**,这既有利于接近消费者、逐步推行市场教育,同时产品供

---

[1] FOOD navigator-usa: *Future Meat Technologies: The Future of Clean Meat Production Is Local*, https://www.foodnavigator-usa.com/Article/2017/10/04/Future-Meat-Technologies-The-future-of-clean-meat-production-is-local.

应链也被大大缩短,随吃随产,能够极大节省运输与仓储成本、降低风险,还能保持新鲜,还能针对具体市场及时调整优化产品,一举多得。这就是替代蛋白产业颠覆性的地理经济学!

(2) **不仅输出蛋白,更要输出周边。**

受制于以色列尚未出台明确的监管条例,许多替代蛋白企业还无法在其国内大展身手、实现大规模生产;但是,替代蛋白高技术壁垒的特性,为企业提供了新的商机。以色列多家替代蛋白企业果断瞄准海外市场,选择有机会、有市场的国家,输出技术、设备、原料等"副产品",通过"曲线救国"的方式,既能创收,也为探索海外新市场打下基础。如 Aleph Farms 公司与三菱集团、BRF 公司合作,将其制造设备与技术输入日本与巴西、扩大生产与销售规模;Chick.P 公司也已将商业生产拓展至美国,与伊利诺伊州的食品公司签订了合作协议。由于这些"副产品"本身不需要太多额外成本,企业增加了盈利渠道,总体的联合成本相对降低,在替代蛋白产品方面也有了更大压价空间。而向海外输出,又以较低的风险,拓展了新的领地,于企业而言,有百利而无一害。

对于国内企业而言,在替代蛋白市场尚未完全打开的当下,搞"副业"同样是维持生计的一大良计。如国内涉足植物肉的企业双塔食品,除生产植物肉产品外,它还是植物肉原料——豌豆蛋白的全球第一大供货商,全球市场占有率达 40%,将其中一半提供给了美国植物肉巨头 Beyond Meat 公司[①]。通过原料售卖,双塔食品同样赚得盆满钵满,股价一路飙升。多面开花给了企业在替代蛋白产品方面更多底气与更大的灵活度,也提供了进一步降低销售价格的空间、增加了赢得消费者青睐的可能性。

3. 瞄准细分需求,布局颠覆性市场

前有消费者对于新技术的质疑,后有传统肉企的层层打压,替代蛋白想

---

① 百度网:《"人造肉"概念能够推升双塔食品的股价吗?》,https://baijiahao.baidu.com/s?id=1665389374969322544&wfr=spider&for=pc,2020 年 5 月 2 日.

要实现一场颠覆性创新、成功"虎口夺食",最后一步就是找准自己的市场,避免正面竞争。肉类是一个相当大的市场,全球肉类消费约9.5万亿美元,如果人造肉的渗透率达到1%,其市场规模就将达到950亿美元[①]。没有市场认知、没有资源也没有规模,新生的"三无"替代蛋白企业倘若鲁莽进入市场、以卵击石将毫无胜算,只有先想办法点燃星星之火,培养属于自己的细分市场,未来才可能逐步扩大、发展成为燎原之势,完成市场层面的颠覆。

那么,替代蛋白企业又应当优先瞄准哪些潜在细分市场、率先突破?在美国,替代蛋白的主要消费者就是健身减肥人群,正是看中了植物肉低脂肪、更加健康的特点。而在国内,目前植物肉消费的主力群体是"80后"~"95后"的"新中产""新白领"的年轻女性,同样最为看重其健康、低脂、低卡的特性。此外,当前的替代蛋白产品大多直接以成品(三明治、汉堡)或半成品(水饺、预制菜)等形式呈现,一来不必生产整块肉,工艺更加简便;二是可以通过调味料,回避口味的缺陷;三是充分迎合目标群体大多不愿花费大量时间下厨、求方便、求简洁的用餐特点。美国知名植物肉企业别样肉客(Beyond Meat)在进军中国市场时,便是选择该类群体相对庞大的上海,与上海几家知名餐厅合作推出成品菜品,并将工厂设立在紧邻上海的嘉兴。因此,**国内相关企业,可优先选择此类人群占比较高、同时外国人(通常对素食主义与植物肉更为接受)占比也相对较高的一线或新一线城市进行突破,布局工厂,主打健康、营养的成品或半成品菜式,针对需求定向生产或实现合作,实现市场突破。**

选好了细分市场,企业仍然需要解决消费者对替代蛋白的不断质疑。心理学家罗伯特·斯滕伯格在1982年就曾指出,"自然的事物天然就被认为是正面的;非自然的却不是。而任何涉及人为操控的东西都被认为是高度非自

---

① 第一财经:《植物肉食品领域团体标准酝酿中,人造肉板块再走强》,https://baijiahao.baidu.com/s?id=1664743250457933958&wfr=spider&for=pc,2020年4月23日.

然的"①。出身实验室的替代蛋白显然属于"非自然"、负面属性强烈的事物，从面世就遭受着人们对其安全性、营养性的质疑，每次宣传与推广更是充满了阴谋论的论调。倘若不能扭转这一局面，今日转基因食品的窘迫局面正是鲜活的前车之鉴。替代蛋白产品要如何获取消费者的信任，已成为其产业发展道路上十分严峻的问题。设法将本身就对替代蛋白有兴趣、有需求的群体，转化为实际消费者，正是替代蛋白行业目前急需解决的。

（1）名以定事，名称即宣传标语。

推向市场的人造肉究竟应该起什么名字？围绕这一问题，国外市场曾展开过激烈的争论。科学家所使用的"组织工程肉"（Tissue-engineered meat）或"试管肉"（In-vitro Meat）——这种出自科学步骤、过于直白的名字不易于理解，并不便于产品推广。媒体报道所用的"实验室培养"（Lab-grown）或"合成的"（Synthetic）一类形容词，则大多是出于流量与热度的考虑，这些名字使得人造肉产品听起来更加脱离自然、博人眼球但容易引起消费者反感。最终，为了解决这一问题，GFI确定了"清洁肉"（Clean Meat）一词，用以强调人造肉的植物性，或相对动物肉类远离抗生素滥用与动物源疾病的清洁性，希望能够引起消费者的积极反应②。目前，这一称呼已被人造肉市场大多数企业家所认可。

"形以定名，名以定事，事以验名"，好的名字与口号能掩盖产品缺陷、宣扬产品优点。国内的现状是植物蛋白来源的称为植物肉，细胞蛋白来源的叫法则五花八门，"细胞肉""培养肉"等都有所出现，而两者则统称为人造肉。显然，这些人工操作色彩强烈的名字，并不利于本就"背景不正"的产品在中国进一步博取消费者的信任。仿照海外的经验，取一个类似"清

---

① 观郑州大学心理学研究中心：《对转基因食品的不信任的心理学原因》，http://www5.zzu.edu.cn/xljk/info/1016/1144.htm.

② Forbes: *How Israel Became the Most Promising Land for Clean Meat*, https://www.forbes.com/sites/davidebanis/2018/10/17/how-israel-became-the-most-promising-land-for-clean-meat/?sh=6edabd3d51cb.

洁肉"的回避人工色彩、强调人造肉优势的、积极向上的名字,或许是打开市场的第一步。

(2)政企合作背书,认证企业信誉。

2020年12月,时任以色列总理内塔尼亚胡在以色列替代蛋白企业Aleph Farms考察期间,品尝了一块由细胞培养的牛排,成为全球第一位试吃人造肉的国家首脑。内塔尼亚胡此行还参观了公司的设施、听取了生产过程和公司发展愿景的概述。

内塔尼亚胡的这一举动,正是以色列政府为将替代蛋白上升为国家战略,所作所为中最具代表性的一笔。2020年,以色列政府还做了许多工作来推动替代蛋白产业发展:以色列创新局与GFI合作,建立替代蛋白工业学院联盟,吸引了500多名注册者;以色列农业部部长出席替代蛋白在线研讨会,并在致辞中表示:"我们承认以色列对于领导替代蛋白产业的责任……这就是为什么农业部在这里。我预测你的研究结果将有助于可持续农业的生产和以色列的总体经济。"[1]。以色列外交部也制作了宣传录像,通过驻各国大使馆分享以色列在替代蛋白领域的创新成果。

以色列政府通过一系列的"抛头露脸",亲自宣传、推介替代蛋白产业,无疑是替代蛋白产业最强有力的背书。而在我国,要取得公众的信任,同样可以尝试由行业协会等出面,以研讨会、推介会,或产品认证等形式,为相关企业背书。如美国植物肉品牌"别样肉客"(Beyond Meat),在进入中国市场之初就加入了中国植物性食品产业联盟(CPBFA),以寻求更多的拓展机遇。

(3)对话目标群体,实现 KOL 传播。为了与目标用户群体"Z世代""互相了解",以色列企业 Aleph Farms 发起了"Z-Board:'Z世代'全球顾

---

[1] GFI: *Israel State of Alternative Protein Innovation Report 2021*, https://gfi.org.il/resources/israel-state-of-alternative-protein-innovation-report-2021/?_ga=2.233489374.1523042987.1622786563-1725335341.1622015482.

问委员会"计划,通过这样一个线上对话平台,收集来自全球各地的"Z世代"青年对于他们如何看待未来的意见,并让青年领袖参与公司未来愿景的发展,"以合作和信任的方式与我们一起构建可持续未来的愿景"[①]。通过这一对话平台,一方面,企业可以通过青年代表,实现在青年群体中更好的品牌传播;另一方面,企业也能够及时洞悉这一批潜在消费者需求,并对产品及时进行改善迭代。而在我国,则可以瞄准新白领、运动人士或健身达人,对话群体代表,通过 KOL(Key Opinion Leader,关键意见领袖)扩大产品在对应目标群体中的接受度,从而实现扩大市场。

(4) 眼见为实,**生产加工透明化展示**。为获取消费者信任、让消费者对生产过程放心,企业对于透明工厂一类的做法大多早已轻车熟路;而在替代蛋白领域,得益于替代蛋白生产装置规模可大可小、生产加工一体化的特性,以色列企业 SuperMeat 更进一步,通过"透明餐厅"的方式,让消费者能够完整见证人造肉从生产、加工到走上餐桌,并最终亲口品尝。与替代蛋白企业大多选址雷霍沃特不同,这家透明餐厅位于以色列首都、第二大城市特拉维夫,餐厅的用餐区紧邻实验室与生产车间,两者之间用透明玻璃分隔,顾客在用餐的同时可以直观看到食物诞生的全过程。目前,**这家餐厅不收取任何用餐费用,取而代之的是要求用餐者对食物进行全面的反馈**。

(5) 背靠大树好乘凉,**联合大企业破局**。

当前以色列的替代蛋白企业,虽然也有少数自建餐厅、面向消费者开展 ToC 业务,但大多还是以面向企业的 ToB 业务为主:与成熟的餐饮品牌联合销售,或者直接作为技术、设备与生产方案提供商,帮助下游企业建立替代蛋白生产线。究其原因,替代蛋白产品作为出自新技术、公众大多不很了解的新品类,没有背

---

① AlephFarms: *Gen-Z Advisory Board*: *A Megaphone to the Zoomers Voices, Is Now Put To Our Ears*, https://alephfarms.medium.com/gen-z-advisory-board-a-megaphone-to-the-zoomers-voices-is-now-put-to-our-ears-7295ea3a4dc3.

景、横空出世的初创企业与新品牌很难博取消费者信任，打造出让消费者放心消费的产品。因此，依附成熟、知名的大品牌，推出联名产品，无疑是推广自身产品与品牌的一大道路。

所谓"背靠大树好乘凉"，在国内市场下，更是如此。别样肉客与星巴克、肯德基合作，推出意大利面、千层面、汉堡包等产品；星期零更是曾联名合作过德克士、奈雪、盒马、喜茶等多家知名企业，做好 ToB 业务的同时也逐渐积累起品牌认知。仅一家初创企业能力有限，通过联名的方式，背靠大品牌方能更快地打开市场。此外，也有国企如京粮控股，早已手握人造肉相关专利。国企倘若入局，相对而言资金雄厚、能联合更多科研力量，且以国资背书，在消费者心中形象更加正面，对于开拓整个替代蛋白产业更具有天然优势。

总而言之，对于替代蛋白产业，想要从流传千百年的传统肉食中抢夺地盘，小打小闹已经无用，需要一场颠覆性创新，方能引领这一颠覆性产业的崛起。国外的发展为我们提供了一定经验，而未来的实操路径，还需要中国自行开创探索。

三、展望未来，蛋白工厂将成为"都市基建"，着手发展迫在眉睫

5年、10年、20年后，等到替代蛋白完成了对肉类的颠覆性革命，拥有了大规模、稳定的市场，我们的生活又将发生怎样翻天覆地的变化？

畜牧业走进城市后，人造肉生产工厂遍布餐厅、市集，甚至走入千家万户，变为网络式的都市农业；或许更进一步，未来的人造肉"生产工厂"，就会像今日的电饭煲、微波炉一样，成为厨房电器，让消费者想吃就吃。而差异化、定制化生产将更为方便，人人都能各取所需，定制自己的营养配餐。城市内部也能实现自我供应，成为更具韧性的未来之城。

在当下，随着全球人口增长、自然资源逐步衰竭，传统肉类的短缺正在悄悄到来。正如中国科学院院士吴奇所言，"这不是你说我可以做或可以不

做，你没有选择，因为全球可持续发展下你走不下去了"①。我们曾经错过芯片研发，错过种猪培育，这都让我们付出了巨大的代价；而为了让我们在并不遥远的将来能不被"肉芯片"卡脖子，实现吃肉自由，发展替代蛋白刻不容缓！

---

① 搜狐网：《用植物蛋白替代动物蛋白是必然趋势！？听众院士、专家、企业精英话创新蛋白！》，https://www.sohu.com/a/469755900_100097861，2021年6月1日.

华高莱斯

华高莱斯国际地产顾问(北京)有限公司(简称华高莱斯)创立于 2003 年,是一家对中国国情理解深刻且具有国际视野的战略咨询公司。华高莱斯成立以来,一直秉持"原创·定制"的服务理念,站位"城市+",为中国各级地方政府提供"产城人"融合发展的系统解决方案。

华高莱斯微信公众号　　丈量城市微信公众号

"技术要点"系列丛书

站位城市·谋划产业

华高莱斯国际地产顾问(北京)有限公司 ◎ 著

产业新赛道
之
大健康产业

北京理工大学出版社
BEIJING INSTITUTE OF TECHNOLOGY PRESS

内容提要

健康是人类生存最基本的要求，也是人们追求"一切美好生活"的基础。大健康产业正是一个围绕"人民健康"的全生命周期产业。它的覆盖面广、产业链长、融合度高、带动性强，是未来"不确定"中"最确定"的产业赛道。因此，大健康产业是那些"捕捉产业曙光"城市的重大发展机遇。

同时，大健康产业具有"强时代烙印"的特征，不同时代背景、不同消费人群、不同医学科技发展阶段，塑造出大健康产业不同的发展规律和产业特征。在本书中，我们将聚焦这些全新变化，从最具确定性的"现实"出发同时展望"趋势"，综合研判、筛选出十个专业细分领域，并根据"与现实的远近"进行分类论述。希望本书能为那些准备发力大健康产业的城市带来全新思考视角。

版权专有　侵权必究

图书在版编目（CIP）数据

大健康产业 / 华高莱斯国际地产顾问（北京）有限公司著 .-- 北京：北京理工大学出版社，2022.11
（产业新赛道）
ISBN 978-7-5763-1893-7

Ⅰ. ①大⋯　Ⅱ. ①华⋯　Ⅲ. ①医疗卫生服务 – 服务业 – 产业发展 – 研究 – 中国　Ⅳ. ① R199.2

中国版本图书馆 CIP 数据核字（2022）第 230518 号

出版发行 / 北京理工大学出版社有限责任公司	
社　　址 / 北京市海淀区中关村南大街 5 号	
邮　　编 / 100081	
电　　话 /（010）68914775（总编室）	
（010）82562903（教材售后服务热线）	
（010）68944723（其他图书服务热线）	
网　　址 / http://www.bitpress.com.cn	
经　　销 / 全国各地新华书店	
印　　刷 / 河北鑫彩博图印刷有限公司	
开　　本 / 710 毫米 ×1000 毫米　1/16	
印　　张 / 16.5	责任编辑 / 封　雪
字　　数 / 244 千字	文案编辑 / 毛慧佳
版　　次 / 2022 年 11 月第 1 版　2022 年 11 月第 1 次印刷	责任校对 / 周瑞红
定　　价 / 63.00 元（共 4 册）	责任印制 / 王美丽

图书出现印装质量问题，请拨打售后服务热线，本社负责调换

版权声明

本书及其中全部作品的著作权及其他相关合法权益归华高莱斯国际地产顾问（北京）有限公司（以下简称华高莱斯）所有，未经华高莱斯书面许可，任何单位和个人不得以摘抄、改编、翻译、注释、复制、发行、广播、汇编、通过信息网络向公众传播等方式使用其中全部或部分内容，否则，将可能承担相应的行政、民事甚至刑事责任。华高莱斯将通过一切法律途径维护自身的合法权益。

总 序

通俗讲技术，明确指要点

我们这套丛书，从诞生的那一天开始，就有了一个不变的名字——"技术要点"。之所以叫作"技术要点"，是基于我们撰写这套丛书的两个基本信念——"通俗讲技术"和"明确指要点"。

所谓"通俗讲技术"，就是我们相信，无论是多么高深、多么艰涩的技术难题，只要是作为研究者的我们真正理解了，也就是说，如果我们是真正的内行，并且真正把这些技术难题给吃透了、弄通了，那么，我们就有能力向任何一个外行人，把那些高深、艰涩的技术难题用最通俗的语言讲述清楚，就像爱因斯坦可以给普通大众讲解清楚相对论的原理那样——能把复杂的问题讲通俗，这叫智慧；相反，如果非要把一个原本通俗的东西弄复杂，那不叫水平，顶多叫心机。您在我们这套丛书的各个分册中，能看到我们所讲述的一项项新兴的技术，以及与之相关的科学原理。看完我们的讲述，您不一定会去"搞科研"，但至少能保证让您"听明白"，这就是我们所坚持的"通俗讲""讲技术"。

第二个基本信念是"明确指要点"。这样的信念，是因为我们想撰写一套"有用"的书。所谓"有用"，又有两层含义，其一是想让写作者麻烦，而让阅读者简单——所谓写作者麻烦，就是要让写作者在撰写过程中，不厌其烦，遍查资料，并且能纲举目张，秉要执本，这样，才能让阅读者不用再去做那些去粗取精、去伪存真的事情，而是在简单愉快的"悦读"中，就能掌握相关技术要点；其二是有用，而且好用，在掌握关键点的基础之上，如果阅读者不只是为"知"，而且还想要"行"，那么我们所列出的这些"技术要点"，就马上可以成为您行动的计划书与路线图，不但能用、有用，而且可以做到很好用、直接用。所以，我们不但要指出要点，还要"清晰地""指要点"。

以上两个基本信念，就是我们编写这套丛书的出发点，同时，也是我们向读者们所做的郑重承诺——在科学日益昌明、技术日新月异的时代，作为一个地球人，作为人类大家庭中的一员，无论我们是要做企业，还是居家过日子，也无论我们要当市长，还是只想做普通市民，我们都不得不去面临许多过去不曾听说的新科技，并要面对由此所带来的诸多困惑——越是处于这样容易迷惘的时代，理性认知也就变得愈加重要，而我们这套"技术要点"丛书，就是想要成为您的同行者和同路人，做您理性认知世界、客观认知时代的好帮手！

华高莱斯国际地产顾问（北京）有限公司
董事长兼总经理　李忠

丛书卷首语

当产业成为一种选择

我上中学的时候，正好赶上了两件事：一件事是黑白电视开始普及，当时我家里也有一部日本生产的黑白电视机；另一件事是反思文学和伤痕文学的兴起，并由此诞生了一大批非常好的文学作品。这些文学作品借助电视机的普及，其中又有很多被顺势改编为电影或电视剧。其中，那些反映"经济战线"主题的作品，当年就格外地吸引我。于是，在那个时期，我就很幸运地看到了一批真正的作品，比如一部叫《乔厂长上任记》的电视剧。

在这一时期，所有文艺作品都带有很强的反思精神，和中华人民共和国成立后推出的那一批在"经济战线"上以歌颂为主题的电影有很大的不同——那一批老电影中经常讲的是一批挡车工如何去创造"万米无次布"和"十万米无次布"的生产纪录。20世纪80年代的某个电视剧中有这样一个桥段，非常具有典型意义——在一台车床前面，一个带着采访任务的宣传科的小姑娘兴冲冲地对着一位正在干活的劳模小伙子说道："报纸上说，你人在80年代，就已经开始干90年代的活儿了，你对此有何感想？""感想？"那个小伙子冷冷地说道："你看看我手里的这个零件，要是到了90年代，咱们厂还生产这个破玩意儿，那早就该倒闭了！"

当时，看到这里我是非常震撼的！因为在过去那个"大干快上"的时代，人们听得最多的就是那句"一心一意把生产搞上去，群策群力把人口降下来"。本来这句话就算是对的，也只不过是两种手段而已。但是，反反复复听得多了，手段也就成了目标，进而又成了我们脑子里的标准答案。在这个世界上，最难被说服的人，不是脑子里没有答案的人，而是满脑子都是错误的标准答案的人。现在想想，这句话的后半句肯定是错的，而其前半句也未必就是对的。

小米公司的雷军有这样一句话说得非常有道理,"不要用战术上的勤奋,掩盖战略上的懒惰!"的确是这样,想清楚要干什么,远比怎么干更重要,这个道理体现在"经济战线"更是如此。随着科技的进步,各种产业技术迭代的速度越来越快,再加上传播手段、传播渠道的日趋多元化,消费人群中时尚浪潮的迭代速度也在不断加快。在这种需求侧和供给侧不断互动的情况下,在当今时代中,唯一不变的东西就只剩下"变化"了!这种变化所导致的最直接结果就是"我们现在什么都能生产,就是不知道我们应该生产什么"。如果说在《乔厂长上任记》上映的那个年代,我们只是感受到了这种变化的端倪,那么在21世纪的第三个十年中,我们每个人都能更深切地感受到这种变化所形成的压迫,甚至是胁迫。对于这种感觉,如果你问一问新一代"经济战线"上的工作者,特别是那些实体经济中从事制造业的人,他们那种被压迫的感觉,或者说是那种被时代胁迫的苦楚肯定是最多的!

在刚刚开始做顾问的前十年里,有四个字在我的耳边响了整整十年不止——"退二进三"。那个时候,只要有地方官员给你介绍当地经济发展的状况,几乎都会听到一段一个字都不会错的标准说法——"由于历史的原因,我们这个地区,二产占的比重过高,三产占的比重过低,因此,我们现在努力的核心目标就是研究如何退出第二产业,进入第三产业。"每每说到这里,官员们那种诚恳的语气,往往就像一个犯了错误的孩子。说实话,就算在当时,我对此都是颇不以为然的。特别是对于那种把老旧厂房纷纷改造成文创空间的行为,更不觉得是一种主流的发展方向。不说别的,"退二"之后,那个城区中损失的税收由谁来补足?"二"是退了,那个"三"能补得上吗?正所谓"皮之不存,毛将焉附",所谓"三产",不就是生产性服务业和生活性服务业吗?没有了生产,我们又能为谁做服务呢?

如果结合产业的地域性分工,那么这个问题的答案也就更加明确了。"退二进三"的产业发展思路当年是作为对中国产业结构历史遗留问题的纠偏手段。在一定历史时期、一定地域范围内是可取的。但如果将这个手段升高到一种标准、一种价值观,甚至成了一种思维定式,那么,它所带来的结果一定不会是乐观的!因此,现在有很多省份,特别是经济发达的省份,都纷纷提出了一个非常可行的产业发展思路——"退二优二"，即退出落后的第二产业，进入或优化先进的第二产业，这说明在长期的实践过程中，人们终于还是明白了产业发展的基本规律和产业布局的基本事实——彻底退出第二产业，对于某些城区是可以的，但对于整个城市而言，要想完全不靠第二产业，那在极少数的有特殊资源禀赋的城市才可行。对于大型城市，特别是特大型城市，就不用再讨论要不要第二产业了，而是应集中精力讨论要发展什么类型的第二产业、如何发展这种类型的第二产业。如果把眼光再放大到一个城市群的尺度上，那么，我们就要进一步地讨论在这个城市群中如何能形成一个完整的第二产业的产业体系！从这个角度上说，我国政府目前对于实体经济，特别是对于制造业在政策上的重视是非常明智的！

从"退二进三"到"脱虚向实"再到"退二优二"，回顾过去走过的路，特别是走过的弯路，我们就不难得出"方向比方法更重要"这样一个结论。也就是说，做什么比怎么做更重要。特别是在现在，发展产业无论对于商家还是政府，都更多地变成一个方向选择的问题，而不是努力与坚持的问题。

在这样一个有越来越多方向可供选择的时代，我们反而听到一种看似很有道理的说法："想那么多干什么，干就是了！"虽然我们是想大干一场，更想大干快上，但在此之前总得弄清楚到底要干什么、到底怎么干吧！如果方向都不明确，万一干错了呢？我是可以边干边"摸着石头过河"，可是，这的确得是一条河啊！换而言之，如果脚下是淡水，远方是河岸，那只要摸着石头，我能过河；反之，如果尝过了，知道脚下是海水，抬起头看又是茫茫无垠，那这样摸着石头前进就不是过河，而是下海了，这和寻死没有太大的区别。因此，从行为动作本身来看，"过河"和"下海"的前期动作都很像，而最后的结果却有天壤之别。如果非要说"干就是了"这句话中有什么可取之处的话，那唯一可取的就是其中所表现出来的"态度的坚定性"。的确，这种"坚定性"确实是把一种产业或一项事业干成的必要条件。因为"坚定地去干"未必能够成功，但是如果不去干，或者说不坚定地去干，抑或是干得不足够坚定，那就一定不会成功！但是，话又说回来，"坚定地去干"毕竟只是把事业干成的必要条件，而不是充分条件。要想真正干成一项事业，发展成功一类产业，其"充分必要条件"都是必须加上一个前提——选择正确的赛道。

正如前面所论述的，在科技进步日新月异的现在，产业发展的问题已经变成了一个赛道选择的问题。大家都必须为此做出内行而清醒的选择。做到清醒或许不难，但要做到内行就要困难得多。让我用一件发生在自己身边的事情描述一下其中的道理。在这么多年坐飞机的过程中，我格外留心身边的企业家们都在看什么样的书，尤其是那些坚持做实体经济的沿海地区的企业家们。观察的结果是我发现了一个非常有趣的现象。那就是近一个时期以来，在这些企业家的手里，心灵鸡汤的书少了，硬核写历史的书多了；金融与投资的书少了，纯讲技术的书多了。比如，我见过富二代小伙子，他拿着笔在看《草原帝国》。我问他为什么看这种书，他很谦和地对我说，觉得自己还太年轻，想弄清楚一些规律性的东西。听到这句话后，我对我们的接班人很放心。

又如，有一本纯技术书叫作《量子纠缠》。看这本书的是一个我都可以管他叫大叔的人！他不但看，还隔着飞机的走道很激动地向我请教其中的"技术要点"。于是，我就问他为什么要看这么偏门的书。"谁说偏门了？"他一脸严肃地看着我，"就在上个月，有四拨人拿着不同的量子技术商业计划书让我投资，我听不懂，可大家都说这玩意儿很有发展前景，没办法，只好自己先弄明白！"然后，他合上书，盯着机舱上的聚光灯说了一句我现在时常听到的话："早知道这样，当年多念点儿书该多好啊！"

现今的确不再是那个"清华北大，不如胆大"的时代了，现代产业发展的技术门槛越来越高，一着不慎，就会满盘皆输。其中最怕犯的错就是选错了产业赛道，点错了"技术树"。要么是投错了技术方向，要么是选错了技术路线。这样一来，再努力地奋斗也换不来成功的结果，而要做出正确的技术选择，靠看两本心灵鸡汤是远远不够的，必须"听得懂"硬核技术。请注意，在这里并不是要求决策者都懂技术（如果能那样当然更好了，但实际上这有点儿强人所难，就算你是专业人士，也往往只是懂得本专业的技术，而不可能懂任何专业），但一定要"听得懂"技术。所谓"听得懂"，就如同当我问那位看《量子纠缠》的大叔时，他讲的一句话："我没有想成为专家，我只是想入门。"诚如斯言！如果掌握了一项技术的入门级知识，你至少也能"听得懂"；就算不能亲自搞科研，但至少也能防止别人拿着"科研"来欺骗你。要知道，这虽然

是一个技术进步日新月异的时代，但也是一个"技术骗子"层出不穷的时代，能够做到不被"技术骗子"骗到不也是一种巨大的胜利吗？要知道，一次失败的投资赔出去的钱，常常是十次成功的投资也赚不回来的！

因此，无论是政府还是商家，想要做出正确的产业方向选择，究竟需要什么样的人才呢？或者说，我们最需要的人又需要具备什么样的知识结构呢？答案是"技术通才"，而不是"技术专才"。通俗地说，就是那种对十种新技术，都至少各懂30%的人，而不是只对一种新技术懂100%的人。在产业赛道的选择阶段，无论是企业还是政府，这时真正要做的就是在众多选择中选出现实中的最佳选择。然后决定在哪一条赛道上表现出自己的坚定性——在有了坚定性的选择之后，就能使那些对某一种技术懂得100%的专才派上用场。但是在这之前，就要对不同的产业赛道进行各种横向比较，从中选出最终的方向。在这样一个"方向选择期"，那些能够横向看问题的"技术通才"往往比单一领域的"技术专才"更容易成功。

这也能解释两个现象：第一，地方政府中干过招商局长的干部在企业那里为什么都很吃香？在我所接触过的许多大型企业中，那些民企老板如果要在体制内挖人，最喜欢挖的往往是地方政府中干过多年"招商"或"投促"的人。道理很简单，因为这些人长期工作在产业发展的前沿地带，每接触一个企业，特别是高科技企业，就一定要和老板深谈，听技术人员细讲，而且要到生产线现场看。这样三步走下来，就等于参加了一个短期速成的"技术培训班"！久而久之，只要他是一个工作认真的人，经过了这样长周期、高强度的技术培训，想不成为"技术通才"都难。因此，民企老板会针对他们来挖人。说实话，他们并不是冲着权力寻租去的，而多半是冲着人才价值去的。第二，为什么在"方向选择期"，"技术专才"老是觉得自己很受伤？我就认识一位做石墨烯的博士，他是真懂石墨烯，但可惜，他懂且只懂石墨烯。除非你是想多了解一些石墨烯的知识，否则可千万不要轻易和他说话。如果和他接上话，你就会发现，你的生产、生活、生意中所遇到的所有问题的根源原来都出在石墨烯上，而且，你的所有这些问题只要加强对石墨烯的技术应用，都可以得到圆满解决，从此你就过上了幸福的生活！同样，无论我和他去见什么样的政府官员，他也一定会去劝对方要

大力发展石墨烯产业。无论对方所任职的是地级市还是县辖的镇，也无论是西部的山区还是东部的沿海……总之，在他看来，大力发展石墨烯产业，就能解决中国乃至全人类的一切问题。通过认识这样一个典型的"技术专才"，我真正相信了这样一句话："当一个人把自己看成一把锤子时，在他的眼里，看什么都像钉子！"

那或许你会问，我为什么还要和他交朋友呢？道理很简单，如果你想成为一个"技术通才"，就一定要和不同的"技术专才"交朋友，而且要成为好朋友，最好还是能经常见面的好朋友！因为只有这样，你才能真正了解到在他研究的领域中最近又有了什么样的新技术进展。更重要的是，有了这样的"朋友储备"，我才能去告诉那些找我们做顾问的业主们（无论是政府官员还是企业老板），现在既然我们已经坚定地选择了 A 赛道，那么接下来，我们唯一要做的，就是要找到 A 类专家，让他来做这个赛道的首席专家，听他的，全听他的，一直听他的……从这个意义上说，"技术通才"和"技术专才"都是有用的，只是要用在不同的阶段。而且所谓的"技术通才"与"技术专才"，也是相对而言的，因为每个人大多有自己的研究领域，也会再做一些跨界研究。以我为例，在产业研究领域，我是一个"技术通才"，大家现在看到的这套"产业新赛道"丛书，就是在我这个"技术通才"的领导下，我们公司不同的研究中心，在各个不同的产业赛道研究领域做出的新研究成果——从大健康到现代农业，从生产性服务业到生活性服务业。我们的文章都能让读者在看过之后针对这些特定的技术领域基本上达到"入门级"的水平。从而，就可以在不同的新兴产业赛道中做出横向比较。最终，在理性的选择过程中确定自己应该坚定发力的新产业赛道。

如果将《产业新赛道之生产性服务业》《产业新赛道之生活性服务业》《产业新赛道之农业振兴》《产业新赛道之大健康产业》这四本书综合起来看，你就会发现其中有一个共同涉及的研究领域，那就是"城市"！这套"技术要点"丛书的定位为什么是"立足城市·谋划产业"？因为在城市研究领域，我是一个"技术专才"，可以将通才知识与专才知识相结合。我最擅长回答的是这样的问题："什么样的城市最适合发展什么样的新兴产业；也就是说，什么样的新兴产业最适合在什么样的城市中寻求发展"，而问前一个问题的多数是找我们做区域发展顾问的政府客户；问后一个问题

的多数是找我们做产业发展顾问的企业客户。前者是替区域发展选择合适的产业，后者是为产业选择合适的发展区域。无论如何，你都会发现，在现在这个技术发展日新月异、区域发展日益重构的时代，产业发展方向已经真正变成了一个"选择"的问题。

那么，当产业成为一种选择时，最愿意找顾问的是哪些地方的人呢？这是一个非常耐人寻味的问题，而其答案可能会出乎很多人的预料——肯为区域产业发展找顾问的，往往是中国经济最为发达地区的城市政府，或者是发展崛起速度最快地区的地方政府。前者有势能，后者有动能；肯为产业发展找咨询的公司常常都是那些在各自产业领域中最领先的龙头企业。奇怪吗？其实一点儿也不奇怪！如果你用心观察，就会发现在我们当年上中学的自习教室中，每当各科的老师到各个教室里巡堂时，最常站起来问问题的，通常都是那几个"学霸"；那问问题最少的人又都是谁呢？当然是那些"学渣"，他们通常都是在自习课堂中睡得最香的人。

走得越远和走得越领先的人，他们前方可学习的榜样也就越少，这正如华为公司总裁任正非所说的，他们已经走入一个无人地带。在这个时候，特别是当他们面对着一个四处都看不到行人的十字路口时，他们当然就会不得不面对一个产业选择的问题。在这种需求之下，他们要去寻求战略顾问合作，找到像我们这样的战略军师，当然是非常正常的。这是因为他们"明白自己不明白""知道自己不知道"。这是一种清醒，而不是一种麻木！知道自己不知道，是一种清醒，不知道自己不知道才是一种麻木。比这种麻木更可怕的，是觉得自己什么都知道。这样的人无论是在企业还是在政府里都是最可怕的，他们最典型的状态就是能对一种完全胡说八道的产业赛道表现出近乎狂热的痴迷和坚定，而最终只能得到失败的结果。

其实，做任何选择，选择后的态度都必须坚定。因为有了坚定的选择，新兴产业未必能发展起来，而如果选择不够坚定，那无论什么产业都发展不起来。无论是企业还是政府，对于经济发展或者说对于经济重振的渴望是毋庸置疑的，因此，它们也大多表现出了对谋求经济发展的坚定性。唯一不同的是，在确定这种"坚定"之前是否真正地经过理性的论证、反复的比较与深刻的反思。如果有，那么这种坚定就是一种深刻之后的"通透"和理性之上的"自信"，这也是我们今后事业取得成功的保障；

如果没有经过这样一个认真选择的过程，盲目坚定和狂热，那这样的坚定就只是一种天真之下的"想象"和迷失之后的"自负"。在今天，有许多经济发达的省份都已提出了"亩产税收"的概念，而且越来越重视基础研究对产业发展的长远作用。这个世界上确实有奇迹，但事实上，多数奇迹不但来自加倍的付出，还来自正确的方向。

华高莱斯国际地产顾问（北京）有限公司

李忠

董事长兼总经理

本书卷首语

大健康的美好时代

在我写这篇文章的时候，正是新冠肺炎疫情还在全球肆虐的 2021 年，在这个时候，我写下这样的一个题目，希望大家一定不要觉得奇怪。我没有写错，你也没有看错，当下的这个时代，的确是属于我们人类大健康的美好时代！

让我们看一则新闻。2021 年 11 月，德国生物技术公司 BioNTech 公司（这家公司也是辉瑞 mRNA 新冠疫苗研发的合作者）创始人，土耳其裔德国科学家 Ugur Sahin 和 Ozlem Tureci 夫妇在接受意大利《共和国报》采访时表示，目前有 15 种 mRNA 癌症疫苗正在进行临床测试，最快问世的将是针对黑色素瘤的疫苗。在未来五年内，一些疫苗将被推向市场，其他新疫苗也将在临床开发的后期阶段推出！也就是说，利用 mRNA 疫苗技术，人类有可能在 5 年内战胜一部分癌症。

此言一出，舆论哗然，而且质疑声远远大过肯定的声音。但是我看过之后，一点儿也不觉得奇怪。至于到底是一个五年还是几个五年，这倒还可以讨论。但是，至少这些科学家正在向我们传达出两个非常明确的信息：第一，癌症没有那么可怕，可以被人类征服，从而变成一种可预防、可治疗，对身体无大碍的疾病；第二，战胜癌症的时间表可以列入"五年计划"，而不再是遥遥无期了。

（毕竟，我在这里是要为这本书写一篇卷首语，而不是一篇科学论文，因此，我在这里对癌症的态度，用了一个相对笼统的词叫"战胜"——其具体的科学内涵可以参见本书中对于"带癌生存"的文章，其中有详细的论述。）

这样振奋人心的消息发出来，如果纯粹是媒体说的，那可能只是为了博眼球。如果仅仅是某个制药公司说的，我们也会怀疑其中有商业炒作的成分，毕竟像《坏血——一个硅谷巨头的秘密与谎言》[①]—书中所记载的那种真实事件这些年也出现了不少次。

---

① [美] 约翰·卡雷鲁. 坏血——一个硅谷巨头的秘密与谎言[M]. 成起宏，译. 北京：北京联合出版公司，2019.

但是，这样一个消息偏偏又是由科学家讲出来的，并且还附有详细的科研计划。这种情况在外行人眼里可能觉得颇为诧异，但在内行人眼里一点都不觉得奇怪！

面对全球蔓延的新冠肺炎疫情，人类共同体事实上正在进行一场同病毒展开的"世界大战"。处于战火线上的人类科学共同体事实上已经被推上了风口浪尖。一方面，它们被寄予极大的希望，也背上了巨大的压力；另一方面，它们也被赋予空前的研发自由，并获得巨大的资源支持！

让我们回想一下，上一次人类科学共同体接受如此重大的任务并获得如此巨大的资源是什么时候呢？是"二战"时期。有两个事件与现在颇为相似——青霉素的批量生产与原子弹的研制，这两项成果再加上一个雷达，也就构成了人类在第二次世界大战时的"三大发明"。这"三大发明"在此后的几十年中深刻改变了人类社会的发展进程。原子弹对世界的意义就不用多说了，单说青霉素，正是这种广谱抗生素的发明与普及，迎来了人类大健康的上一个美好时代。在人类与病菌的对抗博弈中，事实上，可以分成"青霉素前时期"和"青霉素后时期"，而正是在"青霉素后时期"，人类的平均寿命获得了有效的延长。

青霉素的大量生产与普及又恰恰发生在 20 世纪中叶。因此，我们单是观察中国人平均寿命的改变就能知道在刚刚过去的那个世纪中，人类的平均健康水平有了多么大的提高。就我国的情况来看，根据侯杨方先生的《民国时期中国人口的死亡率》[①]一文来看，1929—1931 年，中国乡村人口出生时平均预期寿命只有 33.3 岁，1949 年北京第一卫生示范区男女出生时平均预期寿命分别为 41.18 岁和 36.33 岁（在 1949 年之前，中国还没有以科学方式统计的全国性人口数据）；到了 2000 年，根据全国第五次人口普查结果，我国人均预期寿命已经达到 71.4 岁。这当然是各类发展进步因素叠加后的结果。但是，发生在 20 世纪中后期的人类在抗生素领域所取得的一系列突破性进展绝对功不可没！

然而，让很多人不曾想到的是，随着人类寿命的不断延长，特别是随着人类在粮食生产领域的不断进步，人类在逐渐战胜疾病的同时，也在慢慢告别饥荒。因此，世界各国从 20 世纪五六十年代开始，或早或晚，也开始迎来了人类历史上最幸福的几代人。在这时，我们却悄然发现，我们活的时间越来越长了，可我们的身体也越来越

---

① 侯杨方. 民国时期中国人口的死亡率 [J]. 中国人口科学，2003（5）：33—41.

胖了。

于是，那些过去很少听说过的疾病，现在也变得越来越常见了，如肥胖、三高、抑郁症及癌症等。我刚才提到的这前两项，如果说它是富贵病，恐怕大多数人都同意。可是，如果我说癌症也算富贵病，甚至是由人类发展进化而带来的"凡尔赛病"，那么大多数人可能就不同意了。每次在我讲大健康的课，特别是在讲生物医药产业的课的时候，常常会问学员们一个问题："为什么我们感觉身边得癌症的人越来越多了呢？"这个时候，学员们给出最多的两个答案是环境污染问题和食品安全问题。

其实，这是一个误解。世界上癌症发病比例最高的国家是丹麦，其他排前几名的国家也都是发达国家，我国的排名并不靠前。相反，非洲国家的癌症发病率、排名都非常靠后。为什么呢？因为非洲国家中的许多人因为饥饿和战乱等问题，还没有活到能得癌症的那一天，就已经死亡了。这就如同我国很多老人都曾感慨的一句话："我们年轻时候，可没听说过有这么多得癌症的！"

是，这当然是事实！以前民国时期的人平均寿命只有三四十岁，也正所谓"人生七十古来稀"。在这短暂的人生中，人体细胞分裂的次数较少，还没有发展到在分裂过程中由于累积变异而产生癌症的情况。相反，刚刚提到的丹麦等发达国家的人，都很长寿。于是，在一个人漫长的人生中，特别是在八十岁以前，一个人只要坚持活着，他身体里的细胞，就在不断地进行着分裂，长此以往，细胞分裂出错，从而得癌症的比例也就大大增大了。因此，就人类的总体而言，癌症本质上也算一种长寿病。

事实上，人类近年所面临的"长寿病"比你想象得还要多。例如属于热门研究领域的病——阿尔茨海默病，也就是老年痴呆症。这个病症对目前人类的威胁正在与日俱增。在一个家庭中，一旦出现一名得老年痴呆症的患者，那他对于这个家庭的影响往往要比出现一名癌症患者大得多。在英国，曾经举办过一次英文微小说（全篇只允许用6个英语单词）大赛。其中的一个获奖作品让很多人听了以后泪流满面，这是一句关于家人罹患阿尔茨海默病的话——"今天我又一次向妈妈介绍了自己"（Introduced myself to mother again today）。

虽然我们人类科学共同体对于癌症的发病机理还不是完全清楚，但是，这也比对老年痴呆症的研究要深入得多。现在，对于后者的发病机理，甚至可以说是基本模糊的。目前还并没有一种主流理论能成为科学共同体的基本共识。但以我对这个领域的长期关注，我觉得最有可能的结论是，随着人体的老化，人体的"血脑屏障"变得不那么有效了。因此，就会产生一系列相关病变和代偿。我的好友卓克是持这样的观点的，对此，我也特别同意。现在，世界上对这个领域的科研投入很大，成果也很多。

总之，对于人类近年所面临的"长寿病"，大家可以这么理解：如果把人体比喻成一辆汽车，那这辆汽车是有着自己的预期寿命和最佳设计里程的。当人的个体寿命超过八九十岁以后，其预期寿命虽然还未到极限，但其"最佳行驶里程"早已经过了。因此，所有的设备用起来的感觉就都没有以前那么好了。对此，我们都称其为"病"。其实，这是一种"设备老化现实"和"正常使用意愿"之间的矛盾。事实上，这也是人类在获得长寿后，必须面对的。同时，也是未来大健康产业发展的基础。正所谓"人老不以筋骨为能"，人老了，就要服老。服老之后，我们同样可以过上一种属于老年的幸福生活。事实上，由于营养状况不同，特别是早年生长环境的差异，咱们这群人将来会是迄今为止人类历史上最健康的一代老年人。但饶是如此，我们也必须承认一个现实，五六十岁以后，我们毕竟要步入人生的夕阳，即使无限好，也会近黄昏。在这个时候，面对许多所谓的"疾病"，我们正确的心态是不见得一定要将其治愈，而是要学会"控制"和"共存"，因为许多"长寿病"，本身就是我们长寿以后必须接受的自然现象。

还有一类现象，也是我们必须面对的。它们不是我们自身长寿带来的，而是人类进化的历史所带来的。本质上这也是一种"凡尔赛病"，那就是三高、肥胖等富贵病。

正所谓"有其利必有其弊"，如果你研究过进化史，特别是人体自身进化的历史，就会觉得这句话绝对是至理名言。一部进化史无非是"舍得"二字！要想有"得"，必须有"舍"。要想强化一个器官，强化一种功能，就必定会有其他器官和功能为此做出相应的牺牲——不知你是否知道，为了腾出磨石头的这双手，也为了能直立行走，人类所付出的代价是方方面面的！从高血压到椎间盘突出，甚至还有痔疮，都是人类为了直立行走所带来的副产品，而这些副产品倒也公平，你有我有全都有，甚至是属于全人类的，并且包括古代的人类和今天的人类。

还有一些遗传所带来的"凡尔赛病"，可就不那么公平了。19世纪人类基本没有，20世纪前半段人类患病的也不太多，可到了这代人，特别是再往后的几代人，那些病简直与人类突然变得如影随形。这里面表现最突出的就是肥胖和三高。因此，"减肥"这个我们的祖辈们没听说过，而父辈们也很少提到的词，现在却成了我们和我们的孩子们，每天必须面对的一个问题。于是，你常常能听到这样的感慨："你看看我这个人，也不知道是怎么了！就是吃这么少也都会长胖！"

如果一个人的身体状况真的是吃得很少都会长胖，那你其实不应该抱怨上天，相反，你应该感谢自己的祖先。正是由于在进化的自然选择过程中，你的某位老祖先由于某次的基因突变获得了这种"少吃易胖"的基因体质，你们这家人才成功地穿越了无数个饥荒之年，通过了大自然对人类一次又一次的考验，幸运地活到了今天。相反，如果你的那位老祖先是个非常能吃，吃了还不胖的"天纵英才"，那大概率上，他躲得过初一，也躲不过十五。这样一来，你的存在也就应该成了一个小概率事件。

于是，我们又可以得出一个结论——今天的人类是一个在饥荒的环境中被反复塑造出来的物种。因此，我们绝大多数人的体质是那种很耐饿，但很不耐饱的类型。由于很耐饿，因此我们才成功地穿越了一次又一次的大饥荒，努力地活到了20世纪；但又由于很不耐饱，因此从20世纪后半叶开始，当我们这一代人突然吃饱了以后，特别是吃撑了以后，我们的身体反而变得无所适从出现了一系列营养和代谢问题。这也实在是没办法，因为我们的身体原本就不是为了现在这样富足的生活状态而准备的。就好比说我们的身体是按照每月不到一千元的食物标准准备的，而现在，我们过上了每月要吃掉一万元食物的日子。那你想想看，这不正又应了那句老话："人没有受不了的罪，但有享不了的福。"看看身边那些一个个大腹便便的同胞，再看看我们自己一系列节节提升的各项指标，这其实都是我们为今天所过的幸福生活所付出的相应代价。

长命百岁的美好人生要付出代价，丰衣足食的幸福日子也要付出代价。这其实，都还算是我们心甘情愿的。毕竟，人类对于美好生活的追求是没有止境的，相信也没有人愿意拒绝长寿与富足。相反，现代人类医学的进步正在让人类的个体变得越来越长寿，科技的发展又会使人类的生活变得越来越富足。因此，发展中的问题还是要在发展中加以解决。无论是长寿病还是富贵病，我们都可以通过人类医学的进步来解决，这就正如我们在前面提到的mRNA疫苗的技术进步对于癌症治疗的意义一样。

终于，我们又重新讲回到前面德国科学家的技术预言，以及全球医疗界和科学界所经历的2020—2021年。对于这些处于人类抵抗新冠肺炎疫情研究第一线的科学家们而言，2021年肯定是极其艰苦也极其辛劳的一年，但同样是进步巨大、收获丰饶的一年。单以疫苗的研发速度做一个对比就大概可以看到，在过去的2021年中，人类医学科技所取得的巨大进步。

从1987年葛兰素史克开始研发疟疾疫苗，到2019年世界卫生组织试点推广这款迄今唯一被证明能显著减少儿童患疟疾概率的疫苗，足足用了32年；在新型冠状病毒疫苗研发出来之前，人类最快的疫苗研发记录是腮腺炎疫苗，也用了4年。这一次，德国BioNTech与辉瑞合作的mRNA新冠疫苗，从研发到获得FDA紧急使用授权，仅用了不到8个月。这是人类医学史上的巨大进步！

mRNA疫苗的最大特点就是"敌变我变"，非常适合对付病毒的变异。"变异"这个词，听着是不是有点耳熟，还有哪种病也特别容易产生变异呢？对了，就是我们前面所提到的癌症。之所以连业余人士都知道癌症患者最怕的就是癌症复发，因为复发后的癌细胞多数也都是变异的。癌细胞一旦出现了变异，以前适合这个患者的抗癌药几乎会立即失效，而在这个时候再准备新药，往往已经来不及了。可是，这次人类研发的新冠mRNA疫苗的技术能用于抗癌疫苗，恰恰是因为mRNA疫苗具有"敌变我变"的快速反应能力：针对单个癌症患者，mRNA疫苗可以对单一肿瘤产生多个特定抗原。因此，如果我们突破这项技术，再结合近几年人类的细胞免疫疗法，即CAR-T细胞治疗、PD1、PD-L1抑制剂的巨大进步，对付癌细胞的变异，将不再困难。这就是德国科学家会说"人类五年后将战胜癌症"的原因。

写到这里，很可能你也想多问一句："战胜癌症"是指人类以后从此就不得癌症了吗？抱歉！大概率是不会的！因为癌症不是外敌入侵，而是内部叛乱。只要人体细胞还要发生分裂，就不能完全排除得癌症的可能性。但是大概率说，未来把癌症"慢性病化"，让更多患者能"带癌生存"，对大多数的癌种而言是完全没有问题的。从较大的概率上说，用前文所提到的mRNA癌症疫苗技术让人类罹患某些癌症的概率大大降低，也是非常有可能的。甚至从较小的概率上说，通过人类未来的基因修饰技术，让一部分人不得癌症，也不是完全没有可能。毕竟，现在科学家已经发现大象之所以极少患癌，是因为它们的基因组里的抗癌基因副本TP53有40个，而人类只有2个。现在人们正在针对这个基因片段及其遗传表达展开更为深入的研究。要知道，在科学如此昌明的今天，人类的医学无论再创造出什么样的奇迹都是有可能的。

活在当下的我们，都应该感谢这个属于人类健康的美好时代，也应该感谢，那些为了人类健康正在进行刻苦研究的科学家们。自从人类基因图谱测序完毕，人类的医学也就进入了自青霉素发明之后的第二个美好时代,或者叫高光时刻。这个时刻属于"精准医疗"。有了基因测序这样一个锐利的武器,我们终于可以弄明白:哪些病是无法抗拒的,正像我前面提到的人类不太可能彻底根除的癌症;哪些病是遗传的,就像我前面提到的那些吃得很少却能长胖的人;哪些病是人们自己"作"出来的,或许,你的爹妈虽然易胖,但也还没那么严重,是你自己天天打着网游,喝着肥宅水,吃着爆米花,最后,终于把自己变得"又胖又宅"。针对第三种情况,埋怨上天是没有用的,光靠科学家的努力也是不够的,还必须靠你自己去为自己的健康负责!正是由于我们迎来了"精准医疗"的"高光时刻",我们才有必要编写这样一本书去展望未来的大健康产业。

其实,就在不知不觉之间,人类正在进入一个属于大健康产业的美好时代,让我随便举四个细节作为例子说明一下。

不知你有没有注意到,过去原本属于医生所用的医疗器械,现在正越来越多地进入我们的家庭。在我小的时候,要想给我的爷爷、奶奶测个血压,不从外面请一个医生过来是不行的。现在就简单很多,你只要问问家里那台"欧姆龙"就可以了!

越来越多的人,特别是年轻人,在吃东西的时候,不是先看菜单,而是先读标签,那些"要么是不含某种成分""要么是富含某种成分"的功能性食品,早就已经成了他们的最爱。

那些像健康手环类的"小型医疗可穿戴设备",过去是我们眼里的"好玩"或"新奇"的设备,而现在早已经变成了很多人寸步不可离身的"必需品"了。

更重要的,现在很多人不再是怎么舒服就怎么活着,而是怎么健康就怎么活着!"那么,什么样的生活习惯,对于我们保持身体的健康是有效的呢?答案有很多,其中最有效也是最容易做到的,就是少吃点。正如我在前文讲过的,我们人类进化至今基本都是在饥肠辘辘中长大的。因此,保持适度饥饿感(stay hungry),是有利于保持人类身体健康的。说一个简单的检验标准——作为一个成年人,特别是作为一个中老年人,如果到晚上睡觉的时候,你觉得肚子是有点饿的,但还不太影响睡觉,那就说明你没多吃,反之,你就还可以再少吃点。毕竟大健康要从我们每个人做起……"注意到了吗?以上这段文字,是带引号的,为什么呢?因为这就是我平时讲课的时候,经常会对学员们说的一段话,而且每次我都会发现一个细节——一段时间后,很多学员会专门为这段话向我表示感谢。

这些生活细节都在说明，现在，我们对自己的健康越来越重视，也越来越懂得如何重视了！因此才有了这本书，在接下来的这本书里，我们就是要从这些生活的变化中分析变化中的生活。由此就会发现医疗技术的一项项巨大进步、医疗保健的一个个产业机遇、全民健康的一系列巨大商机，正在越来越快地向我们走来，而这正是一个属于我们每个人的大健康的美好时代！

华高莱斯国际地产顾问（北京）有限公司
董事长兼总经理　李忠

目 录
CONTENTS

001 总 论
002 大健康产业：一个大产业 N 种新思维 ……………………………… 廉思思

021 上篇　确定性的新机遇，千帆竞渡的蓝海
022 医美产业——如何做好"看脸"的生意 …………………………… 张天天
042 大集群汇聚高能量——口腔医疗产业的规模赋能 ……………… 赵宗茜
063 攻占蓝海——医疗器械产业角力法则 ……………………………… 简　菁
089 带癌生存 ………………………………………………………………… 王皓雪

113 中篇　上升中的新机遇，不同城市不同玩法
114 保障生育，让"怀孕"不再是难事！………………………………… 郝荣福
132 你愿意为"康复"买单吗？——解码运动康复"掘金术" …… 吴晓璇
152 如何真正"吃"出健康？——功能性食品及功能农业 …… 王婧萱　廉思思

171 下篇　迷雾中的新地图，待孵化的服务经济
172 互联网医疗——后疫情时代的死与生 ……………………………… 陈　昆
186 夕阳无限好——捕捉"银发经济"中的护理产业机遇 ………… 邸　玥
208 人与动物的新故事——宠物疗法 ………………………… 杨　帆　廉思思

223 总 结
224 如何成为那个产业招商中的幸运儿——大健康产业风口中的城市机遇……… 陈　迎

总 论

大健康产业：一个大产业 N 种新思维

大健康产业：一个大产业 N 种新思维

文｜廉思思

引言：健康，是人类"一切美好生活"的基础

健康，是人类生存最基本的要求，是人们追求"一切美好生活"的基础。经历了 2019 年年底持续至今的新冠肺炎疫情动荡，"健康"一词在人们心中的分量又重了几分，人们开始重新正视健康的要义。正在持续的疫情不仅快速普及了公共健康常识，更加速完成对广大民众健康产业的"市场教育"，让健康消费观念深入人心。如今，口罩、消毒水、酒精等防护用品已是居家常备，线上问诊、健康保险更是如火如荼……

通常，全球性大事件的发生都会影响相关产业的发展进程。据预测，这场疫情可以让中国健康产业提前推进 5～10 年。[①] 疫情给予大健康产业一剂强效助推剂，产业发展势如破竹。

一、仍在"生长"的大健康产业

1．动态发展的产业内涵

大健康产业，始终是一个立足于"人"的产业门类。它是围绕"人的健康"衍生出的一系列相关产业的统称。大健康的产业内涵不是固定不变的，它会随着不同时代人们对"健康"的不同理解而动态变化。正因如此，**大健康产业是一个不断在"生长"的产业，具有"强时代烙印"的特征。**

在传统认知里，人们对"健康"的理解往往等同于"身体没有疾病"。

[①] 中国经济时报：《推广"健康+"模式做大做强健康产业》，http://lib.cet.com.cn/paper/szb_con/513179.html，2020 年 3 月 19 日.

医学治疗，是当时大健康产业最主要的内涵。因此，在20世纪90年代初期，"大健康"主要用于医疗和医学服务等领域内，被认为是一个具有强专业特质的词汇。[1]

随着经济的发展、医疗技术的革新、生活观念的改变，人们的健康观念也开始发生变化。从"以医疗为中心"被动型健康观念，逐渐转向了"以疾病预防和健康促进为中心"的主动性健康观念。同时，人们对自身健康的期待也越来越高：不仅是身体健康，更要全方位的身心健康，高质量的健康。于是，立足健康的大健康产业，其内涵也从专业医疗领域，逐渐向疾病预防、健康管理、营养保健等方向进行延展。

大健康产业内涵的不断延展和变化，也体现在不断更新的官方统计标准文件上。

2014年，国家统计局印发《健康服务业分类（试行）》。[2] 文件仅仅以"健康服务业"为统计大类划分出四种健康服务类型：医疗卫生服务、健康管理与促进服务、健康保险和保障服务及其他与健康相关的服务。

2019年3月13日，国家统计局第4次常务会议通过《健康产业统计分类（2019）》。[3] 在文件中，首次就"健康产业"给出官方指导性的完整定义："**健康产业是指以医疗卫生和生物技术、生命科学为基础，以维护、改善和促进人民群众健康为目的，为社会公众提供与健康直接或密切相关的产品（货物和服务）的生产活动集合。**"

根据《健康产业统计分类（2019）编制说明》的具体解释，"**健康产业涵盖一、二、三产业，包括以中药材种植养殖为主体的健康农业、林业、牧**

---

[1] 唐钧. 大健康与大健康产业的概念、现状和前瞻——基于健康社会学的理论分析[J]. 山东社会科学, 2020（9）：7.
[2] 国家统计局官网：《健康服务业分类（试行）》，http://www.stats.gov.cn/tjsj/tjbz/201404/P020140414486348643155.pdf.
[3] 国家统计局官网：《〈健康产业统计分类（2019）〉》（国家统计局令第27号），http://www.stats.gov.cn/tjgz/tzgb/201904/t20190409_1658560.html，2019年4月9日.

业和渔业，以医药和医疗器械等生产制造为主体的健康相关产品制造业，以医疗卫生、健康保障、健康人才教育及健康促进服务为主体的健康服务业。"

同时，将健康产业范围划分为**医疗卫生服务**，健康事务、健康环境管理与科研技术服务，健康人才教育与健康知识普及，健康促进服务，健康保障与金融服务，智慧健康技术服务，药品及其他健康产品流通服务，其他与健康相关服务，医药制造，医疗仪器设备及器械制造，健康用品、器材与智能设备制造，医疗卫生机构设施建设，中药材种植、养殖和采集13个大类、58个中类、92个小类，从官方角度为健康产业清晰了边界。大中小层级的产业分类也可以看出，大健康产业既关联着上游制造，又关联着中游服务，更有下游消费，有**覆盖面广、产业链长、细分领域多**的产业特征，如图1-1所示。

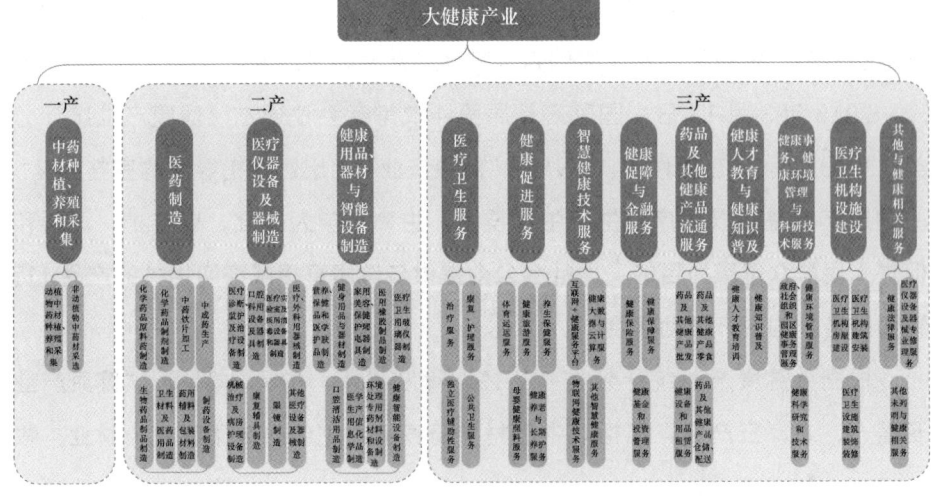

图1-1 大健康产业主要分类（图片来源：华高莱斯整理）

从2014年《健康服务业分类（试行）》"健康服务业"专注于三产服务业，到2019年《健康产业统计分类（2019）》"一二三产"全覆盖的统计分类标准设计，体现出官方对大健康产业内涵所持有的"发展"眼光。

据悉,《健康产业统计分类(2019)》是在保留《健康服务业分类(试行)》主要内容的基础上,结合健康产业发展新业态、新模式等,增加了健康产业所涉及第一、第二产业的相关内容。特别是国家紧跟互联网发展趋势,专门增加关于"智慧健康技术服务"(包括互联网+健康服务平台、健康大数据与云计算、物联网及健康技术服务等),以及"药品及其他健康产品流通服务"中"药品及其他健康产品互联网批发"等新兴业态的统计分类,充分体现了与时俱进的官方态度。

国家统计局的这一分类调整,再次印证了前文所述结论"**大健康产业的内涵不是封闭的,而是开放变化的**"。这种"强时代烙印"的特征,让大健康产业一直处于"生长期":**大健康大产业的时代内涵,始终与其所处的时代、其所处的产业发展阶段相对应**。也正因此,拥抱时代、拥抱变化是大健康产业始终保持活力的根源所在。

2. 持续发展的张力

当一个产业能够随着时代的变化而不断迭代,产业发展机遇自然也是不设限的。

世界卫生组织曾预测,"2020年后,大健康产业很有可能成为世界第一大产业。"[1] 据国家卫健委卫生发展研究中心核算,2019年我国健康服务业总规模为70 148亿元,占GDP比例为7.08%[2],远低于美国17.9%的比重[3],也低于日、德等国家12%左右的平均水平,存在明显的发展差距。但差距越大意味着可能性越多。2021年全国第七次人口普查数据显示,我国总人口为141 178万人,仍是世界第一人口大国。人口基数决定了与人健康最

---

[1] 中国日报:《大力发展大健康产业:让健康中国战略落地惠及百姓》,https://chuangxin.chinadaily.com.cn/a/202008/27/WS5f4791a9a310084978421ae1.html,2020年8月27日.

[2] 每日经济新闻官网:《每经专访张毓辉:我国健康服务业总规模超7万亿,要加速推进优质健康产品、服务引进来和传统中医药走出去》,http://www.nbd.com.cn/articles/2021-04-20/1707199.html,2021年4月20日.

[3] 经济参考报官网:《〈中国健康经济白皮书2019〉课题启动》,http://dz.jjckb.cn/www/pages/webpage2009/html/2019-09/25/content_57562.htm,2019年9月25日.

相关的大健康产业也自然最有发展前景。

二、大健康产业：未来"不确定"中"最确定"的产业赛道

未来发展的不确定性让进军产业赛道成为技术含量很高的项目，非专业则无法入局。但大健康产业发展的确定性最强，它是未来不确定性中"最确定"的产业赛道。之所以这么说，有以下几方面原因。

1. 国家力推：一揽子的顶层战略，对大健康产业进行持续刺激

大健康产业是深受政策驱动和影响的行业。从 2013 年开始，我国就连续发布一揽子高量级的关于大健康产业的国家战略和行动计划：

（1）2013 年 9 月，国务院公布了《关于促进健康服务业发展的若干意见》。

（2）2015 年 5 月，国务院办公厅印发《中医药健康服务发展规划（2015—2020）》，对当前和今后一个时期，我国中医药健康服务发展进行全面部署。

（3）2016 年 10 月，国务院发布《"健康中国 2030"规划纲要》《健康中国行动（2019—2030 年）》《促进健康产业高质量发展行动纲要（2019—2022 年）》。

（4）2018 年 4 月，国务院办公厅印发《关于促进"互联网＋医疗健康"发展的意见》，为推行智慧医疗提供了良好的外部环境。

（5）2019 年 7 月，国务院颁布《国务院关于实施健康中国行动的意见》，明确了健康中国行动的总目标和 15 项主要任务。

（6）2021 年 3 月，"十四五"规划和 2035 年远景目标纲要提出，把保障人民健康放在优先发展的战略位置，全面推进健康中国建设，坚持预防为主的方针，为人民提供全方位、全周期健康服务。①

（7）2021 年 5 月，位于北京市海淀区知春路 14 号的国家疾病预防控制局正式挂牌。国家疾病预防控制局成立，意味着疾控机构职能从单纯预防控

---

① 新京报：《"十四五"规划和 2035 年远景目标纲要全文来了》，https://baijiahao.baidu.com/s?id=1694069736958498532&wfr=spider&for=pc，2021 年 3 月 13 日。

制疾病向全面维护和促进全人群健康转变，新机构将承担制定传染病防控政策等五大职能。①

我国之所以如此重视大健康产业，主要有以下两方面原因：

第一，大健康产业与作为基础劳动力的"人口"息息相关，并将深刻作用于国家经济。

北京大学国家发展研究院 2018 年的一项课题成果明确指出："国民健康作为重要的人力资本，是决定劳动生产力的关键因素，从而对国民收入的增长具有至关重要的作用。国民健康是相关'投资'才能获得的结果，这些'投资'包括良好的环境条件、健康的生活方式及适宜的医疗健康服务。**医疗健康服务既是维护国民健康的投入要素，又是决定国民收入增长的重要因素，同时，还具有促进就业和家庭消费的比较优势**"。②

国民健康作用于经济发展的规律，往往在大型乃至全球公共卫生事件中表现得更为充分。2003 年 SARS 疫情暴发，直接影响我国经济增速：当年二季度经济增速比一季度放慢 2 个百分点。无独有偶，根据麦肯锡 2020 年对新冠肺炎疫情的研究数据：新冠肺炎疫情的冲击表明，**普遍的健康对于全球繁荣至关重要**。初期估算显示，此次疫情及其后续影响或将导致 2020 年全球 GDP 下滑 3% ～ 8%。而糟糕的健康状况每年都会使全球 GDP 缩减 15%。③

可以说，**大健康产业表面上只关乎个体，实则影响国家经济**。例如亚马逊丛林中的蝴蝶扇扇翅膀就可能在两周以后美国得克萨斯州引起一场龙卷风的"蝴蝶效应"一般，大健康产业所关联的个体微小的变化，却能带动整个

---

① 新华社新媒体：《国家疾病预防控制局挂牌了！》，https://baijiahao.baidu.com/s?id=1699607576863561884&wfr=spider&for=pc，2021 年 5 月 13 日。
② 北京大学中国经济研究中心：《国民健康与经济繁荣——基于 APEC 经济体发展的启示》，https://www.ccer.pku.edu.cn/yjcg/yjbg/243126.htm，2018 年 10 月 16 日。
③ 麦肯锡全球研究院：《健康第一：通往繁荣的处方》，https://www.mckinsey.com.cn/wp-content/uploads/2020/10/MGI_Prioritizing-Health_Executive-summary_CN.pdf。

系统长期巨大的连锁反应。

第二，大健康产业是我国未来产业优化升级的一大着力点。

在上文所述大健康产业相关文件中，2016年的《"健康中国2030"规划纲要》被上升为国家战略。这也意味着国家首次将"健康产业"确认为国家未来产业优化升级的战略关键。

《"健康中国2030"规划纲要》中明确提出，我国健康服务产业规模预计在2030年达到16万亿元。若以《"健康中国2030"规划纲要》发布前一年，即2015年健康服务业3.8万亿元①的产业规模作为计算参考，要实现16万亿元的规模目标，我国健康服务业规模的复合增长率平均要达到12%左右。

官方设定高发展目标的底气来源于我国不断提升的经济发展水平。**大健康产业的发展从来都是与一国的经济实力紧密绑定。** 自2010年起，中国超越日本成为世界第二大经济体，无论是经济体量，还是人均收入水平，都在逐步提高。

2010年我国GDP占世界比重达9.5%，人均GDP近3万元，步入中等收入水平。按可比价格计算，是2000年的2.56倍，年均增长9.8%。② 到2020年，中国经济总量占世界经济比例约17%，城乡居民人均收入较2010年翻一番，人均国内生产总值约72 447元③。

需要说明的是，人均GDP过万美元是中等以上人口规模国家发展的重要节点。从2019年起，我国人均国内生产总值已经连续两年超过1万美元。一旦跨越这个节点，一国居民的收入水平、消费结构、市场规模等都将迈上新台阶。

北京大学国家发展研究院的刘国恩教授认为：**大健康产业，是唯一不服从**

---

① 德勤：《健康医疗的变革，从"规模"到"价值"》，https://www.waitang.com/report/17331.html，2018年6月1日。

② 中央政府门户网站：《统计局：1978年以来我国经济社会发展的巨大变化》，http://www.gov.cn/jrzg/2013-11/06/content_2522445.htm，2013年11月6日。

③ 中国经济网：《2020年中国城乡居民人均收入较2010年翻一番》，https://baijiahao.baidu.com/s?id=1689205908186352871&wfr=spider&for=pc，2021年1月18日。

"边际效用递减"的产业,"人在 50 岁想活到 51 岁,但到了 70 岁,可能更想活到 71 岁"。根据美国芝加哥大学诺贝尔经济学家 Robert Fogel 对欧美长达百年的消费行为研究,医疗健康服务的收入消费弹性高达 1.6,远高于人们吃、穿、用、住的常规消费弹性。① 德国学者的研究也表明,"当家庭收入提高时,饮食、服装等方面的支出占收入比都在下降,而健康投入却一直在上升,与收入比高达 1.6"②。以上数据都证明了同一结论:大健康消费,空间无限。

比较当前中国和其他经济体的增长结构也不难发现,发达国家的现代服务业对宏观经济的贡献高达 70%,全球平均在 60% 之上③,中国当前在 54% 上下④。中国要推动经济结构优化,实现经济高质量发展,内需导向的经济转型是"挖潜"的重要方向。**大健康产业正是一个以"人民健康"为核心的全生命周期产业,覆盖面广、产业链长、融合度高、带动性强,是一个满足人民对美好生活期待的产业。**它无疑与我国"坚持以人民为中心的发展思想,推动经济发展质量变革、效率变革、动力变革,满足人民日益增长的美好生活需要"为推动经济高质量发展的基本框架深度契合。

因此,站位国家顶层设计及明确的高增速发展指标要求,大健康产业势必将成为我国经济增长模式实现向可持续发展转变的重要方向。

2. 市场需要:大健康产业——从"医"到"养"、从"解决病痛"到"服务美好"

目前,大健康产业的消费人群,已经从"老年人群"逐步扩展到"全龄人群"。

---

① 人民网:《北大研究发现:国民期望寿命增 1 岁人均收入多 7%》,http://health.people.com.cn/n/2015/0522/c14739-27039368-2.html,2015 年 5 月 22 日.
② 北京大学国家发展研究院:《刘国恩教授深度解读健康中国优先发展战略》,https://www.bimba.pku.edu.cn/wm/xwzx/htly/ylws/427230.htm,2016 年 9 月 16 日.
③ 国信证券 - 宏观专题报告:《"十四五"产业发展背后的经济逻辑 -201121.pdf》,http://pdf.dfcfw.com/pdf/H3_AP202011231431944825_1.pdf?1606145112000.pdf.
④ 新华网:《为什么保持制造业比重基本稳定十分必要》,http://www.xinhuanet.com/politics/2021-04/13/c_1127323535.htm,2021 年 4 月 13 日.

(1)"老龄化"加剧、"带病生存"常态化成为激发大健康产业发展的催化剂。

大健康产业不是老年人的专利,但老年人似乎确实更多地与大健康产业捆绑在一起。2021年第七次全国人口普查数据显示,我国60岁及以上人口占比为18.70%,超过2.64亿。其中,65岁以上人口占13.50%,60岁和65岁以上人口比重同上一次人口普查相比分别增加5.44和4.63个百分点。时任国家统计局局长宁吉喆在发布会上表示,中国老龄化进程明显加快,这将是社会发展的趋势,也是未来我国的基本国情。

数据要对比着看才更具说服力。横向对比发达国家,以上数据说明:**不只是"加快",中国人口老龄化速度是明显"更快"**。法国人口结构由年轻型的国家过渡到老年型的国家用了约150年,而我国人口结构从年轻型过渡到老年型的国家,只用了30年左右的时间。南开大学人口与发展研究所教授原新在接受红星新闻记者专访时提到:按照目前的趋势判断,中国将在"十四五"末期进入中度老龄化社会,即老年人占比数超过20%。在2040年前后,将进入深度老龄社会,老龄化水平超过30%。

老龄化加剧,不仅意味着老年人数量增多带来的社会养老经济成本增加,更意味着对现有医疗健康资源的巨大挑战。"活得长"与"活得健康"是衡量老年人口整体健康状况的重要指标,但老年人往往多种疾病共存,"带病生存"是生活常态。根据卫健委发布的数据可知,2018年我国人均预期寿命为77岁,但健康预期寿命仅为68.7岁,我国居民将有近8年的晚年生活需要带病生存,养老与求医已经密不可分。[1]

因此,老年人对大健康产业有着最为直接的需求,从养老、预防、医疗、康复到照料都有着巨大的需求空间。此外,发展大健康产业预防疾病、促进健康能够提升老年人的健康预期寿命和生活质量,起到减轻政府和社会

---

[1] 人民网:《中国老人平均8年带病生存养老不是简单的医疗问题》,http://health.people.com.cn/n1/2019/0804/c14739-31274449.html,2019年8月4日.

财政负担的作用。

（2）"怕死"又"爱美"的年轻人，正在成为大健康产业最核心的消费人群。

据阿里健康的大数据显示，健康消费的用户"画像"正越来越年轻化，其中"00后""95后"更青睐创新型健康产品。①2020年天猫"双十一"的销售数据也佐证了这一趋势："相较于2019年同期，2020年"双十一"期间，天猫医药'95后'活跃用户同比增加了102%，'95后'购买健康商品的人均金额增加了18元，而'00后'购买健康类商品的人均金额也相应增加了近10元。"②

如今，几乎没有一个年轻人躲得过健康问题。在不良生活作息、工作生活压力、高油高盐嗜辣饮食习惯等多重因素影响下，肥胖、失眠、焦虑、脱发等健康问题成为越来越多"怕死"年轻人关注的领域。"一边熬夜一边养生""马后炮式朋克养生"的背后是年轻一代对自身健康管理的重视。

与老一辈人生活背景不同，年轻一代大都是"知识赋能"的一代。据统计，2020年我国公民具备科学素质的比例达到10.56%。③教育使年轻一代更加地相信医学和科学，相信医学昌明和科学进步能解决健康问题。同时，不同于老年人需要"治疗"的患病状态，年轻人的症状往往比较轻微、初级，因此也更多地选择"预防和调养"。他们更容易把自己的健康理念付诸生活消费，更容易接受具有"医学、科学理论"支撑的生活性的健康产品。

据新华网报道："从乳清蛋白等运动营养产品到氨基酸、支链氨基酸等膳食补充剂，从提高免疫力、补充人体微量元素的各类口服产品，到专注肠胃健康的益生菌，保健产品受到年轻消费者的青睐。"④

---

① 光明网：《打疫苗、囤补剂、防脱发健康消费渐成年轻人"刚需"》，https://m.gmw.cn/baijia/2020-11/23/1301828352.html，2020年11月23日.
② 腾讯网：《双11健康消费趋势：定制健康品走俏"后浪"成消费主力》，https://new.qq.com/rain/a/20201113A02DXJ00，2020年11月13日.
③ 中国政府网：《我国公民具备科学素质比例超10% 意味着什么》，http://www.gov.cn/xinwen/2021-01/29/content_5583427.htm，2021年1月29日.
④ 人民网：《"养生年轻化"助推健康管理（新知）》，https://baijiahao.baidu.com/s?id=1681565079048581741&wfr=spider&for=pc，2020年10月26日.

对运动健康的重视，也引得年轻人争先消费可穿戴设备，特别是可穿戴手表产品。以苹果公司出品的 iWatch 为例，它所提供的"运动监测""心率监测""卡路里消耗监测""每小时站立提醒""基础代谢总量监测"等一系列的日常健康功能受到年轻人的喜爱。据 Strategy Analytics 基于行业报告和苹果公司财报的数据显示，苹果以一己之力击败了整个瑞士手表业，Apple Watch 2019 年年出货量为 3 070 万只，而整个瑞士手表业同期出货量则为 2 110 万只。①

此外，当"抗糖"成为年轻人的健康关键词后，一批打着低糖、无糖概念的产品发展迅猛。以近两年风靡全国主打"0 糖 0 卡 0 脂"概念的饮料品牌元气森林为例，2016 年品牌注册，截至 2021 年 4 月，成立 5 年的元气森林估值已达 60 亿美元。② 但是，水能载舟亦能覆舟。**年轻人确实容易为"科学健康"理念的产品买单，但也更容易因为产品的科学谎言被戳破而丧失消费信心。**就在 2021 年 4 月，元气森林因"乳茶含糖"被爆虚假宣传。这场风波让公众对其宣扬的"0 糖"口号严重产生了怀疑，导致消费者对于品牌的信任明显出现了动摇。元气森林不是第一个，也不会是最后一个。

不仅"怕死"，年轻一代也更"爱美"。

在这个"颜值即正义"的时代，相信"科学改变健康"的年轻人，也同样相信"科学可以改变容貌"。年轻人在"医美领域"的消费也呈现出明显增长态势。据医美平台"更美 App"发布的《2020 医美行业白皮书》显示，医美消费主体 80 后占比 23%，90 后占比 21%，95 后和 00 后分别占比 35% 和 18%，远高于仅占比 3% 的 70 后及以前。③

轻医美、科学抗衰成为 2020 年度医美消费高频词。超声刀、热玛吉、水

---

① 网易：《苹果 Apple Watch 销量超过整个瑞士手表行业销量受年轻人喜欢》，https://www.163.com/dy/article/FMIQ50BS05119GO7.html，2020 年 9 月 15 日。
② 腾讯网：《成立 5 年估值 60 亿美金 元气森林创始人唐彬森的创业哲学》，https://new.qq.com/rain/a/20210507A09NP800，2021 年 5 月 7 日。
③ 新京报贝壳财经：《涌进整形医院的年轻人》，https://baijiahao.baidu.com/s?id=1694451694933089164&wfr=spider&for=pc，2021 年 3 月 17 日.

光针、轮廓填充等非手术类的轻医美项目凭借其高安全性、低风险、便捷的特点，以超乎想象的速度快速崛起，为医美培养了相当数量的刚需客群。同时，脱发这一"头顶大事"正困扰和影响着越来越多的年轻人。国家卫健委2019年的调查数据显示：我国脱发人数超2.5亿，平均每6人中就有1人脱发，其中男性约1.63亿，男性比重超65%。从年龄上看，30岁前脱发的比例高达84%，比上一代人的脱发年龄提前了20年，呈现出明显的低龄化趋势。"植发类"手术型医美项目，年轻男性是绝对的消费主力。

可以说，"怕死"又"爱美"的年轻人，正用其"氪金"式的消费行为身体力行地支持大健康产业的进步和发展。

3．技术支持：不断精进的医学理论、诊疗技术、医疗设备为大健康产业发展提供了无限可能

2019年全球创新指数表明，医学技术现已成为发展最快的五大技术领域之一（其余四个技术领域均与信息技术相关），全球制药和生物技术等领域的专利申请率居高不下。人类对健康的要求早已不止于"想象"，不断进步的医学和科技带来一次又一次的健康产业变革。

近年来，随着生物科技领域新型疗法的不断突破，让一些采用传统治疗方法难以攻克的疾病有了被治愈的可能。例如，一直被视为人类"杀手"的癌症，已逐渐能够被抗衡。在现今的癌症研究中，免疫疗法（Immunotherapy）成为最令人鼓舞的成果。与手术、放疗、化疗、靶向治疗等传统治疗方法不同，免疫疗法利用人体的自身免疫系统对抗癌症，副作用非常少，对复发、难治性肿瘤患者表现出了突破性疗效。在免疫疗法中，最具里程碑意义的是嵌合抗原受体T细胞（CAR-T细胞）疗法。在美国针对复发淋巴细胞白血病的临床试验中，CAR-T细胞疗法达到了70%～90%的完全缓解率。[①]

另外，人工智能、大数据和互联网等技术，在使人们生活便利、赋能城

---

① 高丽丽，黄亮，王娜，等．抗CD22 CAR-T联合抗CD19 CAR-T治疗复发难治性急性B淋巴细胞白血病严重细胞因子释放综合征 两例报告并文献复习［J］．中华血液学杂志，2019（09）：780—782．

市管理的同时，也在不断推进大健康产业发展。一方面，新的技术将改变医患互动方式、诊断、治疗和疾病预防的方法。国家卫生健康委员会规划发展与信息化司司长毛群安表示，目前有30个省份建立了互联网医疗服务相关平台，全国已经有900多家互联网医院，远程医疗协作网覆盖了所有地级市，5 500多家二级以上医院可以提供线上服务。"据测算，截至2019年年底，中国数字化医疗用户规模已达到6.2亿。"[1]德勤研究数据表明：50%的高管认为，到2040年，至少有1/4护理、预防护理、长期护理和健康服务将转到线上。[2]因此，远程医疗、互联网医疗将成为未来大健康产业不可忽视的发展方向。另一方面，数字技术和生物技术的趋向融合，也在创造巨大产业机遇。例如，人工智能（AI）技术具有自然语言处理、图像识别、深度学习和认知计算等方面的优势，目前已应用于新药研发的多个场景，特别是在药物筛选上。由于新候选药物筛选所需的数据库十分庞大，单独研究人员几乎无法自己审查所有内容。而人工智能可以从海量样本中筛选出几十至几百个具备活性的药物分子进行进一步检测，并在计算机上进行优化，包括对不同活性分子进行化学合成后投入生物测活中。重复几个周期就能最终筛选出合适的新药物候选分子。人工智能技术将药物筛选时间缩短了几十倍，将成功率提高了几十个百分点。数字技术和生物技术之间的不断耦合深刻推动着大健康产业的发展进程。

因此，基于"国家力推、市场需要、技术支持"的三大发展背景就可以非常笃定地作出以下论断：**大健康产业是未来我国经济发展最为确定的产业方向。大健康产业也必将成为国内城市不可忽视的产业赛道，是潜力无限的"财富密码"。**

---

[1] 经济日报：《6.2亿用户、100多万医生……医疗健康正在经历数字革命》，https://baijiahao.baidu.com/s?id=1682239469683072388&wfr=spider&for=pc，2020年11月2日。

[2] 德勤咨询：《未来虚拟健康　高管眼中的行业投资前景》，https://www2.deloitte.com/cn/zh/pages/life-sciences-and-healthcare/articles/the-future-of-virtual-health.html。

三、大健康产业决胜未来的发展范式

毫无疑问,大健康产业是那些"捕捉产业曙光"城市的重大发展机遇。其实,国内众多省市已经开始布局大健康产业。

(1) 从省级层面看。

①四川省人民政府印发《关于推进健康四川行动的实施意见》,增加口腔健康促进、民族地区健康促进和中医治未病健康促进行动,形成18个专项行动方案;

②山东省人民政府印发《关于贯彻健康中国行动推进健康山东建设的实施意见》,启动开展一批有特色、有影响、见效快、效果好的活动;

③浙江省人民政府印发《关于推进健康浙江行动的实施意见》,新增智慧健康管理行动、健康保障惠民行动、健康产业发展行动等11项行动;

④广东省人民政府印发《关于实施健康广东行动的意见》,新增塑造健康湾区、中医药健康促进、智慧健康3个专项行动,推出18个专项行动。

(2) 从市级层面看。

前有云南省昆明市政府办发布《昆明市大健康产业发展规划(2019—2030年)》,提出将建10个医疗中心和10大康养社区。后有武汉2019年发布《武汉市大健康产业发展规划》,提出将构建生物医药、医疗器械、医药流通、生物农业和健康服务五大领域协同发展的"一城""一园""三区",将大健康产业打造为武汉市第五大万亿产业基地。但是,当国内各个城市都站上大健康产业这条赛道时,产业发展的核心和关键究竟是什么?如何进行大健康产业自上而下的机会捕捉?机遇与现实之间如何弥合?要回答以上问题,则必须厘清大健康产业的发展现状和未来的发展趋势,明晰产业发展的关键范式。

范式一:从"混乱"走向"合规"是大健康产业发展的首要前提

作为一个与人民生命健康紧密关联的专业领域,大健康产业各细分赛道却普遍存在"混乱"的情况,**对市场合规性的监管远远落后于行业发展的速度。**

以保健产品为例。一直以来，保健产品安全和过度宣传等问题屡禁不止。与药品不同，保健食品的注册备案流程相对简单。特别是在2016年《保健食品注册与备案管理办法》发布后，保健食品中"营养素补充剂类产品"遵循"注册流程"，而非之前的"审核流程"。对这类产品，生产企业只需将表明产品安全性、保健功能和质量可控性的材料提交给监管部门进行备案，取得备案凭证即可上市销售，放宽了市场准入门槛。但"营养素补充剂类产品"却常是保健食品乱象的"重灾区"。商家夸大保健食品功效、虚假宣传，将保健食品包装成"药品"蒙骗消费者的案例屡见不鲜。

在医美行业，医生、无资质机构非法行医，产品、器械鱼龙混杂等乱象频繁出现。《2020年中国医疗美容行业洞察白皮书》显示，2019年中国医美行业实际从业医师数量为38 343名，2018年卫健委统计年鉴显示整形外科专科医院医师（含助理）数量仅3 680名，也就是说约90%的医师不具备医美从业资质。[①] 健康管理中最为常见的体检行业也是如此。2018年7月，知名体检品牌美年健康被一离职员工爆料聘用无证医师，甚至用他人执业证书帮助无证人员蒙混上岗的"假医门"事件。

虽说混乱往往意味着繁荣，但当行业乱象引起消费者对大健康产业的信任危机，就成为必须解决的问题。因此，合规性是大健康产业发展的重中之重。

根据2021年6月国务院《关于深化"证照分离"改革进一步激发市场主体发展活力的通知》，自2021年7月1日起，在全国范围内实施涉企经营许可事项全覆盖清单管理，对所有涉企经营许可事项按照直接取消审批、审批改为备案、实行告知承诺、优化审批服务四种方式分类推进审批制度改革。根据《关于深化"证照分离"改革进一步激发市场主体发展活力的通知》细则，**开办诊所不再设置审批，改为诊所执业备案、诊所执业由许可管理改为备案管理**……《关于深化"证照分离"改革进一步激发市场主体发展活力的通知》

---

① 艾瑞咨询：《2020年中国医美行业洞察白皮书》，https://pdf.dfcfw.com/pdf/H3_AP202005191379934984_1.pdf?1589894520000.pdf.

在激活市场的同时，也在很大程度上降低了卫生健康行业准入的门槛。

行业准入的门槛越低，合规就越显珍贵！站在城市管理、决策者的角度，在放宽准入的同时必须更加强调监管，通过政府监督、引导整个行业自律，才能让处于"生长期"的大健康产业真正获得消费者认可的信赖原动力。

范式二：从"细分"到"高度细分"，是大健康赛道选择的要义

产业发展，早已进入高度细分的时代！如上文所述，虽然大健康有着明显覆盖面广、长产业链的特征，但也已进入从"细分"到"高度细分"的发展时期。因此，大健康产业的赛道选择，做"专"、做"深"比做"多"、做"广"更为重要。大健康产业是专业化程度非常高的领域，只有深入才能创造新的供应。

举个简单的例子，同样是制药产业，化学药和生物药是两条完全不同的赛道。化学药的发展起步较早，同时由于结构相对简单，生产、仿制及纯化难度也相对更低。生物药虽比化学药起步晚，复杂程度、开发成本及生产/仿制难度更高，但其靶向性更强、副作用更小，经济效益也更好。

目前，生物药对化学药呈现出绝对压倒性的发展态势。近年来，在年度全球药品销售Top10榜单中，生物药往往能占据七八个席位。以2019年全球药品销售额Top10榜单为例，化学药仅有阿哌沙班、来那度胺和利伐沙班入围，其余的药物均为生物药。但市场销售份额的缩小并不意味着化学药已经没有发展的潜力，化学药的"机会"在于更加细分的门类上，非"高度内行"而不可知。例如，在"抗肿瘤药和抗感染药""靶向性更好的小分子药物""低毒副作用等化学药"等深度细分方向上，化学药仍有非常广阔的发展空间。

与之类似，生物药领域，产业机会也同样在于更为细分的领域上。目前，生物医药产业已经被国内众多城市视为产业的战略制高点。据赛迪顾问与新浪医药联合发布的《2020生物医药产业园区百强榜》数据显示，截至2019年年底，在全国387家国家级产业园区（168家国家级高新区和219家国家级经开区）中，有193家将生物医药产业作为重点发展方向。竞争如此激烈,相关企业还能享受生物医药产业带来的发展红利吗?答案是肯定的。实际上,目前生物药主要集中在基因疗法和细胞免疫疗法制剂上,在生物药大分子药物领域(涵盖蛋白、抗体、疫苗、细胞治疗、核酸药物、基因治疗等多个方向)还存在极大的发展空间。

从制药产业的例子可以看出:**任何脱离大健康产业细分赛道谈大健康产业的发展潜力,都是没有太大意义的。不是赛道好不好,而是有没有深入细分领域,有没有挖掘出细分赛道的产业价值。**

范式三:从"从业人员"到"技能人才",是大健康产业对人才的必然要求

除赛道细分趋势外,同样值得关注的还有因赛道细分带来的"从业人员专业细分"的趋势。

大健康从业人员专业度不高,是目前制约大健康产业发展的一大瓶颈。这里所说的"专业人才",未必都是"专业高学历医学人才",而是指具有专业医疗护理知识和技能的人才。它既包括具有执业医师资质的医生,也包括从事具体治疗、护理等辅助环节的医师、护士、护理人员等。

对不同岗位人才的专业技能能力要求自然是不同的。从事医疗诊断的人员应该最具有医学专业性,而健康管理、健康服务则或许对专业的要求并非那么高。例如,医美医师不仅要有医疗美容专业技能,更要有"高美商",即对美学和美感的理解力;牙科医师不仅需要有专业的口腔医学知识,更需要培养口腔医疗操作的"匠人精神";护理人员在强化医疗急救常识的同时,还需要多学习心理学知识。对于技能人才的专业要求,本书《医美产业——如何做好"看脸"的生意》《大集群汇聚高能量——口腔医疗产业的规模赋能》《夕阳无限好——抓住"银发经济"中的护理产业机遇》等文章中将有更为详细的论述。

从实际健康服务来看,不断更新的诊疗设备、治疗技术等,要求从业人员不断跟进学习。从业人员的技能折旧在加速,"干中学"变得越来越重要。因此,大健康人才的成长不仅是专业教育阶段,在实际工作中企业主导的培

训其实更具有针对性。这既是对机构经营的挑战，也是对传统"低门槛"大健康人力资本积累模式的挑战。

范式四：从"快钱模式"到"长线思维"，是大健康产业必须面对的现实

在国家政策与市场需求的共同驱动下，国内一、二线城市的大健康产业进入黄金增长期。虽然需求旺盛且明确，但大健康产业始终不是一个"赚快钱"的产业。

新药和制剂的研发、技术和设备的升级迭代、专业人才的培养、消费者信任的积累、新健康服务模式（如互联网医疗等）的变现等都绝非"一日之功"。大健康这一赛道往往投入大、周期长、回报慢，极其考验"入局者"的耐心。即便是像房地产这种追求"高周转"的行业，在大健康领域的实践中也只能细水长流。

国内第一家养老社区公司亲和源运营13年后才实现首次盈利。万科推出的养老项目至今仍未实现盈利。行业龙头泰康集团董事长陈东升也曾明确表示，"一个成熟的养老社区做到收支平衡需要6~8年，真正实现盈利要8~10年的时间"。从投资回报率来看，目前国际高端养老地产的平均投资回报都不超过10%。[①]"以泰康集团为例，12年前，陈东升提出投资健康养老产业时，遭到其他高层反对，原因就是这个行当不太挣钱……即便在今天，一些实力雄厚的企业在杀入养老健康产业后，也很难赚到快钱。"[②]

因此，"长线思维"才是大健康产业入局者应有的期待和态度。

四、结语

"趋势"总归是趋势，而"现实"是现实。一些看似发展迅速的领域，

---

① 腾讯网：《夕阳红下的朝阳产业——中国养老地产》，https://new.qq.com/omn/20210327/20210327A0C5UV00.html，2021年3月27日。
② 中国政府网：《大健康产业"慢工出细活"》，http://www.gov.cn/xinwen/2019-05/01/content_5388041.htm，2019年5月1日。

与背后的资本加持紧密相关。膨胀的表象之下，不规范的行业乱象、不成熟的变现模式等才是大健康产业发展的现实。产业"热度"与它所能带来的"利润或税收"也不完全成正比。

通过对大健康产业的研究，我们更加坚定的认为，对大健康产业的理解不能"只浮于趋势表面"。大健康产业细分领域往往也涉及面广、跨行业、跨领域。也正因此，其每一个细分领域有着完全不同的产业发展规律，而每一个规律又都关乎这个产业未来的命运。因此，在具体产业细分门类上谈产业发展，才有意义。只有深入大健康各细分领域，揭示其最为核心的产业特征和发展命门，才是弥合这"趋势"与"现实"的最好方式。

因此，在本书中，我们通过对大健康产业系统的研究，从最具确定性的"现实"出发同时展望"趋势"，综合研判、筛选出十个专业细分领域，并根据"与现实的远近"进行分类论述：

第一类，是那些"已然风口"的赛道，包括医美、医疗口腔、医疗器械及癌症产业。此类产业发展势头强劲，确定性极高，非常值得关注。

第二类，是处于"上升期"中的赛道，包括运动康复、生殖健康、功能性食品。这类赛道从长远来看发展潜力巨大，而且适用范围广，不同等级的城市对应着不同的"产业解法"，特别是那些拥有特色资源或特定发展基础的地区更将大有作为。

第三类，是那些"尚待孵化"的赛道，包括互联网医疗、养老护理、宠物治疗。当下，这类赛道的运作模式和盈利模式往往还不够成熟，需要在大都市进行较长时间的"高起点孵化"，以完成模式构建和市场培养。

总之，希望通过本书的系列文章为读者揭示这十个大健康细分赛道的底层发展逻辑，也期望能给想要布局大健康产业的区域和城市带来一些启示。

上篇　确定性的新机遇，千帆竞渡的蓝海

1. 医美产业——如何做好"看脸"的生意
2. 大集群汇聚高能量——口腔医疗产业的规模赋能
3. 攻占蓝海——医疗器械产业角力法则
4. 带癌生存

医美产业——如何做好"看脸"的生意

文｜张天天

人们的生存需求得到满足后，接下来一定是对"美"的需求。近年来，随着经济的发展、国民收入水平的提升，愿意花钱打扮自己的人越来越多。此时，医疗美容产业作为"颜值经济"的新蓝海，风声逐渐高涨。

那么，医美到底是不是一笔好生意？怎么才能做好这笔生意？

一、中国医疗美容——战火淬炼出的美丽故事

中国医疗美容的发展历史可以追溯到1835年，美国医疗传教士伯驾（Peter Parker）在广州眼科医局（广州博济医院前身）实施了中国第一例"睑内翻矫治术"，由此拉开了中国整形外科发展的序幕。1948年，美国前整形外科委员会主席韦伯斯特博士（Jerome Pierce Webster）在上海举办了中国第一个整形学习班，培养了张涤生、朱洪荫等一批中国整形外科的开山元老。同年，华西大学留美博士宋儒耀担任华西大学第一位颌面与整形外科教授。1949年，朱洪荫建立了中国第一个成形外科（即整形外科）——北京大学第三医院成形外科的前身。此后，以整形外科为原点，中国现代医疗美容正式起步。

在随后的抗美援朝战争中，张涤生、宋儒耀、朱洪荫等整形外科专家率领医疗服务队奔赴前线为在战争中受伤的志愿军战士实施救治。抗美援朝残酷的战火给志愿军战士带来了巨大的伤害，对整形外科技术迅速发展的需求迫在眉睫。期间，张涤生院士创建了战时"冻烧伤中心"；宋儒耀教授参与成立志愿军后勤颌面外科治疗中心。从战火之中站起来的不止有新中国，还有新中国现代整形外科技术。紧接着，继承战争中淬炼过的技术，伴随着新

中国的工业化进程，烧伤修复、断肢再植等重建修复外科也在不断发展。

直到今天，中国医疗美容随着技术和消费市场不断更迭，从"医治"为主的"救命时代"来到了"美容"需求主导、"医治"与"美容"并存的"掘金时代"！

二、医美为了"美"——"颜值经济"时代的财富新机遇

《医疗美容服务管理办法》第二条明确界定，医疗美容是指运用"**手术、药物、医疗器械及其他具有创伤性或侵入性的医学技术方法**对人的容貌和人体各部位形态进行的修复与再塑。"[1] 具体而言，我国医美服务分类标准有两种：一是按**医学专业科室归属**，分为美容外科、美容牙科、美容皮肤科、美容中医科；二是按**介入手段**，分为手术类和非手术类。大部分涉及"**整形**"的医美项目都属于手术类，包括解救发量困扰的植发；而注射填充、无创年轻化、激光美容、线雕、半永久等项目无须外科手术操作，属于非手术类医疗美容，又称轻医美。

21世纪的前10年，国内消费者总体上对医疗美容还持不积极态度，对所谓"人造美"心存不屑。从2013年起，医美逐渐进入主流消费视野。2018年，中国医美市场规模达到1 448亿元，此前5年间的复合增长率超过30%[2]；2019年，中国医美消费用户达到1 376.2万人，市场规模达到1 769亿[3]。其中，轻医美市场规模占医疗美容整体规模的65%～70%；2019年中国轻医美市场规模达到1 191亿元，同比增长近16%[4]。

---

[1] 中国政府网：《医疗美容服务管理办法》，http://www.gov.cn/banshi/2005-08/02/content_19315.htm，2005年8月2日。

[2] "正视社服"微信公众号：《医美产业链深度剖析：变美，无止境》，https://mp.weixin.qq.com/s/yak6l4RklZV6VQJ2C2EyVQ，2019年12月25日。

[3] 艾瑞网：《乱象丛生：2020年中国医疗美容行业洞察白皮书》，http://report.iresearch.cn/report_pdf.aspx?id=3578，2021年5月11日。

[4] 东方财富网：《医美行业专题报告：轻医美黄金赛道，玻尿酸重塑美丽》，东莞证券，https://pdf.dfcfw.com/pdf/H3_AP202102021457336461_1.pdf?1612265756000.pdf，2021年2月1日，第9页。

目前，中国医美的每千人诊疗次数为14.8次，是日本的1/2，韩国的1/6①。医美消费的市场渗透率还有很大的提升空间。据艾瑞咨询估算，预计到2023年，中国医美消费群体规模将超过2 500万人②。数字不一定完全准确，但可以确定的是，**消费者观念的更新及医美消费自身的特质决定了中国医疗美容的市场潜力远不止于此。**

1．新消费观，带动医美产业走向大众

经济基础决定上层建筑。随着中国经济发展，社会开放程度也逐渐提高，人们的审美和消费观念也日趋开放和多元化。在这个过程中，"真香"定律永不缺席。过去，消费者对"人造美"排斥鄙夷；如今对花钱变美的好事趋之若鹜。

随着人们医美消费观念的变化，国内的医美消费群体也在悄然扩展。

（1）从年龄上，医美消费群体年轻化。"花钱求美"不再是人到中年才会追求的心理安慰，而是花季少女谋求青春永驻的自觉行动。根据新氧发布的《2020医美行业白皮书：医疗美容"线上化"赢未来——年轻人忙抗衰，医美成"刚需"》，目前，20～30岁的年轻消费者占医美消费群体的63%，而36岁以上人群占比不足5%③。

（2）从性别上，男性也逐渐成为医美消费的重要客群。越来越多的男性开始注重外在美，提升颜值的热情不输女性。根据广发银行发现精彩App和艾瑞咨询联合发布的《2020年中国新白领消费行为研究报告》，医美消费群体中，男性比重超过17%，月均消费额达到1 131元，与女性医美客群

---

① "正视社服"微信公众号：《医美产业链深度剖析：变美，无止境》，https://mp.weixin.qq.com/s/yak6l4RklZV6VQJ2C2EyVQ，2019年12月25日．
② 艾瑞网：《乱象丛生：2020年中国医疗美容行业洞察白皮书》，http://report.iresearch.cn/report_pdf.aspx?id=3578，2021年5月11日．
③ 每日经济新闻：《2020医美行业白皮书医疗美容线上化"赢未来"》，http://www.nbd.com.cn/articles/2020-09-27/1513732.html，2020年9月27日．

1 197元的月均消费基本持平①。男性消费者的"求美钱",大多贡献给了植发这一"烧钱大户"。植发手术是按"根"计算的,一根15元,一次植发花1万元左右可以说是"洒洒水"。除植发外,男性消费者也会尝试抽脂、玻尿酸注射、肉毒素注射、光子嫩肤、超声刀文眉等医美服务。

2．高复购率,带动医美产业持续发展升级

医疗美容之所以能够形成巨大的市场,除消费群体的扩展外,还有一个很重要的原因,就是医疗美容本身是一种持续性消费。早年那种动一次刀"永绝后患"式的医美时代已经过去,现在的消费者渴望方方面面变美,而且要永远保持高颜值。

正如铭丰资本创始合伙人、华熙生物前CEO金雪坤所说,"最早期的医美,消费者都是想要花一千元、一万元让鼻子、眼睛等部位马上变美,因此早期的、初级的医美就是能够快速解决轮廓美的问题。但这种美是最初级的,进入下一个阶段消费者追求的就是状态美,更高级的美"②。而要保持美丽,就意味着对医美的持续、反复消费。这种高复购率决定了医美市场的持续增长性。

一方面,在经济条件允许的情况下,消费者往往不止选择一种医美项目。这是因为"变美"是外在形象的系统性提升,涉及形体、骨骼、五官轮廓、毛发状况、皮肤状态等很多方面。而相对的,医美手段往往具有极强针对性,一种医美项目能解决的问题非常有限。手术类项目自不必说,哪有问题动哪里,一个部位的医美手术只解决一个部位的问题,如双眼皮手术只能美化眼睑形态,解决不了发际线和塌鼻梁的问题。轻医美项目也没有"万能药",每种项目能解决的问题都非常有限,如瘦脸针只能消减面部咬肌,超皮秒只能减轻皮肤色素沉积,热玛吉的功效就是紧致抗皱……因此,对消费

---

① 艾瑞咨询搜狐官方账号:《2020年中国新白领消费行为研究报告》, https://www.sohu.com/a/430590250_445326, 2020年11月9日.

② 百度百家号-新浪财经官方账号:《医美上游企业最高市盈率可达217倍,行业发展驱动力在产业上游?》, https://baijiahao.baidu.com/s?id=1698979755486338203&wfr=spider&for=pc, 2020年5月6日.

者而言，想要在多个方面美化自己，就必须多管齐下。

另一方面，大量医美项目，尤其是轻医美项目，存在复购的必要性。这类项目的有效期相对较短，瘦脸针、水光针一般只能在人体内维持半年到一年，之后就会被完全代谢掉，从而失去作用。热玛吉的皮肤抗衰功效维持时间平均也就一年。为了将理想状态维持下去，消费者往往会持续、反复购买相应的医美服务。根据新氧白皮书显示，医美用户复购率达到92%，复购频率为每3～6月一次①。手术整形虽然维持期长，消费频率相对较低，但手术整形后仍然有很大的微调和保养维护需求。从2018年的消费数据看，手术整形消费者80%有轻医美需求，复购率为90%②。

总的来说，由于消费群体的扩展和医疗美容消费本身的高复购需求，中国医疗美容产业拥有巨大的市场空间，是"颜值经济"时代的"财富蓝海"。

三、医美产业链——高门槛、高壁垒的涉医行业

医疗美容的价值在于"美"，但其手段要靠"医"。"涉医"行业事关人命，并不是人人都能做、可以随便做的行业。所以，整体而言，医美行业呈现高门槛、高壁垒的特点。

从产业链视角看，医疗美容行业主要可分为上游制造端、中游服务端和下游信息端。

1. 上游制造端：属药品和医疗器械，技术、审批、资金门槛高

上游制造端主要围绕医疗美容药品和设备的研发、生产和销售（由于手术类医美涉及产品与常规意义上的外科手术难以严格区分，故本文提及的制造端主要针对轻医美产品和设备制造）。医美产品的研发和制造有着很高的门槛。

（1）技术门槛。医美产品作为一种专门用途的医疗用品，材料和技术研发是核心。以玻尿酸填充产品为例，玻璃质酸交联技术可以提高其物理化

---

①② "正视社服"微信公众号：《医美产业链深度剖析：变美，无止境》，https://mp.weixin.qq.com/s/yak6l4RklZV6VQJ2C2EyVQ，2019年12月25日.

学特性和机械强度,是玻尿酸产品竞争的核心技术。交联工艺不同,会导致玻尿酸产品在颗粒形态、溶解度、玻尿酸浓度等关键指标上的差异,进而影响产品价格。根据国家食药监局公布的数据,美国艾尔建(Allergan)公司旗下的乔雅登、韩国 LG 公司旗下的伊婉等品牌玻尿酸产品浓度较高,在 20 mg/ml 以上;华熙生物旗下的润百颜、昊海生物旗下海薇等国产品牌玻尿酸浓度多在 20 mg/ml 及以下。技术上的差异最终会反映在产品价格上。目前,进口产品基本走中端到高端路线,产品价格每毫升 2 000 以上,高端产品价格破万也不是难事,整体价位比国产产品价格高出 60%～300%,这也是造成国产玻尿酸领域发展已经高度成熟,但依然被进口产品压制的重要原因之一。

(2) **审批门槛**。医美产品本质上是医疗用品,统归国家药品监督管理局管辖,需要遵循严格的临床试验程序,拿到药品类或医疗器械类许可后方可上市。尤其作为Ⅲ类药械的医美产品,要经过严格的临床试验,并受到严格的药监管控。医美"瘦脸针"所使用的 A 型肉毒毒素,本质是一种神经毒素,通过影响运动神经传导,达到放松肌肉、缓解皱纹的效果。A 型肉毒毒素的研发制造可以说是在刀尖上跳舞,因为 A 型肉毒毒素是 8 种肉毒毒素中毒性最大的一种,在国内,A 型肉毒毒素作为处方及毒麻类药品被列入毒性药品,从生产到流通都受到药监部门的严格管控,认证周期长达 8～10 年。

(3) **资金门槛**。医美产品的高技术门槛和高审批门槛导致了医美产品的资金门槛极高。毕竟,在研发、试验和审批阶段,医美产品研发和生产企业只能投入大笔资金而无法从中获得收益。一旦研发、试验和审批中任一环节出现问题,导致新品无法顺利实现转产上市,就意味着之前的资金投入打了水漂。家底薄的企业很难承担产品研发的高投入和高风险,头部企业才有能力做研发。昊海生科 2019 年累计研发投入 1.16 亿元 [1];华熙生物 2020 年研

---

[1] 新浪财经:《主营业务持续增长昊海生科 2019 年营收突破 16 亿元》,http://finance.sina.com.cn/roll/2020-03-26/doc-iimxyqwa3392870.shtml,2020 年 3 月 26 日.

发投入已经超过 1.4 亿元[①]。

上游制造端的高门槛，对于优势方，意味着高竞争壁垒和高额利润。对于有能力的上游企业来说，医美产品的门槛也能成为自身巨大的竞争优势。

一方面，技术和审批门槛高意味着只要企业能够研发出具备技术稀缺性的产品并率先投入市场，三五年内都不一定能有与之争夺市场的竞品出现。对于企业来说，哪怕只有短时间内独霸市场，也能获得高额的回报。以目前国内发展相对较为成熟的玻尿酸为例，尽管玻尿酸产品的竞争已经非常激烈，产品的价格近年来已经从万元级降到了千元级，但创新型玻尿酸产品依然能够为企业创造巨大利润。**代表性企业爱美客，旗下产品嗨体，手握目前唯一一张颈部注射用玻尿酸填充产品批文，目前在境内市场上没有合规的竞争对手。**从爱美客此前公布的 2020 年年报来看，以嗨体为核心产品的溶液类注射针剂实现营业收入 4.47 亿元，较上年同期增长 82.85%[②]，占全年营收的 63.07%[③]，是 2020 年爱美客业绩增长的主要动力。

另一方面，上游制造端的高门槛也赋予企业极强的议价能力，从中赚取更多利润。从医美产业总体利润分布看，经销商毛利率为 15%～25%，医美机构毛利率为 50%～70%，相比之下，**上游产品端毛利率在 90% 左右**。市场稀缺性较高的产品毛利率甚至超过 95%。如爱美客旗下的宝尼达作为长效复合型玻尿酸产品，满足了消费者对于长寿命周期玻尿酸填充剂的需求，毛利率高达 98%[④]。

目前，在上游制造端，由于资金、技术、审批的高门槛，市场态势相对

---

① 和讯网:《和讯 SGI 公司 | 华熙生物 SGI 指数评分为 85 分，功能性护肤品成业务增长的核心驱动》，http://stock.hexun.com/2021-05-21/203642566.html，2021 年 5 月 21 日。
② 证券时报百度百家号官方账号:《爱美客首季净利增近 3 倍嗨体进入快速放量期》，https://baijiahao.baidu.com/s?id=1698138419766168152&wfr=spider&for=pc，2020 年 4 月 27 日。
③ 金融界百度百家号官方账号:《爱美客首份年报：嗨体销售增长带动业绩提升大额分红引关注》，https://baijiahao.baidu.com/s?id=1694555443903561616&wfr=spider&for=pc，2021 年 3 月 18 日。
④ "正视社服"微信公众号:《医美产业链深度剖析：变美，无止境》，https://mp.weixin.qq.com/s/yak6l4RklZV6VQJ2C2EyVQ，2019 年 12 月 25 日。

稳定。一方面，"西风压倒东风"的态势没有根本性扭转，**外国厂商和品牌依然占据明显优势**（2018年，国内市场玻尿酸产品销量中，外国品牌占比超过50%；在目前获批的4个肉毒素产品中，国外品牌占3个；激光、射频等医美设备领域更是进口品牌的天下，以色列飞顿（Alam）、美国科医人（Lumenis）等知名厂商产品在正规市场占有率超过80%[①]）；**另一方面，在注射类产品市场上，本土龙头企业矩阵正在形成**。山东华熙生物、上海昊海生科、北京爱美客3家企业构成了目前国内玻尿酸产品市场的领军龙头。其中，华熙生物是目前全球最大的玻尿酸原料供应商，2019年全球销售占比超过38%；昊海生科旗下玻尿酸产品在2019年国内销量占比18.4%，仅次于韩国LG，排名第二[②]。除老牌龙头兰州生物制品研究所外，华熙生物、爱美客、四环制药、北京大熊制药、复星医药等企业正在开拓肉毒素产品线[③]。

2．中游服务端：事关医学诊疗，资质和专业门槛高

中游服务端是直接向消费者提供医疗美容服务项目的机构（以下简称"医美机构"），包括公立医院美容整形相关科室、医美专科医院、医美门诊、诊所等。按医美机构所有权属性主要可分为公立机构和民营机构。

但是，医疗美容服务机构虽然以"美容"为目的，但其本质是提供医疗服务的机构。无论是公立还是民营，无论资质能覆盖外科整形还是只能做创伤小、恢复快、风险低的轻医美，都要使用受监管药物和医疗设备，并投入专业医护人员，实质上都属于高度"涉医"机构。而作为事关人们生命安全的医疗机构，自然要受到国家的严格审核和管控。

[①] 东方财富网：《医美行业专题报告：轻医美黄金赛道，玻尿酸重塑美丽》，东莞证券，https://pdf.dfcfw.com/pdf/H3_AP202102021457336461_1.pdf?1612265756000.pdf，2021年2月1日，第21—26页.

[②] 东方财富网：《医美行业专题报告：轻医美黄金赛道，玻尿酸重塑美丽》，东莞证券，https://pdf.dfcfw.com/pdf/H3_AP202102021457336461_1.pdf?1612265756000.pdf，2021年2月1日，第20—24页.

[③] 东方财富网：《医美行业专题报告：轻医美黄金赛道，玻尿酸重塑美丽》，东莞证券，https://pdf.dfcfw.com/pdf/H3_AP202102021457336461_1.pdf?1612265756000.pdf，2021年2月1日，第24页.

(1) 机构本身的资质门槛。根据2016年修订的新版《医疗美容服务管理办法》，设立医美服务机构，必须符合《医疗机构基本标准（试行）》，并应按照《医疗美容服务管理办法》《医疗机构管理条例》（2022年修订）和《医疗机构管理条例实施细则》（2017年修正）的有关规定，办理设置审批和登记注册手续，经卫生行政部门登记注册并获得《医疗机构执业许可证》后，方可开展执业活动。在开展医疗美容项目时应当由登记机关指定的专业学会核准，并向登记机关备案。卫生行政部门在核发美容医疗机构《医疗机构执业许可证》的同时，向上一级卫生行政部门备案[①]。另外，医美机构开展医美项目也必须严格遵守登记注册的服务范围。

(2) 医美执业人员的资质和专业门槛。《医疗美容服务管理办法》对医美职业人员资格设置了明确严格的标准。医美主诊医师必须是经过医美专业培训或进修合格的或1年以上医美临床经验的注册执业医师。同时，必须有一定年限的相关工作经历。美容皮肤科和美容中医科要求具有3年以上中医专业和皮肤病专业临床经验，美容牙科要求5年以上美容牙科或口腔科专业临床经验，美容外科则要求更高，必须具有6年以上美容外科或整形外科等相关专业临床经验。对医美护理人员的专业要求同样严格，必须是具有2年以上护理经验的、有护士资格的注册护士，并且经过医美护理专业培训或进修合格，或具有6个月以上医美临床护理经验[②]。

虽然2020年11月发布了《国务院关于取消和下放一批行政许可事项的决定》，取消了对部分医疗机构《设置医疗机构批准书》的核发（三级医院、三级妇幼保健院、急救中心、急救站、临床检验中心、中外合资合作医疗机构、港澳台独资医疗机构除外），简化了医美服务机构行政审批流程，从2021年7月1日起，进一步放开医疗领域市场准入，在全国范围内将15项涉企经营许可事项改为备案管理。**但流程的简化和准入的放开并不意味着管**

[①②] 中国政府网法规司：《医疗美容服务管理办法》，http://www.nhc.gov.cn/fzs/s3576/201808/231b58bcb73a4d3db1e5f671169ee5b1.shtml?from=singlemessage，2018年8月30日。

控的放松。医疗机构和执业人员的不良行为计分制度、医疗卫生行业信用记录数据库等监管手段的不断完善,意味着未来对医美服务机构的管控将更加动态灵活。

处于产业链中游的医美服务,从整体市场规来看最具优势。2019 年,国内医美正规机构市场规模约 878 亿元①,占当年医美市场总规模的近一半。并且,如前所述,医美服务行业尚未形成稳定的竞争格局,还有充分的市场机会。

目前,在市场上活跃的合法医美机构中,民营医美机构占比更大。根据弗若斯特沙利文(Frost & Suliivan)报告,2019 年,民营机构收益约占市场总收益的 83.1%,达 1 193 亿元。2015 年至 2019 年的复合年增长率为 24.5%②。国内医美服务机构市场即将迎来市场整合的高峰期,市场竞争日趋激烈,尤其在民营医美机构市场。2015 年,我国排名前 10 的医美机构市场份额相加,也只有 1% 左右;到 2018 年,排名前五的民营医美机构(美莱、艺星、爱思特、北京伊美尔、鹏爱)的市场占有率达到 7.4%③。除此以外,华韩整形、朗姿股份、香港医思医疗、联合丽格等医美机构品牌也已经在市场竞争中取得了一定知名度。

3.下游信息端:辅助消费决策,信任壁垒高

下游信息端是指对接消费者和医美机构的各种平台和渠道。这类信息平台的主要作用是运用所掌握的医美知识和机构信息,辅助消费者进行医美决策。对于中游服务端来说,信息流通的渠道也是引流获客的渠道。

医疗美容对于消费者而言,是一项投资较大,且关乎生命安全和外部形象的重大决策。因此,对下游信息端来说,消费者的信任壁垒非常高。

基本上,医美行业消费者与相关机构很难"一拍即合"。消费者的信任

---

①②"正视社服"微信公众号:《医美产业链深度剖析之四:洗尽铅华始见金,医美机构未来龙头显现可期》,https://mp.weixin.qq.com/s/-_95ByFnPd8w_qLsD33f6w, 2021 年 2 月 19 日。

③东方财富网:《万亿市场,制造美丽——医美行业深度报告》,国海证券,https://pdf.dfcfw.com/pdf/H3_AP202009251417334994_1.pdf?1601058722000.pdf, 2020 年 9 月 25 日,第 12 页。

建立非常困难，相关机构获客成本极高。消费者在决定进行医美消费时，往往要进行大量的信息收集和比较判断，从机构到医生，从项目到产品，从效果到价格，方方面面能考虑的都考虑过，最终才会决定做什么、去哪儿做、找谁做。根据艾瑞咨询研究，这一过程一般长达 40 天左右[①]。为了吸引客户，下游信息端往往需要在渠道铺设和信息投放上重金投入。总体来看，医美机构用于下游信息端的总体营销及获客成本占比为 25%～50%，而医美线下中介机构获客成本占利润的比重在 30% 以上，即使高达 70% 也不少见[②]。

然而，一旦"磨合成功"，就会成为长久合作，"第三者"很难插足的"求美伴侣"。医美行业是个非常典型的"熟人圈子"。做医美消费决策时，有"熟人指点"或"明星背书"，往往对消费者的最终选择产生重要影响，因为熟人和认识的明星对普通人来说，意味着"可信"。医美广告做得再好，也不如熟人的一句"我就是在某某机构做的，效果不错"；成功案例展示得再多，也不如一句"你知道的某某明星就是在这里做的"。而一旦建立起消费者的信任，就会很容易地屏蔽对手。资深的医美用户往往都有自己信任的、固定的信息渠道和医美服务机构与人员。对他们来说，这些经过自己检验的、受信任的渠道和机构、人员意味着安全、可靠。甚至有医美消费者表示，自从某家机构常给自己打水光针的护士回去生孩子以后，她再也没去过那家医美机构。这就是医美相关机构会不遗余力维护"熟客"的原因所在。因为对这些机构来说，"熟客"就是自己用来屏蔽对手的宝贵而强大的"信任壁垒"。

目前，下游的信息平台渠道端已经形成了线下和线上并存的格局。线下渠道以生活美容服务机构为主，如美容院；也有与中游机构有合作关系的异

---

① 艾瑞网：《乱象丛生：2020 年中国医疗美容行业洞察白皮书》，http://report.iresearch.cn/report_pdf.aspx?id=3578，2021 年 5 月 11 日。
② "正视社服"微信公众号：《医美产业链深度剖析：变美，无止境》，https://mp.weixin.qq.com/s/yak6l4RklZV6VQJ2C2EyVQ，2019 年 12 月 25 日。

业机构。随着移动互联网的发展，线上渠道开始发力。以新氧为代表的垂直平台、以美呗为代表的转诊平台、以美黛拉为代表的社群平台，都是近年来通过挖掘消费者辅助决策需求而发展起来的线上医美信息咨询平台。除此以外，老品牌移动互联网巨头，如阿里巴巴、京东等，也在借助自有生活服务平台，如大众点评、美团、口碑、阿里健康、京东健康等，切入医美渠道新战场。

以新氧 App 为例，除汇总医生和机构资源外，一方面为消费者提供医美科普，讲明各医美项目的作用和可能的不良反应；另一方面收集和分享医美消费者的使用评价，供其他消费者参考。如"美丽日记"功能，以图片日记的形式，记录医美消费者体验医美项目后每一天的状态。有图有真相，直观的方式对其他消费者的决策有很强的引导作用。

此外，上游制造端对信息渠道的渗透也在加深，希望通过没有"中间商"的信息平台获取消费者信任。射频医美设备制造商索尔塔医疗（Solta Medical）在其官方网站和微信公众号平台上专门开辟了面向消费者的查询窗口，将自家正品设备信息和设备操作医师培训信息面向消费者公开。通过这个窗口，消费者可以核实自己所用的设备是否为正品，以及操作设备的医师是否经过索尔塔专门组织的培训。

未来，随着医疗美容消费的深度渗透，线上渠道龙头企业的头部效应将更加凸显，同时，在医美细分领域的竞争也将不可避免。

四、"医美经济"中的城市机遇——医美产业中的三大关键点

医美产业的巨大经济潜力已经引起了部分城市和地区的注意，将其作为产业发展的新方向进行探索和布局。

深圳在 2013 年发布《深圳市生命健康产业发展规划（2013—2020 年）》，提出，以安全可靠和政策法规允许为必要前提，培育一批医疗美容硬件设备制造和特色服务企业；2021 年，在《深圳市关于加快商贸高质量发展建设国

际消费中心城市的若干措施（征求意见稿）》中，将医美纳入要大力拓展的高质量服务消费新场景。

成都在 2018 年发布《成都医疗美容产业发展规划（2018—2030 年）》，提出"突出发展医疗美容服务业""加快发展医疗美容制造业""延伸发展信息服务、文创、旅游、生活美容、贸易、会展、金融等关联产业"；实施品牌战略，打造"医美之都"名片。

海南省依托自由贸易港的政策优势，已经取得了发改委、商务部对于海南发展高端医疗美容的支持；尤其**博鳌乐成医疗旅游先行区**，更获得了发改委和商务部对于医美产业的鼓励政策，包括知名医美机构落户、外国医美医师短期行医、外国医美产品使用与审批备案、推动医美旅游发展等多个方面。

对这些城市和地区而言，**要做好医美这笔生意，必须明晰和把握医美产业的三大关键点。**

1. 产品驱动：关注产品创新，发力国产替代，抢占研制高地

医美产业不是"自下而上"的消费端决定供给，而是"自上而下"的供给牵引。上游制造端是驱动产业发展的动力源。新产品带来新效果，从而**牵引消费者需求，带动消费，形成新的产业发展动力**。尤其轻医美之所以能发展壮大，核心就在于有了"不开刀也能让人变美"的产品后，满足了人们不愿动刀但想变美的需求，从而形成了庞大的消费市场。

当前的热门抗衰项目"热玛吉"就是"产品带动需求"的典型。热玛吉是利用非侵入式的单极射频技术，通过电磁波作用于皮肤，促进内部胶原蛋白再生，从而达到立竿见影的皮肤紧致、除皱效果。并且由于继发性愈合反应，胶原蛋白在治疗结束后会继续生长，维持抗衰效果。1996 年，热玛吉公司（现为博士伦旗下索尔塔医疗）发明了射频治疗系统，并于 2002 年获得美国食品及药品管理局（Food and Drug Administration，FDA）批准，将其用于医疗美容领域。进入我国市场后，由于其非侵入式抗衰的显著效果，受到医美消费者的热烈追捧。根据更美 App 发布的《2020 医美行

业白皮书》，2020年，热玛吉抗衰成为平台订单增速最快项目，增长率达到281%①。

热玛吉的大火，印证了华熙生物前CEO金雪坤的观点：未来5～10年，行业发展的驱动力不是需求而是上游。**核心驱动力还是材料和技术，特别是材料，因为材料和技术可以让潜在的需求变成现实，而材料和技术多数掌握在上游企业手中**②。**可以说，产品能走多远，决定了医美产业未来能走多远。产品创新能力决定了医美产业未来的生存能力。**

北京、上海、深圳、成都、苏州、武汉、济南等城市，生物医药及设备研发制造基础深厚，部分城市已经在医美产品端形成了一定的竞争优势，有能力切入和站稳上游产品端赛道。**这类城市要大力支持和鼓励医美产品创新，形成在行业内稳固的竞争优势。**

目前，国内医美产品创新面临着绝佳机遇——国产替代！在国内大循环为主体的"双循环"背景下，医药产品的国产替代已是大势所趋。医美产品也不例外。

从市场角度，医美消费者年龄的"下沉"，意味着低积蓄消费群体的扩大。甚至有不少"95后"贷款做医美。在经济能力相对有限的条件下，消费者对价格更为敏感，对中、低价位医美产品的偏好更加凸显。而国产医美产品相比高价"进口货"，在价格上显然更具优势。

从技术上说，目前国内企业在部分医美产品领域，正在逐渐缩小与国际一流品牌的差距。截至2018年年底，射频医美设备的生产研发龙头武汉奇致激光，获得19项医疗器械产品注册证，是同行业产品注册证最多的企业之一，取得27项专利（其中美国专利1项），获得ISO9001及ISO13485质

---

① 搜狐网：《中国医美市场规模1975亿元，热玛吉近三倍剧增》，https://www.sohu.com/a/442314965_99938874，2021年1月4日.

② 百度百家号-新浪财经官方账号：《医美上游企业最高市盈率可达217倍，行业发展驱动力在产业上游？》，https://baijiahao.baidu.com/s?id=1698979755486338203&wfr=spider&for=pc，2020年5月6日.

量体系认证、部分产品还通过了欧盟 CE 认证 ①。**国内医美产品品质的提升，也是把中国医美消费者留在国内的重要原因**。2016 年，去韩国"医疗旅游"的人次高达 10 余万，随着中国本土医疗产品更加成熟多样和中国整形机构逐渐规范，如今这个数据正慢慢变小 ②。

未来，上述城市要牢牢抓住国产替代机遇，积极布局医美产品创新，营造支持和促进创新的产业生态，反向抢占进口产品市场，打造医美产品研制高地，在未来的医美产业竞争中争取有利地位。

2．合规为本：严格市场监管，优化行业秩序，打造服务品牌

医美消费者的信任交付之所以异常谨慎，核心是基于安全性和效果两大因素考虑。安全性是前提，不能因为医疗美容损害自身安全和健康；效果是核心，变美是消费者选择医美的最终目的。这两大因素也是医美消费者的两大根本诉求。

医美行业要发展，必须取得消费者信任；要取得消费者信任，就必须保证安全和效果。那么，安全和效果如何保证？合规是前提。只有合乎标准和规范的产品与服务，才有可能满足消费者及对于安全和效果的诉求。由此可见，合规性是医美产业安身立命之本，是行业发展的根基。

然而，合规性问题也正是目前国内医美行业发展的最大痛点！尤其医美机构的合规性问题更加突出。

（1）医美产品的合规性问题。目前，合规的医美产品在市场占比普遍较低。在轻医美药品中，注射针剂类合规产品只占约 1/3，水货、假货占比高达 70% 左右。在售价更为昂贵的医美光电设备产品领域，假货的渗透更是触目惊心。在合法医美机构中，尚有 1/10 的设备为假冒伪劣产品，而在非法医美

---

① "正视社服"微信公众号：《医美产业链深度剖析：变美，无止境》，https://mp.weixin.qq.com/s/yak6l4RklZV6VQJ2C2EyVQ，2019 年 12 月 25 日。

② 新浪财经：《福布斯中国联合鹏爱医美国际发布〈2020 中国医美行业白皮书〉》，https://baijiahao.baidu.com/s?id=1690215882622453972&wfr=spider&for=pc，2021 年 1 月 29 日。

机构中，假冒伪劣设备占比高达 90%①！

（2）**医美服务机构的合规性问题**。随着医美消费市场的扩展，进入医美市场的"淘金者"众多。在利益的诱惑之下，大量不合规机构涌入医美服务市场。**目前，国内取得资质的医美机构共有约 1.3 万家，而没有资质的非法医美机构数量高达 8 万家，是合法医美机构的近 6 倍。**甚至在合法的医美机构中，存在违规经营行为的比重也达到了 14%②。全国只有 12% 的医美机构合法合规经营③。

（3）**执业人员合规性问题**。医美行业对执业医师和护士的资质要求是刚性的。培养符合资质要求的医美执业人员，需要花费巨大的时间和经济成本，短则 5 年，长的到 8 年都不稀奇。**增速有限的合法执业人员供给难以匹配迅速扩大的市场需求，非法执业者就会钻这个空子**。根据艾瑞咨询研究，2019 年，国内 1.3 万家正规医疗机构，非多点执业情况下，需要执业医师约 10 万人。当年国内实际从事医美的合法执业医师一共只有 38 343 名。中国整形美容协会（以下简称中整协）统计，国内医美非法从业者至少在 10 万人。据艾瑞咨询估算，哪怕在正规的医美机构，也有约 5 000 名"飞刀医生"不合规执业④。

由于医美行业当前存在的合规性问题，消费者对安全和效果的诉求无法得到充分保障，医美领域也就成为医疗事故的重灾区。根据中整协统计，每年平均发生 20 000 起由于医美不当导致毁容的投诉。2019 年，全国消费者协会接到医美行业投诉数量为 6 138 起⑤。

医美机构的合规性问题之所以如此严重，一方面，在于医美的"高价格"所带来的高收益，不可避免地吸引了不合格选手浑水摸鱼。另一方面，医美

---

① 东方财富网：《医美行业专题报告：轻医美黄金赛道，玻尿酸重塑美丽》，东莞证券，https://pdf.dfcfw.com/pdf/H3_AP202102021457336461_1.pdf?1612265756000.pdf，2021 年 2 月 1 日，第 11 页．

② 东方财富网：《医美行业专题报告：轻医美黄金赛道，玻尿酸重塑美丽》，东莞证券，https://pdf.dfcfw.com/pdf/H3_AP202102021457336461_1.pdf?1612265756000.pdf，2021 年 2 月 1 日，第 10 页．

③④⑤ 艾瑞网：《乱象丛生：2020 年中国医疗美容行业洞察白皮书》，http://report.iresearch.cn/report_pdf.aspx?id=3578，2021 年 5 月 11 日．

机构与消费者之间，存在着不对等的专业知识和不透明的信息壁垒。普通消费者对医美专业知识往往缺乏了解，对医美产品、医美机构和行业信息也所知甚少。部分不良机构利用这种单向的"信息剪刀差"，利用消费者图便宜的心理，用伪劣产品、非专业人员提供不合规医美服务，非法获利，严重扰乱市场秩序。

近年来，随着移动互联信息渠道平台的发展，医美行业透明度有所提升，一定程度上弱化了"黑医美"存在的土壤。同时，国家也通过完善行业法规、严厉打击行业不合规行为、完善监管制度、强化行业协会监督等各种手段，整顿医美行业秩序。但客观来说，秩序的理顺需要过程，合规性问题还将在相当长的一段时间内，作为医美行业的"顽疾"存在。

因此，无论是对于目前医美服务机构高度聚集，且规划发展医美消费服务高地的深圳、成都、重庆等一线和新一线城市，还是国家政策大力支持发展高品质医美旅游的地区，如海南博鳌乐成医疗旅游示范区；乃至随着医美消费进一步下沉，未来有机会成为医美服务新兴市场的二、三线城市，强化医美市场监管都是发展医美服务的重中之重！政府要充分发挥引导和监管职能，完善政府管理、行业自律、消费者监督等多层面、体系化的医美服务监督管理体系，强化对医美服务机构和消费者的合规意识教育，营造安全、可信的整体市场环境，打造医美安全性标杆。

3．人才导向：严格市场监管，优化行业秩序，打造服务品牌

俗话说，看病就是看医生。医疗美容也是一样。医美服务说到底是专业医护人员服务消费者。消费者对于医师的信任和追逐，很大程度上决定了对医美服务机构的选择。根据艾瑞咨询的分析，除资质、品牌、环境等"硬件"外，任职医生是消费者选择医美机构时的首要考量。而在对任职医生的选择上，消费者最看重的是医生的口碑、资质和经手的成功案例[①]。北京某医美机

[①] 艾瑞网：《乱象丛生：2020 年中国医疗美容行业洞察白皮书》，http://report.iresearch.cn/report_pdf.aspx?id=3578，2021 年 5 月 11 日。

构邀请台湾医美专家坐诊时，就有大批求美者慕名前来，在大厅排起长队。这种现象绝非特例。目前，国内选择异地医美服务的消费者中，目的地大多落在一、二线城市，其中一个重要原因就是国内水平较高的医美医生基本在一、二线城市。

医美是关乎"美"的医疗。"求美"不仅是消费者的形象诉求，更是一种心理诉求。因此，医美医生不仅要是合规的医生，还要是高智商、高美商、高情商的医生。专业的医疗技术，高水平的审美和足够的心理学积累，是优秀的医美医师应当具备的素质。 当前国内医美服务机构龙头之一的鹏爱医美，其创始人周鹏武是20世纪70年代执业医生，自1991年注册为整形外科医生；合作创始人丁文婷，曾经受训于日本色彩大师高坂美纪，随后在巴黎艺术造型学院进修，专业从事美学设计。

当前，国内医美执业医师大多是常规医生"转行"而来，基本走的是先"医"后"医美"的职业路线。中国整形美容协会教育培训中心主任田亚华认为，对目前国内医美行业从业者整体"不够专业"："整个医美行业都是非专业人士在操刀，包括职业医师。医美这个行业，至今没有出现大专院校对口的专业，都是临床医生转过来做美容医生。"①

2020年7月，国家卫健委办公厅印发了《医疗美容主诊医师备案培训大纲》，除具体的操作技术培训外，将美容心理、人体美学、牙科色彩、口腔颌面美学等心理学、审美相关教育内容列入培训大纲，作为医美主诊医师教育的指导性文件。**这版培训大纲的出现，意味着国内医美主诊医师教育培养的专业化进程已经开始。未来，专业化、体系化的医美医师教育是大势所趋。**

除执业医师外，医美相关的服务岗位，包括医美咨询设计、技术辅助操作等岗位普遍不专业。

---

① 百度百家号-第一财经官方账号：《医美行业乱象：从业者不专业，假产品泛滥》，https://baijiahao.baidu.com/s?id=1678636551117736567&wfr=spider&for=pc，2020年9月23日.

医美咨询设计师向美容消费者提供咨询服务，进行容貌的检测、分析评估及整形美容预方案的设计，是医美的翻译官，是美容就医者和美容医生之间重要的纽带与桥梁，不可缺少，其职业技能水平的高低直接影响医美服务的质量。医美咨询从业者至少应具备医学基础、美学基础及心理学基础三个条件之一。但目前国内从事医美营销和咨询服务的约3 000万人中，有相关学科基础的寥寥[1]。服务岗位人员（客服、网电、咨询人员）专业背景为医药护理类的仅占35%，绝大部分为非医学背景人员，占比超60%。大部分为大专学历（45%）和中专或高中学历（40%），本科及以上学历占比较小，仅为12%[2]。

技术辅助操作岗位，如光电仪器操作、皮肤护理、文饰美容、洁牙及美白等，是辅助医生和护士进行医美操作的岗位。这类岗位在处理不太复杂的医美操作时确实需要，但由于技术含量看似不高，更是非专业人员的重灾区。大多为中专及高中以下学历，也普遍缺乏医护专业背景。

除从业者本身专业程度不足外，国家目前对这类岗位也没有明确的规范标准。"长期以来，医美咨询设计师居然属于'三无职业'，技术质量无标准、服务行为无规范、职业技能无等级，这是乱象之源，医美专业标准制定因此存在紧迫性和必要性。"田亚华主任表示，目前中整协教培中心已经启动了医美咨询设计师的资格培训，未来将要求医美咨询设计师持证上岗。

医美人才专业度的痛点，也是未来城市发展医美产业的机遇点。《中国医美产业专业人才现状与需求报告》显示，除医美执业医师外，未来，医美行业对于医美咨询设计和技术类辅助操作人才的需求占比约占总需求的60%。

因此，对于医美服务发展先进，且医科教育基础深厚的城市，如北京、

---

[1] 百度百家号 - 第一财经官方账号：《医美行业乱象：从业者不专业，假产品泛滥》，https://baijiahao.baidu.com/s?id=1678636551117736567&wfr=spider&for=pc，2020年9月23日。
[2] 医美视界全媒体搜狐号：《〈中国医美产业专业人才现状与需求报告〉发布》，https://www.sohu.com/a/452376439_400210，2021年2月24日。

上海、成都，应抓住未来医美行业人才需求，针对人才专业度不足和医美相关服务人员执业标准缺失的问题，从两方面入手，打造医美服务专业标杆。**一方面**，构建高度专业化、体系化的医疗美容教育，以人才增量，推动医美服务行业发展。同时，将医美人才纳入城市人才政策范围。通过对医美人才的吸引，助力本地医美服务行业优势的培养；**另一方面**，率先探索医美相关服务岗位的执业标准规范，树立和锚固城市在医美行业内的领先地位。

只要人们对"美"的追求没有停歇，医疗美容就不会退场。对于有基础、有能力、有市场的城市来说，发展医美产业确实是笔划算的生意。而要做好这笔生意，抓住医美产业发展的关键点，因地制宜引导医美产业发展——**有能力发力上游产品端的城市，要抓住国产替代机遇，促进产品创新；医美消费基础和潜力大的城市，要完善监管体系，保障市场合规，树立安全性标杆；医科教育基础强的城市，要积极探索专业化、体系化的医美教育，完善执业标准规范体系，树立专业性标杆。**

总之，在医疗美容这片财富蓝海中，只有对机遇和风险都有所准备的玩家才有可能乘风破浪！

大集群汇聚高能量——口腔医疗产业的规模赋能

文 | 赵宗茜

小口腔，大健康。口腔健康是全身健康的重要组成部分，是反映一个国家或地区居民身心健康、文明水平的重要标志。在"健康中国"的政策背景下，国家更加重视国民的口腔健康问题，先后发布了《全民健康生活方式行动方案（2017—2025年）》《健康口腔行动方案（2019—2025年）》等文件，全面推进健康口腔工作，提高群众的口腔健康意识和行为能力。由此，口腔健康被摆在社会发展的突出位置，口腔医疗市场也呈现高速增长态势。正如极橙齿科创始人塔尔盖所说："口腔医疗处在爆发式增长的前夜。"[1]

一、口腔医疗服务市场前景无限，迎来发展的"黄金时代"

口腔中的细菌比地球上的人还多。英国剑桥福塞斯研究所弗洛德·德赫斯特（Floyd Dewhirst）指出，预估每克牙菌斑中的微生物数量约为1 000亿，目前人类口腔微生物已鉴定出700多种细菌种类[2]。口腔疾病是影响我国居民健康的常见病与多发病，不仅影响口腔咀嚼、发音等生理功能，还与脑卒中、心脏病、糖尿病、消化系统疾病等全身疾病有密切关系。有研究表明，牙周疾病会导致患心脏病的风险增加19%，而对于65岁以下的人来说，这一风险上升到44%[3]。罹患阿尔茨海默病患病初期的人，牙周炎也会使其认知

---

[1] 东方财富网：《口腔医疗行业发展"怪圈"：进入门槛低 但规模化却成难题》，http://finance.eastmoney.com/a/202103071833400029.html，2021年3月7日。

[2] 世界科学：《解开口腔细菌的秘密》，http://www.worldscience.cn/c/2020-02-28/612039.shtml，2020年2月28日。

[3] 人民网：《刷牙的那些意想不到的好处》，http://health.people.com.cn/n1/2016/0705/c21471-28525084.html，2016年7月5日。

能力快速下降。血糖控制不佳的糖尿病患者，一半以上都会并发口腔疾病。更有瑞士研究表明，缺牙者患胃癌、肠癌的比例比牙齿健全者高 30%，而由于营养吸收不全，缺牙者患心脏病、胃病、糖尿病、心血管病和关节等疾病的概率也大大高于牙齿健全者①。可见，**口腔与人体健康息息相关**。

正是意识到口腔对人体健康的巨大影响，国民对口腔健康问题愈加重视，**口腔护理成为当前国民生活的重大课题**。电动牙刷、漱口水、牙线、冲牙器等专业口腔护理类产品大热，产品品类逐渐从单一走向多元化，还涌现出如"泡泡漱口丸""胶囊洗牙粉"等高颜值、美妆化的产品，传统"一只牙膏走天下"的口腔护理状态正在被颠覆。动脉网数据显示，2019 年中国电动牙刷销量为 4 556 万台，同比增加 41.5%，销售额达 57 亿元②。同时，根据国家卫健委发布的全国第四次口腔健康流行病学调查的官方数据显示，我国居民口腔健康素养水平逐渐提高，居民口腔健康知识知晓率达 60.1%，84.9% 的人对口腔保健持积极态度③。可以说，国民的口腔保健意识正逐渐觉醒。

在口腔保健意识觉醒的基础之上，伴随"颜值经济"的刺激，**消费者对牙齿美学的追求也越来越强烈**。隐形正畸、种植牙等已成为人们改善外观、增强自信、促进社交的重要手段。据动脉网发布的《2020 年口腔医疗白皮书》指出，**牙齿不够白、牙齿不整齐、笑容相关（如露龈笑、牙中缝不齐、笑线问题等）等口腔美学问题已成为口腔消费者的主要困扰**。正是在如此大的需求刺激下，我国隐形矫治市场规模由 2015 年的 47 800 例、2 亿美元，急速增长至 2019 年的 303 900 例、14 亿美元，复合年增长率高达 56%，跃居世界第二大隐形矫治市场。国产品牌"时代天使"目前牙套产品的客单价高达

---

① 搜狐网：《口腔问题数据大爆炸，触目惊心的数字是最好的提醒！》，https://www.sohu.com/a/341096063_100079113，2019 年 9 月 16 日。
② 前瞻产业研究院：《2020 年中国电动牙刷行业市场现状及竞争格局分析：国货品牌强势崛起》，https://bg.qianzhan.com/report/detail/300/210125-e232bb47.html，2017 年 1 月 25 日。
③ 疾病预防控制局：《国家卫生计生委发布全国第四次口腔健康流行病学调查结果》，http://www.nhc.gov.cn/jkj/s5879/201709/9b4d4a4ec1c54723820dbaedf97a6d26.shtml，2017 年 9 月 19 日。

2万～4万元，2020年营收净利润达1.51亿元[1]。

健康需求叠加美丽需求，口腔消费需求的改变，极大推动了人们口腔消费意愿的提升。但消费意愿的提升是基础，消费能力的增强才是关键。国民"鼓起来的钱袋子"是口腔医疗服务市场发展的重要驱动力。近几年，随着国民经济稳步发展，中国居民可支配收入稳步上升，由2013年的1.83万元增至2020年的3.22万元，年复合增长率为8.4%。在生活条件逐渐改善的同时，人均医疗卫生支出和人均医疗保健消费支出均有所增加。其中，中国居民人均医疗保健消费支出从2013年的912元增至2019年的1902元，年复合增长率为13.03%[2]。**医疗保健支出增长带动国民口腔消费能力显著增强。**

在口腔消费意愿提升、消费能力增强的背景之下，中国口腔医疗服务市场迎来前所未有的发展机遇。据前瞻产业研究院数据显示，2019年，我国口腔医疗行业市场规模达1035亿元，同比增长7.81%[3]。对比欧美，美国口腔市场规模约1200亿美元，欧洲口腔市场规模约700亿美元[4]。相比之下，我国口腔医疗市场还有很大的市场空间。未来五年，中国口腔产业发展速度将远超世界平均增长水平，预计到2030年，我国口腔医疗市场规模将达到4500亿元[5]。

总体来看，现阶段口腔医疗服务兼容了健康和美丽的概念，既具有一般医疗产业的共性，又属于消费升级型产品。在经济发展和消费升级的大环境下，口腔消费意识在觉醒，口腔消费能力在提升，中国口腔医疗服务市场正

---

[1] 远川商业评论：《整一次牙比LV包还贵，合适吗？》，https://mp.weixin.qq.com/s/JTfdtorJGCeoKW3C6Vi6rQ，2021年5月19日.

[2] 国家统计局：《2019年居民收入和消费支出情况》，http://www.stats.gov.cn/tjsj/zxfb/202001/t20200117_1723396.html，2020年1月17日.

[3] 前瞻产业研究院：《2020年中国口腔医疗行业市场现状及发展前景分析：种植牙国产化时代即将来临》，https://bg.qianzhan.com/report/detail/300/200902-7dd0c45e.html，2020年9月2日.

[4] 动脉网：《2020年口腔医疗白皮书》，http://www.invest-data.com/eWebEditor/uploadfile/2020071100234631985178.pdf.

[5] 人民网：《探访中国牙谷：全产业链逐步形成》，http://sc.people.com.cn/n2/2021/0421/c345509-34687009.html，2021年4月21日.

处于高速发展阶段，未来前景无限。

其实，**口腔医疗服务市场的大繁荣，伴随的是口腔医疗产业的大发展**。从口腔医疗产业链来看，口腔医疗行业以口腔医疗服务消费为基础，集成上游口腔装备和材料制造、中游口腔装备和材料经销/信息化软件服务、下游各类医疗机构、互联网口腔平台及口腔医生，形成完整的医疗产业链。从2020年中国口腔医疗行业发展趋势来看，口腔医疗机构加速扩张，优质口腔医疗资源从省会城市进一步下沉到二、三线城市，口腔医疗服务体系更加完善；口腔数字化趋势明显，逐渐渗透到产业链的各个环节，提高我国口腔医疗科技的自主创新水平；口腔专科联盟和院校合作进一步加强，为口腔医疗资源共享和口腔人才培育提供平台支撑；各类资本争相涌入，百亿级投资大鳄涌现，口腔医疗产业投资更加多元化……[1] 这些趋势的背后，城市掘金口腔医疗产业的机遇到底在哪里？

二、城市如何掘金口腔医疗，在"风口"中分得一杯羹？

纵观口腔医疗产业链，目前资源分布比较分散。以上游口腔装备材料领域的龙头企业为例，生产高端口腔医疗器械（三维口腔CT）的美亚光电位于合肥高新区，生产口腔修复膜材料的正海生物位于烟台经开区生物医药产业园。中游的经销商和软件服务商业大多分布在口腔医疗机构集中或拥有电子信息产业集群的区域。下游的口腔医疗机构，如通策医疗、瑞尔齿科等，则是分散在全国一、二线城市。**从城市发展的角度来说，这种产业链的分散资源，无法为城市发展带来实质性效益。只有口腔产业集聚，才能为地方经济发展带来规模化收益**。因此，口腔医疗产业集群化发展，将成为城市未来推进中国医疗"产业化"发展的新探索。

产业集群式发展的核心是资源的聚集。城市推进口腔医疗产业集群，首

---

[1] 口腔观察：《2020年中国口腔医疗行业十大关键词》，https://www.cn-healthcare.com/articlewm/20201229/content-1176196.html，2020年12月29日。

先要思考如何充分汇聚行业资源？**权威口腔医疗机构和口腔专业人才，就是产业链中汇聚资源的重要抓手**，也由此形成了两种口腔医疗产业的集群发展模式。

1. 对接权威口腔医疗机构，拓展口腔全产业链

口腔医疗服务机构是直接面向口腔消费者提供口腔医疗服务的主体。中国口腔医疗机构大致可分为综合性医院口腔科、公立专科口腔医院、连锁民营口腔医院/诊所和个体口腔诊所四类。其中，**以公立口腔专科医院水平最高，其聚集大量的精良设备和知名专家、学术资源，服务内容最全，服务范围最广**，通常位于一线城市及省会级城市，如华西口腔医院、北大口腔医院等，其次是大型综合医院口腔科。虽然大型公立口腔专科医院占比不到所有口腔医疗机构的 1%，但在所有的就诊人群中，却有 30% 的患者愿意去看牙，有一半的患者倾向去大型综合医院口腔科看牙，只有 20% 的患者会去私人诊所看牙[①]。可见，**大型公立口腔专科医院和综合医院口腔科这类权威口腔医疗机构，仍是口腔患者诊疗的首选**。

这也决定了**这些权威口腔医疗机构在口腔医疗行业资源的使用上拥有绝对话语权**。这种话语权主要体现在**高端医疗设备与耗材、学术资源和口腔医师**方面。

很多口腔高精尖设备价格不菲，只有公立口腔专科医院或大型综合医院口腔科能买得起，普通民营机构或小诊所根本买不起。另外，这些大型口腔医疗机构基本掌握行业最尖端、最前沿的学术资源。例如，北京大学口腔医学院拥有国家口腔疾病临床医学研究中心、国家口腔医学质控中心等多个国家级平台/基地，还拥有国家药监局口腔生物材料重点实验室、口腔数字医学北京市重点实验室等多个省部级科技研发平台，先后培养出一批学术造诣高、国内外知名的学术带头人，其科研实力令一般口腔医疗机构难

[①] 雪球网：《口腔医疗行业研究报告医疗服务（上）》，https://xueqiu.com/1048214658/109250666，2018 年 6 月 21 日。

以比拟。四川大学华西口腔医学院同样在口腔医学领域拥有国际领先的科研实力，不仅拥有多个涵盖基础探索到转化应用的高水平研究平台，还创办了 International Journal of Oral Science、Bone Research 两本国际权威的英文杂志，双双被 SCI 数据库收录，International Journal of Oral Science 这本口腔专业期刊的影响因子更是位居全球口腔医学 SCI 期刊 Q1 区。

再说口腔医师，当前受规培、职称等因素限制，优秀院校的应届毕业生大多会选择留在公立医院就业，很少选择民营私立诊所。有实力的大型民营口腔连锁为了获得医师资源，有时候只能通过收购公立医院或与高等医学院校合作来引进医疗团队。例如，通策医疗就是 2006 年通过公立医院改制收购了杭州口腔医院，并以此为基础，利用杭州口腔医院的权威品牌属性，采用"总院+分院"的形式，不断扩展业务版图，逐渐发展成为目前最大的民营口腔连锁医疗机构。同时，其还通过与中科大、浙大、杭州医学院等高校合作，积极引入学术资源，使得就职于通策旗下口腔医院即享有同公立医院对等的评级和聘用机会，以此来为医生提供自我增值渠道，吸引人才。**可见，权威口腔医疗机构是行业竞争的核心。**

由此，拥有权威口腔医疗机构资源的区域/城市，无疑也获得了发展口腔医疗产业集群的核心王牌。资阳就是一个典型案例。

资阳，四川省地级市，面积为 5 757 平方千米，人口为 358 万人，由成都市代管。① 曾经的资阳被称作"十里车城"，有以中车、四川现代为代表的一批处于行业领先水平的制造业企业。2016 年，四川省委省政府看中口腔医疗产业发展的巨大机遇，在省委十一届三次全会通过的《中共四川省委关于全面推动高质量发展的决定》中，提出要在资阳布局全产业链口腔装备材料产业，打造"中国一流、世界知名"的"中国牙谷"。

资阳布局全产业链口腔装备材料产业，最大的底气来自"华西口腔"这

---

① 百度百科：资阳市，https://baike.baidu.com/item/%E8%B5%84%E9%98%B3/724892。

块分量极重的"金字招牌"。有着100多年历史的四川大学华西口腔医学院被誉为中国现代口腔医学高等教育的发源地和摇篮，目前已发展成为国际知名的口腔医学院。华西口腔医院是中国第一个口腔专科医院，国家首批三级甲等口腔专科医院，是国家口腔医学中心，有众多国家级临床实验室、教学示范基地等高水平科研平台。华西口腔在复旦医院管理排行榜中国医院总排行榜中，位列全国口腔医院第一；连续七年蝉联中国医院科技量值（STEM）口腔医学第一名；在软科中国最好学科排名中位列中国第一；在中国医院科研成果排行榜（自然指数2018）位列口腔专科医院第一名；全国医院科研产出排行榜中，位列全国口腔医院第一。[1] 四川大学作为股东之一的华西牙科有限责任公司是中国"牙谷"的重要载体。"我们就是要发挥华西口腔的品牌、资源、技术和标准等优势，培育优势产业。"华西牙科有限责任公司董事长田传平说。[2]

2016年以来，**资阳把建设"中国牙谷"作为"一号工程"，举全市之力为之**，吸引了国内外口腔企业争相落子。如今，"中国牙谷"的"产、学、研、销、医、养"国际口腔全产业链生态系统已初具雏形，2020年口腔产业实现产值14亿元，同比增长180%。预计到2025年，入驻企业将超过200户，产值超过300亿元，培育民族品牌企业超过50户，上市公司3户以上。[3] 资阳率先在全国范围内实现了口腔产业的突破和聚集。受口腔产业拉动，2020年资阳市实现地区生产总值（GDP）807.5亿元，同比增长4.0%，高于全省（3.8%）0.2个百分点。[4] 那么，资阳到底是如何最大化利用"华西口腔"

---

[1] 四川大学华西口腔医学院-华西口腔医院官方网站：https://www.hxkq.org/Html/Hospitals/Main/Description.html.
[2] 四川省人民政府：《四川为什么要打造中国"牙谷"》，http://www.sc.gov.cn/10462/10464/10797/2017/4/26/10421018.shtml，2017年4月26日。
[3] 澎湃新闻号：《资阳中国牙谷：聚势打造全球口腔产业"第四极"》，https://www.thepaper.cn/newsDetail_forward_12330471，2021年4月22日。
[4] 资阳市人民政府官网：《资阳市2020年国民经济和社会发展统计公报》，http://www.ziyang.gov.cn/_ziyang/detail.aspx?id=178035，2021年3月1日。

这一金字招牌来整合行业资源，实现口腔产业聚集呢？

（1）锚固华西品牌，链接产业资源，打造全链口腔产业基地。

城市产业集群培育，最重要的就是招商引资。现阶段，随着市场机制的不断健全与经济环境的变化，传统三板斧式的招商引资模式已不能满足新形势下的竞争要求，由此涌现出基金招商、以商招商、飞地招商、众创孵化、产业生态链招商、校友招商等新型招商模式。在众多招商模式中，"以商招商"模式依托权威机构、龙头企业或旗舰项目在产业链中强大的号召力，能够汇聚产业链上下游资源，扩大产业集聚效应，形成"引来一个、带来一批"的效果。**华西口腔医学院这一口腔医学领域的权威医疗机构，就在资阳口腔产业集群培育中发挥着"源头活水"的作用**。

华西口腔医院位于成都，而资阳地处四川盆地中心，北与成都接壤，东与重庆毗邻，是四川省唯一一座同时连接成渝"双核"的区域性中心城市。渝蓉、遂资眉、成资渝等 6 条高速公路穿境而过，乘坐成渝高铁 26 分钟到达成都、1 小时到达重庆。**资阳利用自身四通八达的交通区位优势，能够加速与成渝之间的产业资源要素流动**。特别是在当前四川省大力推进"成德眉资同城化发展"的背景之下，**资阳、成都两地之间的合作更加紧密**，进一步便利了资阳与华西口腔医院之间的资源对接。

首先，资阳成功与华西口腔医学院建立了战略合作伙伴关系，随后借助华西口腔的品牌优势，与国家卫健委国际交流中心等 7 家机构合作开展全球医疗资源对接。资阳还与德中工业设计协会、美国加州中心、韩国牙科器材行业协会等国际招商平台实现合作，进行全球招商，先后与全球前 20 强口腔企业建立联系机制，对接国内外口腔装备材料企业及口腔医院 600 余家[①]。以德中工业设计协会为例，该协会依托德国在口腔领域的产业优势，与重要的口腔医疗机构和专家都建立有直接的沟通渠道，其看中华西口腔医学院在

---

① 澎湃新闻号：《资阳中国牙谷：聚势打造全球口腔产业"第四极"》，https://www.thepaper.cn/newsDetail_forward_12330471，2021 年 4 月 22 日。

资阳未来口腔产业发展、人才培养等方面发挥的积极作用，与资阳政府建立了良好的沟通协作关系，积极为资阳口腔基地建设提供多样化的顾问咨询服务。**正是依托华西口腔医学院的锚机构资源，资阳成功构建起了强大的全球招商网络。**

同样依托华西口腔医学院的锚机构资源，资阳汇聚起自制造端到服务端的全链口腔资源，全力打造全国一流的复合型口腔产业社区。

在产业链上游口腔装备材料制造领域，企业的终端产品最终面向的是口腔医疗机构。因此，口腔医疗机构稳定的订单需求是吸引口腔装备制造企业落户的重要因素。资阳与成都华西口腔医学院便利的交通区位，成为资阳能够吸引大批口腔装备材料制造企业落户的重要原因。

同时，资阳扎实的制造业也对口腔装备材料制造企业聚集有加成作用。口腔医疗行业上游需要钢铁、塑料、新材料、电子等制造业为企业做产业支撑，钢铁和塑料行业能为口腔医疗器械提供基础材料，新材料行业是植入型口腔医疗器械的重要基础行业，电子行业可以为口腔全景设备提供电路板、芯片及基础仪器。资阳作为曾经的"十里车城"，有众多的机械加工企业，能为口腔产业发展提供配套服务。

在华西口腔的强大号召力和资阳扎实的制造业基础加成之下，"中国牙谷"的产业聚集效应愈发明显。截至2021年4月，"中国牙谷"累计签约引进企业74户，其中全球口腔前100强企业达到8户。德国卡瓦、博美星等25户企业的牙科综合治疗椅、口腔扫描器、3D打印义齿、根管治疗器、生物漱口水等106个"资阳造"产品已投放市场[1]。

四川恒和鑫口腔科技有限公司是一家集义齿产、研、销为一体的高新技术制造企业，目前主要为华西口腔医院、四川省人民医院、川北医学院附属医院、成都军区机关医院等大型口腔医疗机构定点提供义齿定制服务。据公

---

[1] 新华网：《新华网MG｜中国牙谷成长记》，http://m.xinhuanet.com/sc/2021-04-28/c_1127387683.htm，2020年4月28日。

司副总经理陈伟介绍,作为第一批入驻牙谷的企业,其看中的就是牙谷完整的产业链和地理区位优势,能够有效节约原料成本。以一颗义齿为例,从早上接单,经过建模、3D打印、人工调整颜色等环节,4~6小时就能定制完成。每批订单的出货时间加上物流最多也只需要3天时间,而在成都的订单,如果加急,可以做到高铁当天送达。**可见,口腔医疗机构的产业号召力及临近口腔医疗机构的区位优势,对资阳的口腔制造企业聚集产生了巨大作用。**

在产业链下游口腔医疗服务领域,权威口腔医疗机构对区域口腔医疗服务体系的构建作用则更加明显。**以权威口腔医疗机构为锚点,向外输出医疗服务,可以走出一条以"总部经济"为特色的口腔产业发展之路。**

资阳依托华西牙科有限责任公司着力发展口腔医疗服务,在成都成立首家连锁旗舰医院四川口腔医院,医护人员、技术等均采用华西口腔标准。其后,华西牙科以四川口腔医院为大太阳,以"自建+收购"的方式在国内一线省会城市、直辖市建设的中心医院为小月亮,以"自建+收购+加盟"的方式在全国各大主要城市建设的连锁诊所为满天繁星,打造华西牙科医疗保健服务的"银河舰队",实现"牙谷"三级口腔医疗服务的全国输出。截至2019年年底,华西牙科合并资产总额达13.64亿元[①],有效推动了资阳口腔产业集群的发展壮大。

此外,成渝经济圈已成为继长三角、大湾区、京津冀三大城市群后的"第四极"。四川省消费总量占比增幅排名全国首位,成都市、重庆市的消费总量则连续两年在7个月周期内实现超百亿元[②]。**成渝双城经济圈背靠华西口腔医学院,经过多年的消费者教育,现已形成了较为成熟的口腔医疗消费市场。**未来,中国牙谷将充分依托这一市场优势,在资阳高新区雁南湖片区打

---

① 华西牙科有限责任公司官网: http://www.hxdental.cn/about/company.html.
② 中国消费网:《成渝双城经济圈消费指数发布 两地消费总量均破百亿元》,https://www.ccn.com.cn/Content/2020/11-16/1226193050.html,2020年11月16日.

造一座特色小镇，依托牙谷形成的产业、医疗、科研、教育、人才等口腔专业化、特色化资源优势，打造以口腔医疗为服务核心、以美容为特色、以康养旅游为主导的国际化高端特色小镇。建成之后，该小镇将吸引海内外高端客户到小镇就诊、美容和康养旅游，形成中国一流、世界知名的"产、学、研、医、养"的复合型口腔产业社区。

（2）针对口腔医疗行业痛点，汇聚华西创新资源，构建创新产业生态。

一个健全的产业生态系统构建能够让产业集群中的各类产业主体和相关参与者紧密关联、有机融合，从而形成产业发展的良性循环。在当前创新驱动的新经济时代，口腔产业集群的发展已不仅是简单的物理空间的聚集，而是需要通过体系化的产业集群配套和服务打造为口腔产业发展创造最优环境，从而汇聚各类创新要素，构建创新氛围，最终形成一个高效、活力的创新生态系统。配套及服务体系构建已经成为当前城市产业集群发展的核心竞争力之一。产业生态系统构建通常包括政务服务、金融服务、产业指导服务、创业支持服务、人力资源服务、物业管理服务等。而在产业集群发展过程中具体需要哪些类型服务，则需要政府或产业园区根据不同行业发展的痛点提供针对性解决方案。

①在口腔医疗领域，普遍存在**企业分散规模小、利润低，研发投入不足，核心技术和原创产品竞争力不够**的问题。另外，目前口腔领域社会投资主要集中在医疗服务端，针对产业上游的技术型企业投资较少，不利于其开展核心技术研发。

针对此痛点，权威口腔医疗机构恰恰可以利用自身优势的学术科研实力，为口腔产业集群导入创新资源，推动口腔领域的科技成果转化。资阳依托华西牙科有限责任公司，联合四川大学口腔疾病研究国家重点实验室，以及其他医学院校和企业级战略合作伙伴，共同构建研发和成果孵化体系，以创新高校、企业和发明人三方共享研发收益的原则与机制，提高科研成果的转换周期和转换效率，以此将华西口腔的技术产业化。

此外，资阳又先后成立口腔疾病研究国家重点实验室中国牙谷研发孵化中心，推动国家技术转移西南中心资阳分中心实质性运转，建设以中国牙谷科创园多功能中心、创新创业中心、口腔孵化园为基地的孵化平台，着力构建"创业苗圃—众创空间—孵化器—加速器—产业园"的口腔产业创新孵化系统。

依托其搭建的口腔产业创新孵化系统，**牙谷目前已培育出不少优秀的口腔企业**。资阳思迈欧科技有限公司就是在"中国牙谷"孵化成长起来的企业，其自主研发生产的局部麻醉助推仪，不仅取得了国内各项认证，还取得了德国莱茵 TV 认证。凭借物美价廉的产品特性，目前该产品在全国市场份额已达 70%，并在快速抢占全球市场，已逐渐发展成为该细分领域的"尖子生"。据资阳高新技术产业园区管委会副主任丁轶介绍："这里的许多产品与技术，填补了国内口腔产业空白，促进了中国口腔企业成长，丰富着口腔产业生态系统，口腔产业正在不断发展壮大中。"①

②除研发瓶颈外，口腔行业发展的第二个痛点，即**受到注册流程的限制，国际上最新的产品或技术在中国应用较慢，限制了口腔产业的转型升级**。例如，部分国外的新材料迟迟无法通过流程注册，不能在国内使用，造成整体数字化医疗水平与全球存在一定差距；部分已经在国外上市的新版椅旁打印机迟迟无法在国内得到应用，导致医疗机构能够应用的椅旁打印机数量有限；国内的口腔数字化软件版本更新较慢，与国外不同步等。

针对上述问题，**资阳在检验检测、注册认证等方面为企业提供高效便捷的服务**。目前，牙谷已成立四川省口腔装备材料检验检测中心、资阳市药品医疗器械申报服务中心、四川省医疗器械检验检测中心资阳分中心、四川省药品监督管理局驻资阳办事处，并持续深化与国家卫健委国际交流合作中心、北京大学口腔医学院口腔医疗器械检验中心等合作，形成了**涵盖一、二、三类产业的全国性检验检测联盟和注册认证绿色通道**。据估算，中国牙

---

① 澎湃新闻号：《资阳中国牙谷：聚势打造全球口腔产业"第四极"》，https://www.thepaper.cn/newsDetail_forward_12330471，2021 年 4 月 22 日。

谷产品审评审批时间较常规缩短近60%，创造了注册认证"资阳加速度"。

此外，针对牙谷企业融资难问题，资阳市政府组建总规模20亿元的口腔产业基金，还牵头对接川投集团等，磋商组建牙科产业发展基金等6个子项目，与四川省第六建筑公司、中交第四公路工程局有限公司、西北综合勘察设计研究院等共同投资34.1亿元助力"中国牙谷"发展。

（3）依托华西口腔的科教实力，打造应用型口腔人才高地。

口腔产业集群的发展，离不开口腔专业人才的支撑。上文提到，权威医疗机构是口腔人才汇聚的高地，掌握着行业内优质的口腔人才资源。特别是华西口腔医学院，构建有6大学科系、35个专业教研室所组成的完善的口腔医学学科群，以及涵盖口腔临床医学与口腔基础医学的国家级精品课程群，在教育部全国高校一级学科评估中，连续四次（20年）荣列口腔医学第一名，入选教育部"双一流建设"一流学科建设名单，并多次荣获全国教育系统先进集体、教育部科技创新团队等称号，在口腔人才培养方面具有绝对优势。因此，**资阳在建设全链口腔产业基地的同时，依托华西口腔的科教优势，同步建设资阳口腔职业学院，积极筹建四川天府口腔医学职业技术学院，发展口腔职业教育，推进应用型口腔人才培养，为牙谷发展提供人才保障。**资阳口腔职业学院是全国第一所以口腔为特色、以服务口腔全产业链和大健康产业的高等职业学院。学院由四川大学委派以华西口腔医学院为主的专家教授组成核心管理团队办学，目前已开设口腔医学技术、医疗器械经营与服务等14个专业，致力于为牙谷乃至全国口腔产业发展提供人才支撑。学院建在产业园区，专业建在产业链上，注重实践操作，将产学研项目、内容和环节纳入人才培养方案，使企业参与到人才培养的全过程。目前，学院已与华西牙科有限责任公司、四川川投大健康产业有限公司、博恩登特等旗舰型企业和配套上百家企事业单位建立合作关系。据四川恒和鑫口腔科技有限公司副总经理陈伟介绍："未来，资阳口腔职业学院的学生毕业后可到我们厂来工作。按照职业规划，专业职业技师月收入可超过万元。"

除此之外，资阳还在积极筹建四川天府口腔医学职业技术学院，四川大学华西口腔医学院教授项涛被委派该校任职院长，全面负责人才培养、教学质量把控等工作。2019年1月，学校通过四川省教育厅的普通高等院校设置现场评估，同年秋季实现招生，预计将来每年可为牙谷培养2 000余名口腔专业技术人才。

资阳依托四川大学华西口腔医学院这一"金字招牌"，举全市之力建设"中国牙谷"，推动口腔全产业资源聚集，走出了一条"锚机构拉动产业聚集"的口腔产业集群发展新模式，成为中国口腔医疗产业领域发展的示范样本。面对千亿市场，"中国牙谷"建设已行至"山腰"，前景广阔。**但是，资阳"中国牙谷"的成功，并不是容易复制的。**放眼全国，拥有如华西口腔医院这类权威型口腔医疗机构的城市并不多，除北京、上海外，一线城市和新一线城市如杭州、南京、武汉、广州、西安等城市及周边区域，未来可以尝试依托其自身口腔医疗机构的资源，链接口腔产业上下游资源，进行产业链延伸，推动口腔产业集群式发展。

2．整合口腔医疗服务人才推动产业聚集，反哺城市发展

权威医疗机构虽然是城市发展口腔产业集群的强力依托，但毕竟这种"手握王牌"的城市属于少数。如果没有权威口腔医疗机构的资源，难道城市发展口腔产业集群就没有其他路径了吗？当然不是！**口腔医疗服务人才，也是城市发展口腔产业集群、汇聚产业资源的重要抓手。**

口腔卫生人力资源是指已经接受口腔医学专业学习和技术培训，达到一定的学历和技术水平，能够为社会大众口腔卫生需求提供专业的口腔卫生服务，并且能够为口腔卫生事业贡献自身智慧和才能的一类工作人员的总称。[①]美国、加拿大、欧洲等国通常将口腔卫生人力资源分为口腔医师和口腔辅助人员。其中，口腔医师包括专科口腔医师和全科口腔医师等，主要从事口腔

---

① 高宝迪．口腔卫生人力资源调查分析与现状研究［D］．西安：第四军医大学，2011．

诊疗服务，从业要求较高，一般必须经过5～8年口腔医学本科及以上高等教育，且通过严格的国家职业资格考试才能上岗执业；口腔辅助人员则主要包括口腔卫生士、牙科助手、口腔技工等①，主要辅助口腔医师从事口腔清洁、口腔预防、口腔护理、义齿制作等诊疗相关服务工作。由于辅助人员的工作内容技术含量相对较低，目前多以职业教育培养或"师傅带徒弟"的传帮带模式培养为主。

当前在整个口腔医疗行业，口腔卫生人力资源整体总量缺口大，难以满足日益增长的口腔消费需求。根据卫生统计年鉴，2018年中国注册口腔医师（含助理医师）仅有20余万人，每百万人拥有口腔医生数为155人，而欧美发达国家多数在500～2 000人。根据口腔医学会的测算，合理的配置为每4 000人拥有一名口腔医生，对应14亿人口，国内口腔医生数量应为35万人，对比当前仍然有超过15万人的缺口②。

从口腔卫生人力资源结构上来看，我国20余万注册口腔医师中，执业医师数量为16万人，助理医师数量只有4.11万人，结构比约为4∶1③。但根据中等发达国家经验，口腔医师和口腔辅助人员的结构比应为1∶2④。通过对比可以看出，我国当前口腔医疗辅助人员的比例明显偏低。这就导致一些本应由口腔辅助人员完成的简单的日常口腔治疗和口腔预防工作，都需要由口腔医师来完成，使得相当一部分口腔医师资源被浪费，治疗效率降低。因此，口腔辅助人员，似乎已成为行业内比口腔医师更为稀缺的资源。特别是在当前我国口腔医疗服务逐渐由"口腔疾病治疗"向"口腔预防、保健、美容"方向转变的背景之下，未来市场对口腔辅助人员的需求将会越来越大。

---

① 杨如倩，赵蕾，丁一，等. 日本和美国口腔卫生士发展及教育现状［J］. 国际口腔医学杂志，2019，46（01）：119—124.

②③ 东方财富网：《从供求分析和业务模式寻找口腔连锁成功潜力》，https://data.eastmoney.com/report/zw_strategy.jshtml?encodeUrl=4vQB+2x5v0QzwwkOczu4HnYfvCBRT2YtkrRdMxqtqcc=，2020年12月28日.

④ 高宝迪. 口腔卫生人力资源调查分析与现状研究［D］. 西安：第四军医大学，2011.

除需求扩容、人员数量匮乏外，**口腔辅助人员的技能水平也越来越成为影响口腔医疗产业发展的重要因素**。以口腔辅助人员中专注于义齿加工的口腔技工人才为例，口腔义齿加工是一项技术性比较强的精细活儿，产品需要根据每个患者的具体情况进行定做，个性化比较强，从不同患者的牙齿石膏模型，到修补、设计牙齿形态，再经过铸模、上瓷、抛光打磨等工序，才能加工完成一颗美观、实用的义齿，每个步骤都不能马虎。这就需要口腔技工有很强的工匠手艺。**因此，口腔技工人才的加工技艺就成为义齿制造行业发展的核心竞争力。**

下面以广东五华县为例，讲述该县是如何凭借义齿加工技艺，依托口腔技工人才，成为口腔义齿制造产业聚集的县域城市。

五华县，隶属广东省梅州市，地处广东省东北部，位于珠三角经济圈、梅西经济区经济圈的交汇点和重叠核心地带，是闽、粤、赣三省的区域性中心城市，是梅州市高速网络最密集、交通最便捷的县域。五华县常住人口为109.3万人，2020年地区生产总值为162.97亿元[1]，被誉为"中国牙匠之乡"。目前，五华县每5个人中，就有1个人从事口腔（义齿）行业[2]，全县从事口腔产业人员遍布16个乡镇，约有10万人，分布全国20多个省份，乃至马来西亚、印尼、新加坡等世界各地。在全国6 000多家口腔义齿加工厂中，五华县人开设的超过2 000家，占据中国义齿加工20%的市场份额。

五华县牙匠之所以能走向全国甚至世界，其核心就在于其传承百年的"牙匠"技艺。五华县的牙匠技艺历史最早可追溯至道光十一年，周江镇冰坎村的钟氏先人勇拼四海、行走八方，将传统中医药与德国牙科先进技术相结合，开创了一套独具特色的牙科技艺并传承至今，其中涌现出"中国内地现

---

[1] 五华县人民政府：《2020年五华县国民经济和社会发展统计公报》，https://www.wuhua.gov.cn/xxgk/sjfb/tjgb/content/post_2159078.html，2021年4月9日.

[2] 搜狐网：《〈口腔观察〉：广东五华，中国牙匠之乡的产业"图谋"》，https://www.sohu.com/a/406976416_120339757，2020年7月11日.

代牙科之父"钟栋先、"中国内地义齿教父"钟荣照、"中国义齿泰斗"钟天乐等一批牙科、义齿领域的杰出人才。他们在外学有所成,创业成功后不忘乡亲,回到家乡传授技艺,培养了一批又一批义齿加工人才。**这些掌握义齿加工精湛技术的技工、技师,以及他们的工人、学徒穿州过府以独资合股等形式在全国开办义齿加工厂、作坊,奠定了五华县义齿制造在全国的领先地位。**

可以说,五华县是牙匠技艺的输出地,在中国书写了义齿制造"星火燎原"的传奇,深刻影响了中国义齿制造行业的发展。但散落各地、身怀百年传承技艺的五华县牙匠,虽然支撑起了一个"牙匠之乡"的地域品牌,却并没有为五华县当地的产业发展提供实质性帮助。前文提到,相对于分散资源,只有产业集聚才能为城市经济发展带来规模化收益。所谓聚是一团火,散是满天星。**当那些早年奔波在外的五华县牙匠人才选择回来帮助家乡,他们就会成为五华县发展口腔产业集群的重要依托,汇聚产业资源,助力五华县域经济腾飞。**

正是意识到这点,自2017年,五华县委县政府因势利导,明确提出要发展五华县口腔健康产业,以五华县牙匠为抓手,整合优化各种资源,形成抱团发展态势。那五华县究竟是如何打好自己的这张"人才"牌呢?

①通过人才唤起,引导乡贤返乡创业。

要想成功唤起散落在全球各地的五华人才,首先就需要为他们搭建沟通交流平台。五华县充分整合资源,汇聚乡贤力量,为其义齿加工人才搭建了一个信息交流的平台——五华县口腔健康研究会,团结五华县口腔义齿、诊所、器械等健康事业工作者,共同探寻未来产业合作的新机遇。**有了沟通平台的加持,**五华县义齿加工人才与家乡的联系进一步紧密,**越来越多的五华县企业家选择返乡投资兴业,使五华县口腔义齿制造等产业的集聚效应愈发明显,口腔义齿等耗材生产企业家如雨后春笋般涌出。**梅州市国友义齿有限公司就是其中之一。公司总经理钟国友早年依靠祖传牙艺,先后辗转福建、安徽、山东、深圳等地经营义齿加工厂。2017年年底，钟国友决定回乡投资兴业，在五华县成立梅州市国友义齿有限公司。如今，国友义齿已成为业界知名的义齿制造企业，年产值近3 000万元，客户人群遍布全国乃至欧美市场。①

除交流平台外，引导人才返乡创业也需要有空间载体的支撑。五华县以**水寨镇工业园区**为载体，将口腔健康产业作为主导产业进行孵化发展，通过土地、税收、金融等优惠政策加持，让该区域成为众多口腔相关产业落户的首选地。此外，五华县结合周江镇的牙匠历史渊源，将其作为口腔产业发展的重点乡镇进行布局，倾力打造口腔健康产业园，创建"口腔健康特色小镇"，通过对全镇口腔行业人员进行持续性摸底调查，强化招商引资，积极引进一批有实力的义齿加工、器械生产企业回归。

②用人才链接产业资源，促进口腔产业集群发展。

人才唤起是实现产业聚集的第一步。用人才链接产业资源才是壮大产业集群的关键。 2018年，五华县委县政府积极对接北京北达创智城市规划设计研究院、深圳世嘉纵横集团、梅州海歌实业发展有限公司、梅州市乐华口腔医疗科技有限公司等乡贤企业，引导其联合创办五华世客口腔集团，并将集团作为推动口腔产业集群发展和五华县口腔品牌运营的主要载体。**五华县以世客口腔集团在业界的各类产业资源为锚点，在生产、研发、医疗、贸易、文化、教育等方面发力，全方位构建五华县口腔产业生态圈，推动五华口腔产业集群发展壮大。**

例如，在生产端，五华世客口腔集团积极链接开发商资源，与粤东农批合作，打造五华县国际口腔科技产业园，建设牙科医疗街、数字化义齿加工中心、健康大数据中心、口腔博物馆、展览交易中心、员工公寓、教育培训基地等功能区，承接五华县口腔产业集群发展。

---

① 南方日报：《一颗牙齿背后的口腔产业》，https://www.163.com/dy/article/FS983CE40550037C.html，2020年11月25日。

在研发端，五华世客口腔集团积极对接产业创新资源，与阳泉市联华口腔医学科技研究院合作，建立"阳泉市联华口腔医学科技研究院五华研发中心"，打造中国口腔医学科技成果转化服务平台，依托粤港澳大湾区建设机遇，汇聚全国各地口腔医学院校科技成果、创新资源，推动五华县口腔健康产业的创新发展。

在医疗服务端，五华世客口腔集团在业内发起成立"五华口腔医联体"，牵头开设全县首家口腔专科医院（五华世客口腔医院）。该口腔专科医院设备先进、功能齐全，还专门设置爱牙体验馆等科普教育功能场所，能够为五华居民提供顶级的口腔医疗服务。同时，医联体通过大力整合各地分散的五华籍牙医资源，相继在珠三角、上海、福建、浙江等地开设40家分店，助力五华打响"牙匠之乡"品牌。

在金融服务端，五华世客口腔集团积极对接金融机构，携手五华县口腔健康研究会、广东盛元基金等投资公司，共建五华县口腔产业战略合作协议，把口腔产业项目作为重点投资项目，加速口腔产业基金募集，共同推动五华县口腔产业集群发展。

③强化人才优势，为口腔产业发展提供持续动力。

从口腔行业的发展趋势上来看，口腔数字化转型对口腔技工人才专业结构形成新的挑战，对手工操作能力要求降低，对技工的知识水平要求提高。但目前整个口腔行业缺少兼备口腔医学知识、计算机知识和数控设备操作能力的复合型高水平技工人才。也就是说，**未来城市，谁能培养出高水平的口腔技工人才，谁就能在义齿加工领域掌握话语权。**

五华县自古传承工匠精神，义齿加工人才众多，传统技艺水平高。**在此基础之上，五华县洞察行业数字化人才发展的趋势，试图强化其人才优势，大力培养高水平口腔技师人才，为自身口腔产业发展提供持续动力。**依托五华县技工学校，县政府不断升级自己的口腔义齿制造人才培养，通过设备更新、课程更新、教师更新等手段，逐渐从过去的师徒传承，转变为现在规范化、现代化的技术培训，培养出一代又一代专业的义齿技工人才。据五华县技工学校副校长易钜全介绍，学生还未毕业就已被用人单位"哄抢"，通过校企合作，学校已全部安排学生到企业顶岗实习，届时可实现"走出校门就上岗"。

五华县的人才培养，目前已成为吸引企业落户的重要条件。梅州市国友义齿有限公司董事长钟国友在访谈中指出："我在深圳有一家公司，面临的最大问题是人员流动性大，造成人才短缺。五华县口腔健康产业发展基础好，相关从业人员众多，加上五华县技工学校开设口腔义齿制造专业，为企业提供了后备人才，在五华落户基本能解决公司的后顾之忧。"[①]

从行走于"江湖"的牙匠之乡，到现代化口腔产业集群，五华县以散布全国的义齿加工人才为抓手，整合行业资源，探索出一条"人才反哺推动产业聚集"的口腔产业集群发展之路，成功擦亮其"牙匠之乡"的百年地域品牌。五华县的成功，为其他拥有口腔人才资源的城市发展口腔产业集群提供了借鉴，如"牙医之乡"江西省都昌县。

权威口腔医疗机构和口腔医疗服务人才是城市掘金口腔医疗风口，汇聚产业链资源的重要抓手。四川资阳建设"中国牙谷"的成功，是依托华西口腔这一权威口腔医疗机构，链接行业资源，实现口腔全链发展。广东五华县擦亮"牙匠之乡"品牌，是靠整合口腔技工人才，吸引乡贤返乡创业，实现口腔产业聚集，反哺城市发展。锚机构拉动产业聚集模式和人才反哺推动产业聚集模式，是目前中国城市发展口腔产业掘金口腔医疗风口的两种主流路径。

总体而言，在经济增长和消费升级的大环境下，口腔消费意愿提升，消费能力增强，中国口腔医疗服务市场迎来大繁荣，口腔医疗产业迎来大发展。风口在即，时不我待。城市掘金口腔医疗产业，需要将分散资源聚集

[①] 南方日报：《一颗牙齿背后的口腔产业》，https://www.163.com/dy/article/FS983CE40550037C.html，2020年11月25日。

化。权威口腔医疗机构和口腔专业人才就是产业链中汇聚资源的重要抓手。要么依托权威口腔医疗机构，实现锚机构拉动产业聚集，要么依托专业人才，反哺家乡推动产业反向聚集。城市是否适合发展口腔产业，如何发展口腔产业，取决于自身拥有何种资源或者可以争取到什么资源。随着口腔医疗产业的持续发展，未来城市在口腔产业集群式发展的探索之路将更加广阔。

攻占蓝海——医疗器械产业角力法则

文 | 简 菁

一、医疗器械，永远的朝阳产业

2016—2019 年，中国医疗器械市场规模以年均约 20% 的增幅快速扩大。2019 年，我国医疗器械产业的市场规模已经达到 6 341 亿元。① 第七次人口普查数据显示，截至 2020 年 11 月 1 日，我国 60 岁及以上老年人口达到 2.64 亿人，老年人口占比达到 18.7%。我国老龄化程度正不断加深，随之而来的是日益增长的医疗器械需求。与此同时，人们日益强化的健康管理意识，也推动着医疗器械走向消费化，走进万千家庭。从市场需求来看，医疗器械是一个颇具潜力的朝阳产业。**结合我国医疗器械的产业增速，以及不断扩大的医疗需求，未来，医疗器械极有可能成长为一个万亿级规模的产业。**

突如其来的新冠肺炎疫情，是对医疗器械企业的一次"大考"，却也成为推动中国医疗器械产业发展的加速器。口罩、呼吸机、核酸检测试剂等医疗器械在全球的需求量暴涨，带动了国内一批相关企业业绩的快速增长。2020 年第一季度，国内医疗器械龙头迈瑞医疗营收接近 48 亿元，鱼跃医疗营收接近 14 亿元。② 医疗器械产业也因此成为资本市场的"香饽饽"。仅 2020 年，医疗器械领域就发生私募融资交易 119 起，同比增长 70%，总融

---

① 中国药品监督管理研究会.2020 中国医疗器械蓝皮书——医疗器械深化改革发展报告［M］.北京：社会科学文献出版社，2019.

② 唐唯珂：《疫情带动医疗器械市场增长 中国医械如何大浪淘金？》，21 世纪经济报道，https://baijiahao.baidu.com/s?id=1666563715747191432&wfr=spider&for=pc，2020 年 5 月 13 日.

资金额超过 24 亿美元，同比增长近 300%。①

后疫情时期，为提升社会应对突发公共卫生事件的能力，国家也将势必加强医疗卫生领域的投入，包括提升 ICU 配置、提高基层诊疗能力建设、加强居家个人医用防护水平等。**可以预测，医疗器械产业必将走向黄金发展期。**

那究竟何为医疗器械呢？医疗器械一般被划分为低值医用耗材、高值医用耗材、IVD（体外诊断）、医疗设备四大类。

（1）**低值医用耗材。**低值医用耗材是指医院在开展医疗服务过程中普遍应用的价值较低的一次性医用材料。其包括一次性注射器、输液器、留置针、引流袋、医用口罩、纱布、棉签等。

（2）**高值医用耗材。**高值医用耗材一般是指对安全至关重要、生产使用必须严格控制、限于某些专科使用且价格相对较高的消耗性医疗器械。

（3）**IVD（体外诊断）。**从广义上说，IVD（体外诊断）是指在人体之外，通过对人体体液、细胞、组织等各种样本进行检测以获取临床诊断信息，进而判断疾病或机体功能的产品和服务；从狭义上说，体外诊断产业主要是指体外诊断相关产品，包括体外诊断试剂及体外诊断仪器设备。

（4）**医疗设备。**医疗设备是指单独或组合使用于人体的仪器、设备、器具或其他物品，也包括所需要的软件。医疗设备是医疗、科研、教学、机构、临床学科工作最基本要素，包括医用医疗设备和家用医疗设备两大类。

本文并非讨论所有的医疗器械，而是重点关注了医疗耗材、高端医疗器械、家用医疗设备三条细分赛道。无论是被政策深刻影响正处于激烈变局中的**医用耗材**，还是技术难突破，却对挖潜国内市场至关重要的**高端医疗器械**，抑或是作为"消费品"存在，正在释放巨大市场潜力的**家用医疗设备**，都是未来医疗器械产业发展的重要方向。但这三条细分赛道的产业机遇点究竟是什么？容笔者细细道来。

---

① 新智源医疗：《医疗器械、体外诊断、智慧医疗，中国医疗行业掀起资本热潮》，http://www.innomd.org/article/606bc99023ce96547458b558，2021 年 4 月 6 日。

二、关键赛道一：医用耗材

低值医用耗材和高值医用耗材可被统称为医疗耗材，是本文重点关注的第一条医疗器械赛道。

低值医用耗材也叫作一次性医疗耗材。根据具体用途不同，其可以细分为医用卫生材料及敷料类、注射穿刺类、医用高分子材料类、医用消毒类、麻醉耗材类、手术室耗材类、医技耗材类等。疫情初期，口罩、防护用品等医疗物资全国紧缺，以致众多制造企业纷纷跨界生产。这类医疗物资其实就属于低值医用耗材。

低值医用耗材整个行业的利润水平并不高。一个普通医用口罩，生产环节的利润不足 0.05 元，一根棉签的利润，更是以厘来计算。行业利润微薄及劳动密集型的特质在一定程度上造成了疫情初期医疗防护用品"生产难"的困境。为应对疫情初期暴增的医疗防护用品需求，2020 年春节期间，中国医药物资协会医疗器械分会秘书长陈红彦，一直在联系医疗防护用品上下游企业积极恢复生产。但因为正处于春节期间，工人放假，企业很难调动足够的人力开展生产。并且，口罩和防护服的毛利低微，原材料储备不丰富，也成为影响生产恢复的因素之一。[①] 在口罩产品不涨价的情况下，人工成本及上涨的原材料价格，让不少企业都不得不"亏本生产"，以满足市场需求。疫情的到来，让原来并不明显的医用防护用品需求迅速扩大，对于低值医用耗材而言是一次产业机遇。但在这一领域中，**产品利润微薄，企业只有保证足够大产量和销量才能生存。"薄利多销"对低值医用耗材的发展而言至关重要。**

高值医用耗材直接作用于人体，对安全性有严格要求，技术门槛更高，单价也更高。其主要可分为血管介入类、非血管介入类、骨科植入类、神经

---

① 郭冀川：《中国医药物资协会医疗器械分会秘书长陈红彦：医用口罩和防护服储备不足，有两大教训》，证券日报网，http://www.zqrb.cn/review/chanjingpinglun/2020-02-05/A1580824579568.html，2020 年 2 月 5 日。

外科类、电生理类、起搏器类、体外循环及血液净化类、眼科材料类、口腔类及其他十大类。

在药品集中采购取得突破后，医疗器械的带量采购加速推进，高值医用耗材迎来了普惠人民的"降价控费"时代。所谓的带量采购是指在采购过程中，要明确采购量，并要求医院应在一年内用完，再让企业针对具体的产品数量进行报价。这样，中标企业的销售量就得到了保证。例如，安徽省要求，参加带量采购的耗材分别占2018年省属公立医院骨科植入（脊柱）类、眼科（人工晶体）类高值耗材采购量的70%、90%。①虽然中标企业的销量有了保证，但"价"也大幅降低。2020年11月5日，我国首次开展的心脏冠脉支架集中带量采购在天津市开标。经过集中采购，心脏冠脉支架的均价从1.3万元左右下降至700元左右，降幅达到93%。②

在同一个月，山东淄博七市联盟也完成骨科耗材的带量采购。数据显示，其中骨科创伤类产品平均降幅67.3%，单个产品最大降幅达94%。③**可以说，高值医用耗材的带量采购将成为一种必然的趋势。**国家如此迫切的推进高值耗材的带量采购与当前高值耗材价格"虚高"密切相关。当然，高值耗材会更贵其实"情有可原"。作为"高精尖"产品，因为技术含量和临床价值更高，医院使用过程中对医生的培训成本、企业管理过程中的供应链成本都会更高，从而导致了高值耗材价格更高。但高值耗材价格的"虚高"却不是这些原因导致的，而是因为"流通成本"实在太高。在带量采购之前，医疗器械流通市场的竞争格局十分散乱。一款耗材从厂家到医院，要经过全国总代理、大区代理、省级代理、市级代理等多个环节，层层加价，"高回扣"

---

① 韩健春、李弘：《三连问直击高值耗材带量采购：是什么？趋势是？影响何在？》，医药经济报，http://www.yyjjb.com.cn/yyjjb/201909/201909301642174217_5719.shtml，2019年9月30日。

② 新京报：《1.3万元降至700元左右，心脏支架你还敢用吗？》，https://baijiahao.baidu.com/s?id=1683224401352579370&wfr=spider&for=pc，2020年11月13日。

③ 赛柏蓝器械：《12省大联盟，骨科耗材开始「骨折价」》，https://www.vodjk.com/news/210621/1682422.shtml，2021年6月21日。

现象普遍存在。以心脏支架为例，中国裁判文书网信息显示，多个心脏支架代理商都曾卷入行贿受贿案件中。与此同时，由于医保支付政策的不完善，例如，没有详细的高值医用耗材的报销指导目录，一定程度上也导致医院高值医用耗材过度使用。而公立医院长期存在的"以药（械）补医"的补偿机制，默许了药品耗材高价进出，目的是希望通过这部分"收益"，补偿过低的医疗服务价格。过去一段时间，高值医用耗材的"高价"不仅给患者带来了沉重的经济压力，也给国家医保支出带来了巨大的压力。未来，高值医用耗材中单价较高、资源消耗占比较大、易于标准化的品类，都将逐步纳入国家集采体系。**集采所带来的价格"普惠"不仅造福于老百姓，更将缓解国家医保系统的支付压力。**

这样的趋势下，高值医用耗材流通环节的利润被压缩，中标企业就必然要"以量换价"。因此，对于中标企业而言，必须有巨大的销售规模作为支撑，才能通过降低生产成本，来弥补因为售价降低而带来的利润损失。高值医用耗材企业开始走上一条与低值医用耗材"薄利多销"相似的发展路径。

由此可见，作为医疗器械产业中"消耗品"，无论是低值还是高值医用耗材，"量"都是发展的核心！既指足够大的生产规模，又指足够高的市场占有率。更重要的是，"量"就是"质"，产品的大批量销售能力本身就意味着产品质量被认可。

1. 拥有"绝对规模"，才会有"绝对优势"

医用耗材的行业龙头威高集团，是以绝对规模获胜的典型。威高集团单个企业就占据了国内低值耗材行业 11.9% 的市场份额。[①] 在低值医用耗材的三大细分门类（医用卫生材料及敷料类、注射穿刺类、医用高分子材料类）

---

① 屈林、艾中、兆振宇：《我国低值医用耗材行业发展概况》，中国医药报，http://www.cnpharm.com/c/2020-04-15/720907.shtml，2020 年 4 月 15 日。

的市场中，威高所占据的份额都是全国第一。① **在高值医用耗材的市场上，企业也同样呈现出"以规模取胜"的特质。**根据第 21 届全国介入心脏病学论坛公布的数据，目前我国心脏支架市场占有率排名前三的企业分别是乐普医疗 24%、微创医疗 23% 和吉威医疗 20%。② 这三家企业规模化地占据了我国心脏支架近 70% 的市场。

企业要在医用耗材的行业竞争中取得优势需要依靠规模。地区在医用耗材产业发展中要走在前列，规模仍然关键。以江西省进贤县为例，全国各地医院中 31% 的一次性医用注射类器械出自这里。医用耗材业内有这样一个说法：国内每三个输液器中，就有一个来自进贤县。③

同样是因为拥有"绝对规模"，才成就了河南省长垣市"中国医疗耗材之都"的名号。河南长垣有医疗器械生产经营企业 2 324 家，其中生产企业 94 家，经营公司 2 230 家，医用耗材、麻醉包等产品占全国市场份额的 60%。④ 长垣的规模生产能力，不仅能够支撑起国内需求，更能够满足全球市场对医疗防护用品的需求。新冠肺炎疫情发生后，截至 2020 年 4 月 28 日，长垣市累计为全国调拨医用外科口罩 1 亿只、医用 N95 口罩 149.9 万只、医用防护服 88 万套。⑤ 在满足国内需求的基础上，长垣的医用耗材更是出口到了世界各地。根据长垣市商务局提供的信息显示，2021 年 3—6 月，长垣 15 家出口企业向阿尔及利亚、澳大利亚、巴西、比利时、波兰、德国、法国等 37 个国家出口医用 N95 口罩 3 000 万只、其他口罩 2 亿只、防护服

---

① 东吴证券：《国产医用耗材航母再起航，威高股份是如何向"高值＋低值"耗材华丽转身？》，https://www.zhitongcaijing.com/content/detail/337042.html，2020 年 9 月 14 日。
② 轻胜马：《被封 4 个月 知名械企高值耗材主动降价》，赛柏蓝器械，https://www.cn-healthcare.com/articlewm/20190417/content-1050358.html，2019 年 4 月 17 日。
③ 澎湃新闻·澎湃号·政务：《进贤县：一针一县致华年》，https://www.thepaper.cn/newsDetail_forward_4391194，2019 年 9 月 9 日。
④ 长垣人民政府：《主导产业》，http://www.changyuan.gov.cn/sitesources/cyxrmzf/page_pc/jxzy/zdcy/article09ba06ad718c4377b783b067f8127354.html，2020 年 5 月 12 日。
⑤ 中央纪委国家监委网站：《医疗耗材之都跑出加速度》，https://www.ccdi.gov.cn/yaowen/202004/t20200430_216486.html，2020 年 4 月 30 日。

7万件。① 十几年来，医疗耗材界一直都有"长垣停产，全国缺货""长垣市打个喷嚏，全国医疗器械市场都得感冒"的说法。能取得这样的市场地位，与长垣市"业务员模式"息息相关。长垣市拥有10万销售大军，其销售网络已经覆盖全国31个省区和全球125个国家。长垣市不仅规模化地占据了国内市场，更将眼光投向全球。从生产规模到市场规模，长垣市都不愧为中国最大的医用耗材生产和集散地。

无论是企业还是以医用耗材为主导产业的地区，都印证了一条医用耗材的产业发展规律：规模压倒一切，没有规模就没有利润。

2．医用耗材围绕"规模"做文章

就我国医用耗材的发展现状来看，因为行业的进入门槛不高，所以一直以来都有着企业多、小、散、乱，产品质量良莠不齐等发展问题。淘汰"小散乱"，实现更高的行业集中度，建立良好的行业生态，已经成为行业共识。推出高值医用耗材的带量采购政策，不仅是为了压缩耗材价格以普惠人民，也是为了提升行业集中度。那么，究竟要如何强化"规模优势"，提升行业集中度？关键在于两条策略——"流程优化"和"工业上楼"。

（1）向生产要效率——流程优化。

要保证足够大的生产规模和市场供给，生产效率至关重要。每优化一个生产流程，就意味着提升了一次整体效率。医用耗材龙头企业驼人集团，就从管理的角度出发，对生产线的项目成本、信息安全、流程质量、运营支持进行梳理和统筹，以优化各个生产流程，提升生产效率。疫情期间，驼人集团还通过采用新的消毒技术以缩短生产时间，实现医用防护用品生产效率提升，以扩大市场供给。

一次性医用口罩的生产一般有以下三大关键环节：

①必须选取熔喷无纺布生产过滤材料，是因为熔喷无纺布有良好的病毒

---

① 钛媒体App：《从贫困县到百亿产值的"中国医疗耗材之都"，河南长垣是如何逆袭的？》，https://baijiahao.baidu.com/s?id=1693737918046447794&wfr=spider&for=pc，2021年3月9日．

过滤效果，本身就能够实现35%的病毒过滤；

②必须对熔喷无纺布过滤材料进行驻极处理，让过滤材料可以实现静电吸附，保证在不改变呼吸阻力的前提下，过滤95%的病毒；

③完成生产后的医用口罩，必须用环氧乙烷消毒柜进行消毒，但由于环氧乙烷对人体有害，所以，消毒之后需要静置7～14天进行解析，才能包装出厂，供给医护人员使用。

只有通过以上环节所生产的医用口罩才是合格、安全、能够隔离新冠病毒传播的。但是从时间消耗来看，医用口罩的消毒、解析环节，虽然十分关键，但十分影响医用口罩生产和上市效率。在2020年春节期间，即使在口罩复产率达到94%的情况下，很多人依然买不到口罩，就是因为口罩生产完成后，需要长时间解析，不能及时上市导致的。①

疫情期间，时间就是生命。为了缓解防护用品不能及时上市的问题，2020年2月7日，国务院印发了《关于疫情期间执行〈医用一次性防护服辐照灭菌应急规范（临时）〉的通知》。根据《医用一次性防护服辐照灭菌应急规范（临时）》，医用防护服可采用辐照方式进行灭菌，将灭菌周期从7～14天压缩到了24小时以内，大幅度地缩短了生产周期。从2020年的2月9日到29日，就有52家单位采用辐照灭菌的方式，完成265万余套医用一次性防护服的生产，并运往疫情防控一线。② 与此同时，驼人集团敏锐地察觉到了政策信号，通过委外灭菌的方式，快速启用了灭菌时间更短的辐照灭菌技术，对外科手套、防护服等产品进行紧急灭菌。

对于医疗耗材这类利润较薄的制造业而言，必然要向生产环节去要效率。通过采用新技术、强化生产管理等流程创新措施，让医用耗材能够在生产过程降低成本、提升质量、扩大产能，从而真正让企业实现生产规模的扩

---

① 广东康合实验技术有限公司官方网站：《医用口罩生产车间建设和工艺流程，这篇讲明》，http://www.gzkhlab.com/news/371.html，2020年3月5日。

② 王晨香：《疫情之下临危受命核技术发挥重要作用——专访国防科工局副局长张建华》，中国核工业，http://nnsa.mee.gov.cn/qmgjanjyr/xlhd/202004/t20200422_775896.html，2020年4月22日。

大,并以更高的产品质量,占据更加广阔的市场。

(2) 向亩产要效益——工业上楼。

工业上楼是近年来在我国发展都市型工业所采取的新方式,兴起于珠三角地区。其极大地提高工业对于土地的使用效率,使得工业生产的多个环节摆脱了空间局限。不同于传统模式下在单层厂房中进行生产,企业的生产、办公、研发、检测、营销等过程均可转为在高层大厦中进行。

一般来说,产业的类型决定了企业能不能"上楼"。受限于高层楼宇的承重能力等,工业上楼企业一般为生产设备较轻、生产过程噪声与污染较小的高端制造业。根据戴德梁行"工业上楼五要素筛选模型"的筛选结果显示,智能设备和医疗器械是两大可以实现"全部上楼"的制造业。**对于医用耗材的生产地区而言,在既要保证生产规模,又要兼顾土地效益的要求下,工业上楼是可以积极尝试的一种产业模式。**

那到底哪部分的医用耗材可以上楼生产?实际上,医疗器械工业企业有严格的厂房建设标准。尤其是需要洁净间的企业,除"人货分离"外,还需要5.5米及以上的层高,确保符合医疗器械管理要求。有时为了企业能搬入特殊高度的生产设备,在建设初期就得做好局部设计。① 医疗器械厂房更高的建设标准意味着进行更高的前期投入,基于成本效益的考虑,医用耗材生产也需要有选择的"上楼"。**因此,技术含量及附加值更高的高值医用耗材,更适用工业上楼的模式。**

例如,武汉光谷生物城的英特姆(武汉)医疗科技有限公司,作为一家生产高端微创手术器械的企业,就将自己的 1 400 平方米的生产厂房设在了光谷生物城高科医疗器械园一栋 5 层大楼的 4 楼。在这个常光下墨蓝色的无菌厂房内,建设了一条符合医疗器械生产要求的十万级净化生产线。

工业上楼给医用耗材产业带来的效益体现在两个方面。一方面,工业上

---

① 李佳:《向亩产要效益,武汉东湖高新区"工业上楼"成趋势》,长江日报,http://www.cjrbapp.cjn.cn/p/48230.html,2018 年 9 月 27 日.

楼进一步强化了产业链的聚集，让医用耗材产业链的研发、生产、检验检测及销售等关键环节能够形成系统联动。不仅有助于实现产业的高效协作，更能大幅提升亩产效益，构建起了"你的上下游，就在隔壁那栋楼"的产业链聚集态势。另一方面，工业上楼的实施也将帮助地区实现产业的筛选。在集约高效用地的要求之下，那些"低小散"的生产企业将不适合上楼，从而溢出到周边甚至是被淘汰。工业上楼不仅提升了土地的亩产效益，更能促进产业的上下游协同、产业集群的进一步优化。

在医用耗材这条赛道，只有具备足够强的生产能力，取得足够大的市场规模，才能获得竞争优势。新冠肺炎疫情的初期，防护用品需求的激增，让医用耗材赛道看起来像是一片蓝海，吸引了众多制造业企业选择跨界生产防护用品。但实际上，这条赛道已经有了非常成熟的龙头企业和产业聚集区，它们在生产规模和市场渠道上的既有优势，是新入局者难以企及的。例如，河南长垣、江西进贤都在医用耗材领域拥有遍布全国的销售渠道。本文所提出的"流程优化""工业上楼"更适用于已经具有一定生产规模的企业和地区。通过强化它们的规模优势，让市场不断向少数龙头企业和地区聚集，提升行业集中度，从而淘汰"低小散"，构建起良性的行业生态。

三、关键赛道二：高端医疗器械

高端医疗器械是本文关注的第二条医疗器械赛道。在低值医用耗材、高值医用耗材、IVD（体外诊断）、医疗设备四大类医疗器械中，高值医用耗材、IVD（体外诊断）、医疗设备是三类技术门槛高、产品附加值也更高的医疗器械，可被统称为高端医疗器械。**高端医疗器械是医疗器械产业的主要利润来源。**2019年的数据显示，医疗器械的整体市场规模为6 341亿元，其中，高值医用耗材、IVD诊断试剂及医疗设备的市场规模达到了77%。[①] 在高值

---

① 中国药品监督管理研究会.2020中国医疗器械蓝皮书——医疗器械深化改革发展报告［M］.北京：社会科学文献出版社，2019.

医用耗材中，已经有部分产品实现了技术突破，被市场所认可，进而开始进行带量采购，以实现降价控费、普惠百姓，如心血管支架、骨科植入耗材。而那些尚未突破技术壁垒的高值医用耗材如心脏起搏器，IVD（体外诊断）试剂与设备，如化学发光免疫诊断产品、流式细胞仪、基因芯片产品，医疗设备如核磁共振成像设备（MRI）、内窥镜等是本文主要探讨的高端医疗器械。

尽管高端医疗器械产业利润高、市场规模大，然而国产的高端医疗器械发展仍然存在明显瓶颈！ 在近年的战"疫"斗争中，部分医护人员及相关企业反映，我国在国产急救设备、呼吸机、体外诊断设备等高端医疗器械领域，存在严峻的技术及应用短板，疫情的到来更放大了这种情况。全国人大代表、国药集团国药控股董事长于清明表示，虽然近10年我国医疗器械行业取得长足发展，在中低端领域已经占据明显优势，但在高端医疗器械的产品、核心部件、关键技术上都存在着明显的瓶颈。

中国医师协会体外生命支持专业委员会的数据显示，截至2018年12月31日，我国共有260家医院的体外生命支持中心开展ECMO治疗，共计约400台ECMO设备。受技术门槛、临床使用制约、市场需求等多重因素影响，我国还缺少能够全产业链布局生产ECMO的企业。新冠肺炎疫情期间，呼吸机一度供不应求。北京谊安医疗董事长助理李凯说："除了上游原材料供应商企业在疫情前期停工外，传感器、芯片、涡轮等零部件依赖从德国、美国进口，也是影响呼吸机快速提升产量的重要原因。"[①]

正是由于自身的不足，进口产品才长驱直入，直接占据了我国主要的高端市场。 虽然我国已经是全球仅次于美国的第二大医疗器械市场[②]，但从20世纪90年代开始，德国西门子、美国通用电气（GE）、荷兰飞利浦三家

---

① 半月谈网：《高端医疗器械"最需要时最紧缺"？亟需构建战略储备体系》，http://www.banyuetan.org/jrt/detail/20200611/1000200033134991591774332342990910_1.html，2020年6月11日。

② 全国产经平台：《数据透视：医疗器械国产与进口差在哪》，https://www.163.com/dy/article/F8R9A4GA0550A54Z.html，2020年3月28日。

企业就已经长期垄断我国的高端医疗设备市场。① 再看细分领域，截至 2016 年年底，在 CT 市场，前文提及的三巨头西门子、通用电器、飞利浦，市场占有量达到 86%。2018 年，在内窥镜市场，进口产品的占比达到了 90%，奥林巴斯、卡尔史托斯是占主导地位的两家国外企业。②

那么，是什么样的原因导致了我国高端医疗器械的发展相对滞后？

一方面是我国在高端医疗器械领域的技术有限。长期以来，由于高端医疗器械领域技术壁垒高、研发投入多等问题，中小企业很难在短期内看到投资回报，纷纷选择研发难度低、资金投入少、回报周期短的中低端医疗器械进行技术研发。所以，高端医疗器械领域的相关技术和市场一直被国外企业垄断，我国企业在该领域所占市场份额也较低。**另一方面，医疗机构尚未树立起对国产设备的信心，"进口产品质量更佳"的观念仍占主导。**目前，即使一些国产高端医疗器械已经取得技术突破，但这些国产设备要进入国内市场却十分困难。尽管鼓励采购国产医疗设备的政策频出，但在实际招投标过程中，仍旧存在着名义上开放，实际上限制的"玻璃门"现象。医疗机构争相购买进口产品依然普遍。中国医学装备协会副理事长王东升介绍，一些医院盲目攀比使用进口设备，甚至一些乡镇卫生院都说要进口的。

内循环已经成为"十四五"期间中国经济发展最重要的政策指引。随着国际局势的一系列变化，中国的科技发展面临着来自发达国家的技术封锁。科技内循环的核心，就是在关键技术、关键设备领域突破技术壁垒实现自主可控，不再"受制于人"。因此，高端医疗器械作为"高精尖"的关键设备，其国产替代势在必行！只有实现了国产替代，那些被进口产品所占据的市场才能回到国内企业手中。

而且，国家也在出台多项政策推动国产替代的实现。

---

① 中国经营报：《西门子等 3 公司垄断我国高端医疗设备导致看病贵》，http://finance.sina.com.cn/chanjing/gsnews/20140614/032919411124.shtml，2014 年 6 月 14 日。
② 兴证医药健康：《医疗器械国产替代进口最全分析》，搜狐网，https://www.sohu.com/a/431450236_648361，2020 年 11 月 12 日。

在推动设备创新层面，国家积极推动医疗器械企业提升创新和研发能力，重点发展医学影像、体外诊断等高精尖产品，构筑技术壁垒打造护城河。自2014年起，国家药监局实施创新医疗器械特别审批程序政策。截至2020年5月26日，共有262款医疗器械进入了创新器械审批程序。①2016年10月，中共中央、国务院印发的《"健康中国2030"规划纲要》明确指出，加强高端医疗器械等创新能力建设，加快医疗器械转型升级，提高具有自主知识产权的医学诊疗设备、医用材料的国际竞争力，并提出到2030年实现医疗器械质量标准全面与国际接轨的目标。

在推动设备的应用层面，自2010年以来，国家密集出台了多项政策鼓励采购国产器械。2015年国家卫计委启动第一批优秀国产医疗设备产品遴选工作，公布了首批95个优秀国产医疗设备名单，公立医院率先开启了推广使用国产设备的大门。②2017年10月，国务院印发了《关于深化审评审批制度改革鼓励药品医疗器械创新意见》，在医疗器械采购方面，国家卫健委提出要严格执行政府采购法，确保财政资金优先采购国产医疗设备。2019年4月，国家卫健委发布《2018—2020年大型医用设备配置规划》，明确二级及以下医院和非临床急救型的医院科室，要引导优先配置国产医疗设备。③但高端医疗器械的国产替代并非易事，厘清高端医疗器械的产业特征是关键，也是发展高端医疗器械首先要了解的基础。

1．产业极细分

医疗器械市场具有高度细分的特点。以高值医用耗材为例，就可以分成血管介入类、非血管介入类、骨科植入类、神经外科类、电生理类、起搏器

---

① 陈鹏：《数据解读我国创新医疗器械审批现状——已通过262款，高值耗材占半数以上》，动脉网，https://vcbeat.top/47197，2020年6月4日.

② 中国日报网：《"制造业高质量发展"系列调研之六：高端医疗设备国产化替代加速，硬件、软件齐步走》，https://caijing.chinadaily.com.cn/a/201912/20/WS5dfc7e08a31099ab995f2cb0.html，2019年12月30日.

③ 中国政府网：《关于发布2018—2020年大型医用设备配置规划的通知》（国卫财务发〔2018〕41号），http://www.nhc.gov.cn/caiwusi/s10742/201810/9c89b50402ab41e8ac71dfd68c53e7ea.shtml，2018年10月29日.

类、体外循环及血液净化类、眼科材料类、口腔类及其他十大类。其中的骨科植入类，还可以继续细分为创伤类、脊柱类、关节类等。由于高度细分，每种医疗器械都具有专用用途。例如，腹腔镜这类器械，只有做腹腔微创手术的科室才会使用，往往二级以上的医院才会有这类科室，而基层乡镇医院一般不做这种手术。因此，一个省份的终端客户数量显然是有限的。**产业极度细分的特点决定了一个细分领域的市场容量有限，往往也只允许一个或少数几个企业参与。**无论是医疗器械产业已经高度成熟的美国，还是医疗器械产业正在快速崛起的中国，产业极度细分的特点都是一致的。

美国是医疗器械研发和创新最为活跃的国家，但美国的医疗器械行业基本上只有小型企业和大型企业，几乎没有中型企业。究其原因，还是因为"细分"二字。或是一个大企业，如美敦力（Medtronic）、雅培（Abbott）、史赛克（Styker）等，通过购买技术授权、直接并购等方式，占领多个细分医疗器械的市场。或是一个小企业直接占领一个细分医疗器械的绝大部分市场。在美国的医疗器械行业，复杂程度不太高的高端医疗器械，很多是由小型企业完成的。例如，有大量创业公司专注于现场诊断设备（POCT）、可穿戴医疗设备，以及体外诊断试剂盒的研发。**在复杂程度不太高的医疗器械领域，意味着十几个人的核心团队足够吃下一个细分市场。**①

国内的医疗器械产业的发展也呈现出这样"细分"的特点。以江苏医疗器械科技产业园的苏州铸正机器人有限公司为例，其核心团队来自北京航空航天大学医疗机器人实验室，是一家致力于智能外科技术、装备和临床综合方法研究的高科技公司。企业整体规模不超过50人，所专攻的也仅有"脊柱椎弓根钉微创植入机器人"这一细分领域。根据公司预估，公司的产品计划于2021—2023年在全国至少250家医院投入使用，未来三年收入总额达到8 000万元。

---

① 徐实：《徐实：发展国产医疗器械还需要什么？》，观察者，https://www.guancha.cn/xushi/2019_03_14_493494.shtml，2019年3月14日。

2. 研发是关键

以自主研发突破技术壁垒是高端医疗器械的国产替代过程中最为关键的环节。

对于那些已经被外国企业占据市场的产品，只有研发突破才有可能挤入已经被稳固占据的市场。以东软医疗国产 CT 机的国产替代历程为例，据东软医疗系统股份有限公司总裁兼首席运营官江根苗说，在他带领团队研究国产 CT 的初期，唯一能做的就是潜心研发。他当初所面临的是没有任何基础，图纸技术资料、人才及供应链资源都十分缺乏的现实。据他回忆："国外厂商来中国只是为了卖设备，既不会把核心技术分享给我们，也不会对购买使用 CT 设备的医疗机构进行技术培训。我们只有一个办法，就是通过一点一点摸索研究，逐步掌握 CT 设备的核心技术和制造工艺。"从 1989 年东北大学计算机影像中心成立开始，团队花了八九年时间闷头研发，从未想过盈利问题。1994 年，在江根苗等人的带领下，中国第一台具有完全自主知识产权的全身 CT 机（CT-C2000）研发成功，并于 1997 年在东软下线。①

凭借性价比优势，东软医疗研发的国产 CT 找到了一个市场切口，即原来国外二手 CT 占据的市场，率先在这部分市场上实现国产替代。国产 CT 的研发成功，也迫使进口产品整体降价 20%～30%，售后服务价格下降 50%。我国也成为继美国、日本、德国之后第四个能够生产全身 CT 的国家。根据商业咨询公司（Frost Sullivan）的数据显示，2019 年东软医疗在中国市场的 CT 保有量在中国市场占 10.4%，位居国产品牌首位。

对于那些还未被外国产品占据市场的高端医疗器械，及时地研发突破才有可能实现国产替代。心血管支架的国产替代过程，就真实地印证了这一点。心血管植入支架领域的龙头企业微创医疗刚成立时，用球囊导管扩张冠脉狭窄病变（PTCA）还是当时的主流医疗技术。但当微创终于研发出全中国

---

① 中国日报网：《"制造业高质量发展"系列调研之六：高端医疗设备国产化替代加速，硬件、软件齐步走》，https://caijing.chinadaily.com.cn/a/201912/20/WS5dfc7e08a31099ab995f2cb0.html，2019 年 12 月 20 日。

第一根球囊医用导管时，主流技术已经变成了金属支架扩张术（BMS），而跨国公司已经开始了药物支架（DES）的研发。微创医疗的创始人意识到及时跟进最新技术的重要性，便孤注一掷地投入冠脉医疗支架的研发，并在2004年成功率先实现心血管支架火鸟（Firebird）的研发突破。火鸟（Firebird）成为国内上市的首个国产药物洗脱冠脉支架，仅比波士顿科学的Taxus支架在国内晚上市不到一年，可以说是同步上市。此时，国外产品尚未全面占领我国市场，微创医疗可以说是非常"及时"地进入了市场。①

此后，微创医疗成功凭借更加实惠的价格，迅速在新一代支架市场上抢占了先机。随着2005年乐普医疗第二个国产药物洗脱冠脉支架上市，国产药物支架逐步在国内市场上占据一席之地。根据中国医疗器械行业协会外科植入物专业委员会统计，2006年、2007年、2008年国产支架市场占有率分别达到59%、65%、70%，彻底打破药物支架行业被国外企业垄断的局面。②

由此可见，国产高端医疗器械正是在研发突破的基础上，凭借性价比优势抢占了市场，实现了国产替代。

3. 科研带头人／团队是产业招商的关键

站位政府，思考促进高端医疗器械的国产替代的具体策略，必须结合高端医疗器械的产业特征。高端医疗器械高度细分、研发关键的特点决定了它的国产替代，要格外关注具备研发能力的科研带头人和团队。

我国高端医疗器械的创新在2014年之后，迎来了一个蓬勃发展时期，一个很重要的原因是高端人才的回归。海外很多高端医疗器械生产企业里的核心人物有不少都是华人，随着国内陆续出台对医疗器械项目的系列利好政策，这些人才陆续回到国内创业，把先进的经验和技术也带回国，这成为高

---

① 雪球网：《南微创、北乐普：昨天、今天与明天》，https://xueqiu.com/7772586945/159927037，2020年9月24日。
② 医疗器械创新网：《深度好文！医疗器械国产替代进口最全分析》，搜狐网，https://www.sohu.com/a/431214905_464411，2020年11月11日。

端医疗器械崛起的重要支撑。宜信私募股权母基金合伙人李默丹表示："近年来国内一大批高端医疗器械公司诞生，这些公司崛起得非常快，原因是创始人此前就有跨国大公司的技术积累和完整的从产品生产到销售全流程的认知，加上本土非常大的需求，产业链的强势配套，使得这些高端医疗器械产品从有概念到临床、拿注册证，再到市场推广，可能只需要3~5年的时间。这是非常惊人的速度，但确实正在频繁地发生，高端医疗器械的进口替代已是一股不可逆的行业趋势。"

要在一个细分的医疗器械领域上取得优势，往往一个关键学者或团队就足够了。纵观我国冠脉医疗支架的国产替代历程，所依赖的正是该技术领域从国外"学成归来"的关键人才。微创医疗的创始人常兆华，作为上海机械学院热能工程学博士生，在20世纪80年代远赴美国求学，获得美国纽约州立大学生物科学系博士学位。求学期间，常兆华与导师共同创立了一家医疗器械公司，经过5年的发展被收购。常兆华的经历，让他同时拥有了在技术及市场领域的丰富经验。另一位助推我国冠脉医疗支架国产替代的关键人物是乐普医疗创始人蒲忠杰，同样是一位从美国学成归来的学者。1993年已经获得博士学位的蒲忠杰作为访问学者进入美国佛罗里达国际大学，并得以接触心脏支架的研发工作。之后，蒲忠杰在美国一直从事生物材料和介入医疗器械的研制开发工作，其间共申请了15项国家专利。1999年，蒲忠杰带着自身掌握的技术回国创业，成立了北京乐普医疗公司。

因此，对于政府而言，在发展高端医疗器械的过程中，要做的不是大招商，而是以科研带头人为抓手，在高端医疗器械的细分领域上实现突破。

医疗器械涉及医学、机械、电子等多个专业，具有多学科交叉、知识密集的特点。这就决定了医疗器械的研发者，是一群极需要专注的科学家。由科学家创办的企业的优势在于高度专注于研发，思路灵活效率高，因此，特别适合技术迭代较快的领域。但这类企业的局限性也非常明显。它们资源不足，一般仅能专注研发，无暇顾及资金、审批流程、销售渠道等其他环节。

在美国，搞定商业保险公司的报销途径、铺开医院的销售渠道都是非常复杂的事情，由科研团队组成的企业没有资源应付这些。对国内的科研型医疗器械企业而言，亦是同理。**要让这些专注研发的专业团队能够"活下来"，政府就要担当起"生态构建者"的角色，为团队提供研发以外，所需要的各项产业服务。**

例如，江苏医疗器械科技产业园，为服务好初创企业，就已经构建起了一整套医疗器械的生产性服务。高端医疗器械的初创企业在这里，能够找到从产品设计研发、产业化、检测、销售等各个环节的合作伙伴。据园内企业耀视医疗科技有限公司的 CEO 吴海洲介绍，企业自 2020 年 10 月入园以来，在项目研发到产品化的过程中，享受到了全方位的产业服务。既有国仟创投这类第三方机构的专业化支持，又有来自政府的政策扶持，如苏州高新区创业领军人才政策的 100 万元扶持基金、厂房免租 3 年等福利政策。就产品研发设计本身，耀视医疗还与东南大学苏州医疗器械研究院达成合作，研究院将在医疗器械法规、产品的设计质量上为企业严格把关。①

为进一步解决科研型医疗器械企业研发中的资金问题，政府更当起了"投资人"的角色。为促进苏州"一号产业"发展，2020 年 8 月，苏州高新区生物医药（医疗器械）专项母基金正式设立。总规模达到 100 亿元，首期规模 20 亿元。基金设立的目的就是搭建金融资源和优质医疗器械产业资源之间的联结机制，打通金融和产业的融合渠道。其中，70% 的资金用于与市场化的顶级管理机构合作成立子基金，扶持优质企业，促进招商引资，30% 的资金将用于成立直投基金，精中选优，对招商引入的产业化项目进行直接投资。②

---

① 新华日报：《苏州科技城集聚医疗器械企业 300 余家》，http://www.sibet.cas.cn/xwdt2020/cmsm_169615/202105/t20210508_6010419.html，2021 年 3 月 5 日.
② 苏州高新区（虎丘区）宣传部：《总规模 100 亿！高新区首支医疗器械产业母基金启航》，http://www.snd.gov.cn/hqqrmzf/zwxw/202007/4014948cce864e69ad803a8eaec42424.shtml，2020 年 7 月 24 日.

政府做好"生态构建者",目的是让科研团队能够安心研发,突破技术壁垒。然而更关键的是,如何让这些已经实现技术突破的国产高端医疗器械,破除市场壁垒,真正实现产业化。

再"全能"的科学家,打通了高端医疗器械从资金、到研发、再到审批的各个环节之后,也会在产业化过程中遇到瓶颈。华中科技大学谢庆国教授研发的国产 PET 的产业化历程就真实地反映了这一现象。PET 是正电子发射断层成像系统的简称,被视为肿瘤早期诊断、疗效评价的最佳手段。谢庆国教授用 20 年的时间,自主研发出具有完全自主知识产权的全数字 PET,现已在中、美、日、欧等多国和地区申请专利 570 余件,授权发明专利 121 件。① 但令谢庆国教授没有想到的是,他在研究上突破了"卡脖子"的关键技术之后,却在产品的市场化、产业化上屡屡碰壁。该项目产业化负责人张博表示,湖北一个市级医院要采购 PET,所设定的采购指标可以说是为进口设备"量身定做"。医院也并非不愿意采购国产设备,但实际上顾虑颇多。买进口设备有其他医院成功案例,各项规定也达标,就是出问题,但流程上是没有差错的;但买没人用过的国产设备,出现问题就很难厘清责任了。

谢庆国教授遇到的产业难题并非个例。根据血液透析设备龙头企业重庆山外山科技公司的董事长高光勇介绍,近几年国家遴选了一批国产优质产品目录,但因医护人员长期使用进口器械、跨国公司强大的营销能力、公立医院采购不考虑性价比等原因,一些优质国产产品仍难以被医院采购。② **要引导国产高端医疗器械稳步的进入国内市场,除政策上对于国产高端医疗器械进行支持外,在实际的采购层面,政府还应当发挥自身的公信力,担任好"产业化推手"。**

为促进医疗设备产业的健康发展,深圳南山人民政府就与本地的国内医

---

① 刘志伟:《突破"卡脖子"技术的查癌神器,为什么不香?》,深瞳工作室,https://mp.weixin.qq.com/s/d5yto-JZhi3IeBR9vcdpUQ,2021 年 5 月 27 日。

② 人民网:《全环节存堵点 高端医疗设备创新面临数道"坎"》,https://cn.chinadaily.com.cn/a/202008/17/WS5f3a0798a310a859d09de2b9.html,2020 年 8 月 17 日。

疗器械龙头迈瑞生物医疗签订战略合作协议：在国产设备性能符合需求的采购项目中，鼓励优先采购国产设备，加强政企合作，实现双赢。医院不愿意采购国产设备，实际是一种缺乏"信任"的表现。医疗设备的使用事关百姓的生命健康。出现差错，医院责任重大。医院已经积累大量进口医疗器械的使用经验，自然会有"宁可买贵的，也不愿买对的"的心态。深圳南山区政府，通过签订战略协作协议的形式，鼓励采购国产医疗设备，其实是在用自身的公信力为国产设备的质量做背书、做担保。树立医院采购国产设备信心的同时，增加了一层对医院的保障。

由此可见，国产替代产品的市场化需要政府进行引导。 全国各省市都在频繁出台鼓励高端医疗器械国产替代的政策。但如何在采购实操过程中、在保证质量的前提下优先采购国产器械是政府作为国产替代的"产业化推手"需要深入思考的问题。

四、关键赛道三：家用医疗设备

家用医疗设备是本文关注的第三条医疗器械赛道。 医疗设备可分为家用医疗设备和医用医疗设备两大类。家用医疗设备，顾名思义，就是适用于家庭使用的医疗设备。区别于医院使用的医疗设备，它具有操作简单、体积小巧、携带方便的特点。伴随国民消费水平升级及老龄化程度加深，家庭健康管理成为市场越来越关注的领域，家用血压计、血糖仪、小型按摩器等家用医疗设备销售非常火爆。据医械研究院发布的《中国医疗器械行业蓝皮书（2020）》，作为医疗设备之下的一个子门类，2019年我国家用医疗设备市场规模为1 189亿元，占整体医疗设备市场份额的33.02%，同比增长25.4%。在医疗设备领域，家用医疗设备被视作最具有发展潜力的子板块。[1]

---

[1] 中国药品监督管理研究会. 2020中国医疗器械蓝皮书——医疗器械深化改革发展报告[M]. 北京：社会科学文献出版社，2019.

1．家用医疗设备是一个"看似蓝海、实则红海"的领域

医疗设备走下"医疗"的神坛，不断下沉，进入了家庭这类消费场景。这正表明，医疗设备的购买者从"医院"扩大到了"普通消费者"，医疗设备也开始从"专业仪器"转变为"普通消费品"。消费者根据自身的需求，能够快速地决策是否购入家用医疗设备，而线上渠道的开通，更让消费者能够便捷地获得家用医疗设备的各项信息，从而形成更强的购买意愿，这就意味着巨大市场增量的出现。2021年5月，天猫健康发布的《家用健康器械趋势白皮书》的数据就显示，天猫家庭医疗器械的消费规模连续三年维持高速增长，因此，才会出现家用医疗设备是一片蓝海的结论。那为什么说家用医疗设备这个产业领域"实则红海"？

（1）家用医疗设备因为技术壁垒低，仿制现象普遍存在，从而导致进入市场的从业者众多，行业集中度非常低。连许多家电企业也开始生产家用医疗设备。例如从2019年开始，海尔就开始布局家用医疗设备，目前已经推出了制氧机、血压计、雾化器等产品。不仅是海尔，格力、美的、TCL等家电企业也纷纷跨界入局医疗器械领域。

2018年，淘宝的家用医疗设备的销售情况真实地反映出家用医疗设备"从业者众多，行业集中度低"的现状。线上的销售主体分为鱼跃、可孚、三诺、欧姆龙、强生、罗氏、博朗和其他企业八类，可见市场上的销售主体非常分散。鱼跃作为2018年淘宝线上销售额第一的家用医疗器械品牌，市场占有率为10.75%，具有一定的龙头属性，却尚未形成强势品牌。线上销售额第七的博朗仅占0.11%，与此同时，"其他企业"所占的销售额总和竟达到了72.37%。① 由此看来，市场上有大量从业者在进行小额度的销售，从而共同构成了这部分销售额。可见家用医疗设备行业的竞争者之多、行业集

---

① 焦德智、全铭、许汪洋：《鱼跃医疗：家用医疗器械、医用医疗器械双擎动力开启持续增长模式》，东吴证券，http://data.eastmoney.com/report/zw_stock.shtml?infocode=AP201909171361764533，2019年9月17日.

中度之低。

（2）**家用医疗设备的产品同质化竞争也十分严重。**各大企业的产品都主要集中在血糖仪、血压计、雾化器、听诊器等领域，型号单一，功能相似。多数国内的家用医疗器械生产企业在早期发展阶段通过大量生产低端产品打开行业市场，库存不断累积以致行业供大于求，让多数企业不得不以低价策略谋取销量。

尽管家用医疗设备的需求增量明显，看似是一片蓝海，但其中的竞争却是水深火热、激烈厮杀，实际是一片红海。那么，在这片红海中应如何突围？笔者认为只要抓住痛点就仍有机会。

2. 掌握数据标准，才掌握了产业发展的命门

家用医疗设备发展最大的痛点，在于数据尚未标准化。2018年9月，国家卫健委出台的《国家健康医疗大数据标准、安全和服务管理办法（试行）》，就明确了国家卫健委"在已有的基础性通用性大数据标准基础上组织制订健康医疗大数据标准体系规划"的工作计划。这意味着以政府为主导的健康医疗数据标准化将持续推进，而在家用医疗设备领域，数据标准化的意义也十分重大。

（1）**对用户而言，数据标准是实现健康管理的前提。**大多数消费者选择家用医疗设备，是为了获得关于个人身体的健康数据，根据数据调整生活状态，以实现健康管理。虽然对评判健康的数据本身有医学标准，但家用医疗设备所测数据是否"真实"，与标准医学数据差距到底有多大，消费者却不得而知。在家用医疗设备的使用过程中，所出现"失灵"的情况，就是标准误差所造成的。看似已经达到健康水平的数据，其实与医院测量的真实数据差出几个数量级。这些数据误差，对于用户来说就是一个健康隐患。消费者之所以更青睐国外家用医疗设备产品，其实也是出于"更贵更可靠"的心理，认为更贵的价格可以换回更标准的数据。

（2）**对企业而言，谁掌握了数据标准，谁就掌握了行业的话语权。**一直以来，家用医疗设备测量得到的数据，仅被认为是一种身体健康状况的参考数据，并不能作为诊断依据。正是因为缺乏数据的权威标准，让家用设备所测得的数据即使只作为健康情况的参考也缺乏指导意义。众多家用医疗设备生产厂商的设备不同，软件不同，测量结果也不同，十分影响用户对监测数据产生信赖感。家用医疗设备作为距离患者最近、最易获取数据的终端，更要走在数据标准化的前列。**一旦企业掌握了数据标准，就意味着其他的企业设备标准也需要向其靠拢，意味着掌握了行业权威和话语权。**准确的数据也意味着更高的产品质量，这样的产品也更容易获得用户的信赖。

(3) 对行业而言，数据标准是实现全行业深度整合与开展服务延展的前提。

有了数据标准，才有可能实现行业数据的整合。缺乏数据标准，就不足以谈数据的共享和融合。难以共享的健康数据，也直接影响数据价值的发挥。众多单病监测系统其实尚未实现信息共享，如运动手环只采集运动相关数据、血糖仪只采集血糖数据、智能睡眠监测仪器只能采集到睡眠数据等，其实造成一定程度上的数据资源浪费。由此带来的是，每个家用医疗设备的品牌仅能围绕着自有数据进行健康分析。当有了数据标准，这些不同设备上所监测到的数据便有了融合与共享的可能性。通过不同的医疗设备，用户可以获得准确、系统的健康数据，并以此作为健康管理的依据。在此基础上给出健康管理指导，才是符合用户真实情况、切中用户需求痛点的服务。

有了数据标准，才有可能进一步促进互联网医疗的落地。互联网智慧医疗已经是大势所趋，而新冠肺炎疫情的到来更是刺激了市场对互联网医疗的需求。据前瞻产业研究院统计，仅 2020 年上半年各地已审批设立的互联网医院数量，便超过 2019 年全年的数量，而且实体医院配备互联网医院的趋势不断加强。在慢病管理和轻症上，互联网医院可以实现更高效的医疗服务对接，有利于实体医院的资源配置。①家用医疗设备作为数据收集终端，是互联网医疗的重要一环。复星医疗集团执行总裁、佛山市禅城中心医院执行院长胡航就表示，鉴于线上问诊过程中数据信息的缺乏，他们也在与一些医疗器械企业展开合作，希望找到合适的家用医疗设备，以解决数据收集问题。

互联网医疗需要通过整合线下医院、药企、连锁药店、保险等多个服务主体来为患者提供综合性服务。这就要求医疗行业需要深度整合，实现协同。数据标准之所以如此关键，是因为数据具有打通医疗行业各个环节的作用。以高血压的线上问诊为例，患者可以通过线下的家用血压仪，将准确的慢病数据收集起来，并结合自身状况将信息传递给线上的医生。患者就可以通过互联网平台和医生进行沟通，实现对社会资源和医生资源的高效利用。数据可以说是实现患者、医疗机构及医生有效沟通的前提。有了数据标准作为依据，互联网医疗所提供的综合性服务的有效性也才有了保证。

为适应互联网医疗的发展，标准数据的存储、整合与分析将成为未来家用医疗设备发展的重要方向。例如，家用医疗设备的龙头企业鱼跃医疗，就正在不断强化自身在数据存储、整合及分析上的能力。到目前为止，鱼跃医疗不仅在特定产品上增加大数据模块，实现健康数据与手机等移动终端的互联，更积极联合各方力量，成立了医云健康大数据平台。该平台基于鱼跃智能家用医疗设备、医生和专家团队，以及线上 App 为患者实现慢病管理，同时为医生提供更多的大数据参考。这样的数据存储、整合及分析，可以帮助医生在如何改善病人护理方面作出更明智的决定。大量的数据同样也可以构建出病人诊疗的全过程，有助于推动创新。在数据的整合与存储过程中，医疗设备企业也将与医院建立更加稳固的合作关系，促进达成更好的诊疗

---

① 健康界：《互联网医疗面临数据荒？智能医疗器械需求倍增》，搜狐网，https://www.sohu.com/a/447237627_139908，2021 年 1 月 28 日。

效果。

结合上述医疗器械细分赛道的发展特征和趋势，为促进医疗器械产业的发展，政府究竟应该担任一个怎样的角色？笔者认为，政府的角色应当是推动者和监管者。

作为产业发展的推动者，政府对于医疗器械产业的发展应当有更新的视角：医疗器械不仅是一项高新技术产业，更应当被视作一项"科学事业"！ 医疗器械，尤其是高端医疗器械关键技术的突破像是一次科学难题的攻坚，尤其是需要国产替代的一些高端医疗设备，其关键技术、核心零件的研发甚至需要数十年的时间。要让我国的医疗器械产业从中低端走向真正的高端，让医疗器械这项复杂科学背后的科学家们能够潜心研发是重中之重。地方政府要做的是为他们搭建产业生态、营造产业环境，让关键技术得到突破之后能够快速地落地和产业化，从而引领我国的医疗器械走向世界领先的地位。

作为产业发展的推动者，政府应瞄准医疗器械的细分领域，在研发这个关键环节为企业提供大力支持。 在我国强大制造能力的加持之下，国产医疗器械已经开始走向世界，而真正要做到领先世界，研发的突破是必不可少的。正是因为缺乏资金，我国才一直在一些高精尖医疗设备的技术上未能打破技术壁垒。投资研发，其核心是关注关键人才、关注细分领域，取得研发突破和技术优势，进而抢回被进口产品所占领的市场。

作为产业发展的监管者，政府更要进一步为医疗器械的创新节约时间、释放空间。 医疗器械本身是一个需要强监管的产业，但同时也需要监管者适当的"松绑"。为应对新冠肺炎疫情，各地纷纷开放对疫情所需药品，以及医疗器械行政许可的应急绿色通道，为医疗器械的创新发展营造出更加宽松的发展环境。这样的"松绑"也被行业视作一次产业发展的机遇。我国已经在积极营造高端医疗器械国产替代的政策环境，在医疗器械产业的创新中发挥了积极的推动作用。简化审批程序，为医疗器械上市缩短时间进一步打通采购渠道，为国产医疗器械释放产业空间，都是政府作为监管者可以发挥作用的空间。

在医疗器械冲击万亿产业的进程中，政府不仅是关键政策的制定者，更可以是塑造创新环境、推进流程简化、促进国产设备产业化的操盘者。

带癌生存

文 | 王皓雪

法国医学博士塞尔旺-施莱伯（Servan-Schreiber, D.）将抗癌称作"每个人的战争"，人类与癌症的"战争"已经持续了近140年。1884年，被誉为"美国现代外科手术之父"的威廉·霍尔斯特德（William Halsted）提出了根治手术概念，开创了乳腺癌根治术来切除乳腺癌，人类正式吹响抗击癌症的号角。在这场关乎每个人生死存亡的抗癌之战里，人类究竟以怎样的科学武器与癌症相搏，又将以什么样的方式取得胜利？

一、带癌生存，现代医学发展下的新"癌症观"

世界卫生组织国际癌症研究机构（IARC）在 *CA:A Cancer Journal for Clinicians* 杂志上发布了2020年全球癌症负担报告。数据显示，2020年全球新发癌症病例1 930万例，死亡病例996万例，其中，中国癌症新发病例457万例，死亡病例300万例[①]。这意味着，全球每新增的100个癌症患者中就有23个中国人，我国平均每分钟就有8个人确诊癌症。全球的癌症发病数呈现快速增长的态势，有研究人员表示，癌症在未来将取代心脑血管疾病，成为全球范围内的"第一大健康杀手"！

随着人类平均寿命的延长，癌症作为"老年病"的特征逐渐凸显。世界卫生组织发布的《2020世界卫生统计报告》中的数据显示，2000—2016年，全球人类预期寿命增加了5.5年，即从66.5岁增长到72.0岁，预计2030年

---

① Sung et al. *Global Cancer Statistics 2020: GLOBOCAN Estimates of Incidence and Mortality Worldwide for 36 Cancers in 185 Countries.* CA Cancer J Clin, https://doi.org/10.3322/caac.21660, 2021, 71: 209-249.

全球人类平均寿命将达 75 岁①。研究表明，癌症发病率随年龄的增加而上升，40 岁以下青年人群中恶性肿瘤发病率处于较低水平，而 40 岁后，恶性肿瘤的发病率呈指数型增长，发病年龄主要集中在 60 岁以上，到 80 岁到达拐点②。

目前，人口老龄化进程加速使癌症高发成为必然趋势。据世界卫生组织估计，从 2015—2050 年，60 岁及 60 岁以上的全球人口比例将从 12% 增加到 22%③，实现向老龄社会的转变。如果"活得久""活得好"是人类的本能追求，那么对于生命阴暗面里癌症的研究已是箭在弦上，不得不发。

纵观人类百年抗癌史，癌症研究向来与前沿科学的发展趋同。自 1901 年诺贝尔生理学或医学奖首次颁发以来，已有 8 项与癌症相关的研究获得了该奖项。同时，"国之重器"——大科学装置也打开了癌症探索的黑箱。百济神州自主研发的，首个在美国获批上市的抗癌创新药"泽布替尼"，就是利用了上海光源蛋白晶体学线站 BL17U1，才成功获得了其与靶点蛋白高达 1.25 埃的高分辨率结构。我国首台具有自主知识产权的加速器硼中子俘获治疗（BNCT）实验装置，在中国科学院高能物理研究所东莞研究部研制成功，为癌症的精准治疗带来了新的突破。

科学的发展给予了人类揭开癌症真面目的机会，我们开始清晰地认识到，癌症的本质其实是免疫系统失调，癌细胞则是健康细胞基因突变的产物。

人类机体存在一定的免疫监视机制，能够辨别体内非正常分裂的突变细胞，而"免疫逃逸"机制使突变细胞能够逃过免疫系统的追击，最终导致肿瘤的形成。美国著名化疗师威廉·沃格洛姆（W. H. Woglom）曾这样描述癌

---

① World health statistics 2020: *monitoring health for the SDGs, sustainable development goals.* Geneva: World Health Organization; 2020. Licence: CC BY-NC-SA 3.0 IGO.

② Chen et al. *Cancer incidence and mortality in China in 2013: An analysis based on urbanization level.* Chinese Journal of Cancer Research. 29. 1-10. 10.21147/j.issn.1000-9604.2017.01.01.

③ World Health Organization: *Ageing and health*, https://www.who.int/news-room/fact-sheets/detail/ageing-and-health.

症:"那些没有学习过化学或药学的人,很可能不会意识到治疗癌症有多难,程度几乎像是要找到一种溶剂,它既可以溶解掉左耳,但又可以不损伤右耳。癌细胞与正常细胞之间的差异,竟是如此微小。"①

因此,当人类知道癌细胞可以无限分裂生长时,创造了化疗、放疗的方法杀死肿瘤细胞;当辨明肿瘤细胞的基因突变特性后,靶向疗法随之产生;当发现了癌症免疫逃逸机制,免疫疗法应运而生,人类对癌症的认知发生了三次巨大的革命。科学的发展不仅推动了医疗水平的进步,更让医学界的治癌理念也发生了颠覆性转变:19世纪的一位外科医生曾称癌症为"众病之王,恐怖之君","致命性"原是癌症最大的标签,人们认为一旦得了癌症,便基本等同于被宣判了死刑。到了2006年,世界卫生组织正式将癌症定义为可防、可控、可治的慢性病,彻底颠覆了癌症是"绝症"的认知。癌症患者可以通过有效的治疗手段控制癌细胞的生长及扩散,使癌细胞长期"休眠",即使体内仍有癌细胞,也可以像糖尿病、心脑血管疾病一样长期生存。

如今,将癌症"慢性病化"成为现代医学界应对癌症的核心思路,一种新的癌症观——"带癌生存"应运而生,随着癌症成为长期伴随患者的慢性病,"带癌生存"将成为一种生活新常态。国内著名的肿瘤内科专家孙燕院士提到:"对于普通人而言,未来癌症也许就像糖尿病一样,仅仅是一类再普通不过的慢性病而已。只要加强预防、及早发现、及早治疗,再加上越瞄越准的新药,癌症并没有那么可怕。"②

二、带癌生存,精准医疗时代里的漫漫长路

那么,究竟什么是"带癌生存"呢?

概括而言,"带癌生存"并非单指某一个癌症治疗的环节,它其实是"全

---

① [美] 悉达多·穆克吉. 众病之王:癌症传 [M]. 李虎,译. 北京:中信出版社,2013.
② 刘巍. 癌症是一种慢性病 [J]. 癌症康复, 2018 (001): 8—11.

周期的癌症医疗体系",覆盖了患者从筛查、诊断、治疗到康复的完整流程。"带癌生存",本质上是把癌症治疗周期延长了。在实际中,癌症不是"一次就诊,确认病情"就可以的,而是要在整个"带癌"的周期中,根据癌症所处的不同阶段和反馈的治疗效果,进行阶段评价的过程。这一过程本身就是对"全周期的癌症医疗体系"的四个阶段即"筛查、诊断、治疗、康复"的不断重复和循环。而我们之所以有可能实现"带癌生存",无疑是医学和科技进步的结果。

人类基因组计划使得人类得以在基因水平上为癌症寻找治疗方案。 2003年,人类基因组图谱圆满完成,科学家辨别出大量癌症相关基因,基因资源成为生物医药产业的新宠。据统计,人类基因组中包含大约2万个基因[1],而人类所知的致癌基因已经达到了700～1 000个[2],意味着有3.5%～5%的基因与癌症有关。随着基因分子水平研究的不断深入,越来越多的癌细胞信号通路被发现,癌症治疗从"无差别攻击"逐渐转向"靶向"医疗方案。癌症诊疗进入精准医疗时代,根据患者个体"量身定制"的医疗方案,显著提升了"带癌生存"的水平。

基于个人基因组学的基因检测技术是精准医疗的基础,能够更好地实现癌症全周期管理。 基因检测技术贯穿了癌症筛查、诊断、治疗决策、预后各个环节,既使得早期可以通过早筛技术实现早诊早治,又保证了在治疗过程中,基于个体的基因检测可以指导治疗和用药方案的制定。

以靶向治疗、免疫治疗为代表的精准医疗手段,使癌症患者的存活率大大提高,成功将癌症控制成"慢性病"。 与传统癌症治疗手段相比,精准医疗是"差别性攻击",能够有效解决手术、放化疗过程中"杀敌一千,自损

---

[1] *Nucleic Acids Research*, Volume 46, Issue 14, 21 August 2018, Pages 7070–7084, https://doi.org/10.1093/nar/gky587.

[2] Schulte-Sasse, R., Budach, S., Hnisz, D. et al. *Integration of multiomics data with graph convolutional networks to identify new cancer genes and their associated molecular mechanisms*. Nat Mach Intell 3, 513–526 (2021). https://doi.org/10.1038/s42256-021-00325-y.

八百"的问题。靶向治疗是在细胞分子水平上,针对基因检测所探测的致癌位点,设计治疗药物的过程。在靶向药物问世之前,携带 BCL-ABL 突变基因的慢性髓性白血病人五年存活率不到 30%。直到 2001 年,小分子靶向药物"格列卫"问世,让带有该基因突变的患者五年生存率从 30% 跃升到 90%[1],患者只需通过服用药物,便可长期稳定地控制癌症。据统计,最初尝试格列卫的慢性髓性白血病患者已经存活了超过 20 年。

免疫疗法也让更多患者实现了"带癌生存"。免疫疗法主要通过激活患者自身的免疫系统,通过诱导、增强或抑制免疫应答来抑制肿瘤细胞的扩散。广义的免疫治疗主要包括免疫检查点抑制剂、免疫细胞治疗、治疗性抗体、癌症疫苗等方式。其中,免疫检查点抑制剂的研究最为成熟,针对 CTLA-4 及 PD-1/PD-L1 靶点的免疫药物,在非小细胞肺癌领域已逐渐成为一线治疗药物。以 PD-1 抑制剂帕博利珠单抗(pembrolizumab,Keytruda,简称 K 药)为例,晚期患者的 5 年生存率高达 31.9%,是化疗组的两倍,中位总生存时间延长了将近一倍[2]。另外,把肿瘤特征"告诉"免疫细胞的 CAR-T 免疫细胞疗法对于治疗淋巴瘤、白血病等血液肿瘤有突出的效果。2017 年 8 月,美国 FDA 批准了全球首个 CAR-T 细胞药物 Kymriah(通用名 Tisagenlecleucel),Kymriah 是一种基因改良的自体 T 细胞免疫疗法,适用于 3～25 岁的急性 B 淋巴细胞白血病。2020 年 12 月 5 日,诺华制药(Novartis)在第 62 届美国血液学会(ASH)年会上公布了 Kymriah 的 2 项临床试验数据,诺华招募的 63 名罹患难治性或复发性 B 细胞前体 ALL 的患者,在接受 CAR-T 细胞免疫疗法治疗的 3 个月内,总缓解率[3]达到了

---

[1] 李明子:《癌症成为慢性病:带癌生存如何实现》,中国经济网,https://baijiahao.baidu.com/s?id=1698964444119157638&wfr=spider&for=pc,2021 年 5 月 6 日。

[2] Martin Reck, et al., (2021). *Five-Year Outcomes With Pembrolizumab Versus Chemotherapy for Metastatic Non–Small-Cell Lung Cancer With PD-L1 Tumor Proportion Score ≥ 50%*. Journal of Clinical Oncology, DOI: 10.1200/JCO.21.00174.

[3] 总缓解率是指经过治疗完全缓解和部分缓解患者总数占总可评价病例数的比例。

83%[①]。可见，免疫疗法创造出了一个"以己之矛，攻己之盾"的新方法，在治疗过程中，对患者的身体伤害更小，对患者本身身体状况的要求更宽泛，更有利于将癌症控制为慢性病。

同时，多学科联合诊疗模式（以下简称 MDT 模式）保证了诊断结果和治疗方案的准确性。 MDT 模式意味着癌症治疗方案往往由各专业领域的专家团队共同制定，更能有效地避免误诊发生。对癌症而言，其不确定性比任何一种疾病都更为突出，癌症本身种类复杂、致病机制千差万别，决定了癌症必定是一个综合学科。全美排名第一的癌症治疗中心——MD 安德森癌症中心（MD Anderson）是推广 MDT 模式的典型代表，通常是由不同科室医生组成一个医疗小组，针对患者病情进行"个性化"的方案讨论，最后将意见汇总到主治医生手上，最终由他做决定。可见，打破科室壁垒的 MDT 模式对于癌症各个阶段都至关重要。

癌症康复阶段也是"带癌生存"必不可少的环节。在"带癌生存"的理念下，不仅要保证癌症"治得好"，还要让患者"活得好"，活得更有保障和质量。经过癌症治疗后，往往产生一定的癌痛、毒副反应及后遗症，严重影响生活质量。而癌症康复，就是提供综合的癌症康复指导和治疗，使患者在躯体、心理、社会及职业等方面得到最大限度的恢复。北京大学医学人文学院教授丛亚丽在访谈北京两所三甲医院肿瘤内科 11 位住院病人及家属后谈到，"家属与病人的决策价值观不同，病人更关心当下的生命质量，家属则更关切未来的生存时间"[②]。因此，科学规范的癌症康复体系是"带癌生存"不容忽视的重要内容。

然而，若要真正实现"带癌生存"，仍是一条漫漫长路。

首先，癌症基因检测行业发展迅速，但仍面临基因检测产品的精确度

[①] 百配健康：《研究|Kymriah（Tisagenlecleucel）治疗晚期淋巴瘤临床数据》，http://www.100pei.com/8979.html，2020 年 12 月 7 日。

[②] 彭丹妮. 肿瘤患者与家属如何聪明求医？[J]. 中国新闻周刊，2021（994）：38—41.

低，指导临床用药等场景的可靠性不足，以及介入诊疗的规范化程度低等问题。2021年4月，北京大学第三医院肿瘤内科主治医师张煜发文揭露"肿瘤治疗黑幕"，实名举报医生陆巍在患者的治疗方案中加入了第三方机构提供的NGS基因测序项目及"超适应证"化疗药物，将诸多存在争议的话题推上风口浪尖。根据张煜的说法，在胃癌诊疗中，由NGS基因检测筛选的药物可靠性值得商榷[1]，患者马进仓最后因治疗无效死亡。在这场风波之中，医学界争论的重点更多在于化疗"超适应证用药"的问题，而主治医生陆巍是否存在夸大基因检测的效果、错误解读基因检测报告，基因检测公司又是否提供了未经严格临床验证的产品，以及医生和企业之间是否存在"灰色空间"等诸多问题仍需进一步调查。但毋庸置疑的是，基因检测可以避免无效治疗，而对于检测结果如何精准地指导用药、如何规避不必要的检测项目，仍是取决于医生的临床经验和基因检测公司的产品精度。当然，严格地规范诊疗行为也非常必要，医院和企业之间如何建立起公开透明的交易机制，让患者真正从中受益，也有待进一步探索。

其次，国内对于癌症靶向疗法、免疫疗法的态度相对保守，临床可使用药物的数量少且价格昂贵。对于抗癌药物而言，审批速度较慢，极大程度推迟了特效药介入治疗的时间。据INSIGHT数据库统计数据显示，进口药品等待临床审评的时间为6～10个月，申请生产的审评时间快则20个月之内，慢则需要62个月，总时长历时超5年[2]。另外，国内对于细胞免疫疗法等政策空间不明朗。"巧妇难为无米之炊"，抗癌药物的缺乏和新的癌症医疗手段的限制，意味着"带癌生存"还有很长的路要走。

最后，癌症康复领域起步较晚，且受重视程度不足，缺乏清晰明确的癌

---

[1] 人民日报-健康时报客户端：《揭秘"肿瘤治疗黑幕"：诊疗方案被其他大夫认为"太荒唐了"》，https://www.cqcb.com/headline/2021-04-21/4034307_pc.html，2022年4月21日。

[2] 黄立俊：《中印救命药差价百倍：全球新药多久才能进中国药房？》，第一财经App，https://www.yicai.com/news/4569277.html，2015年1月28日。

症康复体系。早在 1971 年，美国就在国家癌症计划中提出了"癌症康复"的概念，40 年来癌症康复的体系已逐步构建，美国国立综合癌症网络（NCCN）、美国运动医学学会（ACSM）也陆续制定了《NCCN 癌症生存者临床实践指南》《癌症生存者运动指南》等癌症康复标准化指南。而在中国，2009 年的国务院医改文件才第一次提出"预防—治疗—康复"三者相结合的医学体系，已经滞后于美国等发达国家的发展。

可以看出，我国的"带癌生存"水平还有很大的提升空间，这导致了国内大量中晚期患者选择跨境就医。据 MD 安德森癌症中心统计，其 2016 年接待的 3 000 多名国际癌症病人中，就有 400 多位中国患者[1]。从 2015 年开始，中国病人就已经占到医院国际病人的第一位。经调查，在去美国就医后，有 67% 的中国患者的治疗方案被改变[2]。**其实，医疗水平的高度取决于行业发展的速度，即使存在政策敏感区域，一旦行业繁荣、技术和产品进步，将势必推动医疗制度的革新和整体医疗水平的跃迁。**

如今，国家对"带癌生存"提出了新的要求，《"健康中国 2030"规划纲要》提出，到 2030 年要实现全人群、全生命周期的慢性病健康管理，总体癌症 5 年生存率提高 15%。想要切实改变癌症医疗领域的不足，走好"带癌生存"之路，需要整个行业的齐头并进。地方政府是带动行业发展的核心角色，那么对于政府而言，该选择什么赛道来跑赢"带癌生存"之路，又该从哪些环节切入，解决行业发展的实际痛点？

三、带癌生存，抗癌之战中配合精良的精锐部队

如果要形象比喻"带癌生存"的全过程，那就如同一场持续而激烈的战争。在这场"每个人的战争"里，若想赢得这场战争的胜利，先要组建一支

---

[1] 吴琪. 如何面对癌症：中国病人跨境就医调查 [J]. 三联生活周刊，2017（43）：030—033.
[2] 王思婧. 癌症患者赴美"当小白鼠"的背后 [J]. 中国新闻周刊，2016（31）：68—71.

精锐的作战部队，然后合理部署兵力、配合作战，最后带领这场抗癌之战走上胜利的高地。

1．侦察部队——癌症基因检测，瞄准敌方目标，实行精准侦察

癌症基因检测，如同作战部队中负责执行侦察任务的侦察兵，可以直抵敌方肿瘤细胞，获取精确的肿瘤细胞突变位点"情报信息"，为己方指挥癌症治疗的决策提供情报支持，保证作战部队正确规划和顺利实施。癌症的发生机制非常复杂，可能涉及几个甚至十几个基因，不同癌症甚至同一种癌症的患者，其致癌的分子机制和组织病理通路可能各不相同。癌症基因检测正是凭借其"敏锐力"来捕捉癌症致病机制的差异。

随着应用场景和应用人群的拓宽，基因检测将成为"带癌生存"领域的黄金赛道。 一方面，基因检测的应用场景广泛，既可以用于健康人群及高发人群的早期筛查，又可以用于患者的辅助临床诊断、治疗耐药性及生存期评估、预后监测等多个阶段；另一方面，基因检测的市场潜力巨大，基因测序、PCR、基因芯片等技术广泛用于分子靶点突变检测、甲基化检测等场景。

如今，基因检测筛查，几乎已经贯穿整个"带癌生存"全周期。如前所述，之所以出现这样的情况，核心在于人类对癌症的治疗方案并不是"一成不变"的，而是需要根据患者病情进行不断调整。例如，靶向药的使用，是以患者体内"靶向基因突变"为前提的。如果没有"基因突变"，则无法用药。因此，靶向药在用药前必须进行基因检测，以确定患者是否可以用药。但同时，几乎所有的靶向药最终都会出现耐药现象，这是由癌细胞的异质性及人体的个体差异所导致的，也无法避免。只是导致出现耐药的时间会存在差异，有的人可能几个月就出现耐药，有的人服用数年都还是有效的。因此，一旦出现耐药情况，患者要考虑更换治疗药物或治疗方式。那么此时，基因检测又将以"是否可用药"的评估角色再次出现。

根据 Frost & Sullivan 的数据，癌症病人的基因检测业务预计从 2019—

2024年将保持35.5%的复合年增长率①。资本持续涌入这一赛道，据CB Insights中国统计，2019年全球资本对初创基因测序公司的投资金额相比2013年增长了6倍②。新一代测序技术的飞速发展，使测序成本大大降低，为癌症基因检测打开了更广阔的市场。**其中，第二代测序（NGS）在全球基因检测市场中占据主导地位，已成为行业"跑马圈地"的核心赛道**。据统计，截至2020年8月，全国有近90家企业提供以NGS技术为基础的癌症基因检测服务，既有基因检测的龙头华大基因，也有专攻癌症领域的初创企业燃石医学等③。

对于想发展癌症基因检测的企业来说，其面临两大关键点。**首先，基因和靶点具有"不可再生性"，能够用于癌症早筛、临床诊断等应用场景的基因靶点往往"数量有限、先到先得"**。以非小细胞肺癌为例，常见的"大众突变"靶点包括EGFR、EML4-ALK、BRAF、KRAS、PIK3CA等，那么率先发现作用靶点、完成相关产品注册的企业将拥有绝对的话语权。手握相同产品的公司必须在精度上实现突破，或者"开疆拓土"寻找更多类型的突变靶点，才能保证自己的竞争优势。因此，对企业而言，把握住"基因靶点"，就等于把握住了"财富密码"。

其次，无数据不应用，无样本不产品！用于研究和试验的数据非常关键，且其可使用性等现状则更为薄弱。研究表明，基础科研和临床研究之间往往存在"死亡之谷"（Valley of Death）④，研究成果的可复制性、临床相关性等问题需要借助临床转化研究得以验证。只有通过转化研究中海量数据

---

① 兴证医药健康：《2020国内NGS伴随诊断市场报告》，搜狐网，https://www.sohu.com/a/419659629_733985，2020年9月20日。

② "21世纪经济报道"微信公众号：《基因检测行业将迎来爆发期？海普洛斯创始人讲述：精准肿瘤DNA"捕手"的进化之路》，2020年11月18日。

③ "健康界"微信公众号：《肿瘤基因检测行业进入深水区，未来行业巨头即将浮出水面！》，2020年8月25日。

④ Seyhan, Attila. (2019). *Lost in translation: the valley of death across preclinical and clinical divide – identification of problems and overcoming obstacles.* Translational Medicine Communications. 4. 10.1186/s41231-019-0050-7.

的训练优化，才能选择出最优的技术路线，保证企业产品在真实场景下的应用性能。

因此，从产业发展角度来看，城市"操盘手"若要布局癌症基因检测行业，就必须拥有海量样本数据进行支撑。对于企业来说，在本地人群中进行大规模前瞻性研究，是其产品和技术从基础研究到商业化上市的必经之路。在生物医药产业集聚的长三角地区，江苏的泰州和无锡就通过两种模式，聚焦临床转化阶段，以"城市大数据"为酶，催化了行业的发展。

（1）以"泛癌种队列研究"撬动行业发展：以泰州医药高新区为例。

①率先招研，押宝队列研究。

早在2006年，时任复旦大学生命科学学院院长的金力和他的团队试图在长三角一带寻找一个能够代表中国社会发展，体现中国人群遗传特征的城市，开展大型队列研究。在队列研究中，至少数万名参与者需要在不同的时间段进行重复的观测，然后看各种环境暴露、生活方式与疾病的关系，观测时间长达数十年。当时，正值泰州生物医药产业起步之际，由于复旦大学在生命科学和生物医药研究领域上具有显著优势，泰州政府敏锐地捕捉到了这个机会，果断赴复旦寻求合作。双方一拍即合，随即决定选择泰州作为大型队列研究的城市。按照复旦大学金力团队的话说，"如果只做一个人群，泰州对全国有一定的代表性。"这不得不提到泰州人群的遗传特征，通常，中国南北之间的人群存在着一定的遗传学差别，而泰州作为长江、淮河流域的城市，位于南北交汇处，使得泰州已兼具南北人群的遗传特性。同时，泰州正处于经济转型期的起步阶段，人口结构稳定，更能代表经济起步阶段的中国人群特征。

从国际上来看，美国、英国、瑞典等国家都已将大型队列研究作为国家生物医学的重要工程。一个大型队列，就是一个储存个人基因组数据的生物学样本和流行病学数据库。**百万级的个人基因组数据库已成为癌症等遗传病、慢性病病因确认的最高等级证据之一。**为了让研究更贴合中国人的生命和遗传特征，建立一个中国人群的大型队列势在必行。

从国外队列研究来看，这是一个极其烧钱的大工程，然而，泰州没有犹豫。在复旦金力团队选择落地泰州之时，泰州政府仅仅凭借 500 万元就迅速启动了大型队列研究——"泰州队列"。"泰州队列"是一个以泰州全市 500 余万居民为框架的大型健康队列及生物资源存储库。复旦金力团队正是看中泰州政府押注队列建设的勇气，"当基因测序时代来临以后，这些人群有的也许不在了，我们必须为未来的研究打下坚实基础，中国科学要领先，我们必须做好这个科研能力建设。" 2007 年，复旦大学泰州健康科学研究院正式落地泰州医药高新区中国医药城，"泰州队列"启动建设，作为国家百万人群队列计划的主要组成部分，"泰州队列"是国内屈指可数的临床转化和临床研究项目之一。

②双向授权，优化队列建设。

依托"泰州队列"，泰州市政府向企业伸出"橄榄枝"，通过"双向授权"的模式，复旦大学泰州健康科学研究院与企业建立了合作关系，将企业核心技术应用于队列研究中。2016 年，复旦大学泰州健康科学研究院与基因测序头部企业鹍远基因展开合作，将鹍远基因自主研发的循环肿瘤 DNA（ctDNA）甲基化癌症早筛技术 PanSeer® 应用于"泰州队列"的研究中。对于鹍远基因来说，"泰州队列"能够为其癌症早筛产品提供大规模前瞻性临床研究。目前，市面上许多企业在开展临床研究时往往是招募一批志愿者，收集他们的数据，在一段时间后验证他们的数据。这不仅存在样本数不足、准确率不稳定性的问题，还面临着极高的研究测试成本，企业很难独立完成这一环节，也直接导致了产品可靠程度的降低。而"泰州队列"能够很好地解决企业面临的问题，百万级的自然人群队列为企业提供了长期稳定的临床样本。

对于研究院来说，与鹍远基因合作意味着能够使用企业的专利技术来开展科学研究，巩固队列的研究成果和方法，积累更多的遗传数据资源。对于政府来说，不仅可以为本地癌症高发人群提供实实在在的筛查产品，还让"泰州队列"成为本地的"招商品牌",提升了泰州医药高新区对于相关企业的吸引力。可以说,"双向授权"实现了复旦大学、泰州政府和企业"三赢"。

2020年7月,合作研究成果取得了突破性进展。复旦大学泰州健康科学研究院利用鹍远基因的PanSeer方法,在基于20万社区人群泰州队列中进行验证,结果显示,对于结直肠癌、食管癌、肝癌、肺癌和胃癌5种常见恶性肿瘤,可以实现比临床诊断提前4年发现血液中的微量肿瘤甲基化信号,且灵敏度达95%[①]。这一创新成果成功发表在国际权威期刊《自然·通讯》(Nature Communication)上。

依托"泰州队列"的基因组学数据库和癌症早筛前瞻性研究数据,2020年11月,鹍远基因在泰州建立了癌症筛查检测中心和互联网医疗基地,打造了一个癌症早筛、早诊、早治的全周期服务示范平台,成为泰州医药高新区的又一金字招牌。

③开放数据,共享大数据平台。

对于有核心技术的头部企业而言,与政府、研究院形成良好的合作机制有助于其优化技术路线,助推产品的商业化进程,而对于仍处于前期研究或回顾建模阶段中小企业而言,能否使用本地的生物样本数据库决定了其落地发展的意愿。2017年,泰州健康科学研究院搭建了"大型队列健康大数据平台",借助实验仪器、可穿戴设备、第三方系统等标准化接口进行数据采集,全面将本地遗传资源数字化,允许其他研究人员和企业检索与使用,申请流程简单快速。2019年4月,泰州政府、医药高新区、复旦大学共同建立了"精准医学国家队列和共享平台",由此开启新一轮的跨时空、跨尺度、多维度的队列研究,提供精准医学技术研发和科技服务,成为泰州吸引相关企业和研究资源的重要磁极。

---

① "泰州科技"微信公众号:《提前4年发现癌症,泰州这家科研载体获得重大突破!》,2020年8月4日.

如今,"泰州队列"成为国内规模最大的单一地区人群队列,已被纳入国家精准医学计划。截至 2020 年,泰州已有累计超过 20 万社区人群参与"泰州队列"研究,收集了 150 余万份生命组学研究样本。① 复旦大学泰州健康科学研究院也获得了 10 项国家各级科技项目,支撑其他单位获得了 36 项国家各级项目。② 目前,依托"泰州队列"建立起的人类遗传信息数据库,已成为泰州医药高新区布局癌症基因检测、精准医疗等领域的金名片。

(2)以"单一癌种训练数据"抢占细分赛道:以无锡市惠山区为例。

2020 年 10 月,无锡市与国家癌症中心(NCC)签署战略合作备忘录,将无锡定为国家重大公共卫生服务项目(肝癌早期筛查综合防治项目)的牵头方,该项目是为了进一步提高肝癌早筛、早诊率,并将无锡打造成"中国肝癌早筛综合防控示范城市"。

有了作为牵头方的"底气",无锡市惠山区率先发力,聚焦"肝癌早筛"作为专攻领域。惠山区选择与癌症基因组学研究的领军企业泛生子展开合作,决定使用泛生子(Genetron Health)的肝癌早筛产品 HCCscreen™,在三年内为本地肝癌高危人群提供 15 万次检测。惠山区与泛生子合资,在无锡(惠山)生命科技产业园建立了一家肝癌早筛运营中心,同时,该中心也是泛生子在无锡开展癌症早筛业务的总部基地,泛生子拥有该运营中心 90%的股份。该基地建有临床检验实验室、医疗器械生产车间、研发实验室和数据分析平台等,可以提供癌症早筛研发、检测运营及检测产品生产制造等服务③,本地肝癌高危人群使用 HCCscreen™ 临床表现将作为重要的研究样本,为当地肝癌早筛企业提供训练数据。

在以潜在肝癌人群作为训练数据的模式之下,泛生子的肝癌早筛产品在

---

① "江苏科技"微信公众号:《科技成果 |"泰州队列"取得多项研究成果》,2020 年 9 月 19 日。
② 胡安平、刘昊宇、韩菁等:《"泰州队列"——我国最大的单一地区生物样本库》,中国工业新闻网,http://www.cinn.cn/gysp/202009/t20200922_233677.html,2020 年 9 月 22 日。
③ 早筛网:《泛生子癌症早筛中心总部基地落户无锡,计划三年内检测 15 万肝癌高危人群》,https://www.sohu.com/a/434928654_733985。

检测精度上取得了突破性的进展。截至 2021 年 2 月，泛生子完成了对 1 615 名乙肝表面抗原阳性的患者的随访，其液体活检肝癌早筛产品 HCCscreen™ 实现了 88% 的灵敏度与 93% 的特异性[①]。另外，HCCscreen™ 还被纳入《中国抗癌协会原发性肝癌患者指南》，这是中国抗癌协会发布的国内首个肝癌防治全流程指南，HCCscreen™ 成为唯一被引用的肝癌早筛中方成果。

随着人类基因组学数据的日益丰富，基因检测在癌症多个临床应用场景中将更具有参考价值。对于企业而言，无论是"泛癌种"的队列研究还是"单一癌种"的样本数据，都能带来实际的效益，助推技术和产品提质升级。从城市产业发展的角度来看，"数据"是政府布局癌症基因检测行业的核心抓手，可以说，城市布局"数据"的眼光有多长远，未来发展机遇就有多大。

2. 特种部队——精准医疗手段，实现精准打击，保持持续作战

如果在抗癌之战中为靶向治疗、免疫治疗等精准医疗手段找到一个合适的角色，那就如同执行特种作战任务的特种兵。特种兵的作战目标往往是敌方重要的政治、经济、军事资源，具备"精准打击"能力。如靶向治疗，就是针对已经明确的致癌基因位点进行"靶向攻击"。同时，调动"当地人"发起对敌人的袭击也是特种部队的重要任务，这与免疫疗法"激发自身免疫"的治疗理念不谋而合。

对于"抗癌有奇招"的新兴医疗手段而言，其政策监管较为严格。以细胞免疫疗法为例，目前，以免疫细胞疗法为主业的企业还没有独立进行临床研究的资格，更无法将其细胞疗法技术独立进行临床应用或商业化。该类企业必须与医疗卫生机构合作进行临床研究，在临床研究过程中提供细胞培养等技术服务，然后将免疫细胞治疗技术转化为产品，再通过国家药监局审查后完成上市。[②] 目前，细胞免疫疗法这一领域的产业化之路较为艰难，短期之

---

① 胡安平、刘昊宇、韩菁等：《"泰州队列"——我国最大的单一地区生物样本库》，中国工业新闻网，http://www.cinn.cn/gysp/202009/t20200922_233677.html，2020 年 9 月 22 日。
② 赵艳春、刘珂佳：《肿瘤治疗的新希望——关于免疫细胞疗法的政策和监管梳理》，中伦律师事务所，http://www.zhonglun.com/Content/2020/09-11/1521184354.html，2020 年 9 月 11 日。

内难有突破空间。

相比之下，抗癌药物拥有更大的想象空间，是一个千亿级市场规模的"大蛋糕"。据沙利文统计，全球抗癌药物市场由 2015 年的 832 亿美元上涨至 2019 年的 1 435 亿美元，年复合增长率达到 14.6%。预计到 2024 年，全球抗癌药物市场规模将达到 2 444 亿美元。① 中国癌药市场也实现稳步增长，2019 年达到了 264 亿美元②。近年来，国内陆续出台了一系列促进抗癌药物产业发展的利好政策，药品的审批数量、速度都大幅度提高。2018 年 5 月，国家批准了 103 种抗癌药物的减税政策，抗癌药物研发企业可以从中直接受益。随着越来越多的抗癌药物被纳入医保偿付目录，抗癌制药行业将迎来井喷式发展。

目前，中国抗癌药物研发处于从仿创药（me too、me better 产品）到创新药（first in class 产品）的过渡阶段，抗癌创新药正在迎来黄金时代。2015 年以来，中国医药行业的监管制度不断改革，药品的开发和审查过程逐渐简化提速。2016—2020 年，中国批准了 52 种抗癌新药，其中 14 种是在中国境内研发并申报的。③ 国内创新药物的竞争环境更加开放，竞争方式也逐渐往前端的靶点选择、临床开发等环节转移，随之而来的是整个新药开发模式的巨大变革。在利好政策的持续推动下，预计 2015—2025 年将成为国内第一批仿创型新药大量上市时期，2025—2030 年将成为国内第一批自主全球 first in class 产品的上市期④。

然而，中国抗癌创新药研发仍面临资质、技术和资金三大壁垒。通常，研发一个一类新药，从种子到发芽到结果，需要三个"10"，即 10 年时间、

---

① 弗若斯特沙利文：《2020 年中国肿瘤创新型药物市场研究报告》，http://finance.sina.com.cn/tech/2021-05-21/doc-ikmxzfmm3698921.shtml，2020 年 4 月.
② 中商情报网讯：《2021 中国肿瘤药物市场规模及前景预测分析》，https://new.qq.com/rain/a/20201110A0BEPS00，2020 年 11 月 10 日.
③ "医药地理"微信公众号：《Nature 深度分析：中国上市肿瘤新药"快车道"》，2021 年 6 月 4 日.
④ 腾讯网：《请回答 2020：中国创新药"后浪养成记"之新药研发交易篇》，https://new.qq.com/rain/a/20210125A0E2M400，2021 年 1 月 25 日.

10 亿元和 10% 的成功率①，这意味着创新药研发是一个既"耗时"又"烧钱"的过程，对企业和行业都是一个巨大的考验。**目前来看，越来越多新药研发主力成为聚焦自身核心技术的中小型生物科技企业（Biotech）**。受密集的研发投入、冗长的临床周期、复杂的审批流程的限制，中小型 Biotech 往往"心有余而力不足"，这导致大量新药虽使用了首创靶点或机制，但并未进入临床阶段，或进入临床后停滞不前；即使成功上市，受推广模式和运营经验的限制，往往难以得到行业内的认可。**因此，一个完整的创新生态对于中小型 Biotech 至关重要。可以说，搭建创新生态就是搭建创新药研发的"生命通道"。**

对于创新生态的搭建，无锡市高新区探索出了一条"政企合作、龙头坐庄，邀中小企业入局"的创新模式。

无锡市为生物医药产业制定了"高瞻远瞩"的顶层设计，在 2020 年出台了《关于加快推进无锡市现代生物医药产业发展的若干措施》及《无锡市现代生物医药产业高质量发展三年行动计划（2020—2022 年）》，提出把无锡建设成为长三角乃至全国的现代生物医药产业发展高地，从战略层面对推动生物医药产业发展。蓄势待发的无锡，也瞄准了创新药研发这一赛道。

然而，若想在竞争激烈的创新药研发领域占据一席之地，无锡必须探索出一条符合自身发展逻辑的道路。**大型跨国医药企业是无锡独有的优势资源。**阿斯利康是最早在无锡高新区投资建厂的外资企业之一，在 1993 年阿斯利康成立之之前，其前身阿斯特拉公司就已经在无锡和泰兴两地建设药品供应、物流中心，随后与国投创新合资成立迪哲（江苏）医药有限公司开始进行新药研发。2019 年 3 月，阿斯利康与无锡市政府、无锡高新区宣布共建无锡国际生命科学创新园 I·Campus（以下简称 I·Campus），开辟了一种创

---

① 澎湃新闻苏州工业园区发布：《这一次，人民日报又关注了园区啥？》，https://www.thepaper.cn/newsDetail_forward_7161204，2020 年 4 月 27 日。

新的"政企合作运营"模式，在其他城市，很难找到这样以龙头企业作为共建方角色的生物医药园区。

政企合作运营，就是要充分借力企业，发挥企业的资源实力。阿斯利康不再只是园区的"房客"，而成为创新生态圈中协同行业发展的"头雁"，入驻 I·Campus 的企业都成为阿斯利康全产业环节的"群雁"参与者。对于 I·Campus 来说，其招商运营团队也从"房东"变为围绕 Biotech 的"产业对接人""风险投资人"及"科学服务者"，不仅给予政策和基建上的支持，还提供了产业发展必要的专业服务。

（1）产业对接人——为 Biotech 对接专业化机构，构建从研发、临床到商业化的产业支撑体系。

"产业对接人"为 Biotech 对接专业化机构，构建从研发、临床到商业化的产业支撑体系。从 2019 年 12 月 1 日起，"上市许可持有人制度"（MAH）开始正式实施，这意味着上市许可与生产许可分离，使得创新药物研发成为独立的环节，有研发能力的 Biotech 不再需要独立生产即可上市。**因此，在 MAH 制度之下，帮助企业对接专业服务机构的能力将成为园区的核心竞争力。**通常，创新药物研发需要经过漫长的基础研发、临床试验、药品生产制造和上市审核阶段，"术业有专攻"的中小型 Biotech 往往没有能力独立完成。I·Campus 在建园之初就招引和培育了专业的合同研发外包组织（CRO）、合同研发与生产业务外包组织（CDMO）及合同销售外包组织（CSO），提供覆盖创新药物研发、临床、生产及上市全周期的专业服务。

"无锡观合医学检验所"是由泰格医药与迪安诊断合资成立的中心实验室，其作为 I·Campus 的核心 CRO 服务机构为入园的 Biotech 提供了临床试验服务、新药物研发服务、药物临床检测服务、医疗器械检测服务等专业服务。药明康德子公司合全药业是 I·Campus 内的 CDMO 机构，可以为没有生产制造能力的 Biotech 提供新药制剂生产、包装和贴标服务。**商业化渠道是中小型 Biotech 企业快速做大做强的必要条件。**作为创新生态圈的主导者，阿斯利康凭借完善的销售网络和推广体系，为入驻的 Biotech 提供产品概念验证、商业创新合作、销售授权和代理推广等专业 CSO 服务，帮助其迅速实现商业化。

同时，阿斯利康凭借自身完善的全球化网络帮助园内的 Biotech 开拓了国际销售渠道。目前，阿斯利康已与俄罗斯、英国、印度等地签署战略合作协议，建立了"姊妹"创新中心和合作孵化平台网络，这将形成"双向规模效益"，既可以吸引海外企业在园区落地，又可以帮助国内的企业借助海外资源走向国际市场。

（2）风险投资人——与专业投融资机构合作，成立医疗产业基金，解决 Biotech 资金需求。

专业风投基金和金融服务能够解决中小型 Biotech 在资金上面临的压力。 2019 年，阿斯利康与中金资本联合设立了约为 10 亿美元的"阿斯利康中金医疗创投基金"。作为成熟的风险投资机构，中金资本已在医疗健康领域积累了成熟的资本运作、项目孵化、项目退出等机制，可以为 Biotech 提供更专业的投融资服务。成长期的 Biotech 是产业基金扶持的重点，在有融资需求的企业落户园区之后，可以优先获得产业基金的投资机会。同时，获得融资的企业在扩张时也可以获得政策激励和孵化加速等配套服务。除 10 亿美元的产业基金外，园区内还拥有君联资本、礼来亚洲基金、鼎丰生科资本等基金合作伙伴①，有效保障了落户企业在新药研发的全周期都能够得到充足的资金保障。

为了保证专业化的金融评估和管理，阿斯利康还与中金资本联合组建了专业基金管理团队，团队成员既包括深耕医疗产业、熟悉海内外资本市场的投资人员，也包括生物医药领域的科研专家。"专业的人做专业的事"，园内的 Biotech 可以得到来自多领域的专业人士提供的咨询服务。

---

① "动脉网"微信公众号：《I·Campus 正式启动，背靠阿斯利康和无锡，用绿色审批和全球资源构建区位优势》，2020 年 4 月 28 日.

（3）创新服务人——建立快速审批绿色通道，链接高端行业资源，为 Biotech 创新保驾护航。

针对企业在资质审批上的痛点，I·Campus 开辟了一条加速药械审评审批的"绿色通道"。2019 年 9 月，无锡市政府与江苏省药监局达成合作意向，在 I·Campus 内成立了"无锡高新区生物医药产业创新发展服务中心"，为园内创新药械孵化提供政策扶持与资源保障。该中心由国家药监局和江苏省药监局共同管理，为园区企业提供药品及医疗器械的政策法规、专业化报批咨询、市场准入材料审核、产品注册申报等一站式服务。通过这一绿色通道，不仅缩短了创新药物、创新医疗器械的上市时间，还为企业节约了等待审批过程中所消耗的成本。

同时，I·Campus 通过举办"生态圈大会"打出品牌，以行业联盟的形式扩大医药"朋友圈"。 阿斯利康每年定期举办生物医药及医疗健康领域高端行业会议——阿斯利康中国生态圈大会，以"阿斯利康创新生态圈"为核心品牌进行创新项目和企业的招引。"大会小会都要开"，阿斯利康联合泰格医药、中金公司和鱼跃集团等企业，开展"专精尖"的主题会议，使得 I·Campus 成为创新药械领域前沿、权威的代名词。同时，I·Campus 还与无锡市政府联合成立了中欧校友医疗健康产业协会无锡中心，通过引入高端行业智库，推动创新人才、高质量企业及产业资源的汇聚。

如今，I·Campus 在成立两年内成功招引超过 40 家企业入驻，新入驻企业围绕创新生态圈，涉及创新药研发、基因测序、互联网医院等领域，据《2020 生物医药产业园区百强榜》显示，在全国 387 家国家级产业园区中，I·Campus 所在的"无锡高新技术产业开发区"位居全国第 28 名[1]，为无锡在生物医药竞争激烈的长三角地区博得一席之地。

---

[1] 赛迪顾问联合新浪医药：《2020 生物医药产业园区百强榜》，https://pdf.dfcfw.com/pdf/H3_AP202007021388879555_1.pdf?1593697992000.pdf，2020 年 6 月.

对于与无锡量级相匹敌的二、三城市而言，若要想在抗癌新药研发中分一杯羹，政企合作运营的发展模式更值得借鉴。生物医药已成为长三角地区的"战略必争资源"，与同在长三角的上海张江高新区和苏州工业园区相比，无锡市的创新要素和人才队伍处于第二梯队。因此，构建一条围绕龙头搭建创新生态圈的产业发展路径，既能充分发挥龙头企业的资源优势，提供中小企业所需的创新资源，又能充分激活中小企业的创新活力，源源不断地为行业发展贡献研究成果，是更适合无锡的发展方式。从产业园区运营角度而言，龙头企业主导的产业园区一边链接创新中小企业，一边链接专业机构和市场化资源，既能避免"政府主导"下的盲目招商，又能防止"企业主导"下完全市场化运营而无法获得政策倾斜，更具借鉴价值。

3．后勤部队——癌症康复体系，既要保证作战胜利，也要全身而退

一场战争的成功与否，不仅取决于作战部队和武器装备的精良与否，更离不开后勤的物质和服务保障，对于"抗癌之战"来说，更是如此。癌症康复体系扮演着后勤部队的角色，为癌症患者提供康复过程中生理和心理上的保障支持。

通常，癌症康复体系包括副作用管理、心理辅导、营养管理、家庭及职业咨询等内容。"癌痛"是癌症常见的副作用之一，据世界卫生组织统计，50%的癌症患者有癌痛症状，70%的晚期癌症患者以疼痛为主要症状。在疼痛患者中，因各种原因使50%～80%的疼痛没有得到有效控制[1]。由于癌痛，很多中晚期患者常常因无法忍受剧痛而自杀，或因疼痛刺激而使免疫力下降，陷入恶性循环。心理和精神障碍也是癌症患者普遍面临的问题之一。《2020中国癌症患者生存质量白皮书》中提到，因癌症对生活的影响而产生的心理压力和焦虑情绪高于患病在经济影响方面带来的负面情绪。在人际关系与社交方面，有一半的患者感到明显的隔阂感，且人际关系不和谐。因

---

[1] 袁越：《癌痛可以有效控制！》，参考网，https://www.fx361.com/page/2017/1020/2380573.shtml，2017年10月20日．

此，绝大多数癌症患者在康复阶段都面临着诸多问题，需要有专业的机构和场所为其提供生理或心理的支持服务。

随着"带癌生存"成为常态，癌症康复将成为刚性需求。除对医疗体制下相关科室进行改革外，新康复场所和消费理念的涌现，将成为癌症康复领域的新趋势。目前，癌症康复场所从"强医学性"向"轻医学性"转变，度假式康复中心"Hospitel"成为值得关注的新方向。

Hospitel 是指以 3H 理念：Hospital（医疗健康服务）、Hotel（酒店式服务）及 Home（家庭式环境）所打造的康复场所。Hospitel 将癌症康复过程与酒店式环境服务融合，使患者在一个如家般温馨宜人的治疗环境中度过康复期。作为一类新的康复场所，Hospitel 往往选择建造在离医院不远或在医院体系内部，且环境优良的区域。

位于美国圣地亚哥的道格拉斯和南希·巴恩哈特癌症中心（Douglas & Nancy Barnhart Cancer Center，DNBC）位于夏普丘拉维斯塔医疗中心（Sharp Chula Vista Medical Center）内，是圣地亚哥南湾首选的癌症康复护理场所。

（1）不仅是医院，更是度假地。

癌症康复场所，不仅要满足患者的医疗需求，还应该满足他们的情感和个人需求。DNBC 提供了家庭化氛围、酒店式服务、优美的康复治疗环境。与圣地亚哥任何癌症治疗中心不同，DNBC 更像是一个宜人的度假地，采用开放式设计，保证阳光进入建筑的任何空间，位于二层的输液中心建有屋顶花园，让患者可以选择在宁静的露天环境中接受输液等康复治疗。通过良好环境，能够安抚患者心情，提升康复效果。

（2）不仅关注身体，更关注生活。

不同于医院内的癌症康复科，Hospitel 从患者的身体情况出发，延伸至心理、运动、营养、工作、生活习惯等多个方面。由此，DNBC 成立了多个"癌症康复小组"，包括副作用管理小组、宠物治疗小组、营养咨询小组、儿童癌症支持小组、癌症家庭支持小组等，组织全方位的康复活动。同时，开设了"癌症幸存者课程"，帮助癌症患者应对康复过程中的社会和心理问题、财务问题、教育和就业等问题。

与医院内的独立科室不同，在 DNBC 内的照护人员通常由医生、护士、营养师和其他专家共同组成，照护团队针对患者康复的不同状况为其定制康复计划，在 DNBC，癌症康复患者往往感到自己不是在接受康复治疗，而是以一种良好的心态在这里生活。

因此，Hospitel 通过提供家庭般的温馨环境、个性化护理及专业人员服务，为癌症患者提供一个康复治疗及情感支持的场所，患者可以得到身体和心理上的慰藉，帮助患者抗击病魔，成为癌症患者的"第二家园"。

四、精准医疗背景下，带癌生存是慢性病产业的黄金赛道

当人类对癌症的掌控程度不断提升，癌症逐渐变成一种慢性病，"带癌生存"也将成为未来癌症病人的生活常态。目前，国家正大力推进医疗制度改革，推动医疗队伍建设和人才培养，加速将抗癌药物纳入医保目录……对于癌症这个复杂的课题，所需要的不仅是医院医疗体制的革新，还涉及整个生物医药和医疗健康行业的推波助澜。然而，这又是一条正在加速跑马圈地的黄金赛道，任何一个布局生物医药行业的城市都不应该错过。

对于想要入局的企业和政府而言，需要有足够的决心和耐心。一方面，这可能是一个长期"烧钱"的买卖；另一方面，这也是一个需要长时间周期等待开花结果的行业。对于创新资源不如一线头部城市、处于二三梯队的城市而言，更应该锚定自己的特色资源而实现突围发展，无论是以"数据"撬动行业，还是以龙头形成"创新生态圈"，都值得城市深入思考。

同时，"带癌生存"无疑还包含着一种带有人文关怀的"新消费理念"。在城市加速布局硬核生物医药和医疗健康硬核产业的同时，还应关注为患者提供更好生活质量的软性服务，以"Hospitel"为代表的新型场所将为城市

提供一种新的发展思路。

在抗癌这场"每个人的战争"中，生物医药和医疗科学的进步让我们得以组建这支精锐部队，这场"新时代的瘟疫"正逐渐成为过去，在行业加速发展之时，带癌生存的时代或许已经悄然到来。

中篇　上升中的新机遇，
　　不同城市不同玩法

1．保障生育，让"怀孕"不再是难事！
2．你愿意为"康复"买单吗？——解码运动康复"掘金术"
3．如何真正"吃"出健康？——功能性食品及功能农业

保障生育，让"怀孕"不再是难事！

文 | 郝荣福

2021年5月11日上午10时，国家统计局公布第七次全国人口普查主要数据结果显示，全国人口共141 178万人，与2010年的133 972万人相比，增加了7 206万人，增长5.38%；年平均增长率为0.53%，比2000年至2010年的年平均增长率0.57%下降0.04个百分点①。

相比之前各种忧心忡忡的预测，或许这份姗姗来迟的数据报告超出"预期"。"**我国人口10年来继续保持低速增长态势**"。但我们需要承认，中国人口红利时代已近尾声，一个不容置疑的事实已然摆在我们面前。

一、渐行渐近的"生育危机"

首先，**新出生人口数量"四连降"**。2016年1月1日，我国正式实施"全面二孩政策"，受政策效应影响，全年新出生人口相比2015年增加131万人，新生儿减少态势有所扭转。但是"全面二孩"效应很快消失，从2017年到2020年，新出生人口依次减少63万人、200万人、58万人、265万人，新生儿减少态势持续加剧②。其次，**总和生育率**③**严重偏低**。第七次全国人口普查主要数据显示，2020年，我国育龄妇女总和生育率为1.3④。而根据人口学理论，总和生育率需要达到2.1，才能达到世代更替水平，即维持下一代

---

①④ 国家统计局：《第七次全国人口普查主要数据情况》，http://www.stats.gov.cn/ztjc/zdtjgz/zgrkpc/dqcrkpc/ggl/202105/t20210519_1817693.html，2021年5月11日。
② 人民科技官方账号：《四连降，2020年少出生265万人》，https://baijiahao.baidu.com/s?id=1699438006861460074&wfr=spider&for=pc，2021年5月11日。
③ 总和生育率（Total Fertility Rate, TFR）是指该国家或地区的妇女在育龄期间（15～49岁），每个妇女平均的生育子女数。

人口与上一代数量持平。显而易见，我国育龄妇女总和生育率已经处于较低水平。

为什么现代文明社会会出现"生育危机"呢？其实原因很简单，用一句话就可以形象表达，那就是："能生不想生，想生不能生"！

1．"能生不想生"，生育意愿持续低迷

用现代年轻人的话说，"我连恋爱都不想谈，婚都不想结，还生什么孩子！"数据显示，我国结婚对数和结婚率自2013年开始下滑。2013—2020年，我国结婚登记对数从1 347万对的历史高点持续下滑至813万对，2020年同比下降12.2%。2013—2019年，结婚率从9.9‰降至6.6‰。其中，初结婚人数从2 386万人降至1 398.7万人。[①]

2．"想生不能生"，生育能力令人捉急

过去常常听到的是，"咋一不小心就怀孕了"。但如今，现代年轻人中流行的却是，"**生个宝宝咋就这么难？**"这绝对不是危言耸听，怀孕真的变得越来越难！全球最大的企业增长咨询公司弗若斯特沙利文（Frost & Sullivan）调研数据显示，1993年我国不孕不育率尚不足3%，到2019年已经达到了16.4%，到2023年预测有可能进一步上升至18.2%[②]。更严重的是，我国数据均已"反超"全球不孕不育率水平（2019年全球15.4%、2023年预计17.2%）。不容置疑，我国的"生育危机"已渐行渐近！但是，"每个硬币都有两面"！既然"生育问题"已经如此严峻，"保障生育"必然会成为全新的市场机遇。

二、"生育问题"既是危机，更是商机

我们都很清楚，要想"保障生育"，一方面需要提高生育意愿；另一方

[①] 泽平宏观：《中国婚姻报告2021》，https://www.163.com/dy/article/G3G3HDTU0519NINF.html，2021年2月23日。

[②] 道客巴巴：《01951-锦欣生殖医疗招股说明书》，https://www.doc88.com/p-8955999106530.html，2019年6月13日。

面需要增加生育能力。然而，生育问题的本质是经济问题。要想提高生育意愿，更多的是系统性问题，需要国家总体优化。但是，要想增加生育能力，则更多的是技术性问题，宜于市场单项突破。因此，在"生育危机"时代，相比"能生不想生，想生不能生"所带来的市场机遇更易创造、更易把握。

既然如此，对于我国的城市来说，面对约50.3百万对不孕不育夫妇、496亿元不孕不育市场（2023年预计规模），我们该如何攫取如此难得的商机呢？

1. 辅助生殖技术

众所周知，要想让"怀孕"不再是难事，不孕不育夫妇往往面对的是药物治疗、手术治疗或辅助生殖治疗三种治疗方法的抉择。其中，对于患病轻微，男女双方都没有发现器质性异常的夫妇，优选药物治疗。对于器质性异常（如男方精索静脉曲张，女方输卵管堵塞、宫腔粘连等）的夫妇，可选择手术治疗。而对于那些不适用药物治疗和手术治疗的夫妇，则需要采取辅助生殖治疗。

事实上，相比药物治疗、手术治疗，辅助生殖治疗已成为治疗不孕不育症最主要的选择。辅助生殖权威期刊 *Reproductive Biology and Endocrinology* 统计表明："我国辅助生殖治疗占比高达52%，药物治疗和手术治疗占比分别为22%、9%"[①]。之所以数据如此悬殊，一方面，**辅助生殖技术含量最高**。所谓辅助生殖技术（Assisted Reproductive Technology，ART），特指运用医学技术和方法对配子（精子和卵子）、合子（受精卵）、胚胎进行人工操作，以达到受孕目的的技术；另一方面，**辅助生殖治疗效果最好**。通常意义上，辅助生殖技术包括人工授精（Artificial Insemination，AI）、体外受精 - 胚胎移植（In Vitro Fertilization-Embryo Transfer，IVF-ET）及其衍生技术两大类。其中，体外受精 - 胚胎移植（俗称第一代试管婴儿）妊娠率高达

---

① 亿康医学：《2021辅助生殖行业研究报告（亿康基因案例入选）》，https://www.sohu.com/a/461815854_609286，2021年4月20日。

50%，而人工授精妊娠率为20%、一般药物治疗妊娠率仅有15%①。

2. 辅助生殖产业

既然辅助生殖技术含量最高、辅助生殖治疗效果最好，面对500亿级"辅助生殖"这一超级赛道，我国的城市究竟该如何谋划布局辅助生殖产业呢？

第一步，必须精准把握辅助生殖行业产业链的"特殊性"，即产业链整体发展"相对闭环"。由于我国辅助生殖行业发展期较短且医疗属性强，存在较高的技术壁垒，因此，产业链整体发展相对闭环。上游主要由医疗器械、检验试剂及生物医药构成，同时，基因检测及干细胞技术具备进入潜能；中游为辅助生殖服务（即互联网+辅助生殖）；下游为辅助生殖医疗机构。从辅助生殖治疗费用构成来看，体外受精-胚胎移植占比最高（51%）、药物占比其次（34%）②。显而易见，上游（辅助生殖药物）和下游（辅助生殖医疗机构）获利价值最高。其中，辅助生殖医疗机构更是占据绝对主导地位！

第二步，需要巧妙设计辅助生殖行业产业链的"有效性"，即紧抓"产业链下游"重点突破。既然辅助生殖医疗机构占据产业链绝对主导地位，对于中国的城市来说，瞄准产业链下游（辅助生殖医疗机构）重点突破是当下最有效的选择。但是，并非所有城市都能成功攫取上述机会。**其原因在于，辅助生殖牌照（尤其试管婴儿牌照）是辅助生殖医疗机构最核心的资产。**一直以来，由于辅助生殖技术属于限制性应用的特殊临床诊疗技术，其应用除医学问题外，还涉及社会、伦理、法律等诸多问题，因此，国家对辅助生殖从严管控，严控辅助生殖医疗机构数量，对辅助生殖牌照采取审批制。

从总量维度看，牌照数量已经超配。2015年，原国家卫生计生委印发了《关于印发人类辅助生殖技术配置规划指导原则（2015版）的通知》，要求各省（区、市）卫生计生行政部门要按《指导原则》制定本省（区、市）《人

---

① 易凯资本：《易凯行研 | 辅助生殖行业全解读》，https://weibo.com/ttarticle/p/show?id=2309404387149121216574，2019年6月25日。

② 微医、贝联、辅助生殖研究院与动脉网、蛋壳研究院：《2018年辅助生殖行业研究报告》，https://max.book118.com/html/2019/0402/5332123101002023.shtm，2019年4月3日。

类辅助生殖技术配置规划（2015—2020）》。其明确提出"按照 2013 年本辖区的常住人口数进行测算，原则上每 300 万人口设置一个机构。对现有辅助生殖机构数量已超过规划数量上限的省（区、市），应当停止筹建新的辅助生殖机构。"统计数据显示，截至 2020 年 12 月 31 日，我国经批准开展辅助生殖技术的医疗机构总计 536 家，已经超过理论数 471 家 65 家 [1]，"**属于你的机会很有限**"！

从空间维度看，牌照空间分布不均。虽然辅助生殖牌照总量超配，但是全国各地区牌照资源分配不均衡。截至 2020 年 12 月 31 日，全国七个省（区、市）存在配置缺口（即没有达到每 300 万人口设置一个辅助生殖机构）。其中，四川缺口最多，达到 14 家，安徽缺口 5 家，甘肃缺口 4 家、陕西缺口 3 家、山东、河南和新疆分别缺口 2 家。显然，对于上述省（区、市）而言，尚未配置辅助生殖机构的地级行政区，尤其是人口数量多、经济总量大的地级行政区（如四川省的德阳市、达州市、乐山市，安徽省的滁州市、安庆市，甘肃省的庆阳市、天水市，陕西省的榆林市、渭南市等）还有发展机会存在，"机遇来了一定要抓住"！

那么，对于上述的地级行政区而言，应如何有效地抓住机会呢？切记一句话，"不是（招商），而是（赋能）"！

众所周知，"整合力量招大商、创新机制大招商"是我国城市主政者习惯且擅长的思维方式。但是，对于上述城市来说，如果希望紧抓辅助生殖医疗机构重点突破辅助生殖产业，若依然采取传统的"招商思维"是完全不可行的。因为，新政策之下，**相比民营医院，"公立医院"申请辅助生殖牌照具备天然优势**。

2015 年原国家卫计委印发的《关于印发人类辅助生殖技术配置规划指导

---

[1] 妇幼健康司：《更新〈经批准开展人类辅助生殖技术和设置人类精子库的医疗机构名单〉（截至 2020 年 12 月 31 日）》，http://www.nhc.gov.cn/fys/s3582/202105/0cf528f318f84eafaf19b6e18ac2c44f.shtml，2021 年 5 月 27 日。

原则（2015 版）的通知》中明确提出，**新筹建开展的辅助生殖技术应当配置在三级综合医院、三级妇幼保健院或三级妇产医院**，同等条件下优先考虑广泛开展青少年保健、具备不孕症综合治疗手段、应用中医药治疗不孕不育的医疗机构。这一规定，一方面无形中加大了辅助生殖行业的准入门槛；另一方面更成为众多民营企业无法逾越的一道坎。

既然公立医院申请辅助生殖牌照具备天然优势，那么上述城市就需要主动转变思维。面对辅助生殖牌照申请条件从严的现实，城市的主政者需要重新审视自己手中已经获批、即将获批的三级公立医疗资源（尤其三级公立妇幼保健院或三级公立妇产医院）。因为此时此刻它们已然成为一种宝贵资源。面对这一宝贵资源，绝不能再简简单单"招商"拓展增量，而应该认认真真"赋能"激活存量。赋能不是目的，而是手段。之所以赋能辅助生殖医疗机构，尤其赋能公立辅助生殖医疗机构，核心目的就是解决辅助生殖医疗机构"业务不饱和"痛点。

研究表明，虽然目前辅助生殖行业集中度还不算高（全球最大的企业增长咨询公司弗若斯特沙利文（Frost & Sullivan）统计显示，2018 年国内辅助生殖行业 CR5、CR10、CR20 依次为 19%、26%、36%[①]），但头部聚集效应在辅助生殖领域也不例外。2018 年，国内业务不饱和的辅助生殖机构占比 80%。具体来看，2018 年中国 IVF 周期数[②]为 68.4 万，每个辅助生殖机构的平均 IVF 周期数为 1 727。但是，前 10 大辅助生殖机构 IVF 周期数都在 6 000 以上，远高于每个辅助生殖机构的平均周期数[③]。显而易见，对于我国城市主政者来说，帮助"自家的三级医院"申请辅助生殖牌照固然重要，但

[①] 安信证券. 马帅、胡又文、凌晨. IVF 行业：生而彷徨，低渗透率高门槛造就民营连锁龙头[R]. 北京，2020.

[②] IVF 周期数：一个 IVF 治疗疗程称为一个周期，一个完整 IVF 治疗疗程包括"术前检查——促排卵、卵泡监测——取卵、取精——胚胎体外培养并移植——黄体支持——妊娠的确定"。

[③] 开源证券. 杜佐远、蔡明子. 辅助生殖行业深度报告：国际化、信息化、服务化推动下的黄金赛道[R]. 北京，2021.

是获取牌照之余，帮助它们增加获客能力、提升运营能力同样至关重要。具体做法如下。

第一步，借力"社会资本"，赋能公立医疗。

众所周知，相比民营医院，公立医院的医疗服务效率偏低、医务人员活力偏弱。因此，对于前文提及的诸多城市而言，如果希望紧抓"辅助生殖医疗机构"重点突破"辅助生殖产业"，就需要积极探索政府与社会资本合作模式，允许公立医院在保障资产安全、医疗质量安全的前提下，以特许经营的方式与社会资本开展合作。最终，借力社会资本提升公立医疗的服务效率和人员活力。

事实上，借力"社会资本"赋能公立医疗，不但可以获得政策有力支持，而且确实可以实现预期效果。从政策支持角度看，2019年6月12日，国家卫生健康委、国家发展改革委、科技部、财政部等10部门联合发布《关于印发促进社会办医持续健康规范发展意见的通知》明确指出，"引导和规范社会力量通过多种形式参与公立医院改制重组，完善改制重组过程中涉及的资产招拍挂、人员身份转换、无形资产评估等配套政策。"从赋能最终效果看，2015年年底，悦心健康（002162）与宜春市妇幼保健院合作共建宜春市妇幼保健院辅助生殖中心。根据悦心健康与宜春市妇幼保健院签订的合作共建协议，悦心健康主要负责生殖中心投入所需购置的仪器、设备等，并负责与国内外辅助生殖相关专家联系，促进技术交流合作，协助对外进行客户服务及开发，并协助生殖中心人才引进及留住优秀人才。积极合作之下，宜春市妇幼保健院2016年12月顺利通过原国家卫计委专家组的评审正式运行夫精人工授精（AIH）项目，2017年3月再次顺利通过原国家卫计委专家组对常规体外受精-胚胎移植、卵胞浆内单精子显微注射（IVF-ISCI，俗称第二代试管婴儿）项目试运行审批。

第二步，引导"服务创新"，赋能公立医疗。

除借力"社会资本"外，引导"服务创新"同样是赋能公立辅助生殖医疗机构的重要一环。俗话说，"得口碑者得天下"。"高 IVF 成功率"[①]是衡量辅助生殖机构的核心指标，是提升口碑度和增加获客力的最关键因素。但是，"高 IVF 成功率"背后首先需要多重"硬实力"的支撑，即医生及其团队的经验和专业知识、专业的胚胎师、实验室设备及环境、治疗过程的管理等，其次需要大量"周期数"的积累，随着周期数积累成功率稳步提升，随着成功率提升周期数加速积累。因此，对于我国城市主政者来说，除了稳步推动三级公立医院以"硬实力"实现高成功率之余，同时还要积极引导三级公立医院学习借鉴辅助生殖行业"民营医疗"成功经验，双管齐下增强获客能力！

（1）**模式创新，创新"辅助生殖专科医院+N个区域线上不孕门诊"，拓展获客渠道。**辅助生殖行业民营成功经验首推锦欣生殖医疗集团有限公司（以下简称锦欣生殖）。作为中国辅助生殖第一股，锦欣生殖（股份代码：01951）旗下的成都西囡妇科医院（一家民营辅助生殖医院）于2017年11月7日牵头成立全国首家互联网生殖医联体咨询服务平台，2020年7月正式获得互联网医院牌照。充分利用在互联网医疗领域的战略布局，锦欣生殖将互联网与专科医院进行联盟协同，引入联盟品牌医生入住。由于线下专科联盟的品牌医生在患者中口碑佳，自带流量属性，通过线下专科联盟的品牌医生在西囡互联网医院执业，吸引了大量线上及线下精准患者进行追随，有效拓展了西囡私域流量。

（2）**业务延展，主动布局围绕生殖健康的"全孕期服务"，增强客户黏性。**同样借鉴锦欣生殖的经验，成都西囡妇科医院在原有辅助生殖（试管婴儿）核心业务之外，正在逐步布局围绕生殖健康的"全孕期服务"。具体来说，一方面，自备孕保胎服务后，成都西囡妇科医院陆续推出了多学科诊疗模式（Multi-disciplinary Treatment，MDT）、乳腺外科及中医免疫等新科室；

[①] IVF 成功率：我国常常以临床妊娠率作为 IVF 成功率衡量指标，具体计算公式为临床妊娠的数量除以胚胎移植数量。

另一方面，成都西囡妇科医院还充分利用"锦欣生殖2.0版本"产业链优势，积极构建从"试管生产→月子中心→产后康复"的全周期管理模式，增加服务受众半径、增强客户消费黏性。

正是通过上述模式创新和业务延展，使得成都西囡妇科医院有效拓展了获客渠道。一方面，从自身数据看，成都西囡妇科医院IVF取卵周期数实现了从7 158（2016年）、7 819（2017年）到11 005（2018年）①的飞速跃迁。另一方面，从内部对比看，在2020年新冠肺炎疫情冲击之下，锦欣生殖下属所有辅助生殖医疗机构中，成都西囡妇科医院是唯一收益大幅增加的医院。

生育危机催生了一个近500亿级的"硬产业"契机，面对超级赛道，我国各个城市肯定摩拳擦掌、跃跃欲试。但是，相对于中国2 861个县级行政区而言，500多张辅助生殖牌照实在少得有点可怜。"僧多粥少"，一张牌照无情地将大多数城市拦在了赛场之外。

既然如此，是不是意味着中国大多数的县级行政区都无法攫取"生育危机"带来的商机呢？答案当然不是！对于中国的城市来说，"辅助生殖"只是"生育危机"带来的众多契机中的一个。除"辅助生殖"外，还有其他发展契机等待中国的城市去发掘和利用。但是，"机会永远只留给有准备的人！"

3．"都是压力惹的祸！"

要想真正做好准备，要想攫取"生育危机"带来的全新发展契机，就必须深谙现代人不孕不育的原因。只有了解不孕不育"深层次"的原因，才能找到解决方法，从中捕捉商机。

除先天性因素外，到底是什么原因导致现代人不孕不育的呢？

（1）**从女性角度来看，频繁流产、过晚生育是导致不孕不育发生率不断提升的重要原因。**频繁进行人工流产手术可能导致子宫内膜过薄或增加妇

---

① 道客巴巴：《01951-锦欣生殖医疗招股说明书》，https://www.doc88.com/p-8955999106530.html，2019年6月13日。

科炎症性疾病的发生，从而降低受孕的概率。而过晚生育则降低了女性的生育能力，Science 杂志上 2019 年 9 月 27 日刊登的 *Chromosome Errors in Human Eggs Shape Natural Fertility Over Reproductive Life Span* 表明，"女性卵子中染色体错误会导致基因组失衡和妊娠流产，而染色体结构只有随着年龄的增长才会受到侵蚀，成为生殖衰老的'分子钟'。"[①] 事实上，女性生育能力呈现"倒 U 形曲线"，24～29 岁是女性的最佳生育能力，进入青春期前和 30 岁之后，生育能力都会降低。但在现实中，现代人的生育年龄却一推再推。2018 年，上海市户籍人口平均初育年龄已经超过 30 岁（达到 30.10 岁），平均生育年龄甚至高达 31.32 岁[②]，**生孩子越来越晚了。**

（2）**从男性角度来看，环境恶化、不良生活习惯是导致不孕不育发生率不断提升的重要原因。** 20 世纪，化学工业崛起所带来的各种环境污染因素，以及过劳、熬夜、久坐、抽烟、酗酒等不良生活习惯直接导致男性生精细胞严重损害、精子质量下降，使得无精症、少精症、弱精症病人明显增加。2017 年 7 月 25 日，耶路撒冷希伯来大学流行病学家哈加以·莱文（Hagai Levine）牵头发表的研究表明，"西方国家的男性精子浓度从 1973 年的每毫升 9 900 万个下降到了 2011 年的每毫升 4 700 万个，下降了 52.4%"[③]。其实，早在 2010 年，世界卫生组织《人类精液检查和处理实验室手册》（第 5 版）就已将 1999 年制定的精子密度达到标准，从每毫升 2 000 万个降低到 1 500 万个，而 1990 年这一数值还是 6 600 万个，**精子质量越来越差了。**

但是，我们需要特别说明的是，相比频繁流产、过晚生育、环境恶化、

---

① Jennifer R. Gruhn, Agata P. Zielinska, Vallari Shukla. Chromosome errors in human eggs shape natural fertility over reproductive life span [J]. Science, 2019, 365: 1466-1469.
② 上海市卫生健康委：《2018 年上海市卫生健康统计数据》，http://wsjkw.sh.gov.cn/tjsj2/20190507/0012-63877.html，2019 年 5 月 6 日。
③ Hagai Levine. Niels Jørgensen. Anderson Martino-Andrade. Temporal trends in sperm count: a systematic review and meta-regression analysis [J]. Hum Reprod Update, 2017, 23(6): 646-659.

不良生活习惯等原因，其实还有一个对于男女双方而言同等重要，甚至更为重要的原因，那就是**现代人压力大**。

"压力大"真的会影响怀孕吗？答案很明确，会！

其原因在于：下丘脑-垂体-性腺（HPG）轴是调控机体生殖功能的神经内分泌系统，主要由下丘脑分泌的促性腺激素释放激素（GnRH）、垂体分泌的促性腺激素［包括黄体生成素（LH）和卵泡刺激素（FSH）］及性腺分泌的雌二醇或睾酮组成。压力导致的应激反应最突出的特征为下丘脑-垂体-肾上腺（HPA）轴功能亢进，具体表现为促肾上腺激素释放激素（CRH）、促肾上腺皮质激素（ACTH）、糖皮质激素（GS）过度分泌。其中，GS 分泌的增加被认为是应激反应的特异性指标。军事医学科学院毒物药物研究所研究表明，GS 分泌的增加抑制下丘脑 GnRH 脉冲产生系统及其相关系统、降低垂体促性腺激素细胞对 GnRH 的敏感性、抑制性腺甾体激素的分泌、延缓性腺发育，甚至抑制性周期和排卵。简而言之，压力导致的应激反应诱导了 GS 的持续释放，GS 持续释放则直接导致生殖功能障碍①。最终，急性应激反应可能导致生殖延迟，而慢性应激则可能导致长期不育。

既然"压力大"直接影响怀孕，那么"压力大"就能给我们带来新发展契机吗？答案很明确，能！

"对抗压力"成为关键！即使不能最终实现怀孕，至少也能增加怀孕的可能。而我们都很清楚，对抗压力最好的方式就是使人放松下来。近年来，"对抗压力"无形中又催生了一种全新的产业契机——"孕蜜月旅游"（ConceptionMoon）。

4. 孕蜜月旅游，高情感带来全新"软产业"机遇！

孕蜜月旅游本质上就是一对夫妇专门为了生孩子而特意安排的旅游，他

---

① 刘春丽，周文霞，张永祥，等. 糖皮质激素对下丘脑-垂体-性腺（HPG）轴的影响［J］. 军事医学科学院院刊，2004，28（1）：71—73.

们希望阳光和"无压力"的环境能增加生孩子的可能。如果说前文的"辅助生殖"是"高技术"（High-Tech），那么此处的"孕蜜月旅游"就是"高情感"（High-Touch）。虽然从产业内核角度来看，孕蜜月旅游没有辅助生殖那么"硬"。但是从市场机会角度来看，相比辅助生殖，孕蜜月旅游却能给大都市周边的众多中小城市，尤其是诸多的"小山小水"带来更多的发展红利。为什么这么说呢？

仔细研究不难发现，相比其他旅游，孕蜜月旅游自身特征十分鲜明。除**"度假感觉明显"**外，一方面，孕蜜月**"停留时间较短"**。孕蜜月和女性的排卵周期紧密相关。一般来说，女性的排卵期为10天（排卵日的前5天、排卵日的后4天、再加上排卵日），而排卵期内的有效受孕时间也就2～3天（一个正常女性的卵子存活时间是2天，多则3天，少则不到12小时）。因此，对于孕蜜月而言，"关键的几天"稍纵即逝，一旦错过了，就只能等下个月。另一方面，孕蜜月**"到访频次较高"**。谁都知道，努力一次未必就能成功，怀孕是需要进行多次尝试的。因此，孕蜜月很有可能不是只有一次、可能需要很多次。

显而易见，针对这种新兴的旅游形式，大都市周边是最好的匹配之地。与此同时，孕蜜月旅游"度假感、短时间、高频次"的三大特征又与"大都市微旅游"（City Break）的显著特征完全吻合。因此，我们可以确定地说，**"孕蜜月旅游"就是一种典型的"大都市微旅游"，更是一种全新的"大都市微旅游"**。我司2020年出版的《未来十年的旅游》一书中已经指出，"在未来的'超级都市圈'时代，都市圈内部，瞄准中心城市人群、环绕中心城市周边出现的'大都市微旅游'必将从萌芽形成期进入蓬勃发展期"[1]。毫无疑问，"孕蜜月旅游"这种全新的"大都市微旅游"也一定会给大都市周边众多中小城市，尤其诸多"小山小水"们带来更多的发展红利。

---

[1] 华高莱斯国际地产顾问（北京）有限公司. 未来十年的旅游 [M]. 北京：北京理工大学出版社，2020.

当机会来临时，就要快、准、狠！不同于"辅助生殖"，要想抓住"孕蜜月旅游"这一全新的"软产业"机会，大都市周边的"中小城市"，尤其大都市周边的"小山小水"们，就必须努力将自身打造成为"孕蜜月度假地"。但是，"孕蜜月度假地"的成功也并非那么容易。为了实现成功，首先必须找准最重要的旅游载体，其次必须洞悉最关键的成功秘籍。

简单而言，以"孕蜜月酒店"为核心旅游载体，三位一体"再造伊甸园"！

具体怎么做呢？

（1）环境减压——"零压力放松空间"（Stress-free Environment）。

我们都知道，让孩子"姗姗来迟"最重要的原因是压力，而对抗压力最好的方式就是放松、放松、再放松。因此，孕蜜月酒店"再造伊甸园"最重要的一步就是营造一种"最大限度的放松氛围"。

①材质的"天然化"。什么样的材质比较容易使人放松？答案很简单，那一定是几乎接近天然的材质。因此，为了营造一种"最大限度的放松氛围"，孕蜜月酒店设计应该更多采用当地的、天然的建筑材料，营造一种简朴而雅致的感觉。例如，距离越南宁凡湾（Ninh Van Bay）咫尺之遥的芽庄（Nha Trang）一直是越南深受欢迎的度假地，近年来更成为知名的"孕蜜月度假地"。其中，孕蜜月酒店代表六感度假村（Six Senses Ninh Van Bay）以富有越南民居传统特色的"尖蓬小屋"为特色，造就一种融入大自然的休闲生活体验。度假村还采用了许多天然的素材，如使用稻草和干树叶铺装成屋顶，甚至使用木板镶成房间的内壁和外壁，让人身处其中，心情自然平静而舒缓。

②信息的"隔绝化"。除材质"天然化"外，孕蜜月酒店还应该努力实现信息的"隔绝化"。说到这里，大家肯定会有疑问："信息化时代，信息是资源、是机遇。谁掌握了信息，谁就掌握了主动权。既然信息如此重要，为何还要做到信息的'隔绝化'呢？"这是因为在移动互联网时代，手机已成为获取信息的重要渠道，但频繁刷手机会导致更高的焦虑水平。

手机是如何增加压力的呢？其实原理比较简单，我们体内有一种激素跟压力有关，它就是皮质醇（Cortisol），也被称为人体压力荷尔蒙。美国康涅狄格大学互联网和科技成瘾研究中心的创始人大卫·格林菲尔（David Greenfield）研究发现，"当你的手机在视线范围内，当你听到它发出的声音，或者你以为手机有消息通知时，你的皮质醇水平就会升高。"而且更严重的是，当我们沉迷在手机的世界中时，还无形中形成了一个压力反应的"坏循环"，即想看手机→皮质醇水平升高→去看手机→引发更多压力焦虑→皮质醇水平继续升高→继续看手机。"坏循环"不断加强，人体内的皮质醇水平就会长期处于升高状态，慢慢就会形成一种"意想不到的个人压力"。

移动互联网时代，既然手机会形成一种意想不到的个人压力，孕蜜月酒店就不妨通过信息的隔绝化来实现去手机化效果。事实上，孕蜜月度假地已经开始尝试。以获评《Voyage新旅行》杂志"全球TOP10孕蜜月度假地"之一的泰国·索尼娃奇瑞（Soneva Kiri）度假村为例，度假村坐落于泰国东南部宁静迷人的沽岛（Koh Kood）上，多年来倡导一种"No News, No Shoes"（没有新闻，脱下鞋履）的度假理念。当客人从索尼娃国际机场乘坐快艇抵达度假村后，赤脚管家会拿出一个写着"No News, No Shoes"的袋子迎接客人，把客人的鞋子放在袋子里，直到客人离开度假村下船上飞机前。同时，所有的别墅客房没有电视、没有新闻频道。度假村鼓励客人放下手机，卸除外在的束缚不被尘世纷扰，在彻底放松的环境中过一种平静而舒缓的"慢生活"（Slow Life）。

（2）**点燃激情——"私密化情趣氛围"**（Love Atmosphere）。

压力不只诱导了糖皮质激素持续释放，还催生了一个新名词："冷淡卧室"（Dead Bedrooms）。所谓"冷淡卧室"，就是指夫妻之间未发生性行为的时间超过六个月或性行为的频率不再正常。美国最大且发展最快的特许经营网络公司（Bodylogicmd）通过对来自全美各州1 000多位已婚人士的调查表明，"冷淡卧室"出现的原因绝不是所谓的"婚后热情消退"，恰恰就是工作压力（占比51%）①。这是一个很浅显的道理：无性婚姻怎么能生育呢？既然如此，"环境减压"之余，孕蜜月酒店绝对有责任、有义务帮助准备要孩子的夫妇重新"点燃激情"。

①空间的"情趣化"。生活总是在别处，爱情总要用点不一样的东西来证明。因此，对于体验"孕蜜月"的情侣而言，"情趣空间"的设计，更多的是让他们在放松之余能畅快地表达心中的爱意，让爱情再一次发酵。以美国天堂小溪度假酒店（Paradise Stream Resort）为例，其地处美国纽约市西部的波科诺山（Mount Pocono），目前已成为一家仅供成人入住的浪漫度假村。为了营造更具情趣化的空间，酒店在其主要房型之中设置圆形床、浪漫心形SPA浴池，以及燃烧木材的壁炉。甚至在其最高端的豪华套房之中，还增设7英尺的香槟玻璃热浴缸、玻璃封闭式的私人温水心形泳池，以及带加热灯的按摩桌。

②活动的"私属化"。大都市的工作和生活压力让身居其中的情侣少了很多彼此交往的时间，然而，正如任贤齐的歌唱得那样，"爱的路上只有我和你"，一个成功的"孕蜜月度假地"还要为情侣提供更多"私属交往"的活动机会，让彼此在这样的交往中获得更多的放松。以美国佛罗里达州东部大巴哈马岛（Grand Bahama Island）的威斯汀度假酒店（The Westin Grand Bahama Island）为例，该酒店为情侣提供爱船预订服务（大概只需要1 800美元左右），这条船将带着彼此前往一个无人小岛开展"作战计划"。

（3）专业服务——"一站式助孕服务"（Fertility Services）。

对于孕蜜月度假地而言，"零压力放松空间"给准备要孩子的夫妇们营造了一种最大程度的放松氛围，"私密化情趣氛围"则让他们重新燃起了激情。有了放松的氛围、有了性爱的激情，此时此刻如果孕蜜月酒店能再适时提供一种特色"助孕服务"，那么实现"高怀孕概率"是完全可期的。

---

① New York Post: Are 'dead bedrooms' sucking the life out of relationships?, 2019年4月10日.

1）引入"性治疗师"，开设性爱理疗课程。

对于"性治疗师"（Sex Therapists），大众总是有着一种面对女巫般的恐惧。因为，虽然法律并不禁止讨论此类话题，但是人们还是不习惯与他人交流性爱方面的体会与疑惑。然而，对于那些已经花了较长时间去尝试怀孕的情侣而言，在一种极其放松的环境之下，适当向专业的性治疗师咨询请教，不失为提高怀孕概率的一种有效方式。

在美国，"性治疗师"是一个非常专业的心理领域，属于临床咨询类。他们须具备性学方面的专业知识，须接受相关培训，且获得主管协会的执业认证，方可从事治疗。成立于1967年的非营利和跨学科的职业协会——美国性教育咨询和治疗协会（American Association of Sexuality Educators, Counselors, and Therapists, AASECT）负责为从业者颁发性咨询和教育证书，截至目前注册的专业性治疗师已高达3万人。目前，一些北美"孕蜜月酒店"，如芝加哥的维珍酒店（Virgin Hotels Chicago）和多伦多的德雷克酒店（The Drake Hotel Toronto）等，已经开始尝试提供专业的"性治疗师"，性治疗师在帮助夫妇解答常见的性问题的同时，还帮助他们做好要孩子的身心准备，甚至协助制定一套适宜他们的饮食、运动和性爱计划。

我国虽然"性治疗师"暂未获得劳动和卫生部门认可，甚至缺少行业标准规范，但是这一新兴职业在国内的医院里已经快速地成长。目前负责为从业者颁发性咨询和教育证书的机构是"中国性学会"（China Sexology Association）、从业人员以医院里的"护理人员"为主。未来，随着中国"性治疗师"的日趋规范和成熟，"孕蜜月酒店"完全可以尝试提供专业的"性治疗师"服务，帮助客人提高怀孕概率。

2）配置提升"怀孕概率"的专业化特色服务。

对于孕蜜月酒店而言，"性治疗师"绝对是"一站式助孕服务"中的自选服务。既然是自选服务，那就意味着难度大、挑战性强，因此，也就未必适合所有孕蜜月度假地。既然如此，如果孕蜜月酒店无法创新自选服务的内容，那就必须做好常规服务，甚至是高标准做好常规服务。

那么，"一站式助孕服务"中的常规服务究竟包括哪些呢？

①**提供特色助孕食物**。食物是可以助孕的，不妨以维生素 A 和 β- 胡萝卜素为例。β- 胡萝卜素是类胡萝卜素之一，是维生素 A 的前体，β- 胡萝卜素在进入人体之后可以转变为维生素 A。科学研究表明，人体内缺乏 β- 胡萝卜素会导致黄体细胞和孕酮分泌减少。适当补充 β- 胡萝卜素可以促进黄体酮的合成，有助于维持卵巢细胞生成类固醇的机能，使子宫功能达到最佳水平[①]。正是源于维生素 A 和 β- 胡萝卜素的特殊功效，知名孕蜜月度假地美国大巴哈马岛的威斯汀度假酒店（The Westin Grand Bahama Island）为准备要孩子的夫妇们提供特色"孕蜜月套餐"，套餐包括每天 3 顿的加勒比海群岛助孕食物，其中针对男性酒店会赠送海苔灵药（Sea moss elixir），而针对女性则会特别赠送含有丰富维生素 A 和 β- 胡萝卜素的南瓜汤（Pumpkin Soup），这两样食物被认为是有利于怀孕的食物。

②**设计系统助孕服务**。除特殊食物外，一些特色茶饮乃至按摩服务也是可以助孕的。因此，在特色饮食外，设计系统助孕服务对于孕蜜月酒店而言显得尤为重要。例如，在美国，佛罗里达是最适合"孕蜜月"的三大目的地之一。而坐落在这里的马可岛万豪海滩度假酒店（Marco Island Marriott Beach Resort）更是提供独一无二的孕蜜月助孕服务。在他们的"孕蜜月套餐"（"Fertile Turtle" Package）中，酒店会为客人提供增强生育能力的红三叶草（Red Clover）和覆盆子茶（Raspberry Teas），并采用纯浆果（Chaste Berry）按摩，以提高生育能力。事实上，红三叶草（豆科草本植物）富含异黄酮，能产生影响女性体内雌激素受体的化学物质，是一种天然的雌激素替代草药。覆盆子（蔷薇科木本植物）拥有温肾助阳、壮阳兴痿、雌激素样等作用。同样，以"圣洁梅"为代表的浆果有助于提高黄体生成素的水

---

① 靳青，毕宇霖，刘晓牧，等. 类胡萝卜素代谢及功能研究进展 [J]. 动物营养学报，2014，26（12）：3561—3571.

平，同时能够抑制FSH（促卵泡激素）的分泌。毫无疑问，马可岛万豪海滩度假酒店设计的这一系统助孕服务，的确有助于改善不孕症的困扰。这样一种成功经验非常值得国内孕蜜月度假地学习。

综上所述，中国人口红利时代已近尾声，渐行渐近的"生育危机"已然摆在我们面前。对于我国的各种城市来说，无论是"辅助生殖"这一"硬产业"，还是"孕蜜月"这一"软产业"，您做好准备了吗？

你愿意为"康复"买单吗？——解码运动康复"掘金术"

文 | 吴晓璇

一、康复！中国大健康产业的下一个爆点

康复医学与临床医学、预防医学、保健医学并称为四大医学，一直是现代医学的重要组成部分。如果临床医学是"赋生命以岁月"，那么康复医学就是"赋岁月以生命"。与致力于疾病研究的临床医学不同，康复医学主要研究人体功能，其目标是帮助人们减少或弥补功能损害和缺失，努力使人们获得自主生活的功能状态，更好地回归社会。从这个角度来看，康复医疗行业补全了医疗的后端环节，本身也带有更加浓厚的人性化色彩。

然而，由于我国无论是在居民观念还是在医疗体系上，都有着"重治疗、轻康复"的旧思维，康复医学在中国起步较晚。直到2012年，我国才第一次印发了关于康复工作的具体意见——《"十二五"时期康复医疗工作指导意见》，使康复上升到了国家高度。随着居民生活水平的不断上升，当前我国整个卫生健康工作的方向已从"以治病为中心"转变为"以人民健康为中心"，国家逐渐开始重视与人民生活质量息息相关的康复医疗行业水平。多年"不受宠"的康复医疗产业，一朝"扬眉吐气"，迎来重大发展机遇期！

从政策层面来看，近年来国家越发重视康复医疗需求，多次出台相关政策举措，如《全国医疗卫生服务体系规划纲要（2015—2020年）》《关于推进医疗联合体建设和发展的指导意见》《康复医疗中心基本标准（试行）》《促进健康产业高质量发展行动纲要（2019—2022年）》等，鼓励、支持康复医院、老年医院等专科医院建设，尤其是支持社会力量深入康复等专科医疗细

分领域。

与此同时，人们的康复医疗需求也在日益增长。根据毕马威与中国非公立医疗机构协会联合发布的《康复医疗 趋势引领新蓝海》报告显示，2011—2018年，中国康复医疗服务诊疗人次整体呈增长态势，门急诊人次和出院人数年复合增长率分别达到10.2%和22.5%。而随着人口老龄化加速、慢性病人口数量的增加、居民康复意识的增强及国家对残疾人康复需求的重视与财政支持，预计未来10年，诊疗人次将以超过历史水平的速度进行增长。2020—2025年，我国康复医疗行业市场规模年复合增长率将达20.9%，到2025年，市场规模将突破2 000亿元大关！①

因此，在政策和需求的双轮驱动下，康复医疗产业正在成为未来十年布局大健康产业的必抓风口。千亿市场爆发在即，国内城市应当如何卡位康复产业黄金时代？

二、瞄准"刚需"，卡位"运动康复"黄金赛道

面对康复医疗这块大蛋糕，一个城市要想在全国版图中占有一席之地，就必须把握最具前景的细分市场！可以看到，基于不同的分类标准，康复治疗有不同的分类方法。按照疾病领域的不同，康复治疗可分为神经康复、骨关节康复、心肺康复、儿童疾病康复、产后康复、听视力康复、精神康复、失能失智康复及其他康复等。而运动康复作为一种运动与医疗融合的重要康复手段，可用于上述多种疾病的康复治疗，已成为康复医疗产业新赛道，发展潜力巨大。

1. 运动康复，正在成为"时代刚需"

一提起"运动康复"，大多数人对其认知可能还停留在"运动员的专业保障服务"。例如，NBA球星威斯布鲁克曾经在半月板撕裂修复手术实施第

---

① 毕马威官网：《康复医疗 趋势引领新蓝海》，https://assets.kpmg/content/dam/kpmg/cn/pdf/zh/2020/05/rehabilitation-medicine.pdf。

六天就不用拐杖步行、第八天就现身热身赛。科比、贝克汉姆等著名的成功运动员都曾经历过严重的伤痛。他们能够一次次成功复出，运动康复无疑是大功臣，但这似乎和我们普通人的生活没有太大关系。

然而，事实上，运动康复并非运动员的专属服务。

随着经济的快速发展和人民生活水平的提高，人们对健康的认识已逐渐发生变化，健康的定义不再是无病痛或无异常指标，而是保持身体最佳状态。在此趋势下，通过特定的运动方式来进行伤病预防、疾病康复和加快身体功能恢复，不仅受到康复界的广泛推崇，也越来越受到普通人的青睐。相关数据显示，2019 年运动康复的客户消费能力相比 2018 年更高，说明大家已经有这种新的健康消费意识，也愿意为这种运动康复付费①。

那么，谁最愿意为运动康复买单？研究发现，当前中国运动康复产业发展的驱动力主要来自以下三个方面②。

（1）运动人群：我国运动损伤康复需求巨大，运动康复是唯一的主动康复手段。

随着全民健身热潮的到来，越来越多的人参与到体育锻炼中，所以不可避免地会发生运动损伤。《健康中国行动（2019—2030 年）》提出，到 2022 年经常参加体育锻炼人数比例达到 37% 及以上，约 5.18 亿人③。根据行业内人士的保守估算，大约有 20% 的运动人群会经历不同程度的伤痛，这意味着约有 1 亿人口需要运动损伤和疾病方面的治疗④。

然而，目前国内除对严重运动损伤进行手术治疗外，其他损伤的治疗手

---

① 北京商报：《「小康之治的北京样本」健身行业背后被低估的蓝海》，https://baijiahao.baidu.com/s?id=1674063835170832483&wfr=spider&for=pc，2020 年 8 月 4 日。
② 沙壁虎：《运动康复医疗的机遇与挑战》，https://www.sohu.com/a/452375909_100299648，2021 年 2 月 24 日。
③ 凤凰网：《全民健身行动：2022 年经常参加体育锻炼人数达 37%》，https://ishare.ifeng.com/c/s/7oWTG2pKMsy，2019 年 7 月 22 日。
④ 品途网：《运动康复行业覆盖 1 亿运动损伤人群，究竟是蓝海还是苦海？》，https://app.myzaker.com/news/article.php?pk=59c325371bc8e0117c000026，2017 年 9 月 21 日。

段多为按摩、静养及热敷等被动治疗。被动治疗不仅恢复时间慢且容易留下后遗症，使运动爱好者无法再进行运动锻炼。以膝关节韧带损伤为例，作为最常见的运动损伤之一，中国 ACL 韧带重建手术达到 10 万台，位列全世界第 2 位①。但手术成功并不意味着可以正常活动，为防止患者因长期制动所致的膝关节功能障碍，术后康复治疗成为必不可少的选择。然而，由于我国并没有成熟的韧带术后康复系统，导致绝大多数患者在术后直接"跳过"了康复这一环节。结果是，轻则"伤筋动骨 100 天"，即需要 3 个多月才能正常生活；重则留下永久的肌肉萎缩，关节僵硬甚至畸形。因此，对于庞大的运动损伤和术后人群来说，第一时间的运动康复介入尤为必要，能够修复运动损伤、消除肢体肿胀、恢复运动功能。

（2）老年人群体：人口老龄化催生康复治疗需求，运动康复成为能否回归正常生活的关键。

第七次人口普查数据显示，我国 65 岁及以上人口为 1.9 亿，在总人口中的占比高达 13.5%②，且老龄化进程发展迅速，预计 2022 年将进入深度老龄化社会（65 岁以上人口在总人口中的占比超过 14%），2033 年左右进入超级老龄化社会（占比超过 20%）③。而随着年龄的增长，老年人全身的肌肉量和肌肉力量都会逐年下降。肌肉力量下降会造成以移动机能为代表的各种运动机能的下降，导致老人运动量不足，进而导致肌肉力量的进一步退化，由此形成恶性循环。

无论是预防行动障碍还是失能老人的治疗，最有效的方式都是通过定期的运动康复，让老人逐步恢复肢体的运动机能。另外，据名医百科网统

---

① 维科号：《中国运动康复产业白皮书正式发布！》，https://mp.ofweek.com/medical/a156714096087，2020 年 11 月 30 日。
② 土流网：《2021 年人口普查老龄化最新数据：65 岁以上老人有多少？》，https://www.tuliu.com/read-132301.html，2021 年 5 月 12 日。
③ 新浪财经：《老龄化少子化加快——中国人口报告（上）》，https://baijiahao.baidu.com/s?id=1670266228183577624&wfr=spider&for=pc，2020 年 6 月 23 日。

计，50岁以上存在症状的膝关节、骨关节病男性发病率达35%，女性高达74%[①]。美国内科医学会出版的《内科医学年鉴》（Annals of Internal Medicine）中曾指出，结合运动疗法的物理治疗方式，能为膝关节、骨关节病患者提供功能性益处，甚至能避免手术。[②]因此，运动康复作为老年慢性疼痛、骨科术后康复的主要治疗手段，对其需求必将与日俱增！

（3）青少年群体：姿势异常的发病率高且治疗手段不多，运动康复为中轻度患者刚需。

青少年时期是姿势异常的高发阶段，脊柱侧弯就是一种危害青少年和儿童的常见病。最新的统计数据显示，脊柱侧弯国际发病率为2%～4%，而中国青少年脊柱侧弯的发生率高达20%。其中，弯度10°～20°为脊柱侧凸的最常见弯度，约占所有患者的90%，弯度大于20°约占9.3%，大于40°者少于2%[③]。

事实上，只有弯度大于30°的患者，医生才会考虑通过手术进行治疗；对于中轻度脊柱侧弯患者来说，运动康复是国内外最为推崇、科学证明有效的矫正手段，因此越来越引起家长的重视。

综上所述，在运动人群、老年人群体和青少年群体的康复刚需驱动下，社会对于运动康复的需求将不断增加，进而促使其从面向职业运动员的小众市场逐渐向大众化拓展。

2．供需严重不平衡，造就运动康复产业"蓝海"

虽然运动康复的受众群体正在扩大，但当前我国康复市场的需求与供给存在严重的不匹配，现有康复医疗服务并不能满足居民对运动康复的需求。

[①] 凤凰网：《全膝关节置换术的定义是什么？人工关节置换到底是什么意思？》，https://ishare.ifeng.com/c/s/7yV8W4c2efN，2020年7月29日。

[②] 腾讯网：《健身房外的运动康复：脊柱侧弯、骨盆前倾背后的大生意》，https://new.qq.com/omn/20210413/20210413A03VQM00.html，2021年4月13日。

[③] 健康界网站：《青少年脊柱侧弯——脊柱外科专家钱列科普系列》，https://www.cn-healthcare.com/articlewm/20190621/content-1064423.html，2019年6月21日。

究其原因，在于公立医院无动力建设运动康复。

无论是基于医疗实质还是利益驱动，公立医院都会优先将神经康复放在首位，而将骨科疾病等其他康复置之其后。在医保系统对于医疗服务本身定价较低的情况下，医院为运动康复这种不需要住院但治疗周期长、对医疗服务要求高的项目进行投入实属出力不讨好。这也是多数公立医院选择将脑卒中、瘫痪、中风等严重神经系统疾病的住院式康复作为康复科的重点而非运动康复的原因。

以北京为例，北京大学第三医院与协和医院作为国内为数不多的有运动康复项目的公立医院，其运动康复单价（120～150元/次）与民营运动康复工作室的单价相差近4倍（500～1 500元/次），且主要受众人群为症状严重的患者[1]。而从运动康复机构数量来看，在运动康复发展成熟的欧美国家，平均每4 000人就可拥有一家康复服务机构，而我国平均每362万人才拥有一家康复服务机构，与欧美国家相距甚远[2]。可以说，运动损伤、骨科手术后、中老年人慢性疼痛、青少年矫形等人群的康复需求远未被满足。

针对这一痛点，政府通过医疗政策改革大力鼓励民营医疗进入运动康复领域。 2014年，国务院发布的《关于加快发展体育产业促进体育消费的若干意见》中指出："大力发展运动医学和康复医学，积极研发运动康复技术，鼓励社会资本开办康体、体质测定和运动康复等各类机构。"其后，随着国内社会办医的政策纷纷出台，如《关于支持社会力量提供多层次多样化医疗服务的意见》等，民营入局节奏逐步加快，运动康复机构逐步发展。据运动康复产业联盟统计，2014—2016年，进入运动康复领域的企业开始集中出现，并持续增长；截至2018年，涉足运动康复领域的机构门店数量超过100家，

---

[1] 网易网：《运动康复这个待开发的千亿市场，为什么公立医院不搞？》，https://www.163.com/dy/article/G3JP1HKS0514C519.html，2021年2月24日。

[2] 维科号：《中国运动康复产业白皮书正式发布！》，https://mp.ofweek.com/medical/a156714096087，2020年11月30日。

2020年年底已接近400家，3年的复合增长率超过40%[①]。

但与此同时，目前国内运动康复行业仍处于萌芽阶段。民营运动康复机构鱼龙混杂，真正持有卫健委颁发医疗牌照的不到1/3，很多运动康复机构都是以康复工作室、私教工作室等形式存在，很容易造成二次受伤。针对这一现状，中国医院协会等协会联盟开始大力推动民营医院在运动康复领域的建设。随着这些"正规军"的加入，未来行业监管将愈发严格，那些不合规、不合法的小机构将逐步被淘汰。同时，随着行业集中度的持续提升，除民营康复医院外，未来必将涌现出一批以专业化、连锁化运动康复中心为主的运动康复巨头。

风口已至，但不是谁都能成为追风者。那么，对于想要布局运动康复这一黄金赛道的城市来说，如何才能成功"掘金"？

三、三大锦囊，助力"玩家"掘金运动康复产业

要想在运动康复中成功"掘金"，必须沿着产业链找机会！整体来说，运动康复产业链可分为上游的康复器械和下游的康复机构两大板块。产业链条看似简单，但对于各类城市"玩家"而言，掘金的关键在于找准适合本地发展的切入口。为此，笔者给出了三大"锦囊"，为其入局运动康复产业支招。

1. 锦囊1：抓细分风口，筑康复器械产业新高地

从产业链上游来看，康复医疗器械是指在康复医疗中用于评测、训练与治疗，能够帮助患者评估并提高身体机能、恢复身体力量、弥补功能缺陷的医疗器具。作为近年来康复医疗产业中发展最快的一环，康复医疗器械正迎来爆发式增长。相关数据显示，2014—2020年，中国的康复医疗器械市场规模从116亿元增长至413亿元，年均增长率为23.6%，增速高于医疗器械行

[①] 维科号：《中国运动康复产业白皮书正式发布！》，https://mp.ofweek.com/medical/a156714096087，2020年11月30日。

业整体市场①。

然而，目前国内运动康复器械发展与国外还有较大差距，市场集中度较低，产品多以仿制为主且同质化竞争严重，而高端康复器械主要被国外垄断。**但随着机器人、人工智能等技术的介入，国内运动康复器械产业有望通过抓住"智能康复机器人"这一新机遇，实现与国外接轨甚至是"弯道超车"！**智能康复机器人是一种辅助人体完成肢体动作的医疗机器人，是基于机器人硬件设施，将大数据、人工智能等新一代信息技术与医疗技术深度融合的产物。在运动康复师等康复资源相对匮乏的情况下，它可以替代康复治疗医师进行机械重复操作，具有延缓肌肉微缩和关节挛缩、提高患者肢体运动的能力。

从应用场景来看，智能康复机器人适用人群涵盖运动康复的各类需求群体，包含术后患者群体、老年人群体、慢性病群体、青少年群体等。**康复需求的巨大缺口决定了我国智能康复机器人将大有可为！**

从具体功能来看，智能康复机器人可分为牵引式康复机器人（上肢／下肢）、悬挂式康复机器人（下肢）和外骨骼康复机器人。其中，外骨骼康复机器人是康复机器人领域技术壁垒和智能化水平最高的机器人，代表了康复机器人的发展趋势，也是国内外创新研发的热门领域。

从发展历程来看，欧美等发达国家康复机器人产业起步较早，率先进入外骨骼康复机器人时代，并已实现产业化。目前，在全球发达国家，智能康复机器人已在临床上广泛使用，并催生了一批智能康复机器人明星企业，如瑞士 Hocoma 公司、以色列 Rewalk Robotics 公司、美国 Ekso Bionics 公司和日本 Cyberdyne 公司等。反观国内，由于起步较晚，康复机器人的中、高端市场被欧美品牌垄断，市场 90% 均为进口产品，成本昂贵，国内厂商仅在中低端市场有一定占有率。②但随着我国自主研发能力逐渐增强，在高端

---

① 中商产业研究院：《2021 年中国康复医疗行业市场前景及投资研究报告》，https://www.toutiao.com/i6961358778168295943/，2021 年 5 月 12 日。

② 雪球网：《医疗服务机器人行业竞争格局》，https://xueqiu.com/4866021334/163992289，2020 年 11 月 23 日。

智能康复机器人市场也有一定的产品出现，与欧美品牌之间的差距将逐渐缩小。根据动脉橙数据库显示，近五年来共新增 34 家医疗康复器械生产商，其中专注康复机器人领域的企业多达 17 家，且这些新入局的企业多把外骨骼等智能康复机器人列为其核心产品之一①。

未来，智能康复机器人国产化必然是大势所趋。要抓住这一趋势，我们必须把握智能康复机器人产业的内在逻辑，即"**产学研医**"一体化。

具体来看，首先是产学研联系紧密。不同于工业机器人，其产业发展比拼的是成本、原材料的价格、装配的效率，由于较高的技术门槛，智能康复机器人领域具有非常明显的产学研特征，技术、创新最为关键。与此同时，临床应用试验也非常重要。因为智能康复机器人本质上仍属于创新类医疗器械，由于其创新点较多，潜在风险较高，单纯的既往文献和相关临床数据难以说明其安全及有效性。因此，通过临床实验进行产品认证注册是智能康复机器人市场化的必经之路。

全球第一的康复机器人品牌瑞士 Hocoma 公司的发展经验就充分验证了这一点。该公司的总部位于瑞士，主要专注于康复机器人的研发，希望通过为患者提供高效、标准的运动疗法，形成一套合理的治疗方案，以提高数百万患者的生活质量。截至目前，瑞士 Hocoma 公司已在全球 27 个国家进行了 5 000 多台康复机器人的安装，且美国的 10 家最佳康复医院中有 9 家使用了该公司的康复机器人产品②。

"产学研医"一体化就是其保持成功的秘诀：该公司"一战成名"的第一套设备 Lokomat 就是 1999 年与瑞士苏黎世 Balgrist 医学院康复中心合作研发的，它是全球第一套能够辅助下肢运动障碍患者在医用跑台上自动进行减重步行训练的设备，也是目前应用最广的商业化运动康复设备。此后，为

---

① 动脉网：《5 年 34 家企业入局，2 年 8 亿融资，运动康复离春天还有多远？》，https://www.cn-healthcare.com/articlewm/20210203/content-1187144.html，2021 年 2 月 3 日。

② Hocoma 官网：《保持联系》，https://www.hocoma.com/us/contact-us-2/。

了保持长久竞争力，Hocoma 公司与全球 13 家科研机构合作进行技术转让和新产品开发，并与全球 21 家医疗机构建立合作伙伴关系，开展临床合作测试，以保证其新产品研发能充分满足各类客户（包括患者、治疗师和医疗机构）的需求①。

回看国内，基于"产学研医"一体化的产业发展逻辑，研发、医疗等资源最密集的京、沪、深发达地区，在智能康复机器人领域的发展优势也最为明显。例如，成立于北京、专注于提供运动康复机器人的大艾机器人公司就是由高校科研成果转化发展而来，其创始人是北京航空航天大学机器人领域的领军人物。公司通过与国内知名的医疗机构合作（包括 301 医院、北京积水潭医院、北京宣武医院等），开展研发及相关临床应用实验，其研发的外骨骼康复机器人艾康、艾动于北京获得 CFDA 注册证，成为中国首个通过 CFDA 认证的下肢外骨骼康复机器人，大大推动了国内运动康复产业发展的进程。**但这并不意味着未来其他城市没有机会，关键在于构建智能康复机器人发展所需的创新生态。**那么，对于智能康复机器人企业来说，它们究竟需要什么样的创新生态？要彻底弄明白这一点，还得向北京、上海这些先发地区学习。

北京医疗机器人产业创新中心位于北京中关村科学城，是由我国医疗机器人领军企业天智航和北京清华工业开发研究院等单位共同发起成立的，也是中国第一家在政府指导下成立的医疗机器人技术协同创新平台。截至 2020 年 8 月，这个创新中心已聚集、服务 25 家医疗机器人行业领先企业，其中有些企业的技术产品即将或已实现自研国产关键零部件的突破，与国际领先同行"并跑"。②

上海傅利叶智能科技有限公司（以下简称傅利叶智能）是我国智能康复领域的领军企业，2015 年创立于上海张江，专注于智能康复机器人的研发和

---

① Hocoma 官网：《伙伴》，https://www.hocoma.com/us/partners.
② 北京晚报官网官方账号 - 北晚在线：《打破国外厂商垄断！中关村科学城密集诞生顶尖医疗机器人》，https://baijiahao.baidu.com/s?id=1674615016601797181&wfr=spider&for=pc，2020 年 8 月 10 日.

产业化，并荣获猎云网2020"年度最具独角兽潜力创新企业TOP20"。仅用短短五年，其康复机器人已入驻全球20多个国家和上千家机构，并帮助治疗师执行超过4亿次康复训练动作，是目前国内首家批量出口欧美的康复机器人公司①。

尽管上述两个典型案例的类型并不相同，但通过深入剖析各自的崛起模式，对于智能康复机器人发展所需的创新生态，我们可以找到一些共通答案。主要总结为以下四大关键要素。

（1）**专项政策支持**。按照《医疗器械分类目录》，智能康复机器人有的属于步态训练设备，有的则属于关节训练设备，但统一归属于Ⅱ类医疗器械（指具有中度风险，需要严格控制管理以保证其安全有效的医疗器械），需要在省级药监局注册。同时，由于智能康复机器人大多属于创新医疗器械，国家对其实行全生命周期的严格监管，包括研发、生产、取证和临床等。**因此，地方政府需要对相关政策深入了解并准确把握，为创新企业提供专项政策支持**。例如，帮助符合条件的企业取得康复机器人医疗器械生产许可资质；针对满足核心技术发明专利权、国内首创、产品基本定型三大条件的智能康复机器人企业，帮助其走创新医疗器械审批绿色通道，通过优先受理、优先审评、优先体系核查、优先审批，助力产品快速获批上市。正如医疗机器人创新中心总经理王彬彬所说："为了使开发或生产医疗机器人的创新企业能够顺利开展工作，医疗机器人创新中心首先着手为创新企业解决资质和进入门槛的问题。"②

（2）**产业配套协同**。对于智能康复机器人来说，技术创新固然是核心，但若要实现产业化不能靠"平地起高楼"，还需有相关产业链配套做支撑。从智能康复机器人产业链来看，上游核心零部件主要包含芯片、伺服电机、

---

① 浦东发布：《逆势扩张！浦东张江这家企业的康复机器人勾勒千亿级产业新图景》，https://baijiahao.baidu.com/s?id=1668389604605229789&wfr=spider&for=pc，2020年6月2日。
② 新浪网：《TA 与国际领先者并跑的背后》，http://news.sina.com.cn/o/2020-09-07-doc-iivhvpwy5255363.shtml，2020年9月7日。

减速器、控制器和传感器等，用于构建康复机器人的控制系统、驱动系统和执行系统。从成本占比上看，上游零部件成本在整机机器人成本中占比最高，达到60%①。相关产业链资源丰富的地区，能够大大降低康复机器人企业的生产成本，提高产品竞争力。因此，产业链协同配套是智能康复机器人创新生态构建的关键要素之一。例如，傅利叶智能落户张江的重要原因之一是其所需的芯片、传感器、电机、减速器等基础零部件，都能在浦东找到供应商；而中关村在机器人上游核心零部件领域的集群优势也成为其培育引导高端医疗机器人产业的重要依托。

（3）共性平台加速。由于康复机器人的研发和市场培育周期较长，单靠企业自身走通从技术成果到规模化生产这条路可谓是非常艰辛。像傅利叶智能这样能够凭一己之力与国内外顶尖科研及医疗机构进行"产学研医"深度合作的只是少数。但如果能够聚焦智能康复机器人行业难点，给初创企业提供"智慧"支持，就可以加速成果转化进程，甚至实现事半功倍的效果。因此，政府可通过瞄准产业创新共性需求，搭建智能康复机器人产业共性技术服务平台，提供覆盖新产品设计开发、检测评估、产品申报、临床试验等产业创新全生命周期的科技服务，高效驱动康复机器人产业发展。

在共性平台构建过程中，尤其要抓住样机制造和临床试验两大关键环节。样机制造是智能康复机器人从技术到产品的重要一环，企业可通过自行生产或委托生产两种模式来实现。根据行业经验估计，相对于传统的企业自行生产模式，委托生产在样机制造阶段投入时间可缩短12个月，节省超过50%的投入②。这对于中小企业而言尤为重要，能够解决发展初期面临的厂房与设备投入成本大、准备时间长等问题。因此，平台可通过引入专业的医疗器械研发生产外包机构（Contract Development and Manufacturing

---

① 中国网医疗频道：《医疗机器人行业发展现状（一）》，http://med.china.com.cn/content/pid/244546/tid/1026，2021年3月18日。

② 迈迪思创官网：《服务概览》，http://www.medicalstrong.com/serviceinfo.aspx?mt=3.

Organization，CDMO），结合本地的机器人产业配套基础，帮助创新企业解决工艺和供应链问题，给企业持续赋能。

此外，临床实验结果是判断智能康复机器人产品有效性和安全性的关键，是后续进行II类医疗器械认证的主要依据。从具体操作来看，企业如果选择自行申办，必须主动对接、筛选合适的临床实验机构并达成合作，同时，还需要企业有专门的临床团队来制定临床试验方案，实施难度大。此外，企业还可以找第三方公司协助完成，省事省心，但价格高昂。针对这一痛点，政府应主动牵头，以共性平台为媒介，对接整合本地的临床医疗机构，在临床试验项目上探索精准对接与创新合作，帮助创新企业特别是中小企业的临床需求提供对接通道并协助它们开展临床试验工作。

北京医疗机器人创新中心的成功便印证了打造共性技术服务平台的重要性。为补齐国内医疗机器人公共服务短板，北京医疗机器人创新中心设立了前沿技术、共性技术、产品设计、样机制造、检测评估、临床研究六大中心。其中，创新中心高端医疗器械CDMO平台CDMO Pro于2021年正式落地，通过为医疗机器人初创企业提供成长期小批量产、成熟期规模量产等服务，加速创新产品从概念、样机到产品上市的低成本、高效转化，降低企业综合运营成本。

（4）**市场落地支撑**。由于国内智能康复机器人的创新应用尚处于导入阶段，整个产业发展环境都在培育过程中，把产品卖出去是企业生存的关键。例如，作为机器人技术风向标的波士顿动力公司，当前仍面临着技术研发爆火，但没有一款产品能够商业化应用的尴尬局面。**要加速智能康复机器人的商业化落地，还需政府发力助推，率先提高本地市场应用普及，以应用牵引智能康复机器人产业发展。**

例如，傅利叶智能选择在上海创业的另一重要因素就是看重本地的落地应用场景，傅利叶智能的总裁顾捷曾提到，"在浦东，无论是医院、社区、康复机器人都可以找到非常合适的应用场景。"此外，上海早在2018年9月就开始在浦东、宝山地区开展康复辅具租赁试点工作，并出台了相应的补贴政策。"我们在上海做的这种租赁形式可以降低机构的购买难度"，顾捷如是说。北京市海淀区政府更是通过政策创新实现对应用端的扶持，加快国产原创高新技术成果的应用与普及速度。海淀区提出以政府购买服务模式支持医疗机器人技术成果转化，并于2020年5月促成了天玑骨科导航机器人落地海淀医院，由政府按照设备使用次数付费，有效避免了一次性购置产生的设备闲置风险，同时提高了设备使用效益。

由此可见，那些具备一定的机器人产业基础、拥有智能康复机器人产业发展所需临床实验资源且市场需求较迫切的新一线及二线城市，最有机会切入智能康复机器人这一细分赛道。例如，拥有雄厚的装备及电子工业基础，优质医疗资源密集（三甲医院27家且2家上榜全国50强）的西安；机器人产业聚集效应明显，在芯片领域具有深厚产业基础，并且医疗硬实力名列前茅（综合排名仅次于北、上、广）的武汉；电子信息及智能装备产业配套较完善，医疗实力位居全国前列（三甲医院40家且华西医院综合实力全国第二）的成都；机器人技术创新及产业基础雄厚，医疗资源丰富（综合排名居全国前十）的沈阳等。未来，这些城市可依托自身资源优势，通过强化产业专项政策及共性服务平台支撑，并在市场落地方面给予鼓励扶持，从而构建出完善的智能康复机器人创新生态。最终，以生态之力"筑巢引凤"，打造智能康复器械产业高地，成功实现"蓝海掘金"。

2．锦囊2：抓资源特色，建运动康复度假目的地

除以智能康复机器人为切入口的硬核"玩家"外，对其他城市"玩家"而言，要想实现运动康复"掘金梦"，还得从产业下游的服务端找机会。至于到底有哪些机会，我们不妨先看看世界上运动康复水平最高的国家之一——德国。

德国是世界上较早建立完整社会保障体系的国家，尤其是在康复领域，拥有完善的康复治疗体系。在德国的康复理念中，运动康复是一种非常重要

的康复治疗手段，并据此形成了 MTT（Medical Training Therapy）医学运动康复体系，广泛应用于临床康复、疾病和风险预防等多个领域。在实施 MTT 康复治疗前，患者或体育锻炼者必须先取得由康复医师开具的运动处方（所谓运动处方是指用处方的形式规定运动种类、运动强度、运动时间及运动频率，并提出运动中的注意事项），然后由具有相关资质的 MTT 康复治疗师来具体执行。

德国的运动康复机构数量众多，服务范围覆盖德国全境，无论是大城市还是偏远地区都能享受到专业的康复医疗服务，尤其是将大自然和现代康复医疗技术相结合的运动康复疗养项目备受人们推崇。一方面，由于自 2001 年起德国所有由专业 MTT 康复师实施的运动康复治疗都可以由医疗保险报销；另一方面，因为德国的大多数疗养度假胜地都拥有绝佳的气候环境和资源条件，更容易让人放松身心，尤其是适合开展户外运动疗法。这就为有运动康复需求的人们，提供了除"在城市内做康复"外的另一种选择。**"度假地康复"成为德国运动康复产业发展的重要方式。**

德国充分把握这一趋势，将很多自然资源禀赋优越的地区都发展成为受人喜爱的运动康复目的地。如黑森州法兰克福北部的温泉度假小城巴特瑙海姆（Bad Nauheim）、罗恩生物圈保护区唯一的气候疗养度假胜地盖斯费尔德（Gersfeld）、巴登 - 符腾堡州的温泉小镇巴特温普芬（Bad Wimpfen）、黑森林北部的著名气候疗养度假小城多贝尔（Dobel）和气候温泉双重认证的度假胜地巴特黑雷纳尔布（Bad Herrenalb）等，不胜枚举。

那么，这些度假胜地具体是如何成为运动康复度假目的地的？下面以德国巴特温普芬小镇为例分析"度假地康复"的发展模式与成功关键。

巴特温普芬是位于巴登 - 符腾堡州北部内卡河畔的一个历史悠久的温泉度假小镇，占地面积为 19.38 平方千米，常住人口不足 7 300 人。[①]虽然拥有

---

① 巴特温普芬官网：《欢迎来到巴特温普芬》，https://www.badwimpfen.de/gaeste-bereich/bad-wimpfen-entdecken/unser-bad-wimpfen/kurzportrait.

盐泉这一优势，但与德国众多以"巴特"（Bad）命名的城市相比，单就泡温泉来说似乎优势并不明显。因此，近年来巴特温普芬依托自身的资源特色，从一个普通的温泉度假地转型为现代化的运动康复度假目的地，每年约有7 000名患有神经系统疾病、心脏病和骨科疾病的患者来此接受运动康复治疗①。

从巴特温普芬小镇的成功之路来看，"度假地康复"模式主要由以下三大要素构成。

（1）**优越区位条件是发展"度假地康复"的首要前提。**"度假地康复"模式本质上仍是一种康复医疗方式，是可选项而非必选项，并不是所有的度假胜地都能发展成为运动康复度假目的地。要实现这一目标，不仅要资源禀赋佳，还得区位条件好，与医疗资源密集的城市相距不远且交通便利，让有康复需求的人们可轻松到达，并能够为其潜在的各种医疗需求做好保障。

巴特温普芬就充分满足了这一条件。巴特温普芬的交通四通八达，距离最近的城市海尔布隆不到10千米，距离斯图加特、曼海姆和卡尔斯鲁厄等大城市仅七八十千米。同时，巴特温普芬与周围地区的医院建立了转诊通道，能够在有需要的情况下帮助患者迅速转到其他医院，解决人们的后顾之忧。

（2）**专业康复机构是发展"度假地康复"的核心载体。**不同于传统度假胜地以酒店、度假村等为功能承载，运动康复目的地打造的核心在于引入专业的运动康复机构，为人们提供一流的医疗团队与康复服务。巴特温普芬通过引入德国教育和医疗服务提供商SRH集团，在此成立了巴特温普芬SRH健康中心，共设有350多张床位，为人们提供从预防、康复到术后治疗的全方位运动康复服务②。SRH健康中心共拥有430名本地员工，已成为巴特温

---

①②巴特温普芬SRH健康中心官网：《关于我们》，https://www.gesundheitszentrum-badwimpfen. de/unsere-klinik/ueber-uns/.

普芬的最大雇主①。

（3）完备康复体系是发展"度假地康复"的关键卖点。 作为专业的运动康复机构，SRH 健康中心将自然环境和高水准运动康复技术相结合，构建出一套完备的运动康复体系，全方位满足不同人群的康复需求。基于此，巴特温普芬发展成为成功的运动康复度假目的地，既能吸引游客长途出行，也能促进地区短途客人反复光顾。

①针对骨科疾病、心脏病等运动康复刚需人群，SRH 健康中心打造了一个超过 1 500 平方米的训练空间，并配备了最先进的康复设备，包括水中运动康复训练池、MTT 医学运动训练室（设有各类辅助康复机器人）、带攀岩墙的大型现代多功能体育馆、射箭室等。在此基础上，由中心内的跨学科康复医师团队对患者进行专业评估，并为他们量身定制最有效的运动计划。

②针对有运动康复需求的白领等亚健康人群，SRH 健康中心为他们提供了多元的康复度假体验。例如，SRH 健康中心以自身为起点，在小镇及周边打造了 4 条不同难度的"北欧式健走"路线，用于运动康复训练②。这是一种起源于芬兰的健走方式，人们可通过使用中心提供的"健走杖"并在专业教练的带领下，进行有效的全身锻炼。与此同时，SRH 健康中心还将温泉度假和康复相结合，打造出多种健康套餐并投入市场，如 5 日轻松又充满活力的健康计划（包括免费进入盐水浴、2 次医疗喷气机体验、2 次按摩、3 次水中有氧运动、2 次放松训练和每日 MTT 训练）、5 日背部健康计划（包括免费进入盐水浴、5 次背部训练、2 次北欧式健走、每日 MTT 训练、2 次脊柱体操训练和 2 次水中有氧运动）等③。

---

① 巴特温普芬 SRH 健康中心官网：《我们作为雇主》，https://www.gesundheitszentrum-badwimpfen.de/unsere-klinik/wir-als-arbeitgeber/.
② 巴特温普芬官网：《巴特温普芬的北欧式健走》，https://www.badwimpfen.de/gaeste-bereich/freizeit-geniessen/nordic-walking/ueberblick.
③ 海尔布隆地区官网：《海尔布隆地区的治疗与康复》，https://www.heilbronnerland.de/de/kur-reha-angebote.

综上所述，德式"度假地康复"模式为国内那些在生态资源方面具有先天优势（包括温泉、森林、山地资源等），且地处都市近郊、交通条件优越的度假胜地指明了一条"掘金"运动康复产业的新路子。例如，距离成都主城区 60 千米左右、拥有"天然氧吧"青城山的都江堰，距离南京主城区约 20 千米、居中国四大温泉疗养区之首的南京汤山，距离杭州主城区 80 千米左右、森林康养资源丰富的安吉……未来，通过引入顶尖运动康复医疗机构，构建完备的运动康复体系，这些度假胜地将有机会成为最具吸引力的运动康复度假目的地。

3. 锦囊 3：抓体育经济，塑"运动之都"城市新名片

"度假地康复"并非运动康复产业下游服务端的唯一机会。正如前文所述，随着我国的体育产业变得越来越火热，体育运动爱好者的规模越来越大，必将催生出巨大的运动损伤康复需求。**因此，那些体育产业发达的地方同样有机会"掘金"！**

要想把握住这一机会，这些城市首先必须弄明白"体育产业与运动康复的关系是什么？如何将体育产业与运动康复相结合？"下面以小国卡塔尔的体育产业崛起之路为例来揭晓这一答案。

卡塔尔是位于波斯湾半岛的一个中东小国，国土面积仅为 1.1 万平方千米、人口不足 300 万，经济极度依赖油气资源[①]。为了提高国家软实力，卡塔尔一直将发展体育产业作为国家发展战略之一，自 1993 年以来，已承办 ATP 网球公开赛、职业高尔夫卡塔尔大师赛、2006 年亚运会、2022 年世界杯等多项国际体育赛事。但由于运动康复水平落后，该国的精英运动员经常前往欧洲或美国的骨科运动医学中心接受治疗和康复。为了进一步推动体育产业快速发展，借助亚运会举办契机，卡塔尔在首都多哈建立了海湾地区第一家专业的骨科和运动医学康复中心阿斯佩塔尔（Aspetar），并于 2007 年投入

---

① 维基百科：卡塔尔，https://en.wikipedia.org/wiki/Qatar。

运营，提供从伤害预防到损伤管理和性能改善的全方位服务。

在阿斯佩塔尔运动康复中心的加持下，卡塔尔的体育赛事产业走上快车道，先后举办国际汽车越野锦标赛、国际马术联合会冠军巡回赛、国际自行车环卡塔尔赛、国际排联俱乐部世锦赛、足球亚洲杯、田径世锦赛等。如今，阿斯佩塔尔运动康复中心每年为卡塔尔的 100 多场国内和国际体育赛事提供专业康复保障服务，同时，也吸引了诸多国际体坛明星（如内马尔、迪玛利亚等）来此进行运动康复[①]。与此同时，体育产业的快速发展也进一步带动了本地的运动康复市场。自阿斯佩塔尔运动康复中心成立之后，多哈聚集成立了十几家运动康复服务机构（包括 Al Emadi 物理治疗中心、Icon 医疗中心等），为职业运动员和本地居民提供运动康复服务。

卡塔尔的发展经验表明，运动康复作为一种产业服务配套，已成为做大体育产业的重要抓手。

可以看到，体育产业主要分为体育制造业、体育服务业及体育衍生行业三大细分领域。体育服务业是其中最能创造价值和实现高额利润的领域，同时，也是体育产业的重要主体部分。近年来，随着消费者对于新型体育运动的消费需求增强，如马拉松、竞技体育、雪上运动、户外运动等，越来越多的城市开始"以赛谋城"，希望通过承办体育赛事形成城市品牌效应、提高城市竞争力、促进经济发展。然而，体育赛事活动具有时间明确、季节性强、短期经济爆发式增长等特点，难以形成持续吸引力。以马拉松为例，国内各地影响力较大的国际马拉松赛一般都是一年举办一次。据厦门马拉松相关资料显示，该赛事吸引的国内外游客能够为厦门市带来价值 16 亿～79 亿元的旅游市场，但这也仅限于活动举办期间[②]。

因此，城市要想真正打响体育产业品牌、获得可持续的经济效益，只抓

---

① 广州市保利锦汉展览有限公司：《国际视野 | 一众体坛明星都来了！这家运动康复中心有何特别？》，https://www.sport-expo.com.cn/contacts，2022 年 7 月 7 日。

② 财智无界：《狂热的马拉松经济背后，参赛者在用什么买单？| 财智观点》，https://baijiahao.baidu.com/s?id=1700982827923840164&wfr=spider&for=pc，2021 年 5 月 28 日。

赛事远远不够，必须从服务配套上下功夫，抓好运动康复服务。正如中国医院协会民营医院分会陈林海副秘书长所说："运动康复是大体育产业中必要的一个板块，通过提供符合国际标准的应急处置服务和快速转诊服务，能够为体育活动、赛事保驾护航。尤其是那些运动发烧友聚集的户外运动或体育赛事目的地，可将运动康复配套服务打造为一种安全背书，吸引人们不只是活动赛事的时候来，而是将这里作为进行运动训练、康复的根据地，从而延长他们的消费周期"。

未来，在体育赛事、户外运动等方面有一定基础的城市可通过"运动康复赋能"提供高标准服务供给，聚力打造"运动之都"城市新名片，实现做强体育产业、扩大体育消费！

具体来看，国际水上赛事举办地青岛、冰雪运动目的地崇礼、中国攀岩圣地阳朔、山地户外运动圣地宁海等都是很有潜力的"种子选手"。但要想真正实现"以运动康复赋能体育产业"，单凭本地的普通公立医院必然无法满足人们对高标准运动康复服务的需求，**关键在于引入专业的运动康复机构！**

与此同时，我们必须认识到，体育赛事的强吸引必然会导致城市客流季节性特征明显。因此，在产业发展初期，仅靠本地的运动康复市场难以吸引顶尖运动康复机构前来布局。这就需要政府给予适当支持，通过制定招商优惠政策吸引运动康复龙头机构入驻。在此基础上，随着"运动之都"城市品牌逐步打响、体育产业规模逐步做大，持续稳定的市场需求可能会吸引更多的运动康复机构集聚。

总而言之，随着社会对运动康复领域重视程度的提高，以及民众自身康复意识的不断增强，运动康复市场的未来必定是一片蓝海。在此机遇下，除轻松入局的北、上、广、深外，其他城市"玩家"同样有机会凭借自身优势，找到适合本地发展的切入口，成功走上运动康复"掘金"之路。至于哪些城市最终会脱颖而出，我们拭目以待！

如何真正"吃"出健康？——功能性食品及功能农业

文｜王婧萱　廉思思

俗话说"民以食为天"。在我们这个任何事情都能与"吃"联系起来的古老国家，"吃出健康"正成为许多人心中理所当然的事情。

自古，我国就有"养生之道，莫先于食""药补不如食补"的饮食观，强调饮食对于人体健康的重大意义。那些"药食同源"的食材更能起到调理身体机能的作用。"食"，作为与人健康关联度最高的环节，开始愈发地被人们重视。也正因此，与之关联的农业、食品行业迅速崛起、势头迅猛。但是，到底谁能占领"吃出健康"的市场高地？谁才是健康饮食的主角？本文将尝试就此问题进行解答。

一、站上"风口"的功能性食品：迷思与困局

不知道从什么时候开始，各种功能性食品开始填满都市人餐前饭后的空隙：早上醒来先吃一粒蔓越莓胶囊，吃早饭时随餐服下一粒葡萄籽精华片，抗氧化已经成为精致女性抗初老的第一步；中饭、晚饭前半小时则要来一粒纤体热控片，帮助解决因久坐办公室缺乏运动带来的体重困扰；睡前半小时再来一瓶血橙饮料，据说可以促进胶原蛋白生成……

功能性食品已然成为消费端的"新风口"。据中国产业信息网数据显示，我国已成为全球最大的功能性食品消费市场，2020年产值超过2 700亿元，产业近3年平均增速超过15%[①]。2020年天猫"双十一"购物节期间，功能性食品成为中国食品消费终端销售额的TOP1。食品全类目销售额排行榜前

[①] 健康时报网：《功能性食品年产值超2 700亿！生物活性物质大有可为》，https://www.jksb.com.cn/index.php?m=wap&a=show&catid=22&id=170383，2021年4月26日.

100 的品牌中，功能性食品品牌就有 20 个。新晋功能性食品品牌"BUFFX 霸符"，产品上线一个月销售额即突破 300 万元。

功能性食品这一新风口，更是引得众多资本纷纷布局。公开资料显示，自 2020 年开始，红杉资本、IDG、经纬中国、达晨创投、熊猫资本、金鼎资本、真格创投、梅花天使等国内一线的投资机构，都已经针对功能性食品完成了初步布局，以大手笔支持功能性食品的产品迭代、市场开拓和品牌升级。

可以说，功能性食品，在消费需求和资本的带动下，已经站上"风口"。但是，究竟什么是功能性食品？是真的能"吃出健康"吗？让我们逐一进行分析。

1．什么是功能性食品？

追本溯源，其实功能性食品是个舶来的概念。日本是世界上最先提出功能性食品的国家，即日本健康食品三大分类之一的"功能标示食品"。而在我国目前的法律、法规中，只存在普通食品与保健食品的划分，并没有功能性食品的概念。但是根据食品行业经验并结合我国国情，可以粗浅地对功能性食品下一定义：**功能性食品是指具有特定营养保健功能的食品，即适宜于特定人群食用，具有调节机体机能，不以治疗疾病为目的的食品。**更为通俗地说，功能性食品要么富含某种物质，要么不含某种物质。

保健食品、具有功能性的普通加工食品都属于业内公认的功能性食品范畴。它既包括在食品加工过程中，添加"功能性因子"的食品，如添加了食品营养强化剂（如牛磺酸）的奶粉、添加了可食用透明质酸（食品级别的玻尿酸）的饮用水等。[①] 还包括通常理解中的保健品，如汤臣倍健旗下的维生素系列产品，益生菌补充剂等；同时，在我国中医药的历史上，本身具有"药食同源"特性的作物。例如，我国批准的 86 种既是食品又是中药材的物质，如枸杞、荷叶等，也可以纳入功能性食品范畴。

---

① 贤集网：《可以喝的玻尿酸来了！华熙生物推出玻尿酸饮用水"水肌泉"》，https://www.xianjichina.com/news/details_258739.html，2021 年 3 月 25 日。

其实，功能性食品的起源国日本对功能性食品的界定更为宽泛。除补充品形态加工食品、非补充品形态加工食品外，**那些具有"功能性"的生鲜食品也属于功能性食品**。例如，黑醋、即食蒸煮大豆、柑橘、生鲜黄豆芽都可以列为机能性食品。① 但在我国，市场上绝大多数的功能性食品主要是以保健食品和具有功能性的普通加工食品这两类"加工食品"为主的，"生鲜食品"并非人们普遍认知中的功能性食品。

2．功能性食品真的有效吗？

从理论上说，**功能性食品之所以能起到促进健康的作用，主要源于功能性食品基料里所富含的各类功能成分、活性成分**。这类"功能因子"正是功能性食品"功能性"的来源。目前，已确认的"功能因子"主要包括氨基酸、活性肽与蛋白质，如牛磺酸、乳铁蛋白、免疫球蛋白等；脂类，如 ω-3 不饱和脂肪酸、磷脂等；功能性碳水化合物，如活性多糖、功能性低聚糖等；以及维生素类、矿物元素、益生菌、植物活性成分等。

简单地说，在食品加工过程中添入这些"功能因子"便可得到相应功能性的食品，这也是目前功能性食品的主流生产方式。这样，功能性食品确实是日常生活中最为便捷的"健康"来源，它将传统的保健品日常化了。但是，这样的功能性食品是否真的能如人所愿起到促进健康的作用？

人们追求健康的愿望虽然美好，可事实却不尽如人意。沿用上文的分类，针对"功能性食品的有效性"这一问题，功能性普通食品和保健品需要分开进行讨论。

首先，关于功能性食品中"保健食品"的有效性问题。由于有着明确的保健食品管理条例约束，而且审核流程较为严格，因此其功效性更有保证。2016 年，国家发布了新的《保健食品注册与备案管理办法》，明确规定除营养素补充剂类外，宣称具有保健功能的产品都要进行注册。但无论是注册或

---

① 网易：《融合东西方饮食文化 汉方草本大力开发机能食品》，https://www.163.com/dy/article/GT704PP60522CR6J.html，2022 年 1 月 8 日。

备案，都要求产品在原料的安全性、保健功能评价实验等方面必须满足国家相应的技术规范、标准等。对于符合要求的保健食品，可获得我国"蓝帽子"保健食品专用标志。因此，理论上，由于约束和管控相对严格，**保健食品这类功能性食品，在功效性方面自然也更有保障。**

其次，关于功能性食品中的"功能性普通食品"的有效性问题。虽然《中华人民共和国食品安全法》第三十八条规定，对保健食品之外的其他食品，不得声称具有保健功能。但是，由于没有明确的政策管理约束，在实际生活中，功能性普通食品常常钻政策的"空子"。

具有功能性的普通食品，首先是食品，其次才是功能。**这就表明此类产品只要满足食品标准即可，对于其是否具有真正的"功效"，并非强制性的约束。**由上文可知，功能因子将直接决定功能性食品的功能及品质。但具体在产品中添加多少功能因子，是否真正具有功效，都很难说清楚。**正是抓住了这一似是而非的政策"空子"，某些生产企业进行"两头讨好"：在面对行业监管者时，往往强调自身的"食品"属性，以减少审查和监管；而对于消费者则更加标榜其"功能"属性，以增加营销噱头。**也正因此，那些难以获得"保健食品"注册审批的产品，会转而借"功能性普通食品"的名义进入市场。市场乱象也因此而产生。

对此，国家有关部门已经有所行动。国家市场监管总局发布了《保健食品备案产品剂型及技术要求（2021年版）》。根据该文件，自2021年6月1日起，粉剂、凝胶糖果被纳入保健食品备案剂型。这就是说，披着"功能性普通食品"名义卖"保健食品"的这条"捷径"已经到了尽头。

就目前而言，**市场上打着"功能性食品"旗号的产品，绝大多数都属于这种"功能性普通食品"。此类产品通常难以证明其"功能性"，更多的是一种营销噱头。**

例如，养元饮品旗下的"六个核桃"，是最初级、最典型的功能性普通食品代表。"经常用脑，多喝六个核桃"这句广告语家喻户晓。正是因为抓住了人们工作、学习都要高强度用脑的这一需求，"六个核桃"应运而生，成为补脑饮品爆款。

但是，"六个核桃"真的能补脑吗？核桃能补脑，主要是因为其含有构成人体脑细胞和组织细胞的重要成分"ω-3不饱和脂肪酸"。这一成分是人体内无法合成的，确实必须依靠膳食获得。核桃中因含有α-亚麻酸（ALA），被认为是优质的ω-3不饱和脂肪酸来源。六个核桃，正是一款标榜含有"ω-3不饱和脂肪酸"的功能性食品。虽然其在广告中以"ω-3不饱和脂肪酸"为噱头，但实际产品中并没有标识ω-3不饱和脂肪酸成分的具体含量。这样，其功能性便难以判断。

虽然产品功效性不明确，但并不影响养元集团赚钱。产品推出后的第3年，即2006年，"六个核桃"仅在衡水附近的三个地市的销售额就超过3 000万元。之后，其业绩一路飙升，到2009年，销售额达到10亿，而2010年的销售额达到15亿元，2015年更是创下营业收入91.2亿元的纪录。[1]

或许有人会质疑"六个核桃"还比较初级。但其实那些所谓经过了科学论证的升级版功能性食品，本质上还是在玩营销的把戏。

以新入局的功能性食品品牌"BUFFX霸符"为例。霸符是一家成立于2020年4月，主打功能性食品的新企业。其核心产品添加了白芸豆提取物和GABA氨基丁酸等功能因子，具有针对性增益功效的软糖。由于白芸豆提取物含有α-淀粉酶抑制物，且活性较高，因此，从20世纪开始就一直作为"体内控糖"辅助物来被研究。γ-氨基丁酸（GABA）是存在于人类大脑中的一种氨基酸，是神经系统中重要的抑制性神经递质。有研究称，适当补充GABA能缓解精神压力，改善睡眠。霸符根据消费者在不同场景下的产品需求，将产品划分为BUFF X EAT（健康饮食）、BUFF X SLEEP（舒压助眠）、BUFF X EYES（润眼护眼）、BUFF X SEXY（男性提振）、BUFF X VC（日常免疫）

---

[1] 21健康：《六个核桃不"6"了？市值蒸发200亿，却狂撒20亿搞营销》，https://new.qq.com/omn/20191006/20191006A0HE7000.html，2019年10月6日。

五大类。霸符在产品中添加了足量的功能性成分；同时，其还强调产品的科学性，为年轻消费者明确标明作用机理和对身体带来的益处。

一切似乎很美好。但其实霸符的背后是一群经验丰富的互联网"老炮儿"，依然是难以摆脱的"营销逻辑"。其创始人亢乐是前抖音Brand Studio部门负责人和前网易严选品牌总监，团队的其他成员还有巨量引擎的市场总监、网易严选供应链负责人、抖音战略合作负责人，以及来自网易、阿里巴巴等资深互联网企业的营销团队。

功能性食品业内人士指出："从技术到供应端差异不是特别大，打出差异化靠的就是营销策略，新兴品牌一定要找准用户、做到高效营销、占领市场，才能形成有效的竞争壁垒。"由此也可以看出，即使强调产品的科学性和有效性，营销依然是重头戏，只是换了一种互联网思路而已。

另外，入局门槛低也加剧了加工类功能性普通食品"营销压倒一切"的行业乱象。

目前，除一些老牌功能性食品企业拥有独立的生产线外，绝大度数功能性普通食品的新入局者都是采用"轻资产"运营模式，如图3-1所示。具体地说，"轻资产"运营模式是指采用OEM（Original Equipment Manufacturing,

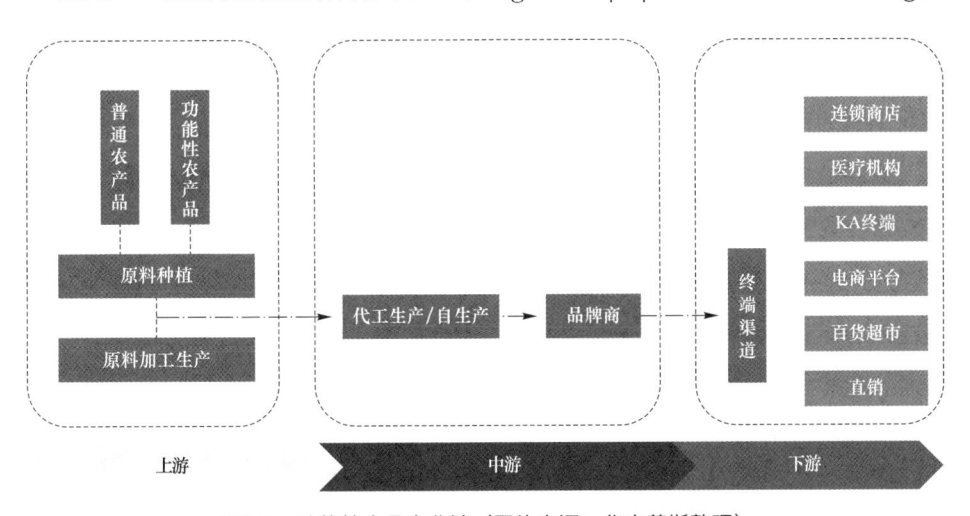

图3-1 功能性食品产业链（图片来源：华高莱斯整理）

贴牌代工）或 ODM（Original Design Manufacturing，委托设计生产）的方式进行产品生产，在极大压缩前期投入的基础上，将主要资金集中到后期产品营销阶段的运营模式。

"轻资产"运营模式能够极大地帮助企业入局功能性普通食品，并实现利益最大化。配置自己独立的生产线，通常代价都是很高的。功能性普通食品霸符BuffX的联合创始人李毅曾提到："功能性食品这个行业的第一个壁垒就是进入门槛，因为保健食品是合规性要求比较高的行业，对工厂生产资质要求高，本身存在门槛。"在这种模式下，功能性普通食品品牌方只需对产品进行合规性管控，因为产品品质基本上取决于代工工厂技术水平。同时，品牌方可以将更多精力放在营销和提升获客渠道上。对品牌方来说，只要能建设足够多的销售渠道，就有足够的利润和报酬，就能够实现"赚快钱"的目的。

这种"轻资产"运营模式无疑是产业高度成熟带来的发展红利，但也确实降低了企业的入局门槛，导致行业鱼龙混杂。"营销压倒一切""重营销大于品质"将更加剧功能性普通食品陷入"名不副实、只靠噱头"的尴尬境地。

可见，对于市面上绝大多数加工类功能性食品来说，当褪去华丽的包装、散去营销虚幻噱头的"迷雾"之后，"功能性"已所剩无几。虽然其热度很高，却始终处于"低位循环"的发展状态：发展动力不在于产品的功效性，而是营销的能力。**营销导向下的功能性食品，并不是人们所追求的"真正的功能性食品"**，更不是"吃"出健康的核心，是一个被资本高捧而成的"风口"。

到底如何才能真正"吃"出健康？新的机遇究竟在哪儿？要想回答这个问题，就需要回归健康食品之源——从功能农业讲起。

二、健康饮食幕后的真正"主角"：功能农业

想要吃出健康，就要追本溯源，了解造成现代人身体健康问题的根本原因，即隐性饥饿。

人类面临的饥饿问题主要有显性饥饿和隐性饥饿两种。显性饥饿是由于缺乏碳水、蛋白质、脂肪等营养物质而造成的，可以通过传统意义上的充饥、吃饱来解决；隐性饥饿是指由于营养不平衡或缺乏某种维生素及人体必需的矿物质，从而产生隐蔽性营养需求的饥饿症状。

随着社会的发展，我国显性饥饿已经随温饱问题一起得到了解决。但是"能吃饱不代表能吃好"，我国关注粮食安全问题一直聚焦于量的保障而非质的提升，农产品与食品供应"看似丰富，实则匮乏"，农作物的铁、锌、维生素等微量营养素含量明显低于国际水平，隐性饥饿问题一直没有得到充分的重视。据联合国粮食及农业组织资料显示，我国隐性饥饿人口已达3亿[1]。

同时，隐性饥饿的危害其实也一直被低估。**现代医学研究发现，70%的慢性疾病包括糖尿病、心血管疾病、癌症、肥胖症、亚健康等都与人体营养元素摄取的不均衡有关**[2]。以超重肥胖为例，在大多数人眼里，身体肥胖的人一定是因为营养过剩。殊不知，肥胖患者只是脂肪过剩，和营养过剩并没有任何关系，甚至是因为吃太多高糖、高热量食物，缺乏其他营养补充而导致的。因为糖油摄入比例过高，北京地区人群肥胖率一直居高不下，为25.9%，远超中国平均肥胖率12%，成为全国首胖[3]。也有研究显示，超重肥胖可能是维生素D缺乏的信号。此外，缺少维生素B族、谷维素和糖类摄入失衡更容易导致抑郁；长期摄入高热量，饮食中脂肪比例过高和膳食纤维摄入比例不足，成为糖尿病的重要诱因等也逐渐得到人们的认识。**以上问题都表明隐性饥饿已经成为我国解决温饱问题后，面临的又一大粮食安全难题。**

---

[1] 科技日报：《3亿中国人面临隐性饥饿困扰》，http://www.xinhuanet.com/politics/2019-10/16/c_1125110795.htm，2019年10月16日。

[2] 北晚新视觉综合：《3亿中国人面临隐性饥饿，第39个世界粮食日，节约粮食从我做起》，https://www.takefoto.cn/viewnews-1929664.html，2019年10月16日。

[3] 刘雪丽：《〈柳叶刀〉发文：中国人为何成为世界"首胖"》，健康界，https://www.cn-healthcare.com/article/20210609/content-555848.html，2021年6月10日。

但是，消灭隐性饥饿并不容易，因为食物选择并不仅仅是个人喜好问题，还与"食物环境"（Food Environment）息息相关。所谓的食物环境是一个社会问题，主要围绕某一地区的食物可及性（Food Availability）、食物可达性（Food Accessibility）、食物可支付性（Food Affordability）和食物质量（Food Quality）四个维度进行探讨。有相关研究表明，在城市环境中，食品零售和服务网点的健康食品供应与更健康饮食习惯之间存在正相关关系。同样，出售各种周围消费者负担得起的全营养食品零售店与更健康的体重有关，而大量出售不太健康的包装食品的便利店则与更高的超重率和肥胖率有关。

从食物环境的四个维度来看，解决隐性饥饿需要首先从食物可及性入手，即保证市场上面有足够的健康食品，而这便可让"功能性食品"大展身手。如前文所言，目前功能性食品行业普遍存在着"重营销大于重品质"的现象，使得功能性食品陷入名不副实的泥沼之中。功能性食品市场想要激浊扬清就亟需"真正的功能性食品"进行补位，占据市场，而打造"真正的功能性食品"离不开功能农业的帮助。

那么什么是功能农业呢？功能农业是指通过现代生物科技和农艺措施，生产出具有特定含量的微量营养素（如矿物元素、维生素等）和其他有益功效成分（如膳食纤维、限制性氨基酸、植物化合物和不饱和脂肪酸等）农产品的过程。主要强调农产品的营养功能和保健功效，与人体营养均衡和健康密切相关。

功能农业的概念是由赵其国院士为组长的中国科学院农业领域战略研究组，在《中国至2050年农业科技发展路线图》中首先提出的，并认定功能农业是继高产农业、绿色农业之后的农业发展的第三阶段，是我国在大健康战略背景下保障人们从吃得饱、吃得安全向吃得健康迈进的最重要手段。

究其根本，功能农业是通过农业科技手段，实现了让农产品中的营养物质从"富含"这种模糊概念转变为"定向含有"，使得农产品更加营养化和功能化。可以说功能农业是解决"隐性饥饿"的主要方法。

目前，常见的实现功能农业的途径主要有以下两种：

（1）**针对某类疾病人群的需求对农作物中的特定物质进行优化**。例如，2017年，日本筑波大学通过基因编辑技术，成功培育出一种能够预防轻度高血压和正常高血压的西红柿。该项目着眼于合成西红柿富含健康功能成分 γ-氨基丁酸（GABA），这一成分能够有效作用于脊髓的血管运动中枢，有效促进血管扩张，达到降低血压的目的。该研究利用基因编辑技术在这种合成酶基因的一部分导入变异基因，培育成功了富含 GABA 的西红柿。韩国早在 2008 年就已经开始对降糖辣椒进行研发。降糖辣椒中含有 α-葡萄糖苷酶抑制剂，可以抑制肠黏膜上的 α-葡萄糖苷酶，使淀粉分解为葡萄糖的速度减缓，从而降低血糖。在市场上，降糖辣椒的价格是普通辣椒的 10 倍之多，成功帮助实现农作物价值翻倍。

（2）**以帮助补充营养素改善健康为目的，打造农作物新品种**。例如，我国农科院与国际玉米小麦改良中心合作培育的新品种玉米。研究通过重测序、高密度基因型分析手段进行全基因组分析，设计并实施特用玉米分子营养品质和抗逆性育种改良计划，创造和培育强势、营养健康新品种。目前已成功培育高赖氨酸、高叶酸和优质蛋白玉米，最新选育的"黑瞳""京紫糯219"因含有大量花青素等营养物质，已实现上市推广。

以上例子说明，**功能农业并不是简单的农业，而重在科学技术对农业的加持**。

目前，功能农业正迎来国家政策的助力。2017年，功能农业的定义首次写入中央一号文件，并指出要加强现代生物技术和营养强化技术研究，挖掘开发具有保健功能的食品。此后，农业部"主食提升行动"，国家粮食和物资储备局"中国好粮油行动计划"和"科技兴粮"行动，山西、广西和宁夏等省级战略与多地农业"十三五"规划，先后述及功能农业。2019年，功能农业更是首次写入我国乡村振兴政策文件，未来要推进农业与文化、旅游、教育、康养等产业融合，发展创意农业、功能农业等。

我国功能农业元老赵其国院士曾预测，功能农业发展将会更加强劲，即将迎来发展的黄金十年，市场规模将突破千亿元。而未来全球功能农业将有2/3出现在中国，中国是功能农业的主战场。可见功能农业是一个非常巨大的新风口。

三、发展功能农业，机遇在何处

社会消费水平的提升奠定物质基础，国家政策支持提供指引方向，科研创新提供发展核心力量，功能农业正迎来前所未有的发展机遇。那么，对于我国众多希望布局功能农业的地区而言，如何根据自身的发展条件选择合适的切入点实现产业突破呢？结合我国国情和功能农业发展现状，笔者认为以下三大机遇是目前希望入局功能农业地区的强势突破点。

1. 机遇一：围绕隐性饥饿，延展真正的功能性食品

如前文所言，隐性饥饿已经成为影响我国国民健康十分重要的因素，想要实现新时代粮食安全，就必须解决隐性饥饿。利用功能性食品补充容易缺乏的营养物质，已成为许多消费者预防和改善隐性饥饿的主要手段。如前文所言，目前国内消费者认为的功能性食品主要是进行工业加工的食品类型，但是在功能性食品发源地日本，其机能性标示制度允许从业者标示农林水产品的机能性，借此提高农产品的附加价值。因此，利用功能农业培育真正有功效的功能农作物，进而不断延展产业链打造有利于健康的功能性食品，是农业地区入局"功能领域"的第一机遇。

国际上通过功能农业解决隐性饥饿问题已经有了不少进展，大部分都是通过功能育种，实现农作物中营养成分的定向改造，起到品种改良和营养加强等作用，达到满足消费者特定需求的目的。低致敏小麦的研究就是非常典型的案例。

小麦是重要的粮食作物，全世界约有1/3以上的人口以小麦为主粮。在

我国，小麦是北方人民的重要口粮，每年总产量也能达到粮食总产量的1/4。但其实小麦是非常常见的食物过敏原之一，小麦里含有的"面筋蛋白"（又称麸质）会引发麸质过敏，导致慢性过敏症乳糜泻、职业性哮喘，严重时甚至会引起小麦依赖运动诱发的过敏性休克。据统计，在欧洲，乳糜泻的易感人群甚至超过了7%[①]。2018年，澳大利亚默多克大学主导的一项新研究成功通过检测与麸质过敏相关的蛋白质，确定了小麦基因组中产生致敏蛋白质的基因序列及位点。这项研究成果是培育低致敏小麦的第一步，未来将会针对致敏蛋白质基因进行相关基因编辑等方式育种打造真正的低致敏小麦。而且了解小麦的遗传变异性和环境稳定性将有助于食品生产商种植低过敏原粮食，相比完全避免食用小麦，这可以作为一种安全健康的替代选择。

可见，利用科技手段赋能功能农业，针对农作物新品种进行研发，是打造真正功能性食品的有力武器。 富硒农业可以说是我国功能农业的先行典范，也是我国发展最早的功能农业类型。20世纪80年代，陕西省就已经开始发展富硒农业，直到2011年正式形成了政府引导企业主导的场面。目前，我国湖南省桃源、湖北省仙桃、河北省承德、杭州市萧山区等地都围绕富硒农业研发作物新品种。

山西省在富硒农业的基础上联动科研优势助力更为领先的功能农业发展。在政府的大力支持和推进下，联动山西农业大学（又名"山西省农业科学院"），先后于2017年成立了山西功能农业研究院，于2018年成立功能食品研究院。这两大研究机构负责统筹全省农业科技资源，链接国内国际科技创新资源，为山西功能农业、功能性食品发展赋能科技要素。目前，已经建设国家功能杂粮技术创新中心、黄土高原特色作物优质高效生产省部共建协同创新中心、功能食品山西省重点实验室、功能农业院士工作站等科研平台。针对山西省特色生物资源功能性食品研发与利用等课题展开了科技攻

---

① 马省伟：《低致敏性小麦的培育》，https://wap.sciencenet.cn/blog-1094241-1109907.html?mobile=1，2018年4月20日.

关，利用本地功能农业新品种进行研究，开发出了富硒太谷饼、猴头菇大豆速溶粉系列功能性农产品和功能性食品。

尽管通过育种方式培养出功能性农产品十分困难，但是从市场角度来看，通过自然农业生产方式获得的营养强化更容易获得消费者青睐。因此，利用功能性赋能农产品延展产业链，围绕目前消费者最关注的糖尿病、心血管疾病等受隐性饥饿影响较大的慢性病，打造真正的功能性食品，最终实现与目前功能性食品市场注重营销的现状差异化发展，成为真正赢得消费者信赖的功能性食品，不失为发展功能农业并有效解决当下的功能性食品乱象一大突破口。

2．机遇二：关注植物提取物，兑现功能农业经济价值

植物提取物是指以植物为原料，按照最终产品用途的需要，经过提取分离过程，定向获取或浓集植物中的某一种或多种成分，一般不改变植物原有成分而形成的产品。根据第十四届天然产物创新与发展论坛（NIC2019）总结，植物提取物主要有天然色素、天然甜味剂、功能性植物提取物、中药提取物、植物精油和益生元六大类。

纵观植物提取物产业链，行业上游是种植业，下游则拥有众多应用场景，主要是医药、保健品、功能性普通食品、食品添加剂、饲料和化妆品等行业。如前文所言，由于紧张和忙碌的生活方式导致的疾病越来越多，因此，消费者需要更为健康的食品和功能性更佳的补剂，这其中的一些功能性成分就来自植物提取物。爆火的饮料品牌元气森林，就是抓住了消费者的抗糖心理，利用植物提取物赤藓糖醇这类代糖，打造零糖、零卡饮料，成功引领潮流。下游行业不断提升的需求正在推动植物提取物领域的快速增长。2017年全球植物提取物市场规模达389.5亿美元，2006—2017年行业复合年均增长率为13%。① 根据 Markets and Markets 分析，植物提取物全球市

---

① 前瞻产业研究院：《一文了解全球植物提取物市场规模不断上涨，亚欧贡献最高》，https://www.qianzhan.com/analyst/detail/220/181029-58583951.html，2018年10月29日.

场预计到 2025 年将达到 594 亿美元。

而且，植物提取是赋能农产品快速且有效的方法。河北曲周的农场生产出的干辣椒价格约 20 元/千克，制成普通辣椒酱等食品时价格约为 40 元/千克，但当进行辣椒红色素粉末提取之后价格往往会突破 120 元/千克，价值较普通辣椒翻了六番。

综上所述，植物提取物行业是一个能够快速赋值农产品，并且未来发展空间很广阔的行业，十分值得农业地区关注。那么农业地区应该如何抓住这个机遇呢？

（1）**对于植物提取行业企业来说，获得低成本、高质量、稳定共赢的原材料是关键。**目的有效物质高含量的植物新品种选育、促进目的有效物质增量的植物定向培育等由功能农业主导的，上游原材料研发环节，无论是现在还是未来都将持续掌握植物提取行业的话语权。以我国植物提取龙头晨光生物为例，可以看到在其营业成本构成中，原辅材料占比超过 95%，且容易受气候条件、病虫害等影响，出现供应量、价格波动较大的情况。因此，公司为了保证原材料的稳定供应，与主要原材料供应商建立了长期战略合作关系。在新疆是"公司+基地+农户"的模式，并与当地新疆生产建设兵团建立了长期稳定的合作关系，辣椒种植基地与新疆红安种业合作，推行"三位一体"种植模式；在河南、内蒙古、山东等其他辣椒主产区帮助当地种植大户组织农民建立了专业合作社，还与高校建立了合作关系进行多种植物的优种选育和推广工作。

（2）在传统观念中，农产品加工虽然已经是工业带动农业发展的最直接方式，但仍属劳动密集型行业，技术含量不高。**但实际上，植物提取物企业并非传统意义的农产品加工企业，其更像是科技公司，生产优质产品的竞争优势主要来自科技优势，不断改良提取技术将构筑企业未来发展的护城河。**还是以晨光生物为例，辣椒提取物是晨光生物的当家产品，经过不断的摸索创新，晨光生物攻克了辣椒提取物连续逆流提取、带柄提取等世界难题，独创了辣椒酱红色素成套加工设备。这一设备大大提高了劳动生产效率和产品品质，推动了行业技术进步，为中国辣椒提取产业在国际上赢得了话语权。2014年，辣椒天然产物高值化提取分离关键技术与产业化荣获国家科学进步二等奖，这是对晨光生物利用科技推动行业发展最坚定的认可。

从晨光生物对企业植物提取板块的战略合作布局中，我们得以窥见优质的农作物原料和提取技术对于植物提取行业的重要性，而且这两个关键环节都离不开科技支持。利用功能农业，发展植物提取物行业，实现上下游联动，也是广大农业地区切入功能农业的绝佳突破口，是提升功能农业价值的一大"妙招"。因此，广大功能农业种植地区可以凭借当地丰富的资源优势，积极招商类似晨光生物、莱茵生物等植物提取行业龙头。依托龙头企业多年发展积累下的科研优势，利用科技创新灌注发展动力，不断优化植物提取行业布局，实现功能农业新突破。

3．机遇三：瞄准饲草饲料之本，提升"肉蛋奶"品质

俗话说民以食为天，"一碗饭"记录着人们生活的日益改善，也记录着时代前进的巨大变迁。无论是从中华人民共和国成立初期的"窝头咸菜"，还是新生活的"肉蛋奶菜"，是每一个中国公民都感受得到的舌尖上的变化。国家统计局和中国饭店协会统计显示，2018年中国城镇居民人均粮食消费量为110千克，比1956年下降了36.6%；人均猪肉消费量为22.7千克，比1956年增长2.9倍；人均奶类消费量为16.5千克，比1953年增长6.5倍。[①]新华社报道称，我国牛肉消费占比从1991年的4.79%增长至2017年的11.91%，未来将占市场消费主导。由以上数据可见，**我国居民饮食结构开始向"高蛋白饮食结构"发展**。

尽管我国饮食结构已经有了很大改变，但是人均饮奶量仍不足世界人均

---

① 人民日报：《肉蛋奶等食品消费量增加中国人端稳饭碗品味变迁》，http://finance.ceeh.com.cn/2019-10-18/30988.html，2019年10月18日。

值的 1/3，不足亚洲人均值的 1/2，可见我国乳制品消费水平仍有很大的提升空间。而且，我国牛奶和牛肉国内市场供不应求，国内牛肉产能尚不能满足 50% 的市场需求，靠进口弥补的缺口持续增大，仅 2018 年 3 月的单月牛肉进口量就环比增长 28.8%，同比增长 26.7%。梅特国际集团预测，中国将超越美国，成为世界牛肉最大进口国。

新时代的粮食安全观，也已经将目光从聚焦粮食作物转移到更广阔的农牧业。其实，富含营养的优质的肉蛋奶属于功能性食品，而发展这类优质食品的关键之一，就是优质饲料。

以荷兰奶业振兴为例，荷兰一直坚信"牛奶的营养是不是丰富，关键在于奶牛吃的怎么样"。同时，国内外也有大量研究证明，**饲料的质量直接关乎肉蛋奶的品质**。荷兰充沛的雨露、肥沃的土壤滋生了得天独厚的新鲜牧草——黑麦草。黑麦草富含奶牛所需的粗蛋白、粗脂肪、粗纤维、钙、磷、胡萝卜素等多种营养成分，造就了奶源中含有与生俱来的维生素 B_2、B_{12}、肉碱、胆碱等天然营养素。而且荷兰奶牛只吃 15 厘米高的黑麦草，因为高于 15 厘米的黑麦草营养有所流失；而食用低于 15 厘米的黑麦草会破坏植被。优质的牧草打造高质量的乳业，荷兰牛奶的出口量长居全球第一。

由于国内肉蛋奶消费比例升高，所需饲料增多，而国内饲料存在巨大缺口，因此不得不依靠进口。以猪饲料豆粕为例。我国 80% 的进口大豆，主要用于饲用豆粕的加工。根据中国海关最新数据，2020 年我国累计进口大豆 10 033 万吨，首次超过 1 亿吨，较 2019 年进口增加 1 182 万吨，刷新 2017 年进口 9 553 万吨纪录。[①] 但是，大豆作为同时拥有经济和政治敏感性的农作物，依赖大豆进口对中国整个生猪产业的影响会有很大的不可控性，包括产业化和猪肉价格的稳定性。

我国也已经意识到饲料对于未来粮食安全的重要性：农业部在 2015 年便

---

① 新华网：《2020 年进口首次超亿吨——大豆行业如何破困局》，http://www.xinhuanet.com/food/2021-01/27/c_1127029958.htm，2021 年 1 月 27 日.

启动实施"粮改饲"行动，用"粮+经+饲+草"四元结构指导新时代农业生产；2021年的中央一号文件中也着重强调，"鼓励发展青储玉米等优质饲草饲料，稳定大豆生产"。国家不断推出的系列政策措施，将饲料产业发展提升到了一个新高度。**加快发展饲料产业，已成为推进农业供给侧结构性改革的重要举措，也是保障新时代粮食安全的必然选择。**

我国一直面临着优质饲料缺乏，需大量依赖进口的被动局面，归根究底，这其实与生产饲料原料质量有很大关系。以最常见的玉米为例，玉米在我国是重要的饲料能量原料作物，被广泛应用于生产各类饲料。但是我国玉米种植质量良莠不齐，导致提供能量的能力相差甚远。国际上的相关研究认为，玉米平均代谢能为 3 218 kcal[①]/kg，玉米家禽代谢能变化区间为 2 900～3 480 kcal/kg，最高和最低值相差 580 kcal/kg，占玉米平均代谢能的 18%。国内针对"郑单958"这一玉米品种在不同地区种植的结果表明，代谢能相差近 5%。但不同地区的玉米混在一起使用时则难以区分，导致玉米的使用无法精准。如果玉米均一性提高，饲料企业可减少 3%～5% 的饲料用玉米使用，大约每年可节约 800 万～1 300 万吨玉米使用。可见，农作物原料的问题会对饲料行业产生"蝴蝶效应"。[②]

因此，通过功能农业提升饲草饲料原料作物中所需营养成分含量是帮助解决我国优质饲料不足的有效手段。目前，我国多地已经对于发展牧草饲料业有所尝试：河南省在"四优四化"政策帮助下，将农科院植保所与畜牧所联合，在苜蓿新品种和鲜储技术方面已取得阶段性进步，并打造 2020 年高产优质苜蓿示范建设项目。此外，山东、宁夏、云南和新疆等地也借由"粮改饲"政策推动，大力发展饲草饲料产业。其中，山东省滨州市无棣县柳堡牧业小镇是没有本地基础，由牧业引导，发展起牧草功能性育种及种植产业的

---

① 1 kcal ≈ 4.186 kJ。
② 腾讯网：《农一帮加快玉米"粮改饲"！为何急迫？会带来哪些改变？》，https://new.qq.com/rain/a/20210607A0199K00，2021 年 6 月 7 日。

成功案例。滨州市政府意识到通过牧草育种改良饲草质量，不仅可以解决农牧业上游供应链的问题，而且可以拓宽和延长区域的产业链条。因此，本地政府制定了一系列鼓励政策支持企业进行技术攻关。经过五年时间的育种探索，当地的山东儒风农业集团有限公司培育成了适应轻盐碱地的新品种"中原804"，填补了鲁北地区没有自己品种的空白。新品种将苜蓿的蛋白含量提高1～2个百分点，大大提高了饲草的营养价值。

如今，山东儒风农业生产的苜蓿早已不愁销路。新品种苜蓿生产的青贮饲料，每吨可以卖到700元，每亩地可实现效益2 100元，相比原来种植小麦、玉米等作物提升了近千元。可以说，通过功能农业定向育种，让当地产业实现了从无到有的逆袭，使柳堡牧业小镇重新焕发了生机[①]。

综上所述，人们对健康日渐关注的现状，为功能性食品和功能农业的发展创造了前所未有的机遇，也为我国广大农业地区突破现状发展提供了新的思路。上文中，针对我国国情提炼出三大功能农业的新机遇：无论是围绕隐性饥饿延伸真正的功能性食品，还是关注植物提取物，兑换功能性农产品经济价值，抑或是瞄准饲料行业帮助提升我国肉蛋奶的品质，都离不开科研的赋能。**可以说科研创新是发展功能农业的核心驱动力**，未来农业地区想要占据功能农业制高点，就必须把握农业科技发展的新趋势，加强与科研院所与龙头企业创新合作，不断强化自身的市场竞争力。

2020年我国脱贫攻坚战已取得全面胜利，现行标准下9 899万农村贫困人口全部脱贫，832个贫困县全部摘帽，12.8万个贫困村全部出列[②]。这可以说是我国乡村振兴任务的一大节点——**脱贫标志着我国已经完成乡村振兴1.0**。我国乡村振兴的下一阶段是由脱贫转向致富这个更有挑战的新目标。我

---

① 苏建军、张家斌：《无棣柳堡镇：打造特色牧草小镇建设紫花苜蓿之乡》，滨州网，https://www.binzhouw.com/app/detail/642/305619.html，2020年5月19日。

② 新华网：《习近平庄严宣告：我国脱贫攻坚战取得了全面胜利》，https://baijiahao.baidu.com/s?id=1692634997668175695&wfr=spider&for=pc，2021年2月25日。

国拥有广大农业地区，政策上有 18 亿亩[①]耕地红线，坚守这道红线对我国保障粮食安全具有非常重要的意义。这些承载我国粮食保障的地区想要富裕和实现乡村振兴 2.0 的目标，就必须利用科技赋能发展功能农业，从源头上提升农业产业的价值。同时，延伸产业链，打造真正的"功能性食品"品牌，从而解决产品同质化问题，也不失为一种好方法。

---

① 1 亩 ≈ 666.7 平方米。

下篇　迷雾中的新地图，待孵化的服务经济

1. 互联网医疗——后疫情时代的死与生
2. 夕阳无限好——捕捉"银发经济"中的护理产业机遇
3. 人与动物的新故事——宠物疗法

互联网医疗——后疫情时代的死与生

文丨陈 昆

一、疫情之下，互联网医疗的井喷与隐忧

在新冠肺炎疫情期间，各行各业都大受影响，有一个行业反而实现了异军突起，这便是互联网医疗。在疫情最严重的那段日子里，对于去医院看病的恐惧及交通上的不便，无疑让很多人都转而选择了线上问诊。2020年，正是在疫情的催化下，中国互联网医疗市场规模一跃达到了近2 000亿元，同比增长达46.7%，为2015年以来最高增速。曾经看似不靠谱的在线问诊、远程诊疗、送药到家等一系列服务，正加速走入千家万户。

除市场规模的迅速扩大外，用户接受度的加深无疑对行业来说更为重要。在2020年年末，互联网医疗全行业月活用户峰值就超过了6 000万人，相关用户群也不再仅仅存在于少数大城市，而开始大量向三、四线城市下沉，从2018年到2020年同期，二线及以下城市互联网医疗用户的占比已经从42.1%提升到了46.2%，一线城市用户仅占到了市场总量的10%[①]。可以说，互联网医疗对于中国消费者来说已经不是新生事物，开始成为大家日常生活的一部分。

也正是在疫情期间，国家卫健委和国家医保局联合印发的《**关于推进新冠肺炎疫情防控期间开展"互联网+"医保服务的指导意见**》为行业进一步注入了政策利好的强心剂。在政策端开始鼓励互联网医院开展线上复诊，鼓励医疗机构开展线上咨询和就医指导的风口下，相关企业的生存空间得到了极

---

① 前瞻研究院：《2020年中国互联网医疗行业发展现状及细分市场分析 医药电商市场规模将近5 000亿元》，https://bg.qianzhan.com/report/detail/300/210413-2be19a07.html，2021年4月13日.

大扩展。在互联网基本掌控了大众生活方方面面的当下，其对于最关乎人民福祉的消费领域——医疗领域的渗透，已经正式拉开帷幕。

前途看似一片光明，然而事实真的是这样吗？

二、信任与盈利，当前互联网医疗的最大命门

其实，在疫情开始缓解，以及大众恐慌情绪初步退却的当下，"**线上看医生是否真的安全**"顾虑仍在，互联网医疗行业进入 2021 年以来已初现疲软。这样的趋势在疫情仍然严重的美国尤其明显，2021 年年初，美国国内市值和营收最高的互联网医疗股 Teladoc 的股价两周内跌幅高达 26%，市值蒸发了 100 亿美元，而 Teladoc 在 2020 年刚刚获得了实际问诊次数 156% 增长的好成绩。[1] 问诊数的下降、盈利模式的单一是资本市场不看好 Teladoc 的重要原因。

相似的情况同样困扰着中国同行。

1. 信任危机——尚待挖掘的市场需求

互联网医疗发展道路上的桎梏，其核心还是在医疗行业的特殊性。医生与患者面对面，才是患者信任的看病方式，无论是西医的望、触、叩、听，还是中医的望、闻、问、切，都要求医生实际接触患者，仅仅在线上问诊，显然不是患者普遍能够接受的。而在国际上的远程医疗实践中，往往是病人在本地看不了的病，才在本地医生的带领下，在线与其他医生进行交流，即使这样也有 24% 的误诊率[2]。也就是说，即便在患者旁边有医生的情况下，也存在误诊，这是因为患者旁边的医生可能已经把他认为不重要的信息过滤掉了，造成了远程诊疗中的误判，有医生线下指导尚且如此，当患者独自面对线上问诊的时候，无疑也面临着极大风险。

---

[1] "村夫日记"微信公众号：《互联网医疗退潮》，https://www.huxiu.com/article/412237.html，2021 年 3 月 1 日。

[2] "财健道"微信公众号：《单纯的互联网医疗没有商业模式》，https://www.huxiu.com/article/396009.html，2020 年 11 月 25 日。

因此，无论是消费者还是政府，无疑都不敢轻易将医疗交给线上，"**互联网医疗是否值得信任**"仍是在讨论中的社会热题。

从政策角度看，互联网医疗一直存在着难以监管的问题，现行实地稽查的行政手段无法对线上诊疗活动做到全程有效管理。主管部门线上监管手段匮乏，相对于医疗平台明显处于信息劣势，无法真正落实诊疗指南、操作规范、行业标准等医疗活动监管规则。如果参照《医疗机构管理条例》提出的依据医院选址、服务半径、病床编制、器械配备等条件来监管，已经无法适应线上医疗中医师、平台、患者相互分离的运营模式。对此，政策端一直有着较大疑虑并在逐渐摸索管理办法，国家卫健委在 2018 年发布的《互联网诊疗管理办法（试行）》中就明确规定"**不得对首诊患者开展互联网诊疗活动**"。从政策层面上看，目前国内互联网医疗仅限于为患者提供部分常见病、慢性病复诊。

在实际操作中，界定首诊、复诊的边界十分模糊，对于什么病可以复诊也没有明确界定，大部分问诊病人往往在病情不严重的情况下就会尝试线上首诊，遵循线上医嘱、购药完成诊疗流程，这实际上并不符合政策精神。因此，就进入了一种政策规定上虽然有限制，但实际操作中却无法执行的模糊状态。此外，在这样尴尬的境地下，对于互联网医疗消费如何纳入医保也成为一个问题。虽然在 2020 年 11 月，国家医保局就正式发布了《关于积极推进"互联网+"医疗服务医保支付工作的指导意见》，但其中只明确规定了"医保报销范围包括在线复诊并开具处方发生的诊察费和药品费"，对于实际发生的涉及首诊及后续医疗行为如何报销，仍是模糊的，也给实际执行造成了困难。

在政策端纠结的境况下，消费者也难免对线上医疗服务抱有疑虑。在中国青年报社会调查中心的一次调查中，25.1% 的受访者认为网上医疗不可靠，51.8% 的受访者表示身体稍有不适时，即使在网上可以得到医生的建议，也会去医院看病①。从消费者的角度说，线上医疗更多的是对线下医疗的一种补充，听听在线建议就好。**在这样的市场认知和政策空间下，疫情之后的互联网医疗是否仍能够保持高增速，市场仍保持较大疑虑**。在相关市场调查中，中国移动医疗用户规模增速预计到 2021 年仅为 7.7%，预估值仅为 2020 年的近一半，整体增速趋缓。②

2．盈利模式——仍未夯实的发展基础

除市场和政策环境等外部影响外，对于当下的互联网医疗行业发展来说，如何形成可行的盈利模式，仍然是业内最大痛点。现在，绝大部分消费者使用线上医疗平台主要是用来远程问诊和预约挂号，在 2020 年 11 月的调查中，有 3 296 万的互联网医疗月活用户在使用在线问诊平台，2 416 万用户在使用平台预约挂号，这两大领域加在一起便已经占去了市场的大半③。而无论是在线问诊还是预约挂号，其实都难以赚到钱。从我们普通人日常去普通门诊的自身感受便能够知道，一般人挂一个主任医师号的价格是 50～100 元，而买药则要花几百元，医疗消费的大头从来都不在"医"上。

因此，对于一般民办医疗来说，必须拥抱非医疗板块才能实现盈利。通过结合保险、金融服务，甚至地产等业务板块获取利润，再进一步反哺医疗服务本身吸引流量，从而实现共振发展，这已经成为业界普遍的盈利模式。这也就决定了，**如果单纯依靠提供医疗服务，企业其实难以实现盈利，互联网医疗行业更无法摆脱"烧钱"的命运**。

例如业内龙头平安好医生 2020 年的全年营收本来达到 68.7 亿元的好成绩，同比增长 35.5%，全年毛利率也达到 27.2%，较 2019 年提升了 4.1 个百

---

① 中国青年报：《互联网医疗能否缓解看病难信任度低成最大问题》，http://media.people.com.cn/n1/2016/1101/c40606-28823163.html，2016 年 11 月 1 日。
② 比达网：《2021 年第 1 季度中国移动医疗产品市场监测报告》，http://www.bigdata-research.cn/content/202104/1178.html，2021 年 4 月 29 日。
③ 前瞻产业研究院：《2020 年中国互联网医疗行业发展现状及细分市场分析，医药电商市场规模将近 5 000 亿元》，https://bg.qianzhan.com/report/detail/300/210413-2be19a07.html，2021 年 4 月 13 日。

分点。但在如此高的营收成绩之外，仍然承受了 5.158 亿元的全年净亏损①。而业内的另一龙头微医同样无法实现盈利，其公司招股书显示，微医在 2018 年、2019 年和 2020 年三年间，分别实现收入 2.55 亿元、5.06 亿元、18.32 亿元的爆炸性成绩，可以说是如日中天，但同时年内亏损则分别是 40.52 亿元、19.37 亿元和 19.14 亿元。微医的经营状况其实较为典型地反映了当前业内一个比较尴尬的状况：一方面，由于消费者对于互联网医疗接受起来仍需要一个过程，企业需要慢慢渗透市场，各项成本极大；另一方面，由于缺乏较好的盈利模式，利润空间有限，好不容易开拓的市场难以转化成为公司可见的盈利，因此就进入了一种"奋斗不息、烧钱不止"的发展状态。从微医公布出来的成本数据也不难发现，同样是 2018 年、2019 年、2020 年这三年里，公司的销售成本分别达 1.79 亿元、3.89 亿元、13.35 亿元，这里面就包括了商品成本、医学专家费、雇员薪酬及福利、分销渠道费、折旧及摊销等。

那么既然服务收益独木难支，**传统医疗领域利润的大头——药品销售**也就自然而然地被各家互联网医疗巨头盯上，由此成为实现盈利的救命稻草。从平安好医生的业务板块占比中不难发现，其在线医疗、消费医疗、健康商城和健康管理业务的营收占比分别为 17%、22%、57%、4%。其中收入最高的就是健康商城板块，主要包括药品、器械、保健品、母婴和健身用品的销售，占到了绝对大头。而药品销售也不像其他医疗服务，其本质上是一个标准化、风险较低的市场，药品互联网化对市场来说也不是新生事物，接受度相对较高。

正是在这样的市场条件下，传统电商巨头也得以在互联网医疗领域崭露头角，依托自己积攒多年的雄厚电商基础牢牢抓住当前业内利润的大头。例如当前业内少有的实现盈利的阿里健康，依托阿里系强大实力便得以在医药电商领域深挖市场，其 2020 年财报显示，医药电商在其各业务板块中营收占

---

① 李雨晨：《平安好医生的 2020：营收增长 35.5%、成交保险部，但盈利仍在路上》，雷峰网，https://www.leiphone.com/category/hulianwangyiliao/dKe2OZJ1yZhZzxLf.html，2021 年 2 月 4 日。

比最高，达到了97%。京东健康招股书也显示，2019年全年，其医药和健康产品收入占到了其全年收入的87%。

可以说，以"医"引流，以"药"创收才是现在业内绝大部分企业的现状。然而，依托医药电商实现扭亏为盈，似乎也并不是一条康庄大道。首先对于医药电商来说，在国家处方药一直严格监管的当下，如何挖掘这个最大的市场一直都是难题，医院处方药外流虽有政策松绑，但步履维艰。市场反应是客观的，哪怕是在巨头下场的当下，互联网零售药房占药品市场比例依然很低。2019年，在线零售药房销售额仅占药品市场销售的3.63%，市场规模约为1 050亿元①。对于一个单个企业估值动辄几十亿美元的行业来说，线上医药销售似乎也并不是一条可以依托的坚实盈利之路。

综合以上其实不难发现，无论是信任危机还是盈利难题，归根结底其实都是互联网医疗仍难克服自身硬伤，线上诊疗终究无法突破物理限制，医生始终对患者"看不清、戳不到、扣不着、听不见"。这其中的风险与监管难点，也是政策端难以放开首诊红线的关键所在，而当消费者难以将医疗需求全权交给线上的时候，互联网医疗的盈利难更成为一座难以翻越的大山。

三、诊后环节——最后的伊甸园

那么，在核心诊疗环节难以突破的当下，未来的互联网医疗又该何去何从？

其实当我们审视医疗行业及医疗行为本身不难发现，医疗本质上从来都不局限于治疗，其包含**预防、保健、诊断、治疗、康复**五个环节。并发症/后遗症预防、康复治疗、患者生存质量提升等诊后服务也是医疗的核心环节，直接影响患者的治疗效果。

---

① 赵小南：《互联网医疗创业公司，无法走"富二代"的路》，https://www.huxiu.com/article/400714.html，2020年12月17日。

对于诊后环节来说，由于已经经过了线下诊断，市场提供后续服务的风险大大降低。因此，从政策层面上看也乐于看到私立机构发挥力量。而互联网医疗，无疑能够在诊后环节最大化发挥远程、及时、便捷的优势，在**诊后用药及管理、医患沟通、随诊复查、治疗方案调整、康复及慢病管理**等领域大有可为，同时，更能解决政策端和市场端的如下痛点：

1. 让患者更放心地离开医院，才能缓解"看病难"的问题

其实对于我国医疗系统建设来说，通过不断扩大投资，增加医院规模和医护数量已经不是难题。**但是如何进一步提供完善的诊后服务，让患者能够放心地离开医院，才是提升医疗效率，从而缓解医疗资源紧张的关键，也是互联网医疗可以切入的重要发力点。**

2019 年，我国医院患者平均住院天数为 9.1 天，美国为 5.5 天，近一倍的数量差反映出的是两国医疗效率的巨大差距。由于美国已建立起较为完善的院外康复治疗和保险体系，在患者经过诊断治疗后，可以选择护理院或借助家庭医生等方式完成自己的诊后康复。在诊后环节有相对完善的服务支撑下，患者可以放心出院，因而也就大大缓解了医院的负担。反观我国，由于诊后服务供给不足，社会医保只覆盖住院治疗等原因，大量的诊后服务需求只能交给医院。在这种情况下，虽然我国住院康复得到了较快发展，但同时病人也只能留在医院里，降低了医疗效率，也加剧了医疗资源的紧张。

这也就是哪怕在近 20 年来我国医院总数增加 86%、病床数增加 165% 的情况下，社会仍普遍感觉医疗资源不足。同期的美国，医院总数却减少 23%，病床数减少 39%，医疗资源仍显得绰绰有余。

其实对于诊后环节来说，由于已经经过院内诊疗，后续医疗服务的风险已经大大降低，消费者也更能够在这一领域对互联网医疗产生"信任"，从而给市场切入提供了空间。且由于诊后环节定制化、及时性、长期化的服务需求，其实恰恰契合互联网医疗平台可以便捷对接医疗服务的优势，大量的市场需求亟待挖掘。据估算，我国 2020 年的诊后环节市场规模已达 3 000 亿元，存在巨大的发展空间。

可以想见,通过互联网医疗的诊后介入,帮助搭建相对完善的院外康复体系,将使患者能够放心地离开医院,不仅大大提升医疗资源利用效率,也在一定程度上能够满足社会对互联网医疗的最大期待——缓解医疗资源的紧张与不均。诊后环节巨大的发展潜力和社会效益也得到了国家的认可,2019年1月22日,国家卫健委正式发布了《"互联网+护理服务"试点工作方案》,确定在北京市、天津市、上海市、江苏省、浙江省、广东省进行"互联网+护理服务"试点。综合以上不难发现,诊后环节对于互联网医疗来说,无疑是一个既有需求又符合政策精神的巨大市场。

2. 提供足不出户的医疗服务,帮助解决"看病贵"的问题

对于绝大部分有诊后需求和慢性病管理的患者来说,如果需要去医院才能进行康复治疗或获取基本的医疗服务,则必然造成一系列如交通、看护、就医等成本,且一旦需要家人的陪护,就会进一步给家庭造成一定的负担,所导致的"看病贵"问题十分广泛。截至2019年年底,我国各类慢性病患者已接近3亿人,而我国的失能、半失能老人也已达4 000余万人,对专业的医疗护理、康复、居家护理服务等有庞大且刚性的需求①。

在国务院办公厅于2017年印发的《中国防治慢性病中长期规划(2017—2025年)》中,重点提出了到2020年高血压、糖尿病患者规范管理率需要达到60%,2025年需要达到70%。无论从政策视角还是对普通民众来说,更便捷、更便宜地获取相关服务,无疑都存在巨大的需求。利用互联网医疗,通过提供线上问诊、保健康复、健康管理、医药及医护到家等服务,不仅可以极大节约患者的医疗服务成本,还能够使大量基本医疗服务覆盖不到的地区享受相对有质量的诊后服务,市场潜在需求极大。据统计,选择互联网平台进行诊后服务,平均单人每次医疗成本仅395元,而采用线下就医模

---

① 民生之期:《"互联网+护理服务"兴起,惠及失能、半失能老人及家属》,https://baijiahao.baidu.com/s?id=1701235107228243440&wfr=spider&for=pc,2021年5月31日.

式的平均成本则高达每人每次 1 080 元，相关线上服务一旦成熟，对病患家庭的福祉提升也无疑是巨大的。一旦相应市场开始成熟，互联网医疗平台也可以从原先的"卖药"实现向"卖服务"的转变，大大拓展自己的市场空间。

2020 年 7 月，国家发展和改革委员会印发了《关于支持新业态新模式健康发展 激活消费市场带动扩大就业的意见》，提出积极发展网络医疗。其中，重点提出需要规范和推广慢性病网络随访、远程医疗和网络健康咨询模式。

综合以上不难发现，**在诊后环节相关服务中，互联网医疗不仅可以规避"首诊"风险，更能够在帮助解决看病难、看病贵的同时深挖市场需求，获得政策青睐**。亟待挖掘的巨量需求，互联网医疗具备的对应优势，也将为市场参与者带来更多服务场景和盈利点。在政策市场的相关利好下，诊后服务在行业整体的占比也在迅速提高，2019 年，诊后服务在行业中所占比例仅为 5.4%，随着护理需求不断增长及长护险等医保政策的加持，预计 2022 年诊后服务占行业比例将提高到 17.8%。信任和盈利，这困扰行业发展的两大难点，似乎已经在对诊后环节的开拓中找到了对应的药方。

四、模式为王，开拓互联网医疗发展的新路径

诊后市场，业内不仅普遍看好，其实也早有动作。早在当 2014 年互联网医疗兴起时，各类糖尿病管理 App 就快速涌现，一时间数百家糖尿病管理公司成立，媒体一度称其为"**百糖大战**"。2019 年，阿里健康也宣布上线"器官移植随访平台"。该平台与移植领域权威医学专家共同搭建，希望将传统线下随访模式转移到线上。业内早已做出了大量尝试，但 2019 年互联网医疗诊后市场供给端仅占需求端规模的 1/10 左右，可以说市场并没有买账。

发展缓慢的核心原因仍是需求的不足。大量诊后服务尚未触及病患的核心痛点，消费者购买/支付相关服务的意愿并不迫切，以曾一度被业内认为

最有可能跑通商业模式的细分领域**糖尿病管理**为例，通过指导患者养成健康的生活方式，提供教育、随访和管理方案等服务，其实无法像药物一样立竿见影，也很大程度仰仗患者的自我管理能力，直接导致了患者的付费意愿不足。此外，医保也不为糖尿病管理买单、国内的商保市场体系不成熟，这就使得糖尿病管理公司始终在为找到合适的支付方而发愁。相似的问题其实也困扰着其他提供诊后服务的相关企业，大部分企业面向相对低迷的市场需求，其实仍然摆脱不了药物、耗材销售的盈利模式。

可以说，对于绝大多数进入诊后领域的互联网医疗企业来说，商业模式仍未走通，那么面向未来又该如何选择互联网医疗发展的新路径？一些已经走在前沿的国际企业也许会带给我们启示。

1. 多维服务深挖市场需求——美国卧腾（Optum）健康服务网络

对于绝大多数诊后服务来说，要满足患者包括用药、理疗康复、诊后随访、健康检测、饮食管理等十分多元的需求，单独倚靠互联网平台自身难以满足，需要联合多个服务主体共同合作。现在，国内互联网医疗企业也越来越倾向线上与线下的深度融合，通过整合线下医院、药企、连锁药店、保险等服务主体来提供综合性服务，**服务模式越来越"重"，结合的市场主体越来越多**，已经成为发展趋势。2020年5月，国家医保局也推出了《**关于扩大长期护理保险制度试点的指导意见（征求意见稿）**》，决定进一步扩大长护险制度的试点范围，为多种类诊后服务提供保险支持提供了政策依据，这也将进一步推动医疗与康养的深度融合。而在美国，已有一家企业成功贯通了线上线下，以综合性服务成功夺得了消费者的信赖，这便是**美国卧腾**。

美国卧腾是一家综合性健康管理企业，主要为公司团体和个人提供综合性的健康管理和看护服务，同时，也提供健康数据、药物零售服务等。与国内大多数涉足互联网医疗的企业一样，其背后也依托着一家巨头——联合健康集团，全美最大的企业健康保险提供者。

母公司的金融实力、长期在医疗保险领域的用户积淀，是卧腾重要的客户基础。而为了将客户的存量转化为医疗健康服务的消费，卧腾很早就意识到通过构建多元服务体系，贯穿健康服务全环节来留住客户的重要性。为此，卧腾将自己的服务分为卧腾健康（OptumHealth）、卧腾处方药（OptumRx）、卧腾见解（OptumInsight）三大业务板块，力求满足患者康复的多元需求。

卧腾健康的核心是其线上平台及遍布全美的 500 个护理服务中心，其所开发的线上平台——Optum My Wellbeing 是针对客户实现日常健康管理的综合性应用程序。通过综合算法，为客户评估健康分数（Health Score）来实现日常健康管理。通过线上平台，卧腾的用户可以了解自己每日的选择和习惯会如何影响健康，平台则会制定健康目标并提供营养和健康教练的建议。线上平台汇集的用户也会形成不同的康复社群，从而依托社群激励使用户进行主动健康管理。

在线下，卧腾则积极与医院进行合作，通过建立遍布全美的护理网络，并签约家庭医生，将线上流量导入成为线下服务。在卧腾合作的医院及护理机构中，患者可以享受诊疗、牙齿保健、免费健身房、年度体检等多元服务，也可获得上门服务。患者可通过联络遍布全美的 20 000 多名护理医师，获取距离自己最近的护理服务，并获取定制化康复方案。同时，依托母公司的商业保险优势，卧腾能够进一步为患者提供多元的金融支持。这样，在卧腾健康构建的服务体系中，患者不仅可以通过购买保险产品获得金融支持，更能够获得从康复、体检再到健康生活社群等一系列健康服务。

患者如果有用药需求，则可以通过卧腾的另一业务板块——**卧腾处方药**来实现。卧腾处方药是卧腾旗下的医药零售平台，其最大的特点是可以通过网络平台为客户提供不同的处方药搭配方案，利用其在数据和分析能力上的优势不断为患者寻找可行的药物搭配及控费方案。用户可以在医院获得处方后上传处方药决策系统，卧腾处方审核部门会将最终药品清单和自付金额等信息提供给患者，并列举多个备选用药方案供选择。这样，卧腾提供的就不再是单一的药品销售，而是一整套的药物购买方案，从而进一步满足在线咨询、获取处方及医疗控费等多样需求。现在，卧腾已成功帮助其客户平均每人每年降低了 202 美元的药物支出。

同时，由于掌握了大量用户数据，卧腾也得以依托大数据，为企业及政府客户提供服务，如依托其数据分析能力，就可以为政府、雇主提供一系列医疗决策和员工保险产品建议，并利用人工智能等新技术，为用户的特定需求量身定制健康及保险解决方案。正是通过多元化的深度服务，卧腾不仅牢牢抓住了线上流量，更将其成功转变成了自身的盈利，在 2019 年，卧腾医疗的年收入超过 1 000 亿美元，现已成为全美最大的医疗网络之一。①

线上线下服务的联动，覆盖患者各类需求的服务环节，让卧腾得以为客户提供近乎闭环的服务。卧腾由此便真正成为一个集成性的平台，不同业务板块或起到引流作用、或起到盈利作用，极大增强集团整体的实力。反观国内，虽然在不同的服务领域已有企业入驻，但并未出现像美国卧腾一样的服务整合者，行业领头羊们仍亟待拓宽自己的业务光谱。

2．技术突破增强服务黏性——维塔健康（Virta Health）糖尿病管理

在互联网医疗发展中，**有一个行业的潜在优势往往被忽视了，这便是对新技术的高效利用。**对新技术的创新应用其实一直是社会对互联网医疗的一种期待，毕竟其更有创新活力、受到的限制也较少。近年来，越来越多的业内玩家也开始注重结合新技术新手段，让服务本身变得越发**"硬核"**。以糖尿病管理为例，早期的互联网医疗企业主要提供血糖监测与科普等服务，基本在线上就可以完成，十分基础。在 2016 年后，随着市场的进一步火热，业内开始联合药店提供线下糖尿病治疗，售卖相关的产品及服务，服务能力越来越深化，也开始结合便携式血糖仪等新技术手段。相似的趋势正在全行业

---

① 世界新闻网：《卧腾遍布南加逾 70 家医说中文》.

出现，无论是平安好医生利用远程技术手段打造的线下"1分钟诊所"，还是近年推出的实时线下体检设备，其实都表明市场已经注重新技术的应用及包装。

对于诊后服务来说，由于其服务周期长，及时、贴身服务要求高，其实有着大量的新技术应用空间。还以糖尿病管理为例，由于血糖水平与患者的生活方式息息相关，这就需要采集患者的各方面数据，包括饮食、运动及血糖等，进而为大数据和AI技术的介入提供了可能。在美国的相关研究中，就通过分析用户的生活方式、身心健康和社交媒体活动来预测糖尿病风险，通过采集超过68 994人的数据进行建模预测，成功实现了对于疾病风险的预估。还如部分的糖尿病并发症（视网膜病变、糖尿病足等），都可通过分析患者的眼底扫描图像和炎症数据等进行及时干预，如Google就与印度和美国的医生们密切合作，创建了一个包含12.8万张眼底扫描图像的数据集，基于人工智能的筛查来检测和监测糖尿病视网膜病变的发生率，准确度为92.3%，96%的患者都表示对这项服务感到满意。①

其实，相关技术的新应用不仅可以极大提升患者的福祉，同时也能打开新的市场，互联网医疗平台提供的也可以不再只是病患教育、药品销售、线下治疗，而是在新技术之上，进一步提供健康监测、生活指导等全新服务，有效提升慢性病患者的生活质量。而应用新兴技术来开拓新的市场需求，国际上已有部分实践。

来自硅谷的Virta Health成立于2014年，是一个针对糖尿病管理的"在线专业医疗诊所"。其提出的目标是"到2025年逆转1亿人的2型糖尿病"。Virta Health的独特之处是通过技术手段帮助患者依靠饮食管理来控制血糖。在实际操作中，Virta Health会为每位客户提供记录血糖和血压等信息的设备。患者将他们的数据输入应用程序中，就可以获得实时的饮食及健康建

---

① 健康界：《谷歌糖尿病视网膜病变AI检测算法，已在印度和泰国医院应用》，https://www.sohu.com/a/432168189_139908，2020年11月16日。

议。根据患者的饮食、血糖数据及身体表现，智能算法可以根据患者体质定制餐饮食谱，患者可以及时向系统反馈他们全天的饥饿和劳累水平，帮助护理团队整合数据并定制化提供治疗及生活方案，相关结果还可以输出给患者的护理人员，帮助改进线下的治疗效果。基于这样对于患者生活的实时康复建议，患者相应的药物摄入就可以逐渐减少，直至可以完全不依托药物来控制血糖。据 Virta Health 官网显示，采用了其服务的糖尿病患者，有 94% 减少了胰岛素的使用量，63% 的患者完全停止使用处方药。①

为了享受相关服务，每位患者仅需先支付 500 美元的入会费、获取血糖仪等硬件设备，并按月支付 370 美元的服务费即可。持续的智能健康服务无疑极大提升了客户黏性，大量用户开始将 Virta 的服务作为生活必需品。这些服务为企业带来稳定并不断上涨的盈利。资本市场也无疑同样看好这一模式，Virta Health 的估值已从 2020 年 12 月的 11 亿美元成功提高到了 20 亿美元。②

从 Virta Health 的案例不难发现，**互联网医疗领域其实有大量新技术的应用空间，可以通过智能化手段完成线下难以提供的实时贴身服务，从而增强客户黏性**。而像慢性病管理这样周期较长的服务类别，市场具有确定且稳定的服务需求，更能够成为企业持续的盈利点。

五、结语

在当下的中国，互联网经济无疑已经深刻地改变了人们的生活，社会对互联网医疗无疑也一直保持着高度期待，但对于人类社会最古老的行业医疗业来说，其互联网化的道路无疑将会是审慎并缓慢的。但同样也是在这一过程中，互联网平台本身的信息化、智能化优势却是不可磨灭的，相信随着技术进步和行业服务模式的探索，中国互联网医疗也必将迎来大放异彩的时代。

---

① Virta 官网：https://www.virtahealth.com/.
② FLERCE 官网：《Virta Health 投资 1.33 亿美元扩大其糖尿病逆转平台》，https://www.fiercehealthcare.com/tech/virta-health-pulls-133m-to-expand-its-type-2-diabetes-reversal-platform，2021 年 4 月 19 日.

夕阳无限好——捕捉"银发经济"中的护理产业机遇

文丨邱 玥

一、新蓝海：养老服务业，未来可期的产业金矿

在大健康行业众多细分子领域中，"健康养老"逐渐成为百姓大众更为关心的焦点。市场曾预计"十四五"时期，养老产业将成为我国构建新发展格局的重要产业，在扩大内需、刺激消费、拓展就业等方面具有重要的作用①，将是一个孕育生机的白金产业。

面对日益严峻且不可逆转的人口老龄化态势，"如何养老"成为2021年两会的热点话题之一。实现老有所养、老有所依、老有所乐、老有所安也是全面建成小康社会的一项重要内容。为了让亿万老年人拥有幸福晚年，让更多的家庭感到未来可期，养老服务业正在成为我国积极应对人口老龄化的重要举措和促进经济社会发展的新动能。

1. 市场需求促发展：养老隐患日益凸显，让养老服务需求总量日益增大

（1）随着"人口老龄化"不断加剧，养老服务需求快速增长。我国是老年人口最多，老年人数增长速度最快，也是老龄化趋势非常严峻的国家。具体而言，根据第七次全国人口普查公报数据显示，60岁及以上人口为26 402万人，占18.07%。其中，65岁及以上人口为19 064万人，占13.50%。与2010年相比，60岁及以上人口比重上升5.44个百分点②。世界银行预计，我国2050年65岁以上人口比例将增长到26%，平均每5人中至少

---

① 新华网：《养老市场规模近10万元年内新增4.3万家企业》，https://baijiahao.baidu.com/s?id=1684384694595722199&wfr=spider&for=pc，2020年11月26日。
② 中华人民共和国人民政府网：《第七次全国人口普查主要数据情况》，http://www.gov.cn/xinwen/2021-05/11/content_5605760.htm，2021年5月11日。

有1位是65岁以上的老年人。可想而知，这将给我国经济与社会带来巨大的挑战①。

同时，**长寿特征凸显，高龄老人的进一步增多导致失能、半失能老人的照护问题越来越艰巨**。随着老龄人口的增加，我国高风险老年家庭数量在不断增加。高风险老年家庭是指处于失能或半失能、空巢状态的老年人家庭。同时，随着预期寿命的延长，老年人身体功能慢性损伤和失能的风险也在持续加剧，从而导致对于专业化长期照护服务的需求不断提高。腾讯理财通联合清华大学等共同发布的《国人养老准备报告（2020）》中的数据显示，我国失能和半失能的老年人数量将从2020年的4 000多万人逐渐上升至2050年的1亿人左右，而失能和半失能的老年人口比例在2020年之后也会上升，维持在20%左右②。有专家指出，平均1个失能和半失能老人需要3个人照料，如果这样的情况恰巧出现在独生子女家庭或困难家庭，会直接造成致命的打击③。因此，"一人失能，全家失衡"的痛点亟待解决。

不仅如此，我国老龄化还呈现出一个独特之处，**即"老龄化"与"城镇化"相互叠加，加速了独居老人户规模的扩大**。也就是说，未来人口老龄化加速的同时，城镇化同步高速发展，预计2035年我国城镇化发展将达到10.36亿人。数据显示，近年来随着城镇化发展的快速提高，独居老人户的规模越来越大，2010年，我国独居老人户为1 754万户，2020年，我国的独居老人户已突破2 000万户，达到2 540万户，预计2050年将达到5 130万户④。

（2）**家庭养老负担的"超重"趋势，加速养老服务的市场化发展**。目前，

---

① 鲸准研究院：《2019中国养老服务行业研究报告》，https://max.book118.com/html/2019/1012/8004055133002054.shtm，2019年7月。

② 腾讯理财通：《国人养老准备报告（2020）》，https://max.book118.com/html/2021/0429/8016062017003100.shtm，2020年10月。

③ 养生杂志官方：《失能老人超4 000万，衰或比老更可怕》，https://www.163.com/dy/article/GAA6RBSL0545ATXB.html，2021年5月18日。

④ 观研天下：《我国养老护理行业市场内需极大预计2030年将达5 896万人》，https://baijiahao.baidu.com/s?id=1699170147318022960&wfr=spider&for=pc，2021年5月8日。

我国推行的养老模式主要为"9073"模式，这一模式最早在"十一五规划"中由上海率先提出，即"90%家庭自我照顾、7%社区支持养老、3%机构养老"。考虑到我国当前现状，**未来"居家养老模式"依然是主流趋势**。

首先，由于我国的传统孝文化，老人们不愿意离开家养老，可以自理的老人大多会选择居家养老。其次，根据2021年2月底国家统计局发布的《中华人民共和国2020年国民经济和社会发展统计公报》数据显示，2020年年末我国养老服务床位数为823.8万张，增加62.4万张，每千位老人拥有养老床位数为32.4张。尽管与发达国家的50～70张/千人数据相比还有明显差距，但从我国整体养老机构的入住率来看，一般稳定在50%左右[①]。显而易见，养老机构的床位数尚未饱和，但有强烈照护需求的失能老人却对高昂的入住费用望而生畏，这也就使得不少老年人被动选择"居家养老"。

随着不断攀升的"老年抚养比"，市场化的"居家养老服务"正加速发展。所谓"老年抚养比"是指人口中非劳动年龄人口数中老年部分相对劳动年龄人口数之比，用以表明每100名劳动年龄人口要负担多少名老年人。截至2019年年底，约60%的一线、新一线城市已步入深度老龄化，其中老龄化程度最高的上海，60岁以上人口占比更高达35.2%。同期，全国平均老年人口抚养比为17.8%，山东、四川、重庆、上海、辽宁、江苏、安徽（按降序）等省市老年人口抚养比均超过20%，这意味着，上述区域每5个劳动年龄人口就要为1个老年人口养老[②]。

究其原因，主要是连续20多年计划生育政策的实施让我国形成了数量众多的4—2—1或4—2—2的家庭形态，特别是"80后"的独生子女正处于上有老、下有小的阶段，面临着赡养老人、子女教育、房贷、车贷等多重问题，生活压力巨大。同时，他们的父母基本都是"50后""60后"，是新中

---

① 36氪：《五万字拆解中国养老全产业链，这里有银发经济赚钱的秘密（下）| 这就是新经济》，https://36kr.com/p/1173199031479687，2021年4月14日。
② 石亚琼：《行业观察 | 开放三胎政策背后，80、90后养老难》，36氪，https://www.36kr.com/p/1248070217819142，2021年5月31日。

国第一波"婴儿潮",当时是以每年 2 000 万的增速在增加。伴随着这部分人老龄化结构的不断加剧,未来 20 年,养老结构会发生"九五倒挂",也就是说现在是 9 个年轻人养 5 个老人,20 年后会是 5 个年轻人去养 9 个老人①。因此,"养儿防老"的家庭模式越发难以维系,这也就更加促使子女需要通过购买"社会养老服务"的方式帮父母照护。

(3)消费观念的转变,让老年人更愿意为养老服务买单。从"50 后""60 后"开始,无论是生活方式还是心理状态,都表现出了新一代老年人的特征——平均受教育程度更高,对生活品质的追求更高,生活意识更强。他们的生活重心不再局限于家庭,而是更多地关注自己,补偿匆匆逝去的年华,以及鲜少顾及的自我,逐步抛弃"为了下一代,自己无所谓"的传统观念。因此,消费行为也随之从"节俭型消费"过渡到"享受型消费",愿意为提升自己的生活质量而消费,愿意为更高品质的商品与服务买单。

2. 政策体系稳大局:密集出台支持政策,力挺养老服务业发展

相关政策的出台对于养老服务业来说无疑是一大利好。自 2012 年"养老服务"被首次纳入新修订实施的《中华人民共和国老年人权益保障法》,到如今的《"十四五"国家老龄事业发展和养老服务体系规划》,养老服务业被连续纳入重要的民生议题。在这期间,国家层面共出台涉老专项规划 22 部,民政部及相关部门配套出台具体指导性文件 50 多件,涵盖了养老服务的各个领域②。近年来,在中央及地方各级财政的大力支持下,我国也逐渐完善养老服务网络。

随着"放管服"的改革,我国养老服务业发展将面临宝贵的战略机遇。自 2017 年推进"简政放权、放管结合、优化服务"的改革起,从取消养老机构的资金规模限制、验资报告等六个方面前置要求,到优化营商环境,越来越多的社会力量正在积极参与养老服务业的发展。据统计,民政部已会同有

---

① 央广网:《走进新消费——中国式养老》,https://baijiahao.baidu.com/s?id=1697675408556322416&wfr=spider&for=pc,2021 年 4 月 22 日.
② 中国社会报:《让亿万老年人和家庭感到未来可期——近年来养老服务业创新发展综述》,http://www.mca.gov.cn/article/xw/mtbd/201904/20190400016161.shtml,2019 年 4 月 2 日.

关部门在加强养老机构管理、支持民间资本参与养老服务业发展等方面出台了 30 多项具体政策措施①。这些措施会进一步调动社会力量参与到养老服务业的积极性，破除养老服务业发展瓶颈，激发市场活力和民间资本潜力，逐步让社会力量成为养老服务业的主体。

综上所述，在养老需求不断加剧、多项政策支持的背景下，我国养老服务业将会迎来加速发展，成为一片新蓝海。

二、新职业：养老护理员是养老服务业蓬勃发展的核心

1．站在风口浪尖的"养老护理业"

既然"养老服务"是未来老龄化社会的刚需，无论是居家养老，还是社区养老、机构养老，为老年人提供高质量的护理服务就显得格外重要。正如中国宏观经济研究院社会所副研究员关博曾对《经济参考报》表示，"从目前养老服务业发展重点看，需加强照护能力建设，提高养老机构护理型床位比例，不断扩大照护服务资源……"。到底老年人需要怎样的护理，我们又该如何正确理解养老护理业？

（1）养老护理业需要高度专业性和技术性，家政服务不能成为其有效补充。

从我国的现状来看，大多数家庭解决老人照护问题，多半都是熟人介绍，或者找保姆中介所、家政服务公司，再或者托人到老家寻找护理人员。主要是想"让老人身边有个人看着"，解决各种生活需求，要求护理人员能够烧饭、做家务，陪老人散步之类的。换而言之，就是以"老年人生活能力的替代服务"为核心的"看护"工作。

"护理"的重点在"护"，是诊断和处理人类对现存或潜在健康问题的反应，是医疗行为的重要组成部分，需要一定的专业医疗知识作为背书。可

---

① 中国财富网：《大力度支持养老服务业实招将落地》，https://baijiahao.baidu.com/s?id=1630202603576860031&wfr=spider&for=pc，2019 年 4 月 8 日．

想而知，面对生活不能自理的老人或不健康但生活能自理的老人，专业的护理知识和临床护理经验是缺一不可的。这绝对不是仅有生活照料单一技能的家政阿姨和保姆能随便胜任的一份工作，哪怕是医院的普通护工都无法胜任。

首先，必须掌握基本的老年人护理操作，包括导尿、鼻饲、换药、应急救护等护理技术。其次，针对老年人的生活起居，也需要从饮食、排泄、睡眠、清洁等方面为老人提供全方位的生活照护。以"清洁照料"为例，不是帮助老人洗澡、换身干净衣服这么简单，而是需要熟悉口腔清洁的方法，掌握义齿的摘取、清洗、佩戴、存放的方法。对于常年卧床的失能/半失能老人，还需要了解压疮的预防知识等。最后，能够有效地指导老年人开展功能锻炼、活动保护和康乐活动，为其提供康复护理也是非常重要的，如能帮助老年人进行床上转换卧坐姿体位活动，进行站、坐及行走的肢体锻炼，能教老年人使用轮椅、拐杖等助行器进行活动等。因此，需要一定专业背书的养老护理业是不能与家政服务业相提并论的。

（2）养老护理工作不能被智能机器替代，护理机器人等产品不能完全化解养老护理难题。

既然子女不能时刻陪伴在老人身边照顾，家政服务业又不能完全替代养老护理行业，这就让相当一部分科技创业公司将目光瞄准了"机器人护理市场"。相对于传统养老模式，"智能养老"被认为是对未来养老新模式的探索。如今，市面上已经出现了三种类型的产品，包括家庭护士型护理机器人、陪伴型护理机器人和养老院机器人护士。上述产品所具备的提醒、监测、陪伴、辅助生活等功能，确实在照护方面发挥着一定作用。

但是，从长期且广泛的应用来说，养老护理机器人作为极其垂直的细分领域，对技术的要求非常高。首先，真正能帮助老人吃饭、洗漱的机器人凤毛麟角，高端产品更多的局限于概念。其次，目前的技术不仅无法达成照护功能的集成一体，在药物识别、人类交互等方面，应用效果也并不理想，在成功率、精准度上存在很大的不确定性。北京益康生活智能科技有限公司是一家专注于生产轮椅机器人以辅助老人日常生活自理的初创企业，其 CEO 林冠曾向 AI 报道表示，"目前，养老护理机器人市场仍面临着玩家少、软硬件功能分离、刚需无法满足老人需求等问题。究其原因，养老机器人领域技术还不成熟，投入大，商业落地难，尚处于产业发展的初期阶段"[①]。

成本高也是护理机器人无法普及的原因之一。技术的不成熟导致成本无法降下来，如一部分训练老人走路的智能机器就要两三百万元，主要是贵在传感器和智能跟随系统方面。因此，能使用这类养老护理产品的一般是在相对高端的养老机构，家庭养老很难承担这个费用。

此外，技术创新也不能替代"情感守护"。老人能否颐养天年，充裕的物质条件是一方面，更重要的还在于精神需求是否得到满足。尽管陪伴机器人看似解决了空巢、独居老人的精神照料，但冷冰冰的机器完全不能满足老年人的情感关怀。因此，集成度之难、复杂度之高、情感互动之弱等问题，让护理机器人肯定且一定不能成为解决老龄化社会护理行业的救世主。

由此可见，结合养老护理的需求无法刚性和不可替代两大特征，养老护理行业将随着养老服务市场的扩大而不断兴盛。总之，无论是养老机构还是越来越多专注于护理的企业，提供专业化的护理服务才是其核心竞争力。

2．火爆行业催生新兴职业，养老护理员在未来是个"香饽饽"

专业的事情要由专业的人来做，在养老护理过程中，和老人接触最多的就是养老护理员了。养老护理员，又称老人护理员、老年护理人员、照护师，是养老护理服务的主要提供者。其职业主要是对老年人生活进行照料、提供护理服务的专业人员[②]。自 2000 年 7 月 1 日起，养老护理员被正式列入"持职业资格证书就业的工种（职业）目录"，且首次出现在国家部委相关

---

① AI 报道：《护理员缺口 600 万，机器人能否化解中国养老难题？》，亿欧，https://www.iyiou.com/news/20191002114287，2019 年 10 月 2 日。

② 陈雪萍：《建立护理常规 提升养老护理品质》，原创力文档，https://max.book118.com/html/2014/0711/9035992.shtm，2017 年 9 月 9 日.

文件中。2005年12月被纳入国家《职业分类大典》。时至今日，养老护理员这个职业伴随着老龄化社会的到来变得更加不可或缺，成为备受关注的新兴职业。

（1）养老护理员"供不应求"，就业前景好。目前，**养老护理员是个稀缺资源**，"需求＞供给"让整个养老护理行业处于"用人荒"状态。根据国务院发展研究中心公管所课题组测算，目前全国有65岁及以上失能老人达2 127万人，需要养老护理人员257万人。但截至2020年10月，民政部最新数据显示我国仅有30万名养老护理从业人员。预计"十四五"时期，护理需求旺盛的80岁及以上的高龄老人比重将持续上升，养老护理人员缺口将进一步加大①。

（2）进一步"扩大供给"，国家鼎力支持养老护理员的队伍建设。

为吸纳更多人从事养老护理工作，2019年出台"新国标"增强职业吸引力，破解人才瓶颈。 2019年9月23日，民政部印发的《关于进一步扩大养老服务供给 促进养老服务消费的实施意见》中明确提出"2022年年底前，培养培训1万名养老院院长、200万名养老护理员、10万名专兼职老年社会工作者"②。为此，同年10月，由人保部、民政部联合颁布的《养老护理员职业技能标准（2019年版）》在养老护理员的入职门槛、职业空间及晋级时间期限等方面做出了重大修改。

通过"一升一降一转型"，扩大养老护理员队伍。"一升"是指将养老护理员的职业技能等级由4个增至5个，新增"一级/高级技术"等级，畅通职业发展通道；"一降"是指降低行业门槛，将"普通受教育程度"由"初中毕业"调整为"无学历要求"；"一转型"是指其他与养老护理员有关联性的职业，如护士，可将其从业年限视为养老护理工作的从业年限，为转型发

---

① 齐鲁壹点：《补齐短板，加快养老护理人才职教发展》，https://baijiahao.baidu.com/s?id=1699515266441401902&wfr=spider&for=pc，2021年5月12日。
② 民政部网站：《民政部印发〈关于进一步扩大养老服务供给促进养老服务消费的实施意见〉》，http://www.gov.cn/xinwen/2019-09/23/content_5432456.htm，2019年9月23日。

展提供路径。不难看出，为吸纳更多人从事养老护理工作，缓解人才短缺困境，我国一直在努力。

"卓越城市的建设不仅需要科技研发这样高大上的工作者，也需要具有匠人精神、在平凡岗位默默耕耘的劳动者，养老护理员虽然平凡，但不可或缺"①！这是上海市养老服务行业协会副秘书长陈亚鹏曾说的一句话。的确，养老护理员不仅能为老年人的晚年生活带来希望，也能为不少家庭缓解养老压力。面对巨大的市场缺口和明确的培养目标，养老护理员将是一个就业前景好、职业发展空间大的新兴职业。

3. 让"职业化"的养老护理员守护夕阳红

"最美不过夕阳红，温馨又从容，夕阳是晚开的花，夕阳是陈年的酒……"多么美好的词句，呈现出白发苍苍的老人站在夕阳下的场景。但是回到现实，脑海里浮现最多的就是孤苦伶仃、凄惨悲凉的养老院画面。且近几年虐待老人事件也屡屡被曝光，如果在百度输入关键词"虐待老人"，包括转载在内的相关报道多达64页、600多条②。"文化素质低、服务质量差"是社会对于养老护理员的普遍理解，造成这一尴尬局面的主要原因在于以下几点。

（1）错误认知，导致大多数人不愿意干养老护理，只有农村务工人员会选择这份工作。

在传统观念影响下，学生和家长普遍认为养老护理行业发展空间小、前途渺茫。职业社会地位低、劳动强度大等负面性社会标签也是制约该职业发展的因素。因此，目前我国养老护理市场上以40～50岁、文化教育程度普遍较低的农村进城务工人员居多，其中有大学及以上学历的仅

---

① 上海职教在线：《养老护理行业渴求年轻人》，https: //www.sohu.com/a/333544413_99933659，2019年8月13日。
② 中国养老网：《保姆虐待老人事件屡有发生，如何养老才好？》，https: //www.163.com/dy/article/FCOA2U6U0514AAHG.html，2020年5月16日。

为 6.8%①。

同时，**收入与付出不成正比，留不住相关人才**。干着最脏最累的活，却拿着最少的薪酬，这是导致频繁离职转岗的主要原因。以北京为例，相关养老专业的学生会在毕业三年内选择转行，人才流失率高达 70% 左右②，平均工资约为 4 800 元③。

（2）专业教育不足，很难及时为行业输送新鲜血液。首先，**开设养老服务相关专业的院校极少**。根据数据显示，我国相关专业高职院校仅有 32 所，所有院校老年服务与管理的专业毕业生总数仅有 4 554 名，而在校生总数仅有 3 638 名；中等职业院校仅有 25 所，总计年招生数仅约 2 500 人④。且产教融合深度不够，培养目标与实际岗位关联不紧密。其次，在老年服务与管理专业，我国**缺乏既能从事专业理论教学又有较强护理经验的"双师型"师资**，因而降低了教学质量，主要原因在于目前只有少数高校开设了老年学相关专业的硕士和博士研究生教育，招收名额相当有限⑤。另外，学校与养老机构合作不密切等问题导致沟通交流甚少，使师资整体素质优化存在局限性。最后，**缺乏统一的准入标准和严密监管，让大量造成低质量输出的民营培训机构钻了空子**。具体而言，除国家制定或委托部分公立职业技术类院校、就业培训技术指导中心开设养老护理员职业技能培训班外，由于缺乏对培训机构准入门槛的统一标准、严密审核与监管，大量民营机构在利益驱动下纷纷涌入培训市场，其中不乏鱼目混珠者，挂名招生、速成式培训、仓促上岗等

---

① 凤凰新闻：《弱弱问一句，你身边的养老护理员，离职了吗？》，https://ishare.ifeng.com/c/s/7mhXc6DnqCJ，2019 年 5 月 15 日.
② 金养通智慧养老：《养老服务行业劳动力"断层"有多严重？》，https://www.sohu.com/a/413710201_120365037，2020 年 8 月 18 日.
③ 职友集：《北京养老护理员工资收入》，https://www.jobui.com/salary/beijing-yanglaohuliyuan/，2021 年 6 月 10 日.
④⑤ 颐和社工：《我国养老服务人才培养现状》，https://www.sohu.com/a/363707708_120003334，2019 年 12 月 30 日.

是导致低质量服务输出的根本原因①。

因此，从长远角度考虑，为了养老护理行业的良性发展，职业教育对于上述问题的改善具有重要的意义。不仅能提升养老护理服务供给质量，强化自身职业自豪感，也能从根本上解决社会对养老护理员职业的固有认知，摆脱其"低配"困境。这也符合 2019 年 10 月教育部、民政部、商务部等七部门《关于教育支持社会服务产业发展 提高紧缺人才培养质量的意见》的主基调，该意见指出"以职业教育为重点抓手，提高教育对社会服务产业提质扩容的支撑能力，加快建立健全家政、养老、育幼等紧缺领域人才培养培训体系，扩大人才培养规模，全面提高人才培养质量，支撑服务产业发展"。

说到如何培养养老护理员，就不得不提到日本了。

早在 1970 年，日本就已经进入老龄化社会。发展至今，其养老护理行业无论是发展程度、技术娴熟程度、技术培养体系等都属于全球领先地位。在日本，养老护理员被称为介护福祉士（Certified Care Worker，介护士），"士"在日语中一般是指具有专业技术或技能，并具有相应资格的人，如保育士、建筑士等，而介护士就是指为老年人提供专业照料服务的专业人员。自 1987 年 5 月 26 日起，随着《社会福祉士和介护福祉士法》的颁布，日本介护士国家认证资格正式诞生。

"它山之石可以攻玉"，面对与我国同样的老龄化问题，日本养老护理员到底是如何"炼成"的？

（1）介护人才的培养理念："自立支援"是重点，而非"全方位照顾"。

我们先来看一个示例，有一位 93 岁的老人，穿着成人纸尿裤，几乎在半瘫的情况下被推进轮椅进入了养老机构，此时介护度为 5 级（日本养老机构将老年人的看护等级分为 5 级）。经过养老机构内照护人员的悉心护理，半年后，这位老人的介护度下降到 1 级，并且可以从养老机构搬回家中自

---

① 赵非一、郭盛楠、陈方蕾等：《中国养老护理员培训体系的困境及国际经验借鉴》，卫生软科学，http://www.doc88.com/p-99939711692864.html，2020 年 11 月 11 日.

行养老①。显而易见，老人在介护士的护理下，身体机能得到了有效恢复。因此，尽管说日本介护等同于养老，但与我们普遍意义上所理解的养老全然不同。

在日本，介护是个综合概念，包含身体照护、精神慰藉和家务服务，以"自立支援"为基本理念，遵从"以人为本"，鼓励老年人自主完成一些事情。通过善用老年人的残存能力将康复训练融在日常生活中，从而最大限度地维持和促进身体功能，为其构建品质生活方式的良性循环，预防老年人进入"身体机能衰退—自主决定变窄—生活态度消极"的恶性循环。可以说，日本的介护士是从心里为老人考虑，尊重老人的主体性。

（2）介护人才的专业教育：理论知识、技能培训、临床实践、持证上岗缺一不可。

网络上曾有一篇关于《日本介护服务实录》的报道，整篇讲述了一家日本养老机构的护理员内藤为老人介护的一天。通过文章中的对话、细节等描述，如帮助老人洗澡前，内藤会为老人测量血压等生命体征；对行动不便的老人，从轮椅到座椅之间的转换，内藤会利用人体骨骼、关节、肌肉之间相互的力学原理，让她自己和老人双方在低负担的自然姿势下完成动作；喂饭时，也一定要防止老人头向上仰，避免误咽性肺炎的发生；通过观察老人排泄物的形状、分量和硬度来判断老人的身体情况等。

不难看出，日本的介护士是一份严格要求专业度且含金量极高的工作，每一位介护士都必须经过正规且统一的培训、考核、实操，才能持证上岗。这其中，政府制定的人才梯队建设规划"富士山模型"发挥着不可忽略的作用。该模型由下到上分为三层，包含介护职员初任者、介护职员实务者研修和介护福祉士，在填补介护士缺口的同时，也为日本介护行业输送大量专业护理人才。

---

① "芽芽君"微信公众号：《如何做到"老有所养"？看日本介护为长者打造有尊严的幸福晚年生活！》，2020年2月21日.

①介护职员初任者研修。掌握基础的照护知识，提供行业最基础的底层支撑。

对于有兴趣从事介护工作，但又没有任何经验的人，介护职员初任者是从事照护工作的切入点。介护职员初任者研修主要完成介护初级课程的 5 本教材，通过 130 个小时理论知识和实践操作的课程系统地学习介护工作的基础知识、介护沟通技巧、身体介护方法、认知症的理解、残障的理解等。课程的内容不仅囊括了生活支援技术，也非常重视心理护理技巧的学习。

以实践操作中的体位变换为例，课程旨在传授通过体位变换，防止卧床的老年人生褥疮的技术，同时，通过亲自实践学到"身体力学"的原理，也就是前文提过的"用最小的力量让双方轻松地完成介护任务"。最终，需通过笔试和实际操作的考核，才可以得到由日本厚生劳动省认定的入门级资格证书，并有资格提供上门的养老服务。

②介护职员实务者研修。初任者的继续进修，进一步强化理论知识和实践介护过程。

介护职员实务者研修是比初任者研修高一个等级的资格，需完成 10 门课程的学习。根据该资质确定，介护职员初任者需要完成 320 小时的学习，而完全没有经验的人必须完成 450 小时的学习。同样是理论与实践并重，除需要掌握介护更深层次的临床知识，包含病理知识，结合案例分析不同被照顾者的心理生理需求外，还要在最接近真正介护机构的环境内学习和掌握吸痰、鼻胃管护理等操作。并在完成课程，获得中级介护证书（没有硬性的考试要求）后，可获得介护福祉士的考试资格。

③介护福祉士研修。介护行业的中流砥柱，唯一可获得国家认定的权威资格证书。

介护福祉士是支援日常生活难以自理的老年人的国家资格，不仅需要掌握更加多元的介护知识，更重要的是要为老年人提供相关的介护指导和建议，从而实现身体功能的最大化康复。具体介护内容见表 4-1。

表 4-1　日本介护福祉士介护内容

帮助老人身体及精神介护	身体容态介护	1. 整理容貌介助，如整理容貌、擦拭脸部、口腔护理 2. 衣装穿着介助，如穿衣和脱衣
	移动介护	1. 体位变换，如翻身、起床、站立等 2. 移动介助，如乘坐轮椅、轮椅移动等
	饮食介护	—
	入浴·保持清洁介护	1. 部分浴介助，如手浴、足浴的介助 2. 入浴介助，主要是身体擦拭
	排泄介护	1. 厕所、便携式厕所的排泄介助 2. 更换尿布 3. 接尿器、接便器的介助
与老人家属沟通	从专业的角度与老人家属沟通介护要点，缓解其家人的担心与不安	
社会活动支援	帮助和鼓励老人参加社会活动，尊重老人的社会存在感和需要感	

表格来源：华高莱斯整理

既然有资质认证的介护福祉士需要掌握上述介护技能，那么严格的筛选就显得格外重要。介护福祉士的资质考试属于每年一次的国家考试，该资质认证是由日本厚生劳动省指定的公益财团社会福祉振兴考试中心组织考试发证，且不是随便谁都有资格参加考试的，只有按部就班学习介护知识和掌握介护技能才有资格进阶，哪怕是医生、护士也报考不了。

目前，主要有以下三条可以获取介护福祉士资质考试的途径，见表 4-2。

表 4-2　日本介护士考试资格实施路径

资格认证考试实施路径	培训时间及要求
培训机构路径——普通高中毕业后进入"指定介护士培训机构"，如介护福祉士培养设施、保育士培养设施、社会福祉士培养设施等	1. 在介护福祉士培养设施接受 2 年以上的培训 2. 在保育士培养设施、社会福祉士培养设施等机构培训基础上，需完成 1 年以上实践经验
工作经验路径——3 年以上在介护福祉等机构的介护工作经验	完成 450 小时实务者研修课程
福祉系高校路径——就读福祉系高等学校的学生	毕业后可直接有资格参加考试

表格来源：华高莱斯整理

该考试涉及 11 个科目群的笔试，总共 125 道题，包括人的尊严和自立，介护基础，人际关系和沟通交流、沟通技巧，生活支援技巧，介护过程的掌握，发育和老化的理解，认知症的理解，障碍的理解，身心结构，医疗护理，综合问题。如果一个科目为零分，就算总分再高也不能通过考试。**实践考试则主要是介护的相关专业技能**，但可以根据参加考试的介护士实际工作经验，予以免除实践考试内容。据日本官方数据显示，近 5 年的合格率仅在 70% 左右[①]。截至 2019 年，日本登记在册的介护士有 162 万人[②]。可想而知，介护福祉士资质的获取难度之大，挑战之高。

　　综上所述，介护并非一种单纯靠体力的工作，而是需要不断去学习知识的工作。与我国养老护理员门槛低、需进行连续的职业进阶培训、通过不断考试获取更高级别的职业资质相比，日本介护福祉士的培养是一次性资格认定机制，起点高且一步到位。同时，想要获得日本介护福祉士的资格认证，完全不存在突击课程几天就可以参加考试的情况，从零基础到拿证最快也需要 2 年的时间，这恰恰反映了日本对于介护人才专业培育的高度重视。"富士山模型"的层级递进体系，更是让从业者有很大的职场上升空间，在不断的自我提升中体会介护士工作的价值。

　　除日本外，全球其他国家护理员的职业化教育也同样值得学习。如在欧洲，护理员称得上是个"高级职业"，受尊敬程度超过了医生、教师、法官等行业。以德国的护理员为例，需完成 3 年的专业培训，熟悉掌握护理老年人的日常任务和相关法律、法规，学习医学基础知识，如药理学、营养学、康复学等，且必须完成一年的独立工作。特别值得一提的是，日本在护理教学中非常重视"角色换位"教育，即老师扮演痴呆症老人，让学生尝试如何进行人性化的护理等，以及通过常态化的护理病历讨论，帮助学生正确评估

---

① "玉杖"微信公众号：《日本介护福祉士怎么考？有护士工作经验没有介护工作经验，考不了，你信么？》，2021 年 5 月 11 日。

② 云龄养老：《日本成为养老护理员到底有多难？通过率只有 70%！中国敢不敢抄？》，https://www.sohu.com/a/400891237_120592822，2020 年 6 月 10 日。

病人的状况并做出相应的护理方案。学业有成后，也必须通过毕业考试才能获得欧盟承认的毕业证和职业许可证 ①。

总而言之，我国的养老护理员作为热门的新兴职业，如何更优质地选拔和培育养老护理人才，结合目前的养老护理服务现状来看，可以说在养老护理员的地位认知、教育体系搭建、人才梯队建设等方面要走的路还很长，未来"任重而道远"！因此，在放宽"行业门槛"的同时，务必要加大养老护理员的职业教育力度。这不仅可以增强护理员自身的职业自豪感，还可以让社会明白这是一个正规的社会职业，唤起社会的理解和尊重。并通过"宽进严出"的方式为我国培养更多优秀的养老护理员，为养老护理行业保驾护航。

三、新路径：让"养老护理员"劳务输出成为落后地区人力资源提升的关键机遇

面对如此庞大的养老护理需求和紧缺的从业者市场，**谁能抓住机遇，就能赢得未来！**可以说，这无疑给我国"**相对贫困落后地区**"或"**相对人力资源密集地区**"带来了希望。

发展养老护理员的职教不仅是一项利于扶贫的"民生工程"，在提升劳动力个人素质、提高专业技能水平、实现"体力型"向"技能型"转变的同时，也能成为一种劳务输出型的城市品牌。像永川技工、衢州保姆、山东保安、西昌妹子等，或者如长垣·厨师之乡、枣庄·月嫂之乡一样，以此来聚焦发力点，抢占劳务输出市场竞争的制高点，实现城市的全面振兴。

山西省吕梁市就是一个以"培育护工"打响"吕梁山护工"品牌，从而实现脱贫致富的例子，其成功经验非常值得借鉴和推广。

近年来，"吕梁山护工"享誉山西，叫响全国，专题节目更是登上 2020 年央视新闻频道。作为山西全省贫困人口最多的城市，吕梁市是全国 14 个集

---

① 环球网：《欧洲护工，受尊敬程度超过医生》，https://baijiahao.baidu.com/s?id=1697508666965959115&wfr=spider&for=pc，2021 年 4 月 20 日。

中连片特困地区之一，曾一度是"深度贫困"的代名词。为贯彻落实中央精准扶贫要求，山西省委、省政府于 2015 年为吕梁市量身定制"三个一"扶贫计划，而"10 万贫困人口护理护工培训"就是其中之一。

在吕梁市政府的大力帮扶下，充分利用吕梁农村"三转婆姨"这个巨大的群体，即每天围着灶头、孩子、老公转的农村妇女，以"请进来学习＋走出去务工"相结合的模式，真正实现了让当地贫困群众看得见、摸得着、行得通的脱贫新路径，也成为吕梁市打响城市知名度的重要手段。

吕梁市到底是如何让"三转婆姨"成为致富能手的。"吕梁山护工"走出大山成为品牌，又是怎么做到的？

1．对内：政府紧抓"三步走"，帮助吕梁村民"一技傍身走四方"

（1）制定以"市场"为导向，以"就业"为目的专项培训，实现"科学育人第一步"。

为充分调动"三转婆姨"的积极性，吕梁市委、市政府专门成立"吕梁市护工护理培训就业领导组"，并对所有参与培训的贫困群众实行"三包三免"政策，包吃包住包就业，还免学费、免资料费、免服务费、免体检费、免上保险，打消村民的学习顾虑。据数据显示，近几年为培养吕梁山护工，各级政府每年的培训、就业总投入都在 5 000 万元左右[①]。来自吕梁市岚县的熊俊凤曾在采访中说过"零风险、零投资，从培训开始就能享受政府补贴直至上岗就业，每人 2 800 元的培训费及就业过程的交通费都是政府扶持。我们老百姓有啥理由不响应呢？"[②]

为提高职业技能和素养，市政府采取公开招标、竞争性磋商等方式，选定吕梁高级技工学校、吕梁经济管理学校、临县白文职业技校等 6 所公办院

[①] 新京报：《战贫记·第 11 期 | 三万护工出吕梁记》，https://baijiahao.baidu.com/s?id=1678397591859850068&wfr=spider&for=pc，2020 年 9 月 21 日。
[②] 山西日报：《吕梁山护工的品牌之路》，http://sx.people.com.cn/n2/2020/0515/c189130-34018590.html，2020 年 5 月 15 日。

校和 5 所民办学校为培训基地,开展普惠式精品教育①。

以吕梁市卫生学校为例,开展班容量不超过 50 人的"小班制"培训②,且"专业教学"涉及老年护理、烹饪、常见病护理、中医医疗等 15 项培训课程③。并通过多演示、多练习的"实操"方式让村民尽快掌握护理技能,目前,实操实训课程已经提升到总课程的 70%④。同时,"素质教育"也是关键一环。除职业素养、法律常识、礼貌用语等软技能培养外,学校还采用"封闭式军事化管理",有助于纠正村民自由散漫的行为,注重培养其集体观念和全局意识。近年来,学校又创新合作模式,与 40 多家用人企业开启"校企合作",开展订单式培训⑤。

在整个教育培养体系中,优秀的师资队伍也是必不可少的。为了提高广大教师自身综合素质和专业教学能力,2020 年 6 月 4 日开设的一期吕梁山护工师资培训班,共对 125 名授课教师分别在山西医科大学汾阳学院、吕梁市卫生学校进行为期 5 天的培训。特别邀请了青岛大学教授、青岛海龟医药文化传播高龄监控生活研究会首席研究员程国庆教授、北京锦慧时代教育咨询有限公司董事长赵海霞等 5 位专家进行授课⑥。目前,吕梁市卫生学校有高级职称教师 49 人,其中"双师型"教师 44 人,占教师总数的 70%⑦。

最终,完成考核评价,并取得职业资格证书、专项职业能力证书等技能等级证的护工就能持证上岗。同时,吕梁市会为每一批获得证书的护工举行

---

① ④ 人民网 - 山西频道:《【图解】我们是谁?吕梁山护工》,http://sx.people.com.cn/n2/2020/1021/c189132-34363841.html,2020 年 10 月 21 日。
② 吕梁山护工培训就业领导组办公室:《关于切实加强吕梁山护工培训管理工作的通知》,https://www.llshg.cn/index.php?m=&c=news&a=news_show&id=1522,2020 年 7 月 3 日。
③ 金台资讯:《擦亮"吕梁山护工"品牌谱写新时代"吕梁精神"新篇章》,https://www.sohu.com/a/413816645_120578424,2020 年 8 月 19 日。
⑤ 山西经济日报:《让培训更加专业让就业更加精准校企合作打造定制版"吕梁山护工"》,http://news.sxrb.com/GB/314063/9463505.html,2019 年 8 月 28 日。
⑥ 黄河新闻网吕梁频道:《2020 年第一期"吕梁山护工"师资培训班开班》,https://www.sohu.com/a/401169097_253235,2020 年 6 月 11 日。
⑦ 中职中专网:《2022 年吕梁市卫生学校招生计划》,http://www.jdidi.cn/plus/view.php?aid=31632,2022 年 9 月 14 日。

颁发仪式，以增强他们的职业荣誉感和自豪感。每一批护工外出就业前，也会组织"欢送会"，就是要让他们感受到护工这份职业是受社会所尊敬的，让吕梁老百姓从骨子里热爱这份职业。

(2) 为村民拓宽就业渠道，保障自身权益，实现"安心务工第二步"。

培训之后，能否真正走上合适的工作岗位是很多吕梁群众非常关心的。为帮助村民走得更远、飞得更高，政府通过多种方式积极拓宽就业渠道，助力他们走到实际的工作岗位中。

①建立"吕梁山护工服务中心"，打造线上线下就业服务体系。这是一个以解决家庭用工、外出就业为主的一站式"吕梁山护工"服务超市。通过发挥互联网优势，利用微信公众号等新媒体发布政策、就业培训、就业信息等公告，构建与市场需求的无缝对接。

②严格把关招聘企业。凡是来吕梁招聘的企业，都会通过吕梁山护工培训就业领导组对其资质、规模等进行评估，合格之后才有资格到各个学校进行对接和宣讲，让村民体会到吕梁政府带来的最大诚意。

③协调外省就业问题。为了让在外的护工留得下、干得好，吕梁市在全国不少城市包括北京、天津、太原等都设立了吕梁山护工联络站，专门开展跟踪服务，帮助他们协调在外省市的就业问题。同时，在全国26个城市成立"吕梁护工法律援助中心"，为其直接提供维权接待、法律咨询、案件援助、心理疏导等贴身法律援助[①]，以保障外出务工人员的合法权益。更加考虑周全的是吕梁市政府还对在岗的"吕梁山护工子女"开展"金秋助学专项活动"。通过为大专以上（包含大专）务工人员提供助学金每人3 000元，为高一新生提供助学金每人1 000元[②]的扶持，切实有效地解决了贫困吕梁山护工子女上学难的问题，让其可以无后顾之忧的外出务工。

---

① 新华网：《山西吕梁：为"吕梁护工"提供法律保障》，http://www.xinhuanet.com/legal/2018-02/28/c_1122465865.htm，2018年2月28日。

② 黄河吕梁频道：《关于开展2020年吕梁山护工子女金秋助学专项活动的通知》，https://baijiahao.baidu.com/s?id=1683783784167704930&wfr=spider&for=pc，2020年11月19日。

截至目前，吕梁市已经培训34期，总共63 517人参加，实现就业34 579人，考察备案登记的合作用人单位也累计达到252家①，就业区域辐射京津冀等8省20多个大中城市②。

（3）扶持精英"返乡创业"，实现"产业壮大第三步"。

吕梁山护工发展至今，越来越多在外收获先进理念和宝贵经验的务工人员开始选择回乡创业，为家乡发展出一份力。2020年10月14日，在政府的大力推动下，吕梁山护工创业就业孵化基地正式揭牌成立。

自运行以来，基地将创业与就业相结合，吸引线上线下企业同时入驻孵化。并为企业提供创业贷款、创业资讯等综合服务。同时，为来吕梁市招聘的入驻线上企业提供免费食宿，优先办理创业就业贷款，享受就业补贴资金等③。截至目前，基地已成功孵化20多家企业，为184名贫困劳动力提供了稳定的就业岗位，让100多个贫困家庭实现了稳定脱贫④，真正实现了让创业有路，就业有助。

2．向外：政府积极宣传"吕梁山护工模式"，打响"吕梁山护工品牌"

为了让吕梁山护工品牌"叫得响"，多年来吕梁市采用多种方式宣传，用心地经营品牌、维护品牌。

（1）让吕梁山护工登上荧幕，以专题片、电影、微电影等方式讲述吕梁山致富故事。

近几年，除传统的影院外，**"新媒体"**是吕梁市塑造品牌的重要途径之一。政府领导办公室通过开通快手、抖音等官方宣传媒介拉近与市场的距离。同

---

① 中国小康网：《中国技工现状调查！吕梁：人人持证，技能社会》，https://baijiahao.baidu.com/s?id=1699637915720365755&wfr=spider&for=pc，2021年5月13日。
② 中国经济周刊：《全国扶贫攻坚奋进奖获得者马金莲：从"三转婆姨"到"吕梁山护工"》，https://www.163.com/dy/article/FT8S9RJH0530I1ON.html，2020年12月7日。
③ 中国记协网：《北外国传班吕梁见闻｜创业就业孵化基地助力巩固脱贫成果》，http://www.zgjx.cn/2020-11/25/c_139542007.htm，2020年11月25日。
④ 黄河新闻网吕梁频道：《吕梁：农村小伙回乡创业，助力100多个家庭稳定增收！》，https://www.sohu.com/a/447402479_253235，2021年1月29日。

时，以"**多样化题材**"不断引起社会各界的关注。例如，电影《吕梁山护工》以护工培训学校的创立过程为故事脉络，将护工培训负责人薛人贵宣传、发动、组织村民参加培训等真实历程搬上荧幕。据电影数字节目管理中心编辑部统计，该片获"全国农村院线发行周冠军"，影片订购共计 7 629 场①。微电影《护工风波》《他乡恩故乡情》《守护》《我们的好时光》及专题片《诚信勤劳专业——吕梁山护工》等，也都是以形象生动的护工人物进一步宣传吕梁山护工在外的工作事迹。

通过上述影视作品的创作，一方面扩大老百姓对"吕梁山护工"的品牌认知，让更多人知晓护工这个职业值得更多认可与尊重；另一方面也是展现吕梁市从无闻到有为，见证其与时俱进的发展。

(2) 开展"巡讲活动"，让优秀护工代表走上舞台，传播吕梁山护工精神。

为了进一步宣扬"诚信、勤劳、专业"的吕梁山护工品牌，政府不定期举办巡讲活动。如 2019 年分别在方山、岚县、临县、柳林、石楼、兴县举行的"我们都是追梦人"专场报告会，通过现身说法、现场互动的方式，穿插积极向上的文艺节目，让优秀的护工代表走上舞台，讲述他们依靠"吕梁山护工"这一品牌，走出大山改变命运的感人故事②。从而提升大家干事创业的勇气，营造"护工光荣"的浓厚社会氛围，鼓励更多人加入护工行列，通过掌握一技之长开创美好生活。

"筑巢引凤栖，花开蝶自来。"经过多年的发展壮大，"吕梁山护工品牌"成功吸引了海外目光。2019 年，吕梁市政府收到中国驻日本大使馆领事部参赞兼总领事詹孔朝的来信，信中提议将积极引进吕梁护理护工人才。为落实跨境就业，吕梁市委副书记张广勇亲自赴日进行访问。并在已有的护工培训课程之上，增修日本传统文化、风俗习惯等课程，只要通过全国日语等级考

---

① 澎湃新闻：《电影〈吕梁山护工〉获全国农村院线发行周冠军》，https://www.thepaper.cn/newsDetail_forward_8918210，2020 年 8 月 28 日。

② 吕梁广播电视网：《吕梁山护工事迹巡演激发追梦热情》，https://www.sohu.com/a/300955661_120059015，2019 年 3 月 13 日。

试 N4 级，年龄为 18～40 周岁，就可赴日介护。培训期间所产生的培训费、食宿费、服装费等统一由市级财政负担①。如今，通过市人社局委托吕梁市卫生学校和吕梁市兴茂人力资源服务有限公司的协助，更多的"吕梁山护工"正在走出国门，走向世界！

综上所述，"一人培训，全家受益，一人就业，全家脱贫"的"吕梁山护工"成为吕梁市的城市品牌。吕梁市政府唱响了抓培训、抓输出、抓创业的三部曲，并通过吕梁山护工模式的不断宣传，真正实现了城市的脱贫致富，品牌的家喻户晓。那么，回到养老护理员这个话题，也应该像"吕梁山护工"一样，让"职业教育+劳务输出"成为强县（市）富民，振兴乡村人才，打破城乡分割二元结构的重要手段，并通过用心的品牌经营，让其为城市代言。

当我老了，头发白了，谁来为我养老？这是一个老生常谈但依旧沉重的问题，也是一个所有人都无法逃避的现实问题。能让每位老年人体面的老去，得到周全的照护，真是再理想不过的晚年生活了。作为直接照料老年人的养老护理员，可以说是养老护理业健康发展的关键。因此，面对目前我国养老护理员的巨大人才缺口，相对贫困落后或人力资源密集地区更有机会通过"职业教育"振兴乡村人才，实现脱贫致富；更可以通过养老护理员的劳务输出，为城市打出一个脱颖而出的特色品牌。

---

① 离石融媒：《离石区 2020 年第三期"吕梁山护工"赴日介护报名有关事项的通知》，https://www.sohu.com/a/410826812_120102394，2020 年 7 月 13 日。

人与动物的新故事——宠物疗法

文 | 杨　帆　廉思思

近年来，人类与宠物的关系越发亲近了。越来越多的宠物走进人们的家庭，成为最暖心的宠物伴侣。一只软萌可爱的宠物，可以帮助人们排解孤独、带来安慰与快乐，给生活带来积极的改变，拥有治愈和温暖人类的神奇力量。

除宠物带来的陪伴外，以动物为主角的宠物疗法（Pet Therapy）也逐渐被应用到心理等病症的日常治疗当中。在发达国家，"治疗犬"（也称医疗服务犬）已经成为很多养老照护中心"非药物治疗"，以及病童医院"创新治疗项目"等的重要组成。那么，到底什么是宠物疗法？它的科学依据是什么？它是如何应用于医疗治疗中的？发展前景如何？……对于以上问题，本文将逐一解答。

一、宠物疗法是一种以"萌宠"为媒介的辅助治疗手段

宠物疗法又称为动物辅助治疗（Animal-Assisted Therapy，AAT），是一种辅助医学治疗的方法，1970年兴起于美国。美国国际狗医生协会（Therapy Dog International，TDI）和宠物伙伴（Pet Partners，原名 Delta Society，三角洲协会）是动物辅助治疗的权威机构之一。[①]

对"宠物疗法"最为认可的定义也是由宠物伙伴（Pet Partners）这一美国最大的动物辅助治疗民间促进机构提出的。该机构在《动物辅助活动和治疗实践标准》（Standards of Practice for Animal-Assisted Activities and

---

[①] 王媛. 论动物辅助在特殊教育课程中的介入[J]. 绥化学院学报，2014，34（07）：157—160.

Therapy）中提出关于动物辅助治疗的定义：动物辅助治疗是以动物为媒介，通过人与动物的接触，而使病弱或残疾个体身体状况得到改善或维持；或者使个体的心理状况通过有动物参与的活动，加强与外界环境的互动，进而能适应社会的、一种以目标为导向的干预方法。①

由此，宠物疗法在全世界范围内陆续展开，先后成立了美国宠物伙伴（Pet Partners，20 世纪 70 年代）、英国同伴动物研究学会（1979 年）、瑞士国际动物辅助治疗学会（1994 年）、欧洲动物辅助治疗学会（2004 年）、国际动物辅助治疗协会（2009 年）等机构。

直到 1999 年，亚洲动物基金发起"狗医生"（Dr.Dog）项目，动物辅助治疗被引入中国台湾地区，开始展开动物辅助治疗的相关服务及活动。②借此项目之机，中国台湾地区成立了非常有影响力的地方性动物辅助治疗组织机构——台湾动物辅助活动及治疗协会制定发布了动物辅助治疗指南等多项标准文件。2001 年，中国台湾地区还专门发表了《台湾动物辅助治疗专业发展协会章程》③。也正因此，"宠物疗法"正式开启了在亚洲地区的发展。

宠物疗法虽是一种已被用于临床治疗的辅助方法，但目前宠物疗法的科学性尚未得到有力证明。

美国曾进行一个心血管系统对精神压力的反应研究。研究结果显示：化学制剂能降低血压，但却不能缓解病患身体对精神压力的反应；但当患者与一只友善的小狗相处后，血管系统对精神压力的反应大大降低。四川大学华西第四医院李金祥教授也曾表示："狗医生给患者带来的快乐是任何药物都无法代替的。"④

其他相关研究则选择从"作用机制"上证实"宠物疗法"的科学性。例

---

① 宋玲，王雁. 动物辅助治疗与特殊儿童的身心发展［J］. 心理发展与教育，2006（02）：89—93.
②④ 亚洲动物基金会：《"狗医生"背景资料》，https://www.animalsasia.org/cn/our-work/cat-and-dog-welfare/what-we-do/changing-minds/dr-dog/%E2%80%9C%E7%8B%97%E5%8C%BB%E7%94%9F%E2%80%9D%E8%83%8C%E6%99%AF%E8%B5%84%E6%96%99.html.
③ 台湾动物辅助治疗专业发展协会：《协会章程》，https://www.taiwan-pata.org.tw/about/constitution.

如，长期与动物相处能够降低血液中胆固醇水平，减少患上心脏病的概率和增强免疫系统功能；还可以降低病患体内的"压力激素"皮质醇，有效缓解病人身体对精神和心理压力的反映。通过观察宠物和触摸宠物，人的大脑不仅会做出积极的反应，还会同时释放催产素和内啡肽，催产素可以让人产生爱、信任及亲密的感觉，通常被叫作爱情荷尔蒙，而内啡肽可以减轻压力、缓解焦虑，甚至可以减轻疼痛，通常被叫作幸福激素。此外，与宠物接触和互动，还可能出现多巴胺与血清素，这些激素也能让人们获得幸福感。

从表面看来，以上研究和实验结果似乎都起到了调整患者身心状态的作用。但其实，动物参与到人类身心疾病的治疗中，在人类的心理和生理层面产生积极影响的这一现象，作用机制尚不明确。相当数量的学者认为动物辅助治疗的临床经验性证据基础是有限的。[1]

虽然具体作用机制还不清楚，但动物辅助疗法已被用于治疗自闭症、认知症、焦虑症及抑郁症患者中。例如，通过治疗犬等动物的陪伴，可以降低老人内心的孤独感、增加他们的互动意愿；也可以让孩子们变得更为活跃、更加愿意与人交流，让口语和身体语言都变得更丰富。中国猫狗福利项目总监冯冬梅认为，"狗医生让病人感觉到，他们就是世界上最特别的人，而小狗是他们忠实的朋友，不会因为他们的外貌、病痛而厌恶他们，也不会选择他们的地位、种族、年龄，也不在意他们的疾病"[2]。

那么，什么样的动物能够成为宠物疗法中的"主治医生"呢？

根据美国权威机构宠物伙伴（Pet Partners）的标准，通常**任何动物，只要能符合一定筛选条件均可从事动物辅助治疗的工作**。这就是说，只要动物通过培训和考核获得动物辅助治疗的资格认证，就有机会晋升成为"宠物医生"。在实践中，家养宠物是宠物疗法最为主要的"主治医生"来源。

---

[1] 王琳，向小娜，何成奇，等. 动物辅助干预的发展现状与建议 [J]. 医学与哲学，2020，41（15）：56—61.

[2] 第一财经日报：《狗医生：用行动赢得人类尊重》，https://www.yicai.com/news/2097525.html，2010 年 9 月 21 日.

宠物疗法中的"主治医生"的种类也极为多元，如猫、狗、马、大象等都能够成为"主治医生"。

猫、狗是最常见的家养宠物。正因为其与人类相处历史长、被驯化程度较高，因而成为"宠物疗法"中最受欢迎的"主治医生"。当失智老人与猫、狗接触时，它们可以给失智老人提供多样的感觉刺激，还能增加失智老人的社会行为，使失智老人的自我意识、生活满意度、社交能力、精神及情绪稳定、社会心理功能等在一定程度上发生改变。

狗，尤其与儿童是天生的好伙伴，更容易与他们建立情感连接。在实践中，"狗医生"还能够帮助有阅读障碍的孩子重拾信心①。美国有许多地区都在实施的"读书给狗听"项目，就是针对那些在学校不敢大声读书、有一定阅读障碍的学生的一项举措。还有澳大利亚的圣马丁路德学院（St Martin's Lutheran College）从2009年就开始投入的"故事狗"（Story Dog）计划，该计划主要针对澳大利亚国小二年级以上的小学生，由经过训练的狗来帮助他们，提高他们阅读的兴趣与信心。许多有阅读障碍的小孩，透过"狗医生"的协助后，可以安静的读完一整本书，孩童的人格与心理也都因此获得正向成长。全澳大利亚已有96个学校及超过百只狗医生参与"故事狗"计划，每周帮助超过750位学童。②

在听孩子读书的时候，"狗医生"只会"倾听"不会挑剔，不仅不会嘲笑孩子的阅读能力，还会与孩子们互动，为孩子创造一个无偏见、轻松的阅读氛围。通过"狗医生"和老师的帮助，能让这些孩子身心愉悦地练习朗读，非常有助于提高阅读技能和培养自信心。

此外，大象、马、海豚等其他动物也可用于多种特定治疗。例如，大象可以治疗儿童自闭症，通过触摸和互动能提供丰富的、吸引注意力并有利于

---

① 新知网：《毛小孩也可以是帮助孩子重拾阅读信心的好伙伴！》，https://www.lishixinzhi.com/qz/10447.html，2019年3月21日。
② 亲子天下：《毛小孩也可以是帮助孩子重拾阅读信心的好伙伴！》，https://www.parenting.com.tw/article/5071846，2018年1月26日。

自闭症患者的感知菜单，进而影响儿童的人格发展；马可以调治焦虑症、自闭症、脑损伤和脊椎损伤，骑马能起到按摩作用，并改善神经系统的功能和感觉的整合，对脑性麻痹及先天性肌肉萎缩的病患有非常好的康复效果；海豚可以治疗唐氏综合征，为对身边环境刺激缺乏反应的患者提供康复治疗等；羊驼常被用来治疗焦虑症、陪伴老人；金鱼、鹦鹉等被用于治疗紧张型强迫综合征。

二、宠物疗法是以"动物医生"为核心的公益志愿行动

宠物疗法虽起源于美国，但如今已在中国台湾地区发展得十分成熟。亚洲动物基金的"狗医生"项目在中国台湾地区已经广泛布局，如学校、医院、养疗中心等。该疗法已经发展成为一个具有相当实践经验的、运营成熟的创新性动物辅助治疗项目。因此，接下来，**将以中国台湾地区"狗医生"宠物疗法项目为例，详细介绍动物辅助治疗是如何开展的。**

中国台湾地区"狗医生"项目是属于政府提供的义务性服务。其原始创立动机就是希望能推广动物辅助治疗理念，借此角度切入来宣传爱护动物理念。以"动物助人助己"的方式真正改善小动物的生存状况，进而解决台湾流浪犬的问题。

据亚洲动物基金统计，中国台湾地区目前已有100余只授证的"狗医生"，品种包括拉布拉多、哈士奇、马尔济斯、迷你品、约克夏、米格鲁等，也有多只混种犬。"狗医生"定期到医院、老人养护中心、特殊教育中心进行义务性的探访活动，让病人及身心障碍人士都能感受动物无条件的爱。

那么，"宠物疗法"的治疗团队该如何构建？治疗活动又该如何组织开展呢？

1. 谁来牵头的问题？答案是动物辅助治疗协会

中国台湾地区"狗医生"项目最大的成功之处就在于其连同本地权威机

构共同建立了地方性动物辅助治疗协会，制定了精细的基础规范和实施准则，并定期举办志愿服务及公益活动。2000年4月以来，中国台湾地区"狗医生"联合台北护理健康大学、台湾第一社会福利基金会及台湾大学物理治疗系，共同主持了动物辅助治疗计划，也由此奠定了台湾地区动物辅助治疗的基础规范和实施准则。

2001年，中国台湾地区成立了台湾动物辅助活动及治疗协会（Formosa Animal-Assisted Activity & Therapy Association，FAAATA），俗称台湾狗医生协会，协会可以与其他地区开展更多技术上的交流及专业知识的交换，这为动物辅助疗法的治疗服务和推广发展起到了重要的支撑作用。

2．关于"宠物疗法"治疗团队的培养与筛选

中国台湾地区"狗医生"项目，创新性地构建了宠物疗法"黄金三角"，即由治疗犬、饲主/动物助手和动物辅助治疗师组成的"1+1+1"治疗犬团队。它包括一个通过治疗犬考试的治疗犬、一个获得培训许可的饲主或动物助手和一个经验丰富且专业的动物辅助治疗师，如图4-1所示。

①黄金三角之一：治疗犬。虽然每一只动物都有成为"宠物医生"的潜力和可能，但是要成为真正能够"上岗"的"主治医生"，必须经过培训、考核等重重考验，才能被认证为有执业资格的治疗犬。除要符合身体健康、性格温顺、对人友善，以及已注射传染病疫苗和狂犬病疫苗、已经绝育、已经办理了养犬登记证等基本条件外，还要满足包括信赖性、可控制性、可预测性及合适性的筛选原则。其中，动物本身的成熟度及与饲主的信赖度最为关键。据统计，每年的治疗犬考试通过率只有30%左右。[①]

[①] 第一财经日报：《狗医生：用行动赢得人类尊重》，https://www.yicai.com/news/2097525.html，2010年9月21日。

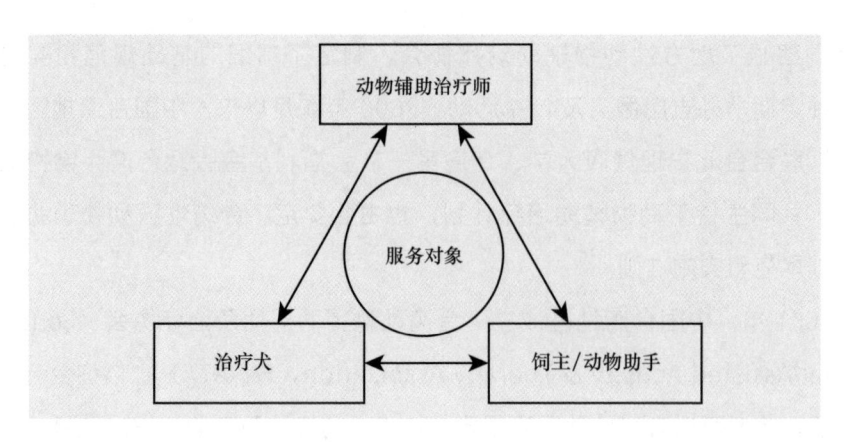

图4-1 "1+1+1"黄金三角治疗犬团队服务模式图（图片来源：华高莱斯整理绘制）

治疗犬要通过特别严格的筛选过程。例如，在初次考核中，就首先要观察狗在见到主人、陌生人和其他狗时的反映与态度。"狗医生"应该与主人非常亲近，必须对主人的指令能够基本服从；狗的性格要十分温顺友善，见到陌生人时要显得轻松和友善并乐于接受陌生人的接触，不害怕、不紧张，且没有攻击倾向等。在测试中，考官还会对狗进行健康和状态检查，并模拟实际探访活动中狗可能遇到的情形，如拉耳朵、拉尾巴、向狗脸部吹气、从狗口中夺食等来对狗进行全面的性情测试。在测试中，如果在拉尾巴的时候狗叫了一声，就属于不合格。

之所以考核这么严苛，与治疗犬所服务对象紧密相关。治疗犬所服务的老人及儿童等都属于弱势族群，因此"狗医生"必须是经过训练，稳定度高、充分社会化的狗。

②黄金三角之二：饲主。**不仅是治疗犬本身，饲主也要接受培训和考核。**饲主在完成报名程序后（包括宠物登记、晶片植入及健康检查），也必须与狗一同上课，接受相关训练及社会化课程。当经过重重关卡考验，饲主与狗之间建立稳定信任关系，即可参加狗医生筛选测验。通过筛选后，饲主与狗还要再接受8课时的动物辅助治疗基本课程及"实习日"活动，才能正式加入服务团队。

加入服务团队之后，对治疗犬和饲主的考核还没有结束。饲主和治疗犬每年要进行至少 6 次的探访活动，还需要通过协会每年定期的能力及状况评估。在每次服务活动中，饲主和治疗犬要一起穿戴治疗团队独有的"工作服"，每一只成功上岗的治疗犬还将佩有自己的"身份证"以证明资质。

③黄金三角之三：专业动物辅助治疗师。除饲主外，还要有协助治疗犬的专业级助手——动物辅助治疗师。

为了借助"宠物疗法"更好地治愈人类，"动物辅助治疗师"应运而生。动物辅助治疗师通常是精神或身体治疗的专业人员，他们将动物作为综合治疗计划中的附加组成要素。根据美国劳工统计局（BLS）的数据，动物辅助治疗师获得的工资与他们的主要就业领域直接相关，他们的主要职位可能是作为动物行为专家、心理学医生、脑科专家、精神病医生、心理咨询师、护士、社会工作者或教育工作者等。①

一般来说，中国台湾"狗医生团队"出诊活动，是由多个饲主与治疗犬的小组，再加一位专业级别的动物辅助治疗师共同出勤。"狗医生"团队的出勤时间多为周六上午，到达服务机构后进行约 1 个小时的服务，服务内容分为"陪伴活动"及"康复治疗"。每次出勤的"狗医生"数目为 1～6 只不等，要根据进行治疗服务的场地大小来决定。一般小一点的老人院等，如果有 10 名老人，可能会去两只治疗犬；如果场地大一些，可能会去 4～5 只治疗犬。②

在出勤探访活动中，治疗犬除有各自的饲主看管外，专业的动物辅助治疗师也将负责现场对治疗犬进行密切的观察和进一步的指导。如果治疗犬在活动中出现任何异常情况或情绪失控，就会马上停止探访工作。也正是因为这样的严格考核和精细管理，"狗医生"项目运行 20 多年来，从来没有发生过因"狗医生"失控而导致的意外事故。

---

① 百度百科：动物辅助治疗师，https://baike.baidu.com/item/%E5%8A%A8%E7%89%A9%E8%BE%85%E5%8A%A9%E6%B2%BB%E7%96%97/6773784?fr=aladdin.
② 中国新闻网：《走近动物辅助治疗项目："狗医生"上岗需过考试关》，http://www.chinanews.com/sh/2019/12-26/9043549.shtml，2019 年 12 月 26 日.

三、"宠物疗法"的未来发展展望

据 2018 年《柳叶刀 - 公共卫生》(The Lancet Public Health) 中国专刊发布的统计数据显示，痴呆症（阿尔茨海默病、血管性痴呆症和其他类型痴呆症）和轻度认知障碍的患病率在中国非常高。在 60 岁以上的老年人中，有 1 507 万患有痴呆症（有 983 万患有阿尔茨海默病、392 万患有血管性痴呆症、132 万患有其他类型痴呆症[①]），预计 2030 年将达 2 220 万[②]。此外，根据五彩鹿自闭症研究院 2019 年发布的《中国自闭症教育康复行业发展状况报告Ⅲ》数据，自闭症儿童发病率逐年上升，已由 2009 年的 1/88，上升至现在的 1/45。中国自闭症发病率达 0.7%，目前已约有超 1 000 万自闭症谱系障碍人群，其中 12 岁以下的儿童约有 200 多万。[③] 我国认知症老年人和自闭症儿童的数量已经远超想象。

在庞大病患人数之下，作为针对认知障碍、自闭症等的辅助治疗方法的宠物疗法，似乎有很大的应用空间。**但实际上，宠物疗法难以摆脱其"辅助治疗"和"公益性"的本质，始终是一种"可选可不选"的治疗方法。**

1. "辅助治疗"的身份让宠物疗法观念难以普及

直到 2004 年，亚洲动物基金会的"狗医生"项目才被引入我国内地，从成都、广州、深圳等城市开始复制推广。经亚洲动物基金统计，在成都、广州和深圳，截至 2012 年 9 月，共有 195 只经过严格考试的"狗医生"[④]。"宠物疗法"在国内发展缓慢而又初级。

[①] 中国疾病预防控制中心：《〈柳叶刀〉子刊宣武医院团队研究：中国老年人痴呆症有多常见？哪些因素有助预防？》，http://www.chinacdc.cn/gwxx/202012/t20201214_223258.html，2020 年 12 月 14 日。

[②] 新华社：《2030 年我国老年痴呆患者预计达 2 220 万》，http://www.xinhuanet.com/politics/2021-05/12/c_1127438039.htm，2021 年 5 月 5 日。

[③] 中国新闻网：《中国自闭症人群数量超千万 12 岁以下儿童约 200 万》，https://china.huanqiu.com/article/9CaKrnKjtc3，2019 年 4 月 2 日。

[④] 第一财经日报：《狗医生：用行动赢得人类尊重》，https://www.yicai.com/news/2097525.html，2012 年 9 月 21 日。

之所以出现这样的情况，原因主要在于宠物疗法是辅助治疗的"非主流"身份。辅助治疗方法往往难以进入公众视野。公众不了解、不明白甚至带有偏见，自然也不会选择接受这种治疗方法。直到今天，大多数国人仍将动物作为可供人类利用的物品，将它们当作"医生"是难以接受的。约70%的中国家庭仍对"孩子和宠物不能同时养"这样的观点有着不科学的理解。还有人还是认为狗是不卫生的，携带了很多细菌和疾病等。

我国治疗犬公益引领者吴起也表示："允许宠物进入公益领域，这个在中国其实是从来没有过的，而且因为可能以前没有先例，加上过往有一些社会上宠物攻击人的负面新闻，大家对狗会有抵触心理，也注定了项目一开始比较难走。另外，中国可能跟其他地方还不太一样，就是对于养宠物人群的分类还是比较鲜明的，喜欢的人很喜欢，不喜欢的人特别不喜欢。"① **因此，由于"非主流"的身份和地位，宠物疗法难以普及，进而又导致其在国内拓展的艰难。**

实际上，宠物疗法业内的一些人已经意识到这个问题，并开始了相关的观念普及尝试。

2020年5月，吴起宠物工作室联合了中国出入境检验检疫协会宠物产业工作委员会在上海BFC外滩金融中心等商场开展治疗犬主题活动，推动了"治疗犬友好型商场"的开启，让治疗犬把温暖带到更多有需要的人的身边。之所以选择"走进商场"，是因为这样可以扩大宠物疗法与公众的接触面，让更多的人了解到"治疗犬"项目，让饲主和治疗犬以实际行动证明：狗是人类最好的朋友和帮手，从而改变社会对待动物的态度，让更多的人接受小动物、爱护小动物。

此外，影视作品的科普和助力，也让"宠物疗法"开始逐渐被更多人接受。《宠爱》《小Q》等宠物主题的影视作品，将人与宠物陪伴和守护的故事搬上

---

① 福布斯生活：《福布斯生活｜中国治疗犬公益引领者吴起："治愈之爪"在行动》，http://www.forbeschina.com/life/49030，2020年5月30日。

了大银幕，让"宠物疗法"更快地走进了人们的日常生活，影响了新一代人观念的改变，推动了人与动物关系的演变。这些影片不仅很好地普及了治疗犬的工作方法，同时，也增进了人与宠物之间的情感，实现人宠和谐共生、共融的良好社会生态。

2. "社会公益"的性质，让宠物疗法难以形成"持续动力"

毫无疑问，以上这些关于宠物疗法的公众普及活动，会让公众重新认识动物、拉进人与动物的关系，从而提高对"宠物医生"、对"宠物疗法"这一辅助治疗方法的接受程度。**但是，对公众科普教育仍无法促进宠物疗法的发展和壮大。这是由于宠物疗法还具有另一大特征，即"社会公益"属性。**

这里绝不是要否认宠物疗法的"公益性"，而是想更深入地探索宠物疗法是否具有扩大发展的可能。无可厚非，"公益性"是宠物疗法最大的特色。但宠物疗法在提倡"献爱心""尽义务""服务社会"等精神的同时，也难掩宠物疗法"发展动力不足"的本质。

无论是宠物疗法发展较好的欧美还是中国台湾地区，"公益性"都是宠物疗法最大的标签。作为"主治医生"的动物本身来源于志愿者饲主；专业辅助治疗医师虽有全职、兼职之分，但大都也是志愿性质的；项目实施和运营也主要是依靠协会组织；上文提到的中国内地宠物疗法践行者——吴起团队，目前也多是以志愿项目为主。单纯依靠"公益""志愿""爱心"来驱动宠物疗法的发展，具有高度不确定性。可以说，**盈利模式不清晰导致的驱动力不足是宠物疗法无法扩大发展的核心原因。**

市场上的商业实践也证明了这一点。目前，已有的"宠物疗法"也是以极少数的私人动物辅助康复机构为主。这些机构主要是依靠少量治疗犬培训课程费、与少数高端疗养院的合作来获得部分收益。但即使收费，这些费用在很大程度上也都具有公益性质。

例如，中国台湾"狗医生"项目，通过协会发起了治疗团队的培训、考核与认证。根据其官网发布的招生简章，动物辅助治疗师初阶培训课程的费用在 500～600 元/小时，完成初阶的培训约需要 60 个课时。① 而协会收取的这些培训费也是用于救助更多的流浪动物，减少社会流浪犬数量。可见，虽然是收费，但这些收费本身具有很强的社会公益属性。

再看我国内地。吴起团队发起的"用生命影响生命"的治疗犬项目——"治愈之爪"（Paw for Heal，PFH）行动，在 8 年时间里先后开通了上海、北京、南京、苏州、广州、深圳、成都、长沙、杭州、无锡等城市的治疗犬项目，他们携治疗犬帮助了 10 万多人。该项目分别是面向工作和学习高压群体、认知症老人/自闭症儿童/抑郁症患者等特殊人群、儿童青少年，提供动物辅助治疗、动物辅助活动、动物辅助教育 3 大板块的服务内容，每个领域的志愿者和治疗犬都可以针对不同的群体提供不同的服务功能。但这些服务内容大多是属于义务性服务，是不能产生收益的。

即便是在资本的加持下，"宠物疗法"的应用与推动也具有很强的公益性。 2021 年 4 月，中国宠物第一股佩蒂股份② 与吴起宠物工作室合作，在有中国宠物小镇、中国宠物用品出口基地之称的浙江省温州市平阳县，联合平阳县人民政府和温州市关心下一代工作委员会等，共同启动了内地首个"陪伴动物——自闭症儿童康复公益基地"项目。③ 这也是自 2019 年佩蒂股份与吴起宠物工作室共同打造医疗犬治疗项目后，长期服务于阿尔茨海默病患者与"关爱儿童星星家园"星星宝贝中的又一次公益实践。在佩蒂股份等龙头公司的领跑作用下，很多宠物相关企业也纷纷开始展开中国宠物行业的爱心公益事业。

可以说，宠物疗法所具有的"公益性"具有两面性，在鼓励人们参与、

---

① 台湾动物辅助活动及治疗协会：《报名简章》，https://www.taiwan-pata.org.tw/news/55，2021 年 4 月 16 日。
② 佩蒂股份，公司名称：佩蒂动物营养科技股份有限公司．
③ 浙江省进出口宠物食品行业协会：《关心下一代 | 全省首家陪伴动物一直闭症儿童康复公益基础正式启动》，http://www.zjpetfa.cm/news/16.html，2021 年 4 月 2 日。

奉献爱心的同时，也成为阻碍其发展的核心因素。那么，宠物疗法是否有相对确定的规模化驱动模式呢？下面就来探讨一下"宠物疗法"未来发展的新可能。

可能性一：定向捕捉——通过与高端养疗机构定向合作，真正实现"宠物疗法"价值兑现。

"谁愿意为宠物疗法买单？"是宠物疗法想要构建清晰的盈利模式必须解决的前提。

通过与专业高端疗养机构进行合作，将宠物疗法作为非药物治疗活动的一个环节，是目前宠物疗法最为确定的、具有盈利能力的商业模式。之所以选择与专业高端疗养机构合作，是因为只有相对高端的疗养机构，才更有可能在治疗方案中使用如宠物疗法等的辅助治疗手段。同时，高端疗养机构比一般疗养机构有着更为确定的支付能力和支付意愿，能够通过购买服务真正使宠物疗法进入治疗方案。

例如，南京欧葆庭仙林国际颐养中心①就是一家高端养老与认知症照顾机构。这家疗养机构不仅使用"宠物疗法"作为辅助治疗方法，还采用其他多种适合长期医疗的"非药物治疗"，如园艺治疗、音乐治疗、宠物治疗、芳香治疗、水中康复疗法等。

在"宠物疗法"方面，欧葆庭仙林国际颐养中心已与国内最前沿的动物辅助治疗专家吴起及其工作室团队长期定向合作。二者共同建立了中国医疗服务犬南京实训基地，吴起工作室将定期安排治疗团队的医疗服务犬进驻颐养中心服务老人。目前，这种由宠物提供的"非药物治疗"已经成为该养老中心的一大特色。

"宠物疗法"作为辅助性非药物治疗中的一种，很难进行单独收费。因此，在实践中宠物疗法更多的是与其他治疗一起，"打包"进行合并收费。例如，欧葆庭仙林国际颐养中心所提供"认知症照顾"服务。这一服务针对患

---

① 欧葆庭仙林国际颐养中心：https://www.orpea.cn/.

有阿尔茨海默病的老人及 65 周岁以上的老人,特别设置了"记忆专护单元"。即治疗师在主管医生的指导下,为老人进行"宠物疗法"等非药物治疗和康复训练。照护认知症老人的费用为每月 15 000 ~ 32 000 元[1],这其中就包含了所提供的"宠物疗法"的日常治疗费用。

可能性二:另辟蹊径——通过"转译"宠物疗法理念,促进"机器宠物"等新产业的发展。

由于使用真实动物而引发的关于动物保护、病患对动物毛屑过敏等问题,让"宠物疗法"仍然处于质疑声中。但若由机器宠物代替真实动物的出现,或许能彻底解决这一问题。近年来,鉴于科技的进步、AI 技术的不断成熟,越来越真实的机器宠物开始出现。一些国家更开始以机器宠物替代动物疗法用于老人及自闭症患者的医疗照护中。

例如,在美国,已有成千上万的机器宠物应用于医学治疗。研究证明机器宠物能让老年人孤独感减少后,纽约州便购买并分发了 1 100 只机器宠物。纽约老龄化协会的执行理事贝基·普雷夫(Becky Preve)表示:"很多家庭都给我寄来了感谢信,这些动物正在帮助人们。"

在日本,专为医疗用途开发的社交型心理干预机器宠物——机器海豹 Paro,用于安抚孤独或情绪不安的老人,已在临床实验中证实能够缓解疼痛、减少痴呆行为,以及改善抑郁、焦虑和压力等心理症状,被誉为"世界上公认最治愈的机器宠物"。据统计,现在丹麦已经有大约 80%的地方政府在失智症护理中正式引进了 Paro,全世界有近 30 个国家都在使用 Paro[2],德国甚至将 Paro 的上门护理纳入健康保险范围。此外,还有同样来自日本的、在新冠肺炎疫情期间又一次爆火的、索尼公司研制的 Aibo 机器狗[3],

---

[1] 养老网:http://www.yanglao.com.cn/resthome/228268.html。
[2] 心理干预机器宠物 Paro,https://www.jica.go.jp/project/chinese/china/015/news/general/190228.html。
[3] Aibo 机器狗,Aibo 是日文"同伴"的发音,同时它又与 Eye-Robot"有眼睛的机器人"英文发音一样。

Aibo 在日本的售价为 19.8 万日元（约合 12 254 元）①，是目前市场化最成熟的机器狗之一。

由此可见，**宠物疗法本身虽受到自身特性的影响，难以形成较为有效的盈利模式，但是将宠物疗法理念"转译"而衍生出的机器宠物，却能够带动医疗器械消费产品的生产与发展**。虽然机器宠物还是新生事物，其发展也处于初级阶段，但这或将成为宠物疗法理念下另辟蹊径的发展路径。

总结来说，迄今为止，宠物疗法始终是一种非主流、非必要的辅助治疗手段。在绝大多数宠物疗法项目中，都体现出明显公益性的特征。也正因此，理念普及困难、发展驱动力不足、经济价值难以兑现是宠物疗法目前发展缓慢又初级的核心原因。但我们也可以大胆期待，随着"宠物疗法"理念的不断普及，其内涵的不断转译及衍生，或许会出现如机器宠物般完全不同的甚至颠覆性的发展路径。毕竟，唯有冲破自身特性带来的"枷锁"，宠物疗法方能实现未来发展的"自由"。

---

① IT 之家:《还记得索尼机器狗 Aibo 吗？它要退出新的巧克力配色了》，https://tech.sina.com.cn/mobile/n/n/2019-01-23/doc-ihqfskcn9717032.shtml，2019 年 1 月 23 日。

总　结

如何成为那个产业招商中的幸运儿——大健康产业风口中的城市机遇

如何成为那个产业招商中的幸运儿
——大健康产业风口中的城市机遇

文｜陈　迎

一、面对大健康产业的风口，你的城市能成为下一个合肥吗？

在产业招商中，没有哪个城市不想成为合肥。所谓的经济逆袭和产业押宝，不仅让合肥充满了传奇色彩，也造就了无数篇解读合肥为何成功的分析文章。一时间，合肥的产业招商犹如一门"显学"，引得各地政府纷纷取经学习。有太多的城市希望像合肥一样，造就自己的产业招商传奇。

但是需要提醒的是，在仿照合肥之前，其他城市的产业招商团队应该避免一个误区，即在复盘合肥的产业招商过程中，不能站在现在的时点，回顾过去。也就是说，我们不能在已知合肥投资的科技产业带来丰厚回报的情况下，反向分析这个城市是如何招商成功的。这就好比"已知答案，反推过程"。如果按照这种"事后诸葛亮"的模式总结，就算照搬合肥产业招商的全套手法，也未必能成功。那些刚刚兴起的，具有高度不确定性的产业往往才是高利润产业。一旦产业的各个环节都已经明确，要么产业的壁垒已经高高筑起，要么产业的利润已经降低。因此，照搬已知行业的招商逻辑就很难创造奇迹。现代的产业招商考验的不仅是城市的态度，也是城市的能力——对产业风口敏锐的捕捉能力，对产业不确定性的预判能力。

让我们聚焦到本书所提到的"大健康"这个全新的产业。当大健康产业成为风口的时候，它和所有的前沿产业一样具有高度的不确定性。本书的开篇《大健康产业：一个大产业 N 种新思维》中就已经阐明"大健康产业是一个不断'生长'的产业新赛道"。这就意味着大健康产业具有广阔的市场前景，但产业的内涵会不断变化、不断扩充，具有高度不确定性。本书介绍了医美、医疗器械、互联网医疗等新兴的"大健康"细分领域，但这只是大健康产业这棵大树上的几条树枝，而大健康产业的外延边界具有高度不确定性。所以，面对"大健康"的产业风口，如今的城市犹如当年决策前夜的合肥，你的城市能成为下一个合肥吗？

对于这个问题，我们不妨暂且把"合肥经验"放一放，一起从产业风口的底层逻辑开始分析。看一看城市如何才能准确把握住产业机遇，让大健康产业成就城市发展，成为产业招商的"幸运儿"。

二、看到大健康产业"风口"中的确定性

一个产业在被称为"风口"的时候，通常具有双重性，即被预估的美妙"钱景"及影响"钱景"的各种不确定因素。要想成功把握产业机会，城市不仅要有放手一搏的勇气，更要有把握产业风向的智慧。

无论这个产业的内涵与外延如何随着时代而变化，就大健康产业而言，有三个产业特点是非常明确的。只要沿着这三点推导产业趋势就可以把握住产业招商的总体方向。

1. 大健康产业属于价格低敏感性产业

人们对健康、对美的追求是没有上限的。人们无时无刻不希望自己"活得更长""活得更好""活得更美"。人们为"健康""美丽"所付出的消费额度和愿望挂钩，而不完全和成本联系。从本质上说，人们对大健康消费的价格敏感度很低，大健康产业的需求受到价格波动的影响不会太大。换而言之，再高昂的产品技术，依然可以寻找到消费市场。这一特点表明，大健康产业的研发回报具有较高的确定性。所以，企业对研发投入具有更高的信心，舍得进行投入。

我们都知道，在科技产业发展中，研发是带动产业发展的核心引擎。基于大健康产业这种投资研发的确定性，在大健康产业的招商中，城市应该大

力"招研"。通过大健康"研发机构"的聚集，形成产业龙头，从而带动产业链聚集。

特别值得强调的是，大健康产业这种"价格低敏感"的特性使得产业中都不太会出现"技术超配"的风险，即高成本研发的产品技术，大幅超越现实中产品需求。这种"技术超配"会直接导致"有技术也没市场"的情况发生，从而让整个产业陷入"投入大，回报小"的窘境。在很多"价格高敏感"产业中，这种现象经常会出现。其中最为典型的就是新材料行业。所有人都知道新材料是"卡脖子"的行业，是国家大力发展的战略性新兴行业。新材料一旦研发成功必然能带来新技术的突破。但是，为什么依然没有企业敢轻易下注？"技术超配"就是其中的原因之一。

我们不妨回顾一个关于材料行业的小故事：1952 年，美国康宁玻璃公司研发部的工程师 Donald Stookey 在一次给玻璃样品热处理中意外地得到了一种微晶玻璃。康宁公司便在此基础上研制出了一款耐高温陶瓷（PyroCeram）。这种玻璃不仅硬度极高，而且无论是在高温还是在极寒环境中，性质都非常稳定。此后，康宁公司再接再厉，启动了名为 Project Muscle 的项目，研发可以用作挡风玻璃的更高强度的玻璃。1962 年，Chemcor 玻璃正式诞生。然而，"技术超配"不期而至！虽然 Chemcor 玻璃性能非常优越，但是价格不菲，根本打不开销路。到了 1971 年，康宁公司只好封存了 Chemcor 技术，解散了研发项目组。这种沉寂一直到 34 年后才被打破。2005 年，摩托罗拉发布了 Razr V3 手机，开启了玻璃显示屏替代高强度塑料的新时代。康宁公司受到启发，在 2006 年考虑重启 Chemcor 玻璃技术，打算将其应用在手机玻璃上。

真正的转折点在 2007 年 2 月终于到来。当天，康宁公司 CEO 维克斯（Wendell Weeks）接到了时任苹果公司 CEO 乔布斯的电话。乔布斯希望维克斯能为 iPhone 手机提供一种耐刮的玻璃保护屏。在苹果公司的要求下，基于 Chemcor 玻璃技术，康宁公司成功开发出我们所熟知的大猩猩玻璃

（Gorilla Glass）。由此，这条产品线将康宁公司推向巅峰。几乎全球所有知名的手机厂商都将大猩猩玻璃作为标准供应配件。大猩猩玻璃每年为康宁公司带来约 10 亿美元的收入①。

虽然故事的结局令人欣慰，但并不是所有产业中的研发都能如此幸运。相比材料行业的"技术超配"问题，大家应该对于大健康的产业特点有了更深的理解，对于大健康产业中，"招商即招研"有了更大的把握。而这也正是"价格低敏感度"为大健康产业所带来的研发确定性。

2．大健康的消费模式将与互联网消费模式日趋同步

谈论到大健康产业，就不可避免地谈到老龄化问题。显然，老龄化的加剧为大健康产业带来了巨大的市场。但是，要想把握大健康产业中的确定性，我们就不能仅仅停留在"老龄化"这个初级层面，还必须深入"谁在变老"这一层面。那么"谁在变老"？网络原住民！所谓网络原住民，主要是指"80 后"以及之后出生的人群。

中国的互联网时代在 2000 年开始兴起。以此为时间界限，在此之前的"70 后"人群，此时基本上已经结束学习生涯，进入而立之年。他们虽然能够广泛地在工作和生活中使用互联网模式，但是他们的思维方式基本上在互联网兴起之前就已经固定了。所以，"70 后"被称为"网络移民"。比"70 后"更早的"60 后""50 后"等人群对互联网的接触基本停留在生活休闲中的使用。他们在互联网中的话语权极低——只能努力适应互联网，却无力去塑造互联网。所以，他们也被称为"网络难民"。

但是，自"80 后"开始，他们的出生和成长过程完全是伴随互联网同步完成。他们认知世界的方式源于互联网；他们社交构架始于互联网；他们的生活休闲基于互联网。所以，他们被称为"网络原住民"，他们在互联网中

---

① 国金证券：《海外通信龙头发展经验借鉴系列报告之一——光棒玻璃龙头康宁，百年风雨沉浮》，http://pg.jrj.com.cn/acc/Res/CN_RES/INDUS/2018/1/5/f1f4eb54-fa55-4cc1-b631-17cec93ee2c0.pdf，2018 年 1 月。

拥有绝对的话语权。更为重要的是，在被互联网塑造的同时，他们还是互联网的塑造者！在新一代崛起的互联网企业管理者中，字节跳动的张一鸣、拼多多的黄峥、快手视频的宿华都是"80后"。

"80后"这批互联网的使用者与塑造者从2020年开始进入40岁。这是个重要的生理转折时点。从生理指标看，40岁之后很多人体器官，如眼睛、心脏、牙齿等陆续进入衰老期；而皮肤、骨骼、肌肉、头发等在30岁以后就已经进入衰老期。所以，当下的"80后"人群已经进入对大健康的高度关注期和需求期。结合"80后"作为"网络原住民"的特点，他们对大健康的消费必然会和互联网模式发生高度关联。这也意味着未来数字化健康产业将迎来强劲的推动力。

换句话说，在大健康产业中，数字化健康产业的发展与"网络原住民"的生活方式高度同步，在发展中具有更高的确定性。更多的互联网营销方式、服务方式、消费方式将大量迁移到大健康领域；各种电子消费产品（如各种可穿戴设备、IVD）也必然成为"大健康"产业中的新热门领域。因此，未来"大健康"产业的产业招商就是招商科技企业，例如，互联网医疗服务企业、智能化可穿戴设备企业、人工智能等都属于典型的新型大健康科技产业。

这些科技企业必然会依托科技力量强势介入医疗、康养领域。对这些企业而言，科技研发能力是自身的优势，但是如何帮助科技企业进行"行业破壁"则是招商部门需要充分考虑的，例如，协助形成企业与医疗体系的对接平台，获得更多的数据；帮助企业与医疗行业之间搭建互认的检验检测平台等。

总之，通过对大健康产业消费人群代际变化进行分析，我们可以确定"网络原住民"将成为未来的消费主体，大健康产业与互联网必然走向同步。由此，城市在"大健康"产业的招商中，必须从科技与康养如何相互破壁的角度思考对企业的招商吸引点。

3．大健康产业发展方向与"医改"方向具有高度协同性

大健康产业和医疗产业具有天然的相关性。因此，医改政策不仅决定医疗行业的发展，也必然给大健康产业带来直接和巨大的影响作用。可以说，大健康产业发展方向与医改方向具有高度协同性。把握医改的总趋势，就可以从中找到牵引大健康发展的确定性影响因素。

就医改的总趋势而言，一言以蔽之就是"利民导向"，即让消费者花更少的钱，得到更好的医疗服务。其中，"控费"的政策导向将对大健康产业产生巨大影响，特别值得关注。所谓"控费"，就是指国家通过各种政策将"医保"的支付额度控制在一定范围内。已经实施的"集采"和正在试点的"DRG/DIP"就是"控费"导向下的典型医改政策。这两项医改政策将对未来大健康产业的发展产生极其重要的影响。

"集采"政策的核心目的就是国家通过大规模采购降低产品价格。在前文《攻占蓝海——医疗器械产业角力法则》一文中已经分析了"集采"对医疗器械产业的规模化生产的推动作用。其实，"集采"政策不仅对"医疗器械"行业有影响力，更是对制药企业的发展提出了巨大挑战——医药企业必须具有强势的新药研发能力，才可能在"集采"模式下生存下来。

就药企而言，如果药品不能进入集采名单，那么就等于丢失了市场上最大的"蛋糕"；但是如果药品进入国家"集采"名单，价格必然大幅跳水。这必然会倒逼药企进行研发创新，通过专利期内的新药销售来保障自身利润。而那些只能做"仿制药"却没有研发能力的小型药企会被大幅压缩生存空间。因此，大健康产业的招商工作，必然要将企业的"研发能力"作为考察其发展潜力的重要指标。

也正是基于"集采"医改新方向，对于大健康产业而言，无论是在《带癌生存》一文中提到的精准医疗，还是在《互联网医疗——后疫情时代的死与生》一文中提到的互联网医疗盈利模式，产业发展的最终模式都不可能是以"卖药"为核心盈利点。因此，大健康产业中的健康服务模式创新才是大健

康产业最应该受到关注的行业趋势。而且，突出服务尤其是第三方服务，也正是另一项"控费"政策——"DRG/DIP"试点医改政策，将有可能为大健康产业开辟广阔的新产业蓝海。所谓 DRG（Diagnosis Related Groups），即疾病诊断相关分组。DRG 收费模式是按诊断和治疗方式将疾病细分为不同的组，每个组别对应一种收费价格。所谓 DIP（Big Data Diagnosis-Intervention Packet），即基于大数据的病种，是一种利用大数据优势所建立的收费体系。这两种模式可以结合使用，以求达到更好的效果。

这两种模式的本质都是把药品、耗材、检查等作为医疗成本打包在所有医疗费用中，形成医疗服务的"一口价"，即对一个诊疗完整的病例或是一个病组实施打包支付。换而言之，在 DRG 或 DIP 支付下，病人住一次院就是一笔固定的费用。这自然会有效激励医院主动节约费用，从而避免过度用药、过度使用耗材和过度检验，也会使医院主动缩短患者的住院天数[1]。

与以往按疾病总费用比例补偿付费的医保支付模式相比，这种定额支付模式对医保控费的作用非常明显，很多发达国家都已经实施。自 2018 年 10 月至 2020 年 11 月，国家医疗保障局陆续发布《国家医疗保障 DRG（CHS-DRG）分组方案》《关于印发国家医疗保障按病种分值付费（DIP）技术规范》《DIP 病种目录库（1.0 版）》等多份文件。2021 年 6 月 7 日，国家医保局医药服务管理司司长黄华波在国务院政策例行会上表示，2021 年内，30 个按疾病诊断相关分组付费（即 DRG）的试点城市、71 个区域点数法总额预算和按病种分值付费（即 DIP）的试点城市将开展实际付费[2]。显然，DRG 和 DIP 进入我国医保支付模式是大势所趋。

那么，为什么说无论是 DRG 还是 DIP 模式，都将带动大健康产业中第三方服务产业的发展呢？核心就在于这两种"定额支付"模式把检查费用、耗

---

[1] 陈鹏：《从 DRG 或 DIP 入手，平安医疗生态如何助力医保复合支付改革？》，动脉网，https://vcbeat.top/48911，2020 年 11 月 19 日。

[2] 新华网：《国家医保局：DRG 和 DIP 付费试点城市将于 2021 年内实际付费》，http://www.xinhuanet.com/2021-06/07/c_1127540047.htm，2021 年 6 月 7 日。

材都打包在医院成本中。从前，医院给病人做化验检查、影像检查（如 CT、核磁共振等）、体外诊断（IVD）等检验项目都是医院仅次于药品收入的重要来源，属于"多开多赚"。但是在新的"定额支付"模式中，这些检查都算在医院的医疗成本中，因此变成了"多开多亏"。这种改变使得医院必然会倒向降低成本的运营方式。将检验项目外包给成本更低的第三方服务商。

以体外诊断（IVD）为例，浙江省是较早进行 DRG 试点的省份，而且省内较多医院参与了此项试点。在总检测量没有大的变化的情况下，全国 IVD 检测外包给第三方实验室的只有 5% 左右，而浙江省的外包率可以达到十几个百分点，远高于全国平均水平[①]。

其实无论是第三方实验室、独立医学影像诊断中心，还是在本书之前文章中提到的癌症基因检测和互联网医疗诊后服务等，对于这些第三方健康及医疗服务企业而言，DRG/DIP 控费医改政策在未来的推广实施，将给企业带来极大的利好。所以，对于城市而言，把握住大健康产业与"医改"方向的高度协同性，就能发现大健康产业中可以招商的新门类，从而使城市在发展大健康产业的过程中有更多的选择机会。

总之，大健康产业固然还不断演变，其风口中的各种机遇固然繁多，但依然是有规律可遵循，通过以上对大健康产业自身的三大产业特点分析，可以寻找到大健康"风口"中的多种确定性，从而使城市在"大健康"产业的招商中，更加精准。

三、把握"风口"中的城市机遇

在把握住大健康产业"风口"中的产业方向时，对于不同的城市而言，又应该如何让"大健康"中的相关产业真正与城市自身优势结合呢？或者说，在招商中，城市应该突出自身的哪些优势。才能让优秀的企业在本地安家

[①] 医管界：《DRG 和 DIP 支付下的三大趋势》，https://www.sohu.com/a/456414054_389597，2021年3月19日.

呢？这正是本部分所要充分阐述的内容。

1. 放弃城市顺位招商思路

各位读者通过阅读本篇文章之前的各篇文章，想必已经发现一个规律——大健康产业的分布，并没有出现企业高度集中在一线"头部城市"的情况，而是呈现出离散化的分布态势。

虽然一线城市在大健康产业中依然起到科技引领作用，但是正如《带癌生存》中所提到的，无锡、泰州、苏州这些东部强势的中小城市已经在药物研发上形成了自身的产业优势和集群效应。而像海南的相关城市，虽然城市能级不高，但是依托强大的"自由贸易港"红利，依然争取到不少从事健康产业的科技企业青睐。

对于大健康产业相关的制造行业而言，这种分散化的县域强势崛起则更加明显。江西进贤、河南长垣已经成为医疗器械重要的产业聚集地，而且逐步向高值耗材升级；广东五华则已经形成了口腔义齿制造产业聚集。而且，这种依托大健康产业崛起的县域，不仅可以在制造业上形成优势，在大健康服务方面也可以形成新的模式创新。例如，浙江的桐庐不仅是以"内窥镜"为特色的医疗器械产业聚集地；同时，其也是"云上健康"互联网医院的重要示范地。

之所以会出现这种产业的高度离散化，正是基于前文所阐述的大健康的产业特质：产业的"价格低敏感度"，避免了"技术超配"的问题。因此，如无锡、苏州、泰州这样城市能级不算一线城市的区域，只要大胆投入科技研发，即使使用超前的技术也能得到良好的回报；而对这种产业价格低敏感性的另一个解读就是多层级、多方向、大规模的健康需求足以支撑多个精细化分工的产业集群崛起。因此，只要足够细分，大健康产业中各种小领域都可以成为不同小城市中的大产业。

同时，基于"大健康消费人群与互联网人群趋同"及"大健康产业发展方向与医改政策方向高度关联"这两大产业特性，大健康产业一定会以互联网为载体，以数字化医疗为依托，进一步下沉到中小城市。就像目前所有互联网的头部企业都不会停留在大城市，而尽力向中小城市渗透一样；未来的大健康产业中的头部企业也对中小城市进行扩张。而更为重要的是，"互联网"式的创业模式很有可能在大健康产业中继续上演，即在那些非一线但创新能力突出的城市，在大健康产业的新领域中，有可能孵化出新的独角兽企业。

所以，对于所有希望抓住大健康产业风口的城市而言，应该放弃"城市顺位"的招商逻辑——只有大城市才能招到头部企业，小城市玩不起高科技也招不到大企业。只要看清楚大健康产业的特质与趋势，再结合自身的特点都可以在产业招商中有所建树。

那么如何结合城市自身的特点，凸显自身在大健康产业中的招商优势呢？下面让我们看看城市应"如何辨识好风凭借力，送得产业上青云"。

2．如何辨识好风凭借力，送得产业上青云

在本文之前各篇文章的阐述中，已经详细阐述发展不同产业所需要的基础条件，以及相关城市的成功模式。虽然各种产业特质不同，但是我们依然可以从中梳理出产业与城市之间的契合关系，并找到城市吸引产业的发力点。

（1）资源挖潜——用新产业导向提升旧有资源价值。

在《医美产业——如何做好"看脸"的生意》《大集群汇聚高能量——口腔医疗产业的规模赋能》等文章中都提到了位于成都的华西医科大学（现在的四川大学华西医学中心）。不难看出，优质医学院校对于大健康产业，特别是医美产业的发展具有非常重要的作用。

成都发展医美产业，绝对不是简单的"做医美来成都更便宜"的价格逻辑。如果纵观成都发展医美的历史，你会发现，正是由于华西在口腔颌面学科中丰富的实战经验与人才储备，才使得成都能在医美产业发展中具有不输于北京、上海的技术实力和话语权。而这种医学硬实力的积累，一直要上溯到抗美援朝时期。

1951年，中央军委下令西南军区："组建一只援朝医疗队，由宋儒耀教授担任队长并负责选拔。"宋儒耀教授正是当时华西大学口腔医学院教授，也是后来我国口腔颌面外科和整形外科的开创人。与其他奔赴朝鲜战场救护的医疗队不同，宋儒耀教授奉命组织的"西南援朝医疗队"所承担的任务是给头部尤其是颌面受伤的志愿军战士进行整形修复和护理。

当时，宋儒耀教授刚从美国回国没几年，他从第二次世界大战中总结出的经验就是对于头部受伤的患者，如果没有口腔科医生在场，一般外科医生是没办法工作的。一般的医生不太了解口腔颌面的生理、解剖情况，缺乏对上下颌关系的知识，难以恢复其功能。因此，宋儒耀教授在组织这支医疗队时，从华西口腔医院挑选了三名优秀的青年医生，在华西附一院选中了当时的外科住院医生当副队长，还挑选了一位骨科的青年医生。之后，医疗队在重庆与当地一支以普外和胸腔外科医生为主的医疗队合并，形成了"西南援朝医疗队"。从1951年组建医疗队奔赴朝鲜到1952年回国，"西南援朝医疗队"在一年的时间内，救治了上千名颌面部创伤及烧伤的伤员。正是基于此次入朝支援，1952年，我国以华西口腔医学院为中心，发展确立了一门新兴的学科——口腔颌面外科学，将原来只局限于做拔牙、小肿瘤切除、下颌骨骨折固定等小范围手术的口腔外科扩大为可以做颌面部创伤整形、唇腭裂、头颈部肿瘤、正颌等各种颌面部手术的口腔颌面外科。从此，口腔医学从一个二级学科一跃成为与基础、临床、药学、预防、中医、中西医结合同等的国家七大一级学科之一，并且在世界医学界占据着相当的地位①。

用了如此篇幅来梳理华西与成都医美产业的关系，想说明的是：与健康相关的医学实力的积累、医学人才的培养都是漫长的过程。尤其是医学人才的培养，需要好的医学院；而好的医学院并不是在一两年的时间就能迅速形

---

① 黄雪莲、陈欣欣：《历史不会忘记的西南援朝医疗队》，https://www.myhxf.org/documents/lishu-2.htm.

成的。从这个角度上看，国内不少城市虽然在经济实力和综合科技实力不能和北京、上海相比较，但是若论医学人才的教育培养，"家底儿"却一点也不差。

以广州和深圳做比较：在经济和科技实力上，深圳都要超过广州；但是就医学实力而言，深圳还是"太年轻"，广州则远超深圳，比肩北京、上海。在《医学界》给出的《2020 中国最佳医学院校临床实力排行榜》[①] 中，北京有 5 家医学院上榜，上海有 4 家医学院上榜，广州也有 4 家医学院上榜。广州的 4 家所上榜医学院分别是中山大学中山医学院（排名第 5）、南方医科大学（排名第 17）、广州医科大学（排名第 22）、华南理工大学医学院（排名第 33）。深圳唯一上榜的深圳大学医学部，排名也只是第 71。

实际上，"北协和、南湘雅、东齐鲁、西华西"这四家中国医学教育的"百年老店"，看似是旧有资源，却也为准一线城市的成都和非一线城市的长沙、济南带来发展大健康产业的新机遇。其实，不止上述城市，武汉、杭州等城市也都有深厚的医学院资源；特别是在这些城市中还有一个深藏不露，具有雄厚专科医学资源的城市——温州。位于温州的温州医科大学在眼视光学方面绝对是中国第一。我们所熟悉的"对数视力表"就是由温州医科大学发明的，并成为国家强制性标准在全国实施，全国眼科专家会员库中，温州医科大学附属眼视光医院的眼科专家就占了 1/6 的席位[②]。

目前，近视手术属于医美中增长迅速的市场领域。2020 年中国近视手术量同比 2018 年增长近 75%，2023 年中国近视手术市场规模将达 234 亿元[③]。不难看出，从医美角度看，依托强大的眼科研究实力，温州可以就此开辟出

---

① 医学界：《2020 中国最佳医学院校临床实力排行榜公布！》，https://www.163.com/dy/article/FMQ04VKC0514AD1K.html，2020 年 9 月 18 日.
② 胡海珍：《温州晚报：温州医科大学附属眼视光医院院长瞿佳：开创眼视光学的"中国温州模式"》，温州医科大学官网，http://news.wmu.edu.cn/show/45/17948.html，2016 年 4 月 21 日.
③ 东方财富：《2023 年中国近视手术市场规模将达 234 亿学生党成近视手术主流人群》，http://finance.eastmoney.com/a/202106131959746627.html，2021 年 6 年 13 日.

新的产业增长点。事实也确是如此，2020年6月，温州正式开启打造"中国眼谷"，目前已集聚爱尔康、诺华、博士伦等12个上市公司联合研究院，吸引包括目立康、希玛眼科、贝瑞基因等国内外近百家与眼视光产业关联的高新技术企业入驻[①]。

总之，深入挖掘城市自身医学人才，以及各种与大健康产业的相关资源，用新产业导向提升旧有资源价值，就可能为非一线城市培育出新的大健康产业机遇。

（2）数据赋能——用数据资源绑定研发产业。

在数字经济时代，数据就是资源，就是新石油！随着数字医疗的发展，以及人工智能技术和计算机超算被引入到创新药物的研发中，数据也成为大健康发展的产业资源。

在《带癌生存》中就指出：在复旦金力团队选择落地泰州之时，泰州政府迅速启动了大型队列研究"泰州队列"。"泰州队列"是一个以泰州全市500余万居民为框架的大型健康队列及生物资源存储库。金力团队正是看中泰州政府押注队列建设的勇气，2007年，复旦大学泰州健康科学研究院正式落地泰州医药高新区中国医药城。

不难看出，泰州正是以自身的数据为资源，对药物研发机构形成了正向吸引作用。这种通过数据资源绑定研发产业的模式，对于很多城市都具有借鉴价值。而且，对于大健康产业而言，所能挖掘的不仅仅是人口数据资源，城市中多元的运动场景、消费场景、养老服务场景、医疗场景都能产生大量的健康数据成为新资源。因此，对于城市而言，不仅是开放数据，更要努力为各种数字化的大健康科技企业搭建不同的场景，让企业能够充分获取数据、测试产品，由此才能对企业形成有力的吸引。

回顾前文提到的大健康产业与互联网消费日趋同步的趋势，城市对大健

---

① 谢云挺：《温州能建成"中国眼谷"吗？》，温州新闻网，http://news.66wz.com/system/2021/07/14/105383816.shtml，2021年7月14日.

康产业中的科技企业找招商，需要以互联网的思维方式理解康养新模式和产业新变化，积极打造可以不断产生健康数据的"场景"城市。这才是大健康产业中科技企业所看重的营商环境。换而言之，那些更加开放，健康场景更加丰富的城市，无疑将成为对健康科技企业有吸引力的城市。

（3）度假长尾——用环境资源牵引康养产业发展。

在本书《保障生育，让"怀孕"不再是难事！》《你愿意为"康复"买单吗？——解码运动康复"掘金术"》两篇文章中，都提到在度假地展开专项的康养产业。这无疑给很多具有优越环境资源的度假地提供了新的产业发展思路，即以环境资源来牵引新的康养产业发展。

这种用环境资源牵引康养产业，必然要将环境资源进一步细分，提供更加有针对性的康养服务。例如，在《保障生育，让"怀孕"不再是难事！》中提到的为备孕人群提供专属服务的"孕蜜月"度假地；在《你愿意为"康复"买单吗？——解码运动康复"掘金术"》中提到的专业化的康复度假地。所以，在度假地要想发展大健康产业，仅仅进行大众化的景观开发是远远不够的。度假地必须充分开发长尾需求，将度假地打造得更有针对性，为特定的人群提供特定的专业化服务。

对于度假地的康养细分，需要充分拓展思路，对医学辅助治疗发展新方向有所把握。例如，水岸疗法、森林疗法，以及本书《人与动物的新故事——宠物疗法》一文中提到的辅助疗法等。这些新兴起的医学辅助治疗都可以结合度假地自身条件进行发展。

更重要的是，在挖掘度假长尾的时候，城市应该充分协同相关政策进行产业牵引。如森林疗法的展开，就可以充分利用国家相关政策进行发展。早在 2019 年，林业和草原局、民政部、卫健委、中医药管理局就联合印发了《关于促进森林康养产业发展的意见》。[①] 文件中明确提出："鼓励地方探索

---

① 国家林业和草原局政府网：《解读：〈关于促进森林康养产业发展的意见〉（解读 | 全文）》，http://www.forestry.gov.cn/main/3957/20190704/151445283849525.html，2019 年 3 月 13 日.

依法将符合条件的以康复医疗为主的森林康养服务纳入医保范畴和职工疗养休养体系。"目前,福建、广东都已经将符合条件的以康复医疗为主的森林康养服务纳入医保范畴,费用按医保支付报销。

2021年3月,在福建省考察的习近平总书记特别来到三明市沙县总医院,听取三明市的医改情况。三明市的医改特色之一就是在森林康养与医保政策协同方面,进行了有益尝试。三明市把森林康养产业作为绿色产业的新龙头,与福建省林业局签订合作协议,在福建全省率先开展全域森林康养实践。

在具体操作中,三明市推动森林康养基地与本地医疗机构合作,设立健康管理中心,至少派驻1名医生坐诊;将符合条件的森林康养机构纳入医保定点,普通游客可以凭借医保卡刷卡消费并纳入医保统筹支付。截至2021年1月,三明市12个市级森林康养基地全部设立健康管理中心,11个开通医保报销系统。在三明,不仅有"森林+静心修养""森林+温泉疗养"等特色森林康养产品,更有细分到健康睡眠领域,主打"一觉睡到自然醒,深度好睡眠"的康养服务。正是这种深度细分并依托医保政策扶持的森林康养产业,在2020年国庆假期为三明带来了近2万人次的客流量,营业额突破千万元[①]。

总之,对于那些拥有良好自然环境条件的城市而言,现在已经很难只通过浅层环境利用就能发展起康养产业。城市必须在度假长尾中做"细化康养产业"文章的同时,把握好政策的协同性,才能将自身的环境价值大大提升,最终成为吸引康养企业的磁极。

(4)服务孵化——用服务需求孵化高值服务产业。

如果我们回顾互联网经济蓬勃的发展历程,就会发现:互联网对人们生活最直观的改变就是服务模式的改变。无论是网上购物,还是点外卖,以及追网剧,商品、食物、剧情和以前的没有本质上的区别,但是服务方式却和

---

① 张辉:《福建大力发展森林康养产业探索绿富共赢多种方式》,东南网,http://fjnews.fjsen.com/2021-01/18/content_30615393.htm,2021年1月18日.

之前完全不同。同时，不同的服务方式重塑了物流销售渠道，进而反向牵引大量制造企业的定制化转型。当然，最重要的是基于这种服务改变，造就了大量的新型互联网科技企业。在前文中所提到的以"80后"为创始人的互联网企业，如字节跳动（抖音的母公司）、拼多多、快手视频等皆是如此。

在本篇文章中，我们反复强调大健康产业与互联网消费模式的日趋同步。所以，如果真的想"预知"未来大健康领域中还有什么产业会出现"独角兽企业"，值得城市做一把"天使投资人"，那么就应该首先吃透互联网发展的重要逻辑，即"服务模式改变，催生新的科技企业"。具体而言，就是在城市的产业招商中，不仅要看到那些下沉的大企业，更应该把投资目光转向那些可能由康养服务延伸出的新产业，尤其是通过科技产品提供服务的领域。

本书的《互联网医疗——后疫情时代的死与生》一文中对各种由互联网医疗衍生出的服务产业进行了充分阐述。正如前文所分析的，新的医改政策会推动更多的医疗和康养服务走向"第三方"化。因此，像第三方实验室、独立的医学影像分析中心、个人及家庭使用的IVD设备、可穿戴健康检测设备等新型康养科技服务产业都有可能成为新的增长点。因此，对于城市而言，那些医疗诊断设备制造高地及医学人才储备丰富的地区应该积极投入上述康养科技服务企业的孵化中，由此为城市在大健康产业中赢得未来。

以上，就是对大健康的产业发展趋势与城市自身资源的匹配模式的梳理。当然，对于大健康产业与城市自身优势的匹配模式可以成千上万，也不可能在一篇文章中将其穷尽。实际上，我们所阐述的是分析产业与城市招商如何建立匹配关系的思维方式。

综上所述，让我们重回本文起首所提出的问题：面对"大健康"的产业风口，如今的城市犹如当年决策前夜的合肥，你的城市能成为下一个合肥吗？当完整地看完这本《产业新赛道之大健康产业》的所有文章之后，你会发现：当城市真正看懂大健康产业风口中的确定因素，并以此为出发点反向梳理城市的资源特点，就可能找到最适合自身城市的产业契合点。

我们相信，所有能从产业本质出发预判未来，而不是简单照搬其他城市招商手法的城市都有可能成为产业招商中的幸运儿，成为另一个产业发展的传奇！

华高莱斯

华高莱斯国际地产顾问（北京）有限公司（简称华高莱斯）创立于2003年，是一家对中国国情理解深刻且具有国际视野的战略咨询公司。华高莱斯成立以来，一直秉持"原创·定制"的服务理念，站位"城市+"，为中国各级地方政府提供"产城人"融合发展的系统解决方案。

华高莱斯微信公众号　　丈量城市微信公众号

"技术要点"系列丛书

站位城市·谋划产业

华高莱斯国际地产顾问（北京）有限公司 ◎ 著

产业新赛道
之
生活性服务业

北京理工大学出版社
BEIJING INSTITUTE OF TECHNOLOGY PRESS

内 容 提 要

伴随着人们对美好生活的向往，越来越多的生活服务需求正加速涌现；美好生活没有尽头、生活性服务业的发展也没有终点。当前，消费需求的转变和新技术的发展和应用，以及魅力城市和美好乡村的建设，为满足日益多样的生活服务需求提供了更多的可能性，成为驱动和影响未来生活服务业发展的关键"变量"。这些可能性也让生活性服务业不再是围绕衣食住行的"低端服务业"，而是成为可以创造新经济潜力、反哺技术发展的重要产业。

本书通过新消费观、新技术观、新空间观三个篇章，探讨在这些变量的影响下，未来生活性服务业可能出现的赛道和蓝图；并为未来城市如何"先人一步"把握这些新赛道提供建议。另外，本书还设置了新人才观篇章，阐述了生活性服务业新赛道所需的可用之才应如何挖掘和培养。

版权专有　侵权必究

图书在版编目（CIP）数据

生活性服务业 / 华高莱斯国际地产顾问（北京）有限公司著 .-- 北京：北京理工大学出版社，2022.11
（产业新赛道）
ISBN 978-7-5763-1893-7

Ⅰ.①生… Ⅱ.①华… Ⅲ.①生活 - 服务业 - 产业发展 - 研究 - 中国　Ⅳ.① F726.9

中国版本图书馆 CIP 数据核字（2022）第 230515 号

出版发行 /	北京理工大学出版社有限责任公司
社　　址 /	北京市海淀区中关村南大街 5 号
邮　　编 /	100081
电　　话 /	（010）68914775（总编室）
	（010）82562903（教材售后服务热线）
	（010）68944723（其他图书服务热线）
网　　址 /	http：//www.bitpress.com.cn
经　　销 /	全国各地新华书店
印　　刷 /	河北鑫彩博图印刷有限公司
开　　本 /	710 毫米 ×1000 毫米　1/16
印　　张 /	15
字　　数 /	221 千字
版　　次 /	2022 年 11 月第 1 版　2022 年 11 月第 1 次印刷
定　　价 /	63.00 元（共 4 册）

责任编辑 /	封　雪
文案编辑 /	毛慧佳
责任校对 /	周瑞红
责任印制 /	王美丽

图书出现印装质量问题，请拨打售后服务热线，本社负责调换

版权声明

本书及其中全部作品的著作权及其他相关合法权益归华高莱斯国际地产顾问（北京）有限公司（以下简称华高莱斯）所有，未经华高莱斯书面许可，任何单位和个人不得以摘抄、改编、翻译、注释、复制、发行、广播、汇编、通过信息网络向公众传播等方式使用其中全部或部分内容，否则，将可能承担相应的行政、民事甚至刑事责任。华高莱斯将通过一切法律途径维护自身的合法权益。

总　序

通俗讲技术，明确指要点

　　我们这套丛书，从诞生的那一天开始，就有了一个不变的名字——"技术要点"。之所以叫作"技术要点"，是基于我们撰写这套丛书的两个基本信念——"通俗讲技术"和"明确指要点"。

　　所谓"通俗讲技术"，就是我们相信，无论是多么高深、多么艰涩的技术难题，只要是作为研究者的我们真正理解了，也就是说，如果我们是真正的内行，并且真正把这些技术难题给吃透了、弄通了，那么，我们就有能力向任何一个外行人，把那些高深、艰涩的技术难题用最通俗的语言讲述清楚，就像爱因斯坦可以给普通大众讲解清楚相对论的原理那样——能把复杂的问题讲通俗，这叫智慧；相反，如果非要把一个原本通俗的东西弄复杂，那不叫水平，顶多叫心机。您在我们这套丛书的各个分册中，能看到我们所讲述的一项项新兴的技术，以及与之相关的科学原理。看完我们的讲述，您不一定会去"搞科研"，但至少能保证让您"听明白"，这就是我们所坚持的"通俗讲""讲技术"。

　　第二个基本信念是"明确指要点"。这样的信念，是因为我们想撰写一套"有用"的书。所谓"有用"，又有两层含义，其一是想让写作者麻烦，而让阅读者简单——所谓写作者麻烦，就是要让写作者在撰写过程中，不厌其烦，遍查资料，并且能纲举目张，重要执本，这样，才能让阅读者不用再去做那些去粗取精、去伪存真的事情，而是在简单愉快的"悦读"中，就能掌握相关技术要点；其二是有用，而且好用，在掌握关键点的基础之上，如果阅读者不只是为"知"，而且还想要"行"，那么我们所列出的这些"技术要点"，就马上可以成为您行动的计划书与路线图，不但能用、有用，而且可以做到很好用、直接用。所以，我们不但要指出要点，还要"清晰地""指要点"。

　　以上两个基本信念，就是我们编写这套丛书的出发点，同时，也是我们向读者们所做的郑重承诺——在科学日益昌明、技术日新月异的时代，作为一个地球人，作为人类大家庭中的一员，无论我们是要做企业，还是居家过日子，也无论我们要当市长，还是只想做普通市民，我们都不得不去面临许多过去不曾听说的新科技，并要面对由此所带来的诸多困惑——越是处于这样容易迷惘的时代，理性认知也就变得愈加重要，而我们这套"技术要点"丛书，就是想要成为您的同行者和同路人，做您理性认知世界、客观认知时代的好帮手！

华高莱斯国际地产顾问（北京）有限公司
董事长兼总经理　李忠

丛书卷首语

当产业成为一种选择

我上中学的时候，正好赶上了两件事：一件事是黑白电视开始普及，当时我家里也有一部日本生产的黑白电视机；另一件事是反思文学和伤痕文学的兴起，并由此诞生了一大批非常好的文学作品。这些文学作品借助电视机的普及，其中又有很多被顺势改编为电影或电视剧。其中，那些反映"经济战线"主题的作品，当年就格外地吸引我。于是，在那个时期，我就很幸运地看到了一批真正的作品，比如一部叫《乔厂长上任记》的电视剧。

在这一时期，所有文艺作品都带有很强的反思精神，和中华人民共和国成立后推出的那一批在"经济战线"上以歌颂为主题的电影有很大的不同——那一批老电影中经常讲的是一批挡车工如何去创造"万米无次布"和"十万米无次布"的生产纪录。20世纪80年代的某个电视剧中有这样一个桥段，非常具有典型意义——在一台车床前面，一个带着采访任务的宣传科的小姑娘兴冲冲地对着一位正在干活的劳模小伙子说道："报纸上说，你人在80年代，就已经开始干90年代的活儿了，你对此有何感想？""感想？"那个小伙子冷冷地说道："你看看我手里的这个零件，要是到了90年代，咱们厂还生产这个破玩意儿，那早就该倒闭了！"

当时，看到这里我是非常震撼的！因为在过去那个"大十快上"的时代，人们听得最多的就是那句"一心一意把生产搞上去，群策群力把人口降下来"。本来这句话就算是对的，也只不过是两种手段而已。但是，反反复复听得多了，手段也就成了目标，进而又成了我们脑子里的标准答案。在这个世界上，最难被说服的人，不是脑子里没有答案的人，而是满脑子都是错误的标准答案的人。现在想想，这句话的后半句肯定是错的，而其前半句也未必就是对的。

小米公司的雷军有这样一句话说得非常有道理，"不要用战术上的勤奋，掩盖战略上的懒惰！"的确是这样，想清楚要干什么，远比怎么干更重要，这个道理体现在"经济战线"更是如此。随着科技的进步，各种产业技术迭代的速度越来越快，再加上传播手段、传播渠道的日趋多元化，消费人群中时尚浪潮的迭代速度也在不断加快。在这种需求侧和供给侧不断互动的情况下，在当今时代中，唯一不变的东西就只剩下"变化"了！这种变化所导致的最直接结果就是"我们现在什么都能生产，就是不知道我们应该生产什么"。如果说在《乔厂长上任记》上映的那个年代，我们只是感受到了这种变化的端倪，那么在21世纪的第三个十年中，我们每个人都能更深切地感受到这种变化所形成的压迫，甚至是胁迫。对于这种感觉，如果你问一问新一代"经济战线"上的工作者，特别是那些实体经济中从事制造业的人，他们那种被压迫的感觉，或者说是那种被时代胁迫的苦楚肯定是最多的！

在刚刚开始做顾问的前十年里，有四个字在我的耳边响了整整十年不止——"退二进三"。那个时候，只要有地方官员给你介绍当地经济发展的状况，几乎都会听到一段一个字都不会错的标准说法——"由于历史的原因，我们这个地区，二产占的比重过高，三产占的比重过低，因此，我们现在努力的核心目标就是研究如何退出第二产业，进入第三产业。"每每说到这里，官员们那种诚恳的语气，往往就像一个犯了错误的孩子。说实话，就算在当时，我对此都是颇不以为然的。特别是对于那种把老旧厂房纷纷改造成文创空间的行为，更不觉得是一种主流的发展方向。不说别的，"退二"之后，那个城区中损失的税收由谁来补足？"二"是退了，那个"三"能补得上吗？正所谓"皮之不存，毛将焉附"，所谓"三产"，不就是生产性服务业和生活性服务业吗？没有了生产，我们又能为谁做服务呢？

如果结合产业的地域性分工，那么这个问题的答案也就更加明确了。"退二进三"的产业发展思路当年是作为对中国产业结构历史遗留问题的纠偏手段。在一定历史时期、一定地域范围内是可取的。但如果将这个手段升高到一种标准、一种价值观，甚至成了一种思维定式，那么，它所带来的结果一定不会是乐观的！因此，现在有很多省份，特别是经济发达的省份，都纷纷提出了一个非常可行的产业发展思路——"退

二优二",即退出落后的第二产业,进入或优化先进的第二产业,这说明在长期的实践过程中,人们终于还是明白了产业发展的基本规律和产业布局的基本事实——彻底退出第二产业,对于某些城区是可以的,但对于整个城市而言,要想完全不靠第二产业,那在极少数的有特殊资源禀赋的城市才可行。对于大型城市,特别是特大型城市,就不用再讨论要不要第二产业了,而是应集中精力讨论要发展什么类型的第二产业、如何发展这种类型的第二产业。如果把眼光再放大到一个城市群的尺度上,那么,我们就要进一步地讨论在这个城市群中如何能形成一个完整的第二产业的产业体系!从这个角度上说,我国政府目前对于实体经济,特别是对于制造业在政策上的重视是非常明智的!

从"退二进三"到"脱虚向实"再到"退二优二",回顾过去走过的路,特别是走过的弯路,我们就不难得出"方向比方法更重要"这样一个结论。也就是说,做什么比怎么做更重要。特别是在现在,发展产业无论对于商家还是政府,都更多地变成一个方向选择的问题,而不是努力与坚持的问题。

在这样一个有越来越多方向可供选择的时代,我们反而听到一种看似很有道理的说法:"想那么多干什么,干就是了!"虽然我们是想大干一场,更想大干快上,但在此之前总得弄清楚到底要干什么、到底怎么干吧!如果方向都不明确,万一干错了呢?我是可以边干边"摸着石头过河",可是,这的确得是一条河啊!换而言之,如果脚下是淡水,远方是河岸,那只要摸着石头,我能过河;反之,如果尝过了,知道脚下是海水,抬起头看又是茫茫无垠,那这样摸着石头前进就不是过河,而是下海了,这和寻死没有太大的区别。因此,从行为动作本身来看,"过河"和"下海"的前期动作都很像,而最后的结果却有天壤之别。如果非要说"干就是了"这句话中有什么可取之处的话,那唯一可取的就是其中所表现出来的"态度的坚定性"。的确,这种"坚定性"确实是把一种产业或一项事业干成的必要条件。因为"坚定地去干"未必能够成功,但是如果不去干,或者说不坚定地去干,抑或是干得不足够坚定,那就一定不会成功!但是,话又说回来,"坚定地去干"毕竟只是把事业干成的必要条件,而不是充分条件。要想真正干成一项事业,发展成功一类产业,其"充分必要条件"都是必

须加上一个前提——选择正确的赛道。

正如前面所论述的，在科技进步日新月异的现在，产业发展的问题已经变成了一个赛道选择的问题。大家都必须为此做出内行而清醒的选择。做到清醒或许不难，但要做到内行就要困难得多。让我用一件发生在自己身边的事情描述一下其中的道理。在这么多年坐飞机的过程中，我格外留心身边的企业家们都在看什么样的书，尤其是那些坚持做实体经济的沿海地区的企业家们。观察的结果是我发现了一个非常有趣的现象。那就是近一个时期以来，在这些企业家的手里，心灵鸡汤的书少了，硬核写历史的书多了；金融与投资的书少了，纯讲技术的书多了。比如，我见过富二代小伙子，他拿着笔在看《草原帝国》。我问他为什么看这种书，他很谦和地对我说，觉得自己还太年轻，想弄清楚一些规律性的东西。听到这句话后，我对我们的接班人很放心。

又如，有一本纯技术书叫作《量子纠缠》。看这本书的是一个我都可以管他叫大叔的人！他不但看，还隔着飞机的走道很激动地向我请教其中的"技术要点"。于是，我就问他为什么要看这么偏门的书。"谁说偏门了？"他一脸严肃地看着我，"就在上个月，有四拨人拿着不同的量子技术商业计划书让我投资，我听不懂，可大家都说这玩意儿很有发展前景，没办法，只好自己先弄明白！"然后，他合上书，盯着机舱上的聚光灯说了一句我现在时常听到的话："早知道这样，当年多念点儿书该多好啊！"

现今的确不再是那个"清华北大，不如胆大"的时代了，现代产业发展的技术门槛越来越高，一着不慎，就会满盘皆输。其中最怕犯的错就是选错了产业赛道，点错了"技术树"。要么是投错了技术方向，要么是选错了技术路线。这样一来，再努力地奋斗也换不来成功的结果，而要做出正确的技术选择，靠看两本心灵鸡汤是远远不够的，必须"听得懂"硬核技术。请注意，在这里并不是要求决策者都懂技术（如果能那样当然更好了，但实际上这有点儿强人所难，就算你是专业人士，也往往只是懂得本专业的技术，而不可能懂任何专业），但一定要"听得懂"技术。所谓"听得懂"，就如同当我问那位看《量子纠缠》的大叔时，他讲的一句话："我没有想成为专家，我只是想入门。"诚如斯言！如果掌握了一项技术的入门级知识，你至少也能"听得懂"；就算不能亲自搞科研，但至少也能防止别人拿着"科研"来欺骗你。要知道，这虽然

是一个技术进步日新月异的时代，但也是一个"技术骗子"层出不穷的时代，能够做到不被"技术骗子"骗到不也是一种巨大的胜利吗？要知道，一次失败的投资赔出去的钱，常常是十次成功的投资也赚不回来的！

因此，无论是政府还是商家，想要做出正确的产业方向选择，究竟需要什么样的人才呢？或者说，我们最需要的人又需要具备什么样的知识结构呢？答案是"技术通才"，而不是"技术专才"。通俗地说，就是那种对十种新技术，都至少各懂30%的人，而不是只对一种新技术懂100%的人。在产业赛道的选择阶段，无论是企业还是政府，这时真正要做的就是在众多选择中选出现实中的最佳选择。然后决定在哪一条赛道上表现出自己的坚定性——在有了坚定性的选择之后，就能使那些对某一种技术懂得100%的专才派上用场。但是在这之前，就要对不同的产业赛道进行各种横向比较，从中选出最终的方向。在这样一个"方向选择期"，那些能够横向看问题的"技术通才"往往比单一领域的"技术专才"更容易成功。

这也能解释两个现象：第一，地方政府中干过招商局长的干部在企业那里为什么都很吃香？在我所接触过的许多大型企业中，那些民企老板如果要在体制内挖人，最喜欢挖的往往是地方政府中干过多年"招商"或"投促"的人。道理很简单，因为这些人长期工作在产业发展的前沿地带，每接触一个企业，特别是高科技企业，就一定要和老板深谈，听技术人员细讲，而且要到生产线现场看。这样三步走下来，就等于参加了一个短期速成的"技术培训班"！久而久之，只要他是一个工作认真的人，经过了这样长周期、高强度的技术培训，想不成为"技术通才"都难。因此，民企老板会针对他们来挖人。说实话，他们并不是冲着权力寻租去的，而多半是冲着人才价值去的。第二，为什么在"方向选择期"，"技术专才"老是觉得自己很受伤？我就认识一位做石墨烯的博士，他是真懂石墨烯，但可惜，他懂且只懂石墨烯。除非你是想多了解一些石墨烯的知识，否则可千万不要轻易和他说话。如果和他接上话，你就会发现，你的生产、生活、生意中所遇到的所有问题的根源原来都出在石墨烯上，而且，你的所有这些问题只要加强对石墨烯的技术应用，都可以得到圆满解决，从此你就过上了幸福的生活！同样，无论我和他去见什么样的政府官员，他也一定会去劝对方要

大力发展石墨烯产业。无论对方所任职的是地级市还是县辖的镇，也无论是西部的山区还是东部的沿海……总之，在他看来，大力发展石墨烯产业，就能解决中国乃至全人类的一切问题。通过认识这样一个典型的"技术专才"，我真正相信了这样一句话："当一个人把自己看成一把锤子时，在他的眼里，看什么都像钉子！"

那或许你会问，我为什么还要和他交朋友呢？道理很简单，如果你想成为一个"技术通才"，就一定要和不同的"技术专才"交朋友，而且要成为好朋友，最好还是能经常见面的好朋友！因为只有这样，你才能真正了解到在他研究的领域中最近又有了什么样的新技术进展。更重要的是，有了这样的"朋友储备"，我才能去告诉那些找我们做顾问的业主们（无论是政府官员还是企业老板），现在既然我们已经坚定地选择了 A 赛道，那么接下来，我们唯一要做的，就是要找到 A 类专家，让他来做这个赛道的首席专家，听他的，全听他的，一直听他的……从这个意义上说，"技术通才"和"技术专才"都是有用的，只是要用在不同的阶段。而且所谓的"技术通才"与"技术专才"，也是相对而言的，因为每个人大多有自己的研究领域，也会再做一些跨界研究。以我为例，在产业研究领域，我是一个"技术通才"，大家现在看到的这套"产业新赛道"丛书，就是在我这个"技术通才"的领导下，我们公司不同的研究中心，在各个不同的产业赛道研究领域做出的新研究成果——从大健康到现代农业，从生产性服务业到生活性服务业。我们的文章都能让读者在看过之后针对这些特定的技术领域基本上达到"入门级"的水平。从而，就可以在不同的新兴产业赛道中做出横向比较。最终，在理性的选择过程中确定自己应该坚定发力的新产业赛道。

如果将《产业新赛道之生产性服务业》《产业新赛道之生活性服务业》《产业新赛道之农业振兴》《产业新赛道之大健康产业》这四本书综合起来看，你就会发现其中有一个共同涉及的研究领域，那就是"城市"！这套"技术要点"丛书的定位为什么是"立足城市·谋划产业"？因为在城市研究领域，我是一个"技术专才"，可以将通才知识与专才知识相结合。我最擅长回答的是这样的问题："什么样的城市最适合发展什么样的新兴产业；也就是说，什么样的新兴产业最适合在什么样的城市中寻求发展"，而问前一个问题的多数是找我们做区域发展顾问的政府客户；问后一个问题

的多数是找我们做产业发展顾问的企业客户。前者是替区域发展选择合适的产业，后者是为产业选择合适的发展区域。无论如何，你都会发现，在现在这个技术发展日新月异、区域发展日益重构的时代，产业发展方向已经真正变成了一个"选择"的问题。

那么，当产业成为一种选择时，最愿意找顾问的是哪些地方的人呢？这是一个非常耐人寻味的问题，而其答案可能会出乎很多人的预料——肯为区域产业发展找顾问的，往往是中国经济最为发达地区的城市政府，或者是发展崛起速度最快地区的地方政府。前者有势能，后者有动能；肯为产业发展找咨询的公司常常都是那些在各自产业领域中最领先的龙头企业。奇怪吗？其实一点儿也不奇怪！如果你用心观察，就会发现在我们当年上中学的自习教室中，每当各科的老师到各个教室里巡堂时，最常站起来问问题的，通常都是那几个"学霸"；那问问题最少的人又都是谁呢？当然是那些"学渣"，他们通常都是在自习课堂中睡得最香的人。

走得越远和走得越领先的人，他们前方可学习的榜样也就越少，这正如华为公司总裁任正非所说的，他们已经走入一个无人地带。在这个时候，特别是当他们面对着一个四处都看不到行人的十字路口时，他们当然就会不得不面对一个产业选择的问题。在这种需求之下，他们要去寻求战略顾问合作，找到像我们这样的战略军师，当然是非常正常的。这是因为他们"明白自己不明白""知道自己不知道"。这是一种清醒，而不是一种麻木！知道自己不知道，是一种清醒，不知道自己不知道才是一种麻木。比这种麻木更可怕的，是觉得自己什么都知道。这样的人无论是在企业还是在政府里都是最可怕的，他们最典型的状态就是能对一种完全胡说八道的产业赛道表现出近乎狂热的痴迷和坚定，而最终只能得到失败的结果。

其实，做任何选择，选择后的态度都必须坚定。因为有了坚定的选择，新兴产业未必能发展起来，而如果选择不够坚定，那无论什么产业都发展不起来。无论是企业还是政府，对于经济发展或者说对于经济重振的渴望是毋庸置疑的，因此，它们也大多表现出了对谋求经济发展的坚定性。唯一不同的是，在确定这种"坚定"之前是否真正地经过理性的论证、反复的比较与深刻的反思。如果有，那么这种坚定就是一种深刻之后的"通透"和理性之上的"自信"，这也是我们今后事业取得成功的保障；

如果没有经过这样一个认真选择的过程，盲目坚定和狂热，那这样的坚定就只是一种天真之下的"想象"和迷失之后的"自负"。在今天，有许多经济发达的省份都已提出了"亩产税收"的概念，而且越来越重视基础研究对产业发展的长远作用。这个世界上确实有奇迹，但事实上，多数奇迹不但来自加倍的付出，还来自正确的方向。

华高莱斯国际地产顾问（北京）有限公司

李忠

董事长兼总经理

本书卷首语

每一种新生活，都是一类新产业

2000年，不知你听到这个年份的名字，会有什么样的感觉——如果你本身就是个Z世代的人，这个年份，对你而言，顶多是新千年的开始。可对于我这个生于1969年的人，这个年份可是有着神奇的魔力的——在我们这一代人上小学时，甚至一直到上初中时，重复写过的最多的作文，就是"展望2000年"！

直到现在，我还能很清楚地记得，我的那些同学对于这个同实现四化紧密联系着的年份展开的种种美好想象。现在，细细回想起来就会发现，实际上每个时代的人对自己的未来都会有一种或大或小、或实或虚的梦想——对于历史上生活过的种种人类，无论他们做梦的时间基点如何，也无论做梦的时代，他们的生产力水平如何，他们所想象出来的理想生活，都是高度相似的。如果用书面语来表达，那就是"大同社会"中的"小康之家"；而如果用口语来表达，基本上就是一句话：想吃什么就有什么，再也不用干活了！

因此，在那些写于20世纪70年代末80年代初的各色作文中，我们所展望的2000年的场景大约是这样的：活儿都是机器人来干，而我们自己，基本上是坐着"飘行车"到处乱窜，怎一个幸福了得！然而交完作文放了学，我却要面对一个比理想暗淡许多的生活现实——每天上下学一定要路过的一家叫作"新门市部"的百货商店，这个"新门市部"到底有多新呢？只比我大两岁！想想也是十年前盖的了……在我记忆中的那段时光里，我生活的小县城的"旧城风貌"保护得非常好，绝对不用担心有什么城市更新计划，来破坏我们的乡愁，只不过就连那家最新的"新门市部"里，那些商品在我的记忆基本就没有变过花样。看看现在，再想想未来，连我这个小学生都会禁不住惆怅起来：2000年什么时候才能来啊！

后来，2000年终于来了。但那个时候，作为成年人的我正处在自己创业，艰苦奋斗的时候，也就忘了小时候写过的作文，还有那些和我一起写作文的小伙伴。再后来，就是一个十年接着又一个十年。终于，我们都快五十岁了，然后，就开始有点儿念旧了。我就借着每年清明节回家乡扫墓的时候，和中小学的死党们聚一下，共同回忆一下那些一去不复返的岁月。于是才发现，这种情谊才是最深厚、最无话不谈的。这时候，我们都想到了在我们的作文中都曾经写过的一句话：今天，我在上学的路上，遇到了一位"年过半百"的老爷爷……

于是，我们这群"老爷爷"就开始以十年为分期，一幕一幕地回忆大家刚刚经历的这个"半个世纪"的时光究竟是怎么过来的，而其中每十年，我们又经历了怎样的变化。让人没想到的是，我们几个"老人家"的"世纪回忆"，居然都起到了"忆苦思甜"的作用。最后，大家都由衷地总结了下面一段话：想不到，过去的这几十年，咱们生活的变化竟然有这么大；年轻的时候谁也没想到，咱们今天能过上这样好的日子；我们可真是幸福的一代人啊！

是啊！这正验证了预测学中的那句名言：我们总是过高估计一年以后的变化，又总是过低估计三年以后的变化！

且不说改革开放之前还上小学的我，就算是那个在邓小平南方谈话后，马上要开始创业的我，在展望未来时，也绝对没有想到过，自己能过上像现在这样富足、美好的生活。在我们读历史书时，我们会看到贞观之类的"之治"，也会讲起开元那样的"盛世"。可是，不知你是否用心去计算过，这些在历史上鼎鼎大名的"之治"与"盛世"，到底持续了多少年？事实上，绝大多数都持续不了三个十年！因此才会让那些经历过不到三十年"太平盛世"的文人在后来的乱世中，发出更多的感慨。从而，才会留下那些光芒万丈的李杜文章，让我们这些后世子孙读起来，都会觉得那才是一个伟大的时代，并常常会扼腕叹息：为什么，我就没有生在那样伟大的唐朝呢？

于是，在今天这个穿越剧流行的当下，"穿越"仿佛已经不再是一个问题，向哪个朝代穿越，才是"历史迷"和"朝代粉"最爱争论的话题。每每在讲课时，如果讲到文史方面的内容，就总会有一些学员，在课堂休息时问我："李老师，如果您穿越，最想穿越到哪个时代？"常常是还没等我回答，就有一两个学生抢着给出了答案："当然是宋朝，像李老师这样的知识分子，都愿意穿越到那个对读书人最好的宋朝！""不对！"没想到另外一名学员反驳道："肯定是汉朝，汉武帝时代，你们没听李老师刚才说吗，他可是一名超级军迷！"——一旦有了争论，学生们也就不说话了，一起等着我的答案。

"当朝！"我非常肯定地回答。于是，学员们全都失望了！这算什么答案，太没追求了！太安于现状了！是的，你再让我回答一百遍，我还是这两个字"当朝"！也就是不穿越。要知道，今天才是我们生活的最美好的时代。宋朝对文人很好，但是，一旦回到了那个没有抗生素的时代，我对自己的身体健康，还真的不太有信心！至于汉朝，那就更不想去了，战乱不止，死伤无数，正所谓"一将功成万骨枯"，我是一个军迷，很向往打仗，也常常想着能"逐匈奴于漠北"，可是按照刚才那句诗里的概率来计算，我若穿越到汉朝，极有可能，不会成为那个"封狼居胥"或"燕然勒铭"的"一将"。更大的可能是成为那个"万骨"中的一员，从而"枯"了下去，通常的下场就是"可怜无定河边骨，犹是春闺梦里人！"这样的结局，我们可不干！

我自己是一个爱读历史的人，因此也就认识了很多爱读历史，甚至是专业研究历史的人。结果，在与他们的交往中，我有一个非常有趣的发现，大多数研究历史的人，常常比一般人更能客观地"评判历史"，却往往不能更加理性地"看待今天"——"那些过去的时代才是最美好的时代"，这似乎成了他们一致的观点，唯一不同的，是这些过去的时代中，到底哪一个更美好，才是他们所关注、所争论的焦点。常常为他们所忽略的，恰恰是我们当下正在经历的这个"当朝"、这个"今天"！

在历史上，并非每一个"当朝"都美好，更不是每一个"今天"都值得我们赞叹！可当下的这个今天，今天的这个今天，确是一个真正的太平盛世。对比而言，那些活在中国历史上的人，就其总体而言，远远没有我们幸福！在漫长的五千年中，如果你有心，那大可以算算，我们这群同胞，我们这些祖先，他们所真正经历的没有战乱的和平岁月，到底有几年！在电视剧《潜伏》中，主人公余则成有一句名言："等和平了，人人都是神仙！"是的，没有经历过战乱的人，是不会真正知道"和平"二字的真正价值的。这两个字，对于一个个体而言，就意味着生活，意味着幸福；而对于一个民族整体而言，就意味奋斗，意味着改变。咱们这个古老的民族，是如此勤劳，又是如此节俭，因此，只要上天能给我们一段和平发展的时期，哪怕只有短短的几十年，我们就能让我们的生活、我们的国力发生天翻地覆的改变！

事实上，在过去的几十年里，就刚刚经历了这样的发展与改变。当然也希望，我们的民族，能够再有这么几十年的时间，让我们迎来更长的和平和更大的发展！

当我们认清了这样的事实后，就让我们来讨论一下：在今后的美好生活中，应当以怎样的姿态与观念，去拥抱在不断的变化中，更加幸福的明天？这个时候，我们就会发现另外一个事实：比生活变化更快的，是科技；而落后于生活变化的，是观念！

事实上，在科技日益昌明的今天，我们的生活正越来越被科技的发展改变——那个到处都有机器人来替你干活的生活场景，虽然没有出现在想象中的 2000 年，但真实地出现在了 2020 年。放眼望出，无论是陪你聊天的智能音响，还是替你扫地的机器人，都在不知不觉中把我们所幻想的场景逐步展现出来了。事实上，也正如爱因斯坦先生所说的，我们这个时代的最大困惑之一，就是手段越来越完善，而目标越来越混乱。这个源自几十年前的论断，如果用在我们今天的生活性服务业上，依然不失为一个一针见血式的预言。如果你能够让我们的思维，也就是我们的价值观，能同步追上我们生活的变化，跟上我们科技的发展，那么我们"生活美好化"的进程，就可以用更快的速度来实现！

很遗憾，正如山东人有这样一句话，叫作"人没有受不了的罪，却有享不了的福"。我如果用它来形容今天许多人相对落后的生活价值观，你就会发现，这实在是一句再好不过的至理名言！

让我们从两个很小的生活细节讲起——"毛巾"和"牙刷"。不知道你听到这两个名词，最先想到的会是什么，我马上会联想到两个字"节俭"。

节俭，或者称艰苦朴素，是我们从小到大所受的各种教育中，始终不变的永恒理念。最早是"周总理的睡衣"，后来是"梁三喜的牙刷"。这些故事来自我们初中时，几乎是像学课文一样，读过的一本书，叫作《高山下的花环》。现在回想起来，这些在小时候反复向我们宣讲过的"观念"，等我们长大了，其实早已成为我们生活中的"习惯"！至少，在我40岁以前，我的毛巾也都会反复使用，不用破了，就不习惯扔掉；我的牙刷，也常常想不起更换，能够定期强制性地更换牙刷，现在想想，也不过是我最近五六年才养成的生活习惯。请注意，我刚才提到的毛巾和牙刷，都不是说我舍不得换，舍不舍得，是我父母的价值标准，并不是我的生活观念。到现在，他们的毛巾和牙刷，也都是我帮着扔，开始是扔到纸篓里，后来发现，在我离开后，父母都还会再去捡。现在，他们知道我会带出家门外扔掉，倒是没有捡了，就直接告诉我，还没坏，不用换。于是，我这个当顾问的儿子，就在两个老人面前，好好展示了一把职业顾问的专业风范——从毛巾上的细菌群落一直讲到牙龈保健，说到最后，才发现，我和他们一样，并不缺乏享受生活的实力，而是缺乏享受生活的理念。现在，当我看到我儿子每次住校，带牙刷都是成打地买好时，我不禁会心一笑，这才是懂生活的下一代人，这才是"与时俱进"的生活理念！当然，这也是因为我父亲过去没钱，而他父亲现在有钱！

一代人有一代人的生活，一代人也有一代人的生活观与价值观。穷日子就要穷过，富日子就要富享，这才是正常的生活理念。父母那一代人，舍不得换睡衣是对的而我们这一代人如果再不舍得换毛巾，那可就是不符合基本的卫生观念了。其实仔细想想，上一代人的艰苦奋斗，不就是为了让第二代人的奋斗不那么艰苦，不就是为了让第三代人能够不再为了生活而艰苦奋斗吗？

因此，才有了这样一句话：在今天的中国，每个日常的行业，都值得我们再重新做一遍！

每一种新的生活都会产生一种新的观念，又会对老的产品提出新的要求，从而诞生出一个全新的生意与全新的产业。这就能解释，为什么生产手机的"小米"，也会去做毛巾。深究起来，这还不是"小米"的领导层们，从发达国家引进的先进生活观念吗？他们在国外读书时，在欧美的超市中，就会发现货架上很少有单个出售的毛巾，而常常是成打成包出售的，其中的奥妙，仔细想一想，不就和我儿子成打地买牙刷是一样吗？

已经富起来的中国人，不应当再受落后观念的约束，在该节俭的地方应该注重节俭，而在不该节俭的地方，就不应该再"节俭"了，至少不应再把"节俭"作为衡量生活价值观的"第一理念"，更不应该再用上一个时代的观念，来指导当下的生活！因此，我们才应当重新审视生活中那些看似熟悉的方方面面。认真地想一想，再仔细地看一看，展望一下我们的生活，在未来还会再持续发生怎样的改变；这些改变了的新生活，又会带来怎样的新需求，从而催生出更多的新生产。因此，我们才会按照展望未来的视角，从"生活服务业"的方方面面认真写出这样一本极其前瞻性的书展示给生活者，让他们能更快地拥抱未来生活中的新理念；也展示给生产者，特别是创业者，让他们能真正看到每种新生活的背后都能催生出一类新服务、孵化出一批新公司，也必将成就一类新产业，最终开创美好的明天！

华高莱斯国际地产顾问（北京）有限公司
董事长兼总经理　李忠

目 录
CONTENTS

001　总　论

002　我也是大势：生活性服务业的星辰大海……………………………杜　玮

015　第一章　新消费观

017　消费动力的演化：大"玩家时代"的城市攻略……………………金美灵
036　消费目的的内化："悦己消费时代"的新财富密码…………………李　鸿
056　消费主体的转化：解码"众创时代""产"与"消"的二元归一………金美灵
071　消费体验的强化：让荷尔蒙释放，体验经济的"刺激战场"………徐启惠

085　第二章　新技术观

087　服务即产品，无"脑"生活引领硅基城市……………………………何　锋
097　一切制造皆为服务：物联网打通生活服务大循环…………………徐　航
110　未来演算机：大数据助力生活决策…………………………………焦星宇
124　超时空生活指南：XR 创造的虚实集成世界……………徐　航　李奕佳

137　第三章　新空间观

139　瞄准确定空间，决胜不确定未来……………………………………覃文奕
153　小杠杆撬动大资产——用生活点燃城市更新区……………………李若男

166　做一场明智的风投——让生活成为新区吸引力 ················· 李欣格

176　情感作价　生活入股——以生活塑造乡村新动能 ················· 宋　琪

187　第四章　新人才观

189　上新了，人才！——掘"新"生活服务职业无人区 ················· 袁伊萌

201　以存量换增量，拉满中高端人才的生活服务新势能 ················· 瞿　晶

总　论

我也是大势：生活性服务业的星辰大海

我也是大势：生活性服务业的星辰大海

文｜杜 玮

"生活服务"之于城市，意味着什么？

顾名思义，生活性服务业事关老百姓的衣食住行、体教文娱；国家统计局发布的《生活性服务业统计分类（2019）》中显示，生活性服务业即"满足居民最终消费需求的服务活动"。餐饮、居住、出行娱乐……在日复一日的烟火气中，生活性服务业润物细无声地陪伴着老百姓的日常生活。

但如果讨论到产业发展，尤其涉及"前沿产业"，在人们的惯常认知里，产业领域离"烟火气"越近，离"高精尖"就越远；离生活越近，离前沿就越远。

因此，对部分城市而言，生活性服务业关乎老百姓的"小日子"，却未必是城市产业发展的"台柱子"；发展生活性服务业是保障居民日常生活的"必选标配"，却未必是构建城市独特竞争力，尤其是在高精尖产业竞争日渐激烈的时代，冲锋打头阵的"头号任务"。

今时不同往日，我们需要重新审视生活性服务业对于城市的意义：从"润物细无声"到"花重锦官城"，城市发展的惊喜和潜力就藏在亿万百姓生活的汪洋大海之中。

一、生活性服务业，牵引城市发展"无形的手"

如果简单用数字衡量，2019年国家统计局第四次全国经济普查公报显示，"批发零售、居民服务、教育、卫生、文化、体育、娱乐、公共管理"等与居民日常生活相关的行业，从业人员占全行业约28%、法人单位总资产仅占全行业约10.6%[①]。从直观数据看，生活性服务业作为稳定就业和拉动经济

---

① 国家统计局：《第四次全国经济普查公报（第二号）》，http://www.stats.gov.cn/tjsj/zxfb/201911/t20191119_1710335.html，2019年11月20日。

"有形的手",虽在一定程度上发挥着重要作用,但也仅仅是生活性服务业影响力的冰山一角。

我们需要看到生活服务的另一面,看清生活服务作为"无形的手"而牵引、带动的"链式反应",以及这些"链式反应"为城市带来的强大势能。也只有如此,我们才能进一步讨论生活性服务业作为"标配动作"之外的行业未来,这也是本书致力于分享给读者们的核心主题。

这些"链式反应"的势能,隐藏在生活性服务业对于"人口、经济、技术"流量的带动效应之中。

1. 人本时代"流动的中国"

我们处在且将长期处在一个人口流动的中国之中。《中华人民共和国国民经济和社会发展第十四个五年规划和2035年远景目标纲要》指出,将"推进以人为核心的新型城镇化战略,以城市群、都市圈为依托促进大中小城市和小城镇协调联动、特色化发展"。[①] 这意味着,在"区域城市群格局完善"的指引下,我国仍将持续上演以14亿量级为基数的庞大人口流动。

持续人口"大迁徙"的结果,必然是"有城欢喜有城忧"。毋庸置疑,远期"人口流量"乃至"人才流量"才是决定城市长期发展的胜负手!未来,经过所有人用实际"选择投票",才能真正角逐出未来引领群雄的超级大都会、独具竞争力的中型城市、小而美的城镇及成功振兴的乡村。

那么,未来人口流向何处去?——那些真正满足"人民对美好生活的向往"的城市!

这一趋势从年轻人对生活方式选择中可见一斑。《城市画报》曾携手"华住会"发起过一场针对年轻人生活态度的调研,调研结果显示了当代"自在青年"的崛起:他们拥有生存能力、更有独立的价值观和判断力,追求随性

---

① 中华人民共和国中央人民政府:《中华人民共和国国民经济和社会发展第十四个五年规划和2035年远景目标纲要》,http://www.gov.cn/xinwen/2021-03/13/content_5592681.htm,2021年3月13日.

生活、崇尚即时享乐。①这些在更丰富的物质、精神世界中成长来的年轻人们，追求个人奋斗，但不盲从艰苦奋斗，他们接受事业挑战，但也绝不放弃享受生活。

如此，城市的**"生活幸福度"**成为城市吸引人的重要指标。这也恰恰是"以人为本"时代城市"城—人—产"发展的新模式。如今，城市的核心竞争力不再是"产—人—城"路径中吸引产业的"土地、资源等成本优势"，而是足以吸引人才安居乐业的**"城市魅力"**。这也体现了美国著名经济地理学家乔尔·科特金在《新地理——数字经济如何重塑美国地貌》一书中阐述的"新地理"理论：知识经济时代，对于人才而言，某地区"生活质量"的高低远比其他传统因素更为重要，哪里宜居，知识分子就会往哪里聚集。

新一线城市的崛起，便是城市"生活幸福度"引人的最好例证。

京东数字科技集团发布的《2019基于京东大数据的中国人口迁移和城镇化发展研究报告》显示，收货人地址的变化直观地反映出一个"杭州、成都、重庆、长沙等新一线城市强势人口流入"的繁忙而充满活力的"迁徙现象"②。智联招聘发布的报告同样显示，"环境更好、生活节奏更慢、发展迅猛、新兴行业兴起"的新一线城市已成为应届生就业的优选之地；2015—2018年，高校应届生对新一线城市的就业意愿从33.7%上升至40.1%。③

这些城市用最具标识的烟火气和美好生活场景，描绘了让年轻人"选择投票"的最美坐标。对于普通民众而言，大家不一定会记得一座城市的经济数据，却一定会记住长沙"夏天的小龙虾、秋天的香辣蟹、文和友的臭豆腐、一杯难求的网红奶茶"和关于它不眠之城的传说；也一定会向往成都那句"雪

---

① 搜狐：《享受一个人的时光，自由自在》| 当代青年生活态度调研报告》，https://www.sohu.com/a/167608399_556712，2017年8月27日。
② 网易：《京东数科重磅发布：〈2019基于京东大数据的中国人口迁移和城镇化发展研究报告〉》，https://www.163.com/dy/article/EUGNPEJ60519PKAR.html，2019年11月21日。
③ 前瞻经济学人：《2019年中国就业求职形势：新一线城市不仅仅有"抢人"套路，经济环境等发展向好吸引人才流入》，https://www.qianzhan.com/analyst/detail/220/190312-4847092b.html，2019年3月13日。

山下的公园城市、烟火里的幸福成都"和这座城市"茶馆火锅苍蝇馆子"里"巴适"慢生活。

于是"娱乐至死"的长沙，不仅成为全国游客的打卡地，更是在第七次全国人口普查中迈入千万人口大关；相比十年前的第六次全国人口普查，长沙人口增长率达 42.71%。而"好安逸"的成都，借着"新蓉漂"纷至沓来的东风，大力培植互联网、生物医药、先进制造、医疗美容、文化娱乐等新兴经济，让"巴适"的生活配得上年轻人的梦想，他们可以在九点的朝阳中为梦想拼搏，也可以在夜晚的小酒馆里享受最慢的生活。值得一提的是，至 2021 年 6 月，新经济总量指数城市排名中，成都仅次于北京，排在全国第二位。有网友戏称，"成都是一座用吃喝玩乐掩盖野心的城市"。笔者认为，这倒不如说成都是"一座用吃喝玩乐成就野心的城市"。

当"生活服务"作为"无形的手"，它激活的是一座城市"引人—筑产"的能量飞轮。但必须强调的是，让"城市幸福度"快速出圈，让"网红"城市"长红"，让"生活服务"绽放最大的人文魅力，靠简单的城市底蕴肯定不够，还需要精巧的规划、合理的建设和真金白银的投入。

可以说，长沙的"红"，便是由精心规划经营而来。在城市更新的过程中，都正街、太平街等老街力求做到在风貌、业态上保留老城的烟火气息的同时，也要完善街区功能，提升居民生活质量和游客体验。而聚集了"超级文和友、IFS 国金中心"等全国现象级打卡点的五一商圈，从"1 千米内设置 3 个地铁站点"的规划、到建设指标的预留、再到对网红奶茶店"茶颜悦色"的高密度招商，从一开始，长沙便步步为营地谋划和实践，致力于打造一处最能汇聚人流的潮流生活殿堂。

如此，城市生活服务的发展，必然离不开基础建设、公共服务等财政投入。当然，从长效运营的角度而言，城市"引人"的大账算明白了，经济的"小账"自然也就水到渠成，如果用合理的财政投入换来长期稳定的安居乐业的人口，从经济回报上分析，"人"的消费、就业才是一座城市长期稳定的、源源不断的税源。

当然，这一切的前提是生活服务的规划要"得其道"，投入要"得其法"。不同城市区域乃至城乡的发展阶段不同、功能主题不同、产业方向不同、人口结构不同；尤其在"生活引人"目标下，发展生活性服务业，不会有放之全国皆准的"行动手册"，更多需要因地制宜、与时俱进的"定制策略"。本书的"新空间观"篇章将立足城乡特点的细分，为读者们算一算生活性服务业的"大账"与"小账"，分享定制化生活性服务业的"策略"与"打法"。

2. 双循环时代"倾斜的天平"

生活性服务业作为"无形的手"，还体现在对"生产流量"的拉动上。

这要从当今供需天平的倾斜说起。曾经，在制造能力有限，供给决定需求的时代，市场在寻找产品；而如今，对于大部分产业而言，"生产能力"已不再是限制，甚至C2M柔性制造、3D打印、虚拟产品等的出现，促使"人人皆可是生产者"，在这样一个时代，产品开始寻找市场。这样的倾斜投射在城市层面，意味着**未来可以更集聚消费资源、定义消费趋势的"消费中心"城市，将收获更大的影响力和话语权。**

在国际关系学界中，有一个著名的"中央—外围"理论。这一理论阐述了世界秩序的分配原则：位于世界舞台中心的"中央国家"并不主要出口"商品或服务"，而是通过输出货币、商标、品牌、文化产品等，形成世界贸易流动的核心；而外围的"准中央国家"及"外围工业国家"，则以出口"工业制品"为主，以融入世界的财富分工体系。在这样一个无远弗届的循环之中，中央国家作为"商品与服务的最终消费者和体系主流货币的发行者"，输出了推动这一秩序体系的运作的根本动力。[①]

虽然货币霸权是中央国家"称霸"和"收割"国际经济体系的核心因素，但现实也证明了经济一味地"脱实向虚"尤不可取；但我们必须意识到，要走

---

① 翟东升. 中国为什么有前途：对外经济关系的战略潜能[M]. 3版. 北京：机械工业出版社，2019.

向"舞台中心",要确保自身经济的健康发展,要让产能真正服务国民,只拥有庞大的生产能力远远不够,必须拥有创造消费,甚至输出消费的能力。

近年来,挖掘"超大规模内需市场"已成为我国发展的重要战略。2020年8月,习近平总书记在"经济社会领域专家座谈会"上,提出"双循环"发展理念:即通过挖掘我国"超大规模市场优势和内需潜力",拉动国内、国外经济产业发展,进而推动形成"以国内大循环为主体、国内国际双循环相互促进的新发展格局"。①

在这样的"大消费"时代,对很多城市而言,同样不止要做"生产中心",更要关注"消费影响力"的构建,成为区域、全国乃至全世界的消费中心和服务中心。2021年7月,商务部在"培育国际消费中心城市工作推进会"上,公布了"率先开展国际消费中心城市培育建设"的名单,上海、北京、广州、天津、重庆五座城市上榜。商务部部长王文涛表示"培育国际消费中心城市,是党中央、国务院作出的重大战略部署……对服务构建新发展格局、推动经济高质量发展、更好满足人民美好生活需要具有重要意义。"②

那么,消费之城如何建?——生活性服务业是拉动消费升级的重要推手!

"生活性服务业"服务消费的道理不言而喻。但笔者更想强调的是,"生活性服务业"更可以通过"创造消费、定义消费、引导消费"牵引整个经济大循环的发展!

这背后的驱动力可能是"新技术引爆的消费新模式"。2019年是我国的"直播经济"元年,线上消费从"读图购物"进入"视频购物"时代。这背后得益于4G网络的普及等一系列的技术加持:通信高传输速率使"所见即所得"的视频沉浸式购物成为可能、云计算的强大能力支撑了"线上秒付款"

---

① 求是网:《习近平:在经济社会领域专家座谈会上的讲话》,http://www.qstheory.cn/yaowen/2020-08/25/c_1126408718.htm,2020年8月25日.

② 中华人民共和国中央人民政府:《五城市率先开展国际消费中心城市培育建设》,http://www.gov.cn/xinwen/2021-07/19/content_5625957.htm,2021年7月19日.

的支付速率、大数据系统让主播根据消费情况及用户反馈及时调整产品及销售策略。

仅用了2年时间,"直播经济"几乎把各行各业都带到了线上,也带动了线下产业和实体经济的全流程运转。淘宝头部主播曾表示,"我直播停一天,背后40个工厂就得跟着停";在"直播经济"的东风下,杭州、广州、连云港、宿迁、北京等城市,抓住"全民直播"的热潮,通过提供人才引陪、配套服务等政策,成为率先崛起的"直播之城"。

生活性服务业的驱动力也可能在于"新业态引导的消费新需求"。这一趋势从近年来层出不穷的"生活方式中心"中可见一斑。商业中心通过迎合现代人群的生活方式,创造主题化一站式消费、体验场景,以实现对消费需求最大的激发和满足。例如,在现代人关注健康的大趋势下,**"体育健康综合体"**频繁登场。迪拜的"运动世界3"(Sport Society 3),通过将40余种运动竞技场、运动奥特莱斯购物中心、运动康复中心等合为一体,打造了服务全球游客的运动消费目的地;波士顿"生命时间中心"(Life Time Center),将健身工作室,健康餐饮店,营养、理疗、形象管理中心等悉数植入,让消费者来了就能全身心"健康到底";上海长风大悦城,在打造屋顶跑道串联品牌运动店的同时,开发"运动云"系统,实现了商场会员线下科技运动、健康指标检测,线上身体数据管理、运动积分消费等的全链条打通,让消费者科学消费、摩登生活。

由此可见,生活性服务业通过创造生活的"幸福增量",既激发了"消费增量",也带动了从消费大循环到生产大循环的全产业增量。发展生活性服务业也是在帮助我们打开硬币的另一面——全社会经济体系和生产机器的高效运转。

3. C端牵引中的"图灵测试场"

满足日常庞大消费需求的过程,不仅撬动了生产大循环的过程,还反向推动了新技术诞生的过程,这便是生活性服务业的"第三重势能"。

例如阿里巴巴强大的"数据库"技术，就是被消费服务"逼"出来的世界级技术创新。2009—2020 年，淘宝"双十一"从一场阿里内部的促销活动演变成全民参与的消费狂欢，成交金额从当年的 5 000 万元增长至 4 982 亿元。支撑这样万亿级"全民狂欢"的，是其背后技术端强到"逆天"的能力背书——2020 年"双十一"高达 58.3 万笔/秒的全球最大规模订单流量洪峰，只有阿里可以应付。

十一年间"双十一"流量洪峰连年攀高、零点交易数字数量级式突破的背后，是阿里倒逼自身数据库技术从无到有、蝶变成王的努力。早年间，阿里将数据库业务外包给当时的行业巨头甲骨文（Oracle）公司，但随着阿里业务量的上涨，尤其是为应对"双十一"期间数据流冲击，为了保证数据库不崩溃，阿里不得不仰仗甲骨文公司解决数据"超大容量"和"高并发"的难题。但阿里庞大的数据量，对于甲骨文公司来说，同样是闻所未闻，他们的解决方案也很简单，那就是"加钱！"——阿里必须按照峰值流量购买对应的小型机和数据库，然而这对当时的阿里而言，是笔天价的开支，甚至"还来不及为业务上涨庆祝，就得先支付来自 Oracle 的天价账单"[①]。

为了不再受制于人，也为了满足公司自用需求，阿里决定放弃"甲骨文""依托外部硬件保证可用性"的传统关系数据库，从零开始，自主研发"可扩展性更强、高并发性"的分布式关系数据库 OceanBase。经过几年不被看好的蛰伏，2014 年，OceanBase 小试牛刀分担了当年"双十一"10%的交易流量；再两年之后，其在支付宝核心系统中全面替换"甲骨文"。此后在每年的"双十一"大考中，阿里的数据库团队逐步公关了智能识别、动态散列、存储计算分离等多项技术难题（其中不乏世界性难题）；2019 年，OceanBase 打破"甲骨文"公司的世界纪录、夺得数据库领域的全球顶级比

---

① 《风起云卷：中国数据库四十年史话》，https://linux.cn/article-12330-1.html，2020 年 6 月 18 日．

赛 TPC-C 测试头榜……① 如今，OceanBase 已实现了外部商用，服务于数十家商业银行。

不只是数据库，全社会参与的"双十一"甚至可称为"世界最顶尖信息技术演兵场"："飞天"云计算操作系统、直播实时翻译、语音机器人、工业视觉 AI、智能引擎、"天巡"运维机器人等多项技术，已大规模运用在 2020 年"双十一"中的服务于产品制造、消费体验、物流配送等多个环节。**消费的可能性没有极限，这其中蕴含的技术创新机会，也是永无止境的前沿。**

当信息技术进一步发展，我们正在走入"智能化"时代。场景数据采集、基于大数据"数学模型、关联算法"的迭代加之硬件功能的提升，机器自感知、自决策的人工智能时代必将到来；**而真实的、异彩纷呈的生活场景和消费场景，将成为人工智能技术的孵化之地、实践之场、迭代之所。**

计算机之父阿兰·图灵在《计算机器与智能》中预言了人类将创造智能机器，并且针对机器"智能"性的判定提出了著名的"图灵测试"。如果一台机器能够与人类展开对话而不能被辨别出其机器的身份，那么这台机器就具有智能。如果抛开关于"真实智能"的伦理考量，并将对于"智能"的标准退而求其次定义为"满足真实需求的智慧化决策"，那么只有把人工智能技术投放于真实的场景之中，才能真正完成关于该技术的"图灵测试"。"家居服务、金融服务、零售服务、交通服务、教育服务、医疗服务……"，在**未来，人工智能技术只有通过这些真实生活场景的"图灵测试"，才能真正地完成从"人工智障"到"人工智能"的迭代，从而跨越死亡之谷，走向广袤的市场。**

方方面面的生活服务场景，不只是数据的"供应者"，更是人工智能技术的"驯化者"。以线上社交平台 Facebook 推出的图片分享功能 Photo Magic 为例，该功能依托图像智能识别技术，通过扫描用户相册、社交平

---

① 开源博客：《阿里数据库十年变迁，那些你不知道的二三事》，https://my.oschina.net/yunqi/blog/2872824，2018 年 11 月 7 日．

台、聊天应用中的图片，对图片中人物的五官特征、姿势、衣着、身材等进行识别，并将图片与用户的好友列表人物进行匹配，以实现图片的智能分享。同时，Photo Magic 也鼓励用户"赞成"或"否定"智能匹配结果，提高图像识别的质量。

以小见大，对于人工智能技术而言，真实服务场景中的"数据喂养"和"技术驯化"越频繁，技术就会越"智能"。在这样一个虽然无法实现人人都是技术员，却可以万众助力创新的时代，城市管理者可以鼓励甚至创造新技术渗透的服务场景，在保证个人隐私安全的前提下，鼓励有"小白鼠精神"的公众参与，引导生活性服务业真正成为孵化新技术、孕育新赛道的"图灵测试场"。

综上而言，生活服务业绝不单纯是老百姓的衣食住行。对于城市而言，发展好生活性服务业，既是在实现一座城市"以人为本"的终极浪漫；也是在打开以"消费者"为核心的 C 端端口，其撬动的是"人口流量、经济流量、技术流量"的星辰大海。

二、寻找未来生活性服务业的"慢变量"

如何更好地兑现生活性服务业的"隐形势能"？如前文所述，本书的目标是挖掘当前生活服务"基本操作"之外的增量部分，即那些可以撬动"人口、经济、技术"流量增量的新锚点，寻找行业的未来。

然而，在高频变化的"短波"时代，"把握未来"并不容易。

如今，颠覆或改变生活的技术、产品、行业以更快的速率，以更短的周期出现。以人类通信发展史为例，从"固定电话"（1875）到"无线寻呼机"（1949）的发明，人类用了 74 年；从"寻呼机"再到"移动电话"（1973）的问世，用时 24 年。此后，在商用移动电话时代，从"大哥大"到第一款可上网手机面世，用时 18 年，"2G 冲浪"手机到"3G 智能机"的迭代用时 8 年，而 3G 到 4G 的迭代仅用时 2 年。

在短波周期里，唯一不变的就是变化本身，尤其在生活服务领域，"各领风骚数百年"的百年品牌极有可能被"各领风骚数百天"的行业新秀挑战和颠覆。

例如,在运动服装行业,如今最火爆的品牌是1998年成立、2016年才在中国开设第一家线下店的瑜伽服品牌"Lululemon"(露露柠檬)。这个被都市中产阶级亲切地称为"lulu"、主打单一领域的小众新秀品牌,在2020年收入上涨11%,达44亿美元;同年,其市值更是超过400亿美元,位列全球运动服饰市值榜第二位。①走进北京各大商圈的瑜伽馆,Lululemon几乎成为标配,背后没有"撞牌"的尴尬,只有"同类相聚"的默契,"确认过眼神,我们都是穿lulu的人"。

Lululemon的大火,在于其迎合了近年来兴起的"Ath-leisure"(即运动与休闲)生活方式。在越来越"内卷"的都市中,大家更追求把"运动与休闲"融入工作和生活。"运动裤配西装""午休做瑜伽"……"中产少女"们已经"不想再装了";当她们把"运动休闲范儿"奉行为最新潮的时尚,一条既贴身舒适,又能满足身份认同的瑜伽裤,即便动辄近千元,也能令大家趋之若鹜。

这样英雄不问年龄的故事,正发生在各个领域。例如创办于2009年的人造肉公司Beyongd Meat,迎合西方素食主义的风潮,已经成长为全球最大的人造肉公司。以"便利店"逻辑运营的平价健身房Planet Fitness,渗透了普通大众对于充满炫"腹"人士健身房的抵触感,以"Judgement free zone"(评判真空区)为理念,走低价和抵制"健身炫技"的路线,让健身房成为人人都愿意来的休闲场所,逆袭成为美国乃至美洲健身房的新霸主;Planet Fitness的管理者们直言,他们是靠着与"电影院和小吃店"的竞争,打败了那些"真正的"健身中心。

由此可见,"短波效应"作用在单一的生活服务领域,形成的多是诡谲变

---

① 环球鞋网:《2020年大黑马Lululemon财报公布,业绩碾压其他运动品牌》,https://view.inews.qq.com/k/20201213A0AEKR00?web_channel=wap&openApp,2020年12月13日.

化的商业战场，而非路径清晰的作战地图；即便是当今最炙手可热的领域，5年后的境况也未可知。如前文中崛起于4G时代的手机直播购物，在5G、VR等技术的冲击下，也许终将成为"上个时代的电视购物"；如今，居家健身的新潮流，已成为可能颠覆线下健身的"灰犀牛"，靠着对标"便利店"打败传统健身房如日中天的"Planet Fitness"，将迎来可能是"居家智能健身镜"和"健身App"的跨界挑战；走"新国风"与"直播主播推广"路线大火的"花西子"，在未来"悦己第一，潮流第二"的消费趋势下，"定制化"新秀化妆品牌已经虎视眈眈。那句"大人，时代变了"（网络流行语，指你已经跟不上时代了），时时在生活性服务业领域上演，我们必须对行业的变化保持敬畏：尤其于细分领域而言，潮流易逝、未来已来、未来也永远还没来，它们的未来是市场的物竞天择，没有唯一的标准答案。

在变化之中，关注生活服务的城市管理者究竟该如何"定义增量、把握未来"？——我们不必追逐风口，更应该做一个"未来学家"，去捕捉和解读造就风口的"因子"们，要"领先时代半步"，从而引导行业的发展。

这些造就风口的因子，不是潮流本身，而是那些引发潮流"短波更迭"的"慢变量"。著名经济学家何帆在其《变量》一书生动地解释了慢变量："天气预报能告诉你台风即将登陆，海上会有大浪……但导致海上有波浪的真正原因是太阳和月亮……天气是快变量，月亮和太阳是慢变量"。同时，何帆还提出一个观点，即"风口不重要、潮流不重要、洋流才重要……只有洋流才能带你到很远的地方"。①

潮流易逝，但动力永存。读懂生活性服务业的"慢变量"，比深挖某一个细分领域更为重要。这也是撰稿者们组织本书的基本逻辑：面对生活性服务业的星辰大海，我们不会对"细分行业"进行切片式解读，而更想讲一讲"引潮力"、讲一讲"洋流"，讲一讲那些能带我们到未来的"慢变量"。

---

① 何帆. 变量：看见中国社会小趋势［M］. 北京：中信出版社，2019.

我们将用整本书去探索这些"慢变量"是什么、它们如何形成、又可能把行业带向何方；同时，我们也会与城市管理者们分享把握这些"慢变量"让城市通过生活服务的提前量，构筑自身的独特竞争力的方法。具体种种，笔者此文中将不再赘述，只想简单"剧透"两点，能真正长期影响生活性服务业的慢变量，只有两股不可逆的历史洪流，**其一是"人"的变迁；其二是"技术"的迭代。**

在本书"新消费观"章节中，会详细解读那些藏在我国人口结构变迁、人民收入提升、消费力增长背后的未来消费趋势；并回答未来的人们，他们为什么消费、消费什么、又将如何消费，以及在这些消费趋势变化的背后，我们的城市该如何追随"人性"的变化，把握"人心"、创造消费、服务生活。

在本书"新技术观"篇章中，我们将直面第四次科技革命引爆的技术奇点，并向读者们分享，在"赛博朋克"并不遥远的未来世界，城市该如何与"技术"共生。该章将在剖析技术驱动生活服务业原理、路径、方法的前提下，进一步探索城市如何通过合理的引导、激励、管理，让"冰冷的技术"提升"生活的温度"，让技术的理智和效率，赋予生活温情和幸福。

以色列未来学家在其著作《未来生活简史》中直言："未来，随便一个意外事件就可能改变大局。所以，我们并没有试图准确预测未来，而是指出现所有的趋势，并就此进行推断，以求得出最终结论。这与看赛车差不多：如果你问一个未来学家，最先冲过终点线的车是什么颜色的，轮子是什么形状的，或者车手的身高是多少，他是没法回答你的。**但是，他可以明确告诉你赛道的形状、危险弯角的位置，当然，还有辨别终点线的方法。**"

希望各位读者阅读本书后可以收获面对"未来生活性服务业"预言家视角的灵感，拥抱变化、辨别赛道、勇敢出发。

第一章　新消费观

1. 消费动力的演化：大"玩家时代"的城市攻略
2. 消费目的的内化："悦己消费时代"的新财富密码
3. 消费主体的转化：解码"众创时代""产"与"消"的二元归一
4. 消费体验的强化：让荷尔蒙释放，体验经济的"刺激战场"

本章序

文 | 金美灵

本章是本书中变数最多的一章。

消费的世界，总是瞬息万变——昨天炙手可热的"爆款"也许明天便无人问津，本章所举的"新案例""新热点"也许在出版时便已成"明日黄花"。共享经济、国潮经济、"她他它"经济、"饭圈"经济……一个个消费热点不断升起又消散，而这些"热点"的潮涨潮汐，往往伴随着"人心"的涨退。最难琢磨的恰恰就是"人心"。

本章也许将是本书中最有趣的一章。

我们试图透视需求变换的表象，探索"短波"之下的"长波"——从大势来看，未来中国消费增长的关键变量与核心动力是什么？聚焦到消费群体身上，这些未来的消费者更乐于为谁买单？他们将如何定义消费价值？他们在呼唤着怎样的消费体验？我们的城市又应如何适应这些变化？不求全面，但求新鲜！跟随本章的视角探索，必将得到充满灵感与思考趣味的体验。

消费动力的演化：大"玩家时代"的城市攻略

文 | 金美灵

马克思曾说："消费并不完全都是劳动力的再生产过程，真正的消费就是一种人性的回复过程。"滚滚向前发展的中国商业社会中，消费一直与国民经济水平的快速发展息息相关。从吃口洋快餐都能炫耀一个月，到出国度假都变得稀松平常；从结婚必备的"三转一响"（自行车、缝纫机、手表、收音机），到全屋定制智慧家居服务；从过年才能买一套新衣服，到能够给手办定制大量服装……从物质稀缺的过去到物质极大丰富的今天，我国的消费群体正在逐步从"劳动力再生产"的生存型、物质型消费，向发展型、服务型消费转型；他们也向消费的真正意义靠近——即将"消耗"（Consumption）转化为"自我充实"（Consummatory）。

一、激变时代的中国消费者及其日益增长的"闲工夫"

回顾过去几十年中国的消费群体，可以用一首歌的歌词来简单概括："我想去桂林呀，我想去桂林，可是有时间的时候我却没有钱。我想去桂林呀，我想去桂林，可是有了钱的时候我却没时间。"**从有时间没有钱，到有钱没时间，对于消费的主要限制，已从经济收入的不足转变为自由时间的缺乏。**

一方面，全国居民人均可支配收入和人均消费支出不断攀升。根据国家统计局数据显示，2020 年，全国居民人均可支配收入达到了 32 189 元，与 2010 年的 10 046 元相比，居民人均可支配收入实现了"十年翻两番"。与此同时，2020 年全国居民人均消费支出为 21 210 元，虽然相对 2019 年有所下降，但与 2013 年相比，也实现了 60% 的增幅[①]。作为普通的消费者，

---

① 国家统计局官网：https://data.stats.gov.cn/easyquery.htm?cn=C01。

可以明显地感受到随着经济的大踏步跨越式发展，国民消费心态越来越积极乐观。

另一方面，居民人均可支配的时间十分有限。根据知名数据网站 Our World in Data 对经济合作与发展组织（OECD）官方数据的统计排名，中国人平均每人每天工作时长与睡眠时长分别为 315 分钟及 9 小时 2 分钟，皆为全球第一[①]。而《2019—2020 年中国休闲发展报告》的调研发现，当前全国居民工作日平均休闲时间为 3.6 小时，占全天时间的 15%[②]。较长的工作时间及从工作的劳累中恢复的睡眠时间，压缩了居民的休闲消费的自由时间支配能力。有限可自由支配的时间，又进一步影响了中国居民的消费选择，限制了消费动能的进一步释放。

可见，激荡变化了几十年的中国消费市场，其未来最大的变数关键要看人们是否能有更多"闲功夫"。

而纵观国内外大趋势，笔者对此持十分乐观的态度。未来的中国居民将拥有更多的闲暇时间，消费需求将进一步得到释放。

1. 人口结构向老龄化发展——更长的寿命带来更多的可支配时间

首先要明确的是，我们的社会正在快速老去！ 2021 年 5 月，第七次全国人口普查的结果发布，与 2010 年相比，60 岁及以上人口占比上升 5.44%，人口老龄化程度正在进一步加剧。

人口结构走向老龄化的主要原因，除新生人口的减少外，更重要的还是预期寿命的增加。根据国家统计局按照第六次人口普查结果推算，我国人口 2010 年平均预期寿命达到 74.83 岁，而这一数字在 1990 年仅为 68.55 岁[③]。不仅在中国，放眼全球也是如此。根据全球疾病负担 GBC（Global Burden of Disease）的研究结果，2016 年全球人口的预期寿命达到 72.48 年，较

[①] OECD 组织官网：由 Our World in Data 统计整理，https://ourworldindata.org/time-use.
[②] 宋瑞，金准，李为人，等. 2019—2020 年中国休闲发展报告［M］. 北京：社会科学文献出版社，2020.
[③] 国家统计局官网：《我国人口平均预期寿命达到 74.83 岁》，http://www.stats.gov.cn/tjsj/tjgb/rkpcgb/qgrkpcgb/201209/t20120921_30330.html，2012 年 9 月 21 日.

1990 年多了 7.38 年，预计健康寿命达到 63.12 岁①，而且在不断增长。

人类的预期寿命还将不断刷新纪录。根据 Oeppen 和 Vaupel 于 2002 年在《科学》杂志上发表的研究，人类最大预期寿命在过去和不远的未来一直呈现线性增加的趋势，平均而言，历史上各国对人类最大预期寿命的预测，都在发表后的 5 年内被打破②。这当然不代表人类的寿命会无限延长，但是比起科学家预期的约 120 岁的极限寿命，人类寿命的增长显然还有很长的路要走。更何况，未来随着生物技术与医疗科技的不断突破发展，人类的健康寿命及带病高质量生存的时间也将进一步延长。试想，当我们老去的时候，也许四世同堂甚至五世同堂都不足为奇，"老年人"的年龄界限也必然更高。

不断延长的平均预期寿命，给我国的消费市场带来的是更长的国民总体可支配时间。面对越来越漫长的人生，人们将变得更加关注自身人性的发展，寻找长久获取幸福快乐的方式。

2．数字技术将就业范式打破——更灵活的就业支持更自由的时间支配

数字技术也正在带来就业方式的大变革，革新着时间、空间一成不变的传统工作范式。

一方面，数字技术的发展为工作机会供需对接提供了平台，让灵活就业成为可能。零工经济，灵活就业正在成为一种席卷全球的新趋势，不必"坐班"，拥有相对更加自由的时间调配能力的自由职业开始变成香饽饽。根据全球最大自由职业者工作平台 Upwork 发布的研究报告《自由职业的远期经济报告》，2021 年，美国的自由职业者已占全美劳动力的 36%，其中全职自由职业者的占比再创新高，从 2020 年的 33.8% 上涨到 2021 年的 35%，9/10 的自由职业者认为自由职业者"最好的日子即将到来"。而全职的自由职业者选择自由职业的首要原因，就是时间安排的灵活性。③

---

① GBC 组织官网：由 Our World in Data 统计整理，https://ourworldindata.org/life-expectancy.
② Jim Oeppen, James W.Vaupel. *Broken Limits to Life Expectancy* [J]. 2002, 296: 1029–1031.
③ Upwork: *Freelance Forward Economist Report*, https://www.upwork.com/research/freelance-forward-2021.

放眼国内也是如此，美团、滴滴等生活平台让车间的工人开始选择做起了相对更加自由的外卖配送员、网约车司机；内容平台催生出大量全职的网文作者、视频内容制作者；猪八戒等外包服务平台，也让更多企业服务的专业人才获得了自由接单的可能。根据人社部预估，我国灵活就业从业人员规模达 2 亿左右，其中多数为小商小贩及生活服务业从业人员。① 而国家也将进一步强化对灵活就业人员的权益保障，降低他们的后顾之忧。对于部分非全日制工作的自由职业者而言，"三个月不开工，开工吃三个月"，甚至"吃三年"都成为可能，休闲时间变得更加集中且灵活富裕。

另一方面，远程会议、远程打卡的异地办公，已逐渐成为新的办公常态。更为灵活的工作模式，让人们能够将通勤时间节省下来，甚至搬到生活成本更低、环境更加宜人的度假地"数字游牧"。更加灵活的工作时间、地点选择，意味着更加自主的休闲时间安排。

3. 经济发展向高质量转型——更富足的物质生活支撑更自主的时间支配

我国的经济发展趋势，随着我国的经济进入 L 型增长期，经济发展从高速度发展向高质量发展转型，走向更加充分、更加均衡的共同富裕发展道路，而这将进一步释放更广阔的消费潜能。越来越多的人将拥有更加富足有底气的心态，开始慢下过去为适应变化的世界而时刻保持冲刺的脚步，认真关注当下，关心生活，发展自我。

经历了几十年快速的经济增长，全球的热钱都看到了中国消费市场的潜力并纷纷涌入，为中国的消费者带来了更加丰富多样、更加新潮时尚的消费服务选择。苏宁金融研究院（SIF）与中国人民大学国际货币研究所联合发布的《2019 年中国居民消费升级报告》中的数据显示，全国居民城乡居民消费结构中的食品、烟酒、衣着、居住的消费占比下降，以教育文化娱乐、交通通信、医疗保健为代表的服务类消费支出占比不断提高，消费结构正在不断

---

① 央广网：《人社部：我国灵活就业从业人员规模达 2 亿左右》，https://baijiahao.baidu.com/s?id=1674419006252121592&wfr=spider&for=pc，2020 年 8 月 8 日．

优化。① 随着经济水平的发展，以及消费心态的逐渐成熟，我们的消费正从生存型消费向发展型消费，从物质型消费向服务型消费，从传统消费向新型消费全面转型升级。

虽然我国幅员辽阔且发展相对不均衡，但整体经济的富足为全民提供了更多的选择，也让人们的消费选择更加"从心"，消费倾向"从必需品变为必欲品"。比起"好用"，消费者更愿意为"好听""好看""好酷"，甚至"好有趣""好新鲜"付费。对"必需品"的支付意愿降低，对"必欲品"消费意愿增强，也带来了消费升级与消费降级同步存在的现象。

对于时间来说也是如此。随着经济增长速度放缓，传统行业中工作时长的增加难以带来更高的市场增益和经济增量时，越来越多的年轻人开始旗帜鲜明地反"内卷"②，主动从"996"的低效率内耗中挣脱出来，抢夺回对自由时间的自主掌握权，将时间与精力优先向"必欲品"倾斜。

在这三大变化的叠加中，我们看到一个共同的趋势——人们的自由时间正在变得越来越多，对自由时间的掌握能力也在不断加强③。面对多出来的这些自由时间，忙碌紧绷习惯了的中国消费者，应该都会产生一种迷茫与疑惑，越来越多的"闲工夫"，要如何"打发"才能获得真正的幸福？

二、从"闲"到"玩"，我们正进入一个大"玩家时代"

我国著名经济学家，自称"大玩学家"的于光远曾说过："'闲'是生产力发展的根本目的之一。闲暇时间的长短与人类的文明进步是并行发展的。从现在看将来，如果不属于'闲'的劳动时间随着社会生产力的发展能够进

---

① 苏宁金融研究院与中国人民大学国际货币研究所（IMI）：《2019 中国居民消费升级报告》，http://www.100ec.cn/index.php/detail--6537395.html，2019 年 12 月 6 日．

② 内卷，又称"内卷化"，译自英语 involution，本是社会学术语，指一种社会或文化模式在发展到一定阶段后停滞不前，或无法转化为更高级模式的现象。

③ 马克思主义认为，自由时间包括闲暇时间和从事科学艺术等创造性活动的时间，它是人们全面发展的重要条件。

一步减少,'闲'的地位还可以进一步提高,这是走向未来经济高速发展的必由之路。"[①]可见,让社会普遍人群拥有更多的自由时间,是通向更美好的理想世界的道路;自由时间更应是衡量未来社会财富的重要尺度。

对于自由时间的利用(也就是"休闲"),在马克思看来,一是指"用于娱乐和休息的余暇时间";二是指"发展智力,在精神上掌握自由的时间"[②]。简而言之,就是一部分用于身心的"恢复",以便人们投入再生产;另一部分则用于精神的"发展"和"探索",用于提升和发现自我价值。"玩"在笔者看来,就是一种充分利用"自由时间"探索和游戏,进而恢复身心,获得快乐,实践创造的过程。它可以表现为休闲放松,自由创作,甚至是学习探索的状态。

如果"普遍有闲"的社会是一种理想的社会状态,那么"玩"一定是这当中必不可少的社会功能。在游戏哲学著作《蚱蜢:游戏、生命与乌托邦》中,伯尔纳德·舒兹描绘了一个乌托邦世界——当人们不再面临各种生存挑战,所有的知识都唾手可得,所有的需求都能及时满足,工具性活动都被消除时,玩游戏将成为这个世界不可或缺的根本。有趣的是,当人们不再需要工作换取金钱、社会地位时,很多工作仍会以一种"游戏"的形式存在。为了挑战自我、探索技艺突破而建房子的木匠,即便知识唾手可得却仍要通过科研验证真理的科学家,他们形式上的"工作"从根本上成为一种"玩"的过程。简而言之,人的生存压力越小,活得越舒坦,就越需要高质量的"玩"来获得幸福与快乐。

但提起"玩",国人总是容易联想到"玩物丧志""玩忽职守"等贬义词,让我们不敢提倡"玩",发展"玩"。而在英语语境中,"玩"这个词的含义则显得中性且多元,它既可以是"玩耍",也代表"演奏",还能代表

[①] 于光远. 论普遍有闲的社会 [M] . 北京:中国经济出版社, 2005.
[②] 中共中央马克思恩格斯列宁斯大林著作编译局.《马克思恩格斯全集》第26卷第3分册 [M] . 北京:人民出版社, 1975.

"娱乐""运动表现""扮演"等。而要延展"玩"的意义，正视"玩"的价值，关键在于拥有尊重规则而不虚荣作弊，坚持挑战而不半途而废，乐在其中而不耽于其乐的"玩家心态"。简而言之，就是要会"Enjoy the game"（乐享游戏）。从过去只想"玩赢"，玩游戏开外挂，看奥运"唯奖牌论"，到如今以大搞"基建种田流"和"游击战术"在国际游戏玩家中闻名，对奥运健儿的表现更加宽容，开始更关注一场比赛、一位运动员甚至是一段故事……如今的国人也开始越来越放松，"玩家心态"越来越健全。

"玩"，是让人在身心恢复平衡的基础上，自由且快乐地探索与发展，是提高生命质量的关键。国内休闲学的开拓者马惠娣说"玩的本质是自由、愉快和创造"。雨夜约人对弈的赵师秀，在"玩"中获得了"有约不来过夜半，闲敲棋子落灯花"的闲情；"左牵黄，右擎苍"的苏轼，借狩猎尽情挥洒激情，忘却年事已高聊发少年之狂；旅游达人李白更是在"两岸猿声啼不住，轻舟已过万重山"的旅途中，"玩"出了舒朗畅快的心怀。

"玩"，更与人类社会的文化艺术、科学技术、创新理论的产生及经济的发展相生相伴。于光远说"玩是人类创造性的来源之一"，"人类社会伟大的原创性活动从来都渗透着游戏。"西方人爱玩扑克，"玩"出了"纳什均衡"[①]；北京人爱玩京剧，王公贵族与平民一起"玩票"玩出了世界三大戏剧的"京剧"；古人爱玩，"玩"出了瑰丽而丰富的文化艺术宝藏；当代人爱玩，"玩"出了6.63万亿的旅游市场[②]。

"玩"，将是推动中国消费市场进一步蝶变发展，向上向善的核心动力！而想要探索中国未来消费发展的蓝图，就必须要读懂当前全龄崛起的三

[①] 纳什均衡：又称为非合作博弈均衡，是博弈论的一个重要术语，指在一个博弈过程中，如果任意一位参与者在其他所有参与者的策略确定的情况下，其选择的策略是最优的，那么这个策略组合就被定义为纳什平衡。由于德州扑克、桥牌等牌类游戏，在游戏博弈中主要采用"纳什均衡"原理——在一个特定时刻，寻找相对于其他参与人的最优反应，因此，常被验证和解释纳什均衡相关原理。

[②] 中华人民共和国文化和旅游部：《旅游扮靓幸福生活》，https://www.mct.gov.cn/whzx/whyw/202106/t20210625_925949.htm。

大类"玩家"。

1. 最核心的"玩家"——至死是少年/少女，保持孩子气的"大儿童"们

当代的年轻人，总是信奉"男人至死是少年""女人至死是少女"，怀揣着孩子气的玩耍精神，做着长不大的梦。尤其是成长于中国经济腾飞路上的Z世代（即1995—2009年出生的一代人），殷实的家境和成熟的消费观，让他们能够敢于为"玩"倾注更多的心血。

这群"大儿童""玩"出了新产业、新市场、新价值。都说"宅男一面墙，北京一套房"，成年人的"玩"不仅非常用心，更舍得用钱。当"玩"的欲求碰上经济独立带来的消费主动权，其创造出来的市场潜力是难以估量的。最为标志性的莫过于近几年蓬勃发展的潮玩市场。例如，在泡泡玛特举办的2018北京国际潮流玩具展上，仅3天时间，便吸引了超5万人次的排队"围观"。仅泡泡玛特一家公司，就在2017年实现营收2.1亿元，同比增长104.38%[1]。汽车、电子设备、运动装备、服装鞋帽、护肤彩妆……对于这些"大儿童"而言，传统的消费品已不再只是实用的物品，而可以是带来自由探索与创造快乐的"玩具"们。所以，他们可以用几十万元改装几万元买来的车，可以为游戏人物的一个皮肤冲几千甚至几万元，但自己身上穿着几十元的旧T恤，可以为一双脚买蜈蚣都穿不完的鞋，只有一双眼睛、一张嘴，却能买回几百个眼影盘和口红……为了"玩"不计成本的消费，让当代年轻人成为创造市场并引领新价值的大"玩家"。

这群"大儿童"也"玩"出了文化的复兴与传承。中华上下五千年的历史，与丰富的传统文化，在今天成为一种新的"耐用消费品"，为这群"大儿童"创造出了遍地"珍珠贝壳"的"宝藏"玩乐天地。

这群"大儿童"让传统文化与历史的传承不再局限于大学的课堂上，博

---

[1] 泡泡玛特：《从BTS看这届年轻人的消费观：定义新时尚，为兴趣买单》，https://www.163.com/dy/article/DTOK3EDG0518CL1J.html，2018年10月10日．

物馆的藏品与图书馆的古籍中，抑或是"非遗"的名单上，而是一种鲜活的、可以被消费的"玩耍"新体验。以"三坑少女"①之首的汉服为例，一群热爱传统文化的汉服女孩，为了"玩"自学衣物制作、刺绣手工；钻进图书馆、博物馆钻研各朝代服装及配饰形制；身着汉服拍摄美图、短剧……玩着玩着，不仅玩出了 14 亿元产值的汉服产业，还将优质的文化内容传播给更多国内及国外网友，让汉服文化之美得以再现并传承，更进一步为过去挣扎在生死边缘的云锦、蜀绣、苏绣等"非遗"，焕发了新的活力。在《闪光少女》中，年轻人用国乐演奏"二次元"歌曲，在与西洋乐"斗曲"的过程中，一支唢呐吹响"百鸟朝凤"，一举打败了一个管弦乐队的"野蜂飞舞"，过去被嫌土气的国乐"玩"出了新粉丝，传统的曲目"玩"出了新趣味。

这群"大儿童"更懂得以最潮、最新的方式延续并创新传统文化，创造出更符合当代审美、更具国际水平的文化消费产品，"玩"出"文化自信"，"玩"出"文化输出"。导演 @ 斜杠玩家吉叔（郭吉勇）将自身爱好潜水和摄影工作结合，为河南卫视的"端午奇妙夜"定制出一场惊艳全国的水下摄影舞蹈《洛神水赋》，用新潮的视听技术展现出传统敦煌壁画中飞天的灵动与飘逸。抖音爆火的不倒翁小姐姐，将传统舞蹈与街头表演艺术形式结合，用若即若离的握手互动，"天外来仙"般轻盈灵动的摇曳身姿，给大唐不夜城渲上了一抹鲜活的唐韵。从小热爱游戏的"大孩子"冯骥，从腾讯离职后，拾起对"西游"文化的热爱，与一批志趣相投的前同事放手一搏挑战制作国产"3A 大作"②——《黑神话·悟空》。该游戏于 2020 年发布首个游戏预告片，随即点燃了国内外游戏圈，成为当年最受全球游戏爱好者与业内人士期待的"次世代"游戏大作。游戏演示中超高的画面品质与互动体验，配合着对于国际玩家来说极富想象力与新鲜感，但对于东亚玩家而言十分熟悉且考究的游戏设

---

① 三坑少女：网络用语，指喜欢汉服、lolita 服饰、JK 制服的女孩，因为相关服饰售价极高，被戏称为"三大坑"。

② 3A 级游戏作品，一般指的是大场制作的高成本、高体量、高质量的单机游戏。

定，结结实实地创造了一个神奇诡谲的东方神话世界，打出了一波强势的"文化输出"。外国的网友在呼唤"猴王"快"Shut Up and Take My Money（别说话，拿走我的钱）"的同时，更是直呼"原来《七龙珠》里的筋斗云和金箍棒，《火影忍者》里的影分身和变身法术，都是借鉴自中国古人的想象，之前一直被日本动画骗了！""为了未来能更好地玩懂《黑神话》，现在需要提前恶补《西游记》原著"。

"玩"是当代中国年轻人生活的态度，他们"打工"赚钱是为了让自己"玩"得更尽兴；他们向往"以玩养玩"，把爱好变成事业，站着把钱挣了。"玩"是他们创造新消费，引领新文化的核心动力。

2. 不容低估的"玩家"——重拾"第二童年"的新一代"老顽童"

现在的中老年人和从前不一样了，他们不再是为子女节衣缩食，一心奉献给家庭的传统家长，已经成为消费乐观、兴趣爱好广泛的"老顽童"。富裕的时间让他们拥有更多的精力"玩"，稳定殷实的收入让他们有更多的机会"玩"。

他们是与时俱进，不甘落后的"潮流玩家"。根据网信办第 45 次《中国互联网络发展状况统计报告》，截至 2020 年 3 月，全国 50 岁以上网民规模突破 1.5 亿，已成为近些年来移动网民增量的重要来源[1]。积极"触网"的他们和兄弟与姐妹们一起玩起了抖音、微信，玩起了时兴的直播带货。短视频平台上，坐拥 1 600 万中老年粉丝的 @ 只穿高跟鞋的汪奶奶，在 2000 年 8 月抖音电商大促活动中带货量甚至跻身周榜前 5，超过了罗永浩等人[2]。自称"小卢"的 72 岁木雕手艺人 @ 卢正义的雕刻时光，除了与村里的老兄弟们打打牌、拉拉二胡之外，"抽空"用过去雕刻达摩、貔貅的手艺，雕刻了诸多

---

[1] 搜狐网：《Quest Mobile2020 银发经济洞察报告：超 1 亿规模，社玩转交、视频、电商，银发群体潜力无限》，https://www.sohu.com/a/482266938_121101003，2021 年 8 月 9 日。

[2] 娱乐独角兽：《"我妈在抖音帮我带娃"："银发一族"在短视频的第二人生》，https://zhuanlan.zhihu.com/p/272218441。

"二次元"动漫、游戏形象并上传至 B 站,迅速获得了大量年轻人的热烈追捧。

他们对于自己的爱好极其乐于投入,是技术过硬、砸钱够狠的"硬核玩家"。杭州的健身大爷们,把西湖让给了游客,在公园的健身角天天相约健身。平均年龄超过 60 岁的他们向镜头秀出了健硕的肌群与强大的运动实力,一时引爆全网热议,年轻人佩服地大呼"你大爷永远是你大爷"。在南京地铁 S9 号线高淳方向,每天的第一趟列车上都挤满了身着马甲冲锋衣,头戴鸭舌帽,左手吊杆右手钓桶小凳,身背饵料和当日餐食的钓鱼大爷们。数百名大爷跨省往返超过 200 千米,出站便以百米冲刺的速度跑去换乘公交车,只是为了能够自由地钓鱼。

如今的中老年人的世界里,不再只有公园的广场舞和院子里的象棋,他们有了更多"玩"的选择。他们在湿地拿着长枪短炮拍鸟,在山间种田、酿酒,玩玉石、盘翡翠,去电玩店玩街机抓娃娃,"恶狠狠"地补偿着自己失去的童年,认认真真地"玩"出多样的幸福生活。

3. 未来可期的"玩家"——人之初,性本"玩",重获"玩耍"自由的"鸡娃"①们

《2018 中小学生减负调查报告》显示,62% 的学生都报了辅导班②,过去的很长一段时间,中小学生的课业压力越来越重,成为一群天性被禁锢的鸟。随着 2021 年 7 月"双减"③政策的发布,义务教育阶段学生的校外培训全面叫停。被课外教辅和作业挤占了精力与时间的"鸡娃"们,终于可以找回一些自由玩乐的时间。

显然,国家的政策正在强力破除社会对教育的惯性认知与教育"内卷"

---

① 鸡娃:网络流行词,指的是父母给孩子"打鸡血",为了孩子能读好书、考出好成绩,不断给孩子安排学习和活动,不停让孩子去拼搏的行为,也指被父母"打鸡血"的孩子。
② 南越教坛:《〈2018 中小学生减负调查报告〉出炉,减负效果如何?》,https://www.sohu.com/a/280383869_99905899,2018 年 12 月 7 日.
③ 中共中央办公厅、国务院办公厅印发的《关于进一步减轻义务教育阶段学生作业负担和校外培训负担的意见》.

的进程。学生们正常的锻炼、休息、娱乐时间回归，也必将获得更多探索兴趣爱好，多元发展的机会。近几年，越来越多以"玩"为主导的，寓教于乐的新兴服务业态开始在国内大大小小的城市里涌现。笔者就曾在眉山的三苏祠里偶遇一群游戏中学历史的孩子；在南昌博物馆，跟着一位小小解说员听了一场声情并茂的南昌起义历史解说；在珠海横琴、成都麓湖都遇到一批批学骑马、学划艇、玩素拓的孩子；在徐州丰县这样一个普通县城里，看到了一整栋被涂成大蛋糕似的儿童文艺培训综合体；在朋友圈看到孩子们在怀柔的自然营地里捉虫、抓蟹、捕鱼，学习多种生物知识……

相信未来，越来越多尊重孩子爱"玩"天性、寓教于乐的高品质研学旅游、社会实践、兴趣夏令营、探索营地等服务业态将被激发涌现，给予孩子们更自由的探索与创造，成长为未来世界"大玩家"的可能性。

未来消费世界的财富增量就藏在人民日益增长的"自由时间"里。而能够高质量运用"自由时间"，尽兴"玩耍"的"玩家"们将成为未来生活爆炸式增长的主推手！

三、我们的城市要如何变得"城会玩"，让"玩"创造更多价值

我们的社会真的做好准备迎接大"玩家时代"了吗？

答案显然是否定的。人们对"玩"的需求日益增长，但总体而言并没有得到很好的引导和满足。

一方面，是"没得玩"。与旺盛的"玩"的需求相比，"玩"的供给现状还相对滞后。中国社会科学院旅游研究中心发起的中国国民休闲状况调查（2020）结果影响受访者的休闲制约因素，除时间与家庭的限制外，主要便是"活动场所不吸引人"[①]。整体而言，"玩"的产品品质低、收费高，导致大量消费需求"外流"，人们纷纷出海"爆买""爆玩"；"玩"的空间供应

---

① 腾讯研究院：《中国国民休闲状况调查（2020）完整版》，https://baijiahao.baidu.com/s?id=1686118765214986294&wfr=spider&for=pc，2020年12月15日．

少、同质化，导致不同群体常常围绕"玩"形成摩擦，"广场舞大妈"侵占了"篮球小子"的运动场地，大声嬉闹的"熊孩子"影响了"文艺青年"沉浸式"入戏"……

另一方面，则是"不会玩"。虽然社会整体认知水平上，已经对工作外放松身心、玩乐享受都持越来越正面积极的态度，但仍然能感受到的是，我国居民对于自由时间的利用和认知都相对浅显。《2019—2020年中国休闲发展报告》调查结果显示，约3/4的受访者对休闲持积极态度，70.4%的受访者倾向于认同休闲在生活中必不可少，76.3%的受访者倾向于认同休闲有益于健康。但我国居民休闲最常选择的活动类型仍多为娱乐类、社交类休闲；主要的休闲动机是帮助放松，缓解紧张压力[1]。人们对自由时间的利用，多为浅层次的身心"恢复"，而非深层次的"发展"与创造。对于"玩"浅薄的认知，也让人们开始无节制地追求放松与刺激，引发了一系列社会问题。过往常常被指影响青少年健康成长的短视频、游戏、网文等休闲娱乐内容，逐渐也开始成为中老年人沉迷的重灾区。显然，对于我国自由时间"乍富"的广大消费者而言，学会健康正面地利用好"闲工夫"，获得真正的快乐与发展，还需要全面的"补补课"。物质富足之上的娱乐生活，不应该是颓唐无聊或灯红酒绿，而更应该是文化的挖掘、兴趣的释放、专业的追求，是脱离"低级趣味"的"玩"！

回归城市视角，我们都知道，一座城市独特的"玩"法，不仅能够带来经济增长的动力，更能塑造其独特魅力与文化调性，如去成都喝茶、采耳、听嘻哈[2]，到天津听相声、看军舰，去吉林滑雪，去顺德吃美食……**可以说，一座城市"会不会玩"，"要怎么玩"，某种程度上定义着一座城市的气质与未来**。要成为一座"会玩"的城市，用"玩"创造更多价值，也并非易事。

---

[1] 宋瑞，金准，李为人，等.《2019—2020年中国休闲发展报告》[M].北京：社会科学文献出版社，2020.

[2] Hip Hop谐音，诞生于美国的一种街头文化形式，当前已成为风靡全球备受年轻人追捧的新潮音乐形式。

不能沿用发展传统工业时相对粗犷的强投资、强规划的"招商思维",而应强调因势利导,精耕细作的"运营思维",**一要解决供给不足;二要强化价值引导**。

解决供给不足的关键在于顺势而为,具体可以从以下三点着手。

第一,要定制自由有序的"玩"的土壤。"玩"的种子往往都是在相对宽容自由的土壤中自生,在顺势而为的政策鼓励中成长,在有序监管中健康发展的。因此,如何营造培育"玩法"的土壤与培育环境至关重要。以韩国首尔的大学路为例,首尔市政府发展戏剧演艺产业并未通过大手笔的投资,而是聚焦主题环境的运营,定制化演艺空间引导,有节制且具有针对性的政策支持,适度对低端娱乐业态的限制,营造了一个有序且自由的"玩艺术"的最佳土壤。这一系列细腻且专业的运营下,首尔未"砸重金",便吸引了大量年轻的艺术人才在此"切磋","玩"出了一批新锐艺术家,"玩"出了一系列叫好又叫座的戏剧作品,让大学路成为"韩国戏剧麦加"。创造适合"玩"的土壤,孕育"玩"的供给与市场,是解决供给不足的关键。

第二,要鼓励细分专业的"玩"的产业。对于即将到来的大"玩家时代",任何一种小众的"玩法",可能都潜藏着极高的经济价值,而要"玩"出个名堂,就需要"玩"得更极致、更细分、更专业。以三亚的后海村为例,这个曾经名不见经传的小村落,凭借其优质的海浪资源吸引了国内最早的一批"浪人"在此成立了冲浪俱乐部聚落。本就是一小群"玩家"们自娱自乐的生活方式,在近几年却因极富特色的文化调性快速破圈,让后海村成为"中国冲浪第一村",也让冲浪这一小种运动成为当地的经济支柱。时间往回倒推五年,相信谁也不会觉得嘻哈音乐能成为一座城市的标签,更不会相信舞剧、歌剧的演出会一票难求,也不会觉得相声能够蔚然成风,获得万千少女的追捧。谁也无法预料下一个从小众走向大众的新"玩法"将会是什么,越有个性的城市越是"会玩"的"玩家",城市发展生活性服务业不应后知后觉地追随大众的热点,而要关注并挖掘本地特色,鼓励更多"玩家"在本地

"玩"出更专业且细分的"门道",孕育出独特的新热点。

第三,要创造新奇有趣的"玩"的场域。 回想儿时"玩"得最快乐的时光,无外乎"逛大集"和"过大年"。"集"和"年"实际上就是一种汇聚了新鲜事物,充满了新奇收获的一种"玩"的场域。而时至今日,"集"和"年"已很难带来过去的那份悸动与快乐,"玩"的场域变成了"展"和"节",也就是常说的会展与节庆。

会展行业长久以来一直被认定为破除行业内信息壁垒,推动交易达成的生产性服务业。但如今,会展业已悄然从 2B 转向 2C。无论是进博会、婚博会、漫展、宠物展,甚至 5G 展、AI 展等看似与产业连接更加紧密的"展"们,都开始纷纷强化展示性与体验性,化身为当代都市人体验新技术、新产品、新服务的"游乐场",甚至成为一座城市的魅力名片。如蔬菜之乡寿光的中国(寿光)国际蔬菜科技博览会(以下简称菜博会),就在常规的全球农业产品及农械农具展销外,增添了诸多面向消费者的趣味体验。如由各式蔬菜作物堆砌而成的巨型景观建筑,先进的农业技术展示体验等,让菜博会成为寿光最亮丽的一张名片,本地及周边人每年必"玩"的好去处,进一步强化了寿光蔬菜之乡的产业魅力。

一座城市的特色节庆也可以成为都市人收获快乐、尽情玩耍的新场域。近些年,众多城市纷纷开办马拉松、音乐节、美食节,但并不是每个"节"都能一呼百应,获得成功。要办出特色、办成品牌,则必须充分利用好本地"玩家"才行。笔者曾参加过上海和北京两地举办的草莓音乐节,感受到的氛围截然不同。上海的观众与艺人激情互动,氛围自在快乐且热辣活力;而北京观众反应冷淡克制,现场气氛则略显尴尬。无论是青岛的啤酒节、杭州的造物节,还是盱眙的龙虾节、自贡的彩灯节,都离不开"懂行"的"玩家"们营造出的独具特色又极富感染力的文化氛围。因此,一座城市要打造一个好"节",有必要和本地的文化底蕴、产业基础、人群认知相匹配,这些决定了"玩家"的多寡,与"玩"的氛围的浓淡。

引导积极价值的关键在于精耕细作,具体可以从以下三点出发。

第一,要发展引领"玩"的规则与技术。伯尔纳德·舒兹在《蚱蜢:游戏、生命与乌托邦》中提出,"玩游戏,就是要自愿克服非必要的障碍"。也就是说,"玩"的乐趣恰恰源于游戏规则的限制。在规则之下探索出新的技术,也恰恰是"玩"的过程里最具趣味与价值的过程。

规则能让比赛更富有趣味性、挑战性与观赏性,而围绕规则的比赛及活动的组织,则让"玩游戏"拥有了进一步推广与商业化、健康化发展的可能。现代足球从街边屡禁不止的扰民运动,到走向世界成为风靡全球的著名球类运动,转折的关键点恰是英国在1863年成立了第一个足球协会,其统一了足球规则。打雪仗是全球各地都有的冬季小游戏,但在日本的运作下,变成了一种国际认证的雪上团体运动项目"雪合战",凭借的也恰恰是对"玩法"的制定。如今,该项运动甚至普及到美国、日本、加拿大、俄罗斯以及我国东北地区,甚至成为哈尔滨工业大学一年一度的正规比赛活动。我国广袤的大地上还拥有大量独特的本地化"游戏",如武术、龙舟、踢毽子、拔河、麻将等传统运动,蜀绣、彩灯、竹艺等传统技艺等,都可以通过建立规则体系,鼓励相关技术的精进,引导其发挥更加积极的经济与社会价值。

第二,要弘扬推广"玩"的文化与艺术。这点对于我国而言显得尤为重要。我国悠久的历史中,经历了数个辉煌的王朝,也带来了非常丰富的文化艺术遗产。盛唐时期长安丰富的夜生活,"玩"来了大批西域的乐器与舞蹈;宋代活跃的市井生活,"玩"出了元杂剧与宋词;康乾盛世江南士大夫们"玩"出了园林艺术……以北京为例,作为几朝古都,"玩"更是成为北京文化中不可磨灭的一部分。老北京人以"爱玩"闻名于世,"具体的玩法包括观赏戏曲、饲养花鸟鱼虫、鲍制器皿及四季的游乐活动。例如春天的逛庙会、看花灯、游春,夏天的游园、端阳耍青、粘雀捕虫,秋天的七夕乞巧、重阳登临,冬季的写九九消寒图、冰嬉等,这些无不体现出北京人玩得精致、典雅,玩得悠闲自得，体现了人与自然的和谐。"①古人"玩"出来的文化与艺术，蕴含了中国"天人合一"的哲学思考，刻在骨子里的浪漫想象，富足悠闲的世俗生活；更是每座城市的个性与灵魂，是城市最值得挖掘的优质文旅、文创资源。

于光远老先生就曾提出，"要玩得有文化"，"要有玩的文化"，更要"发展玩的艺术"。**弘扬推广"玩"的文化与艺术，能为中国消费者找到更符合国人口味的优质消费产品，推动"文化复兴"与"文化自信"**。以游戏为例，层出不穷的武侠、仙侠题材作品，为国风音乐的发展提供了大量"神曲佳作"，西山居、网易等游戏公司也常被戏称为"被游戏耽误的音乐公司"；《画境·长恨歌》《忘川风华录》《江南百景图》等古风游戏，带领玩家在游戏中与千古名士对话交流，领略古代诗词与风物的美好，再现文化与历史的流变历程，休闲娱乐外更引发了文化与艺术的认知和探索兴趣；沙盘战略游戏《率土之滨》还原了三国纷争的历史环境背景，造就了很多熟知三国历史，更能用文言文互相发"檄文"的硬核玩家……注重对"玩"的文化与艺术的推广，有助于引导人们生出更浓厚的"玩"的兴趣，关注并精进"玩"的技艺，也是我们的城市引领本地特色的文化休闲产业，脱离无意义乃至有害身心的低俗内容，向更深入、更健康、更可持续的方向发展的关键。

中国五千年历史长河中，沉淀了大量题材丰富且架构完善的故事素材，无论是基于《封神演义》《西游记》《山海经》等名著基础，瑰丽多元的中国神话宇宙；还是金庸、古龙、梁羽生、温瑞安等大师营造的武侠世界；抑或是风靡东亚乃至全球的三国战争世界……都为中国未来的文化产业构建，提供了丰富的创作素材。以近年逐渐佳作频出的国产动画电影为例，彩条屋动画旗下的《大圣归来》《哪吒之魔童降世》《姜子牙》，追光动画旗下的《白蛇：缘起》《新神榜：哪吒重生》《白蛇2：青蛇劫起》与《新神榜：杨戬》，

---

① 杨原.《会玩儿 老北京的休闲生活》[M].北京：中华书局，2017.

都在以各自的方式，逐渐围绕封神宇宙及中国传统神话故事创造出独具东方特色的 IP 宇宙。完整的基础设定，丰富的人物故事与传奇，独具东方特色的审美体系，为中国文化产业未来的创新发展提供了天然的沃壤。

第三，**要持续强化"玩"的普及与教育**。培养良性发展的"玩"的市场，关键在于对消费者进行持久的教育与普及，培养出一群欣赏"玩"的艺术，追求"玩"的技术，拥有"玩"的心态的优质"玩家"。例如，釜山从过去以工业为主导的"文化荒漠"逆袭为韩国当之无愧的"电影之都"，除依靠知名的釜山电影节和扎实的影视剧产业外，更有本地旺盛且高质量的电影消费市场——一群热爱电影、懂电影，乐于消费和创作好作品的本地居民。为了培养本土电影文化，提高市民电影审美素养，釜山市政府不仅针对不同年龄段的幼儿及青少年提供分层次的电影娱乐、电影鉴赏、电影创作实践等课程，培养小小电影爱好者；还向全城市民开放电影评论培训、电影文化及人文讲座、电影制作体验等相关沙龙课程；更围绕相关的教育培训，开展相关教师的课程设计、教材开发等培训支撑。完善而系统的电影教育培训体系，保障了本地可持续高质量的电影文化发展培育，让釜山成功申请为联合国教科文组织认证的"创意电影城市"（Creative City of Film Busan）。[①]

再看足球之城——曼彻斯特，更是依托职业俱乐部，打造了曼城城市足球学院（CFA），强化社区青少年的足球培训。通过青训体系的搭建，不仅强化了俱乐部的职业梯队建设，培育潜在的足球新星；更重要的是，进一步强化了曼城球队与球迷之间的纽带，培养出懂球、爱球，更爱本地球队的新生代球迷，持续为本地足球产业与市场提供新鲜血液。

现在，"双减"政策释放出中小学生更多的时间与精力，而围绕大众尤其是青少年的文化、艺术、体育、科技等兴趣类教育培训，将在下一阶段释放出更大的潜力。而对于城市而言，发展兴趣导向的教育培训行业固然是很具

---

① *UNESCO Creative City of Film Busan Annual Report (2019, Topic - Education)*, http://www.unescobusan.org/ebook/edueng/index.html.

价值的经济增长点，但更具社会与文化价值的努力方向，则应是围绕本地产业、文化、休闲特色，构建高水平的教育培训体系，培育更多行业"玩家"，"玩"出城市未来的文化魅力与经济活力。

时代的机遇撒在每一条赛道上，有的人在赛道上看到了发展的先机，有的人找到了变革的出路，有的人创造了全新的生活。围绕人们"玩"的诉求，营造"玩"的环境，发展"玩"的事业，引领"玩"的价值，新时代的城市"玩家"们，必将为我们的城市"玩"出一条通往未来的道路。

消费目的的内化:"悦己消费时代"的新财富密码

文 | 李 鸿

这一届的消费者,好像越来越让人"看不懂"了。

曾经,爱美被当作女性独有的特质;然而,如今出现了一群号称"精致的猪猪男孩",他们关注护肤爱化妆,BB霜、口红、眉笔一样不落,更凭借着高于女性消费增速2~4倍①的速度,向原本由女性统治的美妆市场发起挑战。

曾经,追求"性感"的广大女性消费者,轻轻松松地把维多利亚的秘密(以下简称维密)买成了全球最知名的内衣巨头;然而随着2019年维密大秀宣告取消,在关店、破产、业绩下跌等一系列负面新闻中维密跌下"神坛",将其拉下的,仍然是这群女性消费者,因为如今她们看上了主打"舒适牌"的"三无"内衣(无钢圈、无尺码、无体感),性感标签被她们亲手摘除。

曾经,家庭女性的消费往往投向了"柴米油盐""相夫教子";然而今天,她们不再囿于厨房与厅堂,能在家庭和职场中轻松切换角色,并且在疯狂"鸡娃"的同时,也不忘给自己增加在美容院、咖啡馆、健身房、兴趣班中"爽一爽"的时光。

曾经,银发一族是一群"围着儿孙转"的弱消费力群体;如今,他们居然拿出4倍②于年轻人的消费力度,去海淘最贵的单反、最潮的AJ球鞋、最洋

---

① 前瞻产业研究院:《2021年中国男性美妆行业市场现状及企业布局分析"男颜经济"已崛起》,https://www.qianzhan.com/analyst/detail/220/210521-fd95cbd1.html,2021年5月21日.

② 亿邦动力网:《考拉海购:60后年均海淘金额是00后的四倍》,https://www.ebrun.com/ebrungo/zb/420014.shtml.

气的巴黎水、最新款的口红、最火的全球好物等。除脸上的皱纹比年轻人多几条外，其他消费喜好与年轻人并无二致。

无论是男性还是女性、无论是单身还是家庭、无论是年轻一族还是银发一族，这一届的消费者正在用外人看似"迷惑"的行为，告诉我们一个事实：这个时代，消费者变了，他们的消费目的变得越来越"悦己"了，我们正在迎来一个全新的"悦己消费时代"！

一、从"悦人"到"悦己"，悦己消费必然崛起

从开篇的例子我们可以感受到，正是出于"悦己"的目的，男性同样可以为了提升颜值豪掷千金、女性更愿意为自己的舒适而非他人眼中的性感买单、妈妈们不愿在传统家庭角色中压抑追求个人价值和生活的权利、老人们也时刻准备着在卸下养育后代重担后开启新的人生。**这种基于"取悦自我"而非"取悦他人"的悦己消费并非个例，而是正在成为一种主流的消费趋势。**从《2018年中国消费趋势报告》[①]中可以看出，中国消费者具有十分强烈的对于自我革新和变化的需求，休闲与拓宽视野、满足兴趣爱好、学习新技能、为健康投资、充实精神世界的"悦己消费"占主体地位。

那么，悦己消费为何会在今天这个时代崛起？而且，不同于以往出现的属于特定人群的新消费类型，悦己消费为何会成为"全民皆疯狂"的消费热潮？在回答这个问题之前，我们必须先思考，如今这个时代和过去有何不同。

与十年前相比，我国经济实现了飞跃式发展，居民可支配收入也得到了跨越式提升，我们已进入了一个"消费升级"的时代，相信这一点大家都能脱口而出，有所共鸣。但除此之外，**如今我们所处的时代和社会形态，还有**

[①] 知萌咨询机构：《知萌趋势报告：2018 悦己消费将占据主流》，https://article.pchome.net/content-2048503.html，2018年1月26日。

一个更大的变化——"低婚育率"。下面将用几组数据来说明：

自 2013 年开始，我国结婚率便开始不断下滑，结婚登记对数从 1 347 万对（2013 年）的历史高点持续下滑至 813 万对（2020 年），对应的结婚率从 9.9‰降至 6.6‰，降幅超过 33%。另外，我国离婚率从 2003 年开始已经连续 18 年上涨，离婚登记对数从 133 万对（2003 年）攀升至 373 万对（2020 年），对应的离婚率从 1.05‰（2003 年）攀升至 3.4‰（2020 年），增幅高达 224%。如果按照结婚对数与离婚对数的比例来看，我们会发现情况更"不容乐观"，以 2020 年为例，离婚（373 万对）占结婚（813 万对）比例为 45.9%[1]，已逼近一半。

"婚都不想结了，还生什么孩子"，伴随结婚率一同下降的，还有生育率。根据第七次人口普查结果[2]显示，2020 年中国新出生人口为 1 200 万，比 2019 年下降了 18%，比刚刚放开二孩的 2016 年下降了 33%，几乎成为新中国有记录以来新出生人口和出生率最低的一年。更让人担忧的是，目前我国育龄妇女总和生育率仅为 1.3，已经远远低于 2.1 的世代更替水平。

其实，**生育率的持续下降，并非我国社会的独有现象。作为经济社会发展趋向成熟的一种必然伴生现象，这样的生育率曲线，也在全球范围内上演**。根据联合国经济与社会事务部人口司统计的数据显示，全球女性生育率都在经历断崖式的下跌，世界总和生育率从 20 世纪 60 年代的 5 以上降至 2020 年的 2.4[3]，降幅超过 50%。而且，越是经济发达、高收入、高社会福利的国家，即便人们没有生育压力，生育率依然很低，如美国、德国、新加

---

[1] 澎湃号：《中国婚姻报告 2021：婚都不想结，还生什么孩子》，https://www.thepaper.cn/newsDetail_forward_11521292，2021 年 3 月 2 日.

[2] 国家统计局、国务院第七次全国人口普查领导小组办公室：《第七次人口普查数据》，http://www.stats.gov.cn/tjsj/tjgb/rkpcgb/qgrkpcgb/?ivk_sa=1024320u.

[3] 数据来源：United Nations, Department of Economic and Social Affairs, Population Division (2019): *World Population*, https://ourworldindata.org/fertility-rate.

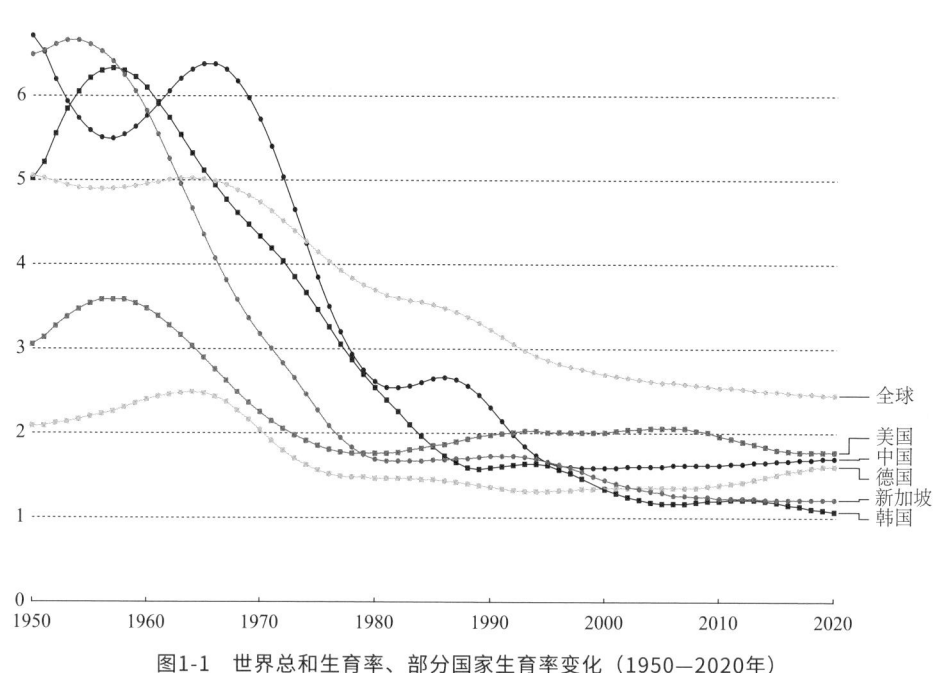

坡、韩国[①]等，如图 1-1 所示。

图1-1　世界总和生育率、部分国家生育率变化（1950—2020年）

低婚育率社会与悦己消费的崛起又有何关系呢？我们不妨从 1974 年联合国在布加勒斯特召开的世界人口大会上，印度代表团发表的那句名言——"发展是最好的避孕药"中去寻找答案。

第一，国家经济快速发展，从"外"拉动社会，从"人口红利型"向"人才红利型"转变。

从全球经济和社会发展角度而言，对人的依赖程度呈现逐渐下降的趋势。在"农业文明"时代，人口是最大的生产力和生产工具，人口越多意味着能产生越多的耕作劳动力，"人多力量大"便是那个时代生产力与生产工具关系的最佳写照。

当进入"工业文明"和"科技文明"时代后，尤其是随着人工智能、无

---

① The World bank: *Fertility rate, total (births per woman)*, https://data.worldbank.org/indicator/SP.DYN.TFRT.IN?start=1960&end=2019&view=chart.

人技术等不断落地，"人口"作为生产工具、"劳动力"作为生产力被依赖的局面彻底发生改变，现代社会的财富创造不再以"人口数量"为前提；相反，"人口质量""人才智力"成为驱动经济和社会发展的根本力量。**以人口高质量发展为导向的新社会形态，自然而然便成为促进悦己消费崛起的天然温床。**

第二，人本主义思潮觉醒，从"内"驱动对自我需求和个体价值的更多关注与思考。

正所谓"经济基础决定上层建筑"，当底层的经济基础发生了根本性的变化，上层的意识形态也必将随之改变。在收入水平普遍不高的年代，人们更多倾向于满足如吃饱穿暖这种"生理需求"。但随着"仓中有粮"和"袋中有钱"，吃饱穿暖已不成问题，人们的消费动机便开始沿着马斯洛需求层次理论[①]中构建的"需求金字塔"向顶端爬升，即从满足"安全—社交—尊重"需求向最高级别的"自我实现"需求进阶。

满足自我需求、追求自我实现的过程，便是悦己消费的过程。这个过程强调的是自我存在的独特意义和多元的价值取向，在某种程度上必然冲淡了生育的价值和意义。换而言之，**人本主义思潮的觉醒虽然助推低婚育率社会的形成，但并不代表人们一辈子不结婚或不生育，大家只是在寻求"生活最优解"的过程中，婚育从原本人生的一道"必选项"变成了"可选项"**而已。

在低婚育率社会中，有三类人群的悦己消费特征最为明显。

1."独而不孤"的"单身贵族"——与其一群人的孤单，不如一个人的狂欢

作为低婚育率社会的最强拥趸，世界各地纷纷迎来了有史以来最大的一波"单身潮"，"单身社会"甚至开始成为一种新社会形态。根据苏宁金

[①] 马斯洛需求层次理论，通常被描绘成金字塔内的等级。从层次结构的底部向上，需求分别为生理（食物和衣服）需求、安全（工作保障）需求、社交（友谊）需求、尊重和自我实现需求。

融研究院数据统计[①]，2018年，我国单身成年人口已高达2.4亿人，占比为14%，而韩国的单身人口占比约为23.9%，日本32.4%，美国更是高达45%，瑞典甚至超过了50%。

庞大的"单身贵族"无疑促进了"悦己消费"的爆发式发展。根据尼尔森的《中国单身经济报告》[②]显示，42%的单身消费者为悦己而消费，远高于非单身消费者（27%）。这是因为单身的社会结构使得此类人群无须从家庭角度进行消费决策，因而在他们的消费动机中，对自我的关注、对情感和精神方面需求的满足要比其他群体更加突出和强烈。更重要的是，现在的单身人群，早已不是过去"单身狗"所调侃的"剩男剩女"，而是"单身猪"所代表的独享双倍快乐的"贵族人士"，他们主动选择拥抱独立且高质量的生活方式，并享受其中。

2．新生代的"潮爸酷妈"——在"为家人"的同时也"为自己"

原本还是大众眼中"大孩子"的年轻人，有了娃后会是什么样？随着角色的转变，他们个性化的消费观也延伸到孩子身上。他们视野开阔、追求精细化和科学的育儿方式，推动了线上"婴童专用"新兴品类的快速成长。

但即便身份转变了，也不会阻碍他们悦己消费的惯性。他们之所以"娃控"起来讲效率、求智能，为的就是原本的工作和生活能够继续多姿多彩。他们追求的是生活与工作的平衡、带娃和悦己两不误。第一财经商业数据中心（CBNData）联合复星调研了一群来自高线城市、高学历、高收入的妈妈群体，结果[③]显示：身为新生代酷妈，她们依然有强烈的悦己消费需求。

---

① 苏宁金融研究院：《单身群体消费趋势研究报告》，http://sif.suning.com/article/detail/1603848354825，2020年10月30日.

② Nielsen: *The Rising of Single Economy Spurs New Consumption*, https://www.babymarketinsider.com/post/78.html，2020年6月20日.

③ 第一财经商业数据中心（CBNData）& 复星：《精致妈妈的生活"三重奏"——2021精致妈妈生活及消费趋势洞察》，https://www.cbndata.com/report/2639/detail?isReading=report&page=1，2021年5月8日.

她们不仅对于颜值品类的消费最高,并且超九成妈妈会依靠运动维持健康身材。在"鸡娃"的同时,近七成妈妈热衷于提升自己的职业技能,超过三成妈妈会在日常生活中学习小语种。她们向大家展示了新时代妈妈人群的全新画像。

3. 乐活享受的"银发一族"——积极迎接"自我"回归

"单反,是大爷最后的倔强;丝巾,是大妈最后的骄傲。"这句网络调侃,凿实反映了银发一族灿烂生活的写照。**随着子女长大成人,这一届的"银发一族"终于迎来了"自我"的回归,不仅子女热爱的网购、旅游、养生,他们都要照样来一套,彰显他们喜好的美妆、文娱、家居、宠物消费也升级而来。**

这批"有钱又有闲"的"银发一族",正在通过互联网释放庞大的消费潜力,除购买传统滋补营养品和保健品外,在破壁机、果蔬消毒等新型小家电上消费占比呈现快速提升;他们追求社交,无论是广场舞还是老年大学,线下交友时"面子工程"不能怠慢,口红和香水成为他们的两大美妆入门级装备;他们已不再需要"养儿防老",被视作"家庭新成员"的宠物开始进入他们的老年生活,随之产生的宠物食品、宠物美容、宠物运动、宠物艺术摄影等一系列宠物消费,不仅逐渐成为老年消费的主要内容(比其他老年消费品类占比高22%[①]),更带火了近700亿元[②]规模的银发蓝海市场。也许"时间是规律而客观"的,但对于乐活享受的"银发一族"而言,"时间感"却不是。

综上所述,悦己消费的崛起,既有国家经济进步和国民消费升级的时代烙印,也有社会形态转变、人本主义思潮觉醒带来的推波助澜。在"外拉力"

[①] 京东大数据研究院:《聚焦银发经济:2019中老年线上消费趋势报告》,https://research.jd.com/content/contentDetail/toDetail?contentCode=126,2020年1月7日.

[②] 21世纪经济报道:《老年人养宠物 正撑起一个近700亿的大市场》,https://finance.eastmoney.com/a/202203022295831412.html,2022年3月2日.

与"内驱力"相互作用之下,悦己消费势必全面爆发!

我们更应该明白,长期保持低婚育率将是我国经济和社会发展的必然趋势,是不可逆转的洪流。我们要做的是正视这种趋势,更全面地关注和把握人们个性化、多元化的悦己需求,利用悦己消费去更好地服务人才的高质量发展,助推我国更好更快地从"人口红利型"社会向"人才红利型"社会过渡,这也正是审时度势、科学提出高质量发展的核心要义。

同时,在国家全面放开"三胎"、鼓励婚育的背景下,强调"悦己"消费的发展,并不是与"提高婚育率"背道而驰,相反是在试图化解当代人"不婚育"的顾虑。除去经济负担,当今年轻人对于进入婚姻与家庭的踌躇,多来自对"失去自我"的恐惧。当一个社会足够包容,足以让拥有不同身份、角色、状态的人都有机会"做自己""取悦自己",想必有更多的人会更有勇气迈出完成"人生大事"的下一步。

二、如何悦己?拆解悦己需求的"三重境界",掌握新消费时代的财富密码

喝杯咖啡、买束鲜花,可以赶走疲惫、舒缓心情,这是悦己;读本好书、看部电影、定期旅游,可以开拓视野、充实精神世界,也是悦己;医疗美容、运动健身、知识进修,可以投资自己、提升自己,同样是悦己……所有能够取悦自我的消费行为都属于悦己消费。

正因为消费者的悦己需求具有个性化和多样性特征,而且需求也会随着时代和社会的发展而发生变化,由此产生的悦己消费必将五花八门,这也就是每隔一段时间市场上就会出现某种"新消费名词"的根本原因。正如红杉资本中国基金合伙人苏凯先生所言:"当风口来临,很多事物规律会突然从一个点变成一个现象,随之被放大产生为一种新名词。最终,这个名词好像就变成了趋势。但它本身是不是趋势,或者只是昙花一现?好像并没有太多人真正去思考。"

因此，我们思考和研究悦己消费，并非要穷尽所有的消费类型，这既不现实，也意义不大。相反，**我们应该从消费者悦己需求的核心特质入手，探索悦己消费背后的真正驱动力，从而掌握新消费时代下"万变不离其宗"的财富密码**。具体而言，悦己需求可以拆解为"三重境界"。

1. 悦己的"第一重境界"——我愉悦我自己

"爱自己，对自己好一点，让生活再美好一点"，正是这一届消费者取悦自己的"第一重境界"。在所有的消费主张中，他们将自我愉悦、提升自身幸福感的消费意愿放在首位，更乐于为快乐付费。

下面从三个方面去探索"财富密码"。

（1）种类要"多样精彩"。

"快乐的理由千千万"，消费者悦己需求最大的特点就是个性化和多元化，试图用"一招鲜，吃遍天"抢占悦己消费市场的玩法显然难以走通，我们应该寻找细分、精准切入，用"小而美、多样化"的产品和服务取悦消费者。

就如同前文提到的单身贵族，在"一个人生活，哪哪都快活"的独居价值观之下，已经催生了"一人居""一人食""一人游""一人嗨"等多种消费场景和庞大的消费市场。

例如"一人居"。在这届年轻人"又懒又宅"的需求推动之下，独居者的家电需求已从"刚需大家电"转向琳琅满目的"非刚需小家电"。单身的他们不需要容量大、功能全的大家电，他们更青睐那些小巧、可爱、多样化的小家电来满足他们越发慵懒但又越发刁钻的居家生活品质要求，于是我们看到诸如三明治机、迷你电烤箱、空气炸锅、电热饭盒等"厨房小家电"均实现了爆发式增长。甚至一些聪明的商家，借鉴ZARA式的快时尚打法来满足消费者的需求变化，以小熊电器为例，其SKU高达400多款，每年推出至少100款新品，总有一款能戳中消费者的心。

再如"一人食"。别看他们是"一人吃饱，全家不饿"，但吃饱已不是首要诉求,"吃得爽"才是王道!即便只有自己一人,也绝不将就。正因为如此,以自嗨锅为代表的即食火锅成为"一人食"场景下增长迅猛的新物种,凭借着"少量但多样"的味觉满足,解决了一个人也能吃火锅的痛点,迅速赢得了众多年轻消费者的青睐。

(2)获取要"极致便利"。

这一届消费者,因深受互联网影响,更崇尚"活在当下、享受当下",追求即时满足的"IWWIWWIWI 星人"①,习惯了为悦己的"速度"买单,"所想所见即所得"是他们最推崇的消费效率。

因此,商家们不遗余力地在线上和线下两个途径提高"响应速度",满足这一届消费者追求极致便利的生活体验需求。一方面,在线上的场景中,消费者只需通过点点屏幕,诸如餐饮外卖、生鲜商超、家政服务均可快速"到家";另一方面,在线下的场景中,产品变得更加智能化和自动化,便于人们操作,甚至无须人力操作。最典型的便是懒人小家电,通过"一键化"的简易操作,人们无须自己动手也可丰衣足食。

除此之外,一系列小型的**"盒子空间"**开始在写字楼、商场、交通枢纽中大量出现,如"想唱就唱"的KTV盒子,为都市白领女性提供随时补妆的"化妆盒子",出差途中想跑步、撸铁且不用办卡的"健身盒子",在机场候机时可以舒服小憩的"睡眠盒子"……上述这些盒子型的消费场景,在移动支付、刷脸支付等现代技术手段的加持下,通过小型化、便捷化、网络化的服务形式,扩大了消费者的触达半径,为消费者提供了"触手可及"的悦己服务。

(3)感观要"颜值至上"。

著名的经济学家何帆先生在其著作《变量:看见中国社会小趋势》中对"颜值革命"进行了详细论述,他认为**"在一个越来越平等的社会里,颜值的话**

---

① IWWIWWIWI,即 I want what I want when I want it,是指随时立刻得到满足。

语权将超过权威。"在影响新一代消费者决策的诸多驱动因素中，只有颜值才是穿越圈层的最具共性的因素。在"颜值即正义、爱美不分性别"等人生信条的加持下，对颜值的永恒追求已成为消费者的"刚需"。

"我的颜值我做主"，爱美人士对于自身颜值的投入可谓"只有决算，没有预算"。而且随着爱美人士对于颜值打造的要求日益全面，不仅要求"脸好看"，还要求"全身颜值都能打"，直接推动了"颜值经济"产业规模不断扩大。据艾媒咨询统计，2021年我国化妆品市场达到4 553亿元[1]，其中医美市场规模为1 847亿元[2]，如果再加上美容美发美体行业在内，颜值经济将成为一条万亿规模[3]的产业新赛道。

另一方面，消费者对于产品也更加"颜"格，具有高颜值的产品更能获得消费者青睐。产品设计开始强调对于消费者视觉感官的调动，那些具有精致外观、个性造型、强设计感的产品往往能在第一时间抓住消费者的眼球，以高颜值激发消费欲望。例如，新国潮美妆品牌完美日记，正是强化了产品的视觉触达，让"动物眼影盘""小黑钻口红"等成为现象级彩妆爆品。

2. 悦己的"第二重境界"——我定义我自己

既然"快乐的理由千千万"，那么谁来衡量和评判这笔悦己消费到底"值不值"呢？不是旁人，正是消费者自己！

上千元的衣服可以买，10元邮费必须省；2万元的包包可以买，每月18元的视频会员必须向别人借；上千元的大餐可以吃，外卖必须凑满减……对于这群人送外号"高奢铁公鸡"的当代消费者们而言，他们这种"又抠又壕"

---

[1] 艾媒咨询：《2022—2023年中国化妆品行业发展与用户洞察研究报告》，https://www.iimedia.cn/c400/86434.html，2022年7月5日。

[2] 艾媒咨询：《2021年中国医美机构市场竞争态势及企业营销模式分析报告》，https://www.iimedia.cn/c400/81082.html，2021年9月23日。

[3] 21世纪创新资本研究院：《风口上的颜值经济：十年1.3万亿融资，成都凭什么玩转四大赛道？》，https://m.21jingji.com/article/20210530/herald/fd370e54f45dfecbff7049c4877f2ec7.html，2021年5月30日。

的消费行为看似矛盾，实则是在告诉我们：**基于客观理性的"性价比"原则在这一届的消费者身上已然失效，他们遵循的是基于自我喜好的"性价比"原则。**关于悦己消费价值的评判标准，皆由他们自己定义，"自我定义"是悦己需求的"第二重境界"。

正如成功投资了优步（Uber）的前IDG资本合伙人、峰瑞资本创始合伙人李丰所言："现在竞争太激烈、流量结构变化太快，且消费者的需求变化太快，最难的是占领心智。"那么，如何能够快速占领这一届消费者的心智，促使其进行悦己消费？我们需要掌握的财富密码，可以从"标签"上探寻。

（1）打破传统标签，满足人设自由。

标签式消费，依然是当代消费者最主流的消费模式。通过标签，商家可以快速找出目标客户，消费者也可以快速匹配到符合自我价值主张的商品或服务。即便在今天这个时代，标签的作用没有改变，但标签的内涵已经发生了巨大变化：过去传统的、单一的、粗颗粒度的标签正逐渐失效，甚至开始对消费行为产生反作用力。

其中一个最明显的趋势，也是无可辩驳的实例是，"性别标签"正在不断被弱化。尤其是年轻一代，他们不受传统思维的限制，追求"人设自由"，主张将生动且复杂的人格从简单直接的数据标签中解放出来，更加关注自己的真实需求。

我们既可以看到一些原本属于女性独有的标签，也开始出现在男性身上，如开篇提到的精致的猪猪男孩；同样，一些有着明显男性向的标签也开始被女性享用，如硬核宅女、机车女等。与此同时，粗颗粒度的标签正在不断地被更多细分标签所替代。如传统的男性标签，如今已被细化为直娘男、精老爷们儿、萌大叔、时尚平民、社交宅……性别边界的模糊，正在勾勒出越来越多、也更加立体丰满的新消费者画像。

在他们的推动下，"去性别化消费"开始大步迈进。其中，时尚产业是最先响应去性别化消费的领域。Vogue 杂志的评论员 Anders Christian Madsen 曾表示:"2019 年是性别服饰的结束年。"在这股浪潮中,主打"无性别主义"的服装品牌 Bosie 一经创立便广受市场认可。在其入驻天猫后,上线首月的营业额已达 100 万元,上线后三个月增速保持环比 40% 以上,月复购率达到 17%,远远超出男装同行(男装的电商复购率大约 1%)①。

同理,**类似性别标签,过去常用的以年龄、职业、家庭角色作为传统标签来定义和区分消费者的思路已经过时,未来的标签一定要从消费者的需求本身出发,更加多元化和细颗粒度,从而满足这一届消费者的"人设自由"。**

(2) 自定义标签,彰显个性表达。

这一届的消费者,他们对流水线生产出来的标准化产品已经没什么兴趣,更加喜欢个性化产品。因此,要想让他们购买产品,除细化标签外,更要提供可以"自定义标签"的平台。**自创标签的过程,便是自我主张与个性表达的过程。**

在不同行业中,满足消费者个性化需求的产品和服务越来越多。如在**保健品消费领域**,如今的消费者不再是"眉毛胡子一把抓",而是追求"缺什么补什么"。例如频频出圈的 LemonBox,便是一家按用户需求、售卖每日营养品补充包的电商品牌,如今已经完成了千万级人民币的天使轮融资。与许多营养保健品不同的是,LemonBox 的维生素并非按瓶固定售卖,而是"**私人定制**",首先通过设计好的一套由上百个极其细致的问题组成的个人营养问卷,全面了解消费者的生活饮食健康状况,然后根据数据和算法生成一份用户专属的营养报告。这份报告除会告诉消费者需要补充哪些营养素外,还会提供针对性的营养建议。

---

① 36氪:《国潮崛起,主打"无性别化"的「Bosie」要做快时尚设计师品牌》,https://36kr.com/p/1722925563905,2018 年 10 月 29 日。

在**时尚领域**，这一趋势更加明显。如 Vans 的 Customs 自由定制鞋平台让消费者参与到设计之中，消费者可根据自己爱好，自行设计鞋子的款式，决定各个部分的配色、装饰元素等。此举不仅满足了消费者的个性化需求，能够让消费者彰显个性，还能强化消费者的体验，大大提高消费者的品牌忠诚度。

3. 悦己的"第三重境界"——我提升我自己

从前文中不难看出，我们已进入了一个"需求没有最多，只有更多"的时代，"还不够"，是大众生活心态的普遍写照。这种"还不够"已然不是再以解决温饱问题为奋斗目标，而是一种"向幸福生活看齐"的美好需求呐喊。

面对"向幸福生活看齐"，人们整体呈现出了两大侧面：一面更注重幸福享受；另一面为幸福更加拼搏。**但无论是品质追求还是生存焦虑，都不约而同地指向了"自我增值"——成为更好的自己。**

具体而言，经济高速上扬的中国速度、互联网时代下高度发达的信息流和不断提升的平均受教育程度等，共同促成了新时代的人们以"精神满足"为导向——让自己变得更好，要把生活过得更有深度。见多识广的他们早已不再满足于物质世界的精彩。**他们追求自我实现，对未来的自己充满了想象和预期，而且为了实现这种预期，他们也愿意通过各种途径不断充实和"装备"自己，无论外在还是内在。**于是我们看到这一届消费者崇尚用健身、户外运动、旅游等方式调整身体状态，通过不断学习释放心理压力。

人们在享受社会发展带来发达物质的同时，也在承担社会过快发展带来的焦虑。当各大 IT 企业 35 岁裁员的新闻不断登上热搜，当身边中年人突然开始大龄考研、开辟新技能领域，当河南卷烟厂"一线生产操作岗位"招聘名单里出现了 40 多位名校硕士，当中国当下的经济结构还难以为每年近 900 万高校毕业生提供保证他们跻身中产阶层的就业和升职机会……"害怕被淘汰、被替代"，成为这一代"打工人"的共同恐惧。尤其是上有老下有小的"80后"和已经步入社会的"90后"，他们是消费主力军，更是不得不挺住打拼的中流砥柱。于是，职业焦虑、知识焦虑、健康焦虑等一系列泛在生活焦虑下的敏锐风险意识，便悄无声息地幻化成了"自我价值还不够"的消费爆发。

为了给自己增"值"，为了让生活更幸福，人们都开始了不断"投资"自己。虽然他们目标不同，但在这个"万物皆可卷"的新常态下，长见识已成为这代人躲不开的新生活焦虑，更是这代人刻在骨子里的绝对意识。

作为悦己需求的"第三重境界"——成为"更好的自己"，是人们面对现实生活时，对个人角色和状态不断提升的更高层次的悦己诉求。他们所期待的是：希望通过"知识赋能"下的消费过程帮助他们成为更好的自己，实现他们对个人价值、高品质生活的追求。具体而言，我们可以从以下三个方面获得"自我增值"的财富密码。

（1）技能培训，提升自我"技能值"。

为了建立起自己职业的"护城河"，抵御快节奏的社会和竞争压力，越来越多的上班族通过"技能培训班"不断充电提升自己。淘宝教育《2020年成年人自我提升报告》[①]的数据显示，这群上班族在"鸡娃"的同时也在"鸡自己"，甚至对自己更"疯狂"：30%的消费者给孩子买网课，而70%的消费者给自己买网课，这里不仅包括热门的英语培训、考研培训、注会培训、司法培训等，还有小众的拍卖师、价格鉴定师等新职业培训。

自我提升并不只是发生在职场人士之间，"上进的长者"也占据了相当一部分比例。这一届的银发一族不仅"有钱又有闲"，而且"有力又有脑"，他们对晚年生活的需求不再是"养老"，而是"享老"，甚至希望为国家和

---

① 电商在线官方：《年轻人"自我优化"首选淘宝，成人教育每日收获100%增长》，https://baijiahao.baidu.com/s?id=1678516804633826188&wfr=spider&for=pc，2020年9月22日.

社会贡献余热。据中国老龄科学研究中心副主任党俊武介绍，目前中国有2.5亿60岁以上老年人口，其中60%～70%的老年人有老年教育需求。教育培训不仅可以充实老年人的生活，提高生活品质；还可以让老年人学习专业技能，为社会贡献"老人力"①。在如此庞大的需求之下，针对银发一族的生活技能（穿搭、化妆等）与专业技能（摄影、英语等）需求提供教育培训服务的老年大学、老年培训班甚至一"座"难求。

(2) 兴趣培养，提升自我"见识值"。

如果报"技能培训班"还是带有很强功利性和目的性的行为，那么上"兴趣爱好班"则更是满足了成年人剥离了一切外在因素和负担后纯粹的悦己行为。

现在的成年人不仅关心工作，更关心生活。有的人选择学习一门才艺（琴、棋、书、画、舞、艺、武等），有的人选择学习一门手艺（插花、茶艺、烘焙等），他们都是在**寻找一个业余爱好来丰富自己的业余时间，或缓解生活压力，或实现儿时梦想，或提高生活品质**，"兴趣爱好班"呈现出很高的增长态势。

精致妈妈更是职场要"旺"周末要"浪"的典型代表。她们抓住闲暇时间，摇身一变，便可成为街头最靓的"姐"。除"买买买"和"美美美"两大基本诉求外，培养兴趣爱好成为她们精致出街的又一重要诉求，上健身/瑜伽/舞蹈课、参加烘焙课程、手工DIY、看电影/演出/音乐会是这群精致妈妈的普遍选择②。

除此之外，他们还有很强的主观意愿去学习与自己工作无关的知识，其目的不在于增加收入，而在于丰富知识体系，扩大自己的知识结构，从而不

---

① "老人力"一词来源于日本。随着老龄化社会的到来，日本出现了一种新思潮，就是将老年人看作一个可以继续发光发热的群体力量，并想方设法让老年人发挥余热，活得多姿多彩，由此将仍继续参与社会、经济、政治、文化等方面的活动和社会服务的老年人称为"老人力"。

② 第一财经商业数据中心（CBNData）& 复星：《精致妈妈的生活"三重奏"——2021精致妈妈生活及消费趋势洞察》，https://www.cbndata.com/report/2639/detail?isReading=report&page=1，2021年5月8日．

断提升自己。逛博物馆 / 艺术馆、听知识讲座、上高校公开课、购买喜马拉雅 / 蜻蜓 FM/ 知乎 / 得到等各类知识付费 App 的"**知识消费行为**"已蔚然成风。

（3）科学养生，提升自我"健康值"。

为了"成为更好的自己"，这一届消费者不仅追求精神上的充盈富足，还包括追求生理上的最佳状态，他们有非常强的"为健康花钱"的意识，相对于传统的健康养生方式存在显著差异。

首先，他们崇尚"更科学"的理念，追求更理性的健康管理。"吃粥不健康""减肥要控糖""麦当劳比你想象中更适合作为健身餐"这些打破中国传统健康认知的科学理念逐渐被更广泛的接受。以高知人群主导的"成分党"的崛起，助推"科学护肤""精准护肤"消费成为趋势，并催生了一种结合基因检测对皮肤进行靶向管理的新型护肤方式的出现。"疾病早筛 + 干预康复"的精准健康管理模式也在渐渐崭露头角，甚至成为年轻人的"偏爱"之选。

其次，他们崇尚"更前沿"的装备，借助科技力量实现健康增值。他们拥有愿意尝试新事物的开放思想，对"高效、智能、趣味"的科技化养生方式更容易心动。于是，监测健康数据和健康管理的可穿戴设备、集合了健身知识与健身课程的 Keep App、诸如"20 分钟就能达到传统健身房运动 2 小时效果"的 EMS 电脉冲装置、搭载射频 RF/ 温热 / 导入等多种先端技术的美容仪等"高端智能黑科技"都备受消费者欢迎，且逐渐呈日常化趋势。

综上所述，以"愉悦自我、定义自我、提升自我"为需求"三重境界"的悦己消费，既顺应了人性本能和生活诉求，是促进人全面发展的应有之义，也蕴含着极具想象空间的消费商机和产业机遇。

对于"行业从业者"而言，要想切分"悦己经济"这块大蛋糕，关键在于精准把握消费者的悦己需求，尤其从个性化的小需求作为切入口，为消费者提供更加"细分化、定制化、提升型"的优质产品和服务,更能直击消费者的痛点,快速而且有效地掌握悦己经济的"财富密码"。

但作为城市的建设和管理者,应如何抓住悦己经济的发展机遇,实现城市自身的创新发展呢?

三、悦己之城,建设人民城市的终极目标

"人民城市人民建,人民城市为人民",习近平总书记为我们深入推进城市建设提供了根本遵循:要把握人民城市的"人本价值",更好满足人民群众对美好生活的向往。强调城市的人本价值,就是要让城市发展处处围绕人、时时为了人。打造一座能"愉悦自我、定义自我、提升自我"的"悦己之城",正是对建设"以人为本"的人民城市的最佳回答。

作为人民城市的建设与管理者,对于"悦己消费"关键要做好"一放一收"的工作:一方面,要"顺应"悦己消费崛起的大势,因势利导、顺势而为;另一方面,要放管结合,"引导"悦己消费健康有序地发展,通过高品质的生活服务业,实现人本动力的撬动,最终推动"人—城—产"的高质量发展。

那么,如何建设"悦己之城"?不同的城市可以有不同的"打法",既要考虑城市能级与政府公共服务支撑能力的差异,也要结合当地的资源禀赋与产业基础,通常有以下两种不同的路径。

路径一:聚焦细分需求,塑造"小而美"的魅力之城。针对消费者某一类细分的悦己需求,打造"专业化、精细化"的生活服务体系,塑造魅力化的城市品牌,从而吸引特定的悦己人群聚集,最终带动相关产业的集聚和发展。

如河南省清丰县,人口不到 60 万,却聚焦了年轻一代的"户外极限运动需求",大力发展户外运动,成为全国首个极限运动基地、首届全国极限运动会的主办地、国内最大的人造冲浪池的所在地,成为极限运动爱好者"必

去"的"极限运动之城"。又如浙江省建德市,凭借着17℃新安江水造就的独特小气候,获颁全国首批且目前唯一获评的"中国气候宜居城市",在此基础上建德加快发展康养休闲旅游,成功跻身"健康一族"心目中与杭州媲美的"长三角生态旅游目的地"和"国内一流宜居宜业幸福城"的行列;再如四川成都市,早早嗅到了人们对于"颜值"的强烈刚需与市场潜力,依托整形外科产业基因、活跃的民营医美机构、当地强大的消费能力、一系列利好政策的扶持,成为全国爱美人士打着"飞的"都要去的"中国医美之都",推动医疗美容产业成为当地又一新兴的千亿级产业新赛道。

路径二:引导悦己需求,塑造"大而全"的梦想之城。针对消费者更高层次的悦己需求,打造"多元化、提升型"的生活服务体系,让城市成为人们实现"更好的自己"、高质量发展的"梦想助推器"和"生活承载地"。

若论"中国梦想之城"建设最成功的典范,自然非深圳莫属。在"来了就是深圳人"城市口号感召之下,全国各路人才纷纷"孔雀东南飞",争相涌入这片热土,共同成就了从"贫穷落后的小渔村"向如今的"现代化国际大都市、世界科技创新高地"的蜕变跃迁。深圳"梦想之城"成功的本质,便是吸引聚集了一批又一批五湖四海而来的"追梦人"在这里实现个人梦想,成为"更好的自己"。

深圳作为全国改革开放的前沿阵地和试验田,通过不断优化的营商政策、资金扶持、创新生态环境,为"追梦人"搭建好了"事业筑梦"的平台。**更重要的是,深圳通过一系列"生活服务",让每个来到这里的"追梦人"都能提升自己,成为更好的自己,过上高质量生活,最终实现"生活圆梦"**。

例如,深圳制定"青春圳飞扬"的"圆梦计划",为青年人群提供高质量、低成本的专科、本科学历继续教育,助力青年的成长;倡导"全民终身教育",通过学习型社区创建,为各界人士免费提供教育培训服务;推进"一区一书城,一街道一书吧"的"全民阅读阵地"建设,开展"深圳读书月"品牌活动，使深圳的城市阅读指数位列全国第一[①]，并被联合国教科文组织评为"全球全民阅读典范城市"；建立健康"守门人"制度，构建国际一流的优质医疗服务体系，目标打造健康中国的"深圳样板"……

我希望，在这个已经到来的全民悦己的新消费时代，会出现越来越多的"悦己之城"，每个人都能尽情地享受悦己，成为更好的自己，过上更幸福的生活。

[①] 国家新闻出版署：《第16次全国国民阅读调查成果发布》，http://www.nppa.gov.cn/nppa/contents/280/23336.shtml，2019年4月17日．

消费主体的转化：解码"众创时代""产"与"消"的二元归一

文 | 金美灵

在如今纷繁的商业社会生活中，"你"价值几何？又是如何体现的呢？

近些年，我们常常能在网上看到各类机构就着一个个的标签群体，发布形形色色的消费行为分析报告，无论是"她"是"他"还是"它"经济，是"80后""90后"还是"00后"，是"单身"还是"宝妈"，是"一线城市"还是"下沉市场"，当一个个的消费者集合成供商家决策分析时的标签与数据时，"你"只是构成"大市场"的"大数据"中被物化的"小数据"，每个消费者都被打上了一个个代表商业价值的标签。这些由性别、年龄、身份、区域划分的大数据真的能够代表你吗？想必答案是否定的。

托马斯·科洛波洛斯与丹·克尔德森（2019）在《圈层效应》一书中提出了一个十分有趣的观点，那就是代表了未来消费的 Z 世代并不是简单按照年龄代沟划定的所谓"95后"，而是超越代际差异，基于主观意愿的一种自主选择。规模经济时代性别、世代、地域等带来的商业价值标签正在被消费群体主动打破。其实远不只如此，消费与生产的界限也正被 Z 世代消费群体逐渐瓦解！

笔者将从消费主体身份的转化着手，带读者一窥新生代的消费群体，是如何通过积极参与到生产创新的过程，进而主动夺回消费价值定义权的。我们一起来看看这股不应被忽视的新势力将如何推动中国消费市场吧！

一、圈层效应下消费者与生产者的界限逐渐模糊，"众创"时代来临！

美国未来学家阿尔文·托夫勒在 20 世纪便提出"人类将走向分众化和小

众化"的预言。经过几十年的发展，如今分众传播、小众市场已成为热门概念。在这个数字技术驱动的消费世界里，我们做出的每个点击、搜索、评论与购买的选择，提交的每份个人信息，都在给自己打上一个个标签，让商家能够更加精准地定位自己。在科幻小说里，信息技术深入社会生活的每个角落的结果，似乎是将人类带入一个"高技术低生活"的赛博朋克世界——人们困在人工智能编织的一个个信息茧房中，慢慢沦为"缸中之脑"，被动接受着各式消费需求。然而事实却恰恰相反，**今天的数字技术正成为新时代的消费群体主动定义自我，创造新市场、新行业、新职业的舞台与工具。**

1．消费群体的组织方式更加主动，小体量、高能量的小众"圈层"开始海量涌现

进入全民互联的时代，**"大众消费"群体正快速分化，在数字世界重组成为海量的"小众圈层"**。数字技术在给我们打上一个个标签的同时，也给人们创造了更多连接的可能。正如焦涌在《小众时代》中所述："在互联网时代，日常生活中本就有着不同需求、不同爱好的人群可以很容易地通过网络与志同道合之人联系、聚集在一起。在小众的圈子里，用户很容易搜索到自己需要的信息，找到属于自己的领域，这些都直接推动着小众群体的发展扩大。"[①]随着社交互联网的不断深化与普及，我们进入了全民互联的时代。**在互联网的解构下，过去按照年龄代际、地域空间、生产组织组成的社会结构，在数字世界按照共同的兴趣、爱好、态度与价值观，重组聚合成新的社交和消费圈层，实现了真正的"人以群分，物以类聚"。**

以当前中国 Z 世代高度聚集的文化社区与视频平台 B 站为例，其围绕人们不同的兴趣爱好，分出科技、知识、生活、运动、游戏、舞蹈、动物等的内容分区，在每种内容分区下又细分出了更多分主题的垂类社群，无论是喜欢手工、手游、手账，还是想学编曲、编程、编织，甚至是吹唢呐、聊戏

---

① 焦涌．小众时代［M］．北京：北京时代华文书局，2016．

曲、养昆虫的人，都能找到志趣相投的社群伙伴。消费者的组织动力由"物"及"人"，从工业化时代"求同"思维下规模化的被动分类，转变为互联网时代"求异"思维下个性化的主动聚集。海量的"小众圈层"开始快速涌现，呈现生息、消弭与拓展同步的"大爆炸"。

圈层内部极高的内部文化共性给予了消费主体更高的归属感，强大的向心力让小众圈层拥有了更高的"能量密度"。由于圈层是消费主体基于相同爱好、共识与价值观主动集聚形成，因此往往具有极强的内部统一性与共识——圈层文化。正如托夫勒在《未来的冲击》中所言，"我们本身和自我认同感都自觉地或不自觉地受我们所选择的亚文化影响、塑造，我们往往借着这种文化来认同自己"[1]，统一的圈层文化给内部成员带来了强烈的归属感与认同感。而为了维护与强化内部共识，展现群体外部个性，这些"小众"的圈层往往能爆发出惊人的"战斗力"。

这当中比较有代表性的例子就是"**朝代粉**"。过去，研读中国历史的人要么是专业的学者，要么就只是普通的历史爱好者。而如今，这些人根据自身的知识结构、理想寄托与审美偏好，集聚成了汉粉、唐粉、宋粉、明粉、清粉等"朝代粉"圈层。当大众化的历史文化消费变成一种圈层的文化认同时，"朝代粉"之间"一边读书考证，一边掐架互撕"的情形便成为维护圈层文化的群体行为。明粉和清粉、隋粉和唐粉、宋粉和元粉、战国时代的秦粉和楚粉时不时就会互相"掐架"，争个高低[2]。而最能代表"朝代粉"们战斗力的，莫过于"汉粉"大战《大漠谣》的事件。这场由汉粉发起的行动持续时间之长，影响之大，堪称空前。2012年，唐人影视宣布将改编拍摄桐华的小说《大漠谣》，这部意在描写汉朝大将霍去病的电视剧，由于原著偏离史实，有抹黑霍去病、卫青的嫌疑，而遭受"汉粉"的大规模抵制。汉粉在天

---

[1] [美] 阿尔文·托夫勒. 未来的冲击 [M]. 黄明坚, 译. 北京: 中信出版集团, 2018.
[2] 南都周刊：《朝代粉的江湖》, https://www.163.com/money/article/ANQ52JF300253B0H.html, 2015年4月22日.

涯等网站发起"抵制运动"，并在汉朝吧、霍去病吧、新浪微博等平台转发、置顶呼吁抵制《大漠谣》的帖子，更联合起来向广电总局致电抗议①。这一行动直接导致该电视剧进入了两年的整改期，剧名与朝代背景进行全面更改，后期制作总共改了三万多处，如军旗、府第门牌上的姓氏等全部进行了重新制作②。

这种深层的归属感既能带来强大的"战斗力"，更能转化为高能的"购买力"。曾经主流大众市场看不懂也不关心的ACG（Animation、Cartoon、Game的简称，泛指"二次元"虚拟文化消费市场）、汉服、潮玩等，都在快速从过去"圈地自萌"的小众市场突变为一个个的新兴的垂类增长蓝海，为增长乏力的消费市场注入一剂剂强心针。圈层与社群的潜在商业价值开始受到广泛的认知与关注。

2. 供需对接、生产供应更加灵活便捷，满足小众市场多元需求成为可能

数字技术不仅改变了消费者的组织连接方式，更颠覆了供需的连接效率。平台公司的出现，带来了透明的信息和更低的交易成本，让更多的消费群体与生产主体得以对接。在过去的十几年，随着互联渗透程度不断加深，淘宝、拼多多等平台上成长起了一大批伴随互联网增量红利快速崛起的品牌。而在传统互联网平台增长乏力，开始依托流量及算法榨取平台用户存量价值的今天，B站、小红书、抖音、Keep、下厨房等平台的涌现，又进一步将供需对接的组织方式从过去搜索导向下"以平台为中心"的流量模式，变为圈层导向下"以人为中心"的圈层模式。"大流量弱黏性"的公域流量，进一步被"小流量强转化"的私域流量颠覆。

更不可忽视的，是数字技术对生产方式的简化带来的灵活供给的可能。消费品生产上，随着制造业与供应链数字化的进一步深入，更加多元且个性

---

① 南都周刊：《朝代粉的江湖》，https://www.163.com/money/article/ANQ52JF300253B0H.html，2015年4月22日．

② 新浪娱乐：《〈风中奇缘〉后期改三万多处 雪藏成本大》，http://ent.sina.com.cn/v/m/2014-11-06/11034236425.shtml，2014年11月6日．

化的产品得以快速供应；文化及内容生产上，数字技术的简化进一步降低了内容生产的门槛，吸纳更多的供应主体，进一步释放了产品创新的可能。

以游戏产业为例，2019年年初，一个名为《Dota2自走棋》的棋牌对战类游戏开始在海内外爆火出圈。这款由仅5人的"巨鸟多多"游戏工作室开发的游戏，在上线的短短十天时间内，就突破了10万人同时在线的大关，更获得了超过70万玩家在Steam平台上的订阅①。能够让如此小型的制作团队也能制作大火游戏的前提，便是《Dota2自走棋》地图编辑器的开发与推广。这款依托大火游戏《Dota2自走棋》的游戏基础，开放模组开发的游戏平台，极大地简化了游戏开发的难度，让更多的开发者得以低资金门槛、低技术门槛地实现了产品的创新开发。随着游戏引擎的不断迭代，原本用几十行甚至几百行代码才能实现的游戏效果也变得仅需要一行行动指令便能实现。这让更多小型的开发团队可以聚焦内容及商业模式创新，用更低的成本、更短的开发周期，达到更流畅的运行与更优的呈现效果。

随着"小利润大市场"的大众市场被"小市场大利润"的小众市场不断瓦解和补充，帕累托法则②开始失灵，"长尾效应"③开始显现。

3. 极致个性化的需求增加，人们开始不满足于被动消费，积极转化为主动的生产者

当前，随着我国消费者的不断成熟，诸如电视剧《三十而已》中，女主顾佳刷爆信用卡购买爱马仕铂金包，只是为了融入富太太们的社交圈；抑或

---

① 钛媒体：《〈Dota2自走棋〉，"寒门子弟"翻身的又一典例》，https://baijiahao.baidu.com/s?id=1626138414407730920&wfr=spider&for=pc，2019年2月22日.

② 帕累托法则（Pareto principle，也称为八二法则），该法则以意大利经济学家维尔弗雷多·帕累托的名字命名。帕累托于1906年提出了著名的关于意大利社会财富分配的研究结论：20%的人口掌握了80%的社会财富。后被衍生用于解释企业管理中的普遍原则。如"80%的销售额来自20%的产品"。

③ 长尾（The Long Tail），也译为长尾效应，是2004年，由克里斯·安德森在他的《长尾理论》一书中提出。用于形容网络世界中，少数热销的大众产品和众多冷门的小众产品，其市场份额呈现出一条带有长长尾巴的曲线，当把尾巴上的所有冷门市场汇集起来后，其市场能量可以超过大众产品的市场能量。

是"拼单名媛"们拼豪车、拼顶级酒店，也只为了经营自己的朋友圈，种种消费主义物化消费者的现象开始受到广泛的批判。在大众消费时代，消费者看似掌握着消费的主动权，却并未掌握价值的定义权，只能被动地接受与追逐品牌给出的价值、个性与态度。**随着当下圈层的逐渐细分，从公域下沉到私域社群时，消费者们开始自主开辟价值定义赛道——从被动消费转为主动创造，更加积极地通过生产标定自我价值。**

过去通过消费高价产品带来的优越感，开始逐步被极致个性化自我表达及社群内部的认可带来的成就感所取代。正如阿尔文·托夫勒（Alvin Toffler）在《第三次浪潮》中所言，"市场伦理是按照人们拥有的财富去衡量他们的社会地位。生产消费者的伦理观不是这样。它高度评价人的作为。钱多仍会获得声望，但是别的特性也很重要。"[①] 一方面，由于圈层的进一步细分，供需匹配出现失衡，消费者只能"我行我上"，通过自行创作满足自身及社群同好极致的个性化需求；另一方面，从公域到私域，消费者的声音更容易被圈内同好"听见""看见"并获得支持与关注，进而带来更高的情感体验，这让消费者获得了更强大的创作与生产动力。

再次回到开始的问题——"你"是谁？消费主义一直在向我们强调，你的消费定义了你是谁。但在描述当前及未来的消费世界时，用"你如何消费"定义你是谁，也许才更加准确。

随着圈层的细分和生产的简化，消费者正以"产消一体"的全新消费模式，更加主动地标定自我价值，成为"消费生产者"。人人参与创造的"众创时代"正在来临！

二、积极"产出"的消费生产者们，正在全面改变着当下的新消费

消费生产者/产消合一者（Prosumer），是由阿尔文·托夫勒在2006

---

① [美] 阿尔文·托夫. 第三次浪潮 [M]. 黄明坚, 译. 北京: 中信出版集团, 2018.

年新著《财富的革命》①中所提出的概念。他认为这种生产者与消费者合一的消费过程中，人们在消费过程中产生的"没有痕迹、没有经过测量也没有产生报酬"的生产活动，蕴藏着未来财富革命的核心力量。这些消费生产者们有四个不同的阶段类型，简单来说他们包括追求个性化消费的"个性化定制者"、见多识广的"消费高手"、擅长"二创"的"改造玩家"及"彻底的消费生产者"。

近些年，在互联网大大小小的圈层快速的生息消弭与重建的过程中，大量消费生产者涌现。赞意、艺恩联合出品的《新世代 新圈层：2020 垂直圈层营销报告》中指出，随着圈层经济的不断发展迭代，"当前的用户不仅是消费者，也是生产者和传播者，对媒介的主动选择和操控能力明显提升"②。消费新世界的多米诺骨牌正在快速被推倒，尤其在强兴趣导向、强二次创作属性等的垂类消费领域，消费生产者正在看似有限的市场中，创造出无限的经济活力。这些消费生产者们带来的不仅是面向未来的新消费航道，更是一种颠覆式的新时代消费思维，这一思维正全链条地解构改造着当下的新消费。

1. 生产端——自"产"自"消"：消费生产者深入参与到消费产品的设计与生产过程中

一方面，消费生产者开始积极参与设计和产出更符合社群需求的消费产品。将消费者的建议融入产品设计并不算新鲜事，小米的 MIUI 迭代也是基于大量消费者的使用体验和意见的更新。但如今的消费者更愿意参与产品的设计和生产，而且参与的深度与广度进一步提升。欧美知名女歌手 Rihanna（蕾哈娜）创立的美妆品牌 Fenty Beauty 能够一经上线便风靡全球，广受好评，凭借的除了她自身的名气外，还有她作为有色消费群体 KOC（Key Opinion Consumer，关键意见消费者），对圈层消费者需求的精准把握。蕾哈娜并不

---

① [美] 阿尔文·托夫勒. 财富的革命 [M]. 吴文忠，等，译. 北京：中信出版社，2006.
② 赞意、艺恩联合出品：《新世代 新圈层：2020 垂直圈层营销报告》，https://max.book118.com/html/2021/0602/8065140100003105.shtm，2021 年 6 月 4 日.

懂得产品配方，也并非职业彩妆师，仅是一个热爱美妆的消费者，但她切入了市面底妆类产品普遍存在的问题——缺少对深黑肤色女性的关注，偏白的肤色往往有很多种色号，但深肤色底妆可选择范围很少。为此，她创立的品牌上线的第一款粉底液便有40多种色号，无论是极白还是极黑，是暖皮还是冷皮，宛如选色卡一样，覆盖了绝大多数消费者的肤色需求。这款产品一经上线便引起了美妆圈的轰动，不仅成为当年爆款，其做到的"全肤色覆盖"更成为大量消费者对各传统彩妆品牌的评判标准。

国内也是如此，越来越多的国货美妆产品在前期开发过程将一些时尚美妆类网红博主纳入其中，将样品寄送给他们试用并收集意见，对产品从概念到包装乃至配方设计进行适应性的改良。这些更懂消费社群需求的消费生产者，已经成为品牌融入消费社群的黏合剂。

另一方面，消费生产者开始深度参与到消费产品的再创作之中，甚至再创作的自由度成为产品本身的核心卖点。例如，"娃圈"正是凭借着高自由度的创作性悄悄兴起。"娃圈"的"娃"虽然不是真的儿童，而是一些可以活动关节，自由装造的BJD娃娃（球型关节人偶）或棉布娃娃，但"养"娃的花销却丝毫不比如今的"鸡娃"便宜。每个消费者都可以根据自身个性化的理想投射，给娃娃不断"换装"，打造独一无二的娃娃。再创作的高自由度带来了BJD娃娃的高价值，普通的BJD娃娃价格都在千元以上，稀缺版价格动辄上万元，后续持续性购入的服装饰品定价也往往超过普通的真人服装饰品。经过"改娃大佬"磨脸、改妆、搭配制作娃衣后，BJD娃娃的价格更是能翻几十倍[①]。再如，近年爆火的五菱宏光Mini，正是顺应这一趋势，凭借其丰富的配色与极高的改装空间一举成为车圈的改装神车，打破了微型电动"老头乐"的固有印象，成功俘获了年轻人的心。**越来越多拥有原创实力和意愿的消费生产者，开始积极地为产品价值再定义的权力付费。**

---

① 天下网商：《4万一个娃、1万一套衣，谁让娃圈疯狂？》，https://www.sohu.com/na/439278342_114930，2020年12月19日.

2. 消费端——消费"消费"：主动创造个性化的消费过程，丰富其他消费者的消费体验

在体验经济盛行的当前，人显然已成为人的最大乐趣，他人消费的过程已经成为消费体验质量的核心构成要素。如今的消费者，已经习惯出游之前在百度旅游上搜索攻略，在外出吃饭等位的时候翻翻大众点评里的评价。消费生产者，也就是那些上传各式各样旅游攻略的旅游达人，也是对每家餐厅给出有趣点评的老饕，更是看视频也要进行"神吐槽"的"氛围组"，他们更乐于在看风景的同时努力成为他人眼中亮眼的风景。这些见多识广又会玩的消费生产者，将自身的消费过程制造成更具参考意义和独特体验价值的体验产品，进一步丰富了消费体验。

更多具有"产出"意识的消费生产者，也在催生出更多体验主导的新产业、新职业与新产品。例如，直播（本文所指直播并非带货性质的直播）就是比较具有代表性的消费"消费"的新产业。对于游戏爱好者而言，游戏的趣味已不再局限于自身的游戏体验或职业的电竞比赛，更在于各种游戏主播的花式"整活"。技术流的主播注重挖掘游戏的技战术与破解攻略，展示出同一款游戏、同一个英雄的不同玩法与"神操作"；搞笑流的主播则注重对游戏趣味点的挖掘，创造出各种趣味的游戏互动场景让人捧腹；甚至还有励志流的主播，凭借普通的操作实力挑战地狱级难度的游戏，用数万次失败后挑战带来极强的励志感……如今年轻人在网上看游戏直播的心态，可能与过去村口围观他人下棋的大爷们并无不同，但更多观看的消费群体与更高质的消费生产者，让消费体验变成了更具情绪价值的体验商品，开辟出了新的产业赛道。

分享高质量"饭拍"（粉丝拍的视频或者图片）的"站姐"（指的是使用高级相机拍摄偶像的粉丝）；分享吃喝体验的"奶茶代喝员"；直播钓鱼过程的"钓鱼佬"……不同圈层的消费生产者，在分享消费体验的过程中逐渐分化出了更多超出大众消费群体理解范畴的"新职业"。甚至将自己对各种影视剧、动漫、音乐的第一反应与体验评价录下来，制作成反应视频（Reaction Video），也开始成为一种新职业。YouTube 上反应视频的头部内容制作者 Fine Brothers 在 2019 年便拥有了近 2 000 万的订阅量，总播放超过 90 亿次，其反应视频频道 FBE 的所有视频平均每天能够累计获得 500 万次观看，广告收入每年至少 730 万美元[①]。仅仅在 YouTube 上，专门围绕韩流音乐及娱乐内容做反应视频的制作者就数不胜数。

随着越来越多的年轻消费群体成为乐于"产出"的消费生产者，更多能够引入消费者强互动与社群属性的消费"新物种"必将在未来进一步涌现。

3. 传播端——"玩梗""破圈"：消费生产者的二次创作，是跨圈层模因传播的主要推手

分众时代，想要"破圈"实现信息的广泛传播变得越发困难。当我们感慨圈层营造的信息茧房阻隔了彼此，共识正在变得越来越稀缺时，消费生产者们正凭借着自己"为爱发电"的"产出"热情，悄悄地推动着跨圈层的模因[②]传播。"模因"能够实现跨圈层传播的关键，因为其能够在传播迭代过程中，像"基因"一样不仅拥有自我复制的能力，更能与不同圈层的亚文化模因相融，以适应各种新环境。而这些活跃在不同圈层的消费生产者，正是推动模因跨圈层"融梗"复制的主要推动者。他们针对同一内容，根据自身不同的爱好进行解构式创新，让信息更好地融入不同的社群文化，从而实现了裂变传播乃至达成新的全民共识。**他们产出的内容就像是细胞间的神经递质，在不同细胞之间寻找着小众时代的共识，进而实现了不同圈层文化片段的互融共生。这种跨圈层传播的关键在于他们的二次创作。**

以蜜雪冰城的破圈神曲"你爱我，我爱你"为例，这首在 2021 年 6 月突

---

① 钛媒体：《你还不了解「反应视频」，有人已经靠它拥有 2 000 万粉丝了》，https://www.tmtpost.com/4179701.html，2019 年 10 月 28 日．

② 模因（Meme），与基因（Gene）相近的拼写方式，是形容一种会像基因复制繁衍一样可复制传播的文化模仿单位。近些年来常被用于基于达尔文进化论的观点解释文化进化与传播的规律。作为文化复制繁衍的基本单位，它可以表现为一些视频片段、表情包、流行语、段子等，类似于国内常说的"梗"。

然爆火的魔性宣传曲，并不是一经上线便广为流传的，早在 2019 年 11 月，蜜雪冰城便发布了一版主题曲；2020 年 5 月底，这首歌曲有了宣传片。蜜雪冰城营销宣传负责人王伟龙当时有意将这支宣传片硬推一把，但"即便硬推，也没有推火"[①]。谁也没想到的是，时隔一年的沉淀后，这首宣传曲会以黑马之姿突然"出圈"。

这首歌曲的意外爆火，可以说是一场教科书般的模因传播案例。首先，这首歌改编自美国民谣 Oh! Suzanna 的主题曲，是一个旋律简单循环且有一定传播基础的歌曲，这洗脑且熟悉的旋律天然就是一个极佳的"模因"片段。而在蜜雪冰城依托十万铁军，上万家线下门店，长达一年的循环播放后[②]，终于量变引起质变，诱发了最初的几个消费生产者的"二创"热情，其产出的内容也快速获得了大量线下被"洗过脑"的社群消费者的热烈响应。而后，这一极佳的"玩梗"素材，便在拥有大量年轻活跃消费生产群体的哔哩哔哩这一内容创作社群中，迅速引发了各垂类板块创作者们的集体"整活"的热情。音乐区出了编曲、演奏做出了苏维埃版、唢呐版、Rap 版、各国语言的翻唱版，舞蹈区为宣传曲配上了原创舞蹈，知识区借题发挥分享蜜雪冰城的发家史与经济模式……这些多元有趣的内容再进一步被转发到各大内容平台，引发了进一步的话题讨论，在抖音等平台实现了广泛的模仿和传播。这首洗脑的宣传曲带着蜜雪冰城的品牌故事，随着不同用户群体的内容创作，悄悄溜进了更多人的脑海里。消费生产者正在用自己的方式，自下向上地塑造着属于新时代的"共识"！

我们的消费世界正在缓缓走向这些数字原住民创造的新秩序之中，大量变化悄无声息地在大大小小的圈层社群中孕育发展，而这些当前"圈外无人知晓，圈内无人不知"的新产业、新职业、新产品正在酝酿着，准备塑造我们未来的新变数。

---

①② 钛媒体：《蜜雪冰城爆火背后：二创、抖音与十万铁军》，https://www.tmtpost.com/5426870.html，2021 年 6 月 25 日．

在改变的进程中，消费生产者对消费世界带来的新价值很难被大众快速识别，但圈层经济野蛮生长和探索的过程中造成的"不良反应"却很容易被当前的主流消费群体所排斥。比较典型反例就是近些年在资本和流量的催化下变得失控，引发主流消费群体反感的"饭圈"。随着盲目追星带来的负面新闻层出不穷，"饭圈女孩"也成为让人避之唯恐不及的称号，"饭圈化"也已成为不理智的群体狂热的代名词。而事实上，无论是前文所述喜欢"边读书边掐架"的"朝代粉"，还是乐于"武德充沛、推演比试"的"军事粉"，是奥运期间欢天喜地玩梗的"国胖队（国乒队昵称）粉"，还是"为发烧而生"的"米粉"，充满活力的社群，是当前与未来延续传统文化，推动运动风尚，培养创新力，刺激内循环的强有力推手。这些新生的社群正依托越来越多原生的消费生产者，创造着越发丰富多元的当代消费生活体验与新兴服务市场。**与其横眉冷对一味批评限制，不如主动拥抱变化，积极探索如何顺势而为，规范和引导这股新力量，"众创"出一个"美丽新世界"！**

三、用MCN的运营逻辑，"众创"一座"网红"城市！

MCN（Multi-Channel Network），即多频道网络，是一种起源于国外的网红经济运营模式。这种运营模式原生于当前的圈层运营逻辑之中，通过联合不同内容、不同社群的生产用户，实现高品质输出及稳定商业变现的平台思维。这就要求我们的城市，要学会以人为中心，进行更加专业化、精细化的平台运营，集聚多元社群，激发消费群体的"产出"热情，以专业服务支撑社群转化，"众创"出一座具有多面魅力与多元活力的"网红"城市。

回到城市视角，在这样一个圈层时代，城市的发展也从工业时代以生产组织为核心的"千城一面"，向以社群组织为核心的"千城千面"发生转变。赵雷的《成都》让全国人民都知道了玉林路，而这首歌的背后，是集聚在玉林路大量的民谣音乐人及他们创作出的成千上万首歌曲；曹县凭借"并不算体面"的直播梗火出了圈，背靠着的是当地活跃的电商直播社群……追求不同生活方式，有不同价值诉求的消费生产者们，正在用自己的"产出"重新塑造着一座座城市的新生活、新魅力。

那么，我们的城市要如何顺势而为，拥抱变化，孕育发展新动能呢？

笔者认为，**要改变思路，从过去以"产"为出发的逻辑建设城市，变成以"人"为中心的社群平台逻辑运营城市，将城市打造为一座巨大的 MCN**。

简单来说，可以从三点着手：

第一，要多渠道布局。MCN 运营最大的表征特色就是要多频道布局，以多元社群的布局保障优质内容的可持续产出。而对于我们的城市而言，则应**通过打造大量小型化、主题化的场景空间引导社群聚集，将自身打造为多元社群的创新"试验场"**。例如，成都就在全国率先发布《公园城市消费场景建设导则（试行）》，提出通过"强辨识度""强创新力""强体验性""强多元化"，打造地标商圈潮购、特色街区雅集、熊猫野趣度假、体育健康脉动、文艺风尚品鉴、社区邻里生活、未来时光沉浸等八大场景主题，实现消费集成创新和消费复合体验，助力自身国际消费中心城市的建设。[①] 例如，位于洛杉矶硅滩的圣莫尼卡地区，则围绕年轻创新社群打造了多种爱好主题（如滑板、艺术、电竞、宠物等）生活社区的建设，以兴趣为牵引，构建线上与线下融合的多元创新社群，带动创新活力提升。用各种特色街区、主题商业、爱好社区形成的生活消费场景，能够自然聚集多种围绕创新创业、生活方式、兴趣爱好形成的社群圈子，进而激发更多新需求、新业态的涌现，为城市生活服务业带来可持续高势能的发展潜力。

第二，要专业化赋能。MCN 平台往往会为平台上的用户提供专业培训支持和运营支撑，实现内容创作主体的高效率孵化与高质量发展。对于城市来

[①] 中国日报网：《成都发布〈公园城市消费场景建设导则（试行）〉》，https://baijiahao.baidu.com/s?id=1708789901867172123&wfr=spider&for=pc，2021 年 8 月 20 日.

说，就是**鼓励创新创业不仅要强化政策支持，更要提供专业的服务支撑，让消费生产者转化为新消费的创业者**。近几年凭借如茶颜悦色、文和友等大量本地化的消费体验而大火的长沙，早在 2013 年就围绕创业培训出台《长沙市创业培训（GYB、SYB、IYB）管理实施细则》，引入由国际劳工组织开发的"创办和改善你的企业"项目，详细地规定了培训机构与师资管理、组织实施、后续跟踪服务、资金申请及支付管理等多项要求，全方位地保障了高水平创业培训及后续跟踪服务的提供。正如网红需要 MCN 在拍摄剪辑、内容选题、造型仪态等多方面提供培训及协助，摸到新需求的消费生产者也需要相关法律、创业知识、管理财务等方面的知识赋能，成为能够依托小众需求创造新服务业态的创业者。

第三，要强变现支撑。MCN 最核心的就是供需对接，实现平台创新主体可持续的商业化。对应到城市，就是要强化资金的供需对接及消费的供需对接。以上海为例，根据 2020 年天猫发布的新品牌图鉴，天猫 Top500 新品牌的所在地中，上海以 90 个的数量位居新品牌城市榜首。新消费品牌的不断涌现，与密集的创新人才及消费需求有关，但更离不开上海作为国际金融中心活跃的资本市场。烯牛数据显示，在 2018—2020 年发生新消费品牌投融资事件数量中，上海的新消费品牌独占 20%，也是冠绝全国[①]。同时，上海政府还在积极创造各种标志性的大型活动，促进消费供需对接。如 2018 年开始举办的进博会，2020 年疫情期间开始举办的"五五购物节"、上海旅游节等，都是供需对接重要平台，为本地的新消费、新品牌提供了一个绝佳的展示及商业化舞台。当然，上海这样资源得天独厚的城市只有一座，但围绕本地创新社群，提供定向的金融支持，特色展销、节庆等活动组织，实现供需强对接，推动商业强变现，对于任何一座城市而言，想必都是不难做到的。

---

① CBNData 第一财经商业数据中心：《新消费之都争夺战中，上海领跑的底气在哪？》，https://mp.weixin.qq.com/s/1KJKF4W6HlfovzgB9ioVlA，2021 年 8 月 5 日．

我们有理由相信，当城市顺应圈层时代趋势，将自身打造为多渠道、强赋能、高变现的 MCN 平台，一定可以聚集更多活跃的消费者们激情"产出"新城市内容，在一波又一波的新消费流行浪潮里，源源不断地孵化出更具本地特色，更有成长潜质，更符合时代需求的消费体验，"众创"出一座更具气质与未来的魅力城市！

消费体验的强化：让荷尔蒙释放，体验经济的"刺激战场"

文｜徐启惠

1995年，时任英国航空公司总经理的科林·马歇尔爵士意识到英航的经营业务实际上是在营造体验，当时他很坚定地说："五年是公司不更新品牌的极限，否则就会失去发展动力。"这在当时极为先进的言论，在1999年出版的《体验经济》一书中，被其作者认为是绝对错误的。但仅仅四年过去之后，以"服务为舞台，以商品作道具，从生活与情境出发，以难忘的经验吸引顾客"的体验经济时代到来。消费更迭一波接一波，体验营造者必须时刻不停地更新，带来新的惊喜，才能满足消费者。而现在，互联网的力量更加让消费体验的感受阈值不断提升。当一波潮流像龙卷风般袭来后，没过多久就会随着人们迅速的厌烦而消失不见，而紧接着的，是下一股潮流之风的快速兴起与消失……

那么，如今的消费趋势是什么？生活性服务业又该如何在体验消费"战场"上"战略布局"呢？

一、拒绝"就这？"，新经济时代的消费体验要"更高、更快、更强"！

在不断变换的消费需求下，有太多墨守成规的业态，凭借着昔日的名气，吸引了无数消费者抱着高期待值慕名而去，最后收获的却是伤害性和侮辱性都极强的一句感叹："……就这？"

约瑟夫·派恩在《体验经济》中提到，人们消费的高层次需求是对于惊喜的渴望，而在惊喜之上，还有一个层次是"悬念"[①]，即消费者期待惊喜之后

---

① [美] B.约瑟夫·派恩，詹姆斯·H.吉尔摩.体验经济（珍藏版）[M].毕崇毅，译.北京：机械工业出版社，2021.

更为刺激的惊喜。他认为,体验实际上是在一个人的心理、生理、智力和精神水平处于高度刺激状态时形成的,这会导致任何人都会产生与他人不同的体验[①]。也就是说,随着时代的发展,体验带来的将会是越来越高的新鲜和刺激。

1. "更高":更偏向高信息密度、更高效地利用时间

技术的发展,尤其是信息技术的发展,推动了文明的交汇,也带来了一个高信息密度的时代。而消费体验阈值的提高,意味着同样的刺激已经无法再给到人们以前同等的感觉了。

现在的消费者,在单位时间内需要且渴望获取更多信息。快节奏的生活让现代人只能利用碎片化时间进行高效的休闲和学习。现代技术的发展就旨在帮助人们提高信息的获取效率。随着近年来手机硬件规格的提升,以及各厂商的系统优化,手机端的悬浮窗功能广受欢迎。它能够让人们实现多应用的同时运作,一边看电影、一边聊微信、一边查资料等。于是,现在的年轻人可以在工作之余,通过手机边健身边听完一堂网课。如此双线甚至多线操作,已经成为现代人的日常。再如,百度推出了更高信息密度的应用——度小视 App,结合百度搜索技术,可以满足用户边看边视频搜索的需求,让他们拥有"视频版百度"的体验。

如果不能做到单位时间内密度的增加,那就让同样内容占用更少的时间。平均浏览网页时长 15 秒[②]、少于 140 字的微博、每条不超过 1 分钟的短视频等越来越受欢迎的倍速播放功能等,都在传递一种趋势:如今的人们已经不愿意接受冗长、细节的信息。换而言之,人们的心理耗时在缩短,恨不能一刀切开所有事物的横断面,在 1 秒内窥视干净。

过去,人们会守在电视前听新闻播报、去图书馆翻阅资料,才能了解那

---

① [美] B. 约瑟夫·派恩, 詹姆斯·H. 吉尔摩. 体验经济(珍藏版)[M]. 毕崇毅, 译. 北京: 机械工业出版社, 2021.

② Go Gulf 官网, https://www.go-gulf.ae/how-people-read-content-online/.

些陌生的知识和信息。如今,"一图读懂×××"的形式在社交媒体上得到了广泛应用,在生活和时间都被碎片化的今天,人们可以通过一张制作精美、排版简洁明了的长图,就掌握持续十天左右的会议上提到的重点信息。

曾经提前很久就约定好下一场电影约会的仪式感也正逐渐衰弱。如今,人们更愿意在 B 站、抖音上看短视频影评,"5 分钟看完×××"已经成为一种趋势。2017 年的统计中,B 站影剧类视频中,超过 50%[①]都是"×分钟"系列。在这短短的几分钟里,人们不仅能快速获得原来 2 小时才能获得的电影信息,从大概内容、主要笑点到吐槽点,更可以得到电影+趣味解说的叠加快乐,还能顺带完成选择看哪部电影的决策。这一趋势甚至衍生出一条电影解说产业链,让短视频影评迅速变现。例如,B 站影视区 UP 主"小片片说大片",他的主要变现方式之一,就是收费高达每人每次 12 800 元[②]的影视短视频创作达人全能班。培训内容包括概论、影视、文案、配音、剪辑、运营等。

2. "更快":更偏向快节奏刺激带来的感官快乐

一种体验对感观的调动越有效,这种体验的感受就会越难忘。在漫长的进化过程中,人类始终是受基因控制的;而关于快乐的感受与控制基因,要听从于内啡肽、多巴胺、催产素和血清素这四种化学物质。高频刺激的消费体验,满足了人们最直接的荷尔蒙需求,就像点中了潜在的"穴"。这正适合现在高压力的社会,让人们能够在有限且焦虑的时间里,获得来自身体本能的快乐反馈。

例如,音乐在变得越来越快,也因此变得越来越让人快乐。根据音乐平台 Spotify 和 BBC 的统计,自 2017 年开始,流行音乐逐渐变得越来越快,2020 年最畅销的 20 首歌曲平均 BPM(每分钟的鼓点总数)为 122,这是

---

① 腾讯网:《短视频类影评悄然走红 它究竟"是敌是友"?》,https://new.qq.com/rain/a/20200714A070QJ00,2020 年 7 月 14 日.

② "小片片说大片"微信公众号。

自2009年以来的最高水平[①]。而研究表明，每分钟节拍数量为90～150[②]的音乐会让人产生较大的幸福感和快乐感。其中，让年轻人"上头"、近些年在国内流行起来的电子音乐，更是快节奏音乐的代表。各大电音节被引进国内，压力大、追求刺激的年轻人们被电音中复杂的节奏、紧张的氛围和强烈的落差所吸引，随着节拍加速抖腿、振臂欢呼。在一段Build-up[③]铺垫之下，歌曲一步步推向Drop[④]，最终点燃人们的热情。这样变幻莫测的节奏"走位"，让电音像情感过山车一般，人们在快节拍和强落差中释放多巴胺和血清素，在电音的刺激世界里寻求精神支柱。

"开局即高潮"的电子游戏也在通过高频的快乐冲击，不断地刺激着消费者。大脑在被称为"奖励药物"的多巴胺作用下，因为期待获得游戏中的"奖励"而兴奋。在游戏的过程中，由于升级、闯关、打败"BOSS"而获得成就，进而释放内啡肽，一种让人心情愉悦的"快乐激素"。挑战越大，所获得的成就感就越大，也就越能让人满足和快乐。更重要的是，游戏的社交属性会产生让人放松且能够促进健康的催产素。而如今人们越来越喜爱玩游戏，重要的原因之一就是其社交属性。**每局10～20分钟的MOBA游戏（多人在线战术竞技）在当下明显更受欢迎**[⑤]。中信证券的调研显示，相比节奏偏慢、内容重复度高的游戏，现在的游戏主体——Z世代，对于快节奏、强竞技性的MOBA游戏更为青睐，如《王者荣耀》和《英雄联盟》等[⑥]。在2019年12月游戏收入统计数据中，《王者荣耀》稳居第一[⑦]。一度形成了朋

[①] BBC News：《流行音乐越来越快（也越来越快乐）》。

[②] *Influence of Tempo and Rhythmic Unit in Musical Emotion Regulation*, https://www.ncbi.nlm.nih.gov/pmc/articles/PMC4971092/.

[③] Build-up：渐进、重复、逐渐加速的段落。

[④] Drop：电音中的高潮部分。

[⑤] BBC News: *Pop music is getting faster (and happier)*, https://songtiger.com/?p=1129.

[⑥] 中信证券：《游戏行业专题报告：Z世代游戏产业的新机遇》，https://www.nisdata.com/report/1338，2020年9月10日．

[⑦] 广证恒生：《游戏行业深度报告：确定性高+长短逻辑兼具，看好游戏板块及头部企业》，https://xueqiu.com/7682912951/144210428，2020年3月17日．

友聚会,面对面拿出手机,先打一局"王者"再吃饭的热潮。

3. "更强":更偏向多元场景带来的叠加体验

"小孩子才做选择,成年人都要",已经成为一大部分现代人的个性宣言。因为饿而吃、为了穿而买的单一目的型消费在逐渐变少,大多数的人都希望获得多元、叠加的消费体验。像"失重"的餐厅、"吃火锅"的音乐节、"沉浸"的演艺、"游戏"着健身、"联名"的购物……

能够获取叠加效果的消费可以有很多种。**一种是拉长体验的长度。**"一时××一时爽,一直××一直爽",是近些年流行的一个句式,大概含义是通过延长体验时间而获得更久的享受与快乐。前两年兴起的剧本杀,从刚开始的两三个小时扩展至现在的两天一夜、三天两夜,只为让消费者彻底过足瘾。2021年6月正式对公众开放的文旅演艺节目《只有河南·戏剧幻城》,也是通过长时间、大体量、深体验的形式,让观演者接连"爽翻"。在占地622亩,由56个方格空间和21个剧场组成的场地中,不同的剧情一个接一个地展开,近700分钟的紧凑演出①,让来此的观众需要做的最大攻略就是要"留好时间"!

另一种是加深体验的深度。著名经济学家冯玉忠提出,现在的消费特征就是用户参与和用户决策②。**也就是说,现在的消费者不再满足于停在"看台",而要走向"舞台"。**因此,衍生出了一系列"沉浸式消费",以沉浸式的场景空间和可深入的互动为主要卖点,营造出时下最流行的"氛围感"体验。2019年,国内沉浸产业总产值为48.2亿元。而放眼全球,沉浸式戏剧规模约为2 810万美元,体验式艺术博物馆的总市场价值约为2 800万美元③,而且在持续增长,这俨然是一个千亿级市场。

---

① 周思艺. 投资60亿,只有河南超大戏剧聚落群,凭什么敢称世界之最?[J]. 文化产业评论, 2021 (3203).
② 杨家诚. 消费4.0:消费升级驱动下的零售创新与变革[M]. 北京:人民邮电出版社, 2019.
③ 成都日报:《成都沉浸式体验新场景 带动文旅业消费热潮》, http://cdwglj.chengdu.gov.cn/cdwglj/c133185/2021-01/25/content_eb4a635697804846b63d69c759499811.shtml, 2021年1月25日.

近些年大火的"文和友现象"就是最好的例子：在特色仿古的街巷中，人潮涌动、紧凑穿梭，两边商铺的灯牌和外摆应接不暇。烧烤店、小吃摊、龙虾排档、特产店塞满了整个商业"盒子"。老长沙的档口在热火朝天地卖着臭豆腐、旁边的火锅店人声鼎沸、大排档里喊着叫号。进入三楼，直接就"穿越"到了生着烟火气的20世纪老社区……这种密集又带有氛围感的内容，特别吸引人去探索。

还有一种是拓展体验的维度。 跨界、联名，将两个品牌的价值与文化融合在一起，就好像为原本单薄的品牌形象叠了一层"Buff"①，进而碰撞出双倍的快乐与价值。亿欧CEO黄渊普说，新经济时代下，"边界"越来越模糊，抓住用户的需求才是关键。只有破圈交互，才能造就消费狂欢。例如，"完美日记×Discovery"的美学跨界，让消费者在小小的一个眼影盘中，就能收获广阔自然中的多元色彩；"百事可乐×凡士林"的功能联名，让一管简单的唇膏也能拥有可乐的清新味道。2021年7月，华硕公布了与顶尖动漫IP《鬼灭之刃》的重磅联名，推出了一系列新产品，从主机到鼠标垫再到显卡，为热爱《鬼灭之刃》的玩家带来了电竞信仰和二次元文化的双重满足。双方粉丝的热情程度堪称疯狂，一场"破次元狂欢"，让无数粉丝惊呼"我的DNA动了"②。

二、前方高能！一大波刺激的体验经济产业来袭

如果把生活性服务业比作一个游戏，一个地图通关后再打多少遍，都还只是停留在原地而非升级。仅仅为了满足消费者需求，而对现有产品形式稍加改动，也并不能形成有规模、有影响力的经济产出。只有开辟一张新地图，形成新的产业和消费领域，才能"升级进化"。如今，消费者在更高密

---

① "叠Buff"是一个游戏用语，通常指给某一角色增加一种可以增强自身能力的"魔法"或"效果"。
② 网络用语，形容印象深刻的事物，像是刻进了DNA里，后出现了相似的刺激，导致记忆被激活而沸腾。

度、更快节奏、更强体验的消费需求下,对于惊喜、悬念与刺激的追求,像是体验供应商们的"玩家索引",引领着他们发掘新的产业"地图"。

1. 打开未知的悬念——快来"拆盲盒"吧!

"人生就像一盒巧克力,你永远不知道,下一块会是什么味道。"这句出自《阿甘正传》的经典台词,如今又照进了现实。迷人的未知刺激着人们的消费味蕾,被广泛应用于新经济领域。盲盒可以简单地理解为一种不在外包装注明内容,只有购买后才能拆开的盒子式商品。如今,小小的盲盒已经撑起了百亿市场,根据 Mob 研究院发布的《2020 盲盒经济洞察报告》显示,盲盒已经成为潮流玩具中受众面最广、热度最高的品类,在未来几年,盲盒行业会进入其发展的"快车道",预计到 2024 年,行业市场规模将达到 300 亿元[①]。

对于未知的期待和拆开之后的惊喜,是盲盒让人快乐并疯狂的刺激"针剂"。 多巴胺就在此发挥了其巨大的能量,打开盲盒获得想要的玩偶这种"奖赏",对于年轻的消费者们有着巨大的吸引力。因此,在商场的盲盒店里,经常会看到几乎每个购买盲盒的人都有一系列神秘的"仪式"——他们仔细辨识盒子里的声音,试图通过某些"技巧":摇、捏、掂来抽到自己期待的那一款玩具。

从 2016 年盲盒经济在国内兴起开始,这种新鲜的消费方式就被应用在各个领域:玩具盲盒、化妆品盲盒、考古盲盒等,无一不"勾引"着消费者为之付费。如今,这种"幸运游戏"被应用在旅游业上,通过机票盲盒的形式让无数选择困难症,同时又喜欢惊喜刺激的人们"来一场说走就走的旅行"。从 2020 年下半年开始,各大航空公司和线上旅游平台都相继推出了机票盲盒,以"花的是工资、开的是心跳、获得的是快乐"为卖点,只需花费八九十元,就可以随机获得一张机票。2021 年 4 月,同程旅行推出的

---

① Mob 研究院:《2020 盲盒经济洞察报告》,https://www.163.com/dy/article/FUER9CU6051998SC.html. 2020 年 12 月 22 日.

机票盲盒在清明小长假三天内就吸引了近 2 000 万[①]用户抢购，每个时段的机票都被抢购一空。在这些盲盒随机的目的地里，既有北京、上海、大理这样的热门旅游城市，也有白城、阜阳、济宁这样相对小众的城市。很多购买者会因为一张机票而在周末选择来一场临时的短途旅游，这样一种未知且刺激的消费体验，是都市白领的"临时出逃"，也是繁重生活中的零星快乐。

如今"万物皆可盲盒"，已经从商品形式衍生至一种消费体验方式。盲盒作为新的财富密码，其核心是售卖一种刺激、惊喜的探索过程。在南京的菜市场里，"菜场盲盒"藏起了猪肉、鸡肉、牛肉、鱼肉、蔬菜等多样食材，以随机抽取的游戏化方式，轻松化解了"今天吃什么"的"世界性难题"；北京也推出了"故宫以东·城市盲盒"，从东长安街开始，将老北京过去的景象和传统文化以国潮的形式在一个个大盒子中展示出来，通过自发探索，为消费者带来一场充满老北京特色的惊喜穿越之旅。

2. 挑战关卡的刺激——一起"玩游戏"吧！

游戏作为"主角"，天生就能带来刺激感。 无论什么形式，都会因为有着明确的目标而释放多巴胺，让参与者们在挑战中获得相应的成就感。尤其是曾经"妈见打"的电子游戏，经过职业化、联盟化的改革，逐渐成为具备全球性、大众参与性、公平对抗性的专业化竞技对抗赛事，也因此**从简单的"小我"快乐，上升至一种"燃起来"的民族自豪感。**自 2018 年中国"IG 战队"获得世界总冠军以来，电竞正式"破圈"，开始闯入大众视野。整个春季赛季共创造出 100 亿的话题阅读量和讨论量，同期 NBA 的数据为 120 亿[②]。头部电竞赛事的商业价值与奖金规模也已经逼近传统的体育大赛。2019 年的 Dota2 TI9，大麦网 26 804 套票仅用 53 秒就宣告售罄，其总奖金池达到了

---

① 薛冰冰：《"目的地盲盒"火爆，98 元开一张机票是否稳赚不赔？》，https://www.jiemian.com/article/5929810.html，2020 年 4 月 9 日.

② 国泰君安证券：《电光朝露，竟在未来——Z 世代新消费系列报告之三》，https://img3.gelonghui.com/pdf/f50ff-56562712-c494-4904-a263-db8843a111e6.pdf，2019 年 9 月 10 日.

3 429万美元，已接近足球世界杯奖金水平。年轻人们聚集在一起，为国家队呐喊助威，是竞技体育精神的当代表达。

人们对于游戏本身刺激性、挑战性的喜爱与渴望，让其逐渐融入城市主流血脉。一方面，电竞项目被纳入主流体育赛事中。2018年雅加达亚运会，《英雄联盟》成为亚运会表演赛的项目之一。2022年杭州亚运会，电竞比赛首次成为正式比赛项目。另一方面，国内电竞呈现"主场化"趋势。过去电竞赛事多集中在同一城市。而主场化是通过俱乐部在不同城市中建立主场场馆，组成传统体育项目中的主客场赛事联盟。除拉动城市经济外，也让电竞成为城市的另一张名片。例如，各大知名电竞俱乐部纷纷落地一线城市，如北京的JDG、杭州的LGD、西安的WE、成都的OMG等。上海更是提出要布局建设"全球电竞之都"。从政策支持到场馆建设，从吸引龙头企业到引进行业协会、赛事联盟，从授牌试点学校到规范竞技运动员注册，从承办赛事到全域沉浸式、游戏化打造，电竞产业在上海逐渐完善，以灵石路一带为中心，打造"宇宙电竞中心"。

游戏作为"配角"，也能够形成叠加的刺激。 游戏化赋能，"让一切更像游戏"是近些年的一大趋势。将闯关、升级这些游戏中娱乐化的元素提取出来，进行其他产业或领域的功能提升。例如，Switch健身游戏"健身环大冒险"，就是以游戏化的方式，让玩家通过进行各种健身动作进而获取金币，实现游戏人物的升级闯关。面向光靠自律几乎不可能坚持运动的当代年轻人，这种看似游戏实则健身的方式，能够让他们因为角色升级而感到兴奋，有效地减少了健身的疲惫感，增加了趣味性和刺激感，吸引了大批用户为其付费。

除产品层面外，**在城市文旅领域，游戏化更是可以"四两拨千斤"**。将城市旅游打造成一场游戏，以"打卡"的形式串联景点，能够让原本普通的景区变得热闹有趣。例如，嘉峪关出口就"设置"了一位威武的古代大将作为"关长"，为往来的游客签发通关文牒。"关长"听到游客报出家乡后，立刻就能说出对应的古代地名，吸引了大量游客前来打卡。此外，排行榜也是常见的激发荷尔蒙、收获成就感的方式。北京海淀公园被改造成"AI公园"后，"黑科技"的加持让公园变得更有趣。在科技智能步道的终点，有一个"智能步道排行榜"，跑者通过"刷脸"就能显示此次跑步的排名、运动里程、时长、平均速度、热量消耗等数据，以游戏化的榜单，激发日常小景点的趣味性和刺激感。

3. 梦幻联动的惊喜——跨界"搞事情"吧！

"双厨狂喜！！！"是最近经常出现在视频弹幕里的流行词，常常霸占的满屏都是跳动的"双厨狂喜"和一长排感叹号。这是一个日语演化来的词，大概的含义是看到一个作品中同时融合了自己喜欢的两件事物，表示激动的心情。跨界经济正是这样一种需求下的产物，通过品牌联动打破固有形象，用新鲜的产品和创意为消费者提供双倍的快乐刺激。

成功的跨界联名，可不只是"1+1>2"，而是"1+1=11"。 2020年，我国授权商品零售额达到了1 106亿元，是世界上增速最快的市场之一[①]，由此可见跨界经济大有可为。美国著名涂鸦大师KAWS是联名界最知名的IP之一，2016年，其和优衣库的联名产品遭疯抢的视频曾经刷爆了互联网，消费者冲门的场面就好像"僵尸来袭"。一衣难求的盛况，让原本单价仅在一百元左右的T恤，被翻炒了五倍不止[②]。

但并非所有联名都会被大众接受，疯狂的炒作热度也会让联名适得其反。过度的"玩梗"恶搞，只会让消费者陷入吃"屎味的巧克力"还是吃"巧克力味的屎"的诡异命题中。跨界联名的真正意义在于：**通过品牌合作，让购买者获得惊喜刺激的消费体验，以及合理地提升品牌价值。** 在本文撰写的过程中，郑州发生了千年一遇的特大暴雨，灾难之下八方响应、全民捐助。

---

① 亿欧智库、东跨院：《2021新国货CoolTop跨界产品榜单报告》，https://max.book118.com/html/2022/0504/6122140235004142.shtm.

② 潮牌汇：《KAWS联名中的经典你还记得多少？优衣库联名总不会忘记吧！》，http://www.meiletao.com/article/4887.html，2019年3月27日.

其中，经典国牌鸿星尔克连年亏损却捐款不止，频频登上热搜，而网友们除"野性消费"疯狂购买以示支持外，还在评论中为品牌经营献策。在热门评论里，一条"强烈建议鸿星尔克和河南省博物馆联名，唐宫夜宴、水下飞天必成爆款"的评论被反复点赞。来自终端消费者的"一手"建议，证明了只有做大众喜闻乐见的联名，才能实现双向奔赴、共同唱响"你爱我，我爱你，跨界联名甜蜜蜜"。就在本文撰写完成之时，鸿星尔克官方已表示，相关联名合作已经在洽谈中，不日新产品将会上市。

在联名和跨界的背后，隐藏着的是最核心的环节——**IP 授权**。授权方拥有具有商业价值的商标、品牌、形象等 IP，被授权方则以合同的形式获得该 IP 在约定地区、产品和时间的使用权。如今，IP 授权正处于快速上升期，逐渐渗透进了商业生态的全维度，成为一种全新的商业生存方式。尤其在我国这样一个知识产权服务行业整体处于起步阶段的大环境下，跨界联名的 IP 授权潜力巨大。与发展初期以欧、美、日为主要 IP 合作方不同，现在的授权更多的是将目光锁定在国内 IP 上，促进了一大批国内有质感的小众品牌和优秀的国潮企业重新崛起。

同时，IP 也在逐渐赋能城市，在生活服务业的大海里翻起一波惊涛骇浪。横滨每年夏季都会举办"2 000 只皮卡丘"街头巡游活动。这些"全世界最值钱的 IP"[①]走向城市街头、走入商场，吸引了无数人关注，甚至有人为了一睹可爱大游行的震撼场面而特意来此。国内城市的街头，如今也能看见大批"萌物"游行的场景，如蜜雪冰城的"雪王炸街"，也吸引了不少人的目光，在网上广泛传播拓展品牌和城市知名度。

除城市商业业态的 IP 联动外，跨界联动在文旅领域也大有可为。例如，安仁在 2019 年打造了沉浸式戏剧 IP《今时今日安仁》，相当于在古镇的底子上叠了一层戏剧的"Buff"，让消费者在真实的公馆场景中观看沉浸式的

---

① 维基百科：《媒体特许经营产品畅销榜》.

演出。2021年，安仁又叠了第二层"Buff"，开发了剧本杀游戏《今时今日安仁·乐境印象》。玩家在古镇的实景环境中，通过角色扮演，进行推理互动、解锁机关道具，在与不同演员（NPC）的交流中，触发不同的剧情，书写自己的人物线，最终引导故事走向不同的结局。如今，《乐境印象》经常提前一个多月就被约满，很多游客打"飞的"来成都体验，广受市场追捧。

三、拥抱新趋势，迎接新产业，城市要跟上"这届"消费者！

将新产业提供的新体验传递给消费者，才是体验经济价值的全面实现。城市作为产业和人的空间载体，是当之无愧的营造体验的重要场所，因此必然会随时发生内容上的变化。正如本书开篇所说，在流变的世界，没有什么生活性服务业是固定的。那么，城市要怎样做，才能跟上"这届"消费者呢？

1. 做一个敢于"弄潮"的城市：瞄准"年轻产业"，以不断更新的场景引爆消费

在城市业态植入的内容上，一定要紧跟时代，避免长期固化和同质化，面向主力消费群体如Z世代等，进行年轻业态引入。瞄准复合、体验性的场景消费，让前卫的消费理念落地生活性服务业的终端，以不断更新的新业态寻求突破、吸引新人群。

如个性化商场，"在艺术的包围里购物"的东京Ginza Six和"国潮风"王府井步行街；主题式酒店，如电竞酒店、网易音乐酒店；沉浸式的餐厅，如可触碰互动的Teamlab艺术感官餐厅；还有场景化的文化旅游，如成都崇州街子古镇的全沉浸式剧本杀《青天鉴》等。未来，随着中国场景构建的能力越来越强，强刺激的体验性场景消费将会越来越多。

当然，上述的这些新业态也仅限于本文撰写过程中及未来的一段时间内。在几年甚至几个月以后，也许这些"新"的生活性服务业就不再新鲜了。

但笔者要传递的核心观点是，城市一定要紧跟消费者需求的步伐，在每一次生活性服务业更新迭代之际，都能勇于"弄潮"，逐浪前行。

2. 做一个化成"盲盒"的城市：营销"意外之喜"，以多元的城市内容吸引消费者

在城市内容的营销上，把新的城市业态和形象传播出去，才能够有效实现价值兑现和人才吸引。过去的城市宣传往往是一条口号喊十年，固定的"城设"（城市设定）让消费者去过一次就不愿意再去第二次。而如今，城市的内容在瞬息万变，营销更要提前"出击"，把整个城市都包装成"盲盒"，每拆开一次，就多了一个"惊喜"。

商业魅力指数以一百分[①]遥遥领先新一线城市的成都，是城市营销最好的代言人。首先，由宣传部门牵头，成立了规模达上百人的"成都城市形象提升协调小组"。工作人员从各大媒体、传媒公司、旅游集团、投资部门抽调人员组成，充分保障了组织的血液活力、工作效率与专业程度。在对外宣传方面，成都不断"抛出"新的"城设"，始终能够给人以惊喜。面向2008年大地震的旅游危机，大家看到了一个坚韧、自信、感恩的成都形象；2011年，通过《功夫熊猫2》让世界看到了一个拥有青城山、熊猫等特色元素的成都；2015年，赵雷的一首《成都》成为这座城市的背景乐；2018年，成都39家[②]政务机构集体入驻抖音，短视频营销如火如荼，人们惊喜地发现，成都不只有熊猫，还有火锅、串串、冰粉、龙抄手等，一下子就让成都的形象变得更加丰满而立体；2020年，亚洲首个顶级综合性电子竞技赛事落地高新区，成都又高举起了电竞之都的旗帜；2021年，成都又一次因为酷炫、沉浸的裸眼3D投影刷遍了各大媒体，伴随着中国的科学热潮，打出了一张"未来感"的名片。从单向的城市对外宣传，到消费者占据主导权的"城

[①] 新一线城市研究所：《2021新一线城市商业魅力排行榜》，https://view.inews.qq.com/k/20211115A0GWUQ00?web_channel=wap&openApp=false&ivk_sa=1023197a，2021年11月15日。

[②] 成都晚报：《成都39家政务机构集体入驻抖音 助力城市形象传播》，https://baijiahao.baidu.com/s?id=1612772017328219192&wfr=spider&for=pc，2018年9月27日。

市合伙人"招募，成都都在不断地给人惊喜。而无论在哪个年代和哪个方面，成都都立住了这个设定，拥有着极高的辨识度。

诚然，城市是要在 GDP 的洪流中前进，但一切经济的发展都是以人为出发点。如今的生活性服务业如果不紧跟时代、加速奔跑，就随时有可能"归零"。面对颠覆性的技术、碎片化的时间和消费者越来越"多变而刺激"的新需求，只有随势而变、顺势而为，才能造就魅力的城市内容，为人才筑巢。希望未来的中国城市，做一个永不止步的"弄潮儿"，用"看得见的手"，抓住消费者"看不见的心"，兑现城市的真正价值。

第二章 新技术观

1. 服务即产品，无"脑"生活引领硅基城市
2. 一切制造皆为服务：物联网打通生活服务大循环
3. 未来演算机：大数据助力生活决策
4. 超时空生活指南：XR创造的虚实集成世界

本章序

文 | 徐　航

消费篇展现了生活服务业的巨大潜力。但要兑现潜能，离不开一股强大的驱动力。2018年诺贝尔经济学奖得主保罗·罗默认为，推动产业发展的根本动力既不是资本，也不是人力，而是技术！

根据保罗·罗默的内生增长理论，技术不再是经典经济学教科书中的外生变量，而是经济增长最重要的内生动力。这意味着，只要政府坚持投资教育，保护知识产权，就能激励企业进行技术创新，产生垄断性利润，推动经济持续增长。

如今无论是物联网，还是大数据，或是虚拟现实，每个炙手可热的技术方向都能为生活服务业的发展提供巨大的动能。因此，唯有洞悉技术驱动生活服务业的原理、路径和方法，才能在这片充满前景的产业蓝海中占据先机！

服务即产品，无"脑"生活引领硅基城市

文 | 何 锋

举个例子，夜深人静时，当你只身一人从机场赶往出差或度假目的地酒店，在无人值守的前台自助办理完入住手续，在房门前刷脸开门之时，突然，悄无声息地从你身边走过一个服务机器人，它或许只是隔壁房间通过智能系统预约的一次拖鞋配送服务。此时的你，是惊叹人工智能的无所不及，还是惊恐于机器人幽灵般的神出鬼没？可能绝大多数人都会是后者！

类似的场景还有很多，其中最著名的莫过于号称大数据神话的"怀孕女孩"的故事。这个故事描述的是美国塔吉特百货公司根据一位女孩的在店购物记录推断其怀孕，并向其家邮寄孕妇产品购物手册，从而让这位17岁女孩的父亲勃然大怒……

在这里，不是要吐槽人工智能和大数据的问题或弊端（毕竟和其滥用数据与大数据杀熟相比，这只是小巫见大巫），而是要说在物联网加持的背景下，**大数据、云计算、虚拟现实、人工智能、城市大脑等先进技术深入生活，我们的生活、我们的生活服务业的底层逻辑和理念发生了巨大的变化**，如果不更新我们的逻辑和理念，还将继续制造越来越多类似的惊恐和愤怒！

回到刚才的两个案例，如果我们将酒店的服务机器人设置为在夜深人静的客房过道场景中，边走边播放轻柔的音乐甚至催眠曲，让人在远距离即可感知它的到来，这样既不会让没有觉察到它的客人受到惊扰，又为其他客人提供了悦耳催眠的背景音乐，岂不是一举多得！为了达到更好的效果，甚至可以单独强化机器人的音响配置。如果那位17岁高中女生的父亲，收到的不是孕妇产品购买手册，而是提醒父母与青春期女孩的沟通建议手册，这位父亲会勃然大怒，还是会感激涕零，进而成为塔吉特百货公司的"粉丝"？

答案显而易见！

技术进步带来生活改善、生活服务业的发展有赖于技术的促进，这无疑是千真万确的真理，但反之亦然！基于对生活需求的挖掘，生活服务业可以激励技术进步，进而为生产服务业，甚至为核心主导产业带来反向拉动！因此，生活服务对产业的拉动，不只体现在"优质生活带来优质人才，优质人才引领优质产业"这一条路径上。

在技术与生活已深度融合、相互促进的背景下，我们反而应该避免进入生活服务业"唯技术论"的陷阱——真正让技术在生活服务中产生价值的不是技术本身而是"服务意识"；只有将服务意识嫁接到技术上，将服务融于产品，生活服务业才能在技术的加持下释放最大能量。正如约翰·奈斯比特在《大趋势——改变我们生活的十个新方向》中所言，"每当一种新技术被引进社会，人类必然会产生一种要加以平衡的反应，也就是一种高情感，否则技术会遭排斥。技术越高级，情感反应也就越强烈"，"我们必须学会把技术的物质奇迹和人性的精神需要平衡起来"[①]。无论是物流网、大数据、云计算，还是人工智能、城市大脑，从基层数据到数据的使用与挖掘，从生活需求的内容到承载内容的硬件，从行业生态的构建到政府推进计划的拟订与实施，秉承这一理念都是极为关键的；否则，我们虽有可能创造出一个个技术奇迹，却始终无法打开生活服务的消费之门。

那么，"服务意识"该如何广泛嫁接到各类技术领域，为技术真正赋以生活的"人文之光"？

一、大数据做小，数据大陆比数据孤岛更危险

数据，作为数字智能时代的石油，在生活服务业中尤为重要。无论是商业消费、休闲娱乐还是城市服务，面向的都是一个个最终消费者，**每个消费**

---

① [美] 约翰·奈斯比特.《大趋势——改变我们生活的十个新方向》[M]. 梅艳, 译. 北京: 中国社会科学出版社, 1984.

者的每一次消费行为都会产生多元、丰富的数据，而这些数据也就成为"大数据"，进而成为推动生活服务业发展的利器。

如何能够更好地利用大数据让城市更好地服务居民、商业更好地服务消费者，就要从大数据推荐，包括大数据"杀熟"的运作机制和原理说起。可能对于很多普通人而言，大数据推荐或"杀熟"，只是根据收集的个人基本信息和历史消费、浏览记录进行关联推荐，如根据你的历史浏览推送相关内容，根据历史消费记录推荐关联商品，根据常去地点推荐相关消费场所，或者根据你使用的手机品牌来进行差异定价……

如果只是这些，那就太小看大数据了，或者还远没有挖掘大数据的"超大"能力。这种超能力实际依赖的是一种"协同过滤"的算法，形象地说就是通过关键特征信息在大数据中寻找一个你的替身或克隆体进行预测：用最像你的人已发生的事情或行为来预测你还没有、但很有可能发生的事情和行为。**这种预测已经不是依赖于数据的"归纳—演绎"的逻辑，而是寻求最具象的个体特征进行个性判断，这实际上有点"精准医疗"的味道。**

既然是精准医疗，就需要收集个体的DNA序列、基因表达水平等生物信息，以标定个体的差异性和独特性，这背后依靠的是庞大的人类基因组计划和质谱分析、类器官等全套检验检测技术和设备。对于大数据而言，海量的数据就是其"庞大的人类基因组计划"，**这种海量不只是单一类型数据的"量"，更是表达不同类型特征信息的"类型量"**。以精准医疗背景下的药物推荐为例，除以基因为主的生物信息外，基于位置的气候环境信息、基于消费的饮食习惯信息、基于日常生活轨迹的健康增进和管理信息等，均可用来综合标定你的个体信息，并以此为基础在大数据中寻找"另一个你"，从而选出最适合你的药！

要获得这些信息，数据的来源显然是跨地域、跨行业和跨部门的，这也就是大数据行业一直致力于打破数据孤岛的核心原因。实际上，我们也看到了行业内企业数据的共享、部门内跨地域数据的共享，甚至还有城市内跨部门数据的共享，但这些是远远不够的。因为这种数据共享，在更大范围内也形成了共同的利益，从而进一步增强了其一致对"外"的统一性，未来数据藩篱的问题可能会更为突出。**就像大陆文明无法通过疆域的扩大增加内部的开放性，以放大外部开放性一样，一旦形成更大规模的"数据大陆"，看似更多的数据实现了共享，但与外部的交换反而变得更复杂，也更困难了。**

要解决这一问题，不在于拉更多的部门、行业或区域入伙，而是要从底层机制上贯通数据的流动与共享，无论是跨部门、跨行业还是跨地域，都能实现数据的快速调用，而不用关注是否处于同一个"群"，就像海洋文明的开放性一样。从这个角度而言，**区别于"合并同类"的数据大陆和"异类共存"的数据湖，构建"全类共生"的数据海洋，才是最终的解决之道。**

海量数据只是解决了获取标定个人特征的来源，对于一个特定的问题，用哪些类型的数据作为关键特征信息标定个体身份就成为大数据在生活服务业应用的关键了。还以前面药物推荐为例，很显然，网页疾病、药物的搜索记录，过往在线购药记录等，很难作为推荐所依赖的"关键特征信息"。这些看似与药物推荐关系更为密切的因素，反而不如可能毫无关联的活动、消费数据在实际推荐过程中更具影响力，这无形中使得甄别关键特征信息的难度陡增。

所以，对于不同行业、部门和地域来说，其重点不是内部的数据、内容连接，而是要在外部全连接的条件下，找到自己行业、部门和地域特定问题的关键特征信息，从而能为不同的个体在数据海洋中快速找到最为精准的"自己"。换而言之，**就是要将大数据做"小"，将大数据做成"小数据"**，在数据海洋中只取特定行业、特定部门、特定地域和特定问题的一瓢。

由此看来，数据也需要服务意识，在数据层面构建数据海洋，将大数据做小，生活服务业才能真正将大数据能量最大化释放，真正实现为"我"定制的生活！

二、超脑无脑，平台比算法更重要

有了数据，接下来就是如何更好地利用和挖掘数据，亦即算力与算法的事情。在生活服务领域，美团在构建"超脑"即时配送系统和面向商家与消费者的"大脑"、阿里的城市大脑、腾讯的未来城市，无不是依托庞大的算力，用前沿且复杂的算法，对其海量的数据进行识别、分析、挖掘和应用。这里并不是要去比较它们孰优孰劣，明确谁才是未来的方向；也不是强调算力与算法的作用，毕竟利用和挖掘数据本就离不开算力与算法的道理人人知晓；更不是要去探寻与之形成差异化、另辟蹊径的新路，而是要在其发展基因中，找到一条更为融合的道路。

正如前文所述，数据共享需要跨部门、跨行业、跨地缘共享，同理其挖掘和应用也应遵循这一逻辑，将不同的数据、分散的算力和多样的算法集成起来，整合形成一个平台。实际上，无论是美团"超脑"、美团"大脑"，还是阿里的城市大脑、腾讯未来城市，其本身就是平台，只不过这些平台还需要进一步向企业外、行业外拓展，并赋予其足够的开放性和更多的灵活性，对内松散捆绑，对外互通有无。一旦做到了这点，就完全可以形成一个范围更大、规模更大的平台，构建成一个全数据、全算力和算法的系统，这才是生活服务业在数据驱动背景下的终极形态！

这是否有点过于理想化，过于一厢情愿？非也！从阿里巴巴到淘宝，就是从封闭性系统到开放性平台的转变；菜鸟也是致力于快递行业的互通有无；腾讯的核心产品微信，就一直秉承着"微信之父"张小龙"用完即走"的松散绑定理念……互联网时代成长起来的企业天生就有着这样的基因，并不缺乏构建这种终极平台的动机；物联网高速发展背景下，也逐渐具备了发展这种全数据、全算力和全算法的条件，唯一欠缺的可能是"大佬"们的担心——对在这一过程中丢失自我（损失利益）的担心，就如上汽集团回应是否与华为合作自动驾驶时所说的"要把灵魂掌握在自己手中"。

说到华为，就不得不说在这场构建松散捆绑、互通有无的平台方面，它又一次地走在了前面，虽未必是最终的胜者。早在2019年，华为就推出了"1+8+N"的智慧场景战略（1是手机，8是计算机、平板、大屏、音箱、手表/手环、AR/NR、车机、耳机，N包括了移动办公、运动健康、智能家居、影音娱乐及智慧出行等），并于2021年推出基于"1+8+N"的终端数据、传感器数据和互联网数据构建的"1+2+N"全屋智能解决方案（1是智能主机，2是PLC控制总线和Wi-Fi-6两张网，N是照明系统、水智控系统、环境系统等，具体本章后文将详细阐述）。显然，这是一个极其庞大也极其复杂的系统，实现后，因其庞大所以肯定能互通有无；因为复杂，必须整合外部资源，所以必然松散捆绑。

那么华为是如何破局"灵魂"之问的呢？答案就是鸿蒙系统！或许，绝大多数人都认为鸿蒙系统是华为破解"卡脖子"的应对之举，其实不尽然，在此之外，华为还在下一步更大的棋。我们从鸿蒙系统最大的特点"微内核"中可见一斑。所谓微内核就是系统内核与系统服务层分离，通俗讲就是应用的数据和信息不与系统捆绑。这样，不仅能为系统瘦身、提高系统运行速度；还可以让同一系统在不同设备间进行不中断运行的流转（互通有无）；更重要的是，如此也解决了基于系统开发的应用丢失"灵魂"的担忧。智能时代的生活服务业，鸿蒙们值得期待！

当然，这也并不意味着鸿蒙一统天下，**未来不一定属于鸿蒙，但一定属于鸿蒙们**，毕竟，如果鸿蒙是一个松散捆绑、互通有无的系统平台，那么它当然也能与其他类似的系统和平台实现松散捆绑与互通有无。所以，超脑无脑，平台比算法更重要！

三、无人VS有人，无人背后的巨大内容需求

数据、挖掘数据的算法、算力和平台齐全后，就该向生活服务业输出产

品了。基于数据，利用平台、算法和算力，就能对未知个体和未来时空进行预测，所以，这种输出将聚焦于两个方面，**一方面利用数据和算法虚拟出个体完成现实任务；另一方面基于对未知时空的预测，由现实主体完成虚拟任务；前者是人工智能；后者是虚拟现实**（包括增强现实与混合现实）。

先说人工智能，在生活服务领域最典型的就是各种无人系列。有风口之后风平浪静的，如无人零售；有持续引爆却久未实质落地的，如无人驾驶；也有曝光度高却多作为形象大使的各种机器人；还有相对成熟，普及度极高的无人收银。

可能有人会问，无人驾驶不应该属于生活服务业吧，它难道不应该属于更为硬核的智能制造业吗？问得太好了，这恰恰就是无人系列在生活服务业中未来最大的机遇所在。回到本文开篇讲的服务意识，试问我们需要的是无人驾驶 L4、L5 的技术吗？不！我们的本质需求是要从一地到达另一地。为什么不自驾？我想将我自己释放出来，这完全可由出租车、代驾或专职司机解决，为什么非得无人驾驶？因为我想要私密空间。这才是最底层最真实的需求。既然是私密空间，那么场景就有无限可能了，影院、餐厅、办公室、卧室……如此一来，就像购物中心建筑本身不如建筑里面的业态重要一样，汽车本身不再是重点，重点是你要为影院提供什么样的影音系统和影音内容，为餐厅提供什么样的就餐环境和特色美食。借吉利集团董事长李书福"汽车就是四个轮子加几个沙发"，**未来的汽车只不过是"四个轮子加一间影院、一个餐厅或者一套居室"**。

如此，未来无人驾驶的汽车还仅仅是智能制造业吗，恐怕**其核心竞争力将会转向如何在空间内装下更多、更好、更具针对性的内容**。而这恰恰就是无人系列中生活服务业无尽的潜力空间。机器人是反例；由于顾客不会使用导致结账缓慢，还得配备专人指导的无人收银，既没提升效率又没降低人工成本，也是反例；而无人零售从风口淡出更是反例。我们真的是需要一个绝对冷清的购物场所吗？在购物相关流程无人化的背后，我们节省的人力是否可以转向更为丰富、多元的社区场景，该节省的节省，该增加的则增加，该不打扰的不打扰，该温情的温情，是否能走通无人零售的另一条路。简而言之，**一切回归服务逻辑，无人系列在用技术做减法的同时，要学会用服务做加法！**

至于虚拟现实，就是人工智能这枚硬币的另一面。其逻辑的核心归根到底在于"现实"，毕竟最终是一个个现实的主体，在完成高于现实、虚拟现实混合，甚至是完全虚拟的任务；其重点也在于任务，即内容，IP 也好、次元也好，它们才是生活服务业的主体（具体本章后文将会展开阐述），但关键无疑还是具体主体的实际需求。这一点，就完全与传统的生活服务业接轨了。从这点而言，XR 系列对生活服务业的渗透和推动，可能比人工智能来得更快，影响力也更大。

总之，**无论虚拟的主体完成现实还是现实主体完成虚拟任务，破局都在现实，成败均在内容。**正如同样表达没有意思的"无"和"冇"，它们的区别不仅仅在于普通话和方言，更重要的是，"冇"这个没有是"有"的骨架的，内容就是无人系列和XR系列的骨架，是生活服务业的"魂"。

四、服务即产品，产业生态破局"卡脖子"

从数据到算法、算力和平台，再到输出生活服务业的具体内容，智能时代的生活服务业已经形成了一个大闭环。**所有的一切都指向要脱离唯技术论，转向服务思维和服务逻辑，只有这样才能在智能时代抓住生活服务业的战略性机会。**这无疑将颠覆从工业革命伊始，以亚当·斯密《国富论》分工为基础的产品逻辑：我们需要的不再是一台电钻器，而是墙上一个个打好的洞；我们需要的不再是一台电冰箱，而是一杯冰镇可乐或北冰洋汽水；我们需要的不再是一台电视机，而是一套节目、一部电视剧或一段新闻评论，电视、平板还是手机均可；我们需要的不再是一台汽车，而是将我们如何更安全、更舒适地送达目的地，或代驾，或自驾，或自动驾驶……

产品逻辑被颠覆为服务逻辑，无疑会给制造业带来巨大的冲击，只专注产品和技术，可能会跟不上需求，从而被市场所遗弃，于是，制造和产品向服务靠拢，一切制造皆为服务将成为现实。另外，**任何一个客户需求都对应着一种服务，这种服务也必将成长为一种产品，或者服务本身即产品，C2M才仅仅是雏形，服务时代才刚刚开始**！

可不要小看这个即将到来的服务时代，绝不是仅仅拉动了消费，促进经济发展，也不仅仅是中国的人口规模优势使得我们有着更广阔的发展空间，甚至还不仅仅是用服务反向定义产品从而推进技术的进步；**最重要的是每一项服务被产品化、规模化后，就会形成一个全新的产业生态**。而一个全新的产业生态则意味着突破性和颠覆性地创新，包含了从 0 到 1 再到 N 的全过程，而不仅仅是从 1 到 N。所以，一旦一个新的产业生态形成，就会形成一系列主导的标准、技术和流程；同时，不会有明显的短板，否则生态就难以名副其实了。

自然"卡脖子"的问题也就不复存在了。中国在人工智能研究方面之所以与美国并驾齐驱走在领先水平，与所谓的中国"新四大发明"（高铁、移动支付、共享单车、网络购物）进行的海量数据喂养是分不开的。从这层意义上讲，中国更注重模式层面创新，未必是一件坏事，**以模式突破为基础，聚焦客户需求，用服务反塑产品，用产品拉动技术，重换赛道，可能是解决卡脖子问题的另一条出路**。毕竟重金投入、攻关原有赛道的卡脖子领域，我们始终是追赶者，且不说未来赛道是否会发生变化，也不说在我们追的时候，对方也在跑，仅从成本效益机制角度就是极不经济的。因为卡脖子更多的是技术含量高但市场规模相对小的环节，光刻机"巨人"阿斯麦就是典型的例子。华为手机没被苹果卡脖子，也没有被台积电卡脖子，而是被这家不是《财富》500 强的，不是巨人的巨人卡脖子，为什么？

就是因为我们在追赶、在替代，没有形成共同成长的生态，作为后来者只有切入有足够规模和足够利润的环节，才有可能做大、做强。手机整机制造属于这类，所以我们在巨头苹果之下，还能成就华为、小米、OPPO、vivo，而在光刻机领域，利润率再高，因规模有限，我们的投入最终都无法获得足够的利润支撑。如果切换赛道，开创新的产业生态，情况就不一样了，**所有环节都是从零开始成长，共同做大做强，环节无论规模大小、利润高低都无法被忽略，否则就无法成就产业生态，也就无法成就这一产业。**

个性化与海量、大数据做小、松散捆绑与互通有无、虚拟与现实，这些看似矛盾的概念，最终均统一为服务与产品的关系——用服务设计产品，服务产品化，产品服务化，最终形成服务即产品。未来的生活服务业必将进入一个更细分、更定制的时代，并将反向牵引甚至重新定义技术。在这个背景下，**城市政府们仅有智慧城市、城市大脑等宏大计划是远远不够的，还需要在此基础上建立"服务—产品—技术"的正向上升螺旋，这才是未来的破局之道。**

不要追求共享数据中心打破了多少部门、行业和地域的限制，只需关注数据底层架构是否打通；不用关注数据算法、算力和平台是否够大够强，只需关注是否做到松散捆绑和互通有无；无须纠结是虚拟还是现实，只要最终需求及其对应的服务成立即可。如此，**服务改变技术，无"脑"生活引导硅基城市！**

用服务驱动，因服务的个性、定制、具象和细节，我们需要即刻行动起来！否则，即使是世界级公司加持和世界性城市背书，谷歌在多伦多宏大、前瞻的 Sidewalk Labs 计划也最终难以为继，这恰恰是技术推崇的迭代在生活服务之城市服务领域的缺失！

Sidewalk，首先得 Walk 起来！

一切制造皆为服务：物联网打通生活服务大循环

文 | 徐 航

每一次工业革命，都会出现引领产业变革的关键技术，如蒸汽机、电力和互联网。它们能带动一个时代的经济增长，不是因为原理多高深，而是因为与当时的增长逻辑相匹配，因此被大规模应用，重塑了人类社会的产业格局。

在即将来临的第四次工业革命中，最可能引领变革的技术是物联网，它能将一切物质资料"互联化"，产生全新的生产组织模式。就连互联网巨擘，谷歌功勋 CEO 施密特也认为，物联网将改变世界。他在 2015 年达沃斯论坛上说，"我确信，互联网将会消失，未来将有非常多的 IP 地址，以及各种设备、传感器、可穿戴设备和人们感觉不到却与之互动的东西，无时无刻不伴随左右。"

生活服务业正是物联网引发产业变革的主战场。因为当工厂、服务商、消费者及其他供应链环节通过物联网互联之时，制造与服务的界限将会消失，形成两业融合的生活服务大循环。

一、从"分工"到"互联"，大消费时代的全新增长逻辑

物联网之所以能打破制造与服务的边界，引领下一轮的产业变革，是因为它契合了经济增长逻辑的变化趋势——从"分工"到"互联"。

"分工"是前三次工业革命一以贯之的增长逻辑。由于生产力不足，人类在工业革命前长期处于物质匮乏的状态，**当时经济增长的主要问题就是如何在供给端提高生产效率，产出数量更多，种类更丰富的产品**。对于这个问题，亚当·斯密给出的答案是"分工"。他在《国富论》的开篇就指出，

"劳动生产力上最大的改进,以及劳动时所表现的更多的娴熟程度、技巧和判断力,似乎都是分工的结果。"

"分工"就像一则自我实现的预言,被历次工业革命不断强化。第一次工业革命开始后,蒸汽机的应用让工厂取代了手工作坊,而倡导分工的"工厂制"也顺理成章地成为被普遍接受的生产组织方式;到了第二次工业革命,电力驱动的"流水线"大幅提升了分工效率,让T型车这样的复杂物件得以量产,成为普通家庭的消费品;而在第三次工业革命中,互联网消除了信息传输的时空界限,促使分工在企业、地区,甚至国家间大规模展开,中国正是抓住"全球化分工"的机遇,成为工业种类齐全的"世界工厂"。

极致化"分工"带来的是物质的极大丰富,最终形成了巨大的消费市场。观察发达国家的GDP结构就会发现,居民消费占比普遍超过50%,美国更是接近70%[1]。而中国也不例外,从2014年起,消费一直稳压投资,成为拉动经济增长的第一动力[2]。2019年,中国社会消费品零售总额已达41.2万亿,即将超越美国成为全球第一。毫无疑问,我们正处于一个消费驱动增长的时代。

然而,消费时代的演化却超出了亚当·斯密的设想,经济增长逻辑不再是以供给端为核心的"分工",而是供需两端的深度"互联"。要理解这一变化,不妨看看中国当前所面临的供需割裂局面:在供给端,消费品产能持续过剩。2020年,中国工业产能利用率为74.5%,低于80%的及格线。其中消费品领域明显"拖了后腿":汽车制造73.5%、纺织73.1%、食品制造只有70.4%。即便在没有疫情的年份,消费品工业产能利用率也很少能达到80%。

在需求端,新的消费需求却不断涌现。休闲食品市场规模已达1.3万亿元,

---

[1] 中泰证券首席经济学家李迅雷:《被误读的"消费主导经济"》,https://baijiahao.baidu.com/s?id=1584034416625545485&wfr=spider&for=pc,2017年11月14日.

[2] 从2014年起,最终消费支出对经济增长的贡献率一直压过净出口和资本形成总额,但与发达国家相比,中国私人消费占GDP的比重偏低,2020年仅为38.8%。

宠物用品为 3 000 亿元，新式茶饮也形成了千亿级风口。同时，相对于实物商品，人们似乎更倾向于消费服务。2019 年，以餐饮、购物、娱乐为代表的服务性消费在我国居民消费支出中占比首超 50%。**这意味着，中国人的消费需求正变得充满个性，单靠分工提升生产效率已然徒劳无功。**

面对供需割裂的局面，中国政府开始调整经济战略，**从单纯的供给侧改革转为供需两端协同发力**。2020 年，中央经济工作会议第一次明确提出，为了构建国内大循环为主体，国内国际双循环相互促进的新发展格局，"要紧紧扭住供给侧结构性改革这条主线，注重需求侧管理，打通堵点，补齐短板，贯通生产、分配、流通、消费各环节，形成需求牵引供给、供给创造需求的更高水平动态平衡，提升国民经济体系整体效能"[①]。显然，中国政府已经意识到，只有转变增长逻辑，从供给端"分工"转为供需两端"互联"，才能让"中国制造"的巨大产能匹配个性化的消费需求，形成全新的增长动力。

增长思维变了，就需要相应的技术来驱动产业变革。在"分工"到"互联"的产业演化中，物联网将通过两业融合实现"供需互联"，让生活服务业成为新一轮产业变革的主战场！

二、物联网推动供需互联，形成制造与服务融合的产业闭环

在某个阳光明媚的午后，你趁着午休时间飞奔到某咖啡馆，点了一杯特调茶饮，看着店员小姐姐迅速而熟练地完成调制，然后拿起"快乐源泉"回到公司，开始下午的紧张工作……

这是一个"供需互联"的典型生活服务场景，遵循着"你点什么，我就卖什么"的服务业经营模式。与传统制造业"我造什么，你就买什么"的逻辑完全相反，因为在分工主导的制造业格局中，产品总是先由制造商设计生产，再由经销商层层分销，才能最终到达消费者手中。但当物联网打通所有

[①] 人民网：《2020 年中央经济工作会议内容全文公报》，http://www.mnw.cn/news/cj/2353574.html，2021 年 1 月 21 日．

供应链环节，让工厂能直接响应消费者需求时，就会诞生制造与服务融合的**生活服务新场景。**

以直播带货为例，当你在直播间购物的时候，一条依托物联网搭建的"两业融合"供应链也在同步运转。

（1）在生产端，主播"御用"的智能工厂随时接收直播间的订单信息，通过覆盖工厂物联网系统灵活调度，迅速量产被买空的爆款，甚至能根据买家反馈及时修改设计方案，生产出定制化的产品。

（2）在物流端，高科技物流企业提供专门的直播供应链服务，大幅提升了物流效率。例如，菜鸟网络可在24小时内完成原本需要3～4天的跨境补货，京东物流更是在2021年"618"购物节期间实现了4分钟送达的效率奇迹。

（3）在销售端，主播通过最普及的物联网设备——手机，与成千上万消费者直接互动。每个光顾直播间的"水友"，都是供应链上的重要节点。他们每次下单、点赞、领红包，都是在支撑供应链的顺畅运行。

直播带货只是物联网驱动两业融合的冰山一角，随着更多场景被创造，更多环节被打通，生活服务业必将成为下一轮产业变革的主战场。正如思科公司的高管马切伊·克兰兹所言，"我期待最具有颠覆性的物联网应用会来自B2B2C领域，当生产线与零部件、生产线与供应商、产品与服务供应商、物流运营与运输企业，所有这些都连接在了一起，设计师能创造出人们真正想要拥有和使用的产品，市场营销人员能以人们期待的方式销售这些产品，而服务和支持团队能知道潜在的问题会出现在哪里，并在问题产生之前就进行处理。"[①]当克兰兹先生写下这段话的时候，欧美市场上还没有出现具有影响力的两业融合案例。但在大洋彼岸的中国，两业融合的生活服务业试点在官方鼓励下大规模展开。

2019年，国家发展改革委等15部门联合印发《关于推动先进制造业和

---

① [美] 马切伊·克兰兹. 物联网时代：新商业世界的行动解决方案 [M]. 周海云，译. 北京：中信出版集团，2018.

现代服务业深度融合发展的实施意见》，涵盖了两业融合的三个要点：一是搭建多元化服务场景，除原材料、装备制造外，大多数都是生活服务场景，如直播电商、智慧家居、交通出行、医疗健康、养老服务等；二是打通两业融合"堵点"，提升物流、金融、制造、设计等供应链关键环节的运作效率；三是积极培育两业融合主体，既包括制定标准、搭建生态的平台企业，也包括它们带动形成的中小微企业集群。

在政策的加持下，众多中国企业鼓足干劲，积极探索两业融合的全新模式，一个以物联网为基础的生活服务大循环正在形成。

三、构建生活服务大循环的"三重互联"

根据现有的中国案例，已经能总结出物联网改造生活服务业的主要模式。只有了解了这些模式，各地政府才能根据自身条件切入特定赛道，把握住这一重大产业机遇。

思科的研究表明，物联网对产业的改造可以拆解成"三重互联"：**首先，划分出几个独立的功能场景，让场景中的物质资料分别互联形成网络；其次，搭建一个集成化网络，实现场景之间的数据互联；最后，开发统筹调度的运营平台，实现多任务互联**[①]。只有这样，才能形成完整的产业闭环。以此范式分析中国的两业融合案例，就能总结出中国企业在构建生活服务大循环中的三种主要模式。

一是营造"互联"场景，即针对特定生活服务场景开发专用物联网，将所有智能单品纳入其中，通过数据采集和分析提供高质量服务。在场景营造中，龙头企业负责搭建产业生态，吸引相关企业入局，形成产业集群。

二是打通"互联"环节，即运用物联网技术改造物流、金融、制造等关键供应链环节，实现效率提升，打通两业融合的堵点。虽然这些环节不显山

---

① [美] 马切伊·克兰兹. 物联网时代：新商业世界的行动解决方案 [M]. 周海云，译. 北京：中信出版集团，2018.

不露水，但市场潜力巨大，很容易孕育出隐形冠军。

三是搭建"互联"平台，即依托龙头企业，横向整合多种生活服务场景，纵向打通整条供应链，形成与每个人密切相关的本地生活服务平台。

1. 营造"互联"场景，让传统制造商变身生活服务商

积跬步才能至千里，要用物联网改造生活服务业，得从重构生活场景开始。毫无疑问，物联网确实颠覆了许多传统生活场景，不仅服务流程变了，服务空间变了，连服务内容也变了。

在新场景营造中，经常出现华为余承东提出的"产业智能化割裂"问题。以智能家居这一最早的物联网场景为例，虽然入局者众多，但始终没有出现爆款产品和龙头企业。究其原因，早期进入的企业瞄准的都是某类智能单品，如家电、安防、厨卫等。当消费者把这些智能单品都买回家时，却发现它们之间充满割裂感。首先，由于技术标准不同，智能单品只能"各自为战"。要享受智能生活，要么在茶几上摆满遥控器，要么在手机里装满App，总之非常麻烦。其次，缺少集成化的家居物联网系统，无法实时收集和传输用户数据，厂商也无法及时提供后续服务。

要解决智能家居场景的割裂问题，就需要龙头企业牵头制定标准、搭建生态。2021年4月，华为发布了"1+2+N"全屋智能解决方案，打造全屋智能主机，其中除Wi-Fi外，还搭载了物联网专用的PLC-IoT网络，这是一种以电线为载体，稳定而高速的网络通信技术。它能把所有智能家居单品集成在一张网络中，既可通过手机一键操控，又可由AI自主决策，还能将数据传输给华为或第三方厂商，以便分析并提供增值服务。

有了集成化的家居物联网，华为就等于手握屠龙宝刀，得以号令天下，从而形成产业生态圈。首先，为了让系统适配更多智能家居单品，华为搭建了硬件生态品牌鸿蒙智联，提供开源技术工具，帮助厂商快速开发适配产品。目前，美的、海尔、九阳、方太等家居龙头企业都已加入其中，美的更是率先实现了200多款产品的全品类搭载。其次，为了让智能家居场景尽快落地，华为不仅与龙湖、绿地、中海、佳兆业等头部地产商展开合作，还勾兑联合了欧派、南方家居等装修大厂。

一旦企业加入华为的智能家居生态圈，无论是家居制造商，还是住宅开发商，做的都不再是"一锤子买卖"。他们必须依托物联网，持续为消费者提供定制服务，才能避免被替代。例如，智能电视厂商要提供丰富的互联网娱乐内容，住宅开发商要提供实时的物业服务，而智能冰箱制造商则要努力成为人们的贴身健康管家。总之，在智能家居生态圈里，企业必须从传统制造商变成生活服务商。

当然，智能家居只是华为"全场景智慧化战略"的开端。而它的真正野心是用物联网覆盖日常生活的所有场景，囊括移动办公、智慧出行、家庭娱乐等。在华为身后，京东的Alpha平台、小米的"米家"也在打造类似的产业生态。

对各地方政府而言，这是带动传统制造业升级的绝佳契机。尤其是"块状经济"发达的东南沿海地区，政府应主动将优势制造业融入龙头企业的产业生态中，让产品与服务匹配全新场景，抢占市场先机。

2．打通"互联"节点，形成两业融合的一体化供应链

除营造生活场景外，物联网还能升级供应链，推动生活服务大循环成型。尤其是那些不太显眼却很关键的环节，如原料采购、定制生产、快递物流、线上金融等。当物联网帮助它们"易经洗髓"后，就能爆发出牵引供需深度互联的巨大力量。

最典型的案例是快递物流，它既是纯正的生活服务业，也是两业融合中最重要的供应链环节。2021年，中国快递业务量达1 083亿件，连续8年排名世界第一，其中电商件占80%以上，证明物流是支撑电商发展的生命线。可以想见，假如无法快速补货，直播间的"分批预售"模式就无法实现；假如物流效率跟不上，每年的"618"就会从大众购物狂欢变成全民吐槽大会；假如物流短板阻碍了电商平台发展，那依附其产生的消费国潮也许不会来得

那么猛烈。

由于快递物流的重要性，众多企业各显神通，造就了一片竞争激烈的红海。他们有的拼速度，如坚持"飞天梦"的顺丰，不仅买飞机、建机场，甚至自主研发了大型载货无人机FH-98，为的是让运输速度达到极限。有的拼数量，如惯用人海战术的"四通一达"，每个月都能送出几亿个包裹，中通更是常年稳坐中国快递业务量的头把交椅。也有的拼价格，如极兔速递这样靠"每单1元"抢占市场的新锐，分分钟粉碎了物流巨头间脆弱的价格联盟，让快递业重回"内卷"时代。

正当各方势力战得不可开交之时，物流快递的行业趋势却在悄然转向，以物联网为基石的"一体化供应链物流"正在形成风口，即对原料采购、生产、仓储、销售等环节的一切物流行为进行统筹安排的全新模式。

2015年，思科公司和物流巨头DHL联合发布了趋势报告《物流中的物联网》，认为未来物流的发展重点是以物联网为基础，打造从车间到仓库，再到消费者的一体化供应链。2021年6月，中国快递协会会长高宏峰也在全球智能化物流峰会上指出，"我们现在的物流，主体还是电商物流、消费物流，真正服务于制造业的供应链物流占的比例还很小。在制造业高速发展的今天，如果没有一个强大的供应链体系来支撑，制造业的发展会受到影响。所以，我觉得供应链物流应该被高度重视"。

显然，相对于消费物流，一体化供应链物流是一个门槛更高的领域。因为消费物流的服务对象是普通人，只要做到"快速低价"就能满足需求。而一体化供应链物流不仅要服务消费者，还要服务制造企业，它们对物流服务有更高的要求。例如，厂商可能会抛出以下灵魂三连：能不能让乱糟糟的仓库变得井然有序？能不能辅助工厂排产并控制存货？能不能在订单高峰期用极限运力满足极限需求？

要解决上述难题，需要物联网技术介入，把物流过程中的每一件商品、每一辆载具、每一台设备都连入统一网络，通过收集和分析数据来优化物流服务。目前，在一体化供应链物流上走在前列的是京东物流。作为电商巨头孵化出的物流企业，京东物流依靠海量网购订单和持续大手笔投入，不仅探索出了以仓库为核心的独特物流模式，还能同时对接制造商和消费者。正是具备了这种先天优势，它才能在激烈的行业竞争中率先转向。

京东物流打造一体化供应链物流的基石是智能仓库集群。其"亚洲一号"智能仓库可能是中国机器人密度最高的场景，在 40 000 平方米的无人仓里，1 000 多台机器人努力工作着，它们在物联网的统一调度下，有条不紊地完成着入库、上架、存储、拣选等复杂流程。以智能仓库为基点，京东物流开发了全套平台调度软件和适用于多种场景的智能物流机器人，构建起了"软硬兼备"的物流物联网系统。

更重要的是，这个系统并非专为京东服务。事实上，2020 年京东物流有 47% 的业务来自外部厂商。根据 CEO 余睿提出的"解耦"思路，京东物流将各个物流环节转化为可拆分的服务模块，给制造厂商提供了多样化的选择。目前，京东物流可提供到仓服务、商务仓、经济仓三大产品以及数十项增值服务，既能基于以往销售数据帮助厂商管理存货，也能在"618"期间通过极限调度增加 1 倍的订单处理能力，还能用"京东云仓"模式提升工厂仓库管理效率，足以应付厂商提出的各种苛刻要求。

除物流快递外，物联网也在改造其他供应链环节。例如，在金融领域，为了应对信息不对称带来的风控难题，无锡在 2017 年率先启动了全国首个物联网金融示范工程，在工厂生产线上安装物联网终端，让银行实时了解企业经营状况，并提供针对性金融服务。在生产环节，犀牛工厂和酷特智能正在推动工业物联网落地，致力于打造专接小单的柔性工厂，以适应 C2M 模式下的定制化生产需求。

以上这些并非孤例，随着供应链管理的重心从企业自我服务转为聘请专业化第三方，一个巨大的产业机遇正慢慢浮现。目前，供应链物流市场规模已达 2 万亿元，供应链金融市场规模更是超过 20 万亿元。在未来的政府招商环节中，这些不起眼的供应链环节应得到足够关注，因为其中蕴藏着难以想象的产业机遇。

3. 搭建"互联"平台，用人工智能物联网培育本地生活服务龙头

当我们完成对生活场景和供应链环节的升级后，生活服务业的全新蓝图就会展开，**那就是搭建横向"互联"各种生活场景，纵向"互联"完整供应链的本地生活服务平台。**

本地生活服务是指将实体店铺的信息以"网店"形式呈现给消费者，以"到店"或"到家"两种形式为消费者提供各种类型的生活服务。2020年，本地生活服务市场规模已达19.5万亿元，到2025年将升至35.3万亿元①。巨大的蛋糕引来了众多竞争者，尤其是那些深耕线上的互联网龙头企业。它们已经和每个人建立了诸多生活接口，如美团外卖、高德导航、淘宝网购、微信支付等，也整合了足够多的商家和供应链资源，先发优势难以撼动。

要搭建本地生活服务平台，光有资源是不够的，最大的难点在于如何精准调度资源。以餐饮外卖为例，假设有100个订单和100名骑手，那么仅是订单和骑手的可能匹配方案就有10 000种。而对中国最大的外卖平台美团来说，每天要处理的订单多达4 000万个，除要将这些订单合理分配给旗下约400万名骑手外，还要实时计算每一单的配送路线、送达时间、订单酬劳等。这意味着，一个合格的本地生活服务平台不仅要将商家、用户、服务者全部集成到一张物联网上，还要实时处理庞大的数据，并做出精准的调度决策。

面对如此庞大的计算量，一般的物联网已经难以承受，只有集成两大技术领域的人工智能物联网（AIoT），才是抢占本地生活服务市场的制胜法宝。AIoT的原理是，先以物联网技术实现商家、用户、服务者的互联化和数字化，再设计人工智能算法分析海量数据，做出精准决策。

---

① 36氪：《本地生活服务酣战，新物种差异化生存》，https://36kr.com/p/1279531916521224，2021年6月22日。

若起论人工智能物联网建设，美团无疑是个中翘楚。虽然王兴曾经吐槽AIoT这个词过于山寨，但美团技术团队却很诚实地构建了全国领先的人工智能物联网，成为美团攻略本地生活服务业的核心竞争力。在这张强大的网络中，既有算力惊人的"AI中枢"，也有功能齐全的"智能末梢"。

美团的"AI中枢"主要有以下两个。

一是针对外卖配送场景的"超脑"即时配送系统。其开发目的很简单，就是让每个订单更快送达。因此，系统的核心指标是预计送达时长（ETA），具体可分为骑手接单时长、商家出餐时长、上楼时长、骑手等餐时长、下楼时长及骑手交付时长。"超脑"的工作就是根据物联网设备传回的各种实时数据，将订单合理匹配给每一名骑手，并预测出送达时间。自2015年上线以来，美团"超脑"已经进化到5.0版本，堪称中国最高效的生活服务调度系统。

二是AI中枢是面向商家和消费者的全球最大生活知识图谱——美团大脑。它利用AI技术让计算机"阅读"各种服务场景中的用户评论，进而把商品、店铺、用户喜好等信息关联成一张知识图谱，形成一个可以解读的"知识大脑"。对商家而言，美团大脑是优化经营的利器。能从消费者的具体需求中找出自身优劣势，并据此改进服务。对消费者来说，美团大脑则是最贴心的生活助手，不仅能按食材或菜名精准搜索餐厅，还能根据每个人的偏好进行个性化推荐。2019年，美团大脑获得了权威科技期刊《麻省理工科技评论》的认可。

除AI中枢外，美团还研发出了一整套与之匹配的智能装备，形成了AIoT的"智能末梢"。以美团城市末端配送系统为例，客户下单后，先由无人微仓Mei-Shop高效完成货物的分拣和打包；接着，具备L4自动驾驶能力的无人配送车"魔袋"出场，在安全员的跟随下在公共道路上行驶，每次可运送6～10单；到达指定社区后，由小型无人车"小袋"接手，通过高精度地图精确规划路线，将餐品送达特定楼宇；而在楼宇内部，憨态可掬的配送机器人"福袋"将完成最后的接力，它不仅负责配送，还能自动检测并维持餐品温度，保证外卖"原汁原味"送达。目前，该系统已经在北京顺义运行，覆盖了 20 多个社区，累计配送订单超过 3.5 万单。

虽然美团的"智能末梢"还处于小规模试点阶段，但随着设备成本的下降，智能装备将快速覆盖各种生活服务场景。未来，每个小区都将拥有无人车和无人机的接收站，每栋楼都会有专属的配送机器人，也许居民们还会给它们起几个亲切的昵称。而整天辛苦奔波的骑手们，也将成为无人机飞手或无人车安全员。

依靠这张人工智能物联网，美团已经覆盖 200 多个生活场景，服务于 680 万商户，与 5 亿人的日常生活紧密相连。2017 年，王兴宣布美团要从追求利润的商业企业转型成勇于担当的社会企业，让中国人"吃得更好，活得更好"。**其实不只是美团，任何能横向"互联"生活场景，纵向"互联"完整供应链的生活服务巨头，都会迎来"从商业企业到社会企业"的身份转变，也将面临平衡公共利益和企业利益的难题。面对这种全新组织形式，各地政府需要在治理层面做出相应变革。**

四、构筑政企联合体，打通两业融合的制度堵点

通过物联网赋能，一个融合制造业与服务业的生活服务大循环正在形成。在此过程中，企业看似是这一循环的主导者，但若想真正实现全社会"生产力"与"消费力"的供需匹配，更需要政府进行通盘谋划——无论是资源协调还是管理监督，只有政府治理方式跟上产业变革需求，才能让生活服务大循环的机遇，不只是几家企业的孤独狂欢，更成为属于全社会的百家争鸣。

首先，各地政府应推动本地优势产业对接物联网龙头企业，融入产业生态，实现产业升级。 2020 年，浙江省与阿里巴巴合作启动"超级工厂计划"，首批选择了宁波、温州、金华、台州 4 个制造业强市，目标是用工业物联网技术为每座城市培育 100 个超级工厂。除阿里外，京东、拼多多也有类似的产业升级计划。如果政府能抓住机会与龙头企业开展实质性合作，就能让本

地制造业率先享受物联网技术的红利，实现产品和服务的升级，在两业融合的产业新格局中占据一席之地。

其次，政府应设置多元化的物联网生活场景，展开有针对性的"场景招商"。在这方面，成都无疑走在了全国前列，2021年4月，《成都市首批幸福美好生活应用场景和投资机会清单》发布，将产业招商机遇以场景的形式呈现，其中许多都属于生活服务领域，如全民运动微公园、智慧安防社区、普惠优质养老服务设施等。这种场景式招商手册，能让企业明确自己在项目中要满足什么需求，承担什么责任，获取什么利益，让各地政府的招商更加精准高效。

更重要的是，政府必须制定长效合作机制，形成政企一体的全新治理模式。一方面，对于物联网技术创造的全新生活场景，监管机制必须及时调整，避免由于监管缺位酿成社会危害，重蹈滴滴顺风车安全事故的覆辙；另一方面，对于在生活场景中作用突出的物联网企业，各地政府应主动寻求合作。例如，西安高新区城市管理局，就引入城维数据分析公司来搭建专用的物联网系统，在城市管理的各种场景中提升了治理效率。

正如本章序中所讲，物联网要想引领产业变革，仅靠技术本身是无法实现的。只有当技术突破、企业创新和政府治理三者协同之时，才能实现制造与服务的深度融合，开启"生活服务大循环"的产业新时代。

未来演算机：大数据助力生活决策

文 | 焦星宇

一、未来演算机使用准则：要想服务生活，先让数据向善

1. 大数据预测未来，已是你我的生活日常

某下午五点半，小刘愉快地下班了。去地下车库取了车，他先打开了音响，网易云音乐给他推荐了孙燕姿的《咕叽咕叽》。接着，他打开高德地图，按照规划的最优路线到了小区门口。上楼之前，小刘决定在门口的菜店逛一圈，最后花20元买了半个西瓜，小刘心想，西瓜都这么贵了吗？

这是小刘的生活日常，看似稀松平常，实则科技拉满。网易云音乐调用海量用户数据，使用协同过滤算法来为用户推荐每日歌曲；高德地图将历史交通数据、天气情况、交通事件等综合影响因素纳入计算模型，对未来城市交通情况进行预测；支付系统在用户点击支付按钮后，以秒级速度来评判这笔支付是否存在欺诈、账号被盗等违法违规行为，并对可疑交易实行拦截。

这样，大数据已经与我们的日常生活密不可分，早在2014年，中国联通网络技术研究院首席专家唐雄燕就预计，到2020年，仅一个中国普通家庭一年产生的数据，就相当于半个国家图书馆的信息储量。[1] 在2021年两会上，生活服务业数字化转型也成为一项热点议题，国务院发展研究中心市场经济研究所所长王微表示数字化是生活服务业巨大的转型升级机遇，而把大数据作为新的生产要素正是生活服务业数字化的关键特征。

如果能够掌握交通动态，我们的出行将更加方便；如果体检能够更早发

---

[1] 环球网：《大数据时代：家庭一年数据＝半个国家图书馆》，https://china.huanqiu.com/article/9CaKrnJEbeQ，2014年2月7日.

现疾病，我们的身体将更加健康。在一些生活服务业的细分领域，如法律、保险、中介等生活咨询行业，大数据预测已经有所应用，并辅助我们进行决策。可以说，大数据正在重塑生活服务业，为我们的生活带来更多便利。

2．大数据究竟是天使还是魔鬼

然而，数据成为日常的背后，也是我们被数据侵蚀、"被符号化"的生活。算法歧视、大数据杀熟、个人隐私安全……在我们享受数据带来的便利生活的同时，风险也在悄然累积。

2021年7月4日，滴滴出行因违法违规收集使用个人信息，被国家互联网信息办公室要求下架。一石激起千层浪，有关数据安全的讨论不绝于耳。作为国民最常用的App之一，滴滴掌握了用户的手机号，通过出行轨迹即可掌握用户的公司和住所地址，再通过录音数据交叉对比，每个用户每天的生活作息都可以被了解得一清二楚。这些数据还可以直接或间接地反映我国各区域人口分布、商业热力、人口流动、企业经营等情况。[1]

身为滴滴出行白金会员的笔者承认它带来的便利，但数据安全、大数据杀熟等一系列问题更是不容忽视。2020年，复旦大学教授孙金云带领研究团队对7个打车软件进行了调查研究，结果显示，平台往往会向乘客呈现比实际更短的等待时间和比实际更低的预估价格。数据显示，滴滴在早高峰的时间延误比例高达47.4%，实付价格也比预估价格高出6.7%。调查也验证了"苹果税"的存在，数据表明，苹果手机用户平均获得2.07元的优惠，显著低于非苹果用户的4.12元。[2]

无论意愿如何，每个人都已经成为大数据的生产者。2021年1月，小米MIUI隐私保护能力建设研发团队公布的数据显示，平均每部手机每天会被

---

[1] 中央纪委国家监委网站：《数据安全关乎国家安全》，http://www.npc.gov.cn/npc/c30834/202107/39abeb5d40744aeaa65e17794714c559.shtml，2021年7月7日．

[2] "老孙漫话"微信公众号：《疯狂教授带队打了800多趟车，发现了什么秘密？》，https://mp.weixin.qq.com/s/G2VzL9QJJU4Acsl8VvtGhw，2021年2月17日．

App定位3 691次，相册和个人文件每天被App访问2 432次。[1]**大数据对生活的渗透势不可当，被收集的海量数据中蕴藏着巨大的能量；数据本身是客观而中立的存在，它究竟会危害社会，还是造福人类，取决于我们如何驾驭大数据，让这些数据"为我所有，为我所用"。**

二、未来演算机升级指南：打造让生活更美好的大数据机器

1. 数据向善的秘诀，就藏在"人为"的技术驾驭中

数据技术，本就是一架人为设计的精巧机器。 从实现路径看，大数据包含数据收集、数据预处理、数据储存、数据挖掘、数据展现和应用等多个步骤，就像一台复杂的机器，每个零部件背后都有精巧的人工设计。

数据收集，就有非常明确的目标导向。 我们不是先收集数据，再思考能从中获得什么结论，而是先确定要获得什么，再去收集数据。以淘宝为例，假设它想要了解小刘对某件商品的喜爱程度，如果小刘最近正准备买一台相机，那应该会时不时就点击最心仪的那款看一看，或是仔细阅读商品详情。因此，产品经理会将"用户的访问次数"和"用户在页面的停留时间"作为统计指标，并植入代码[2]进行捕捉处理。在这里，笔者不过多展开产品经理和数据分析师的工作细节，**关键是，App的每个选项后都存在一串代码，它们负责收集数据，而每串代码背后体现的都是产品经理的诉求。**

在数据挖掘环节，算法也充分体现了人的意志。 例如，大数据杀熟，平台通过收集的数据来对用户进行画像分析，了解用户的价格敏感度，从而进行差异化定价。实际上，算法背后的思想是由20世纪70年代经济学家Van Westendrop提出的价格敏感度分析方法。再如，被平台不断压缩配送时间的外卖小哥，根本原因在于平台一味追求效率，没有把安全作为重要参数纳

---

[1] 澎湃新闻：《实测37款App：原来我们每天被读取几千次》，https://m.thepaper.cn/rss_newsDetail_12202832?from=.

[2] 在代码埋点之外，也有可视化埋点等其他埋点方式，但对于需要长期监控存储的数据往往采用代码埋点的方式。

入算法之中,这才出现了大量诸如《困在"算法"里的外卖骑手》之类耸人听闻的公众号文章。

正因为"大数据机器"的各个环节都体现着人为设计的色彩,我们才有机会在产品迭代中实现对数据的驾驭。这就如同一台出了问题的机器摆在面前,如果我们了解它的内部结构,甚至对每个零件了如指掌,那么就能够通过技术升级传递向善向上的大数据价值观。

2．拆解未来演算机,干预技术环节完成"向善驯化"

既然大数据可以通过人为设计实现对未来的预测,那我们不妨把它想象成一台可以预测未来的机器,就叫它未来演算机,如图 2-1 所示。

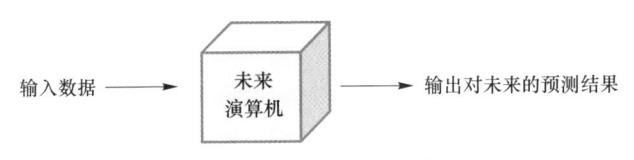

输入数据 → 未来演算机 → 输出对未来的预测结果

图2-1 大数据技术预测未来示意

在未来演算机的运行过程中存在一系列现实问题,但是 AI 技术的进一步发展及新商业模式的涌现,使得这一系列现实问题有了解决的可能。关键是,我们如何利用好这些最新的技术及商业模式,对未来演算机进行系统升级,让它更好地为我们服务。接下来,笔者将拆解这台未来演算机,从四个环节来分析如何在技术升级中传递向善向上的价值观。

一是创造共赢的数据输入模式。创造利益共享的数据供给模式,让数据的生产者——普通民众能即时分享利益,形成良性的大数据生活服务生态。

二是设计走出黑箱的 AI 算法。用知识图谱重构演算机预测模型,打破 AI 的黑箱效应,让预测结果能被用户所理解,从而做出更高水平的生活决策。

三是提升算力以提供实时反馈。通过软硬件的升级获得更强的实时数据处理能力,适应某些需要即时反馈的生活服务场景。

四是整合"数据孤岛"形成合力。通过技术和政策手段打通互不相连的数据源,提升生活服务业的整体运营效率。

（1）输入数据——用共赢的商业模式，让企业和客户共享大数据产生的利益。

数据输入是未来演算机服务于日常生活的第一步，但数据应用中的乱象让人们开始对各种 APP 的数据收集行为产生反感。2016 年，中国社会科学院新闻与传播研究所发布的《新媒体蓝皮书：中国新媒体发展报告》显示，42.9% 的受访者对大数据应用有所不满。

人们反感企业大量收集个人数据，除对数据安全的担忧，很大程度上是因为企业没有解决民众的真正痛点。用户的确获得了便利，但与企业获得的收益相比却微不足道。如果有一天电商平台不再"猜我喜欢"，至少对笔者来说没有多大影响，但对于平台来说，销售收入可能会减少 1/3。[①]

只有企业立足于民众切身需求，实现和民众的共赢，才是可持续的良性商业模式。 目前，在涉及**健康数据的医疗、保险服务**等领域已经有了一些可供参考的模式。

美国保险巨头 John Hancock 先收集用户的健康数据，再将保险与健康管理结合在一起，实现了企业和用户的共赢。作为美国十大人寿保险公司之一，John Hancock 在 2018 年 9 月宣布停止承保传统寿险，转而销售基于可穿戴设备、跟踪健身和健康数据的互动式新型保险。这种新形态的保单会与可穿戴装置结合，通过 App 来给投保人设定个性化健康目标。保险公司会根据搜集到的数据及顾客设定的健康目标、生活方式，来调整保费或给予折扣。简而言之，如果你多锻炼、不吸烟、定期体检，就会获得最高 25% 的保费减免。

活得健康长寿是投保人和保险公司的共同目标，在新模式下，投保人收获了更健康的生活方式，日常运动量比普通人提高了 34%[②]，住院费用却比

[①] 亚马逊 AWS 官方博客：《系统推荐系统系列之推荐系统概览（上）》，https://aws.amazon.com/cn/blogs/china/recommended-system-overview-of-recommended-system-series-part-1/?nc1=h_ls，2022 年 7 月 4 日．

[②] Dr Tim Sandle: *John Hancock's Vitality Platform Sees Big User Growth*, https://www.fx361.com/page/2019/0524/5143610.shtml，2018 年 11 月 28 日．

普通人低 30% 左右①。用户生存时间越长，保险公司就越能长时间持有客户保费。这种模式吸引了大量用户，2016—2019 年，使用该计划进行健康数据跟踪的人数增加了 700%。②

除 John Hancock 这种将大数据与生活服务结合的企业外，还出现了一些"**数据中间商**"，如美国最大的病友互助社区平台 PatientsLikeMe，它将收集的病情和治疗信息进行量化，成为病人的数据共享平台和药企的研发助手。

PatientsLikeMe 平台的前身成立于 2004 年，是一个针对罕见病"渐冻人症"的交流小组。如今平台上注册用户数量已经超过 83 万，涵盖了 2 900 多种疾病。病人在此分享他们的病情、治疗史、药物副作用等信息。平台将这些原始信息数据化，并对其进行分析和可视化处理。经用户同意后，该平台将处理后的数据出售给研究机构和药物公司，用于疾病研究和药物研发，而平台则以此营利并为患者提供更加完善的服务。

对于病人而言，他可以在这个 PatientsLikeMe 平台上看到其他病人完整的健康记录，如服用某种药两年以上的病例，或者每日服用 4 毫克该药物的病例，然后利用这些信息来进行辅助治疗。对于药企而言，该平台为其提供了珍贵的临床数据。目前，该平台与默克、阿斯利康等大型药企展开研发合作，具体领域包括呼吸系统疾病、狼疮、糖尿病和肿瘤。2015 年，该平台甚至与美国食品药物管理局（FDA）达成合作，协助监测药物上市后的不良反应。PatientsLikeMe 之所以能与 FDA 合作，是因为它在收集数据时使用了与

---

① Healthier Lives: *John Hancock Leaves Traditional Life Insurance Model Behind to Incentivize Longer, Healthier Lives*, https://www.prnewswire.com/news-releases/john-hancock-leaves-traditional-life-insurance-model-behind-to-incentivize-longer-healthier-lives-300715351.html, 2018 年 9 月 18 日.

② 参考网：《警惕健康健身 App 可能带来的几大安全隐患》, https://www.fx361.com/page/2019/0524/5143610.shtml, 2019 年 5 月 24 日.

FDA 的不良事件报告（AER）相同的编码框架。①

PatientsLikeMe 平台将患者数据结构化、标准化为医学级别证据，让它不同于传统的病人互助社区，为医疗健康服务开辟了一条全新赛道。正如 PatientsLikeMe 的研究主管维克斯（Paul Wicks）所言，"量化的资讯，才是我们要做的"。

（2）设计算法——用知识图谱打开算法黑箱，让用户做出更好的生活决策。

对"数据辅助生活决策"来说，最大的难题并非算法本身，而是运算过程中的"算法黑箱"问题。也就是说，算法的运算机制就像一个黑箱，如何运作并不为人所知。如在美国大选中，数据分析公司利用 Facebook 的数据，预测选民动向，向持摇摆立场的选民投放偏向性内容。如果通过数据分析发现喜欢乡村音乐的人更支持共和党，那么共和党人就会更关注这些喜欢乡村音乐的人，向他们投放偏向性内容。但是为什么喜欢乡村音乐的人更支持共和党，算法本身无法回答②。

虽然在很多情况下，我们并不需要考虑"为什么"的问题，但在一些注重逻辑性的生活服务领域，一个没有给出理由的结论很难让人信服，我们不但要知其然，更要知其所以然。2018 年，AI Now Institute 发布的一份报告甚至建议，负责司法、社会福利及教育的公共机构应该避免使用算法技术。可见，算法的不可解释性正在演变成阻碍其应用的关键因素③。

因此，我们需要运用知识图谱技术提升算法的解释性，打造一个"负责任"的演算机。知识图谱技术类似于人类的思考过程，可以大大提升未来演算机的解释性。Google 在 2012 年提出知识图谱的概念，这是一种用图模型来描述知识的技术方法。如图 2-2 所示，每个节点代表现实世界中的某个

---

① 健康界-动脉网：《再识患者社区 & 如何利用患者数据为自己赋能》，https://www.cn-healthcare.com/articlewm/20180925/content-1034696.html，2018 年 9 月 25 日。
② 在美国，乡村音乐的听众更多的是农民和蓝领，而他们往往更支持共和党。
③ 腾讯研究院：《谷歌让普通人读懂 AI》，https://tisi.org/17780，2021 年 3 月 2 日。

实体，它们之间的连线上标记的是实体间的关系。它以人类对世界认知的角度，阐述世间万物之间的关系，把知识信息结构化，以便机器进行计算、存储和查询操作，**起到将人类智慧赋予机器的效果。**

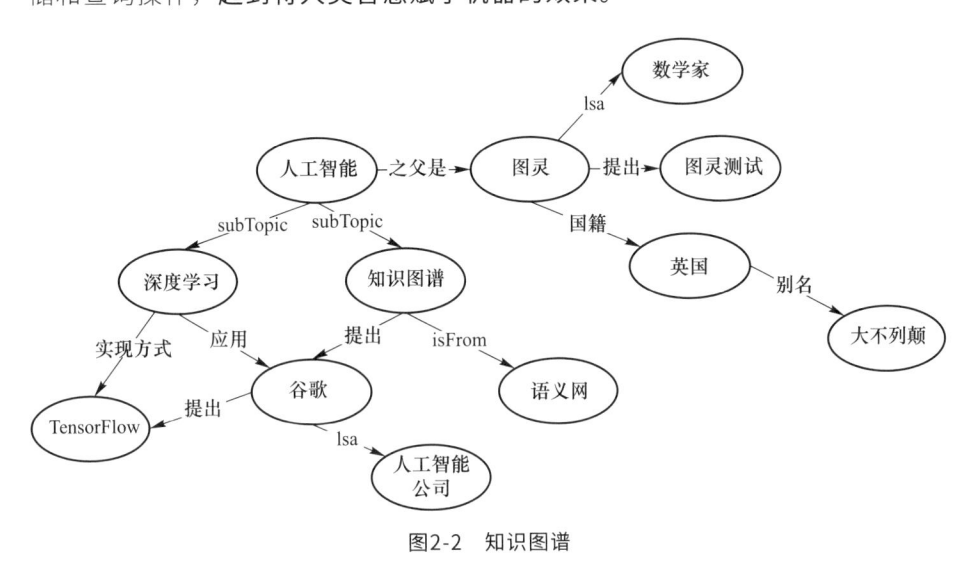

图2-2　知识图谱

未来，在那些看重逻辑性的生活服务领域，**知识图谱将发挥关键作用**。以**法律行业**为例，一些法律服务公司正通过数据挖掘预测诉讼的结果。Lex Machina 软件学习完大量判决书后，可以根据法官以往的判例来预测他倾向于支持哪一方，或者基于对方律师过去的法庭表现来制定相应的辩护策略。

在我国，上海的 206 系统也实现了这一功能。2017 年 2 月 6 日，中央政法委交办给上海一项重大任务——研发刑事案件智能辅助办案系统。在庭审中，法官会将系统预测结果作为参考来辅助决策。最高法院司改办规划处处长何帆曾公开介绍，法官可以在判决前把写好的判决书放入系统，系统会将其与类似判例进行比较，找出其中的分歧点[①]。目前，206 系统在上海市一线办案人员中的使用率已经达到了 100%，全国已有多个省市开展了 206 系统

---

① 21 世纪经济报道：《人工智能辅助办案的真实当下，来听听从业者们怎么说》，https://zhuanlan.zhihu.com/p/34709091。

的应用试点工作。

这种"类案同判"功能的实现离不开法律知识图谱的构建，**图谱的颗粒化程度越高，案件结果预测也就越准确**。知识图谱构建的核心是将案件解构为不同层级要素，让机器能够模拟法律人的真实思考逻辑[①]，这要求开发者拥有非常深厚的专业知识和对业务的深刻理解。**上海 206 系统工程就是采用全国法院"众筹"的模式，在众多法律工作者的协同下才完成了知识图谱的绘制**。

未来，知识图谱将覆盖更多生活服务场景，将为人类提供透明的、可理解的机器外脑，引导我们做出更明智的生活决策。

（3）提升算力——开发实时计算引擎，获得零延迟的生活服务反馈。

升级未来演算机的第三个环节是提升算力，也就是提升数据处理能力。只有快速处理海量数据，才能及时给出反馈，协助人做出更明智的决策。

在某些生活场景中，反馈的实时性尤为重要。**自动驾驶**就是一个非常典型的场景，在危险情况下，车辆制动响应时间关系到乘客安全，制动反应时间不仅是指车辆控制的时间，还包括自动驾驶系统的响应时间，如果要使汽车在 100 千米的时速下实现不超过 30 米的制动距离，系统整体响应时间不能超过 0.1 秒。[②] 可见，数据也有时效，一旦错过，就失去了意义。

目前，主流的大数据计算模式有离线计算和实时计算两种。离线计算需要数据积累，积累到一定量后进行批量处理，而实时计算是数据随到随处理，降低了处理延时，能够在更短的时间内挖掘数据的价值。显然，实时计算更适合需要即时反馈的生活服务场景。

目前，最热门的**实时计算引擎**当属 Apache Flink，2019 年年初，阿里收购了 Flink 的母公司 Data Artisans，交易金额为 1.033 亿美元。在 2020 年"双

---

① 高翔. 人工智能民事司法应用的法律知识图谱构建——以要件事实型民事裁判论为基础［J］. 法制与社会发展，2018（6）.

② 东南大学物联网交通应用研究中心：《边缘计算在自动驾驶中的应用场景》，http://www.iitraffic.com/index.php?c=msg&id=2645&，2020 年 7 月 28 日.

十一"购物节期间，Flink 完美通过了大考，实时计算峰值达到了破纪录的每秒 40 亿条记录，数据量也达到了惊人的 7TB 每秒，相当于每秒要读完 500 万本《新华字典》[1]。除网购外，Flink 的算力还被广泛用于其他生活场景。例如在阿里城市大脑项目中，Flink 负责实时交通预测，使一般车辆通行时间缩减了 15.3%，针对 120 救护车等特种车辆的优先调度功能更是将救护车到达现场的时间减少了一半[2]。

在一些交互性强的生活服务领域，实时计算也起着十分重要的作用。如在**教育领域**，美国个性化教育公司 Knewton 通过连续收集学生行为数据，对其参与的学习活动进行实时分析，进而通过算法推荐最合适的学习目标和任务，并对学生的表现给出实时反馈。当学生完成某项学习活动后，系统会自动推送学生进行下一个活动。这样，每个学生的学习路径都是基于自身学习数据定制的，实现了真正意义的因材施教。亚利桑那州立大学尝试将传统教学模式和 Knewton 定制学习模式相结合，两个学期后，课程退课率从原来的 13% 下降到 6%，通过率则从 66% 上升到 75%。[3]

实时计算的最终形态，也许是一个高度智能化的生活决策助手，就像《钢铁侠》中的贾维斯一样，随时为人们提供生活解决方案。

(4) 数据共享——打通壁垒实现联动，将"数据孤岛"整合成"数据海洋"。

最后一个环节是实现数据的共享，让多维度数据在生活服务中发挥最大价值，因为数据维度越多，能挖掘出的关联性也越多，据此就能催生出全新的生活服务内容。然而，"数据孤岛"问题严重制约了大数据多维度价值的释放，各企业和部门间的数据无法互通，难以发挥合力。究其原因，一方面，

---

[1] InfoQ：《40 亿条 / 秒！Flink 流批一体在阿里双 11 首次落地的背后》，https://www.infoq.cn/article/f5a69vwzauqffgcwm9zl，2020 年 12 月 11 日。

[2] 阿里云开发者社区：《【云栖大会】城市大脑已接管杭州 128 个信号灯路口，救护车到达现场时间缩短一半》，https://developer.aliyun.com/article/223161，2017 年 10 月 11 日。

[3] 第一财经：《Knewton：数据驱动的适应性学习》，https://www.yicai.com/news/5031681.html，2016 年 6 月 22 日。

数据持有方不愿公开，或不能公开数据；另一方面，即便是公开的数据，也因为缺乏统一的格式标准而难以整合利用。

但互联网时代孕育的"超级平台"正在试图将"数据孤岛"整合成"数据群岛"，发挥大数据的多维度价值。所谓"超级平台"，是指Google、Facebook这类掌握了多维度数据的互联网平台。如Facebook所记录的数据，不仅包括用户在社交平台留下的数据，还包含那些用Facebook账号登录过的游戏、购物软件、新闻资讯App、学术平台之上的数据（图2-3）。

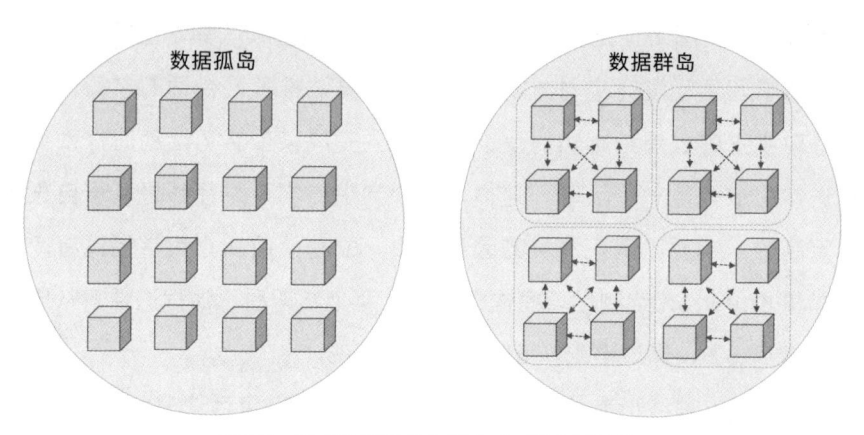

图2-3 将"数据孤岛"整合成"数据群岛"

在我国，生活服务领域也出现了类似的**"超级平台"**。例如占据中国手机用户近30%时间的微信[①]，截至2021年年底，微信小程序总量已超过700万个，甚至超过了苹果应用商店里的App数量[②]。不止微信，美团点评等App也已经覆盖了到店餐饮、外卖、出行各个领域，与消费者建立起紧密的多维度数据联系。

通过多维度数据分析精确描绘用户画像，对于以用户匹配为核心的生活

[①] 凤凰科技：《统治力太强 微信占据中国用户30%的移动应用使用时间》，https://tech.ifeng.com/a/20170601/44628765_0.shtml，2017年6月1日.

[②] 阿拉丁研究院：《小程序互联网发展白皮书》，https://aldzs.com/viewpointarticle?id=16175，2022年1月17日.

服务行业来说意义重大。如成立于 2015 年的房地产中介公司 REX，使用机器学习处理来自"超级平台"Google 和 Facebook 的用户数据，通过购房者的位置、收入、兴趣等多维度因素，准确快速地匹配房屋买卖双方，不仅加快了房屋的销售速度，还完成了"技术换人"，从而大幅度缩减了人力成本，从而在激烈的市场竞争中发挥了优势。与传统房产中介 6% 左右的佣金相比，REX 只收取 2% 的佣金，平均算下来，使用 REX 平台的卖家平均可节约 2 万美元的成本费用，而买家也可省下 1 万美元的购房费用。

然而，超级平台不仅在整合数据，也在垄断数据，阻碍充分竞争的"数据海洋"形成。近年来，各大平台因数据互掐的事件屡见不鲜。2017 年 6 月 1 日，顺丰断开与菜鸟网络的数据接口，使得淘宝上顺丰包裹的物流详情无法正常回传。顺丰指责菜鸟要求自己提供非淘系数据，菜鸟则说在合作中顺丰大量查询使用了非顺丰的数据，最终国家邮政局居中调停才结束这场闹剧。当然，数据战争不止于物流业，在其他生活服务领域也比比皆是。2020 年 2 月，钉钉、飞书遭到微信封禁，用户无法直接在微信内跳转。2020 年 10 月，抖音直播间购物车不再允许添加第三方来源商品。[①]

从宏观角度看，数据垄断不仅限制了数据价值的进一步挖掘，也阻碍了生活服务业的创新和发展。要解决这个问题，我们可以借鉴国外的先进经验。从 2018 年开始，欧盟创造性地设立了**数据携带权**，赋予用户在不同的网站和设备上自由转移个人数据的权利[②]，极大推动了数据的流动与共享，也为在生活服务业中发挥多维度数据价值提供了制度保障。

三、推动未来演算机落地，编写四套"城市代码"

以上关于技术环节的"人为干预"都只是推动数据服务生活的"术"；

---

① 中证网：《顺丰菜鸟和解：明争结束 夺数据暗斗未了》，https://www.cs.com.cn/ssgs/gsxw/201706/t20170605_5308988.html，2017 年 6 月 5 日。

② 丁晓东：《论数据携带权的属性、影响与中国应用》，法商研究，http://fsyj.zuel.edu.cn/_upload/article/files/a1/72/9f2077b3427da308af03f8f2f983/02bf4c28-dbb9-496d-8af1-02b053eec152.pdf。

而要真正实现数据向善，只有技术突破和市场主体的积极创新并不够，更需要的是进行能够合理利用数据的"价值观引导"。因此，**这就需要更具公信力和权威度的政府出面，进行数据向善的"布道"**——由政府"降维"打破企业和资本由于"各自为战"和商业逐利而难以全然克服的数据孤岛与隐私侵犯等问题，以实现数据资源的良性共享、开发和利用，进而更好地预测生活、服务生活。

未来，各地政府应着重编写四种"城市代码"，以落实"向善价值观"对市场的贯彻和约束。

首先，各地政府要不断优化"数据开放码"，推动数据整合，盘活数据富矿。政府数据是一座亟待挖掘的数据富矿。因此，政府各部门应率先进行数据整合，实现数据共享。例如，2017年6月，杭州市成立数据资源管理局，其首要任务就是将杭州市的政务数据归集到一个平台。**为了达成这个艰巨的任务，数据管理局以任务、需求为导向来推动数据归集过程**，也就是推动"最多跑一次"改革，把企业投资项目审批、商事登记、不动产登记和公民个人办事这四类与日常生活最相关的数据归集起来。如此一来，民众到任何一个部门办事，该部门就能向数据共享平台申请调取所有需要的文件，不用再跑其他部门。四个月后，杭州市总计归集了59个部门的218亿条数据，并实现了36个部门196亿条数据的开放共享[①]。

其次，各地政府要输入一段"市场搭建码"，率先培育大数据市场，探索兼顾多方开源和隐私保护的数据利用机制。2020年4月9日，中共中央、国务院正式发布《关于构建更加完善的要素市场化配置体制机制的意见》，将数据与土地、劳动力、资本、技术等传统要素并列为生产要素。2021年，北京作为全国领先的数字经济城市，成立了北京国际大数据交易所（以下简称北数所），力图打造国内领先的数据交易基础设施，促进数据要素的流通。

---

① 人民日报：《杭州196亿条数据共享 群众办事"最多跑一次"》，http://www.xinhuanet.com//politics/2017-11/02/c_1121892619.htm，2017年11月2日.

不同于此前贵州、上海、浙江等地的大数据交易所，北数所使用了**隐私计算技术**，需求方获得的不是原始数据，而是一个通过算力、带宽和多方安全计算技术加工而成的计算结果，并实现了按使用次数定价，保证了数据交易的安全和高效。

再次，**政府要准备一套"技术开发码"，搭建共性技术研发平台，让大数据赋能更多市场主体。** 生活服务业市场主体以中小企业为主，而中小企业难以承担长周期、大规模的数字化投入。为此，政府可以搭建共性技术平台，助力服务业的数字化。2021年7月8日，上海现代服务业联合会大数据中心正式成立。**平台将围绕服务业数字化进程中的"痛点"环节开展关键共性技术研发**，为各细分领域提供有针对性的数据全链路服务，帮助上海市乃至全国现代服务业加快实现数字化转型。

最后，政府还要预留最强力的"安全监管码"，通过立法护航大数据利用。2021年6月10日，《中华人民共和国数据安全法》经历三轮审议，在第十三届全国人大常委会第二十九次会议上表决通过，成为我国数据安全领域内的"基础性法律"[①]。各地政府也在进行地方立法探索，如2021年7月，深圳发布《深圳经济特区数据条例》，在强化个人数据保护的基础上对大数据杀熟行为做出了明确的处罚规定——最高可处以5 000万元罚款。此外，其还在国内首次明确，除征得其监护人同意外，不得向未满14岁的未成年人进行个性化推荐。

在大数据时代，越来越多的城市投身数据之城的打造，各地政府可以将大数据作为抓手，以服务于民为价值导向，推动生活性服务业升级。相信当我们再次面对"大数据是天使还是魔鬼？"的灵魂拷问时，可以自信地说出，决定权在我手上！

[①] 宁宣凤、吴涵、蒋科、刘阳璐、张凯勋、姚敏侣，金杜律师事务所：《利刃出鞘：〈数据安全法〉下中国数据保护路径解读》，https://www.chinalawinsight.com/2021/06/articles/cyber-security/ 利刃出鞘：《数据安全法》下中国数据保护路径解 /.

超时空生活指南：XR创造的虚实集成世界

文 | 徐 航 李奕佳

一、当"硅基世界"冲击"钢铁森林"时，城市患上"无聊病"

斯皮尔伯格的科幻电影《头号玩家》描绘了两个反差强烈的世界。一边是令人绝望的现实世界，人们挤在肮脏的贫民窟中，过着毫无尊严的日子。另一边是VR游戏"绿洲"，只要戴上头盔，就能进入一个魔幻般的虚拟世界。在这里，建筑百变炫酷，生活多姿多彩，大家都能改头换面，走上人生巅峰。

当然，电影情节毕竟只是虚构的，至少在短期内，以城市为代表的实体空间依然是人们日常生活的主要场所，**不会如《头号玩家》中那样破败不堪，但城市的同质化建设却是不争的事实。**

随着中国的飞速发展，钢筋混凝土构筑起了一座座繁华的城市。但同时，中国城市陷入了"千城一面"甚至"千楼一面"的尴尬境地，放眼望去，失去了城市特色与个性的"钢铁森林"比比皆是。正如著名作家冯骥才所说："我们把几百年、上千年形成的千姿万态的具有个性的城市都变成了千城一面，我们把这样的东西交给后代，后代只能说我们这一代无知，我们这一代人没文化。"[①]

其实中国的城市建设者们也意识到了这个问题，为了进一步凸显城市的个性，大部分城市选择以特征鲜明的建筑地标为发力点，试图通过建筑设计的创新去营造具有活力的城市空间。例如，被称为"大裤衩"的中央电视

[①] 中国新闻网：《冯骥才："千城一面"会让后代以为我们没文化》，http://www.chinanews.com/cul/2012/03-08/3728912.shtml，2012年3月8日.

台总部大楼，被称为"厨房三件套"的上海环球金融中心、金茂大厦及上海中心大厦。这些外观个性、造型各异的建筑物们成为构成城市界面的核心地标。

然而，再精巧的建筑也有看腻的那一天。仅凭借实体空间的设计创新，完全无法赶上人类需求的变化速度，尤其是在这个追求极致个性化的自我时代，再也无法用一座地标建筑来迎合所有人的审美喜好，也无法用一座商业综合体满足所有人的消费需求。正如清华大学周榕教授所说：单调是城市最大的敌人[①]。当城市空间无法满足多元化的需求时，城市实体空间在人们生活中的重要性就会降低。很大一部分生活场景开始从城市的"钢铁森林"转移到互联网所构建的"硅基空间"之中。

尤其是进入移动互联网时代之后，"硅基空间"对个人注意力的占用倾向越来越明显。据统计，中国手机用户人均 App 使用时长已经超过 5 小时，在疫情最严重的 2020 年年初更是达到了惊人的 6.7 小时。也就是说，人们将原来逛街、看电影、运动的时间，用在了网购、玩游戏、看视频上。**这个变化所带来的绝不仅是个人生活方式的转变，更是对依托实体空间的生活服务业的巨大冲击，如餐饮、零售、电影、线下娱乐等**。根据企查查的统计，在 2020 年 1—11 月间，全国共有上百万家实体店铺倒闭[②]。可以说，城市实体空间正面临被生活服务业抛弃的风险。

面对这种严峻的局面，既然人类注定无法像《头号玩家》中那样，逃避到一个虚拟的游戏中继续生活，那么唯一的出路，就是设法为城市空间注入新的活力，拯救城市的无聊病，也为依托实体空间的生活服务业找到全新的增长点。

---

① 腾讯网：《周榕：单调是城市最大的敌人》，https://new.qq.com/rain/a/20210415A0EB2X00，2021 年 4 月 15 日．

② 个人图书馆：《疫情之下，2020 年上百万家实体店倒闭》，http://www.360doc.com/content/21/0308/10/37960839_965748818.shtml，2021 年 3 月 8 日．

二、无聊城市拯救计划：用XR技术创造虚实集成的生活场景

拯救无聊城市，就不能单靠实体空间自己的迭代——也就是建筑和景观的营造，那样不仅成本高，速度也慢。要想获得百变、多元、有趣的生活场景，就必须构建一个虚实集成的世界。

"虚实集成世界"这一概念由腾讯AI Lab和Robotics X实验室主任张正友博士于2020年提出，他认为，随着AI、AR、VR、数字孪生等技术的发展，未来会是一个虚实集成的世界，是一个介于真实世界与虚拟世界之间，由人类、AI与机器人共存共建的全新世界[①]。2021年1月，腾讯研究院发布的《变量：2021数字科技前沿应用趋势》中总结了虚实集成世界的四种基本特征[②]。

一是现实虚拟化，即通过VR、AI等技术的协同，既能生成从表情、动作到智能都以假乱真的虚拟人，又能实现真实世界场景在虚拟世界中的数字孪生。

二是虚拟真实化，可能是通过3D打印技术将虚拟物件在现实中呈现；也可能是通过AR技术将虚拟信息带入真实世界中，在客厅中玩赛车，或者坐在书房里游览敦煌壁画。

三是全息互联网，也就是把不同时空的人、物、事件全部投影到一起，真正实现跨越时间、空间和语言的亲密互动。

四是智能执行体，即培育强大的专用AI，帮助人类解决原本需要投入大量时间和精力的问题，比如新药研发、交通路线规划、气候变化监控等。

这一趋势或许为破解"城市无聊病"提供了新思路。只要在城市中植入更多虚实集成的场景，就能弥补实体空间场景单一、迭代缓慢，缺乏趣味的

---

① 腾讯网：《腾讯首位T17级科学家诞生！》，https://new.qq.com/rain/a/20210127A08TH100，2021年1月27日．

② 腾讯研究院：《变量：2021数字科技前沿应用趋势》，https://page.om.qq.com/page/OZCYN7Htl921Nudr8UHROE7g0，2021年1月19日．

缺陷。近年来，以 XR、5G 为代表的一系列技术突破，让这种虚实集成的大规模城市场景植入成为可能。

首先，要布置虚实集成的生活场景，必须用到 XR——它是 VR、AR 及 MR 的统称，是计算机图像技术与可穿戴设备结合所产生的一个真实与虚拟的组合①，可能是 VR 这样完全虚拟的世界，也可能是 AR 那样在真实世界中融入虚拟信息，还可能是 MR 那样与现实世界进行及时交互的真正的虚实集成世界。无论是哪种类型，都能达到为城市植入虚实集成生活场景的目标，改变我们每个人的生活方式。

2014 年，Facebook 以 30 亿美元收购 Oculus，让 XR 的概念被热炒了一把，各路科技公司纷纷布局 VR/AR 领域，VR 体验馆在各大城市遍地开花。但好景不长，没过多久业内就产生了"VR 产业刚起步就跌入寒冬"的悲观论调。究其原因，可以总结为三个字，即"体验差"。首先是设备太重，需要连线才能体验，十分不便；其次，由于显示延迟，玩久了很容易头晕；再次，内容产业生态尚未建立，能体验的作品不多。再加之整套设备价格不菲，消费者只能望而却步。曾经被捧上天的 Oculus 的设备年销量只有 35 万台，完全无法积累用户数量，就此陷入"无用户就无内容，无内容就无用户"的恶性循环。

虽然问题层出，但 5G 网络技术的逐步落地，有效地解决了 XR 领域的技术痛点。从硬件角度来看，5G 技术的高速率、低延迟的特性，可以将内容解析和渲染的计算放在云端进行。依托云端，图像渲染能力可以由原来的 2K～4K 提升至 8K 分辨率，帧率也由 30～60 fps 提升至 120 fps。这有助于改善 XR 产品存在的分辨率低、易晕眩等问题，大幅提升 VR/AR 应用的显

---

① 新浪财经网：《中国 XR 扩展现实行业研究：XR 扩展现实到底是什么？中国 XR 扩展现实处于何种阶段？》，http://stock.finance.sina.com.cn/stock/go.php/vReport_Show/kind/lastest/rptid/676124133399/index.phtml，2021 年 6 月 4 日.

示效果①。同时，云渲染也可以减少设备对于高性能硬件的依赖，最终实现设备的轻量化、无绳化及移动化，推动产品的普及②。从内容角度来看，5G网络满足了超高清视频的传输要求，能够提供更加清晰、真实的内容，显著提高用户的沉浸感和体验感。

总而言之，随着XR技术成熟和5G技术的助力，XR技术的应用场景也将更加广泛，虚实集成世界已触手可及。那么，城市应该如何利用XR技术，在实体空间中植入更多虚实集成的生活场景，就是各地政府需要考虑的问题。

三、"超时空生活"一瞥：XR技术点亮未来生活

虽然技术刚刚成熟，但全球已经出现了许多将XR技术融入生活场景的尝试，涉及在线娱乐、零售、医疗健康、房地产咨询等众多生活服务业细分领域。总结来看，XR技术主要通过以下三种方式创造虚实集成场景。

一是通过AR技术，在现实的场景中添加与之密切相关的各种虚拟信息，尽最大努力消除生活场景中的信息不对称，从而提升生活服务的质量。

二是用VR技术创造有特殊用途的虚拟场景，让用户不受时间和空间的制约，随时可以享受高质量的生活服务。

三是用MR技术创造出虚拟和真实集成的，可互动的场景，并保持场景的定期迭代，持续为人们创造多元化的沉浸式体验。

1. 用AR技术集成真实空间和虚拟信息，消除生活场景中的信息不对称现象

科幻电影里经常有这样的情节，当警探带上智能眼镜观察路上的行人时，发现每个人头上都会自动浮现出详细的个人信息，包括姓名、年龄、身

---

① 张良卫、王平阳：《电子行业深度研究：5G助力VR/AR崛起，产业链公司机遇将至》，http://data.eastmoney.com/report/zw_industry.jshtml?encodeUrl=x6gjr6wapVIi2cJf8cZKrMcZt97vOVUSJHMzoxAMCuA=，2019年9月18日。

② 李欣谢：《虚拟现实专题报告：5G+云赋能，虚拟现实产业迎黄金发展期》，https://wk.askci.com/details/9c76f78214b044cb9b9dfaaeb58da0a0/.

体特征、过往经历等。然后警探惊讶地发现，凶恶的罪犯竟然是那个最衣冠楚楚、慈眉善目的家伙……

这样"知人知面不知心"的信息不对称，在我们的日常生活中比比皆是。例如网购中的"买家秀"和"卖家秀"，其本质就是，你看到一件在模特身上很好看的衣服，但不知道这件衣服穿在自己身上是什么效果，这其实就是缺少这件衣服与你个人是否匹配的信息。再如，每天的通勤场景，当你早上心急火燎地奔向单位时，是多么想知道自己距离打卡机还有多少米？哪一部电梯最早开门？楼下买早餐的小店有多少人在排队？如果能让这些信息浮现在你的眼前，那生活就会从容许多。

要解决信息不对称带来的生活不便，最好的技术解决方案就是利用 AR 技术，在真实世界中融入虚拟信息，让人们在日常生活中即时掌握目前最需要的资讯，而让生活更便利。

在**线上消费领域**，AR 技术已经有了许多接地气的应用，包括 AR 试妆、AR 试衣、AR 试鞋等。以 AR 试妆为例，其通过人脸识别技术，识别跟踪脸部的关键点，再通过 AR 技术叠加模拟的化妆效果来解决产品试用方面存在的问题。例如，2019 年 7 月，欧莱雅在微信小程序端上线了首个动态虚拟试妆应用，并率先在旗下品牌阿玛尼美妆的微信官方商城落地。用户只需选择唇釉或口红产品，单击商品下方的「立即试色」按钮就能够实现动态试妆或上传照片试色。此外，通过上传照片的方式进行 AR 试妆时，还可以和本身的唇色进行对比，或制作成四色拼图，更直观地看到试色效果。同年，雅诗兰黛还推出了 iMatch 虚拟肤色专家功能，通过实时检测肤色深浅，在为消费者推荐最适合的粉底色号的同时，也能够展示相应的虚拟妆效。

目前，AR 试妆的呈现效果与真实试用效果相比还是稍显逊色，但随着 AR 试妆技术的不断成熟，虚拟妆容呈现效果也将变得更加真实和贴合。在未来，在线消费体验将越来越接近线下门店的体验，甚至可以满足我们更为个性化的需求，真正实现"千人千色"。不仅是试衣和试妆，当 AR 技术的应用能够广泛覆盖不同的消费场景时，线上购物与线下体验将实现深度融合，推动线上消费的巨大变革，足不出户也可以享受便捷、优质的服务体验。

目前 AR 试妆还只是一个依托手机存在的应用，要真正在现实生活场景中，让有用的虚拟信息时刻出现在眼前，手机就不再是合适的信息接收终端了，而是要在眼睛上做文章。AR 眼镜的出现让这种真实空间和虚拟信息集成的创新生活场景成为可能。

AR 眼镜能够在现实场景中引入数据、图像等虚拟信息，为现实空间提供额外的信息补充，这种高效的信息获取和处理渠道将改变我们与实体生活场景的交互方式。2020 年，美国智能眼镜科技公司 Vuzix 推出的 Blade Upgraded 眼镜，被称为全球第一款真正意义上的消费级 AR 眼镜。与其他 VR 眼镜不同，这不仅是一副真的可以带着出门的正常眼镜，还是一台能够代替部分手机功能的移动终端。只要加载合适的应用程序，这款 AR 眼镜就能实时提供各种虚拟信息，如在运动时提供健康数据，在通勤时提供路况信息和天气情况，在机场则会自动追踪航班信息等。目前，适用于该眼镜的应用程序已超过 45 款，包括微信、Zoom、Yelp、Netflix 等。美国初创企业 Mojo Vision 则更进一步，采用超微型 MicroLED 屏幕打造了一副 AR 隐形眼镜，并在 2021 年 CES 上正式推出。

但是，要真正用 AR 技术改造真实空间中的生活服务业，单纯的信息叠加还远远不够，"所见即所得"才是 AR 眼镜最理想的状态。因此，我们需要的不仅是一副作为显示屏的眼镜以呈现虚拟信息，还需要这副眼镜能进行"视觉搜索"——通过 AR 眼镜扫描和识别现实空间的实体来获取更具体、更即时的信息。例如，苹果在 2021 年申请了一项能识别食物新鲜度和热量的 AR 技术，而谷歌更是发挥自身作为搜索引擎的专长，推出了应用场景更广泛的视觉搜索软件 Google lens，可以识别常见动植物，根据图片搜索商品、扫描并翻译文字等。待视觉搜索技术成熟之后，各大软件厂商就能开发出专属于 AR

眼镜的各种应用程序，从而推动线下生活服务场景的革新。

2．用 VR 技术打开"场景任意门"，满足超越时空的生活服务需要

AR 技术是在实体空间中植入虚拟信息，但有的时候，我们会难以触及所需的生活场景。这里有多种原因，也许这个场景真实存在，但距离较远，一时间无法到达；也许这个场景并不存在，而在真实世界中搭建它需要大量时间或金钱成本。在这些情况下，就需要虚拟现实技术（VR）介入，创造具有特定功能的虚拟场景，满足人们超越时空的生活服务需要。就像哆啦A梦的任意门，能通往任何向往的地方。

先说一个使用 VR 场景比较普遍的生活服务领域——**房产中介**，通过将现实中的房屋空间转化为虚拟场景，用户可以远程看房，节约了时间和交通费。以贝壳找房平台为例，该平台通过智能扫描设备、VR 场景重建算法和三维重建，结合 AI 技术，还原出真实的房屋细节。这样，用户就算不在现场，也可以获得房屋真实空间的尺寸、朝向、远近、房屋周围配套等多维信息[1]。同时，用户还能够与房屋经纪人实时连线，进行远程交互，有助于进一步了解房源信息。借力"任意门"，看房体验已突破了地理位置限制，距离不再是制约用户脚步的障碍。

新技术往往不是用于增加幸福感，而是用于减轻痛苦。 虽然房产中介已经率先用上了虚拟场景，但从市场情况看，"VR 场景任意门"前景最广泛的生活服务领域是医疗健康。正如美国洛杉矶西达赛奈医学中心卫生服务研究主任 Brennan Spiegel 医生所说："很多人都认为虚拟现实与游戏和娱乐设备有关，怎么会与医疗有关？但是当我们用积极的方式去运用 VR 时，VR 技术可以对人类健康产生深远的益处。"[2] 自 20 世纪 90 年代末以来，越来越多的研究证明，让患者置身于特定的虚拟场景中，对心理疾病往往会有神奇的疗效。

---

[1] "贝壳盐城站"微信公众号：《贝壳 VR 看房 | 帮您足不出户找好房》，2020 年 2 月 7 日．

[2] "西达赛奈医学中心"微信公众号：《虚拟现实(VR)与医学的跨界碰撞 玩转"超时空"医学》，2020 年 9 月 29 日．

目前，较为成熟的应用之一就是**虚拟现实暴露疗法（VRET）**，可以用来治疗幽闭恐惧症、恐高症、飞行恐怖症及焦虑障碍等心理疾病。其治疗方法就是让患者置身于会带来恐惧感但刺激强度可控的模拟环境中，逐渐让患者适应环境，最终战胜恐惧心理。例如，西班牙的科技公司 Psious 打造的同名虚拟现实平台，提供超过 70 种沉浸式治疗场景，治疗师可以实时确认患者通过 VR 设备看到的画面，及时调整治疗场景，以达到更好的疗效。目前，该平台已覆盖超过 70 个国家及地区，服务超过 2 万名患者。[1]

此外，VR 场景还被用于治疗创伤后应激障碍（PTSD）和抑郁症[2]。因为 VR 技术能创造高沉浸感和强交互性的虚拟场景，有的通过构建"虚拟痛苦现场"，例如，独立游戏 Anamorphine 就让患者经历一对患抑郁症的夫妇的生活轨迹，帮助他们和自己走出黑暗；有的试图召唤出患者的同理心，如伦敦大学为首的研究团队，让 15 名患者用虚拟化身与一个情绪低落的小女孩聊天，她会在聊天中恢复平静和快乐，以此对患者产生积极的心理暗示。

如果更进一步，患者还可以在 VR 场景中进行嗅觉、触觉等更真实的五感互动，从而取得更高的疗愈效果。 在韩国 MBC 电视台的纪录片《与你相见》中，技术团队利用 8 个月的时间，帮助一位母亲与去世的女儿在 VR 虚拟世界中重逢。通过 VR 头盔和特制手套，母亲不仅能够看到女儿的容貌、与她交谈，当伸出手触摸女儿的时候，也会有相应的触感。通过这种特殊的方式，母亲满足了在女儿生前为她补过一次生日的愿望，并与日思夜想的女儿进行了深情告别。治疗结束后，这位母亲表示，"虽然时间短暂，但能够再次看到女儿，真的感到很幸福，也获得了心灵慰藉和面对未来的勇气"。

除治疗严重的身体和心理疾病外，VR 还能通过创造令人放松和愉悦的场景，为压力大的普通人提供**情绪疗愈服务**。例如，Healium 是一个经过临床

---

[1] 财经涂鸦：《在「元宇宙」中疗愈身心：虚拟现实如何改变心理健康赛道》，https://baijiahao.baidu.com/s?id=1725549173088282816&wfr=spider&for=pc，2022 年 2 月 23 日．

[2] VR 陀螺：《科学证明，虚拟现实技术对抑郁症治疗有一定效果》，https://www.vrtuoluo.cn/520980.html，2020 年 10 月 19 日．

验证的辅助心理健康平台，其目的就是帮助用户缓解生活中的压力。为了达到这一目标，Healium一方面创建了沙滩、海底世界、向日葵田、雪原等多种自然场景，辅以身临其境的音效，让用户在完全沉浸的环境中放松下来。另一方面还开发了一种生物测定控制解决方案，让用户可以看见自己的情绪变化和压力数值，即时掌握自己的心理状况。

上述这些用于心理治疗的VR场景，对大城市居民（尤其是年轻人）来说非常有必要。它们不仅可以被布置在医院、养老院等传统的医疗康养机构里，还可以在任何面临巨大工作生活压力的公司和机构中落地，如互联网科技公司、政府机关、学校等。随着具有特定功能的VR场景被越来越多地创造出来，也许生活服务的下一个风口，就是让城市空间中布满这种"VR场景任意门"。

3．用MR技术创造可互动的虚实集成场景，提供更强刺激的情绪价值

在消费篇中提到过，随着消费者的体验阈值不断提升，需要"更高、更快、更强"的刺激才能满足。那么，能将虚拟世界和现实世界交互融合的MR技术，也是创造这种终极体验场景的关键因素。在MR技术创造的场景中，不仅有现实中不存在的虚拟人物和物件，而且体验者还能与之深度互动，获得更高的情绪价值。可以说，提升虚实集成场景的互动性，是MR技术改造实体空间的关键。

要理解虚实集成场景的互动性，就不得不提到虚拟偶像，因为它们是虚实空间互动的一条重要纽带。而虚拟偶像们的成长历程，正是虚实世界的交互不断强化的过程，大致可以分为四个阶段。

在第一阶段，虚拟偶像就是一个工具人，与粉丝并没有真正意义上的"互动"。大家都知道，第一个成功的虚拟偶像是诞生于2007年的初音未来。她的制作原理是先进行人声取样，经过软件处理形成音源库，再在官方的引导下进行形象设计、歌曲创作和人物设定（由公众完成），最终形成了全球第一个虚拟偶像。她与粉丝交互的主要方式就是开演唱会，通过各种投影技术将自己的形象投射在舞台上，像真人明星那样为粉丝演唱。随着投影技术的进步，初音未来在舞台上的形象变得越来越鲜活生动。但作为目虚拟偶像，她与粉丝的互动方式还是太单一。

于是，在第二阶段，虚拟偶像开始为自己注入"灵魂"。也就是在各大社交平台申请账号，并在其上发布日常生活动态和一些感想，努力营造独特的人设和丰富的情感，不再做虚有其表的"纸片人"。例如，"生活"在美国洛杉矶的虚拟偶像 Li Miquela 已经在 INS 上拥有超过 300 万粉丝。她热衷于在社交平台上分享自己的日常穿搭及和时尚达人的合照，还会在社交平台上发表自己对于种族平等的观点，甚至还会参与一些现实中的慈善活动，这更为她的身份增添了一分真实感。

到了第三阶段，虚拟偶像们已经不满足于在社交平台偶尔发发状态，而是通过直播的形式与粉丝实时互动，产生真正的情感连接。因为在直播中，主播要与观众进行几个小时的持续交流，更容易产生情感共鸣和粉丝黏性。如 B 站最出圈的虚拟主播菜菜子，虽然大家早就知道"中之人"[①]是蔡明，犯了虚拟主播圈的大忌，但众粉丝依然难挡这个丸子头白发小女孩的魅力。2020 年 7 月 9 日，菜菜子在 B 站正式开播，前一小时直播间人气突破 600 万人，堪称出道即顶流。而 B 站也通过虚拟艺人企划（VirtualReal Project），聚合了多达数千人的虚拟主播团体，成为 B 站文化圈的重要组成部分。

最后，终于来到第四阶段，也就是最终阶段，虚拟偶像彻底打破次元壁，在真实的场景中与粉丝零距离互动。在实景演艺方面，B 站专为虚拟偶像开办的 BML-VR 线下演唱会已经举办到第四届，直播人气峰值达到 1 087 万人。此外，虚拟偶像还开始进驻线下娱乐空间。2021 年，哔哩哔哩与国内 AI 龙头企业商汤科技合作，打造线下 MR 虚拟体验馆。在真实的房间里，粉

---

① 中之人，即为某角色配音，但不表露真实身份的人。

丝们可以将手机放进特制的盒子中，将它转化成一副 AR 眼镜，从而进入一个虚实集成的场景之中。借助商汤科技的视觉 AI 技术，玩家可以用"眼神"与虚拟主播们进行互动，通过各种游戏帮助她们找回丢失的记忆。

就这样，虚拟偶像从在平台立人设，到直播聚集粉丝，再到通过 MR 技术进驻线下娱乐场景，以自身为交互纽带，逐步形成了虚实集成的全新娱乐场景。随着虚拟偶像群体的不断壮大，它们与实体空间相结合的机会也逐渐增加。也许未来，当你造访一家向往已久的剧本杀店时，迎接你的就是你在 B 站上关注的虚拟偶像。

四、城市要预留三种"场景接口"，迎接遍地开花的"超时空生活场景"

从以上分析中可以看出，随着 XR 技术逐步成熟，它将越来越多地试图和线下实体空间互动，产生各种虚实集成的全新生活场景。为了迎接这一改变，政府需要在以下三个方面预留场景接口：

一是提前设计"政策接口"，也就是为虚实场景的搭建提供制度设计，**把握未来趋势，立足长远发展，以政策支持引导生活场景的迭代。**早在 2017 年，上海发布"文创 50 条"，首提要打造"全球电竞之都"的远大目标。2019 年，上海更是出台了电子竞技产业健康发展 20 条意见，提出力争在 3 至 5 年内，全面建成"全球电竞之都"。2020 年，英雄联盟 S10 全球总决赛（以下简称 S10）落户上海，更是将上海推到了全球电竞界的舞台中央。经过近四年的发展，"电竞"已经成为上海的一张标签。《2020 年度全国电竞城市发展指数评估报告》显示，在"电竞城市发展指数"的综合排名中，上海以 78.7 分的成绩力压北京、广州等城市，稳居第一。这一数据表明，上海在电竞领域中已成为当之无愧的领跑者[①]。

二是招商更多"业态接口"，也就是引入更多采用 XR 技术的企业和商业

---

① 文汇报：《"电竞城市发展指数"综合排名第一！上海凭什么成为全球巨头汇聚的"强磁场"？》，https://wenhui.whb.cn/third/baidu/202107/30/416896.html，2021 年 7 月 30 日．

业态，让更多的企业参与到建设虚实场景的生态中，鼓励技术深入融合到生活的方方面面。2021年2月，由芒果TV授权的VR剧本杀门店"芒果探案馆"在上海开了第一家分店。该店的特殊之处在于利用VR技术，用虚拟现实来替代门店实景及道具，让玩家亲临"案发现场"，此来提升玩家体验的沉浸感。在搜证过程中，被虚拟现实还原的"案发现场"中的一切物品都可以拾取，而搜索到的物证则需要丢进"传输虫洞"。复盘搜查到的证据则靠玩家人手一台的iPad，搜查到的证据通过"传输虫洞"自动上传至iPad。另外，店家还提供了特定的服装，玩家穿上之后便可感知击打、温度变化甚至雨滴掉落等。

三是设置更多"空间接口"，也就是在公共空间中植入XR创造的虚拟场景，推动新模式的广泛应用，实现城市空间的赋能和升级。如蒙特利尔的"城市记忆"(Cité Mémoire)项目，这是目前全球规模最大的沉浸式游览投影项目，由一家非营利机构打造。项目以"历史照进现实、科技演绎文化"为核心理念，从蒙特利尔的本地历史中汲取灵感，并以城市空间为舞台，在市民和游客带来沉浸式的游览体验。"城市记忆"一期选址于蒙特利尔老城区，设置了26个投影点，通过投影展现了艺术化的城市故事。同时，该项目还设置了30多个AR故事点以及3个VR体验站等，借助XR技术生动呈现了蒙特利尔的城市魅力[1]。在VR体验站设置了数个VR固定终端，人们通过观看终端中的故事内容，享受穿越时空的沉浸式体验。

总而言之，虚实集成世界正在加速到来，并为我们的城市带来翻天覆地的变化。穿梭于虚拟和现实之间，百无聊赖的生活可以变得丰富多彩，千篇一律的城市面貌也可以焕然一新。而每个城市都应该敞开怀抱，迎接那个亦真亦幻的世界，摆脱"无聊化"的困境，为生活服务业创造新的未来。

---

[1] "城市记忆"项目官网，https://www.montrealenhistoires.com/cite_memoire/#toggle-id-4.

第三章 新空间观

1. 瞄准确定空间，决胜不确定未来
2. 小杠杆撬动大资产——用生活点燃城市更新区
3. 做一场明智的风投——让生活成为新区吸引力
4. 情感作价 生活入股——以生活塑造乡村新动能

本章序

文 | 覃文奕

罗辑思维团队从唯一同时获得图灵奖和诺贝尔奖的学界泰斗赫伯特·西蒙的思想中总结出看待新技术的两种方式：第一种方式是普遍的思维，即新技术能帮我们做什么呢？第二种方式是既然新技术可以帮助人做这些事，人应当去做什么事来让技术的作用发挥得更出色呢？本章展开了类似的思考。

技术的更迭使网络能够替代越来越多的城市功能，如果以第一种方式思考，认为网络几乎能做所有事情，那么很容易像过去任何新技术出现时一样，推导出城市消亡的结论。如果以第二种方式看待新技术，我们的站位则变成——既然网络在某些方面能够比城市更加高效，应当如何塑造城市空间，才能让其更好地与网络共同构建魅力生活呢？

新空间观就是要从万物互联的世界中找到未来更具确定性与发展潜力的城乡空间。针对其中发展"性价比"最高的三大空间，即旧城中心区、新城新区启动区、乡村，本章还将提供空间重塑秘籍，助力城市实现以空间吸引人才，以人才构筑未来的目标。

瞄准确定空间，决胜不确定未来

文 | 覃文奕

城市，还有未来吗？

消费趋势和信息技术的变化，使人们"宅"在家中就可以满足消费、学习、工作等需求。"高科技领域预言家之王"乔治·吉尔德（George Gilder）所预言的"网络将把图书馆、音乐厅、商业聚会等带进家庭和办公室，促成城市的消亡"，似乎在一步步照进现实。

亚里士多德曾说："不参与社会的，要么是兽类，要么是上帝"。人类是群居生物，必然需要互相依赖。根据联合国发布的《世界幸福报告》显示，在满足基本生活条件后，社会关系对幸福感的影响要远远超过收入带来的影响。丹麦幸福研究所首席执行官迈克·维金在《丹麦人为什么幸福》[①]一书中同样提到："在一起"是获取幸福的主要要素。也就是说，**人性不变，聚集不变。而城市的本质就是聚集**，因此，**城市拥有确定的未来**。

事实也证明，世界上超过半数的人居住在城市之中，且这一比例仍在提升，城区区域的增长速度甚至超过城市人口的增长势头。人口规模在 500 万以上的特大城市或都市地区更是已经成为世界范围内城市发展的普遍潮流。联合国发布的《世界城市化趋势 2018》报告显示，人口规模在 500 万人以上的特大城市或都市地区已经达到 80 座，是 1978 年的 4 倍多。

城市拥有确定的未来，但其空间的确会因为消费趋势和信息技术的变化而发生变化。被电商打倒的百货商场变身体验式商业后，再度人潮涌动；无人问津的城市公园被植入科技后，再次成为市民后花园。**谁能最快适应这种**

---

① [丹麦] 迈克·维金. 丹麦人为什么幸福 [M]. 林娟, 译. 北京: 中信出版集团, 2017.

变化，谁就将在不确定的未来中抢占先机。

那么，城市如何变化才能抓住确定的未来呢？

一、抓住生活，就是抓住确定的未来

要抓住城市的未来，关键不是抓住城市瞬息万变的现象，而是要抓住城市亘古不变的本质——生活。著名城市规划学者简·雅各布斯（Jane Jacobs）在其著作《美好城市：沉思与遐想》[1]中明确了城市的本质——给人提供生活空间的美丽而充满魅力的地方。与此同时，正如全书开篇中所提到的那样，抓住生活，才能更好地抓住人才，从而抓住城市的发展。可以说，生活，不仅是城市的本质，更是城市的未来。

生活，正在成为全球塑造城市空间的重要内容。《纽约市2030》城市远景规划中提出，要将纽约打造成为一个更绿色、更美好的城市，提高生活质量，打造一个可以吸引人才与企业的城市。伦敦金融城更是明确提出打造"以人为尺度的城市空间"，吸引全球创新人才。

生活，也成为国内打造城市空间的主题词。长春、呼和浩特、长沙、贵阳、海口等省会城市在总体规划层面，直接将"宜居"写入城市定位，争做区域发展表率[2]。"新一线"城市更是积极推进宜居建设，塑造城市竞争力。苏州市2000年起持续发布《苏州市宜居示范居住区评价办法》；成都市2021年1月25日通过《成都市美丽宜居公园城市建设条例》；作为《中国宜居城市榜》榜首的青岛，更是持续发力宜居宜业，以七大国家级试点任务打造"人居青岛"，让青岛成为更多青年才俊首选的"福地"。

然而，众多城市的众多功能与网络重叠，未来更有可能被网络替代。因此，在以生活塑造城市空间之前，要先甄别出那些不会被替代的确定空间。

---

[1] [美] 艾伦·B.雅各布斯.美好城市：沉思与遐想[M].高杨，译.北京：电子工业出版社，2014.
[2] 屠启宇，苏宁，邓智团，等.国际城市发展报告2020[M].北京：社会科学文献出版社，2020.

二、立足差异，精准甄别确定的空间

网络时代，拥有差异性的空间，更可能不被替代。 维也纳维特根斯坦中心＆统计学协会对网络时代人类的迁徙进行了研究，他们发现网络时代的人类迁徙表现出更加自由、更加密集、更加多元的特点。互联网时代的迁徙是先通过网络建立心理归属，而后选择空间形成物理聚集。显然，标准化的城市发展很难在信息洪流中脱颖而出，**要想为不同的人才建立心理归属，就需要为他们定制差异性空间。**

一座城市要塑造差异性，并最终实现人才的物理聚集，既需要审视城市与城市之间的差异，又需要审视线上与线下的差异。甄别最能代表城市特色的空间，以生活性服务业将其打造成为"人无我有，人有我优"的空间，能够塑造一座城市抗衡其他城市的竞争力，让人才聚集到一座城市；在城市内部找到网络难以取代的城市空间，以生活性服务业进一步强化其魅力，将人才从线上拽到线下，更能够真正形成人才在一座城市中的物理聚集，并促进人与人在面对面交流中激发城市活力与无限创意。

城市如何找到城市之间的差异和线上线下的差异，从而甄别出生活性服务业布局的确定空间呢？

1. 站位城市之间，强化目的性空间，塑造城市意象

短视频成为城市向大众传播差异性的重要手段。通过抖音短视频平台，8D 魔幻山城、洪崖洞夜景带火了重庆，摔碗酒、不倒翁小姐姐带火了西安，地道美食、巴适生活带火了成都。**这些视频之所以能够使人心生向往，是因为它们传递的都是大众最容易产生共鸣的场景，是"人在城市中的感知"。**

美国杰出的人本主义城市规划理论家凯文·林奇从"人在城市中的感知"入手，提出了"城市意象"。通过对不同城市的公众调研，他发现，公众对一座城市的印象主要由"道路、边界、区域、节点和标志物"五大要素构建而成。也就是说，一座城市的个性和特色、内涵和底蕴，最容易通过这五大

城市意象要素构建并对外传播。作为第一批全国城市设计试点城市，深圳市南山区早在 2016 年就提出："欲跃升为世界级城区，必须具备鲜明的特质和高品质的城市空间，塑造城市意象是必要的。"北京新总规、上海 2040 等城市总体规划也都纷纷提出要塑造特色风貌，展现城市魅力。

互联网强大的搜索和精准推送功能，使城市意象空间中，区域、节点、标志物等目的性空间，相较于道路、边界，更为重要。52% 的国人比起身边人的评价，更相信网上的评价；81% 的国人经常参考微博、微信、抖音等网红或意见领袖等有影响力人士的信息①。于是，在软文、朋友圈、短视频、点评软件等一系列宣传联合轰炸之下，**越来越多的人在拥有了明确目标后，点对点前往目的地，而沿途的道路、边界空间的重要性自然也就被削弱了。**

诚然，诸如城市中轴线一类的高级别道路、边界空间仍是城市意象的重要发力点。北京、广州都在推进中轴线打造工作。然而，线性空间跨度大，往往涉及较多现状，甚至跨越行政区域，打造难度较大。北京正在推进的中轴线打造，面积 40 平方千米，涉及 14 处文化遗产②。在中轴线上，寿皇殿建筑本体修缮投入将近 9 000 万元③、新建地标国家科技传播中心更是投资超过 9 亿元④。鉴于每个城市的历史积淀和经济实力有别，中轴线这样级别的道路、边界空间打造并不是所有城市都可以效仿的。

因此，在城市意象构建中，应当尤为关注区域、节点和标志物的打造。其中，以下三类空间更能够高效、全面地塑造起一座城市的意象。

---

① 博报堂生活综研（上海）市场营销咨询有限公司. 数自力：科技生活中诞生的全新生活之力 [M]. 北京：文汇出版社，2018.
② 个人图书馆：《解析北京中轴线确定 14 处遗产：面积 40 平方公里，2035 年正式申遗》，https://wenku.baidu.com/view/888315711db91a37f111f18583d049649b660e8f.htmlh.
③ 千龙网：《中轴线申遗还有哪些路要走？》，http://beijing.qianlong.com/2018/0516/2576914.shtml，2018 年 5 月 16 日.
④ 搜狐网：《北京中轴线上的新地标，耗资超 9 个亿，造型媲美水立方》，https://www.sohu.com/a/461069902_120969433，2021 年 4 月 16 日.

(1) 旧城中心区：城市的"历史意象点"。

城市发展进入盘活存量阶段。在节约集约用地要求下，"十三五"时期全国新增建设用地比"十二五"时期减少约 669 万亩[①]。在用地供给不足与城市发展迅速的矛盾之下，"十四五"规划纲要提出，加快转变城市发展方式，统筹城市规划建设管理，实施城市更新行动，推动城市空间结构优化和品质提升。因此，**旧城将为城市空间提供新增量，由"旧城区"变为"新资产"**。

旧城中心区拥有最集中的历史建筑、老街区、旧居住区、旧厂区、旧商业区及古井、古树、古桥等历史遗存，是承载城市记忆的重要载体。可以说，旧城中心区就是城市生命的一部分。未来，它也将传承城市的特色与记忆，成为城市发展的确定空间。

(2) 新城新区启动区：城市的"未来意象点"。

新城新区从改革开放以来一直是全国经济高速增长的主体，如今更承担着构建城市发展新格局的重大使命。深圳市五届人大一次会议《政府工作报告》提出，打造光明、龙华、大运、坪山四大新城，进一步强化组团式发展格局，优化城市空间发展布局，推进特区内外一体化。上海十一届市委十次全会明确提出，推进五个新城建设，构建上海服务新发展格局，更好服务长三角一体化发展国家战略。

新城新区的启动区是新城新区城市生活的未来展示窗，将为构建城市发展新格局打下基础，因此必然成为城市发展的确定空间。《河北雄安新区启动区控制性详细规划》明确提出，启动区要承担探索开发建设模式、先行先试政策措施、展现新区雏形等重任。事实上，雄安新区率先建设并投入使用的市民服务中心投资约 8 亿元，在 24.24 公顷用地上集中展现了"绿色、现代、智慧"理念，并采用国内首例联合投资人模式护航绿色发展[②]，已经很好

---

① 新华社：《"十三五"全国新增建设用地同比将减少约 669 万亩》，http://www.gov.cn/xinwen/2016-06/06/content_5080092.htm，2016 年 6 月 6 日．

② 中国雄安官网：《从雄安市民服务中心项目见证"雄安速度"》，http://www.xiongan.gov.cn/2018-02/08/c_129808666.htm，2018 年 2 月 8 日．

地示范了启动区的"未来展示窗"职能。

(3) 乡村：城市的"情结意象点"。

乡村与城市关系密切，同样是城市意象的代表。乡村振兴开局之年，36大城市共同发出《质量兴农倡议书》，时任农业农村部部长韩长赋表示"**乡村振兴能否开好局，大中城市扮演着重要角色。**"[①] 霍华德在《明日的田园城市》[②] 更是形象地说道："**城市和乡村必须成婚，这种愉快的结合将迸发新的希望、新的生活、新的文明。**"

以乡村作为城市意象独特代表，已经成为国际趋势。日本六本木山新城的屋顶农田、新梅田 City 的花野新里山、阿姆斯特丹泽依达斯（Zuidas）商务区中的玉米地都得到都市人群的追捧，甚至形成了全新的城市规划理念——"粮田都市"。在数字游牧的趋势下，日本大阪神山町、美国洛杉矶纳帕山谷从休闲度假地变成科技创新区，同样形成了城市的独特意象——"绿色硅谷"。

乡村振兴战略，将为乡村发展生活性服务业，形成城市意象，提供进一步的确定性。我国推动生活性服务业发展的第一个系统性政策文件《关于加快发展生活性服务业促进消费结构升级的指导意见》中已经提出："鼓励城镇生活性服务业网络向农村延伸……以城带乡，尽快改变农村生活性服务业落后面貌。"2021年中央一号文件提出全面推进乡村振兴，更是将乡村发展提质提到了新高度。到2025年，要实现：乡村建设行动取得明显成效，乡村面貌发生显著变化，乡村发展活力充分激发，乡村文明程度得到新提升。

在"历史"与"未来"，"现实"与"情结"的场景之下，旧城中心区、新城新区启动区、乡村将为一座城市塑造出与其他城市截然不同的个性，强化城市对于人才的吸引力。关于以上三类空间生活性服务业的打造，还将在

[①] 搜狐网：《韩长赋：乡村全面振兴将在大中城市率先实现》，https://www.sohu.com/a/233450392_120817，2018年5月30日。

[②] [英] 埃比尼泽·霍华德. 明日的田园城市 [M]. 金经元，译. 北京：商务印书馆，2010.

本章后续文章中继续进行详细展开。

2．比拼线上线下，紧抓居住空间，强化城市体验

找到城市空间与网络空间的差异性，在当下同样是必要的。互联网一直在尽可能地为人们提供贴身服务，线上购物、在线教育、远程办公等多场景的数字化应用诞生并且广泛普及。如今，即便人们来到了一座城市，仍可能足不出户，甚至患上"网络综合征"。因此，**曾经被认为确定的城市空间也都变得不确定了**。

以工作空间为例，过去城市以商务区为重要空间，布局生活性服务业，为工作人群提供服务。根据波士顿咨询的某项调研结果显示，78%的人的理想工作方式是远程与现场结合，甚至还有9%的人期望纯远程工作。显然，工作空间的确定性是大大降低的。**如果线下空间无法找到与线上空间的差异性，那么即使城市抢人成功了，其活力却被关在房门之内**。

解铃还须系铃人。找到线下空间的发力点，还需要从线上空间入手。不难发现，互联网所提供工作、休闲、娱乐、消费等功能，说到底都需要以居住空间作为锚点。远程办公和远程医疗需要一端在家，外卖服务和网络购物更是需要连接商家与住户。因此，**居住空间将成为引导居民回归城市的坚实基准点**。

以居住空间为锚点布局生活服务，也符合当下的政策导向。住房和城乡建设部等多部门在2020年发布的《关于推动物业服务企业加快发展线上线下生活服务的意见》中明确提出，打通居民最后一公里生活服务，让物业服务、商业服务、公共服务、居家养老都延伸至社区。也就是说，**居住空间将成为众多生活服务的汇聚点**。

以居住空间为锚点，连接生活服务，还将形成巨大的产业。以房地产交易平台贝壳找房为例，它以房地产为锚点，联结了交易、租赁、装修、社区服务、金融等全种类居住服务。贝壳找房成立才两年零四个月，就于2020年8月13日登陆纽交所，上市首日股价一路上涨87.2%，市值飙升至

422 亿美元[①]。

居住空间是确定的，那么如何抓住居住空间，布局生活性服务业呢？

同样，回到对线上空间的审视。根据 2017 年 6 月中国网民互联网应用使用率可以发现，人们主要从事的商业、通行、休闲娱乐、认知、运动和交流六类活动中，商业、休闲娱乐、认知和交流在网络空间上都存在着对应功能，只有通行与运动类的活动相对难以在虚拟的网络空间中进行。**因此，以居住空间为锚点，通行与运动类空间将成生活性服务业布局的蓝海空间。**

（1）紧抓通行蓝海，布局交通站点连接空间。

互联网时代的影响下，线下聚集变得越来越难，而交通具有强制让人聚集的先天优势。因此，**连接居住空间与交通站点的通行空间将变成人流的重要主动线。其中，与轨道站点连接的通行空间更将成为重中之重。**截至 2020 年 11 月，全国已有 41 城迈入地铁时代[②]。武汉"十三五"提出要聚焦轨道交通及配套设施，打造"世界一流地铁城市"。成都更是在"十四五"开局之年发布了《成都市轨道交通 TOD 综合开发战略规划》。

城市应当在居住空间与交通站点（尤其是轨道交通站点）的通行空间中布局生活性服务业，将交通节点的聚集优势进一步扩大，使人们在通行中加深对城市空间的体验，**将"人流动的通道"变成"人聚集的场所"**。以车站为中心、以 400～800 米（5～10 分钟步行路程）为半径，聚集工作、商业、文化、教育、居住等功能的交通导向开发（TOD）模式，将强化通行空间对人们的生活吸引力。东京六本木山邀请世界顶尖设计师协同创造了一个艺术和创意相融合的都市空间，内有美术馆、电影院、购物街和美食城等各种文化娱乐设施，已经成为东京的新地标及游客去东京必到的城市综合设施，年

---

① 新浪科技：《贝壳找房上市首日：股价大涨 87.2% 市值达 422 亿美元》，https://tech.sina.cn/i/gn/2020-08-14/detail-iivhvpwy0918536.d.html，2020 年 8 月 14 日．

② 搜狐网：《中国城市地铁排行出炉！41 城迈入地铁时代，上北广深暂居前四》，https://www.sohu.com/a/428172289_682294，2020 年 10 月 29 日．

均游客量 4 000 万，甚至超过东京迪士尼的年游客量①。

（2）紧抓运动蓝海，发力城市夹缝空间。

自 2016 年上海发布全国首个《15 分钟社区生活圈规划导则》以来，多个城市围绕居住空间，开始打造"10～15 分钟生活圈"，重点提升教育、文化、医疗、养老、体育、休闲及就业等设施的配建水平和服务功能。在"**运动空间**"**成为蓝海之下，强化体育设施，为"10～15 分钟生活圈"叠加"10～15 分钟运动圈"将大幅度提升线下空间吸引力。**

未来发力运动空间应主要关注室外运动空间。 由于互联网信息检索和推送功能的日益强大，室内运动空间选址不用再遵守"金角银边草肚皮"的原则，通过在大众点评、小红书等引流就能够实现逆袭，政府很难对这类空间进行引导。而对于室外运动空间而言，它们同时也是城市的公共空间，是政府能够控制的空间，也是提高公众生活质量的空间，因此，具有更高确定性与社会价值。

打造室外运动空间，可以利用城市夹缝空间——城市边角的小规模空地。 如今许多贴着"年轻""潮流""时尚"标签的运动项目走入大众视野，甚至进入奥运赛场——东京奥运会赛场增加了滑板、攀岩等项目。这些运动并不像传统的足球、篮球等运动那样需要方正的场地，恰巧相反，**对于滑板、轮滑、小轮车等新兴运动来说，地形越独特，体验越刺激**。因此，城市空间中那些并不规整的空地也有了用武之地。住房和城乡建设部 2020 年就《关于加强全民健身场地设施建设发展群众体育的意见》答记者问时也提出，可以挖掘城市、街道和社区中的空闲地、边角地、公园绿地等，打造体育健身场所。

相较于专业运动场地，这些运动空间的门票及其相关的培训收益相对有限。但其所带来的人气，将为周边的生活性服务业带来消费人群，从而激活

---

① TOP 创新区研究院：《更新智库｜东京六本木，有机更新地标》，《城市地理》杂志，https://www.thepaper.cn/newsDetail_forward_18792469，2022 年 6 月 29 日．

以居住空间为锚点的"10～15分钟生活圈"，**将"人运动的空间"变成"人消费的场景"**！成都大慈寺一块约4 000平方米的荒地曾被改造成露天停车场，但因利用效率不高，再次被改造成滑板公园。年轻人踩着滑板在各种斜坡、栏杆上跳跃、滑行、转体的帅气动作总会赢来围观市民阵阵叫好声。通过青年滑板公园的联结，社区内外的人，年轻人与中老年人，成都市民与在成都生活的外国人，原本毫无关联的陌生人之间有了或多或少的交集。而周边的咖啡馆、餐厅等业态，也因为聚集的人群增添了消费的客群。

抓住通行与运动类的蓝海空间，可以较为轻松地实现城市空间与网络空间的功能差异化，从而塑造城市空间魅力。与此同时，**虽然商业、休闲娱乐已是线上线下交战的红海空间，但毕竟城市中的确存在大量商场、商圈等，这些空间又当如何在红海中找到生存之道呢？**

笔者认为，**通过强化体验，商业、休闲娱乐等空间仍可求生于红海**。以成都远洋太古里为例，它以"点—线—面"的全体验体系成为春熙路商圈的奇迹。太古里以"情感黏滞点"，使得喜欢怀旧的人探索历史遗存，时尚爱好者打卡创新亮点；以"街道骨架"组织广场、庭院等公共空间，让人们沿街漫步时随时可接触身边最近的趣味空间；以"开放区域"，把历史遗存、景观环境、艺术收藏等"资产"都拿出来摆放在城市界面与社会共享，使得游客能够享受身体与城市公共生活的持续近距接触与互动。即使在2020年3月，受疫情影响之下，太古里尚未100%复工，日均人流量已达3万人次之多[①]。

因此，即使城市空间与网络有部分功能重叠，抓住城市空间中的确定空间，仍能决胜不确定未来。以旧城中心区、新城新区启动区、乡村为突破，塑造城市意象，能够形成城市竞争力，在全国乃至全球范围的抢人大战中占有一席之地。以居住空间为锚点，发力通行空间和运动空间，强化线下体

---

① 人民网：《成都核心商圈按下"快捷键" 远洋太古里复工率95.6%》，http://sc.people.com.cn/n2/2020/0302/c345167-33843779.html，2020年3月2日.

验，能够形成城市空间吸引力，与网络共同为城市构建魅力生活。

那么，瞄准确定空间后，如何让这些空间成为"给人提供生活空间的美丽而充满魅力的地方"呢？

三、"快、准、稳"，决胜不确定的未来

关于在确定的城市空间中应当植入哪些生活性服务业，《新消费观》已经提供了足够丰富的内容。而本文作为新空间观的开篇，则是重点强调在确定性空间中植入内容的原则。

1. 空间要聚焦——"快"

各省市抢人大战激烈，从效果考虑，空间应当聚焦。"抢人大战"从2017年被武汉点燃导火索，2018年在全国兴起，2019年不断升级，如今更是进入"白热化"阶段。2020年，据不完全统计，共65省市出台104条落户及人才相关政策[1]。因此，应当聚焦发力，短期见效，快速抢人。若是当各城市"送房、送户口"留下人才后，再发力抢人，恐怕难度就要大得多。

同时，政府负债严重，企业资金压力大，从成本考虑，空间必须聚焦。截至2019年10月末，青海省负债率超过60%，海南省负债率达到40%。更令人惊讶的是，发达地区政府的负债不是更少，而是更多。江苏省、山东省、浙江省与广东省四个省份的政府债务余额甚至突破了1万亿元[2]。政府自身难以负担，与企业合作也并非万全之策。尤其是城市更新领域，不少小开发商甚至出现资金链断裂而倒闭。就连在全国参与过上千个老旧小区改造项目的北京筑福集团董事长董有也表示："今年我国计划改造3.9万个城镇老旧小区，总投资预计在7 000亿元到1万亿元。其中，中央财政计划出资

---

[1] 贝壳研究院：《2020年落户及人才政策回顾》，http://m.fangchan.com/data/13/2020-12-21/6746614914414350438.html，2020年12月21日．

[2] 每日经济新闻：《31个省份债务全解析：谁借钱最多，谁还钱压力最大？》，http://www.nbd.com.cn/articles/2021-05-09/1737896.html，2021年5月9日．

543亿元，其余需要鼓励消费者和企业承担，资金压力相当大。"[1]聚焦发力而非全面铺开，是政府和开发商的共同选择。

因此，明确了城市的确定空间，就应快速着手，聚焦发力，打造一片，成熟一片，推出一片。这是开发主体成本控制的良方，更是城市快人一步树立品牌形象的妙招！

2. 场景要定制——"准"

打造多样化"网红"场景，让低头族抬起头来，已经成为各大城市的主流做法。《××的N大网红街道》《据说这N条网红街道，撑起了××的颜值》刷爆朋友圈。然而，城市空间的迭代不如网络迅速，如果场景仅停留于视觉冲击，很难从网络手中夺回"低头族"们的眼球。《南都周刊》记者在广州的网红街道天河棠下智汇park采访时，有摄影爱好者直言："（网红街道）全国到处都是，游客也不会在同一场所流连，通常来拍一次照也就够了。"受访的资深打卡玩家同样认为"对这些地方也没有太多认同感，大家都只是来拍个照发朋友圈，再修图，度过一个下午，以后也不会再来了。"[2]

真正实现城市空间激活，从"网红"迈向"长红"，重点在于紧抓使用人群需求，精准定制生活服务场景。作为"场景城市"的中国领航者，成都市提出要积极营造"回家的路""上班的路""旅游的路""上学的路"等生活场景、消费场景，根据使用城市空间的人群在不同场景下的需求，提供差异化的生活性服务。青羊区打造的磨底河绿道"回家的路"已经初见成效。它串联起轨道交通公交站、医院、住宅小区，将全新的绿色空间充分嵌入市民生活。家住磨底河沿巷的市民小青对此赞不绝口："回家的路不止一条，可我最爱走这条。"[3]

---

[1] 经济日报：《告别"摊大饼"，城市发展开启"存量更新"模式》，https://baijiahao.baidu.com/s?id=1677852122966561987&wfr=spider&for=pc，2020年9月15日．

[2] 南都周刊：《广州这个网红街道，迷惑行为多到我怀疑人生》，https://m.mp.oeeeee.com/a/BAAFRD000020201103376871.html，2020年11月3日．

[3] 搜狐网：《一条路上的宜居生活》，https://www.sohu.com/a/408092913_355475，2020年7月17日．

精准定制场景，不在形式，不在视觉，在于人性。为空间使用者精准提供所需要的生活性服务，才是真正的城市空间激活之道。

3．主体要多元——"稳"

要稳定实现城市空间打造，不仅要增加分摊成本的金钱投资主体，也要增加保障发展的智力投资主体。过去城市空间的打造通常是政府或开发商聘请规划单位进行设计，即使多番征求意见，增强公众参与，仍然效果欠佳。而"互联网"时代，依托微信群、微信公众号、微博、豆瓣和知乎等在线社区成立的社群组织，或将成为互联网时代城市空间打造的新参与者。

由社群组织的空间打造，更能够引起人们的共鸣，形成共同感知与记忆。杨梅竹斜街旧城更新项目实施期间，出现了居民开设的博客——"大栅栏居民"，居民在博客空间对社区更新中的腾退政策进行讨论，提出治理意见。豆瓣上还有专门的"广州旧城关注组"，关注恩宁街及周边社区的物质空间和街区的人文情怀，反思城市发展模式，推动规划公众参与，促成改造事件相关方和关注者的有效沟通。这些由社群自发进行讨论所提出的意见，更符合当地居民的需求，其改造成果也有目共睹。

以社群为主体，还能快速做热人气，事半功倍。成都麓湖生态城在超前规划、美好产品、全面配套的硬件基础之上提出"一个有进取心的城市，不仅需要共同的情感，更需要充分调动所有人的智慧与创造力"。它自2014年开始搭建社群，截至2020年通过注册的麓客社群的数量已经达到63个。这个仅有300户常住居民的片区，2019年竟举办了487场社群活动[①]，成为片区的活力发动机。

互联网时代下的城市空间塑造，应当遵循互联网时代人群聚集的全新逻辑——什么人在，决定什么人来。对于一座城市而言，快人一步，就可能持

---

① 新浪网：《麓湖：神盘背后的社群是怎样的？》，https://k.sina.cn/article_7422908190_1ba70971e01900yosy.html，2020年11月3日.

续领先。城市应当把握确定性的空间，率先在旧城中心区、新城新区启动区、乡村发力生活性服务业，塑造出与众不同的城市个性，凭借生活性服务业"快、准、稳"吸引人才聚集。有了源源不断的人才，在不确定的未来，城市就能找到确定的明天！

小杠杆撬动大资产——用生活点燃城市更新区

文 | 李若男

"城市更新"是城市发展的必然。2020年11月发布的"十四五"规划明确提出：实施城市更新行动。根据易居企业集团预测，我国未来每年有8亿平方米的存量需要更新，城市更新早就不是万亿级的市场，很快将会变成10万亿级的市场[①]。仅就老旧居住区一项来看，根据住房和城乡建设部的统计，目前全国共有老旧小区近16万个，涉及居民超4 200万户，建筑面积约40亿平方米。北京、上海、深圳三地老旧小区综合整治、老旧工业区改造，以及商办物业更新的年投资规模就超过2 000亿元[②]。

城市更新资产价值大，然而，想要撬动却绝非易事。**相比新城建设是在"空地上建城市"，城市更新则是在"城市上建城市"，需要的成本更高。**

地上建筑产权错综复杂，仅是与原有业主之间的拆迁补偿拉锯战，就将导致难以预估的成本。保利地产2009年参与的广州天河区冼村更新项目，因部分业主不签约，目前仍未完成全部拆迁，项目耗时已超过十年[③]。例如，天津和平区兆丰路项目开出每平方米近4万元的建筑面积补偿款的条件，却远远难以打动居民的心。依照居民的要求，每平方米补偿款竟然需要达到15万元。由于居民的高期待实在难以满足，兆丰路项目已冻结2次，停滞5年[④]。

---

① 每日经济新闻：《城市更新市场规模步入10万亿级，房企如何掘金"新赛道"？》，http://www.nbd.com.cn/articles/2021-06-11/1788559.html，2021年6月11日。

② 经济日报：《城市更新撬动十万亿内需空间》，https://baijiahao.baidu.com/s?id=1676130210479146620&wfr=spider&for=pc，2020年8月27日。

③ 界面新闻：《广州城市更新将立法："钉子户"、盈亏平衡问题有解了》，https://www.jiemian.com/article/6339073.html，2021年7月9日。

④ "天津选房"微信公众号：《2016年和平区兆丰路拆迁始末》，https://mp.weixin.qq.com/s/gLebSqoajAyp9Gv1pdZaDg，2020年1月1日。

以往的城市更新，尚可通过增加容积率的形式，以盖高楼覆盖昂贵的拆迁补偿，而现在，这条所谓的"捷径"也在被堵死。2021年8月10日，住房和城乡建设部发布《关于在实施城市更新行动中防止大拆大建问题的通知（征求意见稿）》，**释放出严格管控大拆大建的信号，大拆大建的时代即将结束。**

有机更新，也并不意味着成本降低。在既有的城市架构上更新，涉及古建保护、城市景观限高、地上地下基础设施改造等诸多难题；本就是"戴着枷锁跳舞"，城市更新风貌保护的政策还变得越发严格——2020年8月，住房和城乡建设部印发通知，要求在城市更新改造中切实加强历史文化保护，坚决制止破坏行为，"确保不破坏地形地貌、不拆除历史遗存、不砍老树"[①]。在如此严苛的限制下，改造成本巨大，就连北京中心城区二环以内这样高价值的地段，也只能暂缓城市更新的步伐，现在还遗留着很多破旧不堪的民居，堪比其他城市的棚户区和城中村。

城市更新价值与困难并存，如何才能突破"成本困局"，实现突围？

一、生活性服务业，撬动城市更新的杠杆

著名城市规划专家、厦门大学双聘教授赵燕菁老师曾指出，"（城市更新）真正的赢家是那些能够让每一个更新都创造未来收益，而不是每改造一片都会成为未来债务的城市。"发展生活性服务业是确保城市更新在长远角度实现自平衡的重要一环。

生活性服务业是"造业态"，而不是"造房子"，能够为城市更新"降低债务"。 生活性服务业对承载空间的面积大小、层高承重等并无过高要求，因此，房屋的改造工程相对简化，可以降低对原有建筑的改造成本。

更重要的是，**生活性服务业是优质的经济动力，能够使城市更新"创造**

[①] 中华人民共和国中央人民政府：《住房和城乡建设部要求在城市更新改造中切实加强历史文化保护》，http://www.gov.cn/xinwen/2020-08/25/content_5537323.htm，2020年8月25日.

未来收益"。2016年，上海长宁区打造"互联网+生活性服务业"创新试验区，仅经过一年时间，在这里集聚的2 233家"互联网+生活性服务业"企业就已实现全区税收50.54亿元，同比增长29.51%[1]。

除直接的经济效益外，生活性服务业对城市更新更大的助益**在于能够快速带来"人"和"产业"的回归**。生活性服务业的高品质聚集，对人群来说是一种强力吸引。人群的高度聚集又会激发产业的扎根，点燃区域竞争力。成都猛追湾片区更新就成功通过生活性服务业打造，实现"引人"，进而"引产"。猛追湾项目首先引入了潮流餐饮、文化旅游、酒店民宿、文创零售等集文旅商居为一体的生活性服务业态。2020年国庆期间，猛追湾夜间经济累计吸引游客80万人次，同比增长167%，其中年轻人占主流[2]。改造后的猛追湾，吸引了58家新的企业在这里办公，拉动片区商铺租金上涨60%～70%，其中的泊寓也引来在附近上班的年轻人租住，出租率达到100%[3]。

生活性服务业是一支撬动城市更新卸下"成本包袱"，成为"赢家"的巧妙杠杆。那么，它的支点在哪里？

二、场景，让杠杆更省力的支点

以生活性服务业撬动城市更新，全球城市都在积极探索，并给出了花样百出的解法。例如，将购物中心改造成教育综合体、酒店公寓，将废弃工厂改造成潮流书店、休闲餐饮，实现功能换血；或是让社区零售数字化，让博物馆数字化，从而实现功能升级。

---

[1] 上观新闻：《"互联网+生活性服务业"厉害了，竟给这个区一年贡献了50亿元税收！》，https://web.shobserver.com/news/detail?id=88217，2018年5月6日.

[2] 澎湃新闻：《万巷更新：以城市服务商的名义 见证城市进化》，https://www.thepaper.cn/newsDetail_forward_11288608，2021年2月9日.

[3] 新浪网：《城市更新的"有机化"尝试》，http://k.sina.com.cn/article_1650111241_625ab30902000u6r4.html，2021年1月4日.

那么，我们应当引入哪种功能？答案的选择，要从生活服务的使用者需求层面进行考虑。

当下，消费正在从"消费产品"转向"消费场景"，相较于传统消费，"在什么样的空间里消费"变得越来越重要。以喝咖啡为例，以前人们注重的是咖啡产品本身，现在则是要仔细筛选在哪里喝这杯咖啡，"场景"不同，情感体验也就大不相同。在历史街区里喝咖啡，喝的是历史记忆、地理乡愁；在工业风咖啡店喝咖啡，喝的则是废墟美学、粗犷神秘。同时，**特色场景的加持能让产品本身附加值随之提升**。历史街区咖啡店中的咖啡，即使口感平平无奇，也拥有着绝对不低的单价。因为在历史街区场景中喝咖啡时，人们所支付的费用中也包含了场景所蕴含的怀旧价值，场景里的体验也将成为消费品而存在。

因此，造什么场景与引入什么功能同样重要。

"场景之父"特里·克拉克将人们对场景的情感体验引入到城市研究中，形成了"场景理论"，认为：**场景的特色决定了什么样的人在何处生活，也因此塑造了不同的居民社区形态**[①]。简单理解，城市可以通过构建多元场景，吸引多元人群的聚集，而人群发生频繁的互动与交流，共享知识与创新，将最终成为城市发展源源不断的动力。

场景，可以为生活性服务业提供一个更省力的支点，一方面，可以提升生活性服务业价值；另一方面，能够助力生活性服务业成为城市引人新动能。

三、不同存量空间的场景重构指南

构建多元场景，需要与城市中多元存量空间相结合。根据北京、深圳、成都等地近来出台的相应城市更新政策，城市中的存量空间大致可以分为

[①] [加] 丹尼尔·亚伦·西尔，[美] 特里·尼科尔斯·克拉克. 场景：空间品质如何塑造社会生活 [M]. 祁述裕，吴军，等译. 北京：社会科学文献出版社，北京社科智库电子音像出版社，2019.

低效商业区、历史文化区、老旧居住区、低效工业区四类。每种存量空间所处环境不同，建筑特点不同，功能内涵不同，场景重构的"突破点"也就不同。

1. 低效商业区：以"沉浸式"场景为支点，撬动"流量"变"消费"

当下的低效商业区，曾经多是城市中最具活力的传统商圈，由于居民消费结构升级、自身业态老化、新商业模式兴起等诸多因素叠加影响，大都面临着更新诉求。北京 2019 年启动了传统商圈改造提升三年行动计划，计划到今年年底前完成 22 个传统商圈升级①。上海南京西路商圈在 2019 年同样启动了 16 大存量商场的改造②。

作为城市中的地标之一，传统商圈也是游客必到的打卡点，但是往往**"人来了，却难以留下消费"**。以全国性的商业集团王府井集团为例，28 家百货门店建设遍布全国省会城市与中心城市的核心地段，游客如织。北京王府井大街，每天客流量最高峰都可达 90 万人次③。王府井集团 70%④营业收入来自百货业态，若是人流量能高效转化为消费额，王府井集团的营业收入也应相当可观。但是王府井集团的利润却在大幅下滑，根据其 2019 年财报显示，利润总额同比下降了 15.15%⑤。

如何把路过的流量有效转化成在地的消费，是传统商圈需要解决的迫切问题。北京王府井百货的一场"自我救赎"——和平菓局，提供了一种巧妙的解法。在改造为和平菓局前，北京王府井百货大楼地下二层面积达 2 400 平方米的空间，是几乎没有顾客光顾消费的打折区，历时 4 个月升级

---

① 新华网：《北京年底前完成 22 个传统商圈改造升级》，http://www.xinhuanet.com/2021-07-26/c_1127696092.htm，2021 年 7 月 26 日．
② 联商网：《上海南京西路商圈 16 大存量商场改造，谁最有看头？》，http://www.linkshop.com.cn/web/archives/2021/462066.shtml，2021 年 1 月 25 日．
③ 龙商网：《王府井：消费升级在路上》，https://www.longsok.com/wap.php?action=article&id=52623，2019 年 9 月 17 日．
④⑤ 中国商报：《营收增长乏力 利润大幅下滑 王府井将何去何从》，https://baijiahao.baidu.com/s?id=1665015706302710160&wfr=spider&for=pc，2020 年 4 月 26 日．

完成后，开业一个月以来，日最高客流量突破 16 000 人，周末日均客流量为 11 000 人，平日日均客流量为 7 000 人，日均销售额达 6 万元①。

和平菓局逆袭的撒手锏，是"沉浸式"场景的营造。通过视听触多感官强体验的刺激，增强消费者的参与感和互动感，让消费者更愿意长时间停留在实体店中。**商业需要消费，内容决定时间，时间决定消费**。通过"沉浸式"场景的营造，现在小红书对和平菓局的建议游玩时间通常都在 2 小时左右。

"沉浸式"场景的构建，**氛围要"足够真"**。真正的沉浸式是最大限度精确到每一处细节的设计。将沉浸式场景构建玩到极致的和平菓局，以老北京街景作为原型，搭建出一个 20 世纪七八十年代的"微型老北京城"，除还原四合院、胡同、旧时商铺、戏院、火车站等经典景观外，在置景中应用了大量实物，"一花一鸟皆鲜活"：包括真正的挂蒜、白菜、竹制衣架、旧货市场费心思淘来的飞鸽牌自行车等，尤其为了呈现老北京的雪景，特别采用专业技术打造了一座四季飘雪的山神庙，老北京雪景跃然眼前。只有在细节处做到"滴水不漏"，才能让消费者做到与真实世界的剥离，长时间陶醉在布置好的"异时空"中。

除静态元素外，**空间还要"互动强"**。让空间充满"人"气，让空间动起来，场景才更加鲜活。和平菓局联合互动沉浸体验的资深玩家——戏精学院，邀请了 20 多位演员，还原走街串巷的手艺人、经营各类铺子的商人。真人 NPC 的加入，与既有的静态元素相辅相成，仿佛为消费者提供一场动静结合的线下版大型实景互动游戏，对消费人群的感官产生充分调动。

当空间真正做到可以"消化"掉人们的时间，消费转化就有了更大的可能。像和平菓局这样，不仅自身存在盈利点，更对王府井百货大楼中的其他消费空间产生了巨大的辐射效应：带动王府井百货大楼整体月客流量同比上

---

① 搜狐网：《和平菓局国潮街设计鉴赏》，https://www.sohu.com/a/473251744_472448，2021 年 6 月 21 日．

升26%，销售额同比增长8%，其中餐饮收入更是同比增长45%[①]。当然还有更为极致的做法，像长沙超级文和友，除沉浸式体验的部分外，还设置了饮食、书店、剧场、美术馆、艺术品商店等更为多样化的转化业态，把更多盈利点握在自己手中。

因此，对于低效商业区，应以"沉浸式"场景为突破点，充分抢占消费者的时间，进而有效将流量转化成消费，从而撬动商业区重获生机。

2．**历史文化区：以"故事化"场景为支点，撬动"限制"变"资产"**

历史文化区是城市更新中风貌保护的重中之重，正如前文提到，其改造难度颇大。当**历史成为一种炙手可热的消费品**后，这些代表着历史的"限制"可以成为未来的"资产"。

当下，越来越多的人开始挖掘历史，消费历史。无论是《国家宝藏》、河南卫视"奇妙游"系列节目的火爆出圈，大唐不夜城、西塘汉服文化周受到的现象级追捧，还是故宫文创、考古盲盒的巨额销量，都能证明，历史正在成为人们的消费关注热点。

历史文化区不可动的地形地貌、历史遗存、老树等，是一个城市历史底蕴、人文精华最深厚的承载，是天然的历史幕布，最适宜讲述城市故事，通过"故事化"场景的营造，能够成为历史消费激发点。

在"新技术观"篇章《超时空生活指南：XR创造的虚实集成世界》文中，将虚拟场景植入城市空间的蒙特利尔"城市记忆"项目，恰恰也是老城巧用"故事化"场景，打造历史文化区更新的典范。

项目的"虚实集成"只是手段，其关键在于对于"城市故事"的萃取和展现。蒙特利尔老城通过萃取建城375周年以来的历史片段与人文精华，制成移动影像，投射到蒙特利尔老城内众多历史遗存上，将文化名城的故事以电影叙述的方式向世界讲述。该项目为蒙特利尔老城的经济焕活作出了巨大

---

① 搜狐网：《和平菓局国潮街设计鉴赏》，https://www.sohu.com/a/473251744_472448，2021年6月21日．

贡献，吸引了 200 多万名游客。2016—2017 年，游客在老城区的消费约为 5 500 万加元，折合人民币约为 2.75 亿元[①]。

"城市记忆"项目故事化场景的成功之处，在于故事的主体不是"一个"，而是"一群"。通过集群式的组合，将本身内容未必强势的历史遗存，由"量变"达到"质变"，实现"1+1>2"的协同效应，共同产生更强的文化号召力。

同时，作为故事的基础元素构成，每处单点场景都要足够有趣。而通过科技赋能，"城市记忆"做到了对历史遗存施以最小影响。项目共设置了 26 个影像点、100 个兴趣点、30 多个故事点和 3 个体验站[②]。影像点以 3D 投影为主，将历史建筑、老码头的钟楼、酒店大堂、城市高楼外立面、小巷地面、停车场墙面、广场的大树作为载体进行影像投射；兴趣点以音视频讲述为主，基于位置信息向智能移动设备推送该点的历史档案图像、介绍性文字、二维动画音频与视频；故事点以 AR 技术为主，通过智能设备的屏幕在现实元素上叠加图像和动画。体验站则以 VR 技术为主，融合 3D 全景、戏剧化的历史叙事、内置式环绕音响，创造出真实或想象的环境，给游客身临其境的带入感。

单点形成后，再用一条"故事线"串联起片区各散点，激活整片区域。"城市记忆"定制开发了一款手机 App，将老城区所有单点加入进来，游客想要完整体验如此丰富的内容，需要用 2～3 天的时间。在路径设置上，App 设置了 30 分钟、60 分钟、90 分钟的多条动线，可供游客自主选择[③]。

在历史文化区搭建"故事化"场景，可以将遗址活化、文旅体验、城市品牌、商业模式无缝连接，产生强大的产业带动力。蒙特利尔就通过打造"城市记忆"，在老城激活了餐饮、酒店、文创、教育等多个行业，最终达到重振老城经济活力的目的。

[①][②][③] CTPI 主题公园研究院：《巧用文旅故事力，打造主客共享的全域旅游项目——蒙特利尔"城市记忆"案例解析》，https://www.sohu.com/a/391327818_100019943，2020 年 4 月 26 日。

在运营层面，虽然"城市记忆"项目由单一主体运营，但国内已经出现了更为经济的多主体运营模式。广州越秀区博物馆群落的打造，创新了"政府托管＋企业资金""政府统筹＋专题博物馆""政府支持＋社会力量"三种办馆模式。除广州市金融工作局、越秀区金融工作局开办岭南金融博物馆、广州民间金融博物馆外，越秀区下辖18条行政街道中有11条街道依托街道文化站、社区活动中心开办社区微型博物馆外，更有中山大学开办中山大学医学博物馆，当地企业开办锦泉眼镜博物馆、广府本草博物馆。**号召不同层级政府、学校、企业等多类运营主体共同参与更新，可以有效减少政府的财政支出与相关场馆的运营压力。**

总结来看，对于历史文化区而言，应以"故事化"场景为触媒，撬动被严苛限制的风貌保护变身值得挖掘的"文化富矿"，让历史遗迹成为城市历史文化消费的激活场。

3. 老旧居住区：以"定制化"场景为支点，撬动"生活住区"变"创业社区"

老旧居住区设施老化，居住环境不佳，当前的更新多以管网改造、加装电梯等内容为主，重在提升本地居民居住品质。而老旧居住区由于地处城市中心，是最接近城市商务办公的地方，成为大多数年轻人租房的选择地。因此，**老旧居住区的更新更应转换思维，瞄准"新居民"——"租房青年"。**

这些租房青年被称为"蜂族"：蜂族不同于蚁族，蜂族年轻且高知，一般拥有更优质的教育背景和更好的就业条件，以及更强的创新创业动力和更高的生活品质追求。

为了争抢蜂族，国外众多城市打造了"蜂族公寓"，包括波士顿南湾"创新单元"、伦敦"纳米楼"、巴塞罗那布诺区小户型住宅等。国内各城市也意识到"**不再只有写字楼才是生产力，留住年轻人才精英的'蜂族公寓'更是生产力**"。深圳水围率先将城中村握手楼改造为人才公寓，拉开了老旧居住区从"生活住区"变为"创业社区"的序幕。

"蜂族"和一般的居民对居住单元的需求并不相同。如他们带眷比[①]低，身体健康，是不是学区房、周边是否有大型医院的配套不会成为当前最重要的考量。他们现阶段最大的追求是"生活有保障，事业有梦想"。因此，要针对性吸引"蜂族"，老旧居住区就需要构建"定制化"场景。

定制化的基础要求是"生活有保障"。蜂族公寓需要从外到内地去满足他们"房子是租来的，但生活是自己的"的生活态度。首先，**外观要酷炫**。都市感极强的公建化立面既能彰显居住品质，又能很好地与周围的公建环境相协调，是不太容易出错的选择。其次，**功能要复合**。例如，波士顿南湾的创新公寓就通过家具的组合拼接，使其成为一个集休息、交友、休闲、就餐、办公于一体的多功能空间。最后，**配套要高效**。对于工作繁忙的年轻"蜂族"，他们更需要将时间进行有效地分配和利用。具体反映到配套设施建设方面，就需要聚焦在那些高品质、高效率、家务外包化的服务，如送餐、便利店、洗衣房等。

定制化的更高阶要求是"事业有梦想"。微软《2021年工作趋势指数报告》揭示，未来的工作方式很可能将转变为远程/面对面办公相混合，加之科技人才自主创业和接受培训的需求，**社区级共享工作空间**，将成为老旧居住区改造的新需求。

在老旧居住区中布局社区级共享空间，能够让这些蜂族"跟一起生活的人一起工作，跟一起工作的人一起生活"，从而形成良好创业生态，吸引更多企业布局。脱胎于城中村的杭州拱墅瓜山未来社区，通过打造近2万平方米的青年人才创新创业空间，不仅形成了年轻人扎堆居住的地方，更形成了他们创新工作的大本营[②]。曹操出行杭州运营中心、滴滴出行杭州城北服务中心、国家广电总局新视听学院杭州教育培训中心、MAO Livehouse音乐现场

---

① 所谓带眷比，就是一个地区、一个行业或者是一个公司带家眷的在职人员数量与总就业人数的比重。带眷比可以用来反映员工对于公共服务需求丰富度的强烈程度。

② 杭州日报：《杭州"未来社区"：未来已来》，http://www.hangzhou.gov.cn/art/2021/3/30/art_812262_59031986.html，2021年3月30日．

及润上·青年奥特莱斯等一批项目签约落户，涵盖文化娱乐、智能出行、新零售等前沿领域，预计税收超千万元[①]。

根据社区周边产业需求，以培训作为引擎，将有效促进生活住区进阶为创业社区。瓜山未来社区北苑，有一个面积约为1万平方米的网红直播基地，润上·青年奥特莱斯体验店也落户于此。为了更好地服务于产业发展，瓜山未来社区特别签约落户了国家广电总局新视听学院杭州教育培训中心，针对网红主播等行业从业者进行职业技能培训认证，承接网红孵化、融媒体运营、艺人经纪等业务。培训出来的优秀直播人员，直接可以在润上·青年奥特莱斯体验店直播带货，也可以留在社区北苑的网红直播基地发展就业，用培训构建起一个完善的产业链。

因此，对于老旧居住区而言，应以"定制化"场景为催化，将生活住区激活为创业社区，吸引年轻创新创业人群的导入与集聚，迎接未来新活力。

4. 低效工业区：以"社交化"场景为支点，撬动"工业厂区"变"科技新区"

产业升级诉求和城市产业土地供应约束的多重条件下，城市中心低效工业区的产业转型，成为全球都市产业发展的新触媒。纽约、旧金山、西雅图、波士顿、伦敦、柏林等城市的老城区内，都涌现出了科技创新区，无论是纽约的硅巷，还是伦敦的东区科技城，无一例外地印证了"科技创新都市化"的新潮流。我国城市中的低效工业区也应当抓住科技回归都市的趋势，努力成为科技创新的孵化地与集聚地。

《科学美国人》指出："今天的科技是复杂的协作系统，要有多个单位紧密协作，像爱迪生那样单打独斗的创新时代已经结束了。"这也就意味着，**低效工业区在更新为科技新区时，要特别关注高密度的协同网络搭建**。创新人群只有高频次的交流，才能在思维碰撞下激发创新，也才能催生创新经济蓬勃发展。因此，让科技人群交流起来的"社交化"场景的构建，是吸引科

---

① 杭州日报：《拱墅：瓜山未来社区的超强配套来了！》，http://www.hangzhou.gov.cn/art/2021/1/28/art_812264_59026441.html，2021年1月28日.

技人群聚集的关键。

纽约布鲁克林丹波区（Dumbo）通过"社交化"场景的构建，完成了从废旧工厂区到科技创新区的逆袭。如今，丹波区聚集了纽约市 1/4 的科技公司，涵盖移动通信、生物医疗、数字化媒体等领域，雇员达到 1 万名[①]，与海军港和布鲁克林市中心区共同形成了布鲁克林科技产业三角区。

通过艺术热场，快速改变工业区的区域形象和区域认知，是"社交化"场景营造的第一步。丹波区开发商为了吸引艺术家和文化团体，拿出至少 10% 的开发空间，以低租金甚至免租金的方式专门提供给他们。丹波区由此开启了一场艺术化改造——墙面创作工程、艺术地标设计、办公空间艺术化改造、艺术节举办……被艺术包装后的丹波区吸引了人们的目光，全球顶尖的建筑事务所 BIG 也因此选择入驻。BIG 事务所合伙人英格尔斯表示："视觉上的享受，接近曼哈顿市中心的地理位置，再加上 Dumbo 社区的艺术氛围及公共空间环境……在纽约，Dumbo 显然是 BIG 的首选。"[②]

有了艺术化的环境后，还要发挥工业区特色，打造直击科技人群嗨点的"社交化"办公空间。以美国著名电商企业 Etsy 总部为例，它是依托丹波区原有的咖啡仓库改建而来，足够宽大的厂房窗户是这栋建筑的天然优势。因此，所有工作区都被设置在离窗 12.5 米内，所有员工不但可以尽情地接收到自然光，还可以享受到宽阔的办公视野。内部必要的空间间隔以透明玻璃为主，让科技人才们可以无障碍地看到彼此，随时随地交流。同时，厂房的高空间和大面积为公共区域的打造留下了良好基础。每一层都有足够的空间设置休闲咖啡区、棋盘游戏区、乒乓球区等。科技人才在这里不仅能够得到日常工作能量补充，更能放心交流。

户外更是"社交化"场景构建的重要区域。丹波区将占地约 34 公顷的

[①] 搜狐网：《纽约·纽约｜移投路讲座》，https://www.sohu.com/a/207649238_123927，2017 年 11 月 30 日。

[②] "SPACE 内外"微信公众号：《BIG 如何打造自己的办公室？》，https://mp.weixin.qq.com/s/dDyYK76Ffq4V-fHI__MpVg，2019 年 8 月 1 日。

工业滨河区改造成了一片极具丰富性的户外交流场所。工业码头原有的金属结构得到了充分利用，被改造成篮球场、足球场、橄榄球场、曲棍球场、手球场、板球场、沙狐球场、沙滩排球场、溜冰场等运动休闲场地，科技人群可以运动中接触互动。码头堆场则被开辟成大面积的绿色空间，用作桥景草坪、港景草坪、绿道露台等，科技人群可以自由在这里野餐、练瑜伽、观看露天电影、组织展示交流活动。不同机构的精英们面对面交流，就可以带来信息的流通与创意的交汇。

当前，由低效工业区改造成的文创园在国内如雨后春笋般涌现，已经完成了区域热场的准备工作。不妨更进一步，通过"社交化"场景的巧妙安排，吸引科技工作者的青睐，成为城市的科技产业动力区。

对于低效工业区而言，"艺术"快速开局并不足够，同时，应聚焦"社交化"场景发力，吸引科技企业聚集，撬动其成为产业复兴的"新硅谷"。

过去，城市们跑马圈地，短时间内完成了急速扩张；与高速发展相伴的，必然是部分城市区域的滞后与衰老。这些亟待重生的地方，承担了城市过去的辉煌、继承了城市的资产，也理应成为城市的"未来"。它们只是需要找到一根杠杆，打破旧城之困，让自身复兴的过程不再是"负担"和"债务"，而是资产的巧妙盘活。期待生活性服务业通过场景重构，撬动老城的空间价值和吸引力，并进一步激活"引人引产"的能量飞轮，最终实现老城复兴和老城长兴。

做一场明智的风投——让生活成为新区吸引力

文 | 李欣格

如果老城更新是现有资产的撬动与盘活，那新城建设就是一场极具风险性的投资。城市副中心、产业新城、高铁新城、科教新城、空港新城……如今，名称各异、功能不同的各类新城如雨后春笋般层出不穷。据统计，目前我国大大小小的新城有3 500多个[①]。这些动辄几十亿、上百亿的大手笔投资，带来的结果却大不相同——有的新城建设行之有效，成为城市发展的新磁极；但与此同时，也有相当一部分新城沦为空城、鬼城，只剩空壳，让大笔投资打了水漂。

在这样的高风险下，抗风险能力强的大城市尚且需要谨慎而为，财力有限的中小城市更加输不起。如何让新城新区投资真正实现目标、兑现价值，成为新城建设避无可避的问题。

而生活性服务业，可以成为这个问题的一种答案。

一、投资"生活"，就投资了正确的产业

人来还是不来，是新城建设的核心风险点。 人来了，新城有了人气，才能真正活起来；反之则会成为空城、鬼城。因此，新城的投资建设是否能将人引来，是判断其成功与否的关键。而新城引人，无非就是从产业和城市两个角度出发。

投资产业可以将人引来吗？当然可以！新城通过产业项目投资，吸引相关企

---

① "中国城市中心规划院"微信公众号：《2016：中国新城新区发展报告》，https://mp.weixin.qq.com/s?__biz=MzAwMjAyNDg2Mw==&mid=2650448140&idx=4&sn=2eb22beef3abccf2b7bafe9186567fe4&scene=4#wechat_redirect。

业落位，能够带来大量人口。例如，被誉为"欧洲硅谷"的瑞典 KISTA 新城，就以电信、无线、微电子、软件四大产业为核心，吸引了包括爱立信、诺基亚、IBM、HP、INTEL、SUN 等在内的 972 家科技企业，居住人数已达 12 万[①]。

　　高回报也意味着高风险。新城要投资什么产业？具体投资哪个细分领域？引进哪些企业落地？引进企业需要制定什么样的政策？……**从产业赛道的选择，到细分领域的筛选，再到招商的标准和政策，新城的产业投资面临层层难关，一步踏错，满盘皆输。**当然，产业作为"必选项"，关于城市发展的"产业选择"，"技术要点"丛书中已有多本进行了相关讨论，在此一并推荐大家阅读。

　　相比之下，投资城市，发展生活性服务业，是一个相对稳妥且必要的选择。一方面，发展生活性服务业可吸引年轻人来到新城。《2019 中国青年理想城报告》数据显示，城市生活品质已经成为城市吸引年轻人的核心因素，而发展生活性服务业正是提升城市生活品质的重要方式；另一方面，政府对于生活性服务业的发展建设具有较强的控制力，开发路径清晰，确定性强。加之在新城宜居的趋势下，发展生活性服务业本身就已经成为新城建设的"必选动作"，在此基础上扩大投资，将其打造成为新城引人的核心磁极，就更加水到渠成。

　　以法国大巴黎新城为例，在新城建设中提出了"新城市、新生活"（Nouvelle Ville, Vie Nouvelle）的营销口号，以充足、优质的配套设施保证了新城居民拥有良好的生活质量。尤其是在20世纪70年代（新城建设初期）建成的大型商业中心和大型户外休闲娱乐公园，对提高新城关注度，吸引居住人口起到了极大的推动作用。如大巴黎新城之一的圣康旦新城，在 20 世纪 70 年代初的建设初期，就打造了欧尚、家乐福等多家大型商场和超市，20 世纪 80 年代新城中心集中建设期又打造了 Espace Saint Quentin 购物村，年

---

① 搜狐网：《三个案例，看产业新城的正确打开方式》，https://www.sohu.com/a/190699368_764264，2017 年 9 月 8 日.

访客量达到了1 200万人次。

当然，对于新区而言，投资"生活"不等于一味地"砸钱蛮干"，同样需要找到"一击必胜"的投资标的和发展模式，才能兑现未来的"人口吸引力"。

二、城市会客厅，生活产业的明智模式

对于一片空白、急需引人的新区而言，集中发展生活性服务业，建设一个城市会客厅，是一个更为明智的投资选择！

所谓城市会客厅，是指业态丰富、配套齐全、综合承担城市生活服务功能的城市综合体，是新城对外吸引人气、牵引流量的"人气发动机"，也是提升新城生活品质、浓缩展现新城生活的"城市展示厅"。

城市会客厅能够创造高收益。对于新城而言，建设城市会客厅，对于快速打造新城形象，迅速打出城市知名度，吸引人气初步聚集，具有重大意义。高度集中的生活性服务业，可为新城提供优越的城市品质生活，打造具有外显性的都市感，从而满足年轻人群对都市生活的需求与向往。

与此同时，**城市会客厅的规模和成本可控。**城市会客厅并非越大越好，而是要根据城市能级、经济实力、新城需求进行设计，可控性强，在一定程度上降低了投资风险。

新城的城市会客厅又应如何投资呢？

站位新城，要形成对人群的强大吸引力，就必须提供不亚于，甚至优于老城区的生活服务。因此，城市会客厅作为人气发动机、城市展示厅，**应遵循"超配套"的原则，用未来的城市增量，牵引今天的人群向往。**

原则一：空间"超配套"，实现新城理念的外显性表达

城市会客厅是为新城"造梦"的地方。这里要展现出新城的未来风采，要为人们展现可预见的美好城市图景。因此，在空间建设上要做到"超配套"，以建筑设计及城市配套，集中展现新城建设的城市愿景，描绘具有感官打击力的城市画面，从而树立起新城极具辨识度的对外形象。

例如，将建设"国际化大都市"作为发展目标的杭州钱江新城，以空间"超配套"打造了其核心区。在建筑设计上，对标香港中环和纽约曼哈顿，致力于打造超高建筑聚集的都市天际线，塑造了繁华的大都市形象；在城市配套上，落地城市阳台、波浪文化城、杭州大剧院、杭州国际会议中心、市民中心、万象城等一系列公共设施，提供了丰富的都市生活体验。

原则二：时间"超配套"，为未来城市的发展预埋动力

产业新城、行政新城、高铁新城……"新城们"名目繁多，功能与定位自然也有所不同。要满足新城未来产业发展和城市建设的需求，就要围绕新城的未来发展愿景，提前对不同生活性服务业功能进行侧重配置，为未来发展预埋动力。通过时间上的"超前配套"，持续兑现风投价值，实现"放长线，钓大鱼"。

时间"超配套"，就是根据新城未来的产业规划，提前布局与之相配合的生活配套。如韩国松岛新城，将高端的国际会议和商务会展作为引爆区域的抓手，打造了国际级会展中心——松岛会展中心。而为了充分推动商务会展发展，松岛新城在会展中心周围配套兴建了6个五星级酒店，以及大型购物中心等生活性服务业设施，这样可以保障未来大批国际商务人士来此参会时能够获得良好体验。

时间"超配套"，还可以结合产业发展目标，将生活性服务业场景作为产业测试及应用场景。以东京的卫星城——柏叶新城为例，其未来的产业发展重点聚焦人工智能和物联网、生命科学和医疗健康两大领域[①]。因此，柏叶新城积极推进智慧新城建设，在新城示范区投入使用AEMS（地区能源管理系统）、电力智能分配系统、HEMA智能管理系统等多个能源智慧管理系统；同时，建立增进健康管理的疾病预防体系，基于物联网技术对个人健康数据进行收集分析。可以说，柏叶新城示范区，既是产业前沿技术的实证实验环

---

① "规划上海SUPDRI"微信公众号：《城市瞭望 | 东京都市圈新城建设动态：面向未来的智慧城市"柏叶新城"》，https://mp.weixin.qq.com/s/lAP4c1FyXsmxThs6NK9YzA，2021年1月28日．

境,又是新技术在城市应用的集中展示。

原则三：功能"超配套",为新城引人聚人造磁极

传统意义上来说,生活性服务业配套的级别、规模都应根据人口的数量和需求而设置,有多少人口,做多大配套。但在"以城引人"的新城建设逻辑下,**高端的城市生活品质将成为新城引人聚人的磁极,"刚好够用"的生活性服务业配套就不再能满足需求了。**

东京、首尔、巴黎等大都市外围的新城,都不乏利用超前配套吸引人口入住的例子。如首尔的卫星城——一山新城,而1995年建成开放占地1 500亩的一山湖水公园（其中大湖占地450亩）是亚洲最大的湖水公园,显然这是新城的生态"超配套"。这个超尺度的湖水公园,不仅是本地配套,更吸引了大量首都圈的人口来此休闲和居住,成为韩国首都圈最大的休息空间。围绕一山湖水公园,又聚集了一山新城众多"超级配套",包括韩国最大的街区型购物中心Lalesla、全家共享一站式主题休闲乐园Onemount乐园、大型商业综合体Western Dom等,使一山新城成为闻名首尔的购物场所。

明确了投资模式,选择哪条路径,城市会客厅才能得到稳定的收益呢?

三、三大产业路径,确保投资收益

根据《2019中国青年理想城报告》和《中国宜居城市研究报告2021》,环境友好度、商业资源偏好、文化娱乐活力已成为城市吸引年轻人留下来的核心因素。而这三点也恰恰是人在生活中的三个普遍需求——**生活环境、衣食住行和精神文化**。因此,新城建设城市会客厅,可根据自身资源情况和功能定位,从生态、商业、文化三个方面入手。

1. 生态要做"大",以空间优势换环境价值

在"绿水青山就是金山银山"深入人心的今天,生态早已成为新城建设的必然选择。甚至有专家称,建设生态城市已成为下一轮城市竞争的焦点。而在新城做"大生态",借助空间优势做大绿地、大公园、大水面,塑造出新城与众不同的吸引力,也已经成为新城建设者们的共识,毕竟与老城相比,新城的一大优势就在于拥有广阔的空地。

但生态又"岂止于大"?所谓的生态要做"大",不仅是指空间上要远大于老城区的绿化空间,还要在景观设计与活动设计上做大。

利用"大生态"打造"大画面",才能更好地塑造人群向往度。打造"大生态"并非只有空间就足够了,在景观上精雕细琢,让生态"美起来",实现出圈传播,才能吸引人们前来休闲观光。

一方面,可利用"大生态"的广阔空间打造具有异境感的生态画面,为城市人群提供"入园换景"的游览体验。如成都东安新城的青龙湖,在 4 000 亩的水域范围内,结合水体蜿蜒、岛屿多样的自然格局,以设置手摇船、木亭、栈道、芦苇丛等方式,强化区域山水意境,打造一幅生动的古风野趣图,为人们提供了不同于城区绿化风景的古朴生态画面。

另一方面,"大画面"也需要亮眼的细节,具备网红气质的景观小品和特色运动也必不可少。如成都的江家艺苑公园,在景观设计上引入了火爆小红书的科莫多粉色沙滩,细腻粉沙打造的"仙境",成为无数年轻人打卡和"出片"之地。而与此同时,江家艺苑还与达根斯马术俱乐部合作,建设场地开阔的户外马场;与莫壳之家合作,引入拥有 2 个 9 洞球道的户外迷你高尔夫球场,吸引了大量亲子家庭前来体验,让生态画面"动起来"[①]。

以"大生态"承载"大活动",更能为新区打造人气发动机。在新城引人的需求下,城市会客厅的生态不仅要"美起来",还要"活起来",不只要有"花花绿绿",也要有"男男女女"。而需要大空间、大环境底色的活动,就是绝佳的选择。比如美国芝加哥千禧公园利用广阔的空间优势打造露天音乐厅里有 4 000 个固定座位,还在宽阔的草坪安排了 7 000 多个草坪座位,成为密歇根湖边进行大型公演的最佳场所。每年 6—8 月,千禧公园都会举办

---

① 腾讯新闻 - 成都天府绿道:《2021 成都早春踏青地图来了,承包你的周末!》,https://new.qq.com/rain/a/20210220A0BGMG00,2021 年 2 月 20 日。

免费音乐会，其中包括全美仅存的免费户外古典音乐表演系列——格兰特公园音乐节，演出期间座无虚席。

2. 商业要做"极致"，以差异化特色聚集人气

作为生活性服务业的集中承载，城市会客厅的商业属性与生俱来。面对老城已然发展成熟的各类商业综合体，做什么样的商业，才能让消费者"千里迢迢"地赶到相对偏远的新城来消费呢？对此，笔者给出的答案是，新城商业要做到"极致"，形成自身独特的优势，才能在竞争中获胜。

新城商业业态要极致"新"，在"你有的我都有"的基础上，做到"你没有的我也有"！比如，满足消费者的普遍需求，积极引入广受欢迎的消费品牌、网红餐饮等店铺，在业态上与老城相比没有明显短板，**让新城商业"不落伍"**。

在此基础上，新城商业要独树一帜，**积极发展"首店经济"，让新店、新业态在新城首先落地，做到"引领潮流"**。"首店经济"是新城商业差异化发展的重要选择，也是商业繁荣的重要标志，现在已成为各大城市纷纷争夺的资源，上海、北京、深圳等多地相继出台发展"首店经济"计划与鼓励措施。例如杭州天目里园区就开设了在日本享有盛名的"超文艺综合体"——茑屋书店的中国首家分店，作为其园区开业的首批店铺之一。作为闻名全球的"网红店"的"中国首店"，从开业起，天目里茑屋书店里就聚集了大量前来打卡的人群，首日 3 500 人预约名额全满。它也成为杭州天目里对外引人的"招牌商铺"[①]。

定位要极致"精"，定向针对特定人群，形成特色商业形象口碑。在消费需求日益细分的今天，对于新城商业而言，亲子家庭、年轻客群这样的定位已然太过宽泛，不足以成为让人眼前一亮、对特定人群有吸引力的特色商业。新城商业的定位，要更加精准，直击特定人群需求，做到极致。

---

① 钱江晚报：《全球最美书店之一，在杭州开业！首日 3500 个名额全满！到底有啥魅力？》，https://new.qq.com/rain/a/20201018A08LQY00，2020 年 10 月 18 日．

例如，位于日本东京神奈川县川崎市的 Grandtree 武藏小杉商业中心，**将客群瞄准为 20～40 岁的育儿女性**，针对她们重视育儿，也追求时尚与高品质的生活方式的消费习惯，在打造亲子家庭购物餐饮空间、儿童游乐空间的同时，还专门设计了妈妈们的社交空间，由此成为年轻妈妈们的"遛娃圣地"，开店三个月内每日客流量达到 5 万～7 万人。再如，韩国一山新城核心区的商业业态**定位年轻人中的韩流粉丝群体**，以他们为客群目标，不仅引入韩国知名电视台 MBC 梦想中心，建设新韩流宣传馆，还举办多种具有粉丝黏性的活动——明星艺术秀、明星签名会等，而且设立了户外公演舞台，全面引爆街区氛围。一山新城如今已成为新韩流文化观光城市，吸引了大批游客。

3．文化要做"高端"，"壳"与"瓤"两手都要硬

消费升级趋势下，人们的消费需求不仅仅局限于物质，文化消费已成为不可或缺的一部分。而新城的城市会客厅做文化，既要满足人群需求，将文化打造成可以为新城引人聚人的磁极；又要对外打出城市文化的亮眼品牌，树立起城市的精神地标。因此，新城文化要做"高端"，在外观设计和文化内容上都要具备"硬实力"。

诚然，受限于新城相对有限的资源和人流量，打造"高端文化"并不意味着新城要真正"养出"一批一流的文化内容和团队，但新城必须使用巧实力，不论是在建筑磁极的打造还是文化内容的"内外联合"方面，都要提供一流的"文化向往度"。

在建设上，要巧设计，让建筑成为新城地标。纵观国内外的城市建设，以大剧院为代表的艺术文化空间，总能成为城市对外打出知名度和画面感的标志性建筑，如挪威奥斯陆歌剧院、澳大利亚悉尼歌剧院等。因此，城市会客厅的文化休闲服务，**要打造具有吸引力和打击力的"壳"**。富有设计感的文化艺术建筑不仅可以打造新城对外传播的重要画面，而且可以塑造人们对于新城的向往感，提升外界对新城的认知度。

打造高度聚集、超浓缩的建筑群，更能营造文化会客厅的氛围感。以美国橘郡文化艺术中心为例，在 140 亩左右的空间中，聚集了朱迪莫尔剧院、塞格斯特罗姆大厅、南岸话剧院、萨姆埃里大厅、蕾妮和亨利·塞格斯特罗姆音乐厅及露天艺术广场等多个艺术场馆，各场馆之间高度聚集、步行可达，塑造了一个艺术氛围浓郁、文化交流活跃的片区，不仅增加了人群的停留时间和造访次数，更让多种文化在这里碰撞交流。

在设备上，要高标准，有好的设备、好的场地，世界高水平的演出团体才会来，高水准的演出才会在当地上演。美国橘郡文化艺术中心从一开始就确定了发展高端艺术演出的路线，从建设之初，就以高标准的要求打造艺术场馆，相继建设从 250 座、500 座到 3 000 座的多个规模不等、可满足各类演出需求的专业剧院，使莫斯科大剧院芭蕾舞团等世界著名的演出团体纷纷来这里演出。

在服务上，要高质量，让大师在本地发光发热。在引入高品质的文化艺术内容之后，要与世界级的艺术家、艺术团体保持良好的合作关系，将高端艺术与本地艺术教育相结合，提供优质的艺术服务。美国橘郡文化艺术中心就借助与世界一流艺术家之间的良好合作关系，让世界级大师在此停留。橘郡联合艺术家打造了顶尖的艺术教育平台，形成了一套系统完善的艺术培训模式，为孩子们提供形式高端、种类多样的艺术培训和艺术讲座。此举满足了高知人群对孩子艺术培养的需求，实现了对高知家庭的吸引。

在运营上，要专业化，专业的事情由专业的人来做。剧院的持有方，未必要是剧院的运营方。例如，位于广州珠江新城的广州大剧院，在建成之初就通过招标方式选拔了中国对外文化集团公司作为剧院的运营方。这家在对外演出接洽方面颇具经验的专业公司，以较低的成本为广州大剧院先后引入、制作了《图兰朵》《托斯卡》《蝴蝶夫人》《茶花女》《战争与和平》等多部世界级经典歌剧，不仅使广州大剧院成为亚洲史上唯一被国际主流媒体认定的"世界十大歌剧院",还开创了"零编制,零补贴"的全新运营模式①。

在城市发展增量空间日益减少的今天,越来越多的城市在不远的未来,将不再具有广阔的空间进行新城建设。无论是东方的桃花源,还是西方的乌托邦,人类对于美好生活的畅想与追求从未停止。如何利用有限的空间做好明智的风投,从而塑造出未来的理想生活,将成为每个新城都会面临的课题。

以生活为驱动力,将城市会客厅作为新城的磁极,不仅是新城建设中一笔极为划算的投资,更是一个望向明天的窗口。将生态做"大",以"大生态"打造"大画面",承载"大活动",塑造人群向往度,成为新城的人气发动机;将商业做"极致",在满足普遍消费需求的同时做"新"差异特色,做"精"人群定位,让商业成为新城对外的强吸引力;将文化做"高端",以富有设计感的建筑、高标准的硬件设备、专业化的运营管理、高质量的艺术服务,让文化成为城市品牌。

城市会客厅,将让未来居民看到新城的美好未来!

---

① 广州文明网:《广州:一座"超级"剧院,一座文化之城》,http://gdgz.wenming.cn/whjs/202005/t20200511_6456725.html, 2020 年 5 月 11 日.

情感作价　生活入股——以生活塑造乡村新动能

文｜宋　琪

无论是旧城更新，还是新城建设，生活性服务业都能够起到"以小博大"的积极效果，撬动区域的经济发展和价值提升。事实上，生活性服务业不只属于城市。在乡村振兴的大背景下，乡村的生活性服务业发展正成为政策和民生的关注热点。那么，对于乡村来说，生活性服务业是否也能够成为乡村发展的新动能呢？

乡村之于城市，长久以来都是"小跟班"式的存在。乡村的各类要素，源源不断流向城市，支撑着城市发展：乡村的人，为城市建设持续贡献劳动力，乡村的产，为城市提供必不可少的食物来源，而乡村的地，在建设用地指标越来越稀缺的今天，也成为城市抢夺的重要资源。乡村资源要素长久、大量地流入城市，遏制了乡村地区主动发展的能力。

城市是未来经济发展的主战场，仍将释放巨大的发展红利。改革开放以来，持续且快速的城镇化进程，使城市成为人口和产业的核心载体。"十三五"末期，我国19个城市群承载了全国75%以上的城镇人口、贡献了全国80%以上的国内生产总值[1]。

对于乡村来说，未来一定要从城市发展接力赛的"场外观众"，变身下场"陪跑"的"接力队友"。以自身的价值点，作为入股城市的"入场券"，融入城市发展的大循环，实现与城市发展的深度绑定，最终共享城市发展红利。

如今，城市发展正处于一个快速变革的时代。人口的高度聚集，使城市成为科技革新的重要策源地。一系列为解决都市人便捷生活需求的技术手段

---

[1] 新华网：《以"人"为核心提升城镇化发展质量》，http://www.xinhuanet.com/fortune/2021-03/12/c_1127201552.htm，2021年3月12日.

应运而生：高效精准的物流分拣系统、快速响应的外卖、出行派单平台……层出不穷的各类科技，让都市生活呈现着日新月异的"打开方式"。

那么，在这个快速变革的时代中，乡村应该抓住什么，才能实现从城市发展的"小跟班"到"合伙人"的转变呢？

一、乡土情结，乡村入股城市的核心价值

乡土情结深深融入中国人的血液，在快速城市化之下愈加浓烈，是乡村在快速变革的时代中最为确定的价值点。

几千年来，人与土地、人与自然的情感依存，使乡村成为都市人乡愁回望之中的精神家园。"开荒南野际，守拙归园田"的乡间生活，是无数文人流连忘返的情感寄托。"稻花香里说丰年，听取蛙声一片"的丰收喜悦，承载了每位中国人对美好生活的向往。"水光潋滟晴方好，山色空蒙雨亦奇"的乡野景观，更是塑造了中国人传承千年的审美格调和艺术精神。

近年来，以乡村为背景板的各类综艺和视频迅速走红，成为都市人乡土情结的临时"寄存处"。例如乡村慢生活主题综艺《向往的生活》的第五季开播仅 23 天，就创下 6.43 亿次播放量的纪录[①]。无独有偶，《亲爱的客栈》《哈哈农夫》等一系列乡村田园真人秀节目，同样掀起了一股股的播放热潮。再如乡村短视频的兴起，无论展现诗意田园风光的"李子柒"，还是再现乡村生活烟火气的"蜀中桃子姐"，质朴的生活加上田园的风貌，唤醒了每位看官内心对乡土的深深眷恋。

二、生活性服务业，是股本，也是动能

怎样才能将乡村的情结吸引力转化为乡村的发展动能，融入城市发展的大循环呢？——生活性服务业，可以成为连接乡村与城市的纽带。

---

① 搜狐网：《〈向往的生活〉让杨紫参与相当于"王炸"，而张艺兴则是博得收视率的重点》，https://www.sohu.com/a/466695383_100216189，2021 年 5 月 16 日.

这里所说的生活性服务业，不只是面向本地人提供基础生活配套的服务业态。这不仅是基于我国城市化大势下乡村消亡的现实，更是由于我国仍有部分乡村"自我造血"能力不足，导致本地的基础生活配套，还停留在"依托城市成熟商业模式下沉"的被动发展态势之中。

本文所关注的生活性服务业，是能够对接都市的消费形态，是能够让久在城市樊笼之中的人们，从当下生活中适当抽离的"精神体验式"消费。而这也刚好匹配了我国当下"重精神而非物质"的最新消费趋势。

经过改革开放多年的快速发展，中国开始与其他发达国家一样，逐渐进入"后物质主义"时代，人们从物质需求逐渐转向精神需求。而这也正契合了我国向第四消费时代进阶的趋势。日本著名消费研究者三浦展先生在著作《第四消费时代》中，将人的消费特征划分为四个时代。第一消费时代，城市化开始出现，消费崇尚西洋化；第二消费时代，经济高速发展，大众化、标准化的商品占据主流；第三消费时代，高度消费时代，追求品牌；第四消费时代，追求简约消费，注重精神愉悦。基于国情差异，两国的时代消费特征并不会完全趋同，但更为注重精神层面消费的趋势，却已经成为时代的召唤。

在第四消费时代中，人们获得幸福感和满足感的方式变了，人们更加倾向于用金钱购买一段幸福的时光，或是某种难得的体验。一个万元品牌包所带来的幸福感，可能不及与家人的一次远行。

然而，追求精神体验，并不等同于物质层面的"返璞归真"。因此，**千万不要将都市人的乡土情结与质朴的乡村生活画上等号**。如果仅凭原始风貌就能吸引都市人，不加任何修饰的乡村才是都市人的精神家园，但事实上，真正能够吸引都市消费者的，是那些看上去自然而然，但精心修饰过的自然。如近年大热的网红乡村民宿——隐居乡里旗下的山楂小院，就是在专业设计师参与下，乡土风貌与都市审美的完美融合。看似不经意的空间细节之中，蕴藏着不留痕迹的精心雕琢。

也就是说，都市人向往的乡村，是"美学滤镜"后的样子，而不是真正的"面朝黄土背朝天"。这里的乡村是高颜值的,要用能够"出片儿"的世外桃源景观形成"第一眼吸引力"。这里的消费是都市化的,要用专业的服务、聚焦的业态打造"不虚此行"的体验。这里的硬件设施是与城市看齐的,要用最舒适的休憩设施,温柔承载都市人的"田园耕读"梦。

因此,为了打造更符合都市人审美和需求的乡村消费体验,一定要借助专业的策划、设计、运营团队的力量,为情怀落地提供全流程的技术支撑。而当下,我国有大批创意设计人才正积极投身于乡村建设中,为乡村的景观风貌提升乃至经济社会发展,提供了重要的人才基础。

三、对接都市消费,精准入股三大领域

乡村基于"我有什么"对接都市消费的打造模式,已经难有提升空间。 从乡村提供的服务来看,从功能单一的农家乐,到体验丰富的休闲农场,再到小资气质的度假民宿,以营造与都市具有较强切换感的"差异生活"为主的服务,已经颇为成熟。

面向未来,乡村要更加关注都市人"需要什么",精准把脉都市人的情感诉求,融入城市的价值飞轮。 依托多种类型的生活性服务业,对接都市人群精神疗愈、精神陪伴、精神向往三类需求,成为都市人向往的"精神原乡"。

入股领域 1:精神疗愈——**都市压力生活引爆疗愈需求,康养服务大有可为**

近年来,都市的高强度工作压力导致的亚健康状态逐渐呈现年轻化、大众化趋势。相关调查显示,2020 年,我国职场人的平均压力分值为 6.9 分(10 分为"压力爆表"),达到近两年的峰值,40 岁以下的青壮年更是成为职场压力的敏感群体[1]。都市压力的不断升级,催生了较强的减压需求。欧姆龙的《都市人压力调查报告》显示,53.01% 的人会选择外出游玩缓解压力[2]。因

---

[1] 艾瑞网:《〈中国职场压力报告 2020〉:八成人因"事业无成"倍感压力》,http://news.iresearch.cn/content/2020/07/328896.shtml,2020 年 7 月 1 日.

[2] 搜狐网:《你今天压力爆棚了吗?——都市人压力调查报告》,https://www.sohu.com/a/233947554_465303,2018 年 6 月 4 日.

此，以减压、疗愈为核心目的的"疗愈经济"成为我国近年来重要的消费趋势之一①。

乡村茂密的植被、清新的空气和低密开阔的自然空间，是缓解都市压力的一剂良药。而当下，优美的自然风光已经是大多数乡村吸引都市人的"标配"。要想"吃好"环境这碗饭，乡村必须在原有浅度观光的基础上进行体验升级。

"自然疗法"是乡村兑现自身环境价值的重要路径。"自然疗法"提倡尽可能采用自然物质来预防和治疗疾病。遵循该模式，乡村可以快速切入健康服务大门类之下的康养服务领域。**康养对于大多数乡村来说，是一个"含金量"极高的生活性服务业**，不仅自身产业环节多、便于寻找切入点，而且对其他生活性服务业，如养老服务、体育服务、文化服务等，具有较强的联动发展效应。

要想切入康养领域，环境是基础前提，专业的软性服务则是重要的引人利器。一般来说，根据当地康养产业基础的有无，软性服务呈现出两大不同的发展模式。

对于那些拥有康养产业基础的乡村或小镇，要放大优势、形成体系，以**专业化的康养服务构建核心竞争力**。充分发挥本地专科医院、理疗诊所等健康服务机构的专业优势，通过构建"健康诊疗—疾病治疗—康复疗养"全流程康养服务体系，将乡村打造成具有较高专业度的健康休闲中心。

德国历史悠久的康养小镇巴特克罗青根（Bad Krozingen）通过整合本地医疗机构在老年科、神经科、睡眠科等领域的技术优势，将自身塑造成一个全面服务于健康的小镇。同时，还持续完善各类生活性服务配套，通过打造购物街区、增设文化休闲消费，丰富康养者的度假体验，使其延长了停留时间，这也极大地拉动了本地经济：人口只有2万人的小镇上有60%的人从

---

① 搜狐网：《2019年中国消费趋势报告出炉｜附营销攻略》，https://www.sohu.com/a/298098020_210938，2019年2月27日．

事与康养密切相关的工作，每年接待康养消费者近10万人，过夜人次更是达到了62万①。

对于那些康养产业基础较弱的乡村，则要细分需求、精准引入，以个性化的课程体系塑造核心吸引力。通过康养机构、健康管理机构等专业资源的引入，为不同需求的康养消费者设置个性化的课程体系，从而使每一位消费者都能获得对应参与强度和参与深度的疗养体验。

日本森林疗法的标杆项目——山梨FuFu保健农园，就是在高质量自然环境基础上，设置了"入门级、进阶级、定制级"的分等级课程体系，以吸引大量都市人群。入门级康养课程以瑜伽、坐禅、夜读等项目为主，这类项目参与难度低，具有浅层舒缓身心的效果。在进阶级康养课程中，人们可以在专业向导带领下进行森林徒步、芳香疗法、观星等深入体验，通过亲近大自然获得身心安宁。而定制级康养课程则更注重个性化需求，通过聘请专业人士，开展心理咨询、艺术疗法、抚触按摩等专业性更强、疗效更显著的康养服务。正因为精准地匹配了都市人群的精神疗愈需求，山梨FuFu保健农园被誉为东京人的"减压圣地"，成功带动自身经济发展。

入股领域2：精神陪伴——快节奏生活挤占共处时光，深度陪伴或成新蓝海

高速运转的都市生活，个人时间被工作、通勤挤压，与家人的共处时光更是成为"稀缺品"。调查显示，44.3%的人下班后与家人沟通时间不足1小时②。与此同时，人们在互联网等虚拟空间的高频互动夺走了本应属于彼此的深度陪伴。

乡村相对不便捷的交通设施和不完善的各类服务，反而成为营造深度陪伴的优势。 远离城市纷繁的人们，可以在不受打扰的乡村空间中，实现深度陪伴。在此情况下，**住一晚就变得十分重要。** 这不仅能延长陪伴时间，兑现乡村

---

① 巴特克罗青根官网：*bad krozingen a region to live in*，www.bad-krozingen.de.
② 搜狐网：《当代家庭关系：从"围炉而坐"到"无奈的独居者"》，https://www.sohu.com/a/427901354_186085，2020年10月28日.

价值，同时，也能够激活住宿、餐饮等相关服务业，成为乡村发展的盈利点。

亲子和伴侣，是对陪伴需求最为强烈的两类群体。他们不仅需要陪伴，更需要高质量的陪伴。大量亲子家庭期望通过共同参与某个项目，创造亲子共度时光。伴侣则更倾向于暂时"抛弃"日常生活，在浪漫的主题空间中，创造甜蜜的回忆。

以亲子和伴侣为主要客群，以"住一晚"牵动乡村经济，将呈现出不同模式。

（1）**亲子陪伴模式：将艺术互动融入住宿体验，点亮亲子共处时刻。**

目前，市场上的亲子游产品相对单一，大多数亲子项目仅有简单的玩乐设施，缺乏与自然、艺术、人文的有机结合。可以说，简单的亲子玩乐已经无法轻易地"撬开"父母的钱包。成立于2015年的亲子精品度假品牌——隐居乡里，成功突围乡村旅游红海，目前已在北京、上海、成都、重庆等大城市周边成功打造了20余个亲子度假项目[①]。其成功的内核便是**借助"住宿+主题活动"模式，为亲子时光"上色"。**

首先，在住的层面，依托老房子、营造新体验。隐居乡里通过"修旧如旧"的建筑改造方式，保留老房子、老院子的古朴风貌，拉近人与自然的联系。而关系到入住体验的一系列硬件设施，如冷暖设备、现代卫浴、精致床品，却一件不少，力求为都市亲子家庭提供完美的住宿体验。

在高品质住宿的基础上，融入艺术主题的互动体验项目，满足家长"寓教于乐"的亲子共处诉求。以田间果林为背景，打造戏剧营，成为隐居乡里的招牌活动。孩子们可以化身策划者，把自己对人物剧情的想法融入情景设计，也可以成为表演者，通过肢体和语言传达对戏剧的深入理解。家长与孩子之间的互动，如道具制作、山野漫步，也被巧妙地安排在主线之中，通过现场的全程摄影服务，被实时记录下来，凝结成亲子家庭的美好回忆。

---

① 隐居乡里官网：https://www.nalada.com.cn/.

面向亲子打造的文化艺术活动,"师出有名"很重要。隐居乡里采取与专业儿童艺术教育工作者合作的模式,举办亲子艺术活动,以确保活动的高水准。这些艺术教育者不仅有来自英国的资深戏剧教育艺术家,也有来自本土的国家级戏剧教育认证导师,他们会根据不同项目所处的特色场景,为亲子家庭量身定制活动内容。专业的人才搭配专业的组织,成功打响隐居乡里的文化艺术活动品牌,成为吸引亲子客群的"秘密武器"和品牌人气的重要保障。

(2)伴侣陪伴模式:浪漫主题氛围,营造沉浸式幸福体验。

浪漫经济不只属于城市,乡村可以抓住当代年轻人追求浪漫的情感诉求,发挥自身的空间优势,为他们打造专属的约会空间和幸福体验地。位于韩国首尔北部的普罗旺斯村,正是契合了韩国年轻人热衷约会的特点,通过浪漫主题的氛围营造,实现从偏远村镇到旅游磁极的转型。

营造浪漫,还需对"味"。根据韩国观光公社的调查:法国是韩国人最向往的海外旅游目的地,法兰西风情因此成为韩国人心中浪漫的代名词[①]。于是,普罗旺斯村将韩国人认知中的法式浪漫要素进行了整合:南法渔村的明媚色彩、法式田园的缤纷花卉及欧洲童话的浪漫风情,这些元素被见缝插针地运用在村落空间的打造中,营造出了最抓人眼球的浪漫情调。

除外表的浪漫外,在业态上也处处以浪漫为调性、以服务约会为要义。整个普罗旺斯村占地面积仅300多亩,但"麻雀虽小,五脏俱全",浪漫休闲体验极为丰富。在这里,你可以找到格调高雅的法国餐厅、味美香甜的面包店、浪漫创意的设计生活馆、时尚服装家居、主题咖啡店等。浪漫空间的打造和浪漫业态的聚集,让整个小镇的空气都弥漫着温馨幸福的味道,为情侣提供了极佳的约会环境。

不仅白天的业态要浪漫,晚上的夜色更要浪漫。普罗旺斯村通过精心准备的灯光秀,将白天的浪漫体验再次推向高潮。尤其是那条韩国最长的灯光

---

① Target@Biz:《海外旅行,"梦想"是远方,"现实"是短途》,http://www.bizhankook.com/bk/article/1030,2014年5月19日.

隧道，成为伴侣大胆表白、甜蜜合照的热门地标，甚至吸引来了《来自星星的你》剧组，成为男女主角定情吻戏的取景地，进一步打响了普罗旺斯村作为浪漫约会地的名气。最终，普罗旺斯村凭借每年 150 万的客流量[①]，成为韩国重要的浪漫主题旅行目的地。

在浪漫夜色的烘托下，精品度假酒店也就顺理成章地成为刚需——邻近 360 省道开设的 Alberosantto 独栋式温泉酒店，不仅可以提供高品质的住宿服务，更有温泉 Spa、休闲酒吧、露天烤肉架等丰富的度假设施。满足伴侣需求的同时，也让乡村赚到了毛利率极高的住宿收益。

入股领域 3：精神向往——文化消费升级，"诗与远方"聚成新风向

根据《2019 国民旅游消费报告》，从"80 后"到"00 后"的年轻人占我国旅游客群的比例超过 70%，成为旅游消费主力[②]。当下，年轻人的旅游消费决策具有很强的兴趣导向性，他们愿意为了满足自己的喜好支付更多的金钱。在兴趣的影响下，年轻人的社交方式和聚集模式呈现出明显的"圈层化"特征。

从线上到线下，通过参与特定"圈子"来标定自己的身份，通过主题空间打卡来强化自己的"人设"，是年轻人获得精神满足的最佳方式。譬如动漫爱好群体，热衷走遍漫画取景的大街小巷，以圣地巡礼的形式来强化自身的二次元属性。

年轻人众多的兴趣圈中，文化艺术是乡村最容易切入的领域。一方面，文化艺术符合**年轻人的文化消费升级趋势**。2020 年，中国青年报社的一项调查显示，87.5% 的受访青年认为文化消费的目的不再是单纯的娱乐，而是通过观看展览、表演等获得艺术熏陶和精神满足[③]。另一方面，**文化艺术消费空**

---

① 搜狐网：《美丽童话公园故事，乡村振兴规划范本》，https://www.sohu.com/a/536990308_423490，2022 年 4 月 15 日．

② 中文互联网数据资讯网：《携程：2019 国民旅游消费报告》，http://www.199it.com/archives/987410.html，2019 年 12 月 27 日．

③ 中国经济网：《年轻人文化消费升级说明什么》，http://www.ce.cn/culture/gd/202012/28/t20201228_36162103.shtml，2020 年 12 月 28 日．

间也已经开始从城市向郊区蔓延。1998年贵州省六盘水市六枝特区开馆的梭戛生态博物馆就在村落之中，而近年兴建的浙江安吉生态博物馆群中的12个专题生态博物馆以原真、活态的形式散落于12个乡镇，另有26个文化展示馆分布在各村落中。随着艺术载体的多样化和私人化，乡村可以通过中小型文化设施的聚集，为艺术爱好者提供全新的体验。

乡村土地成本和建设成本低，具有较强的空间可塑性，可以更为敏锐地捕捉年轻人的喜好，成为各路文艺青年尽情"立人设、树标签"的文化消费空间。位于韩国首尔近郊的黑里村就是通过走文化艺术路线，成为全球闻名的艺术村，实现了乡村的振兴。

大师建筑是文化艺术类乡村成功的第一步。建筑大师的加持，通常是具有"指数级"效应的：不仅可以帮助乡村迅速建立名气，还能让乡村实现"破圈"传播。黑里村在打造初期就在全球范围内进行设计招募，从营销层面获得广泛关注。并委任了50名国际及本土建筑大师设计公共艺术空间、艺术家工作室等，其中的13栋还获得了包括美国建筑师协会奖、韩国建筑师协会奖在内的多个全球或国家级大奖，吸引了来自世界各地建筑杂志媒体的争相报道，建筑艺术爱好者更是纷至沓来。

在内容展示上，要主题多元，构建圈层地标。文化艺术村要借助多元的文化艺术主题，打造"高容纳度"的艺术乡村，以吸引更多爱好圈层的年轻人。黑里村为此打造了一系列博物馆群落：茶博物馆、画廊博物馆、乐器博物馆、娃娃博物馆、时间博物馆、玩具博物馆、历史博物馆等，成为不同艺术圈层人群的"打卡"地标。

在活动设置上，要深度参与，满足精神需求。博物馆的活动组织既要满足普罗大众的艺术参与需求，又要让专业爱好者获得深入体验。反映在建筑空间上，就是要将业态、受众与空间"挂钩"。黑里村的大多数建筑中，一层空间结合咖啡馆、甜点站，设置成各种艺术的展示空间，让大众可以无门槛地走近艺术。二层空面则融入艺术体验项目，如手工艺品制作、绘画创作等，让艺术爱好者充分贴近艺术。三层空间是小型艺术交流会、私藏展览等空间，为艺术发烧友提供与艺术家的近距离交流机会，满足他们的精神需求。

黑里村的大部分非公共建筑正是采用这种"前店后厂"的模式，将艺术创作、艺术展示、艺术消费在建筑单体中实现纵向有机叠加，构建"用创作支持展示，用展示促进销售，用销售反哺创作"的积极循环，实现经济的平衡。黑里村也借此实现每年110万的到访量，成功跻身韩国旅游景点100强[①]。

总结来看，乡村通过发展生活性服务业来对接都市人的三类需求，本质都是兑现都市消费的价值。对于靠近大城市的乡村来说，可以相对容易地将"近水楼台"的距离优势，转化为自身的发展动能。上述成功的乡村案例，正是依托都市的消费市场，成功切入健康服务、文化服务等生活性服务业领域，由此带动住宿餐饮等业态发展，实现自身发展动能的转换。

我国传统基建与新基建的快速发展，为有资源却地处偏远的乡村发展也带来新的希望。覆盖全国的高铁、公路网络，连接起无数个类似贵州丹寨的特色村落，将他们从深山推到全国人民面前，成为特色文化旅游村，助力当地乡村振兴。

纵观我国的千年历史，辉煌灿烂的中华文明，深深根植于农耕文明之中。其中既有道法自然、天人合一的生命智慧，也有耕读传家、诗书继世的文化道统，既有巧夺天工的农业景观，也有丰富多彩的民间艺术。在此基础上孕育而生的乡土文明，是中华民族生生不息的文化精神内核。到了现在，在城乡一体化发展的大格局下，乡村更是成为城市的守护者。乡村，不仅是社会劳动力的"蓄水池"，更是维持经济稳定的"压舱石"。未来，**乡村要紧紧抓住都市人的精神需求密码，以情感作价，以生活入股，塑造自身发展新动能，成为真正能够"望得见山、看得见水、记得住乡愁"的精神原乡。**

---

① JFES: *A Study on Prioritization of Urban Forest Composition Using Needs Analysis – Targeting Paju Heyri Village*，https://www.koreascience.or.kr/article/JAKO201810237887482.pdf.

第四章　新人才观

1. 上新了，人才！——掘"新"生活服务职业无人区
2. 以存量换增量，拉满中高端人才的生活服务新势能

本章序

文 | 瞿 晶

由本书前几章可见，城市需要把握新消费趋势、新技术迭代的"慢变量"，面向未来引导生活性服务业发展，进而撬动城市"新人口、新经济、新产业"的能量飞轮。

生活性服务业的产业人才升级，是实现这一切的前提。

然而，大众对生活服务人员的潜意识认知，往往是"做生活服务的都是低门槛，谁都能做，没什么技术含量"……这是事实，却不是全部事实。自2019年4月起，国家已陆续发布多个新职业。这些新职业绝非无中生有，而是应"变"而生，其背后折射出一系列人才发展新需求：科技革命引发行业变革，人才内涵将更复合；需求分化催生内容定制，人才服务将更细分；观念转变带来灵活就业，人才构成将更多元……

乘风新趋势，城市自然也应顺"变"而行，树立人才发展新思维。那么，人才新航道要如何选？新人才发展背后又有多少痛点要解决？我们又有哪些人才资源可以挖潜？……

接下来，本章将通过"一手抓增量，一手抓存量"，为读者打开新人才发展的黑箱！

上新了，人才！——掘"新"生活服务职业无人区

文 | 袁伊萌

一、人才不"上新"，生活服务就没有未来！

无论是"新消费"还是"新科技"孕育的新生活服务业，都亟须"新人才"承接。

服务是高度依赖"人"的。从前几章可以看出，未来大众生活服务需求呈现出分众化、定制化、智能化等趋势。这些新趋势的出现，一系列突破"传统服务人员"认知与定义的"新职业"开始随着人们不断更新的生活需求被持续"孵化"：如，为宠物制作甜点的"宠物烘焙师"，为不同要求、不同体质人群均衡搭配轻食产品的"卡路里规划师"，帮助孤独症、多动症等特殊儿童顺利融入课堂的"影子老师"，以及设计专业的流程方案、帮助玩家快速适应虚拟现实的"VR 指导师"……仅美团平台上因新业态而孕育的新职业就超过 70 种[1]。没有人的参与，何谈生活服务的发展。

新趋势下，对未来生活服务者的能力提出了更新、更高的要求，他们绝不是人人都能快速上岗的"普通劳动者"，而是需要一定专业素养的"新型职业人才"！

1. 服务业数字化转型提速，叠加"数字化"技能的复合型人才成未来主流

服务业数字化升级的浪潮已然来袭！本书"新技术观"已表明，伴随着新一轮科技革命和产业变革的迅猛发展，全球数字化程度日益加深，与物联

---

[1] 光明网：《70 多种新职业走进百姓生活》，https://m.gmw.cn/baijia/2020-10/26/34305845.html，2020 年 10 月 26 日.

网、大数据、人工智能、虚拟现实等新技术相关的数字经济新业态、新产品正在成为新的全球经济增长点。《中国生活服务业数字化发展报告（2020年）》显示，2019年中国服务业数字经济比重达到38%，在三次产业中数字化水平最高、转型速度最快[①]。中南财经政法大学数字经济研究院执行院长盘和林更是直言："当前，消费者的消费需求逐渐向信息化、数字化、智能化等多元化方向靠拢，**以新一代信息基础设施为基础的智能化产品和服务已成为消费潮流。**"[②]

在生活服务业的数字化趋势下，逐渐催生出诸如数字化管理师、全媒体运营师、外卖运营规划师、线上餐厅装修师、酒店收益管理师等新职业。从数据来看，2018年中国第三产业数字经济就业岗位达13 426万个，同比增加16.6%，占全国数字经济就业岗位的70%。2019年人社部发布的16种新职业中有半数属于生活服务类新职业[③]。

这些因数字经济发展而诞生的新职业，对从业者提出了新要求：既要具备数字化能力，又要掌握生活服务相关知识与技能。

以外卖运营规划师为例，他们需要了解每家外卖店铺周边消费者的构成，再结合店铺本身的情况，为店铺量身定制适合的外卖运营策略，提升店铺的曝光率、入店转化率、下单转化率和复购率，实现店铺的订单及收入的增长。而这就需要他们兼具数据分析能力、外卖店铺运营能力及对于消费者需求的洞察能力。美团外卖运营规划师阿桂指出："一名优秀的外卖运营规划师应该是销售、数据分析师和讲师三者相结合的复合型人才。"[④]

---

① 中国信通院、美团点评：《中国生活服务业数字化发展报告（2020年）》，https://wenku.baidu.com/view/f98f645424284b73f242336c1eb91a37f111329e.html，2020年5月，第31页.

② 经济日报：《服务业新动能加快释放》，http://tradeinservices.mofcom.gov.cn/article/news/gnxw/202010/110483.html，2020年10月15日.

③ 中国信通院、美团点评：《中国生活服务业数字化发展报告（2020年）》，https://wenku.baidu.com/view/f98f645424284b73f242336c1eb91a37f111329e.html，2020年5月，第7页.

④ 美团点评、21世纪经济研究院、智联招聘：《2019生活服务业新职业人群报告》，https://wenku.baidu.com/view/7f3b194aa100a6c30c22590102020740be1ecdf8.html，2019年7月，第26页.

根据美团研究院的估算,类似于外卖运营规划师这类的数字化运营人才,目前仅美团平台上活跃商户的需求总量就为 279 万~ 558 万人①,缺口巨大。但目前,与之匹配的人才供给却严重滞后,尤其是那些既懂数字化运营技能,又懂生活服务经营的复合型人才更是难觅。不仅如此,在现有教育培训体系中,平台经济、共享经济等数字经济所需要的数字化人才的培养规模也不能满足现实需要,许多行业的低、中、高端人才都呈现紧缺状态,服务经济发展缺少后劲,这些问题都急需创新性的解决办法②。

2. 服务需求日渐细分定制,知识集成型人才成新兴"潜力股"

本书"新消费观"已阐明,随着我国人民收入水平的提高和消费力的增长,消费主体逐渐呈现出"圈层化""个性化"的趋势,人们对于新时代的消费体验也提出了"更高、更快、更强"的要求,这就带来了服务需求的细分定制。

以家政行业为例,不同的细分需求已催生了诸如老年人能力评估师、家庭教师、育婴师、营养师、高级管家等一大批细分新职业;《中国家政服务业发展报告(2018)》中的数据显示,目前家政服务涉及的细分产业已有 20 个门类、200 多种服务项目③。

同时,兴趣经济、潮玩经济等一系列新兴消费亮点,也带动了细分消费领域新职业的个性化发展。以"兴趣经济"为例,青年人喜爱的密室行业,已经孵化出密室剧本、密室音效、密室中控运营等一批岗位;私影行业的观影顾问、版权购买师,汉服行业的汉服造型设计师等也层出不穷。从 B 站联合 DT 财经发布的《2021 年青年新职业指南》可以看出,超过 78% 的年轻人

---

① 美团研究院:《2020 年生活服务业新业态和新职业从业者报告》,https://www.docin.com/p-2482106023.html,2020 年 10 月 26 日,第 1 页.
② 光明日报:《以扩大服务业人才培训推进稳就业》,http://www.qstheory.cn/llwx/2020-08/14/c_1126365351.htm,2020 年 8 月 14 日.
③ 数字商业时代:《被市场"唤醒"的服务升级》,http://www.digital-times.com.cn/12828.html,2021 年 2 月 5 日.

青睐新职业正是因为"符合兴趣爱好"①。

这些由定制化、个性化的消费新需求衍生出来的细分新职业，已无形中对新职业人群的知识面、职业技能和素质均提出了更深要求：只有"一专多能"的知识集成型人才才能"胜出"。

以整理收纳师为例，他们不仅只是一味教人"断舍离"或传授整理技巧，而是通过房屋的空间结构、装修风格、生活习惯、心理状况等具体情况，设计出一套适合客户且科学合理的整理收纳方案。另外，在整理的过程中，整理收纳师潜移默化地改变客户的生活习惯、思维方式，尽可能一劳永逸地解决"乱"的问题。因此，整理收纳师需要具备的不仅仅只有专业收纳技巧，更需要具备空间设计、衣物搭配、心理学等其他综合知识与技能。

随着消费需求的细分，像这样的新职业会越来越多，未来，对于这类知识集成型人才的需求也会越来越大。正如首都经济贸易大学副教授张成刚所说："这些新职业尽管看上去有点儿小众，但随着消费需求不断升级，发展潜力巨大。"②

二、"高要求"难配"大缺口"，职业"上新"困难重重

庞大的人才需求缺口，却不是简单的"有需求就有供给"的市场法则。

首先，在"高素质职业人才"的诉求下，人才供给难以快速补位。

我国虽然拥有庞大的 3.6 亿服务从业人员③，但他们文化和受教育程度普遍较低，甚至缺乏基本的职业技能培训或训练机会，应对日益升级的新消

---

① 澎湃网：《〈2021 年青年新职业指南〉出炉，工作有多少新的可能性？》，https://www.thepaper.cn/newsDetail_forward_12398378，2021 年 4 月 26 日。
② 人民日报：《新职业，择业新舞台》，http://www.gov.cn/xinwen/2021-07/23/content_5626712.htm，2021 年 7 月 23 日。
③ 中华人民共和国人力资源和社会保障部：《2019 年度人力资源和社会保障事业发展统计公报》，http://www.mohrss.gov.cn/SYrlzyhshbzb/zwgk/szrs/tjgb/202006/t20200608_375774.html，2020 年 6 月 8 日。

费需求显得吃力①。以健康照护市场为例，当下，我国家庭平均规模逐渐小型化，传统家庭照护方式难以为继，大量老年人、孕产妇、婴幼儿、残障者等群体，迫切需要社会化、专业化的照护服务，仅有生活照料单一技能的保姆和护工难以满足当今社会健康照护的需求。健康照护师这个升级版的新职业便出现了：他们兼具护理康复、生活照料、心理慰藉和人际沟通交往等多方面的技能，并且能够精准细分不同类型服务对象的需求特点，提供有针对性的、更加优质的个性化服务。现在，健康照护师的供给仍不能满足市场需求，预计未来5年，我国健康照护人员市场需求量在500万以上②。人才短缺，已成为制约服务业，尤其是新型生活服务业发展的突出问题。

此外，由于新业态的快速变化，新职业从业生态尚不健全，导致了潜在从业者的就业顾虑。

《2019年生活服务业新职业人群报告》以及人民日报的调查显示：诸如社会保险参保率低、职业发展稳定性不足、维权机制不健全、职业前景缺少长远规划、教育培训有所欠缺③、职业上升通道不明晰、社会认知度低④等顾虑因素，将会削弱年轻人投身新职业的热情。同时，《2021年青年新职业指南》中显示，在选择新职业的年轻人中，77.1%的年轻人担心新职业的收入养不活自己，58.3%的人觉得工作不稳定，42.6%的人认为保障机制不完善，还有家人不理解、不支持等⑤……

---

① 中国社会科学网：《生活性服务业现状、问题与"十四五"时期发展对策》，http://www.cssn.cn/zx/202012/t20201211_5231139.shtml，2020年12月11日．

② 中华人民共和国人力资源和社会保障部：《新职业——健康照护师就业景气现状分析报告》，http://www.mohrss.gov.cn/SYrlzyhshbzb/dongtaixinwen/buneiyaowen/rsxw/202104/t20210421_413243.html，2021年4月21日．

③ 人民日报海外版：《调饮师、二手车经纪人、碳排放管理员等18个新职业"转正"，你会选择这些新职业吗？》，http://edu.people.com.cn/n1/2021/0412/c1053-32075371.html，2021年4月12日．

④ 美团点评、21世纪经济研究院、智联招聘：《2019年生活服务业新职业人群报告》，https://wenku.baidu.com/view/7f3b194aa100a6c30c22590102020740be1ecdf8.html，2019年7月，第27页．

⑤ 澎湃网：《〈2021年青年新职业指南〉出炉，工作有多少新的可能性？》，https://www.thepaper.cn/newsDetail_forward_12398378，2021年4月26日．

"新人才"需求潜力无限,新职业人才培养迫在眉睫。那么,城市又该如何攻克人才"上新"的重重阻力,为"新职业"发展保驾护航?

三、企业冲锋、政府护航,激活人才"掘新"主力军!

由上文可知,生活服务的"人才上新",不是可以被批量复制的"规模化"的人才培养,更是精细化、规范化的供需匹配:一要直面人才缺口"痛点",做好匹配需求升级下专业化人才的质量保障;二要打通新职业发展的"堵点",做好人才就业生态的渠道保障。

然而,当前人才培养多停留在"规模化"阶段:传统职业人才大多孕育自职业学校,学生在学校接受职业技术培训后,利用所学知识就可以胜任相应的职业工作。但如今,随着经济社会进步和现代科技发展,一个人在同一岗位工作一辈子已经不太可能,社会对职业技术技能的要求也在不断变化和提高。尤其在高度变化和迭代的生活性服务业,一次性的学校教育已远远满足不了一个人需要与时俱进的职业技能的需求[①]。

这就要求职业人才培养体系"与时俱进",扭转人才培养思路,找到人才培养的"新路径"!

生活服务业作为由 C 端(即消费端)驱动的行业,行业企业对于市场消费需求的变化极为敏锐,可以说是市场需求变化的晴雨表和风向标;只有让最了解市场需求的企业担任"新人才"培养主力军,才有可能培养出满足市场需求的"新人才",实现人才供给与行业升级同步、与技术革新同步、与社会发展同步。

因此,生活服务人才培养,应由"政府主导"转型为"社会主体主导"。政府可以鼓励企业大胆牵头,主导"新人才"的培养;同时,政府应为企业和社会力量提供相关政策支持,为"新人才"的培养筑好地基,完善人才就

---

① 光明日报:《用终身教育思想发展职业教育》,https://news.gmw.cn/2020-06/09/content_33896519.htm,2020 年 6 月 9 日.

业生态，让人才培养真正"为大众所需"。最终，通过走"企业为主、政府为辅、社会协力"的路径，多方"联机"，合力解决当下"新人才"培养过程中出现的问题，构建新型职业人才培养体系。

1．企业带头"冲锋"，创新职业人才培养模式

企业应利用好"贴近消费者一线需求"的优势，成立"企业大学"，跳脱传统职业人才培养的窠臼，将行业新趋势与职业人才培养的课程内容相对接，培养符合市场需求的新职业人才。

以美团为例，作为国内最大的生活服务平台，在很快嗅到市场对新人才的需求后，为了推动生活服务业数字化人才培养，美团便成立了"美团大学"，成功探索出了一套国内领先的生活服务业人才创新型培养方案。

（1）线上搭建学校，为"新人才"提供时空不受限的学习平台。美团大学先后开设了餐饮学院、美酒学院、美业学院等多类职业培训平台，为入驻美团的生活服务业商家和新职业人群，以视频的方式提供线上培训服务，内容涵盖餐饮、酒店、文娱休闲等多个领域，其中80%的培训内容均为免费[1]。这种不受地域及时间限制的学习途径，不仅帮助了新职业人群提升行业所需的最新数字化能力，还有效推动了对C端客户服务品质的升级。根据美团提供的数据，截至2019年10月，美团已累计培训超过3 000万人次，输出课时超500万小时，覆盖全国455座城市[2]。

（2）线下与行业协会合作，共同制定新职业人才标准。美团大学还积极探索与各类行业协会合作，共同制定生活服务行业的新职业人才标准。例如，《外卖运营师职业能力要求》就是由美团大学外卖学院牵头发起，中国贸促会商业行业委员会批准发布的首个针对外卖运营师推出的团体标准。该标准不仅明确了外卖运营师的定义，同时拆分解构了外卖运营师的等级划分和

---

[1] 虎嗅网：《美团建了所大学，ATM大学哪家强》，https://www.huxiu.com/article/321820.html，2019年10月16日．

[2] 每日经济新闻：《继A、T之后美团大学也来了 王兴在下一步怎样的棋？》，http://www.nbd.com.cn/articles/2019-10-16/1378820.html，2019年10月16日．

能力要求①。类似的新职业人才标准的建立，在赋予新职业人才专有职业名称的同时，也能为新职业人才的自我提升、人才评价和职业培训方向提供重要参考依据。

2. 政府后方"筑底"，利用公信力为"新人才"培养背书

企业冲锋在前，政府则可以利用自身的公信力为企业背书，为新人才培养做好"后勤配套服务"，打消新职业人才的就业顾虑，让他们能够安心地从事新职业、坚定职业发展信心。

（1）政企合作，为"新职业"提供国家级资格认证。国家颁发的职业资格认证是对从业者技术能力的认可，也是市场承认的职场敲门砖。2020年，人社部教育培训中心就与美团大学合作，依托上文中美团"外卖运营师"的标准发布，进一步推出"外卖运营人才培养项目"，为成功通过课程考核的学员提供人社部教培中心与美团大学联合颁发的培训证书，让新职业人才获得国家级资格认证。截至2021年3月，共有610位外卖运营人员拿到了证书，成为专业认证的外卖运营师。学员杜坤龙表示，外卖运营师的课程学习对他的帮助很大，通过运用这些课程知识，他负责门店的外卖经营业绩增长了整整一倍②。

（2）"官宣"新职业，给予"新人才"社会身份重塑。除了与企业合作外，从政府的角度还可以通过"官宣"，赋予一些尚未拥有正式职业名称的新职业以专属职业名称，肯定新职业从业者的社会职业身份，增强他们的职业认同感和自豪感。例如，奶茶从业者小林就在2021年4月得到了"官宣"认可。当月，人社部发布的新职业中，赋予了从事奶茶等饮品调制工作的人"调饮师"这一正式职业名称。小林也因此备受鼓舞："以前总是被别人称为'奶茶店小哥'，现在有了名字，人们问我是干什么的，我就会很自豪地说自己是

---

①② 澎湃新闻：《又一"新规"开始实施，外卖运营商需具备五大职业能力》，https://m.thepaper.cn/baijiahao_11521398，2021年3月2日.

一名调饮师。"① 可以看出，这对于激励新职业人才更好地投身事业、推动行业发展具有积极的引导作用。

（3）制定"职业生涯指导计划"，为"新人才"勾勒全周期成长路径。

为新职业人才规划出"有确定性"的全周期职业发展路径，有利于锚固新人才、保证新行业的持续稳定发展。

在这一点上，日本"介护行业"的发展经验值得借鉴。日本是世界上人口老龄化最严重的国家之一，对养老服务人员的需求量极大。在日本专业从事养老服务的人员被称为"介护士"，他们是接受过专业理论、技术培训并通过国家资格考试注册的专业护理人员，具备一定的临床护理经验，能够提供专业的家庭护理。

为了推动介护人员的培养、维持介护行业的稳定发展，日本政府联合养老服务行业的主要团体制订了职业生涯指导计划，为介护人员设置了完善的职业成长进阶路径——"介护职员初任者研修→介护福祉士实务者研修→介护福祉士（国家资格）→认定介护福祉士（目前仅为部分民间团体资格）"。获得介护福祉士国家资格后，介护人才还能根据自身优势及兴趣选择不同方向的未来职业发展路径：一是"组织志向的职业生涯"，在基层工作的员工经过规定课时的研修，可以升迁到中心长或养老机构的院长，成为**管理专家**；二是"教育志向职业生涯"，在基层工作的员工经过技能研修等过程成长为养老服务行业的**教育专家**；三是"熟练志向的职业生涯"，培养人才成为养老服务行业的**技能专家**。依托政府规划的职业发展路径，介护人才得以安心发展自身事业，日本也因此组建起了一支高质量、专业化的介护人才队伍，从而使介护服务水平得到提升，也使介护服务体系逐步完善。

3．社会各界协作，多渠道提升新职业的 C 端认知度

除做好向新职业人才培养的"专业输入"外，还需要做好向全社会的"大

---

① 人民日报海外版：《调饮师、二手车经纪人、碳排放管理员等18个新职业"转正"，你会选择这些新职业吗？》，http://edu.people.com.cn/n1/2021/0412/c1053-32075371.html，2021年4月12日.

众输出"——打通新职业的大众认知堵点,扩大新职业的影响力,让更多的人认知、了解并且未来愿意从事新职业。

而想要提升新职业认知度,仅仅依靠企业和政府的力量是不够的,这需要社会多方协力,通过多重手段拓展大众认知。这其中,除采用媒体宣传等传统手段外,尤其要加入年轻人喜闻乐见且潮流新颖的方式来进行"新职业"宣传,鼓励年轻人勇敢"尝鲜";正如中国社科院大学教授黄敬宝所言:"年轻人在做职业选择时更敢'尝鲜',新型职业刚好符合青年具备的创新精神和冒险精神的特点"[①]。

(1) **媒体曝光,扩大职业知名度**。除要在传统的政策层面发力外,还要利用好媒体渠道,通过打造新职业纪录片、综艺及专访等相关节目等手段,提升新职业的社会曝光率,扩大新职业知名度。例如,央视纪录频道于2021年五一推出了一档名为《Hi新职业》的系列职业纪录片,通过聚焦当下五个"新职业"——民宿试睡员、实景地图采集员、铁甲设计师、犬行为训练师、农业经理人,多维度、多层次地为观众呈现了新职业的工作内容。截至2021年8月,该纪录片已经在央视频平台上获得了超过91.6万次的播放量[②],成功唤起了大众对于新职业的兴趣,也让大众对多样化的新职业建立起了更全面的认知。

(2) **名称入手,增强职业吸引力**。一个好听的、格调很高的名称,很容易让人对这一职业产生喜爱和向往。例如,近年来大火的滨海旅游度社区"秦皇岛阿那亚"的服务团队,就起了一个非常文艺的名字——D.O。D.O是Dream Organizer的缩写,意在传达,他们虽然是参与社区服务的基层工作者,但更是阿那亚服务的灵魂人物,是"梦想生活的组织者"。阿那亚还将这一名称融入了自己的招聘标语中——"Let's D.O it"(让我们做吧),进一

---

① 人民网:《看年轻一代的职业选择:既要工作,也要诗和远方》,http://edu.people.com.cn/BIG5/n1/2021/0201/c1053-32018290.html,2021年2月1日.

② 央视频 App:《Hi新职业》,https://tv.cctv.com/2021/05/01/VIDE6qqzQfvP2ZOXIfIuOzOP210501.shtml?spm=C55924871139.PT8hUEEDkoTi.0.0.

步丰富了这一职业名称的内涵,引发共鸣。拥有好听名称与丰富内涵的 D.O 职位,立刻成为阿那亚吸引年轻人的一大法宝。在 D.O 招聘文章的留言区,多能看到"00 后表示想去""太心动了吧""阿那亚真的是我的梦想了!!!"等想要加入 D.O 的留言[①],D.O 的"青和力"已可见一斑。

(3)娱乐体验,提升职业全民度。

想让新职业更快地贴近大众,还可以采用"娱乐化"的路线。当下,"体验经济"盛行,打造"新职业体验",可以作为一个很好的"吸睛大众"的切入点。例如,致力于打造儿童"职业体验"的国际连锁品牌趣志家(KidZania),为儿童建设了集消防员、护士、记者、摄影家、电台 DJ 等上百种职业体验的主题乐园,让新职业寓教于乐地"从娃娃抓起"[②];如今"趣志家"已在 19 个国家建设了 20 余个职业体验主题乐园。类似地,国内的企业可以联合各类社会团体,通过打造"全龄化"的职业主题乐园、职业体验互动工厂等娱乐空间形式,将新职业的传播植入其中,让人们可以在娱乐体验中了解新职业,建立起对于新职业的认知。

相信通过"企业冲锋、政府护航",在企业、政府及社会各界力量的合力公关下,一定可以打通未来生活性服务业职业人才上新的痛点与堵点,创造生活服务新未来!

加速生活服务人才"上新",其意义也不止于发展生活性服务业本身。

城市通过掘"新"无人区,培养新型职业人才,不仅可以满足人们消费升级的需求,**更可以成为吸纳就业的优质蓄水池。**在科技革新、产业升级等因素的影响下,制造业正在大量"赶走"就业者,"赶人"的规模从 2018 年

[①] "阿那亚"微信公众号:《阿那亚 D.O 招募 | 加入我们,趁年轻,做让你骄傲一生的事》,https://mp.weixin.qq.com/s/948vD5hmf7dfd00V_7tD-Q,2020 年 6 月 30 日。

[②] 亲子商业志:《全球首个儿童职业体验连锁品牌 Kidzania 都经历了些什么?》,https://www.sohu.com/a/247202971_100132466,2018 年 8 月 15 日。

年底富士康大裁员 34 万人中可见一斑①。与此同时，需要"垒出来、码出来"，按部就班发展的制造业，对于求职者的吸引力也在下降。**时间更灵活、工作更自由的生活性服务业，成为这些主动或被动重新择业人员就业的首选。**人社部的数据显示：2020 年北京市外来新生代农民工就业人数排名第一的就是"居民服务、修理和其他服务业"②。

随着劳动力由制造业向服务业转移的趋势日渐明显，人才就业的新生态正在重构；加之背靠蓬勃兴盛的消费市场，以及快速增长的"新人才"需求利好，城市做好生活性服务业的人才"上新"，无疑将成为推动自身乃至国家产业结构转型和经济高质量发展的绝对利器！

---

① 新浪财经：《富士康裁员 34 万市值跌破万亿台币 鸿海遭遇最大变数》，https://finance.sina.com.cn/stock/s/2018-11-23/doc-ihmutuec3032865.shtml，2018 年 11 月 23 日．

② 中华人民共和国人力资源和社会保障部：《2020 年北京市外来新生代农民工监测报告发布》，http://www.mohrss.gov.cn/SYrlzyhshbzb/jiuye/gzdt/202108/t20210816_420736.html，2021 年 8 月 16 日．

以存量换增量，拉满中高端人才的生活服务新势能

文 | 瞿 晶

在生活性服务业创新发展的趋势面前，在人们不断升级的消费需求面前，"需求新刚需"势必催生"人才新刚需"。正如城市电子竞技员、城市管理网格员、康复辅助技术咨询师等 38 个国家官宣的新职业，未来 5 年人才缺口已有千万[①]。想要解决"人才新刚需"的问题，上篇文章强调的"上新培养"，无疑是一个标准且重要的方式，尤其是对于这些新需求衍生的"新职业"来说。

但仅靠"上新"，无法解决所有问题。一方面，人才培养往往具有一定的周期要求（2~4 年），并不是早上浇水，晚上就能开花结果，尤其是需要高技能、高技术、高知识的高级人才培养。这样的"上新"速度，难免会让"计划跟不上变化"。毕竟，中国越发蓬勃发展的消费互联网和数字技术浪潮，带来的不只是需求的崛起，还有消费者需求变化的加速度。

时间不等"人"，面对消费升级时代下的生活需求风口，我们是否有更快的办法呢？答案是：当然！**除培养增量外，我们更要学会活用"存量"，即那些原本就已具备了良好的教育、技能或知识背景，无须进行职业化再培养，就能直接对生活服务有所贡献的"中高端人才资源"。**他们能量密度大，可以更快、更强地满足大众日益高涨的生活服务追求，且数量可观。

一、不是"人才浪费"，而是"刚需适配"

"清华毕业做家政是人才浪费吗？"2021 年 5 月 28 日，一条这样的热搜出现在微博热搜榜第 6 位，几小时内便带来 1.2 亿阅读量。该热搜源起于

---

① 新浪科技网：《38 个新职业 5 年内用人需求 9 000 万，谁来填补巨大人才缺口》，https://tech.sina.com.cn/roll/2020-08-11/doc-iivhvpwy0490106.shtml，2020 年 8 月 11 日.

之前上海佑杰家政公司在小红书上发布的一篇名为"清华-保姆阿姨35k管家"的帖子，求职者是一名叫李静的29岁清华大学毕业生，正在寻求合适家庭担任管家工作，期待月薪3.5万元。于是，网友纷纷炸了锅："好不容易考上清华，去给别人打扫屋子？""别瞎操心别人了，想想自己能找到什么工作吧！""我本科武大，硕士人大，不用40万，30万就行"……对此，该家政公司的工作人员表示："很多像北大、浙大、利物浦大学等毕业的高学历人才最近都在加入我们！"

其实，近年"名校毕业生做米线""博士生当游戏主播"等新闻屡有出现，此次大家热议的"李静"事件，不过是当下生活服务人才新的发展境况中被无意放大的一个缩影。这类新闻之所以容易掀起波澜，原因便是大众潜意识里"高端人才"与"低端劳务"之间存在的张力差。虽然这件事发酵几天后，有些网友发现"李静"的简历很可能PS了别人的照片造了假，而涉事的家政公司也撤下了相关信息以避免不良影响继续传播。但这种类似的现象，却并非假象。

究竟，这是在浪费人才吗？其实不然！

首先，很多人并不知道，像李静所应聘的"管家"是真实存在的，且早已并非大众传统印象中端茶倒水的低门槛"保姆"，而可以算是一种新兴的高价值生活服务职业——住家家教。其岗位要求标准很高："必须全日制本科及以上学历、英语口语表达流利"，因为工作内容不仅包括孩子全科课业辅导，还要用英文交流。此类服务人才月薪为1.5万～5万元。

其次，**高端人才入局生活性服务业，近年也并非小众冷门，相反，是升温不断，甚至一人难求**。据央视财经报道，截至2020年，仅上海一地的高端家政专业人才的缺口就达20万[①]；《中国家政服务行业市场研究与投资预测分析报告》也显示：2020年，中国家政市场增速最快（48%）的就是"知识技能型"（家庭教师、育婴师和营养师等），规模已达2 776亿元，而这千亿

[①] 搜狐网：《月薪一万不好招，这个行业人才缺口高达3000万人》，https://www.sohu.com/a/459469334_339227，2021年4月7日.

蓝海的背后，正是诸如"中国家庭为孩子请家教已达40%～60%占比"①的旺盛需求，"到2030年要实现每万人配备1名营养指导员"②的迫切人才缺口，和"全面三孩"等政策下释放的巨大市场红利……这还不是天花板，那些能进一步提供社交娱乐安排、家庭理财等"专家管理型"的高级定制服务，市场规模也达到了49亿元③。

纵观这样比比皆是的现象，纵览本书，我们已然能嗅到：随着社会富足程度和收入提高，一个没有"最多"只有"更多"的高品质生活时代正强势来袭，人们的生活服务需求结构已发生了明显改变。悦己消费也好，体验经济也罢，当更高价值、高品质、高内涵的生活消费渐成"新刚需"，低学历、低素质、低技能的服务人员是远满足不了需求的。

中高端人才正在向生活服务业"倾斜"，因为他们正在被新时代的生活方式所需要！

随着"高质量发展生活服务业"成为国家战略部署的重要方向，可以说，未来，中高端人才不会是"大材小用的人才浪费"，而恰恰是"市场刚需的人才适配"，这是很多人或许意识到，也或许还未意识到的一大重要趋势。生活服务超级平台美团，也证实了这一点："学历高已成为当前我国新兴生活服务行业从业者的一大特点"④。

二、活用中高端人才，要拉满他们"斜杠人生"的隐藏能量值

作为正在向生活服务倾斜的刚需"新玩家"，对城市来说，做好中高端

---

① 腾讯网：《监管重压之下"鸡娃"新姿势家教O2O卷土重来？》，https://xw.qq.com/cmsid/20210716A01KYN00，2021年7月16日。
② 2019年7月，国务院发布《健康中国行动（2019—2030年）》，其中指出：到2030年，要实现每万人配备1名营养指导员。截至2020年1月，我国通过注册营养师水平评价的注册营养师仅有5 000余名。
③ 新浪财经网：《年薪60万不是梦？家政服务市场规模2021年预计增至10 149亿元》，https://finance.sina.com.cn/chanjing/cyxw/2021-06-04/doc-ikqcyizi7722389.shtml，2021年6月4日。
④ 中华人民共和国国家发展和改革委员会：《部分新行生活服务兴业从业者现状分析》，https://www.ndrc.gov.cn/fgsj/tjsj/cyfz/fwyfz/201908/t20190823_1148438.html?code=&state=123，2019年8月23日。

人才这一"新文章",将不仅是高质量发展生活服务业的必解命题,更是消费升级时代创造自身新吸引力和竞争力的重要抓手!

那么,城市要如何做好这篇文章呢?不妨以他们愈演愈热的"斜杠人生"为切入点,拉满他们多元可能性下隐藏的"斜杠"能量值!

1. "斜杠人生"正当时,"N卡N待"让人才能量不设限

"斜杠人生",正在成为越来越多人所追求的生活方式,尤其是对于往往是"技多不压身"的中高端人才来说。

"斜杠"("/")这个名词来自英文"Slash",首次出现在《纽约时报》专栏作家麦瑞克·阿尔伯撰写的书籍《双重职业》,用以指代**"不再满足单一职业,而是选择拥有多重身份,多元生活"**。

如今"斜杠人生"已成为不可忽略的流行风尚。尤其对于乐于自由选择的年轻一代,他们的生活目标早已从"为养家糊口"转向"为理想而战"。北京大学教育学院对高校毕业生就业情况的一项连续调查显示:2003—2017年,中国毕业生就业最大的变化之一,就是灵活就业比重从4.01%上升到了18.77%;2018年,北京大学和中国传媒大学的灵活就业率甚至已高达28.64%和47.48%[①]。他们无论是"跨界、转行"还是"身兼多职",都已呈现出职业"两栖化"的明显特征:2018年,全国"两栖青年"人数已达7 000万,且多为本科及以上的高学历人群[②]。**他们不仅是在工作A/B/C间游走,甚至把爱好"玩"成了工作,"斜杠"对于他们的意义,已成为工作/生活/兴趣间的"任性"选择。**

但这并不意味着"斜杠人生"是新潮年轻人的专属。作为一种新生活理念,从科学工作者到文学作家,都在积极用"斜杠"释放着自我价值,例如本是协和医科大学临床医学博士的冯唐,一路贴上了"麦肯锡公司全球董事合伙

---

① 第一财经网:《大学越好灵活就业越多,学生对传统好工作不买账》,https://www.yicai.com/news/100119006.html,2019年2月18日.

② 人民网:《报告显示"两栖青年"超7 000万多数为高学历人群》,http://money.people.com.cn/n1/2018/0822/c42877-30243060.html,2018年8月22日.

人""华润医疗集团创始 CEO""中国当代知名作家"等标签。北京友谊医院营养师顾中一则"时髦"地活跃在了微博、抖音、健康杂志和各种电视节目中，其简洁有力，科学有据的讲解，让 545 万粉丝和广泛大众在"脂肪和糖到底什么关系""怎么吃不长肉"等主题中，不断被"科学喂养"，《顾中一说：我们到底应该怎么吃》一经出版，便豪夺亚马逊营养类热销榜第一名⋯⋯

"斜杠"颠覆了单一雇佣制劳动模式，人才资源可以在流动中达到充分、可重复地循环利用。这无疑为其高密度能量价值的释放，创造了更多可能性与辐射力。

下面，我们不妨透视中高端人才"斜杠人生"的火热现状，为城市生活服务创新发展打开能量价值的新蓝海。

2．活用"爱跨界"的 Z 世代，释放"最新鲜"的斜杠能量值

无论是为悦己买单还是为自我增"值"消费，无论是拜宠教还是科技迷，新鲜事物滋生的服务需求，自然是要"新鲜"的人来适配——Z 世代，无疑是重要端口之一。

他们爱尝鲜，成为释放时代新能量的一股强劲旋风。例如，他们以远高于其他代际的"科学护肤"消费热情，推动了由"知识分子"领衔的"成分党"一族壮大，进而仅围绕烟酰胺这一个成分，两三年内就驱动了 SK2、OLAY、自然堂等在内的数百个国际和本土品牌，纷纷推出相关产品积极应对。

同时，作为普遍受教育程度最高的一代，他们乐于在斜杠跨界中变身"六边形能人"，音乐、艺术、技术等样样精通，引领着时代最新潮、最前沿资讯和技能的释放；再加上他们善用网络，创造的能量影响力更是远超想象。用新颖发明俘获几十万粉丝的 B 站 UP 主"稚晖君"，就是一个代表性实例：稚晖君本名彭志辉，毕业于电子科技大学，热爱硬件开发的他，常常利用周末业余时间创造各种硬核的高科技发明，被称为知识区 UP 主的天花板——自平衡的机器人、自动驾驶的自行车、螃蟹壳做的迷你火星车⋯⋯只有你想不到，没有他做不到。在这位入选华为天才少年的视频中，你可以见识到从底

层软件开发、算法模型部署,到驱动设备配置、电路芯片设计等一系列满点技能;学习到自动驾驶、视觉目标跟踪技术等前沿科技;他甚至还将项目的代码开源,都放在了 GitHub 上予以公开,以造福大众。

"稚晖君"的受捧,无论是偶然还是必然,都给了未来政府创新发展生活服务人才很好的启示:在这个人人都是使用者,也是生产者和传播者的时代,爱尝鲜且爱跨界的 Z 世代,正在用他们热爱的事情,为生活服务发光发热;拉满他们"斜杠人生"的最前沿能量值,无疑是弥合时代新生活需求的不二良策。更何况,这样的 Z 世代,当下早已并非个例:"我是一名'95 后'金融分析师,但我更喜欢我'哄睡师'的身份""我毕业于北京某 985 大学的心理学专业,但我现在却沉迷做一个航拍飞手,进幼儿园给孩子们科普航模知识""我 70% 是热爱摄影的旅拍策划师,30% 才是程序员"……

3. 活用"频上线"的领域专家,释放"最专业"的斜杠能量值

知识经济时代,"长见识"的需求不会褪去,只会在竞争压力下越来越卷。虽然政策对儿童学科教育的强监管,但资金和人才转头就向成年人下了手,"2021 年 7 月 11 日,在线职业教育公司开课吧宣布完成 6 亿元 B1 轮融资,单月营收将破 2 亿元"就是一个生动的诠释。而从这 6 亿元背后,我们可以看出,即使国家在主动减负,该打拼的一代人也没有躺平的勇气。

这样的境况,除推动知识消费迅速兴起,也让那些拥有一技之长,术业专攻的人,开始频繁"上线",帮助越来越多的人打开他们生活中的知识黑箱。"比医生更有趣,比普通妈妈更专业"的母婴第一大公众号"年糕妈妈",便是一个集合了杜克大学、浙江大学、国家卫健委等权威学术顾问专家和儿童专业教研团队的"科学育儿平台",其针对 25～40 岁妈妈设立了育儿社区、亲子学院、女性自我成长课程和电商平台,不足 7 年就吸引粉丝 3 000 万人[①],已发展成为国内知名的综合型育儿公司。

---

① 新浪科技网:《单品牌投放成交额超 1 000 万,垂直母婴大 V 年糕妈妈如何做到高转化?》,https://tech.sina.cn/2020-06-11/detail-iirczymk6451480.d.html,2020 年 6 月 11 日.

除此之外，一些科学家、文化历史研究者等，过往常年奋战在线下的专业知识生产者，也开始向线上靠拢。在中科院物理所，一群年轻科学家会穿着短裤、趿着拖鞋在实验室里，为140多万粉丝认真直播互动，回答着"往台风眼里扔一颗原子弹会怎样""太阳为什么没有蒸发掉"等各种稀奇古怪的问题。"最红国博讲解员"河森堡，则是一个更典型的例子：他本名袁硕，毕业于首都师范大学计算机相关专业，出于对文化历史的兴趣，毕业后他选择成为国家博物馆讲解员。他以"用科学的角度去传递文史的知识价值"为讲解特点，吸引了大批游客慕名前来。2017年，他在传播平台"一席"上发表了自己的人类学演讲视频《进击的智人》，成为全网爆款，至此也开启了他线上服务的发酵之路：不仅入驻网易开设了《揭秘最八卦的人类野史》等公开课，更发展了一档名为《展开》的节目，通过电影，为观众提炼知识点。如今，他成为一名线上拥有488万微博粉丝，20万+知乎关注者的"知识网红"。

人们既会为小确幸的"调味料"内容消费，更会为有干货的"真材实料"买单。当"互联网基因的越种越深"遇见"知识壁垒与行业边界的越拓越广"，无论是企业家、医生，还是科研人员、非遗文化传承人，这些线下"专家们"都在用电子屏幕开启着"第二人生"，以最专业的内容做着最专业的服务。

4．活用"愿复出"的老人力[①]，释放"最经验"的斜杠能量值

2.6亿，这是第七次全国人口普查我国60岁及以上的人口数量，18.70%的比重相比2010年上升5.44%，按照此规模与速度发展，到2050年我国老年人口数量可能会达到总人口的34.9%[②]。

这样来势汹汹且不可逆转的"银发浪潮"看似是挑战，背后也是机遇。

---

① "老人力"来源于日本社会理念，指老年人在退休之后能利用自身拥有更多后天学会的技能、语言文字能力、判断力、联想力、抽象逻辑思维及知识经验等优势，以积极乐观的态度参与到社会发展之中，继续发光发热。该词最早出自2001年赤濑川原平《老人力》一书，指出老年人是宝贵的社会力量。

② 中新网：《14亿人口大国的新挑战：老龄化趋势明显，人口红利仍仍在》，https://www.chinanews.com/gn/2021/05-12/9475281.shtml，2021年5月12日．

"在我国60岁及以上人口中，60～69岁的低龄老年人占55.83%，而他们大多具有经验、技能优势，身体状况也还可以，拥有高中及以上文化程度的更达3 669万人，发挥余热和作用潜力很大……"[1]从国家统计局局长宁吉喆的这番话中，我们不妨转换一下思维：**人口结构的变化，其实赠予了我们存量可观的宝贵人力资源，我们看到的不应只是老年人的"高龄"，更应是他们背后的第二次"高人口红利"。**

　　从需求端来看，社会需要他们再发光发热。截至2021年7月，虽然我国老龄人口占比超25%的城市已达35个[2]，像上海这样的大城市，老龄化率更是飙升到了35%，但与此同时，随着我国人均寿命不断增长，大量劳动者在退休年龄时，体力和脑力其实仍处于旺盛状态。复旦大学教授姚凯就指出，"近两年劳动力市场上，尤其是高层次的研发岗或管理岗，面临着劳动力供给不足的问题，市场是很需要有经验的老年人。"对此，国家已将"积极开发老龄人力资源"写入了"十四五"战略，以促进低龄老人再就业。

　　从供给端来看，老年人，也未必老。德国和美国用科学告诉我们：人脑的神经元数量达到峰值是在出生后28周左右，而多达半数的神经元在青春期结束后其实就已经死去了；年龄较大的人，虽然不太擅长数学，对命令的反应速度也有所减慢，但他们在四五十岁时的词汇、空间、方向和问题解决能力却强于二十多岁时[3]。老龄化较为严重的日本，则用社会现实向我们传达了：75岁以上的司机有400多万人[4]。也许有人会说，让退休老年人回归工作岗位，是日本为应对严重老龄化的不得已选择，但既然无路可退，日本选

---

[1] 中新网：《14亿人口大国的新挑战：老龄化趋势明显，人口红利仍在》，https://www.chinanews.com/gn/2021/05-12/9475281.shtml，2021年5月12日.

[2] 新浪财经网：《中国城市老龄化盘点：35城老龄人口占比超1/4》，https://finance.sina.com.cn/chanjing/cyxw/2021-07-14/doc-ikqcfnca6681807.shtml，2021年7月14日.

[3] 中国新闻网：《美国研究：越老越聪明 脑黄金年龄在40至60岁》，https://www.chinanews.com.cn/gj/2010/07-27/2427680.shtml，2010年7月27日.

[4] 人民网：《日本多举措提升高龄驾驶安全》，http://world.people.com.cn/n1/2020/0121/c1002-31557641.html，2020年1月21日.

择的不是"为降低交通事故发生率而让老年人全部交还驾照"等回避性破坏措施，而是"定期针对老年司机进行认知测试，重新培训驾驶技能或发放有限驾照""汽车和科技公司针对老人加大超小型汽车、自动驾驶领域研究力度"等不断创新的办法，在确保公共安全的同时，也尊重老年人的选择。

由此可见，面对老年人，我们未来要思考的问题除"养老"外，还有"用好"！况且他们已经在追求"退而不休"，积极拥抱社会。全国离退休人才网调查统计显示，如今，在广州、北京等大城市，六七十岁的求职者占比非常高；而搜索多家招聘网站也可发现，在机械、医疗、纺织等专业要求度高的岗位，企业已逐渐放宽老年工种的年龄限制……种种迹象都在表明：越来越多的低龄老年人已表达出了强烈的"再就业"意愿[1]。于是，有闲又有识的他们，早已过上了自己的"斜杠生活"，成为众多生活性服务领域的宝贵人才。例如，江西九江 64 岁的李春如从内科医生退休后，便转换身份，成为一名"候鸟医生"，为鸟写起了"病历"；湖南长沙退休后的刘培根则凭借优秀的摄影技术，在老年大学当了近 10 年的摄影老师，云南和贵州多个景区更是看重他开房车带摄影班去采风的经验，向他抛出了景区免费体验的橄榄枝，条件是只需要他给景区多拍照片并配合做宣传即可。如今 69 岁的他，已是圈内小有名气的旅居体验师。

老年人并非只能是被照顾的弱势群体。随着我国社会整体劳动力素质的提高，越来越多的高知老人会被不断"释放"到社会中：到 2050 年，60 岁以上有大学以上文化程度的将超 8 000 万[2]。**拉满"老人力"的经验阅历能量值，而不是让他们成为"人才盲区"，不仅是政府应对老龄化挑战的重要举措，更是巩固"人口红利"乃至"人才红利"的关键一环！**

总而言之，无论是"爱跨界"的 Z 世代、频上线的领域专家，还是愿复

---

[1] 党俊武. 老龄蓝皮书：中国城乡老年人生活状况调查报告 (2018) [M]. 北京：社会科学文献出版社，2018.

[2] 第一财经网：《劳动力减少老年人增多？专家：更重视老年人力资源价值》，https://www.yicai.com/news/101050279.html，2021 年 5 月 14 日.

出的老年人，时代已为城市生活服务活用这些人才打开了风口。未来，城市要学会拉满他们的"斜杠"能量值，释放生活服务新势能！

三、多管齐下催化能量释放，激活生活服务新势能

中高端人才的"斜杠人生"蕴含了巨大能量价值，城市又该如何有效释放出这些能量，赋能生活服务业发展呢？**不能止于表象"为我所有"的价值识别，而要从顶层制度引领，到中间平台支撑，再到底层空间承载，体系化设计一套精巧机制，让能量"为我所用"！**

1. 制度牵引：链接志愿者机制，以"时间银行"存储人才能量

想要实现人才活用，调动人才参与，必须从"顶层"开始就有所行动——志愿者机制，是一大高性价比举措。在此之上，未来，可以进一步结合国际先进的**"时间银行"概念，存储人才能量**，从而让他们能更安心地参与生活服务之中。

何为"时间银行"？"时间银行"概念最早的提出者是美国人埃德加·卡恩，**指志愿者可以将志愿服务的"时间"存进"时间银行"，未来当自己需要时，就可以从中支取"被服务的时间"**；若最后因故不能支领，"时间银行"还会把这些时数折合成一定的金钱或物质奖励予以返还。这种"今天我照顾你，明天他照顾我"的循环模式，自1990年美国成立了第一家"时间银行"后，已在瑞士、日本等26个国家获得实践。2013年，中国首家时间银行在武汉成立，随后，北京、杭州、重庆、成都等城市近年也陆续引入这一概念，相继出台了为"时间银行"的护航政策条例，南京更是成为全国首个在全市层面统一推行"时间银行"的城市。

但是无论是青岛出台的《青岛市养老服务时间银行实施方案（试行）》，还是上海将"时间银行"写入《上海市养老服务条例》，时间银行目前在我国的应用，与国际一样，多是与"养老服务"这单一领域挂钩。未来城市完全可以在这一制度基础上，拓展更多生活服务领域，吸纳更多人才加入。

想要发挥好"时间银行"的作用，除依靠相关政策外，还要多举措并行。

国家都点赞的"时间银行南京方案"，是个不错的借鉴对象。南京不仅为志愿者和服务对象的自动匹配**开发了"时间银行信息系统"**，链入"我的南京"**政府平台** App，还**设立了专项基金**，每年由财政拨款 1 000 万元，并针对志愿者因离开南京需注销银行账户的情况，按照上一年非全日制小时工资标准的 10% 给予一次性奖励；此外，南京还推出**"公共时间池"**制度，即志愿者服务时间超出"时间银行"存储上限的 1 500 小时后，会自动转入"公共时间池"，而进入"公共时间池"的服务时间，又可发放给更多符合直接领取时间的人；而志愿者捐赠给"公共时间池"的服务时间，未来也可获得相应积分奖励，用于获得政府公共服务资源或社会力量给予的褒奖。政府主导、制度引领、信息智能，这些做法不仅化解了"时间银行"的运行风险，还有效保障了服务兑现，仅 1 年就推动了 2 万多名志愿者参与服务①。

在推行"时间银行"的过程中，面对持续型的服务提供与时间存储的不安全感，还可以**依托日益成熟的区块链与人工智能提供技术支持**。利用去中心化的区块链分布式记录功能，将全球各节点之间的公益服务记录在链上，无论发起者和机构是否存在，数据永远都在链上，存储永不丢失。

2. 中台赋能：多元平台支撑，打通人才能量释放渠道

想要用好人才能量值，搭建出可以快速反馈并适配供需两端的"中台"做支撑，是有效实现人才能量转化与输送的重要一环。

一方面，要充分发挥企业力量，搭建人才资源集聚平台，导入人才能量。

2015 年，果壳网就在敏锐识别到"标准化课程培训外，学习者仍有很多非标准化的分散需求"后，从 O2O 转向了 C2C，推出了一大"技能共享平台"——在行。该平台以"一对一"约谈为特色，汇集了"前阿里高级产品专家""普华永道首席业务发展官""国家科技规划主管""高级整理收纳咨

---

① 江苏省人民政府网：《南京市"时间银行"一年完成有效订单 2.7 万个》，http://www.js.gov.cn/art/2020/9/25/art_34168_9521205.html，2020 年 9 月 25 日.

询师"等近 60 个行业领域的精英人才,从企业战略、创业融资到新兴的生活服务,甚至国家科研项目申请,这里都能找到一款适合自己的"高手"。产品一经上线,便迅速引爆了知识服务,喜马拉雅、得到等各大企业开始纷纷效仿,以"2 年 11 个"的惊人速度为高端人才搭建着集聚渠道。

  另一方面,要联动广阔市场资源,搭建"政—企—人"互动平台生态,续航人才能量。

  政府可以联合美团、飞猪、BOSS 等在不同领域自带生活服务流量、人才信息流量的企业,搭建连通人才、市场与企业的"中间极"大平台——从实现信息快速共享和资源优化配置出发,建立打通各方信息孤岛的"人才信息系统",提供政策普及、政企服务项目到人才市场的全链条信息服务;并及时汇集市场供需信息,向社会发布,让斜杠人才看到市场需求,让企业也注意到服务人才,尤其是老年人才。

  同时还可以与中国银行等机构合作,在"时间银行"的志愿者制度基础上,以开放性平台的姿态,积极嵌入企业、社会组织、志愿者数据平台、志愿者激励基金、研究机构等各类资源,推动人才数据的共建共享,打造"人才池",实现平台生态连接多方群体下的互利共赢。如今,上海、北京、宁波等城市已在此逻辑下,与中国银行合作开发了相关平台,只不过目前仍以养老服务为主要业务。

  此外,还要设立专属涉老机构,做强"老年人才"服务效能。

  相对于年轻人有就业指导中心等机构而言,针对老年人的就业服务平台却十分匮乏。政府除将老年人的开发利用纳入职能范畴、给予政策支持外,还应建设好相关涉老机构,为老年人才能量的释放创造条件。

  这里我们可以取经老龄化社会经验的头号试验者——日本。少子又高龄,是日本社会现状的一大鲜明标签。为应对劳动力短缺的窘境,日本约八成以上的行政区都设有"银发人才资源中心",可针对社区 60 岁及以上有劳动意愿、身体健康、个人能力许可的老年人进行登记,并根据老年人的特长、经验、技能和预期工作时间等进行分类，提供从简单日常管理到专业技能的7大类工作。除此之外，该中心还会针对企业反馈、各地劳动力需求差异，提供不同特色课程的就业培训，这样做可以让老年人不与社会所需的技能脱节，扩大其岗位选择范围，还可以让结业者凭借证书应聘兼职工作。例如，观光产业盛行的京都，会针对旅游中相关的文化导览、康养服务等开设课程；石川县等农业县则是提供农业园艺技术课程。当下，日本1 300余处的银发人才资源中心每年可帮助超50万名老年人找到工作[①]，成为日本高龄人才就业的重要中介机构。

3. 空间渗透：放大城市资源优势，用城市场景写出"看得见"的机会清单

新消费也好，新科技也罢，生活服务的诸多发展趋势，其实早已为中高端人才"斜杠"能量的释放，列出了大有可为的"机会清单"。而城市要做的，除顶层的志愿者机制牵引与中间的平台支撑外，还要以底层的城市空间为锚点、为媒介，让这些"隐性趋势"下的服务机会看得见，摸得着！

换而言之，**城市想要用好人才的"斜杠"能量，必须紧密结合自身资源优势与特色，向人才输出"有用武之地"的场景供给，让斜杠人才能量有"地"放矢**。而这些"地"，我们从国家最新"生活性服务业统计性分类"中的12大类、151小类里，已可窥见众多。

人才能量如何适配城市空间，以4大类服务方向为例，或许可以给予城市管理者们一些启发。

（1）文化服务：以文化设施为窗，紧抓"内容为王"消费热，写出"文化见学"机会清单。

随着大众文化自信不断提升，"内容为王"成为有效制造消费热点的一种新营销打法。而对于本就以内容为基因的文化服务来说，这正是那些拥有优

[①]《银发人才资源中心——日本高龄就业重要的中介角色》，https://ms-community.azurewebsites.net/spotlight_20180615/.

良文化资源的城市大展拳脚的好机会。

作为城市文化符号的一贯展示场,博物馆、文化历史遗址、科技馆等一众文化空间可导入相关文化历史及科学领域的研究机构与人才资源,尤其是Z世代为主力军的大学生及文化历史迷们,发展"**见学服务**"。例如,广东省博物馆就通过依托郁南磨刀山遗址等户外文化古道,联动了各学校历史、生物等多学科老师充当"斜杠"人才,"因材施教"地为游客策划了一系列"旧石器时代古人类生存"的文化历史见学活动而广受好评,成为广东考古的一大"网红打卡地"。

城市的剧场(院)则是对接新兴的沉浸式"**体验经济**"等崛起浪潮的另一大机遇空间。在影视寒冬和后疫情时代,沉浸式戏剧表演已催生大批专业人才跨界到"沉浸式演绎剧场"这一新文化空间的服务中。杭州彭埠更是通过全方位吸纳舞美科技设备、主创团队、戏剧展演人才,推出了杭州首个沉浸式艺术空间,引领本土文化发展新风尚。

释放人才能量,文化机构除利用自身空间外,还可以联动教育机构、企业,拓展人才服务项目。例如,中华航天博物馆就与北京明德未来营地企业管理有限公司建立了合作关系,让人才资源不仅可以渗透至西昌卫星发射中心的航天人员,还可以对话美国国家航空航天局、俄罗斯国际航天基地专家。

在这样的趋势下,诸如北京、陕西、河南等手握一手传统文化好牌的地方,山东、浙江、湖北等"博物馆大户"地区,以及上海、深圳、成都等新潮文化消费最先滋生的城市,不妨将自身的文化空间与斜杠人才进行有机链接,为人才列出文化服务的机会清单,用"斜杠"能量激活生活服务新动能!

(2)旅游服务:用生态资源牵引的自然见学,写出"科普旅游"机会清单。

不仅是文化,人们对生态的消费体验深度和广度同样提出了更多要求——不再仅仅满足于壮美大自然对感官的直接刺激,更对其背后的机制和规律充满好奇。于是,基于知识科普的生态休闲受到广泛关注:京津冀联手推出18条科普旅游线路、国家地质公园的"地学科普游"以每年超5亿人次的引流度成为旅游新热点①……

作为消费圈的新宠,"科普旅游"将赋予生态"富翁"城市绑定人才能量的发展新机遇,甚至无人问津的乡野也可以"一夜出圈"。 例如,敦煌无人区就巧用丰富地质地貌、类似月表的土地环境等优势,引入中国航天科技五院的人才资源,转化"玉兔号"月球车登月前在这里发展的"外场试验场"空间,携手为人们提供了集大自然奥秘探索、月表生活体验等多功能于一身的科普旅游,受到极大欢迎。

我国拥有世界最丰富的生态资源,秦岭、黄河、青藏高原等地更是举世闻名的"自然宝库",这些资源的沿线城市,早已获得了释放相关人才能量的"天然"条件;同时,随着观鸟、观星等需要一定专业知识的小众旅游崛起,四川逐野国际旅行社已开发了专业观鸟品牌"山鸟社",培养专业鸟导为生态爱好者打造高质量观鸟体验;宁夏作为国内绝佳观星地之一,则借力"星空资源"推出了"追星"之旅,成为城市时尚新IP。

当生态成为吸引力,牵引消费力,未来,谁又能说,通过对接领域内的科学家、专业学者或相关圈层的意见领袖,大到坐拥长白山、坝上草原、贵州平塘这些自然风景,小到建有野生动植物园、海洋公园、珍稀物种繁育研究基地等生态空间的城市们,不会因为科普旅游的人才服务而C位出道呢?

(3)养老服务:对接数字化生活,写出"科技适老"机会清单。

老年人,这个看上去与现代科技有着天然屏障的"数字难民"群体,却在加速"触网":支付宝2020年发布的数据显示,过去3年,支付宝老年用户数量翻了4.5倍,三线以下地区增幅更高,达到了5.5倍②。

中国人民大学老年人数字适应力研究团队发布的《老年人数字适应力调

---

① 中国日报网:《我国国家地质公园年游客接待量超5亿人次 地学科普游成旅游新亮点》,https://baijiahao.baidu.com/s?id=1647152239803018464& wfr=Spider&for pc, 2019年10月12日.
② 搜狐网:《支付宝老年用户3年翻4.5倍》, https://www.sohu.com/a/406671468_118392, 2020年7月9日.

研报告》同时揭露了现实的另一面——他们仍有很多躲不开的日常"数字鸿沟"需要跨越：有近七成老人用手机全靠自学，超四成仅会使用通话、看新闻等基础功能，出门没法打车、看病不会预约、App不会用……随着"跟不上节奏"的老年人将被越来越多智能科技所支配，方便老年人"触网"，破除老年人的数字化生活障碍，成为老龄化社会下每个城市生活服务的必解难题。

面对已将"智能化服务要适应老年人需求"写入最新政府工作报告的国家关注，城市应该充分利用"时间银行"志愿者机制，让行业培训机构、教育机构、"互联网原住民"的年轻人等，走进老年大学、养老服务中心、照护基地，针对国家提出的出行、就医、文娱等服务场景[①]，开展智能技术、智能设备的应用培训。**这不仅是引导老年人了解新事物、体验新科技，积极融入科技社会的明智之举，还是城市打造示范性老年友好型社区[②]、打出"老年友好"城市品牌的双赢之举。**

上海、深圳、杭州，这些已树立"老年友好城市"城市发展目标，且是科技前沿、又拥有大量人才资源，尤其是年轻人的城市，发展"科技适老"服务，无疑具有绝佳的先天条件。同时，对于重庆、青岛、东北等深度老龄化地区，"科技适老服务"又何尝不会成为下一个撬动城市新动能的新支点呢？

（4）城市治理：瞄准城市精细化治理，写出"责任规划师"机会清单。

存量更新时代的开启，让城市精细化治理的"主理人"——"责任规划师"应运而生。这种新角色有别于拥有正式制度权力的"政府规划师"，也有别于收入与开发项目绑定的"执业规划师"，其作为独立第三方人员，通过深入基层获得一手海量信息，在发现城市更新机会、指导基层规划建设、为对口街镇及社区提供政策宣讲等方面，不仅可以帮助政府实现多样化需求

---

① 2020年11月，国务院发布《关于切实解决老年人运用智能技术困难的实施方案》，聚焦出行、就医、文娱等七大方面的高频事项和服务场景，提出了重点任务。

② 2020年12月，国家卫生健康委员会、全国老龄工作委员会办公室已明确提出：到2025年，在全国建成5 000个示范性老年友好型社区。

反馈，还搭建了与人民实际生活需求良性互动的桥梁，是城市实现"一张蓝图绘到底"的重要"纽扣"。

基于要为责任范围内的规划建设、管理提供专业指导和技术服务，"责任规划师"为活用中高端人才预留了广阔天地。目前，北京、上海、武汉等大城市已率先开展了试点工作，效果喜人。例如，上海为建设"15分钟社区生活圈"，在杨浦区、徐汇区等6个区域推出了社区规划师，通过利用专业技术团队、社会组织和街道干部等，推进重点地区高品质建设；广州则集合了规划、建筑、景观、照明等专业领域人才，让272名社区设计师和163名乡村规划师入驻了各城乡社区，以一区一策，村民明白的语言，推进城乡规划管理；北京则通过联合北京工业大学、中央美院等高校师生力量，为老旧社区改造、历史文化街区保护等提供了靶向解决方案。如今，史家胡同博物馆甚至已成为社区会客厅、居民议事厅与文化展示厅，带动了200余位志愿者、5 000多名会员的社会力量为社区发展献计献策。

未来，"责任规划师"还将进一步推广至全国，对于需要城市更新、精细化治理的城市而言，无论是技术专家、年轻公众，甚至是老人力，利用存量人才斜杠发展"责任规划师"，打通城市规划落地的"最后一公里"，何乐而不为？

笔者要强调的是，以上四大"机会清单"，并不是有机会调用"人才存量"的全部场景，细心的城市管理者，一定会在上述城市清单的启发下，在未来生活服务的各个领域，找到更多拉满人才存量服务的机会和方法。

总结来看，能量密度大的中高端人才，势必会随着生活服务业的高质量发展，成为下一轮抢人大战的宝藏资源。而无论是逐渐步入社会的Z世代，还是已功成名就的领域专家，抑或是还能发挥余热的老年人才，城市应学会用好他们的"斜杠"能量值，通过创新志愿者机制发展，以多元平台为支撑，以城市资源为承载，把合适的人放进合适的空间，用人才服务力，创造城市吸引力与竞争力！

至此，再回顾本书，无论是新消费趋势、新科技体验还是新城乡生活，本章更希望传达给城市管理者的是：未来发展生活性服务业，要低头拉车，更要抬头看路；要以"人"为本，更要顺"变"而为。只有把握"需求端"和"供给端"的双向变化，在"紧盯消费者的前沿动向不放松，紧抓服务人才的后方需求做好保障"的前提下，才能更好地引导生活性服务业"领先时代半步"发展，成为牵引城市"造城—引人—筑产"的未来势能！

城乡居民日益增长的多样化生活需求决定了其能衍生的服务，也具有无限可能性。虽然无法将其中的可能性穷尽，本书仍希望通过梳理一些不确定性中的确定因子，找到影响未来生活性服务业发展的"慢变量"们，让那些渴望被赋能的城市，在生活服务的需求风口来临时，有"风"可乘，有"浪"可破！

华高莱斯

华高莱斯国际地产顾问（北京）有限公司（简称华高莱斯）创立于2003年，是一家对中国国情理解深刻且具有国际视野的战略咨询公司。华高莱斯成立以来，一直秉持"原创·定制"的服务理念，站位"城市+"，为中国各级地方政府提供"产城人"融合发展的系统解决方案。

华高莱斯微信公众号　　　丈量城市微信公众号

"技术要点"系列丛书

站位城市·谋划产业

华高莱斯国际地产顾问（北京）有限公司 ◎ 著

产业新赛道

之

生产性服务业

北京理工大学出版社
BEIJING INSTITUTE OF TECHNOLOGY PRESS

内容提要

未来已来，生产性服务业正在重新定义制造。知识经济和数字经济推动的产业变革新时代，制造业的升级不再是简单的流程优化和产品性能提升，以知识和信息为代表的生产性服务业正在推动制造业从单纯的生产制造向服务型制造转变。工业设计、检验检测、科技中介、工业软件……曾经更多在"幕后"的"生产性服务"，正在成为产业价值重构的"焦点"力量。用服务赋能制造、用服务加速创新、用服务引领产业转型升级已经成为当下世界各国城市抢占产业价值的战略重心。尤其对于国内城市而言，站在"中国制造"的未来路口，生产性服务业将是最具潜力的产业赛道选择。

本书将站位产业发展大势，挖掘未来新制造孕育的新服务赛道，结合国内外成功案例经验，探寻知识引领和数字赋能下的产业新玩法和服务新玩法，以期为中国各类城市构筑产业突围的新思路和新模式。

版权专有　侵权必究

图书在版编目（CIP）数据

生产性服务业 / 华高莱斯国际地产顾问（北京）有限公司著 .-- 北京：北京理工大学出版社，2022.11
（产业新赛道）
ISBN 978-7-5763-1893-7

Ⅰ.①生… Ⅱ.①华… Ⅲ.①生产服务 - 服务业 - 产业发展 - 研究 - 中国　Ⅳ.① F726.9

中国版本图书馆 CIP 数据核字（2022）第 230516 号

出版发行 / 北京理工大学出版社有限责任公司
社　　址 / 北京市海淀区中关村南大街 5 号
邮　　编 / 100081
电　　话 /（010）68914775（总编室）
　　　　　（010）82562903（教材售后服务热线）
　　　　　（010）68944723（其他图书服务热线）
网　　址 / http: //www.bitpress.com.cn
经　　销 / 全国各地新华书店
印　　刷 / 河北鑫彩博图印刷有限公司
开　　本 / 710 毫米 ×1000 毫米　1/16
印　　张 / 15　　　　　　　　　　　　　　责任编辑 / 封　雪
字　　数 / 221 千字　　　　　　　　　　　　文案编辑 / 毛慧佳
版　　次 / 2022 年 11 月第 1 版　2022 年 11 月第 1 次印刷　责任校对 / 周瑞红
定　　价 / 63.00 元（共 4 册）　　　　　　　　责任印制 / 王美丽

图书出现印装质量问题，请拨打售后服务热线，本社负责调换

版权声明

本书及其中全部作品的著作权及其他相关合法权益归华高莱斯国际地产顾问（北京）有限公司（以下简称华高莱斯）所有，未经华高莱斯书面许可，任何单位和个人不得以摘抄、改编、翻译、注释、复制、发行、广播、汇编、通过信息网络向公众传播等方式使用其中全部或部分内容，否则，将可能承担相应的行政、民事甚至刑事责任。华高莱斯将通过一切法律途径维护自身的合法权益。

总序

通俗讲技术，明确指要点

我们这套丛书，从诞生的那一天开始，就有了一个不变的名字——"技术要点"。之所以叫作"技术要点"，是基于我们撰写这套丛书的两个基本信念——"通俗讲技术"和"明确指要点"。

所谓"通俗讲技术"，就是我们相信，无论是多么高深、多么艰涩的技术难题，只要是作为研究者的我们真正理解了，也就是说，如果我们是真正的内行，并且真正把这些技术难题给吃透了、弄通了，那么，我们就有能力向任何一个外行人，把那些高深、艰涩的技术难题用最通俗的语言讲述清楚，就像爱因斯坦可以给普通大众讲解清楚相对论的原理那样——能把复杂的问题讲通俗，这叫智慧；相反，如果非要把一个原本通俗的东西弄复杂，那不叫水平，顶多叫心机。您在我们这套丛书的各个分册中，能看到我们所讲述的一项项新兴的技术，以及与之相关的科学原理。看完我们的讲述，您不一定会去"搞科研"，但至少能保证让您"听明白"，这就是我们所坚持的"通俗讲""讲技术"。

第二个基本信念是"明确指要点"。这样的信念，是因为我们想撰写一套"有用"的书。所谓"有用"，又有两层含义，其一是想让写作者麻烦，而让阅读者简单——所谓写作者麻烦，就是要让写作者在撰写过程中，不厌其烦，遍查资料，并且能纲举目张，秉要执本，这样，才能让阅读者不用再去做那些去粗取精、去伪存真的事情，而是在简单愉快的"悦读"中，就能掌握相关技术要点；其二是有用，而且好用，在掌握关键点的基础之上，如果阅读者不只是为"知"，而且还想要"行"，那么我们所列出的这些"技术要点"，就马上可以成为您行动的计划书与路线图，不但能用、有用，而且可以做到很好用、直接用。所以，我们不但要指出要点，还要"清晰地""指要点"。

以上两个基本信念，就是我们编写这套丛书的出发点，同时，也是我们向读者们所做的郑重承诺——在科学日益昌明、技术日新月异的时代，作为一个地球人，作为人类大家庭中的一员，无论我们是要做企业，还是居家过日子，也无论我们要当市长，还是只想做普通市民，我们都不得不去面临许多过去不曾听说的新科技，并要面对由此所带来的诸多困惑——越是处于这样容易迷惘的时代，理性认知也就变得愈加重要，而我们这套"技术要点"丛书，就是想要成为您的同行者和同路人，做您理性认知世界、客观认知时代的好帮手！

华高莱斯国际地产顾问（北京）有限公司
董事长兼总经理　李忠

丛书卷首语

当产业成为一种选择

我上中学的时候，正好赶上了两件事：一件事是黑白电视开始普及，当时我家里也有一部日本生产的黑白电视机；另一件事是反思文学和伤痕文学的兴起，并由此诞生了一大批非常好的文学作品。这些文学作品借助电视机的普及，其中又有很多被顺势改编为电影或电视剧。其中，那些反映"经济战线"主题的作品，当年就格外地吸引我。于是，在那个时期，我就很幸运地看到了一批真正的作品，比如一部叫《乔厂长上任记》的电视剧。

在这一时期，所有文艺作品都带有很强的反思精神，和中华人民共和国成立后推出的那一批在"经济战线"上以歌颂为主题的电影有很大的不同——那一批老电影中经常讲的是一批挡车工如何去创造"万米无次布"和"十万米无次布"的生产纪录。20世纪80年代的某个电视剧中有这样一个桥段，非常具有典型意义——在一台车床前面，一个带着采访任务的宣传科的小姑娘兴冲冲地对着一位正在干活的劳模小伙子说道："报纸上说，你人在80年代，就已经开始干90年代的活儿了，你对此有何感想？""感想？"那个小伙子冷冷地说道："你看看我手里的这个零件，要是到了90年代，咱们厂还生产这个破玩意儿，那早就该倒闭了！"

当时，看到这里我是非常震撼的！因为在过去那个"大干快上"的时代，人们听得最多的就是那句"一心一意把生产搞上去，群策群力把人口降下来"。本来这句话就算是对的，也只不过是两种手段而已。但是，反反复复听得多了，手段也就成了目标，进而又成了我们脑子里的标准答案。在这个世界上，最难被说服的人，不是脑子里没有答案的人，而是满脑子都是错误的标准答案的人。现在想想，这句话的后半句肯定是错的，而其前半句也未必就是对的。

小米公司的雷军有这样一句话说得非常有道理,"不要用战术上的勤奋,掩盖战略上的懒惰!"的确是这样,想清楚要干什么,远比怎么干更重要,这个道理体现在"经济战线"更是如此。随着科技的进步,各种产业技术迭代的速度越来越快,再加上传播手段、传播渠道的日趋多元化,消费人群中时尚浪潮的迭代速度也在不断加快。在这种需求侧和供给侧不断互动的情况下,在当今时代中,唯一不变的东西就只剩下"变化"了!这种变化所导致的最直接结果就是"我们现在什么都能生产,就是不知道我们应该生产什么"。如果说在《乔厂长上任记》上映的那个年代,我们只是感受到了这种变化的端倪,那么在 21 世纪的第三个十年中,我们每个人都能更深切地感受到这种变化所形成的压迫,甚至是胁迫。对于这种感觉,如果你问一问新一代"经济战线"上的工作者,特别是那些实体经济中从事制造业的人,他们那种被压迫的感觉,或者说是那种被时代胁迫的苦楚肯定是最多的!

在刚刚开始做顾问的前十年里,有四个字在我的耳边响了整整十年不止——"退二进三"。那个时候,只要有地方官员给你介绍当地经济发展的状况,几乎都会听到一段一个字都不会错的标准说法——"由于历史的原因,我们这个地区,二产占的比重过高,三产占的比重过低,因此,我们现在努力的核心目标就是研究如何退出第二产业,进入第三产业。"每每说到这里,官员们那种诚恳的语气,往往就像一个犯了错误的孩子。说实话,就算在当时,我对此都是颇不以为然的。特别是对于那种把老旧厂房纷纷改造成文创空间的行为,更不觉得是一种主流的发展方向。不说别的,"退二"之后,那个城区中损失的税收由谁来补足?"二"是退了,那个"三"能补得上吗?正所谓"皮之不存,毛将焉附",所谓"三产",不就是生产性服务业和生活性服务业吗?没有了生产,我们又能为谁做服务呢?

如果结合产业的地域性分工,那么这个问题的答案也就更加明确了。"退二进三"的产业发展思路当年是作为对中国产业结构历史遗留问题的纠偏手段。在一定历史时期、一定地域范围内是可取的。但如果将这个手段升高到一种标准、一种价值观,甚至成了一种思维定式,那么,它所带来的结果一定不会是乐观的!因此,现在有很多省份,特别是经济发达的省份,都纷纷提出了一个非常可行的产业发展思路——"退

二优二",即退出落后的第二产业,进入或优化先进的第二产业,这说明在长期的实践过程中,人们终于还是明白了产业发展的基本规律和产业布局的基本事实——彻底退出第二产业,对于某些城区是可以的,但对于整个城市而言,要想完全不靠第二产业,那在极少数的有特殊资源禀赋的城市才可行。对于大型城市,特别是特大型城市,就不用再讨论要不要第二产业了,而是应集中精力讨论要发展什么类型的第二产业、如何发展这种类型的第二产业。如果把眼光再放大到一个城市群的尺度上,那么,我们就要进一步地讨论在这个城市群中如何能形成一个完整的第二产业的产业体系!从这个角度上说,我国政府目前对于实体经济,特别是对于制造业在政策上的重视是非常明智的!

从"退二进三"到"脱虚向实"再到"退二优二",回顾过去走过的路,特别是走过的弯路,我们就不难得出"方向比方法更重要"这样一个结论。也就是说,做什么比怎么做更重要。特别是在现在,发展产业无论对于商家还是政府,都更多地变成一个方向选择的问题,而不是努力与坚持的问题。

在这样一个有越来越多方向可供选择的时代,我们反而听到一种看似很有道理的说法:"想那么多干什么,干就是了!"虽然我们是想大干一场,更想大干快上,但在此之前总得弄清楚到底要干什么、到底怎么干吧!如果方向都不明确,万一干错了呢?我是可以边干边"摸着石头过河",可是,这的确得是一条河啊!换而言之,如果脚下是淡水,远方是河岸,那只要摸着石头,我能过河;反之,如果尝过了,知道脚下是海水,抬起头看又是茫茫无垠,那这样摸着石头前进就不是过河,而是下海了,这和寻死没有太大的区别。因此,从行为动作本身来看,"过河"和"下海"的前期动作都很像,而最后的结果却有天壤之别。如果非要说"干就是了"这句话中有什么可取之处的话,那唯一可取的就是其中所表现出来的"态度的坚定性"。的确,这种"坚定性"确实是把一种产业或一项事业干成的必要条件。因为"坚定地去干"未必能够成功,但是如果不去干,或者说不坚定地去干,抑或是干得不足够坚定,那就一定不会成功!但是,话又说回来,"坚定地去干"毕竟只是把事业干成的必要条件,而不是充分条件。要想真正干成一项事业,发展成功一类产业,其"充分必要条件"都是必

须加上一个前提——选择正确的赛道。

正如前面所论述的，在科技进步日新月异的现在，产业发展的问题已经变成了一个赛道选择的问题。大家都必须为此做出内行而清醒的选择。做到清醒或许不难，但要做到内行就要困难得多。让我用一件发生在自己身边的事情描述一下其中的道理。在这么多年坐飞机的过程中，我格外留心身边的企业家们都在看什么样的书，尤其是那些坚持做实体经济的沿海地区的企业家们。观察的结果是我发现了一个非常有趣的现象。那就是近一个时期以来，在这些企业家的手里，心灵鸡汤的书少了，硬核写历史的书多了；金融与投资的书少了，纯讲技术的书多了。比如，我见过富二代小伙子，他拿着笔在看《草原帝国》。我问他为什么看这种书，他很谦和地对我说，觉得自己还太年轻，想弄清楚一些规律性的东西。听到这句话后，我对我们的接班人很放心。

又如，有一本纯技术书叫作《量子纠缠》。看这本书的是一个我都可以管他叫大叔的人！他不但看，还隔着飞机的走道很激动地向我请教其中的"技术要点"。于是，我就问他为什么要看这么偏门的书。"谁说偏门了？"他一脸严肃地看着我，"就在上个月，有四拨人拿着不同的量子技术商业计划书让我投资，我听不懂，可大家都说这玩意儿很有发展前景，没办法，只好自己先弄明白！"然后，他合上书，盯着机舱上的聚光灯说了一句我现在时常听到的话："早知道这样，当年多念点儿书该多好啊！"

现今的确不再是那个"清华北大，不如胆大"的时代了，现代产业发展的技术门槛越来越高，一着不慎，就会满盘皆输。其中最怕犯的错就是选错了产业赛道，点错了"技术树"。要么是投错了技术方向，要么是选错了技术路线。这样一来，再努力地奋斗也换不来成功的结果，而要做出正确的技术选择，靠看两本心灵鸡汤是远远不够的，必须"听得懂"硬核技术。请注意，在这里并不是要求决策者都懂技术（如果能那样当然更好了，但实际上这有点儿强人所难，就算你是专业人士，也往往只是懂得本专业的技术，而不可能懂任何专业），但一定要"听得懂"技术。所谓"听得懂"，就如同当我问那位看《量子纠缠》的大叔时，他讲的一句话："我没有想成为专家，我只是想入门。"诚如斯言！如果掌握了一项技术的入门级知识，你至少也能"听得懂"；就算不能亲自搞科研，但至少也能防止别人拿着"科研"来欺骗你。要知道，这虽然

是一个技术进步日新月异的时代，但也是一个"技术骗子"层出不穷的时代，能够做到不被"技术骗子"骗到不也是一种巨大的胜利吗？要知道，一次失败的投资赔出去的钱，常常是十次成功的投资也赚不回来的！

因此，无论是政府还是商家，想要做出正确的产业方向选择，究竟需要什么样的人才呢？或者说，我们最需要的人又需要具备什么样的知识结构呢？答案是"技术通才"，而不是"技术专才"。通俗地说，就是那种对十种新技术，都至少各懂30%的人，而不是只对一种新技术懂100%的人。在产业赛道的选择阶段，无论是企业还是政府，这时真正要做的就是在众多选择中选出现实中的最佳选择。然后决定在哪一条赛道上表现出自己的坚定性——在有了坚定性的选择之后，就能使那些对某一种技术懂得100%的专才派上用场。但是在这之前，就要对不同的产业赛道进行各种横向比较，从中选出最终的方向。在这样一个"方向选择期"，那些能够横向看问题的"技术通才"往往比单一领域的"技术专才"更容易成功。

这也能解释两个现象：第一，地方政府中干过招商局长的干部在企业那里为什么都很吃香？在我所接触过的许多大型企业中，那些民企老板如果要在体制内挖人，最喜欢挖的往往是地方政府中干过多年"招商"或"投促"的人。道理很简单，因为这些人长期工作在产业发展的前沿地带，每接触一个企业，特别是高科技企业，就一定要和老板深谈，听技术人员细讲，而且要到生产线现场看。这样三步走下来，就等于参加了一个短期速成的"技术培训班"！久而久之，只要他是一个工作认真的人，经过了这样长周期、高强度的技术培训，想不成为"技术通才"都难。因此，民企老板会针对他们来挖人。说实话，他们并不是冲着权力寻租去的，而多半是冲着人才价值去的。第二，为什么在"方向选择期"，"技术专才"老是觉得自己很受伤？我就认识一位做石墨烯的博士，他是真懂石墨烯，但可惜，他懂且只懂石墨烯。除非你是想多了解一些石墨烯的知识，否则可千万不要轻易和他说话。如果和他接上话，你就会发现，你的生产、生活、生意中所遇到的所有问题的根源原来都出在石墨烯上，而且，你的所有这些问题只要加强对石墨烯的技术应用，都可以得到圆满解决，从此你就过上了幸福的生活！同样，无论我和他去见什么样的政府官员，他也一定会去劝对方要

大力发展石墨烯产业。无论对方所任职的是地级市还是县辖的镇，也无论是西部的山区还是东部的沿海……总之，在他看来，大力发展石墨烯产业，就能解决中国乃至全人类的一切问题。通过认识这样一个典型的"技术专才"，我真正相信了这样一句话："当一个人把自己看成一把锤子时，在他的眼里，看什么都像钉子！"

那或许你会问，我为什么还要和他交朋友呢？道理很简单，如果你想成为一个"技术通才"，就一定要和不同的"技术专才"交朋友，而且要成为好朋友，最好还是能经常见面的好朋友！因为只有这样，你才能真正了解到在他研究的领域中最近又有了什么样的新技术进展。更重要的是，有了这样的"朋友储备"，我才能去告诉那些找我们做顾问的业主们（无论是政府官员还是企业老板），现在既然我们已经坚定地选择了A赛道，那么接下来，我们唯一要做的，就是要找到A类专家，让他来做这个赛道的首席专家，听他的，全听他的，一直听他的……从这个意义上说，"技术通才"和"技术专才"都是有用的，只是要用在不同的阶段。而且所谓的"技术通才"与"技术专才"，也是相对而言的，因为每个人大多有自己的研究领域，也会再做一些跨界研究。以我为例，在产业研究领域，我是一个"技术通才"，大家现在看到的这套"产业新赛道"丛书，就是在我这个"技术通才"的领导下，我们公司不同的研究中心，在各个不同的产业赛道研究领域做出的新研究成果——从大健康到现代农业，从生产性服务业到生活性服务业。我们的文章都能让读者在看过之后针对这些特定的技术领域基本上达到"入门级"的水平。从而，就可以在不同的新兴产业赛道中做出横向比较。最终，在理性的选择过程中确定自己应该坚定发力的新产业赛道。

如果将《产业新赛道之生产性服务业》《产业新赛道之生活性服务业》《产业新赛道之农业振兴》《产业新赛道之大健康产业》这四本书综合起来看，你就会发现其中有一个共同涉及的研究领域，那就是"城市"！这套"技术要点"丛书的定位为什么是"立足城市·谋划产业"？因为在城市研究领域，我是一个"技术专才"，可以将通才知识与专才知识相结合。我最擅长回答的是这样的问题："什么样的城市最适合发展什么样的新兴产业；也就是说，什么样的新兴产业最适合在什么样的城市中寻求发展"，而问前一个问题的多数是找我们做区域发展顾问的政府客户；问后一个问题

的多数是找我们做产业发展顾问的企业客户。前者是替区域发展选择合适的产业，后者是为产业选择合适的发展区域。无论如何，你都会发现，在现在这个技术发展日新月异、区域发展日益重构的时代，产业发展方向已经真正变成了一个"选择"的问题。

那么，当产业成为一种选择时，最愿意找顾问的是哪些地方的人呢？这是一个非常耐人寻味的问题，而其答案可能会出乎很多人的预料——肯为区域产业发展找顾问的，往往是中国经济最为发达地区的城市政府，或者是发展崛起速度最快地区的地方政府。前者有势能，后者有动能；肯为产业发展找咨询的公司常常都是那些在各自产业领域中最领先的龙头企业。奇怪吗？其实一点儿也不奇怪！如果你用心观察，就会发现在我们当年上中学的自习教室中，每当各科的老师到各个教室里巡堂时，最常站起来问问题的，通常都是那几个"学霸"；那问问题最少的人又都是谁呢？当然是那些"学渣"，他们通常都是在自习课堂中睡得最香的人。

走得越远和走得越领先的人，他们前方可学习的榜样也就越少，这正如华为公司总裁任正非所说的，他们已经走入一个无人地带。在这个时候，特别是当他们面对着一个四处都看不到行人的十字路口时，他们当然就会不得不面对一个产业选择的问题。在这种需求之下，他们要去寻求战略顾问合作，找到像我们这样的战略军师，当然是非常正常的。这是因为他们"明白自己不明白""知道自己不知道"。这是一种清醒，而不是一种麻木！知道自己不知道，是一种清醒，不知道自己不知道才是一种麻木。比这种麻木更可怕的，是觉得自己什么都知道。这样的人无论是在企业还是在政府里都是最可怕的，他们最典型的状态就是能对一种完全胡说八道的产业赛道表现出近乎狂热的痴迷和坚定，而最终只能得到失败的结果。

其实，做任何选择，选择后的态度都必须坚定。因为有了坚定的选择，新兴产业未必能发展起来，而如果选择不够坚定，那无论什么产业都发展不起来。无论是企业还是政府，对于经济发展或者说对于经济重振的渴望是毋庸置疑的，因此，它们也大多表现出了对谋求经济发展的坚定性。唯一不同的是，在确定这种"坚定"之前是否真正地经过理性的论证、反复的比较与深刻的反思。如果有，那么这种坚定就是一种深刻之后的"通透"和理性之上的"自信"，这也是我们今后事业取得成功的保障；

如果没有经过这样一个认真选择的过程，盲目坚定和狂热，那这样的坚定就只是一种天真之下的"想象"和迷失之后的"自负"。在今天，有许多经济发达的省份都已提出了"亩产税收"的概念，而且越来越重视基础研究对产业发展的长远作用。这个世界上确实有奇迹，但事实上，多数奇迹不但来自加倍的付出，还来自正确的方向。

华高莱斯国际地产顾问（北京）有限公司
李忠
董事长兼总经理

本书卷首语

了解是一种爱，服务是一种力

最近一个时期，我们公司接到的顾问订单中，有这样一种业务逐渐多了起来——战略落地，不仅名字很有趣，而且涉及的业务范围很广，包括城、人、产。

"城"的战略落地，多数是指新城。一座新城的城市规划大多早就确定了，如计划装下50万人，但是这50万人中的前5万人不来，就会耽误后面的45万人。因此，就需要先让发展战略落地。

"人"的战略落地其实是指人才。无论是吸引国际化人才还是年轻的科技精英，吸引政策很早就有，并且明码标识，童叟无欺；连人才公寓也是早都建好的，桌椅板凳、锅碗瓢盆，也都配齐了。可那些年轻精英毫不在意，国际人群也全无踪迹。因此必须进一步深化吸引政策，让人才战略具体化落地。

"产"的战略落地是这些战略落地的配套顾问服务中我们承接最多的一类。因此今天的话题就从它开始。我们在以前的文章中，曾经不止一次地提到"产业选择"四个字。在一个地区的产业发展方向尚未确定之时，就应该制定出一个产业发展规划。一般来说，当产业规划确定后，照着规划落地实施就行了，但是，在很多地方，甚至可以说是大多数地方政府，都发现这些产业规划真正执行起来，却始终落不了地，我们想要高附加值的先进企业，人家不来；那些高污染、高排放的落后企业想来，我们又不敢要。因此，最后的局面就是"战略非常清晰，落地非常茫然"。这也就是地方政府委托我们做"战略落地"顾问的原因。

曾经，不同地方分管经济的领导和我说过同样掏心窝子的话："我干经济工作没有几十年，也有十几年了。过去干招商，现在管园区，职位越来越高，工作却越干越难。现在无论哪个城市，抢这些有价值的企业，不是刺刀见红的劲！税收的招，土地的招，招商奖励的招，全都用上了，也都用尽了！到最后，大家其实都差不多，你上午有了新办法，我下午就能把你的新办法变成我这里的新文件！"

说实话，这十多年来，特别是最近这五六年，像这样的话，我听了不知有多少遍！但我所给出的回答都是因人而异、因地制宜的，听过我的课，或者接受过我顾问服务的人，都知道我特别讨厌那种想用"居高临下"的姿态"一招打遍天下"的人，我本人就是一个干活想接地气、更喜欢见招拆招的人！

讨厌"居高临下"，是因为我本人出身就在"下"。老家那个小县城曾经是贫困山区，但在那里生活过是我一生中最大的财富之一。另外一笔人生财富是我虽然大学毕业就开始创业，但在其中的两三年里，我又为了学手艺，到香港的恒基兆业打过工。现在想想，打过工的老板和没打过工的老板，在管理员工时，那种感同身受和换位思考是不一样的！这也正如同没有真正在农村、小县城生活过的人，是不太可能真正明白这里的人们每天所思、所想的到底都是些什么！

每当我在各类的文章中看到别人对于像我家乡那样的小县城及延伸出的对于县域经济的各类描述时，我常常都想说："我宁可接受在了解基础之上的攻击，也不接受在误读之下的赞扬。"说实话，现在有很多人对于县城没落的描述是很刻薄的，刻薄到我在读过之后，心里也是一阵发抖。可正是因为他们刻薄的描述是建立在真实感受之上的，所以我们这些故乡人在读过之后，才会产生出相应的气愤；相反，这些年，我也曾不小心点开过一些对于县域经济发展充满种种美好想象的文章，他们的措辞表面上忧国忧民，读起来催人向上，实际上却空洞无物，骨子里居高临下！当一个人，先把我们的一众老乡全都定义为弱势群体时；当外面的人，把我们这些故乡小城一律说成穷乡僻壤或山清水秀时，我们这些当事人没有什么好说的，旁人爱怎么规划就怎么规划吧！其实，我是希望他们有一天能明白、了解在这个世界上，一端放着山清水秀，另外一端摆着穷乡僻壤，但在这中间，还有一个是在我们眼里很普遍、很正常的地方，她的名字叫作"我的家乡"。

作为一个真正的大国，中国的县数以千计，而在2 000多个县中，就有一个是我的家乡。在别人的眼里，我家乡的这个小县城和别的县看上去没有什么不一样，但是对于真正在这里生活过的人来说，我们的家乡和别人的家乡就是不一样！将心比心，每当去做县域经济的咨询顾问时，对客户提出的任何思路，我都不会觉得不合理，也不觉得难以想象，就算我不赞成他们的思维方式，我也可以理解他们的思维动机。

正是这样的原因，每当这些县级地方政府的领导把他们所制定的产业发展战略给我看时，我总是会和同事们尽量做好两件事情：第一，像对待我们自己的家乡一样，尽可能地找出这些县、乡、村在产业发展方面的优势。只要仔细看，只要用心找，总会发现每个地方都有属于自己的强项；第二，一定要让这些地方干部明白想做成和能做成，不是一回事；有战略和能实施，也不是一回事。就算产业发展的战略确定了，甚至连招商引资的目标企业都明确了，也不等于这样的目标就一定能落地。

"那究竟怎样才能把人家招进来呢？"每到这个时候，"千言万语"都汇聚成这样一句话。每当遇到这种情况时，我都会告诉这些神情焦灼的政府领导："你应该换位思考，问问自己，怎样才能让这样一家企业在我们的家乡发财呢？"

做企业就是要求发财，这原本就没什么好避讳的。但有时候客套话说多了，当真心话说出来时，反而觉得有点太冒险。如果一个企业家告诉你，我来到你们县就是为了利用某某资源，发展某某产业，从而赚到多少钱，这样的企业家其实是实在人，是我们应当认真对待的；相反，如果来到我们县里的人，一开口就老说想为咱们这个贫困县，做出怎样的贡献，那么对于这样的人，我们还是谨慎点儿好。咱们中国有句老话叫作"无事献殷勤，非奸即盗"。

只有让别人赚到钱，人家才会来我们这里做生意，这是一个再浅显不过的道理，也是一切地区产业发展战略能够落地实施的前提。例如，如果某个县制定了发展食品加工产业的发展战略，那这个战略其实就天生获得了一个副标题——我们如何才能让食品加工企业在我们县里赚到钱？

根据以往的从业经验可以总结出一句话——如果一个地方政府能够让一家企业在它同类企业尚未来到本地经营时，就能看到可以在本地持续盈利的确定前景，它就可以率先成为本地这类产业发展的"种子企业"，也就是率先落地的企业。一旦有了一两家这样的企业，并且真正开始盈利了，其他企业就会近悦远来，后面的事情就都好办了。因此，虽然都叫战略发展规划，但关于城市的发展战略和产业的发展战略，其实在实施落地中有许多不同之处，甚至在战略的目标控制上是完全相反的。同样作为对一段发展历程的干预与控制，城市规划主要是对规划的终点负责，而产业规划的重点是如何在产业的起点发力。

关于规划，我们常常可以听到两种说法：一是规划要做到"50年不落后"；二是越穷的城市，越要做富规划。这两种说法用在城市规划上都特别合适。当一座城市只有10万人口时，它一定要有一颗涨到20万人口的雄心，并且为这个雄心要去制定一个富规划。只有这样，当城市市区人口真正涨到20万时才会庆幸，为了这10万人的到来，就要提前做好各种准备，这也就是"50年不落后"的真正含义。因此，我们可以说城市规划的各类指标主要针对的都是一座城市在一定发展时期的终点状态。

相对于城市规划，毫无疑问，产业规划本质上是一种起点规划，关于城市规划的各种评判标准是不适合产业规划的。首先，你听说过能"50年不落后"的产业吗？其次，如果在"穷地方"一味地去做"富规划"，那这样的规划可就只能在墙上挂着了。相反，对于一些经济相对落后的地区在其产业发展的起步阶段，选择可行性产业要远比选择先进性产业更为重要。不要怕起点低，先要保证能起步。万事开头难，只要迈出了第一步，后面的事情可以边发展边提升，边提升边解决，正所谓"不怕慢，就怕站"，发展中的问题一定要在发展中解决，也只有在发展中才能解决。

"好的开始是成功的一半"，这句话用在产业规划上是非常合适的。因此，我们才说，吸引代表规划中产业发展方向的"种子企业"是保证产业规划落地的重中之重。

那么更进一步地想，如何才能在一家企业还没入场的时候就能让它感受到在本地区未来的盈利前景，从而愿意成为"种子企业"呢？

要做到这件事，就需要我们的干部们深刻地理解这样两句话：了解是一种爱，服务是一种力。了解是指我们对于企业的了解，以及对于企业所在行业的了解。

目前，在很多地区的招商引资工作中，地方干部们把主要的精力都用在向对方介绍自身地区的情况，而对于企业的状况却不甚了解。这种情况对于那些涉及高新技术的企业较为明显。想想倒也可以理解，在科技发展日新月异的今天，不要说外行人，就算是本行业、本企业的人，也未必能把本行业的技术逻辑或本企业的技术流程说清楚，更何况是我们这些外行人呢！但如果将心比心地想一想，在这种情况下，如果作为招商一方的干部们还能站在对方的立场上，替对方很内行地算一算账，而且能毫无违和感地说出那些企业技术环节中的专用术语；那么坐在你对面的这家企业的谈判代表，这时心里有什么样的感受呢？脸上又会流露出怎样赞同的表情呢？

"我们希望你们来！"这是所有想招商的地方政府的共同姿态。这样的姿态就如同众多的"求婚者"在面对一位美丽而又傲娇的公主时，大家都会说出的那一句话——"我想娶你！"进而，可能还会讲出长长的一大串数字，那是这位"求婚者"本人所拥有的种种优势，如身家多少、多少套房、多少辆车等。其实，这些"绝对条件"很多时候是形不成比较优势的，这就如同在当下的婚恋市场中，如果大家都是"有车有房"，而某些人却多了个其他优势，那么，或许这些人会格外引来某些姑娘的青睐。（但是，如果家家都叫嚣着，自己也有这个优势，那就正正得负，这反而让大家都没有了比较优势）。

如果在这个时候，有一位小伙子突然对着这位傲娇的公主说："我觉得你最应该嫁给的是我！""为什么？"公主听到不同的表达，略感意外，就多问了一句。"因为你爱孩子！""你怎么知道我特别爱孩子？"公主有点不打自招了。"因为这些年来，我一直在关注你，关注你的微信和微博。"小伙子一脸真诚地说，"从你晒的朋友圈来看，你不光爱孩子，而且既爱男孩又爱女孩，更希望能多生几个，恰好我也爱孩子，我也希望多生几个！""是吗？"公主有点兴趣了。"如果是这样，"小伙子继续说，"那我应该是你生孩子的最佳合作伙伴——我的父母亲现在都很年轻，他们特别喜欢孩子，而且特别希望我这个独子能给他们多生几个孙子、孙女，因为他们两人，一个是儿科专家，另一个是幼儿教师！"

这才是最好的招商逻辑！前半段话语所体现的就叫"了解是一种爱"。试想"有车有房"这些逻辑虽然是优势，但这些优势是针对绝大多数女孩的，而并非针对某个女孩。如果在这时，有个男孩能让这个女孩突然发现，这么多年有个男孩一直都在默默地关注她，一直都在认真地了解她，并且从而真正地懂她；那么，再笨的女孩也会明白，这个男孩是不是值得她爱暂且不论，但一定是爱她的！而且爱的不是一类女孩，而就是她这个女孩，他所爱的，就是那个独一无二的她。

在这个生活节奏越来越快、信息越来越过载的现代社会中，"注意力"已经成了每个人非常稀缺的能力。对于大多数人，甚至我们身边的大多数人，我们都是没有时间去"在乎"的。因此，在这样的情况下，如果还有人在乎你，而且愿意了解你，还因此在一直关注着你，那你就可以断定他一定是爱上你了，而且一直在爱着你！

甚至我们可以说，爱你的人不一定了解你，但真正了解你的人，就算不是爱你的，也至少是关心、在乎你的！因此说了解是一种爱，这句话用在情场、商场上也都是真理。如果你读过军事史，就会发现，这句话甚至在战场上也同样适用——最了解你的人，有的时候并非你的家人，而是你的对手！特别是那个与你"势均力敌，惺惺相惜"的对手！要知道，在战争中，会有军人将自己的孩子最终托付给了与自己打了一辈子仗的老对手。这样的情况在中国发生过，在日本也发生过，而且事实证明，他们都没有所托非人。因为他们都深深地了解对方，都尊重对手，也知道对手一直在尊重自己。

还让我们回到刚才那个情场上的逻辑——明白了"了解是一种爱"，然后，让我们分析，刚才那位成功求婚者的后半段表达，其中能说明的就可以总结为"服务是一种力"。能让自己父母的能力优势形成一种针对那位公主的特定服务，从而更好地满足她"多生孩子"并"养好孩子"的深切愿望，这就形成了一种强大的竞争力——服务。有针对性的服务，特别是基于深入了解、能站在对方角度上有针对性的服务，不但是一种力量，而且是一种带有很强情感杀伤力的力量！因为这样就能准确地告诉对方——我了解你，我在乎你！我还知道，我应该怎样去在乎你。这样推导下来，结果就只能有一个——不是我更需要你，而是你更需要我；你的幸福需要我，你想要幸福，就更需要我！

说完了上面情场的逻辑后，我们就可以回到商场的规律了。同样的道理，如果我们相信在商场中，同样适用"了解是一种爱，服务是一种力"，那么我们就会明白，在招商引资的过程中，我们应该向企业表达的并不是我们这个地区的发展多么需要它们，甚至也不会是我们这个地区的条件多么适合它们的发展，而是它们要想发展，多么需要我们这样的硬条件，多么需要我们这样的软服务！——在这里，之所以要加上"这样的"三个字，就是要表达这样的服务必须是有针对性的。也就是说，一定要针对这家企业，更要了解这个行业！因此，这么多年来，我们为地方政府所做的战略落地顾问，多数都是在帮助地方政府来有针对性地改造自己的软环境，或者说是在把"软服务"集合成"硬实力"。与企业或投行的视角不同，我们是和地方政府站在一边，从服务企业的角度上去改善政府的服务。打一个形象的比喻，如果企业想要一个插头，那我们的服务就是根据这个插头的形状去改善地方政府的插座，从而让"企业要求"与"政府服务"实现完美对接！

这些来自本地政府或来自本土企业的各类服务构成了一个行业，叫作"生产性服务业"。发展有针对性的生产性服务业可以对某类企业进行"精准招商"和"强力吸引"，这样的案例在国内外的区域经济发展（特别是县域经济发展中）早已不胜枚举。因此，我们才要出这样的一本书，系统地梳理这类案例的共性规律。我们相信，通过这样有国际视野的梳理，再加上深入每个行业内部运营规律的总结，这本书最终可以实现"榜样的力量是无穷的"的效果。当一个地区已经确定了自己的产业赛道后，也就是已经明确了要干什么后，如果你现在一时还不知道该怎么干，最简单的办法就是看看与你情况类似的朋友，特别是和你竞争的对手，他们在怎么干——有样学样，先干起来，这常常就是最有效的做法！因此，本书既是一本适合企业负责人阅读的案例书，又是一本适合相关专业人士阅读的工具书。

对于华高莱斯而言，我们非常了解，做企业不容易，做招商更不容易。因此我们才想着在这种情况下，作为生产性服务业中的一员，我们这些咨询公司的从业人士，能不能尽自己的最大努力，用我们基于了解而形成的有针对性的服务，为我国那些负重前行的企业助一臂之力！

因为我们相信，

了解是一种爱，服务是一种力！

我们更相信，

建立在了解之上的服务，会是一种更强大的力！

用服务来表达的了解，才是一种更真实的爱！

华高莱斯国际地产顾问（北京）有限公司
李忠
董事长兼总经理

目录
CONTENTS

001　总论　新制造孕育服务新赛道
002　制造未来的"危"与"机" ······················白雅文

033　上篇　"知识"引领下的创新生态
034　专利地图就是作战地图 ························张　慧　常　瑶
057　科技中介做"红娘"，成就创新"好姻缘" ········蔺　倩　常　瑶
077　冒险的梦，我陪你疯——测试产业撬动制造业的创新升级 ······梅　硕
102　突围工业设计，打造制造业升级"金手指" ···············张凤洁

123　下篇　"数字"赋能下的产业新机
124　"协同制造"如何助力中国制造产能升级 ················杨思洁
148　工业软件，中国的新机会 ·····························金　浓
173　新游戏需要新规则——制胜数字服务贸易 ···············徐　闻
200　白领金领，不如"新领" ·····························郭可萱　常　瑶

总论　新制造孕育服务新赛道

制造未来的"危"与"机"

制造未来的"危"与"机"

文 | 白雅文

一、大国制造是否已屹立于世界之巅

放眼世界舞台,国与国之间的较量看似是短兵相接的军事能力的比拼,实则是工业实力的较量。无论是以蒸汽机时代为代表的第一次工业革命,让英国快速建立起门类齐全的工业体系,持续了近一个半世纪的"日不落帝国"荣耀;或是内燃机引领的第二次工业革命时代,美德日潜心搞事业,重新划定世界经济版图;还是在空间技术、信息革命为代表的第三次工业革命,美国凭借强大的工业技术实力,赶超各国成为世界霸主,走向巅峰之路……将历史的镜头切换回我国,甲午海战的惨痛失败给我们上了深刻的一课:只有建立强大的工业体系,才能巩固国防实力。

从中华人民共和国成立前被战争彻底摧毁的工业,到如今"Made in China(中国制造)"享誉世界,"中国制造"创造了一个又一个世界奇迹。我国成功发射了世界首颗量子卫星"墨子号";我国的北斗导航是世界四大导航系统之一;我国生产的"大疆无人机"畅销世界,并被国外媒体称作"民用无人机中的战斗机"……

让我们再把目光聚焦于下面一组数据:

中华人民共和国成立仅仅70年,我国就完成了独立完整的现代工业体系的建立,39个大类、191个中类、525个小类,成为全世界唯一拥有联合国产业分类中全部工业门类的国家。

在全世界500多种主要工业产品中，我国有221种工业产品的产量居全球第一[①]。

70年间，我国制造业增加值增长了970余倍[②]，在世界占比超过28%，成为驱动全球工业增长的重要引擎。

从2010年开始，我国制造业增加值已超越美国，连续11年蝉联全球第一，成为当之无愧的全球最大制造业国家。

……

这是否意味着中国已成为世界制造业的王者，傲立于世界工业之巅了呢？

显然不能！数据的强弱仅仅体现了产业的比较优势。根据迈克尔·波特的竞争理论，产业结构的强弱主要取决于产业的竞争优势，而非比较优势。换而言之，**只有拥有更高的竞争优势，才能拥有更强的制造业实力。**

如果处在传统大工业生产时代，制造业竞争力的强弱主要体现为资金实力和资源实力，谁拥有更雄厚的资金，购买到更先进的机器，以更低廉的价格获取更多的原材料、土地、厂房和劳动力，谁就越容易占据更大的规模优势。当产业发展的巨轮滚滚向前，科学技术逐渐从生产的辅助推动要素走向台前，成为新一轮产业制胜的关键时，制造业的竞争力模型便由此发生了改变——谁拥有更强的产业创新能力、谁拥有更高的单位亩产收益、谁在国际市场上拥有更强的话语权，谁就拥有更高的制造业竞争优势。因此，**规模不能与实力简单地画等号，高产值不等于高价值！**

[①] 中华人民共和国中央人民政府网：《中国成为唯一拥有全部工业门类国家》，人民日报海外版，http://www.gov.cn/xinwen/2019-09/21/content_5431829.htm，2019年9月21日。

[②] 国家统计局：https://data.stats.gov.cn/easyquery.htm?cn=C01。

长期粗放式的生产，使我国制造业虽然拥有了世界上最大的产值规模，甚至享有"世界工厂"的美誉，却并没有占据世界最先进的生产技术和生产水平。生产环节的不断强化，以及研发、设计、中试、贸易等环节相应的缺失，使我国制造业一直处于产业价值链"微笑曲线"的底端，"大而不强、大而不优"是我国制造业面临的最核心问题。

1. 门类广但自主创新力弱

世界发达国家的实践证明，自主创新能力是产业高质量发展的牛鼻子。习近平总书记早在2014年两院院士讲话中就指出，"**只有把核心技术掌握在自己手中，才能真正掌握竞争和发展的主动权**""**不能总是用别人的昨天来装扮自己的明天**"[①]。中华人民共和国成立70多年来，从一味模仿到模仿中创新，我国制造业不断取得核心技术的突破。据世界知识产权组织"全球创新指数"显示，2020年我国创新指数排名，已从2015年的第29位上升到第14位，科技进步对经济增长的贡献率达到59.5%。另外，据世界专利组织显示，2019年，我国共提交近5.9万件专利申请，超过美国首次跃升至全球第一位[②]。然而就专利分布和专利质量来看，依然存在低水平专利集中、核心领域专利严重不足的现象。以航空航天制造所必需的核心材料碳纤维领域为例，我国专利数量最多的申请者——哈尔滨工业大学，其专利数量还不及日本东丽集团的1/10[③]。即使在国际市场份额占比较大的LED产业中，我们的创新也主要集中在技术密度较低的封装环节，而在砷化镓单晶片、驱动芯片、玻璃基板、背光模组、自动化设备

---

① 习近平:《习近平在2014年两院院士大会上的讲话》，新华网，https://www.cae.cn/cae/html/main/col1/2014-06/09/20140609210446331951517_1.html, 2014年6月9日。

② 世界知识产权组织：https://www.wipo.int/edocs/infogdocs/en/ipfactsandfigures2019/.

③ 国务院知识产权战略实施工作部际联席会议办公室:《基于专利及产业分析的我国碳纤维产业链发展模式研究》，国家知识产权局，https://www.cnipa.gov.cn/art/2019/6/18/art_1415_157095.html, 2019年6月18日.

等基础原材料和关键核心技术方面，受制于人的现象依然存在。

工信部原部长、中国工业经济联合会会长李毅中在2019央视财经论坛中指出，目前中国在关键零部件、元器件和关键材料上的自给率只有1/3[①]。我国工业机器人核心零部件70%以上依赖进口，中高档机床核心数控系统也多数依靠进口[②]，另外，自主创新力不足也让我国的制造业在新的科技产业变革时代，动能逐渐衰减。创新力量不足，限制着我国制造业的发展和提升。

2. 产值高但产业效益贡献力低

效益的好坏反映着产业价值创造能力的高低，也代表着核心竞争力的强弱。没有可观的收益，即使收入再高，也不能说产业具有很强的市场韧性。

长期以来，远远滞后于生产的自主创新能力，产业价值链上"微笑曲线"底端的占位，让我们虽然拥有规模最为庞大的制造体系，却由于附加价值低，利润始终上不去。特别是在传统"世界工厂"的站位下，没有品牌、没有设计研发、不负责流通和经营、更不掌握产品定价权，企业往往只能赚取到产业价值链末端的微薄利润，大头却被那些拥有自主品牌或者高端技术的企业所控制。做着最苦的劳动，却被压榨得只剩下一点点利润。众所周知，全球最赚钱的手机是苹果，据美国知名市场研究机构Counterpoint Research的报告数据显示，苹果手机利润率高达66%，而OPPO、vivo、

---

① 21世纪经济报：《工信部原部长：中国制造业关键核心技术自给率仅1/3，近期公布第四批单项冠军》，https://m.21jingji.com/article/20191213/herald/3c79420f6350069dfa522a1666824290.html，2019年12月13日.

② 控制工程网：《当前我国工业发展面临哪些问题？》，http://i4.cechina.cn/19/1127/09/20191127090709.htm，2019年11月27日.

小米的利润率则不足 5%[①]。

同时，低技术产品产能过剩、高技术产品产能不足的现象依然很突出。在传统的重工业领域，闲置的设备和产能随处可见；即使是市场宠儿的新兴领域，由于缺乏必要的规划布局，哪里有补贴，哪里就聚集着大量的资金，企业就一哄而上，低水平重复建设的现象也依然明显。2020 年前三个季度，全国工业产能利用率为 76.7%[②]，如果按照国际通行标准，产能利用率低于 79% 为产能过剩，低于 75% 就为严重产能过剩[③]，目前我国制造业已接近严重产能过剩的边缘。产能的行业集中化让价格战成为占领市场的最好武器。企业要想赢得市场，只能不断地压低价格，利润也只能进一步被削薄。

据报道，我国制造企业的平均利润率仅为 2.59%，距世界 500 强制造企业存在 4 个百分点的差距[④]。同等换算，是超 4 万亿元的巨额年利润损失。产值虽高，亏损企业数却在不断增加。2012—2019 年，我国规模以上工业企业营业收入保持在 3% 以上的增速，而同期亏损企业却增加了 40.5%[⑤]。利比纸薄，我国制造业盈利水平的不断压低，甚至影响了企业的研发热情。2018 年，中国制造业企业研发投入强度为 2.32%；而 2019 年，

[①] KARN CHAUHAN by Counterpoint Research: *Apple Continues to Lead Global Handset Industry Profit Share*, https://www.counterpointresearch.com/apple-continues-lead-global-handset-industry-profit-share/, 2019 年 12 月 19 日.

[②] 统计局网站:《2020 年三季度全国工业产能利用率为 76.7%》, 中华人民共和国中央人民政府网站, http://www.gov.cn/xinwen/2020-10/19/content_5552366.htm, 2020 年 10 月 19 日.

[③] 韩国高, 高铁梅, 王立国, 等. 中国制造业产能过剩的测度、波动及成因研究 [J]. 经济研究, 2011 (12)：18—31.

[④] 长江商报:《制造业平均利润率仅 2.59% 中国至少提升 10 行业品质》, http://field.10jqka.com.cn/20190911/c613901718.shtml, 2019 年 9 月 11 日.

[⑤] 国家统计局: https://data.stats.gov.cn/easyquery.htm?cn=C01.

这一数字则变成了 1.45%①。

产业效益贡献力的低下，不利于大国制造的坚韧发展！大而不赚，是未来我国制造业迫切需要解决的发展难题！

3. 产品全但品牌竞争力不足

品牌往往代表着产业的国家信誉和市场形象，是除创新力、效益贡献力外衡量产业综合实力和外部竞争力的重要因素。如同特斯拉意味着新能源汽车的标杆；卡尔蔡司意味着最好的专业光学镜头……我国虽然拥有最全的产品制造门类，在世界各处我们都能看到"Made in China"的烙印，但在世界 500 强品牌中，我国能叫得响的制造业品牌屈指可数。甚至一提起中国制造，人们首先想到的是廉价、低质和山寨。据统计显示，33% 的国外消费者认为中国品牌"档次低"；71.4% 的国内消费者由于质量原因而选择购买国外品牌；而且这一比例有逐渐扩大趋势。千里迢迢背马桶盖、电饭锅，表面令人唏嘘的是中国消费者的不理智，背后却映射着中国制造业品牌缺失的悲哀。

在产业链分工越来越细的今天，没有品牌则意味着丧失了竞争的主动权和话语权。我们无法参与标准的制定，无法掌握强势的议价能力，无法按照需要自主选择上下游合作商……只能被动地等待安排，等待压榨。一旦竞争环境恶化，我们只能眼睁睁地被那些拥有产业链上主导品牌的国家"卡脖子"。品牌建设是制造大国向制造强国迈进的重要一环。可以说，没有品牌，就无法在激烈的产业竞争中，实现产业价值链的中高端攀升，更无法适应产业未来高质量发展的需要。只有在国际市场中建立起品牌的壁垒，才能让我国制造业的含金量和影响力与规模真正匹配。然而，面对

---

① 网易：《社论 | 制造业高质量转型发展需加大研发投入》，投资快报，https://www.163.com/dy/article/FV0QJD680519DKDI.html，2020 年 12 月 29 日.

"质量诚信问题频出、假冒伪劣品泛滥"的现状,我国制造业的品牌提升之路依然道阻且长。

剥开王者的红装,我国制造业深层次的竞争力实则"弱不禁风"。中国工程院发布的《2020中国制造强国发展指数报告》显示,我国位于全球制造第三阵列,竞争力远不及美国、德国与日本。在"结构优化""质量效益""持续发展"方面,我国与制造业发达国家仍然存在很大差距[①]。难怪前工业和信息化部部长苗圩曾说:"'**中国制造**'**不像我们想象那么强大,西方工业也没有衰退到依赖中国**。"[②] 巅峰的制造业,仿佛刀尖上的舞者,时刻面临着危机与挑战!

二、十字路口,大国制造何去何从

由于抓住了中低端产业转移的机会,并凭借成本优势,我们创造了制造业的速度奇迹,实现了巨额的财富积累。然而,在巨大的盘子下,掩盖不住的是不尽合理的产业结构。当产业变革不可逆转,成本红利逐渐削减,规模优势已然失色,以及发达国家对我国的贸易摩擦愈演愈烈之时,处于"王者"的中国制造业已经迈入了转折的十字路口。如果用一个词来形容我国制造业的真实处境,非"内忧外患"莫属。

1. 内忧:"未富先衰"的中等收入陷阱

低端、低质、低价的发展模式,让我国的制造业正在陷入发展的怪圈:没有钱,就吸引不了人才;没有人才,就无法支撑创新;没有创新,

---

[①] 中国工程院战略咨询中心、中国机械科学研究总院集团有限公司、国家工业信息安全发展研究中心:《2020中国制造强国发展指数报告》,https://www.sohu.com/a/441605204_680938,2021年12月29日,第26页。

[②] 人民网:《工信部部长:"中国制造"不像我们想象的那么强大,民间太狂热》,https://www.cehome.com/news/20200415/251642.shtml,2020年4月15日。

产业就提升不上去，就更没有钱……长此以往，我国的制造业只能被锁定在产业链的低端，始终处于低水平的竞争状态，既往积累的规模优势也会一步步被压减。最终，只能是制造业尚未真正强大，就出现衰退迹象。相较于美欧日等昔日制造霸主，他们是在完成工业化进程后才出现制造业的下降；我国目前在快速工业化的进程中，尚未真正称霸已过早出现了下滑。2019 年我国制造业增加值占 GDP 的比重为 27.17%，同比降低 2.23 个百分点，达到 2012 年以来的最低水平[①]。过早过快的去工业化，使我国提前步入"未老先衰"的中等收入陷阱，经济长久稳定发展也受到侵蚀。10 年间，制造业增加值增速降低了 6.9 个百分点，成为 GDP 增速下行的主要影响因素。

2．外患：超越的成本与技术的卡脖子并存

人工成本的大幅上涨、工业用地成本的高企，让曾经引以为傲的成本优势，逐步被成本更优渥的新兴发展中国家所替代。2020 年 5 月，据日本经济产业省消息，57 家日企正式开始撤离中国，这其中 30 家企业将生产转移到越南、缅甸、泰国和其他东南亚国家[②]。本没有强起来的中国制造，又在遭遇规模上的釜底抽薪。随着贸易保护主义的愈演愈烈，西方发达国家纷纷出台各种政策，推动"再工业化"，不但要搬离生产，也要加强对本国技术和贸易壁垒的构筑。截至 2021 年 7 月，中国已有近 1 500 家企业、机构被美国列入实体清单。不断卡紧的脖子，对中国制造可谓构成了"致命"的打击。在美国制裁下，华为手机的出货量和迭代速度明显放

---

① 国工程院战略咨询中心、中国机械科学研究总院集团有限公司、国家工业信息安全发展研究中心：《2020 中国制造强国发展指数报告》，https://www.sohu.com/a/441605204_680938，2021 年 12 月 29 日，第 26 页。

② 醉井观商：《制造业不断撤离中国，搬到越南等东南亚，转移到中西部不行吗？》，网易，https://3g.163.com/dy/article/FJ1B04TG0539AOAP.html，2020 年 8 月 2 日。

缓，甚至跌出了全球智能手机前5的榜单，可谓最典型的例证。姗姗来迟的华为P50手机，尽管依然搭载的是5G芯片，却采用了上一代4G通信技术，就是因为5G射频芯片中的核心元器件——滤波器市场，基本被美日厂商垄断。以至于余承东略显无奈称："因为这两年多美国的四轮制裁，我们的5G芯片现在只能当4G用"①。

内部长期低端锁定，前有发达国家坚固的贸易壁垒与难以逾越的技术鸿沟阻挡，后有更低成本的越南、印度、墨西哥等国奋力追赶超越。中国制造发展道路充满荆棘。无外乎全国政协委员、工信部前部长李毅中这样说道："现在中国的工业处于中间地带，受到两头挤压。"②

《金融时报》记者彼得·马什曾说："在新时代，最重要的事情就是准确识别已有的生产制造模式将会如何变化，掌握如何从这些变化中获取最大的利益。"当机器化大生产时代已经走远，知识经济和数字经济成为未来产业的主导方向时，站在十字路口的中国制造，需要的是对新时代下产业变革未来趋势与机遇的准确判断。只有这样，内外承压的制造才能实现跨越式升级，而不是在十字路口中央左右徘徊。

1. 把牢知识经济，引领"制造"走向"知造"

如果在传统大工业生产时期，机器是最重要的生产资料，资源红利和人口红利是拥有强大制造业体系的关键。而在新一轮的产业变革中，知识已经成为核心生产资料，驱动着产业变革。谁拥有着代表先进科技与尖端技术的"知识"红利，谁就越能在新一轮的产业竞争中占据主动权。**知识就是竞争力！**制造业强国美国、日本等的实践无不证明，"新技术知识的

---

① 吕栋：《华为5G芯片只能当4G用，为什么？》，观察者网，https://baijiahao.baidu.com/s?id=1706763279522208170&wfr=spider&for=pc，2021年7月31日。
② 测控网：《郎咸平：全球工业4.0后，中国制造业将全线崩溃？》，http://www.ck365.cn/news/9/40924.html，2016年3月23日。

创造和新技术的引入，是持续的经济增长和报酬递增的源泉"①。美国在1950—1980年颁布了一系列支持基础科学研究、通用技术研究的产业政策，要求在制造业部门增强技术创新，提高研发投入；日本在1995年和1996年相继颁布和出台了《科学技术基本法》与《科学技术基本计划》，提出"科学技术创造立国"的口号……正是由于产业"知识端"的绝对掌控，让发达国家尽管制造业比重不断下滑，但其竞争力依然不容小觑。以半导体制造领域为例，其根技术EDA（电子设计自动化）/IP领域70%以上的市场份额均由美国企业占据，包括新思科技、楷登电子Cadence等；而在半导体基板的硅晶圆领域，日本信越化学工业ShinEtsu和三菱住友SUMCO则有全球五成以上的市场份额。

如今，科学技术发展和扩散的速度正在不断超越摩尔定律②的极限，呈几何级数增长，产品的迭代速度也随之不断提升。如果说传统工业时代，我们看到的是可以风靡市场达19年之久的福特T型车，而今，作为新时代的汽车制造王者，特斯拉则凭借在新能源"电池""热量管理"等领域的不断知识创新，以及平均2～3年推出一款新车型的速度，仅用十年时间就跑赢了其他品牌，登顶汽车制造业。

若想在新的产业竞争时代占据价值前沿，就需要不断吸纳最新的知识，发现变化的价值点，持续进行产业的创新升级。如果抱着固有成熟的技术、生产设备、产品，原地停步不前，等来的只能是被淘汰的命运。电信时代创造辉煌奇迹的诺基亚，却在智能时代莫名崩塌，甚至诺基亚现任CEO约玛奥利拉在记者招待会上最后说了一句话："我们并没有做错什么，

---

① 李毅. 日本制造业演进的创新经写分析——对技术创新与组织创新的一种新认识[M]. 北京：中国社会科学出版社，2011.
② 摩尔定律（Moor's law）：由英特尔创始人之一戈登·摩尔提出。其内容为：集成电路上可容纳的晶体管数目，约每隔两年便会增加一倍。

但不知为什么我们输了。"诺基亚确实并没有做错什么,但正是因为它在移动互联网时代的"没有做错",导致"几年春草歇,今日暮途穷",没有跟上移动通信的朝代变革,被苹果彻底超越。

2. 紧跟数字经济,引领"生产"走向"智能"

随着 5G、人工智能、物联网、大数据、云计算、传感器等技术的不断突破,制造业也正在掀起一场数字革命。未来的制造环境更像是一个嵌入了传感、计算和控制信息设备的物理空间,每个机器都是一个智能终端,每个环节都是集成了多终端的智能大脑,各系统配合协同。生产变得可调节,设计过程、制造过程、管理过程变得更为智能化、精细化。一个崭新的制造场景画卷在我们面前徐徐展开:客户订单实时上传到云端;客户画像被精准掌握;订单按照最优的生产时间和组合批次,被智能分类,按需有序生产;生产环节,每个产品和每台设备都被打上了专属二维码,客户可以实时查看生产进度,生产商可以实时监控生产全流程,灵活调度管理;生产完成后,产品被自动分拣、包装,并按照大数据筛选,匹配质优价廉的物流商……生产链条上的各个环节不再是孤军奋战的信息孤岛,而是通过信息流、产品流和资金流的融通织就了一张智能制造大网。从而大大改善了因为既往信息不透明,而造成的生产效率低、产能过剩等问题,成本也因此得到极大程度降低。

未来,**数字化将成为产业发展和转型升级的必选项,以及全球新一轮产业革命的最大变量**。各国政府纷纷出台相关政策,推动制造业智能化,加速数字经济的发展。早在 2012 年,美国工业互联网的倡导者通用电气就联合 IBM、思科、英特尔和美国电话电报公司这 4 家行业龙头企业,组建工业互联网联盟 IIC,通过智能创新和智能制造提高制造业生产率。2015 年 9 月,美国推出"国家制造业创新网络 NNMI",积极搭建数字化制造平台；随后在 2016 年 2 月，美国成立了数字制造与设计创新机构 DMDII，囊括了波音、通用、西门子、微软等 80 多家成员，共同推动数字化、智能化制造。

《中国数字经济发展白皮书》显示，我国数字经济规模由 2005 年的 2.6 万亿元增加至 2020 年的 39.2 万亿元，占 GDP 比重也由 2005 年的 14.2% 提升至 2020 年的 38.6%，数字经济正在释放巨大潜力[1]。在数字经济的巨大价值潜力下，国家和地方均在出台政策支持，围绕制造业数字化转型，抢夺数字经济的新高地。2020 年以来，工信部又先后密集出台了《"工业互联网+安全生产"行动计划（2021—2023 年）》《工业互联网创新发展行动计划（2021—2023 年）》《"十四五"智能制造发展规划》，提出到 2025 年建成 120 个以上具有行业和区域影响力的工业互联网平台，推动制造业加速向数字化、网络化、智能化发展。地方层面上，2018 年，广东在全国率先出台《深化互联网+先进制造业，加快发展工业互联网的实施方案及配套政策》；2021 年，上海在制造业未来五年规划中提出的 10 项重点任务中，排在首位的便是加快产业数字赋能。

如同库兹韦尔在加速回报定律中所指出，信息科技的发展将会按照指数规模增长，并导致产业规模的暴涨。随着变革的加速，只有紧抓数字经济机遇，推进其和各个垂直行业领域的深度融合，让制造业拥有最高效的"数字接口"和最强大的"智能大脑"，才能在新产业时代中更快速地实现突围。

产业升级的本质是生产要素成本攀升与产业价值链提升之间的一场马拉松式竞赛。在这场竞赛中，我们如果要摆脱十字路口的内外之困，就应

---

[1] 中国信息通信研究院：《中国数字经济发展白皮书》，http://www.caict.ac.cn/kxyj/qwfb/bps/202104/P020210424737615413306.pdf，2021 年 4 月.

该抓住汹涌而来的第四次工业革命浪潮,用知识和数字化武装现有的制造业,铸造制造业稳固之基,让制造业更先进、更智慧,最终成功迈过中等收入陷阱、冲破高技术、高利润、高价值之墙。

三、重筑大国基石,如何构建未来增长新思维

世界经济论坛创始人兼执行主席克劳斯·施瓦布曾毫不夸张地这样说道:"我们站在技术革命的边缘,而这场革命将从根本上改变我们的生活、工作和相互联系的方式。从规模、范围和复杂性来看,这一转变将不同于人类以往所经历的一切。"①

当数字技术和知识创新成为推动产业变革的主导时,制造业的升级不再是简单的流程优化和产品性能提升。以知识、信息为代表的生产性服务业已经嵌入制造业的全链条、全环节、全过程,并促进制造业从单纯的生产型制造向服务型制造转变。

从生产型制造到服务型制造——制造业发展的新模式

越来越多的大型生产制造商摇身变成了制造服务商:爱立信、奔驰、宝马、大众……如果你现在还认为通用电气是一家以制造为主导的企业,那可就大错特错了。如今的通用电气,早已成为一个名副其实的制造服务商,其资本服务涵盖飞机租赁、财产保险、卫星发射等,"技术+管理+服务"所创造的产值占公司总产值的比重已经达到70%。如果让资本服务公司从通用电气独立出来,它将名列"财富500强"的第

---

①Klaus Schwab: *The Fourth Industrial Revolution: what it means, how to respond.* World Economic Forum, https://www.weforum.org/agenda/2016/01/the-fourth-industrial-revolution-what-it-means-and-how-to-respond/, 2016年1月14日。

20 位[1]。服务俨然已经成为杰克·韦尔奇打败竞争对手的一张强有力的王牌。

在传统制造业中，生产就是价值的全部。而在知识经济和数字经济下，生产性服务业已经成为生产密不可分的一部分，并成为价值创造的主力军。价值链的高端攀升过程中，越来越需要生产环节之外，知识型服务业、数字信息平台服务等环节的共同助力。制造业的提升**不仅要巩固生产地位，更要提升服务价值，用服务赋能制造，用服务引领制造业转型升级**。

事实上，发达国家的制造业回归政策，并非单纯强调生产回归，更多是通过生产性服务业的导入，加速制造业创新升级，重构产业价值，以期在未来的制造业竞争中占据"食物链"的顶端。无论是美国的"再工业化"计划，还是德国的"工业 4.0"，抑或是英国的"高价值制造"战略、日本的"创新 25 战略"，均是强化服务型制造，将制造业与生产性服务业深度融合，促进既有的制造业价值链攀升，实现制造业高质量发展[2]。据统计，发达国家服务业占 GDP 的比例达到 70% 左右，在服务业中生产性服务业占比近六成[3]。

服务型制造作为制造与服务融合的新型产业形态，其一改传统"重生产、轻服务、经营模式过于单一"的局面，不断增加服务要素在投入和产出中的比重，以服务提升制造业的创新能级，用服务让生产更贴近市场，最终实现制造业结构优化和竞争力提升。加快发展生产性服务业，促进服务型制造的转型，不仅能很好地赋能产业升级，也能很好地适应生产方式的转变，从而实现产业的整体提升。

---

[1] 苏州智能制造：《盘点 | 国内外制造业企业服务化案例》，知乎，https://zhuanlan.zhihu.com/p/40553410, 2018 年 7 月 25 日.

[2][3] 袁金星. 制造业与高技术服务业融合发展研究 [M]. 北京：社会科学文献出版社, 2019.

1. 传统制造到先进制造，赋能制造创新提升

未来，随着制造越加专业、越加精尖，生产越来越需要创新型生产性服务业的助力；而生产性服务业创新化水平的提高，又高度依赖制造业的强力"硬件"支撑。二者合力，有助于提升产业创新能力和运行效率，生产性服务业通过制造"全周期、全产业链"的渗透，成就制造业发展的"飞轮效应"。

表面上，美、德、日等先进制造业国家的生产制造在不断下滑，但由于发达的生产性服务业体系，使其制造业依然是全球不可忽视的主导力量。以美国为例，知识型生产性服务业有机贯穿于制造业上、中、下游各环节，商务服务、科学研究和信息技术服务等生产性服务业的投入占比已接近两成，不仅促进了电子设备制造业、仪器仪表等高技术产业的发展，也促进了食品、纺织等传统制造业的质量改进和效率提升。[①] 我们看到，尽管苹果、特斯拉不断将生产甩在成本更廉价的国家，但由于美国国内强大的知识创新服务，依然将对其知识产权至关重要的零件、操作系统、软件等牢牢握于手中。美国制造实力实则不容小觑！不少企业高管表示："我们只有通过生产制造过程才能掌握这些知识。为了保持竞争力，我们需要规模化专业技能。"

德国的制造升级实践同样证明，服务与制造并非非此即彼，而是相互扶持、良性互动。德国深知未来先进制造业的发展，必须以强大的创新服务业支撑做背书。通过发达的产学研服务体系、全面系统的人才培养机制构建，加速政府、企业、科研院所、中介机构间的创新要素通畅流动，德国不断提升研发在制造业的占比，促进创新与制造业的深层次融合，带动

---

① [美] 苏珊娜·伯杰. 重塑制造业 [M]. 廖丽华, 译. 杭州：浙江教育出版社，2018.

制造业升级，实现顺畅的新旧动能转化。发达的生产性服务业，让德国先进制造享誉世界。例如西门子、博世、大众等德国公司，也会在出售制造业产品和设备的同时，提供与之相配套的技术培训、技术解决方案和售后服务等，进一步巩固制造业的"控心"地位。

2．产品思维到用户思维，助力个性制造实现

随着物质生活极大丰富，人们对美好生活的向往不断加强，"为谁而造"成为推动制造业变革的重要驱动因素。如果说既往的规模生产时代，渠道就是制胜关键；如今，这一铁律正在被推翻。**用户权利开始崛起，用户的需求决定了产品的市场和竞争力。**越来越多的行业和企业开始加入定制化元素，从服装、家具再到家电、汽车，从颜色到款式到功能……用户能够充分表达需求。特别是随着"Z世代"①的来临，市场的忠诚度时代退潮，个性化需求越来越多，只有让用户充分参与进来，才能引发更广泛的情感共鸣，赢得制造。用户被拉入产业价值链的全过程中，用户决定制造的存在。

个性化定制时代到来，生产需要在前端环节，加强与顾客实时互动，挖掘和激发需求，由用户定义产品，让"我要与众不同"成为现实。海尔的"众创汇"、吉利汽车的"凯翼众包平台"，就是通过众创、众包的服务模式创新，让用户直接参与到产品设计研发环节，很好地实现了"生产共鸣态"。

用户需求的瞬息万变，也同样让今天顾客眼中的潮流时尚，在明天可能变成一文不值的库存废品。这就需要在设计之外，加强产品原型试制能力的培育。数字经济下，数字孪生技术和增材制造技术使这一切成为可能。纽约就是在都市制造中，通过3D打印技术服务，快速试制样品并将

---

① Z世代：指1995—2009年出生的人，又称网络世代、互联网世代，统指受互联网、即时通信、短信、MP3、智能手机和平板计算机等科技产物影响较大的一群人。

其投放市场，满足如今"越来越难伺候"的消费需求，保证了个性化定制的实现。

3．以量取胜到按需定产，重塑柔性制造网络

未来制造的重点不在量，而在精准的供需匹配，以用户痛点倒逼生产，在客户需要的时候、按照需要的量、提供最需要的产品。套用今日头条的广告语——"你关心的，才是头条"；未来，则是"你想要的，才能生产"。用户端的价值需求是整个产业链的出发点，规模生产时代，走向了"消费者为导向、以需定产"的柔性制造时代。

"快速、少量、多款"是柔性制造的最本质特征，而这需要强大的柔性供应链做保障，让"设计、采购、生产、配送和终端销售"的全流程实现快速响应和协同，达到效率和成本的平衡。柔性，也意味着产能的最优利用和配置，最大化减少浪费。定制化时代，生产变得更为小批量，产品更迭速度也更快。如果全部购齐产品所需的全部实验和制造装备再生产，则有可能导致产能利用严重不足，过高的成本却不能换回相应的收益。数字经济下信息互联的实现，让制造企业能够有效地实现资源、设备的共享。一方面，这样做可以降低企业的生产成本；另一方面，还可以实现服务成本分摊，让服务产生更大的规模效应。这种"试错成本低、资金投入少"的共享制造，在解决企业生产难题的同时，也让企业更专注市场，着力于提高生产效率。福建石狮"共享工厂"服务的落地，解决了中小企业的生产空间和仓储配套问题，让中小企业能甩开膀子聚焦业务升级。上海张江药谷更是建立了全球最大的 Class A 级别共享生物实验室 ATLATL（大得创同实验室）[1]，要知道这样一个实验室仅装修费用就超过 5 亿元，这

---

[1] 张江发布：《速递｜全球最大的 Class A 级共享生物实验室 ATLATL 在张江药谷开启！》，搜狐网，https://www.sohu.com/a/208072965_195713，2017 年 12 月 2 日。

对于任何企业来说都是巨额的固定资本投入，一旦使用率不高，就会使产能由于闲置而浪费。而统一投建园区，则有效缓解了企业的资金难题和实验空间难题，提升创新坪效。

多年的不懈努力，让中国制造一方面手握全球最大的消费市场；另一方面拥有最全的生产门类。这使对于任何一个产品我们都能衍生出多样的需求，对于任何一个需求我们也都能快速找到专业的制造商，为实现创新制造、个性制造和柔性制造打下了坚实的基础。转型迫在眉睫的中国制造，要重筑竞争力，就应该主动拥抱新变革下的服务型制造新模式，推动产业创新升级，保证生产面向客户，更为高效、精准的运转，让大国制造既大又强、既全又优，大国基石行稳致远。

事实上，我国已着手布局服务型制造，提高知识密集型生产性服务业的比重，抢占新一轮制造业竞争价值点。在十九届五中全会《建议》中，我国明确提出发展服务型制造。2020 年，工信部联合十五部门共同发布《进一步促进服务型制造发展的指导意见》，其中指出，"健全服务型制造发展生态""加快培育发展服务型制造新业态新模式，促进制造业提质增效和转型升级，为制造强国建设提供有力支撑"。[1] 除此之外，各地政府也纷纷抢滩生产性服务业。上海市专门建立生产性服务业促进会；江苏省工信厅发布《关于开展生产性服务业供给能力提升专项行动的通知》，加快构建现代化产业服务体系；2020 年 11 月，成都市更是明确提出"加快建设国家先进生产性服务业标杆城市、全球服务资源配置战略枢

---

[1] 产业政策与法规司：《十五部门关于进一步促进服务型制造发展的指导意见》，中华人民共和国工业和信息化部，https://www.miit.gov.cn/jgsj/zfs/wjfb/art/2020/art_6e2411a497f34aabb9091dba3e542129.html，2020 年 7 月 15 日。

纽、世界服务经济优选城市"①，2021年3月，成都市发改委甚至专门发布《成都市生产性服务业发展总体规划》，"推动制造业和服务业深度融合，培育经济发展新动能，加快构建链接全球的高能级生产性服务经济体系"②。

四、服务型制造，如何定义未来城市新价值

"从质变到量变""从粗放到集约""从产值到价值创造""从GDP数字到GDP内涵"，服务型制造代表着产业结构调整、经济转型升级的未来方向。当其作为未来产业增长的全新力量，如洪水般袭来时，作为大国制造的重要空间承载，各城市显然不能坐以待毙，应转变思维，思索在全新的产业时代，如何紧抓服务型制造的新趋势，助力产业经济实现"从大到优到强"。

事实上，在全球城市竞争力排名中，我们发现排名前列的城市，如纽约、伦敦、新加坡、东京、洛杉矶等，无一不是服务型制造发达的城市。这些城市无论规模大小、能级强弱，它们在新的发展模式下，均选择了一条共同的实现路径——**数字创新制造城市**。

数字创新制造城市重新定义了服务型制造下城市价值的创造，是城市竞争力提升的新方向。作为传统的制造业城市，洛杉矶、波士顿并没有像美国东北部和中西部"锈带城市"那样衰退，而是逆势上扬，再工业化崛起，靠的就是数字创新。以洛杉矶为例，城市曾一度凭借"汽车、航空、

---

① 蓉城政事：《打造全球服务资源配置战略枢纽！成都今天全面部署先进生产性服务业发展，再次听取专家学者和企业家意见建议》，澎湃新闻·澎湃号·政务，https://www.thepaper.cn/newsDetail_forward_10076863，2020年11月20日.

② 成都市发展和改革委员会：《成都市生产性服务业发展总体规划》，http://gk.chengdu.gov.cn/uploadfiles/070305020301/2021031811351003.pdf，2021年3月.

机械制造"等重工业,在20世纪50年代跃升为美国第三大制造都市。然而20世纪90年代,在传统制造业整体衰退的大背景下,洛杉矶也未能幸免,经济一落千丈、失业人口大增。凭借数字创新制造,如今,洛杉矶已经成为美国新经济的领跑者、著名的科技之都,数字科技和先进知识实现了对生产的有效赋能,在生物技术、航空航天、新媒体制造等领域,洛杉矶均成绩斐然。

在全面融入新经济的大时代背景下,洛杉矶选择用产业再造自己,树立了"创新密度足够高、产业足够前沿、数字经济足够发达"的先进数字创新制造城市样板。

作为美国西部的高科技产业和研发中心,洛杉矶拥有加州理工学院、加州大学洛杉矶分校、南加州大学等顶级的工科院校科研实力,城市内科学家和工程技术人员的数量位居全美第一,约20%的人拥有大学及大学以上文凭[①],这为城市的产业发展提供了足够的知识生产力。

在数字经济层面,洛杉矶实力完全不逊于其北部的硅谷:LA Networks、美国计算机科学公司、Snapchat、Riot Games、Oculus Rift等著名的互联网和信息技术公司纷纷落户于此;洛杉矶CoreSite数据中心是北美地区最密集的互联网数据中心……

得益于当地高校和相关研究机构的技术保障与人才支持,以及数字经济基础设施的鼎力相助,城市瞄定军工、电子、医疗器械、航天等先进制造领域,实现了产业二次跃迁。目前,洛杉矶不仅是重要的航天产业和导弹生产中心,而且是全美六大生物技术中心之一。

---

① 张俊华.西雅图、洛杉矶发展经验及对杭州的启示[J].杭州(周刊),2019(34):44—49.

也许有人会认为，洛杉矶的成功只是巧合。毕竟洛杉矶是全美第二大城市，拥有408.67万（2019年）的超大人口规模，城市的创新基础和产业优势积淀深厚。又由于地处加州科技海岸，毗邻硅谷这一世界知名的数字经济集聚区，使洛杉矶发展数字创新制造，可谓占据天时、地利、人和。因此，洛杉矶样板并不具有典型代表意义。

事实上并非如此，洛杉矶只是成功转型的缩影。在洛杉矶之外，我们还看到了如英国谢菲尔德、丹麦欧登塞、美国奥斯汀这样的城市，它们或许是老牌的传统制造业强市，但在数字经济下失去宠幸；它们又或许仅仅是互联网浪潮下快速崛起的新兴数字城市，天生资质平平，产业基础薄弱；但它们依然通过数字创新制造，实现了城市产业经济竞争力提升。在这些城市的转型实践中不难发现，也许不同城市的资源条件并不一样，但只要找准优势定位，依然能在数字创新制造的大环境中分得一杯羹。

1. 对于传统的制造业都市，守正才能出奇

在产业大变革下，传统的制造业都市不能抛弃原有的制造业，一味追求数字经济和创新服务业发展，那就相当于无本之末，最后可能制造业丢了，生产性服务业也因为制造业的远离而选择远去，结果只剩下了空壳与空心。事实上，由于拥有着发达的制造业基础，使得传统的制造业城市更容易导入数字经济下的创新资源，助力生产性服务业发展和城市振兴。美国公认的新兴科技城市奥斯汀起初并没有创新的基因，作为曾经的美国南部制造业中心，在工业梦破碎之后，城市一度陷入贫困的梦魇。从破落产业城市到知名"硅丘"，奥斯汀能有今天的成就，很大程度上归功于一个人——乔治·科兹梅茨基教授，他早于《拜杜法案》十几年前，就提出构建良好的"大学—企业"协作网络，并出资成立 IC^2 研究所，助力创新发

展[1]。找到和城市基因一脉相承的制造业，延续既有的半导体制造基础，创新有了扎根的落脚点。如今的奥斯汀已经成为美国芯片研发的重心，IBM、思科、AMD、英特尔等纷纷在这里建立了研发中心，苹果加州总部之外建设的最大园区就位于此。而曾经作为美国制造业骄傲的汽车之城底特律，在经历了破产后，选择依托自身强大的设计产业基础，发展工业设计，让产业振兴和城市突围，实现最终弯道超车。

2．对于新兴的数字城市，虚实结合才能形成城市增长的长久动力

新兴的数字城市是在数字时代崛起的，它们天然享受互联网时代的信息技术红利，拥有发达的数字产业，吸引无数数字经济体聚集。但是由于缺乏制造业的支撑，这些新兴数字城市的数字研究创新往往只用于消费端的实践变革。只有拥有发达的实体产业，才能拥有强韧的城市经济，也才能让数字经济下的新兴城市不陷入互联网的泡沫。因此，对于这类城市，更重要的是将数字经济创新要素转化为产业发展的新动能，虚实结合，从而形成城市发展竞争的坚韧合力。波士顿不仅是美国的新兴产业之都，更是拥有强大的科研创新实力，依托于此，波士顿选择发展工业软件，不仅促进产业尖端技术突破，更是激发了城市的产业创新生态，为原有产业实现了良好的赋能。

3．对于资质平平的城市，极致优势方可极致领先

数字经济下，信息的互通共享使得生产服务的远程协同成为可能，城市也不必是越大越好、越全越有竞争力。对于那些无论是制造业，还是在数字经济上，都没有产业积累的城市，依然可以找到自身的比较竞争优势，将优势放大，聚焦细分的生产性服务业门类，便能在产业的大协同中

---

[1] 王煜全. 中国优势［M］. 北京：中信出版集团，2020.

享有自身的竞争优势。如丹麦老牌工业城市欧登塞，在失去造船工业的阵痛后，成功选择以场景测试为突破，瞄准方兴未艾的无人机和协作机器人产业，谋求跨赛道的产业转型升级。

我国各个城市都在知识经济和数字经济加速发展的新产业时代下，铆足劲儿，加速数字创新制造城市的建设，促进城市经济高质量发展。

深圳依托既有强大的信息技术实力，加速数字经济与城市实体产业的有机协同，构建高端、高质、高新的现代产业体系，力图成为全球数字先锋城市。

传统的制造业强市上海，不断加快发展数字产业，以产业数字化促进产业升级提速换挡，强化城市经济竞争力。

近两年城市发展强劲的"黑马"合肥，不仅积极依托中国科技大学这一强势创新资源，继上海后打造我国第二个综合性国家科学中心，同时瞄准数字经济下的先进制造业发展，推进老工业城市转型升级，让制造业插上知识化、数字化和智能化的"翅膀"。"芯屏汽合""集终生智"，如今的合肥通过数字创新制造城市的打造，产业创新持续爆发，数字经济加速发展，每天诞生 1 家国家高新技术企业[①]，1.3 万家企业"上云用数赋智"[②]，合肥速度绝无仅有。《自然》与《科学》杂志称合肥为世界"未来硅谷"。合肥的成功，不仅仅因为上对了产业未来发展的赛道，更因为赌对了新产业变革下城市发展的航向。

然而在这场大战中，我们不仅需要用数字创新，提升大城市的发展能

---

① 新华社：《创新，驱动合肥"快进"》，中华人民共和国中央人民政府网，http://www.gov.cn/xinwen/2019-07/17/content_5410544.htm，2019 年 7 月 17 日.

② 安徽省经济和信息化厅：《合肥：着力打造具有国内比较优势的数字经济高地》，合肥日报，http://jx.ah.gov.cn/sy/syzx/sxjxyw/146004201.html，2021 年 8 月 24 日.

级,更需要关注那些默默无闻的中小城镇。它们是中国制造强有力的支撑者,铸就了中国制造的辉煌。如著名袜业小镇浙江诸暨,贡献了世界的1/3袜子;"小提琴之乡"江苏黄桥,占据了全球三成以上的小提琴市场份额……这样的城镇,我国还有很多很多。在出口收紧、大城市产业规模效应的双重挤压下,本来船小好掉头的中小城镇,却因为地处数字经济的末梢,对市场风向变化的敏感度不足,变成了如今笨重缓行的老黄牛。未来,在服务型制造的机遇下,我们应该依托强势的制造积累,以及既有积淀下来的成熟供应链网络,加强数字科技与创新技术的导入,让原有的产业搭上数字创新的快车,得到快速发展。

五、数字创新制造城市,如何拼搭未来增长积木

在新的数字创新制造时代,作为集聚了创新要素、尖端产业、数字经济的新产业集合空间,城市要做的不仅仅是对生产制造产业链上某一个环节的改善,而是将这种数字创新要素,渗透到"研、产、销、供"全生命周期价值链中。通过新经济下产业的系统构建,创造良好的服务型制造发展生境,实现对既有产业价值生态体系的颠覆与重构,破除传统制造业发展之觞,引领制造业发展和全要素生产率提升,重新见证大国重器的二次腾飞。

1. 创新引领,重建创新生态网络

创新强,产业才恒强!英国的制造业被美、德等国轻松赶超,原因就在于宁愿把大量资本输往国外,也不愿意更新生产设备和先进技术,去创新创造。当知识成为制造业的主要颠覆力量时,创新的能级在指数级加速释放。"那些曾经让你成功的东西,不会再让你成功",如今的制造业,我们需要的不是创新的速度,而是创新的加速度。构建创新加速度的

背后，需要的是一套强大的创新生态网络体系。从研发到生产、到转化、到制度、到市场……任何一个环节的缺失都有可能让创新不能形成对制造业升级转型的巨大拉力。围绕产业链部署创新网，方有可能在产业变革时代，将创新价值真正转化释放，成为拉动制造业价值提升的"新长波"。

无论是美国、德国还是日本，均特别强调创新网络的构建，从而抢占新一轮产业革命中制造业的制高点。日本在2012年实施的"安倍经济学"刺激政策中，明确提出建立国家创新体系，加强研发机构的职能，创建新的创新循环机制，在制造业国际舞台中构筑对其他竞争对手的实质性挑战[①]。

将目光聚焦于著名的数字创新制造城市——东京，我们看到：全球26%的"创新百强"位于东京湾区；在世界知识产权组织发布的《2019年全球创新指数》中，京滨工业带（东京和横滨都市圈）位列第一。成就取得的背后是从"保护—转化—引领—提升"的完善创新网络体系建设，而这也为城市创新生态的打造提供了很好的借鉴。

（1）知识产权保护创新。产权是创新之盾，"保护知识产权就是保护创新"！在知识产权保护上，东京不仅设立有知识产权综合中心，提供专利转化、知识产权成果产业化等专业对接服务，让创新带来实实在在看得见的收益，激励制造企业在新技术领域和实施发明方面踊跃投资。与此同时，政府也在不断改革并完善知识产权制度，如2015年7月通过了《专利法》《反不正当竞争法》等法律修正案，提高知识产权的保护力度，防止因恶意抄袭与模仿伤害创新者的积极性。如今，东京凭借89家全球500领先研发机构的绝对数量优势，位居世界各大城市首位；而在专利申请上，

---

① 陈友骏."第四次工业革命"与日本经济结构性改革——新理念的产生、引入与效果评估[J].日本学刊，2018（2）：87—108.

2019年东京凭借27 000多项PCT专利遥遥领先。

（2）**平台加速创新转化**。创新只有落地转化才能产生价值。东京充分重视技术问题的解决和技术能力的培育，积极推进创新成果转化，以跨越创新到市场的死亡之谷，让创新不再停留于纸面。政府在促进"产—学—研—用"的基础上建立中小企业技术革新制度（SBIR），扶持企业从研究开发到产业化的全过程。并且以应用技术为导向，搭建了多层次的技术转移平台，包括技术创新中心、地区研究开发平台、技术可行性研究中心……面向企业提供研发委托、技术试验、人才培训、技术对接等服务，打通制造业创新的最后一公里。

（3）**标准抢占创新制高点**。"得标准者得天下"！东京十分强调产业标准的建立，以在未来的竞争中，率先抢占话语权。为此，城市构建了发达的计量测试产业，控制产业创新标准。日本东机是黏度测定的先驱者；东京精密在半导体封装测试行业常年市场占有率第一；作为日本第一家测量仪器制造商，东京计器更是拥有信息通信技术、图像处理技术、超声波应用技术、陀螺仪应用技术、微波应用技术、液压技术、惯性传感器应用技术等行业最尖端的计量测试实力。自2014年始，日本关东地区产业竞争力协会协同东京都立产业技术研究中心组织分析和完善测量仪器和质检设备的整备方针，加快推进确立新产品、新技术的实用性和安全性评价标准，抢占先进制造制高点。

（4）**设计赋能创新提升**。未来的制造业创新，设计与技术同等重要。1951年，松下幸之助提出："未来将是一个设计的时代。"东京都市圈内的三菱电机等大型制造企业相继在公司内部成立了设计科室，打造技术革新、品质升级、工业设计三位一体的生产体系。1957年，日本优良设计大奖"Good Design Award"正式设立，这进一步鼓励通过设计提升创新的价值。

数字创新制造城市的打造绝对不是缺哪儿补哪儿的逻辑，而应做好顶层设计。藏器于身，方能待时而动！城市须明白，创新只是武器，真正能改变与颠覆产业的是，懂得如何做大创新生态网络，把武器的潜力发挥到极致，从而让创新成为推动城市产业升级和经济增长的催化剂，让创新不再成为悬在制造大国头顶的达摩克利斯之剑。

2．数字赋能，重构数智制造场景

产业新时代到来，制造业数字化转型已成为共识。相比传统信息技术，数字科技"不仅是数字技术，而且是应用科技；不仅改变生产方式，而且能改变成本结构；不仅指科技型企业赋能，而且指传统企业数字化转型；不仅包括创新效率提升，而且包括全方位高质量发展"[①]。

面向未来、适应未来，越来越多的城市瞄准数字经济，加速产业的数字化进程，将各种信息技术，广泛深入地参与到研发设计、生产活动、供应链、渠道、客户等价值链的全过程中。在客户思维的导向下，在数字技术的支撑下，围绕数据的收集、传输、加工、应用，面向客户，贴合业务，以销定产、以产促销、贸易协同，数字经济正在营造着制造业的创新场景革命。

有着近百年历史的世界上最大的工程机械和矿山设备生产厂家美国伊利诺伊州卡特彼勒公司，就在借力数字场景的变革，加速着产业数字化的转型。数字化几乎触及卡特彼勒信息管理软件、新一代设备开发、可穿戴设备、智能终端、销售运营等生产环节的各点面，甚至还添加了远程咨询、直播虚拟参观等产业新场景。大型工业互联网平台 CAT® 智讯系统

---

① 中文互联网数据资讯网-199IT：《赛迪：数字科技孕育新动能 赋能实体经济新增长》，http://www.199it.com/archives/873180.html，2019年5月10日.

（CAT VisionLink）、首款可穿戴设备 CAT 智能手表、自有的电商零售平台卡特配件商城①……多元的场景，促进生产降本提效的同时，也让产业价值得到了进一步提升。

不仅制造企业如此，一切业务数据化，一切数据业务化，数字创新制造城市也在聚焦场景化落地，击破痛点，赋能制造业提质、降本、增效，驱动产业价值的再提升。数字制造的"模范生"宁波可谓起到了很好的典范作用，通过更加智能化，多元场景、新场景打造，有力赋能城市产业的创新升级。

（1）**以销定产，助力营销端场景创新**。当客户思维成为产业决胜的主导，如何更多、更快地获取流量、率先抢占心智就变得格外重要。这就需要传统的营销要做到"出圈"更要"破圈"。围绕数字经济下的人、货、场三个维度，宁波着力打造直播电商新场景。目前已建立起抖音电商直播基地、宁波（前洋）直播中心等直播产业聚集区②，通过平台直播、跨境电商直播、手游直播等，实现了更广泛的客户触点连接和更好的商业触达，宁波制造品牌被有力打响。

（2）**以产促销，助力生产端场景创新**。如何将客户的需求更快地转化，满足定制时代下客户的多样需求，这就需要产业链的整体重构，做到生产的柔性化、智能化。在生产端，宁波着力通过工业软件上的不断拓展，实现个性化定制时代柔性制造的新生产场景。模具领域，创元研发的 Neural-MOS 软件系统已成功赋能超过 40 家企业；成型制造领域，宁波智能制造技术研究院建立的低成本工业设备联网与生产管理系统——智

---

① 卡特彼勒官网：https://www.caterpillar.com/.
② 宁波日报：《直播经济助力"宁波制造"拓展发展新空间》，宁波市人民政府网，http://www.ningbo.gov.cn/art/2021/8/2/art_1229099769_59036021.html，2021 年 8 月 2 日.

云端，成功帮助了全国近 300 家中小型制造企业实现设备数据采集与互联互通[①]……

（3）服贸协同，助力全球化生产场景实现。全球化已成为如今产业竞争不可逆转的趋势。为使宁波制造真正加入国际大循环体系中，城市加快打造跨境电商、数字化服务贸易等数字贸易新场景，促进制造业的开放化、国际化。2020 年 6 月，中国（宁波）跨境电商出海联盟建立，引领中小企业抱团"触电"，目前，宁波跨境电商网购保税进口额和交易单量均列全国首位。搭载数字贸易的快车，宁波的制造企业在加速"走出去"的进程。

3．人才背书，重育数字人才梯队

数字经济的逐步渗透，算法可以很好地替代人类；许多行业和工种已经实现了自动化；传统流水线上那些需要机械重复、精准操作的体力工作变得完全不需要。但这并非意味着，数字经济正在"机器换人"，让人的价值变得不再重要。事实上，人依然是掣肘城市产业转型的关键。在传统的制造业中，只有极少数员工具备软件开发、人工智能、大数据分析等数字技能，不足以支撑数字经济的产业发展转型需要；而单单的互联网信息人才因为不懂生产制造流程与运营逻辑，也很难引领得起产业的数字化提升。

未来，在步伐越来越快的数字与产业融合背景下，企业越来越需要既懂机床、自动化等尖端工业技术，又懂人工智能、大数据等信息技术的数字复合型人才引领。城市产业升级，也要加大建立兼具专业技能和信息数据的人才培养体系，让上至产业专家、下至产业工人都能"精通机床、玩得转互联网、看得懂代码、做得了分析"。芝加哥很早就注意到了这一

---

① 宁波日报：《宁波如何加速打造软件名城》，宁波市人民政府网，http://www.ningbo.gov.cn/art/2021/2/26/art_1229099769_59026084.html，2021 年 2 月 26 日．

点，2014年，时任市长拉姆·伊曼纽尔明确要将物联网课程变成所有高校的必修课程。我国佛山市在数字创新制造城市的建设中，则积极鼓励制造企业大力引进数字化智能化人才，并按政策规定给予最高400万元资金扶持①。

作为产业所必需的新兴人才，未来数字创新城市在产业转型升级中，也要一手抓培养，一手抓引进。这其中，我们当然需要高等应用型高校及科研院所，培养数字"科学家"和"科技攻关者"，做好数字转型的顶层设计助力；我们更需要大量培养"数字新工匠"的职教机构助力，构筑产业的稳固基石。

总体来看，当"批地、给政策、给企业许诺各种优惠条件"，这种地理套利对于产业生态圈的构建作用越来越有限时，对于未来大国制造转型跃迁的重要依托——数字创新制造城市，更需要的是，在新制造时代，结合城市产业发展定位，拼搭出属于自身特色的创新生态网、产业数字人才梯队，以及相应的数字创新场景，夯实城市的产业护城河，铸就适应未来制造崛起的核心竞争力。

六、未来制造，砥砺前行

从零起步到世界最大。最高的产值、最全的产业门类，最成熟的供应链网络、最快的速度，中国制造昔日的荣光，来源于对梦想的不懈追求。不赚钱、人才出走、"卡脖子"……在困境重重的十字路口面前，在面对知识、数字为特征的产业后浪加速袭来时，曾经支撑大国崛起的中国制造已是"不得不转"。

---

① 佛山市人民政府：《佛山市政府关于印发佛山市推进制造业数字化智能化转型发展若干措施的通知》，http://www.foshan.gov.cn/zwgk/zfgb/srmzfwj/content/post_4915945.html，2021年7月25日.

狄更斯在《双城记》的开头曾经说过："这是最好的时代，这是最坏的时代；这是智慧的时代，这是愚蠢的时代。"数据无所不包、信息无所不知、知识无所不晓、智能无所不及的产业新时代已经来临，仅靠资源和资金的重投入可能会呈现一时亮眼的数字，但不可能堆出产业辉煌的未来，颠覆和变革注定成为当今时代的关键词！

施乐帕洛阿尔托研究中心研究人员艾伦·凯曾说，"预测未来的最佳方式就是创造未来"。在一个受知识经济和数字经济不断驱动的新制造时代，中国制造要走出困境，实现从"中国制造"到"中国创造"、从"中国速度"到"中国质量"、从"中国产品"到"中国品牌"的转变，就要相信科技发展所带来的产业变革红利，相信知识和数字叠加下的数字制造创新城市机遇，拥抱服务型制造，打造数字创新制造城市，向着"制造强国"的新梦想继续追梦前行。

通向未来制造业的传送门已经打开，也许进与不进只是选择问题，但产业的发展不会因为一己的选择而改变航向。前进的道路，唯快不攻！如果做不到先人一步，那么遭到破坏的，并不仅是产业增长的速度，更有可能丢弃掉整片产业的森林。我们已经步入各种知识创新和数字信息技术迭代发展的快车道，唯有找准自身优势与定位，加速向前冲，才能享受产业发展所带来的红利，遇见城市美好的未来。

制造未来，谁主沉浮，让我们拭目以待！

上篇 "知识"引领下的创新生态

1. 专利地图就是作战地图
2. 科技中介做"红娘",成就创新"好姻缘"
3. 冒险的梦,我陪你疯——测试产业撬动制造业的创新升级
4. 突围工业设计,打造制造业升级"金手指"

专利地图就是作战地图

文 | 张 慧 常 瑶

高通战苹果，苹果战三星，三星战华为……从科技企业战到国家贸易战，全球范围内正在掀起一场火速蔓延的新型"世界大战"——科技创新战！这场没有硝烟的战争背后，实质上是知识产权之争，尤其是专利之争。要想赢得这场战争，需要庞大的知识产权体系和知识产权服务的强势助攻。

知识产权服务包含专利、商标、版权等各类知识产权相关的服务，其中对科技创新作用最突出的，无疑是专利服务。本文将聚焦以专利为核心的知识产权服务，分析这一产业如何从后方走向前线，精准助攻科技创新抢夺战。

一、科技创新之战，专利是核武器

从世界知识产权组织发布的全球创新指数（GII）报告中可以看出，专利已经成为关键指标：我国位居"2020年GII全球创新经济体"第14名，在这项排名中，知识和技术产出是七大支柱指标之一，本国人专利申请量是重要考量因素；而在"2020年全球科创集群"排名中，我国的深圳—香港—广州大湾区集群位列第2，首要评定指标就是国际专利申请数量。[①] 无论对于国家还是城市，专利都站在科技创新评判的前列，并与之深度绑定。

---

① *Global Innovation Index 2020*, https://www.wipo.int/global_innovation_index/en/2020/.

1. 专利——抢夺全球标准的利器

"得标准者得天下"，全球制造对标国际标准已经成为普遍共识，国际标准制定权意味着对全球产业市场的合法垄断。"技术专利化、专利标准化、标准全球化"，国际标准的背后是专利技术。专利与技术标准的融合已成为全球产业发展的通识，随之产生的标准必要专利，即实施标准、产出符合标准的产品时必不可少的专利[1]，更是产业参与者绕不开的规则。

"不带专利谈标准就如同没拿武器上战场！"[2] 我国台湾知识产权资深专家袁建中的话很形象地阐释了专利与标准的关系。大家熟知的标准一般由国际化标准组织（ISO）、国际电工组织（IEC）和国际电信联盟（ITU）三大国际标准化组织制定。

但实际上专利也在反过来作用于标准，是推动全球标准制定和抢夺的核武器。光碟文件系统标准（ISO 9660）的产生就是一个鲜活例子：**飞利浦和索尼上演了"圈定专利技术→专利技术推向市场形成事实标准→事实标准升级为国际标准"的神操作，依靠专利技术牵住了国际标准的"牛鼻子"，抢占了产业话语权**。事情的始末是这样的：1979年，飞利浦和索尼依托自家专利技术共同组建CD技术联合平台，并于1980年开始联合对外授权活动，共同圈定了CD专利技术；1985年，双方联合推出计算机可读式CD-ROM和CD-ROM标准（High Sierra标准），将已有专利技术升级为市场接纳的事实标准；1986年12月，High Sierra标准被信息和电信标准组织Ecma国际（Ecma International）采用，进而成为国际标准ECMA-119，即后来的ISO 9660标准。[3] 意味着两家公司从专利技术出发，最终掌握了国际标准。

---

[1] 马天旗. 高价值专利筛选 [M]. 北京：知识产权出版社，2018.
[2] 袁建中，刘兰兰. 从标准与专利布局看产业应对之道 [J]. 信息技术与标准化，2010（10）：52—56.
[3] 百度百科：ISO 9660, https://baike.baidu.com/item/ISO-9660/605457?fr=aladdin.

2. 专利——新兴产业发展的生命线

新兴产业发展浪潮中，技术竞争白热化，专利已经由国际竞争的入场券进阶成为产业发展的生命线，左右着产业的兴衰起伏，甚至能在关键时刻扼住产业的命脉。

专利可以助力企业保持绝对竞争优势。 高通是凭借专利一路进击开辟新战场、在竞争激烈的通信领域始终保持话语权的教科书式案例。高通在移动通信领域是当之无愧的老大，每年通过专利授权向通信厂商收取几十亿美元的"高通税"，利润率常年超过80%[①]，让全球厂商叫苦不迭。

在3G时代，高通围绕CDMA（码分多址无线通信技术）构建专利防御网络，独创专利授权模式，精心构建的专利墙成为通信企业绕不过的"叹息之墙"，高通以此制霸全球3G市场。随着高通核心技术CDMA淡出4G和5G移动通信标准，CDMA专利授权业务逐渐走向消亡，但高通已经做好打算——早先布局的杀手级产品手机芯片迎来收割期。得益于1987年开始的芯片研究，在进入智能手机时代后，高通凭借MSM和骁龙系列抢占了手机芯片的话语权。高通并没有止步于此，预判5G时代物联网终端的大趋势，在2015年又开始布局业务转型，集中力量研发物联网芯片产品，用不断优化的基带芯片专利为万物互联的时代做准备。**从CDMA专利防御网络、到手机芯片、再到物联网芯片，高通凭借这一手专利好牌，成功保持了市场竞争优势，守护了每个时代的话语权。**

专利也是牵制科技竞争的关键。 全球市值第一的苹果，就曾因为高通把持的5G基带芯片专利这一"命脉"而被牵制，陷入"缺芯"困境，落后竞争对手。2017年，苹果以涉嫌"反垄断"为由向高通发起诉讼，高通展开反击，

---

① 《高通财务年报（2010—2019）》，https://www.sec.gov/cgi-bin/browse-edgar?action=getcompany&CIK=0000804328&type=10-K&dateb=&owner=include&count=100.

在随后两年间，两家公司在全球多个国家提起了 50 余起专利侵权诉讼。诉讼期间苹果一度停止使用高通的芯片，转而使用英尔特的同类产品，但终究败于事实——高通芯片的价值无可替代。最终苹果不得不向高通低头，主动选择代价高昂的和解，补缴了 45 亿～ 47 亿美元的专利费①。

高通和苹果的专利大战是专利牵制新兴产业竞争的典型案例。苹果在这一轮较量中损失的不仅仅是和解费，更重要的是因为关键专利错失了 5G 手机市场的先机——华为、小米、三星等竞争对手纷纷先于苹果推出了相关产品。

3．专利——支撑科技研发的点金石

对于很多产业来说，能够让企业真正获利的不是产品本身，而是拥有产品的专利，这在生物医药领域尤其突出。这也是支撑大家面对这个高风险、高投入产业，依然趋之若鹜、依然愿意持续投入巨额研发费用的原因所在。据统计，全球生物制药巨头阿斯利康（AstraZeneca）在他们获批的每款新药上平均要花费 120 亿美元的研发费用②，而且每一次的研发是否能最终成药、推向市场还远是未知数。那么既然新药研发既冒险又烧钱，药企如何填平如此可怕的研发费用天坑？靠的只是药品的高价收益么？

当然不是！用一个贴切的形容来回答——专利才是"会下金蛋的母鸡"，专利才是支撑药企研发的"点金石"！更准确来说，"会下金蛋的母鸡"是指专利药，即提出申请并获得专利保护的药品。每个制药巨头背后总有拿得出手的专利药：辉瑞的"头牌"立普妥，专利保护期期间每年带来上百亿美元的销售业绩③；艾伯维旗下的修美乐，连续三年（2018—2020 年）全球销售

---

① Roger Fingas：*Qualcomm gains \$4.5B to \$4.7B from Apple settlement*，https://appleinsider.com/articles/19/05/01/qualcomm-gains-45b-to-47b-from-apple-settlement．

② 医药观察家：《开发新药每款至少 40 亿美元》，https://innovation.ifeng.com/news/detail_2013_08/23/1140318_0.shtml，2013 年 8 月 23 日．

③ 多少说：《目前为止世界上最赚钱的专利有哪些？》，https://baijiahao.baidu.com/s?id=1581687944780577507&wfr=spider&for=pc，2017 年 10 月 20 日．

额超 190 亿美元，是当之无愧的"全球处方药之王"①。

我们不妨透过"索非布韦"（Sovaldi）这一药物背后的故事，来看看巨头吉利德（Gilead Sciences）是如何利用专利撬动百亿美元市场的。

2013 年年底，一款代号为 PSI-7977 的化合物以"索非布韦"的名字在美国顺利获批上市，作为首个不需要联合干扰素就能安全有效治疗丙型肝炎的药物，索非布韦 2014 年的销售额就突破了百亿美元，2015 年相关产品线更是以高达 191 亿美元的销售额，创下了小分子药物年销售额的新纪录，因此获得巨利的吉利德，迅速研发推出新药，堪称"医药界的科技公司"。吉利德的创新速度有多快？"吉一代"索非布韦在 2013 年 12 月才获得上市批文，"吉二代"哈瓦尼（Harvoni）在第二年 10 月就获得了审批②。

支撑吉利德高效研发和巨额利润的背后，正是专利。 2011 年，吉利德花费 110 亿美元巨资收购了一家小型生物医药公司 Pharmasset 公司，这家公司拥有以丙型肝炎为适应症的临床试验药物 PSI-7977 的专利。③收购 Pharmasset 后，吉利德手握 PSI-7977 专利，这就意味着其在专利有效期内，对于上市药品索非布韦拥有独家的销售、生产、定价权，完全享受市场独占性。PSI-7977 这个化合物本身就值几万块钱，而把它用作丙肝治疗药物的专利却值百亿美元。

可以看出，药企能挣钱，不是因为这个药物本身值很多钱，而是因为药企拥有了在专利保护期内独家销售这种药物的权力。如果没有专利加持，一旦有新的药物研发出来，来自各生产商的恶性竞争会迅速压低药价，导致药

---

① 网易新闻客户端：《修美乐欧洲专利期已至 国内首仿药百亿市场谋变》，https://3g.163.com/dy/article/DULGA1PV05119763.html，2018 年 10 月 21 日。
② 《华尔街见闻》微信公众号：《研发瑞德西韦的医药公司吉利德，真是抗毒传奇？》，虎嗅网，https://www.huxiu.com/article/338515.html，2020 年 2 月 7 日。
③ 梁贵柏：《为什么说知识产权是制药工业的生命线？》，得到，https://www.dedao.cn/course/article?id=vWbYRP1mxqd2VGd1OZJqjM096EBkr8&source=search。

物研发者血本无归。所以,真正的"点金石"不是药物本身,而是药物的知识产权!

二、知识产权服务,强势助攻科技创新战

专利在这场创新战中如此重要,但专利的竞赛可并不容易获胜!尤其在当下,产业创新越来越尖端、科技迭代越来越快,想要获胜,靠的可不仅是企业自己的研发努力,需要的也不仅是单纯的专利制度保护,急需借力"外援"进行从专利创造、专利运用、到专利保护的全方位助攻。这个强力的"助攻手",就是知识产权服务。

我国虽然在改革开放后完成了知识产权立法,但是从国家到企业的知识产权意识一直相对薄弱,所以,知识产权服务产业也一直发展缓慢,甚至至今都依然处于起步阶段——以代理、法律服务等初级服务为主。根据 2020 年的统计,代理机构在我国知识产权服务机构中占比达到 78.9%[1],专利代理机构的总营收占 2019 全年知识产权服务机构营收的 19%[2]。

初级的知识产权服务只能起到辅助创新的基础作用,还远远无法成为创新战的"助攻手"。实际上以专利为核心的知识产权服务也远不止于代理和保护,它拥有贯穿专利"创造、运用、保护"全链条的完整的服务体系,是极具创新价值和市场价值的服务产业蓝海。面向未来的科技创新抢夺,应当抓住三个环节中最具"助攻"价值的新服务,实现科技创新战的胜利。

1. 创造环节——抓专利分析服务,构筑"技术作战地图"

"专利数量的加速增长、技术的融合、角色的变化及商业需求的日益复

---

[1][2] 国家知识产权局:《2020 年全国知识产权服务业统计调查报告》,https://www.cnipa.gov.cn/module/download/down.jsp?i_ID=155978&colID=88, 2020 年 12 月.

杂，使专利研究比以往任何时候都更有难度，但也尤其关键。**为了领先于竞争对手并率先进入市场，依赖创新的机构必须找到更有效和高效的方法来完成专利研究。"**①

——飞利浦首席知识产权分析师乔希姆·伊萨克松（Joakim Isaksson）

在科技创新战中，我国整体专利数量庞大但质量低下的问题日益严峻。但这个问题的背后不只是研发的问题，很多科技企业在科研开始的第一步，就因专利研究的欠缺而陷入困境——投入大量人力、财力研发出产品，却发现是别人已有的，造成巨大的浪费；想要进军国际市场，投入巨大的资金做好市场准备后，却发现核心技术专利掌握在国外企业手里，想要继续开拓就必须支付高额的专利费用。

以上种种都说明，专利创造的"方法论指导"迫在眉睫，引用曾经的华为首席律师张旭廷的一句话，"**专利地图就是作战地图**"②，专利创造环节现在最需要的是可以指引方向、决定战术的服务。这是世界创新企业进行有效和高效专利创造的关键所在。

这种最欠缺的服务就是"**专利分析服务**"。专利分析服务，是通过分析、加工、组合，将专利信息转化为具有总揽全局及预测功能的竞争情报，为企业的技术、产品及服务开发中的决策提供参考③，包括专利格局/全景分析、技术空白区域分析、专利组合分析、专利监控、专利战略等内容。

关于专利分析服务的作用，张旭廷在接受《互联网周刊》采访时进行了

---

① 《重新定义专利分析的角色：专利情报如何增强竞争优势》，https://clarivate.com/derwent/wp-content/uploads/sites/3/2020/10/WP_PHILIPS_CN.pdf.
② 互联网周刊：《思科诉华为经验总结：专利地图就是作战地图》，新浪网，https://tech.sina.com.cn/t/2004-11-10/1559457150.shtml，2004年11月10日.
③ MBA智库百科：《专利分析法》，https://wiki.mbalib.com/wiki/%E4%B8%93%E5%88%A9%E5%88%86%E6%9E%90%E6%B3%95.

十分生动的比喻："通过对行业内竞争对手持有专利的情况进行分析，以清楚自己在整个行业里的位置：往前走的路在哪里？有山要绕，有河要架桥，要设置拦截点狙击对手前进。"

专利分析服务在国外已经发展得相当成熟，得到了市场的广泛认可。根据 Fortune Business Insights 的报告显示，2019 年全球专利分析市场规模为 6.579 亿美元，这个数值预计在 2027 年达到 16.684 亿美元，预测期内（2020—2027 年）的复合增长率将达到 12.4%。[①] 在这个领域，已经崛起了 Anaqua（Anaqua, Inc.）、科睿唯安（Clarivate Analytics）、思保环球（CPA Global）、IDTechEx（IDTechEx Ltd.）等龙头服务企业。

下面以科睿唯安为例，看专利分析服务如何指挥企业作战。科睿唯安创立于 2016 年，是原汤森路透知识产权与科技事业部，专利分析是其主营业务之一。科睿唯安从三个方面帮助客户绘制作战地图。

首先，依托数据库提供"战略情报"。科睿唯安以庞大的数据库编织了详细的情报网络，旗下的德温特世界专利索引（Derwent World Patents Index，DWPI）是其情报大本营。DWPI 的创始人蒙蒂·海姆斯（Monty Hyams）因为发明了"专利家族"这一简洁归档专利文献的新方法而被称为专利家族之父。DWPI 专门进行专利文献的深加工，从最初的化学领域扩展到其他领域、从英国专利文献扩展到其他国家和国际组织的专利文献，并且不断改进检索方式，如今已经拥有涵盖超过 26 种语言的 4 100 万个专利家族。另外，DWPI 采用独特的分类代码和索引系统对专利文献进行分类标引，确保实现准确、具有相关性的信息检索，通过覆盖全球范围的英文专利信息，为

---

① 企业专利观察：《全球专利分析市场规模 2027 年将达 16 亿美元》，腾讯网，https://view.inews.qq.com/a/20210504A044RD00，2021 年 5 月 4 日。

开展专利分析提供了充足的情报支援。[1]

其次，以精准技术分析指引"作战方向"。技术分析的作用，一方面在于洞察新兴领域发展态势，把关专利研发；另一方面在于提供分析定制情报，辅助战略决策。科睿唯安基于 DWPI 打造了德温特创新平台（Derwent Innovation），收录了来自世界 52 家专利授予机构提供的增值专利信息，通过专利间引用与被引用的线索，跟踪技术的最新进展，绘制创新活动的完整图景；深入挖掘基础研究与应用技术之间的互动发展，助力研究向应用转化。同时开发了德温特数据分析软件（Derwent Data Analyzer），通过可视化的权威分析报告，帮助客户做出知识产权决策。[2]

我们从科睿唯安的实际服务案例切入来一探专利分析服务的究竟。位于美国的初创阶段生物制药公司 G3（G3 Pharmaceuticals）专注于研发 galectin-3（半乳糖凝集素 3）抑制剂类创新药物，它是一类与心脏和肾脏纤维化形成相关的蛋白。它会损伤器官功能，导致心衰、心颤和肾功能受损。为了推进研发和商业化进程，G3 委托科睿唯安开展专利全景分析，为第一轮融资做准备。

galectin-3 领域的专利多样且复杂，涉及广泛的治疗用途——药物、食品、天然产物及器械的应用等。科睿唯安依托数据库，从复杂的专利体系中筛选出与 galectin-3 相关的专利，并从 galectin-3 用于调节剂和抑制剂治疗用途出发进行专利全景分析。通过它的分析服务，G3 掌握了研究领域的技术动态和创新趋势，包括创新速度、专利授权率及基于公司类型和技术类型的专利权人/申请人情况。在此基础上，科睿唯安还提供了如技术发展趋势、

---

[1] 科睿唯安官网：https://solutions.clarivate.com.cn.
[2] 醉井观商：《制造业不断搬离中国，搬到越南等东南亚，转移到中西部不行吗？》，网易，https://3g.163.com/dy/article/FJ1B04TG0539AOAP.html，2020 年 8 月 2 日.

布局广度、专利强度、剩余年限等复杂角度的分析，帮助G3厘清了专利组合和战略方向，为投资者提供了客观数据参考。①

此外，利用新兴技术赋能技术分析。 人工智能（AI）技术目前已经开始赋能IP分析，目前主要应用于四类研究，即知识管理（专利评估和质量分类）、技术管理（监测技术变化、识别和预测新兴技术）、IP经济价值研究及法律影响、信息提取和管理（名称和数据的提取及识别、信息集合的管理等）。② 科睿唯安紧抓技术趋势，成立了一支由50余位数据科学家、算法工程师、知识产权专家等组成的AI团队，依托AI技术来提高检索效能、精准确定专利权权属、高效预测专利有效或失效期等。③

国内的很多企业已经开始专利分析服务的探索，如智慧芽（PatSnap）、Patentics、合享（incoPat，已被科睿唯安收购）三家企业从专利大数据入手，基于AI技术开展专利检索、专利情报获取等初级专利分析服务。作为指引方向的第一步"助攻"，专利分析服务未来将是极具价值的产业新蓝海！

2. 运用环节——抓专利转化应用服务，加快"技术武器发射"

"知识产权如果不加以转化和应用，它只能是零资产和负资产。"④

——中南财经政法大学原校长　吴汉东教授

在创造环节之后，"转化应用"是所有专利必须面对的生死劫，成败在此一举。我国尤其面临专利转化应用率低的严峻问题：2020年我国有效专利许

---

① 《生物技术初创公司借助德温特获得融资案例研究：G3 Pharmaceuticals》，https://clarivate.com/derwent/wp-content/uploads/sites/3/2020/10/2019-G3-case-study_cn.pdf.

② Leonidas Aristodemou, Frank Tietze: *A literature review on artificial intelligence, machine learning and deep learning methods for analysing intellectual property (IP) data*, https://www.sciencedirect.com/science/article/pii/S0172219018300103.

③ 科睿唯安官网：《DWPI能否携AI再创辉煌？》，https://solutions.clarivate.com.cn/blog/2018-10-22/，2018年10月22日.

④ 焦和平. 创新驱动视角下知识产权服务业发展政策研究［M］. 北京：知识产权出版社，2018.

可率仅为 6.3%，有效专利转让率更低，仅为 4.4%①。专利转化应用率低的原因并非无迹可寻，转化应用涉及专利技术信息、企业需求、资本等要素的多方对接，单凭专利持有人或企业自身很难掌握所有信息，专利的价值非但不能最大化，还很有可能被埋没。

此时尤其需要"把专业的事交给专业的人做"，借助第三方专利转化应用服务，促进专利的对外许可、交叉许可或交易，通过专利的高效运作实现效益最大化。在专利转化应用服务中，有三类"助攻手"，正在以不同的模式加速专利商业化，加快创新战中的"技术武器发射"。

（1）专利聚合机构——聚合专利，以资本牵引专利商业化。

"发明是下一代'软件'，如果能够建立一个高效的发明生态系统，将发明成果与资本市场成功衔接，便可以有效解决资金短缺、发明成果零散等诸多问题。**为发明建立一个投资市场，就像个人投资股票或者房地产一样，最终创新将从中受益并将由此改变世界。**"② 这段话出自高智发明公司（Intellectual Ventures，以下简称高智）的 CEO 内森·梅尔沃德。

高智成立于 2000 年，可以说是全球最大的专利公司，拥有约 9.5 万件专利。③ 虽然获得了超多数量的专利，但高智并不以相关技术或产品产业化为目的，属于非专利实施实体（Non-Practicing Entity，NPE），即拥有专利，但并不直接实施其拥有的专利技术来生产产品或提供服务，主要以收购、委

---

① 国家知识产权局：《2020 年中国专利调查报告》，https://www.cnipa.gov.cn/module/download/down.jsp?i_ID=158969&colID=88.

② Nathan Myhrvold: *The Big Idea: Funding Eureka!*, https://hbr.org/2010/03/the-big-idea-funding-eureka.

③ *T-Mobile prevails in Intellectual Ventures' patent fight after federal court dismisses appeal*, https://www.bizjournals.com/seattle/news.

托研发等方式获取专利，并通过专利诉讼、转让、许可等方式获利①。高智是NPE中的"专利聚合机构"（Patent Aggregator），专门将分散的专利进行汇集、管理和经营。

高智给自己定位了四重角色：用发明需求课题引导发明者了解市场需求并激发创意的**发明引路人**；为发明者提供专利创造、使用、保护等资金且承担风险和成本的**天使投资人**；不收费、不署名的**专利代理人**；帮助技术商业化的**技术转移平台**。②

简而言之，专利"聚合"模式首先通过市场的力量，把专家和资本、买家和卖家连接到一起，进而更好地实现发明专利的商业化。例如，高智在运作过程中，首先与企业巨头（如微软、苹果、谷歌等）、院校（如宾夕法尼亚大学）、金融机构（如世界银行）合作，成立了"发明科学基金""发明投资基金""发明开发基金"三只基金；其次瞄准未来5～10年的发明创意，将三只基金分别用于进行公司内部研发、购买外部专利或专利再许可权、资助研发机构专利开发，以资本实现前沿领域的大规模专利聚集；最终将聚合的专利推向市场，通过专利/专利组合出资、许可或转让的方式获取超额利润。

那么这类专利聚合机构，能给普通的专利持有人带来什么益处呢？我们从高智的投资项目中来看。2010年，以数字水印技术闻名的Digimarc公司（Digimarc Corporation）将其专利资产中的很大一部分独家许可给了高智公司。按照约定，Digimarc将在未来三年内获得3 600万美元。另外，高智每成功对外授权一份专利，Digimarc将获得相关许可计划20%的利润。与

---

① 中华人民共和国商务部：《非专利实施实体》，商务培训网，http://tradeinservices.mofcom.gov.cn/article/zhishi/jichuzs/202002/98612.html，2020年2月14日.
② 杨柯巍：《高智发明：全球最知名的跨国专利投资投机公司》，豆丁网，https://www.docin.com/p-1707538571.html，2016年8月15日.

此同时，Digimarc还将获得这些专利的免版税回授权，用于其自己的产品。高智将承担所购买专利约100万美元的起诉和维护成本，并在未来五年内提供400万美元的有偿支持，以实现专利资产价值的最大化。[①]Digimarc通过高智有效引入了资本，在减少维护费用的同时增加了利润，并且保证了专利的利用率。

将专利独家许可给高智这样的专利聚合机构，专利持有人将获得稳定且丰厚的报酬，并且持续从对方创建的渠道、打造的专利组合及促成的专利许可交易中获得收益。这相当于把专利商业化这个步骤交付给专业的渠道商，将自己的专利最大化地曝光给渴求专利的资本或企业，促成多方共赢。

（2）专利池——一站式许可，促进单一领域专利交易。

当一项产品涉及的专利越来越密集时，往往会出现围绕某一产品、技术或服务产生大量重叠专利的情况，被称为"专利灌丛"现象。为了避免专利许可重叠，"专利池"（Patent Pool）服务应运而生。专利池是指两个或两个以上的专利权人相互间交叉许可，或共同向第三方许可其专利，达成联营性协议安排[②]。它能够通过汇集领域内的必要专利，整合互补专利、排除不同专利间的使用障碍[③]，以一站式许可的方式减少内耗，推动企业之间新技术的协同发展。

可以说，专利池就是为了专利商业化而设立的，对于专利许可人和被许可人来说是双赢的选项。

从被许可人的角度出发，专利池汇集了某一技术领域的标准必要专利，一站式许可的方式省去了寻找众多专利持有人逐一获得许可的麻烦，能够降

[①] TOP NEWS: *Digimarc,Intellectual Ventures In Major Patent Licensing Effort*, https://www.nwinnovation.com/digimarc_intellectual_ventures_in_major_patent_licensing_effort/s-0031492.html.

[②] 詹映. 专利池管理与诉讼［M］. 北京：知识产权出版社, 2013.

[③] 张白沙. 创新与限制：专利池的反垄断规制［J］. 法制与社会, 2014（2）：262—267+278.

低交易成本。

从许可人的角度出发，凭借必要专利加入专利池后，不仅可以获得池内所有专利的交叉授权并得以免费使用①，而且还可以在专利池对外进行一站式许可的过程中，按分配机制收取自己专利的授权费用。

以 HEVC 专利池为例，它汇集了视频编解码器标准专利，已经收储了包括苹果、佳能、麻省理工学院等 34 家公司共计 5 000 多项专利。② 其中一个加入者是来自杭州的海康威视数码科技有限公司。海康威视数码科技有限公司是全球安防领域的龙头企业，主要以视频为核心提供智能物联网解决方案和大数据服务，高度依赖视频编解码技术。海康威视数码科技有限公司原本是 HEVC 专利池的被许可人，需要向专利池支付高昂的专利许可费，后来通过购买必要专利打入了 HEVC 专利池，摇身一变成为专利池的"东家"——HEVC 专利池的许可人之一，在免费获得交叉授权的同时，还可以从专利池的对外许可收益中分一杯羹。

专利池一般由加入专利池的核心企业或第三方进行管理，很多专门进行专利池管理的服务公司也应运而生。例如，MPEG LA 公司就是专门的专利池管理公司，它们同时管理着 QI 无线充电、电动汽车快速充电、EVS 音频编码器、HEVC 等多个平行领域的专利池，负责对专利池的管理及相关项目的谈判、运营负责，并且实时为专利池征集新的专利，招揽更多的被许可人。

(3) 专利许可平台——交叉领域许可，助推专利跨界授权。

上文提到的专利池，是解决某一单一领域的授权问题，各个专利池领域之间并没有产生交叉。但是科技领域交叉是未来必然的趋势。随着人工智能、大数据、云计算、物联网等一系列技术相互联系的突破性创新，科技与

---

① 徐健，苏琰. 专利池的运营与法律规制 [M]. 北京：知识产权出版社，2013.
② MPEG LA 官网：https://www.mpegla.com/programs/hevc/licensors/.

科技之间产生叠加效应，必将引发专利的跨领域大战。

以物联网为例，由于物联网技术的应用前景非常广阔，涉及智能交通、智慧家居、定位导航、现代物流、食品安全等众多领域，因此，未来必然会出现多个不同领域的公司共同使用标准化技术的现象。而且即使是在同一产品上，也存在跨领域专利交叉应用的复杂情况。以无人驾驶汽车为例，车辆需要不断监控周围环境，这就涉及物联网无线技术在很多不同场景中的交叉应用。

技术领域的交叉将成为新常态，在这种新常态之下，埋藏着专利"大战"的隐患。因为在海量的应用场景中，每个都需要专有的专利组合许可才能顺利推进到产品层面，相对应地将产生大量的跨领域专利许可需求。已经有聪明的玩家开始针对这一类需求进行服务——面向交叉领域，构建定制化的专利平台，进行一站式许可，从而解决个性化的跨技术、跨产品的专利许可需求。笔者称这类玩家为"专利平台界的咨询公司"，马可尼公司（Marconi Group）就是一个典型。

马可尼公司所做的事情，简短概括起来，就是按照客户需求组装设计专利平台，打造多维领域交叉的专利许可。以马可尼公司非常知名的跨界作品"物联网+"专利许可平台 Avanci 为例，Avanci 汇集了超过 3/4 的拥有 2G（GSM、GPRS、EDGE）、3G（WCDMA、HSPA）和 4G（LTE、LTE-A）标准必要专利的专利权人，手握大量国际上的物联网无线通信技术必要专利，专注于将这些物联网专利以一站式许可的方式授权给汽车、智能电表领域的企业。近期它已经推出了 5G 联网车辆许可计划，将其一站式专利许可市场延伸到了最新的 5G 无线技术标准。此外，它还在探索物联网和家用电器、医疗设备领域的交叉授权。①

以上三种模式，从专利转化应用的资本支持、交易许可、跨界许可三个

---

① Avanci 官网：https://www.avanci.com/.

不同侧面切入，在促进专利商业化、加速技术应用上起到了非常好的"助攻"作用，在未来技术爆发加剧的时代将是服务的新蓝海。

3. 保护环节——抢抓新领域新业态，加装"技术防护铠甲"

"专利制度，是给天才之火添上利益之油。"①

——美国第 16 任总统林肯

对于科技创新来说，知识产权制度和法律保护无疑非常重要。随着知识产权制度的建设完善和知识产权意识的提高，我国知识产权保护也走上了新的阶段：经过三次修改的新《中华人民共和国专利法》和新《中华人民共和国著作权法》在 2021 年 6 月 1 日正式施行；除北京、上海、广州三个知识产权法院外，海南自由贸易港知识产权法院也正式挂牌，实施知识产权民事、行政、刑事案件审判"三合一"制度。2020 年，全国法院新收各类知识产权案件超 52 万件②，全国知识产权系统共处理专利侵权纠纷行政裁决案件超 4.2 万件③。

除基础的知识产权法律和制度外，未来应该关注两方面的知识产权保护。

首先，抓新领域，关注新型知识产权法律保护。数字经济时代，在新技术加速产业渗透的趋势下，大数据、人工智能等数字化技术相关的"新型知识产权法律保护"正在成为世界各国关注的重点。比如，韩国在 2021 年 3 月发布了《基于人工智能和数据的数字化知识产权创新战略》，提出要通过改善人工智能、大数据等数字化技术知识产权相关法律和制度，加强知识产权保护，推动数字创新。④ 我国深圳也在 2020 年 11 月发布的《关于支持和保

---

① *Lecture on Discoveries and Inventions*, http://www.abrahamlincolnonline.org/lincoln/speeches/discoveries.htm.
② 潇湘晨报：《2020 年全国法院新收知识产权案件 52 万余件》，新华网，https://baijiahao.baidu.com/s?id=1697746876276229699&wfr=spider&for=pc, 2021 年 4 月 22 日.
③ 湖北省知识产权局：《媒体聚焦｜必看！国家知识产权局发布 2020 年数据》，https://baijiahao.baidu.com/s?id=1689655128181069660&wfr=spider&for=pc, 2021 年 1 月 23 日.
④ 智南针：《韩国知识产权局发布数字化知识产权创新战略》，中科院知识产权信息，https://www.worldip.cn/index.php?m=content&c=index&a=show&catid=64&id=1655, 2021 年 3 月 17 日.

障深圳建设中国特色社会主义先行示范区的意见》中，提出开展新型知识产权法律保护试点，探索人工智能、互联网信息、生命信息等新类型数字化知识产权财产权益法律保护新模式。① 未来想要抢占数字经济高地，就尤其需要在这类新型知识产权法律保护上发力。

其次，抓新业态，关注新类型知识产权保护服务。 除法律服务外，应当利用人工智能等数字技术，强化专利预警和应急方面的知识产权保护服务，协助企业对突发的知识产权争端进行快速反应、对将要发生的知识产权争端进行预告，提醒企业提前采取应对措施以规避侵权风险、减少损失。台湾的丰郁专利商标有限公司就是这类服务的一个典型。它面向各类研究院所、高校和初创公司提供专利预警服务，并出具商品侵权风险报告。北京的国昊天诚知识产权代理有限公司在原有服务的基础上，逐步强化面向企业的风险预警服务，针对企业产品梳理出潜在专利侵权的风险点，通过专利检索确定风险等级，帮助客户寻找规避空间或改良设计方案，实现了企业的无风险运营。

总之，在科技创新竞争更加激烈的未来，想要打响创新战和专利战，在提升知识产权意识的基础上，必须将知识产权服务放在至关重要的位置，尤其抓住最具"助攻力"的专利分析、专利转化应用、知识产权保护等相关服务，构建从创造、运用到保护环节的全链攻守！

三、发力知识产权服务，打响城市升级战

具体到城市而言，哪些城市具有发展知识产权服务业的机遇，又应当如何激活知识产权服务业呢？

---

① 北京商报：《立法铺路 深圳探索新型数字化知识产权保护新模式》，https://baijiahao.baidu.com/s?id=1682893055993587489&wfr=spider&for=pc，2020 年 11 月 9 日。

1. 创新型城市：强化战略引领，抢先构建"知识产权引领型城市"

（1）发展知识产权服务业，是"创新型城市"必做的"标准动作"！

知识产权服务是与创新紧密捆绑的一种产业服务。对城市而言，想要实现抢占科技创新和产业创新的高地，未来都必须要下大力气发展知识产权服务业。这已经成为创新型城市的标准动作，世界上的创新城市和区域，往往都是知识产权服务业发达的地区。例如，制造创新典范东京、综合科创型城市首尔、应用创新城市慕尼黑等，都是"专利之都""知识产权首都""知识产权的心脏"，都在城市产业发力的同时制定了前瞻性的知识产权战略。

同时，按照知识产权服务业本身的聚集规律来说，也会首先选择科技创新密度高、产业创新强度大的地区，因为这里有最强烈的知识产权服务市场需求，最容易形成知识产权服务的产业聚集区。另外，全美专利申请数量最多的地区得克萨斯州、全美高科技企业和高校最密集的地区之一加州，也都是知识产权服务企业聚集的地区；国内的北上广等创新头部城市也呈现同样的现象。甚至具体到一般城市内部，每个城市的高新区，如武汉光谷、北京中关村等也往往是知识产权服务企业聚集的地方。发展知识产权服务产业，已经成为创新城市和地区的"标准动作"！因此，这类城市无论是从助攻创新的角度，还是从产业聚集逻辑的角度，都应当抓住机遇，抢先构建"知识产权引领型城市"或"知识产权创造中心"。

（2）构建"知识产权引领型城市"的三大"标准打法"。

那么创新型城市应当如何发力知识产权服务业呢？由于知识产权相关产业的发展与制度和法律有强关联性，与其他产业相比，不仅需要激发市场的活力，更需要政府强化主导作用，从战略引领、政策保障、公共服务等各方面加大力度。

首先，构建系统性的城市战略布局，强化政策引导与保障。

前文提到，首尔、东京等知识产权中心城市都非常注重整体知识产权战略布局。以首尔为例，它从 2013 年起便开始构建《首尔知识产权城市综合计划》，以每五年为一个阶段，自上而下全面铺开。

法制政策强效推。 首尔在 2012 年制定了《首尔市知识产权基本条例》，规定城市对于发展知识产权的责任，用法制保障城市的知识产权发展，之后在 2013 年、2018 年拟定和更新中长期政策及基本方向。

资金支持全维度。 从 2013 年起，首尔每年财政拨款支持中小企业和个人享受全维度的知识产权服务。不仅强化对知识产权海外申请费用的支持，知识产权审判、诉讼、侵权等方面的资金支持，而且还单独开展"IP 明星企业扶持计划"，强化对高质量专利研发的资金支持力度，设置了包括国内外专利申请、专利地图制定、前沿技术调查等方面的专门款项。[①]2013—2017 年，首尔共实施 5 903 项扶持活动，仅 2015—2017 年的知识产权专项预算就高达 91.9 亿韩元[②]。

公共服务强保障。 2018 年之后，首尔在优化知识产权的质量上集中发力，强化公共机构的知识产权咨询服务，助力创新成果向应用转化。首尔创意经济创新中心开设"专利支持窗口"，提供包括专利申请、商业化、纠纷解决等一站式支持服务；首尔知识产权中心提供综合咨询服务，包含知识产权申请、技术调查、权利转让、技术转化、诉讼维权等方面[③]。

其次，强化中小企业的专项服务，激发市场活力。

科技企业是知识产权服务的主要对象，也是使市场活跃的根本。其中，

---

① 《2017 年支持中小企业创造知识产权》，https://yesan.seoul.go.kr/upload/90308/8375534b-455f-4ad4-a193-672f03ed2401.pdf.
② 首尔市政府官网：《首尔知识产权城市第二期基本计划》，https://opengov.seoul.go.kr/sanction/16303999.
③ 焦和平. 创新驱动视角下知识产权服务业发展政策研究［M］. 北京：知识产权出版社，2018.

大企业自身的知识产权研发和保护意识相对较强，而且资金充足，有能力进行知识产权自主布局；而小企业在各方面处于弱势，需要政府强化定向引导和扶持。以东京为例，为了激活地方企业参与创新的活力，不仅将知识产权服务作为重要环节写进了《东京都产业振兴基本战略（2011—2020）》中，而且尤其在中小企业的扶持上下了极大的功夫，以东京知识产权综合中心为核心强化对中小企业的援助服务。

提高中小企业知识产权认知。一方面，整理知识产权支援案例并进行公开，详细标明利用类型并"贴心"解析每个公司如何在业务管理中利用知识产权，得到了哪些方面的支援，以及具体操作流程等，让更多的中小企业可以借鉴并加入接受支援。另一方面，每年编制《小企业主知识产权战略手册》，通过科普的形式提升企业知识产权战略规划意识，而且手册既要详细又要通俗易懂，以便于推广和宣传。

锚定重点领域强化专项公共服务。比如，锚定面向 AI 等新领域专利服务，为中小企业提供长达一年的免费顾问支持；设立海外的知识产权咨询台，引入国际合作资源，为企业提供免费跨国知识产权咨询服务；设立知识产权评估贷款系统，强化知识产权金融相关的服务协助等。

开发"专利代理人匹配支持系统"。由于专利代理人的专业领域广泛，中小企业很难找到符合自己需求的专利代理人，东京专门开发了专利代理人匹配支持系统，让具备一定工作经验的专利代理人注册，由企业选择专利代理人并进行咨询。针对新产品开发等技术问题，以知识产权研讨会、对接会等方式帮助中小企业和拥有技术种子的大型企业、大学、测试和研究机构等对接，促进专利商业化。[1]

---

[1] 东京知识产权中心: https://www.tokyo-kosha.or.jp/chizai/index.html.

最后，强化知识产权人才培育，为服务产业注入动力。

对于发展知识产权服务业而言，人才也是非常重要的因素。因为从事知识产权服务业的人，需要同时具备技术、法律和商业三方面能力：既需要具有一定的科学素养，懂得科学研究管理和科技政策；又需要懂得商业竞争政策、商务内容、产学合作机制；还需要懂得知识产权法律和相关政策等。而我国目前在知识产权领域面临高端复合人才匮乏的严峻问题，需要依托各大高校，甚至成立专门的知识产权学院强化人才输出。

例如，可以借鉴世界知识产权组织 WIPO 学院的经验，通过 4 类培训课程设置，为多方面的人群提供服务：为政府和公共部门官员开展一般知识产权培训和专业知识产权培训课程；与世界各地许多知名高校合作提供知识产权联合硕士学位；用 10 种语言提供知识产权初级、高级电子远程学习课程；针对大学生和年轻专业人士开设知识产权暑期研修课程等。

2．枢纽型城市：依托区位"坐庄"，抢夺"知识产权枢纽型城市"机遇

除创新型城市或综合大都市外，还有一些枢纽属性强、区位优势佳或者国际属性强的城市也具有较大的产业机遇。它们可能自身的产业需求或科技创新密度不高，但是"枢纽"的资源禀赋让它们具有了做知识产权服务中转站的机遇，可以瞄准腹地专门为区域周边提供知识产权服务输出。斯特拉斯堡就是一个典型。

斯特拉斯堡位于法国东北部，是一个处于法、德、瑞三国交界的边境城市，被誉为"欧洲的十字路口"。虽然斯特拉斯堡不是一个世界科技创新中心，但却是一个世界知识产权中心，聚集了欧洲企业和知识产权局（IEEPI）、国际知识产权研究中心（CEIPI）、国家工业产权局（INPI）等重量级机构，且在欧洲专利申请中排名第五[①]。斯特拉斯堡能够形成知识产权服务业的高度

---

① MIPIM WORLD BLOG: *New investment hotspot in the heart of Europe: Archipel Strasbourg*, France, https://blog.mipimworld.com/development/new-investment-hotspot-heart-europe-archipel-strasbourg-france/.

聚集，核心在于它抓住了枢纽区位和国际属性优势。

一方面，依托地理优势和国际资源，打造欧盟跨境法律服务高地。 斯特拉斯堡依托区位和交通优势，聚集了众多欧洲总部机构，如欧洲议会、欧洲委员会等，还拥有75个大使馆和外交代表机构，约有100个国际非政府组织和22 000多人的国际社区[①]；并且常年承办各类国际组织不间断的会议活动，本身具有极强的国际交流属性。所以，斯特拉斯堡利用优势条件，发力法律服务，尤其聚焦跨境国际法律事务，聚集了欧洲人权法院、欧洲仲裁法院、斯特拉斯堡大学法学院等，拥有上百家律所，在知识产权保护方面具有非常大的优势。

另一方面，依托枢纽优势，强化知识产权服务输出，尤其是国际性人才培育输出。 斯特拉斯堡利用欧盟最具声誉的知识产权研究中心之一、欧委会与欧洲议会知识产权相关立法与政策顾问研究单位——国际知识产权研究中心（CEIPI），开展欧洲专利法、知识产权法等人才培育，包括知识产权法与管理硕士学位，以及知识产权管理的远程课程，为欧洲专利局及欧洲各国输送知识产权人才。还组织各种国际知识产权研讨会，包括知识产权制度相关的系列会议、知识产权生态系统系列会议等，促进各国在知识产权领域的合作[②]。

四、发展知识产权服务业，中国城市未来可期

将视线转移到国内，虽然我国的知识产权服务起步较晚，但是为了在新时代的科技创新之战中拥有一席之地，国内各城市已经开始准备"战备武器"。北京、上海都在构建国家级知识产权服务业集聚发展试验区，广东提出要加快建设知识产权强市和枢纽城市……

---

① Stralang官网：https://www.stralang.com/cn/.
② 国际知识产权研究中心官网：https://www.ceipi.edu/le-ceipi-au-cardo/.

以上海为例,其在致力于构建全球科技创新中心的同时,也一直在探索以知识产权赋能科技创新的道路。例如,上海在 2012 年提出建设亚太知识产权中心城市,并在漕河泾开发区设立了国家知识产权服务业集聚发展试验区,聚焦知识产权运营和保护,通过"政府引导＋市场需求＋园区公共服务平台＋专业化运作"的方式进行建设,搭建了"漕河泾知识产权服务平台"作为公共服务支撑,①聚集了上海知识产权交易中心、上海市知识产权服务中心、上海商标审查协作中心、上海市知识产权服务行业协会、上海市商标品牌协会等机构,聚集了 550 多名专利代理人和 160 家服务机构,构成了完整的知识产权服务链条。②

在全球打响科技创新战的当下,专利已经成为作战的关键武器,而以专利为核心的知识产权服务也将在未来发挥越来越大的创新助攻作用。无论是科技创新型城市,还是枢纽型城市,都具有非常强的赛道抢夺机遇。但要想实现真正的创新助攻,必须首先强化城市整体性的知识产权战略布局,发挥政府的主导作用,激发最具"助攻力"的知识产权服务生机,实现对科技创新从创造、运用到保护三大环节的全链攻守。在中国科技创新日益壮大的当下,凭借知识产权服务业突围城市创新战,未来可期!

---

① 上海知识产权:《漕河泾开发区:十年铸就知识产权"双示范"》,科创长三角,https://mp.weixin.qq.com/s/LkbbHfgFvmnoUaCr9LaM8w, 2021 年 1 月 15 日。
② 临港集团:《以知识产权服务赋能科创中心建设:漕河泾开发区通过国家知识产权服务业集聚发展示范区验收》,今日漕河泾 漕河泾科技服务直通车, https://mp.weixin.qq.com/s/_V5WZjL9B6DyGMrBXVWS_Q, 2020 年 12 月 1 日。

科技中介做"红娘",成就创新"好姻缘"

文 | 蔺 倩 常 瑶

提起中介,人们第一时间会想起房地产中介、二手车中介,但对"科技中介"知之甚少。其实科技中介并不是一个新名词,在国外已经有上百年的发展历史,最早可以追溯到 20 世纪初期的科技咨询类服务,美、德、英、日等国都是科技中介服务业发达的国家。在我国,科技中介也已经发展了 40 年,只不过由于长期埋在科研创新的最底层,没有引起广泛关注罢了。改革开放后,长三角地区出现的为各类民营企业提供技术咨询服务的"星期天工程师"[1],很多就是中国早期的科技中介。

科技中介服务,与上一篇的知识产权服务一样,都属于科学研究和技术服务业。从定义来看,科技中介是在各种参与技术创新的市场主体之间,利用自身拥有的知识、人才、资金、信息等资源,为技术创新的成功实现,起到沟通、联系、组织、协调等作用及为参与技术创新的各种市场主体、各个具体实体过程提供专业服务的机构[2]。**简单来说,它就像是"科技界的红娘",扮演着科研机构和企业之间牵线人的角色,是促成科技成果流动和转化的桥梁。**这个"红娘"可不简单,是当下我国科技创新和产业突围的关键所在。

---

[1] 星期天工程师是指来自高校、研究所和大型国企的科研技术人员,往返于长三角各地民营企业提供技术支持。

[2] 中国高新科技网:《科技中介发展的困境及对策》,科技部火炬中心,http://www.zggxkjw.com/content-25-4082-1.html,2017 年 3 月 31 日.

一、千里姻缘一线牵：科技界急需"专业红娘"

当前，我国科研成果数量及质量都在快速提升，但面临着一个困扰科研和企业界的长期难题——科技成果转化问题。我国的科技成果转化率仅有20%，能形成产业规模的只有5%，而西方发达国家的科技成果转化率一般在60%以上[1]。可以说，在科学研究突飞猛进的今天，科技成果转化这一亟待跨越的"死亡之谷"，成为创新突破的关键。我国的科技界，正在迫切召唤着科技中介产业的崛起。

1. 科技成果转化之急——"沉睡"的科研技术库 VS "饥渴"的创新困难户

科技供需的一端，是科研院所亟待被发现的"沉睡"技术库。科研和创新不是一回事，3M公司的杰弗里·尼科尔森博士曾经指出："科研是将金钱转换为知识的过程"，而"创新则是将知识转换为金钱的过程"[2]。当前让我国大量高校和科研院所着急的是，科研的存量和增量越来越大，却找不到出路、转不出"含金量"。科研成果再成功，没有遇到可应用的市场，就只能是"沉睡"的技术库，无法发挥真正的科研价值。

科技供需的另一端，是充满技术"饥渴"的企业创新困难户。当前的产业环境下，企业想实现突破创新越来越难，尤其对很多"小门小户"的中小企业而言，既建不起像大企业一样的高等级实验室，又招不来优秀的人才；既没有创新的资金和经验，又没有招揽顶级科研成果的渠道和精力。很多企业就像"无头苍蝇"似的，急切渴望前沿技术的注入。

一边是技术"养在深闺人未知"，高校院所有专利、有技术却找不到买

---

[1] 经济参考报：《央地促科技成果转化政策密集推出》，新华网，https://baijiahao.baidu.com/s?id=1643882871966398376&wfr=spider&for=pc，2019年9月6日.
[2] 搜狐网：《破解知识转换为金钱过程中的障碍｜苏州纳米七年砥砺奋进》，https://www.sohu.com/a/196580030_750094，2017年10月6日.

家；另一边是企业"众里寻他千百度"，有需求却不知道引入哪家技术。科技的供需双方都如此急迫，就像婚恋市场一样，最大的问题是单靠他们自己都无法解决问题，甚至即使双方碰面了也无法自行"牵手"成功。

2．科技成果转化之难——无法"对话"的技术供需方

斯坦福大学有句名言："永远不要让教授坐到谈判桌前"[①]！这句话其实非常到位地解释了为什么科技成果转化如此艰难。如果用两个词概括就是"听不懂""搞不定"。

一是"听不懂"。科学家和企业家在专业沟通上是存在障碍的，可以说是关注点和思维方式完全不同的两种"物种"。例如，双方讨论一项技术时，科研人员习惯通过实验参数来说事，但企业方有时根本听不懂这些技术的"奥妙"；而对企业方关心的投入产出比、回报率、市场优势等问题，科研人员由于缺少商业知识和商业化经验，往往也很难接得上话题。

二是"搞不定"。科技推广和谈判考验的不是技术能力，需要专业的商业和销售能力。以发生在上海化工院的一个项目来说。换热管技术是石化领域一项长期被外国垄断的关键技术。当时上海化工院历时三年终于攻克了这一技术，却在推广和谈判问题上败下阵来。项目课题组带头人韩坤领衔成立产品推广小组，投入大量时间跑企业，但一次次被浇冷水——大型石化企业说已经购买国外产品，短时间不打算更换；小型石化企业说新产品尚未经受市场考验，不敢尝试。"折腾"两年后，这项技术不得不回到技术库"沉睡"[②]。韩坤无奈地说，"推广、谈判和研发完全是两码事。我们研发的新技术，往往还没'落地'，就又领受了新的研发任务。因此，我们一直渴望专业机构或

---

① 搜狐网：《成果转化，只激励发明人就够了吗？》，文汇报，https://www.sohu.com/a/195593540_534802，2017年9月30日．

② 搜狐网：《【汇创新】科技中介与科研院所合伙搭平台，唤醒"沉睡"成果实现共赢》，https://www.sohu.com/a/159009201_225083，2017年7月21日．

专业人员为我们的技术寻找买家"①。此外，哪怕推广成功了，后续涉及的法律问题、技术交易问题、利润分配问题等也非常复杂，往往仅靠研发人员或企业一方是难以轻松搞定的。

3. 跨越两难之谷：让"专业的红娘"组织"专业的相亲"

从上面可以看出，科技成果转化涉及方方面面的问题和环节，但搞科研、搞销售、做投资、做产业的人，又往往只专精于各自的一个领域，很难有兴趣或精力去完全掌握其他领域。**我们不能把科研人员都逼成企业家、销售员和产品经理，我们也无法让每个企业家都成为半个科学家或技术员。**那么，这时候最需要的，就是"让专业的人做专业的事"。因此，专业的科技中介是最有效的选择。

既懂市场又懂技术的科技中介，就像是科技界的"红娘"，能够作为中间介绍人，搭起技术供需两端"相亲"的"鹊桥"。他们可以帮助科研人员缩短科技成果转化的周期，降低风险和成本，将"科研密度"快速转化为"创新浓度"；同时，他们也是企业尤其是中小企业的好搭档，可以帮助这些企业快速探索到最匹配的科学家和创新技术。

科技中介的作用，可不只是信息搭线的"介绍人"，更是技术创新的"经营者"。

见面相亲只是第一步，如何促成双方牵手成功、真正"在一起"，才是科技"红娘"最大的价值所在。科技中介的主要从业人员称为技术经纪人或技术经理人，由称谓也可以看出，科技中介最大的价值在于对技术的"经营"。尤其是技术经理人，更强调在高层次科技成果转化过程中的深度参与。

科技成果转化不是一次性买卖，而是一个需要长期投入的过程。一项完

---

① 搜狐网：《【汇创新】科技中介与科研院所合伙搭平台，唤醒"沉睡"成果实现共赢》，https://www.sohu.com/a/159009201_225083，2017年7月21日．

整的技术转移转化过程是相当复杂的，涉及"调研需求、匹配专家、技术判断、市场调研、商业策划、法律协议、实地考察、三方协议、持续沟通"等诸多事务，少则几个月，多则几年才能完成一个项目。

因此，科技中介其实是一个复杂的"技术活"。做这个的人不仅要有敏锐的技术嗅觉和商业嗅觉，能够作为"介绍人"快速进行信息层面的匹配对接；而且需要以"经营者"的姿态全程参与其中，深层次为科技成果转化的各环节服务，针对性解决难题，填补欠缺的中间环节，使技术与市场之间的距离不断拉近，最大化兑现技术的潜在价值，促进企业的技术创新，获得预期收益。换而言之，科技"红娘"帮助科学家"嫁闺女"，不仅要把闺女嫁出去，还得让闺女在婆家把日子过好。

下面以上海迈科技公司（以下简称迈科技）为例，来看看科技红娘是如何"专业做事"的。迈科技能够在众多科技中介平台中脱颖而出，进入胡润榜上海技术转移机构 TOP10，正是因为它不仅在线上做信息的匹配，更会在线下全程助力技术项目的顺利对接和落地。例如，在"隔膜式蓄能器腔体封死一体化装置的技术开发项目"中，这位金牌"红娘"就一步步撮合了宁波朝日液压有限公司和上海交通大学机械与动力工程学院现代设计研究所张执南教授团队的这段"好姻缘"。

第一步，明确"择偶标准"，快速匹配。由于市场需求引导，朝日液压急需生产出一种小型免维护型隔膜式蓄能器，但缺少一种独特的密封技术，自己苦苦探索却无法突破。找到上海迈科技的技术经纪人后，团队对朝日液压的需求进行了调研分析，并经过多次沟通将需求细节进行细化，得出四大量化指标。明确需求后，迈科技从专家资源库中精准匹配，推荐了上海交通大学的张执南教授团队。

第二步，保媒拉纤，确保"牵手"成功。迈科技一方面为张教授讲需求，明确与企业合作的可能性；另一方面为朝日液压讲技术，增加企业对专家的信心，保证双方"来电"。而且作为"介绍人"积极撮合双方见面，陪同张教授进行实地考察，尤其是对设备具体指标进行了深入的沟通对接，定期跟进双方技术对接事宜，积极"助攻"促合作。

第三步，经营"婚姻"，服务到"家"。朝日液压和张教授团队"喜结良缘"后，迈科技以"过来人"的身份对合作方案做了详细分析，在知识产权归属、研发方式、付款周期及后续合作等不甚明晰的地方给出了专业的意见及建议：如将张教授单独负责设备研发全程的交付方式，改为张教授主导设计、朝日液压配合加工试制，此方案降低了企业50%的研发投入成本，同时降低了张教授团队的研发成果交付难度[①]；将授权方式也改为张教授团队保留专利所有权、授权给企业技术专利许可使用，保障了该技术成果未来进一步推广复制应用的可能性。在迈科技的全程参与下，企业预计的开发周期从一年缩短到半年，大大提高了产学研合作效率。一期成果交付后，企业非常满意，之后双方继续开展二期工程。迈科技也定期跟进技术开发过程，持续做好后期服务工作，助力双方将日子"越过越好"。

4．小角色大产业：从科研附属到产业独立，科技中介成为服务业新蓝海

随着科学技术的快速发展，科技中介对于技术创新和经济发展的促进作用越来越大，企业、高校在技术创新和科技成果转化过程中对于科技中介的需求大幅增加，推动科技中介成为一个独立的大产业。

早期科技中介的附属性比较强，主要依托高校和科研院所。 这些机构主要服务于技术推广方向，从事技术开发、技术转让、技术咨询和技术服务等中介服务。例如，斯坦福大学首创OTL模式，即在学校内部设立技术许可办

---

① 搜狐网：《【案例】迈科技技术经纪人服务校企合作，研发成本与周期减半》，https://m.sohu.com/a/323393308_534802/?pvid=000115_3w_a，2019年6月27日．

公室，负责专利营销和技术转移工作；英国则是依托高校在外部成立技术转移公司，如牛津大学下属的ISIS创新公司，剑桥学生创办的剑桥咨询有限公司，都致力于为大学提供科技成果转化服务。开篇提到中国的"星期天工程师"也是这样，早期多由科研、技术人员兼职进行，其后慢慢形成一支职业队伍，逐渐发展壮大。

随着创新活动分工的细化和专业化程度的提升，各类专业化科技中介服务机构应运而生。欧美等发达国家的科技中介服务业极其发达，已形成一个大产业。美国的科技中介机构种类繁多，专业化程度高，活动能力强，形成了包括官方组织、半官方性质的联盟和协会组织、高科技企业孵化器、特定领域的专业服务机构、大学里的技术转移办公室等在内的多样化组织形式。

从一个人到一个机构再到一个产业，科技中介看似是创新过程中的"小角色"，但"挺赚钱"。例如，英国技术集团（British Technology Group，BTG）是世界上最大的专门从事技术转移的科技中介机构，拥有250多种主要技术、8 500多项专利、400多项专利授权协议，每年技术转移和支持开发、创办新企业等的营业额高达6亿英镑[1]。除"能赚钱"外，发达国家还形成了品牌化的科技中介机构在全球范围内进行对外输出。德国的史太白技术转移中心（Steinbeis Transfer Centers，STC）是欧洲最大的科技中介机构，由6 000名专家组成，遍及1 100家转移企业，业务覆盖全球50多个国家和地区，年营业收入达到1.62亿欧元[2]。

---

[1] 中国国际科技交流中心：《构建有利于科技经济融合的创新组织——案例9：英国技术集团（科技中介机构）》，https://www.ciste.org.cn/index.php?m=content&c=index&a=show&catid=98&id=1215，2020年8月7日．

[2] 中国国际科技交流中心：《构建有利于科技经济融合的创新组织——案例7：德国史太白技术转移中心（技术转移机构）》，http://www.ciste.org.cn/index.php?m=content&c=index&a=show&catid=98&id=1195，2020年8月4日．

我国的科技中介机构数量不少，但多为政府"包办"，与发达国家完善的科技中介服务网络相比，仍有较大差距。20 世纪 80 年代以后，在政府统筹规划和大力扶持下，以生产力促进中心、科技企业孵化器、科技咨询与评估机构、技术交易所、创业服务中心等为代表的科技中介机构发展起来。到 2017 年年底，全国生产力促进中心总数为 1 799 家，从业人员数为 2.3 万人，服务企业数量达到 21.6 万家[①]。但与科技成果转化的巨大需求（2019 年中国专利申请数量为 140 万项，居世界第一[②]）相比，我国的科技中介机构在专业性和队伍建设方面的供给明显不足。随着我国进入科技成果"大爆炸"时期，未来提高科技创新能力，打通科技成果转化的"最后一公里"是必选项，科技中介产业也将成为未来生产性服务业的新蓝海。

那么，对城市而言，科技中介又意味着什么呢？

二、从边缘到焦点："红娘"将是城市未来的"创新合伙人"

曾经，科技中介是被我国城市长期忽略的产业"边缘"，最多只是轻描淡写地出现在政策呼吁中。但在未来的创新之路上，对城市而言，科技中介不仅是连接科研和企业之间的一个小小的机构，也不仅是一个具有前景的产业，而将是城市产业网络中必不可少的"创新合伙人"，是影响创新速度和创新密度提升的"焦点"产业。

从世界成功的创新区域案例就可以看出，创新生态繁荣的地方，往往离不开科技中介的力量，它们能够助力区域的科技创新跑出"加速度"。例如，在硅谷的崛起过程中，风险投资、大学、创业文化等都是重要因素，但把科

---

① 中国生产力促进中心协会官网：《中国生产力促进中心协会第五届理事会第三次会议在北京召开》，http://www.cppc.org.cn/article-0-201903-804.html，2019 年 3 月 8 日．

② 吉林日报：《世界知识产权组织年度报告：去年中国专利申请数量全球第一》，澎湃新闻，https://www.sohu.com/a/437094821_265827，2020 年 12 月 8 日．

学园区、风险投资和几所大学拼凑在一起，并不能完全"克隆"出硅谷来。科技中介在其中也扮演了十分重要的角色。专业的科技中介服务贯穿于研发到产业化的各个环节，促进了硅谷创新要素的整合，加速了新技术的产业化进程。

我们都知道斯坦福大学是硅谷的心脏，但并非单纯由于其强大的科研实力，要知道，麻省理工学院是美国最好的工科学府，但毗邻麻省理工学院和哈佛大学的 128 公路至今也无法与硅谷争锋。斯坦福大学有别于其他人才中心之处不在于它拥有一批有想法、绝顶聪明的人，而在于斯坦福大学与产业界的紧密联系，知识能在这里迅速转化为生产力。1951 年，斯坦福大学开创了一个高技术工业园区，即硅谷原型，这个园区成立的目的就是将专利变现，为科研和生产搭桥，但缺乏专业人才，运营效果不佳。1970 年成立的斯坦福大学 OTL 以"技术"营销为核心，聘请了专业的技术经理人，一项技术发明披露给 OTL 后，就交由一名技术经理人提供"从摇篮到坟墓"的全过程服务。谷歌最核心的"增强超文本搜索"技术就是由 OTL 协助申请专利，并帮忙联系硅谷天使投资人的。

硅谷拥有超过 3 000 家科技中介机构[①]，形成了涵盖人力资源、技术转移、金融资本、管理咨询、财务和法律等丰富完善的科技中介服务体系，硅谷律师的密度大约为 10 个工程师对应 1 个律师、5 个工程师对应 1 个会计师[②]。完善的科技中介服务网络也让斯坦福大学的技术成果可以无缝对接到硅谷大量投资机构、初创企业和跨国科技公司，实现快速、有效的转移转化。科技中介还赋予了资本敏锐的嗅觉，在这里，资本可以快速"识货"，甚至可以和技术成果"一见钟情"，筛选出最具发展前景的科研项目和团队。可

---

① 兰筱琳,洪茂椿.加快建设高水平科技园区打造科技成果转化新高地[J].中国科学院院刊,2018,33(7):717—722.
② 武汉市赴美创新驱动与高新高效产业发展专题培训班:《载体 人才 资本 政策——芝加哥、硅谷产业创新发展经验对武汉的启示》,武汉组工网,http://www.whce.gov.cn/xsdcgb/1195.jhtm,2019 年 3 月 15 日.

见，想要构建顶级的科技创新生态，一定少不了科技中介的加盟。

虽然大部分区域无法与硅谷类比，但如果能够利用科技中介组织好城市内外的"相亲会"，则能够为区域的创新生态注入全新活力。

1. "红娘"力量之"城市内联姻"：牵引科研反向定制，促进产业集群系统升级

对于城市而言，吸引具有敏锐商业嗅觉的科技中介的加盟，能够牵引市场导向的研发转型，解决研发和产业脱节的问题，带动特定产业集群的系统升级。

例如，巴登—符腾堡州（以下简称巴符州）是德国高等学校分布最多的地区，拥有70多家高校[1]，其中包括海德堡大学、卡尔斯鲁厄理工大学、曼海姆大学等9所享有盛名的学府。但过去，巴符州一直都将大部分的注意力集中在对大学和研究机构的研究支持上，过分看重研究成果的产生，很少关注该成果在企业的应用。同时，由于工业界对科技的作用认识不足，企业缺乏追求技术创新的压力和动力，致使大学和研究机构搞出来的研究成果很难向企业推广实施。

如今，这里却是欧洲科技成果转化最活跃的地方之一。大量科技成果的成功商业化，与其发达的科技中介组织紧密相关。巴符州拥有史太白经济促进基金会、弗劳恩霍夫应用研究促进协会（FhG）、德国工业研究联合会（AiF）和德国工程师协会（VDI）等世界著名的科技中介组织，形成了一个系统的技术转移网络。其中，史太白基金会在巴符州建立300多家技术转移中心，占德国的60%[2]。这些科技中介对于形成以市场为导向的科技创新起到了很大的作用。下面以兼具科技研发和科技中介功能的弗劳恩霍夫协会为例说明。

---

[1] 巴登—符腾堡州官网：http://bw-i.cn/bw/research/.
[2] 曾刚，丰志勇.德国巴登——符腾堡地区科技中介服务机构对创新型区域建设的影响[J].中国高校科技与产业化，2006（10）：29—31.

以产业需求为导向，牵引应用研发。 弗劳恩霍夫协会自成立以来始终坚持以应用研究填补技术转移的空白，十分重视企业客户，研究所会定期召开战略会议，邀请行业中的客户代表，倾听其想法和意见，在应用研发过程中尽可能地贴近市场需求和技术趋势，降低犯错误的概率。针对不同的产业需求，弗劳恩霍夫协会下设几十个研究所，以应用研发架起了基础科研与产业应用之间的桥梁，自称为科技搬运工。

以"合同科研"的模式，为企业导入定制研发。 弗劳恩霍夫各个研究所会根据客户实际需求进行有针对性的研究，开发出量身定制的系统解决方案。目前，弗劳恩霍夫下属各研究所每年平均承担 15 000 个委托研发项目，科研经费 1/3 来自企业委托项目[①]。在与企业的合作过程中，为了更为清晰直接地了解客户需求，弗劳恩霍夫各研究所会外派技术人才常驻企业。这些人员不仅负责向外的应用研究和需求应答，也担负着向内反馈技术趋势和需求方向的责任。

此外，研究所大多数建立在大学附近，70% 的研究所与大学有基于合同的直接联系[②]，担任弗劳恩霍夫研究所所长及主要负责人的通常都是合作高校中的全职教职教授。这种人员的交叉流动也在潜移默化中引导了高校的研发方向更贴近市场需求。

协助中小企业创新，强化产业链条黏性。 巴符州有机械制造、汽车、医疗等多个产业集群，产业链本身比较完整，大中小企业数量众多，而且上下游的联系非常紧密，制造业中 53% 的供应商是区域内的企业[③]，其中科技中介功不可没。以其中的斯图加特汽车产业集群为例：在汽车产业集群中，大

---

① 徐明：《"合同科研"唤醒创新者的双重角色》，哈佛商业评论，https://www.hbrchina.org/2014-07-17/2212.html，2014 年 7 月 17 日。
②③ 丰志勇．基于科技中介服务机构的产业密集区技术扩散研究[D]．上海：华东师范大学，2006．

企业会制定严格的采购标准，中小企业为了提供符合标准的产品，必须进行生产工艺改造或产品质量的提高。弗劳恩霍夫等科技中介机构不仅为中小企业提供技术咨询等服务，而且协助他们进行共性关键技术的研发与突破，还会协助无资源的中小企业获得政府资助。正是在他们的助力下，斯图加特地区逐步构建起了强大的产业链配套体系，不仅拥有戴姆勒等汽车巨头，还集聚了采埃孚、博世等国际知名的汽车零部件企业及占据该地区 96% 数量之多的中小型配套企业[①]。而且这些配套的中小企业中，很多都是在某行业或某领域具有全球领先技术的隐形冠军企业。例如，采埃孚集团在机械式变速器、液力自动变速箱和各式齿轮传动箱等方面都走在世界前列；贝尔集团是世界领先的汽车空调和发动机冷却系统专业厂商……

可见，没有强大的科技中介，就没有巴符州市场导向的强大研发体系；没有强大的科技中介，就没有巴符州强大的传统产业集群体系。科技中介是巴符州形成顶级产业创新生态的重要牵引力。

2. "红娘"力量之"城市间联姻"：组织跨地域相亲，助力中小城市产业创新

有些中小城市可能有一定的优势产业，但往往因为缺乏科研资源，而在科技创新过程中处于劣势。这时，科技中介的作用还在于，**为特色产业优势突出、却缺少科教资源的地区"娶进"智力资源，将科教发达地区的科研成果"嫁出"外地，促进城市间实现跨区域的"联姻"。**

例如，国内一家名为"摩米创新工场"的公司就是一个在全国范围内组织跨城联姻、"攻城织网"的科技中介。它脱胎于电子科技大学现代光电测

---

① 瞪羚云：《产业集群系列 | 德国斯图加特汽车产业集群以整车龙头为核心的汽车产业网络》，环杭州湾新经济观察，https://www.chinagazelle.cn/news/detail/e86d29d089bf4eb887fc5fb53131f2da，2018 年 12 月 13 日.

控与仪器实验室。不同于其他科技中介机构，"摩米创新工场"不是单纯为高校和企业服务的技术经理人，而是专门为城市奔波的创新合伙人。"摩米创新工场"的战略是布局全国，帮助城市进行跨区域创新资源对接和匹配，促进城市产业的转型升级。因此，"摩米创新工场"一边活跃在技术资源圈，一边活跃在产业城市圈，组织着跨区域的"牵手"相亲会。其"攻城织网"打法包括四大动作。

(1) 选城——瞄准产业富集地区布局。产业越富集的地区，技术需求越高。在"摩米创新工场"的战略中，挑选的都是产业富集而科教贫乏的地区。自 2013 年以来，布局的城市东有宁波、奉化，北有驻马店、新乡、平顶山，西有贵阳、宜宾、绵阳，南有东莞……这些城市的共同点就是特色产业优势突出，但科教资源不足。比如，"摩米创新工场"的起点城市宁波虽然制造业硬核，但却是除深圳以外，副省级城市里唯一没有 985 或 211 高校的城市，在创新争夺激烈的当下，面临着产业转型的科研之痛；如驻马店，"中国每 10 头猪有 2 头产自驻马店"①，农业和食品加工业发达，但信息化落后；再比如新乡，作为工业电池之乡、军工聚集之乡，急需新时代的科技赋能。这些城市仅靠自身很难快速培育或引来强大的科研资源，因此非常需要"摩米创新工场"这样的科技中介来跨区域牵线。"摩米创新工场"密集地跟这些城市签订战略合作协议，为它们提供"一城一团队"服务。

(2) 织网——盯紧科研情报网动态。对于有技术需求的企业而言，即使有科研资源名录，仅靠自己其实很难同时对接众多高校院所，更难时刻跟进科研进展。例如，一个电子科技大学就有 200 多个实验室、近 3 000 名老师②。因此，"摩米创新工场"就精心布局了自己的科研情报系统。它首先依

---

①② 四川日报：《技术经纪人探路科技成果市场化运营》，https://epaper.scdaily.cn/shtml/scrb/20210518/254735.shtml，2021 年 5 月 18 日.

托自己脱胎于电子科技大学光电学院的优势,"盯紧"校内资源。每二三十个实验室,"摩米创新工场"就有一个专门的技术经纪人。其创始人刘霖说:"这些人每天的工作就是跟进这些实验室老师,看他们在做什么,有什么创新成果。"①

此外,"摩米创新工场"不断扩大科研供给网络,包括四川大学、中北大学、东南大学、中电54所、兵装58所……与多所985、211高校实现了战略合作。而且,还针对这些院所专门建设"科技情报系统",大量科技前沿信息、优秀人才、创新团队、创业项目会首先进入"摩米创新工场"的科技情报评估体系,通过系统进行信息整理、分析、研究和定向推送②,为后续的技术牵线、种子项目孵化、创新团队投资打下了非常好的情报基础。

(3) **联姻——量身定制技术对接线路。**

"摩米创新工场"跟城市签订战略合作后,会深入当地企业找技术需求、找技术痛点,然后跨区域调度科研资源,量身定制技术方案。例如,2020年"摩米创新工场"宜宾的技术经纪人团队在参观当地一家3D曲面玻璃生产企业时,一眼发现了问题:从覆膜机到液压机,企业都花钱购买了大量先进设备,但是为什么在最后的质检环节却不上设备,全靠工人肉眼质检?这样不仅成本高、效率低,还容易漏检,为什么不用设备?一定存在技术问题亟待解决。

一问便知,企业近40%的人工都投在检测环节,原因是目前有做平面玻璃检测的设备,但3D曲面玻璃检测却是个空白,只能靠人工。摩米团队经过分析后,迅速定向牵线电子科技大学的机器视觉科研团队,建议团队与企业

---

① 四川日报:《技术经纪人探路科技成果市场化运营》,https://epaper.scdaily.cn/shtml/scrb/20210518/254735.shtml,2021年5月18日.
② 奉化日报:《奉化摩米创新工场:打通"五脉"力促科技成果转移转化》,http://daily.cnnb.com.cn/fhrb/html/2019-05/13/content_1165158.htm,2019年5月13日.

一同开发新设备。而且摩米在沟通中预判它的市场潜力非常大,便撮合两方合作成立公司,专门做曲面玻璃检测设备的设计、研发和生产销售。现在,团队已经制造出了样机①。

(4) 育新——协助引培创新企业。

此外,"摩米创新工场"延展孵化功能,逐步构建了天工智造、物通慧联、创智人生三大孵化器,在智能装备、光纤电缆、智能家居三大专项产业集群孵化上给予地方助力。比如,奉化摩米创新工场建设有众创空间,孵化器,研发、中试和智造车间,人才公寓等近14 000平方米,在投入运行两年内就引进并注册运营项目29项,产生平台内企业产值1.6亿元,带动本地企业合作11家,成为奉化创新的培育伙伴②。

由此可见,站在城市的视角,科技中介虽然不是创新主体,但作为创新活动的主要辅助者,在促进企业创新发展及促进城市的创新网络形成和发展方面,发挥着重要的黏合剂作用,还能跨区域协助企业补足弱项,是城市不可或缺的创新合伙人。

三、"红娘"养成记:科技中介之城市培育手册

1. 成事在"人":一类人成就一个产

科技中介本质上是一个"人才"产业。正如前文提到,科技成果转化是一个综合知识、复杂要素的系统运用过程。处在链条上每个环节中的人,如科研人员、销售人员、投资者、企业家等,都往往只精通某个环节的事情,因此,就要求从事科技中介产业的技术经纪人或技术经理人们,需要尽可能

---

① 腾讯网:《探秘技术经纪人丨这个科技领域的小众职业,你了解过?》,https://new.qq.com/omn/20210517/20210517A0BLZ100.html,2021年5月17日.
② 奉化日报:《奉化摩米创新工场:打通"五脉"力促科技成果转移转化》,http://daily.cnnb.com.cn/fhrb/html/2019-05-13/content_1165158.htm,2019年5月13日.

是掌握全部环节知识的高度复合型的专业人才。

这类人才需要会"三种语言"。首先要懂**市场语言**，要能听得懂市场的需求，能跟企业家谈笑风生，能在他们的话语体系里推广研究成果的价值、实施商业策划和谈判；其次要懂**技术语言**，要能跟大学里的教授、科研人员对话，能跟他们探讨技术解决方案；最后要懂**政府语言**，要能看懂科技口、经信口等部门的政策和需求。

对于科技中介从业者而言，如果无法识别技术研究价值、不知道新技术的市场应用前景在哪里、处理不好知识产权和政策法律问题或是不懂得协调利益冲突……任何一个环节处理不好，都很难获得买卖双方的信任，也就无法促成项目的合作。

因此，世界上所有成功的科技中介机构，都拥有一批高素质、高水平的复合人才。比如英国技术集团总裁 Ian Harvey 拥有机械学、工商管理、法学、分子生物学、物理学、艺术、经济学等多个学位。而且，这些人才不仅需要符合的专业知识，更需要用 3～5 年积累实践经验。

因此，想要发展科技中介产业，专业人才的培养是关键。

放眼我国，技术经纪人/技术经理人尚属于一个近年来才兴起的职业，人才缺口非常大。按照欧洲技术经纪人的比例，每 100 个科研工作者中，就有 4 个技术经纪人。全国拥有 8 000 万科研工作者，核心从业者 2 000 万人，按照这个比例，全国的技术经纪人缺口是 80 万人[1]。

那么，面对如此大的缺口，应该如何进行人才培养？

2．谋事在"专"：专业的学校培养专业的人

目前国内缺乏专业、系统的科技中介培训，尤其缺乏相应的权威认证，

---

[1] 四川日报：《技术经纪人探路科技成果市场化运营》，https://epaper.scdaily.cn/shtml/scrb/20210518/254735.shtml，2021 年 5 月 18 日．

这是导致国内科技中介人才难以规模化的根本原因。在欧美,技术经理人有标准的课程培训体系。未来,国内城市可以借鉴国外经验,将科技中介不只是融入短时培训体系,而是作为一个专业纳入学历教育体系中,甚至成立专门的大学进行培育。例如,德国的史太白大学就是科技中介人才的培育高地。

在德国,史太白已经成为"成功的知识和技术转移"的代名词,由史太白经济促进基金会管理下的"史太白技术转移网络"包括了前文提到的史太白技术转移中心,以及史太白研究中心、史太白咨询中心、史太白大学等。其中,史太白大学就是基金会为培养专业人才支撑而成立的一所私立大学。

该学校贯彻**"通过对人的创新创业能力培养实现知识和技术转移转化为商业价值"**的核心理念,以培养具有"创新能力、企业家精神和富民强国社会责任感的科技企业家和创新领袖"为宗旨[①],通过以下几个方面进行"金牌红娘"的培养与输出。

(1) 采取**"双元制教育模式"**,以技术转移为导向进行能力培养。

创始人费迪南德·冯·史太白(Ferdinand von Steinbeis)是德国"双元制教育"(或称"双轨制教育")的创始人,提倡理论与实践结合的培养模式。史太白大学在双元制基础上,以"创新精神"和"技术转化"为教学和科研的核心[②]。

首先,课程与企业实践"双元"结合。 学校的教授除少数特殊情况外,在获得教职前,均须拥有经济界或工业领域 3~5 年的工作经验。学生在入学前,就必须通过双向选择与一家实习企业签约,学习过程由企业团队提供指导,使其充分了解本领域生产和管理的一线情况、掌握职业技能经验,并熟悉企业文化,很多学生毕业后直接到企业工作。

---

① 百度百科:史太白大学.
② 百度百科:德国柏林斯泰恩拜斯大学.

其次，首创"项目能力提升学习法"。学校设置以技术转移为导向的"项目能力课程"，并且将"为实际问题寻找真正的解决方案"作为课程的核心。在课程中，学校与企业合作拟定真实的商业项目案例（真实案例＝总项目），把总项目分解成各个分项目，针对每个项目进行系统化理论教学，并指导学生将学到的理论方法和工具应用到各个分项目的具体实施中。学生在项目实施完成后还需要汇总形成项目报告。通过在真实案例中寻找解决方案，学校能够将已开发的内容在实际应用环境中进行反复的评估、培训、深化；学生也能在实际开展业务过程中形成更强的商业知识理解。

更为难能可贵的是，在这个过程中，学校鼓励学生就项目进行讨论和再创新，允许开展新技术小试和中试。如果在试验中因不可预知的技术风险造成设备损坏等损失，由史太白基金会出资补偿。这大大鼓励了学生的探索精神。

与史太白大学合作的企业，如西门子、IBM、博世等公司，也在这种实际的案例课程中真实获益，得到了企业效率效益各方面的提升。这一课程荣获了"最佳欧洲高级管理教育奖"[1]。

最后，技术转移导向的毕业资格设定。史太白大学要求技术学科研究生必须在毕业前利用所学知识为企业做技术转移项目，只有成功地把高校、科研院所的成果转移到企业，为企业带来利润的学生才能顺利拿到学位证书[2]。在这种教育模式下，很多学生毕业后直接成为史太白体系或其他企业的技术转移项目经理，也有的成为具有综合能力的创业者和投资人。

（2）做大合作网络，实现持续的人才输出和技术转移成果输出。

史太白大学本身就背靠庞大的史太白技术转移网络，拥有体系内庞大的科

---

[1]《史太白大学 2021 就业白皮书》，https://www.magglance.com/Magazine/810f76e7ea9be0a6da8e028afe7bd1cd/white.

[2] 史太白大学官网：https://www.steinbeis.de/.

研和产业资源。在此基础上，史太白大学还**积极构建自身的全球企业合作网络**，与戴姆勒、西门子、博世、德国电信等多家国际大型企业战略合作，进行联合培养和教育输出。史太白大学不仅与企业进行前文提到的"项目能力课程"的案例项目合作，而且还为企业量身定制培训课程，包括技术转移与创新创业相关的培训和学历教育课程。内容涉及航空航天检测、生物医药、医疗设备、高端设备制造等众多行业，以及技术转移、知识创新、国际法务、市场营销等多种方向。自 1994 年以来，超过 350 家大大小小的企业、国际组织、机构，通过史太白培养他们的初、中、高级核心技术骨干和管理人员[1]。

另外，史太白大学还专门成立了两家公司，进行教育体系拓展：一家是史太白大学柏林有限公司，专门根据大学的课程和研究成果进行技术转移项目实践；另一家是史太白学术有限公司，与大学合作提供认证课程、专家研讨会和培训课程，与史太白一起实现教育输出。目前，史太白大学已经形成了全球性的教育品牌输出，与很多城市合作办学。

此外，为进一步巩固史太白合作网络，史太白大学积极发挥高校学术牵头作用，构建了**"史太白大学共享研究中心"**（SRC）。SRC 作为一个网络平台，不仅链接起史太白基金会旗下各个研究机构、史太白大学及麾下公司运营的独立研究所从事的各项研究活动，还致力建立以史太白合作网络为纽带的大学合作网络，为跨大学、跨学科研究提供项目融资和资助支持，促进人才联合培养和成果输出。

近年来，我国很多地方已经开始意识到开展专门的科技中介教育的必要性，都在积极探索。例如，上海从 2004 年起就组织开展技术经纪人的培训，如今更是从两方面进行专项教育探索：一方面，将上海大学、上海理工大学、

---

[1] 太仓人力资源有限公司：《中国—德国未来领袖计划——史太白大学（德国）——MBA|ME 双硕士项目》，https://mp.weixin.qq.com/s/FKb7-Tiy6QAwpjXpv0ZEjg，2014 年 5 月 7 日．

上海市计划生育科学研究所列为试点单位，扶持其健全专业化技术转移服务机构、培养复合型人才。上海大学正在从理工科硕士中筛选、培养这类人才，并为他们开辟高级职称晋升通道。另一方面，2017年专门设立上海技术转移学院，招收具有理工科专业背景的在职人员和研究生，对其进行技术转移能力教育，并且聘请包括盛知华、宇墨、云孵等技术转移服务机构的高管做老师[①]。

除上海外，深圳提出了技术转移专员培训体系、湖北在华中科技大学设立了湖北技术转移学院……未来，中国的城市既要继续加大专业院校建设，又要强化引入史太白大学等国际教育品牌，通过"两条腿走路"，加快中国科技"红娘"队伍的体系建设。只有科技中介人才的壮大，才能带来产业的繁荣。

正如所有明星的经纪人不为大众所知一样，过去对于任何的明星创新区域来说，科技中介永远不是最闪光的那一个，大家的关注点往往都落在科研技术、创新企业、优惠政策等方面。但是在科技加速迸发、产业加速迭代的新时代，科技中介正在从幕后走向台前，以新的角色融入产业生态。从辅助创新到引领创新，科技中介不仅是生产性服务业中闪亮的服务新蓝海，而且将是城市未来创新最需要的"合伙人"。

本文希望让所有想要创新发展的城市建设者注意：创新不能只是追求"科研"的高投入，也不能只是强调科技企业的强招引。还需要巧妙地借助科技中介这一金牌"红娘"，畅通所有的创新要素，补足科技成果转化的短板。这样才能培育真正的产业生态，才能激发真正的创新活力！

总之，发展科技中介永远是值得的。

---

① 国家技术转移东部中心：《培养"技术黄牛"筹建技术转移学院，2020年上海建成全球技术转移网络枢纽》，https://www.netcchina.com/archives/4767.

冒险的梦，我陪你疯
——测试产业撬动制造业的创新升级

文 | 梅 硕

15世纪初期，亨利王子对于新航路的狂热，揭开了"大航海时代"的序幕。

在那个英雄辈出的年代，我们记住了迪亚士、达·伽马、哥伦布、麦哲伦等一个个伟大的名字，记住了他们或悲壮、或传奇的航海事迹，更记住了地理大发现对人类文明发展的重要意义。相似的是，在如今这个时代，互联网一如当年的亨利王子，揭开了新一轮探索虚拟世界的热潮。

但是，又有谁还记得，当年让那些航海家赌上性命去冒险开拓新世界的根本原因是金银货币的大量普及与欧洲贫瘠金银矿之间不平等的供需关系，是奥斯曼土耳其帝国强势崛起后控制了旧航路，扼住了欧洲通向东方的咽喉。那些包装在"梦想"之下的伟大航行，实则是"穷则思变"的无奈之举。

这像极了这个时代的制造业。

这是一个对互联网有多友好、就对制造业有多残酷的时代。互联网的兴起就如同马可波罗描述的东方一样，为全球带来了一个崭新的世界。一度，脱实向虚成为全球产业发展的风潮，制造业在互联网的冲击下迅速衰落。国家层面，以美国为代表的发达国家制造业大规模外迁；城市层面，大都市也越来越青睐占地少、税收高的互联网产业和数字经济；人才层面，年轻人越来越习惯于用电脑改变世界，而不是在轰鸣的厂房里按部就班的生产。

因此，制造业"穷则思变"，毅然决然地拥抱互联网的新世界。制造业的数字化成为整个行业的发展趋势，第四次工业革命、工业4.0等说法的提出，都标志着制造业进入了全面拓展数字化新赛道、新航路的时代。

在这样的时代变革下，测试产业乘风而起，不再局限于之前的质检、审批、认证等常规的流程性角色，而是在制造业升级的无数新赛道中，承担着更加重要的责任。**它就像一个有准备的机会主义者，在制造业全面升级的大势中，找寻适合自己的新航路，并且往往能够"一锤定音"！**

一、以"测试"之锤，定"标准"之音——没有测试，就没有标准

在常规的理解中，测试只是整个产业链上非常小的一个环节，往往是在整个生产流程完成之后，用于最后的产品检验。而且，在不同的场景下，测试表现出来的形式也不同——检测、检查、认证等服务都可以被理解为"测试环节"。

那么，为什么当制造业找寻新赛道时，这样一个不起眼的小环节反而会产生巨大的产业能量呢？答案就是两个字：标准。

准确地说，这里的标准指的是"科学意义"的标准，是可被科学的测量、验证的。实际上，在很多行业内，口碑、品牌、地理标志等往往起着代替标准的作用。例如，我们经常听到的"×××之都"的称号就代表着这里生产的产品是被市场公认的，在业内具有标杆意义的。但实际上，在真正的科学性的标准面前，这种"替代标准"十分脆弱——无论是传承多久的品牌，一旦标准掌握在别人手里，倾塌就只是时间问题。

20世纪初，中国生丝惨败于日本生丝的惨痛教训就足以说明问题。这本应是一场毫无悬念的竞争。日本生丝除在技术、品质、工艺全面落后于中国生丝外，"丝绸之路"这个金字招牌是他们跨不过去的"坎儿"。**可日本人就**

是抓住了几乎是唯一的漏洞：中国的生丝过于依赖市场的口碑和品牌，没有明确的科学标准体系。

例如，1897年，日本在横滨神户设立了"国立生丝检验所"，检验项目涉及品质、净量、公量和练减率等，目的是抢先制定生丝评价标准。横滨检验所为此还设置了分级研究部，对生丝分级标准进行专门研究，并于1929年在美国纽约召开的第二次国际生丝分级技术协议会上提出了生丝的综合评分法，采用的均是日本提出的匀度标准照片。补充一句，这个标准是中国后来生丝标准的前身，并且直到1995年，这个标准还在被日本不断的修改完善[1]。

凭借生丝标准，日本生丝迅速占领了国际市场。广东生丝出口美国的份额从7.5%毁灭性的跌至0.5%，原来中国生丝的大本营英国市场，份额也从21.5%腰斩至11.7%[2]。可以说，丝绸之路千年的品牌积累，在横滨检验所成立的那一刻，就注定会被取代！

由此可见，当标准确立，测试就是服务于标准的产业环节，是一个必要流程；而当标准不确定，测试就不再是服务标准的产业环节，而是决定标准的核心动力，甚至于是推动产业升级和洗牌的重要推动力。尤其是在制造业全面升级的今天，没有哪个行业的标准还是一成不变的，抢夺新赛道的本质就是抢夺新标准的话语权。

同时，新赛道的产生意味着对旧赛道的颠覆。这种颠覆往往是行业全面的升级，甚至是"毫不相干的跨行业误伤"。谁能想到因为屏幕技术的发展，却让苹果干掉了摩托罗拉这个行业龙头；而让长虹惊出一身冷汗的，却是来

---

[1] 夏永林，陈庆官，戴新兰．日本生丝检验的变革［J］．四川丝绸，2004（4）：44—48.
[2] 搜狐网．《【兰台悦读】百年前中日生丝之战》，http://www.sohu.com/a/194580126_750486，2017年9月25日．

自小米这个靠手机起家的互联网企业。

因此，当跨行业颠覆逐渐成为一种趋势，测试产业及其标准，往往能够成为"以小博大"的致命一击。例如，18世纪，英国为了拓展国际贸易，需要对船只进行定期的质量检查，于是成立了劳埃德船级社。船级社的最大任务是对于船舶的质量、运输能力、运输历史等相关海运数据进行统计，科学的制定评级标准，并最终进行评级。所以，由劳埃德船级社评定等级的船只，在英国整个海运行业内具有权威认证的效力。

然而，随着航运贸易的逐渐发展，尤其是在全球化的背景下，船级社从一个辅助贸易的角色，慢慢演变成决定海运规则的角色。**这是由于对于海上贸易而言，船舶是唯一的"工具"，掌握了船舶的评定权利，无疑是扼住了商家甚至国家的咽喉。因此，船级社就这样"误打误撞"之下，逐渐脱离了船舶本身，承担起了制定整个海运规则的独特作用。**

时至今日，英国虽然造船工业大面积衰退，但仍能在海事方面拥有举足轻重的地位，关于这一点，船级社长期影响下形成的话语权是不可或缺的。

也正是因为看到了这样"以小博大"的能力，我国对于测试产业的发展也越发重视。在国家统计局权威发布的《战略性新兴产业分类（2018）》中，检验检测认证服务作为独立的产业门类，被列在"新技术与创新创业服务"大门类下，包括检验检疫服务、检测服务、计量服务、认证认可服务。

事实上，我们常说的"卡脖子"，很多时候也并不是指技术本身的不足，而是指由于标准掌握在他人的手中，导致不得不去探索新的技术路径，或者被迫接受产业链上的被动地位。华为之所以在5G行业残酷的国际竞争中脱颖而出，并不是某项拥有不可复制的技术，而是由于掌握了超过10万项相关专利，从而构成了5G行业内强大的标准制定能力，或者说"标准壁垒"。要知道,标准的意义通常在于赢家通吃,这也就难怪华为受到如此"特殊"的国际待遇了。

不难发现,全球化的多元供需关系,让"科学化的标准"的价值显著提升。只有经过科学验证的标准,才能最快速的在各个利益体之间达成共识,从而抢占产业的制高点。所以,抢夺标准成了全球产业新赛道竞逐的一个通用游戏规则。而这个游戏规则的确立,让标准与测试的产业关系更加紧密,也让测试在产业新赛道上的价值和作用大幅提升。

二、以"测试"之水,载"数据"之舟——抢占测试,即掌握数据

罗马不是一天建成的,标准也不是一蹴而就的。想要拥有标准,就必须先要掌握数据。

数字化是互联网时代最大的特征,当然也是制造业拥抱互联网时最显著的改变。数字化对于制造业的影响,最直接的在于生产线的自动化升级,"机器换人"大幅提升了制造效率。但除此之外,数字化对于制造业还有着更深的影响——以数据牵引制造。

例如,荷兰的埃因霍温在城市中设置了一系列的城市实验室。这些城市实验室并不是专门建立的特殊区域,而是利用了公园、运动场等公共空间,甚至还有居民的居住空间。在这里,可穿戴设备、运动监测装备等新一代科技产品的企业会高频次地投放它们的新产品给居民试用,以期通过在城市真实环境中的实地模拟,获得及时、有效的数据反馈,从而推动产品的快速升级完善。城市实验室的存在,使得埃因霍温的科技企业形成了一种基于即时数据反馈的全新创新模式。

因此,制造业的数字化升级并不等于制造业的自动化升级,而是要让数据成为生产端重要的输入条件。而在数字化升级下寻找新赛道,就意味着要

充分利用大数据的积累进行侦查、优化、迭代，从而快速找到新赛道的前进方向。需要再次强调的是，新赛道往往都是颠覆性的创新，这不是目标确定下的效率提升、流程优化，而是一次对方向的重新摸索。那么，就如同茫茫大海上的星图一样，数据才是唯一可以相信的依据。

测试的初衷就是生产数据。少量测试产生的少量数据往往用于验证，大量测试产生的大数据才是形成标准的基石。不仅如此，由于数据反馈的高频性，使得测试往往是吸引了研发、生产、数据分析、市场销售等多重角色共同关注的焦点。**换而言之，在数据时代，测试不仅是产生数据的工具，更是依托数据链接产业网络的平台中枢！数据的地位越重要，测试的平台性越强！**

率先意识到测试对于制造业数字化升级的平台价值的，是一度脱实向虚极其严重的美国。

美国国防部于2014年投资8 000万美元，在芝加哥鹅岛（Goose Island）成立了一家名为DMDII的工业实验室，又称MxD，其使命是推动制造业的数字化升级，开拓新技术。

这个实验室首先是一个顶级的数字化测试工厂。大量信息技术和虚拟技术的应用，让这个实验室的工作台可以实现方案设计、产品制造、技术支持的一条龙服务。实验室由从业28年的制造业资深人士Tony Del Sesto领导，其团队包括来自机械工程、电气工程、系统集成工程、制造工程等多个领域的机械师和装配专家。

这个测试工厂的首要客户目标是那些拥有技术，但没有生产能力的研究机构，它的存在能够帮助这些机构打破技术落地的成本瓶颈。之所以这样选择，一方面在于资源优势的互补，能够最大的提升创新效率；**另一方面在于这些研究机构长效对接之后，DMDII形成了"测试+技术资源"的稳固链接，**

并且由于自身实体工厂的属性,使得自己升级成为制造业的"线下中心"。

换而言之,DMDII 正在尝试以专业测试工厂为中枢,构建全新的制造业创新模式。

在 DMDII 关于未来的设想中,测试工厂将成为链接研发团体和中小型企业的强力纽带,并且借此反向牵引咨询机构、制造业巨头、互联网企业等多元产业主体的聚集。测试工厂将成为制造业数字化发展趋势下的技术交流地和创新策源地。这样的话,测试工厂将不再只是为制造服务的机构,而是成为具备技术中介和定制化生产属性的创新中枢。2019 年,DMDII 就通过发布"数字指纹识别技术"的英雄帖,链接各方资源,以谋求大幅提高食品和电池等低成本产品的可追溯性。

UI LABS 首席项目官 Thomas McDermott 表示,DMDII 希望能够将原本需要 6 个月才能探讨清楚的更新方案缩短至 6 天!这种跨数量级的效率升级,让芝加哥对于未来数字制造的前景充满信心。据麦肯锡估计,如果美国能够全面实现制造业的数字革命,到 2025 年,美国的制造业产值将达到 3 万亿美元,实现增长 20% 的目标[①]。

DMDII 的尝试,相当于依托测试工厂,搭建了一个面向制造业中小型企业的孵化器。这的确是对制造业产业创新模式的重要突破——相比互联网行业以个体创新为基础推动创新的特点,制造业受限于成本、土地、规模等多种因素的影响,很难实现自下而上的创新推动。而测试中枢的诞生,本质上是数据换成本的逻辑,既解放了中小型企业的创新动能,又实现了对数据的集中收集和掌握。

同时,芝加哥的这次尝试,还为我国的大都市发展制造业提供了新的思路。

---

① UI Labs 官网:https://www.studioj9.com/uilabs.

第一，对于我国的大都市而言，"制造业回归都市"已经成为现在城市发展的新趋势。上海市就在《上海市先进制造业发展"十四五"规划》中提出，要保持如今25%左右的高端制造业比重，北京、深圳等也在不断吸引高端制造业的聚集，合肥更是凭借着连续在制造业新赛道上的"押宝"成功，实现了城市能级的跨越式提升。

第二，当城市对于制造业的需求开始向高精尖倾斜之时，代替规模成为**都市制造业发展的核心标准的就是技术优势**。芝加哥提供的思路，正是充分利用大都市的数据枢纽优势，线下牵引制造业中高精尖的环节聚集，线上链接规模化生产的产业生态，**从而自然形成"高端进城、低端疏解、高低联动"的制造业新格局**。

换而言之，不是测试产业本身发生了变化，而是当大都市越来越成为数据枢纽的时候，测试产业生产数据的特征与大都市对于高端制造业重新产生的需求不谋而合。在产业新赛道博弈中，为了尽早形成对标准的掌握，测试产业的数据收集价值不可或缺，**尤其是当数据收集有可能形成"数据垄断"的时候，测试产业对于标准形成的决定性作用更呈现了指数级的增长**，这才使原本只属于生产中的一个环节的测试，一跃升级成决定产业新赛道优势和大都市高端制造业聚集的关键点。

三、以"制造"之弓，搭"测试"之箭——脱离制造，则不谈测试

我们谈论测试产业的新价值，是基于制造业数字化升级的大背景下的。因此，尽管测试产业因数据而"走红"，但测试产业的底色一定还是制造。

软件测试、游戏测试等类型的测试产业，对于各自的行业依旧只是一个必要的环节，还上升不到产业创新推动力的级别；而对机器人、自动驾驶等

产业，测试产业是产业更迭的主要推动力，甚至是相关城市的救命稻草！为什么有这么大的差别呢？**简而言之，就是"你的之一，我的唯一"。**

数字经济本身就是立足于挖掘数据价值的新经济模式。在这样的模式中，测试只是完成整个数据价值挖掘的产业链条上的环节"之一"。而对于制造业而言，传统制造业中规模和产能是主要目标，数据只起到统计作用；只有在新兴的制造业产业赛道上，数据导向的测试产业才起到了"唯一"的探针作用，用来对产业转型升级进行试错和摸索。

因此，正是由于制造业对于数据导向的陌生感和强需求，测试产业的数据价值才会格外显著。**相应地，脱离了制造业的底色谈论测试，测试产业的价值也将会大幅缩水。可以这么说，只有通过制造的"弓"来射出测试的"箭"，才能为制造业探索新兴的产业标靶。**

自动驾驶就是非常典型的一个例子。在美国，这个新兴产业赛道的争夺中，科技更发达、人才更多元、资本更密集的加州，竟然"输"给了因为传统汽车产业崩溃而一蹶不振的密歇根州。而导致"程序员输给了工程师"最主要的原因，除密歇根州在产业上孤注一掷的魄力外，**最重要的是，密歇根州凭借制造业的基础，牢牢绑定了自动驾驶的测试产业，使密歇根州的旧有制造业基础在测试产业的激发下迸发出了新的产业活力。**

密歇根州汽车产业的衰落是由于在传统汽车产业的标准竞争中落败。所以，对于密歇根州而言，最直接的方式就是在新标准的争夺中"变道超车"。事实上，密歇根州的选择机会并不多——除汽车产业外，作为老工业基地的密歇根州想要空降任何一个新产业都难如登天。因此，提前抢占新标准，已成"箭在弦上"之势。

密歇根州选择了自动驾驶这个方向，其将要面对的就是来自加州硅谷的程序员们的竞争。

代表着"互联网颠覆制造业"的加州程序员们，是最早开始将目光瞄准自动驾驶的一批人。他们的优势在于超前的互联网视野、优秀的产品研发能力、与生俱来的用户导向理念，以及比密歇根州的汽车工人们更灵活的开放测试意识。于是，这些程序员们依托高精地图，配合激光雷达、摄像头、毫米波雷达、超声波传感器、GPS等传感器，通过人工智能算法的加持，在加州境内率先开始进行自动驾驶的大规模测试。

换而言之，他们除了不能生产汽车，做到了一切自动驾驶应该做的事情。

但他们还是输了——更准确地说，他们没能够在互联网人的常规周期里**抢先建立起自动驾驶的标准**。因为实现自动驾驶所需要的数据量太大了。如果只是特定场景，如物流、公共交通等，加州还能够凭借一己之力，率先建立起新技术应用的示范区，然后通过不断的实地测试来获取数据、迭代产品。但自动驾驶不仅仅局限在这些场景。**来自加州的程序员们发现，他们不是研发不出好的产品，而是没有那么多测试车辆，更不具备那么多种路况环境。他们"无力"的发现，再聪明的脑袋也没办法弥补来自硬件条件的缺失。**

这给了密歇根州后来者居上的机会。在密歇根州政府的支持下，密歇根州率先建立了三大测试场地。其中，美国移动中心（AMC）是网联移动技术研究、测试、产品开发、验证和认证的国家中心，被政府、业界和学术界用于制定行业标准；M-city和通用汽车移动研究中心分别是立足于密歇根州立大学和凯特琳大学的自动驾驶专业测试场，M-city致力于对交通法规、政策的研究，而通用则是瞄准自动驾驶的安全驾驶技术的研发。

除此之外，密歇根州还充分利用了加州不具备的硬件条件，来助推测试产业的发展：密歇根州建造了120英里（1英里≈1.6千米）的"智能走廊"，跨越I-96、I-696、I-94和US-23，通过摄像头、传感器和大数据来辅助实现自动驾驶的测试。另外，**密歇根州还是全美第一个拥有网联汽车技术高速公路工作区的城市。**

足够多的汽车人才也是密歇根州的遗留财富。不同于使用一台计算机就可以解决的虚拟技术的测试，对于自动驾驶而言，足够的汽车从业人员才能够支撑起足够多的样本量。2012 年，密歇根大学很轻松地就找来当地的 3 000 名志愿者司机，来测试 V2V 通信设备；而当得知 V2V 技术可以大幅度降低车祸发生的概率后，志愿者数量增至 9 000 名①。

拥有这样的底气，密歇根州自然拥有更强的自信。密歇根大学运输研究所（UMTRI）所长彼德·斯威特曼（Peter Sweatman）说道："谷歌仍只是在测试而已……我们想要尽快让这些汽车上路，尽快跟真实的用户进行测试。谷歌并不是跟真实的用户进行测试，而是跟它的员工。我们将要做的，也是我们密歇根州所擅长的，就是招募志愿者进行更大范围的实地测试。"②

在坐实自动驾驶的测试产业后，加州的程序员们发现，**把测试场搬来加州的成本和难度，远远高于将人才送到密歇根州的成本和难度。因此，包括谷歌（Waymo）、软银在内的诸多商业巨头，纷纷将资本、技术、人才输送到密歇根州，构建双赢的自动驾驶产业生态。**截至目前，密歇根州拥有全美最多的自动化和互联网汽车项目。

"彼之砒霜，我之蜜糖"的形容虽然有些极端，但是其表达出的内涵非常适合如今这个讲求产业生态的时代。测试与制造的良好化学反应，说到底是因为测试产业为制造业带来了全新的产业生态逻辑。**当测试产业作为制造业**

---

① 搜狐网：《美亿元打造的 Mcity 与谷歌无人驾驶同源？》，https://www.sohu.com/a/27267017_120958，2015 年 8 月 13 日。

② Peter Sweatman 与 CNET 的访谈：*How self-driving cars will cut accidents 90 percent (Q&A)*，https://www.cnet.com/news/how-self-driving-cars-will-cut-accidents-90-percent-q-a/.

升级的先遣部队时，传统制造业"规模决定效益"的逻辑就已经被打破，产业生态的上下游关系发生重构。测试先行的逻辑既不是传统制造逻辑，也不是像金融那样的纯市场导向逻辑，而是更加贴近于科研逻辑——以跨界融合推动技术创新，以市场导向决定商业化进程。

这样的产业逻辑决定了测试产业不仅具有产业升级的推动能力，更具有城市升级的战略意义。

测试产业对于城市竞争力的提升，不仅仅在于救活了几个企业或建立了多少设施。**更重要的是，测试产业让工业型城市的竞争力摆脱了"产能"，走向了"科技"。**在密歇根州的案例中，来自加州的人才、企业的后续入驻，就为整个区域带来了全新的产业活力和创新资本。由此可见，**当我们以测试的眼光看待某个城市的制造业基础时，就自然应当以"科技的眼光"看待那个工业型城市。**

当然，密歇根州的自我救赎并不全是因为测试产业本身。除密歇根州重金建立的测试场外，密歇根州立大学的技术研究能力、"智能走廊"高速路的基础设施建设、9 000名本地志愿司机等都属于密歇根州的城市资源，这些对于共同推动汽车产业的"变道超车"也起到了至关重要的作用。

因此，在我们肯定测试产业对于传统制造业升级的巨大推动力时还需要谨记，**测试产业不是"万能灵药"，测试产业不是万能的，不是什么地方空降测试产业都可以创造枯木逢春的奇迹，更不是一旦引入了测试产业，就可以一劳永逸的。测试产业对于制造业的激活，只能算是一种"触媒"**，其中有两层含义。

首先，测试产业能够在一定情况下，帮助整个行业突破"临界值"。当传统赛道产生严重的内卷或冗余时，从另一个角度讲，这个行业也正在一个蜕变的临界点。这时候，测试产业的数据捕捉能力，能够将原来产业中依然存在应用价值的产业要素重新提取出来,从而更好地对接新技术和新赛道,形成新的产业竞争力。

其次,很多传统制造业本身具备着很强的自我迭代和升级能力,以自动驾驶为例,德国的奔驰、宝马、大众等车企根本不用非得像密歇根州那样置之死地而后生。对于它们而言,测试产业是通向新赛道的重要辅助工具,依然是传统产业链上的一个环节。所以,要想分析测试产业的激活能力,必须将城市现状、行业现状、企业现状、技术发展现状综合起来看待,这样才能够得出相对准确的判断。

还是以自动驾驶为例,北京、长三角、珠三角地区是国内率先建立自动驾驶测试场的区域,其中,北京动作最快,长三角区域的动作最大。这是因为在长三角城市群中,制造业的基础实力雄厚,汽车工业的基础和现状发展都相对良好。这个时候布局测试产业,能够起到"诱导创新,快速对接新赛道"的作用。而同样是以制造业为特征的东北老工业基地,如长春,也提前布局了自动驾驶测试,落成了国家智能网联汽车应用(北方)示范区,但鉴于投入成本、产业生态、政策环境等多重因素,长春自动驾驶产业的发展并没有因为测试产业的加入而起到短期内的质变。

综上所述,如果站位在测试产业本身,凭借着其对标准的重要影响能力和强大的数据捕捉能力,测试产业与制造业是完美适配的;但如果站位某一座城市,很多时候测试产业与制造业的适配性就不是简单的因果推论,而是一场需要讲求"天时地利人和"的复杂化学反应。

四、以"场景"之土,育"测试"之种——丰富场景,才利于测试

站位城市看测试产业,本质是解读数据的空间价值,而在移动互联网时代,这种价值被称作"场景价值"。**场景与测试是可以形成直接的因果逻辑**

的：**有了场景，未必能发展测试；没有场景，就一定没有测试。**

在加州与密歇根州的竞争中，测试场的建立起到了决定性的作用。这是因为，相比真实场景，测试场能够做到在有限的空间内产生足够多的交通场景，从而提高数据获取的效率。也就是说，不是没办法在加州获取自动驾驶的测试数据，而是在密歇根州的测试场中能够更快、更容易地获得更多测试数据。

场景密度的优势让测试场具备了真实场景之外的强大测试价值。当然，加州也并不是没办法建立测试场，只是因为在测试场之外，加州没有密歇根州那么强大的制造业基础做支撑，使得即使在加州建立测试场，也并不能降低测试数据的成本。

对于测试而言，有场景不是优势，场景密度和多元化程度才是优势。 除测试场外，密歇根州120英里的"智能走廊"则是加州根本不具备的场景特征（这也变相反映出了密歇根州的魄力），这就是场景的多元化优势。

反过来思考，当城市具备了足够丰富的场景资源的时候，也就具备了天然的发展测试产业的基础——这正是前文提到的，测试产业与制造业的适配性中，巨大不确定性的来源。**场景价值的出现，使得工业型城市获得了在传统制造业的区位、交通、物流、人口、成本等逻辑之外新的竞争力。** 这种竞争力并不如前面几个那般"肉眼可见"——制造成本低一倍，那就代表着绝对的竞争实力；而场景价值能否发挥其最大竞争力，全赖城市如何谋划。谋划得好，能够迅速帮助城市找到新航路，扬帆起航；谋划得不好，即使场景再丰富也于事无补，无法兑现其测试价值。其中，丹麦的欧登塞就是一个"逆风翻盘"的典型案例，成功通过对自身场景价值的挖掘，将测试产业与制造业的化学反应推向了极致。

1．捕捉天时：当断则断，该抢就抢

欧登塞是丹麦的第三大城市，位于哥本哈根西边 160 千米的菲英岛上，人口总数 18 万。在 21 世纪以前，它一直以造船业为城市的主要发展支柱产业，进入 21 世纪后，造船工业开始逐渐的衰落。

其实从描述上，我们就能隐约感受到欧登塞所面临的城市发展困境：首先，丹麦虽然是一个富裕的国家，但一直不是欧洲产业发展的中心和重心，而只有 18 万人的欧登塞，更是没可能"等来"优质的产业资源；其次，欧登塞的地形是岛屿，具有一定的对外隔离性，唯一的机场虽然名字是安徒生国际机场（Hans Christian Andersen Airport，HCA 机场），但只是服务于欧登塞往返于哥本哈根的航线，这就使欧登塞的对外交流能力进一步被削弱。简而言之，以欧登塞的条件，注定了"一切得靠自己"的发展模式：形势好，自给自足；形势不好，只能自我救赎。

于是，当拥有 91 年历史的欧登塞造船集团在 2012 年宣布关闭时，我们发现，早在 2010 年，欧登塞就已经针对其空域场景优势，开始布局无人机产业的测试。**这是欧登塞最果断的地方，并没有死守着造船产业不放。91 年的老企业倒下固然令人惋惜，但新产业机遇的捕捉迫在眉睫。**

欧登塞不愿意错过这个机遇。在 2010 年的时候，无人机产业才刚刚兴起，各方面的技术还非常不成熟，应用前景光明，但发展路径模糊，需要探索着前行。这个时候入局，是攫取产业先发优势的最佳时机——对欧登塞而言却也是一场堪称"搏命式"的赌博——造船工业还没有完全倒掉，新兴产业也无法即时变现，最重要的是，无人机产业所能依托的唯一一个机场——安徒生国际机场，也是一个从 2000 年就面临经营困境的机场。欧登塞将产业发展押宝在无人机产业，相当于放着积累雄厚的港口和造船基础不用，转而开发一种"不是资源的资源"。

异位而思，欧登塞的果断令人敬佩，而站在测试产业的角度，欧登塞也选择了一个最佳的入场时机——技术方兴未艾，制造衰而未死。

欧登塞于2010年发布了《HAC机场无人机战略》，将建立丹麦无人机测试中心作为产业转型的发展目标。这是一个非常精准的定位，因为欧登塞抓住了整个产业链中自己唯一可以入局的优势——空域场景优势，并针对空域场景进行了有针对性的发展策略设计。

如果说无人机产业发展的初期，有一个核心的制约因素"拖后腿"，那一定是空域的开放性。直到现在，这都还是影响无人机测试、应用的关键因素。对于无人机来说，能够获得相对宽松、自由的空域测试条件，是能够大幅提升其迭代效率的，是处于成长期的无人机产业能够获得的决定性的战略优势。

欧登塞之所以能在无人机产业发展的初期"抢"下来测试这块蛋糕，是因为其能提前意识到空域开放对于整个无人机产业技术研发的价值。在2010年，欧登塞就提出要最大限度地开放空域，以"国家级无人机测试中心"的规格对待欧登塞的测试中心。这是欧洲首个以国家意志设计的无人机测试中心，在这样的战略构想下，欧洲第一个具有超越视线空域的测试中心渐渐有了雏形。

可这还不够。欧登塞深知"舍不得孩子，套不着狼"，要想让企业选择自己这个"资质平平"的城市，就必须付出他们难以拒绝的代价。因此，欧登塞的无人机测试中心通过特殊航空交通规划，实现了从周一至周五每天预留两小时，专门给无人机做飞行测试，而且保证在那段时间里，空中不会有其他航空器飞过。这种近乎理想化的测试环境是真正的"大手笔"，也最终成为让所有无人机企业趋之若鹜的"测试红利"。

2. 挖掘地利：多元场景，集中创新

空域场景既要开放得彻底，更要开放得有针对性。这是欧登塞进一步挖掘场景价值的关键。

第一，多元化。我们注意一个数字，867平方千米。这个面积远大于欧登塞的城市面积。事实上，欧登塞不只开放了城市上空的空域，而是以HCA机场为中心，向西北方向一直延伸至海域。**这样做的目的，核心在于提高"场景丰富度"**。867平方千米的空域覆盖了城市、乡村和海域，是完全不同的测试场景，对于不同的无人机企业，可以灵活使用3个区域进行超视距飞行测试。这种做法大大增加了测试的包容性，对于积累初期的企业聚集起到了决定性的作用。

第二，定制化。丹麦政府和丹麦运输当局对867平方千米空域进行了定制化的测试规划，将飞行高度限定为3 000英尺（1英尺≈0.3米）①，如通过特殊许可在更高的高度飞行。同时，测试的内容也尽可能地多元化，可用于视线范围内飞行、无人机、传感器或其他系统的测试。支持其大胆开放和定制空域场景的，则是其在机场设置AFIS自动指纹识别系统、围栏和安全装置。这些措施大幅提升了航空测试的安全保障能力。

多元场景的提供一定伴随着集中的测试和创新中心。测试的本质是获取数据，而创新灵感的激发很多时候来源于数据交互。所以，对于欧登塞兑现多元场景价值最重要的出口，就是集中搭建测试和创新环境，从而加速无人机产业从"测试"向"成果"的转化速度。

2016年，包括丹麦政府、丹麦科技创新局及其他合作伙伴在内，共同出资6 400万丹麦克朗②，帮助丹麦测试中心（UAS）创建支持无人机技术开发的环境。重点放在无人机技术领域的开发、集成和应用程序上。系统集成测

---

① UAS丹麦测试中心官网：https://uasdenmark.com/testcenter/.
② 搜狐网：《丹麦新投860万欧元用于包括海上风电的无人机研究》，http://mt.sohu.com/20160929/n469378169.shtml，2016年9月29日.

试实验室、运动捕捉系统实验室、复合实验室相继成立，旋翼机测试平台、无线电和遥测测试设备的逐步完善，都使得欧登塞不再单纯是一个测试中心，更是一个由"测试"牵引"研发"的创新区。

在研发锚机构之后，成规模的数据服务企业集群，是保证创新区测试效率的关键环节。 由于无人机测试涉及自主超视距飞行、大规模感知、系统建模、高效节能系统等领域，相关企业也随着无人机创新主体的聚集而聚集，包括无人机控制系统、嵌入式电子、模型驱动软件开发、无人机感知和计算机视觉系统、UAS 机器人集成等，其中不乏 QuadSAT、Lorenz Technology 等业内翘楚。

当"研发+数据服务"的创新中心慢慢形成规模，欧登塞"花血本"开放的多元场景，才算真正兑现了其场景数据价值。可以说，这一步的达成，使测试产业真正扎根在了欧登塞的场景中。

3. 善用人和：链接国际，跨界联合

前文提到，测试产业的目标是抢夺新赛道的"标准红利"。但是，标准红利也有可能变成"标准孤立"。因此，制定标准一定是一个国际合作的命题，只有获得国际认可的，才能称为"标准"；只有利益共享，才能实现良性发展。日本的生丝标准如此，丹麦在无人机产业上也是如此。

在《丹麦无人机战略》中，丹麦政府就明确提出要在全球和欧洲范围内，努力协调有关无人机的开发和使用事宜，通过与利益相关者的对话，制定出一套通用的标准，从而加强丹麦在无人机领域国际组织中的参与度和话语权。

这是非常聪明的做法，欧登塞也在这方面贯彻了国家的意志。

第一，保持初心。欧登塞对自己的定位始终是"世界上最好的测试场"，而非在无人机产业"一家独大"。因此，欧登塞始终明确摆出国际合作的态度,将跨越新赛道的野心限制在测试环节上。要知道,无人机产业在未来有着巨大的市场空间,而只要牢牢掌握了测试这个环节,就等于掌握了未来无人机产业赛道上的一个确定性的份额。对于欧登塞而言,长期的确定性比短期的产业收益数字更加"重要"。因为无论这个确定性的份额是大是小,都可以满足他持续领先的产业发展诉求,以及远超其现有的产业相关收益。

第二,链接国际。欧登塞深知"测试产业"的最佳角色是平台,在拓展国际关系网上有着与生俱来的优势。于是,欧登塞的测试中心慢慢多了一个强化丹麦"无人机产业领航者形象"的角色。丹麦无人机协会每年都会邀请无人机行业的合作伙伴和利益相关者参加在HCA机场测试中心设施举办的年度无人机日活动,从而让全球的企业看到欧登塞的发展愿景和潜力,以此来拓展国际关系网。于是,美国、法国、瑞士、挪威、爱尔兰等全球无人机企业因其专业的测试环境而入驻。在丹麦外交部的促进下,2017年,中国企业若联科技也在欧登塞设立了销售和研发办公室。

第三,跨界联合。空域场景的应用促使了测试中心的成功,而测试中心的成功却并不一定只服务于空域场景中的无人机测试。从用途来讲,空域场景的价值具有高度的专一性,而以"转化数据价值"为核心特色的测试中心,却足以吸引更多新赛道的测试者们聚集。于是,为了更好地发挥测试中心的作用,欧登塞跨界"协作机器人"产业新赛道,并利用测试中心,挖掘协作机器人领域内的医疗、农业、工业等多元场景价值,尤其是在工业生产中,造船业的倒掉为欧登塞留下了很大的工业遗存,**这些制造企业并不能重新振兴欧登塞的造船业,但是能够成为欧登塞探索协作机器人领域最好的应用测试场景**。

目前,欧登塞无愧于是世界上顶级的测试场和创新场:仅丹麦技术研究所（Danish Technological Institute，DTI）就拥有包含无人机和机器人在内的70多个高科技实验室，还包括食品、生物技术等实验室，跨学科专家人数超过1 000人[①]！此外，欧登塞的机器人产业也聚集了超过美国波士顿的初创企业数量，并成功孵化出如优傲机器人、蓝海机器人等多个著名机器人企业。

产业转型的路从来都不好走。对于欧登塞而言，即使不是"要啥没啥"的困难户，也没到"家里有粮，心里不慌"的地步。**客观地说，欧登塞的成功，并非完全是依靠测试产业——如果不是空域的保密性，事实上以场景价值推动测试产业发展的门槛非常低，即使领先一步，也非常容易被资源条件更好的城市复制甚至赶超。**

"赌"实际上是测试产业与制造业完美适配的一个基本前提，场景优势则是城市能够凭借测试产业"上赌桌"的筹码。产业未来的不确定性越高，"赌"的成分就越大，测试产业的重要性就越高，相应的，制造业新赛道的收益预期也就越高。

放眼国内，我们有太多类似长沙、青岛、包头这样的具备高密度场景优势的城市。这些城市并不具备超大城市那样的底气和优势，但也确实是测试产业发展的良好土壤。对于这些城市而言，欧登塞带给它们的启示在于，测试产业是代表着对接未来产业新赛道的重要接口，需要提前布局；同时，与提前布局同样重要的，是如何依托测试产业兑现其场景价值。场景价值兑现的过程是一个体系化的方案，需要站位在城市整体发展的战略视角来谋划城市整体的产业发展路径。

---

① 丹麦技术学院官网：https://www.dti.dk。

五、以"测试"之油,浇"科学"之火——大国重器,去探索未来

对于国内未来的产业发展,"赌"可能会成为一种常态。

悄然之间,"科学城"的概念在大城市中遍地开花。无论称呼是"xx 科学城",还是"综合性国家科学中心",又或者是"科技创新中心",以"科学"推动"城市"发展,将成为未来中国大城市发展的重要趋势。

科学本身就具有高度的不确定性。

在过去的产业发展节奏中,一项技术能够被产业化,往往是它在实验室中成功之后,再投放应用到生产端,这样可以节约试错成本。如今,随着技术的爆发,越来越多的科研成果开始直接导向市场转化——未成熟不等于无价值,却意味着大幅节约时间成本。**从试错成本到时间成本的变化,使基础科研越来越具有市场化、产业化的指向性。相应地,对于城市而言,"赌"的成分也就更大了。**

在这样的趋势下,以大科学装置为核心的产业生态才越来越重要。如果不是上海光源生物大分子晶体学光束线站能够解析出靶点蛋白高达 1.25 埃的高分辨率结构,从而在结构上清晰地展示了泽布替尼的作用机制,我国抗癌药实现美国 FDA 零的突破的时机恐怕还要推迟很久。以大科学装置为核心的科学城产业生态,既能让基础科研有更加高效的转化方式;同时,也能让城市以更"科学"的方式,尽可能提高对未来产业"赌"的成功率。

那么,当科学城产业生态以节约时间成本为目标,大幅提速基础科研向市场转化的效率时,测试产业在这样的科学城生态中,往往起到了无法估量的核心作用。

例如,为了适应极端条件下的工作状态,各国都在布局建设"极端环境实验室"。这种测试场本身不具备任何的研发能力,但能凭借将随机性极强

的极端条件常态化的能力，大幅提升科研效率。而且最关键的是，如果没有这个测试场，这一类的科研项目几乎将陷入停滞。因此，拥有极端环境实验室不再是"优势"，而是"必须"。在这方面，美国的麦金利气候实验室早在 1945 年就可以进行低温环境下的模拟测试，而 2018 年 8 月，我国也由航空工业强度所实现了气候实验室零的突破①。气候实验室的建立，填补了我国整机气候环境试验领域的专业空白，"呼风唤雨，洒水成冰"的能力，让飞机测试可以随时模拟任何环境条件，大幅提升了整机测试和技术创新的效率。

除此之外，当科学研究明确走到了转化阶段时，大量的测试需求，使得测试产业本身就能够成为一种另类的"大科学装置"——人们称其为"大测试生态"。美国的莫哈维镇就是这样一个典型的案例。

莫哈维的大测试生态，指的是将莫哈维 151 平方千米的范围全部用来测试商业航天技术，从而形成了几乎开源的数据反馈环境，航天技术的实验数据能够最快速的分享到相关参与测试的企业中，从而促使航天技术的快速迭代升级。

莫哈维与前文提到的欧登塞逻辑上非常相似，不同的是，莫哈维的级别更高，是自上而下的国家战略使命，而非自下而上的商业聚集。航天技术一直是由 NASA 掌握的核心技术，但随着科技的发展，NASA 也越来越认识到，在这样一个庞大的陌生领域，只凭借自己的力量是远远不够的，于是 NASA 开始考虑下放一些权限，这使得美国的私人航天出现了小幅的爆发式增长，莫哈维这才成为美国官方指定的私人航天技术的唯一一块试验田。

换言之，莫哈维先是代表着美国未来航天技术的大本营，再是全球的商业航天技术聚集的高地。对于美国而言，莫哈维的商业性可以等，但是科学

---

① 巅峰高地讲武堂：《洒水成冰！又一座尖端工程完工，40 名精英曾为此血洒长空》，新浪网，http://k.sina.com.cn/article_6440061457_17fdb8a1102700biks.html.

性不能等！

在莫哈维，我们既可以看到 SpaceX、谷歌、蓝色起源等科技巨头不计成本的投入，又可以看到像加州火箭爱好组织（Rocketry Organization of California，ROC）这样的民间测试组织定期带领"民科散客"的火箭爱好者前来进行试验，还可以看到一些学校的教学基地也设立在此[1]。

在这里，初创公司可以与科技巨头进行平等交流，而不只是为他们生产零件。一家名为毕格罗航天（Bigelow Aerospace）的初创公司，就因为生产出了胶囊空间站（一种压缩后的空间站），从而获得了与 NASA 平等合作的机会；在这里，你还会看到企业高频的入驻和退出，就如同当年的硅谷，企业不断更迭，但人才总量不变，甚至还在加速聚集；在这里，不断有国际顶级的企业进驻，英国著名的航天企业维珍银河（Virgin Galactic）就将这里视为最重要的研发测试基地。

在莫哈维，大测试生态逐渐演变成为美国航天科学的"国之重器"。不断通过测试收集数据，推进技术革新；不断牵引国际企业，提高国际地位；不断吸引人才参与，扩大产业群落；不断进行航天科学的普及推广，培育群众基础。

由此可见，当科学城建设的如火如荼时，当大科学装置越来越被城市寄予厚望时，测试产业与科学转化的结合，已成烈火烹油之势。这并不只是测试产业的特例，任何服务于科学转化的产业类型，都将在科学城发展中扮演越来越重要的角色：专利制度能让科学无后顾之忧，科学服务业能让研究顺滑通畅……**而测试产业，凭借其强大的数据价值和场景价值，能够高效链接科学、制造、互联网和城市空间，将会成为科学城撬动未来最坚实的支点！**

---

[1] The Mojave Project: *Peace, Love and Rockets*, Kim Stringfellow, https://mojaveproject.org/dispatches-item/peace-love-and-rockets/, 2017 年 8 月.

总而言之，发展测试产业或许将成为未来城市产业发展的规定动作。

从产业的角度说，发展测试产业并不是因为测试产业本身能够产生多高的税收和产值，更多的是因为在通向高技术附加值的产业道路上，我们将会面临越来越多的"技术不确定性"，正是这种"技术的不确定性"，导致了未来产业对于测试产业"需求的确定性"。确定性就是面向未来的产业发展中最稀缺的属性。因此，对于未来产业的发展，测试产业更像是个先行者，将巨大的不确定性因素尽可能地确定化。

从城市的角度说，测试产业是链接场景和生产的纽带。产城分离的时代正在慢慢地结束，很多新兴产业的机会并非来自实验室，而是来自真实的生活场景。随着大数据的发展，人类的活动将会越来越直接地以数据的形式表达出来，这些数据是痛点，是机遇，也是真实的市场需求，更是指向新兴产业赛道的信号。

要兑现城市场景的数据价值，或者说要构建场景测试城市，就意味着城市向未来的产业发展方向摆出了全面进取的态度。让城市成为产业的孵化器是未来产业发展的新思路。**招商不再是唯一途径，而"招测"和"招检"将成为新的选择。**

数字经济对这个时代的加速，就像"地圆说"之于"大航海时代"。人们对于数字经济的笃信是基于一次又一次的数字创新下产生的信念，就像当年的"地圆说"，也是在一次次的航行中被不断验证。因此，几乎每次伟大的航海，都伴随着怀疑、沮丧、背叛和分裂。当那些伟大的领航者们坚持着"再向前一天"时，总有更多水手带着对未知的恐惧，发出要求返航的声音。在那个时代，不幸的迪亚士终究功亏一篑；幸运的麦哲伦则一战功成。

因此，我们尊敬每一个冒险者，更尊敬他们在野心驱使下涌现出的探索未知的勇气。为梦想冒险的人，不是亡命的赌徒，但确实需要拥有一点点狂热的信念。地理大发现的辉煌成果是建立在每次成功或失败的航行的积累之上的。一次次的航行就是一次次的试错，一本本厚厚的航海日志就像是如今的测试产业，在为最终的成功寻找着机会。

时代的压迫会让越来越多的城市主动或被动地加入产业升级的冒险，测试产业未必能带来成功的捷径，却一定会是那个陪你到底的忠实伙伴！

突围工业设计,打造制造业升级"金手指"

文 | 张凤洁

一条羊绒围巾,哪怕工艺标准看齐世界名牌,但就是因为"土",最多只卖 300 元;能为德国品牌代工 4 000 元一个的锅具,自己同样材料质量的产品只能卖两三百元;类似的案例在"世界工厂"中国数不胜数。而这种价值差距的巨大鸿沟往往并非源自技术,而是设计力的缺失!

在产业价值链的传统认知中,虽然大多数人都知道"微笑曲线"的左端是研发和设计,却经常理所当然地将 99% 的目光聚焦在技术研发上,认为"硬科技"才是创新核心,"设计"只是生产前的最终配套环节。但实际上,工业设计是一根能"点石成金"的"金手指",能够让冷冰冰的工业产品变得更有温情和灵魂,产生对消费者更强的购买吸引力,甚至在市场竞争中创造出超越想象的价值碾压。

质量作为唯一指标的时代已经过去,正确认知设计赋能的重要性是未来我国产业升级的关键所在!

一、设计也是生产力

早在 20 世纪,美国工业设计大师雷蒙德·罗维就曾说过,**"在质量和价格差异不大时,设计更好的产品能够卖得更好"**[①]。在全球市场竞争加剧、制

[①] Smithsonianmag: *Meet the Product Designer Who Made Mid-Century America Look Clean and Stylish*, https://www.smithsonianmag.com/innovation/meet-product-designer-who-made-mid-century-america-look-clean-and-stylish-180972270/, 2019 年 5 月 28 日.

造转型加速的当下，工业设计更是成为最具增值潜力的产业环节之一：**据美国工业设计协会测算，工业设计每投入 1 美元，可带来 1 500 美元的收益**；日本研究发现，每增加 1 000 亿日元的销售额，设计的作用占据 51%，设备改造的作用仅占 12%[①]。

可以说，工业设计早已超越单纯的配套服务角色，它能够"定义需求、引领消费、创造市场"，甚至可以改变产品、企业、产业的命运！

1. 产品"美了才能有价值"

在"看脸"的时代，设计能够让流水线产品兼具美学与功能性，从而"**身价倍增**"。一把普通的藤编椅子售价不到 100 元，成本不超 50 元，但一套"设计款"的"北欧风"藤编家具售价至少要达万元。

不止家具、服装这些本身与设计密不可分的领域，今天，所有的工业品都是如此。最具代表性的就是让我们跨入智能手机时代的电子产品——iPhone 4。在 iPhone 4 之前，手机的形态是五花八门的，而在它横空出世后，所有智能手机都被基本定型，这种"统治力"正是源于它的卓越设计。

iPhone 4 简化掉了键盘等配置，采用了 960×640 分辨率的超大视网膜显示屏，让人类一步跨入了"读屏时代"。前后玻璃＋金属中框的材质在很大程度上提升了握在手中的质感，同时，手机天线和边框合而为一，整体厚度压缩到 9.3 毫米，兼顾了轻盈性，从而产生很强的"高级感"，尤其突出体现在"圆角矩形"的应用上：圆角矩形介于直角和圆弧之间，苹果对其曲率进行了精心计算，让线条能够平滑过渡，消除切角的生硬感，从而视觉效果更加轻盈和流畅。在此之后，圆角矩形不仅成为苹果极具代表性的设计语言被应用于硬件工艺和软件 App 形状上，更成为一种全球流行趋势。

---

① 公培佳：《投入 1 美元回报 1500 美元的生意你做不做？青岛站上工业设计风口》，华夏时报网，https://www.chinatimes.net.cn/article/97920.html，2020 年 6 月 24 日.

iPhone 4 并没有与当时同样风生水起的诺基亚比拼"更耐摔"或"集成更多功能",而是直接通过设计重塑了消费者对手机的认知,牢牢占据了高端手机市场。从此,手机不再只是"打电话"的功能产品,而是变成了人们的一种生活方式,可以说 iPhone 直接创造了在此之前无法想象的市场需求。

2. 品牌"美了才能当饭吃"

设计的价值不止于赋能产品,更在塑造品牌。对于企业而言,设计能够创造独特的"品牌美学",从而摆脱同质竞争,找到自己的细分市场。

这种品牌效应不只体现在爱马仕等奢侈品或苹果手机等高技术附加值产品上。对于普通的工业产品来说,未来的产品升级也早已不能再走"经济适用性路线"。如果能够通过工业设计进行锐利化的品牌定位就极有可能在新市场上实现"逆袭",夺得一席之地!

如我国的"国牌之光"五菱。此前在电动车市场上,"特斯拉"凭借炫酷、未来感一枝独秀。而国产神车"五菱宏光 MINI EV"(以下简称 MINI EV)则在 2021 年 1 月以 3.7 万辆的销售成绩正式打败特斯拉 Model 3,成为全球电动车型销量冠军。它正是通过触动中国年轻人的审美,打开了"30 千米短途代步车"这一巨大市场。

这款落地价只需要三万元左右的电动汽车并没有盲目的"看齐普通汽油车",而是针对年轻上班族通勤、全职妈妈固定范围内活动等特定需求,对功能和外形等进行了精心设计。首先是"好开好停,小巧灵活",它的车身更小,一个标准停车位上可以停两辆 MINI EV,穿街走巷轻松自如。并且通过削减显示屏和娱乐设备的方式拓展了乘坐空间,使四人坐入其中也不显逼仄。在外形上更是极尽所能迎合年轻人所好,大胆采用了星云白、星辉金、星空蓝、星韵粉等"马卡龙"系明快色彩,走到哪里都是鲜明的"视觉亮点"。另外,其还增加了"造型超配"的敞篷版车型,让人开小车也能实现大梦想。因此,从"一线弄潮儿"到"小镇青年"都成了它的追随者,在2020年7月之后的9个月内,MINI EV 就销售出去约 270 000 辆,甚至成为年轻人之间的社交货币和谈资。五菱的成功类似于曾经的"奇瑞QQ",都是凭借小巧乖萌的设计和性价比精准打动年轻市场而取胜的,这也印证了"美了才能当饭吃"的道理是长盛不衰的。

看到这里,也许有人会感到糊涂:为什么客群定位、产品功能也与工业设计有关,设计的工作难道不只是负责外观和包装吗?一个小小的设计环节,真的能起到这么大的作用吗?这些问题的产生并不奇怪,因为多数人对工业设计的认知尚且停留在"为产品画图"上。但事实是,工业设计在产业链中的角色早就变了。致力于产业转型升级的城市和政府,首要任务就是真正理解工业设计的内涵与价值,因为只有在认知上"更上一层楼",才能在产业上"先人一步走"!

二、撬动产业升级,工业设计不是"甜点"是"主菜"

现在,其实很多城市都意识到了"要做工业设计",并已付诸行动。截至 2019 年,我国 22 个省份已经有了国家级工业设计中心,28 个省(市)都曾出台相关政策和文件[①],行业组织也遍地开花。但即便如此,我国的制造业依旧深受"设计瓶颈"的制约,价值提升、品牌化发展之路仍然漫漫。**这正是源于长期以来的认知缺位。实际上,工业设计不是产业发展好了才"锦上添花"的甜点,而是在转型阵痛中"雪中送炭"的主菜;其本质并非简单的"配**

---

① 工业和信息化部工业文化发展中心:《中国设计产业发展报告(2020)—工业设计篇》.

套服务产业",而是激发创新、撬动价值的"创造型产业"。要想实现设计赋能,需要的也根本不是传统产业逻辑下的"几板斧",更关键的在于"率先认知、积极作为"。

1. 抛开传统认知:工业设计不是画图环节,而是一种发展战略

纵观全球,无论是苹果这样的顶尖科技企业,还是欧美日等制造强国的崛起,必然都伴随着对工业设计的战略地位越发重视。2003年,丹麦设计中心专门提出了"设计成熟阶梯"(The Design Maturity Ladder)评价体系。这一理论可将企业分为四大梯度:第一梯度,没有设计;第二梯度,将设计作为形式;第三梯度,将设计作为流程;第四梯度,将设计作为战略[1]。通过计算各个梯度企业数量占总数的比例,来判断国家设计成熟度的高低。位于第三、第四梯度的企业占比越大,证明该国在全球制造生态位中就越强势。如2018年,英国位于第三、四梯度的企业占比已经达到了34%[2]。

诚然,设计成熟度的高低,必然与时间和生产力发展程度相关。英美等国的设计优势,与其更早实现工业革命、生产力走在前列分不开。但该理论的核心要义在于强调思维和认知水平的高低,所要表达的关键就是无论所处现状如何,要想兑现"设计生产力",就绝不能"躺平",待到"来日"再来考虑。只有在工业设计上进行更早的启蒙并积极作为,才能在产业、城市的竞争中夺得先机。

(1)第一梯度:没有设计,或设计只起到很小的作用。在这一阶段,"能用""耐用""便宜"等功能性指标被认为是工业品的核心衡量标准,设计的参与度微乎其微。例如,一个铁皮水壶即使笨重粗糙,只要能烧水,用十几

---

[1] 陈朝杰. 政策:设计驱动国家发展[M]. 南京:东南大学出版社,2020.
[2] 英国国家设计委员会. *The Design Economy 2018-The state of design in the UK*, https://www.designcouncil.org.uk/fileadmin/uploads/dc/Documents/Design_Economy_2018_exec_summary.pdf.

年不坏就是好东西。因此,生产者追求的往往是"更多、更快、更好"。

(2)第二梯度:设计作为一种形式,只是改善外观的"纸面功夫"。

来到这一梯度,说明生产者开始认识到"好产品"的标准已经变了,功能上要好用,外观上"赏心悦目"更能加分。由此,工业设计就登上了舞台。如几十年前,中国几乎每家每户都有一条牡丹花床单,它就出自上海民光床单厂的专业设计师倪智渊。那时候,他的工作就是坐在办公室里为床单画花样图纸,在陷入热恋的时候,他怀抱着甜蜜的心情创作出了这个花团锦簇、风靡全国的设计稿。

我们可以看出,这种设计是一种单纯依赖设计师灵感的"纸面工作",仅限于让产品更美观,负责塑造产品的色彩、材料、包装。在生产链中,只是投产前的最终环节,只在包装和销售阶段起作用,与上下游不发生任何关联。

这是典型的认知萌芽阶段的设计模式,但直到今天我国很多企业、产业依然困于这种状况。一支水性笔,我国各个文具品牌不停地搞联名、做新款,可谓"乱花迷人眼",但脱掉外壳几乎没有任何差别。因此,价格和风评上往往也被设计得更舒适、更人性化的日本品牌"吊打",这就是只停留在"纸面功夫"的结果。

(3)第三梯度:设计作为流程,贯穿产品的全生命周期。

随着认知的不断深入,很多企业开始明白在产品的生产中,**设计不只是一种创意的行为,而是一种系统性、集成性的创新活动。**它上接研发、下接生产,是一个关键的"纽扣"环节。其所决定的不只是外形包装,更是面向特定消费者,产品的核心理念、功能组合、生产工艺。

此时,工业设计的核心工作就不再是勾勒一个"特定产品",而是"如何为人解决问题"。就如"中国工业设计之父"柳冠中教授在人文清华讲坛《设计改变中国》一期中所言："**我们要的不是洗衣机而是干净衣服**"①。工业设计的任务是找到创造干净衣服的方法并创造相应的产品，而不是琢磨如何给洗衣机刷漆、印花、改线条。

很多成功的产品设计正是源于遵循了"为某些人解决特定问题"的逻辑。如近年来在小家电赛道风头正劲的"小熊电器"。**小熊的产品技术含量并不算高，但都是瞄准当代年轻人"那些一直存在，却始终未能解决的隐性需求"而设计的。**一个小小的煮蛋器，就让很多"厨房杀手"也能随时随心煮出"全溏心""半溏心""全熟"等任意状态的鸡蛋，再也不用为难以控制火候而苦恼，销量非常高。那些在"60后""70后"父母辈眼里没必要买的和面机、酸奶机、早餐机也是同样的道理，它们解决的是年轻人追求健康精致生活，但没时间、怕麻烦、厨艺不精的问题。尽管它的外观小巧可爱，色彩花样上也用了很多心思，但本质还是抓住了当代年轻人的特定需求才打开了市场。

因此，我们实际上能直接看到的外形塑造仅仅是"细枝末节"，而这一阶段的工业设计，已经成为一种嵌入产品全生命周期中的"系统工程"。从一开始，设计师会参与到用户的调研与分析当中，把握人的核心需求。然后基于技术、美学、经济文化等专业知识，推出适配问题的整体设计方案，包括功能组合、外观造型设计、工艺材料选择等。并最终通过与生产、营销等各部门协调，让产品的关键设计理念能够在技术可行、成本可控、客群精准的前提下落实。

也只有这种工作方式，才能保证设计不停留在稿纸上，而是真正去撬动产品价值。正如小米生态链设计总监李宁宁所说："无论是产品经理还是硬件

---

① 澎湃新闻：《中国工业设计之父柳冠中：急着挣钱，共享经济"好事做坏了"》，https://baijiahao.baidu.com/s?id=1597503675855206645&wfr=spider&for=pc, 2018年4月12日.

工程师，他对工业设计是没有太多概念的，脑子里可视化的东西不一样。"①一个关键的设计要素很有可能因为各种各样的原因在生产中被"砍掉"。因此，小米生态链开发所有产品的工作方法就是工业设计师、硬件工程师、产品经理坐在一起阐释产品定义，继而选择合适的元器件和技术工艺方案。核心就是为了其他环节能够充分理解设计的核心是解决什么问题、什么功能必须保留、什么功能可以被舍弃，从而做到"一人一把号，同吹一个调"。

因此，**工业设计师也可以被称为系统创造师**，其工作领域和知识储备是跨学科甚至跨行业的。他们不仅对产品做出崭新定义，更通过与研发、生产、销售等环节对话，贯彻设计思想、兑现设计价值。

很多卓越的产品都是遵循了这种"设计指挥生产"的工作方法。如赫曼·米勒的王牌产品人体工学椅"艾龙"（Aeron）。这把椅子的设计目标在于让白领"全天舒适办公"，避免久坐带来的脊椎、心脑血管等问题。因此，其生产工艺上也严格遵循了设计师的核心意图。最具代表性的就是这把椅子突破性地使用了一种半透明的膜状合成材料，而非传统的木材、金属等。这种材料在此前并未使用在椅子上，但能够完全贴合人体轮廓，适应人的各种姿态变化，同时最大可能的保证透气性、调节体温，削减因长时间坐班带来的不适感。因此，这款产品甫一问世就彻底改变了全球的办公室生态，被誉为"赫曼·米勒送给员工的礼物"，几十年来畅销不衰。

（4）第四梯度：设计作为战略，成为商业决策的核心要素。

在更高层次的认知下，设计的作用不再局限于产品提升，更是被视为企业、产业的关键发展战略，甚至是与技术优势同等重要的"第二核心竞争力"。

设计本身就是一种长盛不衰市场竞争策略，设计优质的产品更容易打动

---

① 搜狐网：《揭晓设计的奥秘——小米生态链设计总监李宁宁专访》，https://www.sohu.com/a/328376466_100160185，2019年7月21日。

消费者买单。20世纪30年代，通用公司为了超过福特公司，就曾将汽车外壳设计成火箭、飞机的造型刺激销量。时至今日仍是如此，如国货美妆花西子品牌的崛起。论质量，花西子并不比其竞争对手更出挑，但凭借"国潮风"的惊艳设计，它成功击中消费者的爱美之心，一跃成为当下的国牌明星。将仙鹤、牡丹等图案雕刻在口红膏体上，用浮雕工艺将凤凰羽毛结合屏风元素做成九色眼影盘，将口红外壳做成苗族同心锁……每次设计创新尝试都为它带来了巨大的话题量和购买潮。很多人将它买回家甚至不是为了使用，只因它的精致华丽能为梳妆台添彩。

如果把设计作为企业的核心驱动战略，就能更好地鲜明企业形象、塑造竞争优势。所谓作为战略，是指**设计不仅决定单一产品，而是与品牌形象和商业模式密切关联。**硬件、软件、广告、客服等方方面面都要遵循同样的设计意志，从而形成自己独特的"品牌美学"，构建自己的忠实消费群体。要想达到这一目标，逐步摸索是不可行的，只有自上而下的战略决策才能推动。

最典型的案例就是文章开头所提到过的苹果公司，它是世界上最成功的设计集成公司之一。乔布斯本人高度重视设计的作用，他在1997年回归苹果后，任命乔纳森·艾维（Jonathan Ive）为工业设计高级副总裁。在那个时代，艾维在苹果的影响力仅次于乔布斯。他们二人的办公室之间有一条内置走廊直接相连，方便直接沟通对产品的想法。艾维不仅设计了iMac、MacBook、iPod、iPhone等一系列代表性产品，更对整个公司的人机界面设计提供了指导意见。

在高层的影响下，苹果的设计美学并不囿于单个产品，而是一套完整的生态。软、硬件设计语言通用、设计原则相通，而非"每个产品都很美，但看起来并不产于同一家企业"。如今我们提到苹果就能立刻想到极简、高级感等关键词，是由简约自然的外形线条、手感丝滑的合金外壳、IOS系统的封闭流畅操作、艺术气质的门店，甚至发布会上的深色系PPT共同构成的。

因此,独特的"苹果美学"才成为先锋、潮流、尖端的代名词,吸引了无数的"果粉"追随。其成功更是开启了硅谷的设计新时代,设计开始被视为科技公司的核心竞争力之一。

设计作为战略的正确性也已经得到了证实。《工业设计:美国制造在全球经济中的竞争力》报告显示,美国设计管理研究所对总部位于美国的上市公司进行了为期 10 年的跟踪和监测,结果显示设计驱动的公司比在设计上投入很少的公司回报率高出 219%[1];并且设计过程中的决策决定了 70%～90% 的生产成本[2],在设计过程中通过新材料的应用、开发新的解决方案等方式,能够助力降本增效。

2. 正确认知工业设计,正在成为城市抢占产业高位的关键点

在"设计成熟阶梯"理论下,我们能够清晰地感知到:工业设计是制造业"蝶变"的"强支点"和"助推器",并且国家、城市的制造业越倚重设计,它能激发的价值就越大,产业的整体创新能力和市场竞争力也就越强。**因此,即便工业设计自身的产值体量并不大,提升"设计力"却成为抢占全球制造生态高位的"必选动作"。**19 世纪末的德国和 20 世纪 50 年代的日本都是为了摆脱"粗制滥造""廉价仿冒"的市场认知,大力制定设计策略、建立设计组织、实行设计标准,从而成就了"德式精工""日式美学"。

今天的中国也是如此。在过去的几十年里,中国成为全球代工的"世界工厂"。但到当下,粗放式增长的时代已经过去,我们迫切需要让制造业从 OEM(代工生产)向 ODM(原设计制造商)甚至 OBM(自有品牌生产商)发展。但我国的工业设计整体还处于"野蛮生长"的初级阶段,比起美国 1∶1 500

---

[1] 美国国家艺术基金会:*INDUSTIRAL DESIGN——A Competitive Edge for U.S. Manufacturing Success in the Global Economy*, 2017, 第 23 页.

[2] 美国国家艺术基金会:*INDUSTIRAL DESIGN——A Competitive Edge for U.S. Manufacturing Success in the Global Economy*, 2017, 第 27 页.

的设计投资回报价值，我国还仅仅处于 1 ：100 水平①。我国的工业设计尚且停留在"设计作为形式"阶段。因此，未来哪个城市能够率先将工业设计视为"主菜"而非"甜点"对待，谁就能更快地实现价值升级。

深圳就是最好的例证，它正是凭借高瞻远瞩的前沿意识，成为全国工业设计第一城。"三来一补"时期，深圳就已经率先接触到了设计的概念，市场自发出现了带有设计意识的产品。曾经在华强北科技时尚文化特色街区，出现过各种千奇百怪的"山寨机"——有的看起来像"中华烟"、有的全身闪着 LED 彩色光、有的甚至能当电击棒。"入世"后，在面临"洋品牌"的冲击时，**深圳政府更是早就觉察到了设计的重要性，在国内率先将工业设计产业放在极高的战略地位进行培育。**深圳工业设计协会秘书长李博开指出，深圳早在 1987 年就成立了工业设计协会，2003 年就提出要建设"设计之都"，2012 年就设立了专项产业政策，以"每年一亿元"的力度加以扶持，还首创了国内"获得国际工业设计大奖直接奖励"的制度。

在这一系列的努力下，"深圳设计"已经成为"中国智造"的代言人。2008 年，深圳成为全国首个联合国组织认定的"设计之都"，如今拥有各类工业设计机构近 6 000 家，设计师及从业人员超过 20 万人②，工业设计带动下游经济价值超过千亿元③。

一方面，设计意识叠加制造优势，正在创造越来越多的"深圳品牌"。例如"网红化妆镜 AMIRO"的 CEO 王念欧瞄准我国家用美妆硬件配套尚停留在 20 世纪的问题，设计出带有 LED 日光灯功能的小型化妆镜。它的产品技

---

① 格物者网：《中国工业设计市场规模破千亿 产业格局初形成！》，http://www.gewuer.com/mobile.php?s=/news/info/id/5487, 2018 年 11 月 7 日.
② 凤凰网广东频道深圳科技：《拥有越多设计师的城市，才是好的城市》，凤凰网，https://ishare.ifeng.com/c/s/v002mid--RTKKEPTckZPHCF5VKeqIvXXHq7qCONyztdEzmyY__, 2020 年 10 月 10 日.
③ 深圳新闻网：《深圳工业设计从"群演"变身"主角"》，https://www.sznews.com/news/content/2021-05/06/content_24188780.htm, 2021 年 5 月 6 日.

术非常简单，但正是抓住了当下居住环境中化妆用灯光的缺失，强势打开了一个新市场，在"双十一"购物节中成为品类"顶流"。

　　另一方面，深圳的设计服务更是早已从画图纸，进化到能够提供从品牌到生产流程的全面提升。例如已经成为"爆款"的"阿尔法蛋"教育机器人，正是深圳晟邦设计基于 AI 市场状况和科大讯飞的优势领域，选取了"智能陪伴型家用娱乐机器人"这一赛道精准切入。同时，还经过一千多次的设计修改，雕琢出独一无二的"扭蛋"造型。这个可爱呆萌、会讲故事也能帮助学习的小机器人不仅十分畅销，更获得了德国 IF 设计大奖。并且深圳的工业设计公司不仅服务于本地产业，更辐射大湾区和全国，很多国际大企业如今都愿意将核心项目委托到深圳企业手中。

　　我们可以看到，深圳能够成为今日的"创新之都"，除有"硬科技"的加持外，更有工业设计这一不可忽略的"强驱力"。城市要发展工业设计，也不是引进几家企业这样的"小打小闹"就可以成功。而是要真正提升认知水平，用战略性的眼光看待、对待工业设计，将其作为产业转型的关键大力发展，才能强势赋能本地制造！

三、孵化或者借力——中小城市如何突围工业设计

　　深圳的故事激动人心，但很难复制，尤其是对于很多中小城市。因为**影响工业设计发展和聚集的核心要素并非技术，而是市场规模。**深圳市工业设计协会副秘书长、青岛工业设计创新中心主任罗俊杰在与笔者沟通中指出："对于工业设计产业而言，最重要的就是市场。"没有市场需求，招来再多的企业也只是在做"无用功"。

　　"市场规模"的大小取决于几大关键要素。**第一是产业集群的强弱**，制造业规模越强，产业链条越完善，自然市场基盘就越大。如广东的深圳、佛

山、东莞等地之所以工业设计更早发展繁荣，就是得益于其强势的制造业集群。**第二是优势产业的类型**，与消费者越密切相关的产品，设计需求量越大，设计市场越活跃。比如，家电日用品等，就是功能外观创新要求高、更新迭代速度快，自然成为设计最发达的赛道。很多"B端"使用的产品，如军工、机床等，需求量级与前者是不可同日而语的。**第三是市场认知水平的高低**，即本地的企业、政府对这一领域越重视，订单需求、可挖掘市场潜力就越大。**第四是距离消费市场的远近**，因为设计本身就需要体察用户需求、观察市场反馈。如果更靠近消费市场，就能够加快这一进程，从而提升设计创新效率。

因此，大城市发展工业设计往往"水到渠成"。 由于大城市通常是区域内的产业聚集高地，天然拥有更多需要工业设计创新的消费型产业、更多具有设计思维的品牌企业和庞大的消费客群，只要播种一颗种子，市场的沃土就会让设计发芽。深圳仅华为、中兴几个头部企业每年就能提供海量的设计订单，这种条件是中小城市可望而不可即的。

但仍处于生态链低位，迫切需要产业升级的中小城市是否完全没有机会了呢？当然不！只要从自身优势出发，找到适合自己的道路，即便不是大城市也能实现"设计赋能"！

1. 市场规模潜力大，可走"佛山模式"："先招引，后孵化"，构建本土设计力量

很多"默默无闻"的中型城市产业集群实力不俗、颇具亮点。虽然不具备深圳这种国际大都市的完美发展条件，但依托厚实的制造业"家底"，同样有机会聚集、发展起本地的工业设计产业集群。

历经金融危机而不倒的"佛山制造"就是个中模范，曾经的代工之城如今已成为"中国十大品牌城市"。美的、科龙、容声、万家乐、格兰仕……可以说"有家就有佛山品牌"。其中"佛山设计"的作用居功甚伟。在2000年左右，中国就出现了"北上广深佛"的工业设计早期发展"五极格局"。佛山作为一个地级市，能在当时就与其他四座大都市相提并论，它是怎么做到的？

佛山的故事，要从一场官司说起。1995年，美的公司因空调外观抄袭被日本三洋公司告上法庭，这场官司让美的付出了数百万元作为继续生产的代价，也刺激美的创立了第一家由民营企业投资组建的工业设计公司。这就是佛山工业设计的萌芽。而后2008年的金融危机更进一步唤醒了佛山诸多制造企业的设计意识，这座家电之都、瓷器重镇开始了"从贴牌到品牌"的设计升级之路。

（1）大力度打造优质产业土壤，瞄准"深圳派"招引。

虽然美的当时已经堪称广州工业设计的"黄埔军校"，培养了最早一批工业设计人才。但整体规模还远远不够大。于是，佛山瞄准了隔壁的深圳，引进了心雷、浪尖、嘉兰图、同天等一批深圳企业。以"广东工业设计城"为主要聚集区，打造工业设计产业基地。2012年习近平总书记来此视察时，设计城已经聚集了800名设计师[1]，如今更已成为全国标杆性的产业高地，设计研发人员数量达8 345人[2]。

佛山能招商成功，并不是因为打造了一个园区，而是培育了一片适宜设计成长的产业沃土。

首先是有足够的市场潜力。佛山的家电、家具产业本身设计需求强，仅美的就有很多设计外包的订单。嘉兰图设计公司曾派出专门的调研小组，确认佛山就连中小企业都明白工业设计的重要性，市场前景非常广阔后才选择

---

[1] 中国新闻网：《习近平寄语广东设计城：望下次来时有8千名设计师》，http://www.chinanews.com/gn/2012/12-12/4403352.shtml，2012年12月12日.

[2] 广东工业设计城官网。https://gidc.cc/about.

了驻扎。另外，佛山也非常重视企业需求的激发。2009年年初，顺德区就在全国率先设立了政府层面的专职管理机构和县域工业设计协会，作为"中间人"牵头促进制造与设计的对接。

其次是丰厚的扶持政策。 当时的顺德工业设计园（现广东工业设计城）对入驻企业直接免租三年。设计企业参与国内外行业展会，政府补贴最高可达50%，极大地降低了企业的创新成本。顺德区更是率先实现政府为设计买单，在2009年举办"设计与制造之约"博览会期间，直接提供展会交易合同额10%的奖励[1]，鼓励制造企业下设计订单。这种市场培育、产业扶持的力度在当时是首屈一指的。

最后，佛山更瞄准知识产权痛点做好服务。 工业设计是一种创意产业，抄袭泛滥、难以约束成为很多中小城市的升级桎梏。因此，佛山将知识产权作为中心工作来抓。早在2008年，顺德工业设计基地就成为"工业设计与创意产业企业集群知识产权战略实施试点"。大力发展集专利、商标、著作权及其他知识产权法律服务于一体的综合服务。当时，仅顺德一个县级区域年均外观专利就能达到3 500项[2]。这就为设计师吃了一颗不怕被抄袭、维权难的"定心丸"。

（2）柔性利用、联合培育，实现"外来人才本土化"。

中小城市发展工业设计，最艰难的一关莫过于人才。上文中已经提到，工业设计是一种集成式、系统式创新。**因此就需要兼具美学素养、工业基础、商业意识，并且能够跨行业服务的复合型人才。这种人才是设计创新的核心驱动**，只需要"几个人，几台计算机"就能构成一家优秀的设计企业。

---

[1] 金敏华."深圳设计"联姻"顺德制造"[N].深圳商报，2009年1月18日.
[2] 长江商报：《制造业平均利润率仅2.59% 中国至少提升10行业品质》，http://field.10jqka.com.cn/20190911/c613901718.shtml,2019年9月11日.

大城市自有设计院校支撑，那么没有学校，又不像深圳有巨大虹吸力怎么办？佛山给出的答案是"柔性利用，联合培育"。

"柔性利用"是指通过研究生培养项目，从外地高校直接导入人才。 2011年，佛山打造了"广东工业设计城研究生联合培养基地"，与中山大学、华南理工大学、广东工业大学、广州大学、广州美术学院五所院校合作办学。而后又在此基础上设立了广东顺德创新设计研究院（以下简称创研院），开展研究生联合培养和应用型科研项目孵化。这种利用本地的产业优势，借外地高端人才"一段时间"利用的方式，比起"引、建学校"周期更短，效果更直接。

"联合培育"是指通过"校企联合"，定向培养市场急需的专业应用人才。 研究院引入"双元制"培育模式，先导教学弥补学校知识与应用所需知识的交叉空白，并通过项目实训，让学生深入企业，从解决问题的实操过程中获得磨炼。这种方式不仅帮高校培养了一批真正的实践型人才，更让高端人才直接深入到佛山企业、看到了佛山的工作机遇。很多人正是通过这一项目留在了佛山就业、创业。

截至2021年，创研院拥有科教人员超过150余名，与国内78所高校联合培养研究生累计3 060人[①]，是全国工程教指委授予唯一的"全国工程专业学位研究生联合培养开放基地"，这种柔性化的人才利用模式也被广东省极大肯定。

（3）瞄准细分领域争取"设计话语权"，完善设计创新链。

设计创新不仅是一种"美学工作"，更需要基础研究的"科学验证"。 其关键学科包括人因工程学、消费心理学、情感学等领域。虽然中小城市往往科研基础薄弱，但只要在某一特定产业，甚至是产业的某一细分赛道有强

---

① 广东工业设计城官网：https://gidc.cc/about.

优势，那么就仍有可能通过研发突破，抢夺小领域内的"设计话语权"，驱动产业创新。

佛山就瞄准了家电产业，打造了"广东省家电工业设计研究院""广东人因与工效学应用技术研究中心""中国厨房协同创新工作坊"等共性技术创新平台。不仅致力于探索未来家电的创新方向、为本地企业提供研究成果，更致力于塑造家电领域的"佛山标准"，升级产业影响力。例如，人因工效学标准联盟已经推出了家电领域的技术标准《保健按摩产品人因工效学测评技术规范》。

（4）产业集群设计化，设计从家电向更多领域赋能。

不仅突出优势产业领域，佛山更大力挖掘其他产业的设计需求，推动设计撬动整体制造业价值提升。一开始，佛山的工业设计集中在家电领域。而现在，设计则在佛山"多点开花"，其他产业也都走上了"设计升级"之路。如在传统产陶瓷业，头部品牌"蒙娜丽莎"陶瓷岩板的应用就已经从工程领域延伸到厨房、家居领域。禅城的中国（佛山）陶瓷设计周自2017年至2020年已经举办四届，此前三届陶瓷设计周共吸引了50多个国内城市、20多个"一带一路"沿线国家，共1 500多名国内外专家学者参与[1]，已经具有了一定的影响力。甚至广东设计城已经和新化县电子陶瓷产服中心进行战略合作，输出"佛山设计"，助力设计的高质量发展。

一些设计企业也在向不同产业领域延伸，服务范围更加多元。如2010年左右，知名设计公司潜龙就意识到家电设计门槛低、竞争激烈。因此，在保持自身优势之外，大力向机械装备、医疗器械设计拓展，并形成了自己的核心竞争力。

---

[1] 南方都市报：《佛山陶瓷设计周，喧嚣过后，留下了什么？》，网易，https://www.163.com/dy/article/FR8I1MQJ05129QAF.html，2020年11月12日.

2019 年颁布的《佛山市人民政府办公室关于加快工业设计发展的指导意见》更明确提出，要构建"一核双基两翼两圈"的设计格局。围绕广东工业设计城核心，地理上向西部和北部拓展，产业上重点打造"泛家居工业设计产业圈"和"装备制造工业设计产业圈"，打造工业设计与制造业深度融合发展创新区。

如今，佛山已经聚集了宏翼、永爱、六维等一大批本土设计公司，数据显示，佛山市的省级工业设计中心已经有 28 家，在全国仅次于深圳、广州①。工业设计不仅助力了佛山产业的品牌化进阶，本身更成为经济发展的强动力，对内创造产值、向外强势输出。

2．市场规模潜力小，也可借鉴"白沟模式"："借鸡生蛋"，提升优势产业

很多中小城市不具备佛山一样强大的产业规模，**很多县、镇更是只有"单一特色产业集群"**，如江苏徐州丰县的电动车、河北的清河羊绒、邢台锅具等。这些细分产业可能在全国乃至全球"首屈一指"，工艺、技术、产能并不落后，但就如本文最开头所说的那样，因缺少设计和品牌而"卖不上价"。这些城市自身的市场规模可能无法支撑本地设计产业集群的繁荣，但仍能通过向大城市"借力"的方式，让设计赋能产业升级。

河北"箱包之都"白沟正是在这一方向上努力的典例。白沟年产箱包量能达到 8 亿个，拥有电商 2 万多家，但大多数商户卖出一个箱包获得的利润只有区区十几元②。为提升产品价值，白沟将 2019 年确定为"工业设计启动年"，通过向全国工业设计顶尖机构和地区"借鸡生蛋"，谋求原创设计

---

① 搜狐网：《佛山工业设计：十年风雨兼程始成全国高地》，https://www.sohu.com/a/366980318_100018490，2020 年 1 月 15 日．
② 网易保定：《河北白沟：以工业设计推动箱包产业转型升级》，网易，http://hebei.news.163.com/20/0705/11/FGP364AN04159BTC.html，2020 年 7 月 5 日．

升级。

(1)"设计教育"先行,启蒙本地产业需求。

这类城市的优势产业一般是由大量中小企业构成,比起产业招商,更为紧迫的是设计意识的启蒙。因为相比大企业,他们更易因短视陷入"薄利多销"的低价竞争之中,甚至很多"作坊式"企业就是凭借抄袭起家,缺乏在设计上投入的长期眼光。

因此一开始,白沟是在河北省工业和信息化厅的支持下,**引入了深圳工业设计协会面向企业开设了"设计大讲堂"**。由河北工业设计创新中心主任、深圳工业设计协会会长封昌红、朗图创意体联合创始人冯晓等业界专业人士为企业和政府相关部门科普设计利好,**并由"觉醒更早"的"标杆性企业"带头,展示设计带来的价值提升**。白沟拿出 5 000 万元专项资金鼓励本地有实力的企业建立相对独立的工业设计中心,设计外包、稳定合作也可拿到奖励,这就大大增强了本地头部企业投入的信心。比如,白沟的河北春丽皮具公司就"冲在前面"与深圳晟邦设计达成合作开发了针对独立女性审美的"C.LI"品牌。该品牌在第二届河北国际工业设计周白沟箱包展区亮相,以时尚而不浮躁、高雅精致的设计吸引了很多关注。

深圳工业设计协会副会长李博开指出,这种与本地政府合作,通过"设计讲堂+扶持标杆企业"模式启蒙,是他们在向各地输出"深圳经验"时总结出的"标准动作"。相比直接帮助招商,一段时间后设计企业却因没有订单退出,先启发出本地的市场需求、取得政府重视能够取得更好、更长久的效果。

(2)"反向飞地"赋能,外地设计创新、本地转化生产。

对于中小城市而言,培育本地设计集群投入高、回报周期相对较长,而直接"到大城市去"不失为一种更有效率的好方法。"反向飞地"是指一种从欠发达地区进入发达地区发展飞地经济的模式,从工业设计的角度来说就是"外地设计创新,本地转化生产"。通过在大城市设置"反向飞地办公室",对接顶尖的人才资源和企业资源,最终设计成果回流到本地转化,带来效益。

这种模式实际上在很多"淘宝村"已经初现端倪。例如,在汉服产地山东菏泽曹县,部分店家已经自发地把研发设计放到了更发达的杭州,将生产线留在本地。从政府角度看,如果将这种模式发扬光大,就能更直接借力大城市,从而实现更好的赋能。

白沟就是直接"冲到"了工业设计第一城——深圳。在深圳工业设计协会大楼里设置了白沟箱包的产品研发推广办公室。同时,在本地建立了白沟箱包(深圳)设计中心,将深圳办公室引入的设计成果产业化。这样,白沟的设计需求能够直接对接到优质企业,箱包更是出自国内水平前列的工业设计师之手。其产品也能借助深圳海量的消费人群、层出不穷的展会走向全世界。

白沟并不是这一模式的孤例,江西宜春丰城在发展教育装备产业过程中也采取了这种跨地域人才聚集利用的新模式。丰城不仅在深圳天安云谷打造了"粤港澳大湾区人才飞地",还在省会南昌以工业设计研究院的形式打造了"人才飞地",在更易招商的南昌引入了东方麦田、乐品乐道等知名设计企业。

当下,由深圳工业设计协会牵头,"深圳设计"正在加大力度输出、向全国赋能,这为很多意识觉醒、却苦于实力不足的中小城市带来了机遇。前文中所提到的丰县电动车、清河羊绒,还有高阳纺织、曲阳雕刻等"小城市里的大产业"都正在借助深圳力量撬动升级。例如,丰县作为全国"电动三轮车之都",就正在积极对接、导入深圳资源,试图寻求"新国标"风口下的品牌化升级之路。未来,相信会有更多中小城市能通过"反向飞地"的模式,闯出自己产业的一片天地。

2018年，我国工业设计产业规模已达397.29亿元[①]，但产业成熟度、后端撬动力仍然较低，必须加速向前追赶。2019年，十三部门联合发布的《制造业设计能力提升专项行动计划（2019—2022年）》也直接指出："制造业设计能力是制造业创新能力的重要组成部分，但设计能力不足仍是影响我国制造业转型升级的瓶颈问题，争取用4年左右的时间，推动制造业短板领域设计问题有效改善。"[②]

未来，要想用"中国设计"创造品牌、打动世界，就必须要先完成"设计意识"的进阶。从"设计就是画图"，到"设计贯穿全生命周期""设计是核心发展战略"，更加高度重视这一产业，才能实现"1∶1 500"的价值撬动。地方要发展工业设计，也绝不能只试图用"建园区、引产业、立政策"三板斧解决问题，而是应从自身条件出发，找到适合的道路，挖掘需求、对接人才、鼎力创新。

可喜的是，近年来中国已经涌现出很多获得国际设计大奖的优秀企业和设计师，设计的新生力量正在蓬勃生长。并且从城市和区域层面来看，不仅北上广深等一线城市"出彩"，浙江很多"块状经济"区域如台州、永康等也颇有亮点；产业强市如合肥、青岛、佛山都已经纷纷制定了专门的工业设计扶持政策、谋求设计驱动的创新突破；甚至传统的产业县市也都在想尽办法借力大城市进行设计赋能。相信在不久的将来，"中国设计"必然能和"中国制造"一起，碰撞出一条从落后到领先的赶超发展之路！而工业设计也将越来越成为城市创新突围的一条产业金赛道！

---

① 产业信息网：《2019年中国工业设计行业发展规模、行业发展趋势及行业发展方向分析》，https://www.chyxx.com/industry/201905/741741.html，2019年5月24日.

② 河北省工业和信息化厅：《十三部门关于印发制造业设计能力提升专项行动计划（2019—2022年）的通知》，工信部网站，http://gxt.hebei.gov.cn/hbgyhxxht/zcfg30/gnzc/661441/index.html，2019年10月30日.

下篇 "数字"赋能下的产业新机

1. "协同制造"如何助力中国制造产能升级
2. 工业软件,中国的新机会
3. 新游戏需要新规则——制胜数字服务贸易
4. 白领金领,不如"新领"

"协同制造"如何助力中国制造产能升级

文 | 杨思洁

一、转型之痛：低端产能困境，是中国制造业升级最大的桎梏

从"三来一补"模式起家，到如今成为世界第二大经济体，制造业是中国经济发展奇迹的功臣。但在"世界工厂"荣耀的背后，制造业转型的阵痛也已经来临！

正如本书开篇文章《制造未来的"危"与"机"》所述，虽然我国已经成为全球生产分工网络中的重要节点，但不可否认的是我国只是制造业大国，而不是制造业强国。在世界工厂角色下，我国工厂主要承担组装中间产品的任务，干最脏最累的活，拿最微薄的利润，"自主创新力弱""效益贡献力低"。

低水平的重复生产，带来严重的产能过剩问题。以轴承行业为例，全国1 600多个规模轴承企业，90%产品为中低端，且实际产能利用率仅为46.3%[1]。要知道，按照国际经验，产能利用率低于79%即为过剩，75%以下就是严重过剩了[2]！轴承行业仅仅是我国制造业产能过剩的冰山一角：2020年国内乘用车企业整体产能利用率仅为48.45%[3]；2020年国内动力电池总产

---

[1] 石家庄农业机械网：《瓦轴集团丛红：轴承行业破局关键在高端》，http://news.818844.cn/epgmv/133.html，2021年6月30日。

[2] 中国新闻网：《评论：当前产能过剩折射出创新不足》，http://www.chinanews.com/gn/2013/11-12/5493292.shtml，2013年11月12日。

[3] 中国汽车流通协会：《2020年我国乘用车产能问题分析》，http://www.cada.cn/Trends/info_91_8139.html，2021年2月4日。

能利用率仅为15.66%[①]；工程机械领域市场中的低端产品基本处于产能过剩状态[②]……

解决产能过剩、升级低端产能已迫在眉睫！这也是中国经济进入高质量发展阶段后，各个城市急需迈过去的"坎儿"！

尤其是以传统产业集群为主的中小城市，低端产能的问题更为突出。这些产业集群多聚焦于传统加工领域，依靠简单复制进行规模扩张，"低、小、散"是集群企业的典型特征，产能过剩是"家常便饭"。以典型的县域经济晋江市为例，该市形成了以制鞋、纺织服装、建材陶瓷等为特色的多个传统产业集群。在常年的对外贸易中积累了庞大的产能，仅制鞋企业就多达4 826家[③]。制鞋集群内部企业同质化竞争严重，即便是安踏、特步、鸿星尔克这样的大企业也逃不过严重的库存危机，更不用说大多数中小企业都"水淹到脖子"了。

既然低端产能如此棘手，是不是干脆"淘汰"了之？

二、路径突围：协同制造，低端产能困境的数字时代新解法

淘汰，当然是最容易、最简单的选择。这些年来，"腾笼换鸟""加快淘汰落后产能""亩产论英雄"等高频词，让众多企业"心惊胆战"。让"守着金窝不下蛋"的企业腾出空间，引进更加高端的产业，的确是顺理成章的产业升级路径。

盲目淘汰，却可能是下下策。且不说"百万漕工生之所系"，这种"移

[①] 证券之星：《2020年乘用车产能利用率仅48.45% 乘联会分析报告"敲警钟"》，https://baijiahao.baidu.com/s?id=1690854004400880837&wfr=spider&for=pc，2021年2月5日。

[②] 章轲：《研究机构：产能过剩拖累装备制造业》，第一财经，https://www.yicai.com/news/5192071.html，2016年12月27日。

[③] 新民周刊：《晋江：中国鞋都》，http://www.xinminweekly.com.cn/fengmian/2018/10/17/11145.html，2018年10月17日。

植"式的升级，也并不适合所有的城市。面对低端产能，大城市可以硬气说"不"，但众多的中小城市呢？腾空的笼子并不一定就换来"新鸟""好鸟"。许多地方盲目"上马"类似的新项目，还会加重产能过剩的风险。况且，从日本等国的产业升级路径来看，中低端制造业的规模决定了高端制造业的质量，绝大部分高端制造企业都是依赖中小企业集群形成的产业链。没有低端产能的支撑，高端制造也就成了"无根之木"。

1．换个"玩法"活下去：不是盲目去产能，而是巧妙用产能

其实，对大部分的城市来说，换个"玩法"也能很好活下去。因为所谓的低端产能，并非无用也并非没有提升空间，通过有效的组合，"老"产能也能发挥新价值！

尤其在新冠肺炎疫情暴发后，让我们重新认识了所谓的"低端产能"。在疫情暴发初期，口罩成了"紧俏货"，随之生产口罩的口罩机也成为"硬通货"。当时，大量企业快速响应，转产口罩机，如比亚迪电子、上汽通用五菱等企业仅用数天就研制并生产成功。

这并不稀奇，因为这些企业在大型精密制造领域积累了足够的能力和经验，再加之专业的技术人才储备，想不造出来都难。稀奇的是，不怎么为人所知的县级市瑞安也快速拥有了生产口罩机的能力！

实际上，瑞安并没有机械装备制造的龙头，有的是 1 200 余家包装印刷机械企业，其中多半还是规模以下企业。按照"低端产能就没用、就该被淘汰"的思路，这些企业迟早都是要被淘汰掉的。但也正是它们在关键时刻发挥了关键作用。

这些企业的制造能力看似落后，但是却有极强的技术迁移能力。很多机械运转的原理都是一通百通，印刷包装行业与口罩生产就有相通之处。像瑞安本地生产的食品药品包装机和口罩包装机在机身、机头及尾架上非常相

似。瑞安的瑞达机械就通过对现有的包装进行研发改良，成功打造出了口罩包装机，而且可满足普通医用口罩、医用外科口罩、N95 口罩等不同类型的包装。而在临近瑞安的温州的另一个城市永嘉县，顺天传动科技股份有限公司的厉天龙团队，从没见过口罩机，但凭借与各类传动设备打了数十年交道的经验，只通过看抖音上口罩机工作的视频，10 天时间也捣鼓出了口罩机。这就是技术经验的厉害之处，就像厉天龙所说，"我们常年搞机械的，一看画面就知道工作原理。"①

同时，**虽然瑞安的机械制造有些相对比较低端，但拥有完整的产业链。**所谓"麻雀虽小，五脏俱全"，当地既有零部件生产，又有整机组装，可以实现从模具、锻造、铸造、电镀、精密加工等一步到位。一旦发现缺乏某个环节，能迅速在当地找到企业来补足。像德恒机械等多家企业，在转产口罩机的过程中都遇到"我有口罩机，谁有表面镀？"的问题。当地另一家零部件企业瑞立集团的表面处理工序，恰好能够满足这些口罩机企业的处理需求。于是，在政府牵线搭桥下，两方企业各取所需，顺利解决了口罩机量产问题。

以上"瑞安现象"就是低端产能新价值潜力的最佳证明。在恰当的组织下，这些产能可以快速迁移、组合成产，具有不输大企业的快速系统集成能力。经过疫情，更多人开始意识到低端产能的价值。商务部原副部长、中国国际经济交流中心副理事长魏建国在采访中就说道："中国是全世界唯一拥有联合国产业分类当中全部工业门类的国家，这是我们的优势，干吗弄到外面？什么叫淘汰出局，口罩淘汰出局这次就完了。我国应该反思什么是低端

---

① 浙江新闻：《不满价格乱象！永嘉牛人照着抖音视频 10 个日夜捣鼓出口罩机》，https://zj.zjol.com.cn/news.html?id=1417563，2020 年 3 月 24 日。

制造业，低端制造业不等于低端落后产能！"①

瑞安的爆发力令人意外，但之所以称它为"现象"，是因为这种表现是被疫情这个突发状况逼出来的。其实，对低端产能有意识地进行组织，在升级制造能力的同时留存中小企业，一直是存在的。**最典型的例子就是东京大田制造业街区。**

大田区是一个拥有高度加工技术的中小企业聚集区，是日本屈指可数的"制造业街区"。在大田区，切削、打孔、电镀、冲压、研磨、锻铸、成型等金属加工的所有功能一应俱全。区域中生产的产品不仅有各种高端零部件，还涵盖数码相机、游戏机、人造卫星等。这里甚至流行一种说法，当把设计图纸投往各家街道工厂，第二天就能变成实物"飞回来"。

大田区之所以能实现"纸飞机飞图纸"的愿景，就是因为其独特的"伙伴合作"模式。在大田，一件复杂的产品，不是由一家企业完成，而是由不同的小企业协作完成。如享誉盛名的"有舵雪橇"项目，就是大田区制造企业高效协作的缩影。为了宣传该地的制造实力，大田区选择共同打造一款国内紧缺且与制造街区技术匹配的雪橇制造项目。通过对有舵雪橇结构进行分拆，得到一张包含150个零部件的图纸，在30余个企业的通力协作下，仅用10天时间，就将所有零部件全部备齐。这种因项目组合产能的方式不但灵活高效，形成了"多品种""小批量生产""高难度""可短期交货"的制造特色，而且让大田区内的工厂均拥有自身的专业领域，专注于该领域，并不断积累高度的加工技术，形成良性循环。

无论是"瑞安现象"还是"大田模式"，虽然机器设备还是原来的机器设备，工人还是原来的工人，技能还是原来的技能，生产还是原来的生产，

---

① 中国国际经济交流中心：《低端制造业不是洪水猛兽》，凤凰网财经，http://www.cciee.org.cn/Detail.aspx?newsId=17758&TId=691，2020年4月1日。

但组合好了，整个区域可以像一个超级工厂一样，展现出强大的制造能力。这就是"协同制造"，它本质上是通过管理上的创新，让分散的产能发挥更大的价值。

2．数字经济时代，协同制造进化出更强的产能赋能力量

协同制造，并不是制造业的新命题。它伴随着现代制造业的发展一直存在，只是随着市场环境、技术等的变化，其形式和深度不断发生变化。尤其是在今天的数字经济时代，信息技术持续向制造业渗透，协同制造将在制造个体的协调组织和效益提升中发挥更大的价值。

过去，许多大型企业内部都通过协同制造来进行集成化加工制造，但更加关注企业内各部门、各系统或各工厂间的协调组织，从而保障了质量和效益。随着技术的发展，制造业分工逐步精细化，很多产品生产者已不再是单个企业，而是众多企业所构成的"供应链体系"，不同企业协同成为主流。

与此同时，我们也应该看到，前面的协同制造，其实面临着一定的时空限制。"瑞安现象"诞生于温州的包装机械产业集聚区，大田制造街区"纸飞机飞图纸"的运行逻辑也源于其"街区"的尺度。**时空局限决定了供应商之间的交互是有限的，这标定了以往协同制造效益提升的上限。**

值得庆幸的是，这一限制被网络技术、信息技术所打破！尤其是正在快速发展的工业互联网，作为工业经济全要素、全产业链、全价值链的全面连接，它以数据为驱动，打破技术、空间、组织之间的壁垒，为更大范围、更深程度的协同提供了承载。**工业互联网加持下的协同制造，将颠覆传统制造业模式，实现生产组织方式重构和全产业资源配置优化！**

波音公司（以下简称波音）早就尝试将工业互联网融入航空工业，打造遍布全球的协同制造网络。在过去，波音标准的研制方法是先由主机厂设计

好飞机，再将图纸送给供应商加工，最后再由主机厂组装整机。波音787则采取模块化生产，将机体结构与各主要系统的功能结构进行合理分解，形成多个整体结构功能模块，再选定模块供应商，赋予其结构设计制造与系统集成的任务和责任。例如，机翼就由日本的重工三巨头（富士、三菱和川崎）负责细化设计、组装和整合，然后运到埃弗里特做最后组装。波音此举将设计和开发成本与全球合作伙伴分摊，与供应商建立了全球性的协作体系。

在这个协作体系中，工业互联网平台扮演了关键驱动力。波音搭建了名为"全球协同环境"的协作平台，作为推动全球供应商系统高效运作的"中枢机构"。通过该平台，全球6 000余名工程师使用法国达索系统公司的设计和协同软件CATIA进行并行设计，波音则可在线对不同供应商生成的部件数据进行组装和校验。这种形式的全球化合作不仅能够加快设计和制造的进程，还可以得到全世界关于同一项目的知识、技能和创意。尽管全球协同的高难度使波音787的交付时间数次延迟，但仍不妨碍波音787成为波音史上完工最快、造价最低的机型[①]。

可以看到，数字时代的协同制造，是高度数字化的网络化协同制造体系，对以往生产组织模式的改变是颠覆式的。

（1）**更大范围的协同**。因为可以在线聚集、信息共享，数字时代的协同制造其实是用"数据"在企业间构建了联通体系。企业不再是"孤岛"，以往企业内的协作可以轻松延伸至企业间、企业外，由此将协作的范围从区域内扩展到区域外，实现更强的协同效应。让制造模式从丰田时代跨步进入波音787时代，这种范围的扩大，不仅是空间范围方面的，也是数量范围方面的。

（2）**全生命周期的协同**。数字技术不仅让各生产环节无缝对接，还可以

---

① 李政. 基于波音787的全球供应链战略模式研究[J]. 科技促进发展，2012（5）：97—102.

让更多主体参与联动，从而构建围绕产品全生命周期的协同网络。以欧冶云商为例，其针对钢铁行业因传统供应链"环节多"导致低端产能过剩的问题，搭建第三方生态型服务平台。不但实现所有的原材料商、钢铁生产企业、中下游经销商和终端客户的信息共享，还融入了金融、保险、租赁、仓储、运输等全链条服务，构筑了可以极速连接和组织的产业级生态圈。

（3）**从串行到并行的模式再造**。在传统模式下，产品生产是串行工程，按生产流程在各个部门之间转移。而数字技术通过供应链上下游企业共享客户、设计、研发、生产、管理等信息，许多流程可以同时进行，转变为效率大大提升的并行联动。波音787"速度"的实现，就在于其信息共享和协作组织，不但实现了并行设计、同步模拟，还实现了各模块的同步制造。

可以说，数字时代的协同制造，是一种新型的组织关系。对现今许多陷入困境的产能而言，这种对传统生产组织模式的颠覆无疑是一次价值再挖掘。通过广泛连接，闲置的产能可以被再度利用；通过信息共享，可以实现多个生产个体的协同规划，促进效率、效益双重提升；通过数字赋能，松散的产能成为可快速组织、快速反馈的新型生产系统。在协同制造赋能下，过去那些被认定为低端产能的企业，不再是"散兵游勇"，而是全新的、活力十足的先进生产力！

这种数字经济时代下的新型"组织力量"优势，在新冠肺炎疫情暴发时尤为凸显。为应对疫情初期全国"一罩难求"的混乱局面，航天云网迅速推出"医疗卫生用纺织品防疫物资工业互联网应用服务平台"，打出了"线上抗疫组合拳"，调动全国产能快速投产。各地防疫物资企业将产能情况同步到平台，形成了透明准确的全国"产能地图"，缺材料的、缺设备的、缺专家的，能迅速在平台上找到资源供给方。如平台刚刚发布，就帮助湖南一家转产口罩生产的企业对接到了当时极为紧缺的熔喷布。正是这种跨区域协作和产能共享，让浙江、江苏、山东、湖南等全国多地快速补足口罩产能缺口，解决了全国疫情防控的燃眉之急。而之所以航天云网可以担纲"组织手"，是因为其通用平台连接了33.46万户企业，实现了83.35万台套工业设备①上线，本身就打通了多个工业领域。

那么，对城市来说，如何用好这种新型组织关系，解决产能低端、产能过剩问题，助推本地产能升级呢？

三、"纵横"策略：打好协同制造"组合牌"，助推产业集群产能升级

对城市，尤其是传统产业集聚区而言，过去的成功依靠的是产业"集中"、产业"关联"形成的集聚效应。但在新时期的转型之中，传统产业集聚区表现的是整体的落后，面临的可能是集体式的淘汰危机。要延续优势，必须转换思维，依托数字技术，打通线上线下，虚实结合，重塑集群协同效应，变整体落后为整体先进。具体而言，可以通过"一横""一纵"两种协同制造策略，以新模式、新业态化解低端产能困境。

1. 策略一　横向组合：共享制造，激活闲置产能，提高产能利用率

传统产业集聚区产能过剩，反映出来的往往是产能利用率不高的现象。但闲下来的这部分产能就真的"一无是处"吗？实际的情况更有可能是A企业欠缺或需要的制造资源和制造能力，在B企业却无充足的"用武之地"，但A企业和B企业之间存在的种种壁垒阻碍了"物尽其用"。尤其在传统企业战略过分强调竞争的情况下，同行就是冤家，不可避免造成制造业的"囚徒困境"。同行业之间的同质化恶性竞争，造成产能的大量浪费，降低了集群整体效益。

---

① 《实现数据汇集、业务汇集和精准对接——航天云网为企业转型打造数字底座》，http://www.casicloud.cn/news/14367/detail.html?type=408，2020年9月15日．

将"共享经济"理念运用到制造业中的"共享制造",就是针对产能利用率低这一问题的产能共享策略。说到共享经济,我们会立马想到滴滴、Uber,它们的商业模式就是共享经济鼻祖罗宾·蔡斯(Robin Chase)提炼的"产能过剩+共享平台+多主体参与"公式。转换到制造业中,就是通过共享平台,将分散、闲置的生产资源集聚起来,弹性匹配、动态共享给需求方。这本质上是让闲置产能重新投入社会流通之中产生新价值,提高闲置资源利用率,并且从根本上避免了因信息不对称导致的资源整合不到位。

值得一提的是,共享制造并不只是让闲置设备忙起来。共享制造涵盖制造能力共享、创新能力共享、服务能力共享三大方向。也就是说,围绕生产制造各环节的一切资源,包括设备、人力、技术服务、仓储、知识等都**可计量、可协同、可交易**,为社会分工带来快速重组能力。企业既可以将优势资源共享出去,又可以将紧缺资源共享进来,颠覆传统制造企业的孤立模式,让企业关系从竞争走向竞合,从而推动分散、低效率、低价值的制造体系向完整、高效率、高价值的制造体系进化。

共享制造已成为我国大力推动发展的新兴方向,其主要任务如图 3-1 所

共享制造的主要任务

- 积极推进共享制造平台建设,把生产制造各环节各领域分散闲置的资源集聚起来,弹性匹配、动态共享给需求方。

- 鼓励企业围绕产业集群的共性制造需求,集中配置通用性强、购置成本高的生产设备,建设提供分时、计件、按价值计价等服务的共享制造工厂,实现资源高效利用和价值共享。

- 创新资源共享机制,鼓励制造业企业开放专业人才、仓储物流、数据分析等服务能力,完善共享制造发展生态。

图3-1 共享制造主要任务(图片来源:华高莱斯整理)

示。工信部印发的《关于加快培育共享制造新模式新业态促进制造业高质量发展的指导意见》、工信部等15部门共同发布的《进一步促进服务型制造发展的指导意见》，以及发改委等13部门印发的《关于加快推动制造服务业高质量发展的意见》，都将共享制造作为重要的创新模式之一。国家信息中心分享经济研究中心发布的《中国共享经济发展报告（2020）》显示，共享制造将会成为"十四五"期间制造业转型发展的重要抓手。

对政府来说，可以通过以下3种共享制造组织模式实现产能的横向组合和升级。

（1）"云工厂"模式：云订单牵引云制造，实现分散资源集中使用。

在制造业中，大订单往往更青睐于头部企业，大量中小企业只能以中小批量订单为生。许多中小企业常年处于缺订单、少订单、订单不稳定的状态，导致较高的设备闲置率。并且生产小批量订单难以形成规模效应，使中小企业的利润空间逐步压缩，从而进一步丧失升级转型的动力。大面积产能过剩也就随之而来。

"云工厂"的共享模式是依托云平台，将分布式的制造资源汇聚成一个在线"制造资源池"，使分散的产能再度"规模化"，实现"一个订单，多厂合作""谁有空闲、有档期，谁来做"。让分散的中小企业拥有可以与头部企业抗衡的竞争力，有效避免其"三天打鱼，两天晒网"的产能闲置困境。以深耕PCB（印制电路板）制造的**云工厂平台企业捷配科技**为例。

捷配科技以"柔性的平台"，汇聚"刚性的工厂"，目前聚集了各地的50多家PCB、PCBA等行业工厂的产能。捷配科技充当云工厂的"中央处理器""统一集单，统一做工程，统一客服，统一处理工程文件"，再由协同工厂协同生产。从整体效果来看，通过平台整合，云工厂的出货期只需3～5天（传统电子制造业交货期是10～15天），价格也比市场上的平均价格低 15%～20%[①]。而对具体参与的协同工厂来说，不但获得了订单，还降低了成本，极大提升了竞争力。那么捷配科技是如何打造这一"业务逻辑上统一、物理实体上分散"的分布式生产系统的呢？

第一步，产能评级。捷配科技（以下简称捷配）从规模、工艺制程、设备、品质等多维度对协同工厂进行筛选，确保这些产能模块拥有较好的生产品质管理基础和较大的数字化改造空间。同时，对协同工厂进行产能评级：适合生产一般性电子产品的对应"标品"；适合生产耐用性产品的对应"优品"；适合生产高可靠性产品的对应"精品"。实现订单与各个协同工厂生产能力和工艺水平的精准匹配。

第二步，产能监控。为了达到业务逻辑的统一，捷配科技对整个业务流程进行了数字化的处理，包括协同工厂的生产工艺、生产能力及生产要素。如用自主研发的物联网前端采集设备，实时掌握设备运行状态。

第三步，产能调度。通过软件算法的技术研发，捷配科技打造了智能生产系统和排程系统。平台完成工程拼板以后按照订单分类精准分发到对应的协同工厂，并确保工厂的交期准确率。此外，捷配还提供了一些后端的共享服务，如原材料的集中共享、设备加工共享等，帮助协同工厂降低采购成本、突破瓶颈工艺、提升产品品质。

目前，越来越多的"云工厂"平台已经开始涌现，它们通常专注某一细分行业场景，推动分散产能集中使用，如纺织行业的智布互联、服装行业的秒优科技、结构件制造行业的生意帮、包装印刷行业的小象智合等。对政府来说，借助这类平台型的"云工厂"企业对本地产能进行整合可谓一举多得，既让本地企业的闲置产能产生了新的价值，又让它们融入更规模化的生产系统之中。

---

① 张丞：《36 氪首发 | 打造电子协同制造平台，捷配完成 2 亿元人民币 B 轮融资》，36 氪，https://36kr.com/p/1023271042598921，2020 年 12 月 24 日.

在外力帮助下主动向数字化、智能化转型升级，在传统产业优势之上构建了一个"云端产业集群"，对激活本地低端产能的活力有极大的价值。

(2)"共享工厂"模式：共性需求推动资源统筹开放，实现集中资源分散服务。

制造企业设备闲置率高、产能利用率低等问题，一部分是缺订单这样的客观因素造成的；另一部分是因为制造资源间歇性闲置是制造业中的常见现象。如一些设备只在某个环节使用，在产品到达这个环节之前，设备都是闲置的。但对许多企业，尤其是小规模制造企业来说，制造资源仍然是制约其升级发展的短板，尤其是特殊制造资源、关键工艺、临时性的加工能力等。如果能够将上述两种情况实现互补，那么产能效益将会得到极大的提升。

共享工厂就是一种打破企业之间信息壁垒和资源孤岛的新模式：供方将闲置或优质资源拿出来共享，需求方节省投入、降低成本，既解决了一些企业的燃眉之急，又帮助拥有闲置资源的企业提高资源利用率。

重庆大足五金产业集群升级就是以共享工厂为突破口，通过政策和资金引导企业建设智能共享工厂，鼓励不同企业专注核心技术、深耕细分领域，让大量小企业搭上升级"快车"。

"北有王麻子，南有张小泉，西有龙水刀"，龙水刀正是大足五金的代表。全区五金产业涵盖"日用五金、工具五金、建筑五金、船用五金、汽摩配件"等12大门类，有320多个品种、2 600多个型号，形成了五金材料、锻打、铸造、冲压、模具研发与制造、精密加工、表面处理、喷绘、检测等完整的产业链。但大足五金的产能极为分散，生产主体21 243户，企业2 268家，规上工业企业仅166户[1]，大部分仍处在手工作坊时代，转型形势

---

[1] 中国产业经济信息网：《重庆大足五金"卖全球"亟待发展新动力》，国际商报，http://www.cinic.org.cn/xy/gdcj/1115681.html，2021年6月24日.

迫切。那么，大足五金是如何用共享工厂解决以上问题的呢？

大足五金已形成两条思路，一种是工序设备"物尽其用"。 按五金行业生产规律，淬火设备购置的花费较高，20万～30万元一套的价格对大部分企业来说压力不小。但花大价钱买来的设备，一个月起码10天的时间是闲置的，并且设备一旦闲置，再次使用必须重新升至1 080 ℃的高温，又得花费额外的七八百元电费。针对这个行业痛点，大足以"头雁"企业永利刀具有限公司为试验田，让其在满足自身生产需求之外，将部分产线共享给其他企业。共享后，永利的设备不再歇火，仅淬火、锻打等设备满负荷运转就可以节约10%左右的成本。如今永利刀具服务企业30多家，共享产值就达到2 000多万元[1]。

另一种是智能生产线"共享示范"。 相比淬火设备，五金行业一条完整生产线的购置费用更加昂贵，一般五金企业望尘莫及。重庆合芸刀具智能制造有限公司就针对此痛点，引进德国的制刀工艺，与大足本地的锻打工艺相结合，形成新工艺，并用机器人代替人工，打造可共享可示范的智能工厂。利用该工厂的智能生产线，一把刀从毛坯到打磨、开刃、上柄，再到成品，仅需50秒，光洁度和锋利度都大大提升。目前，该智能产线已共享给芸利五金、利锋五金、龙水刀具集团等企业，年产刀具超过70万把，年产值约2 000万元[2]。

共享工厂通过将制造能力分享出去，实际上形成了一种协同创新的环境，实现多方共赢。共享工厂以大带小，让小企业不再受制于短板，可以专注自身能力，强化细分环节技术能力，促进专业化分工。大企业则找到一种

---

[1] 重庆日报：《大足五金产业谋求转型升级——智能共享工厂"小试牛刀"》，https://epaper.cqrb.cn/html/cqrb/2020-08/05/003/content_266907.htm，2020年8月5日．

[2] 大足日报：《生产一把刀只需50秒》，https://www.cqcb.com/county/dazuqu/dazuquxinwen/2020-09-21/3018421.html，2020年9月21日．

新的盈利模式，如上文提到的永利刀具、合芸刀具，不但没有影响自身业务，共享出去的产线还贡献了额外的收入。

对于一个地区制造集群来说，共享工厂可以起到很好的示范和带动作用。目前，许多城市已开始重点扶持共享工厂，推动传统制造业升级。如宁波出台《宁波市共享经济发展行动方案（2019—2022 年）》鼓励建设共享工厂，温州刚出台的《关于深入推进传统制造业改造提升 2.0 版的实施意见》中提到，到 2022 年，建设具备共享制造能力的车间、工厂 20 家。对政府来说，本地掌握制造资源的龙头企业无疑是合适的共享工厂建设者，关键是政府要进行合理的引导，让这些企业愿意带头、乐意开放。

（3）"新型协同众创空间"模式：以全要素共享为理念，实现协同创新。

制造业一直以来都算高门槛行业，因为在正式投入生产前，需要大量的沉没成本：购置或租赁土地、建厂房、买设备、找工人、买原料……低端产能之所以难以升级，正是因为低端产能企业普遍存在资金匮乏、人才稀缺、小散乱的问题。那么，该如何解决低端产能创新动力不足的问题呢？**深圳宝安区燕罗街道**通过积极探索新型协同众创空间模式，为传统制造业升级探索出一条新路子。

燕罗街道是一个模具产业集聚区，拥有 800 多家模具企业，产业链完备，产业基础好。但模具产品有单件定制化、工艺复杂的特性，很难形成高度自动化和规模化生产，因此，燕罗模具企业大多为小微企业，产能分散。同时，模具设备的专用性又使得模具行业企业很难适应不断变化的市场需求，导致产能无法被充分利用。针对这些痛点，燕罗街道诞生了**新型协同众创空间 Mould Lao**，取意于粤语"模具佬"，指制作模具的工匠。Mould Lao 也是全国唯一一个面向制造业创新创业的国家级众创空间。

Mould Lao 通过"平台＋小微"模式，以线上系统赋能线下空间，打造了一站式全链条共享制造空间，实现了五大资源的共享共创。

这里的技术工人是共享的，技术工人是工匠也是创客。"模具是典型的知识分散型行业，掌握技术的工匠才是企业的立身之本。"[①] 因此，Mould Lao 极为重视技术工人的动力激发，它打破了传统企业的用工关系，让原来的技术工人成为可以在内部市场上自由交换的技术创客。当一个小企业拿到订单后，技术工人根据自身技术等级自报身价、领取项目。通过双向自由选择，很快能从各个环节找到工匠，组建项目团队。工匠在项目实施过程中各司其职，项目完成后各自领取报酬。这样的方式，让原来的技术工人从被动劳动变成了自主竞价模式下的技能共享，极大地激发了工匠的主动性。同时，又降低了企业的成本，一家加盟众创空间的模具制造小企业老板表示："以前没订单的时候，也要养人，发工资，各种成本一样省不了。现在不用养那么多工人，一年可以赚 500 万元左右，企业利润大幅提高。"[②]

这里的订单是共享的，通过"竞标"进行合作生产。Mould Lao 自主研发了一套中小企业共享制造 TES 系统，通过大数据、云计算等技术，实现小微企业之间的资源调度和信息交互，也就实现了"内部市场化"：小微企业既是平台的"内部主体"，又是独立于平台的"外部企业"。小企业除自己接单外，还可以竞争众创空间的订单。众创空间获得的订单，会自动进入空间的信息化平台，小微企业根据自身专长进行线上"竞标"。例如，某个订单经过线上"竞标"后，最后可能由 5 家企业共同完成，分别负责模具的设计、原料采购、制造、检测等各环节。这种形式既确保了小微企业的订单，又大大降低了协作成本，更促进了各环节的专业化分工。

---

① 中宏网：《打破制造边界，数字化时代转型下的共享工厂》，http://gd.zhonghongwang.com/show-155-4960-1.html, 2020 年 11 月 25 日。
② 南方新闻网：《揭秘"共享制造"！看 18 家企业如何共享 1 个工厂》，http://pc.nfapp.southcn.com/39/655417.html, 2017 年 9 月 6 日.

此外，这里的品牌是共享的。Mould Lao 的运营主体深圳市五鑫科技有限公司一直深耕精密模具制造领域，有良好的声誉。Mould Lao 将"五鑫"商标共享，并通过严格的质检流程为小微企业把好质量关。有了品牌背书，小微企业更容易得到客户的认可，从而更顺利地拿到订单。**这里的设备是共享的。**Mould Lao 的高端加工设备及检测设备是"按小时计费，随用随给"的，帮助小企业"鸟枪换炮"。过去小微模具企业因为买不起设备，只能生产低端的、低利润的模具，如今却可以在众创空间租到价值 200 多万的进口数控铣床"纳米机"，实现精度的指数级跃升，接到以前无法获得的"高级订单"。**这里的技术顾问也是共享的。**Mould Lao 甚至请来 65 岁的日本模具技术专家大庭英誉，指导空间内的创业者。另外，Mould Lao 还为入驻企业提供行政、财务和法律等共享服务，让企业集中精力专注制造。

　　与普通的众创空间主要提供办公场所不同，Mould Lao 是面向制造业的全面的生产资料共享，是一种新型的协同创新空间。国务院发展研究中心党组书记马建堂曾去 Mould Lao 调研，认为 Mould Lao 这种"共享制造"模式是一个新生事物，也是一个全新的课题，它颠覆了传统的企业概念，有利于迈向制造强国，值得深入研究[①]。目前，Mould Lao 也将这种共享制造模式向别的领域复制，如东莞的线束制造企业千与田电子有限公司，就引入 Mould Lao 进行改革。通过引入众创资源、TES 系统、培育小微工坊、调整组织结构和激励制度等，重组为由 25 家小微工坊、160 多名个人创客和 100 多名技术工匠组成的创新空间，极大提高员工积极性，实现效益扭亏为盈。地方政府也可借鉴燕罗街道，引入或搭建类似 Mould Lao 的新型协同众创空间，助推创业阶段的制造企业高位"出道"，从根本上解决低端产能过剩问题。

---

① 皮韦：《全国唯一面向制造业创新创业的国家级众创空间来了一批客人》，http://static.nfapp.southcn.com/content/201711/16/c792324.html，2017 年 11 月 16 日.

2．策略二　纵向组合：产业链协同，升级柔性新型产能，促进供需匹配

制造业实际上是产能与需求长期博弈的行业，**产能过剩其实是相对的。大多数情况下，过剩产能是由于供需结构失衡，导致的特定产品在特定时期的过剩。**所以，要解决产业集群的产能过剩问题，在整体供大于求的背景下，**不是要去产能、去产量，而是要更快响应市场需求的变化。**

（1）柔性产能，才是未来需要的产能。

如今，随着消费结构升级，买方市场和消费者差异化、个性化甚至时效性的需求崛起。**在这样的趋势下，以往满足社会大量工业品需求的规模化刚性生产难免捉襟见肘，取而代之的是更能快速响应市场的新型产能，即"更快速、更多样化、更定制化、更周期可控"的柔性产能。**C2M从"先产后销"到"先销后产"的模式转变背后，需要的正是这种小批量、个性化、快速反应的柔性新型产能。可见，柔性生产能力才是制造企业的核心竞争力，柔性化才是未来产能升级的主方向。因此，应对产能过剩的最好选择，是对产能进行柔性化升级。

工业和信息化部出台的《关于促进制造业产品和服务质量提升的实施意见》指出，鼓励企业技术创新，开展个性化定制、柔性生产，丰富产品种类，满足差异化消费需求。国家发展改革委等15部门联合印发的《关于推动先进制造业和现代服务业深度融合发展的实施意见》也鼓励推广柔性化定制[①]。如今，在汽车、家电、电子元器件等很多行业已经出现了小批量、多批次的柔性化变化。如上汽大通可以让用户像吃自助餐一样在手机上配置自己想要的汽车样式，海尔冰箱、美的空调将产品的选择权和定义权交给用户，实现"即供即需"的零库存模式等。

---

① 发展改革委网站：《15部门印发〈关于推动先进制造业和现代服务业深度融合发展的实施意见〉》，http://www.gov.cn/xinwen/2019-11/15/content_5452459.htm，2019年11月15日。

(2) 柔性产能的背后，需要产业链协同。

为了应对不同需求场景，在品质、交期、成本上保持一致的前提下，柔性产能一定是可以弹性释放的：**需求多就多生产，需求少就少生产**。它考验的不只是生产线上的硬技术，还有管理上的软实力，不只是车间内的柔性，更是整个产业链上下游的默契配合程度。也就是说，柔性新型产能的底层逻辑，是实现从原材料供应到产品生产，再到成品销售等各环节的策略与数据一致，使整条产业链能够在不断变化的需求中游刃有余地进行自我调整。

如果做不到产业链协同，柔性生产也就难以为继。例如，**阿迪达斯速度工厂**（SpeedFactory）开工仅4年就相继关停的命运很能说明问题。速度工厂是阿迪达斯靠近欧美市场布局生产的重要战略，可以根据消费者需求打造个人定制运动鞋。在这最顶尖的全自动工厂内，机器人取代人工，3D打印自动化生产，一双鞋从开始到生产完成，仅需要约5小时。即使是制造水平如此之高的工厂，虽然实现了个性化，却无法有效地实现规模化生产，因为工厂只能生产部分鞋面、鞋底的产品，无法生产采用橡胶材质的鞋底。阿迪达斯绝大部分供应商都在亚洲，缺少了本地供应链的配套协同，单个工厂很难做到低成本的敏捷响应。

同样是个人定制，国内的**酷特智能**却可以在一件起定的高灵活性要求下，实现每天3 000多套定制服装的大规模生产，7天交货，并且可以盈利。核心就是它解决了产业链协同的问题。通过自主开发的RCMTM（Red Collar Made To Measure）系统，酷特智能从下单开始，就完成了需求的数据化和在线化，并贯穿量体、打版、剪裁和出货环节始终。整个制造过程就是数据驱动的人机协同，每件定制产品都有专属的"身份证"，里面包含面料、款号、袖号、线号及操作流程等各种信息，每到一个生产单元就读取对应的信息卡，该进行什么操作一目了然。酷特智能流水线的数据不仅流通于工厂的生产单元，更可以通过信息系统向上下游企业传递和共享，实现整个产业链的协同生产。上游材料供应商可通过系统平台随时了解酷特智能工厂的原材料库存，做到一旦库存低于警戒水平就第一时间安排补货。

除主制造商自主进化外，目前市场上也涌现出专门的科技公司，辅助企业实现产业链协同，让更多的企业适应需求市场的变化。以服装行业的**飞榴科技（以下简称飞榴）**为例。作为一家 AI+ 服装柔性供应链公司，飞榴以一套"即装即用"的 SaaS 生产协同系统，实现产业链各个环节的数字化，解决传统成衣中小工厂生产准备、生产管理、订单跟踪等难点问题。AI 深度学习技术的引入，还可以辅助班组长进行工序分配和人员安排。该系统最大的特点就是上线速度快，对于中小工厂，标准的 SaaS 系统一天上线，三天即可全面使用，让各服装工厂快速具备了"小单快反"的能力。SaaS 系统不仅为工厂服务，还为设计师、主播、MCN 和品牌客户提供 S2B2C 的供应链服务。也就是说，飞榴将面辅料、染整厂、生产端和消费端都整合到了同一个生态之中，这极大促进了供需匹配，提升了产业链协同效应。

（3）抢抓产能柔性升级趋势，城市需构建"平台+生态"机制。

对于城市尤其是产业集群而言，要对传统产能进行柔性化升级，关键在于构建"平台+生态"机制。由于柔性产能的底层逻辑是产业链的协同，而产业链的高效运行，必须依托平台的"数字底座"，基于平台搭建数字虚拟空间，遵守平台建立的协同运行规则。**因此，城市产能柔性升级的开局，必须培育或者引入平台型企业。而在平台的基础上，更重要的则是构建云上产业生态。**产业链上任何一环的缺失，都会成为产业链高效协同的"断点"。因此，必须推动从龙头企业到小企业，从原料商到制造商等一系列关联角色上平台、用平台，只有各类角色都同步起来，才能真正将线下优势拓展到线上，从而利用数字技术进一步放大协同效应。

国内一些城市已经开始紧跟个性化需求趋势，通过"平台+生态"，走上产能柔性化升级的道路。如青岛发力个性化大规模定制，不但培育了酷特智能、恒尼智造、青岛啤酒等本地个性化定制标杆企业，还引入以飞榴为代表的专业平台企业，对小企业进行赋能，培育生态。温州剑指服装个性化定制基地，依托阿里巴巴，组织制造企业打造C2M"超级工厂"。广州则已打出全球"定制之都"的新名片，引入树根互联打造"全球定制家居产业链平台"，驱动上下游协作，实现规模化产业分工。

在众多跃跃欲试的城市中，广州花都区狮岭镇已走在前列。以皮具箱包产业品牌化为目标，紧抓个性化需求趋势，通过产业链协同平台助推产能柔性发展，实现皮具箱包产业集群轻盈起步、快速逆袭。

"世界皮具看中国，中国皮具看花都狮岭"，花都区狮岭镇是中国最大的皮具箱包产业集中地，被誉为"中国皮具之都"。镇上半径5千米的范围内汇聚了8 800家各类皮具箱包厂、16 800多个配套服务商户[①]，形成了完整的皮具加工产业链。但长期代加工的运行模式，并没有培育出强势的本地企业和品牌。在新消费模式大环境下的冲击下，狮岭皮具产业近年来也在经历转型阵痛。尤其因新冠肺炎疫情造成的订单腰斩、库存积压、资金周转困难，更是让狮岭不得不加快转型步伐。

①**集群上云，让产业链协同优势"长板更长"。**

狮岭皮具箱包产业最大的优势，就是产业链优势，而延续这个优势，成为狮岭转型的突破口。皮具箱包最大的特征就是"碎工艺"，每个产品从设计到出货需经过18大类，共120多道独立的工序。因此，箱包前端准备时间

---

① 广州市花都区人民政府：《打造数字经济新时代下传统产业升级的狮岭样板皮具产业迈入数字化》，花都区融媒体中心，https://www.huadu.gov.cn/zmhd/zxft/content/post_6474365.html，2020年7月13日．

占到整个周期的近 2/3，包括设计、选料、出样、做模具等。狮岭有最全面的皮具上下游链条：这里可以找到超过 10 万种包材、超过 20 万种原辅料。但这种传统产业链协同的限制也很明显，以找料为例，如狮岭有 16 000 多个档口，虽然选择余地很大，但是跑市场问价、比价的成本非常高。

为了提高"找料、找人、找加工、找市场"的效率，狮岭搭建了"箱包产业链协同制造平台"。首先，鼓励箱包成品企业的业务和数据"上线上云"。然后，通过订单驱动、以大带小的模式，拉动产业链加工配套企业、原材料采购等各环节规模化上平台。当整个产业链在线上聚集后，原材料采购、生产厂家排单等环节对整个产业链都是透明的，产业链企业可在线比价、接单、评估、交付。同时，平台集合了箱包设计的款式、规格、面料等要素标准和在线设计工具，从源头改变了低水平重复设计的问题。**此举，将狮岭镇产业链的物理优势搬到"云"上，打通了企业内外部协同的超快速供应链，从而让整个集群可以快速组织柔性生产。**此外，狮岭正在打造一个名叫"收料易"的 App，未来，全国皮具厂商都可以加入狮岭的产业链生态，让狮岭真正成为全国箱包皮具的产业链协同枢纽。

②打通产销对接，让产业链"更快更定制"。

直播已经成为继门店、网店之后最重要的销售渠道。在此趋势下，狮岭主动拥抱"直播经济"，联合抖音、快手、淘宝、拼多多等头部直播平台，打造电商矩阵，还引进专业 MCN 机构，打造直播基地，鼓励本地企业通过直播带货。狮岭镇还探索了"**网红 + 镇长 + 厂长**"等多种新鲜引流模式。如在"中国皮具之都·精品箱包直播"专场活动中，镇长谢英俊走进直播间推介狮岭精美包包，当场就获得 33 万元订单。直播基地还设立专属直播间，进行常态化的地方领导直播带货活动。当地皮具工厂老板、员工也变身主播，诞生了许多像"罗厂长"这样的新网红主播。

直播带来了流量，但更重要的是应对这些小单量、多品种、多批次、个性化的订单，快速组织产能生产。于是，狮岭打通了直播平台和产业链协同制造平台，如此，直播引流的订单就可以立刻直达产业链上下游的工厂。当主播还在对着镜头介绍最新款的原创设计箱包的时候，另一边，后台技术人员就已经将卖出去的订单通过"云ERP"软件上传到协同制造平台，对接给产业链上中下游各环节企业了。此举真正打通了消费端和产业链，形成了及时响应的协同设计与制造。制造商不需要提前备货，真正实现了"先销后产"。两大平台的对接让狮岭产业链协同的优势发挥到极致，柔性的产能在"小单快反"和个性化规模定制面前，可以应付自如，产能利用效益达到最佳！

另外，狮岭也在打造本文前面提到的共享工厂、建设共享制造中心，以降低成本，让本地产业链更加"轻盈"。以此为借鉴，各城市（尤其是中小城市）应该重视个性化需求趋势，利用好本地产业链优势，用好平台建好生态，助推本地产业链系统性地向柔性新型产能升级，从而实现本地产能的柔性更新、区域品牌的再次升级。

对许多中小城市来说，传统制造业集群升级已到了关键节点。尤其是以"块状经济"为特色的浙江、以"专业镇"闻名的广东，以及拥有众多专业化产业区的山东、江苏、福建等地区的城市，产业聚集区是当地制造业的命脉所在。对这些城市而言，对待低端产能显然不能一概淘汰了之，那么到底该如何延续过往优势，持续获得生命力呢？

在数字经济全面渗透制造业的新节点，协同制造为每个产业集聚区的二次"进化"都带来了新机会。在工业互联网等技术的加持下，传统产业集群会突破原来的物理聚集形态，形成新的产业集聚和协同效应。可以预见的是，相似集群间的优胜劣汰会加速进行，那些率先抢占核心生态位的将会赢家通吃，强者恒强。

在这巨变的洪流之中，政府赋能产业集聚区的重点也不再是以往提供土地、提供空间这样的物理形态的服务方式，而更应该关注数字形态的服务。以线上赋能线下、线上线下融合等多种新型服务形态，最大限度地发挥产业集群的协同效应，激活闲置产能、升级柔性新型产能，解决本地企业供需错配和资源错配的根本矛盾。

未来已来，没找到方向的城市还在低位徘徊，看到趋势的城市早已迎来第二春……

工业软件，中国的新机会

文 | 金 浓

2020年5月，美国政府对华为的禁令升级，禁止其使用芯片设计的上游EDA（Electronics Design Automation，电子设计自动化）软件；6月，美国对33家中国机构及公司实施了MATLAB软件禁用。短短两个月内的两次精准打击，抓住了中国制造业的短板——工业软件。一时间舆论哗然，隐形于制造业背后的工业软件开始真正走入大众视野。甚至，中国的困境因此被比喻为"缺芯少魂"——"芯"即芯片，而"魂"则是工业软件。这将工业软件摆在了和芯片同等重要的地位，因为"售价不过数百万的电子设计软件被停用，会使得上百亿的芯片成为硅土"[①]。

但工业软件岂止是信息产业之魂，它是整个制造业之魂！可以说，工业软件是制造业的大脑和神经。说它是制造业的大脑，是因为从研发设计、到生产控制、再到企业管理，全都要依靠工业软件来处理，包括计算机绘图CAD、计算机仿真分析CAE、制造执行系统MES、企业管理系统ERP等。而它同时也是制造业的神经末梢，因为机器设备之所以能够收集数据反馈到大脑，甚至可以进行边缘计算，都是因为芯片之中植入的采集、控制、通信等嵌入式工业软件。

从信息化时代发展到数字经济时代，工业软件对于制造变革的影响不断升级。如今，正在以全新的方式定义未来制造、重铸产业之"魂"！

---

① 林雪萍：《中国软件失落的三十年，这里的黎明静悄悄》，搜狐网，https://www.sohu.com/a/246889412_115207.

一、软件定义制造，工业软件是数字经济时代产业发展的命门

1. 信息化时代，软件定义"制造方式"

工业软件诞生于 60 年前的信息化时代，被称作第三次工业革命的重要标志。这是因为工业软件的出现重新"定义"了制造的技术和方式："以机械为核心的工业"开始向"以软件为核心的工业"转变。最早的计算机辅助设计、制造软件（简称 CAD/CAM）改造了当时最高端的制造业——汽车产业和航空航天。

以飞机制造为例，最初 20 世纪 60 年代的 CAD 只能应用于零部件的建模、装配和分析过程。到了 1991 年，CAD 的升级使波音 777 成为世界上第一个采用全数字化设计手段完成的整机。全数字化设计是指，首先在软件里建模，其次在软件里进行数学计算，再次在软件里模拟试验，最后通过软件操控数控机床生产部件。

可能这听起来稀松平常，因为如今工业软件早已渗入制造业的各个角落。但很难想象，在工业软件出现之前，需要专业绘图师在巨大的图纸上以 1∶1 的比例精确手绘大型部件，然后将纸板制作的部件剪贴拼装并进行规划测试，再由工人手工操作电动机床、将加工零件按照设计图纸的要求制作出来。在图纸到实物的转化中，不仅过度依赖操作工人的理解、经验和技能水平，而且效率低下程度可想而知。

由此可见，在制造业信息化时代，工业软件带来了生产力的大幅跃迁——由"软件定义制造"的波音 777 用了 4 年半就首飞成功，相比传统研制方法下造了 24 年的波音 747，反而价格更低，质量更好，成为历史上最赚钱的飞机。人们都知道波音公司拥有全球顶级的飞机设计制造技术，却常常忽略波音研发设计中使用的 8 000 多款软件，除了 1 000 多款的通用软件，

剩余 7 000 多种软件均为波音自行开发、内部使用。可以说，波音公司的核心竞争力并非工厂和生产线，而是这 7 000 多种工业软件！

不但高端制造业的发展高度依赖工业软件，在信息化对工业的改造下，无论是重工业还是轻工业都离不开工业软件。例如，我们住的房子、用的手机、坐的飞机，在设计阶段需要用 CAD 建模；电子设备散热和信号性能好不好，可以由 CAE 测试解决；而在这些产品生产过程中，物料的管理、质量的控制则需要 MES 来把控。可以说，每件工业品几乎都是工业软件的结晶，每台装备离开了软件都不能运行。

2．数字经济时代，软件重新定义"制造模式"

在信息化时代下，工业软件只是制造业信息化发展的辅助工具。也就是说，工业软件只能在某些单个环节帮助制造业变得"更快更好"。如果没有工业软件，完成相应的制造流程，就需要花费更多的人力。

在数字经济时代，随着工业互联网的蓬勃兴起，工业软件将成为"新制造模式"的核心支撑。服务型制造的发展、新产业生境的构建及大协同制造的趋势背后，绝不是简单的网络连接就能解决的，而是必须基于生产和使用数据的即时收集、分析、决策能力。可以说，没有工业软件，产业互联与协同都是空谈。

具体来说，工业软件对于制造模式的影响主要体现在以下几个方面。

（1）工业软件重新定义产品形态。软件、传感器等要素不断"嵌入"传统的物理产品中，出现了无人驾驶汽车、智能家居等智能化产品。与过去出厂后就"音信全无"的产品不同，它们由软件驱动，并不断产生使用过程数据，企业将基于数据开展娱乐功能推送、远程诊断、在线检测等各类增值服务。生产与服务进行协同，使产业链进一步得到延伸：企业的盈利点不再止于卖硬件，而是要更多地从内嵌软件和后续服务上获取利润。

(2) 工业软件重新定义制造流程。一方面，在制造主体上，可实现多方协同制造。如本书前文所提到的波音 787 生产，就是采用了法国达索公司的软件套件，实现了在网上共享产品模型信息的协同制造；另一方面，制造前流程由实体变为虚拟，实现零成本快速测试。传统的流程为设计→制造→测试→再设计→再制造，而如今，工业软件中采用的数字孪生技术可以创造出映射实体生产线的虚拟生产线，最终制造之前的所有步骤（设计、制造、测试）都可以在虚拟生产线完成，促进产业协同和技术共享，以实现快速迭代、持续优化。例如，SpaceX 猎鹰九号就是以数字样机完成了测试，没有做一次物理试验。

(3) 工业软件重新定义运营模式。例如，消费牵引制造的产消协同服务，即 C2M（Customer To Manufactory，用户直连制造商）模式，就是企业利用工业软件的智能分析功能，快速实现客户的个性化定制。其核心是将各个环节的工业软件数据打通：首先将用户需求信息传输给制造商的 ERP 系统，从而生成生产计划；之后设计端的计算机辅助设计软件 CAX（即 CAD、CAM、CAE、CAPP 的总和）根据定制化要求生成产品设计数据；最后 MES 再根据 ERP 的生产计划及 CAX 软件的产品设计数据执行具体生产工作。

因此，北京联讯动力咨询公司总经理林雪萍曾表示："当现在许多人都在沉迷工业互联网、人工智能、大数据来推动制造业转型升级的时候，很少有人意识到，这些概念如果脱光了一层一层衣服，最内核的就是工业软件。"在此背景下，西门子、施耐德、GE 等制造巨头纷纷向软件领域转型，GE 董事长兼首席执行官杰夫·伊梅尔直言"每一家工业企业也需要是一家软件分析企业"。

在新的技术创新浪潮下，工业软件正在给制造业带来新一轮颠覆。抢先布局工业软件是拥抱制造变革、抢夺未来产业话语权的制胜之道，也是真正实现制造强国的必经之路。

3. 中国制造迫切需要真正实现"软件定义"

回看我国现状，距离"工业软件定义制造"任重道远。甚至可以说，工业软件是中国制造业发展的最大短板。

中国工业软件的市场渗透率极低。中国作为全球唯一拥有联合国产业分类目录中所有工业门类的国家，包括 41 个大类、191 个中类和 525 个小类。从产量上看，500 多个工业品，有 220 个世界第一①，2019 年工业产值规模在全球占比 28.4%。但与此不相匹配的是，中国工业软件渗透率仅占全球的 5.73%②。其中，只有 ERP 和 CAD/CAE/CAPP 的渗透率超过了 50%，其他工业软件的渗透率大多低于 30%③。

而且，在低渗透率的工业软件之中，国产软件占比更是极低。国内工业软件呈现"管理软件强、工程软件弱，低端软件多，高端软件少"的现象。企业信息管理类的 ERP 等软件，虽然用友等国内公司占据了超 80% 的市场④，但高端领域仍以国外软件 SAP、Oracle 为主导。在技术壁垒较高的设计研发、生产制造类软件中，工业软件更是几乎被国外垄断。据昆仑数据称，目前 80% 的研发设计软件、60% 的生产控制软件被国外品牌占领，尤其在高端制造业中的电子、航空、机械领域，研发设计软件自给率分别只有

---

① 王仁贵，李亚飞. 持续发力制造强国 [J]. 瞭望, 2019 (37): 12—15.
② 华西证券:《工业软件行业系列专题，总篇：工业软件，中国制造崛起的关键》, https://pdf.dfcfw.com/pdf/H3_AP202012151440404854_1.pdf?1608106945000.pdf.
③ 中泰证券:《工业软件行业深度研究报告：大水养大鱼工业软件行业腾风起》, https://www.renrendoc.com/paper/218293631.html, 2020 年 8 月 23 日.
④ 吴宁芬:《预见 2019:〈2019 中国 ERP 软件产业全景图谱〉(附市场规模、竞争格局、企业转型现状、发展趋势)》, 前瞻产业研究院, https://www.qianzhan.com/analyst/detail/220/190308-0e579d9a.html, 2019 年 3 月 8 日.

10%、15%及30%①。例如"华为事件"中涉及的EDA软件，其三大巨头Synopsys、Cadence、Mentor Graphics都来自美国，垄断了全球七成及中国九成的市场份额。

中国制造业"大而不强"，正是建立在失控的工业软件之上。"断供"危机如达摩克利斯之剑，长悬于中国制造顶顶。

但在此之下，我们也应该认识到，"工业"和"软件"是相伴相生、相互作用的——工业软件的先进程度决定了工业的效率，但也只有先进的工业才能展现工业软件的价值，如大量的新产品研发工作、高精度高效率的制造。这也是工业软件强国，如美国、英国、德国、法国，率先实现了高度工业化的原因所在。反观我国，过去有大量技术落后的低端制造业，这些劳动密集型的制造可以用人口红利来解决，缺乏让工业软件生长的土壤。

在数字经济时代，中国工业软件"危中有机"——随着中国制造业人口红利的消退，以及"制造"向"智造"甚至"创造"的升级，将爆发出对工业软件的需求，2019年，中国工业软件市场增长率高达16.5%，增长速度远超过全球平均水平的5%，也高于亚太地区的7%。

简而言之，实现国产自主工业软件的突围不是选择题，而是必答题。因为突围的结果承载着中国能否实现制造强国这一使命。

2019年以来，工业软件的自主研发提上日程，工信部、科技部等相继部署了CAD软件、网络化制造专项。2021年2月初，工业软件首次入选科技部国家重点研发计划首批重点专项，标志着工业软件已成为国家科技领域最高级别的战略部署。同时，国产工业软件已经迎来了资本"热潮"：据5G产业时代数据中心（TD）不完全统计，仅2021年1月到3月中旬，不到三个

---

① 华安证券尹沿技、夏瀛韬：《乘软件研发之风，铸工业智造之魂——工业软件深度（一）》，https://pdf.dfcfw.com/pdf/H3_AP202009071408568699_1.pdf?1599473313000.pdf，2020年9月7日，第8页.

月的时间,已经有近10家工业软件企业获得融资,一批国产工业软件企业开始走到聚光灯下。在风口之下,许多城市如广州、苏州等也开始布局这一产业。中国的工业软件产业正在迎来新时代的"春天"。

要发展工业软件,必须首先把握这个产业的根本特质。

二、软件不"软":工业软件本质以IT为壳、工业为瓢

说起工业软件,很多人会关注于"软件"二字,想当然地认为其更多是IT软件属性,遵循与其他消费软件、互联网同样的发展逻辑;而且认为"软易硬难",工业软件并不难突破。这种"重硬轻软"的思想却是对工业软件最大的误读。工业软件不仅是"软件",而且是一个高难度的"硬科技"产业。

1. 产业特质一 技术门槛高:工业软件是"基础科学+工程+软件"三重属性叠加,而非IT产物

不同于2C的消费级软件,工业软件虽名为"软件",但核心是在"工业"二字。作为基础科学、工程、软件三者的结合,前两者是它的筋骨,而IT的编程只是它最后穿上的衣服。

首先,CAD、CAE等工业软件最基本是几何内核和算法求解器,需要对复杂的物理、数学问题进行建模和求解。因为工业技术的源头,是对材料及其物理特性的开发与利用。因此,对多物理场及相互耦合的描述与建模是各种仿真分析软件的核心,即用编程的方式实现对物理规律、数学原理的客观还原。实际工程应用领域中情况复杂,涉及机械、电子、光学、声学、流体、热处理等多个学科的物理场耦合问题,更需要对学科特性和方程深刻理解,这是最难突破的技术关卡。

其次,工业软件的本质是工业经验的信息化,装载的是工业中的

"Know-how"（即技术诀窍、专业知识），需要漫长的时间积累。制造现场涉及大量的工艺过程，如铸造、焊接、冲压、锻造等，在工业长期实践中凝结了各自的诀窍。工业软件的精髓所在就是把其变成算法、编码，固化到软件中，所以，工业软件是工业品而非 IT 的产物。

最后是代码的实现过程。但算法编码相比于普通软件编码，对编程经验和代码纠错能力提出了更高要求。编码人员需要对数学算法有极强的理解，才能把算法用编码的方式"翻译"成高效的机器代码，因为对于同一个算法，不同人的编码在运行效率上会存在几倍甚至几十倍的差异。同时，工业对可靠性要求特别高，不允许在使用过程中出现严重的 Bug，往往是"1 行代码描述功能，10 行代码防错"。

三重能力的叠加本身就为它设置了较高的门槛。但更进一步的是，工业软件的实现过程需要这三种能力的升级版——更深厚的数学物理功底、更长时间的工程经验积累、更高要求的编程能力。这种高门槛的技术自然也对从业人才提出了更高的要求。

2．产业特质二 人才要求高：工业软件需要"科学家＋工程师＋程序员"三面一体的复合型人才

研发具有"基础科学＋工程＋软件"三重属性的工业软件，需要的是"科学家＋工程师＋程序员"三面一体的人才。具体来说，工业软件研发不是简单地将科学家、工程师、程序员三类人聚在一起，而是需要一类人同时拥有三重叠加身份。

这是因为工业中的实际情况不允许"想当然"——以为某种技术可以提高产量，但现实中可能影响质量；以为某个改进可以提高质量，现实中却可能影响安全。因此，至少要成为半个领域专家，才能去开发工业软件。走向智能研究院执行院长赵敏说："没有工业知识，没有制造业经验，只学过计算机软件的工程师,是设计不出先进的工业软件的。"

中国 CAD/CAM 的主要开拓者和奠基人之一、北航机械工程及自动化学院教授唐荣锡先生正是这样具有三重身份的人才。唐荣锡不仅是国内最早进行物理造型技术的科学家之一,而且他带领课题组往往都是一边看工厂的产品设计图,一边用自己开发的软件造型验证,一边在数控机床上加工验证。这些工业软件领域的人才不仅可以在艰涩抽象的科学星河中遨游,而且更有脚踏实地动手验证的能力。

唐荣锡先生这样的人才是极度稀缺的,这是工业软件开发需要跨越的又一道门槛。例如国内工业软件企业朗坤智慧表示,"目前的情况是,工厂的业务人员懂工业流程,但不懂软件设计。IT 人才懂软件设计,却不懂工业制造业务。" 要解决这一问题,人才培育是最基础的保障,需要在学校培养中将研究与工业验证相结合,而不是闭门造车。

3. 产业特质三　工业惯性强:容易形成强者恒强、赢家通吃的格局,后发劣势大

正因为工业软件的工业属性,相对于其他类型的软件,行业格局更加难颠覆。

首先,工业软件不仅是开发出来的,更是"用"出来的,产品"越用越好用"。它始于工业用户的实际需求,并且通过大批稳定的用户持续使用、反馈,积累关键工艺流程和工业技术数据,才能推动产品功能完善和性能提升。

其次,工业软件存在较高的转换成本、用户黏性强。企业使用工业软件会产生大量的数据和文档,如果转换软件可能会造成数据特征信息遗失,而技术人员出于习惯,也会更加倾向于使用原来的软件。这就导致先发者如同"滚雪球"一样,源源不断地积累起先发优势,诞生了众多外国工业软件巨头，如达索、PTC、SAP等。

也正是因为工业软件是"用"出来的，所以一项新技术需要长时间验证，投资的回报短期内很难实现，缺乏资金的小企业如果想自主研发更是"雪上加霜"。行业巨头攫取了巨大的利润，可以更多地投入人才吸引、产品研发之中，竞争优势进一步增强。

这也是后发者发展工业软件的最大劣势所在。例如，在中国工业软件落后于其他国家的几十年中，美国、德国等国家已经吃尽了"先发红利"。外国软件在占领了中国市场的漫长时间中，中国庞大的用户群在不断为外国软件挖深它们的护城河。例如，1998年达索新推出的CATIA V5产品，就是由我国某新型战斗机的开发团队率先"吃螃蟹"试用，提出了900多个改进建议，大大提升了该软件的成熟度。然而，国内的工业软件"熟练手艺"的机会却寥寥无几，更无法获得在实践中完善功能和成长的机会，这就形成了一种恶性循环。

可以看出，正是工业软件的这三大特质，导致中国长时间以来难以实现产业追赶。那么，中国未来是否就无法破局？

数字经济带来的技术演变和制造需求变化，让工业软件迎来一个技术路径的转折点，而这恰恰是实现"换道超车"的最佳跨越时机！

三、路径转移：工业互联网，激发工业软件"新赛道"

工业互联网的兴起，为制造业发展注入了动能，而这个新兴事物正在与工业软件进行深度融合。工业互联网平台不是简单的互联互通，而是要先将生产设备、设施、物料实现数字化、智能化。其最核心的功能（如数据采集、分析、工艺建模）更要通过工业软件来实现。

在工业互联网平台上，工业软件展现出两大技术路径新趋势。而且，在抢夺这两条新赛道的过程中，所有参与者几乎站在同一起跑线，就看谁能把握大势、抢先布局。

1. 从工具属性到平台属性——颠覆式的云端架构，是追平技术代际差的最佳机遇

工业软件发展至今，正在进行 3.0 阶段的路径升级和属性升级。

1.0 阶段，工业软件呈现工具属性，核心解决单点需求。 即作为单一软件工具在本地系统部署，只能解决生产环节中特定场景下的应用需求，如画图时用到 CAD 软件、仿真时使用 CAE 软件，但软件之间的数据流通存在壁垒。

2.0 阶段，工业软件系统属性增强，解决多场景连接需求。 2.0 阶段出现了 PLM 等套装软件，将 CAD、CAE、CAM 之间相互连接，解决从设计到仿真再到按模型制造的全流程数据连通，但是每套 PLM 解决方案侧重不同，各有千秋，没有一个产品能完全满足所有企业的整合需求。

3.0 阶段，工业软件平台属性增强，解决深度智能协同需求。 随着工业互联网平台的出现，开放式的操作系统平台之上，客户可以选择最符合自己的"应用程序"。靠单一软件就能解决需求的时代已经过去了，如今需要的是搭建集成多种软件的平台。在平台之上的众多应用就好比一群特种兵，通过有效的组合利用，可以打败大型单体工业软件的"正规军团"。与平台属性相匹配的新型工业软件将会开辟出一条产业"新赛道"。

在 3.0 阶段的属性背后，是云计算技术浪潮带来的技术架构变革。"云化"的工业软件成为契合工业互联时代平台需求的新趋势。因为基于云原生架构的工业软件更加灵活、敏捷。

在数字化转型的环境下，面对小批量、个性化的产品订单，企业出现越来越多的碎片化需求，工业软件交付的速度永远跟不上业务需求的变化，云原生架构则能够满足制造企业敏捷运营与快速业务拓展的需求。在云原生架构下，将原本大而复杂的工业软件单体架构化整为零，拆分为数十个微服务——面向单一功能、能够独立部署的小型应用。当企业对某些微服务有特殊需要时，只需针对这部分微服务进行升级，符合制造更加高效、敏捷的趋势，直击重点。同时，云原生架构的出现，支持多人在软件的不同终端（个人计算机、手机、平板电脑）同时操作，使得跨区域"众包众创、集体协同"成为一种可能，颠覆了以往对 CAD 等软件的使用习惯。

2013 年，美国初创企业 Onshape 作为第一个基于云原生架构的 CAD 软件应运而生，在冲击之下 Salesforce、达索、Autodesk、PTC 等软件企业也开始加紧步伐向云端布局。这种趋势下，未来大部分新应用将采用微服务架构，以提高设计、调试、更新和利用第三方代码的能力。

让这些巨头企业紧张的是，基于云的工业软件可能会带来行业的新一轮洗牌重构，为后发者追平技术代际差提供了条件。

基于云的工业软件技术架构是颠覆式的。 云计算解构了传统工业软件体系，需重新搭建应用架构，成熟企业的领先优势被削弱。欧特克（Autodesk）创始人之一的迈克尔·里德尔（Michael Riddle）认为："云 CAD 的复杂性是桌面 CAD 的十倍以上……这不完全是因为这类程序动辄数千万行的代码，而是指建模的难度，以及像国际象棋一样复杂的可能性。当然，重建架构体系是必需的，而这简直是成熟软件厂商的梦魇。"同时，软件上云的三大核心技术——容器、微服务、计算框架拥有开源架构，为新兴开发者提供了极大便利。

基于云的工业软件开发模式是颠覆式的。 基于云原生的低代码开发平台大大降低了开发门槛，让工程师也能加入开发者的行列。传统工业软件拆解后形成的微服务组件库，为工业软件供给侧的产业化装配模式奠定了基础，只要为开发者提供可视化的开发环境，降低或去除对原生代码编写的需求量，就可以让他们通过简单的编程、拖拽式的方法，将算法、模型、知识等模块化组件以"搭积木"的方式调用和编排，封装成为工业软件的新形态——工业 App。而这种实现低门槛、高效率开发方式，让开发应用不再是程序员的专属。平民开发师（Citizen Developer），即非专业软件人士，正在大量涌现。

基于云的工业软件商业模式是颠覆式的。按需、按时付费的软件即服务（SaaS）模式将成为主流，可用较低价格打开中小企业市场。基于云的工业软件不需安装在本地计算机上，可以直接在浏览器中或通过 Web 及移动应用程序运行，使用者可免去服务器维护成本。并且云平台集成了多种软件，以根据客户的具体业务和工程需求定制"软件 + 服务"的整体解决方案，客户可灵活选择服务的种类和时长，是中小企业信息化的福音。

这三点颠覆性变革为我国发展工业软件提供了绝佳机遇：在软件上云的核心技术方面，开源使国内外企业并无技术代际差；在开发者方面，国内庞大的工程师群体和最全的工业体系更有利于将隐形的海量关键工艺流程、工业技术经验、研发数据转化为大量工业 App，构筑起工业软件领域的护城河；在商业模式上，我国中小型企业多达 3 200 万 [①] 家，它们自动化程度普遍偏低，这背后就潜藏着国产工业 SaaS 软件巨大的市场机遇。如国内浩辰 CAD、北京云道的 CAE、用友等就因抢先布局云化脱颖而出。

2．从通用软件到垂直细分——培育新兴产业"隐形冠军"，成为未来新赛点

工业软件巨大的机遇，还隐藏在工业的 525 个小类里。

在工业软件这枚硬币的 A 面，是头部效应明显的通用软件。传统的工业

---

① 前瞻经济学人：《十张图了解 2020 年中国 SAAS 市场规模与发展前景 中小企业成为主力军》，百度，https://baijiahao.baidu.com/s?id=1678681348519437374&wfr=spider&for=pc，2020 年 9 月 24 日．

软件（如 CAD、CAE 等）承载的工业技术知识通常是抽象后的通用机理，解决的是一大类工业问题，如几何建模技术与知识。只有具备专业领域知识的使用者才可以操作软件，完成不同种类产品的几何建模与设计。因此，在用户需求趋同的情况下，综合实力全面的企业赢者通吃。

硬币的 B 面其实是浩如繁星的垂直赛道机遇。这是由于工业本身高度的复杂性导致的，也是波音拥有 8 000 多个软件的原因。由于具体行业之间工业知识差异大、内部工艺流程复杂多样，涉及机械、电子、光学、声学、磁学、流体、热处理等专业知识，因此，每个细分领域都有独属于自己的软件。以汽车领域为例，可以说每个零部件后都有对应的软件：针对汽车空调，美国 Optimal Solutions 软件解决空调管道外形的设计优化问题，德国 P+Z 工程公司的 THESEUS-FE 专门进行空调系统热舒适性分析；针对锂电池的电化学模拟至少有 10 种软件。

在工业互联网平台之上，垂直细分的工业软件将迎来更大发展机遇。抽象的通用机理变为微组件后，在此基础上打造的工业 App 更多地基于应用需求，承载解决某个特定行业、特定场景的工业技术知识，如某个设计 App 只针对一类齿轮进行设计。

因此，以细分领域甚至某一环节为切入点，进行差异化竞争是一条可选之路。在这条路上的"隐形冠军"常常会为我们带来意想不到的惊喜。

这些"隐形冠军"虽不如达索、PTC 这些通用软件那样如雷贯耳，但是在细分领域内部，则是无人不知的"扛把子"。国内也不乏其中的佼佼者，例如，芯华章填补了国内 EDA 软件在芯片验证环节的空白而备受资本热捧。例如，华大九天是全球唯一能够提供显示器面板（FPD）全流程设计解决方案的供应商，其在面板仿真领域处于垄断地位。

企业占领了一个细分领域后，则可以向相关领域扩展，成为细分领域平台。例如中控技术以石油化工的集散控制系统（DCS）为业务起点，向产业上下游延伸，在垂直细分领域，打造了涵盖工厂检测执行、控制、操作、运营、决策等各个层面的工业平台。

由于工业软件的行业壁垒高，用户黏性强，每个细分领域也是"先到先得"，后进入者颠覆难度较大。应该如何抢占先机？

在成熟行业中填补空白固然不错，但更重要的是面向未来的新兴产业，一方面是因为我国在很多新兴产业领域与国际水平的差距不大；另一方面是因为新兴产业之中更具蓝海红利。

举例来说，对于自动驾驶产业，其核心痛点之一就是成本。因此，自动驾驶算法测试中有约90%都是通过仿真平台完成的，实际测试场和路测只占10%，从而引发新型仿真系统的群雄逐鹿。在生物医药领域，药物发现、仿真工作中，使用大数据和人工智能技术构建的软件，能够极大地提高选型效率和优化性。从临床试验设计到数据采集与分析等环节，利用软件可大幅度提高临床试验效率。因此，这些最具探索性的领域如生命科学、信息技术、自动驾驶等，都是垂直细分的机遇。

四、城市机遇：培育"生态丛林"，实现新赛道崛起

1. 路径转移下的新赛道抢夺，关键在于培育"生态丛林"

在云平台和垂直细分的两大新赛道之下，工业软件的城市生长逻辑也将发生改变。在现在全球工业软件的版图中，科研高地如硅谷，在注重数理模型的研发设计类软件上颇有建树；而德国慕尼黑和美国休斯敦、芝加哥等地，则凭借强势的制造基础如汽车制造、油气开发等，为垂直行业上的软件企业提供了丰富的产业场景，实现了特定领域的工业软件产业聚集。

这些拥有传统产业优势的城市固然拥有先发机遇，但随着新时代产业路

径的转移，要想赢得"新赛道"抢夺战，无论是对于老牌的工业软件强市，还是新加入的产业"弄潮儿"来说，未来都需要培育新的产业"生态丛林"。

在工业互联网时代，加入工业软件之争的城市几乎都想培育出头部平台型公司，但这其实很难！就如同 IOS 和 Android 是稀有品，只有很少一部分早有技术积淀的企业才能打造头部平台。少数国外公司（如西门子、PTC、GE 等）依托涵盖全产业链环节的软件产品集群或依托强势制造业积累，率先脱颖而出，而国内的平台则以"十大双跨平台"为代表。城市要想以此取胜，是可遇而不可求。

不要忽略，在平台之上，融合技术创新和应用推广则是胜负手。因为新赛道下，平台之间比拼的是谁的小型组件、应用软件更丰富并能灵活使用。近年来平台 +5G、平台 + 区块链、平台 +VR/AR 等创新性融合解决方案持续涌现，这决定了平台助力产业数字化转型的能力边界，而面向具体垂直场景的优质工业 App 则决定了平台的可用性。但即使是大型平台企业也不能包揽所有方向，而很多体量较小、方向精专的软件公司，都可以在平台之上找到属于自己的生存空间，成为一群异军突起的力量。一场"大鱼吃小鱼"的戏码就此上演，部分财大气粗的工业软件巨头（如西门子和 PTC）在世界各地不断"买买买"，加速并购创新科技团队，将更多功能集成于单一平台上。

我们要认识到，打造工业软件平台，不是仅靠扶植一家或几家头部平台就能搞定的，而是要培育"大平台 + 小应用 + 开放社区"的生态丛林。平台企业负责做好接口、开发工具、提高易用性，小企业则负责前沿科技领域或垂直细分方向的创新探索，而开放社区则吸引源源不断的开发者加入其中，为平台提供海量的优质工业 App。这说明只有依靠城市的力量进行通盘布局和谋划，才能搭建孕育多样化创新主体的环境，还要促进新兴产业与工业软件合作创新,提供应用和测试场景,从而精准扶持"新玩家"入局。

2. 波士顿:育"生态丛林"厚土,繁衍创新企业种群

波士顿正是个中翘楚,综合性的基础为发展工业软件奠定了先天优势——优秀的科研能力和工业基因,并且传统工业部分外移后,升级为生物医药、机器人等新兴产业。但其最大的特点在于历经60年仍旧能够立于工业软件潮头:在工业软件的1.0时代,这里诞生了最早的CAD图形用户界面技术、工业软件巨头PTC、化工过程模拟的顶级公司ASPEN、电厂热平衡计算软件Thermoflow等。而在新时代下,波士顿依旧是最领先的"弄潮儿",上文提到的第一个云原生CAD软件Onshape就是孕育于此,同时,在工业细分领域也颇有建树。

这些不同技术方向的创新成果涌现,正是由于以政府为中心构建了创新生态,不仅有适宜新物种诞生的土壤,而且"参天大树"和"小花小草"都能获取生长所需的养分,并形成发展合力。接下来我们就来剖析这个优等生的生态培育秘诀究竟为何。

(1)种苗"培养皿":依托大学培养"三面一体"的复合型人才。

由于工业软件是"基础研究+工程+软件"三重属性叠加的产物,单纯的IT公司几乎完全无法胜任,大多数制造企业也很难具备工程知识数学化、软件化的能力。而多学科交叉研究及能够与实际应用紧密结合的大学,往往有着更好的优势。

因此,纵观工业软件发展史,大学和科研院所是工业软件种子的重要诞生地,大学培养的"科学家+工程师+程序员"复合型人才,能够起到"一个人开辟一个领域"的作用。例如具有机械工程、计算机、数学多重专业背景的布雷德(Ian Braid),在剑桥大学读博士时就开发出了最早的CAD内核。

在波士顿这个产业集群背后,麻省理工学院是输送复合型人才的"培养皿"。其中最具代表性的乔恩·赫希蒂克（Jon Hirschtick）掌握机械工程和计算机等多重知识，毕业后连续创办了 SolidWorks 和 Onshape 两家公司，全部都是 CAD 领域的划时代产物，也帮助波士顿奠定了其行业领军者的地位。那么麻省理工学院是如何培养复合型人才的？

首先，在工业软件研究中重视学科交叉。跨学科中心建设是麻省理工学院的重要战略，其多个跨学科实验室都通过"杂交"生长出不同方向的工业软件成果。例如，计算机科学与人工智能实验室（CSAIL）在计算机学科基础上融入了数学、工程技术、医学等，研究智能设计和制造软件。而信息和决策系统实验室（LIDS）则融合了通信、工程技术、数学、管理学，研究领域包括电能服务工业软件。从实验室中走出的人才也因此而成为掌握复合知识的跨界人才。

其次，注重工业软件科研成果在实际工业场景中的应用。以"Mens et Manus"（即手脑并用）为格言的麻省理工学院，被戏称为"宇宙第一技校"，正是因为其培育的是能将奇思妙想转变为真实产品的"工程师"，而非只在纸张上钻研艰涩理论的"科学家"。

麻省理工学院注重校企破壁。一方面搭建校企项目合作平台。例如，通过麻省理工学院工业联络计划（ILP），计算机科学与人工智能实验室和雷神科技等制造业公司建立伙伴关系，合作研究项目。本科生也可以通过暑期实践机会加入实验室，参与探索实际工业问题的解决方案。另一方面推行"双导师"制度，让学生深入工厂环境，掌握工业的"Know-how"。"双导师"即每个学生分配一名合作伙伴企业的行业导师和一名学院的教师顾问，学生会到企业中从事前沿的行业研究项目并获得学分，甚至在双导师指导下完成毕业论文。例如电气工程与计算机科学系开设了 103 年的"6-A 计划"、机械工程系开设的行业沉浸项目 (I2P) 都是如此。此外，麻省理工学院安排学生在企业中实习，如麻省理工学院媒体实验室举办的暑期活动"黑客制造"，每年有一个月的时间千里迢迢来到中国、驻扎深圳，在工厂的实际环境中探索工业流程的改造方法。

在这个过程中，政府也在为研究与工业之间搭建桥梁。马萨诸塞州制造业创新计划（M2I2）推出"合作研究配对补助金计划"，在 5 年内提供超过 1 亿美元的资金，鼓励制造企业与大学等科研机构交叉合作，激发新研究成果的诞生。

（2）孵化"接力赛"：助力创新创业，关注强势崛起的"第三极"。

在高校和科研机构中产生的研究成果，并不直接等同于价值增值，下一步是需要耐心培育这些创新"种苗"，让其成长为"小花小草"。也就是鼓励这些复合型人才走出学校创业，变身"科学企业家"，助力城市创建产业集群。

这一点在工业互联网时代尤为重要——工业软件行业具备"大平台 + 小应用"的特点，一个城市如果孵化好一批连绵不断的创新企业，培育出平台之上强势崛起的"第三极"，包括 AI、VR 类的创新技术公司及深耕垂直细分领域的公司，大平台就会闻风而来，在这里收购小公司甚至迁址于此。

波士顿就是这样做的，波士顿涌现的 Web 应用程序开发商店 Terrible Labs、交互式"智能"办公室 Robin，成为建筑信息模型软件欧特克（Autodesk）的"盘中餐"，并吸引其将东海岸总部迁移过来；而世界上第一个云原生 CAD 软件 Onshape、云解决方案 axeda、工业 VR 方案 Waypoint，则吸引了 PTC 将总部从 128 公路搬到波士顿市中心。正如 PTC 总裁 Jim Heppelmann 所说："现在的市场上都是 AI、AR、VR、5G、云、边缘和高性能计算等。很明显，波士顿有机会再次成为颠覆性技术的创新灯塔。"

从工业软件的细分领域到创新技术，波士顿怎能孵化如此多的初创公司呢？可能有人会说，波士顿是美国第二大创业融资中心，这里的初创公司本身就更有资金优势。但是，工业软件在孵化过程中，起到决定性作用的并非普通的风投机构，而是大学和政府。因为其前期研发周期长、需要在实际工业环境中反复验证，所以对**工业软件来说，资金固然重要，但能够给初期技术产品提供测试应用渠道，才是技术能够实现产业转化的最关键因素**，而这正是大学和政府的强项。

一项技术从诞生到创业会经历 7 个阶段，即创意、技术发展、商业化计划、企业计划、形成企业、早期成长、高速增长。波士顿在孵化初创企业过程中做好了从大学到政府再到市场的"接力赛"。

接力赛的"第一棒"是从创意产生到形成企业的前 5 个阶段，主要由麻省理工学院负责。其建立了一系列各有侧重的机构，构建了成熟的"孵化器体系"。

以新兴工业软件公司 Waypoint 为例，其项目创意最初诞生于麻省理工学院媒体实验室的多学科交叉研究，期望使用增强现实来释放下一波人类生产力。在技术发展、商业化计划、企业计划的过程中，麻省理工学院的 Deshpand 技术创新中心为概念验证工作提供资金，并将创新者与经验丰富的商业导师相匹配，Waypoint 团队在 18 个月里会见了数百名来自各个行业的专家、访问了 20 多个客户现场、测试了数十个原型。

设计了突破性的产品之后，从实验室专利技术到大规模商业化由技术许可办公室（TLO）辅助，由专业人员负责申请专利、为初创公司发放牌照，免除研究人员的负担。TLO 收取 15% 的佣金，发明者获得利润的 1/3，其他则由各院系和基金会共同分享，院系获得的收益则继续投入科研之中，形成了资本的良性循环。

接力赛的"第二棒"是阶段 6 的早期成长阶段，由政府重点负责。 波士顿和马萨诸塞州政府支持运作的非营利加速器（如 MassChallenge、MassVentures）可以帮助初创企业成长，尤其是推动科学创新和工程进步的"深科技"公司。因为像工业软件这种高风险、高投入的领域，其实并不是社会资本所喜欢的类型，它们更喜欢投资 3～4 年就能获利的公司，而工业软件这类"深科技"公司则需要 4～7 年才能获利。因此，在早期必须依靠政府力量。Made@MassChallenge 作为 5 000 平方英尺（1 平方英尺≈0.09 平方米）的创客空间，也能够为工业软件的初创公司提供构建、测试和验证其概念的必要软件与制造设备。

"第三棒"的高速增长阶段，需要社会资本介入。 因此，政府的工作重点是协助初创企业建立人脉、拓展市场和寻找资金。波士顿有众多组织行业活动的团体，为科技初创公司免费提供社交和现场演示的机会。波士顿创业周等大型节日则向全世界的投资者展示该市的初创企业和创新成果。

（3）种群"连接器"：以"物种"之间的信息交换，促进尖端技术突破。

如前文所述，垂直细分的工业软件机遇涌现，而越是垂直细分领域的工业软件，越需要与工业企业进行信息交流，这样才能第一时间获取行业中的技术变革和真实需求，以促进持续创新。芝加哥、休斯敦这种强制造属性的城市，在获取工业技术信息方面确实有天然的优势。而"高科技"城市也有能切入的赛道——生命科学、先进材料、信息技术、机器人这些研究密集型产业仍旧青睐城市中心区，这也为发展工业软件催生了新机遇。

作为生命科学和机器人产业的全球领军者，以及美国先进功能纤维制造创新机构（AFFOA）的所在地，波士顿自身的产业方向可谓是得天独厚，很多人都知道肯德尔广场是人才聚集的创新地标。但新兴产业与工业软件的融合发展却并没有发生在肯德尔广场，而是 2010 年由市长亲自操盘打造的波士顿海港创新区（Boston Seaport Innovation District），因为这里专门搭建了高密度协同的创新环境，能够成为新兴产业与工业软件信息交流的理想场所。

首先，建立群体内的"垂直领域连接器"，资助垂直行业的工业软件公司，设立开放创新中心。

例如，数字建筑和智能建造正在成为热点，在波士顿市长的支持下，海港区引入行业龙头 Autodesk，建立了针对建筑行业软件的创新中心，为相关领域内最具前瞻性的工程公司、学术界和科技初创团队提供驻留机会，并提供免费的工作空间、软件、建筑材料和建筑机器人等验证测试设备，共同探索 AI 算法的衍生式设计、模块化建造及建筑机器人协作，加快数字化设计和建造过程的速度。

其次，打造群体间的"混合领域连接器"，以多产业交叉创新，激发新产品诞生和工业软件创新。

海港区的定位是"mix"社区，顾名思义，该类型社区的最大特点是产业类型混合多元。这里不是针对单一产业或明确的几个产业来招商，而是在 100 亩的面积内，汇聚了各个方向的"物种"——制造企业总部及研发中心、新兴科技公司、尖端生物医学公司等。因为如今新技术、新产品的诞生越来越需要多学科之间的相互合作，而这些"科技杂交"的产物往往需要新的软件功能来支撑。但是，这里的企业不是简单的空间聚集，而是共享硬件设施以促进协作交流。如海港区的创新和设计大楼（IDB）集合了 70 多个组织，包括电子制造企业伟创力（FLEX）、健身运动品牌锐步、生物医学公司 Ginkgo Bioworks、孵化器 MassChallenge，以及 AI、机器人等科技领域的初创公司等。同时，楼内引入多个共享办公区，并利用原海军仓库的挑高空间植入数字制造设备，为企业提供合作创新的空间。这些产业汇于一处，技术产生"乘数效应",更容易诞生新产品,也为工业软件企业创新带来了极大的便利,甚至连工业软件巨头 GE、PTC 也被这样的生态系统所吸引,将总部迁移过来或建立研发中心。

举例来说在"科技杂交"下诞生的工业软件成果。为满足消费品公司和生物医药公司的需求,结合先进功能纤维技术,在海港区生长出了"智能面料",包括医疗中用于可穿戴设备和伤口护理的纺织品,以及嵌入服装中的柔性 PCB 等。这种智能纺织品在制造中的高度复杂性,对工业软件提出了更高的要求,如需要 CAD 对织物在制造时的性能进行预测,这就需要将智能算法应用在 CAD 软件中,而在这个系统中的 PTC 能够率先研发出解决方案。

(4)创新"小气候":以开源生态为抓手,激活全民编程氛围。

在工业软件云化的背景下,利用开源能够最快促进云技术的普及。一是在开发技术层面,云原生工业软件的核心技术,如容器、微服务、计算框架都拥有开源架构;二是在基础设施层面,开发一些云工业软件如仿真软件需要高性能计算环境,但一般的私有云部署需要深厚的 IT 技术资源支持和高成本投入,而开源云服务则能够大大降低成本。这让缺乏研发投入的中小企业受益,从而能够鼓励更多主体参与进来,甚至实现"全民编程",激活区域内工业软件的创新发展。

开源在工业软件领域中还是一个比较前沿的概念,政府所要做的是提供"开源基础设施"并培育出一种"开源文化",一旦建立了好的气候,自然就会出现茂密的丛林。

信息技术领头羊波士顿没有放过这个机遇。早在 2014 年,其所在的马萨诸塞州政府就提出了低代码、开源的、全云化开发平台的想法,鼓励区域内的大小公司加入生态之中。这在当时是一个激进的策略,但与正在探索开放混合云的开源方案供应商红帽公司一拍即合。2014 年,美国麻省开放云

(Massachusetts Open Cloud，MOC)正式建立，该项目由马萨诸塞州政府操盘，以波士顿为技术攻关的大本营。

一是打造开放的数据市场。 在基础设施上，以超算中心马萨诸塞州绿色高性能计算中心（MGHPCC）为硬件基础。这是因为只有超算中心才能满足工业环境产生的海量数据和毫秒级的快速处理要求，并联合公司，如红帽、思科、英特尔等，打造了第一个开放混合云基础设施的市场。不同于亚马逊 AWS 这种昂贵、封闭、单一提供商运营的专有云，MOC 将向多个服务供应商开放，可以选择不同层次的云应用和服务，从而让更多的客户使用得起这一平台。

二是创造"好用"的开发环境。 在开发技术上，为工业软件开发提供开源工具、低代码开发平台。政府充分利用了区域内大学（如波士顿大学、哈佛大学、麻省理工学院等）的力量。例如，红帽与波士顿大学创建联合运营研究中心，开放云平台帮助推进云计算、大数据等技术在学校内的研究和教育，而同时这些研究人员也需要参与进来，共同搭建平台上的开源算法组件和开源软件项目。

三是培养开发者社区。 MOC 启用了开放云测试平台 OpenInfra Labs，探索如何把已有的开源部件更高效率地集成在一起，实现在生产实践中的落地与应用，但仅凭这样的方法效率太低。因此，波士顿提供各种资助基金，积极培育平民开发师，打造"全员编程"的生态。红帽公司、麻省理工学院开放学习办公室 (MIT OL) 等针对本地制造公司内的 IT 人员和工程师，都能提供利用开源工具开发应用程序的技能。此外，通过举办黑客马拉松等活动，MOC 吸引了更多爱好者参与开发。

五、谁能成为中国的工业软件之城

未来的所有企业都将是数字化的企业，随着数字基础设施完善的步伐加快，工业软件将真正定义新时代制造。立足这一时间点，回顾过去，中国的工业软件有"断板"之痛，但面向未来，在云平台转型和新兴垂直领域的机遇下，中国发展工业软件"危中有机"。

从波士顿的例子中我们可以看出，面向未来新赛道的抢夺，必然不是完全基于市场化的"物竞天择"，而是城市链接企业、科研机构、社会资本的产物。在我国各城市中，具有科研源头的城市确实在工业软件的孕育上具备先天优势。以北京为例，北航的数码大方、清华的适创科技、电子六所的和利时都来自大学和科研院所。但是，常常被忽略的是科研成果在具体场景中的验证。麻省理工学院尚且每年飞来深圳驻扎，而"近水楼台"的中国学校，则更应利用好国内的制造业条件发展自身。

另外，苏州、广州等城市由于制造业门类齐全、应用场景丰富的优势，也已经聚集了数家工业软件企业。类比波士顿，也是以工业场景为优势吸引众多工业软件企业落户，并建立了验证测试和需求沟通的桥梁，以制造业见长的芝加哥也因此建立了数字化制造和设计创新研究所（DMDII）。随着苏州工业软件适配中心、广州工业软件联盟的建立，也将为激活产业生态提供助力。

工业软件作为现代产业体系之"魂"，正处于战略价值和投资机遇双重叠加的风口。面向未来的机遇，我国有基础的城市更应该打好手中的牌，建立"生态丛林"，助力创新企业的孵化，以新兴产业为重点，布局新赛道，突破工业软件发展的瓶颈，为中国高端制造业铸"魂"！

新游戏需要新规则——制胜数字服务贸易

文 | 徐 闻

从 2020 年 9 月起，服贸会一下子火爆全网，成为疫情发生以来我国在线下举办的第一场重大国际经贸活动，更被评为是极具风向标意义的一次盛会。此次服贸会后，数字经济、服务贸易、数字服务贸易等话题全网霸屏，一度成为《新闻联播》里的热词。而此次服贸会之所以能产生如此大的反响，还是要从北京一系列"罕见"的动作说起。

服贸会的前身本是中国（北京）国际服务贸易交易会（以下简称京交会），自 2012 年举办首届，几乎低调到圈外人无人知道，而现在则正式更名为中国国际服务贸易交易会（以下简称服贸会）。去掉"北京"二字看似简单，但背后却意味着是将服贸会从区域级展会上升为国家级展会，更致力于成为全球服务贸易领域规模最大的综合性盛会。2020 年的服贸会上，党和国家领导人习近平总书记致辞并发表主旨演讲、由国办作为组委会和执委会，规格之高可谓是前所未有[①]。

作为隐藏在背后"发号施令"的首都北京，中华人民共和国成立以来第一次承担"改革试验"的角色[②]。无论是曾经的经济特区，还是后来的国家级新区，多次的创新试点名单中均没有北京的身影。在这次服贸会上，官方宣布支持北京设立自由贸易试验区，并以科技创新、服务业开放、数字经济为主要特征。这也是中国第一个以服务贸易、数字经济为核心主题的自贸区，

[①][②] 黄汉城：《中央正在下一盘大棋：北京自贸区横空出世，释放出中国经济转向的重大信号》，中国质量万里行, https://xueqiu.com/1486522682/158840970, 2020 年 9 月 9 日。

说明在这个百年未有之大变局中,已经到了首都北京必须上场的时候①。

此外,本次会议部署周密,会议期间顶层机构迅速发布行动"组合拳"方案。2020年9月4日服贸会开幕,9月7日国务院便颁布《深化北京市新一轮服务业扩大开放综合试点建设国家服务业扩大开放综合示范区工作方案》,北京市政府紧接着颁发《北京市关于打造数字贸易试验区实施方案》等,充分体现了国家对发展数字经济、服务贸易前所未有的重视与急迫。

那么,为何国家会对其如此重视,服贸会背后又传递着什么信号?**服务贸易、数字经济、对外开放**之间又有何关系?让我们透过现象看本质,从本文中一探究竟。

一、数字服务贸易,新全球服务生态中的"珠穆朗玛峰"

探讨任何一个重大决策的产生,都不能脱离其所身处的时代大环境。当下,中美贸易摩擦将会长期存在,疫情也将加速贸易方式乃至全球格局的改变,第四次全球化的脚步正在悄然接近。因此,为了弄清楚此次大会背后的真正意义,让我们先拉远故事的镜头,先回溯人类的全球化历程。

1. 第四次全球化,注定是"服务"主导的全球化

简单来说,我们可以将人类的全球化进程归纳为四个阶段。

人类第一次全球化源于14—15世纪的大航海时代,那么正是从那个时候起,割裂的世界首次连接在一起,以欧洲为代表的西方国家开始在非洲、美洲进行殖民扩张,劳动力、原材料、初级产品的贸易开始兴起。**第二次全球化源于一二次工业革命**。生产工具的改变使得美德法日等国工业迅速繁荣,各国之间工业制成品的贸易大幅增长。**第三次全球化依赖以国际组织和规则**

---

① 黄汉城:《中央正在下一盘大棋:北京自贸区横空出世,释放出中国经济转向的重大信号》,中国质量万里行, https://xueqiu.com/1486522682/158840970, 2020年9月9日。

为基础的国际治理体系的完善。全球经贸关系达到前所未有的紧密，更多的国家（如韩国、日本、新加坡等）进入全球价值链。由于生产效率和国际分工水平的进一步提升，中间产品贸易成为国际贸易的重要组成部分①。

从上述回顾中，我们不难发现，**前三次的全球化均是"货物"的全球化**。也就是说，谁掌握了航海技术，工业生产与规则制定，谁就更有可能掌握这个物理世界"实体物"的运行法则，成为这个世界的领导者。

第四次全球化必定是"服务"的全球化！

正如 2019 年瑞士日内瓦高级国际关系和发展研究院国际经济学教授理查德·鲍德温（Richard Baldwin）在世界经济论坛上所说："在全球化 4.0 时代，数字技术的发展在实现了国际工资差异套利的同时，也避免了劳动者的实际流动。以往的全球化主要是'物的全球化'，从全球化 1.0 时代至 3.0 时代主要影响的是制造业从业者，**而全球化 4.0 时代将会使服务业从业者受到更大的影响**。"②可见，在全球化 4.0 时代，服务业的变革将势不可挡。

那么，为何"服务"会成为主导？

一是未来"生产货物"远不如"提供服务"价值大。人类社会正进入到物质极大丰富、全球产能极度过剩的时代，货物将变得越发容易获得，而人们对高品质服务的诉求将日益凸显。当今社会也正在从物质型消费向服务型消费转变。从生活中的小事便可看出，现在人们买个水管极其容易且便宜，而安装水管的工人却很稀缺，安装和维修费用高得离谱。

类似地，放大到产业层面来看，以生产货物为主的制造型企业也纷纷向制造业服务化转型，从卖"产品"到卖"服务"。甚至更有人说，未来制造

---

① 中国信通院官网：《数字贸易发展与影响白皮书（2019 年）》，http://www.caict.ac.cn/kxyj/qwfb/bps/201912/P020191226585408287738.pdf，2019 年 12 月，第 6 页。
② 王俊美：《积极应对全球化 4.0 时代》，中国社会科学网－中国社会科学报，http://www.cssn.cn/hqxx/201901/t20190114_4810597.shtml，2019 年 1 月 14 日。

业的竞争很大程度上是其背后服务的竞争。如今的制造企业为了获取竞争优势，早已不甘于单纯地生产硬件，正在从微笑曲线中价值较低的组装、制造环节向价值更高的维修租赁、个性化解决方案等领域进军。从以前的销售产品到现在的销售"产品＋服务"组合，再到为客户提供集成服务，制造企业在这个过程中不断蜕变，核心目的是给自身和客户双方创造更高的价值。

据麦肯锡全球研究所的调查显示，目前服务业务收入已占世界500强中制造企业总收入的25%，其中19%的制造企业服务业务收入超过总收入的50%。① 比如我们熟知的IBM、西门子、通用电气及罗尔斯-罗伊斯等国际龙头企业，均正从硬件设备"生产商"向一站式解决方案"服务商"转变。

二是"出口服务"相比"出口货物"更大有可为。 从贸易角度来看，近些年服务贸易在国际分工中的地位不断提升，服务环节的价值创造能力显著增强，服务贸易增速表现异常亮眼。尤其是在全球货物贸易发展遭遇瓶颈，甚至是在2019年全球货物贸易出现负增长的情况下②，服务贸易异军突起，更是成为拉动全球经济增长的强劲引擎。2005—2017年，全球服务贸易增速已全面超越商品贸易，平均每年增长5.4%，2017年的贸易额达到13.3万亿美元③。根据世贸组织全球贸易的测算，到2040年，全球服务贸易份额可能攀升至50%④。也就是说，在不到20年的时间内，服务贸易就将成为全球贸易的主导。全球贸易向服务化方向发展已势不可当。

三是为"生产"所提供的服务和贸易将更具"钱景"。 目前，在全球服

---

① 信息化建设：《制造业的未来是服务化》，https://m.sohu.com/a/239445493_100015701/?pvid=000115_3wa，2018年7月5日。

② 中国信通院官网：《数字贸易发展白皮书（2020年）》，http://www.caict.ac.cn/kxyj/qwfb/bps/202012/t20201216_366251.htm，2020年12月，第13页。

③④ 中华人民共和国国家发展和改革委员会：《WTO发布2019年世界贸易报告》，上海WTO事务咨询中心，https://www.ndrc.gov.cn/fggz/jjmy/dwjmjzcfx/201912/t20191220_1213895.html，2019年12月20日。

务贸易中，生产性服务业的贸易份额占绝对主导地位。结合国务院发展研究中心对外经济研究部的研究，截至现在全球生产性服务贸易占服务贸易的比重已经接近70%①。而且随着技术发展，目前生产性服务贸易正在从"劳动密集型"向"知识密集型"转变，增长潜力与附加值也必将随之提高。就以工业中相对高端的自动化环节为例，其后期运维及流程再造等生产性服务的费用已远高于初始的硬件投入。往往一个工厂购买工业机器人仅需支付10万～40万元，而其部署成本却是硬件设备的2～3倍②。这也就说明了西门子这样的企业在2014年的战略调整中，主动全面推出面向消费者的家电市场，更关注于服务生产端的数字化、自动化和可持续发展等引擎业务的原因。可见，围绕生产而展开的服务及贸易更具潜力。

综上所述，未来必定是"服务"，甚至是"生产性服务"主导的时代！

2. 数字技术，使服务贸易"如鱼得水""如虎添翼"

其实人们对服务的关注并非当下才产生，早在多年以前，人们便已意识到服务对地方经济的巨大贡献。但为何，**在"当下"**将服务与服务贸易再次放在一个如此高的位置上？

这主要是因为，世界正处于第五轮康波衰退和第六轮康波出现的交替时期，各项数字技术正处于集体爆发的前夜。**未来随着人工智能、5G技术、大数据、云计算等为代表的新型数字技术"集团军式"崛起，"服务"全面渗透到国际贸易、深度参与全球价值链分工的堵点被彻底打通。**可以说，开启这个蝴蝶效应的奇点，将为服务及其贸易带来三大改变，而"此服务"已非"彼服务"。

---

① 许宏强：《着力提升生产性服务贸易竞争力》，经济日报，https://theory.gmw.cn/2020-05/05/content_33803322.htm，2020年5月5日。

② 韩峰涛：《我们为什么需要协作机器人？》，雷峰网，https://www.leiphone.com/news/201608/RNXrdPA0wf8nRRNR.html，2016年8月1日。

第一，拓展新玩家。 这使得之前不能被贸易的服务变得可贸易，拓宽了服务贸易的边界。以往我们认为，服务必须在消费者身边开展，服务必须在消费的当时当地发生，使得服务贸易的种类非常有限。而现在越来越多的服务如医疗、教育、维修等，可通过数字技术来远程提供。例如，我国网龙网络公司在数字教育领域的国际化服务已覆盖 190 多个国家和地区[①]；MORE Health 爱医传递公司搭建云端国际联合会诊平台，提供多国在线问诊服务[②]。此外，随着数字技术的成熟，如云计算、大数据服务等新服务物种应运而生，诞生了一批如阿里云计算等新兴科技独角兽公司。

第二，激发新活力。 传统货物贸易的冰山成本理论[③]将不再适用，在数字技术加持之下，一些服务变得可存储、复制和线上交付，服务贸易的物流成本和边际服务成本趋近于零，出现了"一点接入，全网服务"的可能[④]。因此，跨国贸易成本将大幅降低，选择本地服务商与外国服务商几乎没有差别，使得服务贸易的活力被大大激发。现如今，数字技术使服务贸易企业进行跨国贸易时，可能不需要再走原来海外投资、成立办事处、做代理的老路了。此后，也许中国工厂再进行产品开发时，只需要在网上购买设计服务，意大利的设计师便可为其进行工业设计了。设计完成之后，意大利设计师发送驱动程序到中国，而中国工厂便可通过 3D 打印机制作早期的产品原型了。

第三，分配新价值。 未来服务贸易在全球价值链的作用将更加重要。近

---

① 中国信通院官网：《数字贸易发展白皮书（2020年）》，http://www.caict.ac.cn/kxyj/qwfb/bps/202012/t20201216_366251.htm，2020年12月，第46页。
② 中国信通院官网：《数字贸易发展白皮书（2020年）》，http://www.caict.ac.cn/kxyj/qwfb/bps/202012/t20201216_366251.htm，2020年12月，第47页。
③ 冰山成本理论：冰山成本，也称"冰山运输成本"，喻指产品在区域间运输采用"冰山"形式的运输成本，即产品从产地运到消费地，其中有一部分"融化"在途中。"融化"部分就是运输成本。
④ 中国信通院官网：《数字贸易发展白皮书（2020年）》，http://www.caict.ac.cn/kxyj/qwfb/bps/202012/t20201216_366251.htm，2020年12月，第4页。

年来全球服务业在出口增加值的创造上始终高于制造业，而且得益于数字技术的强渗透性，未来这一趋势将越发明显。随着与生产紧密相关的数字产品和服务更加容易地嵌入全球价值链，而价值增值环节将继续向更易进行数字化结合的生产前的研发、设计阶段与生产后的市场嵌入服务阶段转移，全球价值链收益分配也将会加速向两端集中，微笑曲线也将越发陡峭。可以说，数字技术进一步激发了服务在全球分工链上的价值创造。

综上所述，更多的服务物种、更活跃的贸易市场、更高的附加值都意味着，数字技术真正打通了服务业进行跨国贸易的堵点，也赋予了服务贸易在全球贸易格局中的新角色。

更重要的是，数字经济对于服务业的变革，不只意味着技术给贸易便利度带来的提升，更意味着对于全球服务生态的重塑，带来的是国际贸易领域的一次价值链条的全新抢夺和服务场景的全新赋能。在数字经济蓬勃发展的背景下，"经济服务化、服务数字化"将成为第四次全球化的核心趋势，而其催生出的数字服务贸易更将成为各国制胜未来国际贸易，左右全球价值链分工分配的关键。因此，能否在数字服务贸易领域掌握话语权，能否在价值链、产业链中居于主导地位，则成为任何国家或地区能否制胜未来的关键因素，是任何一个有野心的国家都必须征服的"珠穆朗玛峰"！

对于我国来说更是如此，一方面，我国作为一直参与全球价值链分工中的生产和加工制造环节的国家，若能在知识含量及附加值更高的数字服务贸易领域中开拓增量，则更有可能助力自身在全球价值链中占据更有利的位置，进一步减少对货物进出口的依赖，优化我国贸易结构。另一方面，针对我国已有优势的生产加工环节，若加速数字产品与服务的渗透，则有益于促进国内制造业的提档升级，也进一步巩固我国在存量领域的优势。

这也就是为什么北京会在这个时候破格将服贸会上升到如此重要的位

置。现如今，进博会（全称为中国国际进口博览会）侧重于货物进口，广交会（全称为中国进出口商品交易会）侧重于货物出口，服贸会则聚焦于服务贸易。在数字经济即将井喷之际，我国针对货物贸易和服务贸易的战略部署已全部完成。三者相辅相成，共同铸就新时期"中国制造"和"中国服务"对外推广的金字招牌。

综上所述，新时代下新游戏，数字服务贸易成为各国争相攀登的"珠穆朗玛"！

二、答卷数字服务贸易，城市运营者应当如何入手？

现如今，我国已经陆续有不同城市开始承接或主动实践顶层战略，摩拳擦掌，积极应战：2020年9月北京服贸会刚刚落幕，同年11月杭州便颁布了全国首个数字贸易先行示范区建设方案，2021年4月上海主动提出在"十四五"期间建设数字贸易国际枢纽港，同月商务部等20个部门就明确支持海南自贸港发展数字贸易、鼓励创新服贸国际合作模式……通过上述一系列紧锣密鼓出台的政策可以看出，国内各省份及城市数字服务贸易的竞争也日趋白热化。

时代是出卷人，人民是阅卷人，而城市运营者作为答卷人又该如何书写答案呢？

在详细解开上述疑惑之前，先让我们静下心来梳理一下数字服务贸易的本质。总体而言，数字服务贸易包括两大方面，即**数字化的服务贸易**和**数字服务的贸易化**。

数字化的服务贸易：这个很好理解，其实就是服务贸易在信息技术的加持下，实现数字化升级与创新。**数字服务的贸易化**：结合商务部等的界定，数字服务是指"采用数字化技术进行研发、设计、生产，并通过互联网和现代信息技术手段为用户交付的产品和服务"[1]，而这些数字服务的买卖或交易行为则理解为数字服务的贸易化。

具体可以从三个维度对数字服务贸易进行归类：首先包括**"没它不行"的 ICT 服务**，指发展数字服务贸易必不可少的信息与通用技术相关的共性支撑服务，如大数据服务、云计算服务等；其次包括**"因它而生"的数字产业化服务**，指伴随数字技术成熟而逐渐衍生出新的产业化、规模化的服务，如互联网平台服务、搜索引擎、社交媒体等；最后包括**"有它更好"的产业数字化服务**，指相对传统的产业因数字技术加持，实现提质升级，提供更优质与更有效率的服务，如数字教育、科技金融、数字医疗服务、农业科技等。

从定义的拆解中不难发现，数字服务贸易具备明显的"不一样"。站在全球格局来看，贸易是一种方式，数字技术是前提条件，而贸易的核心在于一个个产业。也就是说，数字服务贸易并不是一个具体产业门类，而是一个以贸易为目标的数字服务产业的集合，先天具有数字化、国际化、垂直行业的三大叠加属性。

因此，数字服务贸易作为一种新游戏，彻底颠覆了城市运营者以往熟知的规则。在答卷数字服务贸易问题上，也对城市运营者提出了更高的要求。从产业种类来看，已不再是单一产业崛起路径，而是要求多个垂直领域的同时作战。从数字经济特征来看，正在由单一技术革命向多重颠覆性技术并发转变。并且随着各项数字技术集群式协同发展，未来数字服务贸易将会向更复杂的网络结构转变。从国际竞争来看，数字服务贸易的发展更具备贸易全球化的条件，更需要站在全球格局上来寻找自身比较优势。**相对于城市运营者以往比较熟悉的单一产业崛起路径来说，数字服务贸易则无法适用传统"产**

---

[1] 腾讯云：《一图看懂〈中国数字服务贸易发展报告 2018〉》，企鹅号—华中师范大学科技园，https://cloud.tencent.com/developer/news/465486，2019 年 11 月 1 日．

以链聚"的上下游线性发展思路，而是需要站在国际竞争的大格局之下，既需要垂直领域内部的链式聚集，更需要数字技术相互交织带来的网式串联。

那么，面对这样底层逻辑的转变，经常做"计算题"的城市运营者该如何做好当下的"应用题"呢？面对新游戏，城市运营者需要新规则。

1. 规则一：不仅要有"招商思维"，更需要"孵化思维"

招商的确是一个地区快速实现数字服务贸易崛起的标配动作。爱尔兰作为数字服务出口排名全球第二[①]、数字服务出口在服务出口占比排名世界首位[②]的国家，是当之无愧的全球数字服务贸易领头羊。其首都都柏林更是全国数字服务贸易的核心承载者。都柏林起初就是依托"大招商，招大商"的路径，通过低姿态吸引国际龙头企业入驻（如英特尔、谷歌、SAP等），迅速在国际上崭露头角。

当下，国内的各地城市政府，也类似地在依托现有产业园及自贸区政策来重点招引数字服务贸易的头部企业。甚至有的园区会对符合扶持条件的世界"高精尖"企业，提供最高5 000万元的奖励[③]。可以说，面对存量的数字经济、服务贸易企业，各地政府可谓使出浑身解数激烈抢夺。

然而，正如上文所说，由于数字服务贸易覆盖面过于庞杂，像个筐，什么都可以装。各地政府通过一番争抢后，往往吸引来的头部企业之间行业跨度巨大。极易造成龙头来了，可园区"集而不群"的现象，陷入无法形成合力的招商陷阱中。引入龙头企业引入只能解得了近渴，却缓不了远忧。

不仅如此，数字服务贸易与其他成熟行业对比来说，有一个不可忽视的

[①] 中国信通院官网：《数字贸易发展白皮书（2020年）》，http://www.caict.ac.cn/kxyj/qwfb/bps/202012/t20201216_366251.htm，2020年12月，第22页．

[②] 中国信通院官网：《数字贸易发展白皮书（2020年）》，http://www.caict.ac.cn/kxyj/qwfb/bps/202012/t20201216_366251.htm，2020年12月，第25页．

[③] 新京报电子报：《北京打造数字贸易试验区发展数字经济》，http://epaper.bjnews.com.cn/html/2020-09/08/content_789097.htm，2020年9月8日．

特点，**便是正处于萌芽期的数字服务贸易具有巨大的发展增量，会随着技术的不断成熟衍生出新的服务物种**。因此，看待数字服务贸易的发展更应用增量的眼光，不仅仅是锁定现有的"成熟独角兽"，而更应把耐心和精力用于孵化和培育"下一代独角兽"上。招商只能招到上一代技术，只有加速孵化才能让城市始终站在数字服务贸易的前沿。这就要求城市运营者必须从"收割者"的心态向"耕种者"的心态转变，不仅要花心思抢夺存量，更要肯下笨功夫搭建有利于数字服务贸易新物种、新业态、新场景催生的创新环境。**对于数字服务贸易来说，招商只是一个起点，而掌握培育数字服务贸易创新的能力才是"大招商，招大商"的核心目的。**

类似地，也可以从都柏林数字服务贸易的发展经验中看到。从 20 世纪 90 年代开始聚焦发展电子和信息技术，到如今支撑其几十年的增长奇迹，都柏林绝不仅是靠招商就能实现自身的持续繁荣，关键在于从"招商思维"向"孵化思维"的转变，利用龙头实现借力打力。一方面，依托龙头带来的强大吸附力，快速吸引相关领域配套企业入驻，推动强关联产业集群的建立，率先解决"集而不群"的问题；另一方面，主动搭建具备孵化和加速的创新环境与生态系统，利用其"滚雪球"效应进一步强化吸引更为优质国际创新资源的汇聚，真正形成能培育自身知识创新能力的核心竞争力。

正如爱尔兰国际开发协会（IDA）首席信息官基思·芬格尔顿（Keith Fingleton）所说："不管在哪天下午，你都可以去一个研究中心，你可以和一家有趣的创业公司交谈，你也可以在晚上去参加一个会议。这里关于科技生态系统的所有部分都很强大。"[①] 现在的都柏林，正是凭借这种创新孵化的核心能力，不仅引入了世界龙头企业，更诞生了一批本土"独角兽"企业；

---

① 张古月：《就业率接近 100%，首都 50% 居民年龄不到 25 岁，这个欧洲国家为什么经济表现这么好？》，周末画报, https://www.sohu.com/a/289299841_449791, 2019 年 1 月 15 日.

不仅依靠龙头引入了软件外包行业，更依托自身的孵化创新能力，逐渐实现在生物技术服务，乃至国际基金等其他数字服务领域的全面开花。

低垂的果实已采摘殆尽，上帝正在奖励那些"从头播种的人"。正如美国的政策修订已经从"产业政策"向"创新政策"转变，城市运营者也应把握数字服务贸易的底层内涵，将工作重心转移至搭建有利于新业态、新场景催生的创新环境上。只有这样，才能永远抢夺先机！

2．规则二：少探讨必然性，多抢夺可能性

笔者做项目的时候，经常会遇到城市运营者相似的发问：落在我这里的必然性是什么？一定要找到只有我能做，而其他地方不能做的理由……

确实，城市运营者的诉求是可以理解的。**但越是面对战略性新兴领域，越是面对机会稍纵即逝的"香饽饽"，哪有那么多必然性？更何况，数字技术的本身就是摆脱对空间与所在地的依赖。**

说实话，干，就完事了！与其探讨"为什么是我"，还不如抢先争取"只有我"。尤其是在这个充满不确定的未来中，"抢"永远是最行之有效的法则。但是，城市运营者应当要明确抢什么、如何抢。

如果我们将第四次全球化比作为"数字大航海时代"，那么各个城市发展数字服务贸易则像是一个国家派出多支远航的船队，来共同探索和掘金未知的世界。因此，建议每个城市在远航之前，应率先结合数字服务贸易的**数字化、国际化、垂直行业**的三大确定属性，率先把握住不确定中的确定性，做好当下我们能做好的最充分的准备。即**首先抢夺数字优势打牢船体基础，其次锁定先发优势押注远行方向，而最重要的是抢占政策优势铸造动力引擎，实现蓄力远航。**

（1）打牢船体基础——抢夺"数字优势"。

数字贸易时代打破了传统贸易的很多固有规律。传统贸易中主要考虑资源成本、物流成本、劳动力成本与关税成本等。而数字服务贸易中，空间地理对于数字服务贸易的影响几乎可以忽略不计，最主要的是**获取数字创新的难易程度，即获取数字人才、数字技术、数据资产、数字化基础设施的综合成本。**

我们以"数据"为例来解析它对于数字服务贸易发展的重要性。一个 App 很容易被模仿，但拥有"更懂用户"的服务能力则是谁也抢夺不了的核心竞争力。因此，数据作为提供"贴心服务"的关键要素更成为稀缺资源。只有拥有足够的有效数据，算法才能提供更精准的定制服务。当 App 捕捉到你喜欢乒乓球时，便会为你精准推送奥运会短视频，为你提供符合你消费价位的球拍等运动装备广告；甚至当你下单，远在常州武进的工厂便立即生产，保证三天送货上门。也正是因为如此，各个企业会想方设法获取数据，通过各种途径来收集、分析、加以利用，从而满足消费者的要求，在信息产品的异质性方面领先对手，最终增强企业在贸易进程中的核心竞争力[①]。

由此可见，数字技术是数字服务贸易发展的前提，而降低获得数字创新的难度则是其在本地繁荣的基石。那么，在这样的背景下，建议城市运营者从两个方面入手，率先打牢基础。

搭建数据驱动的产业新基建。虽然数字驱动的新基建是城市运营者不得不做的准备，然而新基建的投入动辄百亿千亿，在一笔笔资金砸下去之前，就要明白重点与顺序，比如要清楚哪些是必选动作，哪些是可选动作，哪些不紧急但投资巨大可适当延后。甚至发展的不同行业对于具体的新基建也有不同的要求，需要更为深度的定制。例如，金融行业相较于其他行业对于数字技术有着更高的要求。金融网络中的竞争优势要以微秒来定义。研究结果

---

① 张先锋，等. 数字贸易 [M]. 合肥：合肥工业大学出版社，2021.

显示，几十毫秒的数据传输延迟就意味着收入要降低10%，即使每次交易只出现5微秒的延迟也会造成数十万美元的损失①。以2020年美股即将熔断时市场的某只个股为例，在900毫秒的时间内，股价从16美元跌到4美分，这意味着低时延已成为投资者能否及时止损的关键，对金融行业起到决定性作用②。因此，在这样的特殊要求下，城市或通信公司需要为市内主要期货证券交易所提供定制化超低时延业务，使互联线路时延从0.67毫秒降低至0.4毫秒左右③。

搭建人才驱动的产业新基建。 正如美国知名经济地理学家乔尔·科特金（Joel Kotkin）在《新地理》一书中所渗透的观点：哪里宜居，知识分子就会到哪里居住；知识分子到哪里居住，人类的智慧就会在哪里聚集；智慧在哪里聚集，人类财富最终就会在哪里汇聚！正是由于数字服务贸易对创新成本和智力资源的强力依赖，导致未来资金雄厚的数字服务贸易头部企业更愿意设置在数字科技人才密集的区域，如美国硅谷、印度班加罗尔、北京中关村等地，甚至有的企业会直接将研发中心建在科学家居住地，彻底改变了人才移动的传统模式④。因此，为实现数字服务贸易的繁荣，一个城市再怎么为吸引数字人才而努力都不为过。

综合上述两个方面，无论搭建数字新基建还是抢夺数字新人才，降低获得数字创新的难度就是数字服务贸易繁荣的基石。

（2）押注远航方向——锁定"先发优势"。

借助数字技术的广连接性，数字服务贸易在各行各业垂直渗透的趋势越

---

① CSDN：《金融行业数据中心该选择什么样的网络？》，https://blog.csdn.net/cuiyaolie3135/article/details/100464591，2010年1月25日。
②③ 搜狐网：《高频交易主导金融市场中国电信进一步升级低时延业务》，https://www.sohu.com/a/424140340_115362，2020年10月12日。
④ 张先锋，等.数学贸易[M].合肥：合肥工业大学出版社，2021.

发明显。越来越多的行业通过数字赋能延长了产业链条，激发了增长潜力。另外，数字服务贸易更具备另一不可忽视的特征：**由于数字服务往往资本、技术密集，优势一旦建立，具有鲜明的马太效应和锁定效应**[①]。也就是说，某个国家甚至某个企业一旦在某个领域率先崛起取得绝对优势，别的国家或其他企业在同样的领域极有可能加速萎缩。**由于其边际成本几乎为"零"，打破了原有的规模经济理论，则更容易催生出"赢家通吃"的全球"巨无霸"数字服务贸易企业。**

例如，掌握人工智能、云计算、数据处理等这类共性技术的数字服务贸易企业更有可能成为世界巨头。许多人工智能公司是多产品公司，如谷歌的母公司Alphabet同时经营搜索引擎（Google）、在线视频服务（YouTube）、移动设备操作系统（Android）、自动驾驶（Waymo）及其他业务[②]。与传统商品生产所需的设备专用性和独占性高，很难实现范围经济不同，数字经济时代人工智能技术的共享式利用[③]，使其更具备拓展其他看似毫无关联领域的可能，于悄无声息中快速占领市场。类似的，近年来微软看似"无厘头"式的并购，实则也是为了掌握不同数据用于训练AI算法，其目的是具备消化任何数据的云计算能力，为接下来深度占有各行各业做好准备。越来越多的此类企业的崛起也同样助力美国在相关领域牢牢占据领先地位，成为数字服务贸易第一大国。

正是由于数字服务贸易具备鲜明的"深度占有"倾向，率先掌握先发优势则显得越发重要。对于一个还在为发展数字服务贸易而迷茫的城市来说，

---

① 锁定效应本质上是产业集群在其生命周期演进过程中产生的一种"路径依赖"现象。新技术的采用往往具有收益递增的机制，先发展起来的技术通常可以凭借先占的优势实现自我增强的良性循环，从而在竞争中胜过自己的对手。与之相反，一种较其他技术更具优势的技术却可能因晚出一步，不能获得足够的支持者而陷于困境，甚至"锁定"在某种恶性循环的被动状态之中难以自拔。

②③ 张先锋，等. 数字贸易［M］. 合肥：合肥工业大学出版社，2021.

"抢"更应成为当下这类城市的关键词。城市运营者若能果断找准入局赛道，则很有可能在数字服务贸易领域走向领先，并极有可能实现步步领先！

实际上，数字服务贸易细分方向的发展快慢是完全有迹可循的，主要取决于三个方面因素：**一是对应服务产业本身是否处于扩张阶段；二是对应服务产业与数字技术融合的难易程度；三是对应服务产业开展贸易的主要堵点是否可以通过数字交付解决**[1]。因此，数字化程度高且正处于扩张期的 ICT 服务、知识和信息高度密集的知识产权服务增长居前[2]。

此外，不同城市也应结合自身产业优势精确布局，抢占发展先机。我国的很多城市已经开始发力：在数字技术、数字经济领域有明显优势的城市，如北京，正在努力发挥技术优势，在大数据交易、科技金融、数字技术基础服务等领域先行先试；在某些特色领域有深厚积累的城市，如成都，依托软件外包优势，正与文化创意产业结合，逐渐向数字游戏与数字视觉等高附加值领域进军；在各方面并无明显优势的某些城市或省份，则依托政策战略性抢占空白，提前锁定增量，如上海大力瞄准云服务、海南错位竞争中医药服务贸易等。

因此，每个城市应因地制宜，或结合发展规律，或结合数字技术，或结合服务业，或结合特色产业等来精准发力，抢占先机。

简而言之，数字服务贸易具备垂直渗透各行各业的趋势，且均处在萌芽发展阶段，行业格局尚未稳定。若能精确布局，细分赛道，抢夺先发优势，企业则很有可能实现领先及一直领先。

---

[1]《数字贸易发展白皮书（2020年）》，中国信通院官网，http://www.caict.ac.cn/kxyj/qwfb/bps/202012/t20201216_366251.htm，2020年12月，第15页。

[2]《数字贸易发展白皮书（2020年）》，中国信通院官网，http://www.caict.ac.cn/kxyj/qwfb/bps/202012/t20201216_366251.htm，2020年12月，第16页。

(3) 铸造动力引擎——最重要的是要抢占"政策优势"。

在已经打牢了自身基础、明确了远航方向之后，要想让这艘数字服务贸易巨轮真正乘风破浪，最重要的便是铸造其动力引擎。

① "先行先试"的政策是发展的核心驱动力。

可以说，从参与全球竞争角度来看，数字服务贸易是一个高度政策驱动的行业，而且能否提供"先行先试"的宽松政策更成为远航的关键加速度！

数字服务贸易具备国际化的先天属性，是代表中国抢占全球更高价值链的关键抓手。当下能否建立与国际对话的话语体系，能否以更开放灵活的政策吸纳全球资本与创新资源，则是能否成功进军国际市场的关键。**过去有不少"穷得只剩下政策"的国家和地区凭借"政策洼地"实现崛起。**世界上数字服务贸易的几个高地，如爱尔兰、新加坡、瑞士、日本等，无一不是靠探索出先行先试的创新政策让数字服务贸易细分领域处于全球领先地位。下面具体来介绍爱尔兰。

爱尔兰是偏于欧洲一隅的小国，曾经一度是严重依赖农牧业出口的"欧洲穷小子"，被视为"欧洲农村"。这个要资源没资源，要市场没市场，并且错过了工业时代发展红利的边缘国，完全是靠 20 世纪 60 年代的政策驱动实现了跨越式崛起。现如今，爱尔兰已成为"凯尔特虎"，更是数字服务贸易的领头羊。尤其是 2020 年，在美国、英国、日本、德国、俄罗斯、法国、印度、意大利、巴西等国 GDP 均为负增长的情况下，爱尔兰 GDP 增速竟超越中国跃居全球第一，令人眼前一亮[①]。目前爱尔兰是世界上最大的软件输出

---

① 南生今世说：《爱尔兰人均 GDP 升至 8.4 万美元！经济增长 3.4%，排在当前各国之首》，https://baijiahao.baidu.com/s?id=1693673683033596127&wfr=spider&for=pc, 2021 年 3 月 8 日. 南生今世说：《谁复苏的更快？中美、日韩、俄印等全球 57 国的 2020 年 GDP 增速分享》，https://xw.qq.com/cmsid/20210324A04MFQ00?f=newdc&ivk_sa=1023197a, 2021 年 3 月.

国,世界 10 大 ICT 公司中的 9 家选择了爱尔兰,而且拥有世界 10 大顶级制药公司中的 9 家,甚至被誉为"欧洲硅谷"[①]……

爱尔兰的发展别无选择,只能放大"最不是资源的资源"——政策优势。由于自身资源短缺,国内市场规模有限,因此,爱尔兰的转型从一开始便瞄准全球市场、参与世界竞争,放弃了选择大搞工业生产,而聚焦服务贸易驱动路线。尤其是爱尔兰加入欧盟后,更持续利用"政策优势",在电信计算机、信息服务出口、金融服务外包、生物技术服务出口和其他商业服务[②]出口等数字服务贸易领域持续发力,抢占全球价值链的高端环节。

我们可以从下面一系列开创性的政策,来看看爱尔兰在"先行先试"的政策上下的工夫:第一个发明了自贸区的国家[③];第一个为企业提供超低 12.5% 税率的国家(其中新加坡 17%、匈牙利 19%、英国 20%、中国 25%)[④];第一个保持自由贸易区土地长达 130 年的超低价的国家[⑤];第一个通过立法规定电子商务有效运作框架的欧盟国家[⑥];少有的明确规定专利在该国获得并开发的产品免征所得税的国家[⑦]……而对于不受空间限制、不考虑物流成本的数字服务贸易企业来说,上述的政策无疑是大大降低了企业的运营成本,极具全球吸引力。从爱尔兰可以看出,数字服务贸易要想获得成功,一定要"先行先试",因为没有"先行先试"就没有数字服务贸易的繁荣。

---

① 总部网络 Elaine:《"欧洲硅谷"爱尔兰,又一次用实力惊艳世界》,澳星网,http://www.austar-group.com/news/info_13489.html,2018 年 5 月 1 日。

② 其他商业服务:包括研发、法律、广告、管理咨询、公共关系等服务。

③ 自贸视界:《爱尔兰香农自由贸易区》,https://www.wftznews.com/world/view/51.html.

④ IDA Ireland, *WHY Ireland?*, https://www.idaireland.cn/IDAIreland/media/IDAImages/Why-Ireland.jpg?ext=.jpg.

⑤⑦ 胡剑波,任亚运. 爱尔兰自由贸易园区服务外包发展研究[J]. 经济与管理科学,2015(5):180—184.

⑥ 李辉. 爱尔兰服务外包产业发展的经验[J]. 经济与管理科学,2014(4):87—96+134.

与此类似，我国于 2013 年在上海打造中国第一个自贸区。随着"朋友圈"的不断扩展，现在自贸区已增至 21 个[①]，它们成为中国对外开放的前沿阵地。这些自贸区的核心任务和价值在于制度创新，国家已经给予了其自下而上探索"先行先试"政策的权限。然而，当下要发展好数字服务贸易，要取得更高水平的开放，已不再是简单"配置一台计算机，简化办证手续"这样浮于表面的创新政策。未来，面对更加激烈的全球竞争，**城市运营者需要提供敢为人先、深度定制、摸准命门、具有全球比较优势的政策。**

②围绕"数据"与"算法"的政策制定是左右市场格局的命门。

随着数字服务贸易生产要素的转变，数字服务贸易企业的关注重点也愈见明朗，其中"**数据**"与"**算法**"的政策制定逐渐成为世界各国的主要分歧点。

首先，数字服务贸易企业越发关注跨境数据能否自由流动。事实上，从技术层面上来说，数据的跨境流动依托云储存或本地数据中心是完全可以实现的。也就是说，我在 A 国为 B 国客户提供服务，产生的数据信息回流存储在 A 国是完全没有障碍的。对于企业来说，只需要支付一个数据服务器便足矣。以美国为代表的国家认为跨境数据流动日益成为国际贸易的血脉，明确支持数据应以最经济、技术高效的方式跨境自由流动。而以欧盟为代表的国家则认为，数据涉及公民隐私乃至国家安全，因此，欧盟对于数据监管异常严格，要求数据存储必须位于其境内。这项规定也使企业若想进入欧洲市场，必须购买本地的设备及服务、优先选择欧洲服务商，这使企业的运营成本大幅增加。这项政策出台后，每个想进入欧洲市场的美国企业需要多投入大约 417 亿欧元的资金[②]。

---

① 《中国自贸区数量增至 21 个》，人民网，http://bj.people.com.cn/n2/2020/0922/c233086-34308357.html，2020 年 9 月 22 日.

② 第一财经：《欧洲数字经济监管强发展弱，欧委会新主席想推广丹麦经验》，https://baijiahao.baidu.com/s?id=1653347850894124668&wfr=spider&for=pc，2019 年 12 月 19 日.

以全球服务外包为例，对于国际发包企业而言，跨境数据能否安全有序地自由流动，已经成为其发包考虑的重要因素。实际上，现在的发包企业更愿意选择与本国签署贸易协定、采用相同贸易规则的接包国家的企业合作[①]。服务外包的供需天平正因此而大幅摇摆。

过于宽松的政策会威胁到国家安全，而过严的政策则可能直接扼杀了产业在本地的繁荣。欧盟实施了全球最严苛的个人数据保护制度，如果企业利用和处理个人数据，必须征得当事人同意，这导致欧洲存在大量僵尸数据。数据的利用超级低效使欧洲错失了以数据为核心的消费互联网时代，而如今，进入工业互联网时代后，欧洲企业的发展也依旧步履维艰。

其次，针对数字知识产权的保护制度也成为各国更不能让步的核心焦点。一般来说，产权制度是市场交换的前提条件，明晰的产权归属、完善的产权保护是保障贸易健康发展的关键。然而，数字服务贸易的产权保护规则的复杂性远高于一般实物产品。传统货物贸易的产权保护主要表现为对货物商品的物权保护，即防范海盗打劫船只、抢夺货物[②]；数字服务贸易的产权则主要表现在防范**数据、源代码、专用算法和商业秘密**等企业核心资产的窃取。但从维护安全的角度来看，部分国家会强势要求企业完全公开源代码与专用算法等，确保全部安全后，才能准入市场。而这是出于国家安全考量，还是对核心技术的掠夺，则需要深入探讨。

就以前不久吵得甚嚣尘上的微软收购 TikTok 事件为例，其实便是披着安全的外衣对大数据和核心算法的暴力抢夺[③]。美国认为 TikTok 可能威胁

---

① 朱华燕：《数字贸易激活新型服务外包模式》，服务外包杂志官网，http://www.comagazine.cn/article/?i=81257，2016 年 12 月 22 日。

② 中国信通院官网：《数字贸易发展白皮书（2020 年）》，http://www.caict.ac.cn/kxyj/qwfb/bps/202012/t20201216_366251.htm，2020 年 12 月，第 5 页。

③ 晨读书局：《TikTok 风暴，是对大数据的暴力抢夺》，腾讯网，https://xw.qq.com/cmsid/20200806A0JS4G00，2020 年 8 月 6 日。

国家安全，认为其存储了外国政府可以访问的大量个人数据，可能对数以百万计的美国人带来严重的风险。因此，出于上述问题考虑，美国政府要求对 TikTok 进行安全审查。得到政府"撑腰"的微软更是在收购中突然要求 TikTok 交出全部算法源代码。虽然最后的故事并未朝着这个走向发生。但此次恶意收购事件再次将数字知识产权保护推到了风口浪尖。

除此之外，**围绕着电子签名认证、无纸化贸易、电子传输的关税、开放政府数据、开放网络准入、消费者保护等其他方面的政策**也应加速制定，这些都是能够左右全球数字服务贸易市场格局的敏感性政策。

对于我国的 21 个自贸区来说，在掌握了自由探索政策的自主权后，也只有围绕上述关键问题制定命门政策，才具备在世界突围的可能。例如，可积极推动试验区内少量试点企业与国外特定范围内实现数据流动合规，扩大数据领域开放，创新安全制度设计[①]等。谁能在确保安全的前提下先行先试，谁就越具备在数字服务贸易领域代表中国突围的可能性。

（4）瑞士楚格——**数字服务贸易的先行者**。

那么，在明晰"抢什么"和"怎么抢"之后，世界上是否有这样的城市确实因为成功抢夺了"数字优势""政策优势"与"先发优势"之后，而实现自身在数字服务贸易领域的崛起呢？答案是有，那就是瑞士的楚格（Zug）。

楚格位于大苏黎区范围内，距离苏黎世 30 分钟车程，是一个人口仅 3 万左右的都市卫星城。它便是牢牢抢夺上述三大优势，率先在数字服务贸易的细分赛道——科技金融领域，实现全球领跑。对于尚属于萌芽和混沌阶段的数字服务贸易领域来说，具备重要的参考意义。

---

① 中国信通院官网：《数字贸易发展白皮书（2020 年）》，http://www.caict.ac.cn/kxyj/qwfb/bps/202012/t20201216_366251.htm，2020 年 12 月，第 52 页．

①**抢夺先发优势——以传统金融为跳板，抢占科技金融新赛道。**

楚格的发展其实是大苏黎世乃至整个瑞士的缩影。实际上，能让瑞士在这个世界上屹立不倒的、最引以为傲的便是金融业与手表业。但客观来说，近几年瑞士的传统金融业在一度萎缩，尤其是苏黎世作为国际金融中心，影响力也日渐式微。**对于这样一个人口少，为了生存，必须在国际竞争中拿出点儿"看家本领"的国家来说，瑞士宁可选择冒险尝试，也不会轻易放弃任何一个能够领先的机会。**

因此，当科技金融的春风吹拂瑞士时，当第一个金融区块链企业入驻楚格时，敏锐的政府嗅到其巨大的潜力。借助苏黎世尚且强悍的国际金融中心地位，楚格依托区位优势，抢先拥抱科技金融。短短几年内，楚格的崛起已助力大苏黎世区从传统国际金融中心跃迁至全球排名第二的国际科技金融中心①。

如今，楚格是全球科技金融与区块链技术公司最为密集的城市，成功吸引900多家区块链公司，雇员超过4 700人②，是少有的对区块链技术友好的城市，被金融科技领域的先驱们称为"加密谷"与"金融界的硅谷"。如今，楚格同新加坡和迪拜一道并称为世界级区块链枢纽，贸易往来链接全球各地，被评为欧洲增长最快的科技社区③。据了解，得益于楚格的金融科技与区块链的快速发展，瑞士也正有意复制楚格的传奇，计划打造其他3个"加

---

① "GreatZurich"微信公众号：《【金融科技＋区块链】企业为何钟爱这里？》，https://mp.weixin.qq.com/s/nZcJjNm7wg3fk0mazzYW9Q，2019年9月21日.
② "GreatZurich"微信公众号：《分布式资本采访｜区块链无国界，终极目标之世界大同》，https://mp.weixin.qq.com/s/8-tWhtj2kYLdePtvjcQj-A，2020年11月6日.
③ 腾讯新闻：《瑞士不单只有巧克力 还有它……》，https://new.qq.com/rain/a/20201020A056GX00，2020年10月20日.

密谷"①。在世界网络城市中，尽管楚格体量不大，但已经成为不可替代的关键节点，早已在数字服务贸易的细分领域中占据了一席之地。

②抢夺政策优势——率先提供确定性和定制化的政策支持。

对于新兴事物来说，企业首先最在乎的便是确定性的态度。从瑞士国情来看，整个国家更倾向于拥抱新事物，往往会采取"先发展再规范"的态度。因此，当科技金融企业 Xapo 在各个国家碰壁的时候，楚格却逆势而上，坚定拥抱它。正是由于楚格给足"安全感"的一系列操作，让其在很多国家还没有缓过神来的时候，楚格便已先下手为强，率先吸引了众多企业聚集，遥遥领先其他对手一大截。

业内人士表示："从整体来看，清晰明确对这一领域的发展起着至关重要的作用。无论所制定规则条例的内容是什么，清晰明确是一个最为基本的要素。"②楚格政府出台了非常明晰的指导条例，以文字形式详细表述了政府对相关公司及相关资产所持有的态度③。楚格针对国际金融科技企业最为看重的财产保护、数据保护、机密性等方面做出了明确的法律保护。这种对新兴技术稳定且明确的态度，成为楚格成功吸引和孵化国际金融科技企业的绝对优势。

其次，楚格政府敢于开天辟地，提供先行先试且脚踏实地的政策。过于宽松的政策可能会威胁国家安全，但过于严苛的政策也会错失抢跑机会。因此，楚格乃至瑞士根据企业诉求提供了一份"瑞士解决方案"。既避免企业因繁文缛节的程序束手束脚，又提供了一个相对安全的范围。楚格组建

---

① 糖果区块链：《瑞士区块链生态系统：欢迎来到加密谷！》，https://www.sweety.cn/69985/%E7%91%9E%E5%A3%AB%E5%8C%BA%E5%9D%97%E9%93%BE%E7%94%9F%E6%80%81%E7%B3%BB%E7%BB%9F%EF%BC%9A%E6%AC%A2%E8%BF%8E%E6%9D%A5%E5%88%B0%E5%8A%A0%E5%AF%86%E8%B0%B7%EF%BC%81.html，2018 年 5 月 8 日。

②③ 猎云网：《前有硅谷，后有"加密谷"！欢迎来到区块链的天堂：瑞士楚格》，https://baijiahao.baidu.com/s?id=1605015505479425632&wfr=spider&for=pc，2018 年 7 月 4 日。

了一个沙箱环境①，提供缩小版的真实市场和宽松版的监管环境。在这里，初创企业可以在受控条件下测试新想法，不再需要传统金融的银行执照；只要是从第三方积累的资金少于100万瑞士法郎的公司均可参与；操作时间由原来的7天延长至70天②，这使发展和监管同时进行，彻底改变了原有"猫捉老鼠"的关系。此外，楚格也允许金融科技的牌照注册，提供双重税收协定③，接受了SRO④方案等。正如负责国际金融事务的国务秘书约克·加瑟尔（Jörg Gasser）所说："这是一个在国际环境中具有竞争力的法律框架"⑤。

③抢夺数字优势——持续努力降低企业数字创新成本。

一方面，楚格结合科技金融所重点依赖的区块链技术进行重点布局。 在楚格，随着科技金融企业的不断聚集，政府不断定向吸引如Bitfury、Ripple、Difinty、LeewayHertz、Blockstream这样的区块链项目与技术服务提供商，为企业、政府、机构和个人提供领先的一站式区块链技术服务，包括软件与硬件解决方案等。

另一方面，政府官方机构入局，快速搭建创新生态系统。 其在2017年成立一个独立的由政府支持的协会即加密谷协会，并联合孵化器、监管机构、

---

① 沙箱环境：是一个虚拟系统程序，允许你在沙盘环境中运行浏览器或其他程序，因此运行所产生的变化可以随后删除。它创造了一个类似沙盒的独立作业环境，在其内部运行的程序并不能对硬盘产生永久性的影响。在网络安全中，沙箱指在隔离环境中，用以测试不受信任的文件或应用程序等行为的工具。

② Fintech Setup: *Setting up a Swiss Sandbox*, https://www.fintechsetup.com/setting-up-a-swiss-sandbox/.

③ GREAT ZURICH AREA 官网：《科技金融》，https://www.greaterzuricharea.com/zh-hans/jinrongkeji.

④ GREAT ZURICH AREA 官网：《区块链技术》，https://www.greaterzuricharea.com/zh-hans/qukuailianjishu.

SRO：自律组织（Selbstregulierungsorganisationen），是瑞士金融市场监管局（FINMA）直接监督的替代方案。

⑤ Fintech News: *Switzerland aims to be a top fintech jurisdiction*, https://www.fintechnews.org/switzerland-aims-to-be-a-top-fintech-jurisdiction/, 2016年12月22日.

技术机构、大学、区块链金融科技等各类机构，建立了一个实用和互信的超级生态系统。很难想象的是，瑞士国家金融市场监管局、新加坡国际企业发展局这样的国家强势机构均是协会成员。生态系统的建立进一步促进楚格吸纳全世界的人才、资金、技术与创新资源，大大降低了科技金融领域的创新成本。

此外，楚格还以政府为背书，搭建区块链技术应用场景，增强技术向其他领域延展，扩大产业边际。如2018年楚格试用基于区块链的公民投票程序，是瑞士公投历史上的首次尝试。此外，还在政务系统、电子身份系统、税收、旅游、食品等方面积极融入区块链技术。

总而言之，楚格的成功有其偶然性和必然性。虽然，第一个科技金融企业的落户充满了不确定性，但楚格市敏锐的嗅觉、坚定的态度、包容的支持、孵化的思维与主动搭建创新生态系统的做法，则是值得城市运营者借鉴的。通过牢牢抢占先发、政策与成本三大优势，把握住不确定中的确定性，有所为而有所不为，楚格率先确立了数字服务贸易细分领域的全球领先地位。

3．规则三：繁荣并不一定等于聚集，中小城市不一定没有机会

什么样的城市能在数字服务贸易中掘金呢？

数字服务贸易的突出特点便是"去中心化"。

数字化带来的本质影响是去空间化和分散化。正如前面所提到的，它打破了时间空间的唯一相对性，从以前的货物流导向到现在的信息流导向为主。正如，疫情之后"无实体化公司"的诞生、"数字游牧民"①的群体越来越壮大、上文中提到的瑞士楚格的崛起、到河南郏县的村子里聚集了大量为国际互联网公司做数据标注的"小作坊"……在地理套利的时代，客观地说，

---

① 数字游牧民（digital nomad）：以数字技术为生，没有固定住所的人。这样的人靠互联网赚钱，只要能上网，住在哪里都可以。

有网的地方均有可能发展数字服务贸易。似乎数字服务贸易也不再是发达国家和大城市的专属，同样也给予了发展中国家和欠发达地区入场券。

但"去中心化"并不是"均质化"，而是要重新洗牌、打散、再分配。

结合中国发展实际及数字服务贸易特点，推测未来三类地方更可能脱颖而出。

戴着"自贸区"皇冠的大都市。这类城市（如北京、上海、广州等）具备无法撼动的绝对优势，不仅拥有自贸区政策的加持，还在数字技术、服务业及对外贸易领域各有千秋。未来这样的城市，尤其是自贸区片区，应当努力降低数字创新综合成本，重点锁定两大类型数字服务贸易企业。一类是对智力资源和创新资源高度依赖的头部公司的总部和研发机构；另一类则是有潜质在全球细分市场上成为隐形冠军的公司。

拥有"必杀器"的新基建城市。例如，贵州的贵安新区与乌兰察布，正重点发展国家大数据中心。其凉爽的气候、充足的电力、稳定的地质、优良的空气是发展数据中心不可替代的优势。随着近些年的快速发展，上述地方具备成为全球数据服务的重要节点的可能，更易吸引头部企业的大数据专业部门入驻，或诞生一批在大数据细分领域提供深度定制化服务的企业。类似的，未来掌握人工智能公共算力平台、拥有更多国际海底光缆容量、具备高水准的互联网交换中心等条件的城市或地区，如青岛、深圳前海等都可能是未来的"潜力股"。

具备"高颜值"的人气小城镇。"颜值"就是生产力，本身具备吸引科创人群的先天优势。尤其是对于那些政策覆盖下的地点质量超高的小城镇而言，更有可能成为异军突起的新星。诸如位于大苏黎世区下的楚格小城，不只紧邻苏黎世，拥有优越的营商环境，而且本身是滑雪胜地，也得益于其优质的自然环境和生活质量，其不仅留住了人才，还成了全球区块链中心。其次，巴厘岛也因为其旅游目的地的先天优势，成功吸引了众多数字游牧民的聚集。其中的乌布地区也诞生了一些数字服务贸易相关企业，如电子邮件客户端创业公司 Mailbird，用 VR 构建理科实验室的科技教育公司 Labster 等。因此，结合目前海南全岛正在建设自贸港的政策背景，可以想象，未来海南岛上的某个旅游小城镇很有可能也会成为数字服务贸易企业度假地办公或第二总部的首选之地。

到这里，数字服务贸易的故事即将讲完，但属于数字服务贸易的时代才刚要来临。相对于以往的错过、跟随，这次中国终于迎来了在第四次全球化中实现领跑的机会。相信随着第四次全球化浪潮的奔涌向前，上述这些代表中国掘金"数字大航海时代"的"北京号""上海号""海南号"等各个舰队，一定能够开辟"新航线"、发现"新大陆"，共同开启属于中国的"数字航海新时代"！

白领金领，不如"新领"

文 | 郭可萱　常 瑶

数字经济时代是新人才的时代。

在新产业革命的浪潮下，数字技术在重塑制造业与服务业的同时，并没有使"人"失去原本的价值，反而更加强化了"人"在未来经济中的核心地位。从前述各篇文章中可以发现，数字带来的"机器换人"，只是某些岗位的未来；而真正的数字未来，更加需要"人"来绘制数字图谱、驱动产业创新。我们比以往更需要懂得市场、技术和政府三门语言的"科技红娘"，我们比以往更需要兼备"科学家+工程师+程序员"能力的工业软件人才，我们还需要新型营销人才……从研发到设计、从生产到营销，在产业链条的每一个环节，对新人才的需求和呼唤都无处不在！

数字的赋能，不仅带来了"技术进步导致的失业"，而且创造着更多元、更充满想象空间的新兴职业。以新思维和新方法解决数字经济时代的新人才需求，将是打通未来产业"任督二脉"的关键要点。

一、新航道催生新职业：数字经济时代需要"新领"人才

1. "新领"：数字经济催生的新人才

随着由技术定义、由数据驱动的新制造逐渐成为常规，随着上云赋智、万物互联由概念名词逐渐转变为众多行业的发展法则，数字化的"新人才"已然取代了传统的交通、能源和原材料，成为数字生态中最关键的因素和最稀缺的资源。数字新航道不仅带动了对于数字人才的强劲需求，更模糊了"蓝

领"和"白领"的传统职能边界，提出了不同于任何时代的全新人才需求。同时拥有 ICT 技术和特定专业技能的综合性人才更成为产业数字化发展不可或缺的标配。另外，正如汽车发明催生了汽车销售与保险行业那样，数字经济下的社会就业也经历了重新洗牌，全媒体运营师、数字化管理师这样的"新新人类"正如雨后春笋般活跃于就业图谱上。

针对新时代的人才需求现状，IBM 首席执行官罗梅蒂（Ginni Rometty）在 2016 年写给总统的公开信中创造了"新领"这一术语，**用于描述网络安全分析师、数据分析师等新兴技术带来的、更加注重 ICT 技能及其综合应用而非高校学历的新兴职业**，而后这一概念被逐步拓宽，成为人工智能和云计算等新技术带来的新型就业的统称。2019—2021 年，在人社部近年公布的"新领"职业中，人工智能、物联网、智能制造等领域的"新领"岗位就占据了相当大的比例，如图 3-2 所示。

10个 2019
- 人工智能工程技术人员
- 工业机器人系统运维员
- 物联网工程技术人员
- 大数据工程技术人员
- 云计算工程技术人员
- 数字化管理师
- 建筑信息模型技术员
- 无人机驾驶员
- 物联网安装调试员
- 工业机器人系统操作员

13个 2020
- 工业互联网工程技术人员
- 电气电子产品环保检测员
- 智能制造工程技术人员
- 虚拟现实工程技术人员
- 区块链工程技术人员
- 增材制造设备操作员
- 全媒体运营师
- 互联网营销师
- 在线学习服务师
- 人工智能训练师
- 信息安全测试员
- 区块链应用操作员
- 无人机装调检修工

6个 2021
- 集成电路工程技术人员
- 服务机器人应用技术员
- 电子数据取证分析师
- 密码技术应用员
- 智能硬件装调员
- 工业视觉系统运维员

图3-2　2019—2021年公开的"新领"职业（图片来源：根据人社部官网资料绘制）

新兴的"新领"群体正在迅速扩张，成为不可忽视的就业主体与未来产业发展的重要支撑。早在 2018 年，我国数字经济领域就业岗位就已达到 1.91 亿个，占全年就业总人数的 24.6%[①]，且相应的人才需求仍在持续扩大。领英（一个面向职场的社交平台）发布的《2020 中国新兴职业报告》指出，过去五年中国增长率最高的五大新兴职业——新媒体运营、前端开发工程师、算法工程师、UI 设计师和数据分析师，全部都是与数字经济高度相关的"新领"职业的典型代表。这些曾经的小众职业的从业者数量在最近几年中少则翻倍，多则翻了 10 倍，他们在创造价值的同时，也成为新业态和新机遇的开拓者。

在数字经济时代，"新领"早已不再等同于传统制造业语境下的"劳动力"，更不是"机器换人"中被取代的对象，而是新生态下极具潜力的创新单元。白领金领，不如"新领"，将是数字驱动下的新时代真理！

2. "新领"：构筑未来的人才"金字塔"

"新领"是多元的，也是专业的。不同领域、不同层次的"新领"具有完全不同的技能架构、工作方式和对产业的影响能力。根据职能与作用，"新领"群体可以大致划分为四级"金字塔"形的人才新结构。各类特化的"新领"人才分工合作、相互协同，就能够在产业发展的各个环节都"推一把"，发挥出数字化创新的强动能。可以说，打造出一支精锐的"新领"部队，就是打造数字经济下的产业的"核动力"。只有抓住"新领"，才能抓住产业创新的未来！

（1）数字化技术的"拓荒者"——掌握核心科技的前沿技术人员。

典型代表：ABCD 人才，如人工智能、云计算、区块链、虚拟现实研发技术人员、数据科学家。

---

① 前瞻产业研究院：《高质量发展新动能：2020 年中国数字经济发展报告》，http://gxt.shaanxi.gov.cn/u/cms/www/202011/2020%E5%B9%B4%E4%B8%AD%E5%9B%BD%E6%95%B0%E5%AD%97%E7%BB%8F%E6%B5%8E%E5%8F%91%E5%B1%95%E6%8A%A5%E5%91%8A-202011041432.pdf.

在"新领"群体中,"拓荒者"是专精数字技能的技术人员,是最具技术性的"新领"人才。"ABCD"人才,即拥有人工智能(Artificial Intelligence)、区块链(Block Chain)、云计算(Cloud Computing)和大数据科学(Data Science)四个领域开拓性技能的人才,便是典型代表。

"拓荒者"是数字技术发展的"领头雁",也是最"贵"的产业资源。例如,随着区块链技术成为数字时代增信确权的新基建,**区块链工程师**成为一个热门新职业。作为数字世界信任体系的创造者,他们可不是单纯具有计算机技术和编程经验的"码农"。除常用的开发语言外,他们需要掌握密码学、共识算法、超级账本、智能合约等多种组合的技术知识,需要对通证经济[1]有深刻的理解,还需要懂得特定行业领域知识和行业应用技术架构。这些复合的技术要求,使区块链工程师成为各类企业抢夺的稀缺人才。美国旧金山 Hired 公司发布全球统计数据显示,其岗位需求曾在一年之内暴涨了 400%,且早在 2018 年,区块链工程师的平均年薪就已经超过了一百万元[2],收入远高于普通软件工程师。"在硅谷,每个区块链工程师平均有 16 个职位在虎视眈眈地盯着他。"[3]

"拓荒者"的价格之高,也从侧面证明了其对产业的撬动作用之大。大到作为人工智能核心的神经网络架构,小到"拖动滑块解锁"背后的操作行为识别技术,每种数字技术及其产业化应用,都离不开"拓荒者"们的鼎力前行。

(2)数字化转型的"指导员"——将技术与管理融会贯通的组织人才。

典型代表:首席信息官、数字化解决方案规划师、数字化管理师等。

---

[1] 通证:指"可流通的凭证"或者"可流通的加密数字凭证"。
[2]《谷歌开始收取安卓费用,华为小米难以幸免;美国区块链工程师平均年薪逾百万 比 AI 专家高》,我爱研究网,https://mp.weixin.qq.com/s/HBF3xYnhu5OBD-oT4veFow,2018 年 10 月 22 日.
[3] 鸽子:《80 万年薪挖不来一个区块链工程师的背后,转型潮却远未到来》,搜狐网,https://www.sohu.com/a/240715283_115128,2018 年 7 月 12 日.

当前，企业数字化转型已经不是一道"选择题"，而是一道"生存题"。"指导员"是指既懂得数字技术，又懂得产业管理的人才。他们要么能够研判前瞻性发展路径，为产业的数字化转型谋划精准的创新蓝图；要么能够将数字化方式带入公司管理和生产运营，提升管理效率、加快企业数字化进程。

首席信息官（CIO）就是"指导员"中最高级的一类。他们是负责监督公司信息技术（IT）需求的执行官，并不分管 IT 部门，而是企业数字化战略的制定者和"数字谋士"。20 世纪初，许多欧美企业正是得益于 CIO 制定的数字化发展战略，才得以在快速变化的全球市场中获取竞争优势。

2019 年，人社部发布的新职业**"数字化管理师"**是另一个在企业数字化转型诉求下诞生的新 CXO 角色，尤其对中小企业作用明显。他们通过数字化平台和手段，帮助企业进行大数据决策分析、上下游在线化链接等管理升级。如央视报道的一位义乌数字化管理师黄祖新，就运用钉钉平台协助企业进行流程改进和组织升级，帮助义乌十多家小企业改善了仓储管理混乱、数据把控能力低、岗位职责不清晰等问题。而他在成为数字化管理师后，一年能接到近 40 份工作邀约，年薪也从 7 万元涨到了 25 万元[①]。这一职位对于企业的降本增效起到很大的作用，"按照每 10∶1 的比例做数字化管理师人才配备的企业，比没有数字化管理师的企业工作效率高出 35%～50%"[②]。可见，在数字经济时代，组织管理型的"新领"将会日渐成为不可忽视的力量。

(3) 数字化生态的"建设队"——作为中坚力量的应用型数字人才。

典型代表：新技术应用/新系统运维人员、数据分析师、信息安全测试员等。

---

① 网易新闻：《央视报道：数字化管理师缺口百万，年薪 25 万成职场新宠》，https://www.163.com/news/article/EA56V4QM000189DG.html，2019 年 3 月 13 日．

② 中华人民共和国国家互联网信息办公室：《数字化管理师成了"香饽饽"》，http://www.cac.gov.cn/2019-05/08/c_1124465210.htm，2019 年 5 月 8 日．

"建设队"与"指导员"一样，属于产业发展需最急缺的那一类既懂 ICT 技术又了解各产业的综合性人才。然而与"指导员"的职能不同，"建设队"既是日常熟练应用 ICT 专业技能的数字化人才，也是数字经济产业生态的主要建设者。"建设队"是"新领"一词的核心概念。罗梅蒂第一次提出"新领"一词时，认为其主要指的就是这一层级的应用型数字人才。

"建设队"对于产业数字化的转型的推动作用是直接的、具体的，但作为综合性人才，"建设队员"的能力往往也是特化的、专业的。以时下较火的**"数据分析师"**为例，一名合格的数据分析师能够"让数据说话"、挖掘行业背后的秘密，需要拥有大数据、编程、数理分析、数据可视化等多项 ICT 专业技能作为"提取所需数据"的工作手段，也需要拥有强大的行业分析能力来洞悉数据背后问题、理解数据的隐藏含义。而且服务于传统生产制造业、物流业和移动互联网行业的数据分析师，尽管工作内容相似，但彼此的知识结构却截然不同。

再如，对于数字经济而言，网络安全是最大的前提。在网络安全领域，我们都知道要提防网络"黑客"，但近年来出现了一个被称为**"白帽黑客"的新职业——信息安全测试员**。他们是从攻击者的角度出发，模拟真正黑客的做法来渗透系统漏洞，对不同行业的数字系统展开攻防测试，能够比黑客更加清楚何处关键、何处危险，从而帮助客户发现系统的潜在脆弱点。通过主动探错、试错、纠错，使得网络和系统免受恶意攻击。

（4）数字化环境下的"打工人"——产业生态基底的支撑者。

典型代表：人工智能训练师、无人机驾驶员、全媒体运营师等。

"打工人"是使用先进设备或现代软件技术的新型工种。虽然"打工人"大多并不具备专业的 ICT 开发技能，却也是数字经济生态中不可忽视的组成成分。

由"**数据标注员**"升级转变而来的"**人工智能训练师**"是"打工人"的典型代表之一。目前，人工智能的应用主要是深度学习的应用，而数据正是深度学习的原材料。可以说，没有数据的人工智能就像婴儿一样没有任何知识储备，需要大量人力标注的数据样本来为其注入人类的理解和判断力。以机器视觉为例，人工智能需要大量的数据标注员把需要识别的标的物在图片上标注好，"手把手"地教给人工智能。这样训练的越多，人工智能系统就会越精密，可谓"**有多少人工，才有多少智能**"。虽然"拉框""标点""打标签"的工作相对代码开发而言并不高科技，但其提供的高质量数据是深度学习乃至人工智能行业整体发展的基础。

同理，**无人机驾驶员**虽然不是高科技设备的研发人才，却是无人机技术惠及民生的过程中不可或缺的一环。这一职业最早出现在农业植保领域，"飞手"们通过操控无人机，帮助农民进行更高效的播种、施肥等作业。如今，他们已经广泛服务于消防、测绘、应急管理、影视拍摄等领域，而且收入可观，有的"飞手"甚至月入上万元。但是这个行业"入门容易精通难"，优秀的无人机驾驶员不仅仅是无人机的操纵者，更需要成为无人机的眼睛、神经及大脑。他们需要拥有良好的软件运用能力，能够熟知规划线路时如何避免碰到障碍物、在操作植保无人机时如何避免重喷和漏喷，而且要能够对无人机获取的数据进行初步判别和筛选……这些绝非一日之功，除考取无人机驾驶证外，还需要针对性的培训与长时间的练习。

相比前面几类人才，"打工人"的工作内容可能"不高端"，但绝不代表"不重要"。这些上手快、门槛低的新职业，更容易给一些低收入者带来一条快速融入新经济的就业通道。

由此可见，"新领"并不只是一个新名词，也并非高科技人才的专属称呼，**而是数字经济时代从技术创新到产业应用的一整套全新的人才架构**。中国信息通信研究院《2020数字经济就业蓝皮书》中显示,"新领"岗位对不同教育背景的劳动者均呈现强劲需求,学历要求整体趋于平衡[1],各种人才都能在这套全新而富有生命力的体系中找到自己的位置。而对于产业发展而言,每种"新领人才"都是其所需的重要资源。

二、新职业需要新教育:"应用型新领教育"成为新蓝海

1. "新领"供不应求,国家战略正在呼唤新教育

与数字人才"金字塔"的产业价值相对应的,是"新领"人才的结构性短缺。现存教育体系的人才供给完全无法满足未来需求,已经成为一个国际性的问题。IT咨询公司高德纳(Gartner)对全球460位高管进行的一项调查显示,缺乏人才,尤其是综合型数字人才,已经成为企业实现数字化转型和持续发展的最大阻碍[2]。在我国,未来5年"新领"人才的缺口将达到千万量级,其中包括云计算工程技术人员近150万、物联网安装调试员近500万、人工智能人才近500万[3]。

因此,世界各国也纷纷将针对"新领"的教育上升到战略优先层面。欧盟分别在"里斯本战略"和"欧洲2020战略"中将数字人才作为十年发展规划的重要内容,并列入欧洲投资计划的优先领域。为促进数字技术和创业技能的发展,欧洲社会基金和欧洲区域发展基金在2014—2020年为职业教育与

---

[1] 中国信息通信研究院政策与经济研究所:《中国数字经济就业发展研究报告:新形态、新模式、新趋势(2020)》.

[2] 高德纳管网: *Gartner Survey Reveals That CEO Priorities Are Shifting to Embrace Digital Business*, https://www.gartner.com/en/newsroom/press-releases/2018-05-01-gartner-survey-reveals-that-ceo-priorities-are-shifting-to-embrace-digital-business.

[3] 人民网:《〈新职业在线学习平台发展报告〉发布:新职业供需两旺 新就业形态丰富多元》,人民网-IT频道, http://it.people.com.cn/n1/2020/0723/c1009-31795488.html, 2020年7月23日.

培训提供 300 亿欧元的资助。① 世界各国也纷纷跟上，推出了自己的新人才培养战略，而美国更是于 2020 年官宣了国家牵头建立的"AI 大学"，开始为"算法大战"做好准备。

我国也在通过一系列政策举措，拔高"新领"教育的重要性。2018 年，国家发展改革委发布《关于发展数字经济稳定并扩大就业的指导意见》，提出要强化数字人才教育、加强数字技能培训；2021 年，人力资源社会保障部办公厅发布《关于加强新职业培训工作的通知》，从新职业标准开发、基础建设和评价认定等多个方面，对"新领"培育展开了进一步的要求。北京、上海、贵州、安徽等各大城市也纷纷开展了人才培育的战略布局。

2. 以"新职教"为中心，突围"应用型新领"培育

"新领"不是一类人才的特称，而是一套综合性的、完整的职业结构，意味着全新的人才培育体系。但是对一个城市而言，想要培育完整的人才"金字塔"可谓极其艰难。例如，技术"拓荒者"的培育主要依托于各大高校的教育，只有具有相当高校资源的城市，才能有效施行；而"指导员"层级的人才培育则更倾向于"市场行为"，主要依赖于企业主导的短期培训，如阿里巴巴的首席信息官学院、钉钉的数字化管理师培训等，城市能够发力的程度相对有限。

瞄准应用型新领——"建设队"与"打工人"，发展新型职业教育，则是城市人才突围的重要机遇！

一方面，这两类"应用型新领"是全部"新领"人才中需求最大、缺口最大、最亟待培育的一种。中国数字人民网曾针对《关于发展数字经济稳定并扩大就业的指导意见》发表评论称："在全国范围内的基础技能类人才并不

---

① 中国社会科学网：《欧盟数字经济发展政策取向及成效》，https://baijiahao.baidu.com/s?id=1696818189507553881&wfr=spider&for=pc，2021 年 4 月 12 日。

缺，高层次的科研、经营人才，国内也有典型代表，最大的问题在于中层数字化人才的短缺[①]，也就是缺少所谓的"建设队"。在很多新兴产业发展的背后，有相当庞大的"打工人"铺路，前文提到的"有多少人工，才有多少智能"的数据标注就是典型的例子。

另一方面，"应用型新领"的教育是更容易突围的教育。不同于"拓荒者"和"指导员"，后两类人才的培育并不需要城市自身具备强势条件，可以说是启动快、成本低、"有人就能做"的好项目。许多"打工人"职业往往通过短期的集中培训便能上岗，即使对于精密设备操作员等专业需求程度相对较高的岗位，职教也完全可以满足需求。**哪怕缺少职教体系，甚至是"穷得只剩人"的地区，都有可能通过转型人才培训实现突围，如贵州、河南等很多人口大省都涌现出了众多专注于数据标注人才培训的小镇，在带动产业的同时还成为一种人才输出模式。**

这两类人才的培育主要以职教为中心向外拓展。近年来，苏州健雄学院、深圳职业技术学院等一些职业教育学校，已经开始发力"新职教"，通过开设"人工智能学院"等新兴学院或专业，引入新设备、新课程和新理念，进行新型教育的升级探索。同时，很多社会力量也正在联合介入"新领"培育，从国外的微软、谷歌、思科，到国内的华为、百度，众多龙头科技公司或是开办职教，或是参与职教，纷纷推动政企校合作项目的进程，建立自己的新人才培训平台和评价体系；很多专门做人才升级的培训机构，如慧科、优必选等企业，也依托各自优势，在数字专业升级、数字教学设备等方面为"新领"培育增添注脚。

可以看出，对国家和城市而言，发展针对"新领"的新教育是新时代下

[①] 漆叶青：《人才断层困境突出 19 部委发文助推数字经济》，时代财经，https://www.tfcaijing.com/article/page/2c91219665f57d4c0166166aa4d51b28，2018 年 9 月 27 日．

激发产业活力、优化人才结构的战略之举,也是一片极具市场活力和城市潜力的服务新蓝海。那么,各城市应当如何抓住机遇,以"新领"新教育构建未来发展的新动能呢?

三、新教育需要新办法:城市发展"新领"教育的"三级驱动"路径

1. 一级驱动:"数字职教 4.0"模式,升级职教"基本盘"

前面提到,对于这两类"新领"培育而言,职教是发力主体。欧美先发国家的基础"新领"人才中,通过职教受训的占到相当比例。但国内目前的"新职教"还只是星星之火,大多通过新增个别新兴专业、以某些合作学院为试点,或增强课堂技术含量等方式来推进。依旧存在教材落后、技术实践不足等问题,甚至很多只是蹭上了数字经济的噱头,却与市场或产业实际需求脱节,并未进行真正的"新职教"体系升级。随着新时代中国智造的升级加速,职教的升级更新已经迫在眉睫!

国际上,"新职教"其实已经有体系化的模式样板——**德国为"工业 4.0"量身打造的"职教 4.0"**。

作为被全世界争相学习的职业教育"模范生",德国的职业教育与生产技术一直保持着同频同步的发展节奏,陆续推动过注重面向日常生活的"职教 1.0"、注重工作专业化的"职教 2.0"和注重行动过程导向的"职教 3.0"。

随着数字经济的到来,2016 年德国联邦职业教育研究所明确提出"职业教育 4.0"的概念,表示要重视数字化工作世界的职业导向。德国联邦政府通过"数字化教育世界 2030"战略、"数字知识社会教育倡议"等,将数字化教育作为中长期教育改革的重点内容。中国可以学习德国模式打造"数字职教",对学校学习和企业实训两大职教场景进行系统化升级。

(1) 新学习场景：打造充满智慧感的"数字契约学校"。

为了打造数字职教体系，德国联邦政府和州联邦政府通过了"数字契约学校"行政协议。一方面是开展"职业教育的数字媒体"项目，为包含职校在内的全部中小学加装了"硬件配套"，实现了校园网络全覆盖和人工智能机器人教学设备的广泛普及。在该项目影响下，现存与新办的学校全部成为拥有全套数字化装备的"智慧学校"。另一方面则是将数字媒体融入课程建设，对教学系统进行"软件升级"。"软件"不仅包括在线课程和数字化学习资料，还包括多元化的在线学习与资源共享平台。通过资料库开源共享平台，师生各方可以有效整合和使用平台上的数据库、音视频和学习模块等，而在"师生互动型"教学辅助平台——生产岗位能力发展（KeaP）数字系统下，有众多经验丰富的企业专家负责设定学习目标、选择学习内容、方法和材料等，有效引导受训者进行工作技能与流程的学习。

此外，德国还构建了新型的人才评价体系，将评价理念从"经验主义"转向了"数据主义"。将人工智能等技术引入技能评价系统中，通过全过程的实时数据跟踪、采集和可视化分析，实现精细化评价。从 2017 年起开展职业教育能力测评"ASCOT+"倡议，在选定的职业领域（工业、技术、商业和卫生保健行业）开发了 6 个基于现代信息技术的职业能力模型和测试工具，并同步开发了 800 多项技能测试任务[①]。同时，推广"数字报告书"（BLok），为合作企业提供任意时间节点的培训内容记录与能力档案，助力企业完成有效的人才筛选和培养计划。

---

① 李静，吴全全. 德国"职业教育 4.0"数字化建设的背景与举措 [J]. 比较教育研究，2021（5）：98—104.

(2) 新实训场景：打造面向未来工业的"学习工厂 4.0"。

学校和企业共同承担的"双元制"职业教育模式一直是德国职教的核心。在面向"工业 4.0"的职教升级过程中，德国也对职业教育双元制下的实训场景进行升级，全力建设"学习工厂 4.0"。作为德国最发达的工业区之一，本书前文提到的巴登—符腾堡州（简称"巴符州"）就将"学习工厂 4.0"作为当地众多职业学校的明星项目。政府共投入 680 万欧元，建成了 16 个类"学习工厂"项目，并计划再投资 480 万欧元新建 21 家[①]，试图将巴符州打造成"工业 4.0"的示范区域、抢占智造人才教育高地。

"学习工厂 4.0"实际上是一种模拟数字化智能生产的实操场所，它不仅包含计算机编程操作台、云数据服务器、数控机床、工业机器人等工业 4.0 基础设备的引入，更强调将智能制造生产线搬进学校教学，为定向培育工业 4.0 人才提供专业实践支持。

例如，在汽车制造、机械设备制造等产业领域优势明显的巴符州，当地的比蒂希海姆—比辛根职业学校，就依托链式机器系统（VMS）打造了生产汽车模型的虚拟工厂，以前沿的汽车**"柔性定制化生产"**为主要的实训内容。在这里，学生首先以消费者的身份在计算机上选择车型、颜色、交货时间等，将相关数据通过工业云系统传输到生产线；之后学生转换为工程师角色，发出编程指令，利用工业机器人体验原材料抓取、流水线加工、检测等智能流程，最终制造出一辆汽车模型。

整个教学过程充满趣味性，学生可以在实操体验中深入了解工业 4.0 的实际标准与操作流程，也可以深入了解智能制造每个环节背后的逻辑，分析和寻找改进生产流程的突破口，并通过编程操作对整个工业组件进行改进，

---

① 新浪财经：《着眼于产业数字化升级趋势 多国产教融合校企合作搭建职业教育模式》，http://finance.sina.com.cn/chanjing/cyxw/2021-06-22/doc-ikqciyzk1018223.shtml，2021 年 6 月 22 日.

从而进一步加深对工业4.0的理解深度。德国总统施泰因迈尔参观后感叹："学生使用笔记本电脑控制整个生产线，真是令人印象深刻！如果这些新的教学方式在全德国成为现实，那么我将不必担心职业教育的未来！"

此外，"学习工厂4.0"还强调"黑科技"加持的"虚拟实训"。运用VR（虚拟现实）、AR（增强现实）、MR（混合现实）乃至数字孪生技术开展实践，让危机应对和抢险救灾等传统职教难以实践的内容，借技术之力照进现实。在比蒂希海姆—比辛根职业学校，学生就可以通过虚拟现实技术，模拟体验自动化生产中错误和停工等情况下的风险应对。

"学习工厂4.0"的建设，除学校本身的努力和政府的支持外，必然也离不开企业提供的设备与技术支持。巴符州"学习工厂4.0"的相关设备分别来自各细分领域的尖端技术企业——德国帝目集团（汽车装配和测试系统供应商）、通快集团（工业机床、激光和电子技术生产商）、杜尔集团（汽车涂装和总装生产线供应商）；而戴姆勒、保时捷、博世等超过250家本地企业也都加入了学习工厂的投资建设中[1]。这也可以看出，当职教真正能够培育面向未来的数字人才时，引领性的产教融合项目才能真正激发企业的加盟动力。

参照德国经验，中国已经开始在"数字职教"方面发力。2020年9月，教育部等九部门联合发布的《职业教育提质培优行动计划（2020—2023年）》中，提出要推动信息技术与教育教学深度融合，主动适应科技革命和产业革命要求，以"信息技术+"升级传统专业，并及时发展数字经济催生的新兴专业。国家还将遴选100个左右示范性虚拟仿真实训基地，补齐产教实训方面的短板[2]。

---

[1] 新浪财经：《着眼于产业数字化升级趋势 多国产教融合校企合作搭建职业教育模式》，http://finance.sina.com.cn/chanjing/cyxw/2021-06-22/doc-ikqciyzk1018223.shtml，2021年6月22日.
[2] 教育部官网：《教育部等九部门关于印发〈职业教育提质培优行动计划（2020—2023年）〉的通知》，http://www.moe.gov.cn/srcsite/A07/zcs_zhgg/202009/t20200929_492299.html.

综上所述，对于有一定职教资源的城市来说，升级职教基础，抢先布局"数字职教 4.0"，将是构建城市教育品牌、为产业注入人才动力的先见之举！

2．二级驱动："企业品牌合作"模式，加速标准化"新领"培育

在人才培育方面，企业本就是一股不可忽视的力量。2018 年的调查数据显示，世界五百强中有 70%[①] 的企业开办了企业大学，可见人才体系的建设一向是企业所重视的内容。但是这里所说的企业主导不是指企业大学，而是指**依托龙头企业的行业地位优势和技术引领优势，通过品牌化、标准化的联合办学或院校共建，引导新兴产业领域的人才输出。**

作为"新领"概念的提出者，IBM 身体力行，早已在"新领"教育的道路上，开创了校企品牌合作的新模式。十年前，面对人才需求的变革，曾就职于学校系统的 IBM 时任副总裁斯坦利·里图（Stanley Litow）萌生了建立"新领"学校的念头。于是 2011 年 9 月，IBM 联合纽约市教育局和纽约大学，在纽约布鲁克林启动了全美第一所六年一贯制"**职业技术学院高中预备学校**"（Pathways in Technology Early College High School，以下简称"**P-TECH**"）。IBM 根据自身对新型人才的需求和理解，针对性地设计了学校的课程和授课方式。在其中受训的学生可以获得高中毕业证书和行业认可的副学士（大专）学位，以及在 IT、先进制造业、医疗保健和金融等数字化领域的工作经验，并享有 IBM 和其企业合作伙伴的优先录用保证。

P-TECH 开创了"新领"教育的范本，也首开了美国数字人才领域校企品牌合作的先河，是政企校三方办学的一次尝试：政府负责资金、政策支持并参与建设，企业主导建设运营，纽约大学提供课程内容支持与专业技术参

[①] 界面新闻：《全球 500 强七成拥有企业大学这里到底教什么？》，https://www.jiemian.com/article/2567902.html，2018 年 10 月 30 日．

考，三方共同制定培养方案、进行学校治理。这种模式最大的价值在于，**依托 IBM 强大的技术优势、人力资源，以及对产业界技能需求的精准把握，实现对数字人才的"高精化"系统培育和品牌创新。**

一方面，P-TECH 专注于 ICT 专业的应用型技术培训，依托 IBM 的强势企业资源，通过企业精英转岗执教、企业参访、职业分享、带薪实习和线下参与企业活动等方式，实现了**"以新领带新领""以企业引导课堂"**，提升了实践应用导向的人才培育效果。另一方面，P-TECH 开创了六年一贯制技术人才培育的先河。通过一年基础课 + 三年 ICT 课程 + 两年学院大专和实习的学制设置，可以实现从高中到大专的一贯式教学延续，保证了培训的连贯性和精专化。在这种模式下，许多学生实现了提前毕业，他们在用人单位亮眼的表现甚至扭转了企业技校"二流选手"的传统印象。

通过培养模式的创新和打磨，P-TECH 逐渐成为一种全美推广的培育模式，形成了强势的品牌输出：2013 年 11 月，奥巴马政府设立了总计 10 亿美元的拨款项目，用于助推全美职业教育办学"P-TECH"化[①]，而如今，IBM 已将 P-TECH 模式推广至全 26 个国家和地区的 260 余所学校，培养学生超过 15 万名，并拥有超过 600 个企业在内的合作生态圈[②]。

2020 年 11 月，IBM 中国与中国的领先职业院校首钢技师学院、首钢工学院合作，在北京落地了第一所 P-TECH，首届开班专门培养智能 IT 运维专业具有多元技能的"新领"学生。落地北京的 P-TECH 深度发挥了新领群体的"帮扶带"作用，定期举办包含"编程马拉松"（Hackathon，黑客松）在内的多种实践活动，并且为每组学生配备一位来自 IBM 的一位技术导师和

---

① 王辉，刘东. 美国应用型人才培养的"首席品牌"——一贯制科技高中办学模式之述评[J]. 世界职业技术教育，2014（8）：57—62.

② P-TECH 官网：https://www.ptech.org/zh/.

职场导师,带领学生体验从产品设计、用户画像到代码开发、成品测试的各项目阶段,让学生能够获得有效的全流程开发体验。

除 IBM 外,中国的很多企业,如华为、百度等,也在积极与院校开展合作办学尝试。例如,华为依托自身在 5G 领域的技术领先优势,大力搭建"华为 5G+ 数字化人才产教融合基地",牵引 5G+ 人才能力标准和技能模型的设定,并接入华为 ICT 相关技术认证体系,联合打造"华为造"教育品牌。

除城市自身的数字职教升级外,"抱住企业大腿"将企业的力量引入新教育,也是城市发力人才培训非常值得选择的模式。

3. 三级驱动:"产教城自循环"模式,构建"前店后厂"的定制培育生态

在前两种模式之外,对于无法引入高能级教育资源的城市而言,还有一条更为直接的路径——将人才培育直接嵌入产业片区,打造"人才教育""人才使用"的强关联闭合回路,在真实的园区产业环境中,实现定制化的培育生态。

例如,贵州省黔南州惠水县的百鸟河数字小镇便是一个精彩范本。世界数字经济之父唐·泰普斯科特(Don Tapscott)甚至将那里形容为"真正的数字小镇"和"中国特色小镇发展的一个样板",而产教城融合也正是百鸟河小镇成功的关键秘诀之一。

2011 年,HTC 董事长兼执行总监王雪红等人在贵州开设了用于助力扶贫事业的非营利性公益慈善学校——盛华职业技术学院,这所拥有科技公司背景的学校在巧合中铸造了打开产业机遇大门的钥匙。虽然从事后来看,盛华学院有着一定的公益性质,而百鸟河争取到盛华学院的落位也有偶然的因素,但成功打造产教闭环、实现区域的深度校企合作生态,则是地方努力的成果。

盛华学院最初并不是以数字技术为专长的职校，其 2014 年的 137 名毕业生中，就读互联网学院的甚至只有 21 个人①。同年，盛华学院与规划阶段的百鸟河数字小镇一拍即合，成为小镇核心组团之一"桃李村"的主要承载单位。于是盛华学院果断转型，锚定小镇的数字人才需求打造了互联网营销学院、数字媒体应用学院、计算机应用学院等数字"新领"培养架构。此举为百鸟河小镇培育了大量对口人才，也吸引了百度、迦太利华等大量的优质企业，阿里、京东、旷视、头条等名企也纷纷加入了百鸟河数据产业的生态圈。

百鸟河小镇的模式精髓，并不只在于方向上的产教融合，更在于校企之间深度的循环合作机制。在职教培养体系和小镇数字化企业生态圈初步成型之后，小镇便着手将这两大齿轮紧密咬合，形成"人才自产自销"的完美闭环。小镇推动盛华学院与生态圈企业签订人才培养协议，通过"实习抵学分"的培养机制、"项目驱动化教学"方法，以及"强订单式"的人才就业方案，将职教融入了产业体系中，形成了**"本地上学、本地实训、本地就业"的直接反馈系统**。对学生而言，在学校的实训课程就是未来工作需要承接的项目，实习的单位就是未来的工作单位，学习的动力和针对性都得到了很大的提升。而对产业而言，这种企业与学校"前店后厂"的模式无疑更便于人才的培养和管理，也能够削减一定的用工成本，形成产教融合的"双赢"局面。

经过对合作模式的反复打磨，百鸟河小镇与盛华学院还进一步构建了**基于"三真"原则的深度合作关系——真实项目，真实交付，真实分配**。盛华的互联网营销学院联合企业引入"BATJ"（即百度、阿里、腾讯、京东）为主的**"真实商业项目"**，学生在校期间就能参与这些知名企业的商业项目，

---

① 贵州盛华职业学院就业工作办公室：《贵州盛华职业学院 2014 年度就业质量报告》，原创力文档知识共享平台，https://max.book118.com/html/2017/1006/136249387.shtm，2017 年 10 月 6 日.

进行职业技能的训练,并且通过交付工作,让学生获得相应的酬劳,实现了真实环境下的产教一体化闭环。比如,在 2017 年的"双十一"期间,盛华学院与夏普天猫官方旗舰店合作设立销售客服项目,由该校互联网营销学院的老师带领 2016 级电子商务相关专业的学生一起完成了项目实操。在"双十一"当天就有 180 名学生真实参与了这次项目的售前客服工作[①]。可以说,在这里**"上课就是上班,上班就是上课"**,**"作业变作品、作品变产品、产品变商品"**,整个小镇都是学校的"实训车间"!

产业与教育的循环,也为乡村扶贫和城市发展带来了良好的外部性作用。盛华学院目前的在校生共 4 062 人,80.8%[②] 的学生来自贵州农村,这些进入"新领"行业的年轻人无疑为农村家庭的脱贫致富打了一针"强心剂"。通过产教融合的培养模式,这些学生从二年级开始就可通过实训自己赚取学费,更是进一步降低了学生家庭的负担。同时,相对轻松和光鲜的"新领"工作也为当地吸引和留住了大批年轻人,促进了区域人口结构的优化。培训与产业共生、产业为培训提效、产教赋能城市振兴,共同打响了贵州百鸟河小镇的新品牌,实现了小城镇的大逆袭!

在数字经济时代,人远远不仅限于作为机器背后的操作者。如果说数字技术创新是时代发展的主旋律,那么"新领"人才既是最具统领性的作曲家、指挥家,也是奏响每个音符的乐手和鼓手。不同层级的"新领"们,在不同

---

① 盛华职业学院官网:《直击双 11,当你在清空购物车时,贵州盛华职业学院的学生却在……》,http://m.forerunnercollege.com/so/second/list/Content?t_cat_plant_fk=405&t_content_pk=2940&t_cat_pk=5&plant_name=%E5%AD%A6%E9%99%A2%E6%96%B0%E9%97%BB&cat_name=%E9%A6%96%E9%A1%B5&t_plant_pk=1,2017 年 11 月 12 日。

② 盛华职业学院官网: http://m.forerunnercollege.com/so/second/list/content?t_cat_pk=26&cat_name=%E5%AD%A6%E9%99%A2%E6%A6%82%E5%86%B5&t_cat_plant_fk=57&plant_name=%E5%AD%A6%E9%99%A2%E7%AE%80%E4%BB%8B&t_content_pk=1210&t_plant_pk=16&url=/second/list/content。

的产业生态中发挥着各自的作用，一同推动着数字新价值的激发、数字新生态的构建和数字新场景的变革。他们才是这个时代下产业崛起最根本的"核动力"。

综上所述，**新人才培育不只是生产性服务业下的一种服务场景，更是左右城市未来转型赛道的关键因素。培育"新领"，就是培育产业的未来！** 各城市只有充分调动教育资源，找准契合自己的人才培育路径，才能拥有这份新人才动力，才能为产业注入源头活水，才能让数字时代呈现出蓬勃发展的新生机！

华高莱斯

华高莱斯国际地产顾问（北京）有限公司（简称华高莱斯）创立于2003年，是一家对中国国情理解深刻且具有国际视野的战略咨询公司。华高莱斯成立以来，一直秉持"原创·定制"的服务理念，站位"城市+"，为中国各级地方政府提供"产城人"融合发展的系统解决方案。

华高莱斯微信公众号　　丈量城市微信公众号